The Oxford Irish Minidictionary

Béarla–Gaeilge
Gaeilge–Béarla

English–Irish
Irish–English

Editorial Manager
Valerie Grundy

Editor
Breandán Ó Cróinín

Consultant
Aidan Doyle

Text Management
ELLA Associates

OXFORD
UNIVERSITY PRESS

OXFORD
UNIVERSITY PRESS

Great Clarendon Street, Oxford OX2 6DP

Oxford University Press is a department of the University of Oxford.
It furthers the University's objective of excellence in research, scholarship,
and education by publishing worldwide in

Oxford New York

Athens Auckland Bangkok Bogotá Buenos Aires Calcutta
Cape Town Chennai Dares Salaam Delhi Florence Hong Kong Istanbul
Karachi Kuala Lumpur Madrid Melbourne Mexico City Mumbai
Nairobi Paris São Paulo Singapore Taipei Tokyo Toronto Warsaw

with associated companies in Berlin Ibadan

Oxford is a registered trade mark of Oxford University Press
in the UK and in certain other countries

Published in the United States
by Oxford University Press Inc., New York

British Library Cataloguing in Publication Data

Data available

Library of Congress Cataloging in Publication Data

Data available

ISBN 0–19–860227–8

10 9 8 7 6 5 4 3 2 1

Printed in Great Britain
on acid-free paper by
Charles Letts (Scotland) Ltd
Dalkeith, Scotland

Contents/Clár Ábhair

Introduction/Réamhrá

This dictionary is intended for use by learners of Irish and by all those who are interested in the language. Our aim in writing the dictionary has been to provide the information necessary to understanding and using the Irish language. Gender and declension are given for Irish nouns, irregular forms in Irish are shown in full, and essential grammatical information is clearly indicated. Example phrases show structures and typical usage. Grammatically complex words are given a special, open layout. At the front of the dictionary, the user will find a guide to abbreviations and a helpful section on Irish pronunciation. The centre pages contain concise, accessible information on Irish grammar.

Tá an foclóir seo dírithe ar fhoghlaimeoirí na Gaeilge uile agus orthu san ar suim leo an teanga. Ba é ár gcuspóir agus an foclóir á scríobh againn ná an t-eolas atá riachtanach chun an Ghaeilge a thuiscint agus a úsáid a chur ar fáil. Tugtar inscne agus díochlaonadh na n-ainmfhocal Gaeilge, taispeántar foirmeacha neamhrialta Gaeilge go hiomlán agus taispeántar, go soiléir, eolas gramadúil atá riachtanach. Léiríonn frasaí samplacha struchtúir agus gnáthúsáid na teanga. Tugtar leagan amach oscailte, speisialta d'fhocail atá casta ó thaobh na gramadaí de. Ag tosach an fhoclóra gheofar treoir do ghiorrúcháin agus roinn chabhrach faoi fhuaimniú na Gaeilge. Sna leathanaigh láir tá eolas achomair, so-aimsithe faoi ghramadach na Gaeilge.

Pronunciation of Irish

Introduction

Irish is spoken today as a community language in the **Gaeltachtaí** or Irish-speaking areas of Ireland. Three main dialects of Irish are generally recognized: Connacht Irish, Munster Irish, and Ulster Irish. The differences between these are considerable and as a result there is at present no standard pronunciation of Irish. The following is intended to serve as a helpful general guide to the pronunciation of Irish.

The Irish Alphabet

Traditionally, there were only eighteen letters in the Irish alphabet—a, b, c, d, e, f, g, h, i, l, m, n, o, p, r, s, t, u, but today the letters j, k, q, v, w, x, y and z are now also used, mainly in loanwords and technical terms.

Vowels

Vowels in Irish are classified as being short or long. A long vowel is represented using a length mark or **síneadh fada** as follows: á, é, í, ó, ú.

Vowels in Irish are further classified as being either **broad**: a, o, u, á, ó, ú, or **slender**: e, i, é, í.

The following tables demonstrate how these vowels are pronounced but it should be borne in mind that only an approximation of the sounds can be given here and that the pronunciation can vary depending on factors such as which consonants surround the vowel in question.

Short vowels	Irish Example	Nearest Equivalent in Irish English
a	**slat** (rod)	like the **o** in slot
e	**te** (hot)	like the **e** in bet
i	**ansin** (that)	like the **i** in sit
o	**ocras** (hunger)	like the **o** in son
u	**strus** (stress)	like the **u** in put

Long vowels	Irish Example	Nearest Equivalent in Irish English
á	**pá** (pay)	like the **aw** in paw
é	**ré** (era)	like the **ay** in ray
í	**sí** (she)	like the **ee** in heel
ó	**cró** (enclosure)	like the **ow** in crow
ú	**sú** (juice)	like the **oo** in fool

Consonants

Irish has two types of consonant—**broad** and **slender**. A consonant is **broad** if it is preceded or followed by a broad vowel. Similarly, a consonant is **slender** if it is preceded or followed by a **slender** vowel. As we have seen, **a, o, u, á, ó, ú** are broad vowels and **e, i, é, í** are slender vowels.

The following table groups the consonants according to their point of articulation:

Consonant	Example	Nearest English equivalent
(i) *For broad consonants in this group the lips are pushed out and relaxed—for slender consonants the lips are tensed.*		
b (broad)	**bosca** (box)	like the **b** in bottom
(slender)	**binn** (sweet)	like the **b** in beat
m (broad)	**mála** (bag)	like the **m** in mall

Consonant		Example	Nearest English equivalent
	(slender)	**milis** (sweet)	like the **m** in me
p	(broad)	**pota** (pot)	like the **p** in pot
	(slender)	**peil** (football)	like the **p** in pen

(ii) *For broad consonants in this group the tongue is pressed against the upper teeth—for slender consonants the tongue is pressed against the upper teeth and the hard palate.*

d	(broad)	**doras** (door)	like the **d** in door
	(slender)	**dian** (hard)	like the **d** in dean
n	(broad)	**naomh** (saint)	like the **n** in naked
	(slender)	**nimh** (poison)	like the **n** in nit
t	(broad)	**tóg** (take)	like the **t** in toad
	(slender)	**teach** (house)	like the **t** in tin
l	(broad)	**lá** (day)	like the **l** in lord
	(slender)	**líne** (line)	like the **l** in lid
s	(broad)	**samhradh** (summer)	like the **s** in sock
	(slender)	**sí** (she)	like the **sh** in she

(iii) *For broad consonants in this group the lips are pushed out and pressed together—for slender consonants the lips are pulled in and pressed together.*

f/ph	(broad)	**phós sé** (he married)	like the **f** in foe
	(slender)	**fís** (vision)	like the **f** in fee
bh/mh	(broad)	**mharcáil** (mark)	like the **v** in vaudville *or* like the **w** in war
	(slender)	**bhí sé** (he was)	like the **v** in vinyl

(iv) *For broad consonants in this group the back of the*

tongue is pressed against the soft palate—for slender consonants the back of the tongue is pressed against the hard palate

Consonant		Example	Nearest English equivalent
c	(broad)	cóta (coat)	like the c in coat
	(slender)	cé (who)	like the k in kick
g	(broad)	garda (guard)	like the g in dog
	(slender)	geata (gate)	like the g in gain
ng	(broad)	rang (class)	like the ng in dung
	(slender)	aingeal (angel)	like the ng in sing

(v) *For broad consonants in this group the tongue is rubbed against the soft palate—for slender consonants the tongue is rubbed against the hard palate.*

ch	(broad)	**chomh** (as)	like the ch in Scottish loch
	(slender)	**droichead** (bridge)	like German ich
dh/gh	(broad)	**dhá** (two)	as French r
	(slender)	**de gheit** (suddenly)	like the y in yellow

(vi) *For broad r the tongue is 'flapped'—for slender r the tongue is rubbed against the hard palate*

r	(broad)	**rás** (race)	like the Scottish 'rolled' r in bar
	(slender)	**cuir** (put)	like the s in measure plus r

(vii)

sh	(broad)	**foshuiteach** (subjunctive)	h
	(slender)	**sheas sí** (she stood)	h

	before **eá(i)**, **eó(i)**, *and*	like German **ch**
	'iúi'	in **ich**
th	(broad) **theas** (south)	**h**
	(slender) **thit sé** (he fell)	**h**

Initial Mutations (See Grammar)
Lenition
The lenited consonants are represented in the above table with the exception of **f** which is not pronounced when lenited as **fh**. For example **fear** (man) when lenited as **fhear** is pronounced like English **are**.

Eclipsis
Eclipsed consonants are pronounced as follows:

mb	as **m**
gc	as **g**
nd	as **n**
bhf	as **bh**
ng	as shown in table above
bp	as **b**
dt	as **d**

Where a word beginning with a vowel is eclipsed by **n** this is pronounced in the usual way.

't' or 't-'
When **t** or **t-** is prefixed to a vowel or to **s** it is pronounced as broad or slender **t** depending on whether the beginning of the word is broad or slender.

Word Stress
In Irish, stress normally falls on the **first syllable** of a word.

This is the case in both Connacht and Ulster Irish. There are, however, some exceptions to this rule. Some adverbs of time and place are stressed on the second syllable. Examples of this are:

abhus (here), amárach (tomorrow), anois (now), cathain (when), and inniu (today)

There are also some loanwords which are stressed on the second syllable such as pianó (piano)

In Munster Irish, however, stress may fall on:

(i) the second syllable if it contains a long vowel:

cailín (girl), garsún (boy), múinteoir (teacher), etc. or if the first syllable is a short one and the second syllable is **(e)ach**:

casachtach (coughing), portach (bog), tuirseach (tired)

(This is not the case, however, if **th** follows the first syllable e.g. sruthach (flowing)

(ii) the third syllable if it contains a long vowel and is preceded by two short vowels:

amadán (fool), eascainí (curses), pingíní (pennies)

Abbreviations/ Giorrúcháin

adj	adjective
adv	adverb
comp	comparative
conj	conjunction
(+DAT)	followed by dative

dat	dative
datpl	dative plural
datsg	dative singular
excl	exclamation
f	feminine
fut	future
(+GEN)	followed by genitive
gen	genitive
genpl	genitive plural
gensg	genitive singular
gensgf	genitive singular feminine
gensgm	genitive singular masculine
indef art	indefinite article
n	noun
npl	nominative plural/plural noun
num	number
m	masculine
partic	particle
pl	plural
poss adj	possessive adjective
pp	past participle
pref	prefix
prep	preposition
pres	present
pron	pronoun
prpr	prepositional pronoun(s)
rel partic	relative particle
rel pron	relative pronoun
sg	singular
suff	suffix
sup	superlative
vadj	verbal adjective
vb	verb
vn	verbal noun

Proprietary terms

This dictionary includes some words which are, or are asserted to be, proprietary terms or trademarks. Their inclusion does not imply that they have acquired for legal purposes a non-proprietary or general significance, nor is any other judgement implied concerning their legal status. In cases where the editor has some evidence that a word is used as a proprietary name or trade mark this is indicated by the label ™ but no judgement concerning the legal status of such words is made or implied thereby.

Téarmaí dílsithe

Tá roinnt focal san fhoclóir seo ar téarmaí dílsthe nó trádmharcanna iad nó go ndearbhaítear é sin fúthu. Ní hionann a rá toisc go bhfuil siad curtha san áireamh go bhfuil brí neamhdhílsithe nó ghinearálta acu le haghaidh chúiseanna dlíthiúla ná ní hionann é agus a rá go ndéantar aon bhreithiúnas eile orthu maidir lena stádas dlíthiúil. I gcásanna go bhfuil fianaise éigin ag an eagarthóir go n-úsáidtear focal mar ainm dílsitheanó mar thrádmharc cuirtear é seo in iúl leis an lipéad ™ ach ní dhéantar ná ní thugtar i dtreis aon bhreithiúnas faoi stádas dlíthiúil focail dá leithéid sa tslí sin.

Aa

a, **an** *indef art*
⇝ a house teach; an orange oráiste;
⇝ twice a day dhá uair sa lá; 60p a pound seasca pingin an punt; 30 miles an hour tríocha míle san uair.

! there is no indefinite article in Irish.

aback *adv* I was taken aback baineadh siar asam.

abandon *vb* **1** tréig (*a person*); fág (*a thing*); they abandoned their cars d'fhág siad a gcarranna; **2** we abandoned the attempt d'éiríomar as an iarracht.

abandoned *adj* tréigthe.

abattoir *n* seamlas m1.

abbey *n* mainistir f (*gen* mainistreach).

abbreviation *n* nod m1 (*pl* noda), giorrúchán m1.

abdomen *n* bolg m1.

abduct *vb* fuadaigh.

abhor *vb* gráinigh.

abide *vb* **1** I can't abide that man tá an ghráin agam ar an bhfear sin; **2** to abide by the rules cloí leis na rialacha.

ability *n* cumas m1; he has the ability to do it tá an cumas aige chun é a dhéanamh; managerial abilities cumais bhainistíochta; I did it to the best of my ability rinne mé é chomh maith agus ab fhéidir liom.

able *adj* **1** to be able to do something bheith in ann rud a dhéanamh; **2** (*competent*)

cumasach; **3** to be well able for something bheith os cionn do bhuille.

abnormal *adj* mínormálta.

abnormality *n* mínormáltacht f3.

aboard *adv* ar bord. ● *prep* ar bord (+GEN).

abode *n* of no fixed abode gan aon áitreabh buan.

abolish *vb* to abolish something rud a chur ar ceal.

abominable *adj* adhfhuafar.

aborigine *n* bundúchasach m1.

abortion *n* ginmhilleadh m (*gen* ginmhillte); to have an abortion ginmhilleadh a fháil.

about *prep*
faoi; a book about Dublin leabhar faoi Bhaile Átha Cliath; your brother phoned about the car ghlaoigh do dhearthháir faoin ngluaisteán; what's the film about? cad is ábhar don scannán?; I was thinking about you bhí mé ag smaoineamh fút; we'll talk about it tomorrow labhróimid faoi amárach.

● *adv*
⇝ (*approximately*) thart ar; about twenty people thart ar fiche duine; about five o'clock thart ar a cúig a chlog;
⇝ (*almost, on the point of*) beagnach; I'm just about finished táim beagnach críochnaithe; to be (just) about to do something bheith ar tí rud éigin a dhéanamh;

⤴ *(around)* to leave things lying about rudaí a fhágáil ina luí thart.

! faoi is followed by lenition

above prep 1 os cionn (+GEN). above the window os cionn na fuinneoige; the flat above us an t-árasán os ár gcionn; 2 above all thar aon rud eile. ● adv thuas.

abreast adv gualainn ar ghualainn; to keep abreast of something cos a choinneáil le rud.

abridged adj coimrithe.

abrupt adj giorraisc.

abscess n easpa f4.

absence n éagmais f2; in the absence of something in éagmais ruda.

absent adj to be absent bheith as láthair.

absent-minded adj dearmadach.

absolute adj iomlán.

absolutely adv go hiomlán.

absolve vb saor.

absorb vb 1 súigh (liquid); 2 to be absorbed in something bheith sáite i rud éigin.

abstain vb staon; to abstain from something bheith ag staonadh ó rud.

abstract adj teibí. ● n achomaireacht f3.

absurd adj áiféiseach.

abundance n flúirse f4.

abundant adj flúirseach; an abundant supply of fruit flúirse torthaí.

abuse n 1 (of a substance or person) mí-úsáid f2; drug abuse mí-úsáid drugaí; child abuse mí-úsáid leanaí; 2 (insults) masla m4. ● vb to abuse something mí-úsáid a bhaint as rud éigin; to abuse someone (physically)

drochíde a thabhairt do dhuine; (verbally) íde béil a thabhairt do dhuine.

abusive adj maslach.

abysmal adj ainnis.

academic adj acadúil. ● n acadúlach m1.

academy n acadamh m1; Royal Irish Academy Acadamh Ríoga na hÉireann.

accelerate vb luathaigh.

accelerator n luasaire m4.

accent n 1 (in speech) blas m1; 2 (on a character) síneadh m1 fada.

accept vb glac; to accept an invitation glacadh le cuireadh.

acceptable adj inghlactha.

acceptance n glacadh m (gen glactha).

access n 1 (to a place) bealach m1 isteach; 2 (permission to enter) cead m3 isteach; 3 I don't have access to a computer níl teacht agam ar ríomhaire. ● vb (in computing) rochtain.

accessible adj so-aimsithe.

accessory n 1 gabhálas m1; 2 an accessory after the fact cúlpháirtí i ndiaidh an ghnímh.

accident n 1 timpiste f4, tionóisc f2; a road accident timpiste bhóthair, tionóisc bhóthair; 2 it happened by accident tharla sé de thimpiste.

accidental adj timpisteach.

accident-prone adj to be accident-prone bheith tograch do thimpistí.

acclaim n gairm f2. ● vb gair.

acclimatize vb cliomaigh.

accommodate vb the hall can accommodate up to 200 people tógann an halla suas le dhá chéad duine.

accommodating adj garach, soiliosach.

accommodation n lóistín m4;
I'm looking for accommodation
táim ag lorg lóistín.

accompany vb tionlaic.

accomplice n comhchoirí m4.

accomplish vb cuir i gcrích.

accomplished adj oilte.

accomplishment n éacht m3.

accord n (agreement) comhaontú
m (gen comhaontaithe); of her
own accord dá deoin féin. ● vb
deonaigh.

accordance n in accordance
with de réir (+GEN).

according prep according to de
réir (+GEN).

accordingly adv dá réir sin.

accordion n bosca m4 ceoil.

account n 1 (in bank) cuntas
m1; 2 (bill) bille m4; 3 (report)
tuairisc f2; 4 on account of that
dá bharr sin; to take something
into account rud a chur san
áireamh.
□ **account for** minigh;

accountancy n cuntasaíocht f3.

accountant n cuntasóir m3.

accumulate vb carnaigh.

accuracy n cruinneas m1.

accurate adj cruinn.

accurately adv go cruinn.

accusation n cúiseamh m1.

accuse vb cúisigh.

accused n the accused an cúisí
m4.

accustom vb to accustom one-
self to something dul i dtaithí ar
rud éigin.

accustomed adj 1 to be accus-
tomed to something bheith
taithíoch ar rud; 2 (usual)
gnách.

ace n (in cards) aon m1; the ace
of clubs an t-aon triuf.

ache vb my legs ache tá mo
chosa tinn.

achieve vb to achieve something
rud éigin a bhaint amach.

achievement n éacht m3.

acid n aigéad m1. ● adj
aigéadach.

acid rain n fearthainn f2
aigéadach.

acknowledge vb admhaigh.

acknowledgement n admháil
f3.

acne n aicne f4.

acorn n dearcán m1.

acoustic adj fuaimiúil.

acoustics n fuaimíocht f3.

acquaintance n duine m4
aitheantais.

acquainted adj ; to be ac-
quainted with someone/
something aithne a bheith agat
ar dhuine/rud éigin.

acquire vb faigh.

acquit vb saor.

acre n acra m4.

acrobat n gleacaí m4.

across prep trasna (+GEN). he
went across the road chuaigh sé
trasna an bhóthair; the shop
across the street an siopa trasna
na sráide. ● adv 1 (to the other
side) sall; I'm going across to
the shop táim ag dul sall go dtí an
siopa; 2 (from the other side)
anall; she came across from
England tháinig sí anall ó
Shasana; 3 (in crosswords)
trasna; six across uimhir a sé
trasna; 4 across from os comhair
(+GEN).

acrylic n aicrileach m1. ● adj
aicrileach.

act n 1 gníomh m1; an act of
kindness gníomh carthanachta;
2 (in a play) gníomh m1; 3 to put
on an act bheith ag ligean ort;
4 to be in the act of doing
something bheith díreach ag
déanamh rud éigin; to be caught
in the act bheith beirthe san

fhoghail. ● vb **1** gníomhaigh; it's time to act tá sé in am gníomhú; she acted as interpreter ghníomhaigh sí mar theangaire; **2** (have effect) feidhmigh; it acts as a sedative feidhmíonn sé mar shuaimhneasán; **3** (in a play) to learn to act bheith ag foghlaim aisteoireachta; he acts well is aisteoir maith é.

acting n aisteoireacht f3. ● adj gníomhach.

action n **1** aicsean m1; the film has plenty of action tá an-chuid aicsin sa scannán; **2** (a deed, an act) gníomh; **3** out of action as feidhm.

activate vb gníomhachtaigh.

active adj gníomhach.

activist n gníomhaí m4.

activity n gníomhaíocht f3.

actor n aisteoir m3.

actress n banaisteoir f3.

actual adj fíor.

actually adv go fíreannach.

acupuncture n snáthaidpholladh m (gen snáthaidphollta).

acute adj géar.

acute accent n agúid f2.

acutely adv go géar.

A.D. abbrev I.C., iar-Chríost;.

ad abbrev → ADVERTISEMENT

Adam's apple n úll m1 na scornaí.

adapt vb **1** to adapt something (to) rud a chur in oiriúint (do); adapted for television curtha in oiriúint don teilifís; **2** (become accustomed) to adapt to something tú féin a chló le rud.

adaptable adj solúbtha.

adapter, **adaptor** n cuibheoir m4.

add vb cuir le.

□ **add up:** to add up the bill an bille a shuimiú; it all adds up to

6 pounds déanann sé sin ar fad sé phunt.

adder n nathair f nimhe.

addict n andúileach m1; he's a football addict tá sé an-tugtha don pheil.

addicted adj to be addicted to andúil a bheith agat i (drugs, alcohol) tugtha do (television, football etc.).

addiction n andúil f2.

addition n **1** (adding) suimiú m (gen suimithe); **2** (something added) breis f2; in addition ina theannta sin; in addition to le cois (+GEN).

additional adj breise.

additive n breiseán m1.

address n seoladh m (gen seolta). ● vb cuir seoladh ar; to address a letter seoladh a chur ar litir.

adenoids npl adanóidí f2.

adequate adj sásúil.

adhere vb **1** (a material) to adhere to something greamú do rud; **2** to adhere to the rules cloí leis na rialacha.

adhesive n greamachán m1.

adjacent adj adjacent (to) in aice (le).

adjective n aidiacht f3.

adjourn vb cuir ar atráth; the meeting was adjourned cuireadh an cruinniú ar atráth.

adjust vb **1** (alter) athraigh; to adjust the focus of a camera fócas ceamara a athrú; **2** (settle in) socraigh isteach; to adjust to a new job socrú isteach i bpost nua.

adjustable adj inathraithe.

adjustment n socrú m (gen socraithe).

ad-lib vb labhairt as do sheasamh.

administer vb tabhair (do) (drug, treatment).

administration n 1 (duties) riarachán m1; 2 (department, body) lucht riaracháin f3.

administrative adj riarthach.

administrator n riarthóir m3.

admirable adj measúil.

admiral n aimiréal m1.

admire vb to admire someone meas a bheith agat ar dhuine.

admission n 1 (entrance fee) táille f4; 2 (entrance) cead m3 isteach; 3 (confession) admháil f3.

admit vb 1 (confess or agree) admhaigh; she confessed that she was guilty d'admhaigh sí go raibh sí ciontach; I have to admit that he is a good worker caithfidh mé a admháil gur oibrí maith é; 2 (let in) lig isteach.

admittance n cead m3 isteach.

admittedly adv caithfear a admháil go.

adolescence n óigeantacht f3.

adolescent n óganach m1. ● adj óigeanta.

adopt vb (child) uchtaigh.

adopted adj uchtaithe.

adoption n uchtú m (gen uchtaithe).

adorable adj aoibhinn.

adoration n adhradh m (gen adhartha).

adore vb 1 (love) gráigh; 2 (worship) adhair.

adrenaline n aidreanailín m4.

Adriatic Sea n Muir f3 Aidriad.

adult n duine m4 fásta. ● adj 1 (grown up) fásta; an adult person duine fásta; 2 (for adults) do dhaoine fásta; adult literature litríocht do dhaoine fásta.

adult education n oideachas m1 aosach.

adultery n adhaltranas m1.

advance n 1 (money) réamhíocaíocht f3; 2 (amorous) he made advances to her rinne sé iarracht a bheith mór léi. ● adj roimh ré; advance warning rabhadh roimh ré. ● vb 1 (move forward) téigh chun tosaigh; 2 (military) cuir chun tosaigh; he advanced his troops chuir sé a shaighdiúirí chun tosaigh; 3 (make progress) téigh chun cinn; technology is advancing tá an teicneolaíocht ag dul chun cinn.

advanced adj 1 (developed) forbartha; 2 advanced students scoláirí ardleibhéil.

advantage n 1 buntáiste m4; 2 (benefit) the advantage of working at home is... is é an buntáiste a bhaineann le bheith ag obair ag baile ná..; the advantage of that particular method is... is é an buntáiste a bhaineann leis an módh áirithe sin ná...; 3 to take advantage of something buntáiste a bhaint as rud; 4 to take advantage of someone (unfairly) buntáiste a bhreith ar dhuine.

advantageous adj buntáisteach.

Advent n Aidbhint f2.

adventure n eachtra f4.

adverb n dobhriathar m1.

adversary n céile f4 comhraic.

adverse adj díobhálach.

advertise vb fógair; there was a job advertised in the paper bhí post fógraithe sa pháipéar.

advertisement n fógra m4; an advertisement for a new car fógra faoi charr nua.

advertiser n fógróir m3.

advertising n fógraíocht f3; she works in advertising tá sí ag obair i gcomhlacht fógraíochta.

advice n comhairle f4; her advice to me was... ba í a comhairle domná...

advisable adj inmholta.

advise vb mol do, comhairligh; I
advise you to wait molaim duit
fanacht.

advisedly adv d'aon ghnó.

adviser, **advisor** n comhairleoir
m3.

advocate n abhcóide m4. ● vb
mol.

aerial n aeróg f2. ● adj aerga,
aer-.

aerobics n aeróbaíocht f3.

aeroplane n eitleán m1.

aerosol n aerasól m1.

aesthetic adj aeistéitiúil.

aesthetics n aeistéitic f2.

affair n 1 (a matter) gnó m4; **2** a
love affair caidreamh m1 suirí;
3 current/business affairs cúrsaí
reatha/gnó; **4** (politics) foreign
affairs gnóthaí eachtracha.

affect vb 1 (influence) téigh i
bhfeidhm ar; his speech didn't af-
fect her at all ní dheachaigh a
oráid i bhfeidhm uirthi in aon
chor; **2** she affected an air of
cheerfulness chuir sí gothaí
gealgháireacha uirthi féin.

affected adj gothach.

affection n cion m3.

affectionate adj ceanúil.

affinity n 1 (between people) to
have an affinity with someone
dáimh a bheith agat le duine;
2 (similarity) bheith cosúil le.

affluence n rachmas m1.

affluent adj rachmasach.

afford vb I can't afford a new car
níl sé d'acmhainn agam carr nua
a cheannach.

affront n masla m4.

affronted adj he was affronted
by what she said bhraith sé
maslaithe lena ndúirt sí.

afoot adv something's afoot tá
rud éigin ar cois.

afraid adj 1 (fearful) eaglach; to
be afraid of someone eagla a

bheith ort roimh dhuine; she's
afraid to drive in the dark tá eagla
uirthi tiomáint sa dorchadas;
2 I'm afraid he's not here at the
moment tá brón orm ach níl seo
anseo faoi láthair; we don't have
anything else, I'm afraid tá brón
orm ach níl aon rud eile againn.

Africa n an Afraic f2.

African n Afreach m1.

after prep 1 (in time) i ndiaidh
(+GEN); after the war i ndiaidh an
chogaidh; the day after that an lá
ina dhiaidh sin; after school i
ndiaidh na scoile; day after day
lá i ndiaidh lae; **2** she was ask-
ing after you bhí sí ag cur do
thuairisce; **3** I'm named after my
grandfather ainmníodh mé as mo
sheanathair; **4** (seeking) what is
he after? cad atá á lorg aige?;
5 after all tar éis an tsaoil. ● adv
ina dhiaidh sin; she left the day
after d'fhág sé an lá ina dhiaidh
sin. ● conj i ndiaidh, tar éis after
he answered the question i
ndiaidh dó an cheist a fhreagairt.

aftermath n iarmhairt f2.

afternoon n tráthnóna m1.

after-sales service n seirbhís
f2 iardhíola.

aftershave n lóis f2
iarbhearrtha.

afterthought n athsmaoineamh
m1.

afterwards adv ina dhiaidh sin.

again adv arís; say that again,
please abair é sin arís le do thoil;
again and again arís agus arís
eile.

against prep in aghaidh (+GEN), i
gcoinne (+GEN); Kerry are playing
against Meath tá Ciarraí ag imirt
in aghaidh na Mí.

age n aois f2; what age are you?
cén aois tú?; Cáitríona is twenty-
four years of age tá Cáitríona
ceithre bliana is fiche d'aois; he
is coming of age tá sé ag teacht

in aois; **children over the age of ten** leanaí thar aois deich mbliana. ● *vb* aosaigh.

age group *n* aoisghrúpa *m4*.

ageism *n* aoiseachas *m1*.

ageist *adj* aoiseachúil; **an ageist policy** polasaí aoiseachais.

age limit *n* teorainn *f* aoise.

agency *n* gníomhaireacht *f3*.

agenda *n* clár *m1* oibre.

agent *n* gníomhaire *m4*.

aggravate *vb* **1** (*irritate*) cráigh; **2** (*make worse*) géaraigh.

aggravating *adj* cráite.

aggression *n* ionsaí *m* (*gen* ionsaithe).

aggressive *adj* ionsaitheach.

aggrieved *adj* gonta.

aggro *n* trioblóid *f2*; **don't give me any aggro** ná tabhair aon trioblóid dom.

aghast *adj* scanraithe.

agile *adj* aclaí.

agitate *vb* corraigh; **to agitate for/against something** agóid a dhéanamh ar son/i gcoinne ruda.

agitated *adj* corraithe.

agitation *n* corraitheacht *f3*.

ago *adv* **a week ago** seachtain ó shin; **a long time ago** fadó ó shin; **not long ago** ar ball beag.

agonize *vb* **to agonize over something** tú féin a chrá faoi rud.

agonizing *adj* léanmhar.

agony *n* céasadh *m* (*gen* céasta).

agree *vb* aontaigh; **I agree with you** aontaím leat; **they agreed a price** shocraigh siad praghas; **he agreed to go** thoiligh sé dul; **do you agree that...?** an aontaíonn tú go...?; **the dinner didn't agree with me** níor réitigh an dinnéar liom.

agreeable *adj* **1** (*pleasant*) pléisiúrtha; **2** (*willing*) toilteanach.

agreed *adv* socraithe.

agreement *n* comhaontú *m* (*gen* comhaontaithe).

agricultural *adj* talmhaíoch; **agricultural region** ceantar talmhaíochta.

agriculture *n* talmhaíocht *f3*.

aground *adv* **the boat ran aground** chuaigh an bád i dtalamh.

ahead *adv* **1** ahead of (*in front, in advance of*) roimh; **two hundred yards ahead of the car** dhá chéad slat roimh an gcarr; **he finished two months ahead of the deadline** chríochnaigh sé dhá mhí roimh an sprioctháta; **we are ahead of schedule** táimid chun tosaigh ar an sceideal. **2** (*in the lead*) chun tosaigh; **Ireland are two goals ahead** tá Éire dhá chúl chun tosaigh; **3** go ahead! ar aghaidh leat!; **it's straight ahead** tá sé díreach ar aghaidh.

aid *n* cabhair *f* (*gen* cabhrach); **in aid of charity** ar mhaithe le carthanacht; **he came to her aid** tháinig sé i gcabhair uirthi; **the government gave financial aid to the victims of the accident** thug an rialtas cabhair airgid do íobartaigh na timpiste. ● *vb* tabhair cúnamh do; **to aid someone to do something** cabhair a thabhairt do dhuine rud a dhéanamh;

aide *n* cúntóir *m3*.

Aids *n* SEIF (*Siondróm Easpa Imdhíonachta Faighte*).

ailment *n* easláinte *f4*.

aim *vb* dírigh ar; **to aim a gun at something** gunna a dhíriú ar rud; **to aim a punch at someone** buille a dheasú ar dhuine; **to do something** é a bheith ar intinn agat rud a dhéanamh. ● *n* **1** amas *m1*; **to take aim** amas a thógáil; **2** (*objective*) aidhm *f2*, the aim of the project aidhm an tionscadail.

aimless adj fánach.

air n aer m1. ● vb aeráil; to air a room seomra a aerálú; to air opinions tuairimí a chur in iúl.

air-conditioned adj aeroiriúnaithe.

air-conditioning n aeroiriúnú m (gen aeroiriúnaithe).

aircraft n aerárthach m1.

airfield n aerpháirc f2.

air force n aerfhórsa m4.

air freshener n aeriontóir m3.

airgun n aerghunna m4.

air hostess n aeróstach m1.

airlift n aertharlú m (gen aertharlaithe).

airline n aerline f4.

airmail n aerphost m1; to send a letter by airmail litir a sheoladh faoi aerphost.

airport n aerfort m1.

air-traffic controller n stiúrthóir m3 aerthráchta.

aisle n taobhroinn f2.

ajar adj ar faonoscailt.

alarm n aláram m; fire alarm aláram tine; 1 (warning) rabhadh; to raise the alarm gáir a thógáil; 2 (fright) scaoll. ● vb cuir scaoll i.

alarm clock n clog m1 aláraim.

alas interjection faraor, ochón.

Albania n an Albáin f2.

albeit conj (although) cé (go).

album n albam m1.

alcohol n alcól m1.

alcoholic n alcólach m1. ● adj meisciúil; an alcoholic drink deoch mheisciúil.

alcoholism n alcólacht f3.

alcove n almóir m3.

ale n leann m3.

alert adj airdeallach. ● n rabhadh; to be on the alert bheith

san airdeall. ● vb tabhair rabhadh do.

algebra n ailgéabar m1.

Algeria n an Algéir f2.

alias adv (false name) Seán Ó Briain alias Pól Ó Sé Seán Ó Briain nó Pól Ó Sé mar a thugtar air. ● n 1 (false identity) ainm m4 bréige; 2 (pen name) ainm cleite.

alibi n ailibí m4.

alien n coimhthíoch m1, eachtrannach m1. ● adj coimhthíoch; everything was alien to her bhí gach rud coimhthíoch aici.

alienate vb to alienate somebody duine a chur i do choinne.

alienation n coimhthíos m1.

alike adj cosúil, ionann; those two are very alike tá an bheirt sin an-chosúil lena chéile. ● adv men and women alike enjoy his films baineann idir fhir agus mhná taitneamh as a chuid scannán.

alimony n ailiúnas m1.

alive adj beo, i do bheatha.

alkali n alcaile f4.

••••••••••••••••••••••••••••••

all adj
ar fad, gach uile; **all day** an lá ar fad; **all night** an oíche ar fad, i rith na hoíche; **all the time** an t-am ar fad, i rith an ama; **all people** gach uile dhuine; **all things** an uile ní.

● pron he drank it all d'ól sé an t-iomlán; **it's all I've got** sin a bhfuil agam; **all of my friends** speak Irish labhraíonn mo chairde ar fad Gaeilg.

● adv

••••➤ she was all alone bhí sí ina haonar ar fad; she was dressed all in black bhí sí gléasta ar fad i ndubh; it's all the better for that tá sé níos fearr dá bharr sin; **it'll be all the worse for him** dó féin is measa é;

···▸ **five all** a cúig le cúig;

···▸ (*in phrases*) **above all** thar aon rud eile; **after all** tar éis an tsaoil; **all the better** is amhlaidh is fearr é; **it's all or nothing** gach aon rud nó faic; **at all** in aon chor; **if you're at all uncertain** má tá tú neamhchinnte in aon chor; **I'm not at all sure** nílim cinnte in aon chor.

all along *adv* an t-am ar fad; **we knew that all along** bhí a fhios againn é sin an t-am ar fad.

allegation *n* líomhain *f3*.

allege *vb* líomhain, maígh.

allegedly *adv* más fíor.

allegiance *n* dílseacht *f3*.

allergic *adj* ailléirgeach; **to be allergic to something** ailléirge ruda a bheith ort.

allergy *n* ailléirge *f4*.

alleviate *vb* maolaigh, tabhair faoiseamh do.

alley *n* caolsráid *f2*.

alliance *n* comhaontas *m1*.

Alliance Party *n* Páirtí *m4* na Comhghuaillíochta.

allied *adj* comhaontaithe.

alligator *n* ailigéadar *m1*.

All-Ireland *adj* All Ireland final Cluiche Ceannais na hÉireann.

all-night *adj* oíche go maidin; **we made it an all-night party** rinneamar oíche go maidin den pháirtí.

allocate *vb* roinn, dáil; **to allocate resources to people** acmhainní a roinnt, a dháileadh ar dhaoine.

allot *vb* **1** roinn ar (*money*); **2** leag amach do (*duties*); **the duties which have been allotted to us** na curaimí atá leagtha amach dúinn.

allotment *n* **1** (*garden*) garraí *m4*; **2** (*share*) roinnt *f2*.

allow *vb* **1** (*permit*) ceadaigh; **to allow someone to do something** cead a thabhairt do dhuine rud a dhéanamh; **you're not allowed to smoke here** níl cead agat tobac a chaitheamh anseo; **2** (*allocate*) lamháil; **we've allowed 90 pounds for travel** tá naocha punt ceadaithe againn do thaisteal.
□ **allow for** cuir san áireamh (*delays, changes*).

allowance *n* **1** (*money*) liúntas *m1*; **2** **to make allowances for something** rud a chur san áireamh.

alloy *n* cóimhiotal *m1*.

all right *adj* ceart go leor.

all-time *adj* **1** (*record: as achievement*) gan sárú; **2** **it's my all-time favourite disk** is é an ceirnín is fearr liom riamh é.

allude *vb* **to allude to something** tagairt a dhéanamh do rud.

ally *n* comhghuaillí *m4*. ● *vb* **to ally with** dul i bpáirt le.

almighty *adj* uilechumhachtach.

almond *n* almóinn *f2*.

almost *adv* beagnach, geall leis; **the work is almost finished** tá an obair beagnach críochnaithe; **I almost slipped** ba bheag nár thit mé.

alone *adj* aonarach. ● *adv* **she lives alone** tá sí ina cónaí ina haonar; **leave him alone!** lig dó!; **to leave something alone** rud a fhágáil mar atá.

along *prep* **along the road** feadh an bhóthair. ● *adv* **she came along with us** tháinig sí in inár dteannta; **the work is coming along nicely** tá an obair ag dul ar aghaidh go breá; **along with** that lena chois sin; **all along** i rith an ama.

aloud *adv* os ard; **to read some-thing aloud** rud a léamh os ard.

alphabet *n* aibítir *f2*.

alphabetical *adj* aibítreach; **alphabetical order** ord aibítreach.

Alps *npl* na hAlpa.

already *adv* cheana (féin); **I've already seen the film** tá an scannán feicthe agam cheana féin; **it's already midnight!** tá meánoíche ann cheana féin!

also *adv* freisin, chomh maith, leis, fosta.

altar *n* altóir *f3*.

altar boy *n* friothálaí *m4* aifrinn.

alter *vb* athraigh.

alteration *n* athrú *m* (*gen* athraithe).

alternate *adj* gach re, gach dara. ● *vb* malartaigh le; **to alternate with someone** sealaíocht a dhéanamh le duine.

alternative *adj* eile, malartach; **alternative answers** freagraí eile. ● *n* rogha; **I have no alternative** níl aon rogha eile agam.

alternatively *adv* ina áit sin.

alternative medicine *n* leigheas *m1* nua, leigheas *m1* malartach.

alternative technology *n* teicneolaíocht *f3* nua , teicneolaíocht *f3* mhalartach.

alternator *n* ailtéarnóir *m3*.

although *conj* cé go, bíodh (is) go.

altitude *n* airde *f4*.

altogether *adv* **1** (*in total*) san iomlán; **2** (*completely*) go hiomlán, ar fad; **3** (*on the whole*) tríd is tríd.

aluminium *n* alúmanam *m1*.

always *adv* **1** (*at all times*) i gcónaí, i dtólamh; **he's always late** bíonn sé déanach i gcónaí; **2** (*in the future*) go deo, choíche; **it will always be like this** beidh sé amhlaidh go deo; **3** (*in the past*)

riamh; **she always liked this house** thaitin an teach seo léi riamh.

Alzheimer's disease *n* aicíd *f2* Alzheimer.

a.m. *abbrev* r.n. (*roimh nóin*).

amalgamate *vb* cónaisc.

amateur *n adj* amaitéarach *m1*.

amaze *vb* **to amaze someone** ionadh a chur ar dhuine.

amazed *vb* **she was amazed** bhí ionadh uirthi.

amazement *n* ionadh *m1*.

amazing *adj* iontach.

amazingly *adv* iontach; **it was amazingly cheap** bhí sé iontach saor.

ambassador *n* ambasadóir *m3*.

amber *n* ómra *m4*.

ambiguity *n* athbhrí *f4*, débhríocht *f3*.

ambiguous *adj* athbhríoch, débhríoch.

ambition *n* uaillmhian *f2*.

ambitious *adj* uaillmhianach.

ambivalent *adv* **to be ambivalent about something** bheith idir dhá chomhairle faoi rud.

ambulance *n* otharcharr *m1*.

ambulance driver *n* tiománaí *m4* otharcharr.

ambush *n* luíochán *m1*. ● *vb* cuir luíochán ar.

amen *excl* áiméan.

amend *vb* **1** leasaigh (*law*); **2** ceartaigh (*document*). ● *n* **to make amends** cúiteamh a dhéanamh.

amendment *n* leasú *m* (*gen* leasaithe).

amenities *npl* áiseanna *f(pl)2*.

America *n* Meiriceá *m4*.

American *n* Meiriceánach *m1*. ● *adj* Meiriceánach.

amethyst *n* aimitis *f2*.

amid, **amidst** prep i lár (+GEN), i measc (+GEN).

amiss adj cearr; something was amiss bhí rud éigin cearr. ● adv **1** (wrongly) she took what he said amiss chuir a ndúirt sé múisiam uirthi; **2** a few pounds wouldn't go amiss ní rachadh cúpla punt amú.

ammonia n amóinia f4.

ammunition n armlón m1.

amnesia n aimnéise f4.

amnesty n ollmhaithiúnas m1.

amok adv to run amok dul as do chrann cumhachta.

among, **amongst** prep **1** (surrounded by) i measc (+GEN); it was among my papers bhí sé i measc mo chuid páipéar; **2** they were talking amongst themselves bhí siad ag caint le chéile.

amoral adj dímhorálta.

amorous adj grámhar.

amount n **1** (sum) suim f2; **2** (quantity) méid m4.
□ **amount to 1** (to make a total) that amounts to twenty pounds sin fiche punt san iomlán; **2** (to be equal to) it all amounts to a lot of work is ionann sin agus a lán oibre.

amp, **ampere** n aimpéar m1.

ample adj **1** (amount, dimensions) fairsing; **2** to have ample time neart ama a bheith agat.

amplifier n aimplitheoir m3.

amputate vb teasc.

amuse vb he amused us rinne sé cuideachta dúinn.

amused adj she wasn't at all amused by it ní raibh sí tógtha leis in aon chor.

amusement n cuideachta f4, siamsa m4.

amusement arcade n stuara siamsa m4.

amusing adj **1** (funny) greannmhar; **2** (interesting, entertaining) siamsúil.

anachronism n iomrall m1 aimsire.

anaemic adj neamhfholach, anaemach.

anaesthetic n ainéistéiseach m1.

anaesthetist n ainéistéisí m4.

analogy n analóg f2; by analogy trí analóg.

analyse vb déan anailís ar.

analysis n anailís f2.

analyst n anailísí m4.

analytic(al) adj anailíseach.

anarchist n ainrialaí m4.

anarchy n ainriail f (gen ainrialach).

anatomy n anatamaíocht f3.

ancestor n sinsear m1.

anchor n ancaire m4.

anchovy n ainseabhaí m4.

ancient adj ársa, seanda.

ancillary adj coimhdeach.

and conj agus, is; black and white dubh agus bán; in and out isteach is amach; and so forth agus ar aile; it's nice and warm tá sé deas agus te; **2** we walked for miles and miles shiúlamar míle i ndiaidh míle; he laughed and laughed gháir sé agus gháir; he tried and tried but it was no use rinne sé iarracht i ndiaidh iarrachta ach níorbh aon mhaith é.

anecdote n scéilín m4.

anemone n anamóine m4.

angel n aingeal m1.

angelic adj ainglí.

anger n fearg f2. ● vb to anger someone fearg a chur ar dhuine.

angina n aingíne f4.

angle n uillinn f2.

angler n iascaire m4 slaite.

Anglican n adj Anglacánach m1.

angling n iascaireacht f3 slaite.

Anglo- pref Angla-.

Anglo-Irish adj Angla-Éireannach; the Anglo-Irish Agreement an comhaontú Angla-Éireannach.

angrily adv go feargach.

angry adj feargach. to be angry fearg a bheith ort; to be angry with someone fearg a bheith ort le duine; I got angry tháinig fearg orm.

anguish n crá m4, pianpháis f2.

animal n ainmhí m4. ● adj ainmhíoch; the animal kingdom ríocht na n-ainmhithe.

animal rights npl cearta m(pl)1 na n-ainmhithe.

animated adj 1 beo, anamúil; I never saw her so animated ní fhaca mé riamh í chomh beoga; 2 an animated cartoon cartún.

animatedly adv go hanamúil.

aniseed n síol m1 ainise.

ankle n rúitín m4 caol m1 na coise to break one's ankle do rúitín a bhriseadh.

annexe n 1 (building) fortheach m (gen forthi); 2 (document) iarscríbhinn.

annihilate vb díothaigh.

anniversary n cothrom m1 an lae; our wedding anniversary cothrom an lae a phósamar.

announce vb fógair.

announcement n fógra m4.

announcer n fógróir m3.

annoy vb ciap, cráigh, cuir isteach ar; he was annoying me bhí sé do mo chiapadh; something's annoying her tá rud éigin ag cur isteach uirthi.

annoyance n ciapadh m (gen ciaptha).

annoyed adj bailithe; to get annoyed éirí bailithe; to be annoyed with someone bheith bailithe le duine.

annoying adj ciapach; it's very annoying is mór an crá (croi) é.

annual adj bliantúil. ● n 1 (plant) bliantóg f2; 2 (book) bliainiris f2.

Annual General Meeting n Cruinniú m Ginearálta Bliantúil.

annually adv gach bliain, in aghaidh na bliana.

annuity n blianacht f3.

annul vb cealaigh, neamhnigh.

Annunciation n Teachtaireacht f3 an Aingil.

anomaly n aimhrialtacht f3.

anon adv see you anon! feicfidh mé tú níos déanaí!.

anonymous adj gan ainm; an anonymous letter litir gan ainm; the poem is anonymous ní fios cé a chum an dán seo.

anorak n anarac m1.

anorexia n anaireicse f4.

anorexic adj she's anorexic tá anaireicse uirthi.

another adj pron eile; another story scéal eile; would you like another drink? ar mhaith leat deoch eile?.

answer n 1 (reply) freagra m4; 2 (solution) réiteach m1. ● vb 1 freagair (a question); 2 (in indirect speech) 'I've no idea,' she answered 'níl aon tuairim agam' a d'fhreagair sí; 3 to answer the phone an fón a fhreagairt. □ **answer back** tabhair aisfhreagra ar;

answering machine n gléas m1 freagartha.

ant n seangán m1.

antagonism n eascairdeas m1.

antagonism n céile m4 comhraic.

antagonize vb cuir olc ar.

Antarctic adj Antarctach; the Antarctic Ocean an tAigéan Antartach. ● n an tAntartach m1.

antelope n antalóp m1.

antenatal adj réamhbheirthe.

antenna n adharcán m1.

anthem n aintiún m1; national anthem amhrán náisiúnta.

anthology n díolaim f3; an anthology of verse díolaim dána.

anthropologist n antraipeolaí m4.

anthropology n antraipeolaíocht f3.

anti- pref frith-.

anti-abortion adj people who are anti-abortion daoine atá i gcoinne an ghinmhillte.

antibiotic n frithbheathach m1; to be on antibiotics bheith ag tógaint frithbheathach.

antibody n frithábhar m1.

anticipate vb 1 (foresee) tar roimh (dhuine); 2 (look forward to) to be anticipating something bheith ag súil le rud.

anticipation n feitheamh m1.

anticlimax n frithbhuaic f2.

anticlockwise adv adj tuathal.

antics npl geáitsí m(pl)4.

anticyclone n frithchioclón m1.

antidote n nimhíoc f2, frithnimh f2.

antifreeze n frithreo m4.

antihistamine n frith-hiostaimín m4.

antiquated adj seanaimseartha.

antique n rud m3 ársa; antiques seandachtaí. ● adj ársa, seanda.

antique dealer n ceannaí m4 seandachtaí.

antique shop n siopa m4 seandachtaí.

anti-Semitic adj frith-Ghiúdach.

anti-Semitism n frith-Ghiúdachas m1.

antiseptic n frithsheipteán m1, antaiseipteán m1. ● adj frithsheipteach, antaiseipteach.

antisocial adj frithshóisialta.

anti-terrorist adj anti-terrorist laws dlíthe i gcoinne sceimhlitheoirí.

anti-theft device n gléas m1 frithghadaíochta.

antithesis n fritéis f2.

antler n beann f2.

Antrim n Aontraim m3.

anvil n inneoin f (gen inneonach).

anxiety n imní f4, buairt f3.

anxious adj 1 (worried) imníoch, buartha; she was anxious about something bhí imní uirthi faoi rud; 2 (keen) to be anxious to do something bheith ar bís le rud a dhéanamh.

anxiously adv go himníoch.

....

any adj
····▸ (in questions) aon, ar bith; do you have any money? an bhfuil aon airgead agat?;

····▸ (with negative) she hasn't got any children níl aon leanaí aici;

····▸ (whichever) take any one that you like tabhair leat pé (ar bith) ceann is maith leat;

····▸ (in phrases) at any rate ar an nós, pé scéal é; any day now aon lá anois.

● adv
····▸ (in questions) would you like any more food? ar mhaith leat a thuilleadh bia ?;

····▸ (with negative) I can't run any faster ní féidir liom rith níos tapúla.

● pron
····▸ (in questions) have you any? an bhfuil aon cheann agat?;

····▸ (with negative) they don't have any níl a dhath acu; I asked her for money but she didn't have any d'iarr mé airgead uirthi ach ní raibh a dhath aici; she hasn't any of them níl aon cheann díobh aici.

anybody n aon duine m4.

anyhow adv ar aon nós, ar aon chuma.

anything n aon rud, rud ar bith.

anytime adv aon am, am ar bith.

anyway adv ar aon nós, ar aon chaoi.

anywhere adv aon áit, áit ar bith.

apart adv 1 (away from each other) the two buildings stand one hundred yards apart seasann an dá fhoirgneamh céad slat óna chéile; 2 (separated) scartha óna chéile; they hate being apart is fuath leo bheith scartha óna chéile; 3 to take something apart rud a thógáil as a chéile; the engine's falling apart tá an t-inneall ag titim as a chéile; 4 apart from that taobh amuigh de sin, cé is moite de sin; it's a good film apart from the ending is scannán maith é taobh amuigh den chríoch; everybody was there apart from her father bhí gach aon duine ann seachas a hathair.

apartheid n cinedheighilt f2.

apartment n árasán m1.

apathetic adj fuarchúiseach.

apathy n fuarchúis f2.

ape n ápa m4. • vb to be aping somebody bheith ag déanamh aithrise ar dhuine.

apéritif n greadóg f2.

aphrodisiac n afrodísiac m4.

apologetic adj leithscéalach.

apologize vb to apologize to someone leithscéal a ghabháil le duine; I apologize gabh mo leithscéal.

apology n leithscéal m1.

apostrophe n uaschamóg f2.

appal vb scanraigh.

appalled adj scanraithe.

appalling adj scanrúil, uafásach.

apparatus n gléas m1.

apparent adj follasach, soiléir.

apparently adv is cosúil, de réir cosúlachta; apparently he's built a new house is cosúil go bhfuil teach nua tógtha aige; apparently she won't be here tonight ní bheidh sí anseo anocht de réir cosúlachta.

appeal n 1 (urgent request) achomharc m1; a charity appeal achomharc carthanachta; 2 (attraction) tarraingt f (gen tarraingthe); it has a certain appeal tá tarraingt áirithe ann; 3 (in a court case) achomharc m1. • vb 1 (request urgently) politicians are appealing to people to remain calm tá polaiteoirí ag iarraidh ar dhaoine fanacht socair; 2 (seem attractive) the idea appeals to him taitníonn an smaoineamh leis; 3 (in a court case) he appealed to the high court rinne sé achomharc don ardchúirt.

appealing adj tarraingteach.

appear vb 1 (come into view, be seen for the first time) taispeáin, nocht; he appeared at the window thaispeáin sé é féin ag an bhfuinneog; his book appeared in the shops last week tháinig a leabhar amach sna siopaí an tseachtain seo caite; the problem first appeared in the sixties tháinig an fhadhb chun solais ar dtús sna seascaidí; 2 (seem) you appear to be healthy tá cuma shláintiúil ort; this appears to be the case dealraíonn sé gurb é seo an cás; 3 (on television, stage, etc) he appeared on the news last night bhí sé ar an nuacht aréir;

she's appearing in the play tá páirt aici sa dráma.

appearance n 1 (arrival) teacht m3; 2 (look) cuma f4; she's careful about her appearance tá sí cúramach faoin gcuma a bhíonn uirthi; 3 (before court) láithreas m1.

appease vb ceansaigh, suaimhnigh.

appendicitis n aipindicíteas m1.

appendix n 1 (in body) aipindic f2; 2 (in book) aguisín m4.

appetite n goile m4.

appetizing adj blasta, neamúil.

applaud vb 1 (clap) they applauded him thugadar bualadh bos dó; 2 (praise) to applaud someone for doing something duine a mholadh as rud a dhéanamh.

applause n bualadh bos m (gen buailte), moladh m (gen molta).

apple n úll m1; ➤ she's the apple of his eye is measa leis í ná an tsúil ina cheann.

apple tree n crann m1 úll.

appliance n fearas m1.

applicable adj oiriúnach; to be applicable to something bheith oiriúnach do rud.

applicant n iarratasóir m3.

application n 1 (for a job) iarratas m1; 2 (use) feidhm f2; 3 (on a computer) clár m1 ríomhaireachta.

applied adj feidhmeach.

apply vb 1 cuir le (paint, lotion, etc.); 2 cuir i bhfeidhm (law); 3 (be relevant) that rule applies to everyone baineann an riail sin le gach aon duine; 4 (for a job) she applied for the job chuir sí isteach ar an bpost; 5 they applied themselves to their work luigh siad isteach ar a gcuid oibre.

appoint vb ceap.

appointment n 1 (to job) ceapachán m1; 2 (arranged meeting) coinne; to make an appointment with someone coinne a dhéanamh le duine; do you have an appointment with him? an bhfuil coinne agat leis?

appraisal n measúnacht f3.

appreciate vb 1 (enjoy) he appreciates good food tá meas aige ar bhia maith; 2 (understand) I appreciate your situation tuigim do chás; 3 (be grateful) I'd appreciate it if you would be more tactful bheinn buíoch díot dá bhféadfá bheith níos cáiréisí; she appreciated the gift bhí sí buíoch den bhronntanas; 4 (accrue interest) luachmhéadaigh.

appreciation n 1 (enjoyment) léirthuiscint f3; 2 (gratitude) buíochas m1; 3 (of money) ardú m (gen ardaithe), luachmhéadú (gen luachmhéadaithe).

appreciative adj 1 (grateful) buíoch; 2 (understanding) léirthuisceanach; an appreciative audience lucht féachana léirthuisceanach; 3 (admiring) fabhrach.

apprehensive adj eaglach, faitíosach.

apprentice n printíseach m1.

apprenticeship n printíseacht f3.

approach vb 1 (come near) druid le; Christmas is approaching tá sé ag druidim leis an Nollaig; 2 (ask) she approached him about it chuaigh sí chun cainte leis mar gheall air; 3 (tackle) tabhair faoi (a task, problem etc.). ● n 1 (access) bealach m1 isteach; 2 (method) modh m4 oibre.

approachable adj (person) sochaideartha.

appropriate adj 1 tráthúil (moment, reaction); 2 (suitable) oiriúnach; 3 (correct) ceart, cuí.

approval n **1** (*satisfaction*) sásamh m1; I hope it meets with your approval tá súil agam go bhfuil tú sásta leis; **2** (*acceptance*) cead; **3** on approval ar triail; I got it on approval fuair mé é ar triail.

approve vb the board have approved the plan tá an bord tar éis glacadh leis an bplean. □ **approve of:** her parents don't approve of her boyfriend níl a tuismitheoirí cóthógtha lena buachaill.

approximate adj cóngarach. ● vb to approximate to something bheith cóngarach do rud.

approximately adv amach is isteach, timpeall.

apricot n aibreog f2.

April n Aibreán m1.

April Fool n Amadán m1 Aibreáin; April Fool's Day Lá m na nAmadán.

apron n naprún m1.

apt adj **1** (*suitable*) oiriúnach, cuí; **2** to be apt to do something claonadh a bheith agat rud a dhéanamh.

aptitude n éirim f2, mianach m1.

Aquarius n an tUisceadóir m3.

Arab n Arabach m1.

Arabic n Araibis f2.

arable adj arúil.

Aran Islands n Oileáin m(pl)1 Árann.

arbitrary adj ar togradh.

arbitration n eadrán m1.

arc n stua m4.

arcade n stuara m4.

arch n áirse f4, stua m4.

archaeologist n seandálaí m4.

archaeology n seandálaíocht f3.

archaic adj ársa, seanda.

archbishop n ardeaspag m1.

archery n boghdóireacht f3.

archetype n aircitip f2.

archetypal adj aircitipeach.

architect n ailtire m4.

architecture n ailtireacht f3; to study architecture staidéar a dhéanamh ar an ailtireacht.

archives plural noun cartlann f(sg)2.

archivist n cartlannaí m4.

Arctic n Artach. ● n the Arctic an tArtach m1.

Arctic Circle n an Ciorcal m1 Artach.

Arctic Ocean n an tAigéan m1 Artach.

area n **1** (*extent*) achar m1; **2** (*region*) ceantar m1, limistéar m1; **3** (*of research*) réimse m4.

arena n airéine f4.

Argentina n an Airgintín f2.

arguable adj ináitithe.

arguably adv it is arguably his best book d'fhéadfaí a rá gurb é an leabhar is fearr dá chuid é.

argue vb áitigh; he's arguing that... tá sé ag áitiú go...; to be arguing with someone bheith ag argóint le duine; to be arguing about something bheith ag argóint faoi rud.

argument n argóint f2.

argumentative adj conspóideach.

arid adj tirim, tur.

Aries n An Reithe m4.

arise vb **1** (*come up*) should the situation arise sa chás go; **2** (*result*) problems which arose out of... fadhbanna a d'eascair as...; **3** (*get up*) éirigh.

aristocrat n uaslathaí m4.

aristocratic adj uaslathach.

arithmetic n uimhríocht f3.

ark n áirc f2; Noah's Ark Áirc Naoi.

arm n **1** (*part of the body*) lámh f2; to break one's arm do lámh a bhriseadh; arm in arm uillinn ar uillinn; ➤ keep him at arms length coimeád fad do sciatháin uait é; **2 arms** (*weapons*) airm. ● *vb* armáil.

Armagh *n* Ard *m1* Mhacha.

armalite™ *n* armailít™ *f2*.

armaments *n* airm *m(pl)1*.

armchair *n* cathaoir *f* uilleann.

armed *adj* armtha; ► **armed to the teeth** faoi iomlán arm.

armed robbery *n* robáil *f3* armtha.

armistice *n* sos *m3* cogaidh.

armour *n* sos *m3* cogaidh; **1** (*suit*) cathéide *f2*; **the chink in the armour** an fabht san éide; **2** (*plating*) armúr *m1*.

armoured car *n* carr *m1* armúrtha.

armpit *n* ascaill *f2*.

armrest *n* taca *m4* uillinne.

arms dealer *n* déileálaí *m4* arm.

army *n* arm *m1*.

aroma *n* cumhracht *f3*.

aroma therapy *n* teiripe *f4* chumhrachta.

around *prep* **1** timpeall (+GEN); he was running around the garden bhí sé ag rith timpeall an ghairdín; they sat around the room shuigh siad timpeall an tseomra; **2** (*surrounding*) the countryside around Dublin an ceantar tuaithe timpeall Bhaile Átha Cliath. ● *adv* **1** timpeall, thart timpeall; they were left lying around fágadh iad ina luí (thart) timpeall; there was nobody around ní raibh aon duine timpeall; to move things around rudaí a bhogadh timpeall; **2** (*in time phrases*) around three o'clock timpeall a trí a chlog; around the middle of the summer timpeall lár an tsamhraidh; around Christmas i dtrátha na Nollag; **3** (*approximately*) there were around twenty people there bhí timpeall ar fiche duine ann.

arouse *vb* múscail.

arrange *vb* **1** eagraigh; to arrange objects rudaí a eagrú; (*organize*) she arranged all the meetings d'eagraigh sí na cruinnithe ar fad; the books are arranged alphabetically tá na leabhair leagtha amach in ord aibítreach; **2** (*in an artistic manner*) cóirigh; she's arranged the flowers beautifully tá na bláthanna cóirithe go hálainn aici; we arranged the music ourselves chóiriomar féin an ceol.

arrangement *n* **1** socrú *m* (*general*) socraithe); she made all the arrangements rinne sí na socruithe ar fad; **2** (*disposition*) the arrangement of the seats leagan amach na suíochán.

arrears *n* riaráiste *m4*; they are in arrears with the rent tá siad chun deiridh leis an gcíos.

arrest *vb* gabh; the guards arrested him ghabh na gardaí é. ● *n* gabháil *f3*; under arrest gafa.

arrival *n* teacht *m3*.

arrive *vb* **1** (*person*) sroich; we arrived at the station shroicheamar an stáisiún; **2** (*thing*) tar; a parcel has arrived for you tá beart tagtha duit; **3** (*event*) tar; the winter arrived early that year tháinig an geimhreadh go luath an bhliain sin; summer has arrived! tá an samhradh tagtha!

arrogance *n* sotal *m1*.

arrogant *adj* sotalach, díomasach.

arrow *n* saighead *m1*.

arse *n* tóin *f3*.

arsenic *n* arsanaic *f2*.

arson *n* coirloscadh (*gen* coirloiscthe).

art *n* ealaín *f2*; we can do art as a subject in our school is féidir linn ealaín a dhéanamh mar ábhar inár scoil; **the Fine Arts** na hEalaíne Uaisle; **Bachelor of Arts** Baitsiléar Ealaíne.

artery n cuisle f4 mhór, artaire m4.

art gallery n dánlann f2.

arthritis n airtríteas m1.

artichoke n bliosán m1.

article n 1 (in a newspaper, magazine, etc.) alt m1; 2 (thing) ball m1; **an article of clothing** ball éadaigh; 3 (of the law) airteagal; 4 (grammar) **the article** an t-alt.

articulate adj 1 (person) deisbhéalach; 2 (speech) sothuigthe.

articulated lorry n leoraí m4 alta.

artificial adj saorga.

artificial intelligence n intleacht f3 shaorga.

artificial limb n ball m1 saorga.

artificial respiration n riospráid f2 shaorga. .

artist n ealaíontóir m3.

artistic adj ealaíonta.

art school n scoil f2 ealaíne.

·····

as prep
mar; **he works as a doorman** tá sé ag obair mar dhoirseoir; **I admire him as a musician** tá meas agam air mar cheoltóir.

● adv (in comparisons) **as white as snow** chomh geal le sneachta; **twice as good as** dhá uair chomh maith le; **twice as much as** a dhá oiread agus; **as likely as not...** chomh dócha lena athrach...

● conj
····▶ (in time expressions) **she came in as we were eating breakfast** tháinig sí isteach agus bricfeasta á ithe againn; **as he grew older** de réir mar a chuaigh sé san aois; **as from**

next week ón tseachtain seo chugainn;

····▶ (since) **as he had to get up early.** mar go raibh air éirí go luath..; **as you were not at home...** toisc nach raibh tú ag baile..;

····▶ (though) **clever as he is he won't solve this problem** bíodh go bhfuil sé cliste ní réiteoidh sé an fhadhb seo;

····▶ (how) **mar; leave it as it is** fág é mar atá sé; **do as you wish** déan mar is áil leat;

····▶ **as regards** maidir le; **as far as I am concerned** chomh fada agus a bhaineann sé liomsa.

·····

asbestos n aispeist f2.

ascend vb ardaigh.

Ascension n Deascabháil f3; **Ascension Thursday** Déardaoin Deascabhála.

ascertain vb fionn, faigh amach.

ascribe vb **to ascribe something to someone** rud a chur síos do dhuine; **a poem ascribed to Aogán Ó Rathaille** dán atá leagtha ar Aogán Ó Rathaille.

ash n 1 (from burning) luaith f3; **from ashes to ashes** ó luaith go luaith; 2 (tree) fuinseog f2.

ashamed adj náirithe; **to be ashamed** náire a bheith ort; **she was ashamed of what she'd said** bhí náire uirthi lena ndúirt sí; **I'm ashamed of you** tá náire orm leat; **you should be ashamed of yourself** ba cheart náire a bheith ort.

ashore adv i dtír; **they came ashore** tháinig siad i dtír.

ashtray n luaithreadán m1.

Ash Wednesday n Céadaoin f2 an Luaithrigh.

Asia n an Áise f2.

Asian n Áiseach m1. ● adj Áiseach.

ask *vb* **1** (*enquire*) fiafraigh; you should ask at the ticket desk ba cheart duit fiafraí ag oifig na dticéad; she asked me where I was going d'fhiafraigh sí díom cá raibh mé ag dul; **2** (*invite*) she's asked him to come to the party d'iarr sí air teacht chuig an bpáirtí; **3** (*demand*) it's asking a lot is mór an iarraidh í; how much are they asking for the house? cé mhéid atá á lorg acu don teach?.

□ **ask after:** he was asking after her bhí sé ag cur a tuairisce.

□ **ask for 1** (*request*) iarr; he asked me for money d'iarr sé airgead orm; **2** iarr; she's asking for trouble tá sí ag lorg trioblóide.

askance *adv* he looked at him askance d'amharc sé air as eireaball a shúil, d'fhéach sé air go hamhrasach.

asleep *adj* she was asleep bhí sí ina codladh; I fell asleep thit mé i mo chodladh; to be fast asleep bheith i do chnap (codlata); my leg's asleep tá codladh grifín i mo chos.

asparagus *n* lus *m3* súgach.

aspect *n* **1** (*part*) gné *f4*; the worst aspect of it an ghné is measa de; **2** (*appearance*) dreach *m3*; **3** (*view*) aghaidh *f2*; the house has a southern aspect tá aghaidh an tí ó dheas.

asphyxiate *vb* múch, plúch.

aspire *vb* to aspire to something rud a bheith mar aidhm agat.

aspirin *n* aspairín *m4*.

ass *n* **1** (*donkey*) asal *m1*; **2** (*idiot*) amadán *m1*.

assassinate *vb* feallmharaigh.

assassination *n* feallmharú *m* (*gen* feallmharaithe).

assault *n* ionsaí *m* (*gen* ionsaithe).

● *vb* ionsaigh; to indecently assault someone drochiarraidh a thabhairt ar dhuine.

assemble *vb* **1** (*people*) bailigh, cruinnigh; a crowd assembled outside the house bhailigh slua lasmuigh den teach; **2** (*put together*) cuir le chéile; to assemble a desk deasc a chur le chéile.

assembly *n* **1** (*meeting*) teacht *m3* le chéile; tionól *m1* **2** (*putting together*) cóimeáil *f3*.

assembly line *n* líne *f4* chóimeála.

assert *vb* **1** dearbhaigh; he asserted his innocence dhearbhaigh sé go raibh sé neamhchiontach; **2** to assert oneself tú féin a chur i bhfáth.

assertion *n* dearbhú *m* (*gen* dearbhaithe).

assertive *adj* teanntásach.

assess *vb* measúnaigh.

assessment *n* measúnacht *f3*.

assessor *n* measúntóir *m4*.

asset *n* **1** (*property*) sócmhainn *f2*; personal assets sócmhainní pearsanta; **2** (*thing, person, skill*) buntáiste *m4*; she's a great asset to the team is mór an buntáiste don bhfoireann í.

assign *vb* **1** ainmnigh (*time*); to assign a time and date am agus dáta a ainmniú; **2** (*resources*) dáil; to assign resources to something acmhainní a dháileadh ar rud; **3** to assign a task to someone tasc a thabhairt do dhuine.

assignment *n* tasc *m1*.

assimilate *vb* comhshamhlaigh.

assist *vb* cuidigh le, cabhraigh le; to assist somebody to do something cuidiú le duine rud éigin a dhéanamh.

assistance *n* cuidiú *m* (*gen* cuidithe), cabhair *f* (*gen* cabhrach).

assistant n cúntóir m4; **shop assistant** freastalaí siopa.

associate n comhpháirtí m4.
● adj comhpháirteach. ● vb
1 (connect) samhlaigh; **she doesn't associate him with extreme politics** ní shamhlaíonn sí é le polaitíocht antoisceach; **2 to associate with someone** taithí le duine.

associate professor n comhollamh m1.

association n **1** (club, organization) cumann m1; **2** (with a person or people) caidreamh m1; **3** (mental) London has very bad associations for me samhlaím drochrudaí le Londain.

assorted adj measctha.

assortment n éagsúlacht f3.

assume vb **1** (suppose) glac le; **I assume that you will be here tonight** glacaim leis go mbeidh tú anseo anocht; **2** gabh (ort) (responsibility); **he assumed responsibility** ghabh sé freagracht air féin; **3** (take on) he assumed a false name thug sé ainm bréige air féin; **4** (affect) he assumed a harassed look chuir sé cuma chráite air féin.

assumption n **1** (supposition) glacadh m (gen glactha); **2** (of power) gabháil f3; **3** (religious) The Assumption of the Virgin Mary Deastógáil na Maighdine Muire; The Feast of the Assumption Féile Muire san Fhómhar.

assurance n **1** (of something done) dearbhú m4; **2** (pledge) gealltanas m1; **3** (confidence) muinín f2; **4** (insurance) árachas m1.

assure vb dearbhaigh; **I assure you that it has been done** dearbhaím duit go ndearnadh é.

asteroid n astaróideach m1.

asthma n asma m4, plúchadh m (gen plúchtha).

astonish vb **to astonish someone** ionadh a chur ar dhuine.

astonished adj **I was astonished to hear that... bhí** ionadh orm a chloisteáil go...

astonishing adj iontach.

astonishment n iontas m1.

astound vb **to astound somebody** alltacht a chur ar dhuine.

astray adv **to go astray** dul ar seachrán, dul amú; **to lead someone astray** duine a chur amú.

astringent n fuilchoscach m1.
● adj fuilchoscach.

astrology n astralaíocht f3.

astronaut n spásaire m4.

astronomy n réalteolaíocht f3.

astronomical adj as cuimse.

astute adj géarchúiseach.

asylum n **1** (sanctuary) tearmann m1; **to grant someone political asylum** tearmann polaitiúil a bhronnadh ar dhuine; **2 mental asylum** teach na ngealt.

at prep

➡ For expressions such as **laugh at, look at, surprised at →laugh, look, surprised**

·····▶ (in place or position) ag; **at the end of the street** ag bun na sráide; **at home** ag baile, sa bhaile; **at the office** ag an oifig; **he's at work** tá sé ag obair; **she was at lunch at Máire's house** bhí sí ag an lón i dteach Mháire;

·····▶ (in time phrases) ar; **I'll meet you at six o' clock** buailfidh mé leat ar a sé a chlog; **at Easter** um Cháisc; **at times** uaireanta; **at night** istoíche;

···▶ (*expressing rate*) ar; he drove at (a speed of) seventy miles per hour thiomáin sé ar luas seachtó míle san uair; **at two pounds a kilo** ar dhá phunt an cileagram; **two (people) at a time** i mbeirteanna;

···▶ (*after good/bad/etc.*) he's good at chess tá sé go maith chun fichille.

atheist n aindiachaí m4.

athlete n lúthchleasaí m4.

athletic adj lúthchleasach; **the Gaelic Athletic Association** Cumann Lúthchleas Gael.

athletics n lúthchleasa mpl1, lúthchleasaíocht f3.

Atlantic n **the Atlantic (Ocean)** an tAigéan m1 Atlantach.

atlas n atlas m1.

atmosphere n atmaisféar m1.

atom n adamh m1.

atomic adj adamhach; **atomic energy** cumhacht adamhach.

atrocious adj uafásach.

atrociously adv go huafásach.

atrocity n ainghníomh m1.

attach vb 1 (*stick, fasten*) to attach something to something rud a cheangal le rud, rud a ghreamú de rud; 2 (*to a document or letter*) cur le; 3 to be attached to someone bheith ceanúil le duine; 4 he attaches great importance to it is ríthábhachtach leis é.

attachment n (*for machine*) ball m1 breise.

attack vb 1 ionsaigh (*person or place*); 2 tabhair faoi (*task*). ● n ionsaí m4.

attain vb bain amach.

attempt n iarracht f3, iarraidh; **to make an attempt to do something** iarracht a thabhairt ar rud a dhéanamh; **to make no attempt to do something** gan iarracht a thabhairt ar rud a

dhéanamh; **to make an attempt on someone's life** iarracht mharfach a thabhairt ar dhuine ● vb tabhair iarracht; **to attempt to do something** iarracht a thabhairt ar rud a dhéanamh.

attempted adj **attempted rape** iarracht ar éigniú; **attempted murder** iarracht ar dhúnharú.

attend vb freastail; **50 people attended the meeting** d'fhreastail caoga duine ar an gcruinniú; **to attend Mass** an tAifreann a éisteacht.

□ **attend to 1** (*deal with*) to attend to something aire a thabhairt do rud; **I'll attend to it on Monday** féachfaidh mé chuige ar an Luan; **2** (*care for*) to attend to someone freastal ar dhuine.

attendance n 1 (*at school*) tinreamh m1; **2** (*people present*) freastal m1.

attendant n freastalaí m4.

attention n 1 (*care*) aire f4; **2** (*heed*) to pay attention to someone éisteacht a thabhairt do dhuine; **I wasn't paying attention** ní raibh mé ag éisteacht; **3 for the attention of** le haghaidh (+GEN).

attentive adj aireach.

attentively adv **to listen attentively** cluas ghéar a thabhairt do dhuine.

attic n áiléar m1.

attitude n 1 (*mental*) dearcadh m1; **a positive attitude** dearcadh dearfach; **2** (*position*) gotha m4; **he took up a fighting attitude** chuir sé gothaí troda air féin.

attorney n aturnae m4.

Attorney General n Ard-Aighne m4.

attract vb tarraing.

attraction n tarraingt f (gen tarraingthe).

attractive adj tarraingteach.

attribute n airí m4, cáilíocht f3.
● vb to attribute something to someone rud a fhágáil ar dhuine.

aubergine n ubhthoradh m1.

auction n ceant m4. ● vb to auction something rud a cheantáil.

auctioneer n ceantálaí m4.

audacious adj dána, teanntásach.

audible adj inchloiste.

audience n 1 (TV, theatre, concert) lucht m3 éisteachta; the concert audience lucht éisteacht a na ceolchoirme; 2 (radio, cinema) lucht m3 féachana; the film audience lucht féachana an scannáin.

audiovisual adj audiovisual facilities áiseanna closamhairc.

audit vb iniúch. ● n iniúchadh m1.

audition n triail (gen trialach) m1.

auditor n iniúchóir m4.

auditorium n halla m4 éisteachta.

augur vb it augurs well for us is maith an tuar dúinn é.

August n Lúnasa m4.

aunt n aint f2.

aunty n aintín f4.

auspicious adj fabhrach; an auspicious sign dea-chomhartha.

Australia n an Astráil f2.

Australian n Astrálach m1.
● adj Astrálach.

Austria n an Ostair f2.

Austrian n Ostarach m1. ● adj Ostarach.

authentic adj barántúil.

authenticate vb fíordheimhnigh.

authenticity n údaracht f3.

author n údar m1.

authoritarian adj údarásach.

authoritative adj údarásach.

authority n údarás m1; to have the authority to do something an t-údarás a bheith agat rud a dhéanamh; the authorities na húdaráis.

authorize vb údaraigh; to authorize someone to do something údarás a thabhairt do dhuine rud a dhéanamh.

auto- pref uath-, féin-.

autobiography n dírbheathaisnéis f2.

autograph n síniú m (gen sinithe). ● vb sínigh.

automate vb uathoibrigh.

automatic adj uathoibríoch.

automatically adv go huathoibríoch.

automation n uathoibriú m (gen uathoibrithe).

automobile n gluaisteán m1.

autonomous adj féinrialaitheach.

autonomy n féinriail f (gen féinrialach).

autopsy n scrúdú m iarbháis.

autumn n fómhar m1.

autumnal adj fómharach.

auxiliary n cúntóir m3. ● adj cúnta.

avail n to no avail gan tairbhe.
● vb to avail oneself of something úsáid a bhaint as rud.

availability n infhaighteacht f3.

available adj ar fáil, infhaighte.

avalanche n maidhm f2 shneachta.

avenge vb díoltas a bhaint amach.

avenue n ascaill f2.

average n meán m1. ● adj cothrom, meán; the average person an gnáthdhuine.
□ **average out**: averaged out over a period ar an meán a thógáil thar tréimhse.

averse adj drogallach; to be averse to doing something drogall a bheith ort rud a dhéanamh.

avert vb 1 (prevent) we averted a tragedy choinníomar tragóid uainn; 2 (turn away) to avert one's eyes from something do shúile a iompú ó rud.

aviary n éanlann f2.

aviation n eitlíocht f3.

avocado n piorra m4 abhcóide.

avoid vb seachain; to avoid someone duine a sheachaint; to avoid doing something teitheadh ó rud a dhéanamh.

avoidable adj inseachanta.

avoidance n seachaint f3.

await vb fan le; to await something eagerly fanacht go cíocrach le rud.

awake adj to be awake bheith i do dhúiseacht; she was awake bhí sí ina dúiseacht. ● vb dúisigh.

award n 1 (prize) duais f2; 2 (damages) dámhachtan m1. ● vb to award a prize to someone duais a bhronnadh ar dhuine; to award someone damages dámáistí a dhámhachtain ar dhuine.

aware adj feasach; I'm aware of it is feasach dom é; as far as I'm aware go bhfios dom; she's not politically aware níl sí feasach ar chúrsaí polaitíochta.

awareness n eolas m1.

away adv 1 (absent) she's away at the moment tá sí as baile faoi láthair; he went away d'imigh sé leis; 2 (distant) ar shiúl; it's five miles away tá sé cúig mhíle ar shiúl; 3 (continuously) he talked away all night labhair sé leis an oíche ar fad; they worked away for a couple of hours d'oibrigh siad leo ar feadh cúpla uair a chloig; 4 (in sport) as baile;

they're playing away tomorrow tá siad ag imirt as baile amárach.

away match n cluiche m4 as baile.

awe n uamhan m1.

awful adj 1 (dreadful) uafásach; 2 an awful lot an-chuid; an awful lot of an-chuid de (+GEN); there was an awful lot of noise bhí an-chuid fothraim ann.

awfully adv 1 go huafásach; 2 (very) thar a bheith; it was awfully hot in here bhí sé thar a bheith te istigh anseo.

awhile adv nóiméad; wait awhile fan go fóill.

awkward adj tuathalach, amscaí.

awning n scáthbhrat m1.

axe n tua m4. ● vb gearr; the programme has been axed tá an clár caite faoi thóin cártaí.

axis n ais f2.

axle n acastóir m4, fearsaid f2.

Bb

babble n cabaireacht f3. ● vb to babble on bheith ag cabaireacht.

baboon n babún m1.

baby n leanbh m1, babaí m4.

babyish adj leanbaí.

babysit vb páistí a fheighil, aire a thabhairt do leanaí.

babysitter n feighlí m4 páistí.

bachelor n baitsiléir m3, fear m1 singil; Bachelor of Arts/Science Baitsiléir Ealaíne/Eolaíochta.

back n 1 (of person, animal) droim m3; his back was turned to me bhí a dhroim casta liom; back to front droim ar ais; ➤ he's on

the pig's back tá sé ar muin na muice; **2** (*of hand, chair*) droim *m3*, cúl *m1*; **3** (*of room, house*) cúl *m1*; **4** (*of car, train*) deireadh *m1*; we sat in the back of the car shuíomar i ndeireadh an chairr. ● *adv* **1** (*to earlier place*) ar ais; to go back dul ar ais; to come back teacht ar ais; she came back at five o' clock tháinig sí ar ais ar a cúig a' chlog; he's back again tá sé ar ais arís; **2** to give something back rud a thabhairt ar ais; **3** (*away from the front*) siar, ar gcúl; to stand back seasamh ar gcúl; he can't keep her back ní féidir leis í a choimeád siar; **4** as far back as that chomh fada siar leis sin. ● *adj* back wheel an roth deiridh. ● *vb* **1** (*support*) tacaigh le; he backed her nomination thacaigh sé lena hainmniúchán; **2** (*bet on*) cuir geall ar; **3** (*cúlaigh* (*car*).
□ **back down** tarraing siar.
□ **back out** téigh ar do chúl.

backache *n* tinneas *m1* droma.

backbencher *n* cúlbhinseoir *m3*.

backbiting *n* cúlchaint *f2*.

backdate *vb* réamhdhátaigh.

back door *n* cúldoras *m1*.

backfire *vb* **1** (*car*) cúltort; **2** (*plans*) fill; his scheme will backfire on him fillfidh a scéim air.

backgammon *n* táiplis *f2* mhór.

background *n* cúlra *m4*. ● *adj* cúlrach.

backhander *n* breab *f2*; to give someone a backhander an crúibín cam a thabhairt do dhuine.

backing *n* **1** (*of paper, plastic*) droim *m3*; **2** (*support*) tacaíocht *f3*; **3** (*musical*) tionlacan *m1*.

backlash *n* fritonn *f2*.

backlog *n* riaráiste *m4*.

backpack *n* mála *m4* droma.

back seat *n* suíochán *m1* deiridh.

backside *n* tóin *f3*, bundún *m1*.

backstage *adv* ar chúl stáitse.

backstroke *n* snámh *m1* droma.

backup *n* tacaíocht *f3*. ● *adj* cúltaca; backup copy cóip chúltaca; backup disk diosca cúltaca.

backward *adj* **1** (*movement*) siar, ar gcúl; **2** (*person*) cúthalach; **3** (*place*) iargúlta.

backwards *adv* siar, ar gcúl; she took a step backwards thóg sí céim ar gcúl; he fell backwards thit sé i ndiaidh a chúil.

backyard *n* clós *m1* cúil.

bacon *n* bagún *m1*; a rasher of bacon slisín bagúin.

bacteria *npl* baictéir *m*(*pl*)*1*.

bad *adj* **1** (*not good*) olc, dona; the weather's bad tá an aimsir go holc; the film was bad bhí an scannán go dona; the food is bad tá an bia lofa; that's not bad at all níl sin olc in aon chor; **2** (*serious*) droch-; she had a bad accident bhí drochthimpiste aici; I have a bad cold tá drochshlaghdán orm; the milk's gone bad tá an bainne tar éis géarú; **4** (*naughty*) dána.

badge *n* suaitheantas *m1*.

badger *n* broc *m1*. ● *vb* to badger someone about something duine a chrá faoi rud éigin.

badly *adv* **1** (*not well*) go holc; she did badly in the French exam rinne sí go holc sa scrúdú Fraincise; it was badly built b'olc an tógáil a bhí faoi; **2** (*seriously*) go dona he was badly injured bhí sé gortaithe go dona; **3** (*urgently*) he needs the money badly

teastaíonn an t-airgead uaidh go
géar.

badminton n badmanton m1.

bad-tempered adj colgach.

baffle vb cuir mearbhall ar; I was
completely baffled by it chuir sé
mearbhall ceart orm.

bag n mála m4; ➤ to have bags
under your eyes sprochaillí a
bheith faoi do shúile agat. ● vb
cuir i mála, croch leat.

baggage n bagáiste m4.

baggage allowance n liúntas
m1 bagáiste.

baggage reclaim n bailiú m
bagáiste.

baggy adj lúsáilte.

bagpipes n píb f2 mhór.

bail n bannaí m4; to release
someone on bail duine a ligean
amach ar bannaí; to jump bail
bannaí a bhriseadh. ● vb to bail
(out) a boat bád a thaoscadh.

bailiff n báille m4.

bait n baoite m4. ● vb baoiteáil.

bake vb bácáil.

baked adj bruite; baked beans
pónairí bruite; baked potatoes
prátaí bruite.

baker n báicéir m3.

bakery n bácús m1.

baking n báicéireacht f3.

baking powder n púdar m1
bácála.

balance n 1 (equilibrium)
cothrom m1, cóimheá f4; I lost
my balance baineadh dem'
chothrom mé; to set a balance
rud a chur i gcothrom; the bal-
ance of payments cóimheá na
n-íocaíochtaí; 2 (remainder)
fuílleach m1; what will we do with
the balance cad a dhéanfaimid
leis an bhfuílleach; 3 (scales)
scálaí m(pl)4 meá; 4 it's in the
balance tá sé idir dhá cheann an
mheá. ● vb cothromaigh, meáigh.

balanced adj 1 (diet, argument)
cothrom; 2 (report, judgment)
cóir.

balance sheet n clár m1
comhardaithe.

balcony n balcóin f2.

bald adj maol; he's going bald tá
sé ag éirí maol; a bald patch
paiste maol.

bale n burla m4.

ball n 1 liathróid f2; 1 (football)
peil f2; 2 (in hurling) sliotar m1;
3 (of wool or string) ceirtlín m4;
4 (dance) bál m1.

ballad n bailéad f2.

ballerina n bailéiríne f4.

ballet n bailé m4.

ballet dancer n rinceoir m
bailé.

balloon n balún m1.

ballot n ballóid f2.

ballot paper n páipéar m1
ballóide.

ballpoint (pen) n peann m1
gránbhiorach.

ballroom n bálseomra m4.

Baltic adj the Baltic Sea an
Mhuir f2 Bhailt.

bamboo n bambú m4.

ban n cosc m1; to put a ban on
smoking cosc a chur ar
chaitheamh tobac. ● vb cuir cosc
ar.

banana n banana m4.

band n 1 (strip) banda m4; 2 (mu-
sical) banna m4.

bandage n bindealán m1. ● vb
cuir bindealán ar.

bang n pléasc f2, plab m4; we
heard a huge bang chualamar
pléasc mhór; the door shut with a
bang dhún an doras de phlab.

● vb pléasc, plab; he was banging
the table bhí sé ag pléascadh an
bhoird; she banged the door
phlab sí an doras; the door

banged shut dúnadh an doras de phlab.

bangle n bráisléad m1.

banisters n balastair mpl1.

banjaxed adj it's banjaxed tá sé ina chocstí.

banjo n bainseo m4.

bank n 1 (for money) banc m1; 2 (of river) bruach m1; 3 (of earth) carnán m1.

□ **bank on:** to bank on something/someone bheith ag brath ar rud/duine.

bank account n cuntas m1 bainc.

bank balance n cothrom m1 bainc.

bank card n cárta m4 bainc(éara).

banker n baincéir m3.

bank holiday n lá m saoire bainc.

banking n baincéireacht f3.

banknote n nóta m4 bainc.

bankrupt adj féimheach.

bank statement n ráiteas m1 bainc.

banner n meirge m4, bratach f2.

bannock n bonnóg f2.

banns n fógairt f3 pósta; to call the banns pósadh a fhógairt.

banquet n féasta m4; wedding banquet bainis f2.

banshee n bean f sí.

baptise vb baist.

baptism n baisteadh m (gen baiste).

bar n 1 (pub) beár m1; 2 (counter) cúntar m1; 3 (rod) barra m4; an iron bar barra iarainn; 4 (on windows) sparra m4; 5 (ban) cosc m1; 6 to be called to the bar glaoch chun an bharra a fháil; 7 a bar of music barra ceoil; 8 a bar of chocolate barra seacláide.

● vb 1 (window) sparr, cuir sparra le; 2 (ban) cuir cosc ar.

● prep bar none gan aon eiseacht.

barbaric adj barbartha.

barbecue n barbaiciú m4; fulacht m3. ● vb to barbecue food bia a fhulacht.

barbed wire n sreang f2 dheilgneach.

barber n barbóir m3.

barbituate n barbaturáit f2.

bar code n barrchód m1.

bare adj 1 (uncovered) nocht, lom; 2 he built it with his bare hands lena lámha féin amháin a thóg sé é; 3 the bare essentials of life bunriachtanais na beatha.
● vb nocht.

barefaced adj gan náire; a barefaced lie deargbhréag.

barefoot adj cosnochta; she was barefoot bhí sí cosnochta. ● adv to walk barefoot bheith ag siúl cosnochta.

barely adv ar éigean.

bargain n margadh m1; to get something for a real bargain rud a fháil ar shladmhargadh. ● vb déan margáil; to bargain over something margáil a dhéanamh faoi rud; I got more than I bargained for fuair me níos mó ná mar a bhí súil agam leis.

barge n báirse m4. ● vb he barged past me ghread sé tharam; she barged into our meeting bhris sí isteach inár gcruinniú.

bark n 1 (on a tree) coirt f2; 2 (of a dog) tafann m1, glam f2; ► his bark is worse than his bite is measa a ghlam ná a ghreim. ● vb déan tafann; the dog was barking bhí an madra ag tafann.

barley n eorna f4.

barmaid n cailín m4 beáir.

barman n fear m1 beáir.

barn n scioból m1.

barometer n baraiméadar m1.

baroque adj barócach.

barracks n beairic f(sg)2.

barrel n bairille m4.

barren adj aimrid, seasc.

barricade n baracáid f2. ● vb cuir baracáid ar.

barrier n bacainn f2.

barring prep ach amháin.

barrister n abhcóide m4.

barrow n barra m4.

bartender n freastalaí m4 beáir.

barter vb malartaigh.

base n 1 (bottom part) bun m1; a lamp base bun lampa; 2 (foundation) bonn m1; 3 (military) bunáit f2. ● vb to base something on rud a bhunú ar. ● adj suarach.

baseball n baseball.

baseball bat n bata m4 baseball.

baseball cap n caipín m4 baseball.

based adj (situated) lonnaithe; the company is based in Dublin tá an comhlacht lonnaithe i mBaile Átha Cliath.

basement n íoslach m1.

bash n bascadh. ● vb buail, basc.

bashful adj cúthalach.

basic adj bunúsach.

basically adv go bunúsach.

basics npl 1 (necessities) bunriachtanais m(pl)1; 2 (fundamentals) bunphrionsabail m(pl)1.

basil n basal m1.

basin n 1 (bowl) mias f2; 2 (in geography) imchuach m4; 3 (of river) abhantrach f2.

basis n 1 bunús m1; the basis of the story bunús an scéil; 2 bonn m1; on a trial basis ar bhonn trialach; 3 dúshraith f2; the basis of religion dúshraith an chreidimh.

basket n ciseán m1.

basketball n cispheil f2.

Basque adj Bascach; the Basque Country tír na mBascach. ● n 1 Bascach m1; 2 (language) Bascais f2.

bass n 1 (instrument) dord m1; 2 (voice, person) dordghuth m3.

bass drum n druma m4 mór.

bass guitar n dordghiotár m1.

bassoon n basún m1.

bastard n bastard m1; mac m1 suirí.

bat n 1 (in sport) buailteoir m3; 2 (creature) sciathán m1 leathair.

batch n baisc f2.

bath n folcadh m (gen folctha); to take a bath folcadh a thógáil.

bathe vb folc, nigh.

bathing n snámh m3.

bathing suit n culaith f2 shnámha.

bathrobe n fallaing f2 folctha.

bathroom n seomra m4 folctha.

bath towel n tuáille m4 folctha.

baton n 1 (conductor's) baitín m4; 2 (truncheon) bata m4.

batter n fuidreamh m1; pancake batter fuidreamh pancóg. ● vb batráil.

battered adj briste brúite.

battery n cadhnra m4.

battle n cath m4. ● vb to battle for something troid ar son ruda.

battlefield n páirc f2 an chatha.

bawdy adj graosta, gáirsiúil.

bay n 1 (on the sea) bá m4; 2 (tree) crann m1 labhrais.

bay leaf n duilleog f2 labhrais.

bayonet n beaignit f2.

bay window n fuinneog f2 bhá.

bazaar n basár m1.

B.C. adv R.C. (Roimh Chríost).

be vb

····▸ (stating place) Máire's in the garden tá Máire sa ghairdín; where is he now? cá bhfuil sé anois?; she will be there tonight **beidh sí ann anocht**; he will be at home tomorrow **beidh sé ag baile amárach**; where were you? **cá raibh tú**; when will she be back? **cathain a bheidh sí ar ais?**; I've never been to Venice **ní raibh mé riamh i Venice**;

••••➤ (*stating facts*) Dublin is the capital of Ireland is é **Baile Átha Cliath príomhchathair na hÉireann**; she's a teacher is **múinteoir í, múinteoir is ea í**; his mother is French is **francach í a mháthair**;

••••➤ (*emphasis*) it's me! (is) **mise atá ann!**; that was Brian on the phone **b'shin é Brian ar an bhfón**;

••••➤ (*time, date, distance*) it's half past six **tá sé a leathuair tar éis a sé**; it's almost midnight **tá sé beagnach meánoiche**, **tá sé ag tarraingt ar an meánoiche**; it's the tenth of March today **an deichiú lá de mhí an Mhárta atá ann**; it's three miles to the village **tá trí mhíle ann go dtí an tsráidbhaile**;

••••➤ (*age*) how old are you? **cén aois tú?**; I'm eighteen **táim ocht mbliana déag d'aois**;

••••➤ (*talking about health, state of being*) how are you? **conas atá tú?** (*Munster*) **cén chaoi a bhfuil tú?** (*Connacht*) **cad é mar atá tú** (*Ulster*); I'm fine, thanks **táim go breá, go raibh maith agat**; how is he now? **conas atá sé anois?**; he's better today **tá sé níos fearr inniu**;

••••➤ (*expressing sensations*) I'm hungry **tá ocras orm**; I am very thirsty **tá an-tart orm**; she's very tired **tá sí an-tuirseach**; are you cold? **an bhfuil fuacht ort?**;

••••➤ (*talking about weather, temperature*) it's cold today **tá sé fuar inniu**; it's very hot in here **tá sé an-te istigh anseo**;

••••➤ (*talking about prices*) how much is it? **cé mhéad atá air?**; it's twenty pounds **tá fiche punt air**; that will be ten pounds please **sin deich bpunt le do thoil**;

••••➤ (*in tag questions*) it's hot isn't it? **tá sé te nach bhfuil?**; the film was brilliant wasn't it? **bhí an scannán ar fheabhas nach raibh?**;

••••➤ (*in continuous tenses*) she was writing a letter **bhí litir á scríobh aici**; I've been living here for two years now **táim i mo chonaí anseo le dhá bhliain anois**;

••••➤ (*forming the passive*) he was born in Scotland **rugadh é in Albain**; she was never seen again **ní fhacthas í arís**;

••••➤ (*in infinitive*) he was to be here at seven o'clock **bhí sé le bheith anseo ar a seacht a chlog**; she's not to be told about it **ná hinstear di faoi**.

beach *n* trá *f4*.

beacon *n* solas *m1* rabhcháin.

bead *n* **1** coirnín *m4*; **2** Rosary Beads Paidrín *m(sg)4*.

beak *n* gob *m1*.

beam *n* **1** (*wooden*) maide *m4*; **2** (*of light*) ga *m4*. ● *vb* soilsigh; he was beaming **bhí aoibh an gháire air**.

bean *n* pónaire *m4*.

beansprouts *n* spruitíní *m(pl)4* soighe.

bear *n* béar *m1*. ● *vb* **1** (*carry*) iompair; he bore the bulk of the load **d'iompair sé formhór an ualaigh**; she came in bearing a tray of food **tháinig sí isteach ag iompar trádaire bia**; **2** (*used negatively*) I can't bear him! **ní féidir liom é a sheasamh**; **3** to bear pain **pian a fhulaingt**; **4** to

bear the cost of something an costas a sheasamh.
□ **bear out** deimhnigh.
□ **bear up** fulaing go cróga.
bearable adj sofhulaingthe.

beard n féasóg f2; (goatee) meigeall m1.

bearded adj féasógach.

bearer n 1 (carrier) iompróir m3; 2 (of passport) sealbhóir m3.

beast n beithíoch m1.

beastly adj brúidiúil.

beat n 1 buille m4; 2 (in music) buille ceoil; 3 (policeman's) stádar m1, cuairt f2; **to be on the beat** bheith ar stádar. ● vb 1 buail; **2 beat it!** bailigh leat! □ **beat off** ruaig, cuir an ruaig air. □ **beat up** tabhair bascadh do.

beating n bualadh m (gen buailte).

beautiful adj álainn; **a beautiful woman** spéirbhean.

beautifully adv go hálainn.

beauty n áilleacht f3. **that's the beauty of it** sin é an chuid is fearr de; ▶ **beauty is in the eye of the beholder** folaíonn grá gráin.

beaver n béabhar m1.

because conj **1** mar, toisc (+GEN); **2 because of** mar gheall ar.

beck n **to be at someone's beck and call** bheith ar teaghrán ag duine.

beckon vb sméid ar.

become vb **1** (come to be) éirigh; **they became great friends** d'éirigh siad an-mhór lena chéile; **he became tired of** d'éirigh sé tuirseach; **she became afraid** tháinig eagla uirthi; **she became a doctor** rinneadh dochtúir di; **2 what became of her?** cad a d'imigh uirthi?

bed n **1** leaba f (gen leapa); **to take to one's bed** an leaba a

thabhairt ort féin; **2** (of flowers) ceapach f2.

bed and breakfast n leaba f agus bricfeasta.

bedclothes n éadaí m(pl)1 leapa.

bedding n córacha f(pl)3 leapa.

bedraggled adj gioblach.

bedridden adj cróílí; **he's bedridden** tá sé ag coimeád na leapa.

bedroom n seomra m4 leapa.

bedside n colbha m4 na leapa.

bedside table n bord m1 cois leapa.

bedsitter n seomra m4 suí is leapa.

bedspread n scaraoid f2 leapa.

bedtime n am m1 soip.

bee n beach f2.

beech n fáibhile m4.

beef n mairteoil f2; **roast beef** mairteoil rósta.

beefburger n martbhorgaire m4.

beehive n coirceog f2.

beer n beoir f (gen beorach), leann m3.

beet n biatas m1; **sugar beet** biatas siúcra.

beetle n ciaróg f2.

beetroot n meacan m1 biatais.

before prep roimh (followed by lenition); **a week before** Easter seachtain roimh Cháisc; **the day before yesterday** arú inné; **he was here before the other people** bhí sé anseo roimh na daoine eile; **he was brought before the court** tugadh os comhair na cúirte é. ● adv I **'ve seen him before** chonaic mé é cheana; **the month before** an mhí roimhe sin. ● conj sula; **he will see you before he leaves** feicfidh sé tú sula n-imeoidh sé.

beforehand adv roimh ré.

befriend vb déan cairdeas le; **to befriend someone** cairdeas a dhéanamh le duine.

beg vb **1** (for money) bheith ag iarraidh déirce; **2** (implore) impigh; **she begged me not to tell him** d'impigh sí orm gan a insint dó.

beggar n bacach m1; fear m1 déirce.

begin vb tosaigh, cuir tús le; **to begin to do something** tosú ar rud a dhéanamh.

beginner n tosaitheoir m3.

beginning n tús m1; **at the beginning** ag tús (+GEN); **in the beginning** ar dtús.

behalf n **1 on behalf of** (representing) thar ceann (+GEN); **on behalf of the management** thar ceann na bainistíochta; **2 on behalf of** (for cause of) ar son (+GEN).

behave vb iompair; **to behave oneself** (well) tú féin a iompar go maith; **they behaved very badly** d'iompair siad iad féin go handona.

behaviour n iompar m1.

behind prep taobh thiar de, laistiar de; **he's standing behind you** tá sé ina sheasamh taobh thiar díot; **just behind our house** díreach taobh thiar dár dteach; **behind the wall** laistiar den bhalla; **he works behind the scenes** oibríonn sé ar chúl stáitse. ● adv **1** chun deiridh; **we are far behind in our work** táimid go mór chun deiridh inár gcuid oibre; **2 to leave something behind** rud a fhágáil i do dhiaidh.

beige adj donnbhuí.

being n **1** (creature) neach m; **2** (existence) beith f2.

belated adj mall; **a belated apology** leithscéal mall.

belatedly adv go déanach.

Belfast n Béal m1 Feirste.

belfry n cloigtheach m (gen cloigthi).

Belgian adj Beilgeach.

Belgium n an Bheilg f2.

belief n **1** (conviction, opinion) tuairim f2; **2** (faith) creideamh m1.

believe vb **1** (accept as true) creid; **I don't believe that** ní chreidim é sin; **she believed what he said** chreid sí a ndúirt sé; **2** (think) meas; **I believe they're in Dublin** measaim go bhfuil siad i mBaile Átha Cliath; **she's believed to be living in France** meastar go bhfuil sí ina cónaí san Fhrainc; **3 to believe in** creid i.

believer n creidmheach m1; **he's a great believer in walking** is fear mór siúlóide é.

bell n clog m1.

bellow vb búir.

belly n bolg m1.

belly button n imleacán m1.

bellyful n **to have had a bellyful of someone/something** bheith dóthanach de dhuine/rud.

belong vb **1** (property) **the book belongs to me** is liomsa an leabhar; **2** (be a member of) **he belongs to the trade union** tá sé ina bhall den cheardchumann; **3** (place) **where does this belong?** cá dtéann sé seo?

belongings n giúirléidí fpl2; **all my belongings** mo chip is mo mheanaithe.

beloved adj ionúin.

below prep faoi (followed by lenition); **the temperature was well below freezing** bhí an teocht go maith faoin reophointe. ● adv thíos, laistíos; **they live in the flat below** tá siad ina árasán thíos; **to come from below** teacht aníos.

belt n 1 (for clothing) crios m3;
2 (blow) buille m4. ● vb tabhair
buille do.

bemused adj trí chéile.

bench n binse m4.

bend n lúb m1. ● vb 1 lúb; to
bend something rud a lúbadh;
2 (road, path) cas; the road bends
to the left/right casann an bóthar
ar clé/dheis; 3 (bow) crom; he
bent his head chrom sé a cheann.
□ **bend down** crom síos.

beneath prep (thíos) faoi. ● adv
thíos.

benefactor n pátrún m1.

beneficial adj tairbheach.

benefit n 1 (beneficial effect)
tairbhe; it's for your own benefit
is chun do thairbhe féin é; 2 (al-
lowance) sochar m1; unemploy-
ment benefit sochar
dífhostaíochta. ● vb it benefited
him chuaigh sé chun sochair dó;
she benefited from it bhain sí
sochar as.

benevolent adj dea-mhéineach.

benign adj 1 (person) caoin;
2 (tumour) neamhurchóideach.

bent adj 1 cam; the aerial's bent
tá an aeróg cam; 2 to be bent on
doing something bheith meáite
ar rud a dhéanamh. ● n to have a
bent for something bua a bheith
agat chun ruda.

bequeath vb tiomnaigh.

bequest n tiomnacht f3.

bereaved adj the bereaved
(family) muintir an mharbháin.

bereavement n bris f2.

beret n bairéad m1.

berry n caor f2.

berserk adj to go berserk dul le
báini.

berth n 1 (on boat) leaba f loinge;
2 (for boat) leaba f ancaire; ➤ to
give someone a wide berth an
bealach glan a thabhairt do
dhuine.

beside prep in aice; the pen is
beside you tá an peann in aice
leat; ➤ to be beside oneself with
grief/rage bhí sé ag dul as a
mheabhair le brón/fearg.

besides prep seachas; there were
others besides ourselves there
bhí daoine eile seachas sinn féin
ann. ● adv 1 (in addition) freisin,
chomh maith; 2 (in any case)
thairis sin.

best adj is fearr; that is the best
one sin é an ceann is fearr; my
best friend an cara is fearr atá
agam; he only wants the best
players níl uaidh ach togha na
n-imreoirí; the best thing we can
do an rud is fearr is féidir linn a
dhéanamh; the best part of
something an chuid is fearr de
rud. ● adv as best as you can
chomh maith agus is féidir leat.
● n 1 (most excellent) togha m4;
they are the best in the country is
iad rogha gasúr togha na tíre iad;
the best of singers scoth na
n-amhránaithe; 2 (as good as can
be managed) I did my best rinne
mé mo dhícheall; to the best of
your ability chomh maith agus is
féidir leat.

best man n vaidhtéir m3; fear
m1 finné.

bestseller n leabhar m1
móréilimh.

bet n geall m1. ● vb cuir geall ar;
I'll bet you (that...) cuirfidh me
geall leat (go...); to bet on the
horses geall a chur ar na capaill.

betray vb 1 feall ar; he was
betrayed fealladh air; 2 (secret)
sceith; to betray a secret rún a
sceitheadh; 3 to betray one's
feelings mothúcháin a
thaispeáint.

betrayal n feall m1.

better adj níos fearr; if she had a
better car dá mbeadh carr níos
fearr aici; he's better than you tá

sé níos fearr ná tusa. ● *adv* níos fearr; you know her better than I do tá aithne níos fearr agatsa uirthi ná mar atá agamsa; I'll try to do it better déanfaidh mé iarracht ar é a dhéanamh níos fearr; you'd better leave at six b'fhearr duit fágáil ar a sé. ● *vb* sáraigh; to better somebody duine a shárú. ● *n* to get the better of someone an ceann is fearr a fháil ar dhuine; it's a change for the better is athrú chun feabhais é; you'll feel the better for it braithfidh tú níos fearr dá bharr.

betting *n* geallchur *m1*.

betting shop *n* siopa *m4* geallghlacadóra.

between *prep* idir; we have free time between lectures tá am saor againn idir na léachtaí.

beverage *n* deoch *f* (*gen* dí).

beware *vb* seachain; beware of the dog seachain an madra.

bewildered *adj* mearbhlach.

beyond *prep* thar, ar taobh thall (de); beyond the castle ar an taobh thall den chaisleán; beyond midnight thar an meanoíche; it's beyond our expectations tá sé thar an rud a raibh súil againn leis; beyond the bridge ar an taobh thall den droichead; beyond doubt gan aon dabht. ● *adv* thall, ansiúd; the field beyond an pháirc thall.

bias *n* claonadh *m* (*gen* claonta).

biased *adj* claonta; a biased view dearcadh claonta.

bib *n* bráidín *m4*.

Bible *n* Bíobla *m4*.

biblical *adj* bíobalta.

bicarbonate of soda *n* décharbónáit *f2* sóide.

biceps *n* bicéips *f2*.

bicycle *n* rothar *m1*.

bid *n* **1** (*at auction*) tairiscint *f3*; **2** (*attempt*) iarracht *f3*; to make a bid to do something iarracht a dhéanamh ar rud a dhéanamh. ● *vb* **1** (*at auction*) tairg, déan tairiscint; he bid 10 pounds for it thairg sé deich bpunt air; **2** he bid me goodbye d'fhág sé slán agam.

bidder *n* tairgeoir *m3*; the highest bidder an té a thairgeann an t-airgead is mó.

bidding *n* tairiscint *f3*.

bide *vb* to bide one's time bheith ag faire ar do sheans.

bifocals *npl* défhócasaigh *m(pl)1*.

big *adj* mór.

bigheaded *adj* sotalach.

bigoted *adj* biogóideach.

bigotry *n* biogóideacht *f3*.

big toe *n* ordóg *f2* coise.

bigwig *n* boc *m1* mór; bigwigs boic mhóra.

bike *n* rothar *m1*; to ride a bike rothar a thiomáint.

bikini *n* bicíní *m4*.

bilateral *adj* déthaobhach.

bilberry *n* fraochán *m1*.

bilingual *adj* dátheangach.

bill *n* **1** (*account*) bille *m4*; **2** (*banknote*) nóta *m4* bainc; **3** (*of bird*) gob *m1*. ● *vb* to bill someone bille a chur chuig duine.

billboard *n* clár *m1* fógraí.

billiards *n* billéardaí.

billiard table *n* bord *m1* billéardaí.

billion *n* billiún *m1*.

bin *n* bosca *m4* bruscair.

binary *adj* dénártha.

bind *vb* ceangail, nasc.

binge *n* (*drinking*) ragús óil *m1*; to go on a binge dul ar na cannaí.

bingo *n* biongó *m4*.

binoculars npl déshúiligh m(pl)1.

biochemistry n bithcheimic f2.

biodegradable adj bith-inghrádaithe.

biographer n beathaisnéisí m4.

biographical adj beathaisnéiseach.

biography n beathaisnéis f2.

biological adj bitheolaíoch.

biology n bitheolaíocht f3.

biorhythm n bithrithim f2.

biotechnology n bith-theicneolaíocht f3.

birch n beith f2.

bird n éan m1; ➤ a bird's eye view radharc anuas.

bird cage n éanadán m1.

bird-watcher n fairtheoir m3 éan.

biro™ n badhró m4.

birth n breith f2; she gave birth to twins rugadh cúpla di.

birth certificate n teastas m1 beireatais.

birth control n 1 (method) frithghiniúint f3; 2 (policy) cosc m1 beireatais.

birthday n lá m breithe.

birthday card n cárta m4 breithlae.

birthplace n áit f2 bhreithe.

biscuit n briosca m4.

bishop n easpag m1.

bit n 1 (piece) píosa m4; a bit of bread píosa aráin; 2 (for horse) béalbhach f2; 3 (in phrases) a bit ábhairín; he's a bit wild tá sé ábhairín fiáin; it's a bit late tá sé ábhairín déanach; bit by bit diaidh ar ndiaidh; he's every bit as good as you tá sé gach píoc chomh maith leatsa.

bitch n 1 (female dog) soith f2; 2 (term of abuse) bitseach f2.

bite vb 1 bain greim as; the dog bit him bhain an madra greim as.

● n 1 greim m3; I'll have a bite to eat beidh greim le n-ithe agam; 2 (insect bite) cailg f2.

biting adj 1 (wind) feanntach; 2 (wit, comment) géar.

bitter adj 1 (taste) searbh; 2 (weather) nimhneach.

bitterness n 1 (resentment) searbhas m1; 2 (of taste) seirbhe f4.

bizarre adj aisteach.

black adj 1 dubh; the place was black with people bhí an áit dubh le daoine; a black-haired person duine dubh; ➤ as black as coal chomh dubh leis an gual; ➤ the pot calling the kettle black casadh an chorcáin leis an gciteal; 2 a black person duine gorm. ● n 1 (colour) dubh m1; to be in the black bheith ar thaobh an tsochair; ➤ to persuade someone that black is white an dubh a chur ina gheal ar dhuine; 2 (person) gormach m1. ● vb 1 (blacken) dubhaigh; 2 (boycott) baghchatáil.

Black and Tan n Dúchrónach m1.

blackberry n sméar f2 dhubh.

blackbird n lon m1 dubh, céirseach f (gen céirsi).

blackboard n clár m1 dubh.

blackcurrant n cuirín m4 dubh.

black eye n súil f2 dhubh.

blackleg n cúl m1 le stailc.

blacklist n liosta m4 dubh. ● vb cuir ar an liosta dubh.

black magic n dubhealaín f2.

blackmail n dúmhál m1. ● vb dúmhál.

black market n margadh m1 dubh.

black sheep n (person) coilíneach m1.

blacksmith n gabha m4 (dubh).

blackthorn n draighean m1 (dubh).

bladder n lamhnán m1.

blade n 1 lann f2; 2 (of hurling stick or oar) bos f2; 3 a blade of grass ribe m4 féir.

blame n milleán m1, locht f2; to put the blame on someone an milleán a chur ar dhuine; to be to blame for something milleán ruda a bheith ort; she's to blame tá an milleán uirthi. ● vb to blame someone for something an milleán a chur ar dhuine; he's blaming me tá sé ag cur an mhilleáin ormsa.

blameless adj gan locht.

bland adj leamh.

blank adj bán. ● n bearna f4; fill in the blanks líon na bearnaí.

blanket n blaincéad m, pluid f2.

blaspheme vb diamhaslaigh.

blasphemy n diamhasla m4.

blast n 1 (of noise, wind) rois f2; 2 (explosion) pléasc f2.

blatant adj (flagrant) dearg-; a blatant lie deargéitheach; 2 (clear) follasach.

blatantly adv it's blatantly obvious is léir don dall.

blaze n 1 (fire) bladhmann m1; 2 (on animal) scead f2. ● vb 1 (fire) bladhm; 2 (sun) spalp.

blazer n bléasar m1.

bleach n bléitse m4. ● vb bánaigh, tuar.

bleak adj sceirdiúil.

bleed vb cuir fola; my nose/finger is bleeding tá mo shrón/mhéar ag cur fola.

blemish n 1 (on skin) ainimh f2; 2 (on fruit, reputation) smál m1.

blend n meascán m1. ● vb measc.

blender n measctthóir m3.

bless vb beannaigh, coisric; to bless someone/something duine/rud éigin a bheannú; bless you! (after sneeze) Dia linn!

blessing n beannacht f3, coisreacan m1.

blight n dúchan; potato blight dúchan prátaí. ● vb mill.

blind n (for window) dallóg f2. ● adj (person) dall; ➤ to turn a blind eye to something bheith caoch ar rud; ● vb dall; to blind someone duine a dhalladh; he was blinded by the headlights dalladh é ag na ceannsolais.

blindfold n púicín m4. ● adj adv faoi phúicín. ● vb cuir púicín ar.

blindly adv go dall.

blindness n daille f4.

blind spot n caochspota m1.

blink vb 1 (light) preab; 2 (eye) caoch; to blink an eye súil a chaochadh; ➤ in the blink of an eye i bhfaiteadh na súl.

bliss n aoibhneas m1.

blister n 1 (on skin) spuaic f2; 2 (on paint) clog m1. ● vb clog.

blizzard n síobadh m1 sneachta.

blob n daba m4.

block n 1 (of concrete, ice, etc.) ceap m1; 2 (of buildings) bloc m1; a block of flats bloc árasán; 3 (obstacle) bac m1. ● vb cuir bac ar.

block capitals npl bloclitreacha f(pl).

bloke n diúlach m1.

blonde adj fionn, bán. ● n duine m4 fionn.

blood n fuil f (gen fola); ➤ to have one's blood up bheith tógtha san fhuil; ➤ to have something in the blood rud a bheith agat ó dhúchas.

blood donor n deontóir m3 fola.

blood group n fuilghrúpa m4.

blood pressure n brú m4 fola.

bloodshot adj sreangach.

blood test n triail f fola.

bloodthirsty adj fuilchíocrach.

bloody adj **1** fuilteach; **2 it was bloody cold!** bhí sé damanta fuar!; **3 this bloody thing!** an rud mallaithe seo!

bloody-minded adj cadránta.

bloom n bláth m3; **>** in the bloom of youth i mbláth na hóige. ● vb tar i mbláth.

blossom n bláth m3; in blossom faoi bhláth. ● vb bláthaigh.

blot n smál m1. ● vb smálaigh.
  □ **blot out 1** (thoughts) cuir as do cheann; **2** (obscure) folaigh.

blouse n blús m1.

blow n buille m4. ● vb séid; the wind was blowing bhí an ghaoth ag séideadh; he blew the whistle shéid sé an fhéadóg.
  □ **blow away** séid chun siúil.
  □ **blow out** múch, séid amach; she blew out the candle mhúch sí an choinneal.
  □ **blow over** siothlaigh.
  □ **blow up 1** (explode) pléasc; **2** (inflate) séid.

blue adj **1** gorm; blue-eyed gormshúileach; **2** (pornographic) gáirsiúil. ● n gorm; she was dressed in blue bhí sí feistithe i ngorm; the blues (jazz) na gormacha; **>** it came out of the blue tháinig sé gan choinne.

bluebell n coinnle fpl corra.

bluff vb he's bluffing tá sé ag cur i gcéill. ● n cur m1 i gcéill; **to call someone's bluff** dúshlán a thabhairt do dhuine cur lena chuid cainte.

blunder n tuairplis f2.

blunt adj **1** (blade, pencil) maol; **2** (person, statement) giorraisc.

blur n dusma m4. ● vb doiléirigh.

blurb n blurba m4.

blurt out vb scaoil.

blush vb dear, las. ● n lasadh m (gen lasta).

blusher n luisneach m1.

boar n collach m1, torc m1; **a wild boar** torc allta.

board n **1** clár m1; a chess board clár fichille; a notice board clár fógraí; **2** (committee) bord m1; **the board of management** an bord bainistíochta; **3 on board** ar bord; **4 board and lodging** bia agus leaba. ● vb téigh ar bord.

boarder n (in a school) scoláire m4 cónaithe.

board game n cluiche m4 boird.

boarding pass n pas m4 bordála.

boarding school n scoil f2 chónaithe.

board room n seomra m4 comhairle.

boast vb maígh. ● n maíomh m1.

boat n bád m1.

bodily adj corpartha.

body n **1** (of person, animal) corp m1, colainn f2; a dead body corpán; body agus idir chorp agus anam; **2** (structure) cabhail f (gen cabhlach); the body of the car cabhail an chairr; **3** (group) comhlacht m3.

bodyguard n garda m4 cosanta.

bodywork n cabhalra m4.

bog n portach m1. ● vb the talks became bogged down chuaigh na cainteanna in abar.

bogus adj bréagach.

boil vb beirigh, fiuch. ● n neascóid f2.
  □ **boil down: what it all boils down to is...** is é bun agus barr an scéil ná...
  □ **boil over: the milk's boiling over** tá an bainne ag imeacht faoi bheiriú.

boiled egg n ubh f2 bhruite.

boiler n coire m4.

boiling point n pointe m4 fiuchta.

boisterous adj gleoiréiseach.

bold adj **1** (brave) dána, neamheaglach; **2** bold print cló trom; **3** (impudent, daring) dána, crosta.

Bolivia n an Bholaiv f2.

bollard n mullard m1.

bolt n **1** bolta m4; **2** (flash) a bolt of lightning splanc thintrí f2. ● adv bolt upright ina cholgsheasamh. ● vb **1** boltáil; he bolted the door bholtáil sé an doras; **2** she bolted down her food d'alp sí siar a cuid bia; **3** the horse bolted d'imigh an capall chun scaoill.

bomb n buama m4. ● vb buamáil.

bomb disposal unit n aonad m1 diúscartha buamaí.

bomber n buamadóir m3.

bombing n buamáil f3.

bond n **1** (tie) ceangal m1; a bond of friendship ceangal cairdis; **2** (financial) banna m4. ● vb ceangail, nasc.

bone n cnámh f2. ● vb díchnámhaigh.

bonfire n tine f4 chámh.

bonnet n boinneád m1.

bonus n bónas m1.

bony adj cnámhach.

booby trap n bobghaiste m4.

book n leabhar m1; **2** books (accounting) leabhair m(pl)1 chuntais. ● vb **1** (reserve) cur in áirithe; to book a room seomra a chur in áirithe; **2** (in sport) to book someone ainm duine a chur sa leabhar.

bookcase n leabhragán m1.

booking office n oifig f2 ticéad.

bookkeeping n cuntasóireacht f3.

booklet n leabhrán m1.

bookmaker n geallghlacadóir m3.

bookseller n díoltóir m3 leabhar.

bookshop n siopa m4 leabhar.

boom n **1** (noise) tormán m1; **2** (increase) borradh m (gen borrtha). ● vb (business) bheith ag borradh.

boost n **1** (increase) méadú m (gen méadaithe); **2** (encouragement) spreagadh m (gen spreagtha). ● vb méadaigh, spreag.

boot n **1** bróg f2 ard; a football boot bróg pheile; **2** (of car) cófra m4.

booth n both f3; telephone booth both teileafóin.

booze n biotáille f4; to go on the booze dul ar na cannaí. ● vb déan póit.

border n **1** (edge) ciumhais f2; **2** (of country) teorainn f (gen teorann).

borderline n teorainn f (gen teorann). ● adj to be a borderline pass bheith i ngar do phas.

bore n **1** (person) leadránaí m4; **2** (of gun) cró m4. ● vb **1** (person) tuirsigh; **2** (hole) poll.

boredom n bailitheacht f3.

boring adj leadránach.

born vb I was born in Ireland saolaíodh/rugadh in Éirinn mé; the day that she was born an lá a saolaíodh í. ● adj cruthanta; he's a born musician is ceoltóir cruthanta é.

borough n buirg f2.

borrow vb to borrow something from someone iasacht de rud a fháil ó dhuine.

Bosnia n Boisnia f2.

bosom n brollach m1, ucht m3.

boss n saoiste m4.

bossy adj tiarnúil.

botanical garden n luibhghairdín m4; National Botanical Gardens Garraí na Lus.

botanist n luibheolaí m4.

botany n luibheolaíocht f3.

botch vb déan praiseach de.

both pron, adj **1** (of people) beirt f2; both of them are footballers is peileadóirí iad an bheirt acu; both the girls are sick tá an bheirt chailíní breoite; **2** (things) dhá; I'll buy both books ceannóidh mé an dá leabhar; **3** both boys and girls attend the school freastlaíonn idir bhuachaillí agus chailíní ar an scoil; both old and young idir shean agus óg.

bother vb buair; don't bother yourself with it ná buair tú féin leis. ●n buairt f3.

bottle n buidéal m1. ● vb to bottle something rud a chur i mbuidéil.

bottle bank n gabhdán m1 buidéal.

bottle opener n osclóir m3 buidéal.

bottom n **1** (of thing) bun m1, íochtar m1; the bottom of the hill bun an chnoic; it's at the bottom of the garden tá sé ag bun an ghairdín; **2** (buttocks) tóin f3.

bottomless adj gan teorainn.

bough n craobh f2.

boulder n bollán m1.

bounce vb preab.

bouncer n fear m1 dorais.

bound n léim f2. ● vb léim. ● adj **1** she's bound to be there tonight is cinnte go mbeidh sí ann anocht; **2** I'm bound for America táim ag triall ar Mheiriceá.

boundary n teorainn f (gen teorann).

boundless adj gan teorainn.

bouquet n **1** (of flowers) crobhaing f2; **2** (of wine) cumhracht f3.

bout n **1** (spell) dreas m3; **2** (of illness) taom m3; a bout of flu taom flíú; **3** (in boxing) babhta m4.

bow¹ n **1** cuach f2; **2** (weapon) bogha m4.

bow² n **1** (gesture) umhlú m (gen umhlaithe); **2** (of boat) ceann m1 báid. ● vb umhlaigh.

bowel n ionathar m1; ▸ in the bowels of the earth in inní an domhain.

bowl n babhla m4. ● vb babhláil.

bowls n bollaí m(pl)4.

bowler n babhlálaí m4.

bowler hat n babhlaer m1.

bowling n bollaí m(pl)4.

bowling green n faiche f4 bollaí.

bow tie n carbhat m1 cuachóige.

box n bosca m4. ● vb **1** (as sport) dornáil; **2** (put in boxes) cuir i mboscaí.

boxer n dornálaí m4.

boxing n dornálaíocht f3.

Boxing Day n Lá m Fhéile Stiofáin.

boxing ring n cró m4 dornálaíochta.

box office n oifig f2 ticéad.

boy n buachaill m3, garsún m1.

boycott n baghchat m1. ● vb baghchatáil.

boyfriend n buachaill m3.

bra n cíochbheart m1.

brace n **1** (for teeth) cuing f2; **2** (tool) bíomal m1. ● vb he braced himself chuir sé a chosa i dtaca.

bracelet n bráisléad m1.

braces n gealasacha m(pl)1.

bracken n raithneach f2.

bracket n **1** (on wall) brac m1; **2** (in writing) lúibín m1; round/ square brackets lúibíní cruinne/ cearnógacha; **3** (category) aicme f4; he's in the high-income bracket tá sé san aicme ard-ioncaim.

brag vb maígh.

braid n **1** (*trimming*) órshnáithe m4; **2** (*plait*) trilseán m1. ● vb bréadaigh.

brain n inchinn f2; **she's got brains** tá éirim inti.

brainwash vb déan síolteagasc ar.

brainy adj éirimiúil.

braise vb galstobh.

brake n coscán m1. ● vb na coscáin a theannadh.

brake light n solas m1 coscán.

bran n bran m1.

branch n **1** (*of tree*) craobh f2, géag f2; **2** (*of road*) gabhal m1. ● vb géagaigh.

brand n branda m4. ● vb brandáil.

brand-new adj úrnua.

brandy n branda m4.

brass n prás m1.

brass band n banna m4 práis.

brat n dailtín m4.

brave adj cróga. ● vb tabhair dúshlán (+GEN); **to brave the bad weather** dúshlán na drochaimsire a thabhairt.

bravery n crógacht f3.

brawl n racán m1.

brazen adj prásach, dána. ● vb **to brazen it out aghaidh dhána a chur ort féin.

Brazil n an Bhrasaíl f2.

breach vb bearnaigh. ● n **1** (*opening*) bearna f4; **2** (*of promise*) sárú m (gen sáraithe); **breach of contract** sárú conartha; **3** breach of the peace briseadh na síochána.

bread n arán m1.

breadbin n bosca m4 aráin.

breadcrumbs n grábhóga f(pl)2 aráin.

breadth n leithead m1.

breadwinner n saothraí m4.

break vb bris; **to break an arm** lámh a bhriseadh; **to break a window** fuinneog a bhriseadh; **the weather broke** bhris an aimsir; **to break the law** an dlí a bhriseadh; **she's broken the world record** tá curiarracht an domhain briste aici. ● n **1** (*in bone, weather*) briseadh m (gen briste); **2** (*gap*) bearna; **a break in the fence** bearna sa chlaí; **a break in the clouds** bearna sna scamaill; **3** (*interval*) sos m3; **break time** am sosa; **4** (*chance*) deis f2; **it's a wonderful break for you** is iontach an deis duit é.
□ **break down 1** the car broke down bhris an carr anuas; **2** (*figures*) miondealaigh.
□ **break in 1** (*thief*) bris isteach; **he broke into the house** bhris sé isteach sa teach; **2** (*interrupt*) bris isteach; **3** to break in a horse capall a bhriseadh.
□ **break off 1** (*speaking*) stad; **she broke off in mid-sentence** stad sí i lár abairte; **2** (*detach, become detached*) tóg de; **he broke off a piece of bread** thóg sé píosa aráin; **the handle broke off the press** tháinig an hanla ón gcófra.
□ **break out 1** (*escape*) bris amach; **2** (*war*) tosnaigh.
□ **break up 1** (*meeting*) scoir; **2** (*into pieces*) bris i bpíosaí; **he broke it up into pieces** bhris sé ina phíosaí é; **3** (*relationship*) scar le; **she's broken up with her boyfriend** tá sí tar éis scaradh lena buachaill.

breakdown n **1** (*of vehicle, machine*) cliseadh m (gen cliste); **2** (*of figures, budget*) miondealú m (genm iondealaithe).

breakfast n bricfeasta m4.

breakfast cereal n gránach m1.

break-in n briseadh isteach m.

breakthrough n céim f2 mhór ar aghaidh.

breast n cíoch f2, brollach m1.

breast-feed vb tabhair an chíoch do.

breaststroke n bang m3 brollaigh.

breath n anáil f3.

breathalyser n anáilíseoir m3.

breathe vb tarraing anáil.
□ **breathe in** tarraing d'anáil isteach.
□ **breathe out** lig d'anáil amach.

breathing n análú m (gen análaithe).

breathless adj as anáil.

breathtaking adj 1 (beautiful) álainn; 2 (wonderful) iontach.

breed vb síolraigh. ● síol m1, sliocht m3.

breeding n 1 (upbringing) múineadh m (gen múinte); 2 (lineage) folaíocht f3; 3 (of animals) tógáil f3.

breeze n leoithne f4.

breezy adj gaofar.

Breton adj Briotánach. ● n Briotánach m1.

brew vb grúdaigh; to brew beer beoir a ghrúdú; to brew tea tae a dhéanamh.

brewery n grúdlann f2.

bribe n breab f2.

bribery n breabaireacht f3.

brick n brice m4.

bricklayer n briceadóir m3.

bride n brídeach f2.

bridegroom n grúm m1.

bridesmaid n cailín m4 coimhdeachta.

bridge n 1 droichead m1; 2 the bridge of one's nose caol m1 na sróine; 3 (card game) beiriste f2. ● vb to bridge the gap an bhearna a líonadh.

bridle n srian m1.

brief adj gonta, achomair. ● n 1 (remit) treoir f (gen treorach); 2 (of barrister) mionteagasc m1. ● vb cuir ar an eolas.

briefs n fobhriste m4.

briefcase n mála m4 cáipéisí.

briefly adv i mbeagán focal, go hachomair.

bright adj 1 (colour, light) geal; 2 (person) éirimiúil.

brighten vb geal.

brilliance n loinnir f (gen loinnreach).

brilliant adj 1 (clever, successful) an-éirimiúil; 2 (excellent) iontach; 3 (light, colour) lonrach.

brim n béal m1.

brine n sáile m4.

bring vb tabhair; bring the books with you tabhair na leabhair leat. □ **bring about** tabhair; what brought about his illness? cad a thug a bhreoiteacht? □ **bring back** tabhair ar ais. □ **bring down** (prices) laghdaigh. □ **bring forward** (date, meeting) tabhair chun tosaigh. □ **bring off** (task) cuir i gcrích; he managed to bring it off d'éirigh leis é a chur i gcrích. □ **bring out** 1 tabhair amach; 2 (publish) foilsigh. □ **bring up 1** (child) tóg; 2 (subject) tarraing ar.

brink n bruach m1; on the brink of war ar bhruach cogaidh.

brisk adj 1 (fast) beoga; 2 (chilly) briosc.

bristle n colg m4.

Britain n an Bhreatain f2.

British adj Briotanach.

Briton n Briotanach m1.

Brittany n an Bhriotáin f2.

brittle adj briosc.

broad adj leathan.

broad bean n pónaire m4 leathan.

broadcast n craoladh m (gen craolta). ● vb craol.

broadcasting n craolachán m1.

broaden vb leathnaigh.

broadly adv go ginearálta.

broadminded adj leathanaigeanta.

broccoli n brocailí m4.

brochure n bróisiúr m1.

broil vb griosc.

broke adj briste; I'm broke táim briste.

broken adj briste; the machine's broken tá an meaisín briste; he spoke in broken English labhair sé i mBéarla briste.

broken-hearted adj cróíbhriste.

broker n broicéir m3.

bronchitis n broincíteas m1.

bronze n cré-umha m4. ● adj cré-umhaí.

brooch n dealg f2, bróiste m4.

brood n ál m1. ● vb gor; to brood over something bheith ag goradh ar rud.

broom n 1 (brush) scuab f2; 2 (plant) giolcach f2 shléibhe.

broomstick n crann m1 scuaibe.

broth n brat m1.

brothel n drúthlann f2.

brother n 1 deartháir m (gen dearthár); 2 (religious) bráthair m (gen bráthar); The Christian Brothers Na Bráithre Críostaí.

brother-in-law n deartháir m céile.

brow n 1 (forehead) clár m1 éadain; 2 (eyebrow) mala f4; 3 (of hill) grua f4.

brown adj donn. ● n donn m1. ● vb donnaigh.

brown bread n arán m1 donn.

Brownie n Brídín m4.

brown sugar n siúcra m4 donn.

browse vb to browse through something do shúile a chaitheamh thar rud.

bruise n brú m4.

brush n 1 scuab f; 2 (for painting) cleiteán m1; 3 (encounter) teagmháil f3 bheag. ● vb 1 scuab; to brush one's hair do chuid gruaige a scuabadh; 2 (touch) teagmhaigh le.

□ **brush aside**: to brush something aside a bheag a dhéanamh de rud.

□ **brush up**: to brush up on something athstaidéar a dhéanamh ar rud.

Brussels n an Bhruiséil f2.

Brussels sprout n bachlóg f2 Bhruiséile.

brutal adj brúidiúil.

brutality n brúidiúlacht f3.

brute n brúid f2. ● adj by brute force le tréan brúidiúlachta.

bubble n boilgeog f2. ● vb bheith ag boilgearnach.

bubble bath n folcadh m sobalach.

bubble gum n guma m4 coganta.

buck n poc m1. ● vb rad.

□ **buck up** bíodh misneach agat.

bucket n buicéad m.

buckle n búcla m4. ● vb 1 (fasten) búcláil; 2 (warp, collapse) lúb.

bud n bachlóg f2. ● vb bachlaigh.

Buddhism n Búdachas m1.

Buddhist n Búdaí m4. ● adj Búdaíoch.

budding adj ag teacht in inmhe; he's a budding writer scríbhneoir is ea é atá ag teacht in inmhe.

budgerigar n budragár m1.

budget n cáinaisnéis f2. ● vb to budget for something buiséad a dhéanamh le haghaidh ruda.

buffalo n buabhall m1.

buffer n maolaire m4.

buffet¹ n cuntar m1 bia.

buffet² vb tuairteáil.

buffet car n caráiste m4 bia.

bug n 1 (creature) feithid f2;
2 (germ) geirm f2; a cold bug
geirm shlaghdáin; 3 (listening
device) fearas m1 cúléisteachta;
4 (in computing) fabht m4. ● vb
cráigh.

bugle n stoc m1.

build n déanamh m1. ● vb tóg.
□ **build up** neartaigh.

builder n tógálaí m4.

building n 1 (activity)
foirgneamh m1; 2 (industry)
foirgníocht f3.

building society n cumann m1
foirgníochta.

built-in adj ionsuite.

built-up adj faoi fhoirgnimh.

bulb n 1 (for light) bolgán m1;
2 (of plant) bleib f2.

Bulgaria n an Bhulgáir f2.

Bulgarian adj Bulgárach. ● n
1 (person) Bulgárach; 2 (lan-
guage) Bulgáiris f2.

bulge n boilsc f2. ● vb boilscigh.

bulimia n bulimia m4.

bulk n toirt f2; to buy something
in bulk mórchuid ruda a
cheannach; the bulk of something
an mhórchuid de rud.

bulky adj toirtiúil.

bull n 1 tarbh m1; a bull seal
tarbh róin; a bull elephant eilifint
fhireann; 2 (papal) bulla m4.

bulldozer n ollscartaire m4.

bullet n piléar m1.

bulletin n (on radio, television)
feasachán m1; 2 (printed) bileog
f2 nuachta.

bulletproof adj piléardhíonach.

bullfight n tarbhchomrac m1.

bullfighter n tarbhchomraiceoir
m3.

bullock n bológ f2.

bull's eye n súil f2 sprice.

bully n bulaí m4. ● vb to bully
somebody bullaíocht a
dhéanamh ar dhuine.

bum n 1 (bottom) tóin f3;
2 (tramp) fánaí m4.

bumblebee n bumbóg f2.

bump n 1 (thud) tuairt f2;
2 (jolt) croitheadh m (gen croite);
3 (lump) cnapán m1. ● vb buail.
□ **bump into** 1 he bumped into
the wall bhuail sé i gcoinne an
bhalla; 2 (meet) I bumped into
Áine yesterday casadh Áine orm
inné.

bumper n maolaire m4.

bumpy adj tuairteálach,
cnapánach.

bun n 1 (cake) borróg f2; 2 (hair-
style) cocán m1.

bunch n 1 (of flowers, herbs, etc)
triopall m1; a bunch of flowers
triopall bláthanna; a bunch of
grapes triopall fíonchaor; 2 (of
keys) cloigín; 3 (of people) baicle
f4.

bundle n 1 beart m1, burla m4;
2 (of papers) cual m1. ● vb
burláil.
□ **bundle up** to bundle some-
thing up rud a chur i mburla.

bungalow n bungaló m4.

bungle vb déan praiseach de.

bunk n bunc m4.

bunk bed n leaba f buinc.

buoy n baoi m4.

buoyant adj 1 snámhach; 2 (in
good spirits) briomhar.

burden n 1 (load) ualach m1;
2 (responsibility) cúram. ● vb to
burden someone ualach a chur ar
dhuine.

bureau n 1 (desk) biúró m4;
2 (office) oifig f2.

bureaucracy n maorlathas m1.

burglar n buirgléir m3.

burglar alarm *n* rabhchán *m1*.

burglary *n* buirgléireacht *f3*.

burgle *vb* déan buirgléireacht ar.

burial *n* adhlacadh *m* (*gen* adhlactha).

burly *adj* téagartha.

burn *vb* dóigh. ● *n* dó *m4*. □ **burn down** dóigh go talamh.

burner *n* dóiteoir *m3*.

burning *adj* **1** (*sensation*) loiscneach; **2** (*on fire*) the building is burning tá an foirgneamh trí thine.

burrow *n* (*rabbit's*) poll *m1*.

bursary *n* sparántacht *f3*.

burst *n* **1** (*in pipe*) réabadh *m* (*gen* réabtha); **2** (*of gunfire*) rois *f2*. ● *adj* a burst pipe píopa réabtha. ● *vb* pléasc. □ **burst out**: he burst out laughing phléasc sé amach ag gáire.

bury *vb* adhlaic.

bus *n* bus *m4*.

bush *n* **1** (*shrub*) tor *m1*; **2** (*terrain*) mongach *m1*.

bushy *adj* **1** (*plant*) tomógach; **2** (*hair, eyebrows*) mothallach.

busily *adv* go gnóthach.

business *n* **1** (*firm*) gnólacht *f3*; **2** (*commerce, transactions*) gnó *m4*; to do business with someone gnó a dhéanamh le duine; **>** to mean business bheith dáiríre; **3** (*affair, affairs*) gnó *m4*; mind your own business seachain do ghnó féin; it's a funny business is ait an gnó é.

businesslike *adj* ar bhonn ordúil.

businessman *n* fear *m1* gnó.

business trip *n* turas *m1* gnó.

businesswoman *n* bean *f* ghnó.

busker *n* ceoilteoir *m3* sráide.

bus pass *n* pas *m4* bus.

bus stop *n* stad *m4* bus.

bust *n* **1** (*woman's*) brollach *m1*; **2** (*sculpture*) busta *m4*. ● *adj* (*broken*) briste.

bustle *n* fuadar *m1*. ● *vb* fuadraigh.

busy *adj* gnóthach. ● *vb* to busy oneself with something bheith ag gabháil do rud; he busied himself gardening choimeád sé é féin gnóthach ag garraíodóireacht.

busybody *n* gobachán *m1*.

but *conj* ach; I'd love to go to the match but I've got a cold ba bhreá liom dul go dtí an cluiche ach tá slaghdán orm. ● *prep* **1** (*except*) ach; nobody but you could be so stupid ní fhéadfadh aon duine ach tusa a bheith chomh amaideach; you can buy anything here but that is féidir leat aon rud a cheannach anseo ach é sin; **2** but for murach; but for the weather murach an aimsir. ● *adv* (*only*) ach; he's but a child níl ann ach leanbh.

butcher *n* búistéir *m3*. ● *vb* déan búistéireacht ar.

butcher's shop *n* siopa *m4* búistéara.

butt *n* **1** (*of gun*) stoc *m1*; **2** (*of cigarette*) bun *m1*; **3** butt of jokes staicín áiféise. □ **butt in** bris isteach.

butter *n* im *m2*. ● *vb* cuir im ar; **>** to butter somone up an béal bán a dhéanamh le duine.

buttercup *n* cam *m1* an ime.

butterfly *n* féileacán *m1*.

buttock *n* más *m1*.

button *n* **1** cnaipe *m4*; **2** (*badge*) suaitheantas *m1*. ● *vb* to button one's jacket do chasóg a cheangal; to button up do chnaipí a dhúnadh/a cheangal.

buttonhole *n* poll *m1* cnaipe.

buy *vb* ceannaigh. ● *n* ceannach *m1*.

buzz n **1** (of insect) crónán m1;
2 (of voices) monabhar m1. ● vb
bheith ag crónán.

buzzard n clamhán m1.

buzzer n dordánaí m4.

by prep

····▸ (person, means) le; a book by
Máirtín Ó Cadhain leabhar le
Máirtín Ó Cadhain; the room is
heated by gas téitear an seomra
le gás; she was hit by pieces of
glass buaileadh le píosaí gloine í;

····▸ (means of transport) ar, le; he
came by train tháinig sé ar an
traen; he goes to work by car
téann sé ag obair i gcarr;

····▸ (near) in aice (+GEN); there's a
shop by the church tá siopa in
aice leis an séipéal; by the sea
in aice na farraige;

····▸ (past) thar; he walked by the
shop shiúil sé thar an siopa;
she drove by me thiomáin sí
tharam;

····▸ (rates) in aghaidh (+GEN); he's
paid by the hour íoctar é in
aghaidh na huaire;

····▸ (through) trí (followed by
lenition); we met by accident
bhuaileamar le chéile trí
thimpiste;

····▸ (according to) de réir (+GEN);
it is seven o' clock by that clock
tá sé a seacht a chlog de réir an
chloig sin;

····▸ (in time expressions) roimh
(followed by lenition); be back
by midnight bí ar ais roimh
mheánoíche; he was at home by
dinnertime bhí sé ag baile
roimh am dinnéir; de; by night
and by day de lá is d'oíche; by
morning faoi mhaidin;

····▸ by yourself i aonar; he was
by himself bhí sé ina aonar;

····▸ by the way dála an scéil;

····▸ (calculation and measurement)
to divide something by seven
rud a roinnt ar a seacht; the
shed is six feet by seven feet tá
an seid sé troigh ar a seacht
dtroigh; to multipy something
by two rud a mhéadú faoi dhó;
one by one ina gceann is ina
gceann; bit by bit de réir a
chéile.

● adv he put some money by chuir
sé roinnt airgid i leataobh; she
drove by thiomáin sí thart; by
and by ar ball.

bye(-bye) excl slán; slán leat (to
person leaving) (good)bye; slán
agat (to person left behind)
(good)bye.

by-law n fodhlí m4.

by-election n fothoghchán m1.

bypass n **1** (road) seachbhóthar
m1; **2** (surgical) seach-chonair f2.

bystander n féachadóir m3.

byte n beart m1.

Cc

cab n **1** (taxi) cab m4; **2** (of lorry)
cabán m1.

cabaret n cabaret m4, seó m4.

cabbage n cabáiste m4.

cabin n **1** (on ship) cabán m1;
2 (hut) bothán m1.

cabinet n **1** (government) comh-
aireacht f3; cabinet minister aire
rialtais; **2** (cupboard) caibinéad
m1; filing cabinet
comhadchaibinéad m1.

cable n cábla m4. ● vb cuir
sreangscéal chuig.

cable car n carr m1 cábla.

cable television n teilifís f2 chábla.

cache n folachán m1; **an arms cache** folachán arm.

cactus n cachtas m1.

cadet n dalta m4.

cadge vb to be cadging from someone bheith ag diúgaireacht ar dhuine.

Caesarean (section) n gearradh m Caesarach.

café n caifé m4.

cafeteria n caifitéire m4.

caffeine n caiféin f2.

cage n 1 caighean m1; 2 (bird-cage) éanadán m1. ● vb cuir i gcaighean.

cagey adj faichilleach.

cagoule n cóta m4 báistí.

cake n 1 císte m4; 2 a cake of soap císte gallúnaí.

calamity n tubaiste f4.

calcium n cailciam m4.

calculate vb 1 (work out) ríomh; 2 (estimate) meas.

calculation n ríomhaireacht f3.

calculator n áireamhán m1.

calendar n féilire m4.

calf n 1 (of cow) gamhain m (gen gamhna); 2 (of leg) colpa m4.

calibre n 1 (of weapon) calabra m4; 2 (of person) mianach m1; a man of his calibre duine dá mhianach sin.

call n 1 (cry, telephone) glaoch m1; a telephone call glaoch teileafóin; 2 (visit) cuairt f2; to pay a call on a friend cuairt a thabhairt ar chara; 3 (duty) to be on call bheith ar dualgas. ● vb 1 glaoigh; he called after her ghlaoigh sé ina diaidh; she called me (on the telephone) ghlaoigh sí orm ar an teileafón; call me in the morning glaoigh orm ar maidin; 2 (visit) tabhair cuairt ar; he called to see me yesterday

thug sé cuairt orm inné; 3 (name) tabhair; she's called Áine Áine a thugtar uirthi. □ **call back** (visit) tar ar ais; 2 (on telephone) glaoigh ar ais. □ **call for 1** (demand) iarr; 2 (pick up) téigh ag triall ar. □ **call off:** they called off the meeting chuir siad an cruinniú ar ceal; the strike has been called off cuireadh deireadh leis an stailc. □ **call on 1** (visit) téigh ar cuairt chuig; 2 (appeal to) iarr ar; to call on someone to do something iarraidh ar dhuine rud a dhéanamh. □ **call out 1** (shout) glaoigh amach; 2 (send for) glaoigh ar. □ **call up 1** (on telephone) glaoigh ar; 2 (to army) cuir gairm slógaidh ar.

call box n bosca m4 teileafóin.

calm adj 1 (voice, atmosphere) socair; 2 (weather) ciúin. ● n ciúnas m1. ● vb ciúinigh, suaimhnigh. □ **calm down** suaimhnigh; to calm somebody down duine a shuaimhniú.

calming adj suaimhneach.

calmly adv go socair.

calorie n calra m4.

Cambodia n an Chambóid f2.

camcorder n ceamthaifeadán m1.

camel n camall m1.

camera n 1 ceamara m4; 2 in camera i gcúirt iata.

cameraman n ceamaradóir m3.

camomile n fíogadán m1; camomile tea tae fíogadáin.

camouflage n duaithníocht f3. ● vb duaithnigh.

camp n campa m4. ● vb campáil; to go camping dul ag campáil. ● adj (effeminate) baineann.

campaign n feachtas m1. ● vb 1 (in election) déan

toghchánaíocht; **2 to campaign for something** agóid a dhéanamh ar son ruda.

campaigner n feachtasóir m3.

camp bed n leaba f champa.

camper n **1** (person) campálaí m4; **2** (vehicle) carr m1 campála.

camping stove n sornóg f2 champála.

campsite n láithreán m1 champála.

campus n campas m1.

can¹ n (tin) canna m4. ● vb cannaigh.

can² vb

····▸ (be able to) is féidir le, féad; **I can't see him** ní féidir liom é a fheiceáil; **he could still remember that street** d'fhéadfadh sé cuimhneamh ar an tsráid sin fós;

····▸ (know how to) **can you swim?** an bhfuil snámh gat?; **she can speak Irish** tá Gaeilge aici; **I can drive a car** tá tiomáint agam;

····▸ (in requests) **can I use this cup?** an féidir liom an cupán seo a úsáid; **can you phone back tomorrow?** an féidir leat glaoch ar ais amárach?;

····▸ (expressing probability) **he could be at home** d'fhéadfadh sé bheith ag baile; **she couldn't be in the hotel** ní fhéadfadh sí bheith san óstán;

····▸ (expressing tendency) **she can be very mysterious at times** is féidir léi bheith an-mhistéireach ar uaire.

Canada n Ceanada m1.

Canadian n Ceanadach m1. ● adj Ceanadach.

canal n canáil f3.

canary n canáraí m4.

cancel vb cealaigh.

cancellation n cealúchán m1.

cancer n ailse f2.

Cancer n An Portán m1.

candidate n iarrthóir m3.

candle n coinneal f2; **▸ to burn the candle at both ends** dhá cheann na coinnle a dhó; **▸ they couldn't hold a candle to her** ní choinneoidís coinneal di.

Candlemas n Lá m Fhéile Muire na gCoinneal.

candlestick n coinnleoir m3.

candy n candaí m4.

candyfloss n flas m3 candaí.

cane n **1** (for furniture) cána m4; **2** (plant) giolcach f2; **3** (walking stick) bata m4 siúil.

cannabis n cannabas m1.

canned adj cannaithe.

canoe n canú m4.

canon n canónach m1. ● adj canóta; **canon law** dlí canónta.

can-opener n stánosclóir m3.

canopy n ceannbhrat m1.

canteen n caintín m4.

canter vb **the horse was cantering** bhí an capall ag gearrshodar.

canvas n **1** (cloth) bréid m1; **2** (for painting) canbhás m1.

canvass vb canbhasáil.

canyon n cainneon m1.

cap n caipín m4; **a peaked cap** caipín pice; **cap of bottle/pen** caipín buidéil/pinn. ● vb **that caps it all** sáraíonn sé sin gach rud.

capability n cumas m1.

capable adj **1** (competent) cumasach; **2 she's capable of winning** tá an cumas inti an bua a fháil.

capacity n **1** toilleadh m1; **the hall has a capacity of 100** tá toilleadh céid sa halla; **2** (ability) cumas m1; **she has great capacity for work** tá an-chumas oibre inti.

cape n 1 (*land mass*) ceann m1 tíre; 2 (*garment*) cába m4.

caper n 1 ceáfar m1. 2 (*edible*) capras m1 ● vb ceáfráil.

capital n 1 (*city*) príomhchathair f (*gen* príomhchathrach); 2 (*money*) caipiteal m1; 3 (*letter*) ceannlitir f (*gen* ceannlitreach).

capitalism n caipitleachas m1.

capitalist adj caipitlíoch. ● n caipitlí m4.

capitalize vb to capitalize on something buntáiste a bhaint as rud.

capital punishment n pionós m1 an bháis.

Capricorn n An Gabhar m1.

capsize vb iompaigh; the boat capsized d'iompaigh an bád béal faoi.

capsule n capsúl m1.

captain n captaen m1.

caption n ceannteideal m1.

captive n braighdeanach m1. ● adj gafa.

capture vb 1 (*person, animal*) gabh; 2 (*attention*) tarraing. ● n gabháil m3.

car n 1 carr m1, gluaisteán m1; 2 (*on train*) carráiste m4.

carafe n caraf m1.

caramel n caramal m1.

caravan n carbhán m1.

caravan site n láithreán m1 carbhán.

caraway n cearbhas m1; **caraway seed** síol m1 cearbhais.

carbohydrate n carbaihiodráit f2.

car bomb n carrbhuama m4.

carbon n carbón m1.

carbon dioxide n dé-ocsaíd f2 charbóin.

carbon monoxide n aonocsaíd f2 charbóin.

carburettor n carbradóir m3.

carcass n conablach m1.

carcinogenic adj carcanaigineach.

card n cárta m4.

cardboard n cairtchlár m1; **cardboard box** bosca m4 cairtchláir.

card game n cluiche m4 cártaí.

cardiac adj cairdiach.

cardigan n cairdigean m1.

cardinal n cairdinéal m1. ● adj cairdinéalta.

cardphone n cártafón m1.

care n 1 aire f4; she takes great care of the child tugann sí an-aire don leanbh; take care tabhair aire do; 2 (*responsibility*) cúram m1; to have the care of something cúram ruda a bheith ort; he's in her care tá sé faoina cúram. ● vb to care about/for somebody cion a bheith agat ar dhuine; I don't care is cuma liom.

career n slí f4 bheatha. ● vb the car careered down the road d'imigh an carr de ruathar síos an bóthar.

carefree adj neamhbhuartha.

careful adj cúramach; be careful tabhair aire do.

carefully adv go cúramach.

careless adj míchúramach.

carer n feighlí m4.

caress n muirnlú m (gen muirnithe). ● vb muirnigh.

caretaker n airíoch m1.

car ferry n bád m1 fartha gluaisteán.

cargo n lasta m4.

Caribbean adj the Caribbean (Sea) an Mhuir f3 Chairib.

caricature n caractúr m1.

caring adj 1 (*person*) deachróioch; 2 (*organization*) carthanach.

Carlow n Ceatharlach m1.

carnation n coróineach f2.

carnival n carnabhal m1.

carol n carúl m1; **Christmas carol** carúl Nollag.

carpark n carrchlós m1.

carpenter n siúinéir m3.

carpentry n siúinéireacht f3.

carpet n cairpéad m1.

carphone n carrfón m1.

carriage n 1 (vehicle, of train) carráiste m4; 2 (of goods) iompar m1.

carriageway n carrbhealach m1.

carrier n (of disease) iompróir m3.

carrier bag n mála m4 iompair.

carrot n cairéad m1.

carry vb 1 iompair (object, person, load); **to carry something in your arms** rud a iompar i do lámha; **the aeroplane carries 100 people** iompraíonn an t-eitleán céad duine; **> to get carried away** dul thar cailc; **2 to have a voice that carries (well)** guth láidir a bheith agat; **3** (entail) **the job carries a lot of responsibilities** téann a lán freagrachta leis an bpost.

□ **carry on**: **to carry on with something** leanúint ar aghaidh le rud; **to carry on doing something** leanúint ar aghaidh ag déanamh ruda; **carry on!** ar aghaidh leat!
□ **carry out 1** (order) comhlíon; **2** (investigation) déan.

carrycot n cliabhán m1 iompair.

carry-on n (commotion) ruaille buaille m4.

carsick adj **to be carsick** tinneas cairr a bheith ort.

cart n cairt f2. ● vb **to cart something off** rud a iompar leat.

cartilage n loingeán m1.

carton n cartán m1.

cartoon n cartún m1.

cartoonist n cartúnaí m4.

cartridge n cartús m1.

carve vb 1 (meat) spól; **to carve meat** feoil a spóladh; **2** (wood, stone) snoigh.

carving n (artefact) snoíodóireacht f3.

carwash n carrfholcadh m (gen carrfholctha).

case n 1 (container) cás m1; **spectacle case** cás spéaclaí; **a case of wine** cás fíona; **2** (suitcase) mála m4 taistil; **3** (state of affairs, law case) cás m1; **if that's the case** más é sin an cás; **a court case** cás cúirte; **in any case** ar aon nós; **just in case** ar eagla na heagla.

cash n airgead m1 tirim. ● vb bris; **to cash a cheque** seic a bhriseadh; **pay in cash** íoc in airgead tirim.

cash card n cárta m4 airgid.

cash dispenser n dáileoir m3 airgid.

cashew nut n cnó m4 caisiú.

cashier n airgeadóir m3.

cashmere n caismír f2.

casino n caisine m4.

casserole n casaról m1.

cassette n caiséad m1.

cassette player n seinnteoir m3 caiséad.

cassette recorder n taifeadán m1 caiséad.

cast n 1 (in film or play) foireann f2; **2** (in plaster) múnla plástair. ● vb 1 (object, shadow, leaves, glance, vote, doubt) caith; **2** (in performance) tabhair páirt; **he was cast as the hero** tugadh páirt an laoich dó.

caster sugar n siúcra m4 mín.

cast iron n iarann m1 múnla.

castle n 1 (building) caisleán m1; **2** (chess piece) caiseal m1.

casual adj 1 (informal) neamhfhoirmiúil; **2** (chance) fánach; **a casual encounter**

teagmháil fhánach; **3** (*nonchalant*) neamhchúiseach; he took a casual look at it thug sé féachaint neamhchúiseach air.

casually adv **1** (*informally*) go neamhfhoirmiúil; **2** (*by chance*) go fánach; **3** (*nonchalantly*) go neamhchúiseach.

casualty n **1** (*person*) taismeach *m1*; **2** (*hospital department*) Roinn *f2* Éigeandála.

casual worker n oibrí *m4* ócáideach.

cat n cat *m1*.

catalogue n catalóg *f2*. ● vb cláraigh.

catalyst n catalaíoch *m1*.

catalytic converter n tiontaire *m4* catalaíoch.

catapult n crann *m1* tabhaill.

cataract n **1** (*in eye*) fionn *m1*; **2** (*waterfall*) eas *m3*.

catarrh n réama *m4*.

catastrophe n tubaiste *f4*.

catch n **1** (*of ball or fish*) gabháil *m3*; **2** (*of door, box, etc.*) laiste *m4*; **3** (*snag*) fadhb *f2*; there's the catch sin í an fhadhb; catch twenty-two rogha an dá dhíogha. ● vb **1** beir; he caught the ball rug sé ar an liathróid; catch it! beir air!; she was caught redhanded rugadh uirthi san fhoghail; to catch a bus breith ar bhus; the police will catch him béarfaidh na gardaí air; she caught eight fish rug sí ar ocht iasc; **2** (*in trap*) ceap; **3** (*entangle*) téigh i bhfostú; her dress caught in the briars chuaigh a gúna i bhfostú sna driseoga; **4** to catch fire téigh trí thine; **5** to catch a disease galar a thógáil; **6** (*eye, attention*) tarraing; she caught his eye tharraing sí a shúil; **7** (*perceive*) to catch sight of someone radharc a fháil ar dhuine; I didn't catch what he said níor chuala mé cad a dúirt sé.

□ **catch on** (*understand*) tuig; **2** (*become popular*) éirigh faiseanta; it's caught on tá sé san fhaisean.

□ **catch out**: to catch someone out breith amuigh ar dhuine.

□ **catch up** (*in distance*) tar suas le; he caught up with her in the end tháinig sé suas léi sa deireadh; **2** (*make up for*) tabhair isteach; to catch up on a day's work lá oibre a thabhairt isteach.

catching adj (*illness*) tógálach.

category n catagóir *f2*.

cater vb **1** (*for needs*) freastail; to cater for somebody's needs freastal ar riachtanais duine; **2** (*supply food*) to cater for somebody riar ar dhuine.

caterer n lónadóir *m3*.

catering n lónadóireacht *f3*.

caterpillar n bolb *m1*; péist *f2* chabáiste.

cathedral n ardeaglais *f2*.

Catholic n Caitliceach *m1*. ● adj **1** caitliceach; **2** (*diverse*) ilghnéitheach.

cattle npl bólacht *f(sg)3*.

cauliflower n cóilis *f2*.

cause n **1** (*reason*) cúis *f2*; what was the cause of the accident? cad ba chúis leis an timpiste?; **2** (*objective*) cúis *f2*; to collect money for a good cause airgead a bhailiú ar son dea-chúise. ● vb what caused it? cad ba chúis leis?; she'll cause trouble tarraingeoidh sí trioblóid.

causeway n cabhsa *m4*.

caustic adj loiscneach.

caution n **1** (*prudence*) faichill *f2*; **2** (*warning*) rabhadh *m1*. ● vb tabhair radhadh do.

cautious adj faichilleach.

cavalry n marcshlua *m4*.

Cavan n an Cabhán *m1*.

cave n pluais f2.
□ **cave in** tit isteach.

caviar n caibhéar m1.

CD n dlúthdhiosca m4.

CD player n seinnteoir m3 dlúthdhioscaí.

CD-ROM n dlúthdhiosca m4 ROM.

CD-ROM drive n tiomáint f3 dlúthdhiosca ROM.

cease vb stad de, éirigh as.

ceasefire n sos m3 cogaidh.

cedar n céadar m1.

ceiling n síleáil f3.

celebrate vb ceiliúir; **to celebrate mass** an tAifreann a cheiliúradh.

celebrated adj cáiliúil.

celebration n ceiliúradh m (gen ceiliúrtha).

celebrity n duine m4 cáiliúil.

celery n soiliré m4.

celibacy n aontumha f4.

celibate adj aontumha.

cell n cill f2, cillín m4.

cellar n siléar m1.

cellist n dordveidhleadóir m3.

cello n dordveidhil f2.

Celt n Ceilteach f1.

Celtic adj Ceilteach.

Celtic Sea n an Mhuir f3 Cheilteach.

cement n stroighin f2, suimint f2. ● vb stroighnigh, daingnigh.

cement mixer n meascthóir m3 stroighne; meascthóir suiminte.

cemetery n reilig f2.

censer n túisean m1.

censor n cinsire m4. ● vb déan cinsireacht ar.

censorship n cinsireacht f3.

censure vb cáin.

census n daonáireamh m1.

cent n ceint f2; **per cent** faoin gcéad.

centenary n comóradh m céad bliain m1.

centigrade adj ceinteagrádach.

centimetre n ceintiméadar m1.

central adj lárnach.

Central America n Meiriceá m4 Láir.

Central Bank of Ireland n Banc m1 Ceannais na hÉireann.

central heating n téamh m1 lárnach.

centralize vb láraigh.

central locking n glasáil f3 lárnach.

centre n **1** (middle) lár m1; **in the centre of Dublin** i lár Bhaile Átha Cliath; **2** (point) lárphointe m4; **3** (building) lárionad m1. ● vb **to centre something** rud a chur i lár báire.

centre forward n lárthosaí m4.

centre half n leathchúlaí m4 láir.

century n aois f2, céad m1; **the 17th Century** an seachtú haois déag.

cereal n gránach m1 (also for breakfast cereal).

ceremony n searmanas m1.

certain adj **1** (definite, sure) cinnte, deimhneach; **it's certain to make her angry** is cinnte go gcuirfidh sé fearg uirthi; **2** (specific) áirithe; **at a certain time** ag am áirithe.

certainly adv go deimhin, go cinnte.

certainty n cinnteacht f3, deimhneacht f3.

certificate n teastas m1.

certify vb deimhnigh.

cervical adj ceirbhiseach; **cervical cancer** ailse f4 cheirbhiseach; **cervical smear** smearadh m ceirbhiseach.

cervix n ceirbhics m4.

chaffinch n rí m4 rua.

chain n slabhra m4. ● vb cuir ar slabhra, ceangail le slabhra.

chainsaw n sábh m1 slabhrach.

chair n 1 cathaoir f (gen cathaoireach); 2 (in university) ollúnacht f3; 3 (of meeting or body) cathaoirleacht f3. ● vb to chair a meeting cathaoirleacht a dhéanamh ar chruinniú, bheith sa chathaoir ag cruinniú.

chairman n cathaoirleach m1.

chairperson n cathaoirleach m1.

chalet n sealla m4.

chalk n cailc f2.

challenge n dúshlán m1. ● vb dúshlán a thabhairt; to challenge somebody dúshlán duine a thabhairt; he challenged him to do it thug sé a dhúshlán é a dhéanamh; to challenge an opinion cur i gcoinne tuairime.

challenging adj dúshlánach.

Chamber of Commerce n Cumann m1 Lucht Tráchtála.

chamber music n ceol m1 airegail.

champagne n seaimpéin m4.

champion n curadh m1, seaimpín m4; world champion seaimpín domhanda. ● vb to champion someone/something bheith i do chrann taca ag duine/rud.

championship n craobhchomórtas m1.

chance n 1 (opportunity, likelihood, luck) seans m4; is there any chance that we could get tickets for the play? an bhfuil aon seans ann go bhfaighfimis ticéid don dráma?; it's a great chance for you is seans iontach duit é; I met her by chance de sheans a bhuail mé léi; do you have his address, by any chance? an bhfuil a sheoladh agat, d'aon seans?; 2 (destiny) cinniúint f3. ● vb to chance something dul sa seans.

chancellor n seansailéir m3.

Chancellor of the Exchequer n Seansailéir m3 an Státchiste.

chandelier n coinnleoir m3 craobhach; crann m1 solais.

change vb 1 athraigh; to change one's clothes do chuid éadaigh a athrú; to change one's mind d'intinn a athrú; the weather changed d'athraigh an aimsir; change trains at Limerick Junction athraigh traenacha ag Gabhal Luimnigh; 2 (money) sóinseáil; to change a ten-pound note nóta deich bpunt a shóinseáil. ● n athrú m (gen athraithe) (pl athruithe); a change of government athrú rialtais.

changeable adj athraitheach; changeable weather aimsir athraitheach.

changing room n seomra m4 gléasta.

channel n 1 (water, television) cainéal m1; 2 (naturally formed) clais f2; 3 the English Channel Muir f3 nIocht; 4 (route, process) bealach m1; you must go through the proper channels caithfidh tú dul trí na bealaí cuí. ● vb 1 (water) clasaigh; 2 (thoughts, talents) dírigh ar.

Channel Tunnel n tollán m1 Muir nIocht.

chant n 1 coigeadal m1; 2 (religious) cantaireacht f3. ● vb déan cantaireacht.

chaos n anord m1.

chaotic adj anordúil.

chap n diúlach m.

chapel n séipéal m1.

chaplain n séipléanach m1.

chapter n caibidil f2.

character n 1 (in novel or play) carachtar m1; 2 (quality) tréith f2; 3 (eccentric) duine m4 ait; he's a character is duine ait é.

characteristic n tréith f2. ● adj tréitheach.

charade n 1 (game) cluiche m4 tomhais focal; to play charades cluiche tomhais focal a imirt; 2 (pretence) cur m1 i gcéill; the whole thing was just a charade ní raibh sa rud ar fad ach cur i gcéill.

charcoal n gualach m1.

charge n 1 (price) táille m4; there is a five pound admission charge tá táille cúig phunt le dul isteach; delivery charge táille seachadta; 2 (accusation) cúiseamh m1; he was arrested on a charge of murder gabhadh é ar chúiseamh murdair; 3 (electric) lucht m3; 4 to be in charge bheith i gceannas; 5 (care) cúram m1; 6 (attack) ionsaí m4. ● vb 1 (money) gearr; 2 (accuse) cúisigh; 3 (battery) luchtaigh; 4 (attack) ionsaigh.

charge card n cárta m4 muirir.

charitable adj carthanach.

charity n 1 (act of) carthanacht f3; 2 (organization) cumann m1 carthanachta.

charity shop n siopa m4 carthanachta.

charm n 1 (charming nature) cuannacht f3; 2 (lucky charm) briocht f3; 3 (spell) ortha f4. ● vb cuir faoi dhraíocht; to charm somebody duine a chur faoi dhraíocht.

charming adj cuannach.

chart n cairt f2. ● vb to chart the progress of something dul chun cinn ruda a chur ar chairt.

charter n (document) cairt f2. ● vb cairtfhostaigh.

chartered accountant n cuntasóir m3 cairte.

charter flight n eitilt f2 chairtfhostaithe.

chase vb 1 (pursue) téigh sa tóir ar; 2 to chase away ruaig, cuir

an ruaig ar. ● n tóir f3; to give chase to someone dul sa tóir ar dhuine; a car chase tóraíocht chairr.

chassis n creatlach f2.

chat n comhrá m4; to have a chat with someone comhrá a bheith agat le duine. ● vb bheith ag comhrá.

chat show n seó m4 cainte.

chatter vb 1 (talk) déan cabaireacht; 2 (teeth) gread; my teeth were chattering bhí mo chár ag greadadh ar a chéile. ● n cabaireacht f3.

chatty adj 1 (person) cainteach; 2 (writing style) comhráiteach.

chauffeur n tiománaí m4.

cheap adj 1 (inexpensive) saor; 2 (mean) suarach; it was a cheap trick ba shuarach an cleas é.

cheaply adv go saor.

cheat vb to cheat at cards bheith ag séitéireacht ag cártaí; to cheat a person calaois a dhéanamh ar dhuine. ● n séitéir m3.

Chechnya n an tSeitnia f4.

check n 1 (examination, verification) seiceáil f3; 2 (stop) srian m1; 3 (in chess) sáinn f2; to be in check bheith i sáinn; 4 (pattern) seic m4. ● vb 1 (examine, verify) seiceáil; 2 (stop) stad, cuir srian le; 3 (in chess) sáinnigh. □ **check in** seiceáil isteach, cláraigh. □ **check out** seiceáil amach. □ **check up**: to check up on something rud a fhiosrú; to check up on somebody fiosrú a dhéanamh ar dhuine.

checkers n (game) cluiche m4 táiplise.

check-in desk n deasc f2 cláraithe.

checkmate n marbhsháinn f2.

checkout n cuntar m1 amach.

checkpoint n ionad m1 seiceála.

checkup n scrúdú m dochtúra.

cheddar n céadar m1.

cheek n 1 (*part of face*) grua f4; 2 (*nerve*) dánacht f3; **what a cheek!** a leithéid de shotal!

cheekbone n cnámh f2 grua.

cheeky adj dána, soibealta.

cheer n gáir f2; **to give a cheer** gáir (mholta) a ligean; **he gave a cheer of triumph** lig sé gáir mhaíte. ● vb 1 (*shout*) gáir; 2 (*gladden*) tabhair misneach do; **this news will cheer him** tabharfaidh an nuacht seo misneach dó; **cheer up!** bíodh misneach agat!

cheerful adj 1 (*person, greeting, smile*) gealgháireach; 2 (*cheering*) meannmach; **cheerful news** nuacht meanmnach.

cheers excl sláinte f4.

cheese n cáis f2.

cheeseboard n clár m1 cáise.

cheesecake n císte m4 cáise.

chef n príomhchócaire m4.

chemical n ceimiceán m1. ● adj ceimiceach.

chemist n 1 (*pharmacist*) poitigéir m3; 2 (*scientist*) ceimiceoir m3.

chemistry n ceimic f2.

chemist's (shop) n siopa m4 poitigéara.

chemotherapy n ceimiteiripe f4.

cheque n seic m4.

chequebook n seicleabhar m1.

cheque card n seic-chárta m4.

chequered adj 1 (*pattern*) eangach; 2 (*life, career*) súgánach; **a chequered career** saol súgánach.

cherish vb muirnigh.

cherry n silín m4.

chess n ficheall f2.

chessboard n clár m1 fichille.

chess piece n fear m1 fichille.

chest n 1 (*part of body*) cliabh m1; 2 (*box*) cófra m4.

chestnut n 1 (*horse*) cnó m4 capaill; (*horse*) chestnut tree crann m1 cnó capaill; 2 (*Spanish*) castán m1; (Spanish) chestnut tree crann m1 castáin.

chest of drawers n cófra m4 tarraiceáin.

chew vb cogain.

chewing gum n guma m4 coganta.

chic adj faiseanta.

chick n sicín m4.

chicken n 1 (*fowl*) sicín m4; 2 (*coward*) meatachán m1. □ **chicken out** loic; **he chickened out** loic sé.

chickenpox n deilgneach m1.

chickpea n piseánach m1.

chicory n siocaire m4.

chief n 1 (*leader*) ceann m1 urra; 2 (*of tribe*) taoiseach m1. ● adj príomh-, ard-.

chief executive n príomhoifigeach m1 feidhmiúcháin.

chiefly adv go príomha.

chilblain n fuachtán m1.

child n leanbh m1, páiste m4.

child abuse n drochíde f4 leanaí.

childbirth n breith f2 clainne.

childhood n leanbaíocht f3.

childish adj leanbaí.

childlike adj leanbaí.

childminder n feighlí m4 leanaí.

Chile n an tSíle f4.

chill n fuacht m3. ● vb fuaraigh.

chilli n cilí m4.

chilly adj féithuar.

chime n cling f2. ● vb cling.

chimney n simléar m1.

chimpanzee n simpeansaí m4.

chin n smig f2.

china n poirceallán m1.

China n an tSín f2.

Chinese n 1 Síneach m1; 2 (language) Sínis f2. ● adj Síneach.

chip n 1 (potato) sceallóg f2 phrátaí; 2 (wood) slis f2; 3 (of stone) sceall m3; ➤ a chip off the old block mac an chait; 4 (in plate, glass, etc.) scealpóg f2; this glass has a chip in it tá scealpóg sa ghloine seo. ● vb bain slis de. □ chip in 1 (money) íoc do chion; 2 (in conversation) do ladar a chur isteach; he chipped in chuir sé a ladar isteach sa chomhrá.

chiropodist n coslia m4.

chisel n siséal m1.

chives npl siobhais m(pl)1.

chlorine n clóirín m4.

chocolate n seacláid f2; a box of chocolates bosca seacláidí.

choice n rogha f4. ● adj scothúil.

choir n cór m1.

choirboy n córbhuachaill m3.

choke vb tacht; to choke someone duine a thachtadh. ● n (of car) tachtán m1.

cholesterol n colaistéaról m1.

choose vb roghnaigh.

choosy adj deacair a shásamh; she's very choosy is deacair í a shásamh.

chop n (meat) gríscín m4. ● vb gearr.

chopsticks npl cipíní m(pl)4 itheacháin.

choral adj córúil.

chord n corda m4.

chore n creachlaois f2.

choreographer n córagrafaí m4.

choreography n córagrafaíocht f3.

chorus n 1 (of song) curfá m4; 2 (group of singers) cór m1.

Christ n Críost m4.

christen vb baist.

christening n baisteadh m1.

Christian n Críostaí m4. ● adj Críostúil.

Christianity n an Chríostaíocht f3.

Christian name n ainm m4 baiste.

Christmas n Nollaig f (gen Nollag); Little Christmas Nollaig na mBan; Merry Christmas to you Nollaig Shona dhuit.

Christmas card n cárta m1 Nollag.

Christmas Day n Lá m. Nollag.

Christmas Eve n Oíche f4 Nollag.

Christmas tree n crann m1 Nollag.

chrome n cróm m1.

chromium n cróiniam m1.

chronic adj ainsealach.

chronicle n croinic f2.

chronological adj cróineolaíoch.

chrysanthemum n órscoth f3.

chubby adj plucach.

chuck vb caith; chuck it into the fire caith sa tine é. □ chuck in (job, task) tabhair suas. □ chuck out caith amach.

chuckle n maolgháire m4. ● vb déan maolgháire.

chum n compánach m1.

chunk n alpán m1.

church n 1 (building) séipéal m1; teach m1 pobail 2 (organization) eaglais f2.

churchyard n reilig f2, cill f2.

churn n cuigeann f2. ● vb to churn butter an chuigeann a dhéanamh. □ churn out steall amach.

chute n fánán m1.

chutney n seatnaí m4.

cider n ceirtlis f2.

cigar n todóg f2.

cigarette n toitín m4.

cigarette machine n meaisín m4 toitíní.

cinema n pictiúrlann f2.

cinnamon n cainéal m1.

circle n 1 (ring) ciorcal m1; a vicious circle ciorcal lochtach; 2 (in theatre) áiléar m1. ● vb ciorclaigh.

circuit n 1 (route) cuairt f2; 2 (electrical) ciorcad m1.

circular adj ciorclach. ● n imlitir f (gen imlitreach).

circulate vb 1 (of blood) téigh thart; 2 (information) scaip; to circulate a story scéal a scaipeadh.

circulation n 1 (of blood) imshruthú m (gen imhshruthaithe); 2 (of air) cúrsaíocht f3; 3 (of newspaper) scaipeadh m (gen scaipthe), díol m3.

circumference n imlíne f4.

circumstance n cúinse m4; under the circumstances agus na cúrsaí mar atá.

circus n sorcas m1.

cite vb 1 luaigh; 2 (in law) glaoigh.

citizen n saoránach m1.

citizenship n saoránacht f3.

city n cathair f (gen cathrach).

city centre n lár m1 na cathrach; (on signs) an lár m1.

civic adj cathartha.

civil adj sibhialta.

civil engineer n innealltóir m3 sibhialta.

civil engineering n innealltóireacht f3 shibhialta.

civilian adj sibhialtach. ● n sibhialtach m1.

civilization n sibhialtacht f3.

civilized adj sibhialta.

civil rights npl cearta m(pl)1 sibhialta.

civil servant n státseirbhíseach m1.

Civil Service n Státseirbhís f2.

civil war n cogadh m1 cathartha.

claim vb 1 (demand) éiligh; to claim one's rights do chearta a éileamh; 2 (contend) maígh; he claims to be Irish maíonn sé gur Éireannach é; 3 (in insurance) déan éileamh; he claimed for damage rinne sé éileamh ar dhámáiste. ● n 1 (demand, assertion) éileamh m1; he put in a claim for expenses chuir sé éileamh isteach ar chostais; 2 (entitlement) teideal m1.

claimant n éilitheoir m3.

clairvoyant n (male) fear m1 feasa; (female) bean f feasa.

clam n breallach m1.

clamp n teanntán m1, clapma m4. ● vb clampaigh.
  □ **clamp down on** cuir faoi chois.

clampdown n dianteannadh m1.

clan n clann f2, treibh f2.

clap vb 1 (one's hands) buail boss; 2 (audience) tabhair bualadh bos do. ● n 1 (with hands) bualadh m bos; 2 (of thunder) plimp f2.

clapping n bualadh m bos.

Clare n an Clár m1.

claret n cláiréad m1.

clarification n soiléiriú m (gen soiléirithe).

clarify vb soiléirigh.

clarinet n cláirinéad f2.

clarity n soiléireacht f3.

clash n 1 (conflict) caismirt f2; 2 (noise) coigeadal m1. ● vb 1 (fight) buail i gcoinne a chéile; fans clashed with the police after the match bhuail an lucht leanúna agus na gardaí i gcoinne a chéile i ndiaidh an chluiche;

2 (*disagree*) éirigh idir; **the Taoiseach and the Minister for Finance clashed over the budget** d'éirigh idir an Taoiseach agus an tAire Airgeadais faoin gcáinaisnéis; **3** (*events*) tit ar an aon uair amháin; **the two films clashed** thit an dá scannán ar aon uair amháin; **2 green clashes with blue** ní thagann uaine agus gorm le chéile.

clasp n **1** (*of bag, purse, bracelet*) claspa m4; **2** (*grip*) greim m3; **3** (*embrace*) barróg f2. ● vb **1** (*grip*) fáisc; **2** (*in embrace*) diúrnaigh.

class n **1** (*social or other category*) aicme f4; **the upper class and the lower class** an uasaicme agus an ísealaicme; **the class system** na haicmí sóisialta; **2** (*in school*) rang m3; **a history class** rang staire. ● vb rangaigh.

classic adj clasaiceach. ● n saothar m1 clasaiceach.

classical adj clasaiceach.

classical music n ceol m1 clasaiceach.

classified adj rúnda.

classified advertisements npl fógraí m(pl)4 saineagraithe.

classified information n eolas m1 rúnda.

classify vb rangaigh, aicmigh.

classmate n comrádaí m4 scoile.

classroom n seomra m4 ranga.

clatter n clagarnach f2. ● vb clag.

clause n clásal m1.

claustrophobia n uamhan m1 clóis, clástrafóibe m4.

claw n crúb f2. ● vb crúbáil.
□ **claw at** crúbáil ar.

clay n cré f4.

clean adj glan. ● vb glan; **he's cleaning the kitchen** tá sé ag glanadh na cistine.

□ **clean out** glan amach.
□ **clean up** glan suas.

cleaner n glantóir m3.

cleaning n glantóireacht f3.

cleanliness n glaineacht f3.

clear adj **1** glan; **as clear as crystal** chomh glan le criostal; **the sky is clear** tá an spéir glan; **he has a very clear voice** tá guth an-ghlan aige; **she has clear skin** tá craiceann glan aici; **the road was clear in front of us** bhí an bóthar glan romhainn; **there is clear evidence against him** tá fianaise ghlan ina choinne; **we made a clear profit** rinneamar brabús glan; **my conscience is clear** tá mo choinsias glan; **2** (*easy to understand*) soiléir; **he gave a clear account of what had happened** thug sé cuntas soiléir ar ar tharla; **it was clear that he was telling the truth** bhí sé soiléir go raibh sé ag insint na fírinne. ● adv glan. ● vb **1** glan; **he cleared all his debts** ghlan sé a fhiacha uile; **the sky cleared** ghlan an spéir; **she cleared her throat** ghlan sí a scornach; **clear off!** glan leat!; **2** (*of people*) bánaigh; **they cleared the building** bhánaigh siad an foirgneamh; **the area was cleared (of people)** bánaíodh an ceantar; **3 to clear a cheque** seic a chuir tríd an mbanc.

□ **clear up 1** (*problem*) réitigh; **to clear up a misunderstanding** míthuiscint a réiteach; **2** (*weather*) it's clearing up tá sé ag gealadh.

clearance n **1** (*removal*) bánú m (gen bánaithe); **land clearance** bánú talún; **2** (*permission*) cead m3.

clear-cut adj soiléir.

clearing n (*of land*) réiteach m1.

clearly adv **1** (*in a clear manner*) go soiléir; **to speak clearly**

labhairt go soiléir; **2** (*obviously*) clearly, she's worried is soiléir go bhfuil sí buartha.

clef *n* eochair *f* (*gen* eochrach).

clematis *n* cleiméatas *m1*.

clementine *n* cleimintín *m4*.

clench *vb* **1** dún; to clench one's fists do dhoirne a dhúnadh; to clench one's teeth d'fhiacla a theannadh ar a chéile.

clergy *n* cléir *f2*.

clergyman *n* eaglaiseach *m1*.

clerical *adj* **1** (*office*) clerical work obair chléireachais; **2** (*religious*) clerical student ábhar sagairt.

clerk *n* cléireach *m1*.

clever *adj* **1** (*intelligent*) cliste; she's a clever student scoláire cliste is ea í; **2** (*ingenious*) glic; it's a very clever device is gléas an-ghlic é.

cleverly *adv* go cliste.

click *n* gliog *m1*. ● *vb* to click a switch lasc a chniogadh; the cameras clicked rinne na ceamaraí gliog; to click one's tongue do theanga a smeachadh.

client *n* cliant *m1*.

cliff *n* aill *f2*.

climate *n* **1** aeráid *f2*; **2** (*economic*) timpeallacht *f3*; an unfavourable economic climate timpeallacht mhífhabhrach eacnamaíochta.

climax *n* **1** (*of situation, life*) buaic *f2*; **2** (*of play, novel*) buaicphointe *m4*; **3** (*orgasm*) orgásam *m1*.

climb *vb* dreap; to climb a mountain sliabh a dhreapadh; he climbed up to the top of the hill dhreap sé suas go dtí barr an tsléibhe; she climbed down the ladder dhreap sí síos an dréimire. ● *n* dreap *m4*; it's a difficult climb tá sé deacair mar dhreapa.

climber *n* dreapadóir *m3*.

climbing *n* dreapadóireacht *f3*.

clinch *vb* ceangail; to clinch a deal margadh a cheangal.

cling *vb* **1** (*grip*) coimeád greim ar; to cling onto something greim a choimeád ar rud; **2** to cling (*to*) (*smell, garment*) luigh le; **3** to cling to (*a person*) greamú de.

clinic *n* clinic *m4*.

clinical *adj* **1** (*medical*) cliniciúil; **2** (*unfeeling*) fuarchúiseach.

clip *n* fáiscín *m4*; a paper clip fáiscín páipéir. ● *vb* **1** (*fasten*) fáisc; **2** (*cut*) bearr.

clippers *n* deimheas *m1*; nail clippers siosúr *m1* ingne.

clip frame *n* fáiscfhráma *m4*.

cloak *n* clóca *m4*. ● *vb* cuir faoi chlóca.

cloakroom *n* seomra *m4* cótaí.

clock *n* clog *m1*.
□ **clock in/on** clogáil isteach.
□ **clock out/off** clogáil amach.

clockwise *adv* deiseal.

clockwork *n* oibriú *m* (*gen* oibrithe) cloig; to go like clockwork dul bonn ar aon.

clog *n* paitín *m4*. ● *vb* calc.
□ **clog up** calc suas.

clone *n* clón *m1*. ● *vb* clónáil.

close[1] *adj* **1** (*near*) cóngarach (do); the shop is close to the church tá an siopa cóngarach don séipéal; she was close to tears bhí sí cóngarach do bheith ag gol; **2** (*intimate*) dlúth-; he's a close friend of hers is dlúthchara dá cuid é; **3** (*in a contest*) géar; it was a close fight bhí sé géar mar throid; **4** (*careful*) mion; a close examination scrúdú mion; **5** (*stuffy*) meirbh. ● *adv* cóngarach do; to live close to someone bheith i do chónaí cóngarach do dhuine; that's close to the truth tá sé sin cóngarach don fhírinne.

close² vb **1** (door, window, drawer, etc.) dún; **2** (discussion) cuir clabhsúr le.
□ **close down** dún. n clabhsúr.

closed adj dúnta.

close-knit adj (family, group) dlúth dá chéile.

closely adv go géar; he was watching her closely bhí sé ag féachaint go géar uirthi.

close-up n gar-amharc m1.

closing adj deireanach; the closing scene of the play radharc deireanach an dráma; the closing minutes of the match nóiméid deireanacha an chluiche.

closing time n am m3 dúnta.

closure n **1** (of event) clabhsúr m1; **2** (of place, company) dúnadh m (gen dúnta); the closure of the factory dúnadh na monarchan.

clot n **1** (of blood) téachtán m1; a blood clot téachtán fola; **2** (fool) pleidhce m4. ● vb téacht.

cloth n **1** (fabric) éadach m1; **2** (for cleaning) ceirt f2.

clothes npl éadaí m(pl)1.

clothes line n line f4 éadaí.

clothes peg n pionna m4 éadaí.

clothing n éadaí m(pl)1.

cloud n scamall m1, néal m1; a rain-cloud scamall báistí; clouds of smoke bús deataigh.

cloudy adj **1** (weather) scamallach; **2** (liquid) modartha.

clout vb clabhtáil, tabhair clabhta do. ● n **1** (blow) clabhta m4; **2** (power) cumhacht f3.

clove n **1** (spice) clóbh m1; **2** (of garlic) ionga f (gen iongan); a clove of garlic ionga gairleoige.

clover n seamair f2.

clown n fear m1 grinn. ● vb to clown about bheith ag pleidhcíocht.

club n **1** (association) cumann m1, club m4; a sports club cumann spóirt; **2** (weapon) lorga m4; **3** (in golf) maide m4. **4** (in cards) triuf m4 (pl triufanna)
● vb **1** (beat) to club someone duine a bhualadh le lorga; **2 to club together** airgead a bhailiú i bpáirt le chéile.

clubhouse n clubtheach m (gen clubthí).

clue n leid f2; I haven't got the slightest clue níl tuairim dá laghad agam.

clump n dos m1; a clump of trees dos crann.

clumsily adv go ciotach.

clumsy adj ciotach.

cluster n **1** (of fruit) crobhaing f2; **2** (of nuts) mogall m1; **3** (of berries) triopall m1; **4** (of people) comhthionól m1. ● vb cruinnigh le chéile.

clutch n **1** (grip) greim m3; **2** (of car) crág f2; **3** (of eggs, chicks) éillín m4. ● vb beir greim ar.

clutter vb trangláil.

coach n **1** (bus) cóiste m4; **2** (of train) carráiste m4; **3** (trainer) traenáil m4. ● vb (in sports) traenáil.

coach station n stáisiún m1 cóistí.

coach trip n turas m1 cóiste.

coal n gual m1.

coalition n comhcheangal m1; coalition government comhrialtas m1.

coalmine n mianach m1 guail.

coalminer n mianadóir m3 guail.

coarse adj **1** (rough) garbh; **2** (vulgar) gáirsiúil.

coast n cósta m4.

coastguard n garda m4 cósta.

coastline n imeallbhord m1.

coat n **1** (garment, of paint) cóta m4; a coat of paint cóta péinte;

2 (*of animal*) fionnadh *m1*. ● *vb* to coat something with cuir cóta ar.

coat hanger *n* crochadán *m1* cótaí.

coating *n* screamh *m1*.

coax *vb* meall; to coax somebody into doing something duine a mhealladh chun rud a dhéanamh.

cobbles *npl* clocha *f*(*pl*)2 duirlinge.

cobweb *n* líon *m1* damháin alla.

cocaine *n* cócaon *m1*.

cock *n* coileach *m1*.

cockerel *n* coileach *m1* óg.

cockeyed *adj* **1** (*person*) camshúileach; **2** (*idea*) áiféiseach.

cockle *n* ruacan *m1*.

cockpit *n* cábán *m1* píolóta.

cockroach *n* ciaróg *f2* dhubh.

cocktail *n* manglam *m1*.

cocoa *n* cócó *m4*.

coconut *n* cnó *m4* cócó.

cod *n* trosc *m1*.

code *n* cód *m1*.

coeducational *adj* comhoideachais(*gen of n*); a co-educational school scoil chomhoideachais.

coffee *n* caife *m4*.

coffee bean *n* síol *m1* caife.

coffee break *n* sos *m3* caife.

coffee table *n* bord *m1* caife.

coffin *n* cónra *f4*.

cog *n* fiacail *f2*.

coherent *adj* cruinn, comhtháite.

coil *n* **1** corna *m4*; **2** (*of hair*) lúb *f2*. ● *vb* corn; to coil (up) a rope rópa a chornadh.

coin *n* bonn *m1*. ● *vb* cum; to coin a word focal a chumadh.

coin box *n* (*pay phone*) bosca *m4* gutháin.

coincide *vb* **1** (*in time*) comhtharlaigh (le); the two events coincided chomhtharlaigh an dá eachtra; **2** (*agree*) réitigh le chéile; their stories coincided réitigh a scéalta le chéile.

coincidence *n* comhtharlú *m* (*gen* comhtharlaithe).

colander *n* siothlán *m1*.

cold *adj* fuar; I feel cold braithim fuar; it's cold out tá sé fuar amuigh; cold weather aimsir fhuar. ● *n* **1** (*coldness*) fuacht *m3*; he doesn't feel the cold at all ní bhraitheann sé an fuacht in aon chor; **2** (*illness*) slaghdán *m1*; I have a cold tá slaghdán orm; to catch a cold slaghdán a thógáil.

cold blood *n* to do something in cold blood rud a dhéanamh as fuil fhuar.

cold-hearted *adj* fuarchroíoch.

cold sore *n* cneá *f4* fuachta.

cold sweat *n* fuarallas *m1*.

coleslaw *n* cálslá *m4*.

colic *n* coiliceam *m1*.

collaborate *vb* comhoibrigh.

collaboration *n* comhoibriú *m* (*gen* comhoibrithe).

collaborator *n* comhoibrí *m4*.

collage *n* colláis *f2*.

collapse *vb* **1** (*structure*) tabhair uait; **2** (*person*) tit i laige; she collapsed on the street thit sí i laige ar an tsráid. ● *n* titim *f2*.

collar *n* **1** (*on garment*) bóna *m4*; **2** (*for animal*) coiléar *m1*.

collarbone *n* cnámh *f2* an smiolgadáin.

colleague *n* comhghleacaí *m4*.

collect *vb* bailigh, cruinnigh; a crowd collected bhailigh slua; they're collecting money tá siad ag bailiú airgid; the rubbish is collected once a week bailítear an bruscar uair sa tseachtain; he collects stamps bailíonn sé stampaí.

collection n **1** bailiúchán m1; there are two collections a week bíonn dhá bhailiúchán sa tseachtain; a stamp collection tá bailiúchán stampaí aige; **2** (of poems, essays) díolaim f3, cnuasach m1.

collector n bailitheoir m3.

college n coláiste m4.

collide vb tuairteáil.

collie n madra m4 caorach.

collision n tuairt f2.

colloquial adj in colloquial speech i gcaint na ndaoine.

Colombia n an Cholóim f2.

colon n **1** (punctuation) idirstad m4; **2** (in body) drólann f2.

colonel n coirnéal m1.

colonial adj coilíneach.

colonize vb coilínigh.

colony n coilíneacht f3.

colour n dath m3; the colour blue an dath gorm; what colour is the new car? cén dath atá ar an gcarr nua?; it's a purple colour tá dath corcra air; the leaves are changing colour tá na duilleoga ag athrú datha. ● vb **1** dathaigh; to colour a picture pictiúr a dhathú; **2** (blush) dearg. □ colour in líon isteach le dathanna.

colourblind adj dathdhall.

coloured adj daite; coloured pens pinn dhaite; brightly coloured daite go geal.

colour film n scannán m1 daite.

colourful adj dathúil; **2** (exciting) beoga.

colouring n **1** (activity) dathú m (gen dathaithe); **2** (complexion) snua m4.

colt n bromach m1.

column n colún m1.

columnist n colúnaí m4.

coma n cóma m4.

comb n cíor f2. ● vb cíor; she combed her hair chíor sí a cuid gruaige; the police are combing the area tá na gardaí ag cíoradh an cheantair.

combat n comhrac m1. ● vb comhraic.

combination n **1** (mixture) comhcheangal m1; a combination of forces comhcheangal fórsaí; **2** (for lock) teaglaim f2.

combine vb comhcheangail. ● n comhaontachas m1.

combine harvester n comhbhuainteoir m3.

come vb tar; they're coming home tá siad ag teacht abhaile; when will he come here? cathain a thiocfaidh sé anseo?; has a parcel come for me? ar tháinig beart dom?; she came first in history tháinig sí sa chéad áit i stair; Tuesday comes before Wednesday tagann Dé Máirt roimh Dé Chéadaoin. □ come across (discover) tar ar. □ come back tar ar ais; she came back very late tháinig sí ar ais an-déanach. □ come by (find) faigh. □ come down tar anuas; prices are coming down tá praghsanna ag teacht anuas. □ come forward tar chun tosaigh. □ come from **1** (travel from) tar ó; he came from Cork yesterday tháinig sé ó Chorcaigh inné; **2** (origin) where do you come from? cad as duit/tú?; I come from Limerick is as Luimneach dom/mé. □ come in tar isteach. □ come into **1** (enter) tar isteach i; she came into the kitchen tháinig sí isteach sa chistin; **2** (inherit) tar isteach ar. □ come off **1** (stain) tar as; the stain won't come off ní thiocfaidh an smál as; **2** (*become detached*) tar de; the handle came off the door tháinig an hanla den doras; he came off the bike tháinig sé den rothar; **3** come off it! éirigh as!

□ **come on 1** (*make progress*) tar chun cinn; the building work is coming on well tá an obair thógála ag teacht chun cinn go deas; **2** come on! seo leat!

□ **come out 1** (*appear*) tar amach; the sun's coming out tá an ghrian ag teacht amach; how did the photos come out? conas mar a tháinig na grianghrafanna amach?; **2** come out (*homosexual*) duirt sé go poiblí gur duine aerach é.

□ **come round 1** (*visit*) tar ar cuairt; come round and see us soon tar ar cuairt chugainn go luath; **2** (*regain consciousness*) tar chugat féin.

□ **come up** (*rise*) tar aníos.

□ **come up against** buail le; they came up against problems bhuail siad le fadhbanna.

□ **come upon** tar ar.

□ **come up to** tar suas chuig.

□ **come up with** (*think of*) tar chun tosaigh le, cuimhnigh ar.

comeback *n* to make a comeback teacht ar ais.

comedian *n* fuirseoir *m3*.

comedienne *n* banfhuirseoir *m3*.

comedy *n* coiméide *f4*.

comet *n* coiméad *m1*.

comeuppance *n* to get one's comeuppance an rud atá tuilte agat a fháil.

comfort *n* **1** (*well-being, amenity*) compórd *m1*; **2** (*consolation*) sólás *m1*. ● *vb* tabhair sólás do; to comfort somebody sólás a thabhairt do dhuine.

comfortable *adj* **1** compordach; the chair is comfortable tá an

chathaoir compordach; the patient is comfortable tá an t-othar compordach; **2** (*financially*) go maith as.

comfortably *adv* **1** go compordach; **2** (*financially*) go maith as; to be comfortably off bheith go maith as.

comforting *adj* sólásach.

comic *adj* greannmhar. ● *n* **1** (*clown*) fear *m1* grinn; **2** (*magazine*) greannán *m1*.

coming *n* teacht *m3*; there was much coming and going bhí an-chuid teacht agus imeacht. ● *adj* atá le teacht; the coming weeks na seachtainí atá le teacht.

comma *n* camóg *f2*.

command *n* **1** (*order*) ordú *m* (*gen* ordaithe) (*pl* orduithe); **2** (*authority*) ceannas *m1*; who's in command? cé atá i gceannas?; **3** (*mastery*) have a good command of Russian tá Rúisis mhaith aici. ● *vb* ordaigh.

commander *n* ceannfort *m1*.

commemorate *vb* déan comóradh ar.

commemoration *n* comóradh *m1*.

commence *vb* tosaigh, cuir tús le.

comment *n* trácht *m3*; I have no comment níl faic le rá agam. ● *vb* trácht; to comment on trácht ar.

commentary *n* tráchtaireacht *f3*.

commentator *n* tráchtaire *m4*.

commerce *n* tráchtáil *f3*.

commercial *adj* trádálach; a commercial vehicle feithicil thrádálach. ● *n* (*advertisement*) fógra *m4*.

commiserate *vb* déan comhbhrón le; I commiserated with her rinne mé comhbhrón léi.

commission n 1 coimisiún m1; he's paid a commission íoctar coimisiún dó; 2 the machine is out of commission tá an meaisín as feidhm. ● vb coimisiúnaigh; to commission a report tuairisc a choimisiniú.

commissioner n coimisinéir m3.

commit vb 1 (crime) déan; to commit murder murdar a dhéanamh; he committed a crime rinne sé coir; 2 to commit suicide lámh a chur i do bhás féin; 3 (resources) cuir ar fáil; 4 to commit oneself to doing something tú féin a cheangal le rud a dhéanamh; 5 (to prison, mental hospital) cuir; 6 to commit something to memory rud a chur de ghlanmheabhair.

commitment n 1 (promise) gealltanas m1; a financial commitment gealltanas airgeadais; he gave a commitment on the matter thug sé gealltanas faoin gcúram; 2 (appointment) coinne f4; to have a previous commitment coinne a bheith agat cheana féin; 3 (sense of duty) díograis f2; the job requires total commitment éilíonn an post díograis iomlán.

committed adj díograiseach.

committee n coiste m4.

commodity n earra m4.

common adj 1 (usual) coitianta; gnáth- a common problem fadhb choitianta; 2 (shared) céanna; they have a common purpose tá an aidhm chéanna acu. ● n 1 (area of open land) coimín m4; 2 they have that in common tá sé sin de chosúlacht eatarthu.

common ground n talamh f choiteann.

common law n dlí m4 coiteann. ● adj he's her common-law

husband is é a fear céile é de réir an dlí choitinn.

commonly adv go coitianta.

Common Market n the Common Market An Cómhargadh m1.

commonplace adj gnách.

common room n somra m4 caidrimh.

common sense n ciall f2.

Commonwealth n the Commonwealth An Comhlathas m1.

commotion n clampar m1.

communal adj comhchoiteann.

commune n común m1. ● vb déan dlúthchaidreamh le.

communicate vb 1 to communicate with someone déan teagmháil le duine; 2 to communicate something to someone rud a chur in iúl do dhuine.

communication n 1 (of thoughts, ideas, etc.) cumarsáid f2; good communication skills required dea-scileanna cumarsáide ag teastáil. 2 (message) teachtaireacht f3.

communicator n teagmhálaí m4.

communion n Comaineach f4; Holy Communion Comaoineach Naofa.

communism n cumannachas m1.

communist adj cumannach. ● n cumannaí m4.

community n pobal m1.

community centre n ionad m1 pobail.

commute vb déan comaitéireacht.

commuter n comaitéir m3.

compact adj dlúth.

compact disc n dlúthdhiosca m4.

compact disc player n seinnteoir m3 dlúthdhioscaí.

companion n compánach m1.

companionship n compánachas m1.

company n 1 (business) comhlacht m3; he's working in a computer company tá sé ag obair i gcomhlacht ríomhaireachta; a limited company comhlacht teoranta; a theatre company comhlacht drámaíochta; 2 (companionship) comhluadar m1, cuideachta f4; to keep someone company comhluadar a dhéanamh do dhuine; 3 and Company agus Cuideachta (& cuid.).

comparative adj comparáideach.

comparatively adv go comparáideach; comparatively speaking ag labhairt go comparáideach.

compare vb cuir i gcomparáid le; compare these two books cuir an dá leabhar seo i gcomparáid le chéile; to compare something to something rud a chur i gcomparáid le rud eile.

comparison n comparáid f2; there's no comparison níl aon chomparáid ann.

compartment n urrann f2.

compass n compás m1.

compassion n trócaire f4.

compassionate adj trócaireach.

compatible adj oiriúnach (do).

compel vb cuir iallach ar; to compel somebody to do something iallach a chur ar dhuine rud a dhéanamh; to feel compelled to do something an mothú a bheith agat go bhfuil ort rud éigin a dhéanamh.

compelling adj 1 (argument) áititheach; 2 (book, film, etc.) cumhachtach.

compensate vb cúitigh; to compensate someone for something duine a chúiteamh i rud.

compensation n cúiteamh m1.

compete vb téigh san iomaíocht; to compete with someone dul san iomaíocht le duine.

competence n éifeachtacht f3.

competent adj éifeachtach.

competition n 1 comórtas m1; an art competition comórtas ealaíona; 2 (in business) iomaíocht f3.

competitive adj 1 (person, economy) iomaíoch; 2 (in sport) comórtais (genitive of noun).

competitor n iomaitheoir m3.

compile vb tiomsaigh.

complacency n bogás m1.

complacent adj bogásach.

complain vb gearán; to complain about something gearán a dhéanamh faoi rud; he complained about the noise ghearán sé faoin bhfothrom.

complaint n gearán m1.

complement n 1 (number) iomlán m1; 2 (in grammar) comhlánú m (gen comhlánaithe). ● vb comhlánaigh.

complementary adj comhlántach.

complete adj 1 (entire) iomlán; 2 (absolute) críochnaithe; he's a complete idiot amadán críochnaithe is ea é. ● vb 1 (make complete) iomlánaigh; 2 (finish) críochnaigh; he completed the test quickly críochnaigh sé an triail go tapaidh; 3 (fill in) líon.

completely adv go hiomlán.

completion n críochnú m (gen críochnaithe).

complex adj casta. ● n coimpléasc m1.

complexion n snua m4.

complexity n castacht f3.

compliance n 1 (*conformity*) aontú m (gen aontaithe); in compliance with the law de réir an dlí; 2 (*submission*) géilleadh m (gen géillte).

complicate vb rud a chur trí chéile; this complicates matters cuireann sé seo cúrsaí trí chéile.

complicated adj casta.

complication n 1 (*complexity*) castacht f3; 2 (*problem*) fadhb f2.

compliment n moladh m (gen molta); with compliments le deamhéin. • vb mol; to compliment somebody duine a mholadh.

complimentary adj 1 (*praising*) moltach; 2 (*free*) le deamhéin; a complimentary ticket ticéad dea-mhéin.

comply vb to comply with the rules déanamh de réir na rialacha.

component n comhpháirt f2.

compose vb 1 (*music, verse, speech*) cum; to compose music ceol a chumadh; 2 to compose oneself cruth a chur ort féin.

composed adj socair.

composer n cumadóir m3.

composition n 1 (*literary*) aiste f4; 2 (*make-up*) comhdhéanamh m1; 3 (*of painting*) ceapachán m1; 4 (*music*) ceapadóireacht f3.

composure n sócúlacht f3.

compound n 1 (*mixture*) cumasc m1; 2 (*yard*) bábhún m1; 3 (in grammar) comhfhocal m1; 4 (*chemical*) comhdhúil f2; 5 (in physics) comhshuíomh m1.

comprehend vb tuig.

comprehension n tuiscint f3.

comprehensive adj cuimsitheach; a comprehensive (insurance) policy polasaí cuimsitheach.

compress vb comhbhrúigh. • n chomhbhrúiteán m1.

compromise n comhréiteach m1. • vb 1 (*make a compromise*) comhréitigh; 2 (*threaten*) cuir i mbaol; 3 (*person*) tarraing amhras ar; to compromise oneself tharaing sé amhras air féin.

compulsive adj 1 (*gambler, eater*) dosmachtaithe; 2 (*reading, viewing*) ríshuimiúil; it's compulsive reading is leabhar ríshuimiúil é.

compulsory adj éigeantach.

computer n ríomhaire m4.

computer game n cluiche m4 ríomhaire.

computer graphics n graifici f(pl)2 ríomhaire.

computer programmer n ríomhchláraitheoir m3.

computer programming n ríomhchlárú m (gen ríomhchláraithe).

computer science n ríomheolaíocht f3.

computing n ríomhaireacht f3.

con vb to con someone bob a bhualadh ar dhuine. • n cleas m1; it is only a con níl ann ach cleas.

conacre n conacra f4.

concave adj cuasach.

conceal vb folaigh; the money was concealed under the floor bhí an t-airgead i bhfolach faoin úrlár.

conceit n 1 (*vanity*) mórchúis f2; 2 (*literary figure*) consaeit m4.

conceited adj mórchúiseach.

conceive vb 1 (*devise*) ceap; he conceived a plan cheap sé plean; 2 (*imagine*) samhlaigh; she couldn't conceive that he'd lied ní fhéadfadh sí a shamhlú gur inis sé bréag; 3 (*become pregnant*) gin; to conceive a child leanbh a ghiniúint.

concentrate *vb* **1** (*mentally*)
dirigh d'intinn ar; **to concentrate
on something** d'intinn a dhíriú
ar rud; **2** (*thicken*) tiubhaigh.
concentration *n*
dianmhachnamh *m1*.
concentration camp *n* campa
m4 géibhinn.

concept *n* coincheap *m3*.

concern *n* **1** (*worry*) imní *f4*;
their concern was obvious ba
shoiléir a n-imní; **2** (*affair*) gnó
m1; **that is not your concern** ní hé
sin do ghnósa; **3** (*company*)
gnóthas *m1*. ● *vb* **1** (*worry*)
bheith buartha faoi; **she was
concerned about her health** bhí sí
buartha faoina sláinte; **don't con-
cern yourself with that** ná bí
buartha faoi sin.

concerning *prep* mar gheall ar.

concert *n* ceolchoirm *f2*.

concerted *adj* comhbheartaithe;
a concerted effort iarracht
chomhbheartaithe.

concert hall *n* ceoláras *m1*; **the
National Concert Hall** An
Ceoláras Náisiúnta.

concerto *n* coinséartó *m4*.

concession *n* lamháltas *m1*.

conclude *vb* **1** (*finish*)
críochnaigh; **2** (*deduce*) tóg as;
what do you conclude from that?
cad a thógann tú as sin?

conclusion *n* **1** (*end*) deireadh
m1, críoch *f2*; **2** (*finding*) tátal
m1.

conclusive *adj* críochnaitheach.

concoct *vb* **1** (*meal, dish*) cuir le
chéile; **2** (*story*) cum; **to concoct
a story** plota a chur le chéile.

concoction *n* **1** (*dish*)
comhbhruith *f* (*gen*
comhbhruite); **2** (*scheme*) beartú
m (*gen* beartaithe).

concrete *n* coincréit *f2*. ● *adj*
coincréiteach.

concussion *n* comhshuaitheadh
m (*gen* comhshuaite).

condemn *vb* cáin.

condensation *n* gal *f2* uisce.

condense *vb* comhdhlúthaigh.

condensed milk *n* bainne *m4*
comhdhlúithe.

condescend *vb* deonaigh; **she
condescended to speak with him**
dheonaigh sí labhairt leis.

condescending *adj*
mórchúiseach.

condition *n* **1** (*state*) cruth *m3*;
it's in good condition tá cruth
maith air; **the house is in good
condition** tá dea-chruth ar an
teach; **2** (*economic, weather,
living*) dáil *f3*; **3** (*stipulation*)
coinníoll *m1*; **on one condition** ar
aon choinníoll amháin; **the con-
ditions of the lease** coinníollacha
an léasa.

conditional *adj* coinníollach.

conditioner *n* feabhsaitheoir
m3; **hair conditioner**
feabhsaitheoir gruaige.

condolences *npl* comhbhrón
m(*sg*)*1*.

condom *n* coiscín *m4*.

condone *vb* cuir suas le.

conducive *adj* conducive to
fabhrach do.

conduct *n* iompar *m1*; **good
conduct** dea-iompair. ● *vb* **1** (*be-
have*) iompair; **he conducted him-
self well** d'iompair sé é féin go
maith; **2** (*orchestra*) stiúir;
3 (*electricity*) seol.

conductor *n* **1** stiúrthóir *m3*; **a
bus conductor** stiúrthóir bus; **the
conductor's baton** baitín an
stiúrthóra; **2** (*electrical*) seoltóir
m3.

conductress *n* banstiúrthóir
m3.

cone *n* **1** (*form*) coirceog *f2*; **2** (*of
fir, pine*) buaircín *m4*.

confectionery n milseogra m(sg)4, sólaistí mpl.

confer vb 1 (bestow) bronn; 2 (discuss) téigh i gcomhairle le.

conference n comhdháil f3.

confess vb 1 (admit) admháil; 2 (to a priest) déan faoistin; to confess something faoistin a dhéanamh i rud; to confess someone faoistin a thabhairt do dhuine.

confession n 1 admháil f3; 2 (religious) faoistin f2.

confide vb he confided in her lig sé a rún léi.

confidence n 1 muinín m4; I have confidence in him tá muinín agam as; self-confidence féinmhuinín; 2 in confidence faoi rún.

confident adj muiníneach.

confidential adj rúnda.

confine vb 1 coimeád; she is confined to bed tá sí ag coimeád na leapa; 2 to confine oneself to something cloí le rud.

confined adj cúng.

confines npl teorainneacha f(pl).

confirm vb 1 (validation) cinntigh; 2 (in religion) cuir faoi lámh easpaig.

confirmation n 1 (validation) cinntiú m (gen cinntithe); 2 (religious) dul m3 faoi lámh easpaig.

confirmed adj 1 (bachelor, smoker) cruthanta; 2 (certain) cinntithe; 3 (in religion) cóineartaithe.

confiscate vb coigistigh.

conflict n coimhlint f2. ● vb tar salach ar; their opinions often conflict tagann a dtuairimí salach ar a chéile go minic.

conflicting adj contrártha.

conform vb to conform to something déanamh de réir ruda.

confound vb cuir trína chéile.

confront vb 1 (deal with) téigh i ngleic le; to confront a problem dul i ngleic le fadhb; 2 he was confronted by dangers tháinig deacrachtaí sa bhealach air; 3 (person) to confront someone with something rud a chasadh le duine; 4 to confront someone aghaidh a thabhairt ar dhuine.

confrontation n caismirt f2.

confuse vb 1 (person) cuir mearbhall ar; 2 (situation) déan meascán mearaí de; don't confuse things! ná déan meascán mearaí de rudaí!; 3 (two things, people) measc.

confused adj trí chéile; I was confused bhí mé trí chéile.

confusing adj mearbhallach.

confusion n 1 (situation) cíor f2 thuathail; 2 (state of mind) mearbhall m1; 3 (mix up) meascán.

congeal vb téacht.

congenial adj 1 (person) lách; 2 (situation, surroundings, company) taitneamhach.

congested adj 1 (place) plódaithe; 2 (medical) plúchta.

congestion n 1 (of place) plódú m (gen plódaithe); traffic congestion plódú tráchta; 2 (medical) plúchadh.

congratulate vb déan comhghairdeas le; she congratulated me rinne sí comhghairdeas liom.

congratulations n 1 comhghairdeas m1; congratulations on your exam results! comhghairdeas as torthaí do scrúduithe!; 2 (on marriage) congratulations! go maire tú do shaol nua!

congregate vb comhchruinnigh.

congregation n pobal m1.

congress n comhdháil f3.

conifer n cónaiféar m1.

conjugation n réimniú m (gen réimnithe).

conjunction n 1 (in grammar) cónasc m1; 2 (coming together) teacht m3 le chéile; in conjunction with i bpáirt le.

conjunctivitis n toinníteas m1.

conjure vb déan asarlaíocht.
□ **conjure up** 1 (memories) dúisigh; to conjure up old memories seanchuimhní a dhúiseacht; 2 (ghost, spirits) toghair.

conjurer n asarlaí m4.

con man n caimiléir m3.

Connacht n (province of) Connacht Cúige m Chonnacht.
● adj Connachtach.

connect vb 1 ceangail, nasc; to connect someone (on telephone) duine a cheangal; to connect electricity to a house leictreachas a cheangal de theach; 2 to connect with (train, flight) buail le.

connection n 1 (between ideas, events, etc.) gaol m1; 2 (flight) connection flight eitilt f2 cheangailteach; 3 (electrical, telephone) cónasc m1; 4 in connection with maidir le, mar gheall ar.

connive vb cúlcheadaigh.

connotation n sanas m1.

conquer vb cloígh.

conquest n concas m1.

conscience n coinsias m3.

conscientious adj coinsiasach.

conscious adj 1 (awake, aware) meabhrach; to be conscious of something bheith meabhrach ar rud; 2 (deliberate) comhfhiosach; a conscious decision cinneadh comhfhiosach.

consciousness n 1 (of situation, idea) tuiscint f3; 2 (medical) meabhair f (gen meabhrach); to lose

consciousness do mheabhair a chailleadh.

conscript n coinscríofach m1.

consecutive adj as a chéile.

consensus n comhaontú m (gen comhaontaithe).

consent n cead m3, deoin f3.
● vb ceadaigh, deonaigh; she would not consent to it ní cheadódh sí dó; he consented to speak to her dheonaigh sé labhairt léi.

consequence n iarmhairt f3.

consequently adv dá bharr sin.

conservation n caomhnú m (gen caomhnaithe).

conservative adj coimeádach; a conservative estimate ar an gceann caol de.

Conservative adj Coimeádach.
● n (politics) Coimeádach m1; the Conservative Party an Páirtí Coimeádach.

conservatory n teach m gloine.

conserve vb caomhnaigh.

consider vb 1 (think about) déan machnamh ar; we have considered your application tá ár machnamh déanta againn ar d'iarratas; 2 (judge) síl.

considerable adj mór; I had considerable difficulty with it bhí deacracht mhór agam leis.

considerably adj go mór.

considerate adj tuisceanach.

consideration n 1 (thoughtfulness) tuiscint f3; 2 after careful consideration tar éis dianmhachnaimh; to take something into consideration rud a chur san áireamh.

considering prep nuair a; considering her age nuair a chuimhnítear ar a haois; he did well considering rinne sé go maith nuair a chuimhnítear air.

consignment n 1 (sending) coinsíniú m (gen coinsínithe); 2 (goods) coinsíneacht f3.

consist *vb* is é atá ann ná; **the meal consists of** is é atá sa bhéile ná.

consistency *n* **1** (*of argument, policy*) comhsheasmhacht *f3*; **2** (*texture*) raimhre *f4*.

consistent *adj* comhsheasmhach.

consolation *n* **1** (*solace*) sólás *m1*; **it was a great consolation to her** bá mhór an sólás di é; **2 a consolation prize** duais aitheantais.

console *n* consól *m1*.

consonant *n* consan *m1*.

conspicuous *adj* feiceálach.

conspiracy *n* comhcheilg *f2*; **conspiracy theory** teoiric chomhcheilge.

conspirator *n* comhchealgaire *m4*.

conspire *vb* beartaigh comhcheilg.

constable *n* constábla *m4*.

constabulary *n* constáblacht *f3*.

constant *adj* **1** (*unchanging*) seasmhach; **2** (*unceasing*) síor-; **constant rain** síorbháisteach.

constantly *adv* de shíor; **he's constantly complaining** bíonn sé ag gearán de shíor.

constellation *n* réaltbhuíon *f2*.

constipated *adj* iata, crua sa chorp.

constipation *n* iatacht *rf3*.

constituency *n* dáilcheantar *m1*.

constituent *n* **1** (*political*) toghthóir *m3*; **2** (*part*) comhpháirt *f2*; **3** (*ingredient*) comhábhar *m1*.

constitution *n* **1** (*political*) bunreacht *m3*; **2** (*physical*) coimpléasc *m1*.

constitutional *adj* bunreachtúil.

constraint *n* srian *m1*.

construct *vb* tóg, déan.

construction *n* **1** (*building, object*) déantús *m1*; **2** (*activity*) tógáil *f3*.

constructive *adj* cabhrach.

consul *n* consal *m1*.

consulate *n* consalacht *f3*.

consult *vb* téigh i gcomhairle; **I consulted the experts** chuaigh mé i gcomhairle leis na saineolaithe.

consultant *n* **1** (*adviser*) comhairleoir *m3*; **2** (*doctor*) lia *m4* comhairleach.

consume *vb* **1** (*resources, fuel*) ídigh; **2** (*food, drink*) caith.

consumer *n* tomhaltóir *m3*.

consumption *n* **1** (*of resources*) ídiú *m* (*gen* idithe); **2** (*personal*) caitheamh *m1*; **3** (*amount used*) tomhaltas *m1*.

contact *n* teagmháil *f3*. ● *vb* teagmhaigh le.

contact lens *n* lionsa *m4* tadhaill.

contagious *adj* tógálach.

contain *vb* **1** (*with quantities*) coinnigh; **the glass contains a pint** coiníonn an ghloine pionta; **2 the book contains a lot of information** tá an-chuid eolais sa leabhar; **what is contained in the jar?** cad atá sa chrúsca?

container *n* **1** (*box, bottle etc.*) soitheach *m1*; **2** (*vehicle*) árthach *m1*.

contaminate *vb* truailligh.

contamination *n* truailliú *m* (*gen* truaillithe).

contemplate *vb* meabhraigh ar.

contemporary *adj* comhaimseartha.

contempt *n* dímheas *m3*.

contemptuous *adj* dímheasúil.

contend *vb* **1** (*argue*) maígh; **2** (*compete*) téigh san iomaíocht; **several players contended for the prize** chuaigh roinnt imreoirí san iomaíocht don duais; **3 they have a lot to contend with** tá an-chuid deacrachtaí acu.

contender *n* iomaitheoir *m3*.

content *adj* sásta. ● *vb* sásaigh. ● *n* **1** sástacht *f3*; **she had a look of content on her face** bhí cuma na sástachta ar a haghaidh; **2** (*subject-matter*) ábhar *m1*; **the content of the book** ábhar an leabhair; **3 the contents of the drawer** a bhfuil sa tarraiceán; **4** (*constituent*) méid *m4*; **it has a high vitamin content** tá méid ard vitimíní ann.

contented *adj* sásta.

contention *n* **1** (*disagreement*) aighneas *m1*; **a cause of contention** údar aighnis; **a bone of contention** cnámh spairne; **2** (*claim*) maíomh *m1*; **it is his contention that...** is é a mhaíomh ná...; **3 in contention** san iomaíocht.

contest *n* **1** (*struggle*) comhlann *m1*; **2** (*competition*) comórtas *m1*. ● *vb* téigh san iomaíocht.

contestant *n* iomaitheoir *m3*.

context *n* comhthéacs *m4*.

continent *n* mór-roinn *f2*.

continental *adj* mór-roinneach.

continual *n* leanúnach *m1*.

continually *adv* i gcónaí.

continuation *n* leanúint *f3*.

continue *vb* lean; **continue on** lean ar aghaidh.

continuity *n* leanúnachas *m1*.

continuous *adj* leanúnach.

contour *n* comhrian *m1*; **contour line** imlíne comhriain.

contraception *n* frithghiniúint *f3*.

contraceptive *n* frithghiniúnach *m1*. ● *adj* frithghiniúnach.

contract *n* conradh *m1*. ● *vb* **1** (*make legal agreement*) conraigh; **he was contracted to** do the work conraíodh é chun an obair a dhéanamh; **2** (*disease*) tóg; **3** (*shrink*) crap.

contraction *n* **1** crapadh *m* (*gen* craptha); **2** (*in childbirth*) féithchrapadh *m* (*gen* féithchraptha).

contractor *n* conraitheoir *m3*.

contractual *adj* conarthach.

contradict *vb* trasnaigh.

contradiction *n* bréagnú *m* (*gen* bréagnaithe).

contradictory *adj* bréagnaitheach.

contraption *n* gléas *m1*.

contrary *adj* contrártha. ● *prep* **contrary to** contrártha le; **contrary to what was expected** contrárta leis an rud a raibh súil leis. ● *n* contráil *f3*.

contrast *n* codarsnacht *f3*; **in contrast with** i gcodarsnacht le. ● *vb* cuir i gcodarsnacht.

contravene *vb* sáraigh.

contravention *n* sárú *m* (*gen* sáraithe).

contribute *vb* **1** (*money*) tabhair; **2** (*writing*) scríobh; **to contribute to a magazine** scríobh d'iris; **3** (*add to*) cuir le; **he contributed to the noise** chuir sé leis an bhfothram.

contribution *n* **1** (*financial*) síntiús *m1*; **2** (*to cause, knowledge*) comaoin *f2*; **he made a huge contribution to the arts** chuir sé na healaíona faoi chomaoin mhór.

contributor *n* **1** (*financial*) síntiúsóir *m3*; **2** (*writer*) scríbhneoir *m3*.

contrive *vb* beartaigh.

control *n* **1** (*domination*) smacht *m3*; **to have control over someone** smacht a bheith agat ar dhuine; **to be in control** bheith i gceannas; **2** (*restraint, restriction*) rialú *m* (*gen* rialaithe); **the con-**

trol of unemployment rialú na
dífhostaíochta; **to be out of
control** bheith ó smacht; **to be
under control** bheith faoi smacht;
3 *controls* stiúradh *m* (*gen*
stiúrtha). ● *vb* **1** (*child, animal*)
smachtaigh; cuir smacht ar
2 (*situation*) riail; **3** (*machine*)
stiúir.

controversial *adj* conspóideach.

controversy *n* conspóid *f2*.

convalescence *n* téarnamh
m1.

convene *vb* tionóil.

convenience *n* áis *f2*; **at your
convenience** ar do
chaoithiúlacht.

convenient *adj* áisiúil.

conveniently *adv* go háisiúil.

convent *n* clochar *m1*.

convention *n* **1** (*custom*)
coinbhinsiún *m1*; comhghnás *m1*
2 (*gathering*) comhdháil *f3*.

conventional *adj*
coinbhinsiúnach; comhghnásach.

converge *vb* **1** tar le chéile; **2 to
converge on** cruinnigh ar.

conversant *adj* **to be conversant
with something** cur amach a
bheith agat ar rud.

conversation *n* comhrá *m4*; **to
have a conversation with
someone** comhrá a bheith agat le
duine.

converse *n* athrach *m1*. ● *vb* **to
converse with someone** comhrá a
bheith agat le duine.

conversely *adv* go contrártha.

conversion *n* **1** (*of building*)
oiriúnú *m* (*gen* oiriúnaithe); **2** (*to
religion*) iompú *m* (*gen*
iompaithe).

convert *n* iompaitheach *m1*. ● *vb*
1 (*transform*) athraigh; **to con-
vert something to something** rud
amháin a athrú go rud eile;
2 (*building, room etc.*)

athchóirigh; **to convert a bed-
room into an office** seomra leapa
a athchóiriú mar oifig; **3** (*person:
to religion*) iompaigh; tiontaigh
to convert to Catholicism iompú i
do Chaitliceach.

convertible *adj* **1** (*car, sofa*)
inathraithe; **2** (*currency*)
insóinseáilte. ● *n* (*car*) carr *m1*
inathraithe.

convey *vb* **1** (*transport*) iompair;
2 (*communicate*) cuir in iúl; **to
convey one's thanks to someone**
do bhuíochas a chur in iúl do
dhuine.

conveyor belt *n* crios *m3*
iompair.

convict *n* ciontach *m1*. ● *vb*
ciontaigh; **to be convicted of
murder** bheith ciontaithe i
ndúnmharú.

conviction *n* **1** tuairim *f2* láidir;
2 (*religious*) creideamh *m1*; **3** (*of
crime*) ciontú *m* (*gen* ciontaithe).

convince *vb* cuir ina luí; **to con-
vince someone of something** rud
a chur ina luí ar dhuine.

convinced *adj* **to be convinced
about something** bheith cinnte
dearfa faoi rud.

convincing *adj* éifeachtach.

cook *n* cócaire *m4*; *vb* cócaráil.

cookbook *n* leabhar *m1*
cócaireachta.

cooker *n* cócaireán *m1*.

cooking *n* cócaireacht *f3*.

cool *adj* **1** (*in temperature*) fuar;
2 (*in manner*) fuar. ● *vb*
fuaraigh.

coop *n* cúb *f2*. ● *vb* cúb; **to be
cooped up in a room** bheith
cúbtha istigh i seomra.

cooperate *vb* comhoibrigh.

cooperation *n* comhoibriú *m*
(*gen* comhoibrithe).

cooperative *n* comharchumann
m1. ● *adj* comhoibritheach.

coordinate n comhordanáid f2;
coordinates comhordanáidí. ● vb
comhordaigh;

cop n pilear m1.

cope vb déileáil; **to cope with**
difficulties déileáil le deacrachtaí.

copious adj flúirseach.

copper n copar m1; umha m4.
● adj **1** (made of copper) umhaí;
2 (colour) crónbhuí.

copy n cóip f2. ● vb cóipeáil.

copyright n cóipcheart m1.

coral n coiréal m1.

cord n **1** corda m4; **2** (electrical)
sreang f2.

cordial n coirdial m1. ● vb
croíúil.

cordon n tródam m1.
□ **cordon off** cuir tródam ar.

corduroy n corda m4 an rí.

core n croí m4. ● vb **to core**
something an croí a bhaint as
rud.

coriander n cóiriandar.

cork n corc m1. ● adj coirc(gen of
n).

Cork n Corcaigh f2; **Cork city**
Cathair Chorcaí.

corkscrew n corcscriú m4.

corn n **1** (wheat) arbhar m1;
2 (maize) arbhar m1 indiach;
3 (on foot) fadharcán m1.

corner n **1** cúinne m4; **it's just**
around the corner tá sé díreach
timpeall an chúinne; **street**
corner cúinne sráide; **in the cor-**
ner of the room i gcúinne an
tseomra; **2** (in sport) cúinneach
m1. ● vb cúinneáil; sáinnigh.

cornet n **1** (instrument) coirnéad
m1; **2** (for ice cream) cón m1.

cornflakes n calóga f(pl)2
arbhair.

cornflour n gránphlúr m1.

cornflower n gránphlúr m1.

Cornwall n Corn na Breataine.

coronary thrombosis n
trombóis f2 chorónach.

coronation n corónú m (gen
corónaithe).

coroner n cróinéar m1.

corporal n ceannaire m4.

corporal punishment n pionós
m1 corportha.

corporate adj corparáideach.

corporation n **1** (town council)
bardas m1; **2** (business) corparáid
f2.

corpse n marbhán m1.

correct adj **1** (right) ceart; **the**
correct answer an freagra ceart;
2 (proper) cuí; **in the correct**
manner sa mhodh cuí. ● vb
ceartaigh.

correction n ceartú m (gen
ceartaithe); ceartúchán m1.

correspond vb **1** to correspond
to bheith ag freagairt do; **2** (ex-
change letters) déan
comhfhreagras le; **they corres-**
ponded with each other for many
years rinne siad comhfhreagras
le chéile ar feadh na mblianta.

correspondence n
comhfhreagras m1.

correspondence course n
cúrsa m4 comhfhreagais.

correspondent n
comhfhreagraí m4.

corresponding adj freagrach.

corridor n dorchla m4.

corrode vb creim.

corrosion n creimeadh m (gen
creimthe).

corrugated adj rocach.

corrupt adj truaillithe. ● vb
truailligh.

corruption n morgadh m (gen
morgtha).

cosmetic n cosmaid f2. ● adj
cosmaideach.

cost n **1** (price) costas m1; **2 at**
all costs ar ais nó ar éigean.

● *vb* cosnaigh; **what does it cost?**
cad a chosnaíonn sé.

costly *adj* costasach.

cost-of-living *n* costas *m1*
maireachtála.

cost price *n* costphraghas *m1*.

costume *n* 1 culaith *f2*; **a swim-
ming costume** culaith shnámha;
2 (*theatrical*) feisteas *m1*.

cosy *adj* cluthar.

cot *n* cliabhán *m1*.

cottage *n* teachín *m4*.

cottage cheese *n* cáis *f2* tí.

cotton *n* cadás *m1*.
□ **cotton on: to cotton on to
something** rud a thuiscint; **cotton
on!** bíodh ciall agat!

cotton wool *n* olann *f* (*gen* olla)
cadáis.

couch *n* tolg *m1*.

cough *n* casacht *f3*; **to have a
cough** casacht a bheith ort. ● *vb*
déan casacht.

council *n* 1 (*committee*)
comhairle *f4*; 2 (*authority*) bardas
m1.

council estate *n* eastát *m1*
bardais.

council house *n* teach *m*
bardais.

councillor *n* comhairleoir *m3*.

counsel *n* 1 (*advice*) comhairle
f4; 2 (*solicitor*) dlíodóir *m3*.

count *n* 1 (*counting, total*) cuntas
m1; comhaireamh *m1* 2 (*noble-
man*) cunta *m4*.
□ **count on** braith air; **to count
on someone** bheith ag brath ar
dhuine.

countenance *n* dreach *m3*. ● *vb*
ceadaigh.

counter *n* 1 (*in shop*) cúntar *m1*;
2 (*in game*) licín *m4*. ● *vb* cuir i
gcoinne (+GEN); **to counter an
opinion** cuir i gcoinne tuairime.

counteract *vb* cealaigh.

counterpart *n* 1 (*person*)
leithéid *f2*; leathbhreac *m1*
2 (*thing*) macasamhail *f3*.

counter-productive *adj*
fritorthúil.

countess *n* cuntaois *f3*.

countless *adj* gan áireamh.

country *n* 1 (*nation, people*) tír
f2; 2 (*countryside*) tuath *f2*; **in the
country** faoin tuath.

country dancing *n* rince *m4*
tuaithe.

country house *n* teach *m*
tuaithe.

countryman *n* 1 (*compatriot*)
comhthíreach *m1*; 2 (*living in the
country*) fear *m1* tuaithe.

countryside *n* tuath *f2*.

county *n* contae *m4*.

coup *n* 1 (*achievement*) éacht *m3*;
2 (*coup d'état*) gabháil *f3*
ceannais.

couple *n* 1 (*two people*) lánúin *f2*;
2 **a couple of** (*a few*) cúpla *m4*; **a
couple of things** cúpla rud.

coupon *n* cúpón *m1*.

courage *n* misneach *m1*.

courageous *adj* misniúil.

courgette *n* cúirséad *m1*.

courier *n* cúiréir *m3*.

course *n* 1 cúrsa *m4*; **a course of
treatment** cúrsa leighis; **a man-
agement course** cúrsa
bainistíochta; 2 **the main course**
an príomhchúrsa; 3 **to be in the
course of doing something** rud a
bheith á dhéanamh agat; **in due
course** in am is i dtráth; 4 **of
course** gan dabht.

court *n* cúirt *f2*; **to take someone
to court** an dlí a chur ar dhuine.
● *vb* déan cúirtéireacht.

courteous *adj* cúirtéiseach.

courtesy *n* cúirtéis *f2*; **courtesy
of** le caoinchead ó.

courtroom *n* seomra *m4* cúirte.

courtyard *n* clós *m1*.

cousin n col m1 ceathrair; second cousin col seisir.

cove n cuas m3.

cover n 1 (lid, top) clúdach m1; 2 (shelter) foscadh m1; to take cover dul ar foscadh; 3 under cover of darkness faoi choim na hoíche. ● vb 1 clúdaigh; to cover something with something rud a chlúdach le rud; her face was covered with spots bhí a haghaidh cludaithe le goiríní; the price covers the entry fee clúdaíonn an praghas an táille iontrála; 2 (protect) cumhdaigh. □ cover up: (conceal) to cover up something rud a cheilt; to cover up for someone forcheilt a dhéanamh ar mhaithe le dhuine.

coverage n tuairisciú m (gen tuairiscithe); plé m4.

covering n clúdach m1.

covering letter n litir f mhínithe.

cover note n nóta m4 árachais.

cover-up n forcheilt f2.

covet vb santaigh.

cow n bó f4.

coward n cladhaire m4.

cowardice n cladhaireacht f3.

cowardly adj cladhartha.

cowboy n buachaill m3 bó.

coy adj cúthail.

crab n portán m1.

crab apple n fia-úll m1.

crack n 1 (split) scoilt f2; 2 (in skin) gág f2; 3 (blow) cnag m4; 4 (fun) craic f2; 5 (noise) pléascadh m (gen pléasctha); 6 (drug) craic f2. ● vb 1 (rock) scoilt; 2 (nut) oscail; 3 (problem) réitigh; 4 (code) bris. ● adj sár-; a crack team sárfhoireann. □ **crack down on** cuir faoi chois. □ **crack up 1** (have breakdown) tit as a chéile; 2 (laughing) they

cracked up phléasc siad amach ag gáire.

cracker n 1 (for pulling) pléascóg f2; a Christmas cracker pléascóg Nollag; 2 (biscuit) craicear m1.

crackle vb to be crackling bheith ag brioscarnach. ● n brioscarnach m1.

cradle n cliabhán m1.

craft n 1 (skill) ceird f2; 2 (vessel) soitheach m1.

craftsman n ceardaí m4.

craftsmanship n ceardaíocht f3.

crafty adj glic.

cram vb 1 sac; he crammed his clothes into a bag shac sé a chuid éadaigh isteach i mála; 2 cram with plódaigh le; the hall was crammed with students bhí an halla plódaithe le mic léinn; 3 (for exams) pulc.

cramp n crampa m4. ● vb cuir isteach ar; to cramp someone's progress cuir isteach ar dhul chun cinn duine; to cramp someone's style cuir isteach ar dhuine.

cramped adj cramptha.

cranberry n monóg f2.

crane n 1 (machine) crann m1 tógála; 2 (bird) corr f2. ● vb to crane one's neck dúid a chur ort féin.

crank n (person) cancrán m1.

cranky adj cantalach.

crash n 1 (noise) tuairt f2; 2 (of thunder) plimp f2; 3 (accident) timpiste f4. ● vb 1 (hit) buail i gcoinne (+GEN); the car crashed into the wall bhuail an carr i gcoinne an bhalla; 2 (make noise) tuairteáil; her glass crashed to the floor thuairteáil a gloine don talamh. □ **crash out** (go to sleep) tit i do chodladh.

crash course n dianchúrsa m4.

crash helmet n clogad m1 cosanta.

crate n cliathbhosca m4; cráta m4.

crave vb tothlaigh.

crawl vb 1 (on hands and knees) téigh ag lámhachán; 2 to be crawling with bheith plódaithe le. ● n (in swimming) cnagsnámh m3.

crayfish n piardóg f2.

crayon n crián m1.

craze n mearadh m1.

crazy adj 1 (mad) craiceáilte; 2 (angry) ar buile; 3 to be crazy about someone bheith fiáin i ndiaidh duine.

creak n díoscán m1. ● vb díosc.

cream n 1 uachtar m1; coffee with cream caife le huachtar; 2 the cream (the best) togha m4, the cream of the country togha na tíre. ● adj bánbhuí.

creamy adj uachtarúil.

crease n 1 (in fabric) filltín m4; 2 (in face) roc m1; 3 (with iron) to put a crease in something filltín a chur i rud. ● vb 1 (crumple) cuir fithíní i; 2 (become crumpled) cotton creases easily tagann fithíní i gcadás go héasca.

create vb cruthaigh.

creation n cruthú m (gen cruthaithe).

creative adj cruthaitheach; creative writing scríbhneoireacht chruthaitheach.

creature n créatúr m1.

crèche n naíolann f2.

credentials n dintiúir m(pl)1.

credible adj inchreidte.

credibility n inchreidteacht f3.

credit n 1 (financial) cairde m4; I bought this on credit cheannaigh mé é seo ar cairde; to be in credit bheith ar thaobh an tsochair; 2 (recognition) to give someone credit for doing

something creidiúint a thabhairt do dhuine as rud a dhéanamh. ● vb to credit someone with creidiúint a thabhairt do dhuine as.

credit card n cárta m4 creidmheasa.

creditor n creidiúnaí m4.

creed n 1 creideamh m1; 2 the Creed an Chré f4.

creep vb téaltaigh; to creep into a room téaltú isteach i seomra.

creepy adj aerachtúil; a creepy feeling driuch m3.

cremate vb créam.

cremation n créamadh m (gen créamtha).

crematorium n créamatóiriam m4.

crescent n corrán m1.

cress n biolar m1.

crest n 1 (of hill) mullach m1; 2 (of wave) droim m3; 3 (coat of arms) suaitheantas m1; 4 (of bird) cuircín m4.

crestfallen n maolchluasach m1.

crew n criú m4, foireann f2.

crib n 1 (cot) cruib f2; 2 (nativity scene) mainséar m1.

cricket n 1 (insect) criogar m1; 2 (game) cruicéad m1.

crime n coir f2.

criminal n coirpeach m1. ● adj coiriúil.

crimson adj corcairdhearg.

cringe vb lútáil.

cripple vb craplaigh.

crisis n géarchéim f2.

crisp adj 1 (crunchy) briosc; 2 (weather) úr; a crisp morning maidin úr.

crisps n brioscáin m(pl)1 phrátaí.

criterion n critéar m1.

critic n criticeoir m3.

critical adj 1 (*criticizing*) cáinteach; 2 (*of health*) in a critical condition i mbaol báis.

critically adv 1 (*with disapproval*) go cáinteach; 2 to be **critically** ill bheith i mbaol báis.

criticism n 1 (*of faults*) lochtú m (*gen* lochtaithe); 2 (*of literature, art, etc*) critic f2.

criticize vb lochtaigh.

croak n grág f2. ● vb bheith ag grágaíl.

Croatia n an Chróit f2.

crochet n cróise f4.

crockery n gréithe (*pl*).

crocodile n crogall m1.

crocus n cróch m4.

croft n croit f2.

crook n 1 (*agricultural*) caimiléar m1; 2 (*bend*) crúca m4; 3 (*shepherd's*) caimín m4; 4 (*crozier*) bachall m1.

crooked adj cam.

crop n 1 (*agricultural*) barr m1; 2 (*riding*) fuilp f2. ● vb (*cut*) bearr.
□ **crop up** tar aníos; something cropped up tháinig rud éigin aníos.

cross n cros f2; to make the sign of the cross fíor na croise a dhéanamh. ● vb 1 (*move across*) trasnaigh; to **cross** a road bóthar a thrasnú; 2 (*cheque*) crosáil; 3 to **cross oneself** comhartha na croise a ghearradh ort féin. ● adj crosta.

cross-country adj cross-country running rith trasna tíre.

cross-examine vb croscheistigh.

cross-eyed adj fiarshúileach.

crossfire n croslámhach m1.

crossing n 1 (*pedestrian or crossroads*) crosaire m4; 2 (*journey*) trasnáil f3.

cross purposes n to be at cross purposes bheith ag teacht salach ar a chéile.

cross-reference n crostagairt f3.

crossroad n crosbhóthar m1.

cross-section n trasghearradh m (*gen* trasghearrtha).

crossword n crosfhocal m1.

crouch vb crom.

crow n 1 (*bird*) préachán m1; 2 (*cry of cock*) glao m4. ● vb (*cock*) glaoigh.

crowd n slua m4. ● vb plódaigh.
□ **crowd in** plódaigh isteach.

crowded adj plódaithe.

crown n 1 (*of monarch*) coróin f (*gen* corónach); 2 (*of head*) baithis f2; 3 (*of hill*) mullach m1. ● vb corónaigh.

crucial adj ríthábhachtach.

crucifix n cros f2 chéasta.

crucifixion n céasadh m (*gen* céasta); the **Crucifixion** an Chéasadh.

crucify vb céas.

crude adj 1 (*vulgar*) gáirsiúil; 2 (*rough*) garbh; 3 (*unprocessed*) amh-; crude oil amhola f4.

cruel adj cruálach.

cruelty n cruálacht f3.

cruise n cúrsáil f3. ● vb cúrsáil.

crumb n grabhóg f2.

crumble vb mionaigh.

crumpet n crombóg f2.

crumple vb crap.

crumpled adj craptha.

crunch vb cnag. ● n (*vital moment*) uair f2 na ciniúna; when it comes to the crunch nuair a thagann sé go dtí uair na ciniúna.

crunchy adj cnagach.

crusade n 1 crosáid f2; 2 the Crusades Cogaí na Croise.

crush n 1 (*crowd*) brú m4; 2 to have a crush on somebody bheith fiáin i ndiaidh duine. ● *vb* brúigh.

crushing *adj* treascrach.

crust *n* crústa *m4*.

crutch *n* maide *m4* croise.

crux *n* croí *m4*; **the crux of the matter** croí na ceiste.

cry *vb* **1** (*weep*) caoin, goil; **2** (*call*) lig gáir asat. ● *n* glaoch *m1*.

cryptic *adj* diamhair.

crystal *n* criostal *m1*.

cub *n* **1** (*animal*) coileán *m1*; **2** (*cub scout*) gasóg *f2*.

cube *n* ciúb *m1*. ● *vb* ciúbaigh.

cubic *adj* ciúbach.

cubicle *n* cubhacal *m4*.

cuckoo *n* cuach *f2*.

cucumber *n* cúcamar *m1*.

cuddle *vb* muirnigh.

cue *n* **1** (*in theatre*) leid *f2*; **2** (*in billiards, snooker, etc.*) cleathóg *f2*.

cuff *n* **1** (*on sleeve*) cufa *m4*; **2** (*blow*) smitín *m4*.

cul-de-sac *n* caochshráid *f2*.

cull *vb* **1** (*animals*) tanaigh; **2** (*information*) togh; **information culled from various sources** eolas a toghadh as foinsí difriúla. ● *n* (*of animals*) tanú *m* (*gen* tanaithe).

culprit *n* ciontach *m1*.

cult *n* cultas *m1*.

cultivate *vb* **1** (*land*) saothraigh; **2** (*practise*) cleacht; **he cultivates an upperclass accent** cleachtaíonn sé tuin chainte den uasaicme.

cultivated *adj* **1** (*land*) saothraithe; **2** (*person*) oilte.

cultivation *n* saothrú *m* (*gen* saothraithe).

cultural *adj* cultúrtha.

culture *n* cultúr *m1*.

cultured *adj* cultúrtha.

cumbersome *adj* anásta.

cunning *n* gliceas *m1*. ● *adj* glic.

cup *n* **1** cupán *m1*; **2** (*trophy*) corn *m1*.

cupboard *n* cófra *m4*.

cup tie *n* cluiche *m4* coirn.

curate *n* séiplíneach *m1*.

curator *n* coimeádaí *m4*.

curb *vb* srian.

curdle *vb* téacht.

cure *vb* **1** (*of illness*) leigheas; **2** (*meat*) leasaigh. ● *n* leigheas *m1*; **a hangover cure** leigheas póite.

curfew *n* cuirfiú *m4*.

curiosity *n* fiosracht *f3*.

curious *adj* **1** (*inquisitive*) fiosrach; **2** (*odd*) aisteach.

curiously *adv* **1** (*inquisitively*) go fiosrach; **2** (*oddly*) go haisteach.

curl *n* coirnín *m4*. ● *vb* **1** (*put curls in*) cuir coirníní i; **2** (*become curled*) éirigh catach. □ **curl up** tú féin a chuachadh.

curly *adj* catach.

currant *n* cuirín *m4*.

currency *n* **1** (*money*) airgeadra *m4*; **2 theories which have gained currency** teoiricí a bhfuil glacadh leo.

current *n* sruth *m3*. ● *adj* reatha.

current affairs *npl* cúrsaí *m(pl)4* reatha.

current account *n* cuntas *m1* reatha.

currently *adv* faoi láthair.

curriculum *n* curaclam *m1*.

curriculum vitae *n* curriculum vitae.

curry *n* curaí *m4*. ● *vb* **to curry favour (with someone)** fabhar a lorg (ar dhuine).

curse *vb* **1** (*swear*) eascainigh; **he was cursing all day** bhí sé ag eascaini ar feadh an lae; **2** (*put spell on*) mallaigh; **to curse someone** duine a mhallú.

● *n* **1** (*swearword*) eascaine *f4*;
2 (*spell*) mallacht *f3*.

cursor *n* cúrsóir *m3*.

curt *adj* giorraisc.

curtail *vb* giorraigh.

curtain *n* cuirtín *m4*.

curve *n* cuar *m1*. ● *vb* lúb; the
road curves to the left lúbann an
bóthar ar chlé.

cushion *n* cúisín *m4*. ● *vb* plúch.

custard *n* custard *m1*.

custody *n* **1** (*of child*) cúram *m1*;
2 in custody (*prison*) i
ngéibheann; to take someone into
custody duine a chur i
ngéibheann.

custom *n* nós *m1*, gnás *m1*.

customary *adj* gnáth-; the cus-
tomary rules na gnáthrialacha.

customer *n* oifigeach *m1*
custaim.

customs *n* custam *m1*.

customs officer *n* oifigeach *m1*
custaim.

cut *n* **1** (*wound*) gearradh *m* (*gen*
gearrtha); créacht *f3* to have a
cut on one's hand gearradh a
bheith ar do láimh; **2** (*reduction*)
laghdú *m* (*gen* laghdaithe). ● *vb*
1 gearr; to cut hair gruaig a
ghearradh; she cut her finger
ghearr sí a méar; to cut a hole in
poll i a ghearradh i; **2** (*reduce*)
laghdaigh; to cut prices
praghsanna a laghdú.
□ **cut back** gearr siar.
□ **cut down** gearr anuas.
□ **cut down on** gearr siar ar.
□ **cut off 1** (*chop off*) bain de;
2 (*disconnect*) gearr.
□ **cut out:** cut it out! éirigh as!
□ **cut up 1** (*chop up*) gearr; **2** to
be very cut up about something
bheith an-trína chéile faoi rud.

cutback *n* gearradh *m* siar.

cute *adj* cleasach.

cutlery *n* sceanra *m4*.

cutlet *n* gearrthóg *f2*.

cut-throat *adj* cut-throat
business gnó gan trócaire gan
taise; cut-throat competition
deargiomaíocht.

cutting *adj* **1** (*remark*) géar;
2 (*wind*) faobhrach. ● *n* **1** (*from
newspaper*) gearrthán *m1*;
2 (*from plant*) gearrthóg *f2*.

cyanide *n* ciainíd *f2*.

cyberspace *n* cibirspás *m1*.

cycle *n* **1** timthriall *m3*, **2** (*in
literature*) sraith *f2*. ● *vb*
rothaigh.

cycle lane *n* lána *m4*
rothaíochta.

cycling *n* rothaíocht *f3*.

cyclist *n* rothaí *m4*.

cylinder *n* sorcóir *m3*.

cymbal *n* ciombal *m1*.

cynic *n* cinicí *m4*.

cynical *adj* ciniciúil.

cynicism *n* ciniceas *m1*.

Cyprus *n* an Chipir *f2*.

cyst *n* cist *f2*.

Czech *n* **1** (*person*) Seiceach *m1*;
2 (*language*) Seicis *f2*. ● *adj*
Seiceach.

Czech Republic *n* an Phoblacht
f3 Sheiceach.

Dd

dabble *vb* to dabble in something
ladar a bheith agat i rud éigin;
he dabbles in politics ta ladar
aige sa pholaitíocht.

dad *n* daid *m4*.

daddy *n* daid *m4*.

daddy-long-legs *n* Pilib *m4* an
gheataire.

daffodil n lus m3 an chromchinn.

daft adj amaideach.

dagger n miodóg f2; ➤ they are at daggers drawn tá an chloch sa mhuinchille acu dá chéile.

dahlia n dáilia f4.

daily adj laethúil. ● n (newspaper) nuachtán m1 laethúil. ● adv go laethúil.

dairy n déirí m4.

dairy farm n feirm f2 déiríochta.

dairy products n táirgí m(pl)4 déiríochta.

daisy n nóinín m4.

dam n damba m4. ● vb dambáil.

damage n damáiste m4; **2 damages** (compensation) damáistí m(pl)4. ● vb déan damáiste do.

damaging adj díobhálach.

damn vb damnaigh; damn it! damnú air! ● n damnú m (gen damnaithe); ➤ I don't give a damn is cuma liom sa diabhal. ● adj damanta.

damned adj damnaithe.

damnedest n to try one's damnedest do sheacht ndícheall a dhéanamh.

damp adj tais. ● n taise.

dampen vb taisrigh.

damson n daimsín m4.

dance n damhsa m4, rince m4. ● vb déan damhsa, déan rince.

dancer n damhsóir m3, rinceoir m3.

dancing n damhsa m4, rince m4. ● adj damhsa, rince(gen of n); a dancing class rang damhsa.

dandelion n caisearbhán m1.

dandruff n sail f2 chnis.

Dane n Danmhargach m1.

danger n contúirt f2; to be in danger bheith i gcontúirt; there is a danger that... tá contúirt ann go...; Danger! (on sign) Aire!

dangerous adj contúirteach.

dangle vb to dangle something rud a choimeád ar bogarnach.

Danish n Danmhargais f2. ● adj Danmhargach.

dare vb **1** (seem) she didn't dare question him níor leomhaigh sí é a cheistiú; he dared to defy the government leomhaigh sé dúshlán an rialtais a thabhairt; don't you dare say that again! ná habairse é sin arís adeirim!; **2** to dare somebody to do something dúshlán duine a thabhairt rud a dhéanamh.

daring adj dána. ● n dánacht.

dark adj **1** (colour) dorcha; **2** (complexion) crón. ● n **1** (without light) dorchadas m1; a dark night oíche dhorcha. ● n the dark an dorchadas; in the dark sa dorchadas; ➤ to be in the dark about something bheith dall ar rud éigin.

darken vb dorchaigh.

darkness n dorchadas m1.

darkroom n seomra m4 dorcha.

darling n muirneach. ● n **1** muirnín m4; **2** (favourite) leannán m1; he's the darling of the media is é leannán na meán cumarsáide é.

darn vb dearnáil f3, cliath f2. ● vb dearnáil, cuir cliath ar.

dart n **1** (for throwing) dairt f2; **2 darts** dairteanna; **3** (movement) sciuird f2; he made a dart for the door thug sé sciuird faoin doras. ● vb tabhair sciuird ar.

dartboard n clár m1 dairteanna.

dash n **1** (movement) sciuird f2; **2** (small amount) steall f2; a dash of water steall uisce; **3** (punctuation) dais f2.

dashboard n painéal m1 ionstraimí.

dashing adj rábach.

data npl sonraí m(pl)4.

data bank n stór m1 sonraí.

database n (computers) bunachar m1 sonraí.

data capture n gabháil f3 sonraí.

data processing n próiseáil f3 sonraí.

date n 1 (of the month) dáta m4; what's the date today? cén dáta inniu é?; the date of the meeting dáta an chruinnithe; 2 to be up to date bheith suas chun dáta; 3 (meeting) coinne m4; to have a date with somebody coinne a bheith agat le duine. ● vb 1 (cheque, manuscript, fossil) dátaigh; to date a cheque seic a dhátú; to date a manuscript lámhscríbhinn a dhátú; 2 to date somebody siúl amach le duine.

dated adj seanfhaiseanta.

dative n tabharthach m1. ● adj tabharthach.

daughter n iníon f2.

daughter-in-law n banchliamhain m4.

daunting adj scáfar.

dawn n breacadh m1 an lae. ● vb 1 bánaigh; the day dawned bhánaigh an lá; 2 it dawned on me that... rith sé liom go...

day n lá m (gen lae); the days of the week laethanta na seachtaine; every day gach lá; twice a day dhá uair sa lá; the day before that an lá roimhe sin; the following day lá arna mhárach; the day after tomorrow arú amárach; the day before yesterday arú inné.

daybreak n breacadh m1 an lae.

daydream n taibhreamh m1 na súl oscailte. ● vb bheith ag aislingeacht.

daylight n solas m1 an lae.

daytime n during the daytime i rith an lae.

day-to-day adj laethúil; day-to-day events eachtraí laethúla.

day-trip n turas m1 lae.

daze n to be in a daze speabhraídí a bheith ort. ● vb caoch.

dazed adj ar mearbhall.

dazzle vb dall.

dead adj 1 marbh; a dead person duine marbh; my mind was dead bhí m'intinn marbh; 2 a dead ball liathróid mharbh. ● n 1 the dead na mairbh m(pl)1; 2 the dead of night am marbh na hoíche. ● adv lán-, an-; to be dead certain bheith lánchinnte; to be dead tired bheith an-tuirseach; dead straight cruinn díreach; dead on time díreach in am.

deaden vb maolaigh; to deaden the pain an phian a mhaolú.

dead end n ceann m1 caoch.

deadline n spriocdháta m4.

deadlock n sáinn f2; to be in deadlock bheith i sáinn.

deadly adj marfach; a deadly blow buille marfach.

deaf adj bodhar; ➤ to turn a deaf ear to something an chluas bhodhar a thabhairt do rud.

deafen vb bodhraigh.

deafening adj bodhraitheach.

deafness n bodhaire f4.

deal n margadh m1. ● vb 1 (cards) roinn; to deal cards cártaí a roinnt; 2 (strike) tabhair buille do; he dealt him a blow on the head thug sé buille ar an gceann dó.
  □ **deal in** déileáil i; to deal in computers bheith ag déileáil i ríomhairí.
  □ **deal with** 1 (person) déileáil le; to deal with somebody/ something déileáil le duine/rud; 2 (book, film, etc.) bain le; the programme deals with the drugs

problem baineann an clár le fadhb na ndrugaí.

dealer n déileáilí m4.

dealings npl déileáil f3; **to have dealings with somebody** déileáil a bheith agat le duine.

dean n déan m1.

dear adj **1** (beloved) ionúin, dílis; **his dear child** a leanbh ionúin; **2** (in informal letter) dílis; **Dear Mother** A mháthair dhílis; **3** (in formal letter) **Dear Sir** A dhuine uasail, a chara; **4** (expensive) daor; **that shop is very dear** tá an siopa sin an-daor. ● n stór m1, maoineach m4; **my dear!** a stór!, a mhaoineach!. ● adv go daor; **buy cheap and sell dear** ceannaigh go saor agus díol go daor.

dearly adv **1** I'd dearly love to see it b'fhearr liom ná rud maith é a fheiceáil; **2** (pay) go daor.

death n bás m1; **her death was a tragedy** tragóid ba ea a bás; **to be the death of someone** bás duine a thabhairt; **he drank himself to death** thug sé a bhás féin leis an ól; **you'll catch your death (of cold)** gheobhaidh tú galar do bháis (leis an bhfuacht).

death certificate n teastas m1 báis.

death penalty n pionós m1 an bháis.

debatable adj conspóideach.

debate n díospóireacht f3. ● vb pléigh; **to debate something** rud a phlé.

debauched adj drabhlásach.

debauchery n drabhlás m1.

debit n dochar m1. ● vb **to debit a sum of money to somebody's account** suim airgid a chur do dhochar cuntas duine.

debris n (wreckage) smionagar m1.

debt n **1** (financial) fiach m1; **to be in debt** bheith i bhfiacha; **to**

clear one's debts do chuid fiacha a ghlanadh; **2** (obligation) comaoin f2; **to owe somebody a debt** bheith faoi chomaoin ag duine.

debtor n fiachóir m3.

decade n **1** deich mbliana f(pl)3; **2** (of rosary) deichniúr m1.

decadence n meathlú m (gen meathlaithe).

decadent adj meatach.

decaffeinated adj gan chaiféin.

decanter n teisteán m1.

decay n **1** (rot) lobhadh m1; **tooth decay** lobhadh fiacla; **2** (decline) meathlú m (gen meathlaithe). ● vb **1** (become or make rotten) lobh; **sugar decays teeth** lobhann siúcra na fiacla; **2** (decline) meathlaigh; **civilization is decaying** tá an tsibhialtacht ag meathlú.

deceased n the deceased an marbh m1.

deceit n cealg f2.

deceitful adj cealgach.

deceive vb cealg; **to deceive someone** duine a chealgadh.

December n Nollaig f (gen Nollag); **the month of December** mí na Nollag.

decent adj **1** (person) gnaiúil; **he's a very decent person** duine an-ghnaiúil is ea é; **2** (meal, living, etc.) maith; **3** (proper, suitable) cóir; **we have no decent equipment** níl aon trealamh cóir againn.

decentralization n dílárú m (gen díláraithe).

deception n cealgadh m1.

deceptive adj cealgach.

decide vb cinn (ar), beartaigh (ar); **to decide to do something** cinneadh ar rud a dhéanamh.

decided adj **1** (marked, definite) cinnte; **2** (firm) diongbháilte; **she**

is decided about it tá sí diongbháilte faoi.

decidedly *adv* go diongbháilte.

decimal *adj* deachúlach. ● *n* deachúil *f3*.

decipher *vb* imscaoil.

decision *n* cinneadh *m1*.

decisive *adj* **1** (*person, manner*) diongbháilte; **2** (*factor, incident*) cinntitheach.

deck *n* **1** (*of ship*) deic *f2*; on deck ar deic; **2** (*of bus*) urlár *m1*; **3** (*of cards*) paca *m4*.

deck chair *n* cathaoir *f* dheice.

declaration *n* dearbhú *m* (*gen* dearbhaithe).

declare *vb* **1** fógair; to declare war (on) cogadh a fhógairt (ar); he declared that he was going to retire d'fhógair sé go raibh sé chun éirí as; **2** (*at customs*) admhaigh; have you anything to declare? an bhfuil rud ar bith le hadmháil agat?

decline *n* **1** (*decay*) meath *m3*; **2** (*drop*) maolú *m* (*gen* maolaithe). ● *vb* **1** (*refuse*) diúltaigh; **2** (*decay*) meath; **3** (*drop*) maolaigh.

decompose *vb* **1** (*rot*) lobh; **2** (*elements*) dianscaoil.

decor *n* feisteas *m1*.

decorate *vb* **1** (*room*) maisigh; **2** (*person*) bronn gradam ar.

decoration *n* **1** (*of room*) maisiú *m* (*gen* maisithe); **2** (*decorative object*) maisiúchán *m1*; **3** (*medal*) suaitheantas *m1*.

decorative *adj* maisiúil.

decorator *n* maisitheoir *m3*.

decrease *n* laghdú *m* (*gen* laghdaithe); a decrease in unemployment laghdú i ndífhostaíocht. ● *vb* laghdaigh.

decree *n* **1** (*law*) forógra *m4*; **2** (*judgment*) foraithne *f4*.

decrepit *adj* craplaithe.

dedicate *vb* tiomnaigh.

dedication *n* **1** (*devotion*) dúthracht *f3*; **2** (*in a book*) tiomnú *m* (*gen* tiomnaithe).

deduce *vb* déan amach as.

deduct *vb* bain as, bain de.

deduction *n* **1** (*conclusion*) tátal *m1*; **2** (*from salary*) gearradh *m* (*gen* gearrtha).

deed *n* **1** (*action*) gníomh *m1*, beart *m1*; **2** (*document*) cáipéis *f2*.

deep *adj* domhain. ● *adv* go domhain.

deepen *vb* doimhnigh.

deep freeze *n* reoiteoir *m3*.

deeply *adv* go domhain.

deep-rooted *adj* domhainfhréamhaithe.

deer *n* fia *m4*; a red deer fia rua; a fallow deer fia fionn.

deface *vb* loit.

defamation *n* clúmhilleadh *m* (*gen* clúmhillte).

default *n* **1** (*in computing*) luach *m3* loiche; **2** (*in law*) by default a los éagmaise. ● *vb* loic.

defeat *n* briseadh *m* (*gen* briste). ● *vb* buaigh ar.

defect *n* fabht *m4*. ● *vb* iompaigh.

defective *adj* fabhtach.

defence *n* cosaint *f* (*gen* cosanta).

defenceless *adj* gan chosaint.

defend *vb* cosain.

defendant *n* cúisí *m4*.

defender *n* cosantóir *m3*.

defensive *adj* cosantach.

defer *vb* **1** (*postpone*) cuir siar; to defer a meeting cruinniú a chur siar; **2** (*to somebody*) géill; I defer to the experts géillim do na saineolaithe.

defiance *n* dúshlán *m1*; an act of defiance gníomh dúshláin; in defiance of something i ndeargainneoin ruda.

defiant *adj* dúshlánach.

defiantly adj go dúshlánach.

deficiency n 1 (fault) easpa f4; 2 (lack) easnamh m1; a vitamin deficiency easnamh vitaimíní.

deficient adj easnamhach.

deficit n easnamh m1.

define vb sainmhínigh.

definite adj cinnte; a definite result toradh cinnte; are you definite about that? an bhfuil tú cinnte faoi sin?

definitely adv go cinnte.

definition n 1 (of meaning) sainmhíniú m (gen sainmhínithe); 2 (clearness) léire f4.

deflate vb 1 (a ball, tyre, etc.) lig an t-aer amach as; **to deflate a ball** an t-aer a ligean amach as liathróid; 2 (a person or ego) bain an ghaoth amach as; 3 (economy) díbholg.

deflation n (of economy) díbhoilsciú m (gen díbhoilscithe).

deflect vb sraon.

deform vb díchum.

deformed adj míchumtha.

defraud vb déan calois ar; **to defraud somebody** calaois a dhéanamh ar dhuine; **to defraud somebody of something** rud a bhaint ó dhuine le calaois.

defrost vb díshioc; **to defrost a fridge** cuisneoir a dhíshiocadh.

deft adj deaslámhach.

defunct adj as feidhm.

defuse vb bain an t-aidhnín as; **to defuse a bomb** an t-aidhnín a bhaint as buama.

defy vb tabhair dúshlán; **to defy somebody** dúshlán duine a thabhairt.

degenerate vb meathlaigh.
● adj meata.

degrade vb táir.

degrading adj táireach.

degree n 1 céim f2; **ten degrees celsius** deich gcéim celsius; a university degree céim ollscoile; 2 (level) caighdeán m1; he has a high degree of skill tá caighdeán ard scile aige; 3 by degrees de réir a chéile; 4 to some degree go pointe áirithe.

dehydrated adj díhiodráitithe.

deign vb to deign to do something deonú rud a dhéanamh.

dejected adj díomách.

delay n moill f2; without delay gan mhoill; vb 1 (make late) cuir moill ar; to delay somebody moill a chur ar dhuine; the train was delayed cuireadh moill ar an traen; 2 (waste time) déan moill; don't delay! ná déan moill!

delegate n toscaire m4. ● vb tiomnaigh.

delegation n toscaireacht f3.

delete vb scrios; to delete a word focal a scriosadh.

deliberate adj 1 (act) réamhbheartaithe; 2 (way of speaking) mallbhriathrach; 3 (way of moving) malltriallach.
● vb déan machnamh ar; to deliberate on something do mhachnamh a dhéanamh ar rud.

deliberately adv 1 (on purpose) d'aon ghnó; she did it deliberately d'aon ghnó a rinne sí é; 2 (speak) go mallbhriathrach; 3 (move) go malltriallach.

delicacy n 1 (of object, fabric) leochaileacht f3; 2 (of features) fíneáltacht f3; 3 (tact) íogaireacht f3; 4 (rare food) sócamas m1.

delicate adj 1 (object, fabric) leochaileach; 2 (features) fínéalta; 3 (situation, operation) íogair.

delicious adj caithiseach.

delight n aoibhneas m1; her face lit up with delight gheal a haghaidh le haoibhneas.

● vb **1** (give pleasure to) cuir aoibhneas ar; **2** to delight in bain aoibhneas as; she delights in meeting new people baineann sí aoibhneas as bualadh le daoine nua.

delighted adv to be delighted áthas a bheith ort.

delightful adj aoibhinn.

delinquent n ciontóir m3. ● adj ciontach.

delirious adj to be delirious (with fever) bheith ag rámhaille; to be delirious with joy sceitimíní áthais a bheith ort.

deliver vb **1** (mail, goods) seachaid; to deliver a message teachtaireacht a sheachadadh; **2** (speech, lecture) tabhair; **3** (child) saolaigh.

delivery n **1** (of mail, goods) seachadadh m (gen seachadta); **2** (of speech, lecture) cur m1 i láthair; **3** (of child) breith f2; **4** to take delivery of glacadh le.

delude vb to delude someone dallamullóg a chur ar dhuine.

delusion n seachrán m1; to be under a delusion about something seachrán a bheith ort faoi rud.

demand n éileamh m1; there is a great demand for this service tá an-éileamh ar an tseirbhís seo; the demands of the strikers éilimh na stailceoirí. ● vb éiligh; to demand something rud a éileamh.

demanding adj **1** (work, task) crua; it's demanding work is obair chrua í; **2** (person) deacair a shásamh; she's very demanding tá sé deacair í a shásamh.

demeaning adj suarach.

demented adj to be demented bheith as do mheabhair.

democracy n daonlathas m1.

democrat n daonlathaí m4.

democratic adj daonlathach.

demolish vb **1** (structure) leag; to demolish a house teach a leagan; **2** (theory, argument) scrios.

demonstrate vb **1** (show) taispeáin, léirigh; to demonstrate something rud a thaispeáint; he demonstrated how it works thaispeáin sé conas a oibríonn sé; **2** (protest) déan agóid; to demonstrate against something agóid a dhéanamh i gcoinne ruda; to demonstrate for something agóid a dhéanamh ar son ruda.

demonstration n **1** (showing something) taispeántas m1; **2** (protest) léirsiú m (gen léirsithe); a political demonstration léirsiú polaitíochta.

demonstrator n (protester) léirsitheoir m3.

demoralize vb domheannmaigh; to be demoralized by something bheith domheannmaithe faoi rud.

demote vb tabhair céim síos do.

denationalize vb dínáisiúnaigh.

denial n (of accusation, truth) séanadh m (gen séanta); a denial of the truth séanadh fírinne; **2** (refusal) diúltú m, diúltaithe; a denial of human rights diúltú cearta daonna.

denim n deinim m4.

Denmark n an Danmhairg f2.

denomination n **1** (money) luach m3; **2** (religious) sainchreideamh m1.

denote vb comharthaigh.

denounce vb cáin.

dense adj **1** (thick) dlúth; a dense fog ceo dlúth; **2** (stupid) dúr m1.

densely adv **1** (packed) go dlúth; **2** a densely populated area

ceantar atá faoi líon mór
daoine.

density n dlús m1; a high-density
diskette dioscéad ard-dlúis.

dent n ding f2. ● vb cuir ding i,
déan ding i.

dental adj déadach.

dental floss n flas m3 déadach.

dental surgeon n déidlia m4.

dentist n fiaclóir m3.

dentistry n fiaclóireacht f3.

dentures npl déadchíor f(sg)2.

deny vb 1 (accusation) séan;
2 (refuse) diúltaigh.

deodorant n díbholaíoch m1.

depart vb (leave) imigh.

department n roinn f2.

department store n siopa m4
ilranna.

departure n 1 imeacht m3; 2 a
new departure cor nua.

departure gate n geata m4
imeachta.

departure lounge n tolglann f2
imeachta.

depend vb braith; to depend on
someone/something bheith ag
brath ar dhuine/rud; it depends
braitheann sé; it depends how
much it costs braitheann sé ar cé
mhéid a chosnaíonn sé; depend-
ing on the weather ag brath ar an
aimsir.

dependable adj iontaofa.

dependant n cleithiúnaí m4.

dependence n spleáchas m1.

dependent adj to be dependent
on someone/something bheith ag
brath ar dhuine/rud.

depict vb léirigh.

deplorable adj náireach; it was
a deplorable deed ba ghníomh
náireach é.

deplore vb we deplore this action
is saoth linn an gníomh seo.

deport vb díbir as an tír.

deposit n 1 (to bank account)
taisce f4; to make a deposit taisce
a dhéanamh; 2 (initial payment)
éarlais f2; to put down a deposit
on something éarlais a chur ar
rud; 3 (of matter) sil-leagan m1.
● vb 1 (money in account) déan
taisce; 2 (put down) leag síos.

deposit account n cuntas m1
taisce.

depot n stóras m1.

depraved adj truaillithe, táir.

depreciate vb ísligh; the value
of their house has depreciated tá
luach a dteach íslithe.

depress person 1 (a person) cuir
gruaim ar; this weather de-
presses me cuireann an aimsir
seo gruaim orm; 2 (button,
switch) brúigh síos.

depressed adj 1 (mentally) faoi
ghruaim; 2 (economically) bocht;
a depressed area ceantar bocht.

depressing adj gruama.

depression n gruaim f2, an
galar m1 dubhach.

deprivation n díothacht f3.

deprive vb to deprive someone of
something rud a bhaint de
dhuine.

deprived adj díothach.

depth n 1 doimhneacht f3; the
depth of the water doimhneacht
an uisce; 2 in the depth of winter
i ndúluachair an gheimhridh;
3 in the depths of despair in
umar na haimléise.

deputation n toscaireacht f3.

deputize vb to deputize for
somebody gníomhú thar ceann
duine.

deputy n 1 (substitute) ionadaí
m4; 2 (in Irish politics) tánaiste
m4. ● adj (prefix) leas-; deputy
prime minister leas-phríomhaire;
deputy head leas-phríomhoide.

deranged adj néaltraithe.

derelict adj tréigthe.

deride vb to deride someone fonóid a dhéanamh ar dhuine.

derisive adj fonóideach.

derivative n díorthach m1. ● adj díorthach.

derive vb **1** (diorthaigh; to derive from bheith díortha ó; **2** to derive satisfaction from something sásamh a bhaint as rud.

dermatologist n deirmeolaí m4.

derogatory adj dímheasúil.

Derry n Doire m4.

descend vb **1** (plane, passengers) tuirling; **2** (come down) tar anuas; **3** (go down) téigh síos.

descent n **1** (coming or going down) tuirlingt f2; **2** (ancestry) to be of Irish descent bheith de shliocht Éireannach.

describe vb déan cur síos ar; to describe something cur síos a dhéanamh ar rud; it could be described as... d'fhéadfaí cur síos a dhéanamh air mar...

description n **1** cur m1 síos; **2** (sort) cineál m1; books of every description leabhair de gach cineál.

desert n gaineamhlach m1, fásach m1.

desert island n oileán m1 fásaigh.

deserve vb tuill; she well deserves her prize tá a duais tuillte go maith aici.

deserving adj (worthy) fiúntach.

design n **1** (plan or drawing) dearadh m1; **2** (arrangement) leagan m1 amach; the office has an unusual design tá leagan amach neamhghnách ag an oifig; **3** (pattern) patrún m1; a design on a dress patrún ar ghúna; **4** (intention) to have designs on something/somebody súil a bheith agat ar rud/dhuine; by accident or by design trí thimpiste

nó d'aon ghnó. ● vb dear, leag amach.

designer n dearthóir m3.

desirable adj **1** (outcome, area, situation) inmhianaithe; **2** (person) tarraingteach.

desire n mian f2. ● vb santaigh; to desire something rud a shantú.

desk n deasc f2.

desktop publishing n foilsiú m deisce.

desolate adj **1** (place) sceirdiúil; **2** (person) dólásach.

despair n éadóchas m1. ● vb to despair titim in éadóchas; to despair of something deireadh dúile a bhaint ar rud.

desperate adj **1** (person) éadóchasach; she grew desperate d'éirigh sí éadóchasach; **2** (state, situation) uafásach; the country is in a desperate state tá an tír i staid uafásach.

desperately adv **1** (extremely) an-; she was desperately anxious bhí sí an-imníoch; **2** (in desperation) le teann éadóchais; to be desperately trying to do something bheith ag iarraidh rud a dhéanamh le teann éadóchais.

desperation n éadóchas m1.

despicable adj suarach.

despise vb to despise something/somebody an ghráin a bheith agat ar rud/dhuine.

despite prep d'ainneoin (+GEN); despite the weather d'ainneoin na haimsire.

dessert n milseog f2.

destination n ceann m1 cúrsa.

destined adj **1** it was destined for her bhí sé sa chinniúint di; **2** to be destined for... (place) bheith ag dul go...

destiny n cinniúint f3.

destitute adj dealbh.

destitution n dealús m1.

destroy vb scrios, creach.

destruction n scrios m (gen scriosta).

destructive adj scriosach, millteach.

detach vb 1 (one thing from another) dícheangail; 2 (person) scar; to detach oneself from a group tú féin a scaradh ó ghrúpa.

detachable adj inscartha.

detached adj 1 (separate) scoite; a detached house teach scoite; 2 (aloof) leithleach.

detail n sonra m4; in detail go mion. ● vb (describe) tabhair mionchuntas ar.

detailed adj mion-; a detailed report miontuairisc.

detain vb 1 (delay) cuir moill ar; I won't detain you any further ní chuirfidh mé a thuilleadh moille ort; 2 to be detained for questioning bheith coimeádta le hahgaidh ceistiúcháin.

detect vb tabhair faoi deara; she detected a note of sarcasm in his voice thug sí nóta searbhais faoi deara ina ghuth.

detection n 1 (of error, fault, etc.) lorgaireacht f3; 2 (of crime) bleachtaireacht f3.

detective n bleachtaire m4.

detective story n scéal m1 bleachtaireachta.

detector n brathadóir m3.

detention n 1 (in detention centre) coimeád m1; 2 (at school) coimeád m1 istigh.

deter vb coisc.

detergent n glantóir m3.

deteriorate vb téigh in olcas, meathlaigh; he's deteriorating tá sé ag dul in olcas.

deterioration n meathlú m (gen meathlaithe).

determination n (of person) diongbháilteacht f3.

determine vb cinn ar.

determined adj daingean, diongbháilte; to be determined to do something rún daingean a bheith agat rud a dhéanamh.

deterrent n iombhagairt f3.

detest vb to detest something/ somebody an ghráin dhearg a bheith agat ar rud/dhuine; there is nothing I detest more ní lú liom an sioc samhraidh ná é.

detonator n maidhmitheoir m3.

detour n timpeall m1; we had to make a detour bhí orainn an timpeall a thabhairt linn.

detract vb bain ó; to detract from somebody's reputation baint ó chlú duine.

detriment n aimhleas m3 (+GEN).

detrimental adj aimhleasach; a detrimental effect éifeacht aimhleasach.

devaluation n díluacháil f3.

devalue vb díluacháil.

devastate vb 1 (destroy) scrios; 2 (cause distress to) bris croí; the news devastated her bhris an nuacht a croí.

develop vb 1 (evolve, grow) fás; 2 (site, area) forbair; 3 (photograph) réal; to develop a photograph grianghraf a réaladh; 4 (disease) tóg; to develop a disease galar a thógáil.

developer n 1 (property developer) forbróir m3; 2 (of photographs) réalóir m3.

development n 1 forbairt f3; 2 (in story, case) casadh m1 nua.

deviant adj saobh. ● n saofóir m3.

deviate vb to deviate from claonadh ó.

deviation n claonadh m (gen claonta).

device n 1 gaireas m1; a nuclear device gaireas núicléach;

2 (*trick*) seift *f2*; a literary device seift liteartha.

devil *n* diabhal *m1*; to go to the devil dul chun an diabhail; the devil take them go mbeire an diabhal leis iad; how the devil ...? conas sa diabhal...?

devilment *n* diabhlaíocht *f3*.

devious *adj* lúbach.

devise *vb* ceap; to devise a scheme scéim a cheapadh.

devoid *adj* devoid of gan; a story devoid of logic scéal gan loighic; to be devoid of any sense bheith gan aon chiall.

devolution *n* dílárú *m* (*gen* díláraithe).

devote *vb* **1** to devote oneself to something do dhúthracht a chaitheamh le rud; **2** a chapter devoted to... caibidil a bhaineann le...

devoted *adj* **1** (*dedicated*) díograiseach; a devoted scholar scoláire díograiseach; **2** (*loving*) dílis; a devoted son mac dílis.

devotion *n* **1** dúthracht *f3*; **2** (*religious*) deabhóid *f2*.

devour *vb* alp.

devout *adj* deabhóideach.

dew *n* drúcht *m3*.

diabetes *n* diaibéiteas *m1*.

diabetic *n* diaibéiteach *m1*. ● *adj* diaibéiteach.

diabolical *adj* diabhalta.

diagnose *vb* fáthmheas.

diagnosis *n* fáthmheas *m1*.

diagonal *adj* fiar. ● *n* trasnán *m1*.

diagram *n* léaráid *f2*.

dial *n* **1** (*of clock or watch*) aghaidh *f2*; **2** (*gauge*) diail *f2*. ● *vb* diailigh.

dialect *n* canúint *f3*.

dialling code *n* cód *m1* diailithe.

dialling tone *n* ton *m1* diailithe.

dialogue *n* comhrá *m4*.

dialysis *n* scagdhealú *m* (*gen* scagdhealaithe).

diameter *n* trastomhas *m1*.

diamond *n* diamant *m1*; **1** (*cards*) muileata *m4*.

diaphragm *n* scairt *f2*.

diarrhoea *n* buinneach *f2*.

diary *n* dialann *f2*, cin *f2* lae.

dice *n* disle *m4*. ● *vb* disligh; to dice vegetables glasraí a dhisliú.

dictate *vb* deachtaigh.

dictation *n* deachtú *m* (*gen* deachtaithe).

dictator *n* deachtóir *m3*.

dictatorship *n* deachtóireacht *f3*.

dictionary *n* foclóir *m3*.

die *vb* faigh bás, básaigh; he died last night fuair sé bás aréir; **>** to be dying for something bheith fiáin chun ruda.
□ **die down** maolaigh.
□ **die out** faigh bás.

diesel *n* díosal *m1*.

diet *n* aiste bia *f4*; to be on a diet bheith ar aiste bia.

differ *vb* **1** (*be different*) to differ from something bheith éagsúil le rud; **2** (*disagree*) to differ from somebody about something gan a bheith ag aontú le duine faoi rud; I beg to differ ní gcead duit, ní aontaím leat.

difference *n* difríocht *f3*, **1** (*disagreement*) easaontas *m1*.

different *adj* difriúil.

differentiate *vb* to differentiate between idirdhealú a dhéanamh ar.

differently *adv* ar bhealach eile.

difficult *adj* deacair.

difficulty *n* deacracht *f3*; to have difficulty in doing something deacracht a bheith agat rud a dhéanamh.

dig vb **1** (*trench or hole*) tochailt; to dig a hole poll a thochailt; **2** (*garden*) rómhair. ● n **1** (*poke*) sonc m4; to give somebody a dig sonc a thabhairt do dhuine; **2** (*malicious*) sáiteán m1; to have a dig at someone sáiteán a thabhairt do dhuine; **3** (*archeological*) tochaltán m1.
□ **dig in** talmhaigh; to dig one's heels in do chosa a chur i dtaca.
□ **dig up 1** (*potatoes*) bain; **2** (*evidence*) tabhair chun solais.

digest vb díleáigh.

digestible adj indileáite.

digestion n díleá m4.

digit n **1** (*number*) digit f2; **2** (*finger*) méar f2.

digital adj digiteach.

dignified adj díníteach.

dignity n dínit f2.

digress vb téigh ar seachrán.

digs npl (*lodgings*) lóistín m4.

dilapidated adj ainríochtach.

dilemma n cruachás m1; to put someone in a dilemma duine a chur i gcruachás.

diligent adj dícheallach.

dilute vb **1** (*drink*) lagaigh; **2** (*paint*) tanaigh; to dilute paint péint a thanú.

dim adj **1** (*light, shape*) doiléir; **2** (*person*) dúr. ● vb íslígh; to dim the lights na soilse a ísliú.

dimension n **1** (*measurement*) toise m4; **2** (*extent*) méid m4; the dimension of the problem méid na faidhbe; **3** (*aspect*) gné f2; a whole new dimension gné úrnua.

diminish vb laghdaigh.

diminutive adj mion. ● n (*in grammar*) dispeagadh m (gen dispeagtha).

dimple n loigín m4.

din n gleo m4.

dine vb to dine with somebody béile a ithe le duine, béile a chaitheamh le duine.

dinghy n báidín m4; a rubber dinghy báidín rubair.

dingy adj gruama.

dining room n seomra m4 bia.

dinner n dinnéar m1.

dinner jacket n seaicéad m1 dinnéir.

dinner party n cóisir f2 dinnéir.

dinner time n am m3 dinnéir.

dip n **1** (*hollow or depression*) fána m4; **2** (*food*) tumadh m (gen tumtha). ● vb **1** tum; **2** (*lights*) íslígh.

diphtheria n diftéire f4.

diploma n dioplóma m4.

diplomacy n taidhleoireacht f3.

diplomat n taidhleoir m3.

diplomatic adj dioplómáideach. ►

dire adj uafásach; ➤ to be in dire straits bheith san fhaopach.

direct adj díreach. ● adv go díreach; the train goes direct to Tralee téann an traen díreach go Trá Lí. ● vb **1** (*give directions*) treoraigh; can your direct me to the train station? an féidir leat mé a threorú go dtí stáisiún na dtraenacha?; **2** (*film or play*) stiúir; who directed that film? cé a stiúir an scannán sin?; to direct a play dráma a threorú; **3** (*aim*) dírigh; the book is directed at young people tá an leabhar dírithe ar dhaoine óga; **4** (*order*) ordaigh.

direct debit n dochar m1 díreach.

direction n **1** treo m4; he went in that direction chuaigh sé sa treo sin; in every direction i ngach aon treo; direction of the wind treo na gaoithe; **2** (*with compass points*) aird f2; from a northerly direction as an aird aduaidh; **3** to ask for directions eolas na slí a lorg.

directly adv 1 (immediately) láithreach bonn; 2 (without detour) caol díreach.

director n stiúrthóir m3.

directory n eolaire m4.

dirt n salachar m1.

dirty adj 1 salach; 2 (obscene) gáirsiúil; a dirty book leabhar gáirsiúil.

disability n míchumas m1.

disabled adj míchumasach.

disadvantage n míbhuntáiste m4.

disagree vb 1 (person) easaontaigh; to disagree with somebody easaontú le duine; 2 (food) disagreed with me níor réitigh an bia sin liom.

disagreeable adj mithaitneamhach.

disagreement n easaontas m1.

disappear vb 1 (out of sight) téigh as radharc; to disappear (from view) dul as radharc; the lorry disappeared around the corner chuaigh an leoraí as radharc timpeall an chúinne; 2 (stop existing) téigh ar ceal; his enthusiasm soon disappeared chuaigh a fhonnmhaireacht ar ceal go tapaidh; 3 (leave) seangaigh.

disappearance n 1 (vanishing) dul m1 as radharc; 2 (dying out) dul m1 ar ceal.

disappoint vb cuir díomá ar.

disappointed adj díomách.

disappointing adj mealltach.

disappointment n díomá m4.

disapproval n míshásamh m1.

disapprove vb to disapprove of something bheith míshásta le rud.

disarm vb dí-armáil.

disarmament n dí-armáil f3.

disaster n tubaiste f4.

disastrous adj tubaisteach.

disband vb scoir; to disband an organization eagraíocht a scor.

disbelief n 1 (lack of belief) amhras m1; 2 (amazement) iontas m1.

discard vb to discard something rud a chaitheamh uait.

discern vb tabhair faoi deara.

discerning adj géarchúiseach.

discharge vb 1 (from hospital) scaoil amach; 2 (in court case) lig saor; 3 (from the army) bris; 4 (duties) comhlíon; 5 (gun) scaoil; 6 (wound) sil; 7 (emit) scaoil; 8 (battery) díluchtaigh. • n 1 (dismissal) briseadh m (gen briste); 2 (medical) sileadh m1.

disciple n deisceabal m1.

discipline n disciplín m4, smacht m3.

disc jockey n seinnteoir m3 ceirníní.

disclose vb 1 (make known) foilsigh; 2 (expose) nocht.

disco n dioscó m4.

discolour vb ruaimnigh.

discoloured adj ruaimneach.

discomfort n míchompord m1.

disconnect vb díchónasc.

discontent n míshásamh m1.

discontented adj míshásta.

discord n imreas m1.

discount n lascaine f4. • vb 1 (reduce price) lascainigh; 2 (disregard) déan neamhshuim de; to discount a possibility neamhshuim a dheanamh d'fhéidearthacht.

discourage vb 1 (dishearten) cuir drochmhisneach ar dhuine; 2 (deter) to discourage someone from doing something duine a chur ó rud a dhéanamh.

discover vb 1 (find out) faigh amach, fionn; 2 (come across) tar ar.

discovery n fionnachtain f3.

discredit vb 1 (theory or idea) tarraing mhíchreidiúint ar; to discredit a theory mhíchreidiúint a tharraingt ar theoiric; 2 (person) cuir drochtheist ar; to discredit someone drochtheist a chur ar dhuine.

discreet adj discréideach.

discreetly adv go discréideach.

discrepancy n neamhréiteach m1.

discretion n discréid f2; it was left to her own discretion fágadh faoina breithiúnas féin é.

discriminate vb 1 idirdhealaigh; to discriminate between one case and another cás amháin agus cás eile a idirdhealú; 2 to discriminate against déan leithcheal ar.

discrimination n 1 idirdhealú m (gen idirdhealaithe); 2 (against someone) leithcheal m1.

discuss vb 1 (consider) pléigh; 2 (debate) déan díospóireacht ar.

discussion n 1 (consideration) plé m4; 2 (debate) díospóireacht f3.

disdain n dímheas m3.

disease n galar m1.

diseased adj galrach.

disembark vb téigh i dtír.

disentangle vb réitigh.

disfigure vb máchailigh.

disgrace n náire f4. ● vb náirigh; to disgrace somebody duine a náiriú.

disgraceful adj náireach.

disgruntled adj míshásta.

disguise n bréagríocht m3; to be in disguise bheith faoi bhréagríocht. ● vb cuir bréagríocht ar.

disgust n déistin f2. ● vb cuir déistin ar; to disgust somebody déistin a chur ar dhuine.

disgusted adj they were disgusted bhí déistin orthu.

disgusting adj déistineach.

dish n 1 mias f2, soitheach m1; to wash the dishes na soithí a ní; 2 (food) béile m4; my favourite dish an béile is ansa liom.

dishcloth n éadach m1 soithí.

dishevelled adj sraoilleach.

dishonest adj mí-ionraic.

dishonesty n mí-ionracas m1.

dishonour n easonóir f3.

dishwasher n niteoir m3 soithí.

disinfect vb díghalraigh.

disinfectant n díghalrán m1.

disintegrate vb díscaoil.

disjointed adj scaipthe.

disk n diosca m4; hard disk diosca crua; single/double-sided disk diosca aontaoibh/déthaoibh.

disk drive n diosctiomáint f3.

diskette n discéad m1.

disk space n dioscspás m1.

dislike n col m1; she dislikes it tá col aici leis.

dislocate vb cuir as alt.

disloyal adj mídhílis.

dismal adj ainnis.

dismantle vb díchóimeáil, tóg as a chéile.

dismay n anbhá m4.

dismayed adj to be dismayed anbhá a bheith ort.

dismiss vb 1 (from job) bris; to dismiss someone from his/her job duine a bhriseadh as a p(h)ost; 2 (thought, idea) déan neamhshuim de; 3 (meeting) scoir.

dismissal n (from job) briseadh m (gen briste).

disobedient adj easumhal.

disobey vb to disobey someone bheith easumhal do dhuine.

disorder n 1 (untidy state) mí-ordú m (gen mí-ordaithe); 2 (riots) círéibeacht f3.

disorderly adj **1** (untidy) mí-ordúil; **2** (unruly) ainrianta.

disorganized adj gan eagar.

disown vb séan.

disparaging adj drochmheasúil.

dispatch vb seol; to dispatch goods to somebody earraí a sheoladh chuig duine. ● n **1** (dispatching) seoladh m (gen seolta); **2** (message) teachtaireacht f3.

dispel vb scaip; to dispel rumours ráflaí a scaipeadh.

dispensable adj neamhriachtanach.

dispensary n íoclann f2.

dispense vb **1** (medicine) ullmhaigh; **2** to dispense with something déanamh de cheal ruda.

dispenser n dáileoir m3; cash dispenser dáileoir airgid.

disperse vb scaip.

display n taispeántas m1; to be on display bheith ar taispeáint. ● vb taispeáin.

displease vb cuir mishásamh ar.

displeasure n mishásamh m1.

disposable adj **1** (article) indiúscairte; disposable razors rásúir indiúscairte; **2** (income) inchaite.

disposal n **1** (of waste) diúscairt f3; **2** (property) cur m1 de láimh; **3** to have something at one's disposal rud a bheith ar láimh agat; **4** to be at someone's disposal bheith ar fáil do dhuine.

dispose of vb faigh réidh le.

disposition n méin f2.

disproportionate adj diréireach.

disprove vb bréagnaigh; to disprove a theory teoiric a bhréagnú.

dispute n conspóid f2. ● vb déan argóint faoi.

disqualify vb dicháiligh; to disqualify somebody duine a dhicháiliú.

disregard vb déan neamhshuim de.

disreputable adj míchlúiteach.

disrespect n easurraim f2.

disrespectful adj easurramach.

disrupt vb cuir isteach ar; to disrupt a meeting cuir isteach ar chruinniú; traffic was disrupted by fog chuir ceo isteach ar an trácht.

disruption n cur m1 isteach.

dissatisfied adj mishásta; she was dissatisfied with the performance bhí sí mishásta leis an taispeántas.

dissent n easaontas m1.

dissertation n tráchtas m1.

disservice n mighar m1; to do someone a disservice mighar a dhéanamh do dhuine.

dissociate vb dealaigh; to dissociate oneself from something tú féin a dhealú ó rud.

dissolute adj réiciúil.

dissolve vb **1** (a substance) tuaslaigh; **2** to dissolve something rud a leá; **3** (company) discaoil.

dissuade vb athchomhairligh; to dissuade somebody from doing something duine a athchomhairliú ó rud a dhéanamh.

distance n achar m1; in the distance i gcéin.

distant adj **1** (far away) cianda; distant countries tiortha cianda; **2** (far removed) i bhfad amach; a distant relative gaol i bhfad amach; **3** (person: cool) leithleach.

distaste n drochbhlas m1; to have a distaste for something drochbhlas a bheith agat ar rud.

distasteful adj déistineach.

distil vb driog.

distillery n **1** drioglann f2; **2** (illegal) teach m stiléireachta.

distinct adj **1** (clear) soiléir; **2** (separate) ar leith; **distinct from** éagsúil ó.

distinction n **1** (contrast) idirdhealú m (gen idirdhealaithe); **to make a distinction between** idirdhealú a dhéanamh idir; **2** (honour) gradam m1; **to confer a distinction on someone** gradam a bhronnadh ar dhuine.

distinctive adj sainiúil.

distinguish vb **1** (make out) déan amach; **2** (make distinction) to distinguish something from something rud amháin a aithint ó rud eile; **to distinguish between** idirdhealú a dhéanamh ar; **3** to distinguish oneself clú a thabhú duit féin.

distinguished adj dearscnaitheach.

distort vb saobh, cuir as riocht; **to distort the truth** an fhírinne a shaobhadh.

distract vb tarraing aird ó; **to distract someone from something** aird duine a tharraingt ó rud.

distracted adj ar mearaí.

distraction n **1** (pleasant diversion) caitheamh m1 aimsire; **2** (annoyance) crá m4 croí.

distraught adj cráite.

distress n broid f2; **to be in distress** bheith i mbroid. ● vb cráigh.

distressing adj coscrach.

distribute vb dáil.

distribution n dáileadh m (gen dáilte).

distributor n dáileoir m3.

district n ceantar m1.

distrust n drochmhuinín f. ● vb **to distrust someone**

drochmhuinín a bheith agat as duine.

disturb vb cuir isteach ar.

disturbance n **1** (interruption) cur m1 isteach; **2** (riot) círéib f2; **3** (psychological) suaitheadh f2.

disturbed adj suaite.

disturbing adj suaiteach.

disused adj i léig.

ditch n díog f2. ● vb **to ditch something** rud a chaitheamh uait; **to ditch someone** duine a chur díot.

dither vb **to dither** bheith ann as. ● n **to be in a dither** (about something) bheith idir dhá chomhairle (faoi rud).

dive n tumadh m (gen tumtha). ● vb tum.

diver n tumadóir m3.

diverge vb eisréimnigh, scar.

diverse adj ilghnéitheach.

diversify vb bí ilghnéitheach.

diversion n atreorú m (gen atreoraithe).

diversity n ilghnéitheacht f3.

divert vb atreoraigh; **to divert traffic** trácht a atreorú; **to divert someone's attention** aigne duine a thógáil de rud.

divide vb roinn.

dividend n díbhinn f2.

divine adj **1** (godlike, of God) diaga; **2** (wonderful) sárálainn.

diving n tumadóireacht f3.

diving board n clár m1 tumadóireachta.

division n **1** (dividing up) roinnt f2; **division of the spoils** roinnt na creiche; **2** (in maths) roinnt f2; **3** (split) deighilt f2; **4** (in league) roinn f2; **the first division** an chéad roinn; **5** (department) roinn f2; **the accounts division** roinn na cuntasaíochta.

divorce n colscaradh m (gen colscartha). ● vb idirscar; **to divorce somebody** idirscaradh ó dhuine.

divorced adj colscartha.

divorcee n duine m4 colscartha.

divulge vb sceith.

dizzy adj meadhránach.

....

do vb

⟶ (expressing action, activity) déan; **what are you doing?** cad atá a dhéanamh agat?; **to do the washing** an níochán a dhéanamh; **what are you doing at the weekend?** cad atá a dhéanamh agat ag an deireadh seachtaine?; **what does she do?** (as job) cad a dhéanann sí?; **what have you done with the keys?** cad a rinne tú leis na heochracha?; **she's doing well at school** tá sí ag déanamh go maith ar scoil; ▸ **when all's said and done** tar éis na mblianta;

⟶ (be satisfactory) **it'll do** déanfaidh sé cúis mar sin; **it's not perfect but it'll do** níl sé foirfe ach déanfaidh sé cúis;

⟶ (be enough) **that'll do, thank you** is leor é sin, go raibh maith agat;

⟶ (in questions) **does he work here?** an oibríonn sé anseo?; **didn't you see her?** nach bhfaca tú í?;

⟶ (in negatives) **I don't understand** ní thuigim; **we didn't like the film** níor thaitin an scannán linn; **it doesn't matter** is cuma faoi;

⟶ (referring to previous verb) **'do you want to stay here?' – 'yes, I do'** 'an dteastaíonn uait fanacht anseo?' - 'teastaíonn'; **'did she phone?' – 'no, she didn't'** 'ar ghlaoigh sí?' - níor ghlaoigh';

⟶ (in tag questions) **you live in Dublin, don't you?** tá tú i do

chónaí i mBaile Átha Cliath, nach bhfuil?; **he left at five, didn't he?** d'fhág sé ar a cúig, nár fhág?;

⟶ **to make do with something** teacht le rud; **we'll have to make do with what we've got** caithfimid teacht lena bhfuil againn.

□ **do away with** cuir deireadh le.

□ **do up**

⟶ (button up) ceangail;

⟶ (tie: laces) dún;

⟶ (refurbish) athchóirigh, deisigh; **to do up a house** teach a athchóiriú.

□ **do with**

⟶ (involve, concern) **it's something to do with electronics** tá baint éigin aige le leictreonaic; **that has nothing to do with it** níl aon bhaint aige sin leis; **that has nothing to do with you** ní bhaineann sé sin leatsa;

⟶ (need) **I could do with a drink** d'fhéadfainn deoch a ól; **your car could do with a clean** d'fhéadfá do charr a ní.

□ **do without: we'll have to do without milk** caithfimid déanamh gan bainne.

❗ there is no direct equivalent in Irish for **do** as an auxiliary verb.

....

dock n **1** (harbour) duga m4; **2** (in court) gabhann m1.

dockyard n longlann f2.

doctor n dochtúir m3. ● vb (drink, evidence) truailligh.

doctorate n dochtúireacht f3.

doctrine n teagasc m1.

document n doiciméad m1, cáipéis f2. ● vb doiciméadaigh.

documentary n clár m1 faisnéise. ● adj doiciméadach;

documentary evidence fianaise dhoiciméadach.

documentation n 1 (documents) doiciméid m plural1; 2 (documenting) doiciméadú m (gen doiciméadaithe).

dodgems npl spraoicharanna m(pl)4.

dodgy adj 1 (dubious) amhrasach; 2 (risky) baolach.

dog n madra m4, gadhar m1. ● vb cráigh; he was dogged by ill health bhí sé cráite ag drochshláinte.

dog collar n 1 (animal) coiléar m1 madra; 2 (priest's) coiléar m1 sagairt.

dogged adj dígeanta.

dole n dól m1; to be on the dole bheith ar an dól.

doll n bábóg f2.

dollar n dollar m1.

dolphin n deilf f2.

dome n cruinneachán m1.

domestic adj 1 (animal) domestic animals ainmhithe clóis; 2 (in the home) domestic chores poistíneacht tí; 3 (politics) intíre(gen of n); domestic policy polasaí intíre.

domesticated adj ceansaithe.

dominant adj ceannasach.

dominate vb smachtaigh; to dominate someone/something smacht a bheith agat ar dhuine/rud.

domineering adj tiarnúil.

dominion n 1 (territory) críoch f2; 2 (authority) ceannas m1.

dominoe n dúradán m1; dominoes dúradáin; to play dominoes bheith ag imirt dúradán.

donate vb bronn.

donation n bronntanas m1.

Donegal n Dún m1 na nGall, Tír f2 Chonaill.

donkey n asal m1.

donor n 1 (medical) deontóir m3; blood donor deontóir fola; 2 (to charity) bronntóir m3.

doom n míchinniúint f3.

door n doras m1.

doorbell n cloigín m4 dorais; ➤ to be at death's door bheith ar an dé deiridh (literally: to be at one's last gasp).

doorstep n leac f2 an dorais.

doorway n doras m1.

dope n 1 (fool) amadán m1; he's a dope! amadán is ea é!; 2 (hashish) drugaí m(pl)4. ● vb drugáil.

dormitory n suanlios m3, dórtúr m3.

dormouse n luch f2 chodlamáin.

dosage n dáileog f2.

dose n dáileog f2. ● vb tabhair dáileog do.

dot n ponc m1; on the dot ar an mbuille. ● vb dotted with breac le; the sky was dotted with stars bhí an spéir breac le réiltíní.

dote vb to dote on somebody bheith leáite anuas ar dhuine.

double n 1 dúbailt f2; double or quits dúbailt nó cothrom; 2 (of person) taise m4; 3 (in tennis) a game of doubles cluiche ceathrair. ● adj dúbailte; a double whiskey uisce beatha dúbailte. ● vb dúbail; to double a sum of money suim airgid a dhúbailt.

double bass n olldord m1.

double bed n leaba f dhúbailte.

double chin n sprochaille f4.

double-cross vb feall; she double-crossed him d'fheall sí air. ● n feall m1.

double-decker n bus m4 dhá úrlár.

double density n dédhlús m1.

double glazing n gloiniú m dúbailte.

double room n seomra m4 dúbailte.

doubt n amhras m4, dabht m4; without a doubt gan amhras. ● vb to doubt something bheith in amhras faoi rud.

doubtful adj amhrasach.

dough n taos m1.

doughnut n cáca m4.

dove n colm m1.

down n (feathers) clúmh m1. ● adv 1 (position) thíos; he's down there tá sé thíos ansin; 2 (with movement) téigh síos ansin; 3 (from above) anuas; come down tar anuas. ● prep síos; she lives down that street on the left tá sí ina cónaí síos an tsráid sin ar clé. ● vb (drink) slog siar; he downed the drink in one go shlog sé siar an deoch in aon turas amháin.

Down n an Dún m1.

down-and-out n bacach m1 bóthair. ● adj to be down and out bheith ar an trá fholamh.

downcast adj díomách.

downfall n turnamh m1.

downhearted adj tromchroíoch.

downhill adj le fána; a downhill race rás le fána. ● adv le fána; it's downhill from here on tá sé le fána as seo amach.

download vb (on computer) íoslódáil.

downpour n rilleadh m1 báistí.

downright adj dearg- (prefix); it's a downright disgrace is deargnáire é; a downright lie deargéitheach.

downstairs adv 1 (position) thíos staighre; she's downstairs in the kitchen tá sí thíos staighre sa chistin; 2 (with movement) she went downstairs chuaigh sí síos staighre.

downtrodden adj brúite faoi chois.

doze n sámhán m1. ● vb néal a chodladh.
□ **doze off:** I must have dozed off caithfidh gur thit néal orm.

dozen n dosaen m4.

drab adj leamh.

draft n dréacht m3; a first draft of a letter dréacht tosaigh de litir. ● vb dréachtaigh.

drag vb 1 (pull) tarraing; 2 (search a river) saibhseáil. ● n 1 in drag faoi éadaí ban; 2 she's a real drag! tá sí chomh leadránach sin!
□ **drag on** téigh chun leadráin.

dragon n dragan m1.

dragonfly n snáthaid f2 mhór.

drain n 1 (pipe) draein f (gen draenach); 2 (ditch) clais f2; 3 to be a drain on resources bheith mar dhísciú siorai ar acmhainní. ● vb 1 (land) draenáil; to drain a field páirc a dhraenáil; 2 (vegetables, dishes) sil; 3 (a glass) diúg; 4 (sap) ídigh (energy, resources); 5 (water) sil; to drain away sileadh as; 6 the blood drained from her cheeks ní thabharfadh sí deoir fola le huaman.

draining board n clár m1 silte.

drainpipe n gáitéar m1.

drama n 1 (acting, directing) drámaíocht f3; 2 (a play) dráma m4; 3 he makes a big drama out of everything déanann sé glór mór ar bheagán cúise.

drama school n scoil f2 drámaíochta.

dramatic adj drámata.

dramatist n drámadóir m3.

drastic adj dian- (prefix); drastic measures dianbhearta.

drastically adv go hainscianta.

draught n 1 (air movement) séideadh m (gen séidte); 2 (from door, window) séideadh isteach;

3 (*drink or potion*) deoch *f* (*gen* dí); **a sleeping draught** deoch chodlata; **4 on draught** (*beer, cider*) ón mbairille.

draught beer *n* beoir *f* bhairille.

draughtboard *n* bord *m1* táiplise.

draughts *n* táiplis *f2*.

draughty *adj* **a draughty room** seomra a bhfuil siorradh isteach ann.

draw *n* **1** (*in sport*) comhscór *m1*; **2** (*in lottery*) crannchur *m1*. ● *vb* **1** tarraing; **to draw a picture** pictiúr a tharraingt; **to draw a tooth** fiacail a tharraingt; **the train drew into the station** tharraing an traen isteach sa stáisiún; **she drew the curtains** tharraing sí na cuirtíní; **he drew out a gun** tharraing sé gunna amach; **the play is drawing a very large audience** tá an dráma ag tarraingt lucht féachana an-mhór; **2 to draw a comparison** comparáid a dhéanamh; **to draw conclusions from something** conclúidí a bhaint as rud; **3** (*sport*) **they drew two-all** chríochnaigh siad ar chomhscór a dó le dó.
□ **draw out 1** (*money*) tarraing as; **2** (*prolong*) téigh chun leadráin.
□ **draw up 1** (*plan*) dréachtaigh; **2** (*come to a halt*) stad; **the car drew up at the gate** stad an carr ag an ngeata.

drawback *n* míbhuntáiste *m4*.

drawer *n* tarraiceán *m1*.

drawing *n* líníocht *f3*.

drawing pin *n* tacóid *f2* ordóige.

drawing room *n* seomra *m4* suí.

dread *n* imeagla *f4*. ● *vb* **to dread something** imeagla a bheith ort roimh rud.

dreadful *adj* uafásach.

dream *n* taibhreamh *m1*, brionglóid *f2*. ● *vb* taibhrigh; **to**

dream of something bheith ag taibhreamh ar rud; **she dreamt that...** taibhríodh di go...

dreary *adj* **1** (*weather, landscape*) gruama; **2** (*job, activity*) leamh.

dregs *npl* dríodar *m(sg)1*.

drench *vb* fliuch, báigh; **she was drenched to the skin** fliuchadh go craiceann í.

dress *n* **1** (*garment*) gúna *m4*; **2** (*clothing*) feisteas *m1*; **to be in formal dress** bheith i bhfeisteas foirmiúil. ● *vb* **1 to dress a child** éadaí a chur ar leanbh; **2 to get dressed** do chuid éadaigh a chur ort; **3** (*window*) cóirigh, feistigh; **4** (*a wound*) cóirigh.
□ **dress up: to dress up** tú féin a chóiriú.

dresser *n* (*furniture*) drisiúr *m1*.

dressing *n* **1** (*sauce*) anlann *m1*; **2** (*for wound*) cóiriú *m*.

dressing gown *n* fallaing *f2* sheomra.

dressing-room *n* seomra *m4* gléasta.

dressing-table *n* clár *m1* maisiúcháin.

dressmaker *n* gúnadóir *m3*.

dress rehearsal *n* réamhléiriú *m* feistithe.

dribble *vb* **1** (*drool*) bí ag prislinteacht; **2** (*ball*) gibrigh.

dried *adj* triomaithe.

drier *n* triomadóir *m3*.

drift *n* **1** (*movement*) treo *m4*; **2** (*of snow*) ráth *m3*; **3** (*gist*) éirim *f2*; **to get the drift of a story** éirim scéil a thabhairt leat. ● *vb* **1** (*vessel*) téigh le sruth; **2 to let things drift** do mhaidí a ligean le sruth.

drill *n* druilire *m4*. ● *vb* druileáil.

drink *n* **1** deoch *f*; **2** (*alcoholic*) deoch *f* mheisciúil; **3** (*habit of drinking*) ól *m1*; **the problem of drink amongst the young** fadhb an óil i measc an aosa óig. ● *vb* ól; to drink something rud a ól.

drink driving *n* tiomáint *f3* ar meisce.

drinker *n* **1** óltóir *m3*; **2** (*alcoholic*) pótaire *m3*.

drinking *n* ólachán *m1*.

drip *n* sileadh *m1*. ● *vb* sil.

dripping *n* (*fat*) geir *f2* rósta.

drive *n* **1** tiomáint *f3*; it's about an hour's drive from here tá sé timpeall ar uair an chloig tiomána as seo; right-hand/left-hand drive tiomáint deisil/ tuathail; **2** (*on computer*) disk drive dioscthiomáint *f3*; **3** (*driveway*) cabhsa *m4*; **4** (*energy*) fuinneamh *m1*; he has great drive tá an-fhuinneamh ann. ● *vb* **1** tiomáin; to drive a car carr a thiomáint; he drove the nail into the wall thiomáin sé an tairne isteach sa bhalla; **2** to drive somebody mad duine a chur as a mheabhair.

driver *n* tiománaí *m4*.

driveway *n* cabhsa *m4*.

driving *n* tiomáint *f3*.

driving instructor *n* teagascóir *m3* tiomána.

driving lesson *n* ceacht *m3* tiomána.

driving licence *n* ceadúnas *m1* tiomána.

driving test *n* triail *f* tiomána.

drizzle *n* ceobhrán *m1*. ● *vb* it's drizzling tá sé ceobhránach.

drop *n* **1** (*of liquid*) braon *m1*; a drop of water braon uisce; **2** (*fall*) titim *f2*; a sudden drop in temperature titim thobann sa teocht. ● *vb* **1** (*by acccident*) lig titim; to drop something ligean do rud titim; **2** (*on purpose*) lig síos; to drop something from a height rud a ligean síos ó ard; **3** (*voice*) ísligh.

□ **drop in** buail isteach; **drop in to me tommorow** buail isteach chugam amárach.

□ **drop off 1** (*sleep*) tit i do chodladh; **2** to drop somebody off (*at a place*) duine a fhágáil ag áit.

□ **drop out** éirigh as.

drought *n* triomach *m1*.

drown *vb* báigh; he drowned while swimming bádh é agus é ag snámh.

drowsy *adj* codlatach.

drug *n* druga *m4*; to take drugs drugaí a thógaint; to be on drugs bheith ar drugaí. ● *vb* drugáil.

drug addict *n* andúileach *m1* drugaí.

drug dealer *n* díoltóir *m3* drugaí.

drug test *n* triail *f* drugaí.

drum *n* druma *m4*.

drummer *n* drumadóir *m3*.

drunk *adj* ar meisce. ● *n* meisceoir *m3*.

drunken *adj* meisciúil.

dry *adj* **1** tirim; **2** (*humour*) tur. ● *vb* triomaigh.

□ **dry up** triomaigh; to dry up the dishes na soithí a thriomú.

dry-clean *vb* tirimghlan.

dry-cleaner's *n* siopa *m4* tirimghlanta.

dryer *n* triomadóir *m3*.

dryness *n* triomacht *f3*.

dual *adj* dé- (*prefix*); dual carriageway débhealach.

dub *vb* to dub a film fuaimrian a chur le scannán.

dubious *adj* amhrasach.

Dublin *n* Baile Átha Cliath *m4*.

duchess *n* bandiúc *m1*.

duck *n* lacha *f* (*gen* lachan). ● *vb* crom go tapaidh; he ducked his head chrom sé a cheann go tapaidh.

dud n (useless thing) rud m3 gan mhaith. ● adj gan mhaith.

due n ceart m1; to give someone his/her due a c(h)eart a thabhairt do dhuine. ● adj 1 (proper) cóir; after due consideration tar éis machnaimh chóir; 2 (expected) le teacht; when is the baby due? cathain atá an leanbh le teacht?; 3 in due course in am agus i dtráth. ● adv díreach; it's due west from here tá sé díreach siar as seo.

duet n díséad m1.

duke n diúc m1.

dull adj 1 (boring) leamh; 2 (weather) gruama; 3 (pain) marbh.

dulse n duileasc m1.

duly adv 1 (in the proper way) go cuí; 2 (on time) in am.

dumb adj 1 (unable to speak) balbh; 2 (stupid) dúr.

dummy n 1 (model) riochtán m1; a dressmaker's dummy riochtán gúnadóra; 2 (for baby) gobán m1; 3 (stupid person) (male) amadán m1; (female) óinseach f2.

dump n 1 (rubbish dump) láithréan m1 fuillligh; 2 (pejorative: place) prochóg f2. ● vb caith amach.

dumpling n úllagán m1.

dunce n dallarán m1.

dung n cac m3, aoileach m1.

dungarees n bríste m4 dungaraí.

dungeon n doinsiún m1.

duplicate n dúblach m1; in duplicate dhá chóip de rud. ● vb cóipeáil.

durable adj fadsaolach.

duration n feadh m3; for the duration of ar feadh (+GEN).

during prep i rith (+GEN), le linn (+GEN); during the summer i rith an tsamhraidh.

dusk n clapsholas m1.

dust n deannach m1.

dustbin n bosca m4 bruscair.

duster n ceirt f2 deannaigh.

dusty adj deannachúil.

Dutch n Ollainnis f2. ● adj Ollannach, Dúitseach. ·

Dutchman n Ollannach m1, Dúitseach m1.

Dutchwoman n Ollannach m1 mná, Dúitseach m1 mná.

dutiful adj umhal.

dutifully adv go humhal.

duty n 1 (obligation, service) dualgas m1, diúité m4; to do one's duty do dhualgas a dheanamh; to be on duty bheith ar diúité; 2 (tax) dleacht f3; customs duty dleacht chustaim.

duty-free n (shop) siopa m4 saor ó dhleacht. ● adj saor ó dhleacht.

duvet n fannchlúmhán m1.

dwarf n abhac m1. ● vb crandaigh; to dwarf something/someone rud/duine a chrandú.

dwelling n áitreabh m1.

dwelling place n áit f2 chónaithe.

dwindle vb laghdaigh, téigh i léig.

dye n dath m3. ● vb dathaigh; to dye one's hair do chuid gruaige a dhathú.

dying adj the dying man an fear atá ag fáil bháis; to my dying day go dtí lá mo bháis.

dynamic adj dinimiciúil.

dynamics npl dinimic f(sg)2.

dynamism n dinimiceas m1.

dynamite n dinimít f2. ● vb pléasc le dinimít.

dysentry n dinnireacht f3.

dyslexia n disléicse f4.

dyslexic adj disléicseach.

Ee

each adj gach; each time gach uair; each and every person gach aon duine. ● pron they cost 50p each cosnaíonn siad caoga pingin an ceann; they each have a car tá carr an duine acu; she gave us an apple each thug sí úll an duine dúinn.

each other pron a chéile; they helped each other chabhraigh siad lena chéile; we write to each other once a month scríobhaimid chun a chéile uair sa mhí.

eager adj díocasach, fonnmhar to be eager to do something bheith díocasach chun rud a dhéanamh.

eagle n iolar m1.

ear n 1 (for hearing) cluas f2; he has an ear for music tá cluas mhaith aige do cheol aige; to play something by ear rud a sheinnt de réir na cluaise; 2 (of corn, barley, etc.) dias f2; an ear of barley dias eorna.

earache n tinneas m1 cluaise.

eardrum n tiompán m1 cluaise.

earl n iarla m4.

earlier adv 1 (a while ago; before) níos luaithe; Seán rang earlier ghlaoigh Seán níos luaithe; 2 (not so late) níos luaithe; we should have left earlier níos luaithe ba cheart againn fágáil níos luaithe.

early adj luath, moch she came on the early train tháinig sí ar an traein luath; he's an early riser mochóirí is ea é; to take early retirement éirí as go luath. ● adv go luath, go moch to go to bed early dul a chodladh go luath.

earn vb tuill; to earn a living do bheatha a thuilleamh.

earnest adj dáiríre. ● n in earnest i ndáiríre.

earnings npl tuilleamh m(sg)1.

earphones n cluasáin m(pl)1.

earring n fáinne m4 cluaise.

earth n 1 (soil) cré f4; 2 (ground) talamh f (gen talún); 3 (planet) an Domhan m1; 4 (of fox) pluais f2; 5 (electrical) talmhú m (gen talmhaithe). ● vb talmhaigh.

earthenware n cré-earraí m(pl)4.

earthquake n crith m3 talún.

earthy adj (humour) gáirsiúil.

earwig n gailseach m1.

ease n 1 (lack of difficulty) saoráid m1; 2 (comfort, leisure) suaimhneas m1; to do something at one's ease rud a dhéanamh ar do shuaimhneas. ● vb 1 (relieve) maolaigh; to ease the pain ar phian a mhaolú; 2 (manoeuvre) he eased himself into the chair shuigh sé isteach sa chathaoir go deas réidh.
□ **ease off** maolaigh; the rain eased off mhaolaigh ar an mbáisteach.

easily adv 1 go furasta, go héasca; she defeated him easily bhuaigh sí air go furasta; 2 (by far) she's easily the best student níl aon dabht ach gurb í an mac léinn is fearr í.

east n oirthear m1; the East an tOirthear. ● adj 1 anoir; the east wind an ghaoth anoir; 2 thoir. ● adv 1 (in the east) thoir; 2 (from the east) anoir; 3 (towards the east) soir.

Easter n an Cháisc f3; Easter Sunday Domhnach Cásca; Easter egg ubh Chásca; Easter week seachtain na Cásca.

easterly adj 1 anoir; an easterly wind gaoth anoir; 2 soir; they went in an easterly direction chuaigh siad soir.

eastern adj oirthearach; **Eastern Europe** Oirthear na hEorpa.

eastwards adv soir.

easy adj furasta, éasca. ● adv to take things easy rudaí a thógáil go bog; **take it easy!** tóg go bóg é!

easy-going adj réchúiseach.

eat vb ith, caith to have something to eat rud a bheith le hithe agat; **to eat a meal** béile a ithe. □ **eat out:** to eat out (in a restaurant) béile a chaitheamh i mbialann.

eavesdrop vb cúléist; to eavesdrop on somebody cúléisteacht a dhéanamh.

eavesdropper n cúléisteoir m3.

ebb n trá m (gen tráite); ebb and flow trá agus tuile. ● vb tráigh.

EC n an Comhphobal m1 Eorpach.

eccentric adj ait, corr.

ecclesiastical adj eaglasta.

echo n macalla m4. ● vb bain macalla as.

eclipse n urú m (gen uraithe); an eclipse of the sun urú gréine.

ecology n eiceolaíocht f3.

economic adj eacnamaíoch.

economical adj 1 (means, purchase) eacnamaíoch; 2 (person) coigilteach.

economics n eacnamaíocht f3.

economist n eacnamaí m4.

economize vb coigil; to economize on something rud a choigilt.

economy n eacnamaíocht f3; géilleagar m1.

ecosystem n éiceachóras m1.

ecstasy n eacstais f2.

ecstatic adj eacstaiseach; she was ecstatic bhí eacstais uirthi.

ECU n ECU.

Ecuador n Eacuadór m4.

eczema n eachma m4.

Eden n the Garden of Eden Gairdín m4 Pharthais.

edge n 1 imeall m1; the edge of the table imeall an bhoird; at the edge of the forest ar imeall na coille; 2 (of water) bruach m1; at the edge of the river ar bhruach na habhann; 3 (sharpness) faobhar m1; his voice had an edge to it bhí faobhar ar a ghuth; to put an edge on a blade faobhar a chur ar lann; 4 (of fabric) ciumhais f2; 5 to be on edge bheith ar tinneall. ● vb cuir faobhar ar.

edible adj inite.

Edinburgh n Dún m1 Éideann.

edit vb cuir in eagar.

edition n eagrán m1.

editor n eagarthóir m3.

editorial n eagarfhocal m1.

educate vb oil; to educate somebody duine a oiliúint.

education n oideachas m1.

educational adj oideachasúil.

eel n eascann f2.

effect n 1 (result) toradh m1; this is an effect of is toradh é seo ar; 2 (effectiveness) éifeacht f3; to use something to good effect éifeacht a bhaint as rud. ● vb cuir i gcrích.

effective adj éifeachtach.

effectively adv 1 (with good result) go héifeachtach; 2 (in truth) go fírinneach.

effectiveness n éifeachtacht f3.

efficiency n éifeachtúlacht f3.

efficient adj éifeachtúil.

effort n iarracht f3.

effortless adj gan stró.

e.g. adv m.sh. (mar shampla).

egg n ubh f2. □ **egg on:** to egg someone on duine a spreagadh.

eggcup n ubhchupán m1.

eggshell n blaosc f2 uibhe.

ego n Égo m4.

egotism n féinspéis f2.

egotist n féinspéisí m4.

Egypt n an Éigipt f2.

eight num ocht; eight cars ocht gcarr; eight people ochtar m1; eight men/women ochtar fear/ban.

eighteen num ocht déag; eighteen cars ocht gcarr déag; eighteen people ocht nduine dhéag.

eighth adj ochtú; the eighth house on the left an t-ochtú teach ar clé.

eighty num ochtó.

Éire n Éire f (gen Éireann) (dat Éirinn).

either pron ceachtar; either of them ceachtar acu. ● adv ach an oiread; I don't know him either níl aithne agamsa air ach an oiread. ● conj either; it's either black or it's white tá sé dubh nó tá sé bán; either this or that é seo nó é sin.

eject vb caith amach.

elaborate adj 1 (complicated) casta; an elaborate plot plota casta; 2 (highly decorated) greanta. ● vb cuir le; to elaborate on something cuir le rud.

elastic adj leaisteach.

elastic band n crios m3 leaisteach.

elated adj lúcháireach.

elation n lúchair f2.

elbow n uillinn f2.

elder n 1 (person) seanóir m1; 2 (tree) trom m1. ● adj the elder sister an iníon is sine.

elderly adj cnagaosta. ● n the elderly na seandaoine m(pl)4.

eldest adj is sine; the eldest brother an deartháir is sine.

elect vb togh. ● adj tofa; the president elect an t-uachtarán tofa.

election n toghchán m1.

electorate n toghthóirí m(pl)3.

electric adj leictreach.

electrical adj leictreach.

electric blanket n blaincéad m1 leictreach.

electric cooker n cócaireán m1 leictreach.

electric fire n tine f2 leictreach.

electrician n leictreoir m3.

electricity n leictreachas m1.

electric shock n turraing f2 leictreach.

electrocute vb maraigh le leictreachas.

electronic adj leictreonach.

electronic mail n post m1 leictreonach.

electronics n leictreonaic f2.

elegance n galántacht f3.

elegant adj galánta.

element n 1 (constituent) cuid f3; 2 (small part) beagán m1; there's an element of truth in the story tá beagán den fhírinne sa scéal; 3 (in chemistry) eilimint f2; 4 (air, water, etc) dúil f2.

elementary adj bunúsach.

elephant n eilifint f2.

elevator n ardaitheoir m3.

eleven num aon déag; eleven cars aon charr déag; eleven people aon duine dhéag.

eleventh adj the eleventh person an t-aonú duine dhéag; at the eleventh hour ar an aonú huair déag.

elicit vb bain as.

eligible adj 1 (qualifying) to be eligible for something bheith i dteideal ruda; 2 (marriageable) inphósta.

eliminate vb 1 (remove) díothaigh; 2 (put an end to) cuir deireadh le; 3 (from competition) eisiaigh; they were eliminated in the second round eisiadh iad sa dara babhta.

elongated adj fadaithe.

elope vb éalaigh.

eloquent adj deaslabhartha.

else adv eile; **something else** rud éigin eile; **somebody else** duine éigin eile; **what else?** cad eile; **there's nobody else here** níl aon duine eile anseo; **we should leave now or else we'll be late** ba cheart dúinn fágáil anois nó beimid déanach.

elsewhere adv in áit eile.

elude vb éalaigh.

elusive adj éalaitheach.

e-mail n ríomhphost m1. ● vb to e-mail someone ríomhphost a chur chuig duine.

embankment n 1 (of railway, road) claífort m1; 2 (of river) port m1.

embargo n lánchosc m1.

embark vb 1 (go aboard) téigh ar bord; 2 (set off) tabhair faoi; **to embark on a journey** tabhair faoi thuras; 3 (on career, project) tabhair faoi; **to embark on a career in politics** tabhair faoi shlí bheatha sa pholaitíocht.

embarrass vb cuir aiféaltas ar dhuine.

embarrassed adj **to be embarrassed** aiféaltas a bheith ort.

embarrassing adj aiféalach.

embarrassment n aiféaltas m1.

embassy n ambasáid f2.

embers n aibhleoga fpl2.

embezzle vb cúigleáil.

emblem n suaitheantas m1.

embrace n barróg f2. ● vb beir barróg ar dhuine; **to embrace someone** barróg a bhreith ar dhuine.

embroider vb 1 (sew) bróidnigh; 2 (figurative) cuir dath ar; **to em-**

broider a story dath a chur ar scéal.

embroidery n bróidnéireacht f3.

embryo n suth m3, gin f2.

embryonic adj 1 (in biology) suthach; 2 (figurative) i dtús fáis.

emerald n 1 smaragaid f2; **emerald green** glas smaragaide; 2 **the Emerald Isle** Oileán m1 lathghlas na hÉireann.

emerge vb 1 (come up from) éirigh as; **to emerge from the water** éirí as an uisce; 2 (come out of) tar amach; **she emerged from the kitchen** tháinig sí amach ón gcistin; 3 (become noticeable) tar chun solais; **the problems emerged at the second meeting** tháinig na fadhbanna chun solais ag an dara cruinniú; 4 (become important) tar chun cinn; **she emerged as a great writer in the seventies** tháinig sí chun cinn mar mhórscríbhneoir sna seachtóidí.

emergency n práinn f2; **the emergency services** na seirbhísí éigeandála.

emigrant n eisimirceach m1.

emigrate vb téigh ar imirce.

emigration n eisimirce f4.

eminent adj céimiúil.

eminently adv **she's eminently qualified for the job** tá sí an-cháilithe don phost; **I think that's eminently sensible** is dóigh liom go bhfuil sé sin an-chiallmhar.

emit vb 1 (fumes) cuir as; 2 (shout, cry) lig asat.

emotion n mothúchán m1.

emotional adj (person, occasion) mothúchánach.

emotive adj corraitheach.

emphasis n béim f2.

emphasize vb cuir béim air, aibhsigh.

emphatic adj **1** (denial, reply) láidir; an emphatic denial séanadh láidir; **2** (victory) cinnte.

emphatically adv go láidir.

empire n impireacht f3.

empirical adj eimpíreach.

employ vb **1** (give work to) fostaigh; to employ somebody duine a fhostú; **2** (make use of) bain feidhm as.

employee n fostaí m4.

employer n fostóir m3.

employment n fostaíocht f3.

employment centre n lárionad m1 fostaíochta.

emptiness n foilmhe f4.

empty adj **1** (place, container) folamh; an empty room seomra folamh; **2** (words) gan cur leis; an empty threat bagairt gan cur leis. ● vb folmhaigh; to empty a glass gloine a fholmhú; they emptied the house d'fholmhaigh siad an teach.

empty-handed adj he was empty-handed bhí a dhá láimh chomh fada lena chéile.

EMU n Aontas m1 Airgeadaíochta na hEorpa.

emulate vb déan aithris ar.

enable vb cumasaigh; to enable somebody to do something duine a chumasú chun rud a dhéanamh.

enamel n cruan m1. ● vb cruan.

enchant vb cuir draíocht ar.

enchanting adj mealltach.

enclose vb **1** (with letter) cuir faoi iamh; iniaigh I enclose my C.V. cuirim mo C.V. faoi iamh; **2** (with fence or wall) fálaigh.

enclosure n **1** (land) clós m1; **2** (with letter) iatán m1.

encore n athghairm f2. ● excl arís!

encounter n teagmháil f3. ● vb **1** (person) buail le; **2** he encoun-

tered many difficulties tháinig an-chuid deacrachtaí sa bhealach air.

encourage vb spreag; to encourage somebody duine a spreagadh; to encourage growth fás a spreagadh.

encouragement n spreagadh m (gen spreagtha).

encouraging adj spreagúil.

encyclopedia n ciclipéid f2.

end n **1** deireadh m1; the end of the story deireadh an scéil; the end of the week deireadh na seachtaine; at the end of the day ag deireadh an lae; in the end sa deireadh; **2** (extreme point) bun m1; at the end of the road ag bun an bhóthair; a cigarette end bun toitín; **3** (of journey) ceann m1. ● vb críochnaigh. □ end up: she ended up in hospital ba é an t-ospidéal a deireadh.

endanger vb cuir i mbaol.

endearing adj tarraingteach.

endeavour n iarracht f3. ● vb déan iarracht; to endeavour to finish something iarracht a dhéanamh ar rud a chríochnú.

ending n (final part) deireadh m1; críoch f2 the ending of the book is weak tá deireadh an leabhair lag; **2** (grammatical) foirceann m1.

endless adj síoraí.

endorse vb **1** (approve) aontaigh (le); **2** (a cheque) droimscríobh.

endorsement n **1** (approval) aontú m (gen aontaithe); **2** (on driving licence) smachtbhanna m4.

endure vb **1** (suffering) fulaing; **2** (person, situation) cuir suas le; **3** (last) mair.

enemy n namhaid m (gen namhad).

energetic adj fuinniúil.

energy n fuinneamh m1.

enforce vb cuir i bhfeidhm.

engage vb **1** (employ) fostaigh; **2** to be engaged in something bheith gafa le rud.

engaged adj **1** (to be married) they're engaged tá lámh is focal eatarthu; **2** (occupied) gafa; to be otherwise engaged bheith gafa le rud eile.

engagement n **1** (to be married) gealltanas m1 pósta; **2** (appointment) coinne m4; a previous engagement coinne roimh ré.

engagement ring n fáinne m4 gealltanais.

engaging adj mealltach.

engine n inneall m1.

engineer n innealtóir m3.

engineering n innealtóireacht f3.

England n Sasana m4.

English adj Sasanach. ● n **1** (language) Béarla m4; **2** the English na Sasanaigh.

Englishman n Sasanach m1.

Englishwoman n Sasanach m1 mná.

engrave vb grean.

engraving n greanadóireacht f3.

engrossed adj to be engrossed in a book bheith sáite i leabhar.

engulf vb slog.

enhance vb cuir le rud; méadaigh.

enjoy vb **1** (take pleasure from) bain taitneamh as; to enjoy life taitneamh a bhaint as an saol; **2** (have the advantage of) he enjoys good health tá an tsláinte go maith aige.

enjoyable adj taitneamhach.

enjoyment n taitneamh m1.

enlarge vb méadaigh.

enlargement n méadú m (gen méadaithe).

enlighten vb tabhair léargas ar rud; soilsigh to enlighten somebody on something léargas a thabhairt do dhuine ar rud.

enlightened adj tuisceanach.

enlist vb liostáil.

enmity n naimhdeas m1.

enormous adj ollmhór.

enormously adv we enjoyed the party enormously bhaineamar an-taitneamh as an gcóisir; she's changed enormously tá an-athrú tagtha uirthi.

enough adj pron adv go leor; dóthain I haven't got enough money ,níl go leor airgid agam; did she bring enough food? ar thug sí go leor bia léi?; do we have enough chairs for everyone? an bhfuil go leor cathaoireacha againn do gach duine?; it is not good enough níl sé maith go leor; that's enough is leor é sin; he doesn't earn enough ní thuilleann sé go leor; she doesn't practice enough ní dhéanann sí go leor traenála.

enrich vb saibhrigh.

enrol vb cláraigh.

enrolment n clárú m (gen cláraithe).

ensure vb cinntigh.

entail vb this entails a lot of work tá a lán oibre ag gabháil leis seo; what exactly is entailed? cad é go díreach atá i gceist?

enter vb **1** (go in/into) téigh isteach i; to enter a house dul isteach i dteach; he entered the room chuaigh sé isteach sa seomra; **2** (come in/into) tar isteach i; to enter a house teacht isteach i dteach; she entered the room tháinig sí isteach sa seomra; the thought never entered my head níor smaoinigh mé riamh air; **3** (take up a career in) téigh le; **4** to enter for an examination cur isteach ar scrúdú; **5** (*data on computer*) iontráil.

□ **enter into** (*negotiations*) glac páirt i.

enterprise *n* fiontar *m1*; a private enterprise fiontar príobháideach; free enterprise saorfhiontraíocht.

enterprising *adj* **1** (*showing initiative*) fiontrach; **2** (*resourceful, adventurous*) gustalach.

entertain *vb* **1** (*amuse*) oirfide a dhéanamh; to entertain somebody oirfide a dhéanamh do dhuine; **2** (*play host to*) cuir cóir ar; to entertain guests cóir a chur ar aíonna; **3** (*idea*) smaoinigh ar; I never entertained the idea níor smaoinigh me riamh ar an idé.

entertainer *n* oirfideach *m1*.

entertaining *adj* oirfideach.

entertainment *n* oirfide *m4*.

enthral *vb* cuir faoi dhraíocht.

enthralled *adj* faoi dhraíocht.

enthusiasm *n* fonn *m1*.

enthusiast *n* díograiseoir *m3*.

enthusiastic *adj* fonnmhar, díograiseach.

enthusiastically *adj* go fonnmhar.

entice *vb* meall.

entire *adj* iomlán; uile the entire building was destroyed scriosadh an foirgneamh go hiomlán.

entirely *adv* go hiomlán.

entitled *adj* **1** to be entitled to something bheith i dteideal ruda; **2** a book entitled... leabhar dar teideal...

entrance[1] *n* **1** (*way in*) bealach *m1* isteach; **2** to gain entrance to a university sáit a fháil in ollscoil; **3** (*act of entering*) teacht *m3* isteach.

entrance[2] *vb* cuir faoi dhraíocht.

entrance examination *n* scrúdú *m* iontrála.

entrance fee *n* táille *f4* iontrála.

entrenched *adj* dobhogtha.

entrepreneur *n* fiontraí *m4*.

entrust *vb* to entrust someone with something cúram ruda a chur ar dhuine.

entry *n* **1** (*act of entering*) dul *m3* isteach; **2** (*on sign*) cead *m3* isteach; 'no entry' ná téitear isteach; **3** (*written*) iontráil *f3*.

entry phone *n* fón *m1* iontrála.

envelope *n* clúdach *m1* litreach.

enviable *adj* inmhaíte.

envious *adj* éadmhar; to be envious of someone bheith in éad le duine.

environment *n* **1** (*natural surroundings*) imshaol *m1*; **2** (*social or moral*) timpeallacht *f3*.

environmental *adj* **1** (*natural*) imshaoil(*gen of n*); environmental issues saincheisteanna imshaoil; **2** (*social*) timpeallachta(*gen of n*); environmental conditions dálaí timpeallachta.

envisage *vb* samhlaigh.

envoy *n* toscaire *m4*.

envy *n* éad *m3*. ● *vb* to envy someone bheith in éad le duine; to envy someone something éad a bheith ort le duine faoi rud.

ephemeral *adj* gearrshaolach.

epic *n* eipic *f2*. ● *adj* eipiciúil.

epidemic *n* eipidéim *f2*.

epilepsy *n* an galar *m1* titimeach.

epileptic *n* titeamach *m1*. ● *adj* titeamach; an epileptic fit taom titeamach.

Epiphany *n* Lá *m* Nollag Beag.

episode *n* eipeasóid *f2*.

epitaph *n* feartlaoi *f4*.

epitome n (*perfect example*) sampla m4 foirfe; she's the epitome of kindness is í sampla foirfe an chineáltais í.

epoch n ré f4.

equal adj cothrom, ionann.

equality n ionannas m1; comhionannas m1.

equalize vb cothromaigh.

equally adv **1** go cothrom; everything was divided equally roinneadh gach rud go cothrom; **2** (*to the same extent*) they're equally difficult tá siad lán chomh deacair.

equation n cothromóid f2.

equator n meánchiorcal m1, crios m3 na cruinne.

equilibrium n cothromaíocht f3.

equip vb **1** trealmhaigh; a well equipped kitchen cistin dheachóirithe; to equip oneself for a journey tú féin a threalmhú i gcomhair turais; **2** (*psychologically*) she is well equipped for the job tá sí breá ábalta don obair; to equip someone to cope with something duine a ullmhú chun déileáil le rud.

equipment n trealamh m1.

equity n cothramas m1; negative equity cothramas diúltach; equities cothramais.

equivalent adj **1** (*equal in meaning*) ar comhbhrí (le); the two words are equivalent tá an dá fhocal ar chomhbhrí; **2** (*equal in amount*) cothrom (le). ● n **1** (*equal*) cómhaith m1; **2** (*in maths*) comhbhríoch m1.

equivocal adj déchiallach.

era n ré f4.

eradicate vb díothaigh.

erase vb scrios.

eraser n scriosán m1.

erect adj díreach. ● vb **1** (*building*) tóg; to erect a block of offices bloc oifigí a thógáil; **2** (*tent*) cuir suas.

erection n **1** (*of building*) tógáil f3; **2** (*of penis*) adharc f2; to have an erection adharc a bheith ort.

erode vb creim.

erosion n creimeadh m (*gen* creimthe).

erotic adj anghrách.

err vb déan earráid.

errand n teachtaireacht f3.

erratic adj guagach.

error n earráid f2.

erupt vb brúcht.

eruption n brúchtadh m (*gen* brúchta).

escalate vb **1** (*become higher*) éirigh níos airde; unemployment is escalating tá an dífhostaíocht ag éirí níos airde; **2** (*become worse*) éirigh níos measa; the war is escalating tá an cogadh ag éirí níos measa.

escalator n staighre m4 beo.

escapade n eachtra f4.

escape n éalú m (*gen* éalaithe). ● vb **1** (*get free*) éalaigh; to escape from prison éalú ó phríosún; **2** (*avoid*) tar slán; she escaped injury tháinig sí slán gan ghortú.

escapism n éalúchas m1.

escort n **1** (*for social event*) duine m4 cómórtha; **2** (*for protection*) garda m4; an armed escort garda armtha.

especially adv go háirithe.

espionage n spiaireacht f3.

esplanade n asplanád m1.

essay n aiste f4.

essence n **1** (*extract*) úscra m4; vanilla essence úscra fanaile; **2** (*essential meaning*) eisint f2 bunbhrí f4.

essential adj **1** (*necessary*) riachtanach; experience is essential for this job tá taithí

riachtanach don phost seo;
2 (*basic*) bunúsach; **the essential
difference** an difríocht
bhunúsach; **3 the essentials** na
riachtanais *m(pl)1*; **I'll just bring
the bare essentials** ní
thabharfaidh mé ach na
bunriachtanais.

essentially *adv* go bunúsach.

establish *vb* **1** (*found*) bunaigh;
2 (*prove*) cruthaigh.

established *adj* **1** (*institution*)
bunaithe; **2** (*fact, view*)
cruthaithe.

establishment *n* **1** (*act of
founding*) bunú *m* (*gen* bunaithe);
2 the Establishment na hÚdaráis
m(pl)1; **3** (*business*) teach *m* gnó;
4 (*institute*) institiúid *f2*.

estate *n* eastát *m1*.

estate agent *n* gníomhaire *m4*
eastáit.

esteem *n* meas *m3*.

estimate *n* meastachán *m1*. ● *vb*
meas; **to estimate the cost of
something** costas ruda a mheas.

estimation *n* **1** (*esteem*) meas
m3; **he's gone up in my
estimation** tá níos mó measa
agam air; **2** (*judgment*) meas *m3*.

Estonia *n* an Eastóin *f2*.

estranged *adj* (*wife, husband*)
scartha.

estuary *n* inbhear *m1*.

etc. *abbrev* srl. (*agus araile*).

etching *n* eitseáil *f3*.

eternal *adj* síoraí; síor-.

eternally *adv* go síoraí síor-.

eternity *n* síoraíocht *f3*.

ethical *adj* eiticiúil.

ethics *n* eitic *f(sg)2*.

Ethiopia *n* an Aetóip *f2*.

ethnic *adj* eitneach ciníoch.

ethnic cleansing *n*
cineghlanadh *m* (*gen*
cineghlanta).

ethnic minority *n* mionlach *m1*
eitneach.

ethnocentric *n* eitnealárnach
m1.

ethos *n* meon *m1* spiorad *m1*.

etiquette *n* dea-bhéasa *m(pl)3*.

etymology *n* sanasaíocht *f3*.

EU *n* (*European Union*) an
tAontas *m1* Eorpach.

Eucharist *n* Eocairist *f2*.

euphemism *n* sofhriotal *m1*.

euphoria *n* gliondar *m1*.

euro the euro an euro; **the value
of the euro** luach an euro; **the
number of euros** líon na euronna
(*note that 'euro', unlike other
nouns in Irish, has no gender or
declension*)

eurocard *n* eurochárta *m4*.

eurocheque *n* euroiseic *m4*.

Europe *n* an Eoraip *f3*.

European *adj* Eorpach. ● *n*
Eorpach *m1*.

European Community *n* an
Comhphobal *m1* Eorpach.

European Monetary Union *n*
Aontas *m1* Airgeadaíochta na
hEorpa.

European Union *n* an tAontas
m1 Eorpach.

euthanasia *n* eotanáis *f2*.

evacuate *vb* aslonnaigh.

evade *vb* **1** (*question,
responsibility*) seachain; **2** (*tax*)
imghabh.

evangelical *adj* soiscéalach.

evangelist *n* soiscéalaí *m4*; **a
television evangelist** soiscéalaí
teilifíse.

evasion *n* **1** (*of question,
responsibility*) seachaint *f3*; **2 tax
evasion** imghabháil *f3* cánach.

evasive *adj* seachantach.

eve *n* oíche *f4*; **Christmas Eve**
Oíche Nollag; **New Year's Eve**
Oíche Chinn Bhliana.

even adj 1 (*level or smooth*) réidh; 2 an even number uimhir chothrom; 3 (*equal*) cothrom; to divide something in even amounts rud a roinnt i gcodanna cothroma; to get even with someone sásamh a bhaint as duine. ● adv 1 (*for emphasis*) fiú (amháin); she hasn't even got a pair of shoes níl fiú amháin péire bróg aici; he can run even faster than her is féidir leis rith níos tapúla ná ise fiú; even now she won't talk to her fiú amháin anois ní labhróidh sí léi; 2 even if fiú amháin má; I won't go, even if she asks me ní rachaidh mé fiú amháin má iarrann sí orm; 3 not even fiú amháin; don't tell anyone about this, not even your sister ná habair é seo haon duine, fiú amháin do dheirfiúr; 4 even though cé go; even so mar sin féin.

evening n 1 (*still daylight*) tráthnóna m4; good evening tráthnóna maith; 2 (*after dark*) oíche f2; this evening anocht.

evening class n rang m3 oíche.

evening dress n 1 (*man's*) culaith f2 oíche; 2 (*woman's*) gúna m4 oíche.

evenly adv go cothrom.

event n 1 (*happening*) eachtra f4; 2 (*social occasion*) ócáid f2; a charity event ócáid charthanachta; 3 events of the day imeachtaí m(pl)3 an lae; 4 (*in sport*) ócáid; 5 in the event of sa chás go.

eventful adj eachtrúil.

eventual adj deiridh; the eventual result an toradh deiridh.

eventuality n cás m1.

eventually adv sa deireadh; faoi dheireadh.

ever adv 1 (*in past*) riamh; it's colder than ever tá sé níos fuaire ná riamh; the biggest car I've

ever seen an carr is mó dá bhfaca mé riamh; have you ever been to France? an raibh tú riamh san Fhrainc?; 2 (*in future*) go deo choíche will I ever see him again? an bhfeicfidh mé é arís go deo?; 3 (*at any time*) aon uair; does he ever come here? an dtagann sé anseo aon uair?; he's been here ever since tá sé anseo riamh ó shin.

evergreen adj bithghlas.

everlasting adj síoraí.

every adj gach; every day gach lá; every week gach seachtain.

everybody, everyone pron gach duine, cách.

everyday adj laethúil; everyday events eachtraí laethúla.

everything pron gach rud.

everywhere adv i ngach (aon) áit.

evict vb díshealbhaigh.

eviction n díshealbhú m (*gen* díshealbhaithe).

evidence n fianaise f4; cruthúnas m1 to give evidence in court fianaise a thabhairt os comhair na cúirte.

evident adj follasach.

evidently adv 1 (*clearly*) go follasach; 2 (*apparently*) de réir dealraimh.

evil n olc m1. ● adj droch-, olc.

evolution n (*of life*) éabhlóid f2; 2 (*development*) forás m1.

evolve vb forbair.

ewe n caora f (*gen* caorach).

ex- pref iar-; ex-priest iarshagart.

exact adj beacht, cruinn; the exact same ceannann céanna. ● vb bain de; to exact something from somebody rud a bhaint de dhuine.

exacting adj dian; a very exacting task cúram an-dian.

exactly adv go beacht, go cruinn exactly! go díreach!

exactness n cruinneas m1.

exaggerate vb déan áibhéil.

exaggerated adj áibhéileach.

exaggeration n áibhéil f2.

examination n scrúdú m (gen scrúdaithe) (pl scrúduithe).

examine vb scrúdaigh.

examiner n scrúdaitheoir m3.

example n sampla m4; for example mar shampla.

exasperating adj ciapach.

exasperation n ciapadh m (gen ciaptha).

excavation n 1 (act of excavating) tochailt f2; 2 (site) tochaltán m1.

exceed vb 1 (be more than, overstep) téigh thar; he exceeded all our expectations chuaigh sé thar a raibh súil againn leis; 2 (do better than) beir barr ar.

exceedingly adv thar a bheith.

excel vb bí ar fheabhas; to excel at something bheith ar fheabhas chun ruda.

excellent adj ar fheabhas.

except prep ach amháin, cé is moite de everyone was there except for her father bhí gach aon duine ann ach amháin a hathair; he works every day except Sunday oibríonn sé gach lá ach amháin Dé Domhnaigh.

exception n eisceacht f3; an exception to a rule eisceacht ó riail; 1 to take exception to something col a ghlacadh le rud.

exceptional adj eisceachtúil.

exceptionally adv thar a bheith; it's exceptionally cold tá sé thar a bheith fuar; an exceptionally bright student mac léinn rí-éirimiúil.

excess n 1 (surplus) farasbarr m1, iomarca f4 2 (over-indulgence) ainmheasarthacht f3. ● adj (additional) breise; excess

fare táille bhreise; excess baggage bagáiste breise.

excessive adj iomarcach.

excessively adv go hiomarcach.

exchange n 1 malartú m (gen malartaithe), malairt f2 a student exchange malartú mac léinn; 2 (place) malartán m1; telephone exchange malartán teileafóin; stock exchange stocmhalartán. ● vb 1 malartaigh; to exchange telephone numbers uimhreacha gutháin a mhalartú; 2 they exchanged greetings bheannaigh siad dá chéile.

exchange rate n ráta m4 malairte.

Exchequer n Státchiste m4.

excitable adj sochorraithe.

excite vb 1 (to cause strong feelings) corraigh; 2 (stimulate) spreag; to excite the imagination an tsamhlaíocht a spreagadh.

excited adj corraithe; to get excited éirí corraithe; the children were very excited bhí sceitimíní ar na leanaí.

excitement n sceitimíní m(pl)4.

exciting adj corraitheach.

exclaim vb gáir.

exclamation n 1 (shout) agall m1; 2 (in grammar) uaillbhreas m3; exclamation mark comhartha uaillbhreasa.

exclude vb fág as.

exclusive adj 1 (sole) eisiach; an exclusive interview agallamh eisiach; 2 (wealthy) saibhir; an exclusive area ceantar saibhir.

exclusively adv amháin.

excruciating adj cráite; an excruciating pain pian chráite.

excursion n turas m1.

excuse n leithscéal m1. ● vb 1 (forgive) maith do; to excuse somebody for something rud a mhaitheamh do dhuine; 2 to excuse somebody from something duine a scaoileadh ó rud; **3 excuse me!** gabh mo leithscéal!

ex-directory adj an ex-directory number uimhir ná fuil san eolaí teileafóin.

execute vb **1** (kill) cuir chun báis; to execute somebody duine a chur chun báis; **2** (carry out) cuir i gcrích; to execute a plan plean a chur i gcrích.

execution n **1** (put to death) bású m (gen básaithe); **2** (carry out) cur m1 i gcrích.

executive n **1** (body) coiste m4 feidhmiúcháin; **2** (person) feidhmeannach m1. ● adj feidhmithe.

exemplary adj eiseamláireach.

exempt adj saor ó; exempt from tax saor ó cháin. ● vb to exempt somebody from something duine a shaoradh ó rud.

exercise n **1** (physical) aclaíocht f3; **2** (in maths, grammar, etc.) cleachtadh m1. ● vb déan aclaíocht.

exercise book n cóipleabhar m1.

exert vb **1** to exert influence on someone d'anáil a chur faoi dhuine; **2** to exert oneself saothar a chur ort féin.

exertion n saothar m1.

exhaust n **1** (fumes) gás m1 sceite; **2** (pipe) sceithphíopa m4. ● vb **1** (person) traoch; to exhaust somebody duine a thraochadh; **2** (resources) idigh; to exhaust resources acmhainní a ídiú.

exhausted adj traochta, ídithe.

exhausting adj maslach; exhausting work obair mhaslach.

exhaustion n traochadh m (gen traochta).

exhibit n **1** (in gallery, museum) taispeántas m1; **2** (in court case) foilseán m1. ● vb taispeáin.

exhibition n taispeántas m1.

exhibition centre n lárionad m1 taispeántais.

exhilarating adj meadhránach.

exile n **1** (state) deoraíocht f3; in exile ar deoraíocht; **2** (person) deoraí m4. ● vb díbir.

exist vb to exist bheith ann; does it exist? an ann dó?

existence n beith f2.

existing adj atá ann anois.

exit n bealach m1 amach. ● vb téigh amach.

exorbitant adj iomarcach.

exotic adj coimhthíoch.

expand vb leathanaigh, fairsingigh.

expanse n fairsinge f4.

expansion n leathnú m (gen leathnaithe), fairsingiú m (gen fairsingithe).

expatriate n imirceach m1.

expect vb **1** (anticipate, hope for) to expect something bheith ag súil le rud; I was expecting a letter today bhí mé ag súil le litir inniu; **2** (require) éiligh; he expects a lot of work from you éilíonn sé an-chuid oibre uait; **3** to be expecting a baby bheith ag súil le leanbh.

expectancy n **1** (anticipation) tnúthán m1; **2** life expectancy ionchas m1 saoil.

expectant adj (hopeful) tnúthánach; **2** an expectant mother bean atá ag súil le leanbh.

expectation n dóchas m1.

expedition n **1** (journey) turas m1; **2** (exploration) eachtra f4; **3** (military) sluaíocht f3.

expel vb **1** (from school) cuir amach as; **2** (from country) díbir.

expendable adj neamhriachtanach.

expenditure n caiteachas m1.

expense n costas m1; at the expense of something ar chostas (+GEN); to put someone to expense costas a chur ar dhuine; expenses (business) costais.

expense account n cuntas m1 speansas.

expensive adj costasach, daor.

experience n 1 (practice) taithí f4; 2 (happening) eispéaras m1.

experienced adj taithíoch; to be experienced at something taithí a bheith agat ar rud.

experiment n turgnamh m1. ● vb déan turgnamh.

experimental adj turgnamhach.

expert n saineolaí m4. ● adj saineolach.

expertise n saineolas m1.

expire vb 1 téigh as feidhm; my driving licence has expired tá mo cheadúnas tiomána imithe as feidhm; 2 (die) téigh in éag.

expiry date n dáta m4 éaga.

explain vb mínigh.

explanation n miniú m (gen minithe).

explanatory adj minitheach.

explicable adj inmhínithe.

explicit adj 1 (clear) follasach; 2 (definite) cinnte.

explicitly adv go dearfa.

explode vb pléasc.

exploit n éacht f3. ● vb 1 (resource) bain sochar as; 2 to exploit someone teacht i dtír ar dhuine.

exploratory adj taiscéalaíoch; exploratory talks cainteanna taiscéalaíocha.

explore vb 1 (place) taiscéal; 2 (issue) scrúdaigh; to explore all the possibilities na féidearthachtaí ar fad a scrúdú.

explorer n taiscéalaí m4.

explosion n pléascadh m (gen pléasctha).

explosive n pléascán m1. ● adj pléascach.

export n easportáil f3. ● vb easportáil.

exporter n easportálaí m4.

expose vb 1 (to a risk) cuir i mbaol; to be exposed to danger bheith curtha i mbaol; 2 (reveal) nocht; to expose somebody as a fraud duine a nochtadh.

exposure n 1 (medical) aimliú m (gen aimlithe); 2 (photo) nochtadh m (gen nochta).

express n 1 (train) luastraen m1; 2 (bus) luasbhus m4. ● vb cuir in iúl; to express oneself tú féin a chur in iúl. ● adj 1 (definite) cinnte; it was his express wish that... ba é a thoil chinnte go...; 2 (fast) luas-; an express letter luaslitir.

expression n 1 (phrase) leagan m1 cainte; 2 (of face) dreach m3; 3 (fact of expressing) friotal m1; to give expression to friotal a chur ar.

expressive adj lán de bhrí.

exquisite adj fíorálainn.

extend vb 1 (add to) cuir le; to extend a building cur le foirgneamh; 2 (journey, visit) cuir fad le; they extended their holiday chuir siad fad lena saoire; 3 (stretch out) sínigh; to extend one's arm do lámh a shineadh amach.

extension n 1 (of building) fortheach m (gen forthí); 2 (telephone) foline f4.

extensive adj fairsing, leathan.

extent n fairsinge f4; the extent of his reading fairsinge a chuid léitheoireachta; to some extent go pointe áirithe; to the extent that... sa mhéid go...

extenuating adj maolaitheach; **extenuating circumstances** dálaí maolaitheacha.

exterior n taobh m1 amuigh; **the exterior of the house** an taobh amuigh den teach. ● adj amuigh.

exterminate vb díothaigh.

external adj seachtrach.

external examiner n scrúdaitheoir m3 seachtrach.

externally adv ar an taobh amuigh.

extinct adj díobhaí.

extinguish vb múch.

extinguisher n múchtóir m3.

extortion n sracaireacht f3, cíos m3 dubh.

extortionate adj ró-ard; **an extortionate price** praghas ró-ard.

extra n 1 (feature, charge) breis f2, tuilleadh m1 2 (actor) aisteoir m3 breise. ● adj breise (gen of n); **two extra chairs** dhá chathaoir bhreise; **an extra charge** táille breise. ● adv **to be extra careful** bheith an-chúramach ar fad; **to try extra hard** sáriarracht a dhéanamh.

extract n sliocht m3. ● vb 1 bain as; 2 (tooth) stoith.

extradite vb eiseachaid.

extradition n eiseachadadh m (gen eiseachadta).

extraordinary adj 1 (unusual) neamhchoitianta; 2 (wonderful) iontach.

extraordinarily adv **it was extraordinarily cold** bhí sé fuar thar an gcoitiantacht.

extravagance n rabairne f4.

extravagant adj rabairneach; **1** (of ideas) rabairneach; **extravagant talk** caint áibhéalach.

extreme adj 1 (immoderate) antoisceach; **extreme opinions** tuairimí antoisceacha; **2** (very

great) fíor-; **extreme tension** fíorbhrú.

extremely adv fíor-.

extremist n antoisceach m1.

extremity n 1 (furthest point) foirceann m1; 2 (desperation) **to do something in extremity** rud a dhéanamh in am an ghátair.

extrovert n eisdíritheach m1.

exuberance n spleodar m1.

exuberant adj spleodrach.

eye n 1 súil f2; **to keep an eye on someone** súil a choimeád ar dhuine; **2** (of needle) cró m4. ● vb féach ar.

eyebrow n mala f4.

eyelash n fabhra m4.

eyelid n caipín m4 na súile.

eyeliner n línitheoir m3 súile.

eye shadow n cosmaid f2 súile.

eyesight n radharc m1 na súl.

eyesore n smál m1.

eye tooth n géarán m1.

eyewitness n finné m4 súl.

Ff

fable n fabhalscéal m1.

fabric n éadach m1, fabraic f2.

fabulous adj 1 (great) iontach; **fabulous!** go hiontach!; **2** (as in fables) fabhlach.

face n 1 aghaidh f2, éadan m1 **he was hit in the face** buaileadh san aghaidh é; **the face of the clock** aghaidh an chloig; **face to face** aghaidh ar aghaidh; **in the face of** in aghaidh (+GEN); **in the face of danger** in aghaidh dáinséir; **2** (surface) dreach m3; **on the face of the earth** ar dhreach an domhain; **3** (*reputation*) oineach *m1*; to lose face d'oineach a chailleadh; to save face d'oineach a theasargan; **4** to make a face straínc a chur ort féin. ● *vb* tabhair aghaidh ar; to face the difficulties aghaidh a thabhairt ar na deacrachtaí.

□ **face up to** tabhair aghaidh ar.

face cream *n* ungadh *m1* éadain.

face powder *n* púdar *m1* snua.

face value *n* to take something at face value rud a thógáil ar a luach ainmniúil.

facility *n* áis *f2*, saoráid *f2*; banking facilities áiseanna baincéireachta; teaching facilities saoráidí múinteoireachta.

facing *prep* ar aghaidh (+GEN).

fact *n* fíric *f2*; as a matter of fact déanta na fírinne; the fact is (that) is amhlaidh (go).

factor *n* factóir *m3*, cúis *f2*.

factory *n* monarcha *f* (*gen* monarchan).

factual *adj* fírinneach.

faculty *n* **1** (*in university*) dámh *f2*; **2** (*sense, ability*) bua *m4*.

fad *n* teidhe *m4*.

fade *vb* **1** (*lose colour or vitality*) tréig; **2** (*light or sound*) síothlaigh; the music faded shíothlaigh an ceol.

fag *n* (*cigarette*) toitín *m4*.

fail *vb* teip; I failed to do it theip orm é a dhéanamh; she failed her driving test theip uirthi sa scrúdú tiomána; don't fail me! ná teip orm!; his health is failing tá a shláinte ag teip; the brakes failed theip ar na coscáin. ● *n* teip *f2*; without fail gan teip.

failing *n* locht *m3*. ● *prep* in éagmais (+GEN).

failure *n* **1** teip *f2*; **2** (*of machine*) cliseadh *m* (*gen* cliste); **3** (*person*) cúl *m1* le rath.

faint *n* fanntais *f2*. ● *adj* lag; she felt faint bhraith sí lag. ● *vb* titim i bhfanntais.

fair *n* aonach *m1*. ● *adj* **1** (*just*) cothrom, cóir that's not fair níl sé sin cothrom; **2** (*in colour*) fionn; fair hair gruaig fhionn; **3** (*good enough*) cuibheasach.

fairly *adv* **1** (*justly*) go cothrom; **2** (*quite*) cuibheasach; it's fairly big tá sé cuibheasach mór.

fairness *n* cothrom *m1*, cothroime *f4*.

fairy *n* síóg *f2*.

fairytale *n* síscéal *m1*.

faith *n* **1** (*religious*) creideamh *m1*; **2** (*trust*) muinín *m4*; to have faith in somebody muinín a bheith agat as duine.

faithful *adj* dílis. ● *n* the faithful na fíréin *m(pl)1*.

faithfully *adv* yours faithfully is mise le meas.

fake *n* (*object*) rud *m3* bréige. ● *vb* falsaigh; to fake a signature siniú a fhalsú.

fall *n* titim *f2*; he had a fall bhain titim dó; a big fall of snow titim mhór sneachta; a big fall in prices titim mhór i bpraghasanna. ● *vb* tit; she fell off the wall thit sí den bhalla; to fall flat on your face titim ar do bhéal.

□ **fall apart** tit as a chéile.

□ **fall back** tit siar.

□ **fall back on** téigh i muinín.

□ **fall behind** tit chun deiridh.

□ **fall for:** don't fall for that trick ná mealltar tú leis an gcleas sin; to fall for somebody titim i ngrá le duine.

□ **fall off 1** tit de; to fall off a wall titim de bhalla; **2** (*decrease*) téigh i laghad.

□ **fall out** tit amach; his hair's falling out tá a chuid gruaige ag titim amach; they fell out with each other thit siad amach lena chéile.

□ **fall through** (*plan, project*) teip ar; the plan fell through theip ar an bplean.

fallacy n fallás m.

false adj bréagach.

false alarm n gáir f2 bhréige.

false teeth n fiacla fpl2 bréige.

falter vb tuisligh.

fame n cáil f2.

familiar adj **1** (*well known*) aithnidiúil; a familiar face aghaidh aithnidiúil; **2** (*familiar with*) I am familiar with his work tá cur amach agam a chuid oibre.

family n **1** (*household*) teaghlach m1; **2** (*children*) clann f2; do they have any family? an bhfuil aon chlann acu?; **3** (*parents and siblings*) muintir f2.

family name n sloinne m4.

family tree n craobh f2 ghinealaigh.

famine n gorta m4.

famished adj leata leis an ocras.

famous adj cáiliúil.

famously adv thar barr; they got on famously réitigh siad thar barr.

fan n **1** (*electric*) geolán m1; **2** (*hand held*) fean m4; **3** (*devotee*) móidín m4.

fanatic n fanaiceach m1.

fanciful adj meonúil, samhalta.

fancy n samhlú m (*gen* samhlaithe); to take a fancy to something taitneamh a thabhairt do rud. ● adj maisiúil. ● vb **1** to fancy something fonn ruda a bheith ort; I fancy a coffee tá fonn caife orm; **2** (*imagine*) samhlaigh; **3** to fancy someone nóisean a bheith agat do dhuine.

fancy dress n éide f4 bhréige.

fantastic adj **1** (*wonderful*) iontach; fantastic! go hiontach!; **2** (*strange*) fantaisteach.

fantasy n fantaisíocht f3.

far adv i bhfad; far away (from us) i bhfad (uainn); far from home i bhfad ó bhaile; they're far behind tá siad i bhfad ar gcúl; she's far better than her brother at languages tá sí i bhfad níos fearr chun teangacha ná a deartháir; how far is it to the town? cén fad é go dtí an baile?; as far as I know go bhfios dom; go as far as the shop téigh chomh fada leis an siopa; don't go too far ná téigh rófhada. ● adj thall; on the far side of the road ar an taobh thall den bhóthar.

faraway adj imigéiniúil.

farce n fronsa m4.

farcical adj áiféiseach.

fare n táille f4; half fare leaththáille; full fare lántáille.

Far East n an Cianoirthear m1.

farewell n slán m1; farewell! slán!

far-fetched adj áiféiseach.

farm n feirm f2.

farmer n feirmeoir m3.

farmhouse n teach m (*gen* tí) feirme.

farming n feirmeoireacht f3.

farmland n talamh f feirmeoireachta, talamh f curaíochta.

farm worker n oibrí m4 feirme.

farmyard n clós m1 feirme.

far-reaching adj forleathan.

fart n broim m3. ● vb scaoil broim asat.

farther adv níos faide, níos sia. ● adj níos faide ar shiúl.

fascinate vb cuir draíocht ar.

fascinating adj fíorspéisiúil.

fascism n faisisteachas m1.

fascist n faisistí m4. ● adj faisisteach.

fashion n 1 (vogue) faisean m1; hats are in fashion again tá hataí san fhaisean arís; out of fashion as faisean; 2 (manner) slí f4; in that fashion sa tslí sin. ● vb múnlaigh.

fashionable adj faiseanta.

fast adj 1 (quick) tapaidh, sciobtha a fast car carr tapaidh; 2 (watch, clock) mear; that clock is five minutes fast tá an clog sin cúig nóiméad mear. ● adv 1 (quickly) go tapaidh, sciobtha 2 (securely) go daingean; 3 to be fast asleep bheith i do chnap codlata. ● n troscadh m1. ● vb déan troscadh.

fasten vb 1 (secure) greamaigh; to fasten two things together dhá rud a ghreamú le chéile; 2 (tie, button) ceangail.

fastener n fáiscín m4.

fat n 1 (on meat) blonag f2; 2 (for cooking) geir f2. ● adj ramhar.

fatal adj marfach.

fate n cinniúint f3.

fateful adj cinniúnach.

father n athair m (gen athar).

father-in-law n athair m (gen athar) céile.

fatherly adj aithriúil.

fatigue n tuirse f4.

fatty n feolamán m1. ● adj blonagach, sailleach.

fault n 1 locht m3; it's my fault orm-sa atá an locht; to find fault with somebody locht a fháil ar dhuine; 2 (defect) fabht m4.

faulty adj lochtach; 1 (defective) fabhtach.

favour n 1 (approval) fabhar m1; to be in favour with the authorities bheith i bhfabhar leis an húdaráis; to be in favour of something bheith i bhfabhar ruda; 2 (helpful act) áis f2; would

you do me a favour? an ndéanfá áis dom? ● vb to favour something bheith i bhfabhar ruda.

favourable adj 1 (conditions) fabhrach; 2 (approving) moltach; a favourable report tuairisc fhabhrach.

favourite n 1 (person) grá m4 geal; 2 (thing) it's her favourite is é an ceann é is fearr léi; 3 (in racing) rogha f4 na coitiantachta. ● adj it's my favourite restaurant is í an bhialann is fearr liom; who's your favourite singer? cén t-amhránaí is fearr leat?

fawn n oisín m4. ● adj buídhonn. ● vb to fawn on someone lútáil ar dhuine.

fax n 1 (message) facs m4; 2 (machine) gléas m1 facs. ● vb facsáil.

fear n eagla f4, faitíos m1 for fear that... ar eagla go... ● vb to fear something/someone eagla a bheith ort roimh rud/dhuine.

fearful adj 1 (afraid) eaglach, faitíosach 2 (terrible) uafásach; a fearful noise fuaim uafásach.

fearless adj neamheaglach.

feasible adj indéanta.

feast n 1 (meal) féasta m4; 2 (feast day) féile f4. ● vb to feast féasta a chaitheamh; ➤ to feast one's eyes on something lán do shúil a bhaint as rud.

feat n éacht m3.

feather n cleite m4.

feature n 1 (aspect) gné f4; 2 (article) gné-alt m1; 3 (programme) gnéchlár m1; 4 (facial) features ceannaithe f(pl)2. ● vb to feature in something bheith páirteach i rud.

February n Feabhra f4.

federal adj cónascach.

federation n cónascadh m (gen cónasctha).

fed up adj bailithe; to be fed up with something bheith bailithe de rud.

fee n táille f4.

feeble adj 1 (physically) fann; 2 (ineffective) lag; a feeble excuse leithscéal lag.

feed n 1 (for animals) fodar m1; 2 (baby's) bia m4. ● vb 1 (nourish) beathaigh, tabhair bia do to feed someone duine a bheathú; to feed animals ainmhithe a bheathú; 2 (a machine etc) to feed paper into a machine páipéar a chur isteach i meaisín.

feedback n (information) aiseolas m1.

feel n mothú m (gen mothaithe); to get a feel for something dul i dtaithí ar rud. ● vb 1 mothaigh, braith I don't feel well ní mhothaím go maith; she felt the cold mhothaigh sí an fuacht; 2 to feel hungry/thirsty ocras/tart a bheith ort; 3 it feels like summer tá mothú an tsamhraidh ann; 4 I feel like a drink tá fonn dí orm; 5 to feel for someone trua a bheith agat do dhuine.

feeler n adharcán m1; > to put out feelers an talamh a bhrath.

feeling n 1 (physical) mothú m (gen mothaithe); I have no feeling in my hand níl aon mhothú agam i mo láimh; 2 (opinion) tuairim f2; my own feeling is that is... is í mo thuairim féin faoi sin ná...

fell vb leag (a tree).

fellow n diúlach m1; who is that fellow? cé hé an diúlach sin?; 2 (academic) comhalta m4.

fellowship n cuallacht f3.

felt n feilt f2.

felt-tip (pen) n peann m1 feilte.

female n baineannach m1; ● adj baineann.

feminine adj banda.

feminism n feimineachas m1.

feminist n feimini m4. ● adj feimineach.

fence n claí m4, fál m1. ● vb 1 cuir claí ar; 2 (in sport) déan pionsóireacht.

fencing n 1 (material for fencing) ábhar m1 claí; 2 (sport) pionsóireacht f3.

fend vb to fend for oneself déanamh as duit féin.
□ **fend off** cosain.

Fenian n Finín m4. ● adj 1 (in politics) Finíneach; 2 the Fenian cycle sraith na Fiannaíochta.

Fermanagh n Fear m1 Manach.

ferment vb coip.

fern n raithneach f2.

ferocious adj fíochmhar.

ferret n firéad m1.

ferry n bád m1 farantóireachta.
● vb déan farantóireacht.

fertile adj torthúil.

fertility n torthúlacht f3.

fertilizer n leasachán m1.

fester vb ábhraigh.

festival n 1 (religious) féile f4; 2 (music, film) fleá f4; a music festival fleá ceoil.

festive adj féiltiúil; 1 (cheerful) meidhreach.

festivities npl fleáchas m(sg)1.

fetch vb 1 (bring, call for) téigh faoi dhéin (+GEN); to fetch the doctor dul faoi dhéin an dochtúra; 2 the house fetched a high price chuaigh an teach ar ardphraghas; how much did it fetch? cé mhéid a chuaigh sé?

fetching adj tarraingteach.

feud n fíoch m1.

fever n fiabhras m1.

feverish adj fiabhrasach.

few adj beag beagán; few people do that now is beag duine a dhéanann é sin anois; a few months ago roinnt bheag míonna ó shin.

fewer adj níos lú; she has fewer problems now tá níos lú fadhbanna aici anois.

fewest adj the fewest an chuid/ an uimhir is lú.

fiancé(e) n fiancé m4.

fib n caimseog f2.

fibre n snáithín m4.

fibreglass n gloine f4 shnáithíneach.

fiction n ficsean m1.

fictional adj finscéalach.

fictitious adj cumtha, bréige.

fiddle n 1 (violin) fidil f2; 2 (scheme) caimiléireacht f3. ● vb falsaigh; to fiddle accounts cuntais a fhalsú. □ **fiddle with:** to fiddle with something bheith ag méaraíocht le rud.

field n 1 páirc f2, gort m1; 2 (of study, experience) réimse f4.

fierce adj fíochmhar.

fiery adj lasánta.

fifteen num cúig déag; fifteen cars cúig charr déag; fifteen people cúig dhuine dhéag.

fifteenth adj cúigiú déag; the fifteenth day an cúigiú lá déag.

fifth adj cúigiú.

fifty num caoga.

fig n fige m4.

fight n troid f3, bruíon f2. ● vb troid.

fighter n 1 (person) trodaí m4; 2 (plane) eitleán m1 troda.

fighting n comhrac m1. ● adj trodach; bruíonach.

figment n it's a figment of your imagination níl ann ach rud i do shamhlaíocht.

figurative adj meafarach, fáthchiallach.

figure n 1 (number) figiúr m1, uimhir f (gen uimhreach) 2 (body

shape) pearsa f (gen pearsan); she has a good figure is breá an phearsa mná í. ● vb meas. □ **figure out** déan amach.

figure of speech n nath m3 cainte.

file n 1 (paper or computer) comhad m1; 2 (line) líne f4; 3 (tool) líomhán m1. ● vb 1 (documents) comhadaigh; 2 (metal) líomh; 3 to file in/out dul isteach/amach duine i ndiaidh duine.

filing cabinet n comhadchaibinéad m1.

fill n to eat one's fill do dhóthain a ithe. ● vb líon; to fill a glass with water gloine a líonadh le huisce. □ **fill in** líon isteach; to fill in a form líon a líonadh isteach. □ **fill up** líon.

fillet n filléad m1.

fillet steak n stéig f2 filléid.

filling n líonadh m (gen líonta).

filling station n stáisiún m1 peitril.

film n 1 scannán m1; 2 (thin covering) screamh f2. ● vb scannánaigh.

film critic n criticeoir m3 scannán.

film star n réaltóg f2 scannán.

filter n scagaire m4. ● vb scag.

filth n salachar m1; 1 (obscenity) gáirsiúlacht f3.

filthy adj 1 (dirty) bréan; 2 (obscene) gáirsiúil graosta.

fin n eite f4.

final n (sport) cluiche m4 ceannais; 2 finals (exams) scrúduithe m(pl) deiridh.

finalize vb tabhair chun críche.

finally adv sa deireadh thiar.

finance n airgeadas m1; the Minister for Finance an tAire Airgeadais. ● vb maoinigh.

financial adj airgeadais(gen of n); the financial year an bhliain airgeadais.

find n fionnachtain f3. ● vb 1 (by trying) faigh; to find a cure for something leigheas ruda a fháil; to find a solution to a problem réiteach faidhbe a fháil; I can't find my keys ní féidir liom mo chuid eochracha a fháil; 2 (by chance) tar ar; I found a letter on the table tháinig mé ar litir ar an mbord; 3 to find someone innocent/guilty duine a fháil neamhchiontach/ciontach. ▫ **find out** faigh amach; to find out about something/someone fáil amach mar gheall ar rud/dhuine.

fine n fíneáil f3. ● adj 1 (good) breá; to be fine breith go breá; it's fine by me tá sé sin ceart go leor liomsa; 2 (thin) mion. ● adv go breá; we're doing fine táimid ag déanamh go breá. ● vb to fine somebody fíneáil a chur ar dhuine.

finely adv (chopped, ground) go mion.

finger n méar f2. ● vb méaraigh.

fingernail n ionga f (gen iongan) méire.

fingerprint n méarlorg m1.

fingertip n barr m1 méire; ➤ to have something at one's fingertips rud a bheith ar deil agat.

finish n 1 (end) críoch f2; 2 (in race) ceann m1 sprice; 3 (polish, texture) slacht m3. ● vb críochnaigh; to finish something rud a chríochnú. ▫ **finish off** 1 (complete) críochnaigh; 2 (kill) maraigh.

finishing line n ceann m1 sprice.

finite adj (limited) teoranta; 2 (in grammar) finideach.

Finland n an Fhionlainn f2.

Finn n Fionlannach m1.

Finnish n Fionlainnis f2. ● adj Fionlannach.

fir n giúis f2.

fire n tine f4; to set something on fire rud a chur trí thine. ● vb 1 (shoot) scaoil, lámhach to fire a gun gunna a scaoileadh; to fire a shot urchar a scaoileadh; 2 (encourage) gríosaigh; to fire somebody up duine a ghríosú; 3 (sack) bris; to fire somebody from a job duine a bhriseadh as a phost.

fire alarm n aláram m1 dóiteáin.

firearm n arm m1 tine.

fire brigade n briogáid f2 dóiteáin.

fire engine n inneall m1 dóiteáin.

firefighter n comhraiceoir m3 dóiteáin.

fireman n fear m1 dóiteáin.

fireplace n tinteán m1.

fire station n stáisiún m1 dóiteáin.

fireworks npl tinte f(pl)4 ealaíne.

firm n comhlacht m3. ● adj daingean.

first pron 1 (person) an chéad duine m4; she was the first to arrive ba í an chéad duine a tháinig; 2 (winner) buaiteoir m3; 3 (university degree) céad onóracha fpl3, 4 (gear) to be in first bheith sa chéad ghiar. ● adj céad; the first night an chéad oíche; for the first time den chéad uair; in first place sa chéad áit; the First World War an Chéad Chogadh Domhanda. ● adv he arrived first tháinig sé ar an gcéad duine (acu); who came first in the race? cé a tháinig sa chéad áit sa rás?; at first ar dtús; first of all ar an gcéad dul síos.

first aid n garchabhair f (gen garchabhrach).

first-aid kit *n* fearas *m1* garchabhrach.

first class *adj* den chéad scoth; **a first-class ticket** ticéad den chéad rang.

firstly *adv* ar dtús.

first name *n* ainm *m4* baiste.

first-rate *adj* den chéad scoth.

fish *n* iasc *m1*. ● *vb* iasc.

fisherman *n* iascaire *m4*.

fish farm *n* feirm *f2* éisc.

fishing *n* iascaireacht *f3*; **to go fishing** dul ag iascaireacht.

fishing boat *n* bád *m1* iascaireachta.

fishing line *n* dorú *m4*.

fishing net *n* líon *m1* iascaigh.

fishing rod *n* slat *f2* iascaireachta.

fishmonger's (shop) *n* siopa *m4* éisc.

fishy *adj* (*suspect*) amhrasach.

fist *n* dorn *m1*.

fit *n* (*spasm*) racht *m3*; **a fit of rage** racht feirge; **a fit of coughing** racht casachtaí. ● *adj* **1** (*healthy*) fiteáilte, aclaí **2** (*suitable*) oiriúnach, feiliúnach **he's not fit to hold that position** níl sé oiriúnach don phost sin. ● *vb* **1** (*clothing*) oir; **the suit fits him well** oireann an chulaith go maith dó; **2** (*into a space*) téigh isteach; **the key doesn't fit into the lock** ní théann an eochair isteach sa ghlas; **3** (*install*) feistigh.
□ **fit in** (*to group*) réitigh le; **she doesn't fit in (with them)** ní réitíonn sí leo.

fitness *n* **1** (*health*) folláine *f4*; **2** (*suitability*) oiriúnacht *f3*, feiliúnacht *f3*.

fitted kitchen *n* cistin *f2* fheistithe.

fitter *n* feisteoir *m3*.

fitting *n* feistiú *m* (*gen* feistithe); **a light fitting** fearas solais; fix-

tures and fittings fearais agus feisteas. ● *adj* cuí.

five *num* cúig; **five cars** cúig charr; **five people** cúigear *m1*.

fix *n* (*difficulty*) cruachás *m1*; **to be in a fix** bheith i gcruachás. ● *vb* **1** (*repair*) deisigh; **to fix a watch** uaireadóir a dheisiú; **2** (*prepare*) ullmhaigh; **to fix the dinner** an dinnéar a ullmhú; **3** to fix a date for a meeting dáta a shocrú le haghaidh ruda.
□ **fix up** réitigh; **to fix something up for someone** rud a réiteach do dhuine.

fixture *n* **1** fearas *m1*; **2** (*sports*) cluiche *m4*.

fizzy *adj* coipeach.

flabbergasted *adj* **he was flabbergasted** baineadh an anáil de.

flag *n* **1** brat *m1*; **the Irish flag** brat na hÉireann; **2** (*flagstone*) leac *f2* phábhála. ● *vb* (*become tired*) lagaigh.

flagpole *n* crann *m1* brait.

flair *n* bua *m4*, féith *f2* **a flair for writing** bua na scríbhneoireachta.

flak *n* **1** (*gunfire*) tine *f4* bharáiste; **2** (*criticism*) cáineadh *m* (*gen* cáinte).

flake *n* **1** cáithnín *m4*. ● *vb* scealp.

flamboyant *adj* gáifeach.

flame *n* bladhm *f2*.

flamingo *n* lasairéan *m1*.

flammable *adj* inlasta.

flan *n* toirtín *m4* oscailte.

flannel *n* **1** (*fabric*) flainín *m4*; **2** (*face cloth*) tuáille *m4* aghaidhe.

flap *n* **1** (*on pocket, envelope, etc.*) liopa *m4*; **2** to be in a flap bheith trí chéile. ● *vb* **1** (*wings*) buail.

flare *n* **1** (*signal*) tóirse *m4*; **2** (*in clothing*) spré *m* (*gen* spréite); **3 flares** (*trousers*) briste *m4* leathan.

□ **flare up 1** (*fire*) éirigh ina bhladhm; **2** (*person*) splanc; to flare up at somebody splancadh ar dhuine.

flash *n* splanc *f2*; a flash of lightning splanc thintrí. ● *vb* **1** (*a light*) caith; to flash a light on something solas a chaitheamh ar rud; a light flashed in the darkness bhí splanc solais sa dorchadas; **2** (*go quickly*) scinn; the time flashed by scinn an t-am thart.

flashlight *n* tóirse *m4*.

flashy *adj* gáifeach.

flask *n* flasc *m3*.

flat *n* **1** (*apartment*) árasán *m1*; **2** (*level ground*) réileán *m1*; **3** (*in music*) maol *m1*. ● *adj* **1** (*level, not rounded*) cothrom, réidh a flat surface dromchla cothrom; **2** (*voice, drink*) leamh. ● *adv* **1** to lie flat síneadh ar an talamh; **2** to turn something down flat diúltú do rud go neamhbhalbh; **3** to be working flat out bheith ag obair ar do chroídhícheall.

flatly *adv* go neamhbhalbh; to deny something flatly rud a shéanadh go neamhbhalbh.

flatten *vb* leacaigh.

flatter *vb* déan plámas le; to flatter someone plámás a dhéanamh le duine.

flattery *n* plámás *m1*.

flavour *n* blas *m1*. ● *vb* blaistigh.

flavouring *n* blastán *m1*.

flaw *n* máchail *f2*, locht *m3*.

flawless *adj* gan máchail.

flax *n* líon *m1*.

flea *n* dreancaid *f2*.

flee *vb* teith; to flee the country teitheadh as an tir.

fleece *n* lomra *m4*. ● *vb* feann; to fleece someone duine a fheannadh.

fleet *n* cabhlach *m1*, loingeas *m1*.

fleeting *adj* duthain.

Flemish *n* Pléimeannais *f2*. ● *adj* Péimeannach.

flesh *n* feoil *f3*.

flex *n* fleisc *f2*. ● *vb* aclaigh; to flex one's muscles do mhatáin a aclú.

flexible *adj* solúbtha.

flick *n* smeach *m3*; a flick of the fingers smeach méar. ● *vb* tabhair smeach do.

flicker *vb* preab.

flight *n* **1** eitilt *f2*; a bird in flight éan ar eitilt; the half past two flight an eitilt ar a leathuair tar éis a dó; **2** (*of stairs*) staighre *m4*; **3** (*escape*) teitheadh *m* (*gen* teite).

flight attendant *n* aeróstach *m1*.

flimsy *adj* tanaí.

fling *vb* caith, teilg.

flint *n* cloch *f2* thine.

flip *n* smeach *m3*. ● *vb* smeach.

flippant *adj* deiliúsach.

flirt *n* cliúsaí *m4*. ● *vb* to flirt with someone bheith ag cliúsaíocht le duine.

float *n* **1** (*for fishing*) snámhán *m1*; **2** (*in parade*) flóta *m4*; **3** (*money*) cúlchnap *m1*. ● *vb* snámh.

flock *n* **1** (*of sheep*) tréad *m1*; **2** (*of birds*) ealta *m4*. ● *vb* bailigh.

flood *n* tuile *f4*. ● *vb* tuil; to flood a place áit a thuile; people were flooding into the hall bhí daoine ag tuile isteach sa halla.

flooding *n* bá *m4*.

floodlight *n* tuilsholas *m1*.

floor *n* (*ground, storey*) urlár *m1*; on the floor ar an urlár; on the first floor ar an gcéad urlár. ● *vb* **1** (*knock down*) to floor someone duine a shíneadh amach; **2** to floor someone with a question duine a chur ina thost le ceist.

flop *n* **1** (*failure*) teip *f2*; **2** (*movement*) pleist *f2*. ● *vb* **1** teip; their last record flopped theip ar a gceirnin deiridh; **2** (*fall*) tit de phleist.

floppy *adj* liobarnach.

floppy disk *n* diosca *m4* flapach.

floral *adj* bláthach.

florist *n* bláthadóir *m3*.

flounder *n* (*fish*) leadhbhóg *f2*. ● *vb* iomlaisc.

flour *n* plúr *m1*.

flourish *n* croitheadh *m* (*gen* croite). ● *vb* **1** (*venture, firm*) tar chun cinn; his business is flourishing tá a ghnó ag teacht chun cinn; **2** the plant is flourishing tá an planda faoi bhláth.

flow *n* sruth *m3*. ● *vb* **1** (*water*) sruthaigh; **2** (*hair, robe*) slaod.

flowchart *n* sreabhchairt *f2*.

flower *n* bláth *m3*. ● *vb* bláthaigh.

flowerbed *n* ceapach *f2* bláthanna.

flowerpot *n* próca *m4* bláthanna.

flowery *adj* **1** bláthach; **2** (*ornate*) ornáideach; flowery language teanga ornáideach.

flu *n* fliú *m4*.

fluctuate *vb* iomlaoidigh, luainigh.

fluent *adj* líofa; she speaks fluent Polish tá Polainnis líofa aici.

fluff *n* clúmhach *m1*.

fluffy *adj* clúmhach.

fluid *n* sreabhán *m1*. ● *adj* sreabhach.

fluke *n* taisme *f4*; by a fluke de thaisme.

fluoride *n* fluairid *f2*.

flush *n* **1** (*on face*) lasadh *m* (*gen* lasta); **2** (*figurative*) bláth *m3*; the first flush of youth bláth na hóige. ● *vb* **1** (*face*) las; **2** (*clean*) sruthlaigh.

flushed *adj* lasánta.

flustered *adj* trína chéile.

flute *n* fliúit *f2*.

flutter *n* **1** (*of wings*) cleitearnach *f2*; **2** (*of excitement*) sceitimíní *m*(*pl*). ● *vb* to flutter about bheith ag cleitearnach thart.

fly *n* **1** (*insect*) cuileog *f2*; **2** flies (*on trousers*) cailpís *f2*. ● *vb* **1** (*bird, plane*) eitilt; **2** (*plane*) stiúir; to fly a plane eitleán a stiúradh.

flying *n* eitilt *f2*. ● *adj* **1** eitleach; **2** to pay somewhere a flying visit sciuird a thabhairt ar áit.

flyover *n* uasbhealach *m1*.

foal *n* searrach *m1*.

foam *n* **1** cúr *m1*; coipeadh *m* (*gen* coipthe). ● *vb* coip.

focus *n* fócas *m1*; out of focus as fócas; in focus i bhfócas. ● *vb* to focus on something díriú ar rud.

foe *n* namhaid *m* (*gen* namhad).

fog *n* ceo *m4*.

foggy *adj* ceomhar.

foil *n* **1** (*tin foil*) scragall *m1*; **2** (*setting*) codarsnacht *f3*; **3** (*sword*) pionsa *m4* maol. ● *vb* sáraigh; to foil an attempt iarracht a shárú.

fold *n* **1** (*crease*) filleadh *m* (*gen* fillte); **2** (*for sheep*) loca *m4*. ● *vb* fill.

□ **fold up** corn le chéile; to fold something up rud a chornadh le a chéile.

folder *n* fillteán *m1*.

folding *adj* (*bed, chair*) infhillte.

foliage *n* duilliúr *m1*.

folk *n* daoine *m*(*pl*)*4*.

folklore *n* béaloideas *m1*.

folk music *n* ceol *m1* na ndaoine.

follow *vb* **1** lean; to follow someone's example sampla duine a leanúint; a huge argument followed his speech lean argóint mhór a oráid; **2** (*understand*) tuig; **I didn't follow that** níor thuig mé é sin.

follower n leanúnaí m4.

followers npl lucht m(sg)3 leanúna.

following adj **1** ina dhiaidh sin; **the following day** an lá ina dhiaidh sin; **2** (about to be mentioned) a leanas; **answer the following questions** freagair na ceisteanna seo a leanas.

folly n baois f2.

fond adj ceanúil; **to be fond of someone** bheith ceanúil ar dhuine.

font n **1** (in church) umar m1 baiste; **2** (typeface) cló m4.

food n bia m4.

food poisoning n nimhiú m bia.

food processor n próiseálaí m4 bia.

fool n (man) amadán m1; (woman) óinseach f2. ● vb **to fool someone** dallamullóg a chur ar dhuine.

foolish adj amaideach.

foot n **1** (on body) cos f2; **2** (measure) troigh f2. ● vb **to foot the bill** an bille a íoc.

football n peil f2; caid f2.

footballer n peileadóir m3.

football match n cluiche m4 peile.

footbridge n droichead m1 coisithe.

foothills n bunchnoic m(pl)1.

foothold n greim m3 coise.

footlights n bruachshoilse m(pl)1.

footnote n fonóta m4.

footpath n cosán m1.

footstep n coiscéim f2.

footwear n coisbheart m1.

for prep

····▸ (intended for) do, le haghaidh (+GEN); **a present for my sister**

bronntanas do mo dheirfiúr; **a product for cleaning floors** earra le haghaidh urláir a ghlanadh; **money for food** airgead le haghaidh bia; **what's that brush for?** cad chuige an scuab sin?; **what's for dinner?** cad atá ann don dinnéar?;

····▸ (on behalf of) do, ar son (+GEN); **would you like me to do it for you?** ar mhaith leat go ndéanfainn duit é?; **she did it for her father's sake** rinne sí é ar mhaithe lena hathair; **it's for a good cause** is ar son deachúise é;

····▸ **to work for someone** bheith ag obair ag duine; **he works for the post office** tá sé ag obair d'oifig an phoist;

····▸ (with sums of money) ar; **I bought it for 10 pounds** cheannaigh mé é ar deich bpunt; **how much did you pay for that car?** cé mhéad a thug tú ar an gcarr sin?;

····▸ (destined for) go; **the train for Cork** an traein go Corcaigh;

····▸ (on account of) ar; **for many reasons** ar mhórán cúiseanna; **for fear of being late** ar eagla a bheith déanach;

····▸ (in time expressions) **I'll be away for a week** beidh mé as baile go ceann seachtaine; **they lived in Cork for ten years** bhí siad ina gcónaí i gCorcaigh ar feadh deich mbliana; **I've been waiting for ages** táim ag feitheamh le stáir;

····▸ (followed by infinitive clause) **it would be better for them to take the train** b'fhearr dóibh an traein a thógáil; **it's not for us to decide** ní fúinne atá sé socrú a dhéanamh;

····▸ **the Irish for 'house'** an Ghaeilge ar 'house';

╌╌▸ she has a gift for languages tá bua teangacha aici.

forbid vb cros ar; **to forbid someone to do something** crosadh ar dhuine rud a dhéanamh; **God forbid!** Nár lige Dia!

forbidding adj doicheallach.

force n fórsa m4; neart m1; **to take something by force** rud a ghabháil le neart láimhe; **the Armed Forces** na Fórsaí Armtha. ● vb 1 (lock, window, etc.) fórsáil; 2 (compel) **to force someone to do something** iachall a chur ar dhuine rud a dhéanamh.

forceful adj 1 fórsúil; 2 (persuasive) éifeachtach.

forcibly adv go fórsúil.

ford n áth m3.

fore n tosach m1; **to come to the fore** teacht chun tosaigh.

forearm n bacán m1 láimhe.

foreboding n drochthuar m1.

forecast n réamhaisnéis f2; **weather forecast** réamhaisnéis aimsire. ● vb tuar.

forefinger n méar f2 thosaigh.

forefront n **to be in/at the forefront of something** bheith ar thús cadhnaíochta ruda.

foreground n réamhionad m1.

forehead n clár m1 éadain.

foreign adj 1 (country) coimhthíoch; 2 (language) iasachta.

foreigner n coimhthíoch m1 eachtrannach m1.

Foreign Secretary n 1 (of Ireland) Aire m4 Gnóthaí Eachtracha; 2 (of Britain) Rúnaí m4 Gnóthaí Eachtracha.

foreman n saoiste m4.

foremost adj príomh-; **is tábhachtaí; one of the country's foremost writers** duine de phríomhscríbhneoirí na tíre.

● adv **first and foremost** i dtús báire.

forerunner n réamhtheachtaí m4.

foresee vb tuar.

foreseeable adj **in/for the foreseeable future** go ceann i bhfad.

foresight n réamhfhéachaint f3.

forest n coill f2; foraois f2.

forestry n foraoiseacht f3.

foretell vb tairngir.

forever adv 1 (eternally) go deo; 2 (constantly) i gcónaí.

foreword n réamhfhocal m1.

forfeit n cailleadh m (gen caillte). ● vb caill.

forge n cearta f4. ● vb 1 (signature) falsaigh; 2 (money) brionnaigh.

forger n falsaitheoir m3.

forgery n 1 (forging) brionnú m (gen brionnaithe); 2 **the note is a forgery** is nóta bréige é.

forget vb dearmad; déan dearmad; **to forget something/someone** dearmad a dhéanamh ar rud/dhuine; **don't forget to buy bread** ná déan dearmad ar arán a cheannach.

forget-me-not n lus m3 míonla.

forgive vb maith do; **to forgive someone for something** rud a mhaitheamh do dhuine.

forgiveness n maithiúnas m1.

fork n 1 (implement) forc m1; 2 (in road) gabhal m1. ● vb (road) gabhlaigh.

□ **fork out:** **to fork out money for something** íoc as rud go doicheallach.

fork-lift truck n trucail f2 ardaithe.

forlorn adj 1 (hope) gan dóchas; 2 (appearance) dearóil.

form n 1 (shape) cruth m3, foirm f2; **in human form** i gcruth

daonna; **2** (*paper*) foirm. ● *vb*
déan, cruthaigh.

formal *adj* foirmiúil.

formality *n* foirmiúlacht *f3*.

formally *adv* go foirmiúil.

format *n* formáid *f2*. ● *vb*
formáidigh.

formation *n* foirmiú *m* (*gen*
foirmithe).

formative *adj* múnlaitheach; in
one's formative years i d'óige.

former *adj* iar-, sean-.

formerly *adv* roimhe seo, tráth
dá raibh.

formidable *adj* **1** (*frightening*)
scanrúil; **2** (*powerful*)
cumhachtach.

formula *n* foirmle *f4*.

forsake *vb* tréig.

fort *n* dún *m1*.

forth *adv* and so forth agus mar
sin de; **back and forth** anonn
agus anall.

forthcoming *adj* **1** (*event*) le
teacht; **2** (*person*) garach.

forthright *adj* neamhbhalbh,
oscailte.

fortify *vb* daingnigh.

fortitude *n* foirtile *f4*.

fortnight *n* coicís *f2*.

fortnightly *adv* in aghaidh na
coicíse.

fortunate *adj* ádhúil; **to be
fortunate** an t-ádh a bheith ort.

fortunately *adv* ar an dea-uair.

fortune *n* **1** (*fate*) cinniúint *f3*;
2 (*luck*) ádh *m1*; **3** (*wealth*)
rachmas *m1*; **to make a fortune**
rachmas a dhéanamh.

fortune teller *n* **1** (*male*) fear
m1 feasa; **2** (*female*) bean *f* feasa.

forty *num* daichead; **forty houses**
daichead teach.

forward *n* (*sport*) tosaí *m4*. ● *adj*
1 (*movement*) ar aghaidh; **2** (*per-
son*) dána; **3 forward planning**
pleanáil roimh ré.

forwards *adv* ar aghaidh, chun
tosaigh.

fossil *n* iontaise *f4*.

foster *vb* **1** (*child*) altramaigh;
2 (*idea, theory*) cuir chun cinn.

foster child *n* leanbh *m1*
altrama.

foster father *n* athair *m*
altrama.

foster mother *n* máthair *f*
altrama.

foster parent *n* tuismitheoir *m3*
altrama.

foul *n* calaois *f2*; **to commit a foul**
calaois a dhéanamh. ● *adj*
1 (*mood*) he was in a foul mood
bhí colg feirge air; **2** (*weather*)
ainnis; **the weather's foul** tá an
aimsir go hainnis; **3** (*smell*)
bréan; **4 foul language** teanga
gháirsiúil; **5 foul play** feillbheart
m1. ● *vb* **1** (*in sport*) déan
calaois; **to foul someone** calaois a
dhéanamh ar dhuine; **2** (*pollute*)
salaigh.

found *vb* (*establish*) bunaigh.

foundation *n* **1** (*founding*) bunú
m (*gen* bunaithe); **2 the founda-
tions of a house** bunsraith ti;
3 (*basis*) dúshraith *f2*; **4** (*insti-
tute*) fundúireacht *f3*; **5 founda-
tion cream** fochosmaid *f2*.

foundation cream *n*
fochosmaid *f2*.

founder *n* bunaitheoir *m3*. ● *vb*
1 (*plan, project*) téip ar; **2 the
ship foundered** bádh an long.

fountain *n* **1** fuarán *m1*; **2** (*of
knowledge*) foinse *f4*.

fountain pen *n* peann *m1* tobair.

four *num* ceathair; **four cars**
ceithre charr; **four people**
ceathrar.

fourteen *num* ceathair déag;
fourteen cars ceithre charr déag;
fourteen people ceithre dhuine
dhéag.

fourth adj ceathrú; in fourth place sa cheathrú háit.

four-wheel adj ceithre roth; you need a four-wheel-drive (vehicle) teastaíonn cairt cheithre roth uait.

fowl n éanlaith f2.

fox n sionnach m1, madra m4 rua.

foyer n forhalla m4.

fraction n codán m1.

fracture n briseadh m (gen briste).

fragile adj sobhriste.

fragment n blúire m4.

fragrance n cumhracht f3.

fragrant adj cumhra.

frail adj anbhann.

frame n 1 (for picture or window) fráma m4; 2 (of structure) cabhail f (gen cabhlach); 3 frame of mind staid f2 intinne.

framework n creatlach f2.

France n an Fhrainc f2.

franchise n 1 (right to vote) ceart m1 vótála; 2 (for business) saincheadúnas m1.

frank adj ionraic. ● vb fráinceáil; to frank a letter litir a fhráinceáil.

frankly adv go hionraic; to speak frankly labhairt go hionraic; frankly... chun na fírinne a rá...

frantic adj ar mire; she was frantic with worry bhí sí ar mire le himní.

frantically adv le buile.

fraud n 1 (person) caimiléir m3; 2 (deception) calaois f2.

fraught adj 1 (situation) imníoch; 2 (full of) fraught with lán de; fraught with difficulty lán de dheacrachtaí.

freak n 1 (person) anchúinse m4; 2 (occurrence) a freak storm stoirm neamhghnách; a freak accident timpiste neamhghnách.

freckle n bricín m4.

free adj 1 saor; I'm free at the weekend táim saor ag an deireadh seactaine; of her own free will dá saorthoil féin; 2 (gratis) saor in aisce; a free ticket ticéad saor in aisce. ● vb scaoil saor; to free a prisoner príosúnach a scaoileadh saor.

freedom n saoirse f4.

free-for-all n bruíon f2.

freehold n saorghabháltas m1.

free kick n cic m4 saor.

freelance adj neamhspleách.

freely adv 1 (willingly) go réidh; 2 (without restriction) gan bhac.

Freemason n máisiún m1.

Free State n Saorstát m1; Irish Free State Saorstát m1 na hÉireann.

free will n toil f3 shaor; by your own free will de do dheoin féin.

freeze vb 1 reoigh, sioc; you can freeze bread is féidir leat arán a reo; it's freezing tá sé ag cur seaca.

freezer n reoiteoir m3.

freezing n (freezing point) reophointe m4. ● adj (very cold) feanntach.

freight n lasta m4.

French n 1 (language) Fraincis; 2 the French na Francaigh. ● adj Francach.

French fries npl sceallóga f(pl)2.

Frenchman n Francach m1.

Frenchwoman n Francach m1 mná.

frenzy n buille f4; to be in a frenzy bheith ar buille.

frequency n minicíocht f3.

frequent adj minic. ● vb taithigh.

frequently adv go minic.

fresh adj úr.

fresh air n aer m1 úr.

freshly adv go húrnua.

freshness n úire f4.

freshwater adj freshwater fish iasc uisce abhann/locha.

fret vb don't fret! ná bí buartha!; to fret over something tú féin a bhuaireamh faoi rud.

friar n bráthair m (gen bráthar).

friction n 1 (physical) cuimilt f2; 2 (animosity) easaontas m1.

Friday n (an) Aoine f4; on Friday Dé hAoine; the class is held on Fridays bíonn an rang ar an Aoine.

fridge n cuisneoir m3.

fried adj friochta.

friend n cara m (gen carad).

friendly adj cairdiúil.

friendship n cairdeas m1.

fright n scanradh m1; he got a fright baineadh scanradh as.

frighten vb scanraigh.

frightened adj scanraithe; she was frightened bhí scanradh uirthi.

frightening adj scanrúil.

frightful adj scanrúil.

frill n rufa m4.

fringe n 1 (hair) frainse m4; 2 (edge) imeall m1.

fringe benefits n sochair m(pl)1 imeallacha.

fritter n friochtóg f2.

frivolous adj aerach.

frock n gúna m4.

frog n frog m1; ➤ to have a frog in one's throat sceach a bheith agat i do scornach.

from prep 1 (indicating origin) as, ó; a present from Cáit bronntanas ó Cháit; 'where are you from?' – 'I'm from Kerry' 'cad as tú?' 'is ó Chiarraí mé'; the train from Cork an traein ó Chorcaigh; 2 (in time expressions) from Monday to Friday ón Luan go dtí an Aoine; from six o'clock on óna sé a

chlog ar aghaidh; ten years from now i gceann deich mbliana; 3 (with distances, prices, numbers) ó; ten kilometres from Cork deich gciliméadar ó Chorcaigh; they've gone up from 10 pounds to 15 pounds tá siad imithe suas ó deich bpunt go dtí cúig phunt déag; 4 (according to) ó; from what she said ón méid a dúirt sí; from what I heard ón méid a chuala mé; 5 (differentiating) ó; you can't tell summer from winter this year ní féidir an samhradh a aithint ón ngeimhreadh i mbliana.

front n 1 (as opposed to back, etc.) aghaidh f2; 2 tosach m1; 3 (in war) tosach m1 catha. ● adj tosaigh. ● adv in front ar tosach; in front of os comhair (+GEN).

front door n doras m1 tosaigh.

frontier n teorainn f (gen teorann).

front page n leathanach m1 tosaigh.

front room n seomra m4 tosaigh.

front-wheel drive n tiomáint f3 rotha tosaigh.

frost n sioc m3.

frosted adj shíochta; frosted glass gloine shíochta.

frosty adj 1 seaca; a frosty morning maidin sheaca; 2 (smile, welcome) fuar.

froth n cúr m1.

frown vb púic a chur ort féin; he frowned ar her bhí muc ar gach mala aige chuici.

frozen adj reoite.

frozen food n bia m4 reoite.

fruit n toradh m1.

fruitful adj 1 torthúil; 2 (figurative) tairbheach.

fruition n to come to fruition teacht i mbláth.

fruit juice n sú m4 torthaí.

fruit salad n sailéad m1 torthaí.

frustrate vb **1** (plan) mill;
2 (person) cuir frustrachas ar.

frustrated adj bacaithe,
sáraithe.

frustrating adj bacainneach.

fry vb frioch.

frying pan n friochtán m1.

fudge n faoiste m4.

fuel n breosla m4.

fugitive n teifeach m1. ● adj
teifeach.

fulfil vb **1** (carry out) comhlíon; to
fulfil one's duties do chuid
dualgas a chomhlíonadh; **2** (sat-
isfy) sásaigh.

fulfilment n **1** (of task, duty)
comhlíonadh m (gen comhlíonta);
2 (satisfaction) sásamh m1.

full adj **1** lán; the box is full tá an
bosca lán; she's full of energy tá
sí lán d'fhuinneamh; to be full
(up) bheith lán go béal; to go at
full speed dul ar lánluas; full
employment lánfhostaíocht;
2 (complete) iomlán; the full story
an scéal iomlán; he has a full
schedule today tá sceideal
iomlán aige inniu. ● adv **1** she
looked him full in the face
d'fhéach sí díreach san aghaidh
air; you know full well what I said
tá a fhios agat go maith cad a
dúirt mé; **2** in full go hiomlán.

full-length adj lánfhada.

full moon n gealach f2 lán.

full-scale adj oll-; full-scale war
ollchogadh.

full stop n lánstad m4.

full-time adj lánaimseartha; a
full-time job post lánaimseartha.
● adv go lánaimseartha.

fully adv ar fad, go hiomlán; to be
fully satisfied with something
bheith sásta ar fad le rud.

fumes n múch f(sg)2.

fun n spraoi m4 greann m1; to do
something for fun rud a
dhéanamh ar mhaithe le spraoi;

to have fun spraoi a bheith agat;
to make fun of somebody ceap
magaidh a dhéanamh de dhuine.

function n **1** (role) feidhm f2;
2 (occasion) tionól m1. ● vb
feidhmigh.

functional adj **1** (in working
order) i bhfeidhm; **2** (practical)
feidhmiúil.

fund n **1** ciste m4; **2** funds maoin
f(sg)2.

fundamental adj bunúsach.

fundamentally adv go
bunúsach.

funeral n sochraid f2.

funeral mass n aifreann m1 na
marbh.

funeral service n seirbhís f2 na
marbh.

funfair n aonach m1 seó.

fungus n fungas m1.

funnel n **1** (for pouring) fóiséad
m1; **2** (on ship) simléar m1.

funnily adv; funnily enough...
aisteach go leor....

funny adj **1** (amusing)
greannmhar; **2** (strange) ait.

fur n fionnadh m1.

furious adj fíochmhar; to be furi-
ous with someone bheith ar
buille le duine.

furlong n staid f2.

furnace n foirnéis f2.

furnish vb **1** to furnish a house
troscán a chur i dteach;
2 (supply) soláthair.

furnishings n feisteas msg1.

furniture n troscán m1; a piece
of furniture ball troscáin.

furry adj clúmhach.

further adv **1** (to a greater
distance) níos faide; to go further
dul níos faide; **2** (in addition,
furthermore) thairis sin. ● adj
1 (additional, more) breise;
2 without further ado gan a

thuilleadh righnis. ● *vb* cuir chun cinn.

further education *n* oideachas *m*1 tríú léibhéil.

furthermore *adv* chomh maith leis sin.

fury *n* buile *f*4.

fuse *n* 1 (*electrical*) fiús *f*2; 2 (*on bomb*) aidhnín *m*4. ● *vb* 1 the lights have fused tá cliste ar an bhfiús; 2 (*join*) comhtháthaigh.

fuse box *n* bosca *m*4 fiúsanna.

fuss *n* 1 (*agitation*) fuadar *m*1; 2 (*complaining*) clamhsán *m*1; 3 to make a fuss raic a thógáil; 4 to make a fuss of someone adhnó a dhéanamh de dhuine. ● *vb* fuaidrigh.

fussy *adj* 1 (*person*) fuadrach; 2 (*eater*) béadaí.

future *n* 1 todhchaí *f*4; in future as seo amach; 2 (*in grammar*) aimsir *f*2 fháistineach. ● *adj* le teacht.

fuzzy *adj* 1 (*hair*) mionchatach; 2 (*focus*) doiléir.

Gg

gable *n* binn *f*2.

gadget *n* gaireas *m*1.

Gaelic *n* 1 (*Irish*) Gaeilge *f*4; 2 (*Scottish*) Gaeilge *f*4 na hAlban. ● *adj* Gaelach.

Gaelic coffee *n* caife *m*4 gaelach.

Gaelic football *n* peil *f*2 ghaelach.

gag *n* 1 gobán *m*1; 2 (*joke*) scéal *m*1 grinn, ciúta *m*4. ● *vb* cuir gobán ar.

gain *n* 1 (*profit*) sochar *m*1, brabús *m*1; 2 (*increase*) méadú *m* (*gen* méadaithe); a gain in weight méadú meáchain. ● *vb* 1 gnóthaigh; he gained nothing for his efforts níor ghnóthaigh sé faic as a chuid iarrachtaí; 2 (*weight*) cuir in airde; he's gained weight tá meáchan curtha in airde aige; 3 (*catch up*) teann; to gain on somebody teannadh ar dhuine; they are gaining on us tá siad ag teanandh orainn.

gainful *adj* éadálach, tairbheach; he found gainful employment fuair sé post éadálach.

galaxy *n* réaltra *m*4, Bealach *m*1 na Bó Finne.

gale *n* gála *m*4.

gallant *adj* galánta.

gall bladder *n* máilín *m*4 domlais.

gallery *n* 1 (*art gallery*) dánlann *f*2; 2 (*in room, theatre*) gailearaí *m*4.

gallon *n* galún *m*1.

gallop *vb* téigh ar cosa in airde.

gallstone *n* cloch *f*2 dhomlais.

galore *adv* go leor.

Galway *n* Gaillimh *f*2.

gambit *n* (*chess*) fiontar *m*1.

gamble *n* amhantar *m*1; to take a gamble on something dul san amhantar le rud. ● *vb* to gamble something rud a chur i ngeall.

gambler *n* cearrbhach *m*1.

gambling *n* cearrbhachas *m*1.

game *n* 1 cluiche *m*4; a game of chess cluiche fichille; 2 (*to cook, hunt*) géim *m*4, seilg *f*2. ● *adj* géimiúil.

gamekeeper *n* maor *m*1 géime.

gammon *n* 1 gambún *m*1; a gammon of bacon gambún bagúin; 2 (*cooked ham*) liamhás *m*1 deataithe.

gamut n 1 réimse m4; the whole gamut an réimse ar fad; 2 (in music) ceolraon m1.

gang n 1 drong f2, cleas m4; 2 (of workers) meitheal f2.

gangster n drongadóir m3.

gangway n pasáiste m4.

gap n bearna f4.

gape vb to gape at something bheith ag stánadh ar rud.

garage n garáiste m4.

garbage n 1 bruscar m1; 2 (nonsense) ráiméis f2.

garbage can n bosca m4 bruscair.

garbled adj a garbled story camscéal.

Garda n Garda m4.

garden n gairdín m4.

gardener n garraíodóir m3.

gardening n garraíodóireacht f3.

gargle vb craosfholc.

garlic n gairleog f2.

garment n ball m1 éadaigh.

garrison n garastún m1.

gas n 1 gás m1; 2 (petrol) peitreal m1. ● vb gásaigh.

gas cooker n cócaireán m1 gáis.

gas cylinder n sorcóir m3 gáis.

gas fire n tine f4 gháis.

gas meter n gásmhéadar m1.

gasoline n peitreal m1.

gasp n cnead f3. ● vb lig cnead asat; she gasped lig sí cnead aisti; he was gasping for breath bhí saothar anála air.

gas station n stáisiún m1 peitril.

gastric adj goile (genitive of noun), gastrach; gastric flu ulpóg ghoile.

gate n geata m4.

gatecrash vb to gatecrash a party stocaireacht a dhéanamh ar chóisir.

gatecrasher n stocaire m4.

gateway n geata m4, bealach m1 isteach.

gather vb 1 (collect) bailigh; to gather information eolas a bhailiú; 2 (assemble) cruinnigh; a crowd gathered chruinnigh slua; 3 (flowers, fruit) bain; to gather flowers bláthanna a bhaint; 4 (understand) tuig; I gather she's not very happy tuigim nach bhfuil sí róshásta.

gathering n cruinniú m (gen cruinnithe), tionól m1.

gaudy adj spiagaí.

gauge n tomhsaire m4. ● vb tomhais.

gaunt adj lom.

gay n duine m4 aerach. ● adj 1 (homosexual) aerach; 2 (lively) meidhreach.

gaze n amharc m1. ● vb to gaze at somebody bheith ag stánadh ar dhuine.

gear n 1 (equipment) trealamh m1; 2 (technical) fearas m1; 3 (of car) giar m1; to change gear giar a athrú. ● vb to gear something to rud a chur in oiriúint do.

gearbox n giarbhosca m4.

gear lever n luamhán m1 an ghiair.

gel n glóthach f2.

gelignite n geilignít f2.

gem n seoid f2.

Gemini n An Cúpla m4.

gender n 1 (sex) cineál m1; 2 (in grammar) inscne f4.

genealogy n 1 (family tree) ginealach m1; 2 (study) ginealas m1.

general n 1 (person) ginearál m1; 2 in general de ghnáth. ● adj ginearálta.

general election n olltoghchán m1.

generally adv go ginearálta.

general practioner n gnáthdhochtúir m3.

generate vb gin; to generate electricity leictreachas a ghiniúint.

generation n glúin f2.

generosity n féile f4, flaithiúlacht f3.

generous adj fial.

generously adv go fial.

genetic engineering n innealtóireacht f3 ghéiniteach.

genetics n géineolaíocht f3.

genitals npl baill m(pl)1 ghiniúna.

genius n 1 (talent) bua m4; to have a genius for languages bua na dteangacha a bheith agat; 2 (person) ginias m1, sárintleachtach m1.

gentle adj caoin, séimh.

gentleman n duine m4 uasal.

gently adv go caoin.

gentry n na huaisle m(pl)1.

gents n 1 leithreas m1 na bhfear; 2 (on sign) Fir m(pl)1.

genuine adj 1 fíor-; the genuine article an fíorearra; 2 (honest) ionraic.

geography n tíreolaíocht f3.

geology n geolaíocht f3.

geometry n céimseata f4.

geranium n geiréiniam m1.

geriatric adj seanliach.

germ n 1 (microbe) frídín m4; 2 (seed) geirm f2.

German n 1 (person) Gearmánach m1; 2 (language) Gearmáinis f2. ● adj Gearmánach.

German measles n an bhruitíneach f2 dhearg.

Germany n an Ghearmáin f2.

gesture n comhartha m4; a gesture of friendliness comhartha cairdeasa; a gesture of the hand comhartha láimhe.

get vb

····▸ (receive) faigh; I got a letter from her fuair mé litir uaithi; what did you get for your birthday? cad a fuair tú do do lá breithe?;

····▸ (have got) they've got lots of money tá an-chuid airgid acu; she's got flu tá an fliú aici;

····▸ (fetch) faigh; I'll go and get some milk rachaidh mé agus gheobhaidh mé roinnt bainne; could you get me a pen? an bhféadfá peann a fháil dom?;

····▸ (obtain) faigh; where did you get that hat? cá bhuair tú an hata sin?; she's trying to get a job tá sí ag iarraidh post a fháil; he gets it from his father! óna athair a fhaigheann sé é!;

····▸ (become) éirigh, tar ar; the children are getting tired tá na leanaí ag éirí tuirseach; I'm beginning to get hungry tá ocras ag teacht orm; it's getting dark tá sé ag éirí dorcha;

····▸ (arrive) bain amach, sroich; to get to somewhere áit a bhaint amach; when we got to London nuair a bhaineamar Londain amach; we got here yesterday shroicheamar an áit seo inné; she didn't get to the office until ten níor bhain sí an oifig amach go dtí a deich a chlog; how do I get to the post office from here? conas a bhainfidh mé oifig an phoist amach as seo?;

····▸ (begin) we're getting to know each other táimid ag dul i dtaithí ar a chéile;

····▸ (be allowed) he got to sit in the front seat ceadaíodh dó suí sa suíochán tosaigh;

····▸ (be obliged) I've got to phone my brother caithfidh mé glaoch a chur ar mo dhearthair;

····▸ to get something done rud a chur á dhéanamh; I'm going to get my hair cut táim chun bearradh gruaige a fháil; we should get the carpet cleaned ba chóir dúinn an cairpéad a ghlanadh.

□ **get away with**

····▸ (*stolen property*) éalaigh; they got away with the jewellery d'éalaigh siad leis na seoda;

····▸ I don't know how she gets away with it ní fheadar conas a ligtear léi leis.

□ **get back**

····▸ (*return*) tar ar ais; we got back at ten thángamar ar ais ar a deich;

····▸ to get something back rud a fháil ar ais; her bag was stolen but she got it back goideadh a mála ach fuair sí ar ais é.

□ **get into:** he got into the car shuigh sé isteach sa charr; he got into trouble tharraing sé trioblóid air féin.

□ **get off**

····▸ (*bus, train, etc*) tuirling; they got off at Waterford thuirling siad ag Port Láirge;

····▸ he got off with a fine scaoileadh saor é le fíneáil;

····▸ to get off with someone babhta leathair a bheith agat le duine.

□ **get on**

····▸ (*a bus, train, etc*) téigh ar; we got on the bus at Limerick chuamar ar an mbus ag Luimneach;

····▸ (*progress*) she's getting on well at school tá ag eirí go maith léi ar scoil; how's Seán Diarmuid getting on? conas atá ag éiri le Seán Diarmuid?;

····▸ (*interact*) réitigh le; they get on well together réitíonn siad go maith lena chéile; I don't get on

too well with her ní réitím rómhaith léi.

□ **get out**

····▸ (*of vehicle*) éirigh amach as; she got out of the car d'éirigh sí amach as an gcarr;

····▸ (*of situation*) éalaigh ó; I'm trying to get out of it táim ag iarraidh éalú uaidh;

····▸ to get something out rud a thógáil amach; Robert got out his guitar thóg Roibeárd amach a ghiotár.

□ **get together:** let's get together sometime next week buailimis le chéile uair éigin an tseachtain seo chugainn.

□ **get up** éirigh; I got up at eight d'éirigh mé ar a hocht.

ghastly *adj* **1** uafar; **2** (*pale*) mílítheach.

gherkin *n* gircín *m4*.

ghetto *n* geiteo *m4*.

ghost *n* taibhse *f4*.

giant *n* fathach *m1*. ● *adj* ollmhór.

gibberish *n* gibiris *f2*.

Gibraltar *n* Giobráltar *m4*.

gift *n* **1** (*present*) bronntanas *m1*; **2** (*talent*) bua *m4*; to have a gift for something bua ruda a bheith agat.

gifted *adj* tréitheach.

gift token *n* éarlais *f2* bhronntanais.

gigantic *adj* abhalmhór.

giggle *vb* déan sciotáil.

gilt *n* órú *m* (*gen* óraithe). ● *adj* órnite.

gimmick *n* seift *f2*.

gin *n* jin *f2*.

ginger *n* sinséar *m1*.

ginger beer *n* beoir *f* (*gen* beorach) shinséir.

gingerbread *n* arán *m1* sinséir.

gipsy *n* giofóg *f2*.

giraffe *n* sioráf *m1*.

girl *n* cailín *m4*.

girlfriend *n* **1** (*of male*) cailín *m4*; **2** (*of female*) cara *m* mná.

giro *n* **1** (*bank*) gioró *m4*; **2** (*welfare cheque*) seic *m4* dóil.

gist *n* éirim *f2*; to get the gist of something éirim ruda a thabhairt leat.

give *vb* **1** tabhair; to give something to someone rud a thabhairt do dhuine; he gave her a lift to the station thug sé síob go dtí an stáisiún dí; the work gave me a headache thug an obair tinneas cinn dom; can you give me the information? an féidir leat an t-eolas a thabhairt dom?; to give a lecture léacht a thabhairt; to give evidence in court fianaise a thabhairt os comhair na cúirte; she was given the chance to go to university tugadh an seans di dul go dtí an ollscoil; to give an opinion tuairim a thabhairt; **2** (*shout, cry, etc.*) lig; to give a shout gáir a ligean.
□ **give away 1** (*give something free of charge*) tabhair uait in aisce; he gave away all his money thug sé uaidh a chuid airgid in aisce; **2** (*betray*) sceith; **3** to give a bride away at the altar brídeach a thionlacan chun na haltóra.
□ **give back** tabhair ar ais.
□ **give in 1** (*yield*) géill; to give in to someone's wishes géilleadh do mhianta duine; **2** (*hand in*) tabhair isteach.
□ **give off** cuir asat.
□ **give out** tabhair amach.
□ **give up 1** (*surrender*) géill; **2** (*quit*) éirigh as; I give up éirim as; to give up cigarettes éirí as na toitíní.
□ **give way 1** (*collapse*) tabhair uait.

glacier *n* oighearsruth *m3*.

glad *adj* áthasach; to be glad áthas a bheith ort.

gladly *adv* go fonnmhar; to do something gladly rud a dhéanamh go fonnmhar.

glamour *n* draíocht *f3*.

glamorous *adj* gálánta.

glance *n* sracfhéachaint *f3*. ● *vb* to glance at something sracfhéachaint a thabhairt ar rud.

gland *n* faireog *f2*.

glare *n* **1** (*angry look*) súil *f2* fhiata; **2** (*from lights*) dallrú *m* (*gen* dallraithe). ● *vb* **1** (*lights*) dallraigh; **2** to glare at someone súil fhiata a thabhairt ar dhuine.

glaring *adj* **1** (*light*) dallraitheach; **2** (*mistake*) follasach.

Glasgow *n* Glaschú *m4*.

glass *n* gloine *m4*.

glasses *npl* spéacláí *m*(*pl*)4.

glassware *npl* earraí *m*(*pl*)4 gloine.

glaze *vb* **1** (*window*) gloinigh; **2** (*in cooking*) glónraigh. ● *n* gléas *m1*.

glazier *n* gloineadóir *m3*.

gleam *vb* drithligh.

glee *n* gliondar *m1*.

glib *adj* **1** (*of person*) luathchainteach; **2** (*of answer*) pras.

glide *vb* **1** (*fly*) téigh ar foluain; **2** (*slide*) sleamhnaigh.

glider *n* faoileoir *m3*.

glimmer *n* fannléas *m1*.

glimpse *n* spléachadh *m1*. ● *vb* faigh spléachadh ar.

glint *vb* drithligh.

glisten *vb* lonraigh.

glitter *vb* drithligh, soilsigh.

gloat *vb* déan cómhaíomh.

global *adj* domhanda.

globe *n* cruinneog *f2*.

gloom *n* **1** (*darkness*) dorchacht *f3*; **2** (*sadness*) gruaim *f2*.

gloomy adj **1** (dark) dorcha; **2** (sad) gruama.

glorious adj glórmhar.

glory n **1** glóir f2; **2** (splendour) breáthacht f3.

gloss n **1** (shine) snas m3; **2** (paint) péint f2 snasaithe.

glossy adj snasta.

glove n lámhainn f2.

glow vb lonnraigh.

glue n gliú m4. ● vb gliúáil.

glum adj gruama.

glut n anlucht m3.

glutton n craosaire m4; **she's a glutton for work** tá sí fíáin chun oibre.

gnat n corrmhíol m1.

gnaw vb creim.

go n

····▸ (in game) seal m3; **it's your go now** is é do shealsa é anois;

····▸ (try) iarracht; **I'll have a go at writing it in Irish** déanfaidh mé iarracht ar é a scríobh i nGaeilge.

● vb

····▸ (to place) téigh, imigh; **she's going to France tomorrow** tá sí ag dul don Fhrainc amárach; **where have they gone?** cá bhfuil siad imithe?; **to go for a walk** dul ag siúl;

····▸ (leave) imigh; **she went at five** d'imigh sí ar a cúig;

····▸ (event) éirigh le; **the evening went very well** d'éirigh go han-mhaith leis an oíche; **how did the wedding go?** conas mar a d'éirigh leis an mbainis?;

····▸ (become) éirigh; **the bread's gone mouldy** tá an t-arán tar éis éirí liath; **he went quiet** d'éirigh sé ciúin;

····▸ (followed by infinitive) **they're going to buy a flat** tá siad chun árasán a cheannach; **I was**

going to ask you about that bhí mé chun ceist a chur ort faoi sin; **what are we going to do?** cad a dhéanfaimid?

▫ **go away**: **she eventually went away** d'imigh sí léi sa deireadh; **go away!** imigh leat!

▫ **go back** téigh ar ais; **they've gone back to Dublin** tá siad tar éis dul ar ais go Baile Átha Cliath; **I went back home** chuaigh mé ar ais abhaile.

▫ **go down**

····▸ (person) téigh síos; **he went down to the kitchen** chuaigh sé síos go dtí an chistin;

····▸ (price, temperature) ísligh; **the price of computers has gone down** tá praghsanna ríomhairí tar éis ísliú.

▫ **go in** téigh isteach; **she went in and shut the door** chuaigh sí isteach agus dhún sí an doras.

▫ **go into** téigh isteach i; **he went into the post office** chuaigh sé isteach in oifig an phoist.

▫ **go off**

····▸ (leave) imigh; **they've gone off on holiday** tá siad imithe ar laethanta saoire; **he went off with my keys** dimigh sé le mo chuid eochracha;

····▸ (alarm, alarm clock) buail; **the alarm clock went off at six** bhuail an t-aláram ar a sé a chlog;

····▸ (explode) pléasc.

▫ **go on**

····▸ (continue) lean ort, lean ar aghaidh; **go on!** lean ort!; **the party went on until two** lean an chóisir ar aghaidh go dtí a dó a chlog; **she went on to say that...** lean sí ar aghaidh lena rá go...;

····▸ (happen) it's been going on for years tá sé ar siúl ar feadh na mblianta; **what's going on here?** cad atá ar siúl anseo?;

••••➤ **to go on doing something** leanúint ar aghaidh ag déanamh ruda; **I went on reading my book** lean mé orm ag léamh mo leabhair;

••••➤ **she's always going on about horses** bíonn sí i gcónaí ag caint ar chapaill.

□ **go out**

••••➤ (*outside*) téigh amach; **we're going out tonight** táimid ag dul amach anocht; **he went out of the room** chuaigh sé amach as an seomra;

••••➤ **to be going out with someone** bheith ag siúl amach le duine; **he's going out with my sister** tá sé ag siúl amach le mo dheirfiúr.

□ **go past**

••••➤ (*time*) imigh thart; **several months went past** d'imigh roinnt míonna thart;

••••➤ (*person, vehicle, etc.*) téigh thar, imigh thar; **he went past your house** chuaigh sé thar do theach;

□ **go round**

••••➤ (*all around*) téigh timpeall; **we went round the museum** chuamar timpeall an mhúsaeim;

••••➤ (*to see someone*) téigh thart; **she went round to Ray's house** chuaigh sí thart chuig teach Ray.

□ **go through**

••••➤ (*place*) téigh trí; **the train goes through Faranfore** téann an traein tríd an bhFearann Fuar;

••••➤ (*time, situation*) téigh trí; **we went through a difficult period last year** chuamar trí thréimhse dheacair anuraidh.

□ **go up**

••••➤ (*in height*) téigh suas; **she went up to her room** chuaigh sí suas go dtí a seomra;

••••➤ (*price, temperature*) ardaigh; **the price has gone up from 10 pounds to 12 pounds** tá an praghas ardaithe ó deich bpunt go dtí dhá phunt déag.

go-ahead n **to give somebody the go-ahead** cead a chinn a thabhairt do dhuine. ● adj forásach.

goal n cúl m1, báire m4.

goalkeeper n cúl m1 báire.

goat n gabhar m1.

gobble vb alp.

go-between n idirghabhálaí m4.

god n dia m (gen dé).

God n Dia m (gen Dé); **may God help us!** go bhfóire Dia orainn!; **God only knows** ag Dia féin atá a fhios.

godchild n leanbh m1 baistí.

goddaughter n iníon f2 baistí.

goddess n bandia m.

godfather n athair m baistí.

godforsaken adj **a godforsaken place** áit dhearóil.

godmother n máthair f bhaistí.

godsend n tabhartas m1 ó Dhia.

godson n mac m1 baistí.

goggles npl gloiní f(pl)4 cosanta.

gold n ór m1. ● adj óir(gen of n).

golden adj órga.

goldfish n iasc m1 órga.

gold-plated adj órphlátáilte.

goldsmith n gabha m4 óir.

golf n galf m1.

golf ball n liathróid f2 ghailf.

golf club n **1** (*association*) cumann m1 gailf; **2** (*stick*) maide m4 gailf.

golf course n galfchúrsa m4.

golfer n galfaire m4.

good n maith f2; **good and evil** maith agus olc; **to do good** maith a dhéanamh. ● adj maith; **a good day** lá maith; **a good person**

duine maith; **be a good boy!** bí i do bhuachaill maith; **good weather** aimsir mhaith; **he's good at football** tá sé go maith chun peile; **vegetables are good for you** tá glasraí go maith duit; **good evening!** tráthnóna maith duit; **good night!** oíche mhaith!

goodbye *excl* slán; **goodbye (***to person leaving***)** slán leat; (***to person staying***) slán agat.

Good Friday *n* Aoine *f4* an Chéasta.

good-looking *adj* dathúil.

good-natured *adj* lách; cineálta.

goodness *n* maitheas *f3*; **for goodness sake!** i gcuntas Dé!

goodwill *n* dea-mhéin *f2*.

goose *n* gé *f4*.

gooseberry *n* spionán *m1*.

goose bumps, gooseflesh *n* cáithníní *m(pl)4*.

gorge *n* altán *m1*. ● *vb* **to gorge oneself (on)** craos a dheanamh (ar).

gorgeous *adj* sárálainn.

gorilla *n* goraille *m4*.

gory *adj* crólinnteach.

gospel *n* soiscéal *m1*.

gossip *n* **1** (*chat*) cadráil *f3*; **2** (*malicious*) cúlchaint *f2*; **3** (*person*) cadrálaí *m4*. ● *vb* **to gossip about something** bheith ag cadráil ar rud.

govern *vb* rialaigh.

government *n* rialtas *m1*.

governor *n* gobharnóir *m3*.

gown *n* gúna *m4*.

GP *n* gnáthdhochtúir *m3*.

grab *vb* sciob; **to grab at something** áladh a thabhairt ar rud.

grace *n* **1** (*spiritual*) grásta *m4*; **2** (*elegance*) cuannacht *f3*; **3 a period of grace** tréimhse cairde; **4** (*before meals*) altú *m* roimh bhia.

graceful *adj* mómhar.

gracious *adj* grástúil.

grade *n* grád *m1*. ● *vb* grádaigh.

gradient *n* grádán *m1*.

gradual *adj* céimseach.

gradually *adv* de réir a chéile.

graduate *n* céimí *m4*. ● *vb* bain céim amach.

graduation *n* bronnadh *m* céimeanna.

graffiti *n* graifítí *m4*.

graft *n* **1** (*surgical*) nódú *m* (*gen* nódaithe); **2** (*work*) **hard graft** obair chrua. ● *vb* nódaigh.

grain *n* **1** (*cereal*) arbhar *m1*; **2** (*particle*) gráinne *m4*; **a grain of salt** gráinne salainn.

gram *n* gram *m1*.

grammar *n* **1** gramadach *f2*; **2** (*book*) graiméar *m1*.

grammar school *n* scoil *f2* ghramadaí.

grammatical *adj* gramadúil.

grand *adj* **1** (*fine*) breá; **it's a grand day** is breá an lá é; **that's grand** tá sé sin go breá; **2** (*impressive*) maorga; **a grand building** foirgneamh maorga; **3** (*grandiose*) mór; **grand plans** pleananna móra.

grandchild *n* garleanbh *m1*.

grandchildren *npl* clann *f(sg)2* clainne.

grandda(d) *n* daideo *m4*.

granddaughter *n* gariníon *f2*.

grandfather *n* seanathair *m* (*gen* seanathar).

grandma *n* mamó *f4*.

grandmother *n* seanmháthair *f* (*gen* seanmháthair).

grandparents *npl* seantuismitheoirí *m(pl)3*.

grand piano *n* mórphianó *m4*.

grandson *n* garmhac *m1*.

grandstand *n* seastán *m1* mór.

granite *n* eibhear *m1*.

granny n mamó f4.

grant n deontas m1. ● vb 1 (give, accord) deonaigh; 2 (admit) admhaigh; 3 to take for granted talamh slán a dhéanamh de.

grape n fíonchaor f2.

grapefruit n seadóg f2.

graph n graf m1.

graphic adj grafach.

graphics n graificí f(pl)2.

grapple vb to grapple with something dul i ngleic le rud.

grasp n 1 (grip) greim m3; 2 (understanding) tuiscint f3. ● vb ber ar.

grasping adj santach.

grass n féar m1.

grasshopper n dreoilín m4 teaspaigh.

grassroots npl gnáthdhaoine m(pl)4; to get the support of the grassroots tacaíocht na ngnáthdhaoine a fháil.

grate n gráta m4. ● vb 1 (in cooking) grátáil; 2 (make noise) díosc.

grateful adj buíoch.

gratefully adj go buíoch.

grater n scríobán m1.

gratitude n buíochas m1; to express one's gratitude do bhuíochas a chur in iúl.

grave n uaigh f2. ● adj tromchúiseach.

gravel n gairbhéal m1.

gravestone n leac f2 uaighe.

graveyard n reilig f2.

gravity n 1 (force) imtharraingt f (gen imtharraingthe); 2 (seriousness) tromchúis f2.

gravy n súlach m1.

graze n gránú m (gen gránaithe). ● vb 1 (animals) bheith ag innilt; 2 (scrape) gránaigh; 3 (touch lightly) teagmhaigh le.

grease n bealadh m1. ● vb bealaigh.

greaseproof paper n páipéar m1 gréiscdhíonach.

greasy adj bealaithe.

great adj 1 (wonderful) iontach; great! go hiontach!; 2 (large) mór.

Great Britain n an Bhreatain f2 Mhór.

great-grandfather n sin-seanathair m (gen sin-seanathar).

great-grandmother n sin-seanmháthair f (gen sin-seanmháthar).

greatly adv go mór.

greatness n mórgacht f3.

Greece n an Ghréig f2.

greed n 1 (for food) ciocras m1; 2 (for money, power) saint f2.

greedy adj 1 (for food) ciocrach; 2 (for money, power) santach.

Greek n 1 (person) Gréagach m1; 2 (language) Gréigis f2. ● adj Gréagach.

green n 1 (colour) glas m1; uaine f4; 2 (area) faiche f4. ● adj glas, uaine; The Green Party An Páirtí Glas.

greengrocer n grósaeir m3 glasraí.

greenhouse n teach m (gen tí) gloine.

greenhouse effect n éifeacht f3 teach gloine.

Greenland n an Ghraonlainn f2.

greet vb beannaigh do.

greeting n beannacht f3.

greetings card n cárta m4 beannachta.

grenade n gránáid f2.

grey n liath m. ● adj liath, glas.

grey-haired adj ceann-liath.

greyhound n cú m4.

grief n dobrón m1.

grievance n cúis f2 ghearáin.

grieve vb déan dobrón; to grieve for someone duine a chaoineadh.

grievous adj trom.

grill n 1 (on cooker) greille f2;
2 (food) griscín m4. ● vb 1 (cook)
griosc; 2 (interrogate) to grill
someone ceastóireacht a chur ar
dhuine.

grim adj dúr.

grimace n strainc f2. ● vb cuir
strainc ort féin.

grin n straois f2. ● vb to grin cuir
straois ort féin.

grind n (work) obair f2 chrua.
● vb meil.

grip n 1 (hold) greim m4; 2 (control) smacht m3; 3 (understanding) tuiscint f3; 4 (handle)
greamán m1. ● vb faigh greim ar,
greamaigh.

gripping adj corraitheach.

grisly adj scanrúil.

gristle n loingeán m1.

grit n 1 (dirt) grean m1; 2 (courage) gus m3. ● vb 1 to grit the
roads grean a chur ar na bóithre;
2 to grit one's teeth d'fhiacla a
theannadh ar a chéile.

groan n éagnach m1, cnead f3.
● vb éagnaigh; cnead.

grocer n grósaeir m3.

groceries n earraí m(pl)4
grósaera.

grocer's shop n siopa m4
grósaera.

groin n bléin f2.

groom n 1 (for horses) grúmaeir
m3; 2 (bridegroom) grúm m1.
● vb 1 (horse) cóir ar; 2 to
groom someone for something
duine a ullmhú le haghaidh
ruda.

groove n eitire f4.

grope vb to grope bheith ag
smúrthacht.

gross adj 1 (serious)
tromchúiseach; gross negligence
faillí thromchúiseach; 2 (vulgar)
otair; 3 (total) comhlán; gross
profit brabús comhlán.

ground n 1 talamh m1 f2; to gain
ground talamh a dhéanamh;
2 (sports ground) páirc f2;
3 grounds (gardens) fearann
m(sg)1; 4 grounds (reasons)
cúiseanna f(pl)2.

grounding n (knowledge)
buneolas m1.

groundwork n bunobair f (gen
bunoibre).

group n grúpa m4. ● vb grúpáil.

grouse n cearc f2 fhraoigh. ● vb
déan clamhsán.

grovel vb 1 lútáil; to grovel to
someone lútáil a dhéanamh le
duine; 2 (wallow) lodair.

grow vb 1 fás; the grass is
growing tá an féar ag fás; to grow
tomatoes trátaí a fhás; 2 (increase) méadaigh; the figures are
growing tá na figiúirí ag méadú;
3 (become) éirigh; he grew tired
d'éirigh sé tuirseach.
□ **grow out:** to grow out of
something rud a fhágaint i do
dhiaidh.
□ **grow up** fás aníos.

growing adj atá ag méadú; growing membership ballraíocht atá
ag méadú.

growl n drantán m1. ● vb
drantaigh.

grown-up n duine m4 fásta.

growth n 1 (of plant, child, etc.)
fás m1; 2 (development) forás m1;
3 (tumour) siad m3.

grub n 1 (insect) cruimh f2;
2 (food) bia m4.

grubby adj grabasta.

grudge n fala f4, olc m1; to bear
a grudge against someone fala a
bheith agat ar dhuine. ● vb to
grudge someone something rud a
mhaíomh ar dhuine.

gruesome adj urghránna.

gruff adj giorraisc.

grumble vb déan clamhsán,
ceasnaigh.

grumpy adj cantalach.

grunt vb déan gnúsacht.

guarantee n barántas m1, ráthaíocht f3. ● vb ráthaigh.

guard n 1 (policeman) garda m4; the guards na gardaí (síochána); 2 (protective device) sciath f2. ● vb gardáil, cosain; to guard yourself against something tú féin a ghardáil ar rud.

guarded adj (evasive) seachantach.

guardian n 1 coimirceoir m3; 2 (of a minor) caomhnóir m3.

guardian angel n aingeal m1 coimhdeachta.

guerrilla n guairille m4.

guess n tomhas m1; to have a guess buille faoi thuairim a bheith agat. ● vb 1 tomhais; 2 (estimate) meas.

guesswork n tuairimíocht f3.

guest n aoi m4.

guesthouse n teach m (gen tí) aíochta.

guidance n treoir f (gen treorach).

guide n 1 (tour guide) treorai m4; 2 (girl guide) brídín m4. ● vb treoraigh.

guidebook n leabhar m1 eolais.

guide dog n madra m4 treoraithe.

guidelines n treoirlínte fpl4.

guild n gild m4, cuallacht f3.

guilt n ciontacht f3.

guilty adj ciontach.

guinea pig n muc f2 ghuine.

guitar n giotár m1.

gulf n 1 (sea area) murascaill f2; 2 (figurative) scoilt f2.

gull n faoileán m1.

gullet n craos m1.

gullible adj saonta.

gulp vb slog.
□ **gulp down** slog siar.

gum n 1 (in mouth) carball m1; 2 (glue) guma m4; 3 chewing gum guma coganta.

gun n gunna m4.

gunfire n lámhach m1.

gunman n fear m1 gunna.

gunpoint n at gunpoint faoi bhéal ghunna.

gunshot n urchar m1 gunna.

gust n séideán m1; a gust of wind séideán gaoithe.

gut n 1 putóg f2; 2 guts (courage) faghairt f(sg)3.

gutter n gáitéar m1.

guy n diúlach m1.

gym n 1 (place) giomnáisiam m4; 2 (activity) gleacaíocht f3.

gymnast n gleacaí m4.

gymnastics n gleacaíocht f3.

gynaecologist n lia m4 ban.

gypsy n giofóg f2.

....

Hh

....

habit n 1 béas m3; to be in the habit of doing something béas a bheith agat rud a dhéanamh; 2 (nun's, monk's) aibíd f2.

haddock n cadóg f2; smoked haddock cadóg dheataithe.

haemorrhage n rith m3 fola.

haemorrhoids npl an daorghalar m(sg)1.

haggle vb margáil; to haggle over something margáil a dhéanamh faoi rud.

hail n 1 (weather) clocha f(pl)2 sneachta; 2 (barrage) baráiste m4. ● vb 1 (call) glaoigh ar; to hail a waiter glaoch ar fhreastalaí; she hailed a taxi ghlaoigh sí ar thacsaí; **2** (*acclaim*) to be hailed as something bheith gairthe as rud; **3** (*weather*) it's hailing tá sé ag cur cloch sneachta.

Hail Mary n an tÁivé m4 Máiria.

hailstone n cloch f2 shneachta.

hailstorm n stoirm f2 chloch sneachta.

hair n **1** (*on head*) gruaig f2; to comb one's hair do chuid gruaige a chíoradh; **2** (*single hair*) ribe m4 gruaige; **3** (*on body of human or animal*) fionnadh m1; ➤ the hair of the dog that bit you leigheas na póite é a ól arís; **4** (*pubic hair*) caithir f2.

hairbrush n scuab f2 ghruaige.

haircut n bearradh m gruaige.

hairdo n cóiriú m gruaige.

hairdresser n gruagaire m4.

hairdresser's n siopa m4 gruagaire.

hair drier n triomadóir m3 gruaige.

hair gel n glóthach f2 ghruaige.

hairgrip n fáiscín m4 gruaige.

hairpin n pionna m4 gruaige.

hairpin bend n coradh m géar.

hair-raising adj scanrúil.

hair remover n (*cream*) díothóir m3 gruaige.

hairslide n sleamhnán m1 gruaige.

hairspray n sprae m4 gruaige.

hairstyle n stíl f2 ghruaige.

hairy adj gruagach, clúmhach.

hake n colmóir m3.

half n **1** (*equal part*) leath f2; to break something in two halves rud a bhriseadh ina dhá leath; we'll go half and half with them rachaimid leath agus leath leo; **2** (*of beer*) leathphionta m4; a half please! leathphionta le do thoil!; **3** (*of whiskey*) leathghloine f4, leathcheann m1; **4** (*half fare*)

leath-tháille f4; **5** (*in time expressions*) half an hour leathuair; an hour and a half uair go leith; at half past three leathuair tar éis a trí. • adj leath-. • adv half dead leathmharbh; he's half Irish is leath-Éirennach é.

half-back n leathchúlaí m4.

half-forward n leath-thosaí m4.

half-hearted adj drogallach; he made a half-hearted attempt at doing it rinne sé iarracht dhrogallach ar é a dhéanamh.

half hour n leathuair f2.

half-mast adv at half-mast ar leathfholuain.

halfpenny n leathphingin f2.

half-price adj adv ar leathphraghas.

half term n lár m1 téarma.

half-time n leath-am m3.

halfway adv leath f2 slí.

hall n **1** (*in house or for public events*) halla m4; **2** (*foyer*) forhalla m4.

hall of residence n halla m4 cónaithe.

Hallowe'en n Oíche f4 Shamhna.

hallucination n speabhraíd f2.

hallway n halla m4.

halo n luan m1.

halogen n hailigin f2.

halt n stad m4, stop m4; he came to a halt stad sé; to call a halt to something stad a chur le rud. • vb stad, stop.

halve vb to halve something dhá leath a dhéanamh de rud.

ham n liamhás m1.

hamburger n martbhorgaire m4.

hammer n casúr m1. • vb **1** (*strike*) tuargain; **2** (*nail*) cuir; to hammer a nail into a wall tairne a chur i bhfalla; **3** (*on door*) gread; she was hammering on the door bhí sí ag greadadh ar an doras.

hammock n ámóg f2.

hamster n hamstar m1.

hand n 1 lámh f2; left/right hand lámh chlé/dheas; on the left-hand/right-hand side ar thaobh na láimhe clé/láimhe deise; to lend someone a hand lámh chúnta a thabhairt do dhuine; work in hand obair idir lámha; at hand/to hand in aice láimhe; 2 (worker) oibrí m4; a farm hand oibrí feirme; 3 (in cards) lámh f2. ● vb tabhair do; to hand someone something rud a thabhairt do dhuine. □ hand in tabhair isteach. □ hand out tabhair amach. □ hand over tabhair uait.

handbag n mála m4 láimhe.

handbrake n coscán m láimhe.

hand cream n uachtar m1 láimhe.

handcuff vb cuir glais lámh ar; handcuffs glais lámh

handful n 1 (held in hand) dornán m1; a handful of flowers dornán bláthanna; 2 (small number) a handful of people dornán daoine; 3 (problem) he's a handful ní haon dóithín é.

handicap n 1 (in sport) cis f2; 2 (disability) míchumas m1; to have a physical handicap míchumas fisiciúil a bheith ort. ● vb cuir cis ar.

handkerchief n ciarsúr m1.

handle n 1 (of door, pan) hanla m4; 2 (of knife) cos f2; 3 (of axe, spade, etc.) sáfach f2; 4 (of jug, cup) cluas f2; 5 (of bucket) lámh f2; ➤ to get a handle on something rud a thuiscint; ➤ to fly off the handle dul le báiní. ● vb 1 (in hands) láimhseáil; handle with care láimhseáil go cúramach; 2 (deal with) she

doesn't know how to handle young people níl a fhios aici conas daoine óga a láimhseáil.

handlebars npl cluasa f(pl)2 rothair.

hand luggage n bagáiste m4 láimhe.

handmade adj lámhdhéanta.

handout n 1 (leaflet) bileog f2; 2 (money, food) síneadh m1 láimhe.

handshake n croitheadh m láimhe.

handsome adj 1 (good-looking) dathúil; 2 (substantial) maith; a handsome profit brabús maith.

handwriting n lámhscríbhneoireacht f3.

handy adj 1 (useful) áisiúil; 2 (to hand) in aice láimhe; to keep something handy rud a choimeád in aice láimhe; 3 (skilful) deaslámhach.

handyman n saor m1.

hang vb croch; to hang a picture pictiúr a chrochadh; he was hanged crochadh é; ➤ to get the hang of something dul i dtaithí ar rud. □ hang about, hang around bheith ag máinneáil thart. □ hang on fan; hang on there until I get my coat fan ansin go bhfaighidh mé mo chóta. □ hang up 1 (on the phone) to hang up on someone an guthán a chur síos ar dhuine; 2 to hang something up rud a chrochadh in airde.

hanger n (clothes hanger) crochadán m1.

hang-gliding n faoileoireacht f3 shaor.

hangover n póit f2.

hang-up n coimpléasc m1.

haphazard adj fánach; to do something in a haphazard way rud a dhéanamh ar bhealach fánach.

happen vb tarlaigh; it happened yesterday tharla sé inné; it so happened that... tharla go...; what happened to your bicycle? cad a tharla do do rothar?

happily adv 1 go sona sásta; he's happily married tá sé pósta go sona sásta; 2 (fortunately) go hádhúil; happily, nothing was stolen go hádhúil, níor goideadh aon rud.

happiness n sonas m1.

happy adj sona; he's a happy person is duine sona é; happy birthday to you! lá breithe shona dhuit!; 1 (satisfied) she's not happy with his work níl sí sásta lena chuid oibre.

harassed adj ciaptha.

harassment n ciapadh m (gen ciaptha); sexual harassment ciapadh gnéasach.

harbour n cuan m. ● vb 1 (fugitive) tearmannaigh; 2 (feeling) cothaigh.

hard adj 1 (to the touch) crua; a hard surface dromchla crua; 2 hard work obair chrua; 3 (difficult) deacair; a hard question ceist dheacair; 4 a hard life saol crua; ➤ no hard feelings níl aon dochar déanta. ● adv 1 (work) go crua; to work hard obair go crua; to try hard do dhícheall a dhéanamh; 2 (think) go dian.

hardback n clúdach m crua.

hard disk n diosca m4 crua.

harden vb cruaigh.

hardly adv ar éigean; she hardly knows him is ar éigean atá aithne aici air; it's hardly visible is ar éigean atá sé le feiceáil.

hardship n cruatan m1.

hard up adj ar an ngannchuid.

hardware n crua-earraí m(pl)4 (also computers).

hard-wearing adj dochaite; hard-wearing material ábhar dochaite.

hard-working adj dícheallach, saothrach.

hardy adj (person, plant) crua.

hare n giorria m4.

harm n dochar; there's no harm in it níl aon dochar ann. ● vb déan dochar do; to harm someone/something dochar a dhéanamh do dhuine/rud.

harmful adj dochrach, urchóideach.

harmless adj gan dochar, neamhurchóideach.

harmonica n harmonica m4.

harmonious adj comhchuí.

harmony n comhcheol m1.

harness n úim f3. ● vb 1 to harness a horse úim a chur ar chapall; 2 (resources) bain úsáid as.

harp n cláirseach f2; (small) cruit f2. ● vb ➤ to harp on (about) something seanbhailéad a dheanamh de rud.

harsh adj 1 (rough) garbh; harsh weather aimsir gharbh; a harsh voice guth garbh; 2 (to the ear) borb; 3 (unkind) gairgeach; harsh words caint ghairgeach; 4 (punishment) dian.

harvest n fómhar m1. ● vb bain, sábháil.

hash n 1 to make a hash of something praiseach a dhéanamh de rud; 2 (hashish) haisis f2.

hashish n haisis f2.

hassle n ciapadh m (gen ciaptha), cur m1 isteach; it's a big hassle is mór an ciapadh é. ● vb to hassle someone cur isteach ar dhuine.

haste n deifir f2; in haste faoi dheifir; ➤ more haste less speed is minic a bhí deifreach deireanach.

hastily adv faoi dheifir; a hastily written letter litir scríofa faoi dheifir.

hasty adj deifreach.

hat n hata m4.

hatch n haiste m4. ● vb **1** (chicks) gor; **2** to hatch a plot ceilg a chothú.

hatchback n carr m1 le haiste cúil.

hate vb gráinigh, fuathaigh; to hate someone/something an ghráin a bheith agat ar dhuine/rud.

hatred n gráin f (gen gránach), fuath m3.

have vb

----➤ (possess) they have a big house tá teach mór acu; she has two brothers tá beirt dheartháir aici; I don't have their address níl a seoladh agam; the flat has two bedrooms tá dhá sheomra leapa san árasán; she has black hair tá gruaig dhubh aici; he has blue eyes tá súile gorma aige;

----➤ (food, drink) I'll have a coffee beidh caife agam; we have dinner at one bíonn an dinnéar againn ar a haon; we had fish for dinner bhí iasc againn don dinnéar; what will you have? (to drink) cad a bheidh agat?;

----➤ (swim, walk, etc.) we had a nice walk bhí siúlóid dheas againn; I'm going to have a bath táim chun folcadh a ghlacadh;

----➤ (organize, take part in) we're having a party on Saturday beidh cóisir againn Dé Sathairn; they had a meeting about it bhí cruinniú acu mar gheall air; we were having a discussion bhí díospóireacht ar siúl againn;

----➤ (illness, operation) I've had a heavy cold bhí slaghdán trom orm; she had an operation bhí sceanairt aici;

----➤ to have something done rud a chur á dhéanamh; we're having the house done up táimid chun an teach a chur á athchóiriú; to have one's hair cut do chuid gruaige a bhearradh;

----➤ (as auxiliary) our guests have arrived tá ár gcuairteoirí tagtha; he hasn't sent it back yet níor sheol sé ar ais é fós; I haven't seen her since last Friday ní fhaca mé í ón Aoine seo caite;

----➤ (in questions) have you seen our new flat? an bhfaca tú ár n-árasán nua?;

----➤ (in tag questions) he's changed a lot, hasn't he? tá sé athraithe go mór, nach bhfuil?; you've met my brother, haven't you? bhuail tú le mo dheartháir, nár bhuail?;

----➤ (in tag responses) 'I've seen all his films' – 'so have I' 'tá a chuid scannán ar fad feicthe agam' - 'agus agamsa leis'; 'have you locked the door?' – 'no I haven't' 'an bhfuil an glas curtha ar an doras agat?' – 'níl'.

hawk n seabhac m1.

hay n féar m1.

hay fever n slaghdán m1 teaspaigh.

haystack n cruach f2 fhéir.

hazard n baol m1, guais f2. ● vb ➤ to hazard a guess buille faoi thuairim a thabhairt.

hazard warning lights plural noun soilse m(pl)3 guaise.

haze n ceo m4; a heat haze ceo brothaill.

hazelnut n cnó m4 coill.

he pron **1** sé; (with copula or autonomously) é; he went to the shop chuaigh sé go dtí an siopa; did he go home? an ndeachaigh sé abhaile?; he's a teacher is múinteoir é; he was assaulted ionsaíodh é; **2** (*emphatic*) seisean; (*with copula or autonomously*) eisean; he went but she didn't chuaigh seisean ach ní dheachaigh sise; it was he who... ba eisean a...

head n **1** ceann m1; ➤ **heads or tails?** ceann nó cláirseach?; ➤ **to give someone their head** cead a chinn a thabhairt do dhuine; ➤ **from head to toe** ó bhaithis an chinn go bonn na coise; **2** (*of school*) príomhoide m4; **3** (*leader*) ceannaire m4. ● vb **1** (*group*) she heads the committee tá sí ina ceann ar an gcoiste; **2** (*list*) to head a list of applicants bheith ar bharr liosta iarrathóirí; **3** (*in football*) to head a ball liathróid a bhualadh le do cheann. ▫ **head for** tabhair aghaidh ar; to head for Belfast aghaidh a thabhairt ar Bhéal Feirste.

headache n tinneas m1 cinn.

heading n ceannteideal m1.

headlight n ceannsolas m1.

headline n ceannline f4.

headmaster n ardmháistir m4.

headmistress n ardmháistreás f3.

head office n ardoifig f2.

head-on adj a head-on collision bualadh díreach i gcoinne a chéile.

headphones npl cluasáin m(pl)1.

headquarters npl ceanncheathrú f(sg) (gen ceanncheathrún).

headscarf n caifirín m4.

head teacher n príomhoide m4.

head waiter n príomhfhreastalaí m4.

headway n dul m3 chun cinn; to make headway dul chun cinn a dhéanamh.

heal vb leigheas, cneasaigh.

health n sláinte f4; your health! (*toast*) sláinte chugat!; to drink to someone's health sláinte duine a ól.

health centre n lárionad m1 sláinte.

health food n bia m1 sláinte.

health food shop n siopa m4 bia sláinte.

Health Service n the Health Service an tSeirbhís Sláinte.

healthy adj sláintiúil.

heap n carn m1; a heap of money carn airgid; ➤ **to fall in a heap** titim i do chnap. ● vb carn; to heap something up rud a charnadh.

hear vb **1** (*perceive sound, learn*) clois, cluin; to hear something rud a chloisteáil; he can't hear you ní féidir leis tú a chloisteáil; I hear that she's a great musician cloisim gur ceoltóir iontach í; they heard about the accident on the radio chuala siad faoin timpiste ar an raidió; **2** to hear from someone scéala a fháil ó dhuine; **3** to hear confession faoistin a éisteacht.

hearing n **1** (*sense*) éisteacht f3; **2** a court hearing éisteacht i gcúirt.

hearing aid n áis f2 éisteachta.

hearse n eileatram m1, cóiste m4 na marbh.

heart n **1** (*organ*) croí m4; he has heart trouble tá an croí ag cur as dó; ➤ a heart of stone croí cloiche; ➤ **my heart was in my mouth** bhí mo chroí i mo bhéal; ➤ **to learn something off by heart** rud a chur de ghlanmheabhair; **2** the heart of the matter croí an scéil; **3** (*courage*) misneach m1; take heart! bíodh misneach agat; don't lose heart ná caill do mhisneach; **4** (*in cards*) hearts hairt m(pl)1.

heart attack n taom m1 croí.

heartbeat n bualadh m croí.

heartbreaking adj léanmhar.

heartbroken adj croíbhriste.

heartburn n daigh f2 chroí.

heart failure n cliseadh croí m.

heartfelt adj ó chroí.

hearth n tinteán m1.

hearty adj 1 (appetite) folláin; 2 (welcome, greeting) croíúil.

heat n 1 (hotness) teas m3; the heat of the sun teas na gréine; 2 (temperature) teocht f3; to turn up the heat an teocht a ardú; 3 (weather) brothall m1; 4 in heat (bitch) ar adhall; (cow) ar dáir; (sheep) faoi reith; 5 (in sport) dreas m3. ● vb téigh.

heated adj 1 téite; 2 (discussion) teasaí; a heated argument argóint theasaí.

heater n téitheoir m3.

heath n móinteach m1.

heather n fraoch m1.

heating n téamh m1; central heating téamh lárnach.

heatwave n tonn f2 teasa.

heaven n neamh f2, na flaithis m(pl)1; to be in (seventh) heaven bheith sna flaithis (bheaga).

heavenly adj neamhaí, flaitheasach.

heavy adj trom; a heavy load ualach trom; heavy reading léitheoireacht throm; heavy work obair throm.

heavyweight n trom-mheáchan m1.

Hebrew n (language) Eabhrais f2. ● adj Eabhrach.

Hebrides npl the Hebrides Inse Ghall.

heckle vb to heckle someone bheith ag trasnú ar dhuine.

hectic adj fuadrach.

hedge n fál m1. ● vb 1 (an area) fálaigh; 2 (be evasive) téigh ar chúl sceithe; ➤ to hedge one's

bets an dá thaobh a thabhairt leat.

hedgehog n gráinneog f2.

heel n sáil f2; to be on someone's heels bheith sna sála ag duine. ● vb (shoe) cuir sáil ar.

heifer n bodóg f2.

height n 1 (measurement) airde f4; the height of the house airde an tí; they are both the same height tá an bheirt acu ar aon airde; 2 (high place) ard m1; to drop something from a height rud a ligean síos ón ard; 3 (of career, fame) buaic f2.

heir n oidhre m4.

heiress n banoidhre m4.

heirloom n séad f3 fine.

helicopter n héileacaptar m1.

hell n 1 ifreann m1; 2 (figurative) céasadh m1; to endure hell (on earth) céasadh a fhulaingt; 3 (exclamation) hell! damnú!; 4 (in phrases) why the hell didn't he stay quiet! cén fáth sa diabhal nár fhan sé ciúin; ➤ (you) go to hell! bíodh an diabhal agat!

hellish adj ifreanda, uafásach.

hello excl (to one person) Dia duit!; (to more than one person) Dia daoibh.

helmet n clogad m1.

help n 1 cabhair f (gen cabhrach); thanks for your help go raibh maith agat as do chabhair; 2 help! fóir!; ● vb cabhraigh le; to help someone cabhrú le duine; she helped him to finish the work chabhraigh sí leis chun an obair a chríochnú; they couldn't help it ní raibh neart acu air.

helper n cabhróir m3.

helpful adj cabhrach.

helping n (portion) cuid f3. ● adj to give someone a helping hand lámh chúnta a thabhairt do dhuine.

helpless adj éidreorach.

hem n fáithim f2.

hen n cearc f2.

her pron 1 í; I heard her speak chuala mé í ag labhairt; **with her or without her** léi nó gan í; 2 (emphatic) ise; I saw her parents but I didn't see her chonaic me a tuismitheoirí ach ní fhaca mé ise; 3 (indirect object) I gave her my coat thug mé mo chóta di. ● adj a; her coat a cóta; her aunt a haintín; her money a cuid airgid.

herb n luibh f2.

herd n tréad m3. ● vb déan buachailleacht ar.

here adv 1 (in or at this place) anseo, abhus; I live here táim i mo chónaí anseo; **here and there** thall agus abhus; 2 (interjection or for emphasis) here! seo!; **here they come!** seo chugainn iad!; **here you are** seo dhuit; 3 **from here** as seo; **how far is Dingle from here?** cén fad é an Daingean as seo?

hereditary adj dúchasach.

heresy n eiriceacht f3.

heretic n eiriceach m1.

heritage n oidhreacht f3, dúchas m1.

hermit n díthreabhach m1.

hernia n maidhm f2 sheicne.

hero n laoch m1.

heroic adj laochta.

heroine n banlaoch m1.

heron n corr m1 éisc.

herring n scadán m1.

hers pron it's hers is léi é, (emphatic) is léise é; **a friend of hers** cara léi; **this one is hers** is léi an ceann seo; **that husband of hers** an fear céile aici sin.

herself pron 1 (subject) sí féin; (emphatic) ise féin; **she did it herself** rinne sí féin é; 2 (object) í féin; (emphatic) ise féin.

hesitate vb to hesitate bheith ag braiteoireacht.

hesitation n braiteoireacht f2.

heterosexual n heitrighnéasach m1. ● adj heitrighnéasach.

hi excl hóigh.

hibernate vb geimhrigh.

hiccups, hiccoughs npl fail f2, snag m3; **to have the hiccups** fail a bheith ort.

hidden adj folaithe.

hide n (skin) seithe f4. ● vb 1 cuir i bhfolach, folaigh; **to hide someone/something** duine/rud a chur i bhfolach; **to hide** (oneself) dul i bhfolach.

hide-and-seek n folach m1 bíog; **to play hide-and-seek** folach bíog a dhéanamh.

hideous adj fuafar.

hideout n cró m4 folaigh.

hiding n 1 léasadh m (gen léasta); **to give someone a hiding** léasadh a thabhairt do dhuine; 2 **to be in hiding** bheith i bhfolach.

hi-fi n hi-fi m4.

high adj adv ard; a high building foirgneamh ard; a high mountain sliabh ard; **it is over twenty feet high** tá sé os cionn fiche troigh ar airde; **high up in the sky** go hard sa spéir.

highbrow adj ardléannta.

highchair n cathaoir f (gen cathaoireach) ard.

higher education n ardoideachas m1.

high-heeled adj high-heeled shoes bróga le sála arda.

high jump n léim f2 ard.

highlands n garbhchríocha f(pl)2; **the Scottish Highlands** Garbhchríocha na hAlban.

highlight n 1 (of occasion) buaicphointe m4; **the highlight of the night was...** ba é buaicphointe na hoíche a...; 2 **highlights** (in

hair) gealáin m(pl)1. ● vb
tarraing suntas ar.

highly adv 1 (with verb) go hard;
to praise someone highly duine a
mholadh go hard; 2 (with
adjective) he's a highly gifted
actor is aisteoir an-chumasach é.

Highness n His/Her Highness A
Mhórgacht/A Mórgacht.

high-pitched adj géar; a high-
pitched voice guth géar.

high pressure n ardbhrú m4.

high-rise adj high-rise flats
arasáin ardéirí.

high street n príomhshráid f2.

Highway Code n Cód m1 an
Mhórbhealaigh.

hijack vb fuadaigh.

hijacker n fuadaitheoir m3.

hike n siúlóid f2. ● vb siúil de
chois.

hiker n siúlóir m3.

hilarious adj an-ghreannmhar.

hilarity n scléip f2.

hill n 1 cnoc m1, tulach f2. 2 (in
road: upward) ard m1; to go up
the hill dul i gcoinne an aird;
3 (in road: downward) fána f4; to
go down the hill dul leis an
bhfána.

hillside n taobh m1 an chnoic.

hillwalker n cnocadóir m3.

hillwalking n cnocadóireacht f3.

hilly adj cnocach.

him pron 1 é; I heard him speak
chuala mé é ag labhairt; with him
or without him leis nó gan é;
2 (emphatic) eisean; I saw his
brother but I didn't see him
chonaic mé a dhearthair ach ní
fhaca mé eisean; 3 (indirect
object) I gave him the money thug
mé an t-airgead dó.

himself pron 1 (subject) sé féin;
(emphatic) seisean féin; he did it
himself rinne sé féin é; 2 (object)
é féin; (emphatic) eisean féin.

hinder vb cuir bac ar;

hindsight n iarchonn m1,
iarghaois f2; with the benfit of
hindsight le bua an iarchoinn.

Hindu n Hiondúch m1. ● adj
Hiondúch.

hinge n inse m4. ● vb to hinge on
bheith ag brath ar.

hint n leid f2; to give someone a
hint leid a thabhairt do dhuine.
● vb tabhair leid do.

hip n cromán m1.

hippie n hipí m4.

hippopotamus n dobhareach
m1.

hire n fostú m (gen fostaithe).
● vb 1 to hire something rud a
fháil ar cíos; 2 to hire something
out rud a ligean ar cíos; 3 (em-
ploy) fostaigh.

hire purchase n fruilcheannach
m1.

his adj a; his coat a chóta; his
aunt a aintín; his money a chuid
airgid. ● pron it's his is leis é;
(emphatic) is leis-sean é; a friend
of his cara leis; this one is his is
leis an ceann seo; those friends
of his! na cairde sin aige!

historian n staraí m4.

historic adj stairiúil.

historical adj staire(gen of n).

history n stair f2.

hit n 1 (blow) buille m4; 2 (suc-
cess) the party was a great hit
d'éirigh go seoigh leis an bpáirtí.
● vb 1 (strike) buail; to hit
somebody duine a bhualadh;
2 (reach) aimsigh; to hit the
target an sprioc a aimsiú.

hitch n (obstacle) constaic f. ● vb
1 (tie) ceangail; 2 to hitch a lift
síob a fháil.

hitchhike vb déan síobaireacht.

hitchhiker n síobaire m4.

hi-tech adj ard-teicneolaíochta
(gen as adj).

HIV n VED; HIV-negative/positive VED-dhiúltach/dhearfach.

hive n coirceog f2.

hoarse adj piachánach; to be hoarse piachán a bheith ort.

hoax n bob m4.

hob n iarta m4.

hobby n caitheamh m1 aimsire.

hockey n haca m4.

hockey stick n maide m4 haca.

hog n collach m1 coillte; ▸ to go the whole hog an t-orlach a lasadh. ● vb glac chugat féin; to hog the bathroom an seomra folctha a ghlacadh chugat féin.

hold n 1 greim m3; to keep a firm hold on something greim daingean a choimeád ar rud; to take a hold of something greim a bhreith ar rud; 2 (of ship) broinn f2. ● vb 1 (in hand or hands) coinnigh, coimeád; could you hold this for me? an bhféadfá é seo a choinneáil dom?; 2 (arrange) tionóil; to hold a meeting cruinniú a thionól; 3 (possess) to hold a degree in Celtic Studies céim a bheith agat sa Léann Ceilteach; 4 (weather) seas; 5 he holds the view that... tá sé den tuairim go...

□ **hold back** 1 (delay) coinnigh siar, coimeád siar; 2 (withhold) ceil; to hold back information eolas a cheilt.

□ **hold down** 1 (keep at low level) coinnigh síos; to hold the unemployment rate down an ráta dífhostaíochta a choinneáil síos; 2 to hold down a job post a choinneáil.

□ **hold on** (wait) fan; hold on! fan ort go fóill!

□ **hold onto** beir greim ar.

□ **hold up** 1 (delay) cuir moill ar; to hold someone up moill a chur ar dhuine; 2 (rob) robáil; 3 (raise) ardaigh; 4 (support) tacaigh le.

hold-up n robáil f3.

hole n poll m1.

holiday n lá m saoire; to go on holiday dul ar laethanta saoire.

holiday camp n campa m4 saoire.

holiday home n (house) teach m saoire.

holiday resort n ionad m1 saoire.

Holland n an Ollainn f2.

hollow adj 1 cuasach, folamh; 2 (sound) toll. ● n cuas m1.

holly n cuileann m1.

holocaust n uileloscadh m (gen uileloiscthe).

holy adj naofa.

Holy Communion n an Chomaoineach f Naofa.

Holy Ghost, Holy Spirit n an Spiorad m1 Naomh.

Holy Week n Seachtain f2 na Páise.

homage n ómós m1; to pay homage to someone ómós a thabhairt do dhuine.

home n baile m4; at home ag baile, sa bhaile; away from home as baile. ● adj baile(gen of n); my home address mo sheoladh baile. ● adv abhaile; to go home dul abhaile; (figurative) to drive home a nail tairne a chur abhaile; to bring something home to somebody rud a chur trasna ar dhuine.

homeless adj gan dídean. ● npl the homeless na díthreabhaigh.

homemade adj déanta sa bhaile; homemade furniture troscán déanta sa bhaile; homemade bread arán f1.

homeopathic adj hoiméapatach.

homeopathy n hoiméapaite f4.

home page n leathanach m1 baile.

homesick adj to be homesick cumha a bheith ort.

homework n obair f2 bhaile.

homosexual n homaighnéasach m1. ● adj homaighnéasach.

honest adj ionraic, macánta.

honestly adv go hionraic, go macánta.

honesty n ionracas m1, macántacht f3.

honey n mil f3.

honeycomb n cíor f2 mheala.

honeymoon n mí f na meala.

honeysuckle n féithleann m1.

honorary adj oinigh(gen of n); an honorary degree céim oinigh.

honour n onóir f3; it was a great honour for her ba mhór an onóir di é.

honours degree n céim f2 onóracha.

hood n cochall m1, húda m4.

hoof n crúb f2.

hook n 1 crúca m4; 2 (fishing hook) duán m1. ● vb 1 crúcáil; 2 (in fishing) cuir duán i; 3 to be hooked on drugs bheith claonta ar dhrugaí.

hooligan n maistín m4.

hooray excl hurá.

hoot n 1 (of horn) séideadh m (gen séidte); 2 (of owl) scréach f2. ● vb 1 (with horn) séid; 2 (owl) scréach.

hoover vb folúsghlan.

Hoover™ n folúsghlantóir m3.

hop vb 1 (animal) preab; 2 (person) téigh ar leathchois; to hop across the room dul ar leathchois trasna an tseomra.

hope n dóchas m1, súil f2. ● vb I hope that... tá súil agam go...

hopeful adj dóchasach.

hopefully adv go dóchasach.

hopeless adj gan dóchas.

horizon n fíor f2 na spéire .

horizontal adj cothrománach.

horn n 1 (of animal, car) adharc f2; 2 (musical instrument) corn m1.

hornet n cornfhoiche f4.

horoscope n tuismeá f4.

horrible adj millteanach.

horrid adj déistineach.

horrified adj to be horrified déistin a bheith ort.

horrify vb cuir déistin ar.

horrifying adj uafásach.

horror n uafás m1.

horror film n scannán m1 uafáis.

horse n capall m1.

horse chestnut n 1 (nut) cnó m4 capaill; 2 (tree) crann cnó capaill.

horse-racing n rásaíocht f3 chapall.

horseshoe n crú m4 capaill.

hose n píobán m1.

hospitable adj flaithiúil.

hospital n ospidéal m1.

hospitality n féile f4, flaithiúlacht f3.

host n 1 (to guests) óstach m1; the host fear an tí; 2 (religious) abhlann f2; The Consecrated Host An Abhlann Choisricthe; 3 (large number) slua m4 (+GEN).

hostage n giall m1.

hostel n brú m4; youth hostel brú na hóige.

hostess n banóstach m1; the hostess bean an tí.

hot adj 1 (in temperature) te; 2 (intense) géar; hot competition coimhlint ghéar.

hot dog n hotdog m4.

hotel n óstán m1.

hotplate n pláta m4 te.

hot-water bottle n buidéal m1 te.

hound n cú m4. ● vb cráigh, ciap.

hour n uair f2; she worked for an hour d'oibrigh sí ar feadh uaire; ten pounds an hour deich bpunt san uair; every hour on the hour gach uair a chloig ar bhuille na huaire.

hourly adv san uair.

house n teach m (gen tí); a town house teach cathrach; a country house teach tuaithe; to set up house dul i mbun tí; on the house saor in aisce. ● vb tabhair dídean do; to house the homeless dídean a thabhairt do na dídhreabhaigh.

house arrest n braighdeanas mí baile.

household n teaghlach mí, líon mí tí.

housewarming (party) n infear mí.

housewife n bean f tí.

housework n obair f2 tí.

housing n tithíocht f3.

housing estate n eastát mí tithíochta.

hover vb faoileáil.

hovercraft n árthach mí foluaineach.

how adv 1 (in what manner) conas; I don't know how it can be explained níl a fhios agam conas is féidir é a mhíniú; how do you do it? conas a dhéanann tú é?; do you know how it is used? an bhfuil fhios agat conas a úsáidtear é?; 2 how are you? (Munster) conas atá tú? (Connacht) cén chaoi a bhfuil tú?; (Ulster) cad é mar atá tú?; how are the children? conas atá na leanaí?; how were the holidays conas a bhí na laethanta saoire?; 3 (asking about distance, time, age, price) cé; how far is it to Galway? cén fad é go dtí an Ghaillimh?; how long were you away from home? cén fad a bhí tú as baile?; how old are you?

cén aois tú?; 4 how many?/how much? cé mhéad?; how many people were there? an mó duine a bhí ann?; how many CD's did you buy? an mó dlúthdhiosca a cheannaigh tú?; how much is it? cé mhéad atá air?; 5 (expressing amazement) (look) how beautiful she is! (féach) chomh hálainn léi!; how wonderful! nach iontach é!

however adv 1 (nonetheless) áfach, ámh; he went to work, however chuaigh sé ag obair, áfach; 2 (before adjective) dá; however good he is he won't be able to do it dá fheabhas é ní bheidh sé ábalta é a dhéanamh;

howl n glam f2. ● vb lig glam asat.

huff n stainc f2; to be in a huff stainc a bheith ort.

hug n barróg f2; to give someone a hug barróg a bhreith ar dhuine. ● vb beir barróg ar.

huge adj 1 (object) ollmhór; 2 (amount) there was a huge crowd of people there bhí an t-uafás daoine ann.

hull n cabhail f (gen cabhlach).

hum n crónán mí. ● vb to be humming a tune bheith ag crónán foinn.

human n neach m4 daonna. ● adj daonna; in human form i gcruth daonna; human being neach m4 daonna; human race an cine m4 daonna.

humane adj daonnachtúil.

humanity n 1 (race) an cine m4 daonna; 2 (quality) daonnacht f3.

humble adj umhal. ● vb umhlaigh.

humid adj tais, meirbh.

humidity n taise f4.

humiliate vb uirísligh.

humiliating adj náireach.

humiliation n uirísliú m (*gen* uiríslithe).

humorous adj greannmhar.

humour n **1** (*wit*) greann m1; he has a sense of humour tá acmhainn grinn aige; **2** (*mood*) aoibh f2, giúmar m1.

hunch n to have a hunch that... tuileas a bheith ort go...

hundred num (*followed by singular*); a hundred cars céad carr; a hundred people céad duine; there were hundreds there bhí na céadta ann.

hundredweight n céad m1 meáchain.

Hungarian n **1** (*person*) Ungárach m1; **2** (*language*) Ungáiris f2. ● adj Ungárach.

Hungary n an Ungáir f2.

hunger n ocras m1. ● vb to hunger for something cíocras ruda a bheith ort.

hungry adj ocrach; to be hungry ocras a bheith ort.

hunt n seilg f2, fiach m1. ● vb seilg, fiach.

hunter n sealgaire m4, fiagaí m4.

hunting n seilg f2, fiach m1.

hurl vb **1** teilg, caith; **2** (*play hurling*) iomáin.

hurler n iománaí m4.

hurley n camán m1.

hurling n iománaíocht f3.

hurling ball n sliotar m1.

hurling stick n camán m1.

hurricane n hairicín m4.

hurried adj deifreach.

hurriedly adv faoi dheifir.

hurry n deifir f2; to be in a hurry deifir a bheith ort. ● vb déan deifir; hurry up! déan deifir!, brostaigh ort!

hurt vb gortaigh; to hurt someone duine a ghortú; to hurt yourself tú féin a ghortú. ● adj gortaithe.

hurtful adj (*remark*) goilliúnach.

husband n fear m1 céile.

hush n ciúnas m1. ● vb ciúnaigh; hush! fuist!

hushed adj in a hushed voice i nguth íseal.

hut n bothán m1.

hutch n púirín m4.

hyacinth n bú m4.

hydrangea n hiodrainsia f4.

hydraulic adj hiodrálach.

hydroelectric adj hidrileictreach.

hydrogen n hidrigin f2.

hygiene n sláinteachas m1.

hymn n iomann m1.

hypermarket n ollmhargadh m1.

hyphen n fleiscín m4.

hypnotic adj hipneoiseach.

hypnotize vb hiopnósaigh.

hypocrisy n fimíneacht f3.

hypocrite n fimíneach m1.

hypocritical adj fimíneach.

hysteria n histéire f4.

hysterical adj histéireach.

I i

I pron **1** mé; I went out chuaigh mé amach; I was working yesterday bhí mé ag obair inné; I'm Irish is Éireannach mé; **2** (*emphatic*) mise; I was there but Róisín wasn't bhí mise ann ach ní raibh Róisín ann.

ice n oighear m1; a sheet of ice leac oighir. ● vb oighrigh.

iceberg n cnoc m1 oighir.

ice cream n uachtar m1 reoite.

ice cube n ciúb m1 oighir.

ice hockey n haca m4 oighir.

Iceland n an Íoslainn f2.

ice rink n rinc f2 oighir.

ice skating n scátáil f3 oighir.

icicle n coinlín m4 reo.

icing n reoán m1.

icing sugar n siúcra m4 reoáin.

icy adj oighearta.

idea n smaoineamh m1, tuairim f2; idé m4; **it's a good idea** smaoineamh maith is ea é; **that gave me an idea** chuir sé sin smaoineamh i mo cheann; **she has no idea whatsoever** níl aon tuairim faoin spéir aici.

ideal n idéal m1, barrshamhail f3. ● adj idéalach; **in an ideal world** i ndomhan idéalach.

ideally adv go hidéalach.

identical adj ionann, mar a chéile; **they're identical** is ionann iad.

identification n aitheantas m1.

identify vb 1 (locate, name) sainaithin; 2 **to identify with** déan ionannú le.

identity n 1 aithne f4; 2 (sense) féiniúlacht f3.

identity card n cárta m4 aitheantais.

ideological adj idé-eolaíoch.

ideology n idé-eolaíocht f3.

idiom n cor m1 cainte.

idiot n amadán m1 (male), óinseach f2 (female).

idiotic adj amaideach.

idle adj díomhaoin; **to be idle** bheith díomhaoin; **idle talk** caint dhíomhaoin.

i.e. adv i.e., is é sin.

if conj má (+ past, present), dá (+ conditional); **if you go now** má imíonn tú anois; **if it's true** más fíor é; **if you were me what would you do?** dá mba thusa mise cad a dhéanfá?; **if I'd seen her I would have spoken to her** dá bhfeicfinn í labhróinn léi; (used negatively) **if it had not been for him** murach é.

ignition n adhaint f2.

ignition key n eochair f (gen eochrach) dhúisithe.

ignorant adj aineolach; **to be ignorant of something** bheith aineolach ar rud.

ignore vb **to ignore something/someone** neamhshuim a dhéanamh de rud/dhuine.

ill adj breoite, tinn; **to be ill** bheith breoite. ● adv **to speak ill of someone** duine a cháineadh. ● n 1 (evil or harm) olc m1; **I wish him no ill** níl aon olc agam dó; 2 (misfortune) anró m4, cruatan m1.

ill-advised adj éigríonna; **an ill-advised decision** cinneadh éigríonna; **she would be ill-advised to do that** b'amaideach an mhaise di é sin a dhéanamh.

illegal adj mídhleathach.

illegally adv go mídhleathach.

illegible adj doléite.

illegitimate adj mídhlisteanach; **an illegitimate child** leanbh tabhartha.

ill feeling n olc m1.

illiterate adj neamhliteartha.

illness n breoiteacht f3, tinneas m1.

ill-treat vb **to ill-treat someone** drochíde a thabhairt do dhuine.

illusion n dul m3 amú, seachmall m1; **to be under the illusion that..** dul amú a bheith ort go...

illustrate vb 1 (a point) léirigh; 2 (a book) maisigh.

illustration n léiriú m (gen léirithe); 1 (in book) léaráid f2.

ill will n droch-chroí m4.

image n íomhá f4, samhail f3; **she's the image of her grandmother** níl aon oidhre uirthi ach a seanmháthair.

imagery n íomháineachas m1; samhlaoidí f(pl)2.

imagination n samhlaíocht f3.

imaginative adj samhlaíoch.

imagine vb 1 samhlaigh; to imagine something rud a shamhlú; I can't imagine him saying that ní féidir liom é a shamhlú á rá sin; 2 (suppose) I imagine she will be there is dóigh liom go mbeidh sí ann.

imitate vb déan aithris ar.

imitation n aithris f2. ● adj bréige (genitive used as adjective).

immaculate adj gan smál; the Immaculate Conception Giniúint Mhuire gan Smál.

immature adj anabaí.

immediate adj 1 láithreach; they want immediate action teastaíonn gníomh láithreach uatha; 2 in the immediate future san am atá díreach le teacht; in the immediate vicinity díreach in aice láimhe.

immediately adv 1 láithreach bonn, ar an bpointe; he did it immediately rinne sé é láithreach bonn; 2 the person immediately next to you an duine atá díreach in aice leat; immediately after that go díreach ina dhiaidh sin.

immense adj ollmhór.

immersion heater n tumthéitheoir m3.

immigrant n inimirceach m1. ● adj inimirceach.

imminent adj 1 (about to happen) ar tí; 2 (threat) ag bagairt.

immoral adj mímhorálta.

immortal adj neamhbhásmhar.

immune adj 1 (to disease) imdhíonach; 2 (from prosecution) saor ó.

immune system n córas m1 imdhíonach.

impact n 1 (of blow, shock) imbhualadh m (gen imbhuailte); 2 (effect) tionchar m1.

impair vb déan dochar do.

impartial adj cothrom.

impassable adj dothrasnaithe.

impassive adj 1 (person) dochorraithe; 2 (expression) socair.

impatience n mífhoighne f4.

impatient adj mífhoighneach; she's getting impatient tá sí ag éirí mífhoighneach.

impatiently adv go mífhoighneach.

impeccable adj gan cháim, gan locht.

impediment n 1 (obstacle) constaic f2; 2 (physical) a hearing impediment moill éisteachta; a speech impediment stad sa chaint.

imperative n (in grammar) modh m3 ordaitheach. ● adj práinneach; it is imperative that the work be finished tomorrow ní mór don obair a bheith críochnaithe amárach.

imperfect n (in grammar) aimsir f2 ghnáthchaite. ● adj 1 neamhfhoirfe; 2 (damaged) lochtach.

impersonal adj neamhphearsanta.

impersonate vb 1 (as entertainment) déan aithris; he impersonates famous people déanann sé aithris ar dhaoine a bhfuil cáil orthu; 2 (as deception) téigh i riocht, pearsanaigh.

impertinent adj tagrach, deiliúsach.

impervious adj 1 (material) neamh-thréscaoilteach; 2 he's impervious to criticism tá sé beag beann ar cháineadh.

impetuous adj luathintinneach.

implement n uirlis f2. ● vb cuir i gcrích.

implicit adj 1 (not stated) intuigthe; 2 (absolute) diongbháilte.

imply vb tabhair le tuiscint; she implied that he was wrong thug sí le tuiscint go raibh sé mícheart.

impolite adj mímhúinte.

import n iomportáil f3. ● vb iompartáil.

importance n tábhacht f3.

important adj tábhachtach.

importer n iomportálaí m4.

impose vb 1 gearr; to impose a penalty on someone pionós a ghearradh ar dhuine; 2 to impose on someone bheith ag gabháil ar dhuine.

imposing adj maorga.

imposition n 1 gearradh m (gen gearrtha); the imposition of a tax gearradh cánach; 2 if it's not too much of an imposition mura bhfuil sé iomarcach.

impossible adj 1 (not possible) dodhéanta; that's impossible tá sé sin dodhéanta; an impossible task tasc dodhéanta; 2 (incorrigible) domhúinte.

impotent adj éagumasach.

impoverished adj bochtaithe.

impractical adj neamhphraiticiúil.

impress vb 1 (favourably) téigh i bhfeidhm ar; she impressed him greatly chuaigh sí i bhfeidhm air go mór; 2 (emphasize) to impress upon someone the importance of something tábhacht ruda a chur ina luí ar dhuine.

impression n 1 (opinion, idea) tuairim f2; what's your impression of him? cad é do thuairim faoi?; she was under the impression that... bhí sí den tuairim go...; 2 (imprint) lorg m1; 3 (impersonation) aithris f2; to do an impression of someone aithris a dhéanamh ar dhuine.

impressionist n 1 (artist) impriseanaí m4; 2 (mimic) aithriseoir m3.

impressive adj suntasach, suaithinseach.

imprison vb cuir i bpríosún.

imprisonment n príosúnacht f3.

improbable adj neamhdhóchúil.

improper adj mí-oiriúnach.

improve vb 1 (become better) téigh i bhfeabhas; to improve dul i bhfeabhas; the weather is improving tá an aimsir ag dul i bhfeabhas; he improved after a couple of days chuaigh sé i bhfeabhas tar éis cúpla lá; 2 (make better) cuir feabhas ar; I'm trying to improve my Irish táim ag iarraidh feabhas a chur ar mo chuid Gaeilge.

improvement n 1 feabhas m1; 2 (in health) biseach m1.

improvisation n seiftiú m (gen seiftithe).

improvise vb seiftigh.

impudent adj deilíúsach.

impulsive adj taghdach.

in prep
i, sa, san, sna;

····▸ (position, place) in the kitchen sa chistin; in a house i dteach; in the house sa teach; it's in my bag tá sé i mo mhála; a house in the country teach faoin tuath; I was in the bath bhí mé san fholcadán; in these parts sna bólaí seo;

····▸ (with place names) they live in Mayo tá siad ina gcónaí i Maigh Eo; in France san Fhrainc;

····▸ (amongst) in urban populations i ndaonraí uirbeacha; in polite company i ndea-chomhluadar;

····▸ (time expressions) in July i mí Iúil; in winter sa gheimreadh; in the morning ar maidin;

····▸ (within: time) I'll phone you in ten minutes cuirfidh mé glaoch ort i gceann deich nóiméad; she did it in two hours rinne sí é in dhá uair a chloig;

····▸ (with superlatives) the biggest city in the world an chathair is mó ar domhan;

····▸ (clothing) she was dressed in black bhí sí feistithe i ndubh; the man in the grey suit an fear sa chulaith liath;

····▸ (as profession) he's in computers bíonn sé ag plé le cúrsaí ríomhaireachta;

····▸ (manner, means) in Irish i nGaeilge, as Gaeilge; written in ink scríofa le dúch; in a loud voice de ghlór ard; in an elaborate fashion ar bhealach casta; in confidence faoi rún;

····▸ (weather conditions) in the rain faoin mbáisteach; to go out in the sun dul amach faoin ngrian; in hot climates in aeráidí teo;

····▸ (state) she was in tears bhí na deora léi; he was in despair bhí sé in éadóchas; the house is in good condition tá cruth maith ar an teach;

● adv

····▸ to be in bheith istigh; Valerie's not in at the moment níl Valerie istigh faoi láthair; is Breandán in? an bhfuil Breandán istigh?;

····▸ to come in teacht isteach; she came in at ten tháinig sí isteach ar a deich; he hasn't come in yet níor tháinig sé isteach fós; come in! tar isteach!

● n ▸ the ins and outs of something fios fátha ruda.

! **i** is followed by eclipsis; it combines with **an** to form **sa** or **san** before a vowel or **f** which are followed by lenition; it combines with **na** to form **sna**

inability n míchumas m1, neamhábaltacht f3.

inaccessible adj doshroichte.

inaccurate adj míchruinn.

inadequate adj easpach, uireasach.

inadvertently adv trí thimpiste.

inadvisable adj domholta.

inane adj leamh.

inanimate adj neamhbheo.

inappropriate adj mí-oiriúnach.

inaudible adj dochloiste.

inaugurate vb oirnigh.

inauguration n oirniú m (gen oirnithe).

inbred adj **1** (innate) dúchasach; **2** (due to inbreeding) insíolraithe.

incapable adj neamhábalta; to be incapable of doing something bheith neamhábalta rud a dhéanamh.

incendiary device n gaireas m1 loisceanach.

incense n túis f2. ● vb cuir fearg ar.

incentive n spreagadh m (gen spreagtha).

incessant adj síor-; incessant rain síorbháisteach.

incessantly adv gan stad gan staonadh.

inch n orlach m1; to search every inch of a place áit a chuardach ina orlaí; don't give an inch! ná géill orlach!

incident n eachtra f.

incidental adj **1** teagmhasach; an incidental remark ráiteas teagmhasach; incidental music ceol teagmhasach; **2 incidental expenses** fochostais.

incidentally adv dála an scéil.

incite vb griosaigh, spreag.

incitement n comhghríosú m (gen comhghríosaithe).

inclination n claonadh m (gen claonta).

incline n fána f4. ● vb **1** (lean or slope) claon; **2** (tend) to be inclined to do something claonadh a bheith agat rud a dhéanamh.

include vb **1** (be part of) cuir san áireamh; **breakfast is included in the price** tá bricfeasta curtha san áireamh sa phraghas; **2** (among others) cuimsigh; **the facilities include tennis and golf** cuimsíonn na háiseanna leadóg agus galf.

including prep san áireamh; including **service charge** táille sheirbhíse san áireamh.

inclusive adj **1** san áireamh; **Monday to Friday inclusive** ón Luan go dtí an Aoine san áireamh; **2** iomlán; **inclusive price** praghas iomlán.

incoherent adj scaipthe.

income n ioncam m1, teacht m3 isteach.

income tax n cáin f (gen cánach) ioncaim.

incomparable adj dosháraithe.

incompetent adj neamhinniúil.

incomplete adj neamhiomlán, easnamhach.

inconsiderate adj neamhthuisceanach.

inconsistency n neamhréir f2, contrárthacht f3.

inconsistent adj neamhréireach, contrártha; **to be inconsistent with something** gan a bheith ag teacht le rud.

inconspicuous adj neamhshuntasach.

inconvenience n míchaoithiúlacht f3. ● vb cuir as do.

inconvenient adj míchaoithiúil.

incorporate vb ionchorpraigh.

incorrect adj mícheart.

incorrectly adv go mícheart.

increase n **1** (in price) ardú m (gen ardaithe), **2** (in population) méadú m m (gen méadaithe); ● vb ardaigh, méadaigh.

increasing adj ag méadú.

incredible adj dochreidte.

incredibly adv **it was incredibly easy** ní chreidfeá chomh héasca is a bhí sé.

indebted adj **to be indebted to someone** bheith faoi chomaoin ag duine.

indecent adj mígheanasach.

indecent assault n drochiarraidh f (gen drochiarrata).

indecisive adj **1** (person) éideimhin; **2** (discussion) éiginntitheach.

indeed adv go deimhin, cinnte.

indefinite adj éiginnte.

indefinitely adv go héiginnte.

indemnity n slánaíocht f3, comha f4.

independence n neamhspleáchas m1.

independent adj neamhspleách.

indescribable adj do-inste.

index n innéacs m4. ● vb innéacsaigh.

index finger n corrmhéar f2.

India n an India f4.

Indian n Indiach m1. ● adj Indiach.

indicate vb **1** (show) tabhair le fios, léirigh; **a sign indicating where something is** comhartha a thugann le fios cá bhfuil rud; **2** (by gesture) cuir in iúl.

indication *n* comhartha *m4*; **as an indication of that** dá chomhartha sin; **there is every indication that...** tá gach cosúlacht air go...

indicative *n* (*in grammar*) modh *m3* táscach. ● *adj* **it is indicative of his lack of education** tá sé ina chomhartha ar an easpa oideachais atá air.

indicator *n* táscaire *m4*.

indictment *n* díotáil *f3*.

indifference *n* neamhshuim *f2*.

indifferent *adj* **1** (*uninterested*) neamhshuimiúil, ar nós cuma liom; **2** (*mediocre*) leathchuibheasach.

indigestible *adj* dodhíleáite.

indigestion *n* mídhíleá *m4*, tinneas *m1* béal an ghoile.

indignant *adj* **to be indignant** fearg fhíréin a bheith ort.

indirect *adj* indíreach.

indirectly *adv* go hindíreach.

indiscreet *adj* mídhiscréideach.

indiscriminate *adj* gan idirdhealú.

indiscriminately *adv* as éadan.

indispensable *adj* riachtanach.

indisputable *adj* dosheánta.

individual *n* **1** (*single being*) duine *m4* aonair; **2** (*specific person*) duine *m4*. ● *adj* **1** (*single, separate*) aonair; **2** (*of or for one person*) indibhidiúil.

Indonesia *n* an Indinéis *f2*.

indoor *adj* faoi dhíon.

indoors *adv* istigh, laistigh; **he's indoors** tá sé istigh (sa teach); **she went indoors** chuaigh sí isteach (sa teach).

induce *vb* **1** (*persuade*) meall; **nothing could induce him to travel by plane ní mheallfadh aon rud é le taisteal ar eitleán; **2** (*bring about*) tarraing.

inducement *n* spreagadh *m* (*gen* spreagtha).

indulge *vb* **1** (*satisfy*) sásaigh; **2 to indulge in something** bheith tugtha do rud.

indulgence *n* **1** boigéis *f2*; **2** (*religious*) logha *m4*.

indulgent *adj* boigéiseach.

industrial *adj* tionsclaíoch, tionsclaíochta(*gen of n*).

industrial action *n* gníomhaíocht *f3* thionsclaíoch.

industrial estate *n* eastát *m1* tionsclaíochta.

industrialist *n* tionsclaí *m4*.

industrialize *vb* tionsclaigh.

industrious *adj* saothrach.

industry *n* tionscal *m1*.

inebriated *adj* ar meisce.

inedible *adj* do-ite.

ineffective *adj* neamhéifeachtach.

inefficient *adj* neamhéifeachtach.

inequality *n* éagothraime *f4*.

inevitable *adj* dosheachanta.

inevitably *adv* go cinniúnach.

inexcusable *adj* domhaite.

inexpensive *adj* neamhchostasach, saor.

inexperienced *adj* gan taithí, neamhchleachtach.

inexplicable *adj* domhínithe.

infallible *adj* do-earráide.

infamous *adj* mícháiliúil.

infancy *n* naíonacht *f3*.

infant *n* naíonán *m1*.

infatuated *adj* **infatuated with** fiáin i ndiaidh (+GEN).

infatuation *n* mearghrá *m4*.

infect *vb* ionfabhtaigh.

infection *n* ionfabhtú *m* (*gen* ionfabhtaithe).

infectious *adj* tógálach.

infer *vb* **1** (*deduce*) tóg as, bain tátal as; **2** (*imply*) **she inferred**

that he had lied chuir sí i gcéill gur inis sé bréag.

inferior n íochtarán m1. ● adj íochtarach.

inferiority n íochtaránacht f3.

inferiority complex n **1** coimpléasc m1 íochtaránachta.

infertile adj neamhthorthúil.

infest vb infested with beo le.

infidelity n mídhílseacht f3.

infinite n the infinite an t-infiníideach. ● adj infiníídeach.

infinitive n infinideach m1.

infinity n infiníídeacht f3.

infirmary n otharlann f2.

inflamed adj athlasta.

inflammable adj so-lasta.

inflammation n athlasadh m (gen athlasta).

inflatable adj inséidte.

inflate vb **1** (tyre, mattress, etc.) séid, cuir aer i; **2** (economy) boilscigh.

inflation n boilsciú m (gen boilscithe).

inflationary adj boilscitheach.

inflict vb **1** (damage, injury) imir ar; **2** (fine, penalty) gearr ar.

influence n tionchar m1; the influence of tionchar (+GEN). ● vb téigh i bhfeidhm ar.

influential adj tábhachtach, ceannasach.

influx n **1** (of people) plódú m isteach; **2** (of thing) sní f4 isteach.

inform vb **1** (give information to) tabhair eolas do; **to inform some-one about something** eolas a thabhairt do dhuine faoi rud; **2 to inform on someone** sceitheadh ar dhuine.

informal adj neamhfhoirmiúil.

informality n neamhfhoirmiúlacht f3.

informant n faisnéiseoir m3.

information n eolas m1.

information desk n deasc f2 eolais.

information office n oifig f2 eolais.

information officer n oifigeach m1 eolais.

informative adj faisnéiseach.

informer n brathadóir m3.

infrastructure n bonneagar m1.

infuriating adj **he's infuriating!** chuirfeadh sé le geallaigh tú!

ingenious adj an-chliste ar fad.

ingenuity n beartaíocht f3.

ingrained adj **1** (in nature) sa smior; **2** (dirt) greamaithe.

ingredient n comhábhar m1.

inhabit vb áitrigh.

inhabitant n áitritheoir m3.

inhale vb ionanálaigh, tarraing isteach anáil.

inherent adj **it's an inherent feature of the game** tá sé mar dhlúthchuid den chluiche.

inherit vb faigh le hoidhreacht; **to inherit something** rud a fháil le hoidhreacht.

inheritance n oidhreacht f3.

inhibit vb **1** cuir cosc ar; **2** (psychologically) urchoill.

inhibition n urchoilleadh m (gen urchoillte).

inhuman adj mídhaonna.

initial n **initials** inisealacha. ● adj tosaigh(gen of n); **in the initial stages** i dtosach. ● vb **to initial something** cuir do cheannlitreacha le rud.

initially adv i dtosach.

initiate vb cuir tús le, tosnaigh.

initiative n **1** (move) tionscadal m; **a new initiative to fight unemployment** tionscadal nua chun dul i ngleic leis an dífhostaíocht; **2** (upper hand) **to take the initiative** breith ar an mbuntáiste; **3** (personal quality) teacht m3 aniar; **they lack**

initiative níl aon teacht aniar iontu; she showed great initiative thaispeáin sí an-teacht aniar.

inject vb **1** (medication, drug) insteall; **2** (capital, enthusiasm) cuir isteach i.

injection n instealladh m (gen insteallta).

injure vb gortaigh, déan dochar do; to injure oneself tú féin a ghortú.

injured adj gortaithe.

injury n gortú m (gen gortaithe).

injury time n am m3 cúitimh.

injustice n éagóir f3.

ink n dúch m1.

inland adv faoin tír. ● adj intíre.

in-laws npl gaoil m(pl)1 cleamhnais.

inmate n **1** (of institution) cónaitheoir m3; **2** (of prison) cime m4.

inn n teach m1 ósta.

innate adj dúchasach, sa nádúr.

inner adj **1** istigh; the inner room an seomra istigh; **2** inmheánach the inner sanctum an seomra príobháideach.

inner city n the inner city lár m1 na cathrach.

innermost adj her innermost thoughts na smaointe is uaigní ina croí.

innings n deis f2 istigh.

innocence n soineantacht f3.

innocent adj neamhchiontach, soineanta.

innocently adv go soineanta.

innovation n nuacht f3.

innumerable adj gan áireamh.

inoculate vb ionaclaigh.

input n ionchur m1.

inquest n ionchoisne m4.

inquire vb fiafraigh, fiosraigh to inquire about something fiafraí faoi rud; she was inquiring after you bhí sí ag cur do thuairisce.

inquiry n **1** (personal) fiafraí m (gen fiafraithe); **2** (public) fiosrúchán m1.

inquiry office n oifig f2 fhiosraithe.

inquisitive adj fiosrach.

insane adj to be insane bheith as do mheabhair.

insanity n gealtacht f3.

inscription n inscríbhinn f2.

insect n feithid f2.

insecticide n feithidicíd f2.

insecure adj éadaingean.

insecurity n neamhdhaingne f4.

insensitive adj neamh-mhothálach.

insert vb ionsáigh, cuir isteach.

insertion n ionsá m4.

in-service training n traenáil f3 inseirbhíse.

inshore adv le cladach. ● adj cladaigh (gen of n).

inside n **1** (inner part) taobh m1 istigh; **2** insides (of body) ionathar m1. ● adj istigh, laistigh; inside pocket póca istigh. ● adv **1** (indoors) istigh; she's inside tá sí istigh (sa teach); **2** (with movement) isteach; she went inside chuaigh sí isteach. ● prep **1** (house, box, etc.) istigh i; **2** (time) laistigh de; inside five minutes laistigh de chúig nóiméad.

inside out adv taobh istigh amuigh.

insight n **1** (into something) léargas m1; an insight into rural life léargas ar shaol na tuaithe; **2** (personal quality) géarchúis f2.

insignificant adj **1** (unimportant) gan tábhacht; insignificant details mionsonraí gan tábhacht; **2** (negligible) suarach; an insignificant amount of money méid suarach airgid.

insincere adj bréagach.

insinuate vb tabhair le tuiscint, cuir i gcéill.

insist vb 1 dearbhaigh; to insist that... dearbhú go...; 2 seas ar; to insist on something seasamh ar rud.

insistent adj seasmhach.

insofar as conj sa mhéid go.

insolent adj tarcaisneach.

insolvent adj dócmhainneach.

insomnia n neamhchodladh m (gen neamhchodlata).

inspect vb iniúch, scrúdaigh.

inspection n cigireacht f3, iniúchadh m (gen iniúchta); scrúdú m (gen scrúdaithe).

inspector n cigire m4; schools inspector cigire scoile.

inspiration n inspioráid f2.

inspire vb spreag.

install vb 1 (fit) cuir isteach; to install central heating téamh lárnach a chur isteach; 2 (settle) to install oneself tú féin a shuiteáil.

installation n 1 (fitting) feistiúchán m1; 2 (base, station) bunáit f2; a military installation bunáit mhíleata; 3 (artistic) feistiúchán m1 (ealaíonta).

instalment n glasioc m3; to pay for something in instalments íoc as rud ina ghlasiocaí.

instance n cás m1; for instance cuir i gcás; in this instance sa chás seo; in the first instance ar an gcéad dul síos.

instant n meandar m1, nóiméad m1. ● adj láithreach, ar an toirt; instant coffee caife ar an toirt.

instantly adv láithreach bonn, ar an toirt.

instead adv 1 ina áit; there wasn't any coffee so I had tea instead ní raibh aon chaifé ann agus mar sin bhí tae agam ina áit; 2 instead of in áit (+GEN).

instigate vb cuir ar cois; to instigate an investigation fiosrú a chur ar cois.

instinct n instinn f2.

instinctive adj instinniúil.

institute n institiúid f2. ● vb bunaigh.

instruct vb 1 (teach) múin, teagasc; to instruct someone in first aid duine a mhúineadh i ngarchabhair; 2 (order) tabhair ordú; to instruct someone to do something ordú a thabhairt do dhuine rud a dhéanamh.

instruction n 1 (act of teaching) múineadh m (gen múinte); 2 (order) ordú m (gen ordaithe); 3 (guideline) treoir f (gen treorach); instructions for use treoracha le haghaidh úsáide.

instructive adj treorach.

instructor n teagascóir m3.

instrument n uirlis f2.

instrumental adj 1 uirlise (gen of n), ionstraimeach; instrumental music ceol uirlise; 2 to be instrumental in doing something bheith i do shiocair le rud a dhéanamh.

insufficient adj neamhleor, easpach; insufficient material fianaise neamhleor.

insulate vb 1 (against heat, cold) insligh, teasdíon; 2 (against sound) fuaimdhíon.

insulating tape n téip f2 inslitheach.

insulation n 1 (for heat, cold) insliú m (gen inslithe); teasdíonadh m (gen teasdíonta); 2 (for sound) fuaimdhíonadh m (gen fuaimdhíonta).

insulin n inslin f2.

insult n masla m4. ● vb maslaigh.

insulting adj maslach.

insurance n árachas m1; fire insurance árachas tine.

insurance policy n polasaí m4 árachais.

insure vb cuir árachas ar; **to insure a house** árachas a chur ar theach.

intact adj slán, iomlán.

intake n 1 (consumption) iontógáil f3; **the intake of calories** iontógáil na gcalraí; **2** (of students) glacadh f3 isteach.

integral adj riachtanach; **an integral part** páirt riachtanach.

integrate vb comhtháthaigh.

integrity n ionracas m1.

intellect n intleacht f3.

intellectual n intleachtach m1.
● adj intleachtúil.

intelligence n 1 meabhair f (gen meabhrach) cinn; éirim f2 aigne; **2** (information) faisnéis f2.

intelligent adj éirimiúil.

intend vb 1 (have in mind) intended to go to the cinema bhí sé ar intinn aige dul go dtí an phictiúrlann; **she's intending to go to university** tá sé ar intinn aici dul chuig an ollscoil; **2** (mean) I intended it as a joke mar mhagadh a bhí mé; **3** the letter was intended for him dósan a bhí an litir scríofa.

intense adj 1 (great) dian, dian-, díochra; **intense competition** comórtas dian; **2** (feeling) dearg-; **to feel intense dislike for someone** an dearg-ghráin a bheith agat ar dhuine; **3** (person) he's a very intense person duine an-díograiseach is ea é.

intensely adv go dian.

intensive adj dian, dian-.

intensive care unit n aonad m1 dianchúraim.

intent n rún m1, intinn f2; her intent was to find out where he lived ba é a rún a fháil amach cá raibh sé ina chónaí; **➤ to all intents and purposes** ionann is.
● adj 1 to be intent on bheith meáite ar; **2** (absorbed) to be in-

tent on one's work bheith sáite i do chuid oibre.

intention n rún m1, intinn f2; **with the firm intention of doing it** le rún daingean é a dhéanamh; **to have no intention of doing something** gan rún dá laghad a bheith agat rud a dhéanamh.

intentional adj d'aon ghnó.

intently adv go géar.

interact vb imoibrigh.

interactive adj idirghníomhach.

interchange n 1 (on road) crosbhealach m1; **2** (exchange) malartú m (gen malartaithe).

interchangeable adj inmhalartaithe.

intercom n idirchum m4.

intercourse n 1 caidreamh m1; **social intercourse** caidreamh sóisialta; **2 sexual intercourse** caidreamh collaí.

interdenominational adj idirchreidmheach.

interest n 1 suim f2, spéis f2; **to have an interest in something** suim a bheith agat i rud; **she has no interest in sport** níl aon suim aici i gcúrsaí spóirt; **2** (on sum) ús m1.

interesting adj suimiúil, spéisiúil.

interest rate n ráta m4 úis.

interface n comhéadan m1.

interfere vb 1 bain do; **to interfere with something** baint do rud; **2 to interfere in something** do ladar a chur isteach i rud.

interference n 1 cur m1 isteach; **2** (on television, radio, etc.) trasnaíocht f3.

interim n in the interim idir an dá linn. ● adj eatramhach.

interior n (of building) taobh m1 istigh. ● adj inmheánach.

interlude n 1 eadarlúid f2; **2** (in computing) idirlinn f2.

intermediary n idirghabhálaí
m4.

intermediate adj
idirmheánach.

intern vb imtheorannaigh.

internal adj inmheánach.

international adj idirnáisiúnta.

internee n imtheorannaí m4.

Internet n the Internet an
tIdirlíon.

internment n imtheorranú m
(gen imtheorannaithe).

interpersonal adj
idirphearsanta; interpersonal
skills scileanna idirphearsanta.

interpret vb 1 (text, evidence)
ciallaigh, minigh; 2 (data)
léirmhínigh; 3 (translate) déan
teangaireacht; to interpret for
someone teangaireacht a
dhéanamh do dhuine.

interpreter n teangaire m4.

interpreting n teangaireacht f3.

interrogate vb cuir
ceastóireacht ar, ceistigh.

interrogation n ceastóireacht f2.

interrogative n (in grammar)
ceisteach m1.

interrupt vb 1 (person) cuir
isteach ar; to interrupt someone
cur isteach ar dhuine; 2 (conver-
sation) bris isteach ar; 3 (in
computing) idirbhris.

interruption n cur m1 isteach,
briseadh m isteach.

intersect vb trasnaigh.

intersection n 1 (crossroads)
crosbhealach m1; 2 (geometric)
trasnú m (gen trasnaithe).

interval n 1 (between events) aga
m4; 2 (in theatre) idirlínn f2;
3 (break) sos m3.

intervene vb 1 (person) déan
idirghabháil; 2 (event,
circumstance) tar idir; the wea-
ther intervened in our plans

tháinig an aimsir idir sinn agus
ár gcuid bpleananna.

intervention n 1 idirghabháil
f3; 2 (in dispute) eadráin f3.

interview n agallamh m1. ● vb
cuir agallamh ar.

interviewer n agallóir m3.

intestine n 1 putóg f2; 2 intes-
tines ionathar m(sg)1.

intimacy n dlúthchaidreamh m1.

intimate adj dlúth, dlúth-; an in-
timate relationship caidreamh
dlúth; they are intimate friends
is dlúthchairde iad. ● vb to intimate
that... tabhairt le tuiscint gur...

intimately adv to know someone
intimately aithne mhaith a bheith
agat ar dhuine.

into prep 1 (place, position)
isteach i, isteach sa; he fell into a
hole thit sé isteach i bpoll; she
went into the garden chuaigh sí
isteach sa ghairdín; we all got
into the car chuamar ar fad
isteach sa charr; we're going into
town táimid ag dul go dtí an
chathair; 2 (change of state) go;
to translate something into Irish
rud a aistriú go Gaeilge; to
change dollars into euros dollair
a aistriú go euronna; they
changed it into a bedroom rinne
siad seomra leapa de; 3 (with
age) she's well into her sixties tá
sí go maith sna seascaidí; 4 to be
into something suim a bheith
agat i rud; he's really into reggae
is breá lena chroí reggae.

intolerable adj dofhulaingthe.

intolerant adj éadulangach.

intoxicated adj ólta, ar meisce.

intoxicating adj meisciúil.

intransitive adj
neamhaistreach.

intravenous adj infhéitheach.

intrepid adj neamheaglach.

intricate adj casta.

intrigue n uisce m4 faoi thalamh.
● vb múscail spéis i; **the story intrigued me** mhúscail an scéal spéis ionam.

intriguing adj an-spéisiúil.

intrinsic adj intreach, ann féin.

introduce vb 1 (people) cuir in aithne do; **she introduced Ruairí to the manager** chuir sí Ruairí in aithne don bhainisteoir; 2 (subject, law) tionscain; 3 (programme: on TV, radio) cuir i láthair; 4 (make aware of) cuir ar an eolas.

introduction n 1 (in book) réamhrá m4; 2 (to person) cur m1 in aithne; 3 (bringing in) tionscnamh; **the introduction of the new laws** tionscnamh na ndlíthe nua.

introductory adj réamh-.

intrude vb cuir isteach ar; **to intrude on** cur isteach ar.

intruder n foghlaí m4.

intuition n iomas m1.

intuitive adj iomasach.

inundate vb he was inundated with letters bhí litreacha go dtí na súile air.

invade vb déan ionradh ar.

invalid n easlán m1. ● adj 1 (ill) easlán; 2 (not valid) neamhbhailí.

invalidate vb cuir ó bhailíocht.

invaluable adj fíorluachmhar.

invariably adv i gcónaí.

invasion n ionradh m1.

invent vb cum, ceap.

invention n aireagán m1.

inventive adj 1 (resourceful) seiftiúil; 2 (creative) cruthaitheach.

inventor n aireagóir m3, cumadóir m3.

inventory n fardal m1.

invert vb iompaigh.

inverted commas npl uaschamóga f(pl)2; **to put a phrase in inverted commas** frása a chur idir uaschamóga.

invest vb infheistigh.

investigate vb 1 (crime, accident) fiosraigh; 2 (data) scrúdaigh.

investigation n 1 (of crime, accident) fiosrú m (gen fiosraithe); 2 (of data) scrúdú m (gen scrúdaithe).

investment n infheistíocht f3.

investor n infheisteoir m3.

invigilate vb déan feitheoireacht.

invigilator n feitheoir m3.

invigorating adj athbhríoch.

invisible adj dofheicthe.

invitation n cuireadh m1.

invite vb tabhair cuireadh do; **she invited him to come to dinner** thug sí cuireadh dó teacht chun dinnéir.

inviting adj tarraingteach.

invoice n sonrasc m1.

involve vb 1 (take part) bain le; **to be involved in something** baint a bheith agat le rud; 2 (entail) the job involves a lot of travel tá an-chuid taistil i gceist leis an bpost.

involved adj 1 (complicated) casta; **the plot is very involved** tá an plota an-chasta; 2 **seven people were involved (in it)** bhí baint ag seachtar leis.

involvement n baint f2.

inwards adv isteach.

iodine n iaidín m4.

Iran n an Iaráin f2.

Iraq n an Iaráic f2.

irate adj feargach.

Ireland n Éire f (gen Éireann) (dat Éirinn); **the government of Ireland** rialtas na hÉireann; **the people of Ireland** muintir na hÉireann; **she lives in Ireland**

now tá sí ina cónaí in Éirinn anois.

iris *n* 1 (*plant*) feileastram *m1*; 2 (*of eye*) imreasc *m1*.

Irish *n* 1 (*language*) Gaeilge *f4*; an Irish speaker cainteoir Gaeilge; 2 the Irish na hÉireannaigh. ● *adj* Éireannach, Gaelach.

Irish-American *n* Gael-Mheiriceánach *m1*. ● *adj* Gael-Mheiriceánach.

Irish coffee *n* caife *m4* gaelach.

Irishman *n* Éireannach *m1*, Gael *m1*.

Irish Republic *n* the Irish Republic Poblacht na hÉireann.

Irish Sea *n* muir *f2* Éireann.

Irishwoman *n* Éireannach *m1* mná.

iron *n* iarann *m1*. ● *adj* iarainn(*gen of n*). ● *vb* iarnáil. □ **iron out** réitigh; to iron out problems fadhbanna a réiteach.

ironic *adj* íorónta.

ironing *n* iarnáil *f3*.

ironing board *n* bord *m1* iarnála.

irony *n* íoróin *f2*.

irrational *adj* neamhréasúnach.

irregular *adj* mírialta.

irrelevant *adj* neamhábhartha; it's irrelevant ní bhaineann sé le hábhar.

irresistible *adj* dochloíte; an irresistible offer tairiscint nach bhféadfaí cur suas dó.

irresponsible *adj* meargánta, neamhfhreagrach.

irrigation *n* uisciú *m* (*gen* uiscithe).

irritable *adj* colgach, lasánta.

irritate *vb* 1 (*person*) greannaigh, cuir colg ar; to irritate someone duine a ghreannú; 2 (*skin*) cuir tochas i.

irritated *adj* greannach.

irritating *adj* bearránach.

irritation *n* 1 (*annoyance*) bearrán *m1*; 2 (*medical*) greannú *m* (*gen* greannaithe).

Islam *n* Ioslamachas *m1*.

Islamic *adj* Ioslamach.

island *n* oileán *m1*, inis *f2*.

islander *n* oileánach *m1*.

isle *n* inis *f2*.

Isle of Man *n* Oileán *m1* Mhanann.

isolate *vb* aonraigh, leithlisigh.

isolated *adj* 1 (*place*) iargúlta; 2 (*person*) aonarach.

isolation *n* aonrú *m* (*gen* aonraithe).

Israel *n* Iosrael *m1*.

issue *n* 1 (*point, question*) saincheist *f2*, ceist *f2*; 2 to be an issue bheith i dtreis; 3 (*edition*) eagrán *m1*; this month's issue eagrán na míosa seo. ● *vb* 1 (*release*) eisigh; to issue a statement ráiteas a eisiú; 2 (*publish*) tabhair amach; to issue a magazine iris a thabhairt amach.

it *pron* 1 (*as subject*) sé, sí; it's over there tá sé thall ansin; where is it? cá bhfuil sé?; 2 (*with copula or autonomously*) é, í; it was broken briseadh é; this is it is é seo é; 3 (*as direct object*) é, í; did you see it? an bhfaca tú é?; I did it rinne mé é; 4 (*as indirect object*) what did he do with it? cad a rinne sé leis?; stay close to it fan cóngarach dó; 5 (*impersonal*) sé; it's four o' clock tá sé a ceathair a chlog; it's Monday today inniu an Luan; it's raining tá sé ag cur báistí; 'who is it?' – 'it's me' 'cé atá ann?' -'(is) mise (atá ann)'.

Italian *n* 1 (*person*) Iodálach *m1*; 2 (*language*) Iodáilis *f2*. ● *adj* Iodálach.

italics *npl* cló *m4* iodálach.

Italy *n* an Iodáil *f2*.

itch n tochas m1. ● vb **1** my leg's itching tá tochas i mo chois; **2** to be itching to do something bheith ar bís chun rud a dhéanamh.

itchy adj tochasach; to be itchy tochas a bheith ionat.

item n mír f2, ball m1; a news item mír nuachta; an item of clothing ball éadaigh.

itinerant n siúlóir m3.

itinerary n cúrsa m4 taistil.

its adj **1** (referring to masculine noun) a, a chuid (+GEN); its colour a dhath; its food a chuid bia; **2** (referring to feminine noun) a, a cuid (+GEN); its colour a dath; its food a cuid bia.

itself pron **1** (masculine) (é) féin; the house itself an teach (é) féin; **2** (feminine) (í) féin; the kitchen itself an chistin (í) féin.

ivory n eabhar m1.

ivy n eidhneán m1.

Jj

jab n **1** (injection) instealladh m (gen instealltha); **2** (poke) péac m1, sonc. ● vb sáigh.

jack n **1** (tool) crann m1 ardaithe, seac m1; **2** jack of all trades ilcheardaí; **3** (in cards) cuireata m4; the jack of diamonds an cuireata muileata.

jacket n casóg f2, seaicéad m1.

jackpot n pota m4 óir.

jaded adj traochta, tugtha.

jagged adj spiacánach.

jail n príosún m1. ● vb cuir i bpríosún; he was jailed for three years cuireadh i bpríosún é ar feadh trí bliana.

jam n **1** (preserve) subh f2; **2** a traffic jam brú m4 tráchta; **3** (difficulty) sáinn f2; to be in a jam bheith i sáinn. ● vb **1** (squeeze) brúigh; to jam things into a box rudaí a bhrú isteach i mbosca; **2** (become stuck) téigh i bhfostú; the door jammed chuaigh an doras i bhfostú; **3** she jammed her thumb in the door rug an doras ar a méar.

jammed adj greamaithe.

janitor n (caretaker) airíoch m1.

January n Eanáir m4.

Japan n an tSeapáin f2.

Japanese n **1** (person) Seapánach m1; **2** (language) Seapáinis f2. ● adj Seapánach.

jar n **1** próca m4, crúsca m4; **2** (jolt) croitheadh m (gen croite); **3** (drink) cróca m4; we had a few jars bhí cúpla cróca againn. ● vb **1** (irritate) goill ar; it jarred on my nerves ghoill sé ar mo néaróga; **2** (jolt) bain croitheadh as; she jarred her shoulder when she fell bhain sí croitheadh as a gualainn nuair a thit sí.

jargon n béarlagair m4.

jaundice n an galar m1 buí, buíocháin m(pl)1.

javelin n bonsach f2, ga m4, sleá f4.

jaw n giall m1.

jazz n snagcheol m1.

jealous adj éadmhar; to be jealous of someone bheith in éad le duine.

jealousy n éad m1, formad m1.

jeans n bríste m4 deinim.

jeer vb déan fonóid faoi; to jeer at someone fonóid a dhéanamh faoi dhuine.

jelly n glóthach f2.

jellyfish n smugairle m4 róin.

jerk n sracadh m1. ● vb **1** (pull) srac; he jerked the lever upwards

shrac sé an luamhán in airde;
2 (*jump*) preab; **the car jerked
forward** phreab an car chun
tosaigh.

jersey n geansaí m4.

Jesuit n Íosánach m1. ●adj
Íosánach.

Jesus n Íosa m4.

jet n 1 (*aircraft*) scairdeitleán m1;
2 (*of liquid or gas*) scaird f2;
3 (*stone*) gaing f2.

jet engine n scairdinneall m1.

jetlag n tuirse f4 aerthaistil.

jetlagged adj **to be jetlagged**
tuirse an tsiúil a bheith ort.

jetty n caladh m1 cuain.

Jew n Giúdach m1.

jewel n seoid f2.

jeweller n seodóir m3.

Jewish adj Giudach.

jig n port m1.

jigsaw n 1 (*puzzle*) míreanna
f(pl)2 mearaí; 2 (*tool*) preabsábh
m1.

job n 1 (*paid*) post m1; **she got a
job in the bank** fuair sí post sa
bhanc; 2 (*task*) cúram m1, jab
m4; **I have a job for you** tá cúram
agam duit; 3 **it's a good job you
were at home** is maith an rud go
raibh tú sa bhaile.

job centre n malartán m1
fostaíochta.

jobless adj dífhostaithe.

jockey n marcach m1.

jog n 1 bogshodar m1;
2 (*nudge*) sonc m1. ●vb 1 **to go
jogging** dul ag bogshodar;
2 (*nudge*) tabhair sonc do; 3 **to
jog someone's memory** cuimhne
duine a spreagadh.

jogging n bogshodar m1.

join n ceangal m1, nasc m1. ●vb
1 (*connect , fasten*) ceangail; **to
join two things together** dhá rud
a cheangal le chéile; 2 (*as
member*) téigh i; **he joined the**

guards chuaigh sé sna gardaí;
3 (*meet*) **I'll join you later** beidh
mé leat níos déanaí.
□ **join in** glac páirt i; **he joined
in the game** ghlac sé páirt sa
chluiche.

joiner n siúinéir m3.

joint n 1 (*of body or structure*) alt
m1; **the knee joint** alt na glúine;
rotary joint alt rothlach; 2 (*in
carpentry*) siúnta m4; 3 (*of meat*)
spóla m4; 4 (*of cannabis*) rífear
m1. ●adj comh-; **joint account**
comhchuntas m1.

joke n 1 (*funny story*) scéal m1
grinn; **to tell a joke** scéal grinn a
insint; 2 (*situation*) cúis f2
gháire; **what a joke!** cúis gháire
chugainn!; 3 **he's no joke** ní haon
dóithín é; 4 (*trick*) bob m4; **to
play a joke on someone** bob a
bhualadh ar dhuine. ●vb **to joke
about something** magadh a
dhéanamh faoi rud; **you're
joking!** tá tú ag magadh!

joker n 1 (*trickster*) áilteoir m3;
2 (*in cards*) cleasaí m4.

jolly adj gealgháireach.

jolt n croitheadh m (gen croite),
preab f2. ●vb croith, preab.

Jordan n an Iordáin f2.

jot n faic f4; **not a jot** faic na fríde.
□ **jot down** breac síos.

journal n 1 (*magazine,
periodical*) iris f2; 2 (*newspaper*)
nuachtán m1.

journalism n irisíocireacht f3.

journalist n iriseoir m3.

journey n turas m1.

joy n áthas m1, lúcháir f2.

joyful adj áthasach, lúcháireach.

joyrider n spraoithiománaí m4.

joystick n luamhán m1 stiúrtha.

judge n 1 (*in court*) breitheamh
m1; 2 (*in contest*) moltóir m3.
●vb 1 (*in court*) tabhair breith;
2 (*decide, estimate*) meas; 3 **to**

judge a contest moltóireacht a dhéanamh ar chomórtas.

judg(e)ment *n* breithiúnas *m1*, breith *f2*.

judiciary *n* giúistisí *m(pl)4*.

judo *n* júdó *m4*.

jug *n* crúiscín *m4*.

juggernaut *n* arracht *m3*.

juggle *vb* déan lámhchleasaíocht.

juggler *n* lámhchleasaí *m4*.

juice *n* sú *m4*.

juicy *adj* súmhar.

July *n* Iúil *m4*.

jumble *n* manglam *m1*, meascán *m1*. ● *vb* cuir trí chéile, measc; to jumble things (up) rudaí a chur trí chéile.

jumble sale *n* ceantáil *f3* mhanglaim.

jump *n* léim *f2*. ● *vb* 1 léim; 2 (*with surprise*) léim (in airde) de gheit.

jumper *n* (*pullover*) geansaí *m4*.

junction *n* gabhal *m1*.

June *n* Meitheamh *m1*.

jungle *n* mothar *m1*, dufair *f2*.

junior *n* sóisear *m1*. ● *adj* sóisearach.

junk *n* 1 (*rubbish*) bruscar *m1*; 2 (*inferior goods*) mangarae *m4*.

junkie *n* andúileach *m1* drugaí.

Jupiter *n* lúpatar *m1*.

juror *n* giúróir *m3*.

jury *n* giúiré *m4*.

jury service *n* seirbhís *f2* ghiúiré.

just *adj* cóir; a just demand éileamh cóir. ● *adv* 1 díreach; just then díreach ansin; just now anois díreach; I've only just arrived ní mé ach díreach tagtha; she is just as good as you tá sí díreach chomh maith leatsa; just as I was about to say something.. díreach agus mé ar tí

rud éigin a rá..; 2 (*only*) it's just a misprint níl ann ach dearmad cló.

justice *n* 1 (*fairness*) cóir *f3*, 2 (*title of judge*) breitheamh *m1*.

justification *n* cosaint *f3*; there is no justification for it níl aon chosaint air.

justified *adj* láncheart.

justify *vb* 1 (*defend*) cosain; to justify one's actions do ghníomhartha a chosaint; 2 (*in computing*) comhfhadaigh; to justify a text téacs a chomhfhadú.

jut *vb* gob amach.

juvenile *n* aosánach *m1*. ● *adj* óg; a juvenile delinquent ciontóir óg.

Kk

kale *n* cál *m1*.

kaleidoscope *n* cailéideascóp *m1*.

kangaroo *n* cangarú *m4*.

karate *n* karaté *m4*.

Kazakhstan *n* an Chasacstáin *f2*.

kebab *n* ceibeab *m4*.

keel *n* cíle *f4*; ➤ to be on an even keel bheith seasmhach.

keen *n* (*lament*) caoineadh *m* (*gen* caointe). ● *adj* 1 (*enthusiastic*) díograiseach; he's a keen swimmer is snámhaí díograiseach é; 2 (*acute*) géar; a keen sense of hearing éisteacht ghéar; 3 to be keen on something dúil a bheith agat i rud.

keening *n* caointeoireacht *f3*.

keep *n* 1 (*maintenance*) cothú *m4*; to earn your keep do chothú a thuilleamh; 2 (*of castle*) daingean

m1. ● *vb* **1** coinnigh, coiméad; what kept you? cad a choinnigh tú?; keep the change coinnigh an sóinseáil; to keep a place clean áit a choinneáil glan; keep it under your hat coinnigh faoi do hata é; **2** (*remain or stay*) fan; keep quiet! fan ciúin!; to keep calm fanacht socair; **3** (*conceal*) ceil; to keep something from someone rud a cheilt ar dhuine.
□ **keep on** lean ar; to keep on going leanúint den chaint.
□ **keep out** coinnigh amach.
□ **keep up 1** (*stay abreast*) coinnigh suas; I can't keep up with him ní féidir liom coinneáil suas leis; **2** (*continue*) lean le; he kept up the good work lean sé leis an dea-obair.

keep fit *n* aclaíocht *f3*.

keeping *n* in keeping with ag teacht le; in safe keeping ar lámh shábhála.

keg *n* ceaig *m4*.

kennel *n* conchró *m4*.

Kenya *n* an Chéinia *f4*.

kerb *n* colbha *m4* cosáin.

Kerry *n* Ciarraí *m4*.

kestrel *n* pocaire *m* gaoithe.

kettle *n* citeal *m1*.

kettledrum *n* tiompán *m1*.

key *n* **1** eochair *f* (*gen* eochrach); the key of the door eochair an dorais; **2** the key to the problem réiteach na faidhbe; **3** (*in music*) gléas *m1*.
□ **key** in buail isteach; to key in your password do phasfhocal a bhuaileadh isteach.

keyboard *n* méarchlár *m1*, eochairchlár *m1*.

keyed up *adj* corraithe.

keyhole *n* poll *m1* eochrach.

keynote *n* **1** (*in music*) gléasnóta *m4*; **2** keynote address oráid *f2* bhunaidh.

keypad *n* méarchlár *m1*.

keyring *n* fáinne *m4* eochracha.

kick *n* **1** cic *m4*; to give someone a kick cic a bhualadh ar dhuine; ➤ to get a kick out of something pleisiúr a bhaint as rud; **2** (*of animal*) speach *f2*. ● *vb* ciceáil; to kick somebody duine a chiceáil.

kick-off *n* cic *f2* tosaigh.

kid *n* **1** (*child*) páiste *m4*, leanbh *m1*; **2** (*goat*) meannán *m1*. ● *vb* you're kidding! mar mhagadh atá tú!; I was only kidding ní raibh mé ach ag magadh.

kidnap *vb* fuadaigh.

kidnapper *n* fuadaitheoir *m3*.

kidnapping *n* fuadach *m1*.

kidney *n* duán *m1*.

Kildare *n* Cill *f2* Dara.

Kilkenny *n* Cill *f2* Chainnigh.

kill *n* marú *m* (*gen* maraithe).
● *vb* maraigh.

killer *n* marfóir *m3*.

killing *n* marú *m* (*gen* maraithe); to make a killing brabús maith a dhéanamh.

kiln *n* áith *f2*.

kilo *n* cileagram *m1*.

kilobyte *n* cilibheart *m1*.

kilocycle *n* cilichiogal *m1*.

kilogram *n* cileagram *m1*.

kilometre *n* cileaméadar *m1*.

kilowatt *n* cileavata *m4*.

kilt *n* filleadh *m1* beag.

kin *n* cine *m4*, muintir *f2*.

kind *n* **1** (*type*) cineál *m1*, sórt *m1*; what kind of tree is that? cén cineál crainn é sin?; **2** to pay someone back in kind cineál a láimhe féin a thabhairt do dhuine. ● *adj* cineálta, lách.

kindhearted *adj* dea-chroíoch.

kindness *n* cineáltas *m1*; an act of kindness gníomh cineáltais.

kindred n bunadh m1. ● adj they are kindred spirits tá dáimh acu lena chéile.

king n rí m4.

kingdom n ríocht f3, flaitheas m1.

kingfisher n cruidín m4.

kiosk n both f3.

kipper n scadán m1 leasaithe.

kiss n póg f2. ● vb póg, tabhair póg do; they kissed phóg siad.

kit n trealamh m1, fearas m1.

kitchen n cistin f2.

kite n eitleog f2.

kith n our kith and kin ár gcairde gaoil.

kitten n piscín m4, puisín m4.

kitty n (money) leac f2, carnán m1.

knack n cleas m1; there's a knack to it tá cleas air; to have the knack of doing something bheith deas ar rud a dhéanamh.

knead vb fuin.

knee n glúin f2.

kneecap n caipín m4 glúine.

kneel vb téigh ar do ghlúine, sléacht.

knickers n bristín m4.

knife n scian f (gen scine). ● vb scean.

knight n ridire m4.

knighthood n ridireacht f3.

knit vb cniotáil; to knit a jumper geansaí a chniotáil; ➤ to knit one's brows do mhalaí a chrapadh.

knitting n cniotáil f3.

knitting needle n bíorán m1 cniotála.

knitwear n éide f4 chniotáilte.

knob n 1 cnap m1; 2 (of door) murlán m1.

knock n 1 cnag m1; there was a knock at the door bhí cnag ar an doras; 2 (injury) gortú m (gen gortaithe). ● vb 1 (at door) cnag; he knocked at the door chnag sé ar an doras; 2 (hit) buail i gcoinne; he knocked his head bhuail sé a cheann.
□ **knock down** leag.
□ **knock off** 1 (finish) to knock off work scor den obair; 2 (from price) bain de; he knocked 20% off the price bhain sé fiche faoin gcéad den phraghas; 3 (steal) goid.
□ **knock out** leag amach.
□ **knock over** leag.

knot n snaidhm f2. ● vb snaidhm.

know vb 1 (information) I know where it is tá a fhios agam cá bhfuil sé; I know that tá a fhios agam é sin, tá sé sin ar eolas agam; as far as I know go bhfios dom, ar feadh m'eolais; how does he know that? cá bhfios dó é sin?; do you know the way? an bhfuil eolas na slí agat; 2 (person) do you know him? an bhfuil aithne agat air?; she knows him well tá aithne mhaith aici air; I don't know her, do I? níl aithne agam uirthi, an bhfuil?; I think I know her by sight ceapaim go bhfuil aithne shúl agam uirthi; 3 (place) I know Derry well tá eolas maith agam ar Dhoire; 4 to know how to do something fios a bheith agat conas rud a dhéanamh; I know how to drive tá tiomáint agam.

know-all n saoithín m4.

know-how n saineolas m1, fios m3.

knowing adj eolach.

knowledge n eolas m1, fios m3; it is common knowledge that... tá a fhios ag an saol go...

knowledgeable adj eolach.

knuckle n alt m1.

Koran n the Koran an Córan.

Korea n an Chóiré f4; North/South Korea an Chóiré Thuaidh/ Theas.

kosher adj kosher food bia coisir.

LI

label n lipéad m1. ● vb cuir lipéad ar, lipéadaigh.

laboratory n saotharlann f2.

labour n **1** (work) saothar m1, obair f2; **2** (workforce) lucht m3 oibre; **3** The Labour Party Páirtí an Lucht Oibre; **4** (childbirth) she's in labour tá sé ina luí seoil. ● vb saothraigh, oibrigh; to labour at something bheith ag saothrú ar rud.

labourer n oibrí m4; a building labourer oibrí tógála.

lace n **1** (of shoe) iall f2; **2** (material) lása m4.
□ **lace up** ceangail; to lace up one's shoes do bhróga a cheangal.

lack n **1** easpa f4, easnamh m1; a lack of something easpa ruda, lack of confidence easpa muiníne; **2** through lack of de cheal (+GEN). ● vb to lack something easpa ruda a bheith ort; he lacks skill tá easpa scile air.

lad n buachaill m3, leaid m4.

ladder n **1** dréimire m4; **2** (in stocking) roiseadh m (gen roiste).

laden adj faoi ualach (+GEN); the tree was laden with apples bhí an crann faoi ualach úll.

ladle n ladar m1; a soup ladle ladar anraith.

lady n **1** (woman) bean f (gen mná) uasal; a young lady ógbhean uasal; **2** (title) bantiarna f4; **3** Ladies (on sign) Mná; **4** Ladies and Gentlemen! A dhaoine uaisle.

ladybird n bóin m4 Dé.

lag n (delay) moill f2. ● vb **1** (delay) moilligh; **2** (insulate) fálaigh.
□ **lag behind** bí chun deiridh.

Lagan n the River Lagan Abhainn an Lagáin.

lager n lágar m1.

lagoon n murlach m1.

laid-back adj réchúiseach.

lake n loch m3.

lamb n **1** (animal) uan m1; **2** (meat) uaineoil f3.

lamb chop n griscín m4 uaineola.

lame adj bacach.

lament n caoineadh m (gen caointe). ● vb caoin.

lamp n lampa m4, lóchrann m1.

lamp post n lóchrann m1 sráide.

lampshade n scáthlán m1 lampa.

land n **1** talamh (masculine or feminine) m (gen talún), tír f2 (gen talún); on dry land ar an talamh tirim; **2** (estate) fearann m1. ● vb **1** (aviation) tuirling, landáil; the plane landed thuirling an t-eitleán; **2** (come ashore) tar i dtír, landáil; they landed on the western coast tháinig siad i dtír ar an gcósta iartharach; (put ashore) to land passengers/goods paisinéirí/earraí a chur i dtír; **3** to land someone with something rud a chur ar dhuine; the company was landed with the costs cuireadh na costais ar an gcomhlacht.
□ **land up**: he landed up in hospital casadh é faoi dheireadh san ospidéal.

landing n **1** (of plane) tuirlingt f2; **2** (of boat) teacht m3 i dtír; **3** (on stairs) ceann m1 staighre.

landlady n **1** (of property) bantiarna f (gen mná); **2** (living-in) bean f (gen mná) an tí; **3** (of pub) bean f (gen mná) ósta.

landlord n 1 (of property) tiarna m4 talún; 2 (of pub) fear m1 tábhairne.

landmark n 1 (in landscape) sprioc f2, sainchomhartha tíre; 2 (event) a landmark in political history eachtra thábhachtach sa stair pholaitiúil.

landowner n úinéir m3 talún.

landscape n tírdhreach m3.

landscape gardener n garraíodóir m3 tírdhreachadóireachta.

landslide n maidhm f2 thalún; a landslide victory bua maidhme.

lane n 1 (in street names) lána m4; O'Connell Lane Lána Uí Chonaill; 2 (small road) bóithrín m4.

language n teanga f4; bad language droch-chaint.

language laboratory n teanglann f2, saotharlann f2 teanga.

lantern n lóchrann m1.

Laois n Laois f2; County Laois Contae Laoise.

Laos n Laos m4.

lap n 1 (of body) ucht m3; to sit on someone's lap suí in ucht duine; ➤ to be living in the lap of luxury saol an mhadra bháin a bheith agat (literally: to be living the life of the white dog); 2 (in athletics) cuairt f2. ● vb the waves were lapping the bank bhí na tonnta ag lapadaíl na trá.
□ **lap up** leadhb siar.

lapel n bóna m4.

Lapland n an Laplainn f2.

lapse n 1 (slip) earráid f2, dearmad m1; 2 (of time) imeacht m3 aimsire; after a long lapse of time tar éis imeacht fada aimsire. ● vb 1 (expire) téigh as feidhm; the insurance policy lapsed chuaigh an polasaí árachais as feidhm; 2 to lapse into something titim chun ruda.

laptop (computer) n ríomhaire m4 glúine.

larch n learóg f2.

lard n blonag f2.

larder n lardús m1.

large adj mór; a large amount of money cuid mhór airgid; ➤ as large as life/larger than life ina steillbheatha; ➤ by and large tríd is tríd.

largely adv den chuid is mó.

large-scale adj ar mhórscála.

lark n 1 (bird) fuiseog f2.
□ **lark about** bheith ag pleidhcíocht.

laryngitis n laraingíteas m1.

laser n léasar m1.

laser printer n printéir m3 léasair.

lash n (eyelash) fabhra m4. ● vb 1 (whip) lasc; 2 (tie) ceangail; 3 it's lashing rain tá sé ag stealladh báistí.
□ **lash out:** to lash out at someone iarracht de bhuille a dhéanamh ar dhuine.

last adj deireanach, déanach; the last time I saw her an uair dheireanach a chonaic mé í; was his last book any good? an raibh aon mhaith ina leabhar deireanach?; she always has the last word bíonn an focal deireanach aici i gcónaí; last week an tseachtain seo caite; last month an mhí seo caite; last year anuraidh. ● adv go deireanach; when were you last here? cathain a bhí tú anseo go deireanach?; (and) last but not least .. (agus) an meall is mó ar deireadh..; at last! faoi dheireadh! ● vb mair; will the good weather last? an mairfidh an aimsir mhaith?; it lasts for ages maireann sé ar feadh stáir.

lasting adj marthanach.

lastly adv **1** (finally) mar fhocal scoir; **2** (in list) ar deireadh thiar.

late adj **1** (not on time) déanach; he was late for the meeting bhí sé déanach don chruinniú; **2** (towards the end of) she's in her late twenties tá sí sna fichidí déanacha; in late summer i ndeireadh an tsamhraidh; in the late 70's sna seachtóidí déanacha; **3** (deceased) nach maireann; the late Mr. Pádraig Ó Néill an tUasal Pádraig Ó Néill, nach maireann. ● adv **1** go déanach; to finish late críochnú go déanach; **2** of late le déanaí, ar na mallaibh.

lately adv le déanaí.

later adv níos déanaí; I'll see you later feicfidh me tú níos déanaí.

latest adj is déanaí; the latest version an leagan is déanaí. ● pron at the latest ar a dhéanaí.

lathe n deil f2.

Latin n Laidin f2. ● adj Laidineach.

Latin America n Meiriceá m4 Laidineach.

Latin American adj Meiriceánach Laidineach.

latitude n **1** (geographical) domhanleithead m1; **2** (freedom) saoirse f4.

latter n the latter an ceann deireanach a luadh.

latterly adv le déanaí, le deireanas.

Latvia n an Laitvia f4.

laugh n gáire m4. ● vb déan gáire; to make someone laugh gáire a bhaint as duine. □ laugh at déan gáire faoi; she was laughing at Seán bhí sí ag gáire faoi Sheán.

laughable adj áiféiseach.

laughter n gáire m4.

launch n (of boat) lainse m4. ● vb **1** (book, campaign) seol; to

launch a campaign feachas a sheoladh; **2** (boat) láinseáil; **3** (missile) scaoil.

launderette n neachtlann f2.

laundry n **1** (linen) níochán m1; **2** (business) neachtlann f2; **3** (room) seomra m4 níocháin.

laundry basket n ciseán m1 níocháin.

laurel n labhras m1.

lavatory n leithreas m1.

lavender n labhandar m1.

lavish adj fial. ● vb to lavish something on someone rud a thabhairt go fial do dhuine.

law n dlí m4.

law-abiding adj uamhal don dlí.

law and order n an dlí agus an tsiocháin.

law court n cúirt f2 dlí.

lawful adj dlíthiúil.

lawn n faiche f4.

lawnmower n lomaire m4 faiche.

lawyer n dlíodóir m3.

laxative n purgóid f2.

lay adj tuata; lay brother bráthair tuata. ● vb **1** (place in position) leag; to lay a carpet cairpéad a leagan; to lay a table bord a leagan; she laid the book on the table leag sí an leabhar ar an mbord; **2** to lay a bet with someone geall a chur le duine. □ lay aside cuir i leataobh. □ lay down **1** (put down) leag uait; **2** to lay down one's life for something d'anam a thabhairt ar son ruda; **3** to lay down the law about something na rialacha a fhógairt faoi rud. □ lay off (employees) leag as. □ lay on (provide) cuir ar fáil.

layabout n leisceoir m3.

layer n sraith f2.

layout n leagan m1 amach.

laziness n leisciúlacht f3.

lazy adj leisciúil.

lead¹ n 1 tosach m1; to be in the lead bheith chun tosaigh; 2 (electric) seolán m1; 3 (for dog) iall f2; 4 (clue) leid f2. ● vb 1 (go) téigh; the path leads to the sea tugann an cosán go dtí an fharraige; 2 (take: a person) téigh chun tosaigh; to lead the way dul chun tosaigh; 3 (bring about) 4 it led to an argument tharraing sé argóint; 5 (head) bí i gceannas; she leads a team of experts tá sí i gceannas ar fhoireann saineolaithe.

lead² n luaidhe f4.

leader n 1 (chief, head) ceannaire m4; 2 (in race, market) tosaí m4.

leadership n ceannasaíocht f3.

lead-free adj saor le luaidhe.

leading adj príomh-.

lead singer n príomhamhránaí m4.

leaf n 1 (of tree) duilleog f2; 2 (of book) bileog f2.

leaflet n (brochure) bileog f2; an information leaflet bileog eolais.

league n 1 (society) conradh m (gen conartha); The Gaelic League Conradh na Gaeilge; 2 (in sport) sraith f2; The National League An tSraith Náisiúnta; 3 to be in league with someone bheith i bpáirt le duine.

leak n 1 (inwards) ligean m1 isteach; 2 (outwards) ligean m1 amach. ● vb 1 (outwards) lig amach; the pipe's leaking tá an píopa ag ligean amach; 2 (inwards) lig isteach; my shoe's leaking tá mo bhróg ag ligean isteach.

lean adj 1 (meat) trua; lean meat feoil thrua; 2 (thin) caol, seang. ● vb 1 (bend or slope) to lean forward claonadh chun tosaigh; 2 (rest) to lean on something for support taca a bhaint as rud; she

was leaning against the table bhí a taca leis an mbord aici. □ **lean out** luigh amach; he leaned out the window luigh sé amach tríd an bhfuinneog.

leap n léim f2. ● vb léim.

leapfrog n cliobóg f2; playing leapfrog ag caitheamh cliobóg.

leap year n bliain f2 bhisigh.

learn vb foghlaim; to learn something rud a fhoghlaim; to learn how to do something foghlaim conas rud a dhéanamh; to learn about something foghlaim faoi rud; Kasia is learning Irish tá Kasia ag foghlaim Gaeilge.

learned adj léannta; he's very learned tá sé an-léannta.

learner n foghlaimeoir m3.

learner driver n foghlaimeoir m3 tiomána.

learning n foghlaim f3, léann m1.

lease n léas m1. ● vb léasaigh.

leash n iall f2.

least adj pron adv is lú; the least amount an méid is lú; that's the least of their worries sin é an imní is lú atá acu; that's the least he can do is é is lú is gann dó é; at least ar a laghad; she wasn't the least bit frightened ní raibh eagla dá laghad uirthi; the least qualified person an duine is lú cáilíocht.

leather n leathar m1.

leave n 1 (from work) saoire f4; he's on leave at the moment tá sé ar saoire faoi láthair; 2 (permission) cead m3; by your leave i gcead duit. ● vb 1 (trans) fág; we left the hotel at ten o' clock d'fhágamar an t-óstán ar a deich a chlog; he left the window open d'fhág sé an fhuinneog ar oscailt; she left her coat at Valerie's house d'fhág sí a cóta i dteach Valerie; leave him alone lig dó. 2 (intrans) imigh; are you leaving

now? an bhfuil tú ag imeacht anois?; just as I was leaving díreach agus mé ag imeacht.
□ **leave behind** fág i do dhiaidh.
□ **leave out** fág as; you can leave me out! is féidir leat mise a fhágáil as!

Lebanon n an Liobáin f2.

lecture n léacht f3; to give a lecture on linguistics léacht a thabhairt ar an teangeolaíocht.
● vb tabhair léacht; to lecture on history bheith ag léachtóireacht ar an stair.

lecturer n léachtóir m3.

ledge n 1 leac f2; a window ledge leac fuinneoige; 2 (on rockface) fargán m1.

Lee n an Laoi f4.

leek n cainneann f2.

left n 1 (side or area) clé f4; on the left ar clé; 2 (left hand) ciotóg f2; 3 (in politics) the left an eite f4 chlé. ● adj clé; the left hand an lámh chlé; on the left-hand side ar thaobh na láimhe clé; (in politics) clé.

left-handed adj ciotógach.

left-luggage office n oifig f2 an bhagáiste.

left-overs npl fuílleach m1.

left-wing adj na heite clé (gen of n).

leg n 1 cos f2; his right leg a chos dheas; a leg of lamb cos uaineola; the leg of the chair cos na cathaoireach; 2 (of trousers) osán m1; 3 (of journey) scríob f2; 4 (in sport) géabh m3; the first leg an chéad gheábh.

legacy n oidhreacht f3.

legal adj dlíthiúil, dleathach.

legal action n to take legal action dul chun an dlí.

legend n finscéal m1.

legible adj inléite, soléite.

legislation n reachtaíocht f3.

legislature n reachtas m1; the Legislature an tOireachtas.

legitimate adj dlisteanach.

Leinster n Laighin m plural (gen Laighean); Province of Leinster Cúige Laighean; Leinster House Teach Laighean. ● adj Laighneach.

leisure n fóillíocht f3; at your leisure ar do shuaimhneas.

leisure centre n ionad m1 fóillíochta.

leisurely adj go socair, go réidh.

Leitrim n Liatroim m3.

lemon n liomóid f2.

lemonade n liomanáid f2.

lend vb tabhair ar iasacht; to lend someone money airgead a thabhairt ar iasacht do dhuine.

length n 1 (measurement) fad m1; 2 (piece) píosa m4; a length of rope píosa téide; 3 at length faoi dheireadh.

lengthen vb fadaigh, cuir fad le.

lengthways adv ar a fhad.

lengthy adj 1 (long) fada; 2 (over-long) fadálach; a lengthy speech caint fhadálach.

lenient adj trócaireach, bog.

lens n lionsa m4.

Lent n An Carghas m1.

lentils npl piseánach m(sg)1.

Leo n (astrology) An Leon m1.

leopard n liopard m1.

leotard n léatard m1.

leprechaun n leipreachán m1.

lesbian n leispiach m1.

less adj pron níos lú; I have less work to do tá níos lú oibre le déanamh agam; she has less time for writing now tá níos lú ama aici chun scríbhneoireachta anois. ● adv níos lú; we go to the cinema less and less téimid go dtí an phictiúrlann níos lú agus níos lú; more or less a bheag nó a mhór; she goes out less than she used to téann sí amach níos lú ná mar a dheineadh sí. ● *prep* lúide.

lessen *vb* (*make less*) laghdaigh.

lesson *n* ceacht *m3*; she's taking Irish lessons tá ceachtanna Gaeilge á dtógáil aici; to learn one's lesson ceacht a fhoghlaim; to teach someone a lesson ceacht a mhúineadh do dhuine.

lest *conj* ar eagla go, ar fhaitíos go.

let *vb* **1** (*allow*) lig, ceadaigh; to let someone do something ligean do dhuine rud a dhéanamh; **2** (*lease*) lig ar cíos; to let a house for the summer teach a ligean ar cíos don samhradh; **3** (*in suggestions*) let's go to the pictures téimis go dtí na pictiúir; let's not talk about it now ná labhraimis mar gheall air anois; let's go ar aghaidh linn.
□ **let down** loic ar; she let me down loic sí orm.
□ **let go** scaoil le; to let go of something scaoileadh le rud.
□ **let in** lig isteach; let him in lig isteach é.
□ **let out 1** (*person, animal*) lig amach, scaoil amach; **2** (*a shout or scream*) lig asat; to let out a shout gáir a ligean asat.

lethal *adj* marfach.

letter *n* litir *f* (*gen* litreach).

letterbox *n* bosca *m4* litreacha.

letterhead *n* ceann *m1* litreach.

lettering *n* litreoireacht *f3*.

lettuce *n* leitís *f2*.

leukemia *n* leocéime *f4*.

level *n* **1** (*relative position*) leibhéal *m1*; at ground-floor level ar leibhéal an chéad-urláir; at national level ar leibhéal náisiúnta; ► to be on the level (*honest*) bheith macánta; **2** 'A' Levels Ardleibhéil. ● *adj* cothrom; a level surface dromchla cothrom.
● *vb* **1** cothromaigh; to level the

score an scór a chothromú; **2** (*destroy*) leag.

level crossing *n* crosaire *m4* comhréidh.

level-headed *adj* stuama.

lever *n* luamhán *m1*.

lewd *adj* graosta.

lexicographer *n* foclóirí *m4*.

lexicography *n* foclóireacht *f3*.

liability *n* **1** (*responsibility*) freagracht *f3*; **2** (*in insurance*) public liability freagracht *f3* phoiblí; **3** (*in law*) dliteanas *m1*; **4** (*handicap*) cis *f2*; **5 liabilities** (*financial*) fiachais *m*(*pl*)*1*.

liable *adj* **1** (*responsible*) freagrach; to be liable for something bheith freagrach as rud; **2** (*likely*) it's liable to change tá baol ann go n-athróidh sé.

liaise *vb* déan comhoibriú le.

liar *n* bréagadóir *m3*, éitheoir *m3*; you're a liar! thug tú d'éitheach!

libel *n* leabhal *m1*. ● *vb* leabhlaigh.

liberal *n* liobrálach *m1*. ● *adj* liobrálach; liberal with fial le; the Liberal Democrats na Daonlaithe Liobrálacha.

liberate *vb* saor.

liberation *n* saoradh *m* (*gen* saortha), fuascailt *f2*.

liberty *n* saoirse *f4*.

Libra *n* an Mheá *f4*.

librarian *n* leabharlannaí *m4*.

library *n* leabharlann *f2*.

Libya *n* an Libia *f4*.

licence *n* ceadúnas *m1*.

license *vb* ceadúnaigh.

licensed *adj* faoi cheadúnas.

lick *vb* **1** ligh; **2** (*defeat*) tabhair léasadh do.

lid *n* **1** claibín *m4*, clúdach *m1*; **2** (*of eye*) caipín *m4* súile.

lie *n* bréag *f2*, éitheach *m1*; to tell a lie bréag a insint, éitheach a thabhairt. ● vb **1** (in a position, place) luigh, luigh, sin; **to lie on a bed** luí ar leaba; **2 the town lies on the north coast** tá an baile suite ar an gcósta thuaidh; **3** (tell lies) inis bréag, tabhair éitheach.

lie-in n to have a lie-in codladh go headra.

lieutenant n leifteanant m1.

life n **1** saol m1, beatha f4; **this life** an saol seo; **she had a long and happy life** bhí saol fada sona aici; **such is life** is ait an mac an saol; **2** (energy) beocht f3; **there's great life in him** tá an-bheocht ann.

life belt n crios m3 tarrthála.

life boat n bád m1 tarrthála.

lifeguard n garda m4 tarrthála.

life insurance n árachas m1 saoil.

life jacket n seaicéad m1 tarrthála.

lifeless adj marbhánta.

lifelong adj saoil (genitive of noun).

life sentence n príosúnacht f3 saoil.

lifestyle n stíl f2 bheatha.

lifetime n saol m1; **in my lifetime** le mo shaol.

Liffey n the Liffey an Life f4.

lift n **1** (elevator) ardaitheoir m3; **2** (ride) síob f2, marcaíocht f3; **to give someone a lift** síob a thabhairt do dhuine. ● vb **1** tóg, ardaigh; **to lift something (up)** rud a thógáil (suas); **2** (fog) scaip.

light n **1** solas m1; **by the light of the lamp** le solas an lampa; **switch on the light** cuir an solas ar siúl; **to throw light on something** solas a chaitheamh ar rud; **2** (match, lighter) lasán m1; **do you have a light?** an bhfuil lasán agat? ● adj **1** (not heavy) éadrom; **2** (pale) geal; **light green** bánghlas. ● vb las.

□ **light up** geal; **her face lit up** gheal a haghaidh.

light bulb n bolgán m1 solais.

lighten vb éadromaigh, laghdaigh.

lighter n lastóir m3.

light-hearted adj éadromchroíoch.

lighthouse n teach m1 solais.

lighting n soilsiú m (gen soilsithe).

lightly adv go héadrom.

lightning n tintreach f2; **a flash of lightning** splanc thintrí.

like n **1** leithéid f2; **I never saw the like of it** ní fhaca mé riamh a leithéid; **2 one's likes and dislikes** na rudaí nach maith leat agus na rudaí is maith leat. ● prep **1** cosúil le; **to be like something** bheith cosúil le rud; **it's very like his last book** tá sé an-chosúil lena leabhar deireanach; **she looks very like her mother** tá an-dealramh aici lena máthair; **2** (in questions) **what does she look like?** cén chuma atá uirthi?; **what's it like living in Ireland?** conas atá sé bheith i do chónaí in Éirinn?; **3** (in the manner of) ar nós (+GEN); **he spoke like a child** labhair sí ar nós linbh; **he ran like the wind** rith sé ar nós na gaoithe. ● vb I like it is maith liom é, taitníonn sé liom; **he doesn't like her** ní maith leis í; **would you like tea?** ar mhaith leat tae?; **do you like music?** an maith leat ceol?; **he never liked the house** níor thaitin an teach leis riamh.

likeable adj taitneamhach, geanúil (person).

likelihood n cosúlacht f3, dóchúlacht f3; **there is every likelihood that it will happen** tá gach aon chosúlacht air go dtarlóidh sé.

likely *adj* dóchúil, dealraitheach; as likely as not chomh dócha lena athrach; it's hardly likely that... ní móide go...

likeness *n* cosúlacht *f3*, dealramh *m1*.

likewise *adv* mar an gcéanna.

liking *n* to take a liking to someone/something taitneamh a thabhairt do dhuine/rud.

lilac *adj* liathchorcra.

lily *n* lile *f4*.

lime *n* **1** (*tree*) crann *m1* liomaí; **2** (*fruit*) líoma *m4*; **3** (*whitewash*) aol *m1*.

limerick *n* luimneach *m1*.

Limerick *n* Luimneach *m1*.

limestone *n* aolchloch *f2*.

limit *n* teorainn *f* (*gen* teorann).
● *vb* teorannaigh.

limited *adj* teoranta. limited company comhlacht *m3* teoranta.

limp *n* céim *f2* bhacaí; to have a limp céim bhacaí a bheith agat.
● *vb* bheith ag bacadaíl. ● *adj* faon.

line *n* **1** líne *f4*; to draw a line líne a tharraingt; in a straight line i líne dhíreach; the ball didn't cross the line níor thrasnaigh an liathróid an líne; line of descent (*lineage*) líne ghinealaigh; **2** (*wrinkle*) roc *m1*; **3** (*queue*) scuaine *f4*; **4** (*series*) sraith *f2*; **5** (*for fishing*) dorú *m4*; a fishing line dorú iascaireachta; **6** (*rope*) téad *f2*; **7** along those lines de réir na línte sin; **8** in line with de réir (+GEN). ● *vb* (*put lining in*) cuir líneáil i.
□ **line up** (*in queue*) déan scuaine, téigh i líne; **2** (*arrange*) cuir i líne; **3** (*organize*) eagraigh.

lined *adj* **1** (*paper*) líneach; **2** (*face*) rocach.

linen *n* líon *m1*, líneádach *m1*; bed-linen líon leapa.

liner *n* **1** (*ship*) línéar *m1*; **2** bin liner mála *m4* bruscair.

linesman *n* maor *m1* líne.

line-up *n* **1** (*row*) scuaine *f4*; a line-up of suspects scuaine daoine a bhfuiltear in amhras orthu; **2** (*team*) foireann *f2*, liosta *m4* foirne.

linger *vb* moilligh.

lingerie *n* éadaí *m(pl)1* cnis.

lingering *adj* fada; a lingering look féachaint fhada; a lingering doubt amhras gan scaipeadh.

linguist *n* teangeolaí *m4*.

linguistics *n* teangeolaíocht *f3*.

lining *n* líneáil *f3*.

link *n* **1** (*connection*) ceangal *m1*, nasc *m1*; cultural links between two countries ceangail chultúrtha idir dhá thír; **2** (*in chain*) lúb *f2*; **3** golf links machaire gailf. ● *vb* ceangail; to link something with something rud a cheangail le rud eile; to be linked to something bheith ceangailte de rud.
□ **link up** tar le chéile.

lino, linoleum *n* líonóil *f2*.

linseed oil *n* ola *f4* rois.

lion *n* leon *m1*.

lip *n* béal *m1*, liopa *m4*; lips beola *m(pl)1*.

lip-read *vb* léigh liopaí.

lip service *n* béalghrá *m4*; to pay lip service to something bealghrá a thabhairt do rud.

lipstick *n* béaldath *m3*.

liqueur *n* licéar *m1*.

liquid *n* leacht *m3*. ● *adj* leachtach.

liquidize *vb* leachtaigh.

liquidizer *n* leachtaitheoir *m3*.

liquor *n* liocáir *f2*, biotáille *m4*.

liquorice *n* liocras *m1*.

lisp *n* gliscín *f4*. ● *vb* labhair go briotach.

list n liosta m4. ● vb liostaigh, déan liosta.

listen vb éist; to listen to somebody éisteacht a thabhairt do dhuine; to listen to music éisteacht le ceol; listen to this! éist leis seo!

listener n éisteoir m3.

listless adj spadánta, marbhánta.

litany n liodán m1.

literacy n litearthacht f3.

literal adj litearrtha, litriúil; the literal sense an chiall litearrtha.

literally adv go litearrtha.

literary adj litearrtha.

literate adj litearrtha.

literature n 1 (poetry, novels, etc.) litríocht f3; 2 (information, published research) leabhráin m1 eolais.

Lithuania n an Liotuáin f2.

litigation n plé m4 dli.

litter n 1 (rubbish) bruscar m1; 2 (of animals) ál m1.

litter bin n bosca m4 bruscair.

littered adj littered with breac le.

little adj beag; a little piece píosa beag; a little shop siopa beag.
● adv little did she think that... is lag a shíl sí go...; little by little beagán ar bheagán; he's a little older than her tá sé beagán níos sine ná í. ● pron a little beagán; I'll just have a little ní bheidh ach beagán agam.

live¹ vb 1 (exist) mair; she lived in the seventeenth century mhair sí sa seachtú haois déag; 2 (reside) cónaigh; he lives in Limerick tá sé ina chónaí i Luimneach.

□ **live down:** he'll never live this down ní bheidh tógáil a chinn aige arís.

□ **live on:** to live on something bheith beo ar rud.

□ **live together:** they're living together tá siad in aontíos.

□ **live up to 1** (person) to live up to one's reputation bheith incurtha le do cháil; **2** (thing, place) it doesn't live up to expectations ní cathair mar a tuairisc í.

live² adj beo.

livelihood n slí f4 bheatha.

lively adj anamúil, beoga.

liver n ae m4.

Liverpool n Learphol m1.

livestock n beostoc m1.

livid adj 1 (angry) le báiní, le ceangal; 2 (colour) glasghnéitheach.

living n maireachtáil f3; standard of living caighdeán maireachtála; to earn a living do chuid a shaothrú.

living conditions n cóir f3 mhaireachtála.

living room n seomra m4 teaghlaigh.

lizard n laghairt f2.

load n 1 (weight) ualach m1; it's a heavy load is ualach trom é; 2 (cargo) lasta m4; 3 a load of an-chuid (+GEN); ➤ that's only a load of rubbish níl ansin ach seafóid. ● vb lódáil; to load a lorry leoraí a lódáil; to load a gun gunna a lódáil; to load software bogearraí a lódáil.

loaded adj 1 an-saibhir; her father's loaded tá a hathair an-saibhir; 2 (question) cealgach.

loaf n bollóg f2.

loan n iasacht f3. ● vb tabhair ar iasacht.

loath adj to be loath to do something drogall a bheith ort rud a dhéanamh.

loathe vb to loathe someone an ghráin a bheith agat ar dhuine; she loathes doing it ní lú léi an sioc samhraidh ná é a dhéanamh.

lobby n **1** (*foyer*) forsheomra m4;
2 (*group*) brúghrúpa m4. ● vb
cuir brú ar; to lobby a politician
brú a chur ar pholaiteoir.

lobster n gliomach m1.

local n **1** (*pub*) teach m (gen tí)
tábhairne áitiúil; **2 the locals**
(*people*) muintir na háite; adj
áitiúil, logánta.

local anaesthetic n
ainéistéiseach m1 logánta.

local call n glao m4 áitiúil.

local government n rialtas m1
áitiúil.

locate vb **1** (*find*) aimsigh;
2 (*situate*) suigh; to locate a com-
pany in Dublin comhlacht a
shuíomh i mBaile Átha Cliath.

location n láthair f (gen
láithreach); a suitable location
láthair oiriúnach; the film was
made on location rinneadh an
scannán ar láthair amuigh.

loch n loch m3.

lock n **1** (*for closing*) glas m1;
2 (*on canal*) loc m1; **3** (*of hair*)
dlaoi f4. ● vb cuir glas ar; to lock
a door glas a chur ar dhoras.
□ **lock in** cuir faoi ghlas.
□ **lock out**: to lock someone out
an glas a chur ar an doras roimh
dhuine.
□ **lock up 1** to lock somebody
up duine a chur faoi ghlas; **2 to
lock up a house** glas a chur ar an
teach.

locker n taisceadán m1.

locket n loicéad m1.

locksmith n glasadóir m3.

locomotive n inneall m1
traenach.

lodge n (*gatehouse*) teach m1
geata. ● vb **1** to lodge with
someone bheith ar lóistín ag
duine; **2** (*become fixed*) lonnaigh;
3 to lodge a complaint gearán a
chur isteach; (*money, valuables*)
lóisteáil.

lodger n lóistéir m3.

lodgings npl lóistín m(sg)4.

loft n lochta m4.

log n (*of wood*) lomán m1. ● vb
breac síos; to log a report
tuairisc a bhreacadh síos.
□ **log off** (*on computer*) log as.
□ **log on** (*on computer*) log ann.

logic n loighic f2.

logical adj loighciúil.

logistics n loighistic f2.

loiter vb bheith ag fálróid.

lollipop n líreacán m1.

London n Londain f (gen
Londan).

loneliness n uaigneas m1,
cumha m4.

lonely adj uaigneach.

long adj fada; **she has long hair**
tá gruaig fhada aici; **a long road**
bóthar fada; **how long is it?** cén
fad é? ● adv i bhfad; **I won't be
long** ní bheidh mé i bhfad; **long
before you were born** i bhfad
sular rugadh tú; **long after that** i
bhfad ina dhiaidh sin; **as long as**
a fhad is; **long ago** fadó. ● vb to
long for something bheith ag
tnúth le rud.

long-distance adj cian-; **a long-
distance call** cianghlaoch.

Longford n an Longfort m1.

long-haired adj fadfholtach.

longing n tnúth m3.

longitude n domhanfhad m1.

long jump n léim f2 fhada.

long-life adj fadsaolach,
marthanach.

long-range adj **1** fadraoin(gen of
n); **long-range missile** diúracán
fadraoin; **2** (*long-term*)
fadtréimhseach; **long-range
forecast** réamhaisnéis
fhadtréimhseach.

long-sighted adj fadradharcach.

longstanding adj
seanbhunaithe.

long-term adj fadtéarma (gen of n), fadtréimhseach. ● n in the long term san fhadtéarma.

long wave n fadtonn f2.

long-winded adj leadránach.

loo n teach m an asail.

look n 1 (glance) féachaint f3; to take a look at something féachaint a thabhairt ar rud; she gave him a strange look thug sí féachaint ait air; 2 (appearance) cuma f4, dealramh m1; I don't like the look of him ní maith liom an cruth atá air; 3 (good) looks dathúlacht. ● vb 1 féach, amharc; he looked at her d'fhéach sé uirthi; look at that! féach air sin; 2 you're looking well tá tú ag féachaint go maith; 3 (seek) lorg; she's looking for her passport tá sí ag lorg a pas; 4 (seem) dealraigh; it looks like there will be an election dealraíonn sé go mbeidh toghchán ann; 5 (face) the house looks towards the sea tá aghaidh an tí leis an bhfarraige.

□ **look after** tabhair aire do; who will look after the children? cé a thabharfaidh aire do na leanaí?

□ **look at** féach ar; to look at a picture féachaint ar phictiúr.

□ **look back** féach siar; to look back on something féachaint siar ar rud.

□ **look down on**: to look down on someone drochmheas a bheith agat ar dhuine.

□ **look for** lorg, cuardaigh.

□ **look forward to**: to look forward to something bheith ag tnúth le rud.

□ **look into** fiosraigh.

□ **look out** 1 (be careful) look out! seachain!; 2 to look out for someone bheith ar d'aire do dhuine.

□ **look round** féach timpeall.

□ **look up 1** (raise one's eyes) féach suas; **2** things are looking up tá feabhas ag teacht ar chúrsaí; **3** (search for) cuardaigh; to look up a telephone number uimhir theileafóin a chuardach.

□ **look up to**: to look up to someone meas a bheith agat ar dhuine.

lookout n 1 (sentry) fear m1 faire; 2 (position) faire f4; 3 to be on the lookout for something bheith ag faire amach le rud.

loom n seol m1. ● vb 1 (appear) nocht; a man loomed out of the darkness nocht fear as an dorchadas; 2 (come close) bagair; the exams are looming tá na scrúduithe ag bagairt.

loop n lúb f2.

loophole n lúb f2 ar lár.

loose adj 1 (joint, connection) ar bogadh; a loose screw scriú ar bogadh; 2 (garment) scaoilte; a loose dress gúna scaoilte. ● n on the loose ag imeacht le sícd.

loose change n sóinseáil f3.

loosely adv go scaoilte.

loosen vb scaoil.

lord n tiarna m4; the Lord God an Tiarna Dia; good Lord! a Thiarna (Dia)!; the House of Lords Teach na dTiarnaí.

lorry n leoraí m4.

lorry driver n tiománaí m4 leoraí.

lose vb caill; to lose one's way dul amú; get lost! bailigh leat!

loss n cailliúint f3.

lost adj caillte.

lost and found n (office) oifig f2 na mbeart caillte.

lot n 1 (fate) cinniúint f3, dán m1; 2 (in auction) luchtóg f2; 3 (whole amount) iomlán m1; the lot an t-iomlán; 4 to draw lots for something rud a chur ar chrainn; 5 a lot of/lots of an-chuid (+GEN);

6 a lot (*much*) i bhfad; a lot better i bhfad níos fearr.

lotion *n* lóis *f2*.

lottery *n* crannchur *m1*; **the National Lottery** an Crannchur Náisiúnta; **to do the lottery** an lotó a dhéanamh.

loud *adj* **1** ard; **a loud voice** guth ard; **2** (*gaudy*) gáifeach. ● *adv* go hard.

loudspeaker *n* callaire *m4*.

lough *n* loch *m3*; **Lough Derg** Loch Dearg; **Lough Erne** Loch Éirne; **Lough Neagh** Loch nEathach.

lounge *n* **1** (*in home*) seomra *m4* suí; **2** (*in hotel, pub*) tolglann *f2*.

louse *n* míol *m1* cnis.

lousy *adj* **1** (*awful*) ainnis; **lousy weather** aimsir ainnis; **2** (*paltry*) scallta; **a lousy five pounds** cúig phunt scallta.

lout *n* bodach *m1*.

Louth *n* Lú *m4*.

lovable *adj* geanúil.

love *n* grá *m4*; **to be in love with someone** bheith i ngrá le duine; **they fell in love** thit siad i ngrá le chéile. ● *vb* **1** (*person*) gráigh; **to love someone** duine a ghrá; **2** (*thing*) **I love music** is breá liom ceol.

love affair *n* caidreamh *m1* suirí.

lovely *adj* álainn, gleoite.

lover *n* **1** leannán *m1*; **2** **he's a great lover of poetry** is fear mór filíochta é.

loving *adj* grámhar.

lovingly *adv* go grách.

low *n* **1** (*area of low pressure*) lagbhrú *m4*; **2 at an all time low** in umar na haimléise. *adj* **3** íseal; **a low bridge** droichead íseal; **4 to feel low** (*depressed*) bheith in isle brí; **5** (*common*) comónta; **6** (*base*) lábánta. ● *adv* go híseal.

low-alcohol *adj* ar bheagán alcóil.

lower *adj* íochtarach. ● *vb* ísligh.

low-fat *adj* ar bheagán saille.

lowlands *npl* ísealchríoch *f*(*sg*)*2*.

loyal *adj* dílis.

loyalty *n* dílseacht *f3*.

L-plates *npl* L-phlátaí *m*(*pl*)*4*.

Ltd *abbrev* Tta (*Teoranta*).

lubricate *vb* bealaigh.

luck *n* ádh *m1*; **good luck!** ádh mór ort!

luckily *adv* ar an dea-uair, go hámharach.

lucky *adj* ádhúil, ámharach; **she was (very) lucky** bhí an t-ádh (dearg) uirthi.

luggage *n* bagáiste *m4*.

lukewarm *adj* **1** bogthe; **lukewarm water** uisce bogthe; **2** (*reception*) patuar.

lull *n* **1** (*in storm*) eatramh *m1*; **2** (*in conversation*) tost *m3*. ● *vb* **to lull a child to sleep** leanbh a chealgadh chun codlata.

lullaby *n* suantraí *f4*.

lumbago *n* lumbágó *m4*.

lump *n* **1** cnap *m1*; **a lump of coal** cnap guail; **2 a sugar lump** cnap siúcra; **3** (*swelling*) meall *m1*. ● *vb* **to lump things together** rudaí a chaitheamh le chéile.

lump sum *n* cnapshuim *f2*.

lumpy *adj* **1** cnapach; **2** (*of food*) stolptha; **lumpy porridge** leite stolptha.

lunatic *n* gealt *f2*. ● *adj* buile; **a lunatic idea** smaoineamh buile.

lunch *n* lón *m1*.

luncheon voucher *n* dearbhán *m1* lóin.

lunchtime *n* am *m1* lóin.

lung *n* scamhóg *f2*.

lupin *n* lúipín *m4*.

lurch *n* **to leave someone in the lurch** duine a fhágáil san abar. ● *vb* guailleáil.

lure n mealladh m (gen meallta). ● vb meall.

lurk vb téaltaigh; **to lurk in the darkness** bheith ag téaltú sa dorchadas.

lust n **1** (sexual) drúis f2; **2** (desire) saint f2; **lust for money** saint chun airgid. ● vb santaigh; **to lust after something** rud a shantú.

lusty adj fuinniúil.

Lutheran n Liútarach m1. ● adj Liútarach.

Luxembourg n Lucsamburg m4.

luxurious adj macnasach.

luxury n ollmhaitheas m1.

lying n bréagadóireacht f3. ● adj bréagach.

lyrical adj liriceach.

lyrics npl lirici f(pl)2.

....

Mm

....

M.A. n Máistir m4 Ealaíne.

mac n (raincoat) cóta m4 báistí.

macabre adj macabre.

macaroni n macarón m1.

Macedonia n an Mhacadóin f2.

machine n inneall m1, meaisín m4.

machine gun n meaisinghuna m4.

machinery n inneallra m4, maicréal m1.

mackerel n ronnach m1.

macro n (on computer) macra m4.

mad adj **1** (ar) buile; **he's mad tá sé ar buile; a mad person** duine buile; **a mad dog** madra buile; **2 he was mad with me** bhí sé ar

buile liom; **3 to be mad about someone** bheith fiáin i ndiaidh duine; **to be mad for something** bheith ar gabhair chun ruda.

madam n (in greeting) a bhean uasal.

mad cow disease n aicíd f2 bólachta, mire f4 na mbó.

madden vb cuir buile ar; **to madden someone** duine a chur ar buile.

madly adv **he's madly in love with her** tá sé go mór i ngrá léi.

madman n fear m1 buile.

madness n **1** (insanity) gealtacht f3; **2** (foolishness) díth f2 céille; **it's madness to do that is díth céille é é sin a dhéanamh.

madwoman n bean f (gen mná) buile.

magazine n **1** (publication) iris f2; **2** (weapons) armlann f2.

maggot n cruimh f2.

magic n draíocht f3. ● adj **1** draíochta(gen of n); **a magic spell** briocht draíochta; **2** (brilliant) ar fheabhas; **it was magic! bhí sé ar fheabhas!

magical adj draíochtach.

magician n draíodóir m3.

magistrate n giúistís m4.

magnet n maighnéad m1.

magnetic adj maighnéadach.

magnificent adj **1** (wonderful) iontach; **she looks magnificent tá cuma iontach uirthi; a magnificent feat éacht iontach; **2** (excellent) thar barr; **it was magnificent bhí sé thar barr; **3** (impressive) suntasach; **a magnificent building foirgneamh suntasach.

magnify vb formhéadaigh.

magnifying glass n gloine f4 formhéadúcháin.

magpie n meaig f2, snag m3 breac.

mahogany n mahagaine m4.

maid n (servant) cailín m4 aimsire.

maiden n ainnir f2, maighdean f2.

mail n 1 (service) post m1; 2 (letters) litreacha f(pl). ● vb cuir sa phost; **to mail a letter** litir a chur sa phost.

mail box n bosca m4 poist.

mail-order n postdíol m3.

main n in the main den chuid is mó. ● adj príomh-, mór; **the main road** an príomhbhóthar.

mainland n mórthír f2.

mainly adv den chuid is mó, go príomha.

mains npl 1 (main pipe) príomhphíopa m4; 2 (electrical) príomhlíonra m4.

maintain vb 1 (keep up) coimeád, coinnigh; **to maintain a high standard** caighdeán ard a choimeád; 2 (insist) dearbhaigh; **he maintains that...** dearbhaíonn sé go...; 3 (sustain) cothaigh.

maintenance n 1 (upkeep) cothabháil f3; 2 (alimony) liúntas m1 cothabhála.

maize n min f2 bhuí.

majestic adj mórga.

majesty n mórgacht f3. **your Majesty** a Mhórgacht.

major n maor m1. ● adj mór-; **a major development** mórfhorbairt; **a major operation** mórsceanairt; **major key** (in music) mórghléas.

Majorca n Mallarca m4.

majority n móramh m1, tromlach m1.

make n déanamh m1, cineál m1; **what make is it?** cén déanamh atá air? ● vb 1 déan; **I've made a cake** tá ciste déanta agam; **to make money** airgead a dhéanamh; **to make friends** cairde a dhéanamh; **he'll never make a footballer** ní dhéanfaidh sé peileadóir riamh; **to make a**

fool of someone amadán a dhéanamh de dhuine; 2 **to make one's bed** do leaba a chóiriú; 3 (cause to be) cuir; **to make someone tired** tuirse a chur ar dhuine; **he made her ashamed** chuir sé náire uirthi; 4 (estimate) déan amach; **I make it that we have about a twenty miles to go** déanaim amach go bhfuil fiche míle le dul againn.

□ **make for** tabhair aghaidh ar; **she made for the door** thug sé aghaidh ar an doras.

□ **make of** déan de.

□ **make off** bain as; **they made off** bhain siad as.

□ **make out** 1 (understand) déan amach; 2 (write) scríobh amach; **to make out a cheque to someone** seic a scríobh amach do dhuine.

□ **make up** 1 (invent) cum; **to make up a story** scéal a chumadh; 2 (compensate) cúitigh; **to make up for a mistake** dearmad a chúiteamh; 3 **to make up one's mind** d'aigne a dhéanamh suas; 4 (put together) cur le chéile; **to make up a prescription** oideas a chur le chéile; **to make up a parcel** beart a chur le chéile.

makeshift adj **a makeshift classroom** leithscéal de sheomra ranga.

make-up n smideadh m1.

make-up remover n glantóir m3 smididh.

making n 1 (act of making) déanamh m1; **the making of a film** déanamh scannáin; 2 **makings** mianach m1, ábhar m1; **she has the makings of a great musician** tá mianach mórcheoltóra inti.

malaria n maláire f4.

Malaysia n an Mhalaeisia f4.

male n fireannach m1. ● adj fireannach; **a male child** leanbh fir.

malevolent *adj* drochaigeanta.

malice *n* mailís *f2*, mioscais *f2*.

malicious *adj* mailíseach, mioscaiseach.

malignant *adj* urchóideach.

mall *n* malla *m4*; **shopping mall** malla siopadóireachta.

malt *n* braich *f2*; **malt house** teach braiche; **malt whiskey** uisce beatha braiche. ● *adj* braiche (*gen of n*).

Malta *n* Málta *m4*.

mam *n* mam *f2*.

mammal *n* mamach *m1*.

mammograph *n* mamagraf *m1*.

mammy *n* mamaí *f4*.

man *n* **1** fear *m1*; **a married man** fear pósta; **a single man** fear singil; **2** (*human race*) an duine *m4*. ● *vb* cuir foireann ar.

manage *vb* **1** (*company, shop*) stiúir; **to manage a company** comhlacht a stiúradh; **2** (*succeed*) éirigh le; **I managed to do it** d'éirigh liom é a dhéanamh.

manageable *adj* soláimhsithe.

management *n* bainistíocht *f3*.

manager *n* bainisteoir *m3*.

manageress *n* bainistreás *f3*.

managerial *adj* bainistíochta (*gen of n*).

managing director *n* stiúrthóir *m3* bainistíochta.

Manchester *n* Manchain *f4*.

mandarin *n* (*fruit*) mandairín *m4* ● *adj* Mandairíneach.

mane *n* moing *f2*.

mango *n* mangó *m4*.

mangy *adj* clamhach.

manhole *n* dúnpholl *m1*.

manhood *n* **1** (*age*) aois *f2* fir; **2** (*virility*) feargacht *f3*.

mania *n* máine *f4*.

maniac *n* máineach *m1*, gealt *f2*.

manic *adj* buile.

manicure *n* lámh-mhaisiú *m* (*gen* lámh-mhaisithe).

manifest *n* lastliosta *m4*. ● *adj* soiléir. ● *vb* taispeáin.

manifesto *n* forógra *m4*.

manipulate *vb* láimhsigh, ionramháil; **to manipulate someone/something** duine/rud a láimhseáil.

mankind *n* an cine *m4* daonna.

manly *adj* fearúil.

man-made *adj* saorga; **a man-made material** ábhar saorga.

manner *n* **1** (*way*) slí *f4*, caoi *f2*; **the manner in which she spoke to me** an tslí inar labhair sí liom; **in a correct manner** i slí cheart; **2** (*type*) cineál *m1*; **what manner of man is he?** cén cineál fir é?

mannerism *n* gothaíocht *f3*.

manners *npl* béasa *m(pl)3*.

manoeuvre *n* **1** (*movement*) beart *m1*; **2** (*military*) inlíocht *f3*. ● *vb* ionramháil.

manor *n* mainéar *m1*.

manpower *n* daonchumhacht *f3*.

mansion *n* teach *m1* mór; **the Mansion House** Teach an Ard-Mhéara.

manslaughter *n* dúnorgain *f3*.

mantelpiece *n* matal *m1*.

manual *n* lámhleabhar *m1*. ● *adj* láimhe(*gen of n*); **manual work** obair láimhe.

manufacture *n* déantús *m1*. ● *vb* déan.

manufacturer *n* déantóir *m3*.

manure *n* aoileach *m1*, leasú *m* (*gen* leasaithe).

manuscript *n* lámhscríbhinn *f2*.

Manx *n* Manainnis *f2*. ● *adj* Manannach.

many *adj* *pron* **1** mórán (+GEN), a lán (+GEN); **many people say that...** deir mórán daoine go...; **does he have many friends?** an

map 183 **mashed potatoes**

bhfuil mórán cairde aige?; no, not many níl, níl mórán aige; many of my friends live in Dublin tá morán de mo chuid cairde ina gcónaí i mBaile Átha Cliath; **2** many a is iomaí; many a person has asked that question is iomaí duine a chuir an cheist sin; I was there many a time is iomaí uair a bhí mé ann. **3** too many an iomarca (+GEN); **4** (things) how many? an mó ceann?; how many people were there? an mó duine a bhí ann.

map n learscáil f2, mapa m4; a map of the world léarscáil an domhain. ● vb léarscáiligh.

marathon n maratón m1.

marble n **1** (material) marmar m1; **2** (toy) mirlín f4.

march n **1** (journey) máirseáil f3; **2** (protest) mórshiúl m1. ● vb máirseáil.

March n Márta m4.

mare n láir f (gen lárach).

margarine n margairín m4.

margin n **1** (edge) imeall m7; to write something in the margin of a page rud a scríobh in imeall leathanaigh; **2** margin for error lamháil earráide; **3** profit margin corrlach m1.

marginal adj imeallach.

marigold n ór m1 Muire.

marijuana n marachuan m1.

marina n muirine m4.

marine adj mara(gen of n).

marital adj pósta(gen of n); marital status stádas pósta.

mark n **1** marc m1; there's a mark on the table cloth tá marc ar an éadach boird; he got a good mark in the exam fuair sé marc maith sa scrúdú; ten marks (currency) deich marc; **2** (stain) smál m1; **3** (imprint) rian m1; a tooth mark rian fiacaile. ● vb **1** marcáil, cuir

marc air; to mark exam papers páipéir scrúdaithe a mharcáil. ▢ **mark out** marcáil.

marker n **1** (pen) marcóir m3; **2** (person) marcálaí m4; **3** (sign) comhartha m4.

market n margadh m1. ● vb cuir ar an margadh.

marketing n margaíocht f3.

market research n taighde m4 margaidh.

marmalade n marmaláid f2.

maroon n marún m1. ● adj marúin(gen of n). ● vb sáinnigh; to be marooned bheith fágtha ar an oileán uaigneach.

marquee n ollphuball m1.

marriage n pósadh m (gen pósta).

marriage certificate n teastas m1 pósta.

married adj pósta.

marrow n **1** (vegetable) mearóg f2; **2** (of bone) smior m3.

marry vb pós.

Mars n Mars m3.

marsh n riasc m1.

marshal n **1** (rank) marascal m1; **2** (in sport) maor m1. ● vb eagraigh.

martyr n mairtíreach m1. ● vb mairtirigh.

marvel n iontas m1. ● vb to marvel at something iontas a dhéanamh de rud.

marvellous adj iontach.

Marxism n Marxachas m1.

Marxist n Marxach m1. ● adj Marxach.

marzipan n prásóg f2.

mascara n mascára m4.

masculine adj **1** fireann; **2** (in grammar) firinscneach.

mash vb brúigh.

mashed potatoes npl brúitín m(sg)4.

mask n masc m1. ● vb masc,
folaigh.

mason n 1 (freemason) máisiún
m1; 2 (builder) saor m1 cloiche.

masonry n saoirseacht f3
chloiche.

mass n 1 (ceremony) aifreann m1;
to go to mass dul ar aifreann;
2 (volume) toirt f2; 3 **the masses**
na sluaite; 4 **masses of...**
an-chuid Éireann... ● adj oll-;
mass production olltáirgeadh.

massacre n ár m1.

massage n suathaireacht f3.
● vb suaith.

massive adj oll-.

massively adv prices have been
massively reduced tá
an-ghearradh déanta ar
phraghsanna.

mast n 1 (of ship) crann m1 seoil;
2 (radio) crann m1.

master n máistir m4; Master of
Ceremonies fear an tí; Master of
Science Máistir Eolaíochta. ● vb
1 (gain competence in) máistrigh;
to master a foreign language
teanga iasachta a mháistreacht;
2 (control) smachtaigh.

mastermind vb stiúir; he mas-
terminded the robbery stiúir sé
an robáil.

masterpiece n sárshaothar m1.

mat n mata m4; a door mat mata
tairsí.

match n 1 (sporting event)
cluiche m4; 2 (for lighting) lasán
m1; 3 (equivalent) macasamhail
f3; 4 (equal) diongbháil f3; he
met his match casadh fear a
dhiongbhála air; 5 (marriage)
cleamhnas m1; to make a match
(between) cleamhnas a
dhéanamh (idir). ● vb 1 (in
colour) téigh le; it will match your
dress rachaidh sé go maith le do
ghúna; 2 (be equal to) bí
inchurtha le; he can't match her

at swimming níl sé inchurtha léi
ag snámh.

matchbox n bosca m4 lasán.

matching adj ag teacht dá
chéile, ag freagairt dá chéile.

mate n 1 (friend) páirtí m4; he's
an old mate of mine seanpháirtí
liom is ea é; 2 (partner) céile m4;
3 (in the navy) máta m4; 4 (of
bird) leathéan m1. ● vb cúpláil.

material n 1 (information,
substance) ábhar m1; material for
a book ábhar leabhair; raw
material amhábhar; materials
ábhar; 2 (fabric) éadach m1.
● adj saolta; **material wealth**
maoin shaolta.

materialize vb the plans never
materialized níor tháinig bun ar
na pleananna.

maternal adj 1 máthartha; 2 (re-
lation) ar thaobh na máthar.

maternity n máithreachas m1.
● adj máithreachais(gen of n).

maternity leave n saoire f4
mháithreachais.

mathematician n
matamaiticeoir m3.

mathematics n matamaitic f2.

matinée n nóinléiriú m (gen
nóinléirithe).

matriculation n máithreánach
m1.

matrimony n pósadh m (gen
pósta), lánúnas m1.

matrix n maitrís f2.

matron n mátrún m1.

matt adj neamhlonrach.

matter n 1 (topic) ábhar m1; the
matter which is being discussed
an t-ábhar atá á phlé; as a matter
of fact i ndáiríre; 2 matters (af-
fairs) cúrsaí; 3 (in physics)
damhna m4; 4 what's the matter
with him? cad atá cearr leis? ● vb
it doesn't matter is cuma faoi; it
doesn't matter to me is cuma

liom faoi; it matters to me tá sé
tábhachtach domsa.

matter-of-fact adj
fuarchúiseach.

mattress n tocht m3.

mature adj aibí, lánfhásta; a ma-
ture student mac léinn aibí. ● vb
1 (person) tar in inmhe; **2** (wine,
cheese, etc.) aibigh.

maximum n uasmhéid f2. ● adj
uas-; maximum temperature
uasteocht.

may vb **1** féad; you may go out if
you wish féadann tú dul amach
más maith leat; I may say that...
féadaim a rá go...; **2** (asking
permission) may I smoke here?
an bhfuil cead agam tobac a
chaitheamh anseo?; **2** (wishes,
prayers) may God help us! go
bhfóire Dia orainn!

May n Bealtaine f4; May Day Lá
Bealtaine.

maybe adv b'fhéidir; maybe
you're right b'fhéidir go bhfuil an
ceart agat.

Mayo n Maigh f2 Eo.

mayonnaise n maonáis f2.

mayor n méara m4.

mayoress n banmhéara m4.

maze n lúbra m4.

me pron **1** mé; can you hear me?
an féidir leat mé a chloisteáil?;
he was annoying me bhí sé do
mo chrá; he spoke to me labhair
sé liom; **2** (emphatic) mise;
'who's there?' – 'it's me!' 'cé atá
ansin?' – 'is mise atá ann'; **3** (in-
direct object) he spoke to me
labhair sé liom; she sent it to me
sheol sí chugam é.

meadow n móinéar m1.

meagre adj gortach.

meal n **1** (food, occasion) béile
m4; **2** (flour) min f2.

mealtime n am m1 béile.

mean n meán m1. ● adj
1 (miserly) sprionlaithe; he's very

mean with money tá sé
an-sprionlaithe le hairgead;
2 (unkind) suarach; it was a
mean thing to do ba shuarach an
gníomh é; **3** (wretched) dearóil;
4 (tough) garbh; he looks mean
tá cuma gharbh air. ● vb
1 ciallaigh; what does it mean?
cad a chiallaíonn sé?; this means
that... ciallaíonn sé seo go...; what
do you mean by that? cad atá i
gceist agat leis sin?; **2** (intend) I
meant to read it bhí sé ar intinn
agam é a léamh.

meaning n ciall f2, brí f4.

meaningful adj **1** (discussion)
fuaimintiúil; **2** (look) lán de bhrí.

meaningless adj gan chiall, gan
bhrí; a meaningless statement
ráiteas gan chiall.

meanness n **1** (with money)
sprionlaitheacht f3; **2** (unkind-
ness) suarachas m1.

means npl **1** (way) caoi f(sg)2; to
have the means to do something
caoi a bheith agat chun rud a
dhéanamh; **2** (financial)
acmhainn f2; they're living be-
yond their means is mó a mála
ná a sóláthar.

meanwhile adv idir an dá linn.

measly adj scallta; a measly few
pounds cúpla punt scallta.

measure n **1** (action) beart m1;
security measures beartanna
slándála; **2** (unit) tomhas m1; a
measure of vodka tomhas vodka;
3 (used for measuring) miosúr
m1. ● vb tomhais; to measure
something rud a thomhas; it
measures twenty feet long tá sé
fiche troigh ar fhad.

measurement n (size) tomhas
m1.

meat n feoil f3.

Meath n an Mhí f4.

Mecca n Meice f4.

mechanic n meicneoir m3.

mechanical adj meicniúil.

mechanics n meicnic f2.

mechanism n meicníocht f3.

medal n bonn m1; a gold medal bonn ór.

medallist n bonnbhuaiteoir m3.

meddle vb 1 to meddle with something baint le rud; 2 to meddle in other people's affairs do ladar a chur isteach i ngnóthaí daoine eile.

media n meáin m(pl)1 chumarsáide.

medical n scrúdú m leighis. ● adj leighis (gen of n).

medication n leigheas m1.

medicine n 1 (substance) cógas m1; 2 (discipline) leigheas m1.

medieval adj meánaoiseach.

mediocre adj lagmheasartha.

meditate vb meabhraigh.

meditation n meabhrú m (gen meabhraithe).

Mediterranean n the Mediterranean (Sea) an Mheánmhuir. ● adj Meánmhuirí.

medium n 1 (means, material) meán m1; the medium of theatre meán na drámaíochta; 2 (clairvoyant) (male) fear m1 feasa, bean f (gen mná) feasa. ● adj meán-; medium wave meántonn.

meet vb buail le, cas ar; I met her at the shop bhuail mé léi ag an siopa; I'll meet you tomorrow buailfidh mé leat amárach.

meeting n cruinniú m (gen cruinnithe).

mega- pref meigea-, meigi-.

megabyte n meigeabheart m1.

megaphone n callaire m4.

melancholy n gruaim f2, an galar m1 dubhach. ● adj gruama.

mellow adj 1 (person, atmosphere) séimh; 2 (flavour) méith.

melodramatic adj mealdránatach.

melody n fonn m1.

melon n mealbhacán m1.

melt vb leáigh.

member n 1 (of club) ball m1; he's a member of the chess club is ball den chumann fichille é; 2 (of parliament) feisire m4; Member of Parliament Feisire Parlaiminte.

membership n ballraíocht f3.

memento n cuimhneachán m1.

memo, memorandum n meamram m1.

memoirs npl cuimhní f(pl)4 cinn.

memorial n leacht m3 cuimhneacháin. ● adj cuimhneacháin (gen of n).

memorize vb cuir do ghlanmheabhair.

memory n cuimhne f4; he has a good memory tá cuimhne mhaith aige; she has no memory of it níl aon chuimhne aici air; happy memories cuimhní sona; if my memory serves me well más buan mo chuimhne; in memory of... i gcuimhne ar...

menace n 1 (threat) bagairt f3; 2 (annoyance) crá m4 croí.

menacing adj bagrach.

mend n he's on the mend tá sé ag bisiú. ● vb deisigh; to mend a machine meaisín a dheisiú; the bone is mending tá an chnámh ag deisiú; ➤ to mend one's ways do bhéasa a athrú.

menial adj uiríseal.

meningitis n meiningíteas m1.

menopause n (female) sos m3 míostraithe, (male) athrú m saoil.

menstruate vb míostraigh.

menstruation n fuil f (gen fola) mhiosta.

mental adj intinne (gen of n), meabhair-.

mentality n meon m1.

mention n tagairt f3; he made no mention of it ní dhearna sé aon tagairt dó. ● vb déan tagairt do, luaigh; to mention something tagairt a dhéanamh do rud; don't mention it! ní faic é!

menu n 1 (in restaurant) biachlár m1; 2 (on computer) roghchlár m1.

MEP n (Member of the European Parliament) Feisire m4 Eorpach.

mercenary n amhas m1. ● adj santach.

merchandise n earraí m(pl)4.

merchant n ceannaí m4.

merciful adj trócaireach.

merciless adj mithrócaireach.

mercury n mearcair m4.

Mercury n Mercair m4.

mercy n trócaire f4; to have mercy on someone trócaire a dhéanamh ar dhuine; Lord have mercy! A Thiarna déan trócaire!

mere adj glan; a mere coincidence comhtharlú glan; it's a mere scratch níl ann ach scríob.

merely adv merely by mentioning his name.. gan ach a ainm a lua..; I meant it merely as a joke ní raibh i gceist agam ach scéal grinn.

merge vb 1 (colours, shapes, companies) cumaisc; 2 (roads) tar le chéile.

merger n cumasc m1.

meringue n meireang m4.

merit n fiúntas m1, tuillteanas m1. ● vb tuill.

mermaid n maighdean m4 mhara.

merry adj 1 (happy) sona; Merry Christmas! Nollaig shona!; 2 (tipsy) súgach.

merry-go-round n áilleagán m1 intreach.

mess n 1 (dirty or untidy state) prácás m1; to make a mess

prácás a dhéanamh; 2 (state of disorder) praiseach m1; the place is in a mess tá an áit ina phraiseach; 3 (muddle) to get oneself into a mess tú féin a chur san fhaopach. □ mess about bí ag pleidhchíocht; stop messing about! ná bí ag pleidhchíocht! ● mess up déan praiseach de; to mess something up praiseach a dhéanamh de rud.

message n teachtaireacht f3.

messenger n teachtaire m4.

messy adj ina phraiseach.

metabolism n meitibileacht f3.

metal n miotal m1.

metaphor n meafar m1.

meteorology n meitéareolaíocht f3.

meter n 1 méadar m1; water meter méadar uisce; parking meter méadar páirceála.

method n modh m3.

methodical adj críochnúil.

Methodist n Modhach m1.

methylated spirits n biotáille m4 mheitileach.

metric adj méadrach.

Mexico n Meicsiceo m4.

micro- pref micrea-, micrí-.

microchip n micrishlis f2.

microphone n micreafón m1.

microprocessor n micreaphróiseálaí m4.

microscope n micreascóp m1.

microwave (oven) n oigheann m1 micreathoinne.

mid- adj lár-; in mid-air idir spéir is talamh; mid-term break briseadh lártéarma.

midday n meán m1 lae.

middle n lár m1; in the middle of the room i lár an tseomra. ● adj lár-, meán.

middle-aged adj meánaosta.

Middle Ages *npl* na Meánaoiseanna *f(pl)2*, an Mheánaois *f2*.

middle class *n* the middle class(es) an mheánaicme *f4*. ● *adj* middle-class meánaicme(*gen* of *n*).

Middle East *n* an Meánoirthear *m1*.

middle name *n* ainm *m4* láir.

midfield *n* lár *m1* páirce; in midfield i lár na páirce.

midge *n* míol *m1* corr.

midnight *n* meán *m1* oíche.

midst *n* in the midst of i lár (+GEN).

midsummer *n* lár *m1* an tsamhraidh; Midsummer's Day Lá Fhéile Eoin.

midway *adj adv* leath bealaigh, leath slí.

midwife *n* bean *f* (*gen* mná) chabhrach.

might *n* neart *m1*; with all his might le lán a nirt. ● *vb* it might rain b'fhéidir go bhfliuchfaidh sé; Brian might know b'fhéidir go mbeadh a fhios ag Brian; I thought I might see you cheapas go mb'fhéidir go bhfeicfinn tú; you might have told me! nach breá nár inis tú dom é!

mighty *adj* neartmhar.

migraine *n* migréin *f2*.

migrate *vb* to migrate imirce a dhéanamh.

mild *adj* 1 (*person*) séimh, cneasta; 2 (*weather*) cineálta; 3 (*flavour*) séimh; 4 (*attack, infection*) éadrom.

mildew *n* snas *m3* liath.

mildly *adv* go séimh; that's putting it mildly! níl ansin ach an ceann caol de!

mile *n* míle *m4*.

mileage *n* míleáiste *m4*.

milestone *n* cloch *f2* mhíle.

militant *n* míleataí *m4*. ● *adj* míleatach.

military *adj* míleata.

militia *n* míliste *m4*.

milk *n* bainne *m4*. ● *vb* crúigh; to milk a cow bó a chrú; to milk someone (for information) duine a chrú (le haghaidh eolais).

milk chocolate *n* seacláid *f2* bhainne.

milkman *n* fear *m1* bainne.

milk shake *n* creathán *m1* bainne.

mill *n* muileann *m1*. ● *vb* 1 meil. □ **mill about** bheith ag ruatharach thart.

miller *n* muilleoir *m3*.

milligram *n* milleagram *m1*.

millimetre *n* milliméadar *m1*.

million *n* milliún *m1*.

millionaire *n* milliúnaí *m4*.

mime *n* mím *f2*. ● *vb* bí ag mímeadh.

mimic *n* aithriseoir *m3*. ● *vb* déan aithris ar.

mince *n* feoil *f3* mhionaithe. ● *vb* mionaigh; to mince meat feoil a mhionú; ▸ she doesn't mince her words ní chuireann sí fiacail ann.

mincemeat *n* 1 (*meat*) feoil *f* mhionaithe; 2 (*fruit*) mionra *m4* torthaí.

mince pie *n* píóg *f* mhionra.

mincer *n* miontóir *m3*.

mind *n* 1 intinn *f2*, meabhair *f* (*gen* meabhrach); to change one's mind d'intinn a athrú; what have you in mind? cad atá ar intinn agat?; to set one's mind on doing something d'intinn a chur le rud a dhéanamh; she's out of her mind tá sí as a meabhair. ● *vb* 1 (*object*) I don't mind is cuma liom, ní miste liom; do you mind if I smoke? an miste leat má chaithim tobac?; 2 (*take care of*) tabhair aire do; mind the children

tabhair aire do na leanaí; **3** (*be
careful of*) seachain; mind your
head! seachain do cheann!;
4 (*pay attention to*) never mind
him ná bac é sin.

minder n **1** (*childminder*) feighlí
m4 páistí; **2** (*bodyguard*) fear m1
coimeádta.

mindful adj to be mindful of
one's responsibilities beann a
bheith agat ar do chuid
freagrachtaí.

mine¹ n mianach m1; a coal/gold
mine manach guail/óir; a land
mine mianach talún. ● vb **1** (*for
coal, gold, etc.*) bain; to mine coal
gual a bhaint; **2** (*with landmines*)
cuir mianaigh faoi.

mine² pron it's mine! is liomsa é!;
these are mine is liomsa iad seo;
which one is mine? cén ceann
acu mo cheannsa?; a cousin of
mine col ceathrair liom; that old
car of mine! an seanghluaisteán
sin agam!

miner n mianadóir m3.

mineral n mianra m4. ● adj
mianrach.

mineral water n uisce m4
mianraí.

mingle vb measc.

miniature n mionsamhail f3.
● adj mion-.

minibar n mionbheár m1.

minibus n mionbhus m4.

minimal adj íos-.

minimize vb íosmhéadaigh.

minimum n íosmhéad m1. ● adj
íos-; minimum level íosleibhéal.

minimum wage n íosthuarastal
m1.

mining n mianadóireacht f3.

miniskirt n mionsciorta m4.

minister n **1** (*politics*) aire m4;
the Minister for Finance an tAire
Airgeadais; **2** (*religion*) ministir
m4. ● vb freastail ar; to minister

to someone's needs freastal ar
riachtanais duine.

ministry n aireacht f3.

minor n **1** (*not of age*)
mionaoiseach m1; **2** (*in sport*)
mionúr m1. ● adj mion-; a minor
offence mionchion; he was a
minor poet mionfhile ba ea é.

minority n mionlach m1.

mint n **1** (*plant*) miontas m1;
2 (*sweet*) milseán m1 miontais;
3 (*for money*) mionta m4; she
made a mint of money rinne sí
carn airgid.

minus n míneas m1. ● prep lúide;
ten minus three a deich lúide a
trí.

minute¹ n **1** nóiméad m1; I'll be
there in a minute beidh mé ann i
gceann nóiméid; wait a minute!
fan nóiméad!; **2** minutes of a
meeting miontuairiscí
cruinnithe.

minute² adj **1** (*tiny*) bídeach; it's
a minute little gadget gléas beag
bídeach is ea é; **2** (*detailed*)
mion-; a minute examination
mionscrúdú.

miracle n miorúilt f2.

miraculous adj míorúilteach.

mirror n scáthán m1.

mirth n meidhir f2.

misapprehension n
míthuiscint f3; to be under a mis-
apprehension about something
míthuiscint a bheith ort faoi rud.

misbehave vb mí-iompair; to
misbehave oneself tú féin a mhí-
iompar.

misbehaviour n mí-iompar m1.

miscalculate vb déan mí-
áireamh.

miscalculation n mí-áireamh
m1.

miscarriage n **1** (*medical*)
mairfeacht f3; **2** a miscarriage of
justice iomrall m1 ceartais.

miscellaneous adj ilchineálach.

mischief n 1 (playfulness) ábhailli f4; 2 (trouble) diabhlaíocht f3; making mischief ag diabhlaíocht.

mischievous adj 1 (playful) ábhailleach; 2 (malicious) mailíseach.

misconception n míthuairim f3.

misconduct n mí-iompar m1.

miser n sprionlaitheoir m3.

miserable adj 1 (unhappy) ainnis; to feel miserable bheith ag brath go hainnis; 2 (unpleasant) ainnis; miserable weather aimsir ainnis; 3 (mean, unpleasant) gortach; he's a miserable old man seanfhear gortach is ea é; 4 (paltry) suarach; a miserable wage tuarastal suarach.

misery n ainnise f4, dearóile f4.

misfit n éan m1 corr.

misfortune n 1 (bad luck) mí-ádh m1; 2 (accident) tubaiste f4.

misgiving n drochamhras m1; I have misgivings about it tá drochamhras orm faoi.

misguided adj seachránach.

mishap n míthapa m4.

misinterpret vb bain míchiall as.

misjudge vb 1 to misjudge someone bheith san éagóir faoi dhuine; 2 to misjudge the situation cúrsaí a mheas micheart.

mislead vb to mislead someone about something duine a chur amú faoi rud.

misleading adj míthreorach.

misplace vb to misplace something rud a ligean amú.

misprint n dearmad m1 cló.

miss n urchar m1 iomrall. ● vb 1 (be late for) caill; I missed the train chaill mé an traen; to miss mass an tAifreann a chailleadh; 2 (feel absence of) braith uait; to miss something rud a bhraith uait; he misses her a lot braitheann sé uaidh í go mór; 3 (fail to hit) she missed the target níor aimsigh sí an sprioc. □ miss out caill; she missed out on the chance chaill sí an seans.

Miss n Iníon f2; Miss O'Neill Iníon Uí Néill.

misshapen adj anchumtha.

missile n diúracán m1.

missing adj ar iarraidh.

mission n misean m1.

missionary n misinéir m3.

mist n ceo m4. □ mist over: my glasses misted over tháinig ceo ar mo spéaclaí. □ mist up: to mist up a window ceo a chur ar fhuinneog.

mistake n dearmad m1, botún m1; to make a mistake dearmad a dhéanamh; she did it by mistake rinne sí é trí dhearmad. ● vb I must have mistaken the meaning caithfidh gur bhain me míchiall as; to mistake one thing for another rud a thógáil ar son rud eile.

mistaken adj earráideach.

mistletoe n drualus m1.

mistress n 1 (in school) máistreás f3; 2 (lover) leannán m1 luí.

misty adj ceobhránach.

misunderstand vb bain míthuiscint as; to misunderstand something míthuiscint a bhaint as rud; I'm sorry but I misunderstood you tá brón orm ach níor thuig mé i gceart tú.

misunderstanding n míthuiscint f3.

misuse n mí-úsáid f2. ● vb bain mí-úsáid as.

mitch vb múitseáil; mitching from school ag múitseáil ón scoil.

mitten n miotóg f2.

mix n meascán m1, cumasc m1. ● vb **1** measc, cumaisc; to mix things together rudaí a mheascadh le chéile; **2** to mix cement suimint a shuaitheadh; **3** (socialize) to mix with people comhluadar a dhéanamh le daoine. □ **mix up** measc.

mixed adj measctha; a mixed marriage pósadh measctha; mixed woodland coillearnach mheasctha; the film received mixed reviews fuair an scannán léirmheasanna measctha.

mixed grill n griolladh m measctha.

mixed-up adj trína chéile.

mixer n **1** (machine) meascthóir m3; **2** (person) he's a good mixer (socially) tá sé go maith chun cuideachta.

mixture n meascán m1, cumasc m1.

mix-up n meascán m1 mearaí.

moan n éagaoin f2. ● vb éagaoin; to moan éagaoin a dhéanamh.

mob n gramaisc f2. ● vb plódaigh; they mobbed the place phlódaigh siad an áit.

mobile adj soghluaiste.

mobile home n teach m (gen tí) soghluaiste.

mobile phone n fón m1 soghluaiste.

mobility n soghluaisteacht f3.

mock vb to mock someone magadh a dhéanamh faoi dhuine. ● adj bréag-, bréige (gen of n); a mock exam breágscrúdú.

mockery n magadh m1; to make a mockery of someone/something ceap magaidh a dhéanamh de dhuine/rud.

modal adj módúil.

mode n modh m3.

model n **1** (representation) samhail f3; to make a model of something samhail de rud a dhéanamh; **2** (mannequin) mainicín m4; **3** (version) déanamh m1; there's a new model on the market tá déanamh nua ar an margadh; **4** (example) eiseamláir f2. ● vb **1** (mould) múnlaigh; to model oneself on tú féin a mhunlú ar; **3** to model (clothes) bheith ag mainicíneacht.

modem n móideim f2.

moderate adj cuibheasach, measartha. ● vb maolaigh.

moderation n measarthacht f3.

moderator n modhnóir m3.

modern adj nua-aimseartha, nua-; a modern approach cur chuige nua-aimseartha; modern Irish Nua-Ghaeilge.

modernize vb tabhair suas chun dáta.

modest adj **1** (person) a modest person duine modhúil; **2** (amount) cuibheasach; **3** (clothing) geanasach; a modest dress gúna geanasach.

modesty n modhúlacht f3.

modification n mionathrú m (gen mionathraithe).

modify vb modhnaigh.

module n modúl m1.

mohair n móihéar m1.

moist adj tais.

moisture n fliuchán m1, taisleach m1.

moisturizer n taisritheoir m3.

molar n cúlfhiacal m1.

Moldova n an Mholdóiv f2.

mole n **1** (on skin) ball m1 dobhráin; **2** (animal) caochán m1; **3** (spy) spiaire f4.

molest vb (sexually) déan ionsaí gnéis ar.

moment n nóiméad m1, móimint f2; at that moment ag an nóiméad sin; after a moment tar éis nóiméid; at the moment faoi láthair.

momentary adj móimintiúil.

momentous adj an-tábhachtach.

momentum n móiminteam m1.

Monaco n Monacó m4.

Monaghan n Muineachán m1.

monarch n monarc m1.

monarchy n monarcacht f3.

monastery n mainistir f (gen mainistreach).

Monday n an Luan m1; on Monday Dé Luain; we always go on Mondays téimid i gcónaí ar an Luan.

monetary adj airgeadaíochta(gen of n); monetary policy polasaí airgeadaíochta.

money n airgead m1.

money order n ordú m poist.

Mongolia n an Mhongóil f2.

mongrel n bodmhadra m4.

monitor n monatóir m3. ● vb déan monatóireacht ar.

monk n manach m1.

monkey n moncaí m4.

monolingual adj (dictionary) monatheangach.

monopolize vb glac chugat féin.

monopoly n monaplacht f3.

monotonous adj 1 (voice) aontonach; 2 (boring) leadránach.

monster n arracht f3.

monstrous adj 1 (huge) ollmhór; 2 (appalling) uafásach.

month n mí f (gen míosa).

monthly adj míosúil. ● adv in aghaidh na míosa.

monument n 1 séadchomhartha m1; a national monument séadchomhartha náisiúnta; 2 (memorial) leacht m3 cuimhneacháin.

mood n aoibh; he was in a bad/good mood bhí drochaoibh/dea-aoibh air.

moody adj 1 (unpredictable) taghdach; 2 (grumpy) dúr.

moon n gealach f2.

moonlight n solas m1 na gealaí. ● vb bheith ag obair ar an taobh caoch den dlí.

moonlit adj a moonlit night oíche ghealaí (gen of n).

moor n móinteán m1. ● vb to moor a boat feistiú a chur ar bhád.

moorland n talamh m1 sléibhe.

mop n 1 (for floor) mapa m4; 2 (of hair) mothall m1. ● vb mapáil.
□ **mop up** glan suas.

mope vb bheith faoi bhuairt.

moped n móipéid f2.

moral n 1 (of story) brí f4; the moral of the story is... is í brí an scéil ná...; 2 morals moráltacht. ● adj morálta; moral support tacaíocht mhorálta.

morale n meanma f (gen meanman).

morality n moráltacht f3.

Moravia n an Mhoráiv f2.

more adj pron níos mó, breis; a thuilleadh (+GEN); there are more boys than girls in the class tá níos mó buachaillí ná cailíní sa rang; do you have more questions? an bhfuil níos mó ceisteanna agat?; would you like more? ar mhaith leat a thuilleadh? there were more than a thousand people there bhí níos mó ná míle duine ann. ● adv 1 she's more intelligent than her husband tá sí níos éirimiúla ná a fear céile; I like her more than her sister is fearr liom í ná a deirfiúr; more or less a bheag nó a mhór; she doesn't live here any more níl sí ina cónaí anseo a thuilleadh.

moreover adv thairis sin, chomh maith leis sin.

morning n maidin f2; **in the morning** ar maidin.

Morocco n Maracó m4.

moron n leathdhuine m4.

morphine n moirfín m4.

morsel n greim m3.

mortar n 1 (bomb) moirtéar m1; 2 (cement) moirtéal m1.

mortgage n morgáiste m4. ● vb morgáistigh.

mortuary n marbhlann f2.

Moscow n Moscó m4.

mosque n mosc m1.

mosquito n míol m1 corr, muiscít f2.

moss n caonach m1; ➤ **a rolling stone gathers no moss** ní thagann caonach ar chloch reatha.

most adj adv pron **most of the votes** an chuid is mó de na vótaí; **most of the time** an chuid is mó den am; **most of the people** formhór na ndaoine; **at the most** ar a mhéad; **the most beautiful view of all** an radharc is áille ar fad; **the most spacious room** an seomra is mó spás; **to make the most of something** an chuid is fearr a dhéanamh de rud.

mostly adv 1 (chiefly) den chuid is mó; 2 (usually) de ghnáth.

motel n carróstlann f2.

moth n leamhan m1.

mothballs npl millíní m(pl)4 leamhan.

mother n máthair f (gen máthar). ● vb máithrigh.

motherhood n máithreachas m1.

mother-in-law n máthair f (gen máthar) chéile.

motherly adj máithriúil.

mother-of-pearl n néamhann m1.

mother tongue n teanga f4 dhúchais.

motion n 1 (act of moving) gluaiseacht f3; **to put something in motion** rud a chur ar a ghluaiseacht; 2 (gesture) geáitse m4; 3 (proposal) rún m1; **a motion was proposed at the meeting** moladh rún ag an gcruinniú.
● vb **to motion to somebody** comhartha a thabhairt do dhuine.

motionless adj gan chorraí.

motivate vb spreag.

motivated adj spreagtha.

motive n cúis f2.

motor n mótar m1, inneall m1.

motorbike n gluaisrothar m1.

motorcycle n gluaisrothar m1.

motorcyclist n gluaisrothaí m4.

motorist n gluaiseánaí m4.

motor mechanic n meicneoir m1 gluaisteán.

motor racing n 1 (cars) rásaíocht f3 ghluaisteán; 2 (motorbikes) rásaíocht f3 ghluaisrothar.

motorway n mótarbhealach m1.

motto n mana m4.

mould n 1 (for model) múnla m4; 2 (mildew) snas m3 liath. ● vb múnlaigh.

mouldy adj 1 (covered in mould) clúmhúil; 2 (smell) dreoite.

mound n 1 (heap) carn m1; 2 (hillock) tulach m1.

mount n cnoc m1, sliabh m2. ● vb **to** téigh in airde (ar). □ **mount up** carnaigh.

mountain n sliabh m2, cnoc m1. ● adj sléibhe(gen of n).

mountain bike n rothar m1 sléibhe.

mountaineer n sléibhteoir m3.

mountaineering n sléibhteoireacht f3.

mountainous adj sléibhtiúil.

mountain range n sliabhraon m1.

mourn vb caoin.

mourner n sochraideach m1.

mournful adj dobrónach.

mourning n dobrón m1.

mouse n luch f2, luchóg f2.

mousetrap n gaiste m4 luch.

moustache n croiméal m1.

mouth n béal m1.

mouthful n bolgam m1, goblach m1.

mouth organ n orgán m1 béil.

mouthwash n folcadh m béil.

mouth-watering adj so-bhlasta.

move n 1 (movement) bogadh m (gen bogtha); 2 (of job, house) aistriú m (gen aistrithe); 3 (in game) beart m1; to make a move beart a chaitheamh; it's your move is é do sheal é. ● vb 1 bog, corraigh; to move one's head do cheann a bhogadh; to move forward bog chun tosaigh; to move back bog ar ais; don't move! ná corraigh!; I've moved the desk into the bedroom bhog mé an deasc isteach go dtí an seomra leapa; 2 (emotionally) bog; 3 (job, house) aistrigh; we're moving on Monday táimid ag aistriú Dé Luain; they moved from Dublin to Cork tá siad tar éis aistriú ó Bhaile Átha Cliath go Corcaigh.
□ **move in** bog isteach; to move into a new flat bogadh isteach in árasán nua.
□ **move on** bog ar aghaidh.
□ **move out** bog as; to move out of a place bogadh as áit.
□ **move over** bog anonn.
□ **move up** 1 bog suas; could you move up please? an bhféadfá bogadh suas le do thoil?; 2 (promote) faigh ardú céime; he was moved up fuair sé ardú céime.

movement n 1 (action of moving) bogadh m (gen bogtha); 2 (campaign) gluaiseacht f3.

movie n scannán m1.

movie camera n ceamara m4 scannán.

moving adj 1 (in motion) beo, faoi shiúl; 2 (emotionally) corraitheach.

mow vb bain, lom; to mow the grass an féar a bhaint.
□ **mow down** treascair.

Mr n Mr Aodán Ó Dubhghaill An tUasal Aodán Ó Dubhghaill.

Mrs n Mrs Máire Mac Gabhainn Máire Bean Mhic Ghabhainn.

Ms n Ms Gráinne Nic Dhiarmada Iníon Ghráinne Nic Dhiarmada.

much adj adv pron mórán (+GEN), a lán (+GEN); there was much talk about it bhí mórán cainte faoi; we don't have much time níl mórán ama again; how much is that? cé mhéad atá air sin?; how much would you like? cé mhéad atá uait?; we don't go out much ní théimid amach mórán; too much an iomarca; he drank too much d'ól sé an iomarca; thank you very much go raibh míle maith agat; twice as much as that a dhá oiread sin; that much an méid sin; it's not up to much ní fiú mórán é; much bigger i bhfad níos mó; that's much better tá sé sin i bhfad níos fearr.

muck n salachar m1.
□ **muck up** déan praiseach de.

mud n láthach f2.

muddle n 1 (mess) cíor f3 thuathail; 2 (mix-up) meascán m1 mearaí. ● vb (mess up) cuir trí chéile.

mudguard n pludgharda m4.

muffin n muifín m4.

muffle vb 1 (sound) múch; 2 (against cold) to muffle up tú féin a mhúchadh in éadach trom.

mug n 1 (cup) muga m4; 2 (fool) gamal m1. ● vb ionsaigh; he was mugged on his way home ionsaíodh é ar a bhealach abhaile.

mugging n ionsaí m (gen ionsaithe).

muggy adj meirbh.

mule n miúil f2.

multi- pref il-.

multicoloured adj ildathach.

multiple n iolraí m4. ● adj iomadúil, il-.

multiple sclerosis n ilscléaróis f2.

multiplication n iolrú m (gen iolraithe).

multiply vb iolraigh; to multiply a number by three uimhir a iolrú faoi thrí.

multistorey adj ilstórach.

mum n (mother) mam f2.

mumble n mungailt f2. ● vb mungail.

mummy n 1 (mother) mamaí f4; 2 (embalmed) seargán m1.

mumps n leicneach f2.

munch vb mungail.

mundane adj leamh.

municipal adj cathrach (gen of n).

Munster n an Mhumhain f (gen Mumhan); Province of Munster Cúige m4 Mumhan. ● adj Muimhneach.

murder n dúnmharú m (gen dúnmharaithe). ● vb dúnmharaigh.

murderer n dúnmharfóir m3.

murmur n monabhar m1. ● vb to murmur something rud a rá de mhonabhar.

muscle n 1 (in body) matán m1; 2 (power) cumhacht f3.
□ **muscle in** brúigh isteach ar; to muscle in on something tú féin a bhrú isteach ar rud.

museum n músaem m1.

mushroom n muisriún m1.

music n ceol m1.

musical adj ceolmhar.

musical instrument n gléas m1 ceoil.

musician n ceoltóir m3.

Muslim n Moslamach m1. ● adj Moslamach.

mussel n diúilicín m4.

must vb caith; I must go home now caithfidh mé imeacht abhaile anois; you must clean your room caithfidh tú do sheomra a ghlanadh; you must be tired caithfidh go bhfuil tuirse ort; must you make so much noise? an gcaitheann tú an méid sin glóir a dhéanamh?; why must you go to work today? cén fáth go gcaithfidh tú dul ag obair inniu?; he must have forgotten caithfidh go ndearna sé dearmad.

mustard n mustard m1.

muted adj 1 (sound) íseal; 2 (colour) séimh.

mutiny n ceannairc f2. ● vb dul chun ceannairce.

mutter n canrán m1; vb to mutter something rud a rá faoi d'fhiacla.

mutton n caoireoil f3.

mutual adj cómhalartach; mutual respect meas cómhalartach.

mutually adv go cómhalartach.

muzzle n 1 (of animal) soc m1; 2 (device) féasrach m1; 3 (of gun) béal m1. ● vb cuir féasrach ar.

my adj mo (followed by lenition); my coat mo chóta; my father m'athair; my hair mo chuid gruaige.

myself pron 1 mé féin; I did it myself rinne mé féin é; 2 (emphatic) mise.

mysterious adj mistéireach, rúndiamhair.

mystery n mistéir f2, rúndiamhair f2.

mystify *vb* mearaigh.

myth *n* miotas *m1*.

mythology *n* miotaseolaíocht *f3*.

Nn

nag *vb* tabhair amach do; **to nag (at) someone** bheith ag tabhairt amach do dhuine.

nagging *adj* 1 (*persistent*) cráite; **a nagging pain** pian chráite; 2 (*person*) sáiteach.

nail *n* 1 (*fingernail*) ionga *f* (*gen* iongan); 2 (*metal*) tairne *m4*; ▸ **to pay for something on the nail** díol as rud anuas ar an tairne. ● *vb* tairneáil, cuir tairne i.

nailbrush *n* scuab *f2* ingne.

nailfile *n* raspa *m4* ingne.

nail scissors *n* siosúr *m1* ingne.

nail varnish *n* vearnais *f2* ingne.

nail varnish remover *n* díobhach *m1* vearnais ingne.

naive *adj* saonta.

naked *adj* lomnocht, nocht.

name *n* ainm *m4*; **what's your name?** cad is ainm duit?; **cén t-ainm atá ort?**; **Christian name** ainm baiste. ● *vb* ainmnigh; **to name someone** duine a ainmniú.

namely *adv* is é sin, mar atá.

namesake *n* comhainmneach *m1*.

nanny *n* buime *f4*.

nap *n* néal *m1* codlata. ● *vb* **I was caught napping** thángthas aniar aduaidh orm.

napkin *n* naipcín *m4*.

nappy *n* clúidín *m4*.

narcotic *n* támhshuanach *m1*. ● *adj* támhshuanach.

narration *n* aithris *f2*, insint *f2*.

narrative *n* scéal *m1*. ● *adj* scéalaíochta.

narrator *n* scéalaí *m4*, aithriseoir *m3*.

narrow *adj* cúng, caol; **a narrow road** bóthar cúng. ● *vb* cúngaigh, caolaigh; **to narrow down the possibilities** na féidearthachtaí a laghdú.

narrowly *adv* **he narrowly avoided the lorry** is ar éigin a sheacain sé an leorraí.

narrow-minded *adj* cúngaigeanta.

nasty *adj* 1 (*serious, unpleasant*) droch-; **a nasty accident** drochthimpiste; **a nasty smell** drochbholadh; 2 (*malicious*) mailíseach.

nation *n* náisiún *m1*.

national *n* náisiúnach *m1*. ● *adj* náisiúnta.

National Health Service *n* an tSeirbhís *f2* Náisiúnta Sláinte.

National Insurance *n* Árachas *m1* Náisiúnta.

nationalism *n* náisiúnachas *m1*.

nationalist *n* náisiúnaí *m4*. ● *adj* náisiúnach.

nationality *n* náisiúntacht *f3*.

nationalize *vb* náisiúnaigh.

nationally *adv* go náisiúnta.

nationwide *adj adv* ar fud na tíre.

native *n* dúchasach *m1*; **she's a native of Poland** is as an bPolainn í ó dhúchas. ● *adj* dúchasach, dúchais(*gen of n*); **one's native country** tír dhúchais.

native language *n* teanga *f4* dhúchais.

native speaker *n* cainteoir *m3* dúchais; **a native speaker of Irish** cainteoir dúchais Gaeilge.

natural *adj* nádúrtha; **natural gas** gás *m1* nádúrtha.

naturalist *n* nádúraí *m4*.

naturally *adv* **1** (*of course*) ar ndóigh; **naturally!** gan amhras!; **2** (*in a natural manner*) go nádúrtha.

nature *n* **1** (*natural world*) dúlra *m4*; **the wonders of nature** iontais an dúlra; **2** (*essence, character*) nádúr *m1*; **the nature of something** nádúr ruda; **human nature** an nádúr daonna; **it's in his nature to be happy** tá sé sona ó nádúr.

naughty *adj* dána; **don't be naughty!** ná bí dána!

nausea *n* masmas *m1*, samhnas *m1*.

nauseating *adj* masmasach, samhnasach.

naval *adj* cabhlaigh (*gen of* n).

nave *n* corp *m1* eaglaise.

navel *n* imleacán *m1*.

navigate *vb* **1** (*direct*) stiúir; **you can navigate and I'll drive** is féidir leatsa stiúradh agus tiománfaidh mise; **2** (*sail*) déan loingseoireacht.

navigation *n* **1** (*finding way*) stiúradh *m* (*gen* stiúrtha); **2** (*sailing*) loingseoireacht *f3*.

navvy *n* náibhí *m4*.

navy *n* cabhlach *m1*.

navy(-blue) *adj* dúghorm.

Nazi *n* Naitsí *m4*. ● *adj* naitsíoch.

near *adj adv* cóngarach (do); **they live quite near to us** tá siad ina gcónaí an-chóngarach dúinn; **near enough** cóngarach go leor. ● *prep* in aice; **near the house in aice an tí**. ● *vb* druid le; **he is nearing fifty years of age** tá sé ag druidim le caoga bliain d'aois; **as we neared the city** agus sinn ag druidim leis an gcathair.

nearby *adv* in aice láimhe; **in a nearby town** i mbaile in aice láimhe; **they live nearby** tá siad ina gcónaí in aice láimhe.

nearly *adv* beagnach; **it's nearly finished** tá sé beagnach críochnaithe; **she nearly fell** ba bheag nár thit sí; **he's not nearly as fast as her** níl sé baol ar chomh tapaidh léi.

nearside *n* **1** (*in Ireland and Britain*) an taobh *m1* clé; **2** (*in Europe and US*) an taobh *m1* deas.

neat *adj* slachtmhar, néata; **neat work** obair shlachtmhar.

neatly *adv* go slachtmhar, go néata.

necessarily *adv* that's not necessarily the case ní gá gurb é sin an cás.

necessary *adj* riachtanach; **the necessary materials** na hábhair riachtanacha; **it is necessary that...** tá sé riachtanach go...

necessity *n* riachtanas *m1*.

neck *n* **1** (*of body*) muineál *m1*; **2** (*of bottle*) scrogall *m1*; ➤ **to be neck and neck** bheith gob ar ghob; ➤ **to grab someone by the scruff of the neck** greim scórnaigh a fháil ar dhuine.

necklace *n* muince *f4*.

neckline *n* muineál *m1*; **a low neckline** muineál íseal.

nectarine *n* neachtairín *m4*.

need *n* gá *m1*, riachtanas *m1*; **there is a need for it** tá gá leis; **there's no need to worry** ní gá bheith imníoch. ● *vb* **1** (*have need of*) teastaigh; **we need a new printer** teastaíonn clóire nua uainn; **he needs help** teastaíonn cabhair uaidh; (*be obliged*) **you don't need to go if you don't want to** ní gá duit dul mura dteastaíonn uait dul.

needle *n* **1** snáthaid *f2*; **needle and thread** snáthaid agus snáth; **a darning needle** snáthaid dearnála; **2** (*for knitting*) dealgán *m1*; **a knitting needle** dealgán cniotála; **3** (*grudge*) there is needle between them tá an nimh san fheoil eatarthu. ● *vb* to needle someone bheith ag séideadh faoi dhuine.

needless *adj* neamhriachtanach; **needless work** obair neamhriachtanach; **needless to say** ní gá a rá.

needlework *n* obair *f2* shnáthaide.

needy *adj* gátarach; **to be needy** bheith ar an gcaolchuid.

negative *n* **1** (*of photograph*) claonchló *m4*; **2** (*in grammar*) diúltach *m1*. ● *adj* **1** diúltach; **a negative attitude** dearcadh diúltach; **2** **negative equity** easnamh cothramais.

neglect *n* neamhchúram *m1*, faillí *f4*. ● *vb* déan faillí i, faillígh; **to neglect one's work** faillí a dhéanamh i do chuid oibre.

neglectful *n* faillitheacht *f3*.

negligence *n* faillí *f4*.

negligent *adj* faillitheach.

negotiable *adj* intráchta.

negotiate *vb* **1** (*between two sides*) déan idirbheartaíocht; **2** (*bargain*) déan margadh le; **to negotiate a price with someone** margadh a dhéanamh faoi phraghas le duine; **3** (*obstacles*) sáraigh.

negotiations *npl* comhchainteanna *f(pl)*2.

neighbour *n* comharsa *f* (*gen* comharsan).

neighbourhood *n* comharsanacht *f3*.

neighbouring *adj* láimh le.

neither *adj*, *pronoun*, *conjunction* ceachtar; **neither of us went** níor labhair ceachtar den bheirt againn; **she speaks neither English nor Irish** ní labhraíonn sí Béarla ná Gaeilge; **she didn't an-**

swer and neither did he níor fhreagair sise ná eisean ach oiread.

neon light *n* solas *m1* neoin.

nephew *n* nia *m4*.

nerve *n* néaróg *f2*; **his nerves are at him** tá na néaróga ag cur isteach air; **2 she gets on my nerves** bím clipthe aici; **3** (*cheek*) dánaíocht *f3*; **she had the nerve to say it** bhí sé de dhánaíocht inti é a rá; **what a nerve!** a leithéid de dhánaíocht!

nerve-racking *adj* corraitheach.

nervous *adj* **1** (*anxious*) neirbhíseach; **2** (*disorder*) néarógach.

nervous breakdown *n* cliseadh *m* néaróg.

nest *n* nead *m1*. ● *vb* neadaigh.

net *n* **1** (*for fishing*) líon *m1*, eangach *f2*; **2** (*in sport*) líontán *m1*; **3** (*fabric*) líon *m1*; **net curtains** cuirtíní lín. ● *adj* glan; **the net weight** an meáchan glan. ● *vb* **1** (*fish*) ceap; **to net a fish** iasc a cheapadh; **2** (*profit*) déan; **she netted 1000 pounds** rinne sí míle punt.

Net →INTERNET

netball *n* líonpheil *f2*.

Netherlands *n* **the Netherlands** an Ísiltír *f2*.

nettle *n* neantóg *f2*.

network *n* **1** gréasán *m1*; **2** (*computer*) líonra *m4*.

neurologist *n* néareolaí *m4*.

neurosis *n* néaróis *f2*.

neurotic *n* néaróiseach *m1*. ● *adj* néaróiseach.

neuter *adj* neodrach.

neutral *adj* neodrach.

neutralize *vb* neodraigh.

never *adv* **1** (*in future*) go deo, choíche; **never again!** go deo, go deo arís!; **I'll never do that again** ní dhéanfaidh mé é sin go deo;

2 (*present and past*) riamh; she never comes to visit ní thagann sí riamh ar cuairt; I've never been to Kerry ní raibh mé riamh i gCiarraí; I've never met her níor bhuail mé léi riamh.

never-ending adj síor-, gan chríoch; a never-ending speech óráid gan chríoch.

nevertheless adv mar sin féin.

new adj nua.

New Age n Nua-Aois f2. ● adj Nua-Aoiseach; **New Age Traveller** Taistealaí Nua-Aoiseach.

newborn adj nuabheirthe.

newcomer n núíosach m1.

newly adv nua-; a newly married couple lánúin nuaphósta.

newly-weds n lánúin f2 nuaphósta.

news n **1** scéala m4; did you get news of Seán? an bhfuair tú scéala faoi Sheán?; **2** (*on radio or TV*) nuacht f3.

newsagent n nuachtánaí m4.

newsagent's (shop) n siopa m4 nuachtán.

newscaster n léitheoir m3 nuachta.

news flash n scéal m1 práinneach.

newspaper n nuachtán m1.

New Year n the New Year an Athbhliain f3.

New Year's Day n Lá m (*gen* Lae) Caille.

New Year's Eve n Oíche f4 Chaille, Oíche f4 Chinn Bliana.

New York n Nua-Eabhrac m4.

New Zealand n an Nua-Shéalainn f2.

next adj **1** (*in order*) the next train will leave in an hour beidh an chéad traen eile ag fágáil i gceann uair a chloig; the next thing an chéad rud eile; **2** (*in*

time) next month/year an mhí/bhliain seo chugainn. ● adv ina dhiaidh sin; what did she do next? cad a rinne sí ina dhiaidh sin.

next door adj béal dorais; next-door neighbour comharsa bhéal dorais.

next-of-kin n neasghaol m1.

nib n gob m1.

nibble vb to nibble at something bheith ag blaistínteacht ar rud.

nice adj deas; nice weather aimsir dheas; a nice person duine deas; it was nice of her to help ba dheas uaithi cabhrú.

nicely adv go deas; nicely decorated maisithe go deas.

nick n **1** (*notch*) eang f3; **2** (*scratch*) gránú m (*gen* gránaithe); **3** in the nick of time díreach in am. ● vb (*steal*) goid.

nickname n leasainm m4. ● vb tabhair leasainm ar.

niece n neacht f3.

Nigeria n an Nigéir f2.

night n oíche f4; at night san oíche; last night aréir; the night before last arú aréir; during the night i rith na hoíche.

night club n club m4 oíche.

nightdress n léine f4 oíche.

nightingale n filiméala m4.

nightlife n siamsaíocht f3 oíche.

nightmare n tromluí m4, drochthaibhreamh m1.

night shift n **1** seal m3 oíche; to work the night shift an seal oíche a oibriú; **2** (*team*) meitheal m1 oíche.

night sky n spéir f2 oíche.

night watchman n fairtheoir m3 oíche.

nil n náid f2, neamhní m4.

nimble adj aclaí, lúfar.

nine num naoi; nine cars naoi gcarr; nine people naonúr.

nineteen num naoi déag; nineteen cars naoi gcarr déag; nineteen people naoi nduine dhéag.

ninety num nócha; ninety cars nócha carr.

ninth adj naoú; the ninth person an naoú duine.

nip n 1 (pinch) liomóg f2; 2 (of alcohol) smeachán m1. ● vb 1 (pinch) bain liomóg as; 2 she's just nipped around to the shop tá sí díreach tar éis sciuird a thabhairt ar an siopa.

nipple n sine f4.

nit n sniodh f (gen sneá).

nitrogen n nitrigin f2.

no adj 1 (not any, not one) aon, in aon chor; I have no idea níl aon tuairim agam; there's no milk níl aon bhainne ann; have you no money? nach bhfuil aon airgead agat?; he has no sense níl aon chiall aige; she's no fool ní haon dóithín í. ● adv 1 (in reply) say yes or no abair is ea nó ní hea; 'is he at home?' – 'no' 'an bhfuil sé ag baile?' – 'níl'; 'can you speak French?' – 'no' 'an féidir leat Fraincis a labhairt?' – 'ní féidir'; 'do you understand?' – 'no' 'an dtuigeann tú?' – 'ní thuigim'; 2 (before adjective) that film was no worse than the last one ní raibh an scannán sin aon phioc níos measa ná an ceann deireanach; you're no taller than she is níl tusa pioc níos airde ná ise.

noble adj uasal.

nobody pron aon duine, duine ar bith; nobody was there ní raibh aon duine ann; nobody knows níl a fhios ag aon duine; nobody knows him níl aithne ag aon duine air. ● n neamhdhuine m4; a bunch of nobodies paca neamhdhaoine.

nod n sméideadh m (gen sméidte).
● vb to nod one's head do cheann a sméideadh.

noise n fothrom m1, gleo m4.

noisy adj glórach.

nominal adj (fee) ainmniúil.

nominate vb ainmnigh; to nominate someone for a job duine a ainmniú do phost.

non- pref neamh-, do-.

non-alcoholic adj neamh-mheisciúil.

non-committal adj
1 neamhcheangailteach; a non-committal answer freagra neamhcheangailteach; 2 (evasive) seachantach.

nondescript adj neamhshuntasach.

none pron 1 (not one thing) aon cheann, ceann ar bith; there are none left níl aon cheann fágtha; 2 (not one person) aon duine; none of us can say it ní féidir le haon duine againn é a rá. ● adv he was none the worse for the accident ní raibh sé aon phioc níos measa de bharr na timpiste; I'm none the better for it nílim aon phioc níos fearr dá bharr.

nonentity n neamhdhuine m4.

nonetheless adv mar sin féin.

non-existent adj nach bhfuil ann.

non-fiction n neamhfhicsean m1.

nonplussed vb trína chéile.

non-profitmaking adj nach ndéanann brabús.

nonsense n ráiméis f2; stop talking nonsense! cuir uait an ráiméis chainte!

non-smoker n neamhchaiteoir m3.

non-smoking adj nonsmoking area áit nach féidir tobac a chaitheamh ann.

non-stick adj neamhghreamaitheach.

non-stop adj adv gan stad.

noodles npl núdaíl m(pl)1.

noon n nóin f3, meán m1 lae.

no-one →NOBODY pron

nor conj ná; I have neither the time nor the money níl an t-am ná an t-airgead agam; 'I don't like oysters' – 'nor do I' 'ní maith liom oisrí' – 'ná mise'; 'I wasn't invited' – 'nor was I' 'níor tugadh cuireadh dom' – 'ná domsa'.

norm n 1 (custom) gnás m1; if that is the norm más é sin an gnás; 2 (standard) caighdeán m1.

normal adj gnáth-; a normal day gnáthlá; a normal person gnáthdhuine; as is normal mar is gnách.

normally adv de ghnáth.

north n tuaisceart m4. ● adj tuaisceartach; north Dublin Baile Átha Cliath tuaisceartach; a north wind gaoth aduaidh. ● adv 1 (in) thuaidh; 2 (from) aduaidh; 3 (to) ó thuaidh; he went north chuaigh sé ó thuaidh.

North America n Meiriceá m4 Thuaidh.

northeast n oirthuaisceart m1. ● adj oirthuaisceartach; a north-east wind gaoth anoir aduaidh. ● adv 1 (in) thoir thuaidh; 2 (from) anoir aduaidh; 3 (to) soir ó thuaidh.

northerly adj 1 (wind) aduaidh; 2 (location) tuaidh.

northern adj tuaisceartach, thuaidh.

Northern Ireland n Tuaisceart m1 na hÉireann.

Northern Lights npl na Saighneáin m(pl)1.

North Pole n the North Pole an Pol m1 Thuaidh.

North Sea n the North Sea an Mhuir f2 Thuaidh.

northwards adv ó thuaidh.

northwest n iarthuaisceart m1. ● adj iarthuaisceartach; a north-west wind gaoth aniar aduaidh. ● adv 1 (in) thiar thuaidh; 2 (from) aniar aduaidh; 3 (to) siar ó thuaidh.

Norway n an Iorua f4.

Norwegian n 1 (person) Ioruach m1; 2 (language) Ioruais f2. ● adj Ioruach.

nose n srón m1.

nosebleed n fuil f3 shróna.

nosey adj fiosrach.

nostril n polláire m4.

not adv can you not see it? nach féidir leat é a fheiceáil?; do not move ná corraigh; I'm not sure nílim cinnte; his father's not very well níl a athair rómhaith; that's not the problem ní hí sin an fhadhb; did you not understand it? nár thuig tú é?; is it not too dangerous? nach bhfuil sé rodhainséarach?; it's not really very good le fírinne níl sé an-mhaith; 'have you seen it?' – 'not yet' 'an bhfuil sé feicthe agat?' – 'níl go fóill'; not at all! (it's nothing) ní faic é!; 'are you sick?' – 'not at all' 'an bhfuil tú breoite?' – 'níl in aon chor''.

notably adv 1 (especially) go háirithe; 2 (particularly) go sonrach.

notch n eang f3. ● vb cuir eang i. □ **notch up** gnóthaigh; they notched up their fourth win in a row ghnóthaigh siad a gceathrú bua as a chéile.

note n nóta m4. ● vb tabhair faoi deara (observe). □ **note down** breac síos.

notebook n leabhar m1 nótaí.

nothing n faic f4; dada m4; there's nothing to do níl faic le déanamh; we got it for nothing fuaireamar é gan faic; he knows nothing níl faic ar eolas aige; 'what are you doing?' – 'nothing' 'cad atá á dhéanamh agat? – 'faic'; for nothing (*free*) saor in aisce.

notice n **1** (*sign*) fógra m4; **to put up a notice** fógra a chur in airde; **2** (*warning*) foláireamh m1; **3** (*resignation*) fógra m4 scoir; **to hand in one's notice** fógra scoir a chur isteach; **4** (*attention*) **to bring something to someone's notice** aird duine a tharraingt ar rud; **don't take any notice of that** ná tóg aon cheann de sin. ● vb tabhair faoi deara.

noticeable adj suntasach.

notice board n clár m1 na bhfógraí.

notify vb **to notify someone of something** scéala a chur chuig duine faoi rud.

notion n **1** (*idea*) nóisean m1; **2** (*awareness*) tuairim f2; **he hasn't a notion** níl tuairim aige; **3** (*fancy*) **she has a notion of him** tá nóisean aici dó.

notorious adj míchlúiteach.

nought n náid f2, neamhní m4.

noun n ainmfhocal m1.

nourish vb beathaigh, cothaigh.

nourishing adj cothaitheach.

novel n úrscéal m1. ● adj úr, nua.

novelist n úrscéalaí m4.

novelty n nuacht f3; **it's a novelty** tá nuacht ann.

November n Samhain f3.

novice n nóibhíseach m1.

now adv anois; **where is she now?** cá bhfuil sí anois?; **now I can do some work** anois is féidir liom roinnt oibre a dhéanamh; **he's busy just now** tá sé gnóthach faoi láthair; **now and then** anois agus arís; **and now...** agus anois...; **now or never** anois nó choíche. ● conjunction **now that** anois go, anois agus; **now that you're on holiday** anois go bhfuil tú ar laethanta saoire.

nowadays adv sa lá atá inniu ann.

nowhere adv in aon áit, in áit ar bith; **she was nowhere to be seen** ní raibh sí le feiceáil thuas ná thíos.

nuclear adj núicléach, eithneach.

nuclear energy n cumhacht f3 núicléach.

nucleus n núicléas m1, eithne f4.

nude n nocht f, in the nude nocht. ● adj lomnocht.

nudge n sonc m4. ● vb tabhair sonc do.

nuisance n núis f2, cur m1 isteach.

numb adj mairbhleach.

number n **1** (*in maths*) uimhir f (gen uimhreach); **2** (*quantity*) a **number of people** roinnt daoine. ● vb uimhrigh.

number plate n uimhirphláta m4.

numeral n uimhir f (gen uimhreach).

numerate adj uimheartha.

numerical adj uimhriúil.

numerous adj líonmhar.

nun n bean f rialta.

nurse n banaltra f4. ● vb déan banaltracht.

nursery n **1** (*for children*) naíonlann f2; **2** (*for plants*) plandlann f2.

nursery rhyme n rann m1 páistí.

nursery school n naíscoil f2.

nursing n banaltracht f3.

nursing home n teach m banaltrachta.

nut n cnó m4.

nutcracker n cnóire m4.

nutmeg n noitmig f2.

nutritious adj cothaitheach.

nuts adj **he's nuts** tá sé as a mheabhair.

nutshell n in a nutshell i mbeagán focal.

nylon n níolón m1. ● adj níolóin.

....

Oo

....

oak n dair f (gen darach). ● adj darach(gen of n).

oar n maide m4 rámha; ➤ to put one's oar in do ladar a chur isteach (literally: to put one's ladle in).

oath n 1 (promise) mionn m3; to take an oath mionn a thabhairt; 2 (swearword) eascaine f4.

oatmeal n min f2 choircre.

oats n coircre m4.

obedience n umhlaíocht f3.

obedient adj umhal.

obese adj otair.

obesity n otracht f3.

obey vb 1 (person) umhlaigh do, géill do; 2 (order, law) déan de réir, lean; to obey orders déanamh de réir orduithe.

obituary n moladh m mairbh.

object n 1 (thing) rud m3; 2 (aim) cuspóir m3; 3 (in grammar) cuspóir m3; 4 money is no object n is cuma faoi airgead. ● vb to object to something cuir i gcoinne ruda.

objection n agóid f2; I have no objection to it níl aon rud agam ina choinne; to make an objection to something cur i gcoinne ruda.

objectionable adj míthaitneamhach.

objective n cuspóir m3, aidhm f2. ● adj oibiachtúil.

obligation n oibleagáid f2.

oblige vb 1 (compel) cuir iallach ar; to oblige someone to do something iallach a chur ar dhuine rud a dhéanamh; 2 (to do a favour) déan oibleagáid do

obliged adj to be obliged to someone bheith faoi chomaoin ag duine.

obliging adj cabhrach, cuidiúil.

obliterate vb díothaigh, scrios.

oblivious adj díchuimhneach; to be oblivious of something bheith dall ar rud.

oblong n dronuilleog f2. ● adj leathfhada.

obnoxious adj gránna.

oboe n óbó m4.

obscene adj gáirsiúil.

obscenity n gáirsiúlacht f3.

obscure adj doiléir. ● vb 1 (make unclear) doiléirigh; 2 (hide) folaigh, cuir i bhfolach.

observant adj géarchúiseach, grinnsúileach.

observation n 1 (act of watching) breathnóireacht f3; 2 (remark) focal m1.

observatory n réadlann f2.

observe vb 1 (watch) breathnaigh, coimhéad; 2 (adhere to) comhlíon; 3 (remark) abair.

observer n breathnóir m3, coimhéadaí m4.

obsess vb to be obsessed with something bheith i ngreim ruda.

obsession n dúghabháil f3.

obsessive adj dúghabhálach.

obsessively adv go dúghabhálach.

obsolete adj as feidhm.

obstacle n constaic f2.

obstinacy n stuacacht f3.

obstinate adj stuacach.

obstruct vb coisc, cuir bac ar.

obstruction n bacadh m (gen bactha).

obtain vb faigh.

obvious *adj* soiléir, follasach.

obviously *adv* go soiléir, go follasach.

occasion *n* ócáid *f2*.

occasional *adj* fánach, ócáideach.

occasionally *adv* ar uairibh.

occupation *n* **1** (*profession*) gairm *f2* bheatha; **2** (*pastime*) caitheamh *m1* aimsire.

occupier *n* sealbhóir *m3*.

occupy *vb* **1** (*reside in*) áitigh; to occupy a house teach a áitiú; **2** (*use*) tóg; the room is occupied tá an seomra tógtha; **3** (*take control of*) gabh; to occupy a country tír a ghabháil; **4** to occupy oneself with something tú féin a choimeád gnóthach le rud.

occur *vb* **1** (*happen*) tarlaigh; **2** it occurred to me that... rith sé liom go...; something just occurred to me rith rud liom díreach anois.

occurrence *n* tarlú *m* (*gen* tarlaithe).

ocean *n* aigéan *m1*, farraige *f4* mhór.

o'clock *adv* a chlog; at ten o'clock a deich a chlog.

October *n* Deireadh *m1* Fómhair.

octopus *n* ochtapas *m1*.

odd *adj* **1** (*number*) corr; an odd number uimhir chorr; the odd one out an ceann corr; **2** (*strange*) ait, aisteach; isn't it odd? nach ait é?

oddly *adv* aisteach go leor.

odds *n* **1** (*in betting*) corrlach *m1*; ➤ against the odds in aghaidh an tsrutha; ➤ it makes no odds is cuma sa sioc.

ode *n* óid *f2*.

odour *n* boladh *m1*.

of *prep*
⟶ the back of the chair droim na cathaoireach; the end of the

garden bun an ghairdín; the title of the book teideal an leabhair; a kilo of apples cileagram úll; a packet of tea paca tae; the end of the month deireadh na míosa; a friend of my brother's cara le mo dhearthair; a friend of mine cara liom; a woman of thirty bean tríocha bliain d'aois; it was nice of her to do it ba dheas uaithi é a dhéanamh;

⟶ made of déanta as/de; a bracelet made of silver bráisléad déanta as airgead;

⟶ (*dates*) de; the sixth of May an séú lá de Bhealtaine;

⟶ (*quantities*) four of us were there bhí ceathrar againn ann; there are three of them (*people*) tá triúr acu ann; (*objects*) tá trí cinn acu ann; he's eaten most of it/them tá an chuid is mó díobh ite aige.

off *adj, adverb* **1** (*switched off*) as, múchta; are the lights off? an bhfuil na soilse múchta; to turn something off (*light*) rud a chur as, rud a mhúchadh; (*engine*) ineall a chur as; (*tap*) sconn a dhúnadh; **2** (*absent*) he's off work today tá sé as láthair inniu; to be off sick bheith as láthair de bharr breoiteachta; a day off lá saoire; **3** to be off (*leaving*) bheith ag imeacht; I'm off now táim ag imeacht anois; they're off to Paris next week tá siad ag imeacht go Páras an tseachtain seo chugainn; **4** (*cancelled*) ar ceal; the match is off tá an cluiche curtha ar ceal; **5** (*with prices*) 20% off lascaine fiche faoin gcéad; **6** (*bad*) lofa; the milk is off tá an bainne lofa; to go off (*bad*) éirí lofa; **7** to go off something (*stop liking*) éirí bréan de rud; to be off drink bheith ag staonadh ón ól; she is off her food níl aon dúil ina cuid bia aici.

offal n miodamas m1.

Offaly n Uíbh m4 Fhailí.

offence n 1 (crime) coir f2; to commit an offence coir a dhéanamh; 2 (upset) cuir olc ar. to take offence at something olc a theacht ort le rud.

offend vb 1 (commit a crime) ciontaigh; 2 (upset) cuir olc ar.

offender n ciontóir m3.

offensive n ionsaí m (gen ionsaithe); to go on the offensive dul ar an ionsaí. ● adj 1 (language, remark) gránna; 2 (weapon) ionsaitheach.

offer n tairiscint f3; a special offer tairiscint speisialta. ● vb tairg, ofráil.

offering n ofráil f3.

offhand adj 1 (rude) giorraisc; 2 (uninterested) neamhchúiseach. ● adv I don't know offhand níl a fhios agam as mo sheasamh.

office n 1 (room, building) oifig f2; 2 (position) post m1; in office i bpost; to resign from office éirí as post.

office block n bloc m1 oifigí.

office hours npl uaireanta f(pl)2 oifige.

officer n 1 (in armed forces) oifigeach m1; 2 (policeman) garda m4; excuse me, officer... gabh mo leithscéal, a gharda...

official n feidhmeannach m1. ● adj oifigiúil.

officious adj postúil.

off-licence n eischeadúnas m1.

off-peak adj ag uaireanta neamhghnóthacha.

off-season adj as séasúr.

offset vb cúitigh.

offshore adj amach ón gcósta.

offside adj as an imirt.

offspring n sliocht m3.

often adv go minic; I often met him is minic a bhuail mé leis; how often do you meet her? cé chomh minic a bhuaileann tú léi?; more often than not níos minice ná a mhalairt; every so often anois is arís.

oh excl ó.

oil n ola f4, íle f4. ● vb olaigh, íligh.

oilcloth n ola-éadach m1.

oilfield n olacheantar m1.

oil rig n rige m4 ola.

oil well n tobar m1 ola.

oily adj 1 olúil; 2 (food) úscach.

ointment n ungadh m (gen ungtha).

okay excl tá go maith, ceart go leor. ● adj ceart go leor; it was okay bhí sé ceart go leor. ● vb (approve) ceadaigh.

old adj 1 (thing) sean-; an old car seancharr; 2 (person) sean-, aosta; an old man seanfhear; the old bheith sean; 3 (age) how old is she? cén aois í?; he must be eighty years old caithfidh go bhfuil sé ochtó bliain d'aois.

old age n seanaois f2.

old age pensioner n pinsinéir m3.

old-fashioned adj 1 (clothes) seanfhaiseanta; 2 (person) seanaimseartha.

olive n ológ f2; olive tree crann ológ; olive oil ola f4 olóige. ● adj (colour) glas-ológach.

Olympic Games npl Cluichí m(pl)4 Oilimpeacha.

omelette n uibheagán m1.

omen n tuar m1.

ominous adj tuarúil.

omit vb 1 (leave out) fág ar lár; 2 (forget) dearmad.

on prep 1 (position, situation) ar; on the desk ar an deasc; on the beach ar an trá; **on the right** ar dheis; **there's a lid on it** tá claibín air; **on the radio/television** ar an raidió/teilifís; **on video** ar fístéip; **on the telephone** ar an teileafón; **on holiday** ar saoire; **on strike** ar stailc; **2** (*with days and dates*) ar; **on Monday** Dé Luain; **on Mondays** ar an Luan; **a week on Monday** seachtain ón Luan seo; **on the fifth of May** ar an gcúigiú lá de Bhealtaine; **3** (*means*) **on the train/plane** ar an traen/eitleán; **on my bicycle** ar mo rothar; **on foot** de chois; **4** (*on the subject of*) faoi; **a book on Joyce** leabhar faoi Joyce.

● *adj, adverb* **1** (*switched on*) ar siúl; **the radio is on** tá an raidió ar siúl; **are the lights on?** an bhfuil na soilse lasta; **to turn something on** (*light*) solas a lasadh; (*engine*) inneall a dhúiseacht; (*tap*) sconna a oscailt; **2** (*clothing*) **to have a hat on** hata a bheith ort; **3** (*taking place*) ar siúl; **when is the film on?** cathain a bheidh an scannán ar siúl?; **is the party still on?** an bhfuil an páirtí fós ar siúl?

once *adv* **1** (*one time*) uair amháin; **I met him once** bhuail me leis uair amháin; **once a day** uair amháin sa lá; **more than once** níos mó ná uair amháin; **2** (*formerly*) lá den saol; **I once knew a family from Wales** bhí aithne agam tráth ar theaghlach ón mBreatain Bheag; **once upon a time** fadó fadó; **3** **at once** (*immediately*) láithreach; (*at the same time*) in éineacht. ● *conj* **once it's finished** nuair a bheidh sé críochnaithe.

one *num* aon; **chapter one** caibidil a haon; **one hundred** céad; **one week** seachtain amháin; **at one o'clock** ar a haon a chlog; **at any one time** ag aon am amháin. ● *pron* **1** **this one/**

that one an ceann seo/sin; **the blue one** an ceann gorm; **another one** ceann eile; **which one?** cén ceann?; **I've lost one of them** tá ceann acu caillte agam; **one by one** (*people*) ina nduine agus ina nduine; (*things*) ina gceann agus ina gceann; **one after the other** (*people*) duine i ndiaidh an duine eile; (*things*) ceann i ndiaidh an chinn eile; **2** **one another** a chéile; **to like one another** bheith ceanúil ar a chéile; **to speak to one another** labhairt lena chéile; **3** (*impersonal*) **one never knows** ní bhíonn a fhios ag aon duine; **to brush one's hair** do chuid gruaige a chíoradh.

one-off *adj* aonuaire.

onerous *adj* trom.

oneself *pron* tú féin; **to wash oneself** tú féin a ní; **to be hard on oneself** bheith dian ort féin.

one-sided *adj* leataobhach.

one-to-one *adj* duine le duine.

one-way *adj* aontreo.

ongoing *adj* leanúnach; **the on-going debate** an díospóireacht leanúnach.

onion *n* oinniún *m1*.

on-line *adj* ar líne.

onlooker *n* féachadóir *m3*; **on-lookers** lucht féachana.

only *adj* aonair; aon; **an only child** leanbh aonair. ● *adv* **only two people were there** ní raibh ann ach beirt; **I only saw him for a moment** ní fhaca mé é ach ar feadh nóiméid; **not only that but...** ní hamháin sin ach...; **only just!** ní raibh ann ach é!; **if only you'd told me** is trua nach ndúirt tú liom é. ● *conj* ach; **I would go, only I have to go home** rachainn, ach tá orm dul abhaile.

onus *n* dualgas *m1*; **the onus is on you to do it** tá sé de dhualgas ortsa é a dhéanamh.

onwards adv 1 (forward) ar aghaidh; 2 from that time onwards ón am sin amach.

opal n ópal m1.

opaque adj 1 teimhneach; opaque glass gloine theimhneach; 2 (difficult to understand) dothuigthe.

open adj 1 (not closed) oscailte; an open door doras oscailte; 2 (not enclosed) fairsing; open country tír fhairsing; in the open air amuigh faoin aer; 3 (public) poiblí; an open meeting cruinniú poiblí. ● vb 1 oscail; to open a letter litir a oscailt; she opened the door d'oscail sí an doras; 2 (begin) cuir tús le; to open a debate tús a chur le díospóireacht.

opening n 1 (action) oscailt f2; 2 (gap) bearna f4; 3 (opportunity) deis f2. ● adj 1 (first) céad; opening night an chéad oíche; 2 opening hours uaireanta a bhítear ar oscailt.

openly adv go hoscailte, os ard.

open-minded adj to be open-minded (about something) intinn oscailte a bheith agat (faoi rud).

opera n ceoldráma m4.

opera house n teach m (gen tí) ceoldráma.

opera singer n amhránaí m4 ceoldráma.

operate vb 1 (machinery) oibrigh; 2 to operate on someone duine a chur faoi scian.

operating theatre n obrádlann f2.

operation n 1 (surgical) obráid f2; to have an operation dul faoi scian; 2 (working) oibriú m (gen oibrithe); 3 (use) feidhmiú m (gen feidhmithe); in operation i bhfeidhm.

operator n 1 oibreoir m3; 2 (telephonist) teileafónaí m4.

opinion n tuairim f2; in my opinion i mo thuairim; she is of the opinion that... tá sí den tuairim go...

opinion poll n pobalbhreith f2.

opponent n céile m4 comhraic.

opportunity n deis f2; to take the opportunity an deis a thapú.

oppose vb cuir i gcoinne (+GEN); to oppose someone/something cur i gcoinne duine/ruda.

opposed adj to be opposed to something bheith i gcoinne ruda; as opposed to... i gcomórtas le...

opposing adj 1 (disagreeing) atá i gcoinne a chéile; two opposing views dhá dhearcadh atá i gcoinne a chéile; 2 the opposing team an fhoireann eile.

opposite n malairt f2; the exact opposite a mhalairt ghlan. ● adj 1 (other) eile, contrártha; in the opposite direction sa treo eile; 2 (facing) ar an taobh eile, urchomhaireach; the opposite page an leathanach ar an taobh eile. ● prep os comhair (+GEN); the shop opposite the house an siopa os comhair an tí; she sat opposite me shuigh sí os mo chomhair amach.

opposition n 1 (act of opposing) cur m1 i gcoinne; 2 (in debate or competition) lucht m3 freasúra; 3 (in politics) the Opposition an Freasúra.

oppressive adj 1 (regime, law) leatromach; 2 (weather) marbhánta.

opt vb roghnaigh; to opt for something rud a roghnú; to opt to do something roghnú rud a dhéanamh.
□ **opt out** tarraing siar.

optical adj súl (genitive plural of noun); an optical illusion iomrall súl.

optician n radharceolaí m4.

optimism n dóchas m1.

optimist n duine m4 dóchasach, soirbhíoch m1.

optimistic adj dóchasach.

option n rogha f4.

optional adj roghnach.

or conj **1** nó; this or that seo nó siúd; **2** (negative) ná; she can't read or write ní féidir léi léamh ná scríobh.

oral adj **1** (of speech) cainte(gen of n); oral examination scrúdú cainte; **2** (of mouth) béil(gen of n); oral hygiene sláinteachas béil; oral tradition traidisiún béil.

orange n oráiste m4. ● adj oráiste.

Orangeman n Oráisteach m1; Fear m1 Buí.

orchard n úllord m1.

orchestra n ceolfhoireann f2.

ordain vb (cleric) oirnigh.

ordeal n oirdéal m1, triail f(gen trialach).

order n **1** ord m1; everything is in order tá gach rud in ord (is in eagar); out of order as ord; **2** (instruction) ordú m (gen ordaithe); to give an order ordú a thabhairt; **3** (religious) ord m1; **4** in order to ionas go. ● vb ordaigh.

ordinarily adv de ghnáth.

ordinary adj gnáth-, coitianta; an ordinary person gnáthdhuine.

organ n **1** (musical) orgán m1; **2** (of body) ball m1.

organic adj orgánach.

organist n orgánaí m4.

organization n **1** (organizing) eagrú m (gen eagraithe); **2** (group) eagraíocht f3; a political organization eagraíocht pholaitiúil.

organize vb eagraigh.

organizer n eagraí m4.

orgasm n orgásam m1.

origin n bunús m1; the origin of a word bunús focail; she's Irish by origin Éireannach is ea í ó bhunús.

original n bunchóip f2. ● adj bunúsach; the original version an leagan bunúsach.

originally adv ar dtús.

originate vb **1** (begin) to originate from something teacht as rud; to originate in something tosú i rud; **2** (create) tionscain; to originate something rud a thionscnamh.

Orkneys n the Orkneys, the Orkney Islands Inse f(pl)2 Orc.

ornament n **1** (trinket) ornáid f2; **2** (decoration) maisiú m (gen maisithe).

ornate adj ornáideach.

orphan n dílleachta m4.

orthopaedic adj ortaipéideach.

ostensibly adv mar dhea.

ostrich n ostrais f2.

other adj eile; the other man an fear eile; the other day an lá faoi dheireadh; the other one an ceann eile; one other question ceist amháin eile. ● pron the others na daoine eile. ● adv other than seachas.

otherwise adv **1** (or else) nó; call her, otherwise she won't know about it cuir glaoch uirthi nó ní bheidh a fhios aici faoi; **2** (differently) ar chuma eile.

otter n madra m4 uisce, dobharchú m4.

ought vb you ought to listen to it ba chóir duit éisteacht leis; she ought to be here ba chóir go mbeadh sí anseo; this ought to have been thrown out ba chóir dó seo bheith caite amach.

ounce n únsa m4.

our adj ár (followed by eclipsis); our names ár n-ainmneacha; our father ár n-athair; our food ár gcuid bia.

ours *pron* that's ours sin é ár gceann-na; the white car is ours is linne an carr bán; she's a friend of ours is cara linn í.

ourselves *pron* **1** sinn féin, muid féin; we were there ourselves bhíomar ann sinn féin; we were laughing at ourselves bhíomar ag gáire fúinn féin; we did it ourselves rinneamar féin é; **2** (*emphatic*) sinne féin, muide féin.

out *adv* **1** (*position*) amuigh; I'm out here táim amuigh anseo; **2** (*with movement*) I'm going out táim ag dul amach; she walked out shiúil sí amach; **3** (*not at home*) amuigh; he's out at the moment tá sé amuigh faoi láthair; **4** keep out! fan amach!; **5** (*light, fire*) are all the lights out? an bhfuil na soilse ar fad múchta?; to turn the light out an solas a mhúchadh; **6** (*book, film, etc*) amuigh; her new film is out tá a scannán nua amuigh; **7** out of as; we're out of milk táimid as bainne; six out of ten a sé as a deich; **8** to take something out of something rud a thógáil as rud; she took a pen out of her bag thóg sí peann as a mála; **9** out of anger le teann feirge; **10** out loud os ard.

outbreak *n* briseadh *m* amach.

outburst *n* racht *m3*; an outburst of anger racht feirge.

outcome *n* toradh *m1*.

outcry *n* (*protest*) agóid *f2*.

outdated *adj* seanaimseartha.

outdoor *adj* lasmuigh.

outer *adj* lasmuigh.

outfit *n* feisteas *m1*.

outgoing *adj* **1** (*sociable*) cuideachtúil; **2** (*departing*) atá ag éirí as; the outgoing President an tUachtarán atá ag éirí as.

outgrow *vb* séan; he's outgrown his coat tá a chóta séanta aige.

outhouse *n* bothán *m1*.

outing *n* (*journey*) turas *m1*; to go on an outing dul ar turas.

outlandish *adj* gáifeach.

outlaw *n* meirleach *m1*, ceithearnach *m1* coille. ● *vb* eisreachtaigh, déan midhleathach.

outlay *n* caiteachas *m1*.

outlet *n* **1** retail outlet cóir *f3* dhíolacháin; **2** (*pipe*) poll *m1* éalaithe; píobán *m1* amach.

outline *n* **1** (*summary*) achoimre *f4*; **2** (*shape*) imlíne *f4*, líor *f* (*gen* fíorach). ● *vb* tabhair achoimre ar.

outlook *n* dearcadh *m1*.

outnumber *vb* they outnumbered us bhí siad níos líonmhaire ná sinne.

out-of-date *adj* **1** (*invalid*) as dáta; **2** (*old-fashioned*) seanfhaiseanta.

outpatient *n* othar *m1* seachtrach.

output *n* **1** (*production*) táirgeacht *f3*; **2** (*technical*) aschur *m1*.

outrage *n* **1** (*feeling of anger*) fearg *f2*; **2** (*violent act*) ainghníomh *m1*; **3** (*scandal*) scannal *m1*; it's an outrage! is scannalach an rud é! ● *vb* cuir fearg ar; to outrage someone fearg a chur ar dhuine.

outrageous *adj* ainspianta.

outright *adv* **1** (*plainly*) go neamhbhalbh; she told him outright that... dúirt sí leis go neamhbhalbh go...; **2** (*completely*) scun scan; **3** (*buy, sell*) d'aon iarracht. ● *adj* iomlán.

outset *n* tús *m1*; it was clear from the outset that... bhí sé soiléir ó thús go...

outside *n* an taobh *m1* amuigh; on the outside ar an taobh amuigh; at the outside (*at the* *most*) ar a mhéid. ● *adj* amuigh; the outside wall an balla amuigh. ● *adv* **1** amuigh, lasmuigh; what's it like outside? conas tá sé amuigh?; **2** (*with movement*) amach; go outside téigh amach; she went outside chuaigh sí amach. ● *prep* lasmuigh de, taobh amuigh de; it's outside the house tá sé lasmuigh den teach.

outsider *n* coimhthíoch *m1*.

outskirts *n* imeall *m1*.

outspoken *adj* neamhbhalbh.

outstanding *adj* **1** (*excellent*) ar fheabhas; the play was outstanding bhí an dráma ar fheabhas; **2** (*very noticeable*) suntasach; an outstanding quality cáilíocht shuntasach; **3** (*not settled*) gan réiteach; an outstanding problem fadhb gan réiteach; **4** (*debt*) gan íoc; outstanding bills billí gan íoc.

outstrip *vb* sáraigh.

outward *adj* **1** (*appearance*) ón taobh amuigh; **2** (*journey*) amach.

outweigh *vb* the advantages outweigh the disadvantages tá na buntáistí níos tábhachtaí ná na míbhuntáistí.

outwit *vb* to outwit someone an ceann is fearr a fháil ar dhuine.

oval *n* ubhchruth *m3*. ● *adj* ubhchruthach.

ovary *n* ubhagán *m1*.

oven *n* oigheann *m1*.

over *prep* **1** (*above*) os cionn (+GEN); over the sink os cionn an doirtil; **2** (*covering*) anuas ar; to put a cloth over the cakes éadach a leathadh anuas ar na cistí; **3** (*with movement*) thar; to jump over a wall léim thar bhalla; **4** (*on the other side of*) trasna, ar an taobh eile de; they live over the road tá siad ina gcónaí trasna an bhóthair; **5** (*with period of time*) thar; over the weekend thar

an deireadh seachtaine; **6** (*over the telephone*) thar; **7** (*more than*) níos mó ná; it cost over fifty pounds chosain sé níos mó ná caoga punt. ● *adv* **1** (*movement*) go over to the window téigh sall go dtí an fhuinneog; he came over from England tháinig sé anall ó Shasana; she went over to France chuaigh sí anonn chun na Fraince; **2** (*position*) it's over there tá sé thall ansin; **3** (*finished*) thart; when the film was over nuair a bhí an scannán thart; **4** to be left over bheith fágtha; **5** over and over again arís agus arís eile.

overall *n* forbhríste *m4*. ● *adj* **1** (*including everything*) iomlán; **2** (*general*) ginearálta. ● *adv* ar an iomlán.

overcast *adj* gruama.

overcharge *vb* to overcharge someone an iomarca a ghearradh ar dhuine.

overcoat *n* cóta *m4* mór.

overcome *vb* sáraigh.

overcrowded *adj* róphlódaithe.

overdo *vb* **1** (*go too far*) téigh thar fóir le; **2** the meat was overdone bhí an fheoil ródhéanta.

overdose *n* ródháileog *f2*.

overdraft *n* rótharraingt *f2*.

overdrawn *adj* rótharraingthe.

overdue *adj* **1** (*late*) déanach, mall; **2** (*bill*) thar téarma.

overestimate *n* rómheastachán *m1*. ● *vb* **1** (*amount, time*) déan rómheastachán ar; **2** (*ability*) meas thar ceart; **3** (*exaggerate*) déan áibhéil ar.

overflow *n* (*pipe*) píopa *m4* sceite. ● *vb* cuir thar maoil, sceith.

overgrown *adj* fiáin, mothrach.

overhaul *n* deisiú *m* (*gen* deisithe). ● *vb* deisigh.

overhead n overheads forchostais m(pl)1. ● adj adv thuas, lastuas.

overhear vb to overhear something rud a chloisteáil ag dul tharat.

overjoyed adj to be overjoyed lúcháir a bheith ort.

overkill n iomarca f4.

overlap n forluí m4. ● vb forluigh.

overload vb anluchtaigh.

overlook vb 1 (forget) caill; to overlook something rud a chailleadh; 2 (ignore) lig thar do shúile; we can't overlook such errors ní féidir linn earráidí mar seo a ligint thar ár súile; 3 (have view of) féach síos ar; the apartment overlooks the harbour féachann an t-árasán síos ar an gcuan.

overnight adj adv thar oíche.

overpower vb treascair; to overpower someone duine a threascairt.

overpowering adj 1 (very powerful) treascrach; 2 (of heat) marfach; 3 (unbearable) dofhulaingthe.

overrate vb tabhair an iomarca tábhachta do.

overrule vb 1 (person) rialaigh in aghaidh (+GEN); to overrule someone rialú in aghaidh duine; 2 (decision) cuir ar neamhní; the decision was overruled cuireadh an cinneadh ar neamhní.

overrun vb 1 (conquer) treascair; 2 the place was overrun by rats bhí an áit foirgthe le francaigh; 3 (exceed time) téigh thar am.

overseas adj 1 thar sáile, thar lear; the overseas market an margadh thar sáile; 2 (from abroad) ón gcoigríoch; overseas students mic léinn ón gcoigríoch.

oversight n dearmad m1.

oversleep vb he overslept chodail sé amach é.

overt adj follasach.

overtake vb (on road, in race) téigh thar.

overthrow n treascairt f3. ● vb treascair.

overtime n ragobair f2.

overture n 1 (in music) réamhcheol m1; 2 (approach) comhartha m4.

overturn vb iompaigh.

overweight adj ramhar.

overwhelm vb treascair.

overwhelming adj treasrach, millteanach.

overwork n (an) iomarca f4 oibre. ● vb déan an iomarca oibre.

owe vb 1 to owe someone money airgead a bheith ag duine ort; 2 to owe someone a favour bheith faoi chomaoin ag duine; his writing style owes a lot to Ó Cadhain tá a stíl scríbhneoireachta faoi chomaoin ag Ó Cadhain.

owing to prep de bharr (+GEN); the match was cancelled owing to rain cuireadh an cluiche ar cheal de bharr báistí.

owl n ulchabhán m1; ceann m1 cait.

own adj my own car mo charr féin. ● pron féin; to have a house of one's own teach de do chuid féin a bheith agat; to be on one's own bheith leat féin, bheith ar do chonlán féin; he has reasons of his own tá a chúiseanna féin aige. ● vb who owns this? cé leis é seo? I own it is liom é, (emphatic) is liomsa é; she owns that shop is léi an siopa sin. □ own up admhaigh; he owned up to doing it d'admhaigh sé go ndearna sé é.

owner n úinéir m3.

ownership n úinéireacht f3.

ox n damh m1.

oxygen n ocsaigin f2.

oyster n oisre m4.

ozone n ózón m1.

ozone-friendly adj neamhdhíobhálach don chiseal ózóin.

ozone layer n ciseal m1 ózóin.

....

Pp

....

pa n daid m4.

pace n 1 (step) coiscéim f2; 2 (speed) luas m1; to quicken one's pace géarú ar do luas; to keep pace with someone coimeád suas le duine; at a fast pace ar luas tapaidh. ● vb siúil; she paced up and down the room shiúil sí suas agus anuas an seomra; to pace oneself é a thógáil bréa socair.

pacemaker n (sport, medical) séadaire m4.

Pacific n the Pacific (Ocean) an tAigéan m1 Ciúin.

pacifist n síochánaí m4.

pack n 1 paca m4; a pack of cards/cigarettes paca cártaí/ toitíní; to carry a pack paca a iompar; 2 (people) drong f2; 3 (of hounds) conairt f2; 4 a pack of lies moll bréag. ● vb 1 pacáil; to pack a suitcase mála taistil a phacáil; 2 (crowd) plódaigh; they packed into the hall phlódaigh siad isteach sa halla; the place was packed bhí an áit plódaithe.

package n pacáiste m4.

package holiday n saoire f4 láneagraithe.

packed lunch n lón m1 pacáilte.

packet n paca m4.

packing n 1 (action) pacáil f3; 2 (material) stuáil f3.

pact n comhaontú m (gen comhaontaithe).

pad n 1 (fabric) pillín m4, pardóg f2; a shoulder pad pillín guailie; 2 (for helicopter) ardán m1. ● vb stuáil.

padding n stuáil f3.

paddle n (oar) céasla m4. ● vb 1 (boat) céaslaigh; 2 to paddle in the water bheith ag lapadáil san uisce.

paddling pool n linn f2 lapadaíola.

paddock n banrach f2.

padlock n glas m1 fraincín.

paediatrician n péidiatróir m3.

paediatrics npl péidiatraic f2.

pagan n págánach m1. ● adj págánach.

page n 1 (of book) leathanach m1; 2 (pageboy) péitse m1. ● vb glaoigh ar.

paid adj íoctha, díolta; ➤ to put paid to something deireadh a chur le rud.

pail n buicéad m1.

pain n pian f2; to be in pain pian a bheith ort; to take pains with something dua a chaitheamh le rud. ● vb it pains me to say this but... goilleann sé orm é a rá ach...

painful adj pianmhar, goilliúnach.

painfully adv 1 go pianmhar; 2 (very) an-; painfully slow progress dul chun cinn an-mhall.

painkiller n pianmhúchán m1.

painless adj gan phian.

painstaking adj 1 (work) mionchúiseach; 2 (person) dícheallach.

paint n péint f2. ● vb péinteáil.

paintbrush n scuab f2 phéinteála.

painter n péintéir m3.

painting n 1 (picture) pictiúr m1; 2 (activity: artistic) péintéireacht f3; 3 (decorating) péinteáil f3.

pair n 1 (two things) péire m4; a pair of shoes péire bróg; 2 a pair of trousers briste m4; a pair of scissors siosúr m1; 3 (people) beirt f2; the pair of you an bheirt agaibh, lán na beirte agaibh; in pairs i mbeirteanna; 4 (animals) cúpla m4.

Pakistan n an Phacastáin f2.

Pakistani n Pacastánach m1. ● adj Pacastánach.

pal n comrádaí m4; they're great pals tá siad an-mhór le chéile.

palace n pálás m1.

palate n 1 (hard) coguas m1; 2 (soft) carball m1; 3 (sense of taste) blas m1.

pale n the Pale an Pháil f2; beyond the pale thar fóir. ● adj 1 (complexion) mílítheach; 2 (colour, light) bán, báiteach. ● vb bánaigh.

Palestine n an Phailistín f2.

palette n pailéad m1.

palm n 1 (tree) crann m1 pailme, pailm f2; 2 (of hand) bos f2. ● vb to palm something off on someone rud a bhualadh ar dhuine.

Palm Sunday n Domhnach m1 na Pailme.

paltry adj suarach.

pamper vb déan peataireacht ar.

pamphlet n paimpléad m1.

pan n panna m4.

pancake n pancóg f2; Pancake Tuesday Máirt Inide.

pandemonium n ruaille buaille m4.

pane n pána m4; a pane of glass pána gloine; a window pane pána fuinneoige.

panel n painéal m1.

panellist n aoi m4.

pang n arraing f2.

panic n líonrith m4, scaoll m1. ● vb they panicked tháinig líonrith orthu.

panic-stricken adj she was panic-stricken bhí líonrith uirthi.

pansy n 1 (flower) goirmín m4; 2 (person) piteog f2.

pant vb saothar a bheith ort.

panther n pantar m1.

pantomime n geamaireacht f3.

pantry n pantrach f2.

pants n 1 (trousers) briste m4; 2 (underwear) fobhriste m4.

paper n 1 páipéar m1; writing paper páipéar scríbhneoireachta; papers páipéir; 2 (newspaper) nuachtán m1. ● adj páipéir (gen of n). ● vb to paper the walls páipéar a chur ar na ballaí.

paperback n bogchlúdach m1.

paper bag n mála m4 páipéir.

paper clip n fáiscín m4 páipéir.

paperwork n obair f2 pháipéir.

par n cothrom m1; on a par with ar aon chéim le.

parable n fáthscéal m1.

parachute n parasiút m1.

parade n paráid f2. ● vb máirseáil.

paradise n parthas m1.

paradox n paradacsa m4.

paradoxical adj paradacsúil.

paraffin n pairifín m4.

paragraph n paragraf m1.

Paraguay n Paragua m4.

parallel n 1 (line) líne f4 chomhthreomhar; 2 (comparison) comparáid f2; to draw a parallel comparáid a dhéanamh. ● adj comhthreomhar.

Paralympic adj Paroilimpeach; the Paralympic Games na Cluichí Paroilimpeacha.

paralyse vb cuir pairilis ar.

paralysis n pairilis f2.

paramilitary n paraimíleatach m1.

paramount adj it is of paramount importance tá sé fíorthábhachtach.

paranoia n paranóia m4.

paranoid adj paranóiach.

paraphrase n athinsint f2.

parasite n 1 (animal, plant) seadán m1; 2 (person) súmaire m4.

paratrooper n paratrúipéir m3.

parcel n beart m1. • vb cuir i mbeart.

pardon n pardún m1; I beg your pardon (excuse me) gabhaim pardún agat; pardon? gabh mo leithscéal? • vb to pardon someone pardún a thabhairt do dhuine.

parent n tuismitheoir m3.

parental adj parental discipline smacht na dtuismitheoirí.

Paris n Páras m4.

parish n paróiste m4.

Parisian n Párasach m1. • adj Párasach.

park n páirc f2. • vb páirceáil.

parking n páirceáil f3.

parking meter n méadar m1 páirceála.

parking ticket n ticéad m1 páirceála.

parliament n 1 parlaimint f2; 2 (in Ireland) dáil f3; the Irish Parliament Dáil Éireann.

parliamentary adj parlaiminteach, parlaiminte(gen of n).

parlour n parlús m1.

parochial adj 1 (narrow) cúng; 2 (of parish) paróisteach.

parody n scigaithris f2.

parole n on parole ar parúl.

parrot n pearóid f2.

parsnip n meacán m1 bán.

parson n ministir m4.

part n 1 (of whole) cuid f3; the first part of the film an chéad chuid den scannán; for the most part den chuid is mó; 2 (of machine) ball m1; 3 (role) páirt f2; to play the part of Hamlet páirt Hamlet a dhéanamh; 4 (view) taobh m1; for my part ó mo thaobhsa; to take someone's part in an argument taobh duine a ghlacadh in argóint. • vb scar; till death do us part go scara an bás sinn.
□ **part** with scar le.

partake vb 1 to partake of a meal béile a chaitheamh; 2 to partake in something bheith rannpháirteach i rud.

part exchange n leathmhalairt f2.

partial adj 1 (incomplete) neamhiomlán; a partial recovery biseach neamhiomlán; 2 to be partial to something dúil a bheith agat i rud, bheith ceanúil ar rud.

participate vb glac páirt i; to participate in something páirt a ghlacadh i rud.

participation n páirteachas m1.

participle n rangabháil f3.

particle n 1 (of matter) cáithnín m4; 2 (in grammar) mír f2.

particular n particulars mionsonraí m plural4. • adj 1 (certain) áirithe; on that particular day ar an lá áirithe sin; at a particular time ag am áirithe; 2 (special) ar leith, speisialta; a thing of particular importance rud le tábhacht ar leith; 3 (meticulous) mionchúiseach; 4 (fussy) beadaí; 5 in particular go háirithe.

particularly adv go háirithe.

parting n 1 (*separation*) scaradh m (gen scartha); 2 (*in hair*) stríoc f2. ● adj scoir(gen of n).

partisan n páirtíneach m1. ● adj claonta, claonpháirteach.

partition n 1 landair f2, spiara m4; 2 (*of country*) críochdheighilt f2. ● vb (*country*) deighil.

partly adv breac-, páirt-.

partner n 1 (*in business*) páirtí m4; 2 (*in relationship*) céile m4.

partnership n páirtíocht f3.

part of speech n roinn f2 cainte.

partridge n patraisc f2.

part-time adj páirtaimseartha. ● adv go páirtaimseartha.

party n 1 (*occasion*) cóisir f2, fleá f4; 2 (*political*) páirtí m4; a political party páirtí polaitiúil.

pass n 1 (*permit*) pas m4; 2 (*in mountains*) mám m3, bearnas m1; 3 (*in sport*) seachadadh m (gen seachadta), pas m4; 4 (*in exam*) pasmharc m1. ● vb 1 téigh thar, gabh thar; to pass someone on the street dul thar dhuine ar an mbóthar; 2 (*hand*) pass me the milk please cuir chugam an bainne le do thoil; to pass something to someone rud a thabhairt do dhuine; 3 (*in sport*) pasáil; to pass the ball an liathróid a phasáil; 4 (*exam*) faigh pas; to pass an exam pas a fháil i scrúdú; 5 (*approve*) rith; to pass a motion rún a rith.
  □ **pass away** faigh bás; he passed away fuair sé bás.
  □ **pass by** 1 (*go past*) téigh thar; 2 (*time*) imigh; time is passing tá an t-am ag imeacht.
  □ **pass on** seachaid, cuir ar aghaidh.
  □ **pass out** tit i laige.

passable adj 1 (*in standard*) cuibheasach, measartha; 2 (*clear*) oscailte.

passage n 1 (*passageway*) pasáiste m4; 2 (*from text*) sliocht m3; 3 (*of time*) imeacht m3; 4 (*boat journey*) pasáiste m4.

passenger n paisinéir m3.

passer-by n duine m4 ag dul thar bráid.

passing n 1 (*of time*) imeacht m3; 2 in passing dála an scéil. ● adj 1 (*not lasting*) neamhbhuan; 2 (*casual*) réchúiseach; a passing remark focal réchúiseach.

passion n 1 (*feeling*) paisean m1; 2 (*of Christ*) páis f2; the Passion of Christ Páis Chríost.

passionate adj paiseanta.

passionately adv go díocaiseach; they are passionately in love tá siad go mór i ngrá.

passive adj síochánta.

passive smoking n caitheamh m1 éighníomhach.

passive voice n an fhai f4 chéasta.

Passover n Cáisc f na nGiúdach.

passport n pas m4.

passport control n rialú m na bpasanna.

passport office n oifig f2 na bpasanna.

password n focal m1 faire.

past n 1 (*time*) an t-am m3 atá caite; 2 (*in grammar*) aimsir f2 chaite; 3 (*of person*) stair f2; he has an interesting past tá stair shuimiúil aige. ● adj 1 caite; in past centuries sna haoiseanna atá caite. ● prep 1 (*after*) tar éis (+GEN), i ndiaidh (+GEN); half past two a leathuair tar éis a dó; it's past midnight tá sé tar éis meánoíche; 2 (*beyond*) thar; she walked past the house shiúil sí thar an teach; our house is just past the church tá ár dteach díreach lastall den seipéal; he's past fifty tá sé thar an leathchéad. ● *adv* thar bráid; a train went past d'imigh traein thar bráid.

pasta *n* pasta *m4*.

paste *n* taos *m1*. ● *vb* taosaigh.

pasteurized *adj* paistéartha.

pastille *n* paistil *f2*.

pastime *n* caitheamh *m1* aimsire.

pastry *n* **1** (*mixture*) taosrán *m1*; **2** (*cake*) ciste *m4* milis.

pasture *n* féarach *m1*.

pasty *n* pastae *m4*.

pat *vb* slíoc.

patch *n* **1** paiste *m4*; to put a patch on a hole paiste a chur ar pholl; a patch of land paiste talún; a bald patch paiste maol; **2** (*eye patch*) bileog *f2* shúil; **3** (*on animal*) scead *f2*; **4** (*period*) tréimhse; to go through a bad patch dul trí dhrochthréimhse; **5** it's not a patch on the first one níl sé leath chomh maith leis an gcéad cheann. ● *vb* paisteáil.
□ **patch up 1** (*repair*) deisigh; **2** to patch things up (*make peace*) déan síocháin.

patchwork *n* obair *f2* phaistí. ● *adj* a patchwork quilt cuilt phaistí.

patchy *adj* **1** (*in appearance*) sceadach; **2** (*in quality*) treallach.

patent *n* paitinn *f2*. ● *vb* paitinnigh. ● *adj* paiteanta.

patent leather *n* snasleathar *m1*.

paternal *adj* athartha.

path *n* **1** (*footpath*) cosán *m1*; **2** (*way*) bealach *m1*; **3** (*course*) ruthag *m1*.

pathetic *adj* **1** (*sad*) truamhéalach; **2** (*inadequate*) ainnis.

pathological *adj* paiteolaíoch.

pathway *n* cosán *m1*.

patience *n* **1** foighne *f4*; have patience! biodh foighne agat!; to try someone's patience duine a chur go dtí deireadh na foighne.

patient *n* othar *m1*. ● *adj* foighneach; to be patient with someone bheith foighneach le duine.

patriotic *adj* tírghrách.

patriotism *n* tírghrá *m4*.

patrol *n* patról *m1*. ● *vb* to patrol an area patról a dhéanamh ar limistéar.

patrol car *n* patrólcharr *m1*.

patron *n* **1** pátrún *m1*; a patron of the arts pátrún ealaíon; **2** (*customer*) custaiméir *m3*.

patronize *vb* **1** (*support*) déan pátrúnacht; **2** (*derogatory*) to patronize someone uasal le híseal a dhéanamh ar dhuine; **3** (*frequent*) gnáthaigh; to patronize a shop siopa a ghnáthú.

patronizing *adj* mórluachach.

patron saint *n* éarlamh *m1*, pátrún *m1*.

pattern *n* patrún *m1*.

paunch *n* maróg *f2*.

pause *n* **1** (*in work*) sos *m3*, moill *f2*; **2** (*interval*) idirlinn *f2*. ● *vb* stad, moilligh.

pave *vb* pábháil; ➤ to pave the way (for something) an bealach a réiteach (i gcomhair ruda).

pavement *n* cosán *m1* (sráide).

pavillion *n* pailliún *m1*.

paving stone *n* cloch *f2* phábhála.

paw *n* lapa *m4*.

pawn *n* **1** ceithearnach *m1*, fichillín *m4*. ● *vb* cuir i ngeall.

pawnbroker *n* geallbhróicéir *m3*.

pawnshop *n* siopa *m4* geallbhróicéara, teach *m* (*gen tí*) gill.

pay n **1** pá m4, tuarastal m1. ● vb **1** íoc, díol; to pay for something íoc as rud; you will pay dearly for that íocfaidh tú go daor as sin; **2** to pay someone a visit cuairt a thabhairt ar dhuine; **3** to pay attention to someone éisteacht a thabhairt do dhuine; pay no attention to him ná tóg aon cheann de.

□ **pay back** aisíoc.

□ **pay for** íoc as, díol as.

□ **pay in** cuir isteach, íoc isteach; to pay money into an account airgead a chur isteach i gcuntas.

□ **pay off 1** (clear) glan; to pay off one's debts do chuid fiacha a ghlanadh; **2** (succeed) the gamble paid off b'fhiú an dul sa seans.

□ **pay out** íoc amach, díol amach; to pay out money airgead a íoc amach.

□ **pay up** íoc, díol.

payable adj íníochtha; a cheque payable to... seic íníoctha le...

payment n íocaíocht f3; to make a payment íocaíocht a dhéanamh; in payment for something mar íocaíocht ar rud.

pay packet n fáltas m1 pá.

payroll n párolla m4.

pay slip n duillín m4 pá.

PC n (computer) ríomhaire m4 pearsanta.

pea n pis f2.

peace n **1** (calm) suaimhneas m1; **2** (not war) síocháin f3.

peaceful adj (non-violent) síochánta; **2** (calm) suaimhneach.

peace process n the peace process próiséas na síochána.

peach n péitseog f2.

peacock n **1** péacóg f2.

peak n **1** (of mountain) binn f2; **2** (high point) buaic f2; at the peak of his career ag buaic a réime; **3** (of cap) speic f2.

peak rate n uasráta m4.

peal n **1** (of bell) cling f2; **2** a peal of thunder bloc toirní; **3** a peal of laughter racht gáire. ● vb cling.

peanut n pis f2 talún.

pear n piorra m4.

pearl n péarla m4.

peasant n tuathánach m1.

peat n móin f3.

pebble n púróg f2.

peck n **1** priocadh m (gen prioctha); **2** (kiss) póigín m4. ● vb **1** (bird) pioc; **2** to peck someone on the cheek póigín ar an ngrua a thabhairt do dhuine.

peckish adj to feel peckish réocras a bheith ort.

peculiar adj **1** (strange) aisteach; a peculiar taste blas aisteach; **2** (particular) leithleach; an expression peculiar to this region nath cainte a bhaineann leis an réigiún seo amháin.

pedal n troitheán m1.

pedant n saoithín m4.

pedantic adj saoithíneach.

pedestal n seastán m1; ➤ to put someone on a pedestal dia beag a dhéanamh de dhuine.

pedestrian n coisí m4.

pedestrian crossing n trasrian m1 coisithe.

pedigree n **1** (of animal) pórtheastas m1; **2** (genealogy) ginealach m1. ● adj ginealaigh (gen of n).

pee vb mún.

peel n craiceann m1. ● vb scamh; to peel a potato práta a scamhadh.

peep n **1** (look) spléachadh m; **2** (sound) gíog f2; there wasn't a peep out of him ní raibh gíog ná míog as. ● vb to peep at something spléachadh a thabhairt ar rud.

peer n (lord) tiarna m4; peers lucht m3 comhaoise. ● vb to peer

at something bheith ag stánadh ar rud.

peeved adj **to be peeved about something** múisiam a bheith ort faoi rud.

peevish adj cantalach.

peg n pionna f4; **clothes peg** pionna éadaigh; **tent peg** pionna pubaill. ● vb ceangail le pionnaí.

pellet n **1** millín m4; **2** (from gum) grán m1.

pelvis n peilbheas m1.

pen n **1** (for writing) peann m1; **2** (for animals) cró m4.

penal adj peannaideach.

penalize vb cuir pionós ar, gearr pionós ar.

penalty n **1** pionós m1; **2** (in sport) cic m4 pionóis; cic m4 éirice.

penance n aithrí f4.

pencil n peann m1 luaidhe.

pencil case n cás m1 peann luaidhe.

pencil sharpener n bioróir m3.

pendant n siogairlín m4.

pending prep ag feitheamh le. ● adj ar feitheamh.

pendulum n luascadán m1.

penetrate vb **1** (go into) treáigh; **2** (infiltrate) téigh isteach i.

penetrating adj géar.

pen friend n cara m (gen carad) pinn.

penguin n piongáin f2.

penicillin n peinicillín f2.

peninsula n leithinis f2.

penis n bod m1, péineas m1.

penitentiary n priosún m1.

penknife n scian f2 phóca.

pen name n ainm m4 cleite.

penniless adj gan phingin.

penny n pingin f2.

pen pal n cara m (gen carad) pinn.

pension n pinsean m1.

pensioner n pinsinéir m3.

pension fund n ciste m4 pinsin.

Pentecost n An Chincís f2.

people n **1** (human beings) daoine m4; **there were a lot of people there** bhí a lán daoine ann; **people are angry about it** tá fearg ar dhaoine faoi; **2** (inhabitants, family) muintir f2; **the people of the town** muintir an bhaile; **his people come from Kerry** tagann a mhuintir féin ó Chiarraí; **3** (race) cine m4.

pepper n piobar m1. ● vb **1** cuir piobar ar; **2** (shower) **to pepper something with bullets** cith urchar piléar a chaitheamh le rud; **3 his talk is peppered with swearwords** tá a chaint breac le heascainí.

peppermint n **1** (sweet) milseán m1 miontais; **2** (plant) lus m3 an phiobair.

per prep **in aghaidh** (+GEN), sa(n); **de réir** (+GEN); **per week in aghaidh na seachtaine, sa tseachtain; per month in aghaidh na míosa, sa mhí; per anum in aghaidh na bliana, sa bhliain; a hundred miles per hour** céad míle san uair; **ten pounds per kilo** deich bpunt de réir an chileagraim.

perceive vb airigh, braith.

per cent adv faoin gcéad.

percentage n céatadán m1.

perceptible adj inaitheanta.

perception n aireachtáil f3, brath m1.

perceptive adj airitheach, braiteach.

perch n **1** (fish) péirse f4; **2** (for bird) fara m4. ● vb **1** (person) suigh; **John Joe was perched on the roof** bhí Seán Sheosaimh ina shuí ar an díon; **2 the birds were perched on the tree** bhí na héin ar a bhfara ar an gcrann.

percussion n greadadh m (gen greadta); **percussion instruments** cnaguirlisí.

percussionist n drumadóir m3.

perennial n ilbhliantóg f2. ● adj 1 (plant) ilbhliantúil; 2 (recurring) síoraí.

perfect n (in grammar) aimsir f2 fhoirfe. ● adj foirfe. ● vb foirfigh, tabhair chun foirfeachta.

perfectly adv 1 go foirfe; **it was perfectly done** bhí sé déanta go foirfe; 2 **that's perfectly all right** níl aon fhadhb ansin.

perforate vb poll.

perform vb 1 (execute) déan; 2 (duties) comhlíon; 3 (music) seinn; 4 (play) cuir i láthair.

performance n 1 (of play, music) cur m1 i láthair, léiriú m (gen léirithe); **the performance of a play** cur i láthair dráma; 2 (by person) taispeántas m; **he gave a magnificent performance** thug sé taispeántas iontach; 3 (of car, machine) oibriú m (gen oibrithe); 4 (of company) cruthú m (gen cruthaithe).

performer n 1 (entertainer) oirfideach m1; 2 (musician) ceoltóir m3; 3 (actor) aisteoir m3.

perfume n cumhrán m1.

perhaps adv b'fhéidir.

peril n contúirt f2.

period n 1 (of time) tréimhse f4; **a long period of time** tréimhse fhada ama; **there will be bright periods** beidh tréimhsí geala ann; 2 (menstrual) fuil f3 mhiosta; 3 (full stop) lánstad m4.

periodic adj tréimhsiúil.

periodical n tréimhseachán m1.

perish vb éag.

perishable adj meatach.

perjury n mionnú m éithigh.

perk n perks peirceasaí. ● vb bíog; **to perk up** misneach a ghlacadh.

perm n buantonn f2.

permanence n buaine f4.

permanent adj buan, seasmhach.

permeate vb leath ar fud (+GEN), síleadh trí.

permissible adj ceadmhach, ceadaithe.

permission n cead m3.

permissive adj ceadaitheach.

permit n ceadúnas m1. ● vb ceadaigh.

permutation n iomalartú m (gen iomalartaithe).

perpendicular adj ingearach.

perplexed adj **to be perplexed** mearbhall a bheith ort.

persecute vb to persecute people géarleanúint a dhéanamh ar dhaoine.

persecution n géarleanúint f3.

persevere vb **to persevere with something** coinneáil ort le rud.

Persia n An Pheirs f4.

persist vb lean ar; **to persist in doing something** leanúint ort ag déanamh ruda.

persistence n buanseasmhacht f3.

persistent adj buanseasmhach.

person n 1 duine m4; 2 (in grammar, law) pearsa m4.

personal adj pearsanta.

personal assistant n cúntóir m3 pearsanta.

personal computer n ríomhaire m4 pearsanta.

personality n pearsantacht f3.

personally adv go pearsanta.

personnel n foireann f2.

perspective n 1 (in art) peirspictíocht f3; 2 (relative view) dearcadh m4; 3 **to put things in perspective** rudaí a chur i gcomhthéacs.

perspiration n allas m1.

perspire *vb* cuir allas.

persuade *vb* cuir ina luí, áitigh; **to persuade someone to do something** é a chur in luí ar dhuine rud a dhéanamh.

persuasion *n* **1** áitiú *m* (*gen* áitithe); **2** (*belief*) creideamh *m1*.

pertaining *prep* **pertaining to a bhaineann le**.

Peru *n* an Peiriú *m4*.

pervade *vb* leath ar fud (+GEN).

perverse *adj* saobh, claon.

perversion *n* saobhadh *m* (*gen* saofa), claonadh *m* (*gen* claonta).

pervert *n* saofóir *m3*. ● *vb* saobh, claon.

pessimism *n* duairceas *m1*, éadóchas *m1*.

pessimist *n* duaracán *m1*.

pessimistic *adj* duairc; **to be pessimistic about something** bheith éadóchasach faoi rud.

pest *n* **1** (*animal, insect*) plá *m4*, claimhe *f4*; **2** (*person*) crá *m4* croí; **that child's a pest!** is crá croí an leanbh sin!

pester *vb* cráigh.

pet *n* **1** (*animal*) peata *m4*; **2** (*child*) maicín *m4*; **3 teacher's pet** peata *m4* an mhúinteora. ● *adj* (*favourite*); **pet hate** púca *m4* na n-adharc. ● *vb* (*animal*) slíoc; **to pet a dog** madra a shlíocadh.

petal *n* peiteal *m1*.

petition *n* **1** (*protest*) achainí *f4*; **2** (*application*) iarratas *m1*.

pet name *n* ainm *m4* ceana.

petrified *adj* (*terrified*) sceimhlithe.

petrol *n* peitreal *m1*.

petroleum *n* peitriliam *f4*.

petrol pump *n* caidéal *m1* peitril.

petrol station *n* stáisiún *m1* peitril.

petrol tank *n* umar *m1* peitril.

pet shop *n* siopa *m4* peataí.

petticoat *n* foghúna *m4*, cóta *m4* beag.

pettiness *n* suarachas *m1*.

petty *adj* **1** (*mean, paltry*) suarach; **2** (*unimportant*) mion-; **petty crime** mionchoir.

petty cash *n* mionairgead *m1*.

petunia *n* petiúinia *f4*.

pew *n* suíochán *m1*.

pewter *n* péatar *m1*.

phantom *n* fuath *m3*.

pharmacist *n* cógaiseoir *m3*.

pharmacology *n* cógaseolaíocht *f3*.

pharmacy *n* **1** (*study of*) cógaisíocht *f3*; **2** (*shop*) cógaslann *f2*.

phase *n* céim *f2*. ● *vb* **to phase something out** deireadh a chur le rud de réir a chéile.

pheasant *n* piasún *m1*.

phenomenon *n* feiniméan *m1*.

Philippines *n* **the Philippines** na hOileáin *m(pl)1* Fhilipíneacha.

philosopher *n* fealsúnaí *m4*.

philosophical *adj* fealsúnach.

philosophy *n* fealsúnacht *f3*.

phobia *n* fóibe *f4*.

phone *n* fón *m1*, guthán *m1*; **to be on the phone** bheith ar an bhfón. ● *vb* cuir glaoch ar; **to phone someone** glaoch fóin a chur ar dhuine. □ **phone back** glaoigh ar ais ar.

phone book *n* leabhar *m1* fóin, leabhar *m1* guthán.

phone box *n* bosca *m4* fóin.

phone call *n* glao *m4* gutháin.

phonecard *n* cárta *m4* fóin.

phone-in *n* fónáil *f3* isteach.

phonetics *n* foghraíocht *f3*.

phoney *adj* bréagach.

photo *n* grianghraf *m1*.

photocopier *n* fótachóipire *m4*.

photocopy n fótachóip f2. ● vb fótachóipeáil.

photograph n grianghraf m1. ● vb tóg grianghraf.

photography n grianghrafadóireacht f3.

phrase n 1 (expression) leagan m1 cainte; 2 (in grammar) frása m4. ● vb cuir i bhfocail.

physical adj fisiceach.

physical education n corpoideachas m1.

physically adv go fisiceach.

physicist n fisiceoir m3.

physics n fisic f2.

physiotherapy n fisiteiripe f4.

physique n déanamh m1 coirp.

pianist n pianódóir m4.

piano n pianó m4.

pick n 1 (tool) piocóid f2; 2 (from choice) rogha f4; take your pick bíodh do rogha agat. ● vb 1 pioc; to pick apples úlla a phiocadh; to pick a lock glas a phiocadh; to pick one's teeth do chuid fiacla a phiocadh; 2 (choose) roghnaigh; to pick one's words carefully do chuid focal a roghnú go cúramach.
□ **pick at:** to pick at one's food blaisínteacht a dhéanamh ar do chuid bia.
□ **pick on** pioc ar, spoch as; to pick on someone bheith ag piocadh ar dhuine.
□ **pick out 1** (choose) pioc amach, roghnaigh; 2 (distinguish) aimsigh; to pick out someone's face in the crowd aghaidh duine a aimsiú sa slua.
□ **pick up 1** (improve) téigh i bhfeabhas; the weather is picking up tá an aimsir ag dul i bhfeabhas; 2 (lift) pioc suas; to pick something up of the ground rud a phiocadh suas den talamh; 3 (collect) bailigh; I'll pick you up at eight baileoidh mé tú ar a hocht.

picket n picéad m1. ● vb picéadaigh.

pickle n picil f2; pickles picilí; ➤ to be in a pickle bheith i sáinn. ● vb picil; pickled onions oinniúin phicilte.

pickpocket n peasghadaí m4; piocaire m4 póca.

picnic n picnic f2.

picture n 1 pictiúr m1; 2 the pictures (cinema) na pictiúir. ● vb samhail.

picturesque adj pictiúrtha.

pie n píóg f2.

piece n 1 píosa m4; a piece of bread píosa aráin; 2 (of furniture) ball m1; a piece of furniture ball troscáin; 3 (in chess) fear m1; a chess piece fear m1 fichille.

pie chart n píchairt f2.

pier n cé f4.

pierce vb poll, treáigh.

piercing adj (look, scream) géar.

pig n muc f2.

pigeon n colúr m1, colmán m1.

pigeon hole n clóisieidín m4.

piggyback n to give someone a piggyback ride marcaíocht a thabhairt do dhuine ar do dhroim.

pigheaded adj ceanndána.

pigsty n cró m4 muice.

pigtail n trilseán m1.

pike n (fish) liús m1.

pilchard n pilséar m1.

pile n (heap) carn m1; a pile of books/clothes carn leabhar/éadaigh; 2 a pile of/piles of (a lot of) carn m1; I have a pile of work to do tá carn oibre le déanamh agam; he has piles of money tá carn airgid aige; 3 (on carpet) caitín m4. ● vb carn.
□ **pile into** plódaigh isteach i; they piled into the car phlódaigh siad isteach sa charr.
□ **pile up** carn.

piles n daorghalar m1.

pile-up n (accident) dul m3 i mullach a chéile.

pilgrim n oilithreach m1.

pilgrimage n oilithreacht f3.

pill n piollaire m4.

pillar n colún m1, gallán m1.

pillar box n bosca m4 litreacha.

pillow n piliúr m1.

pillowcase n clúdach m1 piliúir.

pilot n píolóta m4. ● adj píolótach; a pilot scheme scéim phíolótach. ● vb píolótaigh.

pimp n fualán m1.

pimple n goirín m4.

pin n biorán m1, pionna m4; ➤ to have pins and needles coladh grifín a bheith ort. ● vb pionnáil; cuir le biorán; to pin two things together dhá rud a phionnáil le chéile; to pin a note to a door nóta a chur ar dhoras le biorán. ▫ pin down: to pin someone down duine a sháinniú.

PIN n Uimhir f Aitheantais Phearsanta.

pinball n cluiche m4 mionbháil.

pinch n 1 (nip) liomóg f2; 2 (small amount) gráinnín m4; a pinch of salt gráinnín salainn; ➤ at a pinch más gá. ● vb 1 bain liomóg as; 2 (steal) goid.

pincushion n pioncás m1.

pine n péine m4, giúis f2; a pine table bord giúise. ● vb to pine for someone bheith ag caitheamh i ndiaidh duine.

pineapple n anann m1.

pine cone n buaircín m4 péine.

pine tree n crann m1 giúise.

ping-pong n leadóg f2 bhoird.

pink n bándearg m1. ● adj bándearg.

pinpoint vb aimsigh.

pint n pionta m4.

pioneer n 1 ceannródaí m4; 2 (non-drinker) réadóir m3.

pious adj cráifeach, naofa.

pip n 1 síol m1; 2 the pips (on phone) na gíoga f(pl)2.

pipe n 1 píopa m4; a water pipe píopa uisce; to smoke a pipe píopa a chaitheamh; 2 (musical instrument) píb f2; uillean pipes píoba f(pl)2 uilleann. ● vb cuir trí phíopaí.

pipe dream n speabhraídí f(pl)2.

pipeline n píbline f4; ➤ in the pipeline ag teacht.

piper n píobaire m4.

pirate n foghlaí m4 mara.

Pisces n Na hÉisc m(pl)1.

piss n mún m1; ➤ piss off! bailigh leat!

pissed adj (drunk) ar deargmheisce.

pistol n piostal m1.

piston n loine f4.

pit n 1 poll m1; coal pit gualpholl; 2 in the pit of one's stomach i log do ghoile.

pitch n 1 (in sport) páirc f2 imeartha; 2 (in music) airde f4; 3 (tar) pic f2. ● vb 1 (throw) caith; 2 to pitch a tent puball a chur suas.

pitfall n gaiste m4.

pith n fochraiceann m1.

pithy adj gonta.

pitiful adj truamhéalach.

pitiless adj mithrócaireach.

pittance n cuid f3 an bheagáin.

pity n trua f2; it's a great pity is mór an trua é. ● vb to pity someone trua a bheith agat do dhuine.

pixel n pixel m4.

placard n fógra m4.

placate vb suaimhnigh; to placate someone duine a shuaimhniú.

place n áit f2; in place of in áit (+GEN); in the first place ar an gcéad dul síos. ● vb cuir, leag; to place something on the floor rud a chur ar an urlár.

plague n plá m4. ● vb cráigh, ciap.

plaice n leathóg f2 bhallach.

plaid n breacán m1.

plain n má m4, machaire m4.
● adj 1 (simple, clear) soiléir; 2 (food) coitianta; 3 (clothes) aondath; 4 (person) mighnaiúil; 5 (simple) simplí.

plain-clothes adj a plain-clothes guard garda i ngáthéadach.

plainly adv 1 (clearly) go soiléir; 2 (speak) go neamhbhalbh.

plait n trílseán m1.

plan n plean m1. ● vb pleanáil.

plane n 1 (aeroplane) eitleán m1; 2 (tool) plána m4; 3 (tree) crann m1 plána. ● vb plánáil.

planet n pláinéad m1.

plank n planc m1.

planner n pleanálaí m4.

planning n pleanáil f3; family planning pleanáil chlainne.

planning permission n cead m1 pleanála.

plant n 1 planda m4; 2 (machinery) gléasra m4; 3 (factory) monarcha f (gen monarchan).
● vb cuir.

plaster n 1 plástar m1; 2 (sticking) greimlín m4. ● vb plástráil.

plastered adj (drunk) ar na stártha.

plastic n plaisteach m1. ● adj plaisteach.

plastic bag n mála m4 plaisteach.

plastic surgery n máinliacht f3 athdheilbhithe.

plate n pláta m4.

platform n 1 (in station) ardán m1; 2 (stage) stáitse m4.

platinum n platanam m1.

platter n trinsiúr m1.

plausible adj inchreidte.

play n 1 (drama) dráma m4; 2 (activity) imirt f (gen imeartha); 3 (activity of children) súgradh m (gen súgartha); 4 (in sport) imirt f (gen imeartha).
● vb 1 (sport) imir; to play football bheith ag imirt peile; 2 (act) déan; to play the part of the hero páirt an laoich a dhéanamh; 3 (music) seinn; to play the guitar seinn ar an ngiotár; 4 (children) the children are playing tá na leanaí ag súgradh.
□ **play down**: to play something down tábhacht ruda a bhaint de.

player n 1 (in sport) imreoir m3; 2 (actor) aisteoir m3; the players na haisteoirí; 3 (musician) seinnteoir m3; a guitar player seinnteoir giotáir.

playful adj spraoiúil.

playground n 1 (in school) clós m1 scoile; 2 (public) áit f2 súgartha.

playgroup n naíolann f2.

playing field n páirc f2 imeartha.

playmate n comrádaí m4.

play-off n cluiche m4 cáilithe.

playpen n crúib f2 súgartha.

playroom n seomra m4 súgartha.

playtime n am m3 súgartha.

playwright n drámadóir m3.

plea n 1 achainí f4; 2 (legal) pléadáil f3.

plead vb 1 to plead with someone achainí ar dhuine; 2 (in law) pléadáil; to plead guilty pléadáil ciontach.

pleasant adj taitneamhach.

please excl le do thoil, más é do thoil é; please come in tar isteach le do thoil. ● vb sásaigh; to please someone duine a shásamh; it pleased her shásaigh sé í; ➤ please yourself déan do chomhairle féin; ➤ do as you please déan do rogha rud.

pleased *adj* sásta; to be pleased with something bheith sásta le rud.

pleasing *adj* sásúil.

pleasure *n* 1 pléisiúr *m1*; to take pleasure in doing something pléisiúr a thógáil as rud a dhéanamh; 2 (*in polite phrases*) fáilte *f4*; it's a pleasure tá fáilte romhat; I'll do it with pleasure déanfaidh mé é agus fáilte.

pleat *n* filleadh *m1*.

pledge *n* geall *m1*. ● *vb* 1 (*promise*) geall; 2 (*pawn*) to pledge something rud a chur i ngeall.

plentiful *adj* flúirseach.

plenty *n* plenty of go leor (+GEN).

pliers *n* greamaire *m(sg)4*.

plight *n* cor *m1*.

plod *vb* fuirsigh; to plod along bheith ag fuirseadh leat.

plonk *n* (*wine*) fíon *m3* saor. ● *vb* plab; to plonk something down rud a phlabadh síos.

plot *n* 1 (*of story*) plota *m4*; 2 (*conspiracy*) comhcheilg *f2*; 3 (*of land*) gabháltas *m1*; 4 (*grave*) uaigh *f2*. ● *vb* 1 (*against someone*) beartaigh; 2 (*conspire*) déan comhcheilg; 3 (*plan*) déan plean; 4 (*map*) mapáil; to plot a course cúrsa a mhapáil.

plough *n* 1 (*tool*) céachta *m*; 2 The Plough An tSeisreach. ● *vb* treabh.

ploy *n* seift *f*.

pluck *vb* 1 (*fruit*) bain, pioc; 2 (*flower*) stoith; ➤ to pluck up one's courage misneach a ghlacadh chugat féin.

plug *n* 1 (*electric*) plocóid *f2*, pluga *m4*; 2 (*in sink*) stopallán *m1*. ● *vb* 1 (*a hole*) calc; cuir stopallán i; 2 (*advertise*) fógair. □ plug in plugáil isteach.

plum *n* plumá *m4*.

plumb *vb* tomhais doimhneacht (+GEN); ➤ to plumb the depths of something dul go grinneall le rud.

plumber *n* pluiméir *m3*.

plumbing *n* 1 (*trade*) pluiméireacht *f3*; 2 (*pipes*) píopaí *m(pl)4*.

plummet *n* pluma *m4*. ● *vb* tit.

plump *adj* ramhar. ● *vb* roghnaigh; to plump for something rud a roghnú.

plunge *n* tumadh *m* (*gen* tumtha); ➤ to take the plunge dúléim a thabhairt. ● *vb* 1 (*dive*) tum, fothraig; 2 (*fall*) tit i ndiaidh do chinn.

pluperfect *n* ollfhoirfe *m4*. ● *adj* ollfhoirfe.

plural *n* iolra *m4*. ● *adj* iolra.

plus *n* plus *m4*. ● *prep* móide; three plus two a trí móide a dó.

ply *n* dual *m1*; two-ply dédhualach. ● *vb* 1 (*practice*) cleacht; to ply a trade ceird a chleachtadh; 2 to ply someone with drink deoch a thathant ar dhuine; to ply someone with questions ceisteanna a raideadh chun duine.

plywood *n* sraithadhmad *m1*.

pm *abbrev* i.n. (*iarnóin*).

pneumonia *n* niúmóine *m4*.

poach *vb* 1 (*cook*) scall; 2 (*hunt*) póitseáil.

poached egg *n* ubh *f2* scallta.

poacher *n* póitséalaí *m4*.

pocket *n* póca *m4*. ● *vb* cuir i do phóca.

pocketbook *n* leabhar *m1* póca.

pocket money *n* airgead *m1* póca.

pod *n* faighneog *f2*.

poem *n* dán *m1*.

poet *n* file *m4*.

poetic *adj* fileata.

poetry *n* filíocht *f3*.

poignancy n (intensity) goinnlastacht f3.

poignant adj (intense) goinnlasta.

point n 1 (tip) rinn f2; the point of a knife rinn scine; 2 (of pen, pencil) gob m1; 3 (in time) pointe m4; just at that point díreach ag an bpointe sin; a point in time pointe ama; to be on the point of doing something bheith ar tí rud a dhéanamh; 4 (location) pointe; the highest point an pointe is airde; 5 (decimal) pointe m4; 7 point 5 a seacht pointe a cúig; 6 the whole point is that... is é bun agus barr an scéil ná...; 7 to make a point pointe a dhéanamh; that's a good point is pointe maith é sin; that's her strong point sin é an bua atá aici; 8 (in scoring) (in Gaelic games) cúilín m4; (in other games) pointe m4; 9 (of compass) aird f2; the points of the compass airde an chompáis. ● vb 1 (with finger) to point at something do mhéar a dhíriú ar rud; 2 to point a gun at someone gunna a dhíriú ar dhuine.

□ **point out:** to point out something to someone rud a chur ar a shúile do dhuine.

□ **point to** to 1 léirigh; this points to the fact that... léiríonn sé seo go...

point-blank adv 1 (ask) glan; 2 (fire) faoi bhéal an ghunna.

pointer n 1 (advice) comhairle f4; 2 (clue) leid f2; 3 (needle) snáthaid f2; 4 (dog) madra m4 dúiseachta.

pointless adj gan tairbhe.

point of view n dearcadh m1.

poison n nimh f2. ● vb nimhigh.

poisonous adj nimhiúil.

poke vb 1 (person) pioc; 2 (fire) rúisc.

□ **poke about** siortaigh.

poker n 1 (game) pócar m1; 2 (for fire) priocaire m4.

poky adj cúng.

Poland n an Pholainn f2.

polar bear n béar m1 bán.

pole n 1 cuaille m4; telegraph pole cuaille teileagraif; 2 (geographical) mol m1; the North/South Pole an Mol Thuaidh/Theas; 3 (in physics) pol m1.

Pole n Polannach m1.

pole vault n léim f2 cuaille.

police npl (in Republic of Ireland) gardaí m(pl)4 síochána; (elsewhere) póilíní m(pl)4. ● vb to police a demonstration maoirseacht a dhéanamh ar léirsiú.

police car n carr m4 gardaí.

policeman n garda m4, póilín m4.

police station n stáisiún m1 na ngardaí, stáisiún m1 na bpóilíní.

policewoman n bangharda m4, banphóilín m4.

policy n polasaí m4.

polio(myelitis) n polaimiailíteas m1.

polish n 1 (substance) snas m1; shoe polish snas bróg; 2 (shine) loinnir f (gen loinnreach). ● vb 1 (using polish) cuir snas ar; to polish shoes snas a chur ar bhróga; 2 (make shiny) cuir loinnir ar.

□ **polish off** 1 (food) caith siar; 2 (task) críochnaigh.

□ **polish up:** to polish up one's Irish feabhas a chur ar do chuid Gaeilge.

Polish n Polainnis f2. ● adj Polannach.

polished adj snasta.

polite adj béasach, múinte.

politely adv go múinte.

politeness n múineadh m (gen múinte).

political adj polaitiúil, polaitíochta (gen of n).

politics n polaitíocht f3.

poll n (opinion) pobalbhreith f2. ● vb (votes) faigh.

pollen n pailín m4.

polling day n lá m (gen lae) vótála.

polling station n stáisiún m1 vótála.

pollute vb truailligh.

pollution n truailliú m (gen truaillithe).

polytechnic n coláiste m4 polaiteicnice.

polythene n polaitéin f2.

pomegranate n pomangránait f2.

pompous adj mórchúiseach.

pond n linn f2.

ponder vb machnaigh (ar).

pony n capaillín m4, pónaí m4.

ponytail n eireaball m1 capaill.

pony trekking n fálróid f2 ar chapaillíní.

poodle n púdal m1.

pool n 1 (for swimming) linn f2; swimming pool linn snámha; 2 (of water) lochán m1; 3 (game) púl m4; 4 football pools linnte f2 peile. ● vb cuir i gcomhchiste; to pool resources achmhainní a chur le chéile.

poor n the poor na boicht m(pl)1, na bochtáin m(pl)1. ● adj bocht.

poorly adv go holc, go dona.

pop n 1 (music) popcheol m1; 2 (drink) deoch f (gen dí) choipeach. ● vb 1 preab, to pop to the pop phreab an corc; 2 (burst) pléasc; the balloon popped phléasc an balún; 3 to pop in to see someone bualadh isteach chun duine a fheiceáil; 4 to pop out to the shop geábh a thabhairt ar an siopa.

□ **pop up** (jump up) preab aníos.

pope n pápa m4.

poplar n poibleog f2.

poppy n poipín m4.

popular adj 1 (liked) he's very popular tá an-mheas air; 2 (common) coitianta; 3 (fashionable) faiseanta.

population n daonra m4.

porcelain n poirceallán m1.

porch n póirse m4.

pore n piochán m1, póir f2. ● vb to pore over a book bheith sáite i leabhar.

pork n muiceoil f2.

pornography n pornagrafaíocht f3.

porridge n leite f (gen leitean), brachán m1.

port n 1 (harbour) cuan m1, port m1; 2 (wine) portfhíon m3; 3 (side of ship) clébhord m1.

portable adj iniompartha.

porter n 1 (for luggage) póirtéir m3; 2 (doorman) dóirseoir m3; 3 (beer) pórtar m1, leann m3 dubh.

portfolio n 1 mála m4 cáipéise; 2 (in politics) a minister's portfolio cúram m1 aire.

porthole n sliospholl m1.

portion n 1 (helping) cuid f3; 2 (piece) píosa m4; 3 (share) roinn f2.

portrait n portráid f2.

portray vb léirigh.

Portugal n an Phortaingéil f2.

Portuguese n 1 (person) Portaingéileach m1; 2 (language) Portaingéilis f2.

pose n 1 (position) staidiúir f2; 2 (act) gothaí m(pl)3. ● vb 1 (for picture) deasaigh; she posed for a photograph dheasaigh sí í féin le haghaidh grianghraif; 2 (masquerade) to pose as dul i riocht (+GEN); 3 to pose a question ceist a chur.

posh *adj* galánta.

position *n* **1** (*location*) áit *f2*; **2** (*situation*) suíomh *m1*; **3** (*job*) post *m1*; **4** (*opinion*) dearcadh *m1*.

positive *adj* **1** dearfach; a positive answer freagra dearfach; a positive attitude dearcadh dearfach; **2** (*sure*) cinnte; I'm positive that it was her táim cinnte gurbh í a bhí ann; **3** (*electricity*) deimhneach.

possess *vb* **1** (*have*) to possess something rud a bheith agat; all that I possess a bhfuil agam; **2** (*seize*) glac seilbh ar.

possession *n* **1** seilbh *f2*; to gain possession of something seilbh a fháil ar rud; **2** possessions iarmhais *f2*.

possessive *adj* sealbhach.

possibility *n* féidearthacht *f3*.

possible *adj* féideartha; it is possible is féidir é; if possible más féidir; as soon as possible chomh luath agus is féidir.

possibly *adv* **1** (*perhaps*) seans; she may possibly be at home tá seans go bhfuil sí sa bhaile; **2** (*for emphasis*) seans; we can't possibly buy it níl aon seans go bhféadfaimis é a cheannach.

post *n* **1** (*mail*) the post an post; **2** (*pole*) cuaille *m4*; **3** (*job*) post *m1*. ● *vb* cuir sa phost; to post a letter litir a chur sa phost.

postage *n* postas *m1*.

postal order *n* ordú *m* poist.

post box *n* bosca *m4* litreacha.

postcard *n* cárta *m4* poist.

postcode *n* cód *m1* poist.

poster *n* postaer *m1*.

postgraduate *n* iarchéimí *m4*. ● *adj* iarchéime(*gen of n*).

postman *n* fear *m1* poist.

postmark *n* postmharc *m1*.

postmortem *n* scrúdú *m* iarbháis.

post office *n* oifig *f2* an phoist; the Post Office an Post *m1*.

postpone *vb* cuir ar athlá.

posture *n* **1** (*stance*) staidiúir *f2*; **2** (*attitude*) dearcadh *m1*.

postwar *adj* iarchogaidh (*gen of n*).

pot *n* **1** pota *m4*, corcán *m1*; **2** (*teapot*) taephota *m4*; **3** (*marijuana*) pot *m4*. ● *vb* cuir i bpotaí.

potato *n* práta *m4*.

potato peeler *n* scamhaire *m4* prátaí.

poteen *n* poitín *m4*.

potent *adj* cumhachtach, láidir.

potential *n* mianach *m1*; to have potential mianach a bheith ionat. ● *adj* a potential danger baol folaigh.

pothole *n* **1** (*in road*) linntreog *f2*, poll *m1*; **2** (*cave*) uaimh *f2*.

potion *n* díneach *m1*.

pot luck *n* to take pot luck dul sa seans.

potter *n* potaire *m4*.

pottery *n* potaireacht *f3*.

potty *n* (*child's*) pota *m4* (linbh). ● *adj* he's potty tá sé as a mheabhair.

pouch *n* **1** (*purse*) púitse *m4*; **2** (*of animal*) póca *m4*.

poultry *n* éanlaith *f2* chlóis.

pounce *vb* to pounce on léim ar.

pound *n* **1** (*money, weight*) punt *m1*; a pound of sugar punt siúcra; **2** (*for animals, cars*) póna *m4*. ● *vb* **1** (*beat*) buail; **2** (*crush*) tuargain; **3** (*heart*) preab.

pour *vb* **1** (*liquid*) doirt; to pour water uisce a dhoirteadh; it's pouring (with rain) tá sé ag stealladh báistí; **2** (*a drink*) cuir amach; to pour out the tea an tae a chur amach; to pour a drink for someone deoch a chur amach do dhuine.

□ **pour in 1** (*people*) plódaigh isteach; they poured into the hall

phlódaigh siad isteach sa halla;
2 (*messages*) tar isteach as gach
áit; **messages are pouring in** tá
teachtaireachtaí ag teacht isteach
as gach áit.
□ **pour out 1** (*people*) plódaigh
amach; **2** (*liquid*) doirt; **3** (*a
drink*) cuir amach.

poverty *n* bochtaineacht *f3*.

poverty-stricken *adj* dearóil,
beo bocht.

powder *n* púdar *m1*.

power *n* cumhacht *f3*.

power cut *n* gearradh *m*
cumhachta.

powerful *adj* cumhachtach.

powerless *adj*
neamhchumhachtach.

power point *n* pointe *m4*
cumhachta.

power station *n* stáisiún *m1*
cumhachta.

PR →PUBLIC RELATIONS

practical *adj* praiticiúil.

practical joke *n* cleas *m1*
magaidh.

practically *adv* geall le; **it's
practically finished** tá sé geall le
bheith críochnaithe.

practice *n* **1** taithí *f4*, cleachtadh
m1; **to be out of practice** bheith
as taithí; **practice makes perfect**
is í an taithí a dhéanann
máistreacht; **2** (*business*)
cleachtas *m1*.

practise *vb* cleacht.

practising *adj* cleachtach.

practitioner *n* cleachtóir *m3*.

pragmatic *adj* pragmatach.

praise *n* moladh *m1*. ● *vb* mol.

pram *n* pram *m4*.

prank *n* cleas *m1*.

prawn *n* cloicheán *m1*.

pray *vb* guigh.

prayer *n* paidir *f2*, urnaí *f4*.

preach *vb* **1** tabhair seanmóir;
2 (*gospel*) craobhscaoil.

precaution *n* réamhchuram *m1*.

precede *vb* téigh roimh.

precedent *n* réamhshampla *m4*.

precinct *n* ceantar *m1*, limistéar
m1; **shopping precinct** ceantar
siopadóireachta.

precious *adj* luachmhar.

precipice *n* aill *f2*.

precise *adj* beacht, cruinn.

precisely *adv* go beacht, go
cruinn.

precision *n* cruinneas *m1*.

precocious *adj* seanchríonna.

predate *vb* réamhdhátaigh.

predecessor *n* réamhtheachtaí
m4.

predicament *n* cruachás *m1*.

predict *vb* tuar.

predictable *adj* sothuartha.

predominantly *adv* go mór mór.

pre-empt *vb* **to pre-empt matters**
teacht roimh chúrsaí.

pre-emptive bid *n* tairiscint *f3*
réamhghabhálach.

pre-emptive strike *n*
réamhionsaí *m3* (*gen*
réamhionsaithe).

prefab *n* réamhdhéantán *m1*.

preface *n* brollach *m4*

prefect *n* maor *m1*.

prefer *vb* **I prefer coffee to tea** is
fearr liom caifé ná tae.

preferably *adv* de rogha (ar);
**preferably this one b'fhearr liom
an ceann seo.

preference *n* tosaíocht *f3*.

preferential *adj* ar leith; **to re-
ceive preferential treatment** cóir
ar leith a fháil.

prefix *n* réimír *f2*.

pregnancy *n* toircheas *m1*;
iompar *m1* clainne.

pregnant *adj* torrach, ag iompar
clainne.

prehistoric *adj* réamhstairiúil.

prejudice n réamhchlaonadh m (gen réamhchlaonta).

prejudiced adj claonta, leataobhach.

preliminary adj tosaigh (genitive of noun).

premature adj roimh am.

premier n príomhaire m4, taoiseach m1. ● adj príomh-.

premiere n (of film) an chéad taispeántas; (of play) an chéad léiriú.

premises npl áitreabh m(sg)4.

premium n 1 (insurance) préimh f2; **2** to be at a premium bheith deacair a fháil.

premium bond n banna m4 bisigh.

premonition n mana m4, tuar m1.

preoccupied adj gafa (le).

preparation n ullmhúchán m1.

preparatory college n coláiste m4 ullmhúcháin.

preparatory school n scoil f2 ullmhúcháin.

prepare vb ullmhaigh; to prepare for an exam ullmhú le haghaidh scrúdaithe.

prepared adj to be prepared to do something bheith ullamh le rud a dhéanamh.

preposition n réamhfhocal m1.

preposterous adj míreasúnta.

prescribe vb ordaigh do.

prescription n oideas m1.

presence n 1 láithreacht f3; in the presence of i láthair (+GEN); **2** presence of mind stuaim f2, guaim f2.

present n 1 (time) an t-am m3 i láthair; at present faoi láthair. ● adj láithreach; the present tense an aimsir láithreach. ● vb bronn, tabhair; to present someone with

something rud a bhronnadh ar dhuine.

presentation n 1 (way presented) cur m1 i láthair; **2** (talk, lecture) léiriú m (gen léirithe); **3** (of award) bronnadh m (gen bronnta).

present-day adj comhaimseartha.

presenter n láithreoir m3.

presently adv 1 (soon) ar ball; **2** (at the moment) faoi láthair.

preservative n leasaitheach m1.

preserve n 1 (jam) subh f2, **2** (territory) talamh m1 cosanta. ● vb 1 (keep) caomhnaigh; to preserve a tradition traidisiún a chaomhnú; **2** (food) leasaigh.

presidency n uachtarántacht f3.

president n uachtarán m1; the President of Ireland Uachtarán na hÉireann.

presidential adj (an) uachtaráin(gen of n).

press n 1 (newspapers) preas m3, to get a bad press drochphoibliocht a fháil; **2** (cupboard) cófra m1; **3** (printing) preas m3. ● vb 1 (push) brúigh; to press a button cnap a bhrú; **2** (squeeze) fáisc; to press someone's arm lámh duine a fháisceadh; **3** to press someone to do something bheith ag tathant ar dhuine rud a dhéanamh; **4** we're pressed for time tá an t-am ag teannadh orainn.

□ **press on** lean ar aghaidh.

press conference n preasagallamh m1.

pressing adj práinneach.

pressure n brú m4; to put under pressure cuir faoi bhrú; high pressure ardbhrú.

pressure cooker n bruthaire m4 brú.

pressure group n brúghrúpa m4.

prestige n gradam m1.

prestigious adj gradamúil.

presumably adv is cosúil, is dócha.

presume vb **1** (suppose) déan amach; **2** (dare) leomh.

pretence n **1** (false show) cur m1 i gcéill; **to make a pretence of doing something** cur i gcéill go bhfuil rud á dhéanamh agat; **2** (legal) dúmas m1; **false pretences** dúmas bréige.

pretend vb lig ort.

pretentious adj móiréiseach.

pretext n leithscéal m1.

pretty adj gleoite. ● adv cuibheasach, réasúnta; **pretty good** cuibheasach maith.

prevail vb **1** (win out) buaigh; **2** (be usual) bí faoi réim.

prevailing adj **1** (custom, idea) coitianta; **2 the prevailing wind** an ghnáthghaoth.

prevalent adj leitheadach.

prevent vb coisc.

preventative adj coisctheach.

prevention n cosc m1.

preview n réamhthaispeántas m1.

previous adj roimh ré.

previously adv roimhe sin.

prewar adj réamhchogaidh (gen of n).

prey n creach f2.
□ **prey on 1** (hunt) déan seilg ar; **2 something is preying on his mind** tá rud éigin ag déanamh buartha dó.

price n praghas m1.

priceless adj domheasta.

price list n praghasliosta m4.

prick n priocadh m (gen prioctha). ● vb prioc; ➤ **to prick up one's ears** cluas a chur ort féin.

prickly adj **1** (thorny) deilgneach; **2** (tingling) griofadach.

pride n mórtas m1, bród m1. ● vb **to pride oneself on something** bheith mórtasach as rud.

priest n sagart m1.

priesthood n sagartacht f3.

prim adj deismineach.

primarily adv go príomha.

primary adj príomha.

primary school n bunscoil f2.

prime n bláth m3; **in the prime of her life** i mbláth a saoil. ● adj **1** (most important) príomh-; **my prime aim** mo phríomhaidhm; **2** (excellent) den chéad scoth; **a prime example** sampla den chéad scoth. ● vb **1** (make ready) príomháil.

Prime Minister n Príomh-Aire m4; (in Ireland) Taoiseach m1.

primitive adj primitíveach.

primrose n sabhaircín m4.

prince n prionsa m4.

princess n banphrionsa m4.

principal n príomhoide m4. ● adj príomh-.

principle n prionsabal m1.

print n **1** (typeface, printed form) cló m4; **in print** i gcló; **out of print** as cló; **2** (impression) lorg m1; **fingerprint méarlorg; 3** (artistic) prionta m4; **4** (photograph) dearbhchló m4, cóip f2. ● vb **1** clóigh; **to print a poster** postaer a chló; **2** (publish) cuir i gcló; **to print a book** leabhar a chur i gcló; **3** (when writing) scríobh i mbloclitreacha.

printer n **1** (person) clódóir m3; **2** (machine) printéir m3.

printing n clódóireacht f3.

print-out n asphrionta m4.

prior adj roimh ré; **prior knowledge** eolas roimh ré. ● adv **prior to his arrival** sular tháinig sé; **prior to this happening** sular tharla sé seo.

priority n tosaíocht f3.

priory n prióireacht f3.

prison n priosún m1.

prisoner n priosúnach m1.

privacy n príobháid f2.

private n 1 to hold a meeting in private cruinniú a thionól i ndáil phríobháideach; to speak to someone in private labhairt le duine i leataobh; 2 (soldier) saighdiúir m3 singil. ● adj príobháideach.

privately adv go príobháideach.

private patient n othar m1 príobháideach.

private property n maoin f2 phríobháideach.

privatize vb príobháidigh.

privilege n pribhléid f2.

prize n duais f2; to win first prize an chéad duais a bhuacan. ● adj 1 (prizewinning) duaise(gen of n); a prize bull tarbh duaise; 2 (complete) cruthanta; a prize idiot amadán cruthanta.

prize-giving n bronnadh m duaiseanna.

prizewinner n duaiseoir m3.

prizewinning adj the prizewinning picture an pictiúr a bhuaigh an duais.

pro n 1 (professional) gairmí m4; 2 the pros and cons dhá thaobh an scéil.

probability n dóchúlacht f3; in all probability is é is dóichí.

probable adj dócha.

probably adv is dócha; he'll probably come is dócha go dtiosfaidh sé; probably not ní dócha é.

probation n 1 (for offender) promhadh m1; to be on probation bheith ar promhadh; 2 (for employee) tástáil f3; to be on a year's probation bheith ar tástáil bliana.

problem n fadhb f2; that's no problem níl aon fhadhb ansin.

procedure n nós m1 imeachta.

proceed vb 1 (continue) lean ar aghaidh; 2 (move forward) téigh ar aghaidh.

proceedings npl imeachtaí m(pl)3.

proceeds npl fáltais m(pl)1.

process n próiseas m1. ● vb próiseáil.

processing n próiseáil f3.

procession n mórshiúl m1, próisisiam m1.

prod vb prioc, broid.

prodigal adj drabhlásach; the prodigal son an mac drabhlásach.

prodigy n 1 (person) iontas m1; a child prodigy leanbh iontach; 2 (wonder) feart m3.

produce n toradh m1. ● vb 1 (manufacture) táirg; 2 (take out, present) taispeáin; 3 (film, play) léirigh.

producer n 1 (manufacturer) táirgeoir m3; 2 (of film, play) léiritheoir m3.

production n 1 (output) táirgeadh m (gen táirgthe); 2 (play) léiriú m (gen léirithe).

production line n líne f4 tháirgeachta.

productivity n táirgiúlacht f3.

profession n gairm f2, slí f4 bheatha.

professional n gairmí m4. ● adj gairmeach.

professor n ollamh m1.

proficiency n oilteacht f3.

proficient adj to be proficient at something bheith oilte ar rud.

profile n 1 (of face) leathaghaidh f2; 2 (written) beathaisnéisín m4.

profit n brabús m1. ● vb dean brabús; to profit from something brabús a dheanamh as rud.

profitable adj brabúsach.

profound *adj* domhain.

profuse *adj* flúirseach, raidhsiúil.

profusely *adv* go flúirseach.

prognosis *n* prognóis *f2*.

programme *n* clár *m1*; computer programme ríomhchlár; television programme clár teilifíse. ● *vb* ríomhchláraigh.

programmer *n* ríomhchláraitheoir *m3*.

progress *n* dul *m3* chun cinn; to make progress dul chun cinn a dhéanamh; work in progress obair atá ar siúl. ● *vb* téigh chun cinn.

progressive *adj* forásach.

prohibit *vb* cosc, cuir cosc ar.

project *n* (*school , university*) tionscadal *m1*; a research project tionscadal taighde; 2 (*plan*) scéim *f2*. ● *vb* 1 (*picture, image*) teilg; 2 (*estimate*) meas; projected figures figiúirí measta roimh ré; 3 (*stick out*) gob amach.

projection *n* 1 (*of image*) teilgean *m1*; 2 (*estimate*) réamh-mheastachán *m1*; 3 (*overhang*) starr *m1*.

projector *n* teilgeoir *m3*.

prolong *vb* to prolong something fad a bhaint as.

promenade *n* promanáid *f2*.

prominent *adj* 1 (*important*) mór le rá; 2 (*noticeable*) suntasach.

promiscuous *adj* ilchaidreamhach.

promise *n* gealltanas *m1*. ● *vb* geall.

promising *adj* dóchúil.

promote *vb* 1 (*person*) tabhair ardú céime do; he was promoted tugadh ardú céime dó; 2 (*product*) cuir chun cinn.

promoter *n* tionscóir *m3*.

promotion *n* 1 (*of person*) ardú *m* céime; 2 (*of sales*) tionscamh *m1*.

prompt *n* leid *f2*. ● *adj* pras. ● *adv* go pras. ● *vb* tabhair leid do.

promptly *adv* go pras, láithreach bonn.

prone *adj* to be prone to bheith tugtha do.

prong *n* beangán *m1*.

pronoun *n* forainm *m4*.

pronounce *vb* 1 (*word*) fuaimnigh; how is this word pronounced? conas a fhuaimnítear an focal seo?; 2 (*declare*) fógair.

pronounced *adj* suntasach; a pronounced accent tuin chainte shuntasach.

pronunciation *n* foghraíocht *f3*, fuaimniú *m* (*gen* fuaimnithe).

proof *n* 1 cruthúnas *m1*; to have proof of something cruthúnas ruda a bheith agat; 2 (*printed*) profa *m4*. ● *adj* -proof dionach ar; waterproof díonach ar uisce.

proofread *vb* léigh profaí.

proofreader *n* léitheoir *m3* profaí.

prop *n* taca *m4*. ● *vb* to prop something against something rud a chur in aghaidh a gcoinne ruda; to prop something up taca a chur le rud.

propaganda *n* bolscaireacht *f3*.

propeller *n* lián *m1*.

proper *adj* 1 (*correct*) ceart, cóir; 2 (*suitable*) cuí; 3 (*genuine*) dílis.

properly *adv* go ceart, mar is ceart.

property *n* 1 (*things owned*) sealúchas *m1*; 2 (*wealth*) maoin *f2*; 3 (*quality*) airí *m4*.

prophecy *n* tairngreacht *f3*.

prophet *n* fáidh *m4*.

proportion *n* comhréir *f2*, cionmhaireacht *f3*; the proportion of A to B an chomhréir atá idir A agus B.

proportional adj comhréireach, cionmharach; proportional to i gcomhréir le.

proportional representation n ionadaíocht f3 chionmhar.

proposal n 1 (suggestion) moladh m (gen molta); 2 (of marriage) ceiliúr m1 pósta.

propose vb 1 mol; 2 to propose to someone (marriage) ceiliúr pósta a chur ar dhuine.

proposition n moladh m (gen molta), tairiscint f3.

prose n prós m1.

prosecute vb ionchúisigh.

prosecution n 1 ionchúiseamh m1; 2 the prosecution na ionchúisitheoirí m(pl)3.

prosecutor n 1 ionchúisitheoir m3.

prospect n ionchas m1; prospects ionchais. ● vb cuardaigh.

prospective adj ionchasach.

prospectus n réamheolaire m4.

prosperity n rath m3, séan m1.

prosperous adj rathúil.

prostitute n striapach f2.

protect vb cosain.

protection n cosaint f3.

protective adj cosanta(gen of n); protective clothing éadach cosanta; her parents are over-protective tá a tuismitheoirí róchosanta.

protein n proitéin f2.

protest n 1 (demonstration) agóid f2; 2 (complaint) casaoid f2; 3 a protest march léirsiú m (gen léirsithe). ● vb déan agóid.

Protestant n Protastúnach m1. ● adj Protastúnach.

protester n agóideoir m3.

proud adj bródúil.

proudly adv go bródúil.

prove vb cruthaigh, promh.

proverb n seanfhocal m1.

provide vb soláthair; to provide someone with something rud a sholáthar do dhuine.
□ **provide for 1** to provide for someone riaradh ar dhuine; 2 to provide for oneself soláthar a dhéanamh duit féin; 3 (for future event) ullmhaigh in aghaidh (+GEN).

provided, providing conj provided that... ar an gcoinníoll go...

province n cúige m4.

provincial adj cúigeach.

provision n 1 (supplying) soláthar m1; 2 (condition) cuntar m1, foráil f3.

provisional adj sealadach.

provocative adj corraitheach, gríosaitheach.

provoke vb 1 (person) saighid; to provoke someone to do something duine a shaighdeadh le rud a dhéanamh; 2 (reaction) múscail; to provoke laughter gáire a mhúscailt.

provost n propast m1.

prowl n to be on the prowl bheith sa tseilg. ● vb to prowl around bheith ag sirtheoireacht thart.

prowler n sirtheoir m3.

proximity n cóngaracht f3; in the proximity of i gcóngaracht (+GEN).

proxy n to vote by proxy seachvótáil a dhéanamh.

prudent adj crionna.

prune n prúna m4. ● vb gearr.

pry vb bheith ag srónaíl; to pry into something bheith ag srónaíl le fios ruda a fháil.

prying adj fiosrach; a prying person fiseoir m3.

psalm n salm m1.

pseudo- pref bréag-.

pseudonym n ainm m4 cleite.

psyche n sicé f4.

psychiatrist *n* siciatraí *m4*.

psychic *n* siceach *m1*. ● *adj* siceach.

psychoanalyst *n* siocanailisí *m4*.

psychological *adj* siceolaíoch.

psychologist *n* siceolaí *m4*.

psychology *n* siceolaíocht *f3*.

pub *n* teach *m1* tábhairne, pub *m4*.

public *n* the public an pobal *m1*; in public go poiblí, os ard. ● *adj* poiblí.

publican *n* tábhairneoir *m3*.

public company *n* comhlacht *m4* poiblí.

public convenience *n* leithreas *m1* poiblí.

public holiday *n* lá *m* (*gen* lae) saoire poiblí.

public house *n* teach *m1* tábhairne.

publicity *n* poiblíocht *f3*.

publicize *vb* poibligh.

public opinion *n* dearcadh *m1* an phobail.

public relations *n* caidreamh *m1* poiblí.

public school *n* **1** (*state school*) scoil *f2* phoiblí; **2** (*private school in Britain*) scoil *f2* phríobháideach.

public transport *n* (*system*) córas *m1* iompair poiblí.

publish *vb* foilsigh.

publisher *n* foilsitheoir *m3*.

publishing *n* foilsitheoireacht *f3*.

pudding *n* **1** maróg *f2*; Christmas Pudding Maróg na Nollag; **2** (*dessert*) milseog *f2*; **3** (*sausage*) putóg *f2*; black/white pudding putóg dhubh/bhán.

puddle *n* lochán *m1* uisce.

puff *n* puth *f2*; a puff of wind puth ghaoithe. ● *vb* **1** (*pant*) séid; **2** to puff a pipe píopa a smailceadh.

pull *n* tarraingt *f* (*gen* tarraingthe), sracadh *m1*; to give a pull tarraingt a thabhairt. ● *vb* **1** tarraing; to pull a cart cairt a tharraingt; **2** (*in phrases*) to pull a fast one on someone bob a bhualadh ar dhuine; to pull a face straois a chur ort féin; to pull one's own weight do chion féin a dhéanamh.

□ **pull apart** tarraing as a chéile, srac as a chéile.

□ **pull down** leag; the old house was pulled down leagadh an seanteach.

□ **pull in** tarraing isteach.

□ **pull off 1** (*clothes*) caith diot; **2** (*succeed*) he pulled it off! d'éirigh leis!

□ **pull out 1** (*in car*) tarraing amach; **2** (*of race*) éirigh as; **3** (*withdraw*) tarraing siar.

□ **pull over** tarraing isteach.

□ **pull up 1** (*uproot*) stoith; to pull up a weed fiaile a stoitheadh; **2** (*vehicle*) stop; a car pulled up outside the house stop carr lasmuigh den teach.

pullover *n* geansaí *m4*.

pulp *n* laíon *m1*.

pulpit *n* puilpid *f2*.

pulse *n* **1** (*of blood*) cuisle *f4*; **2** (*of heart*) frithbhualadh *m* (*gen* frithbhualaite); **3** (*of music*) buille *m4*; **4 pulses** (*beans, lentils*) piseánach.

pump *n* **1** (*machine*) caidéal *m1*; **2** (*for bicycle*) teannaire *m4*; **3** (*petrol pump*) caidéal *m1* peitril; **4** (*shoe*) buimpéis *f2*. ● *vb* **1** caidéalaigh; to pump water uisce a chaidéalú; **2** (*tyre*) pumpáil; cur aer i.

□ **pump up** teann; to pump up a tyre bonn a theannadh.

pumpkin *n* puimcín *m4*.

pun *n* imeartas *m1* focal.

punch *n* **1** (*blow*) dorn *m1*; **2** (*drink*) puins *m4*. ● *vb* to punch someone buille de dhorn a thabhairt do dhuine.

punchline n focal m1 scoir.

punch-up n troid f3.

punctual adj poncúil.

punctuation n poncaíocht f3.

punctuation mark n marc m1 poncaíochta.

puncture n poll m1.

pundit n scolardach m1.

pungent adj géar.

punish vb cuir pionós ar.

punishment n pionós m1.

punt n (boat) punta m4.

punter n 1 (gambler) gealltóir m3; 2 the punters na custaiméirí m(pl)3.

puny adj suarach.

pup n coileán m1.

pupil n 1 (in school) dalta m4; 2 (of eye) mac m1 imris.

puppet n puipéad m1.

puppy n coileán m1.

purchase n ceannach m1. ● vb ceannaigh.

purchaser n ceannaitheoir m3.

pure adj fíor-, glan-.

purge n purgóid f2. ● vb purgaigh.

purple adj corcra.

purpose n aidhm f2, cuspóir m3; on purpose d'aon ghnó.

purposeful adj diongbháilte.

purr vb déan crónán.

purse n sparán f1.

pursue vb tóraigh; téigh sa tóir ar.

pursuit n 1 (chase) tóir f3; in pursuit of someone sa tóir ar dhuine; 2 (pastime) caitheamh m1 aimsire.

push n 1 (to thing) brú m4; to give something a push rud a bhrú; 2 (to person) sonc m1; to give someone a push sonc a

thabhairt do dhuine; 3 (self assertion) treallús m1. ● vb 1 brúigh; to push a button cnap a bhrú; 2 (advertise) cuir chun cinn; to push a new product earra nua a chur chun cinn.

pushchair n bugaí m4 linbh.

pusher n (of drugs) díoltóir m3 drugaí.

pushy adj treallúsach; he's pushy tá sé lán de féin.

pussy cat n puisín m4.

put vb 1 (place) cuir; you can put it in the kitchen is féidir leat é a chur sa chistin; I put my coat on the bed chuir mé mo chóta ar an leaba; where did I put my glasses? cár chuir mé mo spéaclaí?; to put a question to someone ceist a chur ar dhuine; ➤ I wouldn't put it past him ní chuirfinn thairis é; 2 (express) cuir; put it this way cuir mar seo é; 3 (propose) cuir faoi bhráid; I'll put it to him tomorrow cuirfidh mé é faoina bhráid amárach.
□ **put away** cuir i dtaisce.
□ **put back 1** (replace) cuir ar ais; 2 (postpone) cuir siar; 3 (clock) cuir siar.
□ **put down** cuir síos.
□ **put down to** cur síos do.
□ **put forward 1** (propose) cuir chun cinn; 2 (clock) cuir ar aghaidh.
□ **put in 1** (application) cuir isteach; 2 (effort, time) caith le; to put in a lot of work on something an-chuid ama a chaitheamh le rud.
□ **put off 1** (postpone) cuir siar; 2 (switch off) múch; 3 to put someone off something duine a chasadh i gcoinne ruda.
□ **put on 1** (clothes, shoes) cuir ort; 2 (record, CD) cuir ar siúl; 3 (switch on) cuir ar siúl; 4 (a play) cuir á léiriú; 5 to put on weight meáchan a chur in airde.

□ **put out 1** (*put outside*) cuir amach; **2** (*switch off*) múch; **3** to put out one's hand do lámh a chur amach.

□ **put through:** can you put me through to Kasia? an féidir leat mé a chur ag labhairt le Kasia?

□ **put up 1** (*raise*) ardaigh; **2** (*pin up*) cuir suas; **3** (*hang up*) cuir suas; **4** (*tent*) cuir suas; **5** (*price*) ardaigh; **6** to put someone up lóistín a thabhairt do dhuine.

□ **put up with** (*tolerate*) cuir suas le.

putt *n* amas *m1*. ● *vb* tabhair amas.

putting green *n* plásóg *f2* amais.

putty *n* puití *m4*.

puzzle *n* **1** (*mystery*) dúcheist *f2*; **2** (*jigsaw*) míreanna *f(pl)2* mearaí. ● *vb* **1** mearaigh; to puzzle someone duine a mhearú, rud a chur sa mhuileann ar dhuine; to be puzzled meascán mearaí a bheith ort; **2** to puzzle over something déan iarracht ar rud a thuiscint.

puzzling *adj* mearbhlach.

pyjamas *n* pitseámaí *m4*.

pyramid *n* pirimid *f2*.

python *n* píotón *m1*.

....

Qq

....

quadrangle *n* cearnóg *f2*.

quail *n* gearg *f2*. ● *vb* to quail at something scanrú roimh rud.

quaint *adj* seanaimseartha.

quake *n* crith *m3* talún. ● *vb* creathnaigh; to quake with fear bheith ar crith le heagla.

qualification *n* **1** (*degree etc*) cáilíocht *f3*; **2** (*limitation*) agús *m1*, coinníoll *m1*.

qualified *adj* **1** (*professionally*) cáilithe; she's a qualified doctor is dochtúir cáilithe í; **2** (*limited*) coinníollach; a qualified statement ráiteas coinníollach.

qualifier *n* **1** (*exam*) scrúdú *m* cáilithe; **2** (*in sport*) babhta *m4* cáilithe.

qualify *vb* **1** cáiligh; to qualify as a teacher cáiliú mar mhúinteoir; **2** (*in sport*) bain amach; Ireland qualified for the World Cup bhain Éire áit amach sa Chorn Domhanda; **3** (*modify*) cuir agús le; to qualify a statement agús a chur le ráiteas.

quality *n* **1** (*standard*) cáilíocht *f3*, of the highest quality den cháilíocht is airde, den chéad scoth; **2** (*characteristic*) tréith *f2*, personal qualities tréithe pearsanta.

quality control *n* rialú *m* cáilíochta.

qualm *n* scrupall *m1*.

quandary *n* to be in a quandary bheith idir dhá chomhairle, bheith i ngalar na gcás.

quantity *n* méid *m4*, cainníocht *f3*.

quarantine *n* coraintín *m4*.

quarrel *n* achrann *m1*, bruíon *f2*. ● *vb* to quarrel with someone bheith ag achrann/ag bruíon le duine.

quarrelsome *adj* achrannach, bruíonach.

quarry *n* **1** (*in ground*) cairéal *m1*; **2** (*prey*) creach *f2*.

quart *n* cárt *m1*.

quarter *n* **1** (*one fourth*) ceathrú *f* (*gen* ceathrún); a quarter of a century ceathrú aoise; a quarter past three ceathrú tar éis a trí; **2** (*three months*) ráithe *f4*; **3** (*area*) ceantar *m1*; **4** living

quarters seomraí *m(pl)*4
cónaithe. ● *vb* roinn ina
cheathrúna.

quarter final *n* cluiche *m4*
ceathrúcheannais.

quarterly *adj* ráithiúil. ● *adv* go
ráithiúil.

quartette *n* ceathairéad *m1*.

quartz *n* grianchloch *f2*.

quaver *n* (*in music*) camán *m1*.
● *vb* crith; her voice quavered
bhí creathán ina guth.

quay *n* cé *f4*.

queasy *adj* (*squeamish*)
lagaiseach; to feel queasy
masmas a bheith ort.

queen *n* banríon *f3*.

queen mother *n* ríonmháthair *f*
(*gen* ríonmháthar).

queer *adj* (*odd*) aisteach.

quench *vb* to quench one's thirst
do thart a chosc.

querulous *adj* clamhsánach.

query *n* ceist *f2*. ● *vb* ceistigh.

quest *n* cuardach *m1*.

question *n* 1 ceist *f2*; to ask a
question ceist a chur; answer the
question freagair an cheist;
2 (*matter, issue*) saincheist *f2*; it's
out of the question níl sé
indéanta; 3 (*doubt*) amhras *m1*;
without question gan amhras.
● *vb* ceistigh, cuir ceist ar.

questionable *adj* amhrasach.

questioner *n* ceistitheoir *m3*.

questioning *n* ceistiú *m* (*gen*
ceistithe); to take someone in for
questioning duine a thógáil
isteach le haghaidh ceistithe.
● *adj* ceistitheach; a questioning
look féachaint cheistitheach.

question mark *n* comhartha *m4*
ceiste.

questionnaire *n* ceistiúchán
m1.

queue *n* scuaine *f4*. ● *vb* seas i
scuaine.

quibble *n* imeartas *m1* focal.
● *vb* bheith ag cailcéireacht.

quick *adj* 1 (*fast*) tapa, gasta;
2 (*intelligent*) aibí; a quick mind
intinn aibí. ● *n* beo *m4*; to bite
one's nails to the quick na hingne
a chogaint go dtí an beo; to cut
someone to the quick dul go dtí
an beo i nduine.

quicken *vb* géaraigh.

quickly *adv* go tapa, go gasta.

quicksand *n* gaineamh *m1* beo.

quick-tempered *adj* taghdach.

quick-witted *adj* géar-
intinneach.

quid *n* punt *m1*; a few quid cúpla
punt.

quiet *n* 1 (*silence*) ciúnas *m1*;
2 (*peace*) suaimhneas *m1*; *adj*
3 (*silent*) ciúin; be quiet! éist!;
4 (*peaceful*) suaimhneach.

quieten *vb* ciúnaigh,
suaimhnigh.

quietly *adv* go ciúin, go
suaimhneach.

quietness *n* ciúnas *m1*,
suaimhneas *m1*.

quilt *n* cuilt *f2*.

quip *n* carúl *m1*. ● *vb* caith carúl.

quirk *n* 1 (*of person*) aiste *f4*; 2 by
a quirk of fate trí chomhtharlú.

quit *vb* éirigh as; to quit one's job
éirí as do phost; to quit drinking
éirí as an ól.

quite *adv* 1 (*fairly*) go maith; it
was quite interesting bhí sé
spéisiúil go maith; 2 (*entirely*) ar
fad; she was quite right bhí an
ceart ar fad aici; I quite agree
with you aontaím ar fad leat;
quite so! sin é go díreach!;
3 'have you finished?' - 'not quite'
'an bhfuil críochnaithe agat?' -
'níl ar fad'; it's not quite finished
níl sé críochnaithe ar fad; 4 quite
a lot (of), quite a few roinnt
mhaith (+GEN); there's quite a lot
left tá roinnt mhaith fágtha; we

have quite a few friends tá roinnt mhaith cairde againn.

quits adj cúiteach (le); **to be quits with someone** bheith cúiteach le duine.

quiver vb crith.

quiz n tráth m3 na gceist. ● vb ceistigh.

quizzical adj ceisteach.

quota n cuóta m4.

quotation n 1 (from text, person) athfhriotal m1, sliocht m3; 2 (estimate) praghas m1 luaite.

quotation marks npl comharthaí m(pl)4 athfhriotail.

quote n 1 (from book, person) athfhriotal m1, sliocht m3; 2 (estimate) praghas m1 luaite; 3 **quotes** comharthaí m(pl)4 athfhriotail. ● vb luaigh.

....

Rr

....

rabbi n raibí m4.

rabbit n coinín m4.

rabid adj (fanatical) fanaiceach.

rabies n confadh m1.

race n 1 (competition) rás m3; 2 (species) cine m4 an duine; **the human race** an cine daonna. ● vb 1 (compete) rith rás; **to race against someone** rás a rith in aghaidh duine; 2 **to race a horse** capall a rith; 3 (hurry) deifrigh; **she raced back with the news** dheifrigh sí ar ais leis an nuacht.

racecourse n ráschúrsa m4.

racehorse n capall m1 rása.

race relations npl caidreamh m1 ciníocha.

racetrack n raon m1 rásaí.

racial adj ciníoch.

racial discrimination n idirdhealú m ciníoch.

racing n rásaíocht f3; **horse racing** rásaíocht chapaill.

racing car n carr m1 rása.

racing driver n tiománaí m4 rása.

racism n ciníochas m1.

racist n ciníochaí m4. ● adj ciníoch.

rack n 1 raca m4; **roof rack** raca din; **baggage rack** raca bagáiste; **▶ to go to rack and ruin** dul chun raice. ● vb 1 (torment) ciap, céas; **racked by pain** ciapaithe ag pian.

racket n 1 (for tennis) raicéad m1; 2 (noise) callán m1; 3 (dishonest) camastaíl f3.

racquet n raicéad m1.

radar n radar m1.

radiant adj lonrach.

radiate vb radaigh.

radiation n radaíocht f3.

radiator n radaitheoir m3.

radical adj radacach.

radio n raidió m4. ● vb craol.

radioactive adj radaighníomhach.

radiologist n raideolaí m4.

radio station n stáisiún m1 raidió.

radish n raidis f2.

radius n 1 (range) raon m1; **within a radius of two miles** faoi dhá mhíle timpeall; 2 (in geometry) ga m4.

raffle n crannchur m1. ● vb cuir ar chrannchur.

raft n rafta m4.

rag n 1 (cloth) ceirt f2; 2 **she was dressed in rags** ní raibh uirthi ach giobail; 3 (newspaper) liarlóg f2.

rage n 1 (anger) cuthach m1; **a fit of rage** taom cuthaigh; 2 (fashion) **it's all the rage** tá sé go mór san fhaisean. ● vb 1 **to rage**

against someone bheith ar deargbhuile le duine; **2** the storm **raged all night** shéid an stoirm ina gála ar feadh na oíche.

ragged adj **1** (clothes) gioblach; **2** (jagged) spiacánach.

raid n ruathar m1. ● vb déan ruathar ar.

rail n **1** (bar) ráille m4; **2** to travel by rail taisteal ar an traein; ➤ to go off the rails imeacht as do mheabhair.

railings npl ráillí m(pl)4.

railway n iarnród m1; bóthar m1 iarainn.

railway line n iarnród m1; bóthar m1 iarainn.

railway station n stáisiún m1 traenach.

rain n báisteach f2, fearthainn f2. ● vb to rain bheith ag cur báistí/ fearthainne; **it's raining** tá sé ag cur báistí/fearthainne.

rainbow n bogha m4 báistí; tuar m1 ceatha.

raincoat n cóta m4 báistí.

raindrop n braon m1 báistí, deoir f2 fhearthainne.

rainfall n fliuchras m1.

rainforest n foraois f2 bháistí.

rainproof adj uiscedhíonach.

rainy adj báistiúil, fliuch.

raise n ardú m (gen ardaithe); to ask for a raise (in pay) ardú (pá) a lorg. ● vb **1** (lift) ardaigh; to raise one's hand do lámh a ardú; **2** (improve) ardaigh; to raise standards caighdeáin a ardú; **3** (put upright) tóg; to raise a fence fál a thógáil; **4** (collect) bailigh, cruinnigh; to raise money airgead a bhailiú; **5** (grow) fás; to raise crops barra a fhás; **6** (rear) to raise a family clann a thógáil; **7** (breed) togáil; to raise horses capaill a thógáil.

raisin n rísín m4.

rake n (tool) ráca m4. ● vb **1** (using rake) rácáil; **2** (with gunfire) criathraigh.

□ **rake in** tarraing isteach; **he's raking in the money** tá an t-airgead á tharraingt isteach aige.

rally n **1** cruinniú m (gen cruinnithe), slógadh m1; **a political rally** cruinniú polaitíochta; **2** (motor) raili m4; **3** (in tennis) dreas m3, raili m4. ● vb **1** (gain) cruinnigh (support); to rally (recover) tar chugat féin.

□ **rally around** cruinnigh thart; to rally around someone cruinniú thart ar dhuine.

ram n reithe m4. ● vb **1** (crash into) tuairteáil, buail i gcoinne; **2** (deliberately) sáinnigh; to ram a car carr a sháinniú; **3** (thrust) sac; to ram things into a drawer rudaí a shacadh isteach i dtarraiceán.

RAM n cuimhne m4 randamrochtana.

ramble n spaisteoireacht f3, fánaíocht f3. ● vb (walk) bheith ag spaisteoireacht.

□ **ramble on**: to ramble on about something bheith ag rámhaille faoi rud.

rambler n **1** (walker) fánai m4; **2** (plant) planda m4 dreaptha.

ramp n **1** (for access) fánán m1; **2** (for traffic-calming) rampa m4.

rampage n to go on the rampage scrios agus slad a dhéanamh.

ramshackle adj raiceáilte; a ramshackle house teach raiceáilte.

ranch n rainse m4.

rancid adj bréan, camhraithe.

random n at random go fánach. ● adj fánach, (in computers) randamach.

random access n (in computers) randamrochtain f3.

randy adj drúisiúil, adharcach.

range n 1 (*selection*) réimse m4; a wide range of products réimse leathan earraí; price range réimse praghais; 2 (*of gun, missile*) raon m1; out of range thar raon; 3 (*of mountains*) sliabhraon m1; 4 (*stove*) sorn m1; a kitchen range sorn cistine. ● vb to range from 5 pounds to 20 pounds sa réimse ó chúig phunt go fiche punt.

rank n 1 (*military*) céim f2; 2 taxi rank stad m1 tacsaí. ● adj bréan.

ransack vb ransaigh.

ransom n fuascailt f2; to hold someone to ransom duine a chur ar fuascailt.

rant vb to rant about something bheith ag radaireacht faoi rud.

rap n 1 (*knock*) cnag m1; 2 (*music*) rapcheol m1. ● vb to rap on a door cnag a bhualadh ar dhoras.

rape n 1 (*crime*) éigniú m (*gen* éignithe); 2 (*plant*) ráib f2. ● vb éignigh.

rapid adj tapa, gasta.

rapids npl fánsruth m(sg)3.

rapist n éigneoir m3.

rare adj 1 (*uncommon*) annamh; 2 (*meat*) tearcbhruite.

raring adj to be raring to go bheith ar bís le himeacht.

rascal n rógaire m4.

rash n 1 (*on skin*) gríos m1; 2 (*of events*) ráig f2. ● adj rash words focail ainchríonna.

rasher n slisín m4 bagúin.

raspberry n sú f4 craobh.

rat n francach m1; luchóg f2 mhór.

rate n 1 (*speed*) luas m1; 2 (*percentage*) ráta m4; interest rates rátaí úis; 3 (*taxes*) rates rátaí m plural4; 4 at any rate ar aon nós. ● vb 1 meas; to rate something highly ardmheas a bheith agat ar

rud; 2 to rate someone/something as duine/rud a áireamh mar.

ratepayer n íocóir m3 rátaí.

rather adv 1 (*somewhat*) ábhar m1, beagán m1; it's rather cold tá sé ábhar fuar; 2 (*expressing preference*) I'd rather not say b'fhearr liom gan a rá; I'd rather be a teacher than a doctor b'fhearr liom bheith i mo mhúinteoir ná bheith i mo dhoctúir.

ratify vb daingnigh.

rating n 1 (*ranking*) grádú m (*gen* grádaithe); 2 television ratings scór m1 féachana teilifíse.

ratio n coibhneas m1.

ration n ciondáil f3.

rational adj réasúnach, ciallmhar.

rationalize vb réasúnaigh.

rattle n 1 (*noise*) gliogar m1; 2 (*toy*) gligín m4. ● vb 1 bain gliogar as; to rattle something gliogar a bhaint as rud; 2 déan gliogarnach; the window frame was rattling bhí fráma na fuinneoige ag déanamh gliogarnaigh.

rave n (*party*) réibh f2. ● adj rave reviews léirmheasanna iontacha. ● vb to rave about something (*enthuse*) bheith ag cur i dtíortha faoi rud.

raven n fiach m1 dubh.

ravenous adj craosach.

ravine n cumar m1.

raving n rámhaille f4. ● adj ar mire (*mad*); ➤ to be (stark) raving mad bheith i do ghealt mhire.

ravishing adj sciamhach.

raw adj 1 (*not cooked*) amh; 2 (*inexperienced*) neamhoilte; 3 (*unrefined*) amh-; raw material amhábhar; ➤ give someone a raw deal drochmhargadh a fháil.

ray n 1 (of light) ga m4; a ray of sunlight ga gréine; 2 a ray of hope léaró m4 dóchais.

razor n rásúr m1.

razor blade n lann f2 rásúir.

re prep maidir le; re your letter... maidir le do litir...

reach n 1 (of person) fad m1 láimhe; it's within her reach tá sé faoi fhad láimhe di; 2 (distance) the beach is within easy reach of the hotel tá an trá i gcóngar an óstáin. ● vb 1 (arrive) sroich; 2 (stretch) sín; to reach one's hand out for something do lámh a shíneadh amach i gcomhair ruda.

react vb freagair.

reaction n 1 (response) freagairt f3; 2 (in chemistry) imoibriú m (gen imoibrithe).

reactionary n frithghníomhaí m4. ● adj frithghníomhach.

reactor n freasaitheoir m3.

read vb léigh; to read a book leabhar a léamh; to read something aloud rud a léamh os ard; 2 (study) déan staidéar ar; to read law staidéar a dhéanamh ar dhlí.

readable adj soléite.

reader n léitheoir m3.

readily adv 1 (willingly) go toilteanach; 2 (easily) go saoráideach.

reading n 1 (activity) léamh m1; 2 (understanding) tuiscint f3.

readout n (on computer) asléamh m1.

ready adj 1 (prepared) ullamh, réidh; dinner's ready! tá an dinnéar ullamh!; 2 to be ready to do something bheith ullamh chun rud a dhéanamh.

ready-made adj réamhdhéanta.

ready money n airgead m1 tirim.

real adj 1 (concrete) nithiúil; 2 (genuine) fíor-, ceart.

real estate n eastát m1 réadach.

realism n réalachas m1.

realistic adj réalaíoch.

reality n réaltacht f3; in reality i ndáiríre.

realization n 1 (awareness) tuiscint f3; 2 (fulfilment) réadú m1.

realize vb 1 (understand) tuig, aithin; 2 (fulfil) réadaigh.

really adv 1 (truthfully) go fírinneach, i ndáiríre; 2 (very) an-; really big an-mhór.

realm n 1 (kingdom) ríocht f3; 2 (of activity) cúrsaí m(pl)4; the realm of science cúrsaí eolaíochta.

reappear vb nocht in athuair.

rear n cúl m1; at the rear of the house ag cúl an tí. ● adj deiridh(gen of n); rear wheel roth deiridh. ● vb tóg; to rear a family clann a thógáil.
□ **rear up** éirigh ar na cosa deiridh.

rearrange vb athchóirigh.

rear-view mirror n scáthán m1 cúlradhairc.

reason n 1 (cause) cúis f2, fáth m3; the reason I was there an chúis go raibh mé ann; 2 (sense) réasún m1, ciall f2; it stands to reason luíonn sé le réasún; the age of reason aois na céille. ● vb réasúnaigh; to reason with someone dul chun réasúin le duine.

reasonable adj 1 (sensible) ciallmhar; 2 (fairly good) réasúnta, measartha.

reasonably adv (go) réasúnta; reasonably big réasúnta mór.

reasoning n réasúnaíocht f3.

reassurance n 1 (comfort) sólás m1; 2 (guarantee) athdheimhniú m (gen athdheimhnithe).

reassure vb **1** (comfort) to reassure someone duine a chur ar a shuaimhneas; **2** (confirm) athdheimhnigh.

rebate n lacáiste m4.

rebel n ceannaireach m1. ● vb éirigh amach, téigh chun ceannairce.

rebellion n éirí m4 amach, ceannairc f2.

rebound n athphreab f2. ● vb athphreab, athléim.

recall n **1** (ability) cuimhne f4; **2** (order) athghairm f2. ● vb **1** (remember) cuimhnigh ar; **2** (order) athghair.

recant vb séan.

recapture vb athghabh.

recede vb **1** (culaigh); **2** (tide) tráigh.

receipt n **1** (paper) admháil f3; **2** (receiving) glacadh m (gen glactha); **3** receipts (takings) fáltais m(pl)1.

receive vb **1** (get) faigh; **2** (welcome) fáiltigh roimh.

receiver n (of telephone) glacadóir m3.

recent adj deireanach.

recently adv le déanaí, le deireanas.

reception n **1** (on television, radio) glacadh m (gen glactha); **2** (in hotel) fáiltiú m (gen fáiltithe); **3** (welcome, response) fáilte f4.

reception desk n deasc f2 fáiltithe.

receptionist n fáilteoir m3.

recession n meathlú m (gen meathlaithe), culú m (gen culaithe).

recipe n oideas m1.

recital n **1** (of music) ceadal m1; **2** (reading) aithris f2.

recite vb aithris.

reckless adj meargánta.

recklessness n meargántacht f3.

reckon vb **1** (estimate, think) ceap, meas; **what do you reckon?** cad a cheapann tú?; **2** (calculate) áirigh.
□ **reckon on** brath ar.
□ **reckon with:** she has a lot to reckon with tá a lán le hionrabháil aici.

reckoning n áireamh m1.

reclaim vb **1** (money) iarr ar ais; **to reclaim tax** cáin a iarraidh ar ais; **2** (land) tabhair chun míntireachais; **3** (recycle) athchúrsáil.

recline vb luigh siar.

recluse n dithreabhach m1.

recognition n aitheantas m1.

recognize vb aithin.

recollect vb cuimhnigh ar.

recollection n cuimhne f4.

recommend vb mol.

recommendation n moladh m (gen molta); **on Breandán's recommendation** ar mholadh Bhreandáin.

reconcile vb **1** they were reconciled tugadh chun réitigh iad; **2** to be reconciled to doing something bheith sásta rud a dhéanamh.

recondition vb athchóirigh.

reconsider vb déan athmhachnamh (ar).

reconstruction n **1** (rebuilding) atógáil f3; **2** (of crime) athdhéanamh m (gen athdhéanta).

record n **1** (written account) taifead m1, cuntas m1; **2** (of music, poetry) ceirnín m4; **3** (in sport) curiarracht f3; **the world record** curiarracht an domhain; **4** (history) teist f2; **a criminal record** teist choiriúil. ● vb **1** (write down) scríobh síos;

2 (*register*) cláraigh; **3** (*make a sound recording*) taifead.

recorder n **1** (*instrument*) fliúit f2 Shasanach; **2** (*device*) taifeadán m1.

record-holder n curiarrachtaí m4.

recording n taifeadadh m1.

record player n seinnteoir m3 ceirníní.

recount vb inis.

re-count n athchomhaireamh m1. ● vb athchomhair.

recover vb **1** (*regain*) faigh ar ais; **2** (*recuperate*) tar chugat féin.

recovery n **1** (*from illness*) téarnamh m1; **2** (*of object*) fáil f2 ar ais.

recreation n caitheamh m1 aimsire.

recruit n earcach m1. ● vb earcaigh.

rectangle n dronuilleog f2.

rectangular adj dronuilleogach.

rectify vb ceartaigh.

rector n reachtaire m4.

recur vb **1** (*event*) atarlaigh; **2** (*illness*) athfhill.

recurrent adj athfhillteach.

recycle vb athchúrsáil.

red n dearg m1; to be in the red bheith i bhfiacha. ● adj dearg; (*hair*) rua.

Red Cross n an Chros f2 Dhearg.

redcurrant n cuirín m4 dearg.

redden vb dearg.

redeem vb **1** (*pay off*) fuascail; **2** (*by redeeming feature*) cúitigh; **3** (*in religion*) slánaigh.

redeeming adj cúiteach; redeeming features tréithe cúiteacha.

redemption n slánú m (*gen* slánaithe).

redevelop vb athfhorbair.

red-haired adj rua.

redhead n ruafholtach m1.

red hot adj dearg te.

redirect vb athsheol.

redistribute vb athroinn.

redo vb athdhéan.

reduce vb **1** (*make smaller, less*) laghdaigh, ísligh; to reduce prices praghsanna a laghdú; **2** to reduce speed luas a mhaolú; **3** the building was reduced to a pile of rubble rinneadh carn brablaigh den fhoirgneamh; she was reduced to begging fágadh i muinín na déirce í.

reduction n **1** (*discount*) lascaine f4; **2** (*reducing*) laghdú m (*gen* laghdaithe).

redundancy n iomarcaíocht f3.

redundant adj **1** (*employee*) as obair, dífhostaithe; to be made redundant do phost a chailleadh; **2** (*idle*) díomhaoin; **3** (*no longer needed*) iomarcach.

reed n giolcach m1.

reef n sceir f2.

reel n **1** (*for thread*) ceirtlín m4; **2** (*on fishing rod*) crann m1 tochrais; **3** (*for film*) ríl f2; **4** (*dance, tune*) ríl f2. ● vb **1** (*person*) luasc; **2** her head reeled tháinig meadhrán ina ceann.

referee n **1** (*in sport*) moltóir m3, réiteoir m3; **2** (*in job application*) teistiméir m3.

reference n **1** (*mention*) tagairt f3; **2** (*for job application*) teistiméir f3; **3** with reference to... maidir le....

reference book n leabhar m1 tagartha.

reference library n leabharlann f2 thagartha.

referendum n reifreann m1.

refer to vb **1** (*mention*) tagair do; **2** (*relate to*) bain le; it refers to a previously written article baineann sé le halt a scríobhadh nios luaithe; **3** (*consult*) ceadaigh; to refer to a dictionary foclóir a cheadú; **4** to refer someone to a **doctor** duine a chur faoi bhráid dochtúra.

refill *n* athlíonadh *m* (*gen* athlíonta). ●*vb* athlíon.

refine *vb* **1** (*purify*) scagadh; **2** (*improve*) foirfigh; to refine a theory teoiric a fhoirfiú.

refined *adj* (*person*) deismineach.

refinery *n* scaglann *f2*.

reflect *vb* **1** (*image*) frithchaitheamh; **2** (*idea, view, problem*) léirigh; **3** (*think*) machnaigh (ar), smaoinigh (ar); **4** it reflects well on her cuireann sé lena clú; it reflects badly on him baineann sé dá chlú.

reflection *n* **1** (*of image*) frithchaitheamh *m1*; **2** (*image reflected*) scáil *f3*; **3** (*consideration*) athmhachnamh *m1*; on reflection ar athmhachnamh.

reflex *n* athfhilleadh *m1*, frithluail *f2*. ●*adj* athfhillteach, frithluaileach.

reflexive *adj* (*in grammar*) athfhillteach.

reform *n* leasú *m* (*gen* leasaithe). ●*vb* leasaigh.

reformer *n* leasaitheoir *m3*.

refrain *n* curfá *m4*. ●*vb* to refrain from doing something staonadh ó rud a dhéanamh.

refresh *vb* úraigh.

refreshing *adj* **1** (*drink*) íocshláinteach; **2** (*change, experience*) athbhríoch.

refreshments *npl* sóláistí (*pl*).

refrigerator *n* cuisneoir *m3*.

refuel *vb* athbhreoslaigh.

refuge *n* **1** (*place*) tearmann *m1*; **2** (*shelter, protection*) dídean *m1*; to seek refuge dídean a iarraidh.

refugee *n* dídeanaí *m1*.

refund *n* aisíoc *m3*. ●*vb* aisíoc.

refurbish *vb* athchóirigh.

refuse¹ *vb* diúltaigh.

refuse² *n* bruscar *m1*.

refuse collection *n* bailiú *m* bruscair.

refute *vb* séan.

regard *n* **1** (*consideration*) aird *f2*; **2** with regard to maidir le; **3** (*esteem*) meas *m3*; to hold someone in high regard ardmheas a bheith agat ar dhuine; out of regard for le teann measa ar dhuine; **4** regards dea-mhéin *f2*; with best regards le gach dea-mhéin. ●*vb* **1** (*look at*) breathnaigh, féach ar; **2** (*consider*) to regard something as being important tábhacht a thabhairt do rud; **3** (*esteem*) he is highly regarded tá ardmheas air.

regarding *prep* maidir le.

regardless *adv* **1** ina ainneoin sin; **2** regardless of neamhaireach ar.

regime *n* réim *f2*.

regiment *adj* reisimint.

region *n* **1** (*area*) réigiún *m1*, ceantar *m1*; **2** in the region of (*approximately*) thart ar.

regional *adj* réigiúnach.

register *n* **1** (*list*) clár *m1*; **2** (*roll*) rolla *m1*; **3** (*linguistic*) réim *f2*; **4** (*in music*) réim *f2*.

registered *adj* (*letter, parcel*) cláraithe.

registered trademark *n* trádmharc *m1* cláraithe.

registrar *n* cláraitheoir *m3*.

registration *n* clárú *m* (*gen* cláraithe).

registration number *n* uimhir *f* (*gen* uimhreach) chláraithe.

registry office *n* clárlann *f2*.

regret *n* aithreachas *m1*, cathú *m* (*gen* cathaithe). ●*vb* to regret something aithreachas a bheith ort faoi rud.

regretfully adv go haiféalach, ar an drochuair.

regular n gnáthchustaiméir m3.
● adj **1** (constant) rialta;
2 (usual) gnáth-.

regularly adv go rialta.

regulate vb rialaigh.

regulation n **1** (rule) rialachán m; **2** (regulating) rialú m (gen rialaithe).

rehearsal n cleachtadh m1.

rehearse vb cleacht.

reign n réimeas m1. ● vb rialaigh.

reimburse vb aisíoc.

rein n srian m1.

reindeer n réinfhia m4.

reinforce vb treisigh, neartaigh.

reinforcements npl (soldiers) trupaí m(pl)4 athneartaithe.

reinstate vb cuir ar ais.

reject n colfairt f2. ● vb diúltaigh do.

rejection n diúltú m (gen diúltaithe).

rejoice vb déan ollghairdeas; **to rejoice at** ollghairdeas a dhéanamh faoi.

relate vb **1** (tell) inis, aithris; **strange to relate** más iontach le rá é; **2** (make link between) ceangail; **3 to relate to** (be related to) bheith bainteach le; **a document relating to...** doiciméad a bhaineann le...; **4 to relate to** (communicate, identify with) réiteach le.

related adj gaolmhar; **related matters** ábhair ghaolmhara; **they're related** (people) tá gaol eatarthu.

relation n **1** (person) gaol m1; **2** (link) nasc m1.

relationship n **1** (tie or bond) baint f2, ceangal m1; **2** (in couple) caidreamh m1; **to have a relationship with someone** caidreamh a dhéanamh le duine.

relative n gaol m1. ● adj **1** (comparative) **it was a relative success** d'éirigh go réasúnta leis; **2 relative to** i dtaobh.

relatively adv réasúnta; **relatively big/difficult** réasúnta mór/deacair.

relax vb **1** (rest) lig do scíth; **to relax for a while** do scíth a ligean ar feadh tamaill; **relax!** tóg bog é!; **2** (grip, muscles) bog.

relaxation n **1** (rest) ligint f2, sáimhríocht f3; **2** (leisure) caitheamh m1 aimsire.

relaxed adj suaimhneach; **to look relaxed** cuma shuaimhneach a bheith ort.

relaxing adj suaimhnitheach.

relay n sealaíocht f3; **relay race** rás sealaíochta. ● vb leaschraol.

release n **1** (liberation) fuascailt f2; **2** (issue) eisiúint f3, **3** (leak) scaoileadh m (gen scaoilte). ● vb **1** (liberate) fuascail, scaoil saor; **2** (issue) eisigh, cuir amach; **to release a record** ceirnín a eisiúint; **3** (leak, emit) scaoil.

relegate vb tabhair céim síos do.

relent vb maolaigh.

relevant adj ábhartha.

reliable adj **1** (person) iontaofa, muiníneach; **2** (car, machine) buanseasmhach.

reliably adv go húdarásach.

reliance n iontaoibh f2, muinín m4.

relief n **1** (from pain) faoiseamh m1; **2** (aid) fóirithint f2; **3** (in art, geography) rilíf f2; **a relief map** léarscáil rilífe.

relieve vb **1** (pain, anxiety) maolaigh, tabhair faoiseamh do; **2** (provide aid) fóir ar; **3** (take over from) déan uainíocht ar; **to relieve someone** uainíocht a dhéanamh ar dhuine.

religion n creideamh m1, reiligiún m1.

religious adj **1** (order) cráifeach, rialta; **2** (belief, ceremony) reiligiúnda.

relish n **1** (sauce) anlann f2; **2** (enjoyment) díograis f2.

reluctance n drogall m1, leisce f4.

reluctant adj drogallach; **to be reluctant to do something** drogall a bheith ort rud a dhéanamh.

reluctantly adv go drogallach.

rely on vb **1** (depend on) braith ar; **2** (trust) to rely on someone muinín a bheith agat as duine.

remain vb fan.

remainder n fuílleach m1.

remaining adj atá fágtha.

remand n on remand ar coimeád. ● vb **to remand someone** duine a chur faoi athchúirt.

remark n focal m1; **to make a remark** focal a rá. ● vb **1** (say) abair; 'I thought it was strange,' she remarked 'cheapas go raibh sé ait,' a dúirt sí; **2** **to remark on something** rud a thabhairt faoi deara.

remarkable adj suntasach.

remarkably adv go suntasach.

remedial adj feabhais (genitive of noun).

remedy n leigheas m1. ● vb leigheas.

remember vb **1** cuimhnigh (ar); **to remember something** cuimhneamh ar rud; **I remember** is cuimhin liom; **2** **remember us to her** abair léi go rabhamar ag cur a tuairisce.

remembrance n cuimhneamh m1.

remind vb cuir i gcuimhne; **to remind someone of something** rud a chur i gcuimhne do dhuine.

reminder n **1** (for bill) litir f mheabhrúcháin; **2** (souvenir) cuimhneachán m1.

reminisce vb déan athchuimhneamh.

reminiscent adj **it is reminiscent of the war years** chuirfeadh sé blianta an chogaidh i gcuimhne duit.

remnant n **1** fuílleach m1; **2** (of fabric) iarsma m4.

remorse n aiféala m4.

remote adj **1** (place) iargúlta; **2** (chance, possibility) fánach.

remote control n **1** (process) cianrialú m (gen cianrialaithe); **2** (device) cianrialtán m1.

remotely adv **1** (situated) go hiargúlta; **2** **it's not remotely possible** níl seans dá laghad ann.

remould tyre n bonn m1 athmhúnlaithe.

removable adj so-bhainte.

removal n **1** (of furniture etc) aistriú m (gen aistrithe); **2** (removing) baint f2 amach; **3** (of stain) glanadh m (gen glanta); **4** (from office) briseadh m (gen briste).

removal company n comhlacht m3 aistrithe troscáin.

removal lorry n leoraí m4 aistrithe troscáin.

remove vb **1** (move house) aistrigh; **2** (take away) bain amach; **3** (stain) glan; **4** (from office) bris.

render vb **1** **to render something useless/harmless** rud a chur ó mhaith/dhochar; **2** **to render a service to someone** áis a dhéanamh do dhuine.

renew vb athnuaigh.

renewable adj in-athnuaite.

renewal n athnuachan f3.

renounce vb séan, diúltaigh do.

renovate vb athchóirigh.

renovation n **1** deisiú m (gen deisithe); **2** **renovations** deisiúcháin.

renowned adj cáiliúil, clúiteach.

rent n cíos m3. ● vb 1 (occupier) tog ar cíos; 2 (landlord) lig ar cíos.

rental n cíos m3.

reorganize vb atheagraigh.

rep →REPRESENTATIVE.

repair n 1 deisiú m (gen deisithe); 2 (state) in bad repair i ndrochstaid; in good repair in ordú maith; beyond repair ó mhaith. ● vb deisigh.

repair kit n fearas m1 deisiúcháin.

repay vb 1 (money) aisíoc; 2 (hospitality, kindness) cúitigh.

repayment n aisíocaíocht f3.

repeal n aisghairm f2. ● vb aisghair.

repeat n athchraoladh m (gen athchraolta). ● vb 1 (statement) abair arís; 2 (programme) athchraol.

repeatedly adv arís agus arís eile.

repellent n éarthach m1; insect repellent éarthach feithidí. ● adj éarthach.

repent vb déan aithrí.

repentance n aithreachas m1, aithrí f4.

repertoire n stór m1.

repetition n athrá m4.

repetitive adj 1 (speech) athráiteach; 2 (task) timthriallach.

replace vb 1 (put back) cuir ar ais; 2 (take place of) glac áit (+GEN).

replacement n 1 (thing) malartú m (gen malartaithe); 2 (person) ionadaí m4.

replay n 1 (of match) athimirt f3; 2 (of recording) athsheinm f3.

replenish vb 1 (with food or drink) athlíon; 2 (supplies) athsholáthair.

replica n macasamhail f3.

reply n freagra m4. ● vb freagair.

reply coupon n cúpón m1 freagartha.

report n 1 (of situation, event) tuairisc f2; 2 (on television, in newspaper) tuairisc f2; 3 (school) tuairisc f2. ● vb 1 (event, occurrence) tabhair tuairisc, tuairiscigh; to report a theft tabhair tuairisc ar ghoid; 2 (present oneself) téigh i láthair; to report to the reception desk dul i láthair dheasc an fháiltithe; 3 to report to someone (in company) tuairisc a thabhairt do dhuine.

report card n tuairisc f2 scoile.

reportedly adv she's reportedly living in Dublin táthar á rá go bhfuil sí ina cónaí i mBaile Átha Cliath.

reporter n tuairisceoir m3.

repossess vb faigh athsheilbh ar.

repossession n athshealbhú m (gen athshealbhaithe).

represent vb 1 (act on behalf of) feidhmigh ar son (+GEN); to represent the government feidhmiú ar son an rialtais; 2 (constitute) it represents a threat is bagairt é; 3 (depict) léirigh; 4 (symbolize) seas do.

representation n 1 (image) samhail f3; 2 (political) ionadaíocht f3; proportional representation ionadaíocht chionmhar.

representative n ionadaí m4.

repress vb 1 (uprising) cloigh; 2 (emotions) cuir srian le.

repression n 1 (political) géarleanúint f3; 2 (emotional) smachtú m (gen smachtaithe).

reprieve n 1 (relief) faoiseamh m1; 2 (law) spásas m1.

reprisal n díoltas m1.

reproach vb to reproach someone with something rud a chasadh ar dhuine.

reproachful adj cáinteach, milleánach.

reproduce vb atáirg.

reproduction n atáirgeadh m (gen atáirgthe).

reptile n péist f2, reiptíl f2.

republic n poblacht f3; **the Republic of Ireland** Poblacht na hÉireann.

republican n poblacht(án)ach m1. ● adj poblacht(án)ach.

republicanism n poblacht(án)achas m1.

repulsive adj déistineach.

reputable adj creidiúnach, measúil.

reputation n cáil f2, clú m4.

reputed adj she is reputed to be very capable deirtear go bhfuil sí an-chumasach.

reputedly adv de réir tuairisce.

request n 1 iarratas m1; a request for help iarratas ar chabhair; 2 (thing requested) éileamh m1; her request was granted tugadh a héileamh di. ● vb iarr ar.

require vb 1 (need) teastaigh; to require money airgead a bheith ag teastáil uait; 2 (want) what do you require? cad atá uait?

requirement n 1 (essential thing) riachtanas m1; 2 (condition) coinníoll m.

reroute vb atreoraigh.

reschedule vb atheagraigh.

rescue n tarrtháil f3. ● vb tarrtháil.

rescuer n tarrthálaí m4.

research n taighde m4. ● vb déan taighde.

resemblance n cosúlacht f3, dealramh m1.

resemble vb to resemble someone dealramh a bheith agat le duine.

resent vb to resent someone/ something doicheall a bheith ort roimh dhuine/rud.

resentful adj doicheallach.

resentment n doicheall m1.

reservation n 1 (booking) áirithe f4; to make a reservation (for a room) seomra a chur in áirithe; 2 (doubt) agús m1; 3 (sanctuary) tearmann m1.

reserve n 1 taisce m4; in reserve i dtaisce; 2 (in sport) ionadaí m4; 3 reserves (troops) cúltacaí m(pl)4. ● vb 1 (book) cuir in áirithe; 2 (store) cuir i dtaisce.

reserved adj 1 (booked) in áirithe; 2 (person) dúnárasach.

reshuffle n athshuaitheadh m1. ● vb athshuaith.

residence n teach m cónaithe, áit f2 chónaithe.

resident n cónaitheoir m3. ● adj cónaitheach.

residential adj cónaithe.

resign vb 1 (from job) éirigh as; 2 to resign oneself to doing something do thoil a chur le rud a dhéanamh.

resignation n 1 (from job) éirí m4 as; 2 (attitude) géilliúlacht f3.

resigned adj fulangach.

resilient adj 1 (person) acmhainneach; to be resilient teacht aniar a bheith ionat; 2 (material) buanfasach.

resist vb 1 (oppose) cuir i gcoinne (+GEN); 2 (refrain from) diúltaigh do.

resistance n 1 (resisting) frithbheart m1; 2 (opposition) cur m1 i gcoinne; 3 (in physics) friotaíocht f3.

resolution n 1 (solution) réiteach m1; 2 (decision) rún m1.

resolve n diongbháilteacht f3.
● vb 1 (decide) cinn; 2 (solve) réitigh.

resort n 1 (holiday resort) ionad m1 saoire; 2 (resource) seift f2; our last resort ár ndídean deiridh. ● vb to resort to dul i muinín (+GEN).

resounding adj 1 (success, victory) iomráiteach; a resounding victory bua iomráiteach; 2 (noise) fuaimneach, foghrach.

resource n 1 acmhainn f2; natural resources acmhainní nádúrtha; 2 (expedient) seift f2.

resourceful adj seiftiúil.

respect n 1 (admiration) meas m1, ómós m1; 2 respects dea-mhéin; give my respects to your parents tabhair mo dhea-mhéin do do thuismitheoirí; 3 with respect to maidir le.

respectable adj measúil.

respectful adj ómósach, urramach.

respectively adv faoi seach.

respond vb freagair.

response n 1 (answer) freagra m4; 2 (reaction) freagairt f3.

responsibility n freagracht f3.

responsible adj 1 (liable) freagrach; he was responsible for the accident bhí seisean freagrach as an timpiste; 2 (person: reliable) stuama; 3 (job) le freagrachtaí.

responsive adj (audience, class) mothálach.

rest n 1 scith f2; to take a rest go scith a ligean; 2 the rest an fuílleach; 3 the rest of you an chuid eile agaibh; 4 (support) taca m4; 5 (in music) sos m3. ● vb 1 (relax) lig do scith; 2 to rest something on something rud a chur ina luí ar rud; 3 to rest something against rud a chur ina

luí i gcoinne (+GEN); to rest a bicycle against the wall rothar a chur ina luí i gcoinne an fhalla.

restaurant n bialann f2.

restful adj suaimhneach.

restless adj corrthónach, míshuaimhneach.

restoration n 1 (of building, area) athchóiriú m (gen athchóirithe); 2 (of regime) athbhunú m (gen athbhunaithe).

restore vb 1 (repair) athchóirigh; 2 (reestablish) athbhunaigh; 3 (give back) aisig, tabhair ar ais.

restrain vb srian; 2 to restrain oneself tú féin a smachtú.

restrained adj srianta.

restraint n 1 (restriction) srian m1; 2 (moderation) measarthacht f3.

restrict vb teorannaigh; to restrict something to rud a theorannú go.

restriction n srian m1.

result n toradh m1; as a result of mar thoradh ar.

resume vb atosaigh, tosaigh arís.

resurrection n aiséirí m4.

resuscitate vb athbheoigh.

retail n miondíol m3. ● adj miondíola (gen of n).

retailer n miondíoltóir m3.

retail price n praghas m1 miondíola.

retain vb coinnigh, coimeád.

retaliate vb to retaliate against someone sásamh a bhaint as duine.

retaliation n díoltas m1; in retaliation mar dhíoltas.

retire vb (from work) éirí as.

retired adj to be retired bheith éirithe as; retired people daoine atá éirithe as.

retirement n scor m1.

retract vb tarraing siar.

retrain vb ath-oil.

retreat n **1** (withdrawal) cúlú m (gen cúlaithe); **2** (spiritual) cúrsa m1 spioradálta, tarraing siar. ● vb cúlaigh, tarraing siar.

retribution n cúiteamh m1, díoltas m1.

retrieval n **1** aisfháil f3; **2** (of data) aisghabháil f3.

retrieve vb **1** faigh ar ais; **2** (data) aisghabháil; **3** (situation) tarrtháil.

retriever n (dog) gadhar m1 loirg.

retrospect n in retrospect ag féachaint siar.

return n **1** (going, coming back) filleadh m1; **2** (sending, putting back) cur m1 ar ais; **3** in return for mar mhalartú ar; **4** (profit) sochar m1; **5** (ticket) ticéad m1 fillte; **6** return of post casadh an phoist; **7** many happy returns go maire tú an lá. ● vb **1** (come, go back) fill; to return home filleadh abhaile; **2** (bring back) tabhair ar ais; **3** (send back) seol ar ais; **4** (elect) togh; to be returned to the Dáil bheith tofa don Dáil.

reunion n **1** (occasion) teacht m3 le chéile; **2** (reuniting) athaontú m (gen athaontaithe).

reunite vb athaontaigh.

reusable adj athúsáideach.

reuse vb athúsáid.

reveal vb **1** (make known) foilsigh; **2** (make visible) nocht, taispeáin.

revealing adj (remark, incident) léiritheach.

revel vb to revel in something bheith leata ar rud.

revelation n foilsiú m (gen foilsithe).

revenge n díoltas m1.

revenue n ioncam m1, teacht m3 isteach.

Reverend adj Oirmhinneach; the Reverend Father Seán Ó Murchú an tAthair Oirmhinneach Seán Ó Murchú.

reversal n **1** (of roles, opinions) malartú m (gen malartaithe); **2** (of verdict) freaschur m1.

reverse n **1** (of argument, situation) malairt f2; **2** (of coin, paper) cúl m1; **3** (gear) giar m1 cúlaithe. ● vb **1** (move backwards) cúlaigh; **2** (decision) athraigh; **3** (roles) malartaigh; **4** (verdict) freaschuir.

reversing lights npl soilse m pl1 cúlaithe.

revert vb fill; to revert to something filleadh ar rud.

review n **1** (of novel, CD, etc.) léirmheas m3; **2** (journal) iris f2; **3** (reconsideration) athbhreithniú m (gen athbhreithnithe). ● vb **1** (novel, CD, etc) déan léirmheas ar; **2** (reconsider) athbhreithnigh.

reviewer n léirmheastóir m3.

revise vb athbhreithnigh, déan athbhreithniú; to revise for an exam athbhreithniú a dhéanamh le haghaidh scrúdaithe; to revise a maunuscript lámhscríbhinn a athcheartú.

revision n **1** (for exam) athbhreithniú m (gen athbhreithnithe); **2** (change) leasú m (gen leasaithe).

revival n **1** (of custom, tradition) athbheochan f3; **2** (of play) athléiriú m (gen athléiriú); **3** (of person) athbhrí f4.

revive vb **1** (language, tradition) athbheoigh, tabhair ar ais; **2** (play) athléirigh; **3** (bring back to life) athbheoigh; (recuperate) tar chugat féin.

revolt n ceannairc f2, éirí m4 amach. ● vb cuir déistin ar.

revolting adj déistineach.

revolution n 1 réabhlóid f2;
2 (360-degree turn) casadh m1.

revolutionary n réabhlóidí m4.
● adj réabhlóideach.

revolve vb cas, imrothlaigh.

revolver n gunnán m1.

revolving adj imrothlach.

reward n 1 (for effort) luach m1
saothair; 2 (prize) duais f2; to
offer a reward duais a thairiscint.
● vb tabhair luach saothair do.

rewarding adj (satisfying)
sásúil.

rewind vb athchas; to rewind a
tape téip a athchasadh.

rewire vb athshreangaigh.

rheumatism n daitheacha f
(pl) 2.

rhinoceros n srónbheannach
m1.

rhubarb n rúbarb m4.

rhyme n 1 (poem) rann m1; 2 (be-
tween words) rím f2.

rhythm n rithim f2.

rib n easna f4.

ribbon n ribín m4.

rice n rís f2.

rice pudding n maróg f2 rise.

rich n the rich lucht m3 an
tsaibhris, lucht m3 an rachmais.
● adj 1 saibhir; a rich person
duine saibhir; rich food bia
saibhir; 2 (colour, sound)
domhain; 3 rich in lán de (vit-
amins, protein, etc.).

rickety adj corraiceach.

rid n to get rid of something/
someone rud/duine a chur díot.
● vb to rid oneself of something
rud a chur díot.

ride n 1 (in vehicle) turas m1;
2 (lift) síob f2; 3 (on horse)
marcaíocht f3. ● vb 1 (horse)
téigh ag marcaíocht ar; 2 (bi-
cycle) tiomáin.

rider n 1 (on horse) marcach m1;
2 (on bicycle) rothaí m4.

ridge n 1 (of mountain) droim
m3; 2 (in field) iomaire m4; 3 (of
roof) cíor f2.

ridicule n magadh m1.

ridiculous adj amaideach,
áiféiseach.

riding n marcaíocht f3.

riding school n scoil f2
mharcaíochta.

rife adj 1 forleathan; 2 rife with
breac le.

rifle n raidhfil f2. ● vb creach.
□ **rifle through** ransaigh,
siortaigh.

rift n 1 (disagreement) deighilt f2;
2 (split) scoilt f2.

rig n rige m4; an oil rig rige ola.
● vb 1 (equip) cuir i bhfearas;
2 (ship) rigeáil; 3 (election)
rigeáil.

rigging n rigin m4.

right n 1 (side, direction) taobh
m1 deas; on the right ar an taobh
deas; to the right of the window
ar an taobh deas den fhuinneog;
2 (in politics) the Right an Eite
Dheas; 3 (moral) ceart m1; right
and wrong ceart agus éigeart; to
be in the right an ceart a bheith
agat; 4 (just claim) ceartas m1; to
have the right to do something
ceart a bheith agat ar rud a
dhéanamh; civil rights cearta
sibhialta; in one's own right i do
cháilíocht féin. ● adj 1 (hand,
side) deas; my right hand mo
lámh dheas; 2 (correct) ceart; the
right answer an freagra ceart;
you were right bhí an ceart agat;
3 (true) fíor; that's right is fíor
sin; 4 (suitable, proper) cuí; that's
not the right key ní hí sin an
eochair cheart; 5 (morally
acceptable) ceart; it's not right to
talk like that ní ceart labhairt
mar sin; 6 (just) cóir; 7 (exclam-
ation) right! ceart! ● adv 1 (direc-
tion) : turn right at the lights cas
ar dheis ag na soilse; 2 (correctly)

i gceart; he answered right
d'fhreagair sé i gceart; **3** (*exactly,
directly*) díreach; right beside you
díreach in aice leat; right away
láithreach bonn; **4** (*completely*)
right at the end díreach ag an
deireadh; right in the middle of
the crowd i gceartlár an tslua;
right around the factory thart
timpeall na monarchan; **5** (*okay*)
ceart go leor; right, let's go ceart
go leor, téanaigí oraibh.

right angle *n* dronuillinn *f2*.

righteous *adj* fíréanta. ● *n* the
righteous na fíréin *m(pl)1*.

rightful *adj* ceart, dlisteanach
(*lawful*).

right-handed *adj* deasach.

right-hand side *n* taobh *m1* na
láimhe deise.

rightly *adv* ní gan ábhar; and
rightly so agus ní gan ábhar.

right of way *n* **1** (*over land*)
ceart *m1* slí; **2** (*of vehicle*) ceart
m1 tosaíochta.

right-wing *adj* na heite
deise(*gen of n*).

rigid *adj* **1** (*stiff*) righin; **2** (*strict*)
docht.

rigorous *adj* dian.

rim *n* **1** (*edge*) imeall *m1*, fóir *f*
(*gen* fóireach); **2** (*of wheel*) fleasc
f2.

rind *n* crotal *m1*.

ring *n* **1** (*circle*) fáinne *m4*; **2** (*jew-
ellery*) fáinne *m4*; a wedding ring
fáinne pósta; **3** (*of bell*) cling *f2*;
4 (*phone call*) to give someone a
ring glao guthán a chur ar
dhuine; **5** (*in sport*) cró *m4*. ● *vb*
1 (*make sound*) buail; to ring a
bell clog a bhualadh; the tele-
phone rang bhuail an cloigín;
2 to ring someone glaoch a chur
ar dhuine.
□ **ring back** glaoigh ar ais.
□ **ring up** glaoigh ar.

ringing *n* **1** (*of bell*) cling *f2*; **2** (*of
telephone*) bualadh *m* (*gen*
buailte). ● *adj* clingeach.

ringleader *n* ceann *m1* feadhna.

ring road *n* cuarbhóthar *m1*.

rinse *vb* sruthlaigh.

riot *n* círéib *f2*, racán *m1*. ● *vb*
tóg círéib.

riotous *adj* **1** (*violent*) círéibeach;
riotous assembly tionól
círéibeach; **2** (*boisterous,
hilarious*) fiáin.

rip *n* roiseadh *m* (*gen* roiste),
stróiceadh *m* (*gen* stróicthe).

ripe *adj* aibí.

ripen *vb* aibigh.

ripple *n* **1** (*on water*) cuilithín
m4; **2** (*of sound*) monabhar *m1*; a
ripple of laughter monabhar
gáire. ● *vb* déan cuilitheáil.

rise *n* **1** (*increase or upward
movement*) ardú *m* (*gen* ardaithe);
a rise in prices ardú i
bpraghsanna; **2** (*increase in
number*) méadú *m* (*gen*
méadaithe); a rise in the number
of unemployed méadú i líon na
ndaoine dífhostaithe; **3** (*in
ground*) ard *m1*; **4** (*progress*)
teacht *m3* chun cinn; rise to
power teacht i réim. ● *vb* **1** (*per-
son, sun*) éirigh; to rise in the
morning éirí ar maidin; the sun
rose d'éirigh an ghrian; **2** (*move
upwards*) ardaigh; **3** (*increase*)
méadaigh; the number of un-
employed rose mhéadaigh líon
na ndaoine dífhostaithe.

rising *n* **1** (*increasing*) atá ag
ardú, atá ag méadú; rising prices
praghsanna atá ag ardú; **2** (*mov-
ing up*) ag éirí.

risk *n* baol *m1*, contúirt *f2*. ● *vb*
1 (*expose to danger*) cuir i mbaol;
she risked her life chuir sí a beo i
mbaol; **2** (*take a chance*) téigh sa
seans.

risky *adj* baolach, contúirteach.

rite n deasghnáth m1; **the last rites** an ola dhéanach.

rival n **1** céile m4 iomaíochta. ● adj iomaíochta (gen of n). ● vb **to rival something** (in quality) bheith inchurtha le rud.

rivalry n iomaíocht f3.

river n abhainn f (gen abhann).

riverbank n bruach m1 abhann.

rivet n seam m3. ● vb **1** seamaigh; **2** (enthral) **it's a riveting story** is scéal an-suimiúil é; **3** to be riveted to the spot bheith greamaithe den spota.

road n **1** (for vehicles) bóthar m1; **2** (way) bealach m1, slí f4.

road accident n timpiste f4 bhóthair.

roadblock n bacainn f2 bhóthair.

road map n léarscáil f3 bhóthair.

road rage n buile f4 bhóthair.

road safety n sábháilteacht f3 ar an mbóthar.

roadside n taobh m1 an bhóthair.

roadsign n comhartha m4 bóthair.

roadworks npl oibreacha f(pl)2 bóthair.

roam vb **to roam** bheith ag fánaíocht.

roar n **1** (of animal) búir f2, géim f2; **2** (of laughter) gáir f2; vb búir, déan búir.

roast n rósta m4. ● vb róst.

roast beef n mairteoil f3 rósta.

rob vb robáil, goid; **to rob a bank** banc a robáil.

robber n robáil m4, gadaí m4.

robbery n robáil f3.

robe n **1** (ceremonial) róba m4; **2** (gown) fallaing f2; **bathrobe** fallaing fholctha.

robin n spideog f2.

rock n **1** carraig f2; **on the rocks** (business, marriage) i mbaol; **2** (music) rac m4. ● vb **1** (baby, cradle) luasc, bog; **2** (shake) croith.

rock-climbing n ailleadóireacht f3.

rockery n creig-ghairdín m4.

rocket n roicéad m1.

rocking chair n cathaoir f luascáin.

rocking horse n capall m1 luascáin.

rock star n réalta f4 rac.

rocky adj carraigeach.

rod n slat f2; **a fishing rod** slat iascaireachta.

rodent n creimire m4.

roe n (of fish) eochraí f4.

roe deer n fia m4 rua.

rogue n rógaire m4.

role n **1** (of actor) páirt f2; **2** (function) ról m1.

roll n **1** (of paper, cloth) rolla m4; **toilet roll** rolla leithris; **2** (bread) rollóg f2; **3** (list) rolla m4. ● vb **1** (move) roll; **the ball rolled over the line** roll an liathróid thar an líne; **to roll one's eyes** do shúile a chasadh timpeall; **2** (shape) corn. □ **roll in** (waves) roll isteach; **2 the money's rolling in** tá an t-airgead ag teacht isteach go tiubh.
□ **roll up** (arrive) sroich; **2** (fold up) corn (suas); **to roll up one's sleeves** do mhuinchillí a chornadh suas.

roller n rollóir m3.

Rollerblades™ npl lanna f(pl)2 rollála.

roller coaster n cóstóir m3 roithleáin.

roller skates npl scátaí m(pl)4 rothacha.

rolling pin n crann m1 fuinte.

ROM n cuimhne f4 léimh amháin.

Roman Catholic n Caitliceach m1 Rómhánach.

romance n 1 (affair) cumann m1; 2 (story) scéal m1 grá.

Romania n an Rómáin f2.

romantic adj rómánsach.

roof n 1 (of building) díon m1; 2 (of mouth) carball m1. ● vb díon, cuir díon ar.

roof rack n raca m4 dín.

rook n 1 (bird) préachán m1; 2 (in chess) caiseal m1, rúcach m1.

room n 1 (in house) seomra m4; sitting room seomra suite; 2 (space) slí f4, spás m1; is there room for one more? an bhfuil slí ann do cheann eile?

room-mate n comrádaí m4 seomra.

room service n seirbhís f2 seomra.

room temperature n teocht f3 an tseomra.

roomy adj fairsing.

rooster n coileach m1.

root n 1 (of plant) fréamh m1, rúta m4; 2 (of problem) bunús m1; the root of the problem bunús na faidhbe. ● vb fréamhaigh. □ **root out** díothaigh.

rope n téad f2, rópa m4; ➤ to give someone plenty of rope scód a ligean le duine; ➤ to know the ropes bheith oilte ar an gceird. □ **rope off** cuir rópa ar.

rosary n an Choróin f Mhuire, an Paidrín m4; to say the rosary an Paidrín a rá.

Roscommon n Ros m3 Comáin.

rose n 1 (flower) rós m1; 2 (of watering can) soc m1 spréite.

rosé n fíon m3 bándearg.

rosemary n rós m1 Mhuire.

rosy adj rósach.

rot n lobhadh m1. ● vb lobh.

rota n róta m4.

rotate vb 1 (revolve) rothlaigh; 2 (change round) déan uainíocht.

rotating adj rothlach.

rotten adj 1 (decayed) lofa; 2 (mean) suarach; it was a rotten thing to do ba shuarach an gníomh é; 3 (unpleasant) ainnis; rotten weather aimsir ainnis; 4 (ill) I feel rotten braithim go hainnis.

rough n (on golf course) garbhlach m1. ● adj garbh. ● adv 1 go garbh; to play rough imirt go garbh; 2 to sleep rough codladh amuigh.

roughly adv 1 (approximately) thart ar; 2 (in a rough manner) go garbh.

roulette n rúiléid f2.

round n 1 (of game) babhta m4; 2 (of drinks) cur m1; 3 (of talks) dreas m3; 4 (of postman, doctor, etc.) cuairt f2. ● prep timpeall (+GEN); round the corner timpeall an chúinne; round the table timpeall an bhoird; ➤ round the clock ó dhubh go dubh. ● adv 1 we're going round to Valerie's táimid ag dul teach Valerie; to invite someone round cuireadh a thabhairt do dhuine; 2 all the year round ó cheann ceann na bliana. ● vb (a bend) téigh timpeall (+GEN).

roundabout n 1 (in road) timpeallán m1; 2 (merry-go-round) áilleagán m1 intreach.

rounders n cluiche m4 corr.

round-shouldered adj cromshlinneánach.

round trip n turas m1 fillte.

rousing adj a rousing welcome fáilte croíúil; a rousing speech óráid spleodrach.

route n 1 (itinerary) bealach m1; 2 (fixed) cúrsa m4.

routine n gnáthamh m1; office routine gnáthamh oifige. ● adj gnáth-.

row[1] n 1 (line) líne f4; 2 (of seats) sraith f2; 3 (queue) scuaine f4.

● *vb* rámhaigh; **to row a boat** rámhaíocht a dhéanamh ar bhád.

row² *n* **1** (*argument*) bruíon *f2*, achrann *m1*; **2** (*noise*) callán *m1*.
● *vb* **she's always rowing with him** bíonn sí i gcónaí ag bruíon leis.

rowan tree *n* crann *m1* caorthainn.

rowing boat *n* bád *m1* rámhaíochta.

royal *adj* ríoga.

royalty *n* **1** (*person, people*) ríochas *m1*; **2** (*payment*) dleacht *f3*.

RTE *n* Raidió *m4* Teilifís Éireann (*Irish National Radio and Television*).

rub *n* **1** cuimilt *f2*. ● *vb* cuimil; **to rub one's eyes** do shúile a chuimilt; **▸ to rub someone up the wrong way** teacht in aghaidh an tsnáithe ar dhuine.
□ **rub out** scrios amach.

rubber *n* **1** (*substance*) rubar *m1*; **2** (*eraser*) scriosán *m1*.

rubber band *n* banda *m4* rubair.

rubbish *n* **1** (*refuse*) bruscar *m1*; **2** (*worthless material*) truflais *f2*; **3** (*nonsense*) ráiméis *f2*, seafóid *f2*; **what a load of rubbish!** a leithéid de ráiméis!

rubbish bin *n* bosca *m4* bruscair.

rubbish dump *n* láithreán *m1* bruscair.

rubble *n* brablach *m1*.

ruby *n* rúibín *m4*.

rucksack *n* mála *m4* droma.

ructions *npl* callán *m1*; **there'll be ructions** beidh sé ina raic.

rudder *n* stiúir *f* (*gen* stiúrach).

rude *adj* **1** (*impolite*) drochbhéasach; **2** (*vulgar*) graosta; **3 a rude awakening** múscailt thobann.

rug *n* ruga *m4*.

rugby *n* rugbaí *m4*.

rugged *adj* **1** (*terrain*) garbh; **2** (*features*) graifleach; **3** (*character*) borb.

ruin *n* **1** (*process*) scrios *m* (*gen* scriosta); **2 ruins** fothrach *m1*.
● *vb* scrios, mill.

rule *n* **1** (*regulation*) riail *f* (*gen* rialach); **the rules of the game** rialacha an chluiche; **a rule of thumb** riail láimhe; **▸ as a rule** de ghnáth; **2** (*authority*) ceannas *m1*.
● *vb* **1** rialaigh.
□ **rule out** cuir as an áireamh.

ruled *adj* (*paper*) línithe.

ruler *n* **1** (*measure*) rialóir *m3*; **2** (*sovereign*) rialtóir *m3*.

ruling *n* (*decision*) rialú *m* (*gen* rialaithe). ● *adj* i gceannas.

rum *n* rum *m4*.

rumble *n* **1** (*of thunder*) tormáil *f3*; **2** (*of stomach*) geonaíl *f3*. ● *vb* **his stomach's rumbling** tá geonaíl ina bholg.

rummage *vb* **to rummage** bheith ag póirseáil.

rumour *n* ráfla *m4*.

rump steak *n* stéig *f2* gheadáin.

run *n* **1** geábh *m3*, rith *m3*; **to go for a run** geábh reatha a thabhairt, dul amach ag rith; **2** (*pace*) rás *m3*; **at a run** faoi rás; **3** (*in cricket, rounders*) rúid *f2*; **4** (*in tights*) roiseadh *m* (*gen* roiste). ● *vb* **1** rith; **she ran across the road** rith sí trasna an bhóthair; **2** (*organize*) eagraigh; **to run a course** cúrsa a eagrú; **3** (*business*) reachtáil; **4** **to run someone to the station** duine a thiomáint go dtí an stáisiún; **5** (*bath*) líon; **6** (*tap*) **the tap's running** tá an sconna ar oscailt; **7** (*train, bus*) téigh; **does the train run on Sundays?** an dtéann an bus ar an Domhnach?
□ **run away** teith.
□ **run into 1** (*obstacle*) buail i gcoinne (+GEN); **the car ran into a wall** bhuail an carr i gcoinne

balla; **2** (*meet*) buail le; **I ran into**
Conn in town bhuail mé le Conn
sa chathair.

□ **run out** (*expire*) rith amach.

□ **run out of:** to run out of time
bheith as am.

□ **run over** (*in vehicle*) téigh sa
mhullach ar; **she was run over by
a car** chuaigh carr sa mhullach
uirthi.

□ **run up:** to run up a large bill
ligean do bhille mór a carnadh
suas.

rundown *adj* raiceáilte.

rung *n* runga *m4*.

runner *n* (*person*) reathaí *m4*.

runner bean *n* pónaire *f4*
reatha.

runner-up *n* the runner-up *n*
dara duine.

running *n* **1** (*activity*) rith *m3*;
2 (*of organization*) reachtáil *f3*;
the running of a business
reachtáil gnó; ➤ **to be in/out of
the running** bheith san/as an
iomaíocht. ● *adj* reatha (*genitive
of noun*); **running water** uisce
reatha; **a running commentary**
tráchtaireacht *f3* reatha; **running
costs** costais *m(pl)1* reatha.

runny *adj* silteach.

run-up *n* **in the run-up to** ag
tarraingt ar.

runway *n* rúidbhealach *m1*.

rural *adj* tuathúil, tuaithe
(*genitive of noun*).

rush *n* **1** (*hurry*) deifir *f2*; **to be in
a rush** deifir a bheith ort; **2** (*of
people*) ruathar *m1*; **there was a
rush for the door** tugadh ruathar
faoin doras. ● *vb* **1** (*go quickly*)
brostaigh; **she rushed out of the
room** bhrostaigh sí amach as an
seomra; **they're rushing to buy it**
tá siad ag brostú chun é a
cheannach; **2** (*job, task*) déan
deifir; **don't rush it - take your
time** ná déan deifir leis - tóg

d'aimsir; **3** (*person*) she was
rushed to hospital tugadh go dtí
an t-ospidéal í faoi dheifir.

rush hour *n* broidtráth *m3*.

Russia *n* an Rúis *f2*.

Russian *n* **1** (*person*) Rúiseach
m1; **2** (*language*) Rúisis *f2*. ● *adj*
Rúiseach.

rust *n* meirg *f2*. ● *vb* meirgigh.

rustle *vb* bí ag siosarnach.

rusty *adj* meirgeach; **my Irish is
rusty** tá meirg ar mo chuid
Gaeilge.

rut *n* **1** (*in ground*) sclaig *f2*; ➤ **to
be in a rut** bheith ag treabadh an
iomaire chéanna i gcónaí
(*literally: to be always ploughing
the same furrow*); **2** (*of deer*) láth
m1.

ruthless *adj* neamhthrócaireach.

rye *n* seagal *m1*.

Ss

Sabbath *n* Sabóid *f2*.

sabbatical *adj* sabóideach; **a
sabbatical year** bliain
shabóideach.

sabotage *n* sabaitéireacht *f3*.
● *vb* déan sabaitéireacht ar.

sack *n* **1** mála *m4*, sac *m1*; **2 to
get the sack** bata agus bóthar a
fháil. ● *vb* **1** (*from job*) bris,
tabhair an bóthar do; **to sack
someone (from a job)** duine a
bhriseadh (as post); **2** (*plunder*)
creach.

sacking *n* **1** (*material*) stuáil *f3*;
2 (*dismissal*) briseadh *m* (*ger
briste*).

sacrament *n* sacraimint *f2*.

sacred adj 1 (place, object) beannaithe, naofa; 2 (oath) dobhriste.

sacrifice n íobairt f2. ● vb íobair.

sacristy n eardhamh m1.

sad adj brónach; **to be sad** brón a bheith ort.

saddle n diallait f2. ● vb cuir diallait ar.

sadistic adj sádach.

sadly adv 1 (unfortunately) faraor; 2 (with sadness) go brónach.

sadness n brón m1.

safe n taisceadán m1. ● adj 1 (free from danger) sábháilte; **a safe place** áit shábháilte; 2 (unharmed) slán; **safe and sound** slán sábháilte; **safe journey!** go dté tú slán!

safe-conduct n pas m1 coimirce.

safeguard n cosaint f3. ● vb cosain.

safely adv 1 (unharmed) slán; 2 (carefully) go cúramach; 3 (without risk) **we can safely say that...** féadaimid a rá go cinnte go...

safety n sábháilteacht f3.

safety belt n crios m3 sábhála.

safety pin n biorán m1 dúnta.

safety valve n comhla f4 sceite.

saffron n cróch m1.

sag vb (ceiling, mattress) tabhair uait; **the roof was sagging** bhí an díon ag tabhairt uaidh

saga n sága m4.

sage n 1 (plant) sáiste m4; 2 (person) saoi m4.

Sagittarius n an Saighdeoir m3.

sail n 1 (on boat) seol m1; 2 (journey) seoltóireacht f3; **to go for a sail** dul ag seoltóireacht. ● vb seol.

sailing n seoltóireacht f3.

sailing boat n bád m1 seoil.

sailor n mairnéalach m1.

saint n naomh m1.

sake n **for the sake of** ar son a (+GEN); **for my mother's sake** ar son mo mháthar.

salad n sailéad m1.

salad bowl n mias f2 sailéid.

salad cream n uachtar m1 sailéid.

salad dressing n anlann m1 sailéid.

salary n tuarastal m1.

sale n 1 (selling) díol m3; **for sale** ar díol; 2 (cut-price) reic m3; **the sale** na reiceanna.

saleroom n halla m4 reaca.

sales assistant n freastalaí m4 siopa.

salesman n fear m1 díolacháin.

saleswoman n bean f díolacháin.

salmon n bradán m1.

saloon n 1 (bar) tábhairne m4; 2 (car) salún m1.

salt n salann m1. ● vb cuir salann ar.

salt cellar n sáiltéar m1.

saltwater n sáile m4. ● adj (fish etc) farraige (gen of n).

salty adj goirt.

salute vb 1 (greet) beannaigh do; 2 (military, ceremonial) déan cúirtéis.

salvage n 1 (rescue) tarrtháil f3; 2 (goods) éadáil f3.

salvation n slánú m (gen slánaithe).

Salvation Army n Arm m1 an tSlánaithe.

same adj 1 (before noun) céanna; **it's the same colour** is é an dath céanna é; **at the same time** san am céanna; **we live in the same village** mairimid sa sráidbhaile céanna; 2 (after verb) **it's the same as** tá sé ar aon dul le; **they**

don't look the same to me ní
fheáchann siad mar an gcéanna
domsa. ● pron I'd have done the
same dhéanfainn-se an rud
céanna; she looks just the same
as ever féachann sí mar a
d'fheach sí riamh; it's all the
same to me is é an dá mhar a
chéile domsa; all the same... ag
an am céanna...

sample n sampla m4. ● vb blais.

sanction n 1 (penalty)
smachtbhanna m4; 2 (permission) cead m3. ● vb ceadaigh.

sanctuary n tearmann m1.

sand n gaineamh m1. ● vb
1 (wood, plaster) greanáil;
2 (road) cuir gaineamh ar.

sandal n cuarán m1.

sandcastle n caisleán m1
gainimh.

sandpaper n greanpháipéar m1,
páirín m4.

sandstone n gaineamhchloch f2.

sandwich n ceapaire m4.

sandy adj gaineamhach.

sane adj 1 (person) ina chiall,
ina cheartmheabhair; 2 (policy,
decision) céillí.

sanitary towel n tuáille m4
sláintíochta.

sanitation n sláintíocht f3.

sanity n sláinte f4 intinne.

Santa Claus n San Nioclás m1.

sap n súlach m1. ● vb lagaigh; to
sap someone's strength neart
duine a lagú.

sapphire n saifír f2.

sarcasm n searbhas m1,
seanbhlas m1.

sarcastic adj searbhasach,
seanbhlasta.

sardine n sairdín m4.

Sardinia n an tSairdín f2.

sash n sais f2.

satchel n mála m4 scoile.

satellite n satailít f2.

satellite dish n mias f2
satailíte.

satellite television n teilifís f2
satailíte.

satin n sról m1. ● adj sról (gen
of n).

satire n aoir f2.

satisfaction n 1 (pleasure)
sástacht f3; a feeling of
satisfaction mothú sástachta;
2 (fulfilment) sásamh m1; satisfaction of one's desires sásamh
do mhianta.

satisfactory adj sásúil.

satisfy vb 1 (person) sásaigh;
2 (requirement) comhlíon.

satisfying adj sásúil.

Saturday n (An) Satharn m1; on
Saturday Dé Sathairn; on
Saturdays ar an Satharn.

Saturn n Satarn m1.

sauce n anlann m1.

saucepan n sáspan m1.

saucer n fochupán m1.

Saudi Arabia n an Araib f2
Shádach.

saunter vb bheith ag
spaisteoireacht.

sausage n ispín m4.

sausage roll n rollóg f2 ispín.

savage n duine m4 fiáin, duine
m4 barbartha. ● adj fiáin,
barbartha.

save n (in sport) sábháil f3.
● prep seachas. ● vb 1 (money,
time, resources, or on computer)
sábháil; 2 (rescue) tarrtháil.
□ save up sábháil.

saving n 1 sábháil f3; 2 savings
airgead m1 taisce.

savings account n cuntas m1
taisce.

savings bank n banc m1 taisce.

saviour n slánaitheoir m3.

savour vb 1 (taste, food) faigh
blas ar; 2 (experience) bain
ardtaitneamh as.

savoury adj blasta.

saw n sábh m1. ● vb sábh.

sawdust n min f2 sáibh.

sawmill n muileann m1 sábhadóireachta.

saxophone n sacsafón m1.

say n cead m3 cainte; I have no say in the matter níl cead cainte agam sa scéal; let her have her say tabhair cead cainte di. ● vb abair; to say something rud a rá; what did she say? cad a dúirt sí?; it says in the paper that... tá sé ráite sa pháipear go...

saying n nath m3 cainte.

scab n 1 (on wound) gearb f2; 2 (blackleg) neamhstailceoir m3; 3 (scrounger) súmaire m3.

scaffolding n scafall m1.

scald n scalladh m (gen scallta). ● vb scall.

scale n 1 (scope) scála m4; on a large scale ar an mórchóir; 2 (of map) buntomhas m1; 3 (on fish) gainne m4; 4 (for weighing) scála m4, weighing scales scálaí meáchan. ● vb 1 (rockface) dreap; 2 (fish) lannaigh. □ scale down laghdaigh.

scallop n (shellfish) muirín m4.

scalp n craiceann m1 an chinn. ● vb bain craiceann an chinn de.

scamper vb rith go tapaidh.

scan n scanadh m (gen scanta). ● vb 1 (glance at) tabhair spléachadh ar; 2 (examine) breathnaigh go cúramach; 3 (electronically) scan.

scandal n 1 (incident, affair) scannal m1; 2 (gossip) béadán m1.

Scandinavia n Críoch f2 Lochlann.

Scandinavian n Lochlannach m1. ● adj Lochlannach.

scanner n scanóir m3.

scantily adv scantily clad faoi bheagán éadaigh.

scanty adj gann.

scapegoat n ceap m1 milleáin.

scar n colm m1. ● vb fág colm ar.

scarce adj gann, tearc; ➤ make yourself scarce gread seal leat.

scarcely adv ar éigean; she scarcely had time to eat her dinner is ar éigean go raibh am aici a dinnéar a ithe.

scarcity n ganntanas m1, teirce f4.

scare n scanradh m1. ● vb scanraigh; to scare the life out of someone duine a scanrú ina bheatha. □ scare off cuir scaoll i.

scarecrow n fear m1 bréige, taibhse m4 préachán.

scared adj to be scared scanradh a bheith ort; she was scared out of her wits bhí sí as a ciall le heagla.

scarf n scairf f2.

scarlet adj scarlóideach.

scarlet fever n an fiabhras m1 dearg.

scary adj scanrúil.

scathing adj feanntach.

scatter vb scaip.

scatterbrain n duine m4 scaipthe.

scatterbrained adj scaipthe.

scavenger n scroblachóir m3.

scene n 1 (place) láthair f (gen láithreach); the scene of the accident láthair na timpiste; 2 (in play) radharc m1; 3 (view, drama) radharc m1; terrible scenes radhairc uafásacha; 4 to make a scene raic a thógáil.

scenery n 1 (in theatre) radharcra m4; 2 (landscape) radharc m1 tíre.

scenic adj álainn; to take the scenic route an bóthar álainn a thógáil.

scent n **1** (*smell*) cumhracht *f3*;
2 (*of something*) boladh *m1*;
3 (*trail of evidence*) lorg *m1*;
4 (*perfume*) cumhrán *m1*.

sceptical *adj* amhrasach; to be
sceptical about something
amhras a bheith ort faoi rud.

schedule n **1** (*plan*) sceideal *m1*;
on schedule de réir sceidil; to be
ahead of schedule bheith chun
tosaigh ar an sceideal; to be be-
hind schedule bheith chun
deiridh ar an sceideal; **2** (*time-
table*) clár *m1* ama. ● *vb* leag
amach; he's scheduled to be here
at eleven tá sé le bheith anseo ar
a haon déag a chlog.

scheme n scéim *f2*. ● *vb* déan
scéiméireacht.

schizophrenia n scitsifréine *f4*.

schizophrenic n scitsifréineach
m1. ● *adj* scitsifréineach.

scholar n scoláire *m4*.

scholarly *adj* scolártha.

scholarship n scoláireacht *f3*.

school n scoil *f2*; at school ar
scoil; primary school bunscoil;
secondary school meánscoil.

school dinner n dinnéar *m1*
scoile.

schooling n scolaíocht *f3*.

schoolkids n páistí *m(pl)4*
scoile.

schoolteacher n múinteoir *m3*
scoile.

science n eolaíocht *f3*.

science fiction n ficsean *m1*
eolaíochta.

scientific *adj* eolaíochta(*gen of*
n).

scientist n eolaí *m4*.

scissors *npl* siosúr *m1*.

scoff *vb* **1** (*food*) alp; **2** to scoff
at something magadh a
dhéanamh faoi rud.

scold *vb* bearr, scioll.

scone n scóna *m4*, toirtín *f4*.

scooter n scútar *m1*.

scope n **1** (*range*) réimse *m4*;
outside the scope of something
lasmuigh de réimse ruda; **2** (*op-
portunity, space*) scóip *f2*,
fairsinge *f4*; to give someone
scope cead a chinn a thabhairt
do dhuine.

scorch *vb* loisc, dóigh.

score n **1** (*in sport*) scór *m1*;
what's the score? cad é an scór?;
2 (*music*) scór *m1*; **3** (*scratch*)
scríob *f2*. ● *vb* **1** (*in sport*)
scóráil; **2** (*scratch*) scríob.
□ **score out** scríos amach.

scoreboard n clár *m1* scóir.

scorn n tarcaisne *f4*, drochmheas
m3.

Scorpio n an Scairp *f2*.

Scot n Albanach *m1*.

Scotch n (*whisky*) uisce *m4*
beatha na hAlban. ● *adj*
Albanach, na hAlban (*gen of n*).

scotch *vb* cuir deireadh le.

Scotland n Albain *f* (*gen na*
Alban).

Scots n (*language*) Béarla *m4* na
hAlban. ● *adj* Albanach, na
hAlban (*gen of n*).

Scotsman n Albanach *m1*.

Scotswoman n Albanach *m1*
mná.

Scottish *adj* Albanach.

scoundrel n bithiúnach *m1*.

scour *vb* **1** (*scrub*) sciúr;
2 (*search thoroughly*) ransaigh.

scout n **1** (*boyscout*) gasóg *f2*;
2 (*military*) scabhta *m4*.

scowl n scaimh *f2*. ● *vb* to scowl
scaimh a chur ort féin.

scramble n streachailt *f2*, sciob
m sceab. ● *vb* streachail, déan
sciob sceab.

scrambled eggs n uibheacha
f(*pl*)*2* scrofa.

scrap n 1 (small piece) blúire m4;
2 **scraps** (leftovers) fuíoll m1;
3 (of evidence) ruainne m4; **they
haven't got a scrap of evidence**
níl ruainne fianaise acu; 4 (fight)
bruíon f2. ● vb 1 (drop) cuir
deireadh le; **the scheme has been
scrapped** tá deireadh curtha leis
an scéim; 2 (fight) troid.

scrapbook n leabhar m1
gearrthán.

scrape n (scratch) scríob f2; ➤ **to
be in a scrape** bheith i sáinn.
● vb scríob.

scrap heap n carn m1
dramaíola; **to throw something
onto the scrap heap** rud a
chaitheamh faoi thóin cártaí.

scratch n 1 scríob f2; 2 (in skin)
scríobadh m (gen scríobtha); ➤ **to
start from scratch** tosú as an nua.
● vb 1 (cut) scríob; 2 (itch)
tochais; **to scratch one's head** do
cheann a thochas.

scratchcard n scríobchárta m4.

scream n scréach f2, scread f3.
● vb lig scréach asat, lig scread
asat.

screech n scréach f2. ● vb déan
scréach.

screen n 1 scáileán m1; a com-
puter screen scáileán ríomhaire;
2 (partition) scáthlán m1. ● vb
1 (film) taispeáin; 2 (conceal,
protect) folaigh; 3 (shelter)
tabhair fothain do; 4 (applicants)
scag.

screening n 1 (of film)
taispeáint f3; 2 (medical) scrúdú
m (gen scrúdaithe).

screenplay n script f2 scannáin.

screw n scriú m4. ● vb scriúáil.
□ **screw up** (make a mess of)
déan praiseach de; 2 **to screw up
one's eyes** do shúile a
leathdhúnadh; **to screw up one's
face** strainc a chur ort féin;
3 (paper, fabric) corn suas.

screwdriver n scriúire m4.

scribble vb déan scríobláil.

script n 1 (text) script f2; 2 (sys-
tem of writing) scríobh m (gen
scríofa).

Scripture n Scrioptúr m1.

scroll n scrolla m4. ● vb (on
computer) scrollaigh.

scrounge vb to scrounge some-
thing from someone rud a
dhiúgaireacht ar dhuine.

scrounger n diúgaire m4.

scrub n 1 (act of scrubbing)
sciúradh m (gen sciúrtha);
2 (land) scrobarnach f2. ● vb
1 (clean) sciúr; 2 (cancel) cuir ar
ceal.

scruffy adj giobach.

scrum(mage) n clibirt f2.

scruple n scrupall m1.

scrupulous adj scrupallach.

scrutinize vb mionscrúdaigh.

scrutiny n mionscrúdú m (gen
mionscrúdaithe).

scuffle n racán m1.

sculptor n dealbhóir m3.

sculpture n dealbhóireacht f3.

scum n 1 (dirt) screamh f2;
2 (people) gramaisc m1,
scroblach m1.

scurry vb scinn.

scythe n speal f2.

sea n 1 farraige f4, muir f3; a
house by the sea teach cois na
farraige; 2 (in names) muir f3;
the North Sea an Mhuir
Thuaidh; **the Baltic Sea** an Mhuir
Bhailt.

seabed n grinneall m1 na
farraige.

seafood n bia m4 farraige bia
mara.

seafront n on the seafront ar
aghaidh na farraige.

seagull n faoileán m1.

seal n 1 (animal) rón m1,
(female) bainirseach f2; 2 (stamp)

séala m4. ● vb **séalaigh; cuir séala ar.**

sea level n leibhéal m1 na farraige.

sea lion n mór-rón m1.

seam n 1 (in fabric) uaim f2; 2 (of mineral) féith f2.

seaman n mairnéalach m1, fear m1 farraige.

search n cuardach m1; **in search of** ar lorg (+GEN). ● vb **cuardaigh.**

searchlight n tóirsholas m1.

search party n buíon f2 chuardaithe.

search warrant n barántas m1 cuardaigh.

seashore n cladach m1.

seasick adj **to be seasick** tinneas farraige a bheith ort.

seasickness n tinneas m1 farraige.

seaside n **at the seaside** cois na farraige.

season n séasúr m1. ● vb 1 (food) leasaigh; 2 (wood) stálaigh.

seasonal adj séasúrach.

seasoned adj leasaithe (food), stálaithe (wood).

season ticket n ticéad m1 séasúir.

seat n 1 (place) suíochán m1; 2 (of trousers) tóin f3. ● vb 1 **to seat someone** duine a chur ina shuí; 2 **the hall seats a thousand people** tá suíocháin do mhíle duine sa halla.

seat belt n crios m3 sábhála.

sea water n sáile f4.

seaweed n feamainn f2.

secluded adj cúlráideach.

second¹ n 1 (time) soicind f2; 2 (in boxing) taca m4; 3 (imperfect product) earra m4 den dara grád. ● vb **tacaigh le; to second a motion** tacú le rún, dóú.

second² vb (transfer) fostaigh ar iasacht.

secondary adj tánaisteach, fo-; **secondary importance** tábhacht thánaisteach.

secondary school n meánscoil f2.

second-best adj **an dara ceann is fearr.** ● adv **to come second-best** teacht sa dara áit.

second-class adj 1 den dara grád; 2 (inferior) beag is fiú. ● adv dara grád.

secondhand adj den dara láimh, athláimhe.

second hand n an tsnáthaid f2 bheag, snáthaid f2 na soicindí.

secondly adv sa dara háit.

second-rate adj beag is fiú.

second thoughts npl athchomhairle f4; **to have second thoughts** athchomhairle a dhéanamh.

secrecy n rúndacht f3.

secret n rún m1; **in secret** faoi rún. ● adj rúnda; **a secret society** cumann rúnda.

secretarial adj rúnaíochta (gen of n).

secretary n rúnaí m4.

secretive adj rúnda.

sectarian adj seicteach.

section n 1 (part) cuid f3; 2 (part of document) mír f2; 3 (of legal document) alt m1; 4 (department) rannóg f2.

sector n 1 (geometric, military) teascóg f2; 2 (public, private) earnáil f3.

secular adj saolta.

secure adj 1 (safe) sábháilte; 2 (firm) daingean. ● vb 1 (obtain) faigh; 2 (make firm) daingnigh; 3 (make safe) cuir ó bhaol.

security n 1 (safety) slándáil f3; 2 (for loan) bannaí m(pl)4; 3 (department) lucht m3 slándála.

security camera n ceamara m4 slándála.

sedate adj 1 (calm) suaimhneach; 2 (dignified) státúil. ● vb cuir faoi shuaimhneasán.

sedative n suaimhneasán m1.

seduce vb meabhlaigh.

seduction n meabhlú m (gen meabhlaithe).

seductive adj meallacach.

see vb 1 feic; to see someone/ something duine/rud a fheiceáil; to go to see a film dul chun scannán a fheiceáil; I saw her brother yesterday chonaic mé a dearthair inné; let me see fan go bhfeicfidh mé; I knocked on the door to see if he was in bhuail mé cnag ar an doras féachaint an raibh sé istigh; 2 (understand) tuig; I see tuigim; don't you see? nach dtuigeann tú?; 3 (accompany) bí le, comóir; to see someone to the station bheith le duine go dtí an staisiún, duine a chomóradh go dtí an staisiún; 4 (refer to) féach; see page... féach leathanach... ● n cathaoir f easpaig.

seed n síol m1, pór m1; to go to seed dul chun síl.

seedling n síolphlanda m4.

seek vb lorg.

seem vb she seems to be happy enough tá an chosúlacht uirthi go bhfuil sí sásta go leor; how does she seem to you? cad é do thuairimse fúithi?; it seems to me feictear dom; it seems that... is cosúil go..., dealraíonn sé go...

seemingly adv is cosúil.

seesaw n crandaí bogadaí m.

see-through adj gléineach.

segment n teascán m1.

segregate vb deighil.

seize vb 1 (take hold of) beir ar; 2 (take possession of) gabh; 3 to

seize the oppurtunity an deis a thapú; 4 he was seized by panic ghabh lionrith é.

□ **seize up** clis.

seldom adv annamh; I seldom hear from her now is annamh a chloisim uaithi anois.

select vb roghnaigh, togh.

selection n rogha m4, togha m4.

selective adj roghnach.

selector n roghnóir m3.

self n the self an duine m4 féin.

self-assured adj féin-mhuiníneach.

self-centred adj leithleach; she's very self-centred ní chuimhníonn sí ar aon duine ach í féin.

self-confidence n féinmhuinín m4.

self-confident adj féinmhuiníneach.

self-conscious adj náireach.

self-contained adj glanscartha.

self-control n féinsmacht m3.

self-defence n féinchosaint f3.

self-discipline n féinsmacht m3.

self-employed adj féinfhostaithe.

self-evident adj it is self-evident that.. is soiléir go...

self-governing adj féinrialaitheach.

self-government n féinrialtas m1.

self-indulgent adj macnasach.

selfish adj leithleach.

selfishness n leithleachas m1.

self-pity n féintrua f4.

self-possessed adj stuama.

self-protection n féinchosaint f3.

self-respect n féinmheas m3.

self-righteous adj ceartaiseach.

self-satisfied adj bogásach.

self-service adj féinseirbhís.

self-sufficient adj neamh-spleách.

self-taught adj féinmhúinte.

sell vb díol.
□ **sell off** díol i saorchonradh.
□ **sell out: that edition is sold out** tá an t-eagrán sin díolta ar fad.

seller n díoltóir m3.

selling price n praghas m1 díola.

Sellotape™ n seilitéip f2.

semen n seamhan m1.

semester n téarma m4.

semi- pref leath-.

semicircle n leathchiorcal m1.

semicolon n leathstad m4.

semi-detached house n teach m leathscoite.

semifinal n cluiche m4 leathcheannais.

seminar n seimineár m1.

seminary n cliarscoil f2.

semi-quaver n leathchamán m1.

semiskilled adj leathoilte.

senate n seanad m1; the Irish Senate Seanad Éireann.

senator n seanadóir m3.

send vb seol, cuir; to send a letter litir a sheoladh; to send a message to someone teachtaireacht a chur chuig duine.
□ **send away for** ordaigh tríd an bpost.
□ **send back** cuir ar ais.
□ **send for** cuir fios ar.
□ **send off** (in sport) cuir den pháirc.
□ **send off for** (by post) ordaigh tríd an bpost.
□ **send out** cuir amach.
□ **send up 1** cuir suas/aníos; **2** (satirize) déan scigaithris ar.

sender n seoltóir m3.

senile adj seanórtha.

senile dementia n gealtachas m1 na seanaoise.

senior n sinsear m1; the seniors na sinsir; to be someone's senior sinsearacht a bheith agat ar dhuine; I'm three years his senior tá trí bliana agam air. ● adj sinsearach.

senior citizen n pinsinéir m3.

seniority n sinsearacht f3.

sensation n 1 (feeling) mothú m (gen mothaithe), céadfa f4; 2 (stir) to cause a sensation carabuaic a thógáil.

sensational adj 1 (brilliant) iontach; a sensational victory bua iontach; 2 (derogatory) gáifeach.

sense n 1 (meaning) ciall f2; 2 (faculty) céadfa f4; the five senses na cúig céadfaí; to take leave of one's senses do chiall agus do chéadfaí a chailleadh. ● vb mothaigh.

senseless adj 1 (meaningless) gan chiall; 2 (unconscious) gan mheabhair.

sensible adj ciallmhar.

sensibly adv go ciallmhar.

sensitive adj 1 (person, skin) goilliúnach, leochaileach; 2 (aware, intelligent) íogair; 3 (issue) íogair.

sensitivity n (of person) íogaireacht f3.

sensual adj macnasach.

sensuality n collaíocht f3.

sensuous adj macnasach.

sentence n 1 (in grammar) abairt f2; 2 (by judge) pionós m1; the death sentence pionós an bháis. ● vb 1 (to imprisonment) gearr ar; to sentence someone to life imprisonment príosúnacht saoil a ghearradh ar dhuine; 2 (to death) daor; to sentence someone to death duine a dhaoradh chun bháis.

sentiment n 1 (general feeling) mothú m (gen mothaithe);

2 (*sentimentality*) maoithneachas *m1*; **3** (*opinion*) meon *m4*.

sentimental *adj* maoithneach.

sentimentality *n* maoithneachas *m1*.

sentry *n* fairtheoir *m3*, fear *m1* faire.

separate *adj* **1** (*distinct, apart*) ar leith, scartha; **separate rooms** seomraí scartha; **2** (*different*) difriúil. ● *vb* deighil, scar.

separately *adv* **1** (*apart*) **they are living separately** tá siad ina gconaí scartha óna chéile; **2** (*by themselves*) **you should cook the vegetables separately** ba ceart duit na glasraí a chócaráil leo féin; **3** (*one by one*) (*people*) ina nduine agus ina nduine, (*things*) ina gceann agus ina gceann.

separation *n* scaradh *m* (*gen* scartha).

September *n* Meán *m1* Fómhair.

septic *adj* seipteach, galrach.

septic tank *n* dabhach *f2* séarachais.

sequel *n* **1** (*of film or book*) **the sequel** an dara cuid; **2** (*result*) toradh *m1*.

sequence *n* **1** (*of events, actions*) sraith *f2*; **2** (*order*) ord *m1*; **in sequence** in ord; **3** (*of film*) sraitheog *f2*.

sequin *n* seacain *f2*.

Serb *n* Serbiach *m1*. ● *adj* Serbiach.

Serbia *n* an tSerbia *f4*.

Serbian *n* (*language*) Serbis *f2*. ● *adj* Serbiach.

serene *adj* sámh, suaimhneach.

sergeant *n* sáirsint *m4*.

serial *n* (*on TV*) sraithchlár *m1*, (*printed*) sraithscéal *m1*; **a detective serial** sraithchlár bleachtaireachta.

serial killer *n* sraithmharfóir *m3*.

serial number *n* sraithuimhir *f* (*gen* sraithuimhreach).

series *n* sraith *f2*.

serious *adj* **1** (*discussion, matter, etc.*) tromchúiseach; **2** (*injury*) trom; **3** (*in earnest*) dáiríre; **I'm serious about this** táim i ndáiríre faoi seo.

seriously *adv* **1** (*in a serious manner*) i ndáiríre; **she spoke seriously** labhair sí i ndáiríre; **2** (*injured*) go dona; **3** (*starting sentence*) i ndáiríre; **seriously, I thought it was...** i ndáiríre, cheap mé go raibh sé...

seriousness *n* dáiríreacht *f3*.

sermon *n* seanmóir *f3*.

servant *n* seirbhíseach *m1*.

serve *vb* **1** (*in shop*) freastail ar; **2** (*in restaurant*) riar ar; **3** (*time in prison*) cuir isteach; **4** (*in tennis*) tabhair; **5** (*mass*) friotháil; **6** (*fulfil*) déan cúis; **to serve a purpose** cúis a dhéanamh; ▸ **it serves you right a** chonaíth sin ort!, is maith an airí sin ort! ● *n* tabhairt *f3*, seirbhís *f2*.

service *n* seirbhís *f2*. ● *vb* seirbhísigh.

service area *n* áit *f2* sheirbhíse.

service charge *n* táille *f4* sheirbhíse.

service station *n* staisiún *m1* peitril.

serviette *n* naipcín *m4*.

session *n* seisiún *m1*.

set *n* **1** (*group of things*) foireann *f2*; **a chess set** foireann fichille; **2** (*in theatre*) láithreán *m1*; **3** (*group of people*) dream *m3*, aicme *f4*; **4** (*in tennis*) sraith *f2*; **5** **a television set** teilifíseán *m1*. ● *adj* **1** (*fixed*) daingean; **2** (*arranged*) socraithe; **3** (*ready*) réidh, ullamh. ● *vb* **1** (*place*) cuir, leag; **to set something on the ground** rud a chuir ar an talamh; **to set the table** an bord a

leagan; **2** (*adjust*) socraigh; **to set a clock** clog a shocrú; **3** (*fix*) leag síos; **to set the rules of a game** rialacha cluiche a leagan síos; **to set a standard** caighdeán a leagan síos; **to set a good example** dea-shampla a thabhairt; **4** (*sun*) luigh; **5** (*fracture*) (*used transitively*) cuir ina áit, (*used intransitively*) snaidhm; **6** (*hair*) feistigh.
□ **set aside** cuir i leataobh.
□ **set back 1** (*delay progress*) cuir ar gcúl; it set her back a month chuir sé mí ar gcúl í; **2** (*cost*) cosain; what did it set you back? cad a chosain sé ort?
□ **set down 1** (*write down*) scríobh síos; **2** (*establish*) leag síos.
□ **set off 1** (*leave*) imigh; what time will you be setting off tomorrow? cén t-am a bheidh tú ag imeacht amárach?; **2** (*firework, bomb*) pléasc; **3** (*give rise to*) múscail, cuir tús le;
□ **set out 1** (*on journey*) cuir chun bóthair; **2** to set out to do something rud a chur romhat a dhéanamh.
□ **set up** (*establish*) buanaigh.

setback *n* céim *f2* siar, dul *m3* ar gcúl.

set menu *n* biachlár *m1* socraithe.

settee *n* tolg *m1*.

setting *n* (*location*) suíomh *m1*.

settlement *n* **1** (*agreement*) socrú *m* (*gen* socraithe); **to reach a settlement** teacht ar shocrú; **2** (*legal*) socraíocht *f3*; **3** (*place*) lonnaíocht *f3*.

settler *n* lonnaitheoir *m3*.

set-up *n* **1** (*organization*) leagan *m1* amach; **2** (*trick, trap*) sáinn *f2*.

seven *num* (*things*) seacht *m4*; (*people*) seachtar *m1*; **seven cars**

seacht gcarr; **seven people** seachtar.

seventeen *num* seacht *m4* déag.
seventeen cars seacht gcarr déag; **seventeen people** seacht nduine dhéag.

seventh *adj* seachtú; **the seventh house** an seachtú teach.

seventy *num* seachtó *m4*.

sever *vb* **1** (*cut off*) teasc, bain de; **2** (*ties, relations*) bris.

several *adj pron* roinnt, go leor; **several of you/them were there** bhí cuid mhaith agaibh/acu ann.

severe *adj* **1** (*winter, flooding, etc.*) crua; **2** (*illness, pain*) trom; a **severe cold** slaghdán trom; **3** (*strict, harsh*) dian, géar.

severity *n* **1** (*harshness*) déine *f4*, géire *f4*; **2** (*seriousness*) cruacht *f3*.

sew *vb* fuaigh.

sewage *n* múnlach *m1*.

sewer *n* séarach *m1*.

sewing *n* fuáil *f3*.

sewing machine *n* inneall *m1* fuála.

sex *n* **1** gnéas *m1*; **2** to have sex with someone caidreamh collaí a bheith agat le duine.

sexist *n* gnéaschlaonaí *m4*. ● *adj* gnéaschlaonta.

sexual *adj* gnéasach, collaí.

sexual abuse *n* mí-úsáid *f2* ghnéasach.

sexual intercourse *n* comhriachtain *f2* (ghnéasach).

sexuality *n* collaíocht *f3*.

sexually *adj* to be sexually attracted to someone dúil chollaí a bheith agat i nduine.

sexy *adj* gnéasúil.

shabby *adj* **1** (*clothes, furnishing*) seanchaite; **2** (*behaviour*) suarach.

shack *n* bothán *m1*.

shade n 1 (shadow) scáth m3; the temperature in the shade an teocht faoin scáth; 2 (of lamp) scáthlán m1; a lamp shade scáthlán lampa; 3 (of colour) dath m3; 4 (a little bit) beagáinín m4; a shade colder/hotter beagáinín níos fuaire/teo. • vb scáthaigh.

shadow n scáth m3, scáil f2; to cast a shadow scáth a chaitheamh. • vb (follow) coimhéad.

shadow cabinet n comhaireacht f3 (an) fhreasúra.

shady adj 1 (giving shade) scáthach; 2 (suspect) amhrasach.

shaft n (of tool) sáfach f2, cos f2; 2 (of machine) seafta m4; 3 (of arrow, spear) crann m1; 4 (of light) log m1; 5 (of light) ga m4.

shake n croitheadh m (gen croite), suaitheadh m (gen suaite). • vb 1 (intrans) crith; 2 (trans) croith; to shake hands with someone lámh a chroitheadh le duine.
□ shake off cuir díot; to shake off an illness breoiteacht a chur díot.
□ shake up spreag.

shaky adj creathach.

shall auxiliary verb 1 (future) we shall be here next week beimid anseo an tseachtain seo chugainn; 2 (in questions, offers of assistance) what shall we do now? cad a dhéanfaimid anois?; shall I do that for you? an ndéanfaidh mé sin is duit?; 3 (emphatic) thou shalt not kill ná déan marú.

shallow adj éadomhain.

sham n cur m1 i gcéill. • adj bréige (gen of n).

shambles n 1 (mess) praiseach f2; 2 (confusion) cíor f2 thuathail.

shame n 1 (remorse, dishonour) náire f4; 2 a shame (a pity) trua

m4; that's a great shame is mór an trua é sin. • vb náirigh.

shameful adj náireach.

shameless adj gan náire.

shampoo n seampú m4.

shamrock n seamróg f2.

shandy n seandaí m4.

Shannon n the River Shannon an tSionainn f2.

shape n 1 (form) cruth m3, cuma f4; to give shape to something cruth a chur ar rud; it's taking shape tá sé ag teacht i gcruth; out of shape as cuma; 2 (condition) cuma f4; he's in good shape tá cuma mhaith air. • vb múnlaigh; to shape something rud a mhúnlú; she shaped his opinions mhúnlaigh sí a thuairimí.

-shaped suff ar dhéanamh (+GEN); box-shaped ar dhéanamh bosca.

shapeless adj éagruthach.

share n 1 (part) cuid f3; my share of the money mo chuid-se den airgead; 2 (in company) scair f2. • vb roinn.

shareholder n scairshealbhóir m3.

shark n 1 (fish) siorc m3; 2 (person) caimiléir m3.

sharp n (in music) géar m1. • adj 1 (blade) géar; a sharp knife scian ghéar; 2 (eyes, sight, pain, voice, comment) géar; 3 (bend) tobann; 4 (person) géarchúiseach. • adv at ten o' clock sharp ar bhuille a deich.

sharpen vb 1 (knife) cuir faobhar ar; 2 (pencil) cuir bior ar.

sharpener n (for pencil) bioróir m3; pencil sharpener bioróir peann luaidhe.

sharply adv 1 (in a sharp way) go géar; 2 (bend, drop) go tobann; 3 (speak) go giorraisc.

shatter vb **1** (glass) bris, déan smidiríní de; the window was shattered rinneadh smidiríní den fhuinneog; **2** (hopes) scrios.

shattered adj (tired) tugtha traochta.

shave n bearradh m (gen bearrtha). ● vb bearr.

shaver n rásúr m1; an electric shaver rásúr leictreach.

shaving brush n scuab f2 bhearrtha.

shaving cream n ungadh m bearrtha.

shaving foam n cúr m1 bearrtha.

shawl n seál m1.

she pron **1** sí; (with copula or autonomously) í; she went to the shop chuaigh sí go dtí an siopa; did she go home? an ndeachaigh sí abhaile?; she's a teacher is múinteoir í; she was assaulted ionsaíodh í; **2** (emphatic) sise; (with copula or autonomously) ise; she went but he didn't chuaigh sise ach ní dheachaigh seisean; it was she who... ba ise a...

shear vb lom.

shears npl deimheas m(sg)1.

shed n bothán m1. ● vb **1** (leaves) caill; **2** (tears) sil; **3** (coat, skin) cuir.

sheep n caora f (gen caorach) (pl caoirigh).

sheepdog n madra m4 caorach.

sheepish adj maolchluasach.

sheepskin n craiceann m1 caorach.

sheer adj **1** (pure) amach agus amach; a sheer waste of money cur amú airgid amach agus amach; **2** (fabric) sreabhnach; **3** (drop, cliff) rite, crochta.

sheet n **1** (on bed) braillín m4; **2** (of paper) bileog m1; a sheet of paper bileog pháipéir; **3** (of ice) leac f2.

sheikh n síc m4.

shelf n **1** seilf f2; **2** (geological) laftán m1.

shell n **1** (seashell) sliogán m1; **2** (of nut, egg) blaosc f2; **3** (pod) cochall m1; **4** (of building) creatlach f2; **5** (explosive) pléascán m1. ● vb **1** (peas) scamh; **2** (bombard) scaoil pléascáin le.

shellfish n iasc m1 sliogánach.

shelter n **1** (refuge) dídean m1, foscadh m1; to give shelter to someone dídean a thabhairt do dhuine; **2** (building) scáthlán m1. ● vb **1** (provide shelter for) tabhair dídean do; **2** (take shelter) téigh ar foscadh; to shelter from the rain dul ar foscadh ón mbáisteach.

shelve vb **1** (abandon) cuir ar ceal; **2** (postpone) cuir ar athlá.

shepherd n aoire m4. ● vb aoirigh.

shepherd's pie n píóg f2 feola.

sheriff n sirriam m4.

sherry n seiris f2.

Shetland n Sealtainn f4.

shield n **1** (for safety) scáth m3; **2** (warrior's shield) sciath f2. ● vb **1** (person) cosain, cumhdaigh; **2** (thing) cuir scáth ar.

shift n **1** (change) athrú m (gen athraithe); **2** (in work) seal m3; to be on night shift bheith ar an seal oíche. ● vb aistrigh, bog.

shift work n obair f2 shealaíochta.

shifty adj cleasach.

shimmer vb crithlonnraigh, drithligh.

shin n lorga f4.

shine n loinnir f (gen loinnreach). ● vb **1** (reflect light) lonraigh; **2** (direct light at) dírigh ar; caith solas ar; to shine a torch at something tóirse a dhíriú ar rud; to shine a light on

something solas a chaitheamh ar rud; **3** (*polish*) cuir snas ar.

shingle n mionduirling f2.

shingles npl deir f2.

shiny adj lonrach; (*shoes*) snasta.

ship n long f2. ● vb seol ar bord loinge (*send by ship*).

shipbuilding n tógáil f3 long.

shipping n **1** (*transport*) loingseoireacht f3, **2** (*ships*) loingeas m1.

shipyard n longchéarta f4.

shirt n léine f4.

shit n cac m3; **shit!** léan air!; **what a load of shit!** a leithéid de chac (asail)!

shiver n crith m3; **cold shivers** creathanna fuachta. ● vb bí ar crith.

shoal n scoil f2.

shock n **1** (*fright*) geit f2; **2** (*electric*) turraing f2. ● vb **1** (*distress*) bain geit as; **2** (*scandalize*) tabhair scannal do.

shock absorber n maolaitheoir m3 turrainge.

shocked adj **1** (*distressed*) **to be shocked** uafás a bheith ort; **2** (*scandalized*) **to be shocked by something** scannal a ghlacadh le rud.

shocking adj **1** (*distressing*) uafásach; **2** (*scandalous*) scannalach.

shoddy adj liobarnach, sleamchúiseach.

shoe n **1** bróg f2; **2** (*of horse*) crú m4. ● vb crúigh.

shoelace n iall f2 bróige.

shoe polish n snas m3 bróg.

shoe shop n siopa m4 bróg.

shoo excl **1** (*to hens*) fuisc!; **2** (*to dog or cat*) cois amach!; **3** (*to children*) amachaigh!

shoot n buinneán m1. ● vb **1** (*person, animal*) lámhach; **2 to shoot at something/someone**

scaoileadh le rud/duine; **3** (*film*) déan.

□ **shoot down** tabhair anuas.

□ **shoot in** scinn isteach.

□ **shoot out** scinn amach.

□ **shoot up 1** (*plant*) fás go tapaidh; **2** (*prices*) ardaigh go tapaidh.

shooting n **1** (*killing, gunfire*) lámhach m1; **2** (*hunting*) foghlaeireacht f3.

shooting star n réalta f4 reatha.

shop n siopa m4. ● vb téigh ag siopadóireacht.

shop assistant n freastalaí m4 siopa.

shopkeeper n siopadóir m3.

shoplifter n gadaí m4 siopa.

shoplifting n gadaíocht f3 siopa.

shopper n ceannaitheoir m3; **shoppers** lucht m3 ceannaithe.

shopping n siopadóireacht f3.

shopping centre n ionad m1 siopadóireachta.

shopping trolley n tralaí m4 siopadóireachta.

shop steward n stíobhard m1 ceardlainne.

shop window n fuinneog f2 siopa.

shore n cladach m1; **on shore** ar tír.

short adj **1** (*not long*) gairid, gearr; **a short while** tamall gairid; **short hair** gruaig ghairid; **➤ in short** i mbeagán focal; **2** (*scarce*) gann; **to be short of something** bheith gann i rud; **3** (*abrupt*) giorraisc; **to be short with someone** bheith giorraisc le duine.

shortage n ganntanas m1, teirce f4.

shortbread n arán m1 briosc.

shortcoming n locht m3.

shortcut n cóngar m1; **to take the shortcut** dul an cóngar.

shorten vb giorraigh.

shorthand n gearrscríobh m (gen gearrscríofa).

shortlist n gearrliosta m4.

short-lived adj gearrshaolach.

shortly adv gan mhoill.

shorts npl briste m4 gairid.

short-sighted adj gearr-radharcach.

short story n gearrscéal m1.

short-tempered adj teasaí.

short-term adj gearrthéarma.

shot n 1 (from a gun) urchar m1; ➤ a shot in the dark urchar na daill; 2 (injection) insteallad m (gen insteallta); 3 (attempt) iarracht f3; to have a shot at something iarracht a thabhairt ar rud a dhéanamh.

shotgun n gunna m4 gráin.

should auxiliary verb 1 (ought to) we should go now ba cheart dúinn imeacht anois; you shouldn't do that ní ceart duit é sin a dhéanamh; why shouldn't I? cad ina thaobh nach ndéanfainn?; 2 (conditional) should anyone phone say I'm not in má ghlaonn aoinne abair nach bhfuilim istigh; 3 (expressing opinions) I should think so déarfainn é.

shoulder n gualainn f2.

shoulder bag n mála m4 gualainne.

shoulder blade n slinneán m1.

shout n béic f2, gáir f2, scairt f2. ● vb lig béic asat, glaoigh scairt.

shouting n béicíl f3, scairteach f2.

shove vb brúigh, tabhair sonc do.

shovel n sluasaid f2.

show n 1 (entertainment) seó m4; 2 (exhibition) taispeántas m1; on show ar taispeáint; 3 (outward display) cur m1 i gcéill. ● vb 1 taispeáin; to show something to someone rud a thaispeáint do dhuine; you must show your ticket caithfidh tú do thicéad a thaispeáint; she showed great courage thaispeáin sí an-mhisneach; 2 (guide) treoraigh; to show someone to his/her room duine a threorú chuig a s(h)eomra; 3 (reveal) nocht.

□ **show off** (so as to impress) lig geáitsí ort féin; 2 (display) déan gaisce de rud.

□ **show up** 1 (arrive) tar ar an láthair; 2 (become visible) léirigh; 3 to show someone up náire a chur ar dhuine.

shower n 1 (of rain) cith m2, scrabha m4; 2 (facility) cithfholcadh m (gen cithfholctha); to have a shower cithfholcadh a ghlacadh. ● vb glac cithfholcadh.

showery adj ceathach.

showing n taispeáint f3.

show-off n síollaire m4, buaileam sciath m.

showroom n seomra m4 taispeántais.

shred n 1 (strip) stráice m4; in shreds i stráicí; 2 they didn't have a shred of evidence ní raibh ruainne fianaise acu. ● vb stiall, déan ruainní de.

shredder n 1 (for paper) stiallaire m4; 2 (grater) scríobán m1.

shrewd adj críonna, géarchúiseach.

shrewdly adv go géarchúiseach.

shriek vb scréach.

shrill adj caol.

shrimp n 1 (shellfish) sreabhlach m1; 2 (small person) padhsán m1.

shrine n scrín f2.

shrink vb (in wash) crap.

□ **shrink back** (person) cúlaigh.

shrivel vb searg.

shroud n taiseadach m1.

Shrove Tuesday n Máirt f4 Inide.

shrub n tor m1.

shrug n searradh m (gen searrtha). ● vb bain searradh as. □ **shrug off** cuir díot; to shrug off a problem fadhb a chur díot.

shudder n creathán m1. ● vb he shuddered ghabh creathán tríd.

shuffle n 1 (of cards) suaitheadh m (gen suaite); 2 (of feet) scuabáil f3 na gcos. ● vb 1 (cards) suaith; 2 to shuffle one's feet bheith ag scuabáil na gcos.

shut vb dún, druid, iaigh; to shut a door doras a dhúnadh. ● adj dúnta, druidte, iata. □ **shut down** dún, druid. □ **shut off** cuir as, múch. □ **shut out** coinnigh amach. □ **shut up 1** (close) dún; 2 shut up! dún do chlob!, éist do bhéal!

shutter n comhla f4.

shuttle n spól m1; shuttle service seirbhís tointeála.

shuttlecock n eiteán m1.

shy adj cúthail.

shyness n cúthaileacht f3.

sibling n (brother) deartháir m (gen deartháir); (sister) deirfiúr f (gen deirféar).

Sicily n an tSicil f2.

sick adj 1 (ill) breoite, tinn; 2 (fed up) to be sick of something bheith breán de rud; I'm sick and tired of telling you táim dubh dóite á rá leat.

sicken vb cuir tinneas ar.

sickening adj masmasach, samhnasach.

sick leave n saoire f4 bhreoiteachta.

sickly adj 1 (unhealthy) coinbhreoite; 2 (nauseating) masmasach.

sickness n breoiteacht f3, tinneas m1.

sick pay n pá m4 breoiteachta.

side n 1 (of thing) taobh m1; side by side taobh le taobh; the right/left side an taobh deas/clé; the side of a mountain taobh sléibhe; 2 (of person) cliathán m1; to have a pain in one's side pian a bheith agat i do chliathán; 3 (team) foireann f2. ● vb to side with someone taobhú le duine.

sideboard n cornchlár m1; clár m1 sleasa.

sidecar n carr m1 cliathánach.

side effect n seachthoradh m1.

sidelight n taobhsholas m1.

sideline n taobhlíne f4.

side road n taobh-bhóthar m1.

side salad n sailéad m1 taobh.

sidestep vb 1 (move aside) tabhair céim i leataobh; 2 (issue) seachain.

side street n taobhshráid f2.

sidewalk n cosán m1 sráide.

sideways adv go cliathánach.

siege n léigear m1.

sieve n criathar m1.

sift vb 1 (sieve) criathraigh. □ **sift through** mionscag; to sift through the evidence an fhianaise a mhionscagadh.

sigh n osna f4. ● vb osnaigh, lig osna.

sight n 1 (faculty) amharc m1, radharc m1; in/out of sight ar/as amharc; 2 (thing seen) amharc m1, feic f2; 3 the sights na hiontais m(pl)1. ● vb feic, faigh radharc ar.

sightseeing n fámaireacht f3; to go sightseeing dul ag fámaireacht.

sightseer n fámaire m4.

sign n 1 (symbol) comhartha m4; 2 (notice) fógra m4; 3 (indication) tuar m1; a sign of good weather tuar dea-aimsire; it's a sign that... is tuar é go...; 4 (of the cross) fíor f (gen fíorach). ● vb 1 (gesture) déan comhartha (do); **2** (*document*) sinigh, cuir d'ainm le; **3** (*communicate in sign language*) comharthaigh.

□ **sign on** (*for benefit*) saighneáil.

□ **sign up 1** (*for course*) cláraigh; **2** (*in army*) téigh san arm; **3** (*recruit*) fostaigh, earcaigh.

signal n comhartha m4. ● vb déan comhartha (do).

signature n síniú m (gen sinithe).

signet ring n fáinne m4 séala.

significance n **1** (*meaning*) ciall f2; **2** (*importance*) tábhacht f3.

significant adj tábhachtach.

signify vb ciallaigh.

sign language n teanga f4 comharthaí.

signpost n cuaille m4 eolais.

silage n sadhlas m1.

silence n ciúnas m1; ➤ **silence is golden** is binn béal ina thost. ● vb to silence someone duine a chur ina thost.

silencer n tostóir m3.

silent adj ciúin.

silently adv go ciúin.

silhouette n scáthchruth m3; **in silhouette** idir thú agus léas.

silicon n sileacan m1.

silicon chip n slis f2 sileacáin.

silk n síoda m4.

silky adj síodúil.

silly adj amaideach.

silt n glár m1.

silver n airgead m1. ● adj airgid(gen of n), geal.

silver birch n beith f2 gheal.

silver medal n bonn m1 airgid.

silver-plated adj airgeadaithe.

silversmith n gabha m4 geal.

similar adj similar to cosúil le.

similarity n cosúlacht f3.

similarly adv ar an gcuma chéanna, mar an gcéanna.

simile n samhail f3.

simmer vb bogfhiuch.

simple adj simplí.

simplicity n simplíocht f3.

simply adv **1** (*in a simple way*) go simplí; **2** (*merely*) he simply shook his head ní dhearna sé ach a cheann a chroitheadh; she simply said that... ní dúirt sí ach...; **3** (*absolutely*) they were simply brilliant bhí siad ar fheabhas ar fad.

simultaneous adj comhuaineach.

simultaneously adv go comhuaineach.

sin n peaca m4. ● vb peacaigh.

since adv ó shin; **ever since** ó shin i leith. ● prep ó (*followed by lenition*); **since yesterday morning** ó mhaidin inné. ● conj ó; **since I last saw him** ó chonaic mé é go deireanach.

sincere adj ionraic.

sincerely adv go dílis; **Yours sincerely** is mise le meas.

sincerity n ionracas m1, fíréantacht f3.

sinful adj peacúil.

sing vb can, abair; **to sing a song** amhrán a chanadh.

Singapore n Singeapór m1.

singe vb barróisc.

singer n amhránaí m4.

singing n amhránaíocht f3.

single adj **1** (*one only*) aon ... amháin; **a single red rose** aon rós amháin; **2** (*for emphasis*) every single day gach aon lá; **without a single reply** gan aon fhreagra amháin; **3** (*for one person*) singil; **a single bed/room** leaba shingil/seomra singil; **4** (*unmarried*) singil; **a single man** fear singil.

□ **single out** pioc amach.

single file n in single file duine i ndiaidh duine.

single-handed adv gan chabhair.

single-minded adj diongbháilte.

single mother n máthair f shingil.

single parent n tuismitheoir m3 singil.

singles n (in tennis) cluiche m4 singil.

singular n (in grammar) uatha m4. ● adj 1 (outstanding) suaithinseach; 2 (unusual) aisteach, neamhchoitianta; 3 (in grammar) uatha.

sinister adj droch-; a sinister purpose drochrún.

sink n doirteal m1. ● vb 1 (ship) suncáil, téigh go grinneall; to sink a ship long a shuncáil; the ship sank chuaigh an long go grinneall; 2 (sun) téigh síos; 3 (drink) caith siar.
□ **sink in** (to mind) it took a while to sink in thóg sé tamall sular thuig mé é.

sinner n peacach m1.

sinus n cuas m1.

sinusitis n cuaisíteas m1.

sip n súimín m4. ● vb bain súimín as.

siphon n síofón m1.

sir n 1 (form of address) duine m4 uasail; 2 (title) an ridire m4.

siren n bonnán m1.

sirloin steak n stéig f2 chaoldroma.

sissy n piteog f2, Síle f4.

sister n 1 (sibling) deirfiúr f (gen deirféar); 2 (nun) siúr f (gen siúrach).

sister-in-law n deirfiúr f chéile.

sit vb suigh; to be sitting bheith i do shuí; she was sitting on a chair bhí sí ina suí ar chathaoir; to sit at the table suí chun boird.

□ **sit down** suigh; sit down! suigh síos.

□ **sit up 1** suigh aniar; he sat up in bed shuigh sé aniar sa leaba; sit up! suigh suas!; 2 (wait up) fan i do shuí.

site n 1 (location) suíomh m1; 2 (of specific activity) láithreán m1, ionad m1; building site láithreán tógála.

sitting n (session) cruinniú m (gen cruinnithe).

sitting room n seomra m4 suí.

situated adj suite.

situation n 1 (location) suíomh m1; 2 (circumstances) staid f2; 3 (job) post m1; situations vacant poist le líonadh.

six num 1 sé; six cars sé charr; six people seisear m1.

Six Counties n the Six Counties na Sé Chontae.

sixteen num sé (cinn) déag; sixteen cars sé charr déag; sixteen people sé dhuine dhéag.

sixth num séú; the sixth house an séú teach.

sixty num seasca; sixty houses seasca teach.

size n 1 (dimensions) méid f2; the size of the room méid an tseomra; 2 (of clothing) tomhas m1; what size does she take? cén uimhir a thógann sí?
□ **size up** breathnaigh; to size someone up duine a bhreathnú.

sizeable adj toirtiúil, réasúnta mór.

sizzle vb giosáil.

skate n scáta m4. ● vb scátáil.

skateboard n clár m1 scátála.

skater n scátálaí m4.

skating n scátáil f3.

skating rink n rinc f2 scátála.

skeleton n 1 (of person, creature) cnámharlach m1; 2 (of structure) creatlach f2.

sketch n sceitse m4. ● vb
sceitseáil.

sketchbook n leabhar m1
sceitseála.

sketchy adj breac-; **sketchy
information** breaceolas.

ski n scí m4. ● vb sciáil.

skid vb sciorr.

skier n sciálaí m4.

skiing n sciáil f3.

ski jump n léim f2 sciála.

skilful adj sciliúil.

skilfully adv go sciliúil.

ski lift n ardaitheoir m3 sciála.

skill n scil f2.

skilled adj 1 (accomplished)
oilte; **a skilled diplomat** taidhleoir
oilte; **2** (trained) **to be skilled at
something** ceird a bheith agat ar
rud; **a skilled worker** oibrí oilte.

skim vb 1 (milk) scimeáil, bain
an barr de; **2** (slide) sciorr;
3 (article, newspaper) caith súil
thapa ar.

skimmed milk n bainne m4
bearrtha, seidín m4.

skimpy adj 1 (miserly) gortach;
2 a skimpy dress scimpín gúna.

skin n 1 (of person) craiceann m1;
2 (of animal) seithe f4. ● vb bain
an craiceann de, feann.

skin cancer n ailse f4
chraicinn.

skinflint n sprionlóir m3.

skinful n he had a skinful last
night d'ól sé lán a bhoilg aréir.

skinny adj scáinte, tanaí; **a
skinny person** scáineachán m1.

skip n 1 (movement) foléim f2;
2 (container) gabhdán m1
bruscair. ● vb 1 caith foléim;
2 (with rope) scipeáil; **3** (miss)
léim; **to skip a page** leathanach a
léim.

ski pants n bríste m4 sciála.

skipper n scipéir m3, captaen
m1.

skipping rope n téad f2
scipeála.

skirmish n scirmis f2.

skirt n sciorta m4. ● vb sciortáil,
timpeallaigh.

skirting board n clár m1
sciorta.

skittle n scidil f2; **a game of
skittles** cluiche scidilí.

skive vb to skive off work bheith
ag leiciméireacht.

skiver n leiciméir m3.

skull n blaosc f2 an chinn,
cloigeann m1; **skull and
crossbones** cloigeann agus
croschnámha.

sky n spéir f2.

skylark n fuiseog f2.

skylight n spéirléas m1.

skyscraper n ilstórach m1.

slab n leac f2.

slack n 1 (of rope) ligean m1; **to
take up the slack** an ligean a
thabhairt isteach; **2** (coal)
smúdar m1 guail. ● adj 1 (loose)
scaoilte; **2** (trade, business) ciúin;
3 (careless) faillíoch.

slacken vb 1 (loosen) scaoil;
2 (slow down) maolaigh.

slag n slaig f2. ● vb to slag some-
one off bheith ag magadh faoi
dhuine.

slag heap n carn m1 slaige.

slam vb 1 (shut) plab; **to slam a
door** doras a phlabadh; **2** (criti-
cize) cáin.

slander n clúmhilleadh m (gen
clúmhillte).

slang n béarlagair m4.

slant n fiar m1.

slanted adj ar fiar.

slap n boiseog f2; **to slap
someone** boiseog a thabhairt do
dhuine.

slapdash adj leibideaach.

slash *vb* slaiseáil.

slate *n* scláta *m4*, slinn *f2*. ● *vb* **1** (*roof*) cuir sclátaí ar; **2** (*criticize*) cáin.

slaughter *n* ár *m1*, sléacht *m3*. ● *vb* **1** (*massacre*) déan ár ar, déan sléacht ar; **2** (*animal*) maraigh.

slaughterhouse *n* seamlas *m1*.

slave *n* sclábhaí *m4*. ● *vb* to slave away bheith ag sclábhaíocht leat.

slavery *n* **1** (*practice, condition*) daoirse *f4*; **2** (*hard work*) sclábhaíocht *f3*.

Slav *n* Slavach *m1*.

Slavonic *n* (*language*) Slaivis *f2*. ● *adjective* Slavach.

sleazy *adj* brocach.

sledge *n* carr *m1* sleamhnáin.

sledgehammer *n* ord *m1*.

sleek *adj* sleamhain, slíochtha.

sleep *n* codladh *m3*; to go to sleep dul a chodladh. ● *vb* codail. □ **sleep in** codladh amach.

sleeper *n* **1** (*person*) codlatán *m1*; **2** (*train*) cóiste *m4* codlata; **3** (*berth on train*) leaba *f* (*gen* leapan); **4** (*on railway line*) trasnán *m1*.

sleeping bag *n* mála *m4* codlata.

sleepiness *n* spadántacht *f3*.

sleeping pill *n* piollaire *m4* suain.

sleepless *adj* sleepless nights oícheanta gan chodladh.

sleepwalker *n* suansiúlaí *m4*.

sleepy *adj* codlatach; I'm sleepy tá codladh orm.

sleet *n* flichshneachta *m4*.

sleeve *n* muinchille *f4*.

sleigh *n* carr *m1* sleamhnáin.

sleight *n* sleight of hand beartaíocht láimhe.

slender *adj* caol, seang.

slice *n* **1** slis *f2*, sliseog *f2*; a slice of bread slis aráin; **2** (*share*) stiall *f2*; a large slice of the

market stiall mhór den mhargadh; **3** (*in tennis*) slisbhuille *m4*; **4** a fish-slice sliseog *f2* éisc. ● *vb* **1** gearr ina shliseanna; **2** (*in sport*) slis, tabhair slisbhuille.

slick *adj* **1** (*slippery*) sleamhain; **2** (*clever*) snasta; slick advertising fógraíocht shnasta.

slide *n* **1** (*chute*) sleamhnán *m1*; **2** (*act of sliding*) sleamhnú *m* (*gen* sleamhnaithe); **3** (*photographic*) sleamhnán *m1*; **4** (*for hair*) greamán *m1*; **5** (*fall in value*) titim *f2*. ● *vb* sleamhnaigh.

sliding *adj* sleamhnáin (*gen of n*).

sliding door *n* comhla *f4* shleamhnáin.

slight *n* achasán *m1*, tarcaisne *f4*; it was a slight on his reputation achasán ar a cháil ba ea é. ● *vb* to slight someone tarcaisne a thabhairt do dhuine, beag is fiú a dhéanamh de dhuine. ● *adj* **1** (*of build*) caol, seang; **2** (*change, improvement, delay, etc.*) beag; a slight change in the weather athrú beag san aimsir; **3** (*not important*) gan tábhacht; **4** she wasn't the slightest bit scared ní raibh eagla dá laghad uirthi.

slightly *adv* beagán, beagáinín; he was slightly better today bhí sé beagán níos fearr inniu.

Sligo *n* Sligeach *m1*.

slim *adj* caol, seang. ● *vb* caolaigh, seangaigh.

slime *n* lathach *f2*, ramallae *m4*.

slimming *adj* tanaithe (*gen of n*); slimming pills piollairí tanaithe.

slimy *adj* **1** (*surface, substance*) ramallach; **2** (*person*) sleamhain; a slimy person slíbhín *m4*.

sling *n* **1** (*for arm*) iris *f2* ghualainne; **2** (*catapult*) crann *m1* tabhaill. ● *vb* teilg.

slip *n* **1** (*act of slipping*) sleamhnú *m* (*gen* sleamhnaithe), sciorradh

m (*gen* sciorrtha); a slip of the tongue sciorradh focail; ➤ to give someone the slip cor a thabhairt do dhuine; 2 (*mistake*) botún *m1*; 3 (*of paper*) bileog *f2*; 4 (*garment*) foghúna *m4*. ● *vb* 1 (*slide*) sleamhnaigh; 2 (*decline*) téigh síos; standards are slipping tá caighdeáin ag dul síos.
□ **slip in** éalaigh isteach.

slipper *n* slipéar *m1*.

slippery *adj* sleamhain.

slip road *n* sliosbhóthar *m1*.

slipshod *adj* liobarnach, sleamhchúiseach.

slip-up *n* botún *m1*.

slipway *n* sleamhnán *m1*.

slit *n* scoilt *f2*. ● *vb* scoilt.

slither *vb* sciorr.

slob *n* slabálaí *m4*.

slog *vb* (*work very hard*) to slog (away) bheith ag stróiceadh leat.

slogan *n* mana *m4*.

slope *n* fána *f4*. ● *vb* téigh le fána; the road slopes téann an bóthar le fána.

sloping *adj* 1 (*downwards*) le fána; 2 (*upwards*) crochta.

sloppy *adj* liobarnach.

slot *n* sliotán *m1*. ● *vb* to slot something into something rud a chur isteach i rud eile.

slot-machine *n* meaisín *m4* sliotáin.

slouch *n* he's no slouch! ní haon dóithín é! ● *vb* siúl go cromshlinneánach.

Slovak *n* Slóvach *m1*; the Slovak Republic an Phoblacht Shlóvacach.

Slovakia *n* an tSlóvaic *f2*.

Slovenia *n* an tSlóivéin *f2*.

slovenly *adj* liobarnach, sleamhchúiseach; a slovenly person liobarnálaí *m4*.

slow *adj* mall; my watch is slow tá m'uaireadóir mall; she's very

slow to learn tá sí an-mhall chun foghlamtha. ● *adv* go mall; to go slow bheith ag dul go mall. ● *vb* moilligh.
□ **slow down** moilligh.

slowly *adv* go mall.

sludge *n* láib *f2*.

slug *n* seilmide *m4*.

sluggish *adj* spadánta.

sluice gate *n* loc-chomhla *f4*.

slum *n* 1 (*area*) sluma *m4*, plodcheantar *m1*; 2 (*house*) plodteach *m* (*gen* plodtí).

slump *n* meath *m3*, meathlú *m* (*gen* meathlaithe). ● *vb* tit i do phleist; she slumped into the chair thit sí de phleist sa chathaoir.

slur *n* masla *m4*, tarcaisne *f4*. ● *vb* 1 to slur someone's name míchlú a thabhairt d'ainm duine; 2 to slur one's words bheith ag ithe na bhfocal.

slush *n* greallach *f2*, bogshneachta *m4*.

slut *n* sraoilleog *f2*.

sly *adj* slítheánta, sleamhain.

smack *n* 1 (*blow*) buille *m4* boise, boiseog *f2*; 2 (*kiss*) flaspóg *f2*. ● *vb* 1 (*hit*) tabhair buille de bhos do; 2 the story smacks of the truth tá blas na fírinne ar an scéal.

small *adj* beag, mion-.

small ad *n* mionfhógra *m4*.

small change *n* airgead *m1* mion, sóinseáil *f3*.

smallholder *n* feirmeoir *m3* beag.

smallholding *n* feirm *f2* bheag.

smallpox *n* bolgach *f2*.

small talk *n* mionchaint *f2*.

smart *adj* 1 (*in appearance*) innealta; 2 (*clever*) cliste. ● *vb* my eyes were smarting bhí greadfach i mo shúile.

◻ **smarten up: to smarten one-self/something up** cruth a chur ort féin/ar rud.

smash n 1 (noise) smíste m4; 2 (accident) timpiste f4; 3 (in tennis) smíste f4. ● vb 1 (break) smiot; **to smash something to pieces** smidiríní a dhéanamh de rud.

smashing adj ar fheabas, thar barr.

smattering n salacharaíl f3; **she has a smattering of Irish** tá salacharaíl Ghaeilge aici.

smear n smearadh m1. ● vb smear.

smear test n tástáil f3 smearaidh.

smell n boladh m1; **a nasty smell** boladh bréan. ● vb bolaigh; **it smells of garlic** tá boladh gairleoige uaidh.

smelly adj bréan.

smile n meangadh m gáire, aoibh f2. ● vb déan meangadh gáire.

smirk n seitghháire m4.

smoke n deatach m1. ● vb caith; **to smoke a cigar** tudóg a chaitheamh.

smoked adj deataithe; **smoked salmon** bradán deataithe.

smoker n caiteoir m3 (tobac); **she's a heavy smoker** tá an diabhail uirthi chun tobac.

smoking n caitheamh m1 tobac; **to give up smoking** éirí as bheith ag caitheamh tobac.

smoky adj deatúil.

smooth adj mín, réidh. ● vb réitigh.

smoothly adv go socair.

smother vb plúch.

smudge n smál m1. ● vb smálaigh.

smug adj bogásach.

smuggle vb smuigleáil.

smuggler n smuigléir m3.

smuggling n smuigleáil f3.

snack n sneaic f2.

snack bar n sneaicbhéar m4.

snag n fadhb f2.

snail n seilmide m4.

snake n nathair f nimhe.

snap n 1 (noise, action) snap m4; 2 (photograph) grianghraf m1; 3 (cardgame) snap m4. ● vb 1 (break) bris, snap; **to snap something in two** rud a bhriseadh ina dhá leath; 2 **to snap one's fingers** smeach a bhaint as do mhéara; 3 **to snap at someone** snap a thabhairt ar duine.

snappy adj tapa, gasta; **make it snappy!** déan deifir leis!

snapshot n grianghraf m1.

snare n gaiste m4.

snarl vb drann.

snatch vb sciob.

sneak n 1 (sneaky person) slíbhín m4; 2 (informer) sceithire m4. ● vb sleamhnaigh; **to sneak in/out** sleamhnú isteach/amach. ◻ **sneak up: to sneak up on someone** teacht go formhothaithe ar dhuine.

sneer vb to sneer at someone fonóid a dhéanamh faoi dhuine.

sneeze vb lig sraoth asat.

sniff vb smúr; **to sniff at something** bheith ag smúrthacht ar rud.

snip n gearradh m (gen gearrtha). ● vb gearr.

snipe n naoscach f2.

sniper n naoscaire m4.

snippet n blúire m4.

snob n duine m4 ardnósach.

snobbish adj ardnósach.

snooker n snúcar m1.

snooze n néal m1 codlata. ● vb déan néal codlata.

snore n srann f2. ● vb srann.

snoring n sranntarnach m1.

snort n srann f2. ● vb srann.

snout n soc m1.

snow n sneachta m4. ● vb it's snowing tá sé ag cur sneachta.

snowball n liathróid f2 sneachta.

snowdrift n ráth m3 sneachta.

snowdrop n plúirín m4 sneachta.

snowfall n titim f2 sneachta.

snowflake n calóg f2 shneachta.

snowman n fear m1 sneachta.

snowplough n céachta m4 sneachta.

snowstorm n stoirm f2 shneachta.

snub n aithis f2, masla m4. ● vb to snub someone beag is fiú a dhéanamh de dhuine.

snuff n snaoisín m4.

snug adj cluthar.

snuggle vb soiprigh; to snuggle up to someone luí isteach le duine.

....

so

● adv

····▸ (so very) chomh; she was so sad bhí sí chomh brónach sin (+GEN); I was so busy that I forgot bhí mé chomh gnóthach go ndearna mé dearmad;

····▸ (with much/many) so much an oiread sin; they've got so much money tá an oiread sin airgid acu; so many an oiread sin; I've got so many things to do tá an oiread sin rudaí le déanamh agam;

····▸ (in comparisons) chomh; he's not so tall as his father níl sé chomh hard lena athair;

····▸ (likewise) amhlaidh; I went to the park and so did he chuaigh mé go dtí an pháirc agus rinne seisan amhlaidh; (and) so do I! (agus) mise chomh maith!;

····▸ (the case, thereabout) is that so? an mar sin é?; if so más ea; even so mar sin féin; an hour or so uair an chloig nó mar sin; I suppose so is dóigh liom é; 'is it a good one?' – 'I hope so' 'an ceann maith é?' – 'tá súil agam gurb ea'; 'is he there?' – 'I hope so' 'an bhfuil sé ann?' – 'tá súil agam go bhfuil'.

● conj

····▸ (purpose) so that/so as to chun go, le go;

····▸ (therefore) the car broke down so we had to walk chlis an carr agus mar sin bhí orainn siúl.

soak vb maothaigh; to soak something in water rud a chur ar maos in uisce.
□ **soak up** súigh isteach.

soaked adj to be soaked to the skin bheith fliuch go craiceann.

soap n **1** gallúnach f2; **2** (television programme) gallúnach f2.

soap opera n sobalchlár m1, gallúnach f2.

soap powder n púdar m1 gallúnai.

sob n snag m1. ● vb bheith ag snagaíl.

sober adj **1** (not drunk) sóbráilte; **2** (serious) stuama.
□ **sober up** an mheisce a chur díot.

so-called adj mar dhea; her so-called friends a cairde mar dhea.

soccer n sacar m1.

sociable adj cuideachtúil.

social adj sóisialta.

social club n club m4 sóisialta.

social democrat n daonlathaí m4 sóisialta.

social fund n ciste m4 sóisialta.

socialism n sóisialachas m1.

socialist n sóisialaí m4.

socialize vb déan cuideachta; **to socialize with someone** cuideachta a dhéanamh le duine.

social security n leas m3 sóisialta.

social services npl seirbhísí f(pl)2 sóisialta.

social studies npl staidéir m(pl)1 shóisialta.

social work n obair f2 shóisialta.

social worker n oibrí m4 sóisialta.

society n 1 (community) sochaí f4; 2 (club) cumann m1; **a charitable society** cumann carthanachta; **3 high society** an ghalántacht f3.

sociologist n socheolaí m4.

sociology n socheolaíocht f3.

sock n stoca m4 gearr.

socket n 1 (electrical) soicéad m1; 2 (anatomical) logall m1; **eye socket** logall súile.

sod n fód m1; **under the sod** faoin bhfód; **a sod of turf** fód móna; **➤ sod it!** léan air!

soda n sóid f2.

soda water n uisce m4 sóide.

sodden adj báite, ar maos; **2 he was sodden with drink** bhí sé caochta le hól.

sofa n tolg m1.

sofa bed n tolgleaba f (gen tolgleapa).

soft adj bog.

soft drink n deoch f neamh-mheisciúil.

softly adj go bog.

softness n boige f4.

soft spot n **to have a soft spot for something** dáimh a bheith agat le rud.

software n bogearraí m(pl)4.

soggy adj báite, maoth.

soil n ithir f (gen ithreach). ● vb salaigh.

solar adj grian-, gréine (gen of n).

solar energy n grianfhuinneamh m1.

solar panel n painéal m1 gréine.

solder n sádar m1. ● vb sádraigh.

soldier n saighdiúir m3.

sole n 1 (of foot, shoe) bonn m1; 2 (fish) sól m1. ● vb (shoe) cuir bonn faoi. ● adj aon; **the sole cause** an t-aon chúis.

solemn adj 1 (occasion) sollúnta; 2 (person) stuama.

solicitor n aturnae m4.

solid adj 1 (not liquid) tathagach; 2 (firm) daingean; 3 (not hollow) cruánach; **4 he slept for eight hours solid** chodail sé ocht n-uaire an chloig as a chéile.

solidarity n dlúthpháirtíocht f3.

solidly adj 1 **solidly built** tógtha go daingean; 2 (staunchly) go smior.

solitary adj aonair (gen of n).

solitary confinement n gaibhniú m aonair.

solo n aonréad m1; **a guitar solo** aonréad giotáir. ● adj adv aonair.

soloist n aonréadaí m4.

soluble adj inleáite.

solution n 1 (to problem) réiteach m1; 2 (liquid) tuaslagán m1.

solve vb réitigh.

solvent n tuaslagóir m3. ● adj 1 (financially) sócmhainneach; 2 (chemical) tuaslagach.

Somalia n an tSomáil f2.

some adj 1 (a certain amount) roinnt (+GEN); **some money** roinnt airgid; **some letters came for you** tháinig roinnt litreacha duit; 2 (not specific) éigin; **I'll go there some time next week** rachaidh mé ann uair éigin an tseachtain seo chugainn. ● pron 1 roinnt, cuid **some of them** roinnt, cuid acu; **2 some say that**

he is still alive deir daoine áirithe go bhfuil sé fós ina bheatha.

somebody →SOMEONE

somehow adv ar shlí éigin.

someone pron duine m4 éigin.

somersault n iompú m tóin thar ceann. ● vb téigh tóin thar ceann.

something pron rud m3 éigin.

sometime adv am m3 éigin.

sometimes adv uaireanta.

somewhat adv ábhar, ábhairín.

somewhere adv áit f2 éigin.

son n mac m1.

song n amhrán m1.

son-in-law n cliamhain m4.

sonny n listen sonny... éist liomsa, a mhaicín....

soon adv gan mhoill, go luath; **I'll be back soon** beidh mé ar ais gan mhoill; **sooner or later** luath nó mall; **the sooner the better** dá luaithe é is ea is fearr é.

soot n súiche m4.

soothe vb 1 (person) ciúnaigh; 2 (pain) maolaigh.

soothing adj suaimhneasach.

sophisticated adj sofaisticiúil.

sophistication n sofaisticiúlacht f3.

soprano n soprán m1.

sore n cneá f4. ● adj tinn.

sorrow n brón m1, buairt f3.

sorry adj 1 (apologising) sorry! gabh mo leithscéal, tá brón orm; **I'm sorry I said that** tá cathú orm go ndúirt mé é sin; 2 (sad) brónach, buartha; 3 **to feel sorry for someone** trua a bheith agat do dhuine; 4 (terrible) bocht, ainnis; **to be in a sorry state** drochstaid a bheith ort.

sort n cineál m1, saghas m1, sórt m1; **what sort of thing is it?** cén cineál ruda é?. ● vb (data, files) sórtáil.

□ **sort out 1** (solve) réitigh; **to sort out a problem** fadhb a réiteach; 2 (organize) sórtáil; **to sort out one's clothes** do chuid éadaigh a shórtáil.

sorting office n oifig f2 shórtála.

so-so adv cuibheasach; **it was only so-so** ní raibh sé ach cuibheasach.

soul n anam m3.

sound n fuaim f2. ● adj 1 (in good condition) slán, folláin; 2 (sensible) ciallmhar; **sound advice** comhairle chiallmhar; 3 (able) cumasach; **he's a sound player** imreoir cumasach is ea é; 4 (reliable) fónta, iontaofa; **he's a sound man** is fear fónta é; 5 (thorough) **a sound thrashing** greasáil ó thalamh. ● vb 1 (seem) it sounds true tá cuma na fírinne air; **it sounds like someone crying** tá sé cosúil le duine ag gol; 2 (give signal) buail; **to sound the alarm** an t-aláram a bhualadh; 3 (pronounce) fuaimnigh. ● adv **to be sound asleep** bheith i do chnap codlata.

sound barrier n fuaimbhac m1.

sound card n fuaimchárta m4.

soundly adv 1 (sleep) go sámh; 2 (defeat) go trom.

soundproof adj fuaimdhíonach.

soundtrack n fuaimrian m1.

soup n anraith m4, súp m1.

soup plate n pláta m4 anraith.

sour adj géar, searbh. ● vb géaraigh.

source n foinse f4.

south n deisceart m1; **the south** an deisceart; **in the south** sa deisceart; **from the south** aneas. ● adj deisceartach; **south Dublin** Baile Átha Cliath theas; **a south wind** gaoth aneas. ● adv (towards the south) ó dheas.

South Africa n an Afraic f2 Theas.

South America n Meiriceá m4 Theas.

southeast n oirdheisceart m1; **the southeast** an toirdheisceart; **in the southeast** thoir theas; **from the southeast** anoir aneas. ● adj oirdheisceartach; **southeast Dublin** oirdheisceart Bhaile Átha Cliath; **a southeast wind** gaoth anoir aneas. ● adv soir ó dheas.

southerly adj aneas (wind), theas (position).

southern adj deisceartach, theas.

South Pole n the south Pole an Pol m1 Theas.

southwards adv ó dheas.

southwest n iardheisceart m1; **the southwest** an t-iardheisceart; **in the southwest** san iardheisceart; **from the southwest** aniar aneas. ● adj iardheisceartach; **southwest Dublin** iardheisceart Bhaile Átha Cliath; **a southwest wind** gaoth aniar aneas. ● adv (towards the southwest) siar ó dheas.

souvenir n cuimhneachán m1.

sovereign n 1 (person) flaith f2; 2 (coin) sabhran m1.

sow¹ n (pig) cráin f (gen cránach).

sow² vb (seed) cuir.

soya bean n pónaire f4 soighe.

soya sauce n anlann m1 soighe.

space n spás m1, fairsinge f4.

spacecraft n spásárthach m1.

spaceman n spásaire m4.

space station n spás-staisiún .

spacewoman n banspásaire m4.

spacing n spásáil f3.

spacious adj fairsing.

spade n rámhainn f2, spád m1; (in cards) **spades** spéireataí m(pl)4.

spaghetti n spaigití m4.

Spain n an Spáinn f2.

span n 1 (of time) seal m3; 2 (of bridge) réise f4. ● vb trasnaigh.

Spaniard n Spáinneach m1.

spaniel n spáinnéar m1.

Spanish n Spáinnis f2. ● adj Spáinneach.

spanner n castaire m4.

spare n (tyre) bonn m1 breise. ● adj 1 (free) saor; **spare time** am saor; 2 (surplus) breise, spártha. ● adv **> to go spare** dul le báiní. ● vb 1 (to have extra) spáráil; **can you spare me some money?** an féidir leat roinnt airgid a spáráil dom?; 2 (someone's life) lig le.

spare part n páirt f2 bhreise.

spare wheel n roth m3 breise.

sparingly adj go spárálach.

spark n spréach f2, (of sense) splanc f2.

spark plug n spréachphlocóid f2.

sparkle n drithle f4. ● vb drithligh.

sparkling adj 1 (shining) drithleach, lonrach; 2 (drink) súilíneach; 3 (lively) spleodrach.

sparrow n gealbhan m1.

sparse adj gann, teirc.

spasm n taom m3, racht m3.

spate n a spate of robberies lear mór robálaithe.

spatter vb spréigh.

spawn n sceathrach f2; frog spawn sceathrach fhroig.

speak vb labhair; **to speak to someone about something** labhairt le duine faoi rud; **they were speaking French** bhí Fraincis á labhairt acu; **tell him to speak up!** abair leis labhairt amach!

speaker n 1 (person) cainteoir m3; **a native speaker** cainteoir dúchais; 2 (loudspeaker) callaire m4.

spear n sleá m4. ● vb sáigh le sleá.

special adj speisialta.

specialist n speisialtóir m3.

speciality n speisialtacht f3.

specialize vb déan speisialtóireacht.

specially adv go speisialta.

species n speiceas m1.

specific adj sainiúil.

specifically adv go sainiúil.

specification n sonraíocht f3.

specimen n sampla m4.

speck n spota m4.

speckled adj breac; the Speckled Book an Leabhar Breac.

spectacle n 1 (display; performance) radharc m1, seó m4; 2 to make a spectacle of oneself náire shaolta a dhéanamh díot féin; 3 (glasses) spectacles spéaclaí m(pl)4.

spectacular adj suaithinseach, mórthaibhseach.

spectator n breathnóir m3; spectators lucht m3 féachana.

spectrum n speictream m1.

speculation n 1 tuairimíocht f3; 2 (financial) amhantaríocht f3.

speech n 1 (speaking) urlabhra f4, caint f2; 2 (talk) óráid f2; to give a speech óráid a thabhairt; 3 (grammar) the parts of speech na ranna cainte.

speechless adj gan chaint; she was left speechless fágadh í gan aon fhocal aici.

speed n luas m1; at full speed faoi lánluas. ● vb to speed past someone dul ar luas thar dhuine. □ speed up géaraigh ar luas.

speedily adv go tapa, go gasta.

speeding n tiomáint f3 ar róluas.

speed limit n teorainn f luais.

speedometer n luasmhéadar m1.

speedy adj 1 tapa, gasta; 2 (response) ar an bpointe.

spell n 1 (magic spell) draíocht f3; to put a spell on someone duine a chur faoi dhraíocht; 2 (period of time) seal m3. ● vb 1 (word) litrigh; 2 (augur) ciallaigh; it spelt disaster for us tharraing sé sin an tubaiste orainn.

spellbound adj faoi dhraíocht.

spelling n litriú m (gen litrithe).

spend vb caith.

spending n caitheamh m1.

spendthrift n cailliúnaí m4.

sperm n speirm f2.

sphere n sféar m1.

spice n spíosra m4.

spicy adj spíosrach; (hot) te.

spider n damhán m1 alla.

spike n spíce m4.

spill vb doirt.

spin n 1 (movement) rothlú m (gen rothlaithe); (of wheel) casadh m (gen casta). ● vb 1 cas; 2 (wool) sníomh.

spinach n spionáiste m4.

spinal cord n corda m4 an droma, snáithe m4 an droma.

spin drier n triomadóir m3 guairne.

spine n 1 (backbone) dromlach m1; 2 (thorn) dealg f2.

spineless adj meata.

spinning wheel n tuirne m4.

spin-off n buntáiste m4 breise.

spinster n seanchailín m4.

spiral n bís f2. ● adj biseach; spiral staircase staighre m4 biseach. □ vb ardaigh go tapa.

spire n spuaic f2.

spirit n 1 (soul) spiorad m1; the Holy Spirit an Spiorad Naomh; 2 (courage) misneach m1, meanma f (gen meanman); to be in good spirits bheith lán de mhisneach is de mheanma; **3 spirits** (*alcohol*) biotáille *f4*.

spirited *adj* anamúil, misniúil.

spiritual *adj* spioradálta.

spit *n* **1** (*saliva*) seile *f4*; **2** (*for roasting*) bior *m3*. ● *vb* caith seile.

spite *n* **1** (*malice*) mioscais *f2*, olc *m1*; **2** (*in phrase*) in spite of d'ainneoin (+GEN).

spiteful *adj* mioscaiseach.

splash *n* steall *f2*, splais *f2*; ➤ to make a splash iomrá á tharraingt ort féin. ● *vb* steall; **to splash water on someone** uisce a stealladh ar dhuine.

splendid *adj* **1** taibhseach; **2** splendid! ar fheabhas!

splint *n* cléithín *m4*.

splinter *n* scealp *f2*. ● *vb* scealp.

split *n* **1** (*crack*) scoilt *f2*; **2** (*division*) deighilt *f2*. ● *vb* **1** (*log*) scoilt; **to split a log in two** lomán a scoilteadh ina dhá leath; **2** (*change, profit*) roinn. □ **split up 1** (*couple*) scar ó chéile; **they've split up** tá siad scartha óna chéile; **2** (*disperse*) scaip.

splutter *n* **1** plobaireacht *f3*. ● *vb* bí ag plobaireacht.

spoil *vb* loit, mill.

spoilsport *n* searganach *m1*.

spoke *n* spóca *m4*.

spokesman *n* urlabhraí *m4*.

sponge *n* spúinse *m4*, múscán *m1*. ● *vb* **1** (*wipe*) spúinseáil; **2 to sponge off/on someone** stocaireacht a dhéanamh ar dhuine.

sponge cake *n* císte *m4* spúinse.

sponger *n* diúgaire *m4*, stocaire *m4*.

sponsor *n* **1** (*commercial*) urra *m4*; **2** (*godparent*) cara *m* Críost. ● *vb* déan urraíocht ar.

sponsorship *n* urraíocht *f3*.

spontaneous *adj* spontáineach.

spooky *adj* taibhsiúil.

spoon *n* spúnóg *f2*.

spoonful *n* lán *m1* spúnóige.

sport *n* **1** (*games*) spórt *m1*; **2** (*amusement*) spraoi *m4*, scléip *f2*. ● *vb* (*wear*) caith.

sporting *adj* spórtúil; **a sporting chance** deis chothrom.

sports jacket *n* casóg *f2* spóirt.

sportsman *n* fear *m1* spóirt.

sportsmanship *n* cothrom *m1* na féinne.

sportswear *n* éide *f4* spóirt.

sportswoman *n* bean *f* spóirt.

sporty *adj* spórtúil.

spot *n* **1** (*dot, mark*) ball *m1*, spota *m4*; **love spot** ball séirce; **2** (*of dirt*) spota *m4*; **3** (*pimple*) goirín *m4*; **4** (*place*) ball *m1*, láithir *f* (*gen* láithreach); **on this very spot** ar bhall na háite seo; ➤ **to be in a tight spot** bheith i bponc; ➤ **to have a soft spot for someone** dáimh a bheith agat le duine; **5** (*small amount*) beagán *m1*; **a spot of lunch** ábhar beag lóin. ● *vb* tabhair faoi deara.

spotcheck *n* spotseiceáil *f3*.

spotless *adj* gan smál.

spotlight *n* spotsholas *m1*.

spotted *adj* ballach.

spotty *adj* goiríneach.

spouse *n* céile *m4*.

spout *n* gob *m1*. ● *vb* scaird, steall.

sprain *n* leonadh *m* (*gen* leonta). ● *vb* leon.

sprained *adj* leonta.

sprawl *vb* **to be sprawled on the floor** bheith spréite an an urlár.

spray *n* **1** scaird *f2*; **2** (*from sea*) cáitheadh *m* (*gen* cáite); **3** (*of flowers*) fleasc *f2*; **4** (*spray can*) spraechanna *m*; **5** (*spray from can*) sprae *m4*. ● *vb* spraeáil.

spread n 1 (extent) forleathadh m (gen forleata); 2 (spreading) leathadh m (gen leata); 3 (meal) féasta m4. ● vb leath; **to spread butter** im a leathadh; **the disease is spreading** tá an galar ag leathadh.
□ **spread out 1** (lay out) leath; 2 (people) scar amach.

spree n spraoi m4; **a shopping spree** spraoi siopadóireachta.

sprightly adj aigeanta, beoga.

spring n 1 (coil) sprionga m4; 2 (well) tobar m1; 3 (season) earrach m1; **in spring** san earrach. ● vb léim de phreab, preab.
□ **spring up 1** (grow) fás de phreab; 2 (appear) tar ar an bhfód go tobann.

springboard n preabchlár m1.

spring-cleaning n glanadh m an earraigh.

springtime n earrach m1.

sprinkle vb croith.

sprinkler n (for garden, lawn) spréire m4.

sprint n ráib f2. ● vb bí ag rábáil.

sprinter n rábálaí m4.

sprout vb gob aníos, péac.

sprouts npl (Brussels sprouts) sachlóga f(pl)2 Bruiséile.

spruce n sprús m1. ● adj breabhsánta.

spuds npl prátaí m(pl)4.

spur n 1 (for horse) spor m1; ➤ **on the spur of the moment** ar ala na huaire; 2 (encouragement) spreagadh m (gen spreagtha). ● vb spreag.

spurious adj bréagach.

spy n spiaire m4. ● vb déan spiaireacht.

spying n spiaireacht f3.

squabble n achrann m1. ● vb to squabble with someone bheith ag bearradh is ag bruíon le duine.

squad n 1 (police or military unit) scuad m1; 2 (sports team) foireann f2.

squadron n scuadrún m1.

squalid adj suarach.

squalor n bréantas m1, brocamas m1.

squander vb díomail; **to squander money** airgead a dhíomailt.

square n cearnóg f2. ● adj 1 (in shape) cearnógach; 2 (boring) seanaimseartha. ● vb 1 (in maths) cearnaigh; **to square a number** uimhir a chearnú; 2 (arrange) socraigh; **I've squared it with the headmaster** tá sé socraithe agam leis an ardmháistir.

squash n 1 (sport) scuais f2; 2 (drink) orange squash sú m4 oráiste.

squat adj dingthe. ● vb to squat suí ar do ghogaide.

squatter n lonnaitheoir m3.

squeak n díoscán m1, gíog f2. ● vb 1 **the door squeaks** bíonn an doras ag díoscán; 2 (animal) gíog; **a mouse was squeaking** bhí luch ag gíogadh.

squeal n sceamh f2. ● vb sceamh.

squeamish adj éisealach, samhnasach.

squeeze n fáscadh m1. ● vb fáisc.

squid n máthair f shúigh.

squint n fiarshúil f2. ● vb tabhair claonamharc ar.

squirm vb bí ag lúbarnaíl.

squirrel n iora m4; red/grey squirrel iora rua/glas.

squirt vb steall.

stab n (of pain) arraing f2; ➤ **to have a stab at something** iarracht a thabhairt ar rud; ➤ **a stab in the back** buille fill. ● vb rop.

stab wound n créacht f3 scine.

stable n stábla m4. ● adj seasmhach.

stack n carn m1. ● vb carn.

stadium n staidiam m4.

staff n foireann f2. ● vb cuir foireann i.

staff room n seomra m4 foirne.

stag n poc m1.

stage n 1 (platform) stáitse m4, ardán m1; 2 (in time) pointe m4; at this stage ag an bpointe seo; 3 in stages de réir a chéile, diaidh ar ndiaidh. ● vb 1 (play) cuir ar an stáitse; 2 (demonstration) cuir ar bun.

stage manager n bainisteoir m3 stáitse.

stagger vb 1 (walk) tuisligh; 2 (amaze) cuir ionadh ar; I was staggered by it chuir sé ionadh orm; 3 (arrange in sequence) scaip ó chéile.

staggering adj iontach.

stagnant adj stagnant water marbh uisce; 2 (economy) marbhánta.

stag party n cóisir f2 fear.

staid adj tirim; leamh.

stain n 1 (mark) smál m1; 2 (dye) ruaim f2. ● vb 1 (dirty) smálaigh; 2 (dye) ruaimnigh.

stained glass n gloine f4 dhaite.

stainless steel n cruach f4 dhomheirgthe.

stain remover n díobhach m1 smál.

stair n (step) céim f2; stairs staighre m(sg)4.

stairway n staighre m4.

stake n 1 (stick) cuaille m4, stáca m4; 2 (bet) geall m1; there's a lot at stake tá a lán i ngeall; the stakes are high tá a lán i ngeall air; 3 (interest) suim f2. ● vb cuir i ngeall; ► to stake one's claim to something d'éileamh a chur isteach ar rud.

stale adj stálaithe.

stalemate n leamhsháinn f2.

stalk n gas m1. ● vb 1 (follow) lean; 2 to stalk out of a room siúl go huaibhreach as seomra.

stalker n stalcaire m4.

stall n 1 (on market) stainnín m4; 2 (kiosk) both m3; 3 (in stable) stalla m4; 4 (in theatre) stalls stallaí m(pl)4. ● vb 1 (delay) cuir moill ar; to stall someone moill a chur ar dhuine; 2 (engine) teip, loic; the engine stalled theip ar an inneall.

stallion n stail f2.

stalwart adj dílis.

stamina n teacht m3 aniar.

stammer n stad m1. ● vb bí ag stadaireacht.

stamp n stampa m4. ● vb 1 (put stamp on) cuir stampa ar; 2 (with rubber stamp) stampáil; 3 to stamp one's foot do chos a bhualadh.

stamp album n albam m1 stampaí.

stamp collecting n bailiú m stampaí.

stampede n táinrith m3.

stance n 1 (attitude) dearcadh m1; his stance on a dhearcadh ar; 2 (way of standing) seasamh m1.

stand n 1 (at exhibition) stainnín m4; 2 (in stadium) ardán m1; 3 (music stand) seastán m1; 4 (taxi rank) stad m4; 5 (position) seasamh m1; to take a stand against something seasamh a ghlacadh in aghaidh ruda. ● vb 1 (remain) seas; 2 (remain valid) seas; the contract still stands seasann an conradh fós; 3 to stand on something seas ar rud; 4 (buy) seas; to stand someone a drink deoch a sheasamh do dhuine; 5 (bear) cuir suas le; I can't stand him ní féidir liom cur suas leis.

□ **stand aside** seas i leataobh.

□ **stand back** seas siar.

□ **stand by 1** (*be prepared*) bí ar aire; **2** (*be loyal to*) seas le.

□ **stand down** éirigh as.

□ **stand for 1** (*denote*) ciallaigh; **2** (*put up with*) cuir suas le.

□ **stand out** seas amach.

□ **stand up** seas, éirigh.

□ **stand up for** seas an fód ar son (+GEN).

□ **stand up to** seas an fód in aghaidh (+GEN).

standard n **1** (*level of quality*) caighdeán m1; **standards** caighdeáin; **2** (*criterion*) slat f2 tomhais; **3** (*flag*) meirge m4. ● adj caighdeánach.

standard lamp n lampa m4 cuaille.

standard of living n caighdeán m1 maireachtála.

standby n (*something kept in reserve*) ionadaí m4; **to be on standby** bheith ar aire.

stand-in n ionadaí m4.

standing n seasamh m1. ● adj seasta.

standing order n buanordú m (*gen* buanordaithe).

stand-offish adj leithleach.

standpoint n dearcadh m1.

standstill n **to be at a standstill** bheith ina stad.

staple n stápla m4. ● adj príomh; **staple food** príomhbhia. ● vb stápláil.

stapler n stáplóir m3.

star n réalta f4. ● vb **to star in a film** príomhpháirt a bheith agat i scannán.

starboard n deasbhord m1.

starch n stáirse m4.

stare n stánadh m1. ● vb stán; **to stare at someone** bheith ag stánadh ar dhuine.

starfish n crosóg f2 mhara.

stark adj **1** (*bare*, *bleak*) lom; **2** (*severe*) dian. ● adv **stark naked** lomnocht; **he's stark raving mad** tá sé glan as a mheabhair.

starling n druid f2.

starry adj réaltógach.

starry-eyed adj soineanta.

start n **1** (*beginning*) tús m1, tosach m1; **2** (*fright*) geit f2. ● vb **1** (*begin*) cuir tús le, tosaigh; **2** (*with fright*) geit; **3** (*turn on: engine*) tosaigh.

□ **start off** imigh.

□ **start up** tosaigh.

starter n **1** (*in car*) dúisire m4; **2** (*in meal*) cúrsa m1 tosaigh.

startle vb bain geit as.

startling adj **1** (*surprising*) iontach; **2** (*frightening*) scanrúil.

starvation n gorta m4, ocras m1.

starve vb **1** to starve to death faigh bás le hocras; **2** to be starving (*hungry*) ocras an domhain a bheith ort.

state n **1** (*condition*) staid f2, cruth m3; **to be in a bad state** drochstaid a bheith ort; **2** (*political entity*) stát m1; **the United States of America** Stáit Aontaithe Mheiriccá. ● vb abair.

statement n ráiteas m1.

statesman n státaire m4.

static n statach m1. ● adj statach; **static electricity** leictreachas statach.

station n stáisiún m1; **bus station** busáras m1; **the Stations of the Cross** Turas m1 na Croise. ● vb **to be stationed somewhere** bheith ar stáisiún in áit.

stationary adj ina stad.

stationery n páipéarachas m1.

stationmaster n máistir m4 stáisiúin.

statistic n staitistic f2; **statistics** staitistic.

statue n dealbh f2.

status n 1 (position) stádas m1;
2 (prestige) céimníocht f3.

status symbol n comhartha m4
céimníochta.

statutory adj reachtúil.

staunch adj díongbháilte.

stave n maide m4. ● vb to stave
off hunger an t-ocras a choimeád
ó dhoras.

stay n cuairt f2. ● vb fan; **stay
there!** fan ansin!; **to stay the night
with someone** fanacht thar oíche
le duine.
  □ **stay behind** fan siar.
  □ **stay in** fan istigh.
  □ **stay on** fan; **he stayed on for
  two more days** d'fhan sé dhá
  bhliain eile.
  □ **stay out** fan amuigh.
  □ **stay up** fan i do shuí; **we
  stayed up all night** d'fhanamar
  inár suí an oíche ar fad.

steadily adv 1 (gradually) de
réir a chéile; **she's improving
steadily** tá sí ag feabhsú de réir a
chéile; 2 (regularly) go seasta;
3 (firmly) go daingean.

steady adj 1 (firm) socair;
2 (regular) seasta; 3 (sensible)
stuama. ● vb daingnigh,
socraigh.

steak n stéig f2.

steal vb 1 (thieve) goid; 2 (creep)
éalaigh; **to steal up on someone**
éalú ar dhuine.

stealth n to do something by
stealth rud a dhéanamh go
formhothaithe.

stealthy adj formhothaithe.

steam n gal f2. ● vb (cook)
galbhruith.

steam engine n gailinneall m1.

steamer n 1 (boat) galtán m1;
2 (for cooking) galchorcán m1.

steamy adj galach.

steel n cruach f4. ● adj
cruach(gen of n). ● vb to steel

oneself for something do
mhisneach a bhailiú chun ruda.

steep adj 1 (slope) crochta;
2 (price) daor. ● vb cuir ar maos.

steeple n spuaic f2.

steer vb stiúir.

steering n stiúradh m (gen
stiúrtha).

steering wheel n roth m3
stiúrtha.

stem n 1 (of plant) gas m1; 2 (of
glass) cos f2.
  □ **stem from** tar ó; **this all
  stems from...** tagann sé seo ar fad
  ó...

stench n bréantas m1.

stencil n stionsal m1. ● vb clóigh
le stionsal.

step n 1 (pace) céim f2, coiscéim
f2; **to take a step forward** céim a
thógáil ar aghaidh; 2 (move,
development) céim 1; **it's a step
in the right direction** is céim
mhór sa treo ceart é; 3 (measure)
beart m1; **to take steps to do
something** cur chun rud a
dhéanamh. ● vb 1 tabhair
(cois)céim; **to step back/forward**
céim a thógáil ar gcúl/chun
tosaigh; **to step into** dul isteach i
(room, lift); **to step on something**
seasamh ar rud.
  □ **step down** (resign position)
  éirigh as.
  □ **step in** (intervene) cuir do
  ladar isteach.

stepbrother n leasdeartháir m
(gen leasdearthár).

stepdaughter n leasiníon f2.

stepfather n leasathair m (gen
leasathar).

stepladder n dréimire m4 taca.

stepmother n leasmháthair f
(gen leasmháthar).

stepping stone n cloch f2
chora.

stepsister n leasdeirfiúr m (gen
leasdeirféar).

stepson n leasmhac m1.

stereo n steiréo m4. ● adj steiréó(gen of n).

stereotype n steiréitíp f2.

sterile adj 1 (infertile) aimrid, seasc; 2 (clean) steiriúil.

sterilize vb 1 (person, animal) aimridigh; 2 (instrument, container) steirilígh.

sterling n steirling m4. ● adj (excellent) den chéad scoth.

stern n (of boat) deireadh m1. ● adj crua.

steroid n stéaróideach m1.

stethoscope n steiteascóp m.

stew n stobhach m1; Irish stew stobhach gaelach. ● vb stobh.

steward n 1 (on plane, ship) aeróstach m1; 2 (at event) maor m1.

stewardess n (on plane, ship) aeróstach m1 mná.

stick n 1 bata m4; maide m4; walking stick bata siúil; 2 (in hurling) camán m4; 3 (for firewood) cipín m4. ● vb 1 (stab) cuir; to stick a fork in something forc a chuir i rud; 2 (thrust) sáigh; 3 (glue) greamaigh; to stick a stamp on an envelope stampa a ghreamú de chlúdach litreach; 4 (become stuck) greamaigh, téigh i bhfostú; 5 (put up with) cuir suas le.
□ **stick out** gob amach.
□ **stick up** gob aníos.
□ **stick up for** tacaigh le; to stick up for someone tacú le duine.

sticker n greamaitheoir m3.

sticking plaster n greimlín m4.

stickleback n garmachán m1.

stickler n to be a real stickler for... bheith ríphointeáilte maidir le...

sticky adj 1 (substance) greamaitheach; 2 (situation) deacair.

stiff adj 1 (not flexible) righin; 2 (difficult) crua, dian; 3 (strong) láidir; a stiff drink deoch láidir. ● adv to be frozen stiff with the cold bheith leata leis an bhfuacht.

stiffen vb 1 (make stiff) righnigh; 2 (become stronger) téigh i neart.

stiff-necked adj uaibhreach, mórchúiseach.

stifle vb múch; to stifle a laugh gáire a choimeád ar chúl.

stigma n stíogma m4, náire f4.

stigmata npl stiogmaí m4.

stile n dreapa m4.

stilleto heel n sáil f2 stiletto.

still adj 1 (quiet) ciúin; a still night oíche chiúin; 2 (not moving) socair; keep still! fan socair! ● adv fós; is it still raining? an bhfuil sé ag cur báistí fós?; better still níos fearr fós; the next day was wetter still bhí an lá ina dhiaidh níos fliche fós; although she was sick she still went out cé go raibh sí breoite, fós chuaigh sí amach.

stillborn adj marbh; stillborn child marbhghín f2.

stilt n cos f2 chroise; to walk on stilts siúl ar chosa croise.

stilted adj nósmhar.

stimulate vb gríosaigh, spreag.

stimulating adj spreagúil.

stimulation n spreagadh m (gen spreagtha).

stimulus n spreagadh m (gen spreagtha).

sting n 1 (of insect) cealg f2; 2 (of nettle) goineog f2. ● vb 1 (insect) cealg; 2 (nettle) dóigh; 3 (eyes) cuir greadfach i; 4 her words stung him ghoill a cuid focal é.

stingy adj sprionlaithe.

stink n bréantas m1. ● vb it stinks tá boladh bréan uaidh.

stinking adj **1** (smelly) bréan; **2** (terrible) uafásach; I have a stinking cold tá slaghdán uafásach orm. ● adv they're stinking rich tá siad lofa le hairgead; he was stinking drunk bhí sé lofa le deoch.

stint n dreas m3 oibre.

stir n **1** bogadh m (gen bogtha); to give something a stir bogadh a thabhairt do rud; **2** (excitement) corraíl f3. ● vb corraigh.
□ **stir up** tóg; to stir up trouble trioblóid a thógáil.

stirrup n stioróip f2.

stitch n **1** (in sewing, medical) greim m3; **2** (in knitting) lúb f2; **3** (pain) arraing f2; to have a stitch in one's side arraing a bheith agat i do chliatán; **4** (of clothing) snáithe m4; he hasn't a stitch on níl snáithe air. ● vb fuaigh.

stoat n easóg f2.

stock n **1** stoc m1; to have something in stock rud a bheith i stoc agat; out of stock as stoc; stocks and shares stoic agus scaireanna; **2** (of tree) ceap m1. ● vb coimeád; to stock goods earraí a choimeád.
□ **stock up:** to stock up with food and drink bia agus deoch a thabhairt isteach.

stockbroker n stocbhróicéir m3.

stock cube n ciúb m1 stoic.

stock exchange n stocmhalartán m1.

stocking n stoca m4.

stock market n stocmhargadh m1.

stockpile n stochtiomsú m (gen stocthiomsaithe). ● vb stocthiomsaigh.

stocky adj daingean; a stocky man balcaire m4.

stodgy adj stolpach.

stolen adj goidte.

stomach n bolg m1, goile m4. ● vb cuir suas le.

stomach ache n tinneas m1 boilg.

stone n **1** cloch f2; a stone wall ball cloiche; gall stone cloch dhomlais; she lost a stone in weight chaill sí cloch mheáchain; ► as dead as a stone chomh marbh le hart; ► a stone's throw from here urchar cloiche as seo; **2** standing stone gallán m1. ● adj cloiche (gen of n). ● vb caith clocha le.

stone cold adj préachta.

stoned adj (on drugs) clocháilte.

stone-dead adj fuar marbh.

stone-deaf adj chomh bodhar le slis.

stonework n obair f2 chloiche.

stony adj clochach.

stool n stól m1; ► to fall between two stools léim an dá bhruach a chailleadh.

stoop n cromadh m (gen cromtha); to have a stoop bheith cromhshlinneánach. ● vb crom; to stoop down cromadh síos.

stop n stop m4, stad m4; to put a stop to something stop a chur le rud; full stop lánstad m4; bus stop stad m4 an bhus. ● vb stop; stop it! éirigh as!
□ **stop off** buail isteach; to stop off at a shop bualadh isteach i siopa.

stopgap n sceach f2 i mbéal bearna.

stopover n stad m4.

stoppage n stopadh m (gen stoptha).

stopper n stopallán m1.

stop press n stadchló m4.

stopwatch n stopuaireadóir m3.

storage n stóráil f3.

storage heater n taischéitheoir m3.

storage jar n próca m4 stórála.

storage space n spás m1 stórála.

store n 1 (shop) siopa m4 mór; 2 (for storing things) stór m1; ➤ what's in store for us? cad atá i ndán dúinn?; ● vb stóráil. □ **store up** stóráil.

storeroom n stóras m1.

storey n stór m1, urlár m1.

stork n corr f2 bhán.

storm n stoirm f2, anfa m4; a thunder storm stoirm thoirní. ● vb ionsaigh (attack).

stormy adj stoirmeach.

story n scéal m1.

storybook n leabhar m1 scéalta.

stout n (drink) leann m3 dubh. ● adj 1 (fat) ramhar; 2 (brave) calma.

stove n sorn m1.

stowaway n folachánaí m4.

straddle vb to straddle something bheith ar scaradh gabhail ar rud.

straggle vb sraoill; she was straggling behind the others bhí sí ag sraoilleadh léi i ndiaidh na ndaoine eile.

straggler n straigléir m3, seachránaí m4.

straight adj 1 (not crooked) díreach; 2 (simple) simplí; 3 (drink) néata. ● adv 1 go díreach; I went straight home chuaigh mé díreach abhaile; straight away láithreach bonn; 2 to set things straight rudaí a chur i gceart.

straighten vb dírigh. □ **straighten out** (problem) réitigh.

straightforward adj díreach, simplí.

strain n 1 (on resources) teannas m1, straidhn f2; 2 (mental or physical) straidhn f2, strus m1; to be under great strain bheith faoi

straidhn mhór; 3 (breed) pór m1. ● vb 1 (injure) leon; to strain one's back do dhroim a leonadh; this will strain our resources cuirfidh sé seo brú ar ár n-acmhainní; 3 (sieve) siothlaigh.

strained adj 1 (muscle) leonta; 2 strained relations eascairdeas m1.

strainer n síothlán m1.

strait n caolas m1 (farraige); ➤ to be in dire straits bheith i gcruachás.

straitjacket n veist f2 cheangail.

strait-laced adj ceartaiseach, caolaigeanta.

strand n 1 (of hair) dlaoi f4; 2 (of rope) dual m1; 3 (of fabric) tointe m4; 4 (of argument) gné f4; 5 (beach) trá f4.

stranded adj an tra fholamh.

strange adj 1 (odd) aisteach, ait; 2 (unknown) anaithnid.

strangely adv go haisteach; strangely enough aisteach go leor.

stranger n stróinséir m3, coimhthíoch m1.

strangle vb tacht.

stranglehold n greim m4 scornaí, smacht m3 iomlán.

strap n 1 (on garment) strapa m4; 2 (on bag) iris f2.

strapless adj gan strapaí.

strapping adj scafánta.

strategic adj straitéiseach.

strategy n straitéis f2.

straw n 1 (substance) cochán m1, tuí f4; 2 (single straw) sop m1; ➤ the last straw buille na tuaiste; 3 (for drinking) coinlín m4.

strawberry n sú f4 talún.

stray adj seachráin (gen of n). ● vb téigh ar seachrán.

stray bullet n piléar m1 fánach.

streak n 1 (mark or in hair) stríoc f2; 2 (of character) tréith f2; he has a mean streak tá an t-olc ann. ● vb 1 (mark) stríoc; 2 to streak past someone scinneadh thar dhuine.

streaky adj stríocach; streaky bacon bagún stríocach.

stream n 1 (river) sruthán m1; 2 (of liquid) sruth m3; 3 (of people) scuaine f4. ● vb 1 (flow) sruthaigh; 2 (pupils) roinn de réir cumais; 3 (crowd) plódaigh; to stream in/out plódú amach/isteach.

streamer n sraoilleán m1.

streamlined adj sruthlíneach.

street n sráid f2; the man in the sreet an gnáthdhuine; ➤ to be streets ahead bheith i bhfad chun tosaigh.

street guide n eolaí m4 cathrach.

street lamp n lampa m4 sráide.

street lighting n soilsiú m sráide.

streetwise adj crionna.

strength n neart m1, cumhacht f3 (power).

strengthen vb neartaigh.

strenuous adj crua, dian.

stress n 1 (nervous) strus m1; to be under stress bheith faoi strus; 2 (emphasis) béim f2; 3 (in physics, engineering) strus m1, brú m4. ● vb cuir béim ar.

stretch n 1 (of land) réimse m4; 2 (of time) tréimhse f4; ten hours at a stretch deich n-uaire ag a chéile; 3 (stretching) síneadh m (gen sínte). ● vb sín; to stretch one's limbs do ghéaga a shíneadh; it stretches from A to B síneann sé ó A go B.
▫ **stretch out** sín amach.

stretcher n síntéan m1.

stricken adj stricken with cloíte le/faoi; grief-stricken cloíte faoi bhrón.

strict adj 1 (person) dian; he's very srict with them tá sé an-dian orthu; 2 (rules) docht; strict rules rialacha dochta.

strictly adv go dian; it is strictly forbidden tá dianchosc air; strictly speaking... chun na fírinne a rá...

stride n céim f2 fhada, truslóg f2; ➤ to take something in one's stride rud a dhéanamh go saoráideach. ● vb bheith ag céimniú.

strife n imreas m1.

strike n 1 (industrial) stailc f2; to be on strike bheith ar stailc; 2 (hit) buille m4; a good strike buille maith; 3 (discovery) aimsiú m (gen aimsithe); an oil strike aimsiú ola. ● vb 1 (go on strike) téigh ar stailc; 2 (hit) buail; 3 (discover) aimsigh; 4 (light) to strike a match cipín a lasadh.
▫ **strike back** buail ar ais.
▫ **strike down** treascair.
▫ **strike up** (music) croch suas; 2 to strike up a friendship with someone éirí cairdiúil le duine; 3 to strike up a conversation comhrá a thosú.

striker n 1 (person on strike) stailceoir m3; 2 (in sport) tosaitheoir m3.

striking adj sonraíoch.

string n 1 (thin piece) stiall f2; 2 (of land) strácie m4. ● vb bain de; to strip off one's clothes do chuid éadaigh a bhaint díot; to strip paint from something péint a bhaint de rud.

□ **strip down** bain anuas (*machinery*).

strip cartoon n stiallchartún m1.

stripe n **1** (*in fabric*) riabh f2, stríoc f2; **2** (*showing rank*) straidhp f2.

striped adj riabhach, stríoctha.

stripper n struipéar m1.

strive vb streachail, srac.

strobe n strób m1.

stroke n **1** (*blow, shot*) buille m4; **2** (*medical*) stróc m4; **to have a stroke** stróc a fháil. ● vb slíoc.

stroll n spaisteoireacht f3. ● vb téigh ag spaisteoireacht.

strong adj láidir, tréan.

stronghold n daingean m1.

strongly adv go láidir.

structural adj struchtúrach.

structure n struchtúr m1, foirgneamh m1 (*building*).

struggle n **1** (*battle, fight*) coimhlint f3; **the struggle for independence** an choimhlint ar son an neamhspleáchais; **2** (*difficult task*) streachailt f2; **I found it a hard struggle** bhí streachailt chrua agam leis; **3** (*scuffle*) troid m3. ● vb streachail.

strum vb méaraigh.

strut n teanntóg f2. ● vb siúil go gaigiúil.

stub n **1** (*of cigarette, pencil*) bun m1; **a cigarette stub** bun toitín; **2** (*of cheque*) comhdhuille m4. ● vb to stub one's toe against something do ladar a smiotadh ar rud.

□ **stub out** múch; **to stub out a cigarette** toitín a mhúchadh.

stubble n coinleach m1.

stubborn adj ceanndána, stubarnáilte.

stuck adj **1** (*unable to move*) greamaithe, i bhfostú; **2** (*in difficulty*) i bponc.

stuck-up adj uaibhreach.

stud n **1** (*metal*) stoda m4; **2** (*studfarm*) graí f4; **3** (*horse*) graíre m4, stail f2.

student n mac m1 léinn, scoláire m4.

student loan n iasacht f3 mic léinn.

students' union n aontas m1 na mac léinn.

studio n stiúideo m4.

studious adj staidéarach.

study n **1** (*studying*) staidéar m1; **2** (*room*) seomra m4 staidéir. ● vb déan staidéar ar.

stuff n stuif f2. ● vb stuáil, líon; **to stuff something into something** rud a stuáil isteach i rud eile.

stuffing n **1** (*in food*) líonadh m (*gen* líonta), búiste m4; **2** (*in toy, cushion, etc.*) stuáil f3.

stuffy adj **1** (*airless*) plúchtach; **2** (*dull*) leamh.

stumble vb **1** tuisligh; **2** to stumble across something teacht ar rud trí thimpiste.

stumbling block n cailleach f2 bhasctha.

stump n **1** (*of tree*) stacán m1; **2** (*of limb*) bun m1; **3** (*of limb, tail, pencil*) stumpa m4.

stun vb **1** (*daze*) cuir néal ar; **2** (*amaze*) cuir ionadh ar; **I was stunned** baineadh siar asam.

stunning adj **1** (*beautiful*) álainn; **she looked stunning** d'fhéach sí go hálainn; **2** (*amazing*) iontach.

stunt n **1** (*dangerous*) éacht m3; **2** (*for attention*) cleas m1; **a publicity stunt** cleas poiblíochta; **to pull a stunt on someone** cleas a imirt ar dhuine.

stunted adj crandaí.

stuntman n éachtóir m3.

stuntwoman n banéachtóir m3.

stupendous adj iontach, ar fheabhas.

stupid adj amaideach.

stupidity n amaideacht f3.

sturdy adj téagartha.

stutter n stad m4. ● vb labhair go stadach.

sty n cró m4.

stye n sleamhnán m1.

style n 1 (manner, elegance) stíl f2; her writing style a stíl scríbhneoireachta; 2 (fashion) faisean m1. ● vb stíleáil.

stylish adj 1 (accomplished) galánta; 2 (fashionable) faiseanta.

stylus n stíleas m1.

suave adj síodúil.

sub adj fo-.

subconcious adj fo-chomhfhiosach.

subcontinent n ilchríoch f2.

subcontract vb lig ar fochonradh.

subdued adj 1 (person) ciúin; 2 (enthusiasm) fann.

subject n 1 (topic, area of study) ábhar m1; 2 (citizen) géillsineach m1; 3 (in grammar) ainmní m4. ● vb (bring under control) cuir faoi smacht; 2 he was subjected to ridicule rinneadh magadh faoi.

subjective adj 1 (personal, biased) suibiachtúil; 2 (in grammar) ainmníoch.

sublet vb folig.

sublime adj oirirc, uasal.

submarine n fomhuireán m1.

submerge vb cuir faoi uisce, téigh faoi uisce, tum.

submission n 1 (obedience) géilleadh m (gen géillte); 2 (of proposal, thesis) cur m1 faoi bhráid; 3 (thing submitted) moladh m (gen molta).

submissive adj géilliúil.

submit vb 1 (give in) géill (do); 2 (argue) áitigh.

subordinate n íochtarán m1. ● adj íochtaránach.

subpoena n subpoena m4.

subscribe vb 1 ceannaigh ar síntiús; to subscribe to a magazine iris a cheannach ar síntiús; 2 to subscribe to a theory aontú le teoiric.

subscriber n síntiúsóir m3.

subscription n síntiús m1.

subsequent adj ina dhiaidh sin; subsequent events eachtraí ina dhiaidh sin; subsequent to i ndiaidh (+GEN).

subsequently adv ina dhiaidh sin.

subside vb 1 (storm, anger) maolaigh ar; the storm subsided mhaolaigh ar an stoirm; 2 (floods) tráigh; 3 (land, building) tabhair uait.

subsidence n 1 (of land, building) tabhairt f3 uaidh.

subsidiary n fochomhlacht f3. ● adj fo-.

subsidize vb tabhair fóirdheontas do, maoinigh.

subsidy n fóirdheontas m1.

substance n 1 (chemical) substaint f2; 2 (of argument) éirim f2, brí f4.

substantial adj 1 (large) mór, substaintiúil; 2 (solid) substaintiúil, téagartha; 3 (important) tábhachtach.

substantially adv go substaintiúil.

substantiate vb cruthaigh, cuir bunús le; to substantiate a claim bunús a chur le héileamh.

substitute n 1 (person) ionadaí m4; 2 (thing) we can use this as a substitute for a chair is féidir linn é seo a úsáid in ionad cathaoireach; a poor substitute sop in áit na scuaibe. ● *vb* to substitute for someone ionadaíocht a dhéanamh do dhuine; to substitute something for something rud a chur in ionad ruda eile.

subtitle *n* fotheideal *m1*.

subtle *adj* 1 (*fine, delicate*) fíneálta; 2 (*perceptive*) caolchúiseach.

subtlety *n* 1 (*fineness*) fíneáltacht *f3*; 2 (*perceptiveness*) caolchúis *f2*.

subtract *vb* dealaigh.

subtraction *n* dealú *m* (*gen* dealaithe).

suburb *n* bruachbhaile *m4*.

suburban *adj* bruachbhailteach.

suburbia *n* na bruachbhailte *m(pl)4*.

subway *n* 1 (*under road*) íosbhealach *m1*; 2 (*railway*) traein *f* faoi thalamh.

succeed *vb* 1 (*be successful*) éirigh le; I succeeded in doing it d'éirigh liom é a dhéanamh; 2 (*to throne, in role*) tar i ndiaidh/in áit, tar i gcomharbas.

succeeding *adj* ina dhiaidh.

success *n* 1 rath *m3*; she met with success d'éirigh léi; to make a success of something lámh mhaith a dhéanamh de rud; the business was a success bhí rath ar an ngnó; 2 (*victory*) bua *m4*.

successful *adj* rathúil.

succession *n* 1 (*to throne, title*) comharbas *m1*; 2 four years in succession ceithre bliana as a chéile.

successive *adj* i ndiaidh a chéile.

such *adj* a leithéid; such a person/thing a leithéid de dhuine/rud. ● *adv* such a boring film a leithéid de scannán leadránach; such is life sin é an saol.

such-and-such *adj* a leithéid seo; such-and-such a day a leithéid seo de lá.

suck *vb* súigh.

□ **suck up to** bheith ag líreac ar.

suction *n* sú *m4*.

sudden *adj* tobann.

suddenly *adv* go tobann.

suds *npl* sobal *m(sg)1*.

sue *vb* cuir an dlí ar.

suede *n* svaeid *f2*.

suet *n* geir *f2*.

suffer *vb* 1 (*endure*) fulaing; 2 (*put up with*) cuir suas le.

sufferer *n* fulangaí *m4*.

suffering *n* fulaingt *f3*.

sufficient *adj* go leor (+GEN); dóthain (+GEN); sufficient money gó leor airgid.

sufficiently *adv* go leor.

suffix *n* iarmhír *f2*.

suffocate *vb* múch, plúch.

sugar *n* siúcra *m4*. ● *vb* cuir siúcra ar/i.

suggest *vb* 1 (*put forward*) comhairligh, mol; 2 (*imply*) maigh; 3 (*indicate*) comharthaigh.

suggestion *n* 1 (*idea*) moladh *m* (*gen* molta); 2 (*hint*) leid *f2*.

suicide *n* féinmharú *m* (*gen* féinmharaithe); to commit suicide lámh a chur i do bhás féin.

suit *n* 1 (*clothes*) culaith *f2*; 2 (*in cards*) dath *m3*; 3 (*lawsuit*) agra *m4* dlí. ● *vb* oir do, feil do; it suits you oireann sé duit; would Monday suit you? an oirfeadh an Luan duit?

suited *adj* oiriúnach, feiliúnach.

suitable *adj* oiriúnach, feiliúnach.

suitably *adv* go hoiriúnach, go feiliúnach.

suitcase *n* mála *m4* taistil.

suite n 1 (of rooms) sraith f2;
2 (of furniture) foireann f2; 3 (in
music) sraith f2.

sulk vb cuir pus ort féin.

sulky adj pusach, stuacach.

sullen adj dúr.

sulphur n sulfar m1.

sultana n sabhdánach m1.

sultry adj 1 (weather)
brothallach, meirbh; 2 (person)
macnasach.

sum n 1 suim f2; 2 (total) iomlán
m1.
□ **sum up** coimrigh.

summarize vb achoimrigh.

summary n achoimriú f4.

summer n samhradh m1; in the
summer sa samhradh. ● adj
samhraidh (gen of n).

summertime n an samhradh
m1.

summit n 1 (of mountain) barr
m1, mullach m1; 2 (meeting)
cruinniú m mullaigh.

summon vb 1 (person) glaoigh
ar; 2 (meeting) tionóil.
□ **summon up** cruinnigh; to
summon up one's courage do
mhisneach a chruinniú.

summons n 1 (order) gairm f2;
2 (legal) toghairm f2.

sump n umar m1.

sun n grian f2.

sunbathe vb déan bolg le gréin.

sunburn n dó m4 gréine.

sunburnt adj griandóite.

Sunday n (An) Domhnach m1; on
Sunday Dé Domhnaigh; on
Sundays ar an Domhnach.

Sunday school n scoil f2 an
Domhnaigh.

sundial n clog m1 gréine.

sun-dried adj a triomaíodh faoin
ngrian.

sundry n all and sundry an saol
agus a mháthair. ● adj éagsúil.

sunflower n lus m3 gréine.

sunglasses npl spéaclaí f(pl)4
gréine.

sunlight n solas m1 gréine.

sunny adj grianmhar.

sunrise n éirí m4 gréine.

sunset n luí m4 (na) gréine, dul
m3 faoi na gréine.

sunshine n taitneamh m1 na
gréine, dealramh m1 na gréine;
in the sunshine faoin ngrian.

sunstroke n béim f2 ghréine.

suntan n dath m3 gréine.

suntan lotion n ola f4 gréine.

super adj 1 (excellent) sár-, ar
fheabhas; 2 (very large) oll-.

superb adj iontach.

supercilious adj sotalach.

superficial adj éadomhain.

superfluous adj iomarcach.

superimpose vb forleag.

superintendent n 1 (in police)
ceannfort m1; 2 (in company)
maoirseoir m3.

superior adj 1 (in quality) níos
fearr; 2 (in rank) uachtarach.

superiority n barr m1 (feabhais).

superlative n sárchéim f2.

superman n sárfhear m1.

supermarket n ollmhargadh
m1.

supermodel n sármhainicín m4.

supernatural adj osnádúrtha.

superpower n ollchumhacht f3.

superscript n forscript f2.

superstar n ollréalta f4.

superstition n piseog f2.

superstitious adj piseogach.

superstore n ollmhargadh m1.

supervise vb 1 (direct; oversee)
stiúir; 2 (exam) déan
feitheoireacht ar.

supervision n 1 (of work)
stiúradh m (gen stiúrtha); 2 (of
exam) feitheoireacht f3.

supersonic adj forshonach.

supervisor n 1 (of work) stiúrthóir m3; 2 (of exam) feitheoir m3.

supper n suipéar m3.

supple adj aclaí.

supplement n 1 (of newspaper) forlíonadh m (gen forlíonta); 2 (addition) forlíon m1. ● vb forlíon, cuir (breis) le.

supplementary adj breise (gen of n), sa bhreis, forlíontach.

supplier n soláthraí m4.

supply n soláthar m1; supplies soláthairtí. ● vb soláthair; to supply someone with something rud a sholáthar do dhuine.

support n 1 (object) taca m4; 2 (encouragement) tacaíocht f3; moral support tacaíocht mhorálta. ● vb 1 (construction) tacaigh le, cuir taca le; 2 (person) tacaigh le, tabhair tacaíocht do.

supporter n 1 (of party, cause) cúl m1 taca; 2 (of team) taobhaí m4; supporters lucht m3 tacaíochta.

suppose vb 1 (believe, assume) creid, síl; I suppose so is dóigh liom é; 2 (conjecture) cuir i gcás; suppose that the story is true cuir i gcás gur scéal fíor é.

supposed adj 1 (expected) she's supposed to be here tá sí in ainm a bheith anseo; 2 (alleged) he is supposed to be very rich tá sé amuigh air go bhfuil sé an-saibhir.

supposedly adv in ainm.

suppress vb 1 (laugh, yawn) coimeád cúl ar; 2 (information) coimeád faoi rún; 3 (uprising) cuir faoi chois.

supreme adj ard-, sár-.

surcharge n breischáin f (gen breischánach). ● vb gearr breischáin ar.

sure adj cinnte, deimhin; to be sure about something bheith

siúráilte faoi rud; to make sure of something deimhin a dhéanamh de rud; make sure you lock the door déan deimhin de go gcuirfidh tú an glas ar an doras.

surely adv 1 cinnte; there will surely be rain is cinnte go mbeidh báisteach ann; 2 (expressing surprise) surely you realize that... ach caithfidh go dtuigeann tú go...

surety n banna m4.

surf n bruth m3.

surface n 1 (of earth) dromchla m4; road surface dromchla bóthair; 2 (of water) barr m1, uachtar m1.

surfboard n clár m1 toinne.

surfeit n (an) iomarca f4 (+GEN), barraíocht f3 (+GEN).

surfer n marcach m1 toinne.

surfing n marcaíocht f3 toinne.

surge n 1 (rush, increase) borradh m (gen borrtha); 2 (of emotion) racht m3; 3 (financial) méadú m (gen méadaithe). ● vb borr.

surgeon n máinlia m4.

surgery n 1 (place) clinic m4; 2 (operation) máinliacht f3.

surgical adj máinliach.

surly adj gairgeach.

surname n sloinne m4.

surplus n fuílleach m1, barraíocht f3. ● adj breise (gen of n), iomarcach.

surprise n ionadh m1, iontas m1; to take someone by surprise teacht aniar aduaidh ar dhuine. ● vb 1 (astonish) cuir iontas ar; 2 (intruder, thief) tar aniar aduaidh ar.

surprising adj iontach.

surprisingly adv go hiontach; she looks surprisingly young tá cuma iontach óg uirthi.

surrender n géilleadh m (gen géillte). ● vb géill.

surreptitious adj os íseal, rúnda.

surrogate mother n máthair f ionaid.

surround vb timpeallaigh.

surrounding adj máguaird.

surroundings n timpeallacht f3.

surveillance n faire f4.

survey n 1 (investigation) iniúchadh m (gen iniúchta); 2 (of land, building) suirbhéireacht f3. ● vb 1 (investigate) iniúch; 2 (land, building) déan suirbhé ar, déan suirbhéireacht ar; 3 (look at) féach ar.

surveyor n suirbhéir m3.

survival n 1 (surviving) marthanas m1, teacht m3 slán; survival of the fittest seasamh na dtréan; 2 (remaining thing) iarsma m4.

survive vb 1 (live through) mair; 2 (accident, illness) tar slán.

survivor n marthanóir m3.

susceptible adj tugtha do.

suspect n he's a suspect in the crime táthar in amhras air faoin gcoir. ● vb to suspect someone of something bheith in amhras ar dhuine faoi rud. ● adj amhrasach.

suspend vb 1 (hang) croch; 2 (call off, remove from activity) cuir ar fionraí.

suspended sentence n breith f2 fionraíochta.

suspender belt n crios m3 crochóg.

suspenders npl crochóga f(pl)3.

suspense n tinneall m1; we were kept in suspense coimeádadh ar bis sinn.

suspension n 1 (construction) crochadh m (gen crochta); 2 (of player) fionraíocht f3; 3 (of licence) tarraingt f3 siar.

suspension bridge n droichead m1 crochta.

suspicion n 1 (feeling) amhras m1; 2 (hint) iarracht f3.

suspicious adj amhrasach; to be suspicious of someone bheith in amhras ar dhuine.

suspiciously adv 1 (warily) go hamhrasach; 2 (oddly) it looks supiciously like a rat to me mura bhfuil dul amú orm is francach atá ann.

sustain vb 1 (keep alive) coinnigh an dé i, cothaigh; 2 (maintain) lean; 3 (in law) ceadaigh; to sustain an objection agóid a cheadú; 4 (injury) she sustained injuries in the accident gortaíodh í sa timpiste.

sustained adj 1 (continuous) leanúnach; 2 (prolonged) fada.

sustenance n cothú m (gen cothaithe).

swab n táithín m4.

swallow n 1 (act of swallowing) slog m1; 2 (bird) fáinleog f2. ● vb slog.

□ **swallow up** alp.

swamp n corcach m1. ● vb báigh; to be swamped with work na seacht sraith a bheith ar an iomaire agat.

swan n eala f4.

swap vb malartaigh.

swarm n 1 (of bees) saithe f4; 2 (of people) slua m4. ● vb 1 (bees) imigh i saithe; 2 the place was swarming with people bhí an áit dubh le daoine.

swastika n svaistice f4.

swat vb smiot.

sway vb luasc; to sway from side to side bheith ag luascadh ó thaobh go taobh.

swear vb 1 (promise) mionnaigh; 2 (curse) eascainigh.

swearword n eascaine f4.

sweat n allas m1. ● vb cuir allas.

sweater n geansaí m4.

sweaty adj allasúil.

swede n svaeid m4.

Swede n Sualannach m1.

Sweden n an tSualainn f2.

Swedish n 1 (language)
Sualannais f2; **2 the Swedish** na
Sualannaigh. ● adj Sualannach.

sweep n 1 (with brush) scuabadh
m (gen scuabtha); **2** (of road)
cuar m1; **3** (scope) réim f2;
4 chimney sweep glantóir m3
simléar. ● vb scuab.
□ **sweep out** scuab amach.
□ **sweep up** scuab.

sweeping adj 1 (far reaching) ó
bhun; sweeping changes
athruithe ó bhonn; **2** (movement)
scuabach.

sweet n 1 milseán m1; **a packet
of sweets** paicéad milseán;
2 (dessert) milseog f2. ● adj
1 (taste) milis; **2** (sound) binn;
3 (smell) cumhra; **4** (person,
deed) cineálta.

sweetcorn n arbhar m1 milis.

sweeten vb milsigh.

sweetheart n muirnín m1.

sweetness n 1 (of taste)
milseacht f3; **2** (of sound)
binneas m1; **3** (of smell)
cumhracht f3.

sweetpea n pis f2 chumhra.

swell n borradh m (gen borrtha).
● vb 1 (finger, wound, etc.) at;
2 (numbers, sound, etc.) borr.

swelling n 1 (lump) meall m1;
2 (enlarging) borradh m (gen
borrtha); (of finger, wound, etc.) at
m1.

sweltering adj brothallach,
meirbh.

swerve vb fiar, tabhair cor.

swift n gabhlán m1 gaoithe. ● adj
mear, tapa.

swig n slog m1; **to take a swig
from a bottle** slog a bhaint as
buidéal.

swim n snámh m3; **to go for a
swim** dul ag snámh. ● vb snámh;

can you swim? an bhfuil snámh
agat; **she swam across the river**
shnámh sí trasna na habhann.

swimmer n snámhóir m3.

swimming n snámh m3. ● adj ar
snámh, ar maos.

swimming cap n caipín m4
snámha.

swimming costume n culaith
f2 shnámha.

swimming pool n linn f2
snámha.

swimming trunks n culaith f2
shnámha.

swimsuit n culaith f2 shnámha.

swindle n caimiléireacht f3. ● vb
to swindle someone
caimiléireacht a dhéanamh ar
dhuine.

swindler n caimiléir m3.

swine n 1 (pig) muc f2; **2** (term
of abuse) muclach m1; **dirty
swine!** a leithéid de rud brocach!

swing n 1 (for children) luascán
m1; **2** (movement) luascadh m
(gen luasctha); **3** (change) athrú
m (gen athraithe). ● vb luasc.
□ **swing round** iompaigh thart.

swing bridge n droichead m1
lúdrach.

swing door n luascdhoras m1.

swingeing adj crua, dian.

swipe n flip f2; **to take a swipe at
someone** iarracht de bhuille a
thabhairt do dhuine. ● vb sciob.

swirl n guairneán m1. ● vb bí ag
guairneáil.

Swiss n Éilvéiseach m1. ● adj
Éilvéiseach.

switch n 1 (device) lasc f2; **light
switch** lasc sholais; **2** (change)
athrú m (gen athraithe); **3** (swap)
malartú m (gen malartaithe).
● vb athraigh, malartaigh.
□ **switch off** cuir as, múch.
□ **switch on** cuir ar siúl, las.

switchboard n lasc-chlár m1.

Switzerland n an Eilvéis f2.

swivel chair n cathaoir f sclóine.

swollen adj ata.

swoop n ruathar m1. ● vb tabhair ruathar faoi; **to swoop down on** tabhair ruathar anuas ar.

sword n claíomh m1.

swordfish n colgán m1.

sycamore n seiceamar m1.

syllable n siolla m4.

syllabus n siollabas m1.

Tt

tab n **1** (label) lipéad m1; **2** (bill) bille m4; **to pick up the tab** an bille a íoc; **3** (on can) cluaisín m4; **4** (on computer) táb m1; ➤ **to keep tabs on someone** súil ghéar a choimeád ar dhuine.

table n bord m1, tábla m1; **to set the table** an bord a leagan. ● vb (propose) mol; **to table an amendment** leasú a mholadh.

tablecloth n éadach m1 boird.

table lamp n lampa m4 boird.

tablemat n mata m4 boird.

tablespoon n spúnóg f2 bhoird.

tablespoonful n lán m1 spúnóg bhoird.

tablet n **1** (pill) táibléad m1; **2** (stone) leac f2.

table tennis n leadóg f2 bhoird.

table wine n fíon m3 boird.

tabloid n tablóid f2.

taboo n geis f2, toirmeasc m1. ● adj **the subject is taboo** tá geis ar an ábhar.

tack n **1** (nail) tacóid f2; ➤ **to get down to brass tacks** dul go smior an scéil; **2** (in sailing) taca m4.

● vb **1** (nail down) daingnigh le tacóidí; **2** (in sailing) **to tack** leathbhord a thógáil; **3** (in sewing) creimneáil.

tackle n **1** (in sport) greamú m (gen greamaithe); **2** (for fishing) tácla m4; **3** (equipment) trealamh m1. ● vb **1** (task, problem) tabhair faoi; **to tackle a problem** tabhairt faoi fhadhb; **2** (person) téigh i ngleic le; **3** (in sport) greamaigh.

tact n stuaim f2, cáiréis f2.

tactful adj cáiréiseach.

tactical adj taicticiúil.

tactics npl oirbheart m1; **tactics** oirbheartaíocht f3, taictící f(pl)2.

tactless adj mistuama, neamhcháiréiseach.

tad n ábhairín m4; **a tad more** ábhairín níos mó.

tadpole n torbán m1.

tag n lipéad m1.
□ **tag along** lean.

tail n **1** eireaball m1; **2** (clothing) **tails** casóg eireaballl. ● vb lean (follow).

tailback n scuaine f4 tráchta.

tailor n táilliúir m3.

tailor-made adj déanta de réir toise; **a tailor-made suit** culaith tháilliúra.

tainted adj truaillithe, camhraithe.

take vb **1** tóg; **we'll take a taxi** tógfaimid tacsaí; **the plane takes a hundred passengers** tógann an t-eitleán céad paisinéir; **to take someone's seat** suíochán duine a thógáil; **to take a free kick** cic saor a thógáil; **it will take about a week** tógfaidh sé thart ar sheachtain; **to take a piece of cake** píosa císte a thógáil; **to take a photo** grianghraf a thógáil; **do you take sugar?** an dtógann tú siúcra?; **2** (carry; convey) tabhair;

to take something home rud a thabhairt abhaile; **take it with you** tabhair leat é; **that bus will take you to the centre** tabharfaidh an bus sin go dtí an lár tú; 3 (*accept*) glac (le); **do you take credit cards?** an nglacann sibh le cártaí creidmheasa?; 4 (*exam*) déan; **to take an exam** scrúdú a dhéanamh; 5 (*win*) gnóthaigh; **to take first prize** an chéad duais a ghnóthú; 6 **to take an oath** mionn a thabhairt; 7 (*put up with*) cuir suas le; **I can't take him at all** ní féidir liom cur suas leis.
□ **take after** téigh le; **she takes after her mother** téann sí lena máthair.
□ **take apart** bain as a chéile.
□ **take away** 1 **to take something away from someone** rud a bhaint de dhuine; 2 **take it away with you** ardaigh leat é.
□ **take back** 1 tabhair ar ais; **to take something back to a shop** rud a thabhairt ar ais go dtí siopa; **it took me back to my youth** thug sé ar ais go dtí m'óige mé; 2 (*accept back*) glac ar ais; 3 (*retract*) tarraing siar; **to take back an allegation** líomhain a tharraingt siar.
□ **take down** 1 (*from higher level*) tóg anuas; **to take down a book from a shelf** leabhar a thógáil anuas ó sheilf; 2 (*remove*) bain anuas; **to take down a picture** pictiúr a bhaint anuas; 3 (*write down*) breac síos.
□ **take in** 1 (*understand*) tuig; 2 (*deceive*) buail bob ar; 3 (*include*) cuir san áireamh; **to take something into account** rud a chur san áireamh; 4 (*clothes*) tóg isteach.
□ **take off** 1 (*clothes*) bain de; **take off your coat** bain díot do chóta; 2 (*plane*) éirigh de thalamh.
□ **take on** 1 (*confront*) téigh i ngleic le; 2 (*employ*) fostaigh; to

take on a worker oibrí a fhostú; 3 (*accept*) glac chugat féin; **to take on work** obair a ghlacadh chugat féin.
□ **take out** 1 (*produce*) tóg amach; **she took out a bottle of wine** thóg sí amach buidéal fíona; 2 **to take someone out to dinner** duine a thabhairt amach chun dinnéir; 3 (*kill*) **to take someone out** duine a mharú.
□ **take over** 1 **to take over a business** dul i mbun gnó; 2 **to take over from someone** áit duine a thógáil.
□ **take to** 1 **to take to someone** gean a thabhairt do dhuine; 2 (*become good at*) **she took to computers quickly** tháinig sí isteach ar na ríomhairí go tapaidh; 3 **to take to drink** luí leis an ól.
□ **take up** tóg suas; 1 **to take up painting** péintéireacht a thógáil suas; 2 **to take up a dress** gúna a thógáil suas.

take-away n béilin m4 amach.
take-off n éirí m4 de thalamh.
takeover n táthcheangal m1.
takeover bid n tairiscint f3 táthcheangail.
talc n talcam m1.
tale n scéal m1.
talent n bua m4, tallann f2.
talented adj tallannach; **she's a talented writer** tá féith na scríbhneoireachta inti.
talk n 1 (*talking*) caint f2; **he's all talk** caint ar fad is ea é; 2 (*conversation*) comhrá m4; 3 (*gossip*) béadán m1; 4 **talks** (*negotiations*) comhchainteanna f(pl)2. ● vb labhair (le), caintigh (le).
□ **talk over** pléigh.
talkative adj cainteach.
talkshow n seó m4 cainte.
tall adj 1 ard; **he's over six feet tall** tá sé os cionn sé throigh ar

airde; **2** a tall story scéal i mbarr bata.

tally n cuntas m1. ● vb tar le chéile, réitigh; the two reports **tallied** tháinig an dá thuairisc le chéile.

talon n ionga f (gen iongan).

tambourine n tambóirín m4.

tame adj **1** (animal) ceansa; **2** (unadventurous) leamh.

tamper vb to tamper with something bheith ag gabháil de rud.

tampon n súitín m4.

tan n **1** (suntan) dath m1 na gréine; **2** (colour) crón. ● adj crón. ● vb crónaigh.

tangent n tangant m1, tadhlaí m4; to go off at a tangent dul ar seachrán.

tangerine n táinséirín m4.

tangle n achrann m1, aimhréidh f2; in a tangle in achrann.

tank n **1** (container) umar m1, dabhach f2; **2** (vehicle) tanc m4.

tanker n tancaer m1.

tanned adj griandaite.

tantalizing adj mealltach.

tantamount adj that is tantamount to... is ionann sin agus...

tantrum n racht m3 feirge, taghd m1.

tap n **1** (on sink, pipe, etc.) sconna m4; turn a tap on/off sconna a oscailt/a dhúnadh; on tap ar tarraingt; **2** (light blow) cnag m1. ● vb **1** (resources) tarraing as; **2** (strike lightly) cnag; to tap on the window buille cnag ar an bhfuinneog; **3** to tap a telephone cúléisteacht a dhéanamh ar ghuthán.

tape n **1** (material) téip f2; sticky tape téip gheamaitheach; red tape téip dhearg; **2** (cassette) téip f2; **3** (in sport) ribín m4. ● vb **1** (stick with tape) greamaigh le

téip; **2** (record) taifead, cuir ar téip.

tape deck n deic f2 téipe.

tape measure n ribín m4 tomhais, miosúr m1.

taper n barrchaolú m (gen barrchaolaithe). ● vb barrchaolaigh.

tape recorder n téipthaifeadán m1.

tapestry n taipéis f2.

tar n tarra m4.

target n sprioc f2.

tariff n **1** (list of charges) taraif f2; **2** (tax) cáin f (gen cánach).

tarmac n tarramhacadam m1.

tarnish n teimheal m1. ● vb teimhligh, smálaigh.

tarpaulin n tarpól m1.

tarragon n dragan m1.

tart n **1** (pie) toirtín m4; **2** (offensive: woman) raiteog f2. □ tart up cóirigh.

tartan n breacán m1. ● adj breacán.

task n cúram m1, tasc m1.

task force n tascfhórsa m4.

tassel n siogairlín m4, scothóg f2.

taste n **1** (flavour) blas m1; **2** (brief preview) réamhbhlas m1; **3** (liking) dúil f2; he has a taste for it tá dúil aige ann; **4** (discernment) cuibheas m1; to have good taste bheith cuibhiúil; **5** in good/ bad taste oiriúnach/mí-oiriúnach. ● vb **1** blais; to taste something rud a bhlaiseadh; **2** it tastes like chocolate tá blas na seacláide air.

tasteful adj cuibhiúil.

tastefully adv go cuibhiúil; tastefully decorated maisithe go cuibhiúil.

tasteless adj **1** (of food) leamh; **2** (inappropriate) míchuibheasach.

tasty adj blasta.

tattoo n tatú m4. ● vb tatuáil.

tatty adj gioblach.

taunt n achasán m1, tarcaisne f4. ● vb tarcaisnigh; **to taunt someone with something** rud a chasadh le duine.

Taurus n an Tarbh m1.

taut adj teann.

tavern n tábhairne m4.

tax n cáin f (gen cánach). ● vb 1 (put tax on) gearr cáin ar; 2 (strain) tuirsigh.

taxable adj incháinithe.

tax allowance n liúntas m1 cánach.

taxation n cánachas m1.

tax avoidance n seachaint f3 cánach.

tax disc n diosca m4 cánach.

tax-free adj saor ó cháin.

taxi n tacsaí m4. ● vb (aircraft) gluais ar thalamh.

taxi driver n tiománaí m4 tacsaí.

taxi rank n stad m4 tacsaí.

taxpayer n íocóir m3 cánach.

tax relief n faoiseamh m1 cánach.

tax return n tuairisceán m1 cánach.

tea n tae m4.

tea bag n mála m4 tae.

tea break n sos m3 tae.

teach vb múin; **to teach someone something** rud a mhúineadh do dhuine.

teacher n múinteoir m3.

teaching n múinteoireacht f3.

tea cosy n púic f2 tae.

tea cup n taechupán m1.

team n 1 (in sport) foireann f2; 2 (of workers) meitheal f2.

teamwork n cur m1 le chéile.

teapot n taephota m4.

tear[1] n (split) stróiceadh m (gen stróicthe). ● vb stróic.

□ **tear along**: **to tear along** bheith ag stróiceadh leat.

□ **tear up** stróic.

tear[2] n deoir f2; **to be in tears** bheith ag gol na ndeor.

tearful adj deorach; **a tearful voice** guth caointe.

tearfully adv go deorach.

tear gas n deoirghás f2.

tearoom n seomra m4 tae.

tease vb 1 (playfully) spoch as; 2 (unkindly) ciap.

tea set n foireann f2 tae.

tea shop n siopa m4 tae.

teaspoon n taespúnóg f2.

teaspoonful n lán m1 taespúnóige.

tea strainer n siothlóir m3 tae.

teat n 1 (on bottle) dide f4; 2 (of animal) sine f4.

teatime n am m3 tae.

tea towel n ceirt f2 soithí.

technical adj teicniúil.

technicality n teicniúlacht f3, pointe m4 teicniúil.

technically adv go teicniúil.

technician n teicneoir m3.

technique n teicníc f2.

technological adj teicneolaíoch.

technology n teicneolaíocht f3.

teddy bear n béirín m4 bréige, teidí m4.

tedious adj leadránach.

tee n tí m4.

□ **tee up** cuir liathróid ar an tí.

teenage adj déagóra (gen of n).

teenager n déagóir m3.

teens n déaga plural; **to be in one's teens** bheith sna déaga.

tee-shirt n t-léine f4.

teeter vb 1 tuisligh; 2 **to be teetering on the brink of war** bheith ar bhruach an chogaidh.

teething n gearradh m fiacla.

teetotal *adj* staontach.

teetotaller *n* staonaire *m4*.

telecommunications *npl* teileachumarsáid *f2*.

telegram *n* sreangscéal *m1*.

telegraph pole *n* cuaille *m4* teaileagraife.

telephone *n* guthán *m1*, teileafón *m1*. ● *vb* to telephone someone cuir glao gutháin ar dhuine.

telephone box *n* bosca *m4* teileafóin.

telephone call *n* glao *m4* gutháin.

telephone directory *n* eolaí *m4* teileafóin.

telephone number *n* uimhir *f* ghutháin, uimhir *f* theileafóin.

telescope *n* teileascóp *m1*.

television *n* teilifís *f2*; on television ar an teilifís.

television set *n* teilifíseán *m1*.

telex *n* teileacs *m4*.

tell *vb* 1 (*relate*) inis (do); to tell a story scéal a insint; to tell the truth chun na fírinne a insint; he told me his name d'inis sé a ainm dom; 2 (*instruct*) abair (le); I told her not to do it dúirt mé léi gan é a dhéanamh; 3 (*work out*) aithin; to tell the difference between something and something an difríocht idir rud amháin agus rud eile a aithint.
□ **tell off:** to tell someone off íde béil a thabhairt do dhuine.

telling *adj* éifeachtach, feidhmiúil.

telltale *n* sceithire *m4*.

telly *n* bosca *m4*; what's on telly? cad atá ar an mbosca?

temper *n* 1 (*state of mind*) aoibh *f2*; to be in a good/bad temper dea-aoibh/drochaoibh a bheith ort; 2 (*anger*) racht *m3* feirge, taghd *m1*; to lose one's temper racht feirge a theacht ort; to con-

trol one's temper smacht a choimeád ort féin. ● *vb* 1 (*moderate*) maolaigh; 2 to temper metal faghairt a chur ar mhiotal.

temperament *n* meon *m1*.

temperamental *adj* taghdach.

temperate *adj* 1 (*climate*) séimh; 2 (*behaviour*) measartha.

temperature *n* teocht *f3*; to have a temperature fiabhras a bheith ort.

temple *n* teampall *m1*.

temporary *adj* sealadach.

tempt *vb* 1 (*attract*) meall; 2 to be tempted to do something fonn mór a bheith ort rud a dhéanamh; 3 (*persuade*) cuir cathú ar; to tempt someone with something cathú a chur ar dhuine le rud.

temptation *n* cathú *m* (*gen* cathaithe).

tempting *adj* mealltach.

ten *num* deich; ten cars deich gcarr; ten people deichniúr *m1*.

tenacious *adj* righin, coinneálach.

tenancy *n* tionóntacht *f3*.

tenant *n* tionónta *m4*.

tend *vb* 1 (*incline*) to tend to do something claonadh a bheith agat rud a dhéanamh; 2 to tend to tabhair aire do (*child, animals*).

tendency *n* claonadh *m* (*gen* claonta).

tender *adj* 1 (*meat, vegetables*) bog; tender meat feoil bhog; 2 (*delicate*) leochaileach; 3 (*person*) ceanúil, grámhar. ● *n* (*offer*) tairiscint *f3*. ● *vb* tairg.

tenement *n* tionóntán *m1*.

tenet *n* prionsabal *m1*.

tennis *n* leadóg *f2*.

tennis ball *n* liathróid *f2* leadóige.

tennis court *n* cúirt *f2* leadóige.

tennis player *n* imreoir *m3* leadóige.

tennis racket *n* raicéad *m1* leadóige.

tenor *n* teanóir *m3*.

tenpin bowling *n* bollaí *m plural4* deich mbiorán.

tense *n (in grammar)* aimsir *f2*; **the past tense** an aimsir chaite. ● *adj* **1** *(anxious)* to be tense bheith ar tinneall; **2** *(tight)* teann.

tension *n* teannas *m1*.

tent *n* puball *m1*.

tentative *adj* **1** *(uncertain)* triallach; **2** *(cautious)* faichilleach.

tenterhooks *n* to be on tenterhooks bheith ar bis.

tenth *adj* deichiú; **the tenth house** an deichiú teach.

tenuous *adj* **1** *(unconvincing)* fann; **2** *(thin)* caol.

tenure *n* **1** *(possession)* sealbhaíocht *f3*; **2** *(legal)* tionacht *f3*.

term *n* **1** *(word)* téarma *m4*; a scientific term téarma eolaíochta; **2** *(period of time)* téarma *m4*, tréimhse *f4*; a school term téarma scoile; **3** *(condition)* coinníoll *m1*; the terms of the contract coinníollacha an chonartha. ● *vb* tabhair ainm ar; to term something ainm a thabhairt ar rud.

terminal *n* teirminéal *m1*, críochfort *m1*. ● *adj* téarmach.

terminate *vb* cuir deireadh le, faigh ginmhilleadh *(pregnancy)*.

terminus *n* ceann *m1* cúrsa.

terrace *n* **1** *(in garden)* lochtán *m*; **2** *(row of houses)* sraith *f2*; **3** *(in street names)* ardán *m1*; **4** *(in stadium)* the terraces na lochtáin *m(pl)1*.

terraced *adj* **1** *(land)* lochtánach; **2** terraced houses tithe i sraith.

terracotta *n* cré *f4* bhruite.

terrain *n* tír-raon *m1*.

terrible *adj* **1** *(unpleasant)* uafásach; **2** *(bad)* ainnis; the film was terrible! bhí an scannán go hainnis!

terribly *adv* go huafásach.

terrier *n* brocaire *m4*.

terrific *adj* iontach.

terrified *adj* sceimhlithe.

terrify *vb* scanraigh, cuir sceimhle ar.

terrifying *adj* scanrúil.

territory *n* dúiche *f4*, críoch *f2*.

terror *n* sceimhle *m4*, scanradh *m1*.

terrorism *n* sceimhlitheoireacht *f3*.

terrorist *n* sceimhlitheoir *m3*.

terrorize *vb* scanraigh.

terse *adj* **1** *(style)* gonta; **2** *(manner)* grod.

test *n* **1** *(exam, medical)* scrúdú *m (gen* scrúdaithe), triail *f (gen* trialach); driving test scrúdú tiomána; an eye test scrúdú súl; **2** *(scientific)* promhadh *m1*, triail *f*. ● *vb* tástáil, triail; to test something/someone duine/rud a thástáil.

testament *n* tiomna *m4*; the Old Testament an Sean-Tiomna; the New Testament an Tiomna Nua.

testicle *n* magairle *m4*.

testify *vb* tabhair fianaise; to testify to something dearbhú le rud.

testimony *n* fianaise *f4*.

test match *n* teistchluiche *m4*.

test tube *n* promhdán *m1*.

tetanus *n* teiteanas *m1*.

tether *n* teaghrán *m1*; ➤ to be at the end of one's tether bheith i

ndeireadh na feide. ● *vb* cuir
teaghrán ar.

text *n* téacs *m4*.

textbook *n* téacsleabhar *m1*.

textile *n* teicstíl *f2*.

texture *n* uigeacht *f3*.

Thailand *n* an Téalainn *f2*.

Thames *n* an Tamais *f2*.

than *conj prep* ná; she was here
more than once bhí sí anseo níos
mó ná uair amháin; he's a better
player than you is fearr an
t-imreoir é ná tusa; I'd rather stay
in than go out b'fhearr liom
fanacht istigh ná dul amach; you
have less than a mile to go tá
níos lú ná míle le dul agat.

thank *vb* gabh buíochas le; to
thank someone for something
buíochas a ghabháil le duine as
ucht ruda. ● *n* thanks buíochas
m1; thanks to God buíochas le
Dia. →THANK YOU

thankful *adj* buíoch; to be thank-
ful to someone bheith buíoch de
dhuine.

thankless *adj* **1** (*unpleasant*) a
thankless task cúram gan
bhuíochas; **2** (*ungrateful*)
díomaíoch.

Thanksgiving Day *n* Féile *f4* an
Altaithe.

thank you *excl* go raibh míle
maith agat!; thank you very
much! go raibh míle maith agat!

that *demonstrative adjective*

····▶ sin; that man/woman an fear/
bhean sin;

····▶ (*with distance in time or
space*) úd; that house over there
an teach úd thall.

● *pron*

····▶ (*demonstrative*) é sin
(*masculine*), í sin (*feminine*); iad
sin (*plural*); who's that? cé hé
sin?; what's that? cad/céard é

sin?; give me that tabhair dom é
sin;

····▶ (*relative*) a; (*negative*) nach;
(*negative in past*) nár; the man
that works in the shop an fear a
oibríonn sa siopa; the team that
wins the fhoireann a bhuann;
the thing that she won't tell me
an rud nach n-inseoidh sí dom;
the house that I bought an teach
a cheannaigh mé; the house
that he didn't buy an teach nár
cheannaigh sé; the house that is
for sale an teach atá ar díol; the
money that I lost an t-airgead a
chaill mé; the coat that I left
here an cóta a d'fhag mé anseo;
the woman that never spoke an
bhean nár labhair riamh; all
that I have a bhfuil agam.

● *conj* go, gur; she said that she
knew him dúirt sí go raibh
aithne aici air; we thought that
he bought it cheapamar gur
cheannaigh sé é.

● *adv* is it that bad? an bhfuil sé
chomh holc sin?; I can't walk
that fast ní féidir liom siúil
chomh tapaidh sin.

! relative pronouns a and
nár are normally followed
by lenition; nach is fol-
lowed by eclipsis

thatched *adj* tuí(*gen of* n); a
thatched roof ceann tuí.

thaw *n* coscairt *f3*. ● *vb* coscair,
leáigh.

the *def art*

····▶ (*all singular forms except
feminine genitive singular*) an
(*prefixes 't-' to masculine noun
begining with vowel; lenites
feminine noun begining with
consonant and prefixes 't' to
feminine noun begining with
's'.*); (*feminine genitive singular*)

na (*prefixes 'h' to vowels*); (*plural*) na (*prefixes 'h' to vowel; followed by eclipsis in genitive plural*); the man an fear; the army an t-arm; the priest an sagart; the woman an bhean; the egg an ubh; the street an tsráid; the men na fir; the women na mná; the eggs na huibheacha; the streets na sráideanna; the man's house teach an fhir; the woman's car carr na mná; the boys'/girls' school scoil na mbuachailli/gcailíní;

····▸ (*with comparative*) the more I think about it the funnier it is dá mhéad a smaoinim air is ea is greannmhaire é; the sooner it is done the better dá thúisce a dhéanfar é is ea is fearr é;

····▸ (*in titles*) Alexander the Great Alexander Mór; Henry the Eighth Anraí a hOcht.

theatre *n* amharclann *f2*; operating theatre obrádlann *f2*.

theatrical *adj* **1** amharclannach; **2** (*exaggerated*) gáifeach.

theft *n* gadaíocht *f3*, goid *f3*.

their *adj* a (*followed by eclipsis*) a gcuid (+GEN); their brother a ndeartháir; their clothes a gcuid éadaigh.

theirs *pron* that is theirs sin a gceannsan; these are theirs seo iad a gcuidsean; is this theirs? an leo é seo?; this friend of theirs an cara seo acu.

them *pron* **1** iad; did you hear them? an bhfaca tú iad?; with them or without them leo nó gan iad; ; he was hurting them bhí sé á ngortú; **2** (*emphatic*) iadsan; I saw their mother but I didn't see them chonaic mé a máthair ach ní fhaca mé iadsan; **3** (*indirect object*) I gave them the money thug mé an t-airgead dóibh.

theme *n* téama *m4*.

theme park *n* páirc *f2* théama.

themselves *pron* **1** (s)iad féin; they themselves were the cause of it iad féin ba chúis leis; they did it themselves rinne siad féin é; **2** (*emphatic*) iadsan.

then *adv* **1** (*at that time*) ag an am sin, san am sin; we were living in Dublin then bhíomar inár gcónaí i mBaile Átha Cliath ag an am; I'll be back by then beidh mé ar ais faoin am sin; **2** (*at that moment*) ansin; then he started singing ansin thosnaigh sé ag canadh; **3** (*next*) ansin; **4** now and then anois is arís. ● *conj* (*therefore*) mar sin.

theology *n* diagacht *f*.

theoretical *adj* teoiriciúil.

theorize *vb* ceap teoiric.

theory *n* teoiric *f2*; literary theory teoiric liteartha.

therapist *n* teiripí *m4*.

therapy *n* teiripe *f2*.

there *adv* **1** (*referring to place*) ansin; (*with distance*) ansiúd; in/up/down there istigh/thuas/thíos ansin; who's there? cé atá ansin?; **2** (*with substantive verb*) how many of them are there? an mó ceann acu atá ann?; there are ten of them tá deich gcinn acu ann; there was a long silence bhí tost fada ann.

thereabouts *adv* **1** (*of amount*) thart air sin; **2** (*of place*) sa chomharsanacht, sa chóngar sin.

thereafter *adv* as sin amach.

thereby *adv* sa tslí sin, dá bharr sin.

therefore *adv* dá bhrí sin, ar an ábhar sin.

thermal *adj* teirmeach.

thermometer *n* teirmiméadar *m1*.

Thermos™ *n* teirmeas *m1*.

thermostat *n* teirmeastat *m1*.

thesaurus n teasáras m1.

these adj seo; these things na rudaí seo. ● pron (subject) siad seo; (object) iad seo.

thesis n 1 (theory) téis f2; 2 (written) tráchtas m1.

they pron 1 siad; (with copula or autonomously) iad; they're over there tá siad thall ansin; they're teachers is múinteoirí iad; they were sold díoladh iad; 2 (emphatic) siadsan; they went but we didn't chuaigh siadsan ach ní dheachamarna.

thick adj 1 (material) tiubh, ramhar (liquid); 2 (stupid) dúr. ● n in the thick of i lár (+GEN).

thicken vb 1 (substance) tiúbhaigh, ramhraigh (liquid); 2 (plot) éirigh níos casta.

thickly adj go tiubh.

thickness n tiús m1, raimhre f4 (liquid).

thick-skinned adj neamhghoilliúnach (figurative).

thief n gadaí m4.

thigh n ceathrú f (gen ceathrún), leis f2.

thimble n méaracán m1.

thin adj 1 (person) tanaí; 2 (object) caol; 3 (hair) scáinte. ● vb caolaigh, tanaigh.

thing n 1 rud m3, ní m4; what kind of a thing is it? cén sórt ruda é?; the best thing we could do is é an rud is fearr a d'fhéadfaimis a dhéanamh; 2 things (belongings) giúrléidí f(pl)2; 3 how are things? conas atá cúrsaí?

think vb 1 (reflect) smaoinigh, machnaigh; I'm thinking táim ag smaoineamh; to think about something smaoineamh ar rud; 2 (reckon) déan amach, síl, ceap; I think he's right déanaim amach go bhfuil an ceart aige; 3 (imagine) samhlaigh; I'll never think that of her ní shamhlóinn é sin di

riamh; who would think it? cé a shamhlódh é?
□ **think out** déan amach.
□ **think over**: to think something over smaoineamh a dhéanamh ar rud.
□ **think up** ceap, cum.

think tank n sainghrúpa m4 machnaimh.

thinly adv 1 (cut) go caol; 2 (spread) go tanaí.

third n trian m1; a third of the total trian den iomlán. ● adj tríú; the third house an tríú teach.

thirdly adv ar an tríú dul síos.

third-party insurance n árachas m1 tríú páirtí.

Third World n the Third World an Tríú m4 Domhan.

thirst n tart m3.

thirsty adj tartmhar; to be thirsty tart a bheith ort.

thirteen num trí déag; thirteen cars trí charr déag; thirteen people trí dhuine dhéag.

thirty num tríocha (followed by singular).

this demonstrative adjective seo; this man/woman na fear/bhean seo; this house an teach seo.

● pron (masculine) é seo; (feminine) í seo; these iad seo; who's this? cé hé seo?; what's this? cad/céard é seo?; give her this tabhair di é seo; would you like this or that? ar mhaith leat é seo nó é sin?

thistle n feochadán m1.

thorn n dealg f2.

thorough adj 1 (painstaking) críochnúil; she's slow but she's very thorough tá sí mall ach tá sí an-chríochnúil; 2 (complete) cruthanta; he's a thorough villain is bithiúnach cruthanta é.

thoroughbred adj folúil.

thoroughly adv 1 (meticulously) go críochnúil; 2 (completely) amach is amach; 3 (without reservation) ó thalamh; I thoroughly recommend him molaim é ó thalamh.

those adj sin; those things na rudaí sin. ● pron (subject) siad sin, (object) iad sin.

though conj cé go. ● adv mar sin féin, ar a shon sin.

thought n 1 (reflection) machnamh m1; 2 (idea) smaoineamh m1; 3 (opinion) tuairim f2.

thoughtful adj 1 (reflective) machnamhach, smaointeach; 2 (considerate) tuisceanach.

thoughtless adj 1 (action) mistuama; 2 (person) neamhthuisceanach, neamhaireach.

thousand num míle (followed by singular); a thousand things míle rud; a thousand people míle duine; thousands of pounds na mílte punt.

thrash vb 1 (beat) léas; 2 (defeat) treascair.
□ thrash out: to thrash out a problem fadhb a shuaitheadh.

thread n 1 (for sewing) snáth m3; 2 (on screw) snáithe m4. ● vb to thread a needle snáth a chur i snáthaid.

threat n bagairt f3.

threaten vb bagair; to threaten someone with something rud a bhagairt ar dhuine.

threatening adj go bagrach.

three num trí; three cars trí charr; three people triúr m1.

three-dimensional adj tríthoiseach.

three-piece suite n foireann f2 troscáin trí bhall.

threshold n tairseach f2.

thrift n tíos m1, coigilteas m1.

thrifty adj tíosach, coigilteach.

thrill n 1 (excitement) corraíl f3; 2 (sensation) drithlín m4; a thrill of joy drithlín áthais. ● vb 1 (excite) corraigh; 2 to be thrilled sceitimíní a bheith ort.

thriller n scéinséir m3.

thrilling adj corraitheach.

thrive vb rathaigh.

thriving adj rafar.

throat n scornach f2, sceadamán m1; to have a sore throat scornach thinn a bheith ort.

throb vb 1 (with pain) her head was throbbing bhí a ceann ag broidearnach; 2 (pulsate) frithbhuail, preab. ● n frithbhualadh m (gen frithbhuailte).

throes n to be in the throes of bheith i gceartlár (+GEN).

throne n ríchathaoir f (gen ríchathaoireach).

throng n slua m4, plód m1. ● vb plódaigh.

throttle n scóig f2. ● vb tacht.

through prep 1 (place) trí; to go through something dul trí rud; it went through the window chuaigh sé tríd an bhfuinneog; the train went through the tunnel chuaigh an traein tríd an tollán; 2 (time) i rith (+GEN); through the night i rith na hoíche; 3 (because of) le teann (+GEN); through sheer ignorance le teann aineolais.
● adv tríd; through and through amach agus amach.

throughout prep 1 (place) ar fud (+GEN); throughout the city ar fud na cathrach; 2 (time) ar feadh (+GEN), i rith (+GEN); throughout his life ar feadh a shaoil. ● adv 1 (place) the house was lit up throughout bhí an teach lasta suas ar a fhud; 2 (time) ó thús deireadh.

throw n caitheamh m1, urchar m1. ● vb caith.
□ **throw aside** caith i leataobh.
□ **throw away** caith uait.
□ **throw back** caith ar ais.
□ **throw down** caith anuas.
□ **throw in** caith isteach; ➤ to throw in one's lot with someone dul i bpáirtíocht le duine.
□ **throw off 1** (clothes) caith díot; she threw off her coat chaith sí di a cóta; **2** (get rid of) cuir díot; to throw off a cold slaghdán a chur díot.
□ **throw out 1** (throw away) caith amach; **2** (reject) diúltaigh do; the proposal was thrown out diúltaíodh don mholadh.
□ **throw up** caith aníos, urlaic.

throw-in n caitheamh m1 isteach.

thrush n (bird) smólach m1;

thrust n sá m4. ● vb sáigh, sac.

thud n tuairt f2.

thug n maistín m4.

thumb n ordóg f2. ● vb thumb (a lift) dul ar an ordóg.
□ **thumb through** méaraigh trí; to thumb through a book méarú trí leabhar.

thump n **1** (sound) tailm f2, **2** (blow) paltóg f2. ● vb buail.

thunder n toirneach f2.

thunderstorm n stoirm f2 thintrí, spéirling f2.

thundery adj toirniúil.

Thursday n Déardaoin f2; on Thursday Déardaoin; on Thursdays ar an Déardaoin.

thus adv **1** (like this) mar seo, amhlaidh; **2** (therefore) dá bhrí sin.

thwart vb bac, sáraigh.

thyme n tim f2; (wild) lus m3 na mbrat.

tick n **1** (sound, mark) tic m4; **2** (moment) nóiméad f2; just a

tick! nóiméad amháin!; **3** (insect) sceartán m1. ● vb cuir tic le.
□ **tick off 1** (mark) cuir tic le; **2** (scold) tabhair íde béil do.
□ **tick over** (engine) réchas; ➤ to keep things ticking over rudaí a choiméad sa siúl.

ticket n ticéad m1.

ticket collector n bailitheoir m3 ticéad.

ticket office n oifig f2 ticéad.

tickle n cigilt f2. ● vb cigil, cuir cigilt i.

ticklish adj **1** (person) cigilteach; **2** a ticklish question ceist cháiréiseach.

tidal adj taoidmhear.

tidal wave n muirbhrúcht m3.

tide n taoide f4; high tide lán mara; low tide lag trá; flood tide taoide thuile; against the tide i gcoinne an tsrutha. ● vb to tide someone over duine a chur thar an ngátar.

tidy adj slachtmhar. ● vb cuir slacht ar.

tie n **1** (necktie) carbhat m1; **2** (for fastening something) ceangal m1; **3** (link) nasc m1; **4** (draw) cluiche m4 cothrom. ● vb **1** ceangail; to tie one's shoes do bhróga a cheangal; to tie a knot in something snaidhm a chur i rud; **2** (draw) críochnaigh ar comhscór.
□ **tie down 1** (with string) ceangail go; **2** they're tied down by the children tá siad ar teaghrán ag na leanaí.
□ **tie on** ceangail de.
□ **tie up 1** (with string) ceangail; **2** (fix) socraigh; **3** to be tied up (busy) bheith gafa.

tiger n tíogar m1.

tight adj **1** (fixed firmly) daingean; **2** (taut) rite; **3** (of clothes) fáiscthe; the shoes are too tight tá na bróga rófháiscthe;

4 (grip) daingean, docht;
5 (scarce) gann. ● adv go teann.

tighten vb teann.

tightly adv go daingean, go docht.

tightrope n téad f2 rite.

tights npl riteoga f(pl)2.

tile n tíl f2, leacán m1.

tiled adj tílithe.

till n scipéad m1. ● vb saothraigh.
● prep (until) go dtí.

tilt vb claon.

timber n adhmad m1.

time n 1 aimsir f2, am m3; the passing of time imeacht na haimsire; time will tell is maith an scéalaí an aimsir; 2 (clock time) am m3; what time is it? cén t-am é?; 3 (occasion) uair f2; do you remember the time...? an cuimhin leat an uair...?; at times uaireanta; from time to time ó am go ham; 4 (period of time) am m3; after a long time tar éis tamaill fhada. ● vb 1 (measure time of) amaigh; 2 (arrange) socraigh fad (+GEN).

time bomb n buama m4 ama.

timeless adj síoraí.

time off n am m3 saor.

timer n amadóir m3.

timescale n achar m1 ama.

time-switch n amlasc f2.

timetable n clár m1 ama, amchlár m1.

time zone n crios m3 ama.

timid adj eaglach, faiteach.

timing n 1 (scheduling) uainiú m (gen uainithe); the timing of the announcement uain an ráitis; 2 (in sport) am-áireamh m1; 3 (of engine) comhrialú m (gen comhrialaithe).

tin n stán m1; a tin can canna m4 stáin.

tinfoil n scragall m1 stáin.

tingle n drithlín m4, griofadach m1. ● vb her skin was tingling bhí drithlíní ina craiceann.

tinker n tincéir m3. ● vb to tinker with something bheith ag útamáil le rud.

tinkle n cling f2. ● vb déan cling.

tinned adj stánaithe.

tin opener n stánosclóir m3.

tinsel n tinsil f2.

tint n 1 imir f2; 2 (hair colouring) fordhath m3. ● vb dathaigh.

tinted adj fordhaite.

tiny adj bídeach.

tip n 1 (end) barr m1, ceann m1; 2 (point) rinn f2; 3 (of pen) gob m1; 4 (gratuity) séisín m4; 5 (hint) nod m1, leid f2; 6 rubbish tip láithreán m1 fuílligh. ● vb 1 (give gratuity) tabhair séisín do; 2 (tilt) claon.

tip-off n cogar m1 scéala.

Tipperary n Tiobraid f2 Árann.

tipsy adj súgach.

tiptoe n on one's tiptoes ar do bharraicíní. ● vb siúil ar do bharraicíní.

tire vb traoch, tuirsigh.

tired adj tuirseach; to be tired tuirse a bheith ort; to be tired of something bheith bréan de rud.

tireless adj dothuirsithe.

tiresome adj leadránach, fadálach.

tiring adj tuirsiúil.

tissue n 1 (handkerchief) ciarsúr m1 páipéir; 2 (biological) fíochán m1; 3 a tissue of lies gréasán bréag.

tissue paper n páipéar m1 síoda.

tit n 1 (bird) meántán m1; 2 (teat) sine f4; 3 (breast) cíoch f2.

title n teideal m1.

title deed n gníomhas m1 teidil.

title role n páirt f2 theidil.

titter n scige f4. ● vb bi ag sciotáil.

....

to prep

····▸ (in direction of) go, chun (+GEN); chuig; go dtí; to go to Belfast dul go Béal Feirste; Welcome to Ireland Fáilte go hÉirinn; to go to the shop/the doctor dul go dtí an siopa/dochtúir; to go to France dul chun na Fraince;

····▸ (as far as) go; to count to a hundred comhaireamh go dtí céad; from Monday to Friday ón Luan go dtí an Aoine;

····▸ (in clock time) it's ten to five tá sé a deich chun a cúig;

····▸ (rate) fifty miles to the gallon caoga míle an galún; ten francs to the pound deich bhfranc don phunt;

····▸ (in sport) two goals to one dhá chúl in aghaidh a haon;

····▸ (belonging to) the key to the door eochair an dorais; the words to the song focail an amhráin;

····▸ (directed towards or concerning) a reference to politics tagairt don pholaitíocht; a threat to peace bagairt don tsíocháin.

toad n buaf f2.

toadstool n beacán m1 bearaigh.

toast n 1 (bread) arán m1 tíortha, tósta m4; 2 (drink) sláinte f4. ● vb 1 (bread) tóstáil; 2 to toast someone sláinte duine a ól.

toaster n tóstaer m1.

tobacco n tobac m4.

tobacconist n tobacadóir m3.

tobacconist's shop n siopa m4 tobac.

toboggan n sleamhnán m1.

today n an lá inniu. ● adv inniu.

toddler n tachrán m1.

toe n méar f2 coise, ladhar m1; big/little toe ordóg/lúidín coise; ▸ to toe the line géilleadh do na rialacha.

toenail n ionga f coise.

toffee n taifí m4.

together adv le chéile; together with i dteannta (+GEN), in éineacht le.

toil n saothar m1, dua m4. ● vb saothraigh.

toilet n leithreas m1.

toilet paper n páipéar m1 leithris.

toilet roll n rolla m4 leithris.

toilet water n uisce m4 ionnalta.

token n 1 (sign, symbol) comhartha f4; as a token of respect mar chomhartha ómóis; 2 (coupon) éarlais f2; a book/gift token éarlais leabhair/ bhronntanais. ● adj comharthach.

tolerable adj 1 (bearable) sofhulaingthe; 2 (fairly good) cuibheasach.

tolerant adj caoinfhulangach; to be tolerant of something bheith caoinfhulangach maidir le rud.

tolerate vb fulaing, cuir suas le.

toll n dola m4. ● vb buail.

toll bridge n doladhroichead m1.

tomato n tráta m4.

tomb n tuama m4.

tombstone n leac f2 uaighe.

tomcat n cat m1 fireann.

tomorrow n adv amárach; the day after tomorrow arú amárach.

ton n tonna m4; there's tons of... tá dalladh/greadadh... (+GEN).

tone n 1 (of voice) tuin f2; 2 (of colour or in linguistics) ton m1.

tone-deaf adj ceolbhodhar.

tongue n teanga f4.

tongue-tied adj balbh; she was tongue-tied níor fhan focal ina béal.

tongue-twister n rabhlóg f2.

tonic n íocshláinte f4; tonic water uisce m4 íocshláinteach.

tonight adv n anocht.

tonsil n céislín m4.

tonsillitis n céislínteas m1.

tonsure n corann f2.

too adv 1 (excessively, very) ró-; too big/small rómhór/róbheag; I'm not too sure nílim róchinnte; 2 (also) fresin, chomh maith; Rosie thinks so too ceapann Róisín é sin freisin; 3 too much an iomarca (+GEN), barraíocht (+GEN); too much talk an iomarca cainte.

tool n uirlis f2, gléas m1.

tool box n bosca m4 uirlisí.

toot n 1 (of car horn) blosc m1; 2 (of whistle) fead f2. ● vb séid; to toot a horn adharc a shéideadh.

tooth n fiacail f2.

toothache n tinneas m1 fiacaile.

toothbrush n scuab f2 fiacla.

toothpaste n taos m1 fiacla.

toothpick n bior m3 fiacla.

top n 1 barr m1, uachtar m1; from top to bottom ó bhun go barr; at the top of the stairs ag barr an staighre; 2 (of head or mountain) mullach m1, barr m1; 3 (of container) clár m1; 4 (spinning top) caiseal m1. ● adj 1 (highest) uachtarach; the top shelf an tseilf uachtarach; 2 (most important) príomh-; the top scientists na príomheolaithe; 3 (best) is fearr. ● vb 1 (exceed) sáraigh; 2 (come first) bí ar cheann (+GEN); to top a class bheith ar cheann an ranga. □ **top up** líon go béal.

top-class adj den chéad scoth.

top-heavy adj barrthrom.

topic n ábhar m1.

topical adj reatha (gen of n).

topple vb 1 (building) leag; 2 (government) treascair; 3 (fall) tit.

topsy-turvy adj bunoscionn.

torch n tóirse m4.

torment n crá m4, céasadh m (gen céasta). ● vb cráigh, céas.

tornado n tornádó m4.

torrent n tuile f4.

tortoise n toirtís f2.

tortoiseshell adj breac.

torture n céasadh m (gen céasta). ● vb céas.

Tory n Tóraí m4; the Tories na Tóraithe. ● adj Tóraíoch.

toss vb 1 (throw) caith; to toss a ball to someone liathróid a chaitheamh chuig duine; 2 to toss one's head croitheadh a bhaint as do cheann; 3 to toss and turn bheith do d'únfairt féin; 4 to toss a coin pingin a chaitheamh in airde; to toss up for something rud a chur ar chrainn. ● n (in sport) caitheamh m1 in airde, caitheamh f2 pingine.

tot n 1 (small child) pataire m4; 2 (drink) súimín m4.

total n iomlán m1. ● adj iomlán. ● vb suimigh; it totals two hundred pounds déanann sé dhá chéad phunt.

totally adv go hiomlán.

totter vb 1 (person) tuisligh; to totter to one's feet éirí go tuisleach i do sheasamh; 2 the regime was tottering bhí an réim ag tabhairt uaidh.

touch n 1 (action) teagmháil f3; 2 (sense) tadhall m1; 3 (trace) iarracht f3; to have a touch of a cold iarracht de shlaghdán a bheith ort; 4 to put the finishing touches to something bailchríoch a chur le rud; 5 (skill) lámh f2; a delicate touch lámh éadrom;

6 (*in sport*) (*touchline*) taobhline *f4*; in touch thar an taobhlíne.
● *vb* **1** to touch something teagmháil le rud; **2** she was very touched by his letter chuaigh a litir go croí inti.
□ **touch up** (*paint*) cuir barr maise ar.

touch-and-go *adj* éiginnte.

touched *adj* **1** (*moved*) corraithe; **2** (*mad*) he's a bit touched tá sé ábhairín as a mheabhair.

touching *adj* corraitheach.

touchline *n* taobhline *f4*.

touchy *adj* goilliúnach.

tough *adj* **1** (*material*) crua; **2** (*person*) garbh; **3** (*problem, situation*) deacair.

toughen *vb* cruaigh, righnigh.
□ **toughen up** on righnigh.

tour *n* **1** (*journey*) turas *m1*, camhchuairt *f2*; a package tour turas láneagraithe; **2** (*visit*) cuairt *f2*. ● *vb* to tour an area turas/camhchuairt a thabhairt ar cheantar.

tourism *n* turasóireacht *f3*.

tourist *n* turasóir *m3*.

tourist office *n* oifig *f2* thurasóireachta.

tournament *n* comórtas *m1*.

tout *n* reacaire *m4* ticéad. ● *vb* to tout for customers stocaireacht a dhéanamh do chustaiméirí.

tow *vb* tarraing.

toward(s) *prep* **1** (*in the direction of*) i dtreo (+GEN); she walked towards the city shiúil sí i dtreo na cathrach; **2** (*in relation to*) maidir le; his attitude towards young people a dhearcadh maidir le daoine óga; **3** (*as contribution to*) le haghaidh (+GEN); to save money towards a holiday airgead a shábháil le haghaidh saoire.

towel *n* tuáille *m4*.

towelling *n* éadach *m1* tuáille.

towel rail *n* ráille *m4* tuáillí.

tower *n* túr *m1*.

tower block *n* árasann *f2*.

town *n* baile *m4* (mór).

town centre *n* lár *m1* an bhaile, (*on signs*) an Lár *m1*.

town council *n* comhairle *f4* baile.

town hall *n* halla *m4* baile.

town planner *n* pleanadóir *m3* baile.

town planning *n* pleanáil *f3* baile mhóir.

towrope *n* téad *f2* tarraingthe.

toxic *adj* tocsaineach.

toxic waste *n* dramhaíl *f3* thocsainach.

toy *n* bréagán *m1*. ● *vb* to toy with something bheith ag súgradh le rud.

trace *n* lorg *m1*, rian *m1*. ● *vb* **1** (*draw*) rianaigh; **2** (*follow*) lorg; **3** (*find*) aimsigh.

tracing paper *n* rianpháipéar *m1*.

track *n* **1** (*path*) cosán *m1*; **2** (*mark*) lorg *m1*, rian *m1*; he left tracks in the snow d'fhág sé a lorg sa sneachta; **3** (*course*) lorg *m1*; **4** (*railway*) ráille *f4*; **5** (*in sport*) raon *m1*; a race track raon rásaí; ➤ to make tracks bailiú leat. ● *vb* lorg, lean lorg (+GEN).
□ **track down** (*person, animal*) lorg agus ceap; **2** (*object*) aimsigh.

track record *n* teist *f2*; to have a good track record as... deatheist a bheith ort mar...

tracksuit *n* culaith *f2* reatha.

tractor *n* tarracóir *m3*.

trade *n* **1** (*business*) tráchtáil *f3*, trádáil *f3*; **2** (*skill*) ceird *f2*. ● *vb* **1** (*do business*) déan trádáil; **2** (*exchange*) malartaigh; to trade something for something rud a mhalartú ar rud.

□ **trade in** tabhair mar pháirtíocht.

trade fair n aonach m1 trádála.

trademark n trádmharc m1.

trader n trádálaí m4.

trade union n ceardchumann m1.

trade unionist n ceardchumannaí m4.

tradition n traidisiún m1.

traditional adj traidisiúnta.

traditionally adj go traidisiúnta.

traffic n trácht m3. ● vb déileáil i; drug trafficking déileáil i ndrugaí.

traffic jam n plódú m tráchta.

traffic lights plural noun soilse m1 tráchta.

traffic warden n maor m1 tráchta.

tragedy n traigéide f4.

tragic adj tragóideach.

trail n 1 (path) cosán m1; 2 (tracks) lorg m1; a false trail bonn m1 bréige; 3 (of smoke) sraoill f2. ● vb 1 (follow) lorg, lean lorg (+GEN).

trailer n 1 (pulled by vehicle) leantóir m3; 2 (for film) réamhbhlaiseadh m (gen réamhbhlaiste).

train n 1 traein f (gen traenach); 2 train of thought snáithe m4 smaointe. ● vb 1 (instruct) oil; 2 (in sport; animal) traenáil.

trained adj traenáilte, oilte.

trainee n foghlaimeoir m3.

trainer n 1 (coach) traenálaí m4; 2 (of animals) ceansaitheoir m3; 3 trainers (shoes) bróga f(pl)2 traenála.

training n 1 (for job) oiliúint f3; 2 (in sport) traenáil f3.

traipse vb crágáil.

trait n tréith f2.

traitor n fealltóir m3.

tram n tram m4.

tramp n fear m1 siúil, tramp m4.
● vb siúil go trom.

trample vb satail.

trampoline n trampailín m4.

tranquil adj ciúin, suaimhneach.

tranquillizer n suaimhneasán m1.

transaction n idirbheart m1.

transatlantic adj trasatlantach.

transfer n 1 (move) aistriú m (gen aistrithe); 2 (sticker) aistreog f2 ghreamaitheach. ● vb aistrigh.

transform vb claochlaigh.

transformation n claochlú m (gen claochlaithe).

transfusion n aistriú m (gen aistrithe); a blood transfusion fuilaistriú m (gen fuilaistrithe).

transistor n trasraitheoir m3.

transit n idirthuras m1; in transit faoi bhealach.

transition n athrú m (gen athraithe); transition period idirthréimhse.

transitive adj aistreach; transitive verb briathar aistreach.

transit lounge n tolglann f2 idirthurais.

transitory adj díomuan.

translate vb aistrigh.

translation n aistriúchán m1.

translator n aistritheoir m3.

transmission n 1 (transmitting) seachadadh m (gen seachadta), iompar m1; 2 (broadcast) craoladh m (gen craolta).

transmit vb 1 (pass on) seachaid; 2 (broadcast) craol.

transparency n 1 trédhearcacht f3; 2 (slide) tréshoilseán m1.

transparent adj trédhearcach.

transpire vb tarlaigh; it transpired that... tharla go...

transplant n nódú m (gen nódaithe); a heart transplant nódú croí. ● vb 1 (plant) athphlandáil; **2** (*person, company*) aistrigh; **3** (*organ*) nódaigh.

transport n **1** (*of goods, passengers*) iompar m1; **2** (*vehicle*) gléas m1 iompair. ● *vb* iompair.

transportation n **1** (*transport*) iompar m1; **2** (*banishment*) ionnarbadh m (*gen* ionnarbtha).

trap n **1** (*device, plan*) gaiste m4; **to set a trap (for)** gaiste a chur (do); **2** (*cart*) trap m4; **3 shut your trap!** dún do chlab! ● *vb* **1** (*person, animal*) gaistigh; **2** (*finger, nerve*) sáinnigh.

trap door n comhla f4 thógála.

trapeze n maide m4 luascáin.

trappings npl feisteas m1.

trash n **1** (*nonsense*) raiméis f2, seafóid f2; **2** (*inferior goods*) dramháil f3; **3** (*waste*) bruscar m1.

trash can n bosca m4 bruscair.

trashy adj suarach.

trauma n coscairt f3, tráma m4.

traumatic adj coscrach.

traumatize vb cuir tráma air.

travel n taisteal m1. ● *vb* **1** (*person*) taistil; **2** (*light, sound*) leath.

travel agency n gníomhaireacht f3 taistil.

travel agent n gníomhaire m4 taistil.

traveller n taistealaí m4; **travellers** lucht m3 siúil.

traveller's cheque n seic m4 taistil.

travelling n taisteal m1.

travel sickness n tinneas m1 taistil.

travesty n scigaithris f2.

trawler n trálaer m1.

tray n tráidire m4.

treacherous adj fealltach.

treachery n feall m1.

treacle n triacla m4.

tread n **1** (*footstep*) coiscéim f2; **the tread of feet** torann cos; **2** (*of shoe*) bonn m1; **3** (*of tyre*) trácht m3 (boinn). ● *vb* satail.

treason n tréas m3.

treasure n taisce m4, ciste m4. ● *vb* to treasure something rud a bheith luachmhar agat.

treasurer n cisteoir m3.

Treasury n **the Treasury** an Roinn f2 Airgeadais.

treat n **1** (*pleasure*) pléisiúr m1; **2** (*present*) féirín m4; **this is my treat** ormsa é seo. ● *vb* **1** (*deal with*) caith le; **to treat someone nicely** caitheamh go deas le duine; **2 to treat someone to a drink** deoch a sheasamh do dhuine.

treatment n **1** (*medical*) cóir f3; **medical treatment** cóir leighis; **2** (*of person*) cóireáil f3; **3** (*discussion*) plé m4.

treaty n conradh m (*gen* conartha).

treble n faoi thrí. ● *vb* méadaigh faoi thrí.

treble clef n eochair f na tribile.

tree n crann m1.

trek n aistear m1.

tremble vb crith.

tremendous adj **1** (*brilliant*) ar fheabhas; **2** (*huge*) ollmhór.

tremendously adv tremendously important an-tábhachtach ar fad.

tremor n creathán m1; **earth tremor** crith m3 talún.

trench n díog f2, trinse m4.

trend n **1** (*tendency*) claonadh m (*gen* claonta); **2** (*fashion*) faisean m1.

trendy adj faiseanta.

trespass vb **1** (*on property*) to trespass on bradaíl/tréaspas a dhéanamh ar; **2** (*sin*) ciontaigh.

trestle n tristéal m1.

trial n 1 (*in court*) triail f (*gen* trialach); 2 (*test*) tástáil f3; **trial and error** tástáil agus earráid; 3 (*hardships*) cruatan m(*sg*)1; **trials and tribulations** cruatan agus anró; 4 **trials** (*in sport*) trialacha f(*pl*).

trial period n tréimhse f4 trialach.

triangle n triantán m1.

triangular adj triantánach.

tribe n treibh f2.

tribunal n binse m4 breithimh.

tributary n craobh-abhainn f (*gen* craobh-abhann).

tribute n ómós m1.

trick n 1 (*of skill*) cleas m3, a card trick cleas cártaí; 2 (*joke*) bob m4; **to play a trick on someone** bob a bhualadh ar dhuine. ● vb 1 imir cleas ar; 2 (*deceive*) cuir cluain ar.

trickery n cleasaíocht f3.

trickle n silín m4. ● vb sil.

tricky adj 1 (*problem, decision*) cáiréiseach; 2 (*person*) cleasach.

tricycle n trírothach m1.

trifle n 1 (*triviality*) mionrud m3; 2 (*dessert*) traidhfil f4.

trifling adj mion-, fánach.

trigger n truicear m1.
□ **trigger off** cuir tús le.

trim n 1 (*haircut*) diogáil f3; 2 **to be in good trim** bheith ar do chóir féin. ● vb 1 (*cut*) diogáil; 2 (*decorate*) feistigh (le). ● adj 1 (*slim, fit*) comair; 2 (*neat*) slachtmhar.

trip n (*journey*) turas m1; **to go on a trip** dul ar turas. ● vb tuisligh.
□ **trip up** 1 (*make a mistake, stumble*) tuisligh; 2 **to trip someone up** barraíthuisle a bhaint as duine.

tripe n 1 (*food*) ruipleog f2; 2 (*rubbish*) raiméis f2.

triple adj triarach.

triplets n trírín m4.

tripod n trichosach m1.

trite adj seanchaite.

triumph n bua m4, caithréim f2.
● vb beir bua; **to triumph over someone** bua a bhreith ar dhuine.

trivia n rudaí m(*pl*)4 neafaiseacha.

trivial adj neafaiseach.

trolley n tralaí m4.

trombone n trombón m1.

troop n 1 **troops** (*soldiers*) trúpaí m(*pl*)4; 2 (*large group*) buíon f2.
● vb **to troop in** cruinnigh isteach; **to troop out** bailigh amach.

trophy n comhramh m1, trófaí m4.

tropical adj treochreasach.

trot n sodar m1. ● vb bí ag sodar; **to trot after someone** bheith ag sodar i ndiaidh duine.

trouble n 1 (*difficulty*) trioblóid f2; **to be in trouble** bheith i dtrioblóid; 2 (*worry*) buairt f3; 3 (*work or effort*) dua m4; **to go to a lot of trouble (to do something)** an-dua a chur ort féin (le rud a dhéanamh); 4 **the Troubles** na Trioblóidí f(*pl*)2.
● vb 1 (*worry*) buair; 2 (*disturb*) cuir as do.

troubled adj 1 (*person*) buartha, imníoch; 2 (*times*) corrach, suaite.

troublemaker n clampróir m3.

troublesome adj 1 (*person*) crosta, trioblóideach; 2 (*task*) duaisiúil.

trough n 1 (*for animals*) trach m4; 2 (*in geography*) umar m1.

trousers npl briste m4.

trout n breac m1.

trowel n lián m1.

truancy n múitseáil f3.

truant n múitseálaí m4; **to play truant** lá faoin dtor a bheith agat.

truce n sos m3 cogaidh.

truck n trucail f2.

truck driver n tiománaí m4 trucaile.

trudge vb spágáil.

true adj 1 (correct) cruinn; 2 (truthful) fíor; 3 (loyal) dílis.

truffle n strufal m1.

truly adv 1 (truthfully) go fíreannach; 2 (seriously) dáiríre.

trump n mámh m1; to play trumps an mámh a imirt. ● vb 1 (in cards) cuir mámh ar; 2 to trump up charges against someone coir bhréige a chur i leith duine.

trumpet n stoc m1, trumpa m4.

trumpeter n trumpadóir m3.

truncheon n smaichtín m4.

trunk n 1 (of tree) stoc m1; 2 (case) trunc m3; 3 (torso) cabhail f (gen cabhlach); 4 (of elephant) trunc m3.

trust n 1 (confidence) muinín m4, iontaoibh f2; to have trust in someone muinín a bheith agat as duine; 2 (care, responsibility) cúram m1; 3 (institution) iontaobhas m1. ● vb 1 to trust someone muinín a bheith agat as duine; 2 I trust that you are well tá súil agam go bhfuil tú go maith.

trusted adj muiníneach, iontaofa.

trustee n iontaobhaí m4.

trustful adj muiníneach.

trustworthy adj iontaofa.

truth n fírinne f4; to tell the truth chun na fírinne a insint.

truthful adj 1 (statement) fírinneach; 2 (person) ionraic.

try n 1 (attempt) iarracht f3; to have a try at doing something iarracht a thabhairt faoi rud a dheanamh; 2 (in rugby) úd m1.

● vb 1 (attempt) déan iarracht ar; 2 (law) triail; to try a case cás a thriail; 3 to try someone's patience duine a chur go bun na foighne.

□ **try on** féach ort.

□ **try out** tástáil.

trying adj duaisiúil.

T-Shirt n T-léine f4.

tub n 1 (container) tobán m1; 2 (bath) folcadán m1.

tube n 1 (container or pipe) feadán m1, píobán m1; 2 (underground train) traein f faoi thalamh; 3 (for tyre) tiúb f2.

tuberculosis n eitinn f2.

tuck vb sac.

□ **tuck in** 1 (bed clothes) sac isteach; 2 (child) soiprigh; 3 tuck in! ith leat!

Tuesday n an Mháirt f2; on Tuesday Dé Máirt; on Tuesdays ar an Máirt.

tuft n tom m1.

tug n (boat) tuga m4. ● vb tarraing.

tug-of-war n tarraingt f téide.

tuition n teagasc m1.

tulip n tiúilip f2.

tumble n (fall) titim f2. ● vb 1 (fall) tit; 2 (understand) tuig; to tumble to something rud a thuiscint.

tumble drier n triomadóir m3 iomlasctha.

tumbler n timbléar m1.

tummy n bolg m1.

tumour n 1 (benign) meall m1, sceachaill f2; 2 a cancerous tumour cnoc m1 ailse.

tuna n tuinnín m4.

tune n 1 (of song) fonn m1; 2 (for dancing) port m1; 3 (agreement) to be in/out of tune with bheith i dtúin/as túin le. ● vb tiúin.

□ **tune** in aimsigh.

tuneful adj ceolmhar.

tuner n **1** (on radio) tiúnóir m3;
2 (person) tiúnadóir m3, a piano
tuner tiúnadóir m3 pianó.

Tunisia n an Túinéis f2.

tunnel n tollán m1. ● vb tochail
tollán.

turbot n turbard m1.

turbulence n suaitheacht f3.

turd n cac m3.

tureen n túirín m4.

turf n **1** (grass) scraith f2; **2** (for
burning) móin f3; a sod of turf
fód móna. ● vb cuir scraith ar.
□ **turf out** (person) tabhair bata
agus bóthar do.

Turk n Turcach m1.

turkey n turcaí m4.

Turkey n an Tuirc f2.

Turkish (language) Tuircis f2.
● adj Turcach m1.

turmoil n cíor f2 thuathail; the
place was in turmoil bhí an áit
ina cíor thuathail.

turn n **1** (act of turning) casadh
m1, iompú m (gen iompaithe);
2 (in road) casadh m1, cor m1;
3 (medical) taom m3; he took a
turn bhuail taom é; **4** (to do
something) seal m3; it's your turn
is é do sheal é; wait your turn fan
le do sheal; to take turns at
something sealaíocht a
dhéanamh ar rud; **5** to do some-
one a good turn gar a dhéanamh
do dhuine. ● vb **1** (revolve) cas,
iompaigh; to turn a wheel roth a
chasadh; the key turned in the
lock chas an eochair sa ghlas;
2 (turn over) iompaigh; to turn
the meat an fheoil a iompú;
3 (change direction) cas; to turn a
corner cúinne a chasadh; to turn
left/right casadh ar clé/ar dheis;
4 (become) éirigh; he turned
angry d'éirigh sé feargach;
5 (with age) slánaigh; to turn
sixty seasca bliain a shlánú.
□ **turn against** cas i gcoinne
(+GEN).

□ **turn away** cuir ó dhoras.
□ **turn back 1** (on walk,
journey) cas ar ais, fill; **2** (clock)
cuir siar.
□ **turn down 1** (refuse)
diúltaigh; **2** (lower volume) ísligh.
□ **turn in** (go to bed) téigh a
chodladh; **2** (fold) cas isteach.
□ **turn off** (light, engine)
múch; **2** (tap) múch.
□ **turn on** (television, radio)
cuir ar siúl; **2** (light) las.
□ **turn out 1** (light) múch;
2 (produce) táirg; **3** it turned
out... faoi mar a tharla...
□ **turn over** iompaigh.
□ **turn round** cas thart.
□ **turn up 1** (appear) tar i
láthair, nocht; **2** (raise volume)
ardaigh.

turning n casadh m (gen casta),
cor m1.

turning point n cor m1
cinniúnach.

turnip n tornapa m4.

turnoff n **1** (from road) casadh
m1; **2** it's a real turnoff
chuirfeadh sé de do bhuille tú.

turnover n **1** (of money)
láimhdeachas m1; **2** (of staff)
ráta m4 imeachta; **3** (of goods)
imeacht f3.

turntable n caschlár m1.

turnup n (on trousers) filleadh m
osáin.

turpentine n tuirpintín m4.

turquoise n **1** (stone) turcaid f2;
2 (colour) turcaidghorm m1.
● adj turcaidghorm.

turret n túirín m4.

turtle n turtar m1.

tusk n starrfhiacail f2.

tutor n teagascóir m3; oide m4 (in
university).

tutorial n rang m3 teagaisc.

tuxedo n casóg f2 dinnéir.

TV n TV, teilifís.

tweed n bréidín m4.

tweezers n pionsúirín m4.

twelfth n the twelfth of August
an dara lá déag de mhí Lúnasa;
the Twelfth (of July) an Dóú Lá
Déag (de mhí Iúil). ● adj
dara...déag, dóu...déag; the twelfth
house an dara teach déag.

twelve num a dó dhéag; twelve
cars dhá charr déag; twelve
people dháréag m4.

twentieth n the twentieth of July
an fichiú lá de mhí Iúil. ● adj
fichiú; the twentieth day an fichiú
lá.

twenty num fiche; twenty cars
fiche carr; twenty people fiche
duine.

twice adv faoi dhó; to do some-
thing twice rud a dhéanamh faoi
dhó; twice as much a dhá oiread.

twiddle vb to twiddle with
something bheith ag
méirínteacht le rud; ➤ to be
twiddling one's thumbs bheith
díomhaoin.

twig n craobhóg f2, cipín m4.
● vb tuig.

twilight n clapsholas m1.

twin n leathchúpla m4; twins
cúpla. ● adj **1** (thing) cúplach;
2 twin sister leathchúpla
deirféar; twin sisters cúpla
deirfiúracha.

twinge n **1** (of pain) arraing f2,
2 (of conscience) priocadh m (gen
prioctha).

twinkle vb drithligh; lonraigh
(eyes)

twirl vb cas, rothlaigh.

twist n **1** (twisting) casadh m
(gen casta); **2** (in rope) caisirnín
m4; **3** (in road) cor m4. ● vb cas.

twit n gamall m1.

twitch n **1** (muscular) freanga f4;
2 (tug) tarraingt f (gen
tarraingthe). ● vb preab.

two num dó; two cars dhá charr;
two or three years a dó nó a trí

de bhlianta; two people beirt f2;
two boys/girls beirt bhuachaill/
chailín.

two-faced adj a two-faced
person Tadhg an dá thaobh.

two-way adj déthreo.

tycoon n toicí m4.

type n **1** (sort) cineál m1, saghas
m1; **2** (print) cló m4. ● vb
clóscríobh.

typeface n cló-aghaidh f2.

typewriter n clóscríobhán m1.

typhoid n an fiabhras m1 breac.

typical adj tipiciúil.

typically adv go tipiciúil.

typing n clóscríbhneoireacht f3.

typist n clóscríobhaí m4.

tyrant n tíoránach m1.

tyre n bonn m1.

Tyrone n Tír f2 Eoghain.

Uu

udder n úth m3.

ugly adj gránna.

UK n →UNITED KINGDOM

Ukraine n an Ucráin f2.

Ukrainian n **1** (person)
Ucránach m1; **2** (language)
Ucráinis f2. ● adj Ucránach.

ukulele n ucailéile m4.

ulcer n othras m1.

Ulster n Cúige m4 Uladh. ● adj
Ultach.

ulterior adj an ulterior motive
aidhm fholaigh.

ultimate adj **1** (final)
deireanach; **2** (greatest) is airde,
is mó; **3** (fundamental) bunaidh
(gen of n).

ultimately adv ar deireadh, faoi dheireadh.

ultrasound n ultrafhuaim f2.

umbilical cord n sreang f2 an imleacáin.

umbrella n scáth m3 fearthainne, scáth m3 báistí.

umpire n moltóir m3; **goal umpire** (in Gaelic games) maor m1 cúil.

umpteen adj scata; **umpteen books** scata leabhar.

umpteenth adj for the umpteenth time... don uair dheireanach...

UN n NA (Náisiúin Aontaithe).

unable adj to be unable to do something gan a bheith ábalta rud a dhéanamh.

unacceptable adj nach féidir glacadh leis.

unaccustomed adj ainchleachta (ar); **to be unaccustomed to something** bheith ainchleachta ar rud.

unaided adv gan chabhair.

unanimous adj d'aon ghuth.

unanimously adv d'aon ghuth.

unarmed adj 1 (without weapons) neamharmtha; 2 (without using weapons) gan arm.

unashamed adj mínáireach.

unassuming adj neamhphostúil.

unattached adj 1 (unmarried) singil; 2 (to group) gan cheangal le.

unattended adj gan feighlí.

unattractive adj mísciamhach.

unauthorized adj gan údarás.

unavoidable adj dosheachanta.

unaware adj aineolach (ar); **to be unaware of something** bheith aineolach ar rud.

unawares adv to catch someone unawares breith gairid ar dhuine.

unbalanced adj 1 (uneven) michothrom; 2 (mentally) spadhrúil.

unbearable adj dofhulaingthe; **he's unbearable** ní fhéadfaí cur suas leis.

unbearably adv it was unbearably cold ní fhéadfaí cur suas leis an bhfuacht.

unbeatable adj dosháraithe; **she's unbeatable** níl a sárú le fáil.

unbelievable adj dochreidte.

unbiased adj neamhchlaon.

unborn adj gan bhreith, nár saolaíodh fós.

unbreakable adj dobhriste.

unbroken adj 1 (series, silence, etc.) gan bhriseadh; 2 (record) gan sárú; 3 (horse) nár cloíodh.

unbutton vb scaoil.

uncalled-for adj neamhriachtanach.

uncanny adj 1 (scary) diamhair; 2 (extraordinary) iontach.

unceasing adj síor-, gan staonadh.

uncertain adj 1 (unsure) éiginnte, neamhchinnte; **in no uncertain terms** gan fiacail a chur ann; 2 (hesitant) éideimhin.

uncertainty n éiginnteacht f3, neamhchinnteacht f3.

unchangeable adj do-athraithe.

uncharitable adj micharthanach.

uncivilized adj 1 (people, place) mishibhialta; 2 (behaviour) barbartha.

uncle n uncail m4.

uncomfortable adj 1 (physically) míchompordach; 2 (emotionally) míshuaimhneach; **to feel uncomfortable in a place** mishuaimhneas a bheith ort in áit; 3 (situation) bearránach.

uncommon adj neamhchoitianta, neamhghnách.

uncomplicated *adj* neamhchas.

uncompromising *adj* neamhghéilliúil.

unconcerned *adj* réchúiseach; **to be unconcerned** bheith ar nós cuma liom.

unconditional *adj* neamhchoinníollach.

unconscious *adj* **1** (*after accident*) gan mheabhair, gan aithne; **2** (*unaware*) neamhchomhfhiosach; **to be unconscious of something** gan fios ruda a bheith agat. ● *n* **the unconscious** an fo-chomhfhios *m3*.

unconsciously *adv* go neamhchomhfhiosach; **to do something unconsciously** rud a dhéanamh i ngan fhios duit féin.

uncontrollable *adj* dosmachtaithe, doshrianta.

unconventional *adj* neamhchoinbhinsiúnach, as an ngnáth.

uncork *vb* bain an corc as.

uncouth *adj* cábógach.

uncover *vb* **1** nocht; **2** (*bring to light*) tabhair chun solais.

undecided *adj* **1** (*uncertain*) éiginnte; **2** (*of persons*) idir dhá chomhairle.

under *prep* **1** (*below*) faoi; **to be under fifty years old** bheith faoi chaoga bliain d'aois; **under ground** faoi thalamh; **under the table** faoin mbord; **under control** faoi smacht; **2** (*according to*) de réir (+GEN); **under the law** de réir an dlí; **3** **to be under pressure** bheith faoi bhrú; **4** **under attack/repair** á ionsaí/dhéisiú. ● *adv* **1** thíos (faoi); **2** (*with movement*) síos faoi. ● *pref* fo-.

under age *adj* faoi aois.

undercharge *vb* **to undercharge someone** luach ró-íseal a ghearradh ar dhuine.

undercover *adj*, *adverb* faoi rún.

undercut *vb* **1** (*selling*) díol níos saoire ná; **2** (*buying*) cuir tairiscint níos ísle isteach.

underdog *n* íochtarán *m1*; **to support the underdog** tacaíocht a thabhairt don té atá thíos.

underdone *adj* cnagbhruite.

underestimate *vb* meas faoi luach; **to underestimate someone** duine a mheas faoina luach; **to underestimate the importance of something** gan tábhacht ruda a thuiscint.

undergo *vb* fulaing, téigh trí; **to undergo surgery** dul faoi scian.

undergraduate *n* fochéimí *m4*.

underground *n* **1** iarnród *m1* faoi thalamh. ● *adj* faoi thalamh, rúnda (*secret*). ● *adv* faoi thalamh.

undergrowth *n* fáschoill *f2*.

underhand(ed) *adj* calaoiseach.

underlie *vb* bí mar bhunús le; **this theory underlies his work** tá an teoiric seo mar bhunús lena chuid oibre.

underline *vb* cuir líne faoi.

underlying *adj* **1** (*underneath*) íochtarach; **2** (*not obvious*) **the underlying cause of something** bunchúis ruda.

undermine *vb* bain an bonn de.

underneath *adv* thíos. ● *prep* faoi, faoi bhun (+GEN).

underpaid *adj* ar ghannphá.

underpants *n* fobhríste *m4*.

underpass *n* íosbhealach *m1*.

underprivileged *adj* faoi mhíbhuntáiste.

underrate *vb* meas faoi luach.

underskirt *n* fosciorta *m4*.

understaffed *adj* gann i bhfoireann.

understand *vb* tuig; **do you understand me?** an dtuigeann tú mé?; **I don't understand** ní thuigim; **I understand from what he had to say that...** tuigim óna raibh le rá aige go...; **it may be understood from this that..** is tuigthe as seo go...

understandable adj intuigthe; **it's understandable that is** intuigthe go...

understanding n tuiscint f3; **my own understanding of the story is that...** is é mo thuiscint féin ar an scéal ná... ● adj tuisceanach.

understatement n maolaisnéis f2.

understudy n tánaiste m4, aisteoir m3 ionaid.

undertake vb glac ort féin.

undertaker n adhlacóir m3.

undertaking n 1 (business enterprise) gnóthas m1; 2 (promise) gealltanas m1.

underwater adj faoi uisce. ● adv faoi uisce.

underwear n fo-éadaí m(pl)1.

underworld n 1 (criminal) lucht m3 meirleachais; 2 (mythological) foshaol m1.

undeserved adj neamhthuillte.

undesirable adj míchuibhiúil.

undignified adj gan dínit.

undiplomatic adj neamhdhiscréideach.

undisciplined adj gan smacht.

undiscovered adj gan fionnachtain.

undo vb 1 (untie) scaoil; 2 (harm) leasaigh.

undoing n creachadh m (gen creachta); **drink was his undoing** ba é an t-ól a rinne a chreach.

undone adj 1 (unfastened) oscailte; 2 **to leave something undone** (task, duty) rud a fhágáil gan déanamh.

undoubted adj doshéanta.

undoubtedly adv gan aon amhras.

undress vb bain díot.

undrinkable adj do-ólta.

undue adj iomarcach.

unduly adv gan chúis; **to be unduly pessimistic** duairceas a bheith ort gan chúis.

unearth vb 1 (dig up) tochail as an talamh; 2 (find) nocht, tabhair chun solais.

unearthly adj 1 (mysterious) mistéireach; 2 (hour) antráthach.

uneasy adj 1 (anxious) corrabhuaiseach, imníoch; 2 (not settled) sobhriste; **an uneasy peace** síocháin shobhriste.

uneconomical adj neamheacnamaíoch.

uneducated adj gan oideachas.

unemployed adj dífhostaithe. ● n **the unemployed** lucht m3 na dífhostaíochta.

unemployment n dífhostaíocht f3.

unerring adj gan earráid.

uneven adj éagothrom, míchothrom.

uneventful adj neamheachtrúil.

unexpected adj gan choinne.

unexpectedly adv gan choinne.

unfailing adj daingean.

unfair adj éagórach.

unfaithful adj mídhílis.

unfamiliar adj coimhthíoch.

unfashionable adj neamhfhaiseanta.

unfasten vb oscail; **to unfasten buttons** cnaipí a scaoileadh.

unfavourable adj mífhabhrach, neamhfhabhrach.

unfinished adj neamhchríochnaithe.

unfit adj 1 (person) neamhaclaí; 2 (for someone, something) mí-oiriúnach; **unfit for children** mí-oiriúnach do leanaí; 3 **to be unfit for work** gan a bheith ábalta obair a dhéanamh.

unfold vb **1** (*paper, map*) oscail amach; **2** (*clothes*) scar; **3** (*develop*) nocht, tar chun solais.

unforeseen adj unforeseen circumstances cúinsí nach raibh súil leo.

unforgettable adj dodhearmadta.

unforgivable adj do-mhaite.

unfortunate adj **1** (*person*) mífhortúnach; **2** (*event*) tubaisteach.

unfortunately adv ar an drochuair, go mífhortúnach.

unfounded adj gan bhunús.

unfriendly adj míchairdiúil.

unfurnished adj gan troscán.

ungrateful adj míbhuíoch.

unhappiness n brón m1, mishonas m1.

unhappily adv go míshona.

unhappy adj brónach, míshona.

unharmed adj slán, gan dochar.

unhealthy adj **1** (*person*) easláinteach; **2** (*diet, etc.*) mífholláin.

unheard-of adj **1** (*unknown*) gan iomrá; **2** (*without precedent*) nár chualathas a leithéid riamh.

unhelpful adj míchabhrach.

unhygienic adj míshláintiúil.

unification n comhaontú m (*gen* comhaontaithe).

uniform n éide f4; in uniform faoi éide. ● adj aonfhoirmeach.

unilateral adj aontaobhach.

unimaginable adj doshamhlaithe.

unimaginative adj gan samhlaíocht.

unimportant adj gan tábhacht.

uninhabited adj neamháitrithe.

unintentional adj neamhbheartaithe.

union n **1** (*association*) aontas m1; Students' Union Aontas na Mac Léinn; **2** (*act of uniting*) comhcheangal m1; **3** trade union ceardchumann m1; **4** the Act of Union Acht m3 na hAondachta.

Unionist n Aontachtaí m4.

unique adj uathúil.

unison n in unison d'aon ghuth.

unit n aonad m1.

unite vb **1** (*states, factions*) aontaigh, ceangail; **2** (*for purpose*) téigh i gcomhar.

united adj aontaithe.

United Kingdom n an Ríocht f3 Aontaithe.

United Nations npl na Náisiúin m(pl)1 Aontaithe.

United States npl na Stáit m(pl)1 Aontaithe.

universal adj uilíoch.

universe n cruinne f4.

university n ollscoil f2; National University of Ireland Ollscoil na hÉireann.

unjust adj éagórach.

unjustifiable adj dochosanta.

unjustified adj gan chúis.

unkind adj míchineálta.

unknown adj anaithnid; an unknown poet file anaithnid; unknown to us i ngan fhios dúinn.

unlawful adj mídhleathach.

unleaded adj gan luaidhe; unleaded petrol peitreal m1 gan luaidhe.

unless conj mura (*followed by eclipsis*); he won't go away unless you buy it ní imeoidh sé mura gceannóidh tú é; unless you can drive mura bhfuil tiomáint agat.

unlike adj éagsúil, neamhchosúil. ● prep murab ionann agus.

unlikely adj neamhdhóchúil; it's unlikely to happen ní móide go dtarlóidh sé.

unlimited adj neamhtheoranta.

unload vb dílódáil, díluchtaigh.

unlock *vb* bain an glas de, oscail; to unlock a door an glas a bhaint de dhoras.

unlucky *adj* **1** (*person*) mí-ámharach; to be unlucky mí-ádh a bheith ort; **2** (*bringing bad luck*) teiriúil; it's unlucky leanann an mí-ádh é.

unmanageable *adj* doláimhsithe.

unmarried *adj* neamhphósta, singil.

unmistakable *adj* do-amhrais (*gen of* n).

unnatural *adj* mínádúrtha.

unnecessary *adj* neamhriachtanach.

unnoticed *adj* gan aireachtáil.

unobtainable *adj* dofhaighte.

unobtrusive *adj* discréideach.

unofficial *adj* neamhoifigiúil.

unorthodox *adj* éagoiteann, neamhchoitianta.

unpack *vb* díphacáil.

unpalatable *adj* searbh.

unplanned *adj* gan phleanáil.

unpleasant *adj* mithaitneamhach.

unplug *vb* bain an phlocóid amach as.

unpopular *adj* gan gnaoi an phobail air; an unpopular decision cinneadh gan gnaoi an phobail air.

unprecedented *adj* gan réamhshampla.

unpredictable *adj* **1** (*event*) nach bhfuil aon léamh air; **2** (*person*) taghdach.

unprejudiced *adj* neamhchlaonta.

unprofessional *adj* míghairmiúil.

unpublished *adj* gan foilsiú.

unqualified *adj* **1** (*without qualifications*) neamhcháilithe; **2** (*total*) iomlán.

unquestionably *adj* gan aon amhras.

unquestioning *adj* neamhcheisteach.

unravel *vb* **1** (*thread*) rois; **2** (*problem*) réitigh.

unreadable *adj* doléite.

unreal *adj* bréagach (*false*).

unrealistic *adj* neamhréadúil.

unreasonable *adj* míréasúnta.

unrelated *adj* **1** (*things*) the two things are unrelated níl aon bhaint ag an dá rud lena chéile; **2** (*people*) they are unrelated níl aon ghaol eatarthu.

unreliable *adj* neamhhiontaofa.

unreservedly *adv* gan agús, go neamhbhalbh.

unrest *n* míshuaimhneas *m*1, neamhshocracht *f*3.

unripe *adj* anabaí.

unruly *adj* ainrianta.

unsafe *adj* contúirteach.

unsatisfactory *adj* míshásúil.

unsavoury *adj* **1** (*person, affair*) suarach; **2** (*smell*) gránna.

unscathed *adj* slán sábháilte.

unscrew *vb* díscriúáil.

unscrupulous *adj* neamhscrupallach.

unsettled *adj* **1** (*person*) corrach, míshocair; **2** (*weather*) briste; **3** (*dispute*) gan réiteach.

unsightly *adj* mímhaiseach.

unsociable *adj* neamhchuideachtúil.

unspeakable *adj* **1** (*appalling*) déistineach; **2** (*inexpressible*) nach bhfuil insint béil air.

unstable *adj* **1** (*object*) neamhsheasmhach; **2** (*person*) taghdach.

unsteady adj 1 (insecure) éadaingean; 2 (irregular) treallach.

unstuck adj to come unstuck (come apart) scoitheadh; (go wrong) cliseadh.

unsuccessful adj mírathúil; the attempt was unsuccessful níor éirigh leis an iarracht.

unsuitable adj mí-oiriúnach, mífheiliúnach.

unsure adj éiginnte; to be unsure of oneself gan muinín a bheith agat asat féin.

unsuspecting adj neamhamhrasach.

unthinkable adj doshamhlaithe.

untidy adj 1 (room) mishlachtmhar, trína chéile; 2 (person) giobach.

untie vb scaoil, oscail.

until prep conjunction go, go dtí; until then go dtí sin; let's wait until the end of the film fanaimis go dtí deireadh an scannáin; don't start until she arrives ná tosnaigh go dtiocfaidh sí; I won't do it until Friday ní dhéanfaidh mé go dtí an Aoine é.

untimely adj 1 mithráthúil; 2 (death) anabaí.

untold adj 1 (story) nár insíodh; 2 (wealth) gan áireamh; 3 (suffering) gan insint.

untoward adj nothing untoward happened níor tharla aon rud as an tslí.

untrue adj bréagach.

untrustworthy adj neamhiontaofa.

unused adj 1 (new) úrnua; 2 to be unused to something gan cleachtadh a bheith agat ar rud.

unusual adj neamhchoitianta, neamhghnách.

unusually adv go neamhchoitianta.

unveil vb nocht.

unwanted adj 1 (clothes) athchaite, nach bhfuil ag teastáil; 2 (pregnancy) gan iarraidh.

unwelcome adj nach bhfuil fáilte roimhe; unwelcome news doscéala.

unwell adj tinn; to feel unwell gan a bheith ar fónamh.

unwieldy adj anásta.

unwilling adj mífhonnmhar, neamhthoilteanach; to be unwilling to do something gan a bheith toilteanach rud a dhéanamh.

unwillingly adv go neamhthoilteanach, le mífhonn.

unwind vb 1 díchorn; 2 (rest) lig do scíth.

unwise adj díchéillí, gan chríonnacht.

unwitting adj neamhfheasach.

unworkable adj do-oibrithe.

unwrap vb bain an clúdach de.

unwritten adj neamhscríofa.

up prep suas; to go up the stairs dul suas staighre; they went up the hill chuaigh siad suas an cnoc; they live up the road from us tá siad ina gcónaí suas an bóthar uainn. ● adv 1 (out of bed) to be up bheith éirithe; he's not up yet níl sé éirithe fós; we stayed up late d'fhanamar inár suí go déanach; 2 (in position) thuas; she's up in her room tá sí thuas ina seomra; up here thuas anseo; up there thuas ansin; up in Belfast thuas i mBéal Feirste; 3 up to (as far as) up to page ten suas go dtí leathanach a deich; up to fifty people suas le caoga duine; up to now go dtí seo; 4 it's up to you fútsa atá sé; it's not up to me to tell her ní fúmsa atá sé é a rá léi; 5 what's she up to? cad atá ar siúl aici?; what are you up to these days? cad atá ar siúl agat na laethanta seo?; 6 he's not up to the job níl sé in ann ag an

obair; ➤ **ups and downs** cora
(crua) an tsaoil.

upbringing n tógáil f3, oiliúint
f3.

update vb 1 tabhair suas chun
dáta; 2 (in computing)
nuashonraigh.

upfront adj 1 (person) díreach;
2 (expenses) roimh ré. ● adv
roimh ré; **to pay for something
upfront** íoc as rud roimh ré.

upgrade vb 1 (renovate)
athchóirigh; 2 (promote) tabhair
ardú céime do.

upheaval n mórathrú m (gen
mórathraithe).

uphill adj 1 (climb) crochta, i
gcoinne an aird; **2 an uphill task**
tasc duaisiúil.

uphold vb 1 (tradition)
cumhdaigh; 2 (decision) seas le.

upholstery n cumhdach m1.

upkeep n cothabháil f3.

upon prep ar.

upper adj uachtarach. ● n (of
shoe) uachtar m1; ➤ **to be on
one's uppers** bheith gan réal na
mbróg.

upper-class adj uasaicmeach.
● n **the upper class(es)** an
uasaicme f4.

uppermost adj is airde; **the
thing uppermost in my mind** an
rud is mó go bhfuilim ag
cuimhneamh air.

upright adj 1 (standing) ina
sheasamh; 2 (honest) ionraic.

uprising n éirí m4 amach.

uproar n callán m1, raic f2.

uproot vb 1 (tree, plant) stoith;
**2 thousands of people were
uprooted** bhí ar na mílte duine
scaradh lena n-áit dhúchais.

upset n 1 (disturbance)
suaitheadh m (gen suaite); **2 a
stomach upset** taom m3 goile.
● adj corraithe, suaite. ● vb
1 (glass, chair, etc.) leag;

2 (plans) cuir trína chéile;
3 (person) corraigh, cuir as do.

upshot n **the upshot of it all
was...** ba é críoch agus deireadh
na mbeart ná...

upside-down adv 1 bun os
cionn; 2 (in a mess) trí chéile.

upstairs adv 1 (position) thuas
staighre; 2 (with movement) suas
staighre. ● adj thuas staighre.
● n **the upstairs** thuas staighre,
uachtar m1 tí.

upstart n sotaire m4.

uptake n **to be quick/slow on the
uptake** bheith tapa/mall chun
foghlamtha.

uptight adj ar tinneall.

up-to-date adj 1 (fashionable,
modern) faiseanta, nua-
aimseartha; 2 (recently updated)
suas chun dáta.

upward adj 1 suas; 2 (from
below) aníos.

upwards adv suas, in airde.

Uranus n Úránus m1.

urban adj uirbeach, cathrach
(gen af n).

urge n fonn m1, dúil f2. ● vb
griosaigh.

urgency n práinn f2.

urgent adj práinneach.

urinal n fualán m1.

urine n fual m1, mún m1.

urn n próca m4.

Uruguay n Uragua m4.

us pron 1 muid, sinn; **can you see
us?** an féidir leat muid a
fheiceáil?; **after us** inár ndiaidh;
he's following us tá sé dár
leanúint; **she's coming with us** tá
sí ag teacht linn/inár dteannta;
2 (emphatic) muidne, sinne;
3 (indirect object) **she gave us the
money** thug sí an t-airgead
dúinn.

US →United States.

use n 1 (using) úsáid f2, feidhm f2; the use of electricity úsáid an leictreachais; for one's own use do d'úsáid féin; in/out of use in/as úsáid; 2 it's no use níl aon mhaith ann; 3 to be of use bheith úsáideach. ● vb 1 úsáid, bain úsáid as; to use something rud a úsáid; 2 she used to go there every week ba ghnách léi dul ann gach seachtain. □ **use up** idigh. adj to be used to something cleachtadh a bheith agat ar rud.

used adj (secondhand) athláimhe (gen of n).

useful adj úsáideach.

usefulness n áisiúlacht f3, úsáidí f4.

useless adj gan mhaith.

user n úsáideoir m3.

user-friendly adj cúntach.

usher n uiséir m3.

usual adj coitianta, gnáth-.

usually adv de ghnáth.

utensil n uirlis f2; household utensils gréithre f(pl) tí.

uterus n broinn f2, útaras m1.

utility n fónamh m1, úsáid f2.

utility room n seomra m4 áise.

utmost n do the one's utmost do chroídhícheall a dhéanamh. ● adj as cuimse; it is of the utmost importance tá tábhacht as cuimse ag baint leis.

utter adj críochnaithe, dearg-; an utter fool amadán críochnaithe. ● vb abair, labhair.

utterly adv go hiomlán.

U-turn n iompú m thart.

Vv

vacancy n folúntas m1.

vacant adj 1 (position) folamh; 2 (seat) saor; 3 a vacant expression dreach leamh.

vacate vb fág.

vacation n saoire f4; to be on vacation bheith ar saoire.

vaccinate vb vacsáinigh.

vaccination n vacsaíniú m (gen vacsaínithe).

vaccine n vacsaín f2.

vacuum n folús m1.

vacuum cleaner n folúsghlantóir m3.

vagina n faighin f2.

vague adj 1 (uncertain) éiginnte; 2 (unclear) doiléir.

vaguely adv go doiléir.

vain adj 1 (person) uallach; 2 (attempt) díomhaoin; in vain in aisce.

Valencia Island n Oileán m1 Dairbhre.

valentine n vailintín m4; St. Valentine's Day Lá Fhéile Vailintín.

valiant adj curata.

valid adj 1 (document) bailí; 2 (argument) a bhfuil bunús leis.

valley n gleann m3.

valuable adj 1 (worth money) luachmhar; 2 (useful) tairbheach.

valuables npl iarmhais m(pl)1.

valuation n luacháil f3.

value n 1 (financial) luach m1; 2 (usefulness) fiúntas m1. ● vb 1 (financially) cuir luach ar; 2 (esteem) to value something

highly ardmheas a bheith agat ar
rud.
value added tax, VAT n cáin f
bhreisluacha.
valued adj measúil.
valve n comhla f4.
van n veain f4.
vandal n loitiméir m3.
vandalism n loitiméireacht f3.
vandalize vb déan loitiméireacht
ar.
vanilla n fanaile m4.
vanish vb 1 (from sight) téigh as
radharc; 2 (die out) téigh ar ceal.
vanity n 1 (pride) uaill f2;
2 (worthlessness) díomhaointeas
m1.
vapour n 1 gal f2; 2 (on window)
ceo m4.
variable adj 1 (changeable)
claochlaitheach; 2 (adjustable)
inathraithe.
varicose veins npl féitheacha
f(pl)2 borrtha.
varied adj éagsúil, ilchineálach.
variety n 1 (range, diversity)
éagsúlacht f3; 2 (type) cineál m1.
various adj difriúil, éagsúil.
varnish n vearnais f2. ● vb cuir
vearnais ar.
vary vb 1 (change) athraigh; 2 (be
different) opinions vary
considerably tá éagsúlacht mhór
tuairimí ann.
vase n vása m4.
vast adj ollmhór.
vastly adj go hollmhór.
Vatican n the Vatican an
Vatacáin f2; Vatican City Cathair
na Vatacáine.
vault n 1 (ceiling) boghta m4;
2 (in bank) daingean m1;
3 (tomb) tuama m4; 4 (jump)
léim f2 láimhe. ● vb caith léim
chuaille.
VCR → VIDEO CASSETTE RECORDER

VDU → VISUAL DISPLAY UNIT
veal n laofheoil f3.
veer vb claon, fiar.
vegetable n glasra m4. ● adj
plandúil, glasrúil.
vegetarian n feoilséantóir m3.
● adj feoilséantach.
vehement adj tréan; a vehement
denial séanadh tréan.
vehemently adv go tréan.
vehicle n feithicil f2.
veil n caille f4.
vein n 1 (blood vessel) féith f2;
2 (in rock, wood) snáithe m4.
velvet n veilbhit f2.
vending machine n meaisín m4
díola.
veneer n 1 veinír f2,
athchraiceann m1; 2 (figurative)
ceileatram m1; a veneer of
civilization ceileatram
sibhialtachta.
venereal adj venereal disease
galar veinéireach.
venetian blind n dallóg f2 lataí.
Venezuela n Veiniséala m4.
vengeance n díoltas m1; ➤ with
a vengeance go corpanta.
venison n fiafheoil f3.
venom n 1 (poison) nimh f2;
2 (virulence) gangaid f2.
vent n 1 (for ventilation)
gaothaire m4, poll m1 gaoithe;
2 (in garment) scoilt f2.
ventilator n aerálaí m4.
ventriloquist n bolgchainteoir
m3.
venture n fiontar m1. ● vb
1 (into risky situation) tabhair
faoi; 2 to venture an opinion
buille faoi thuairim a thabhairt.
venue n láthair f (gen
láithreach).
Venus n Véineas f4.
verb n briathar m1.

verbal adj **1** (oral) béil (gen of n); **2** (in grammar) briathartha.

verbal noun n ainm m4 briathartha.

verdict n breithiúnas m1.

verge n ciumhais f2, imeall m1; **to be on the verge of tears** bheith ar tí gol; **to be on the verge of war** bheith ar bhruach cogaidh. □ **verge on** bheith ag bordáil ar.

verify vb deimhnigh.

vermin npl míolra m4.

vermouth n fíon m3 mormónta.

versatile adj **1** (person) ildánach; **2** (vehicle, equipment) ilúsáide (gen of n).

verse n **1** (poetry) filíocht f3, véarsaíocht f3; **2** (stanza) rann m1, véarsa m4.

version n leagan m1; **the original version** an bunleagan.

versus adv i gcoinne (+GEN), in aghaidh (+GEN); **Kerry versus Kildare** Ciarraí i gcoinne Chill Dara.

vertical adjective ingearach. ● n ingear m1.

vertigo n meadhrán m1, veirtige f4.

very adv **1** (intensifying) an- (followed by lenition), fíor- (followed by lenition); **very big/small** an-mhór/an-bheag; **2** (before superlative adjective) the very best an scoth; **the very best quality** den cháilíocht is fearr ar fad; **the very next thing** an chéad rud eile go díreach; **at the very most** ar a mhéad ar fad; **the very top/bottom** an fíorbharr/ fíoríochtar; **3** the very same ceann amháin céanna; **in the very same room** sa seomra ceanann céanna.

vessel n **1** (container) soitheach m1; **2** (ship) árthach m1; **3** blood vessel fuileadán m1.

vest n veist f2.

vested interest n leas m3 dílsithe.

vet → VETERINARY SURGEON

veteran n seanfhondúir m3; war veteran seansaighdiúir m3.

veterinary surgeon n tréidlia m4.

veto n cros f2. ● vb to veto something rud a chrosadh.

vex vb cuir olc ar, cráigh.

vexed adj **1** (angry) feargach; **to be vexed with someone** fearg a bheith ort le duine; **2** a vexed question ceist achrannach.

via prep trí (through); **he's going via Paris** tá sé ag dul trí Pháras.

viable adj indéanta.

vibrate vb crith.

vibration n crith m3.

vicar n biocáire m4.

vicarious adj ionadach.

vice n **1** (bad habit) duáilce f4; **2** (tool) bis f2.

vice- pref leas- (followed by lenition).

vice squad n scuad m1 frithchorbtha.

vice versa adv (agus) a mhalairt go cruinn.

vicinity n comharsanacht f3, timpeallacht f3; **to be in the vicinity** bheith sa chomharsanacht; **in the vicinity of** cóngarach do.

vicious adj **1** (attack) fíochmhar; **2** (animal, person) mallaithe.

vicious circle n ciorcal m1 lochtach.

victim n íobartach m1.

victor n buaiteoir m3.

victorious adj buach.

victory n bua m4.

video n **1** (film) físeán m1; **2** video cassette fischaiséad m1.

● *vb* to video something rud a chur ar fhistéip.

video casette recorder *n* taifeadán *m1* fischaiséad.

video tape *n* fistéip *f2*.

vie *vb* to vie with someone bheith ag iomaíocht le duine.

Vietnam *n* Vítneam *m4*.

view *n* **1** (*sight*) radharc *m1*; **2** (*opinion*) dearcadh *m1*, tuairim *f2*; one's view of life do dhearcadh ar an saol; in my view i mo thuairimse; **3** in view of the fact that... ó tharla go bhfuil... ● *vb* **1** (*consider*) féach; how do you view the problem? conas a fhéachann tusa ar an bhfadhb?; **2** (*inspect, visit*) breathnaigh; to view a house teach a bhreathnú.

viewer *n* breathnóir *m3*; viewers lucht *m3* féachana.

viewfinder *n* súilín *m4*.

viewpoint *n* dearcadh *m1*.

vigil *n* airneán *m1*; to keep vigil airneán a dhéanamh.

vigorous *adj* bríomhar, fuinniúil.

Viking *n* Uigingeach *m1*, Lochlannach *m1*.

vile *adj* **1** (*deed*) gránna, suarach; **2** (*smell*) bréan; **3** (*taste, food*) samhnasach.

villa *n* vile *m4*.

village *n* sráidbhaile *m4*.

villager *n* duine *m4* de mhuintir an tsráidbhaile; villagers muintir *f2* an tsráidbhaile.

villain *n* bithiúnach *m1*.

vindicate *vb* dearbhaigh, fíoraigh.

vindictive *adj* díoltasach.

vine *n* **1** (*grapevine*) finiúin *f3*; **2** (*climbing plant*) féithleog *f2*.

vinegar *n* finéagar *m1*.

vineyard *n* fíonghort *m1*.

vintage *n* (*of wine*) bliain *f3*; a vintage year sárbhliain.

viola *n* (*instrument*) vióla *f4*.

violate *vb* sáraigh.

violation *n* sárú *m* (*gen* sáraithe).

violence *n* foréigean *m1*.

violent *adj* **1** foréigneach; a violent death anbhás; **2** (*intense*) láidir, tréan.

violet *n* **1** (*colour*) corcairghorm *m1*; **2** (*flower*) sailchuach *f2*.

violin *n* veidhlín *m4*.

violinist *n* veidhleadóir *m3*.

VIP *n* duine *m4* mór le rá; VIPs daoine móra le rá.

virgin *n* maighdean *f2*. ● *adj* maighdeanúil.

virginity *n* maighdeanas *m1*.

Virgo *n* an Mhaighdean *f2*.

virile *adj* fearga, fireann.

virility *n* feargacht *f3*.

virtually *adv* geall le bheith; to be virtually completed geall le bheith críochnaithe.

virtual reality *n* réaltacht *f3* fhíorúil.

virtue *n* **1** (*goodness*) suáilce *f4*; **2** (*advantage*) buntáiste *m4*; it has the virtue of flexibility tá buntáiste na solúbthachta aige; **3** by virtue of... de bhua... (+GEN).

virtuous *adj* suáilceach.

virus *n* víreas *m1*.

visa *n* víosa *f4*.

visibility *n* **1** (*conditions for seeing*) léargas *m1*; good visibility léargas maith; **2** (*ability to be seen*) infheictheacht *f3*.

visible *adj* infheicthe, le feiceáil.

vision *n* **1** (*ability to see*) radharc *m1*; **2** (*foresight*) dearcadh *m1*; **3** (*hallucination*) aisling *f2*, fís *f2*.

visit *n* cuairt *f2*. ● *vb* tabhair cuairt ar.

visitor *n* cuairteoir *m3*.

visor *n* scáthlán *m1*.

visual *adj* radhairc (*genitive of noun*), amhairc (*gen of n*), radharcach.

visual aid *n* áis *f2* amhairc.

visual display unit,, VDU *n* aonad *m1* amharcthaispeánta.

visualize *vb* samhlaigh.

vital *adj* **1** (*essential*) riachtanach; **vital organs** baill *m(pl)1* bheatha; **2** (*energetic*) beoga.

vitality *n* beogacht *f3*, fuinneamh *m1*.

vitally *adv* thar a bheith; **vitally important** thar a bheith tábhachtach.

vital statistics *npl* buntoisí *m(pl)4*.

vitamin *n* vitimín *m4*.

vivacious *adj* aigeantach.

vivid *adj* **1** (*colour, light*) glé; **2** (*imagination*) beo; **3** (*description*) beoga.

vividly *adv* go beo; **I remember it vividly** is cuimhin liom go beo é.

V-neck *n* V-mhuineál *m1*.

vocabulary *n* stór *m1* focal.

vocal *n* vocals canadh. ● *adj* **1** (*of the voice*) guthach; **2** (*vociferous*) callánach.

vocal chords *n* téada *f(pl)2* an ghutha.

vocation *n* gairm *f2*.

vocational *adj* gairmiúil.

vocational education *n* gairmoideachas *m1*.

vociferous *adj* ardghlórach.

vodka *n* vodca *m4*.

vogue *n* faisean *m1*; **in vogue** san fhaisean.

voice *n* **1** (*of person*) guth *m3*; **at the top of one's voice** in ard do chinn agus do ghutha; **2** (*in grammar*) faí *f4*. ● *vb* cuir in iúl; **to voice an opinion** tuairim a chur in iúl.

void *n* folús *m1*. ● *adj* **1** (*empty*) folamh; **2** (*invalid*) neamhbhailí.

volatile *adj* **1** (*substance*) so-ghalaithe; **2** (*person*) taghdach; **3** (*situation*) guagach.

volcano *n* bolcán *m1*.

volition *n* of one's own volition de do dheoin féin.

volley *n* **1** (*in sport*) eitleog *f2*; **2** (*sudden barrage*) rois *f2*.

volleyball *n* eitpheil *f2*.

volt *n* volta *m4*.

voltage *n* voltas *m1*.

volume *n* **1** (*size*) toirt *f2*; **2** (*book*) imleabhar *m1*; **3** (*sound*) láine *f4*.

voluntary *adj* deonach, toilteanach.

volunteer *n* **1** saorálaí *m4*; **2** (*soldier*) óglach *m1*. ● *vb* **1** tairg de do dheoin féin; **to volunteer to do something** tairiscint de do dheoin féin rud a dhéanamh; **2** (*information*) tabhair go deonach; **3** (*to join army*) liostáil de do dheoin féin.

vomit *n* urlacan *m1*, aiseag *m1*. ● *vb* cuir amach, aisig.

vote *n* **1** (*act of voting*) vótáil *f3*; **2** (*single vote*) vóta *m4*; **3** (*right to vote*) ceart *m1* vótála. ● *vb* **1** (*cast vote*) vótáil; **to vote for someone** vótáil ar son duine; **2** (*elect*) togh; **he was voted treasurer** toghadh ina sparánaí é.

voter *n* vótálaí *m4*.

voting *n* vótáil *f3*.

voucher *n* dearbhán *m1*.

vouch for *vb* téigh i mbannaí ar.

vow *n* móid *f2*; **to take a vow** móid a thabhairt. ● *vb* móidigh.

vowel *n* guta *m4*.

voyage *n* aistear *m1*; (*by sea*) turas *m1* farraige.

vulgar *adj* gáirsiúil.

vulnerable *adj* soghonta, gan chosaint.

vulture n badhbh f2.

....

Ww

....

wad n 1 (of fabric) loca m4; 2 (of money) burla m4; **a wad of banknotes** burla de nótaí bainc.

wade vb 1 (in water) spágáil; 2 **to wade through documents** treabhadh trí dhoiciméid.

wafer n ablann f2.

waffle n 1 (food) vaiféal m1; 2 (speech) seafóid f2. ● vb **to waffle on about something** bheith ag seafóid leat faoi rud.

wag vb croith.

wage n pá m4, tuarastal m1. ● vb **to wage war** cogadh a fhearadh; **to wage a campaign against something** feachtas a chur i gcoinne ruda.

wage earner n saothraí m4.

wager n geall m1.

wagon n vaigín m4.

wail vb déan olagón.

waist n coim f2.

waistcoat n bástchóta m4, veist f2.

waistline n coim f2.

wait vb fan; **wait a moment!** fan nóiméad!; **to wait for someone/ something** bheith ag fanacht le duine/rud; **I can hardly wait until...** is fada liom go...; **to keep someone waiting** duine a choimeád ag fanacht.
  □ **wait on** vb déan freastal ar.
  □ **wait up: to wait up for someone** fanacht i do shuí do dhuine.

waiter n freastalaí m4.

waiting list n liosta m4 feithimh.

waiting room n seomra m4 feithimh.

waitress n banfhreastalaí m4.

waive vb tarscaoil.

wake n tórramh m1. ● vb dúisigh, múscail.
  □ **wake up** dúisigh, múscail; **she woke up early** dhúisigh sí go luath; **to wake someone up** duine a mhúscailt.

Wales n an Bhreatain f2 Bheag; **the Prince of Wales** Prionsa m4 na Breataine Bige.

walk n 1 (going on foot, outing) siúl m1; siúlóid f2; **to go for a walk** dul ag siúl; **it's only a ten-minute walk from here** níl ann ach siúlóid deich nóiméad as seo; 2 (gait) imeacht f3, siúl m1; 3 (path for walking) cosán m1. ● vb siúil; **to walk on the street** siúl ar an tsráid; **he walked her to her car** shiúil sé léi go dtí a carr.
  □ **walk out** 1 (leave) siúil amach; 2 (on strike) téigh ar stailc.

walker n siúlóir m3, coisí m4.

walking n siúl m1, coisíocht f3.

walking distance n **it's within walking distance of the town centre** tá sé faoi fhad coisíochta as seo.

walking holiday n saoire f4 siúil.

walking shoes npl bróga f(pl)2 siúil.

walking stick n bata m4 siúil.

walkout n stailc f2.

walkover n 1 (easy victory) bua m4 gan dua; 2 (without competing) bua m4 gan choimhlint.

wall n balla m4.

walled adj caisealta.

wallet n vallait f2, tiachóg f2.

wallflower n 1 (*flower*) lus m3 an bhalla; 2 (*person*) caochóg f2 ar chóisir.

wallop vb gread, tabhair paltóg do. ● n paltóg f2.

wallow vb iomlaisc.

wallpaper n páipéar m1 balla. ● vb to wallpaper a room páipéar balla a chur suas i seomra.

walnut n gallchnó m4.

walrus n rosualt m1.

waltz n válsa m4. ● vb válsáil.

wand n magic wand slat f2 draíochta.

wander vb 1 to wander bheith ag fánaíocht; 2 her mind was wandering bhí speabhraídí intinne uirthi.

wane vb 1 (*moon*) téigh ar gcúl; 2 (*influence, power*) meath, téigh i léig.

wangle vb to wangle something out of someone rud a fháil ó dhuine trí sheift.

want vb teastaigh; what do you want? cad a theastaíonn uait?, cad atá uait?; I want something to drink teastaíonn rud le n-ól uaim; do you want to speak to her? an dteastaíonn uait labhairt léi? ● n 1 (*lack*) ceal m4; for want of de cheal (+GEN); 2 (*requirement*) riachtanas m1; wants riachtanais.

wanted adj 1 (*needed*) ag teastáil; 2 he's wanted by the police tá na gardaí sa tóir air.

wanton adj 1 (*malicious*) ainrialta; 2 (*promiscuous*) macnasach.

war n cogadh m1.

ward n 1 (*in hospital*) barda m4; 2 (*in law*) coimircí m4; a ward of court coimircí cúirte.
□ **ward off** cosc; to ward off an attack ionsaí a chosc.

warden n bardach m1, maor m1.

warder n bairdéir m3.

wardrobe n 1 (*piece of furniture*) vardrús m1; 2 (*clothes*) feisteas m1 éadaigh; 3 (*theatre*) culaithirt f2.

warehouse n trádstóras m1. ● vb cuir i dtrádstóras.

warfare n cogadh m1.

warily adv go faichilleach.

warm adj 1 (*weather, room, drink, etc.*) te, bog; 2 (*welcome*) croíúil. ● vb téigh.
□ **warm up** (*room, house*) téigh; 2 (*food*) atéigh; 3 (*performer, athlete*) prapáil.

warm-hearted adj lách.

warmly adv 1 (*dressed*) go cluthar, go teolaí; 2 (*welcome someone*) go croíúil.

warmth n teas m3.

warn vb tabhair rabhadh do.

warning n rabhadh m1.

warning triangle n triantán m1 rabhaidh.

warp vb stang.

warrant n barántas m1.

warranty n barántas m1.

warren n 1 (*of rabbits*) coinicéar m1; 2 (*maze*) lúbra m4.

warrior n laoch m1, gaiscíoch m1.

warship n long f2 cogaidh.

wart n faithne m4.

wartime n aimsir f2 chogaidh.

wary adj faichilleach.

wash vb nigh; to wash oneself tú féin a ní; to wash clothes éadaí a ní. ● n níochán m1; to have a wash tú féin a ní; it's in the wash tá sé sa níochán.
□ **wash down 1** (*area*) nigh; 2 (*food*) to wash down one's dinner with wine (*at the same time*) fíon a ól le do dhinnéar; (*after*) fíon a ól i ndiaidh do dhinnéir.
□ **wash off** nigh de; it will wash off imeoidh sé sa níochán.

□ **wash up: 1** to wash up na háraistí a ní; **2** to be washed up on the shore bheith caite i dtír.

washable adj in-nite.

washbasin n doirteal m1.

washer n leicneán m1.

washing n níochán m1.

washing machine n meaisín m4 níocháin.

washing powder n púdar m1 níocháin.

washing-up n to do the washing-up na háraistí a ní.

washing-up liquid n leacht m3 níocháin.

washroom n seomra m4 folctha.

wasp n foiche f4.

waste n **1** (wasting) diomailt f2; **2** (of time) cur m1 amú; **3** (rubbish) bruscar m1, dramhaíl f3; **4** (land) fásach m1, talamh m1 bán. ● vb **1** (resources) diomail; **2** (time) cuir amú.
□ **waste away** searg.

wasteful adj diomailteach.

waste ground n talamh m1 bán.

wastepaper basket n ciseán m1 dramhpháipéar.

waster n drabhlásaí m4.

watch n **1** (wristwatch) uaireadóir m3; **2** (surveillance) faire m4; **3** to be on the watch for bheith ag faire do. ● vb **1** (look at) féach ar, amharc ar; to watch television bheith ag féachaint ar an teilifís; **2** (look after) coiméad súil ar; **3** watch out! seachain!; **4** (guard, spy on) coimhéad.

watchdog n gadhar m1 faire.

watchful adj aireach, airdeallach.

watchman n faireoir m3; **night watchman** faireoir m3 oíche.

watchstrap n strapa m4 uaireadóra.

water n **1** uisce m4; **spring water** fíoruisce m4; **fresh water** uisce

m4 abhann; **salt water** sáile m1. ● vb **1** (plants) cuir uisce ar, uiscigh; **2** (animals) tabhair uisce do; **3** her eyes are watering tá uisce lena súile; **it would make your mouth water** chuirfeadh sé uisce le do chuid fiacla.
□ **water down 1** (drink) cuir uisce trí; **2** (story) maolaigh; **a watered down version** leagan maolaithe.

watercolour n uiscedhath m3.

watercress n biolar m1.

waterfall n eas m3.

Waterford n Port m1 Láirge; **Waterford glass/crystal** gloine/criostal Phort Láirge.

water heater n téitheoir m3 uisce.

watering can n fraschanna m4, canna m4 uisce.

water lily n duilleog f2 bháite.

waterlogged adj faoi uisce.

watermark n comhartha m4 uisce.

water melon n mealbhacán m1 uisce.

water pistol n gunna m4 uisce.

waterproof adj uiscedhíonach.

watershed n **1** dobhardhroim m3; **2** a cultural/historical watershed mórathrú cultúrtha/stairiúil.

water-ski vb déan sciáil ar uisce.

water-skiing n sciáil f3 ar uisce.

watertight adj uiscedhíonach.

watery adj **1** uisciúil; **2** (soup) tanaí.

watt n vata m4.

wave n **1** (of water, people) tonn f2; **2** (of hand) croitheadh m (gen croithte); **3** (in hair) casadh m1. ● vb **1** (person) croith; to wave one's hand do chroitheadh; to wave a flag brat a chroitheadh; **2** (in the wind) the flag was waving in the wind bhí an brat ar foluain sa ghaoith.

wavelength n tonnfhad m1.

waver vb 1 her voice wavered tháinig creathán ina guth; 2 his courage wavered theip ar a mhisneach; 3 to waver between one thing and another bheith idir dhá chomhairle.

wavy adj 1 (line) corrach; 2 (hair) dréimreach.

wax n céir f (gen céarach); candle wax céir choinnle; beeswax céir bheach; ear wax céir chluaise.

way n 1 (path, route) bealach m1, slí f4; the way in/out an bealach isteach/amach; on the way ar an mbealach; to lose one's way dul ó bhealach a chailleadh; to be in someone's way bheith sa bhealach ar dhuine; to know the way eolas an bhealaigh a bheith agat; 2 (direction) treo m4; which way? cén treo?; 3 (manner, method) modh m3; to have one's own way of doing things do mhodh féin a bheith agat chun rudaí a dhéanamh; that's the way! sin é agat é!; 4 (in phrases) in such a way that... sa tslí go...; in a way ar bhealach; by the way... dála an scéil...

waylay vb to waylay someone luíochán a dhéanamh ar dhuine.

we pron 1 muid; sinn; we were put under pressure cuireadh faoi bhrú muid; we are Irish is Éireannaigh sinn; we went to the shop chuamar go dtí an siopa; 2 (emphatic) muidne, sinne; it was we who did it sinne a rinne é; we went but they didn't chuamarna ach ní dheachaigh siadsan.

weak adj 1 (person, voice, link) lag; 2 (character) éadaingean; 3 (drink) uiscealach.

weaken vb lagaigh, téigh i laige.

weakling n lagrachán m1.

weakness n 1 laige f4; 2 (weak point) fabht m4; 3 (physical) laige f4; 4 (likeness) to have a weakness for something bheith tugtha do rud.

wealth n 1 saibhreas m1, rachmas m1; 2 a wealth of flúirse (+GEN).

wealthy adj saibhir.

wean vb bain den chíoch.

weapon n arm m1.

wear n caitheamh m1. ● vb caith. □ **wear away** ídigh, caith. □ **wear down** 1 (erode) caith; 2 to wear someone down duine a thraochadh. □ **wear off**: the pain wore off quickly ní fada a mhair an phian. □ **wear out** 1 (clothing, equipment) ídigh; 2 (person) traoch; to be worn out bheith traochta.

weary adj 1 (tired) tuirseach; 2 (fed up) to be weary of something bheith bréan de rud. ● vb to weary of something éirí bréan de rud.

weasel n easóg f2.

weather n aimsir f2; bad weather síon f2; what's the weather like? conas atá an aimsir?; in all weathers soineann agus doineann. ● vb to weather the storm an stoirm a chur díot.

weatherbeaten adj síonchaite.

weather forecast n réamhaisnéis f2 na haimsire.

weave vb figh.

weaver n fíodóir m3.

Web → WORLD-WIDE WEB.

web n 1 (spider's) líon m damháin alla; 2 (fabric) uige f4; 3 (on bird's foot) scamall m1; 4 (tissue) gréasán m1; a web of lies gréasán éitheach.

website n líonláithreán m1.

wed vb pós.

wedding n pósadh m (gen pósta).

wedding day n lá m pósta.

wedding dress n gúna m4 pósta.

wedding reception n bainis f2.

wedding ring n fáinne m4 pósta.

wedge n ding f2. ● vb ding.

Wednesday n an Chéadaoin f2; on Wednesday Dé Céadaoin; on Wednesdays ar an gCéadaoin.

wee adj (small) beag.

weed n weeds fiaile f4, salachar m1. ● vb déan gortghlanadh.

weedkiller n fiaillnimh f2.

week n seachtain f2; next/last week an tseachtain seo chugainn/seo caite.

weekday n lá m oibre; on weekdays ar laethanta oibre.

weekend n deireadh m1 seachtaine; at the weekend ag an deireadh seachtaine.

weekly n (newspaper) seachtanán m1. ● adj seachtainiúil. ● adv in aghaidh na seachtaine.

weep vb caoin, goil.

weeping willow n saileach f2 shilte.

weigh vb 1 meáigh; to weigh something rud a mheá; 2 to weigh anchor an t-ancaire a thógáil.
□ **weigh up** meas.

weight n 1 meáchan m1; to put on/lose weight meáchan a chur suas/a chailleadh; ► to pull one's weight do chion féin a dhéanamh; 2 (for scales) meáchan m1; a set of weights foireann f2 mhéachan.

weightlifting n tógáil f3 mheáchn.

weir n cora f4.

weird adj 1 (place, thing) diamhair; 2 (person) aisteach.

welcome n fáilte f4. ● adj a bhfuil fáilte roimhe; a welcome change athrú a bhfuil fáilte roimhe; you're welcome tá fáilte romhat. ● vb cuir fáilte roimh, fear fáilte roimh; to welcome someone fáilte a chur roimh dhuine.

weld vb táthaigh.

welder n táthaire m4.

welfare n 1 (wellbeing) leas m3, 2 (social welfare) leas m3 sóisialta.

welfare state n stát m1 leasa shóisialaigh.

well n tobar m1. ● adv go maith; it's going well tá sé ag dul ar aghaidh go maith; as well as chomh maith le. ● adj to be well bheith go maith; to feel well bheith ag brath go maith; well done! maith thú!, ardfhear!; maith an fear (to a male), maith an bhean, maith an cailín (to a female). ● excl bhuel.

well-behaved adj dea-mhúinte.

well-being n dea-bhail f2.

well-built adj (person, building, etc.) tathagach.

well-chosen adj tofa.

well-deserved adj atá tuillte go maith.

well-dressed adj feistithe go maith.

well-heeled adj rachmasach.

wellingtons npl buataisí f(pl)2 rubair.

well-known adj cáiliúil, iomráiteach.

well-mannered adj dea-mhúinte.

well-meaning adj dea-mhéineach.

well-off adj go maith as.

well-read adj léannta.

well-to-do adj toiciúil.

well-wishers n lucht m3 dea-mhéine.

Welsh n **1** (language) Breatnais f2; **2** the Welsh na Breatnaigh m(pl)1. ● adj Breatnach.

Welshman n Breatnach m1.

Welshwoman n Breatnach m1 mná.

west n iarthar m1; the West an tIarthar. ● adj iartharach; a west wind gaoth aniar. ● adv in the west thiar; from the west aniar; towards the west siar; to go west dul siar.

westerly adj **1** (wind) aniar, **2** (place) thiar.

western adj iartharach, thiar; the Western World an Domhan m1 Thiar. ● n (film) scannán m1 buachailli bó.

West Indian n Iar-Indiach m1. ● adj Iar-Indiach.

West Indies npl na Indiacha f(pl) Thiar.

Westmeath n an Iarmhí f4.

westward adv siar.

wet adj fliuch; a wet day lá fliuch.

wet suit n culaith f2 thumtha.

wetting n fliuchadh m (gen fliuchta); they got a wetting fliuchadh iad.

Wexford n Loch m3 Garman.

whale n míol m1 mór.

what adj
cén; what colour is it? cén dath atá air?; what day is it today? cén lá inniu é?; what time is it? cén t-am é?; what bus will I take? cén bus a thógfaidh mé?; what a day! a leithéid de lá!; what a fool! a leithéid d'amadán!

● pron
····▸ (interrogative) cad, céard, cén, cé na; what's that? cad/céard é sin?; what's your name? cén t-ainm atá ort?, cad is ainm

duit?; what's he talking about? cad faoi a bhfuil sé ag caint?;
····▸ (in clauses) I heard what he said chuala mé an rud a dúirt sé; take what you want tóg cibé rud atá uait; tell me what you heard inis dom cad a chuala tú.

whatever, whatsoever pron adj cibé, pé; (used negatively) ar bith; whatever you want cibé rud is maith leat; whatever happens cibé rud a tharlóidh; there is no reason whatsoever to do that níl cúis ar bith chun é sin a dhéanamh; nothing whatsoever faic na ngrást.

wheat n cruithneacht f3.

wheel n roth m3. ● vb **1** (push on wheels) brúigh romhat; **2** (turn) cas.

wheelbarrow n bara m4 rotha.

wheelchair n cathaoir f rotha.

when adv cathain, cén uair; when did you meet him? cathain a bhuail tú leis; when would you like to go home? cathain ba mhaith leat dul abhaile? ● conj nuair; it was raining when we left bhí sé ag cur báisti nuair a d'fhágamar; when she saw him she smiled nuair a chonaic sí é rinne sí gáire.

whenever conj adv **1** (at any time) aon uair; **2** (every time) gach uair.

where adv **1** (in a question: with present tense or past tense of an irregular verb) cá; where am I? cá bhfuilim?; where do you buy your paper? cá gceannaíonn tú do pháipéar?; where was I? cá raibh tú?; **2** (in a question: with past tense of a regular verb) cár; where did you buy that? cár cheannaigh tú é sin; **3** (in relative clause) this is where I live seo an áit ina gcónaim; that's the house where I was born sin an teach inar rugadh mé.

whereabouts adv cá; whereabouts is she? cá bhfuil sí. ● n his whereabouts are unknown níl a fhios ag éinne cá bhfuil sé.

whereas conj 1 (although) cé go; 2 (legal usage) de bhrí go.

whereby adv trína.

whereupon adv agus leis sin.

wherever adv conj cibé áit.

wherewithal n an chóir f2; she hadn't the wherewithal to pay for it ní raibh an chóir aici chun íoc as.

whet vb to whet one's appetite faobhar a chur ar do ghoile.

whether conj cé acu, cibé; I don't know whether to go or not níl a fhios agam cé acu an rachaidh mé nó nach rachaidh; whether you like it or not más olc maith leat é.

which adj pron 1 cé acu, cén, cé na; which one? cé acu?; which book did she buy? cén leabhar a cheannaigh sí?; which one/ones do you want? cén ceann/cé na cinn atá uait?; which do you prefer? cé acu is fearr leat?; 2 (relative) a, ar, nach, nár; the one which you broke an ceann a bhris tú; the thing of which she spoke an rud ar labhair sí faoi; the house in which he was born an teach inar saolaíodh é.

whichever adj (thing) cibé ceann; (person) cibé duine.

whiff n 1 (smell) boladh m1; 2 (hint, suspicion) iarracht f3; there was a whiff of scandal about it bhí iarracht den scannal ag baint leis.

while n tamall m1; after a while tar éis tamaill. ● conj fad; while you were away fad a bhí tú as baile; while I was asleep fad a bhí mé i mo chodladh.

□ **while away** to while away the time an t-am a mheilt.

whim n teidhe m4.

whine vb 1 (person) to whine about something bheith ag cnáimhseáil faoi rud; 2 the dog was whining bhí an madra ag geonaíl.

whip n fuip f2, lasc f2. ● vb 1 (person, animal) fuipeáil, lasc; 2 (cream) coip.
□ **whip out** rop amach.

whip-round n bailiúchán m1.

whirl n guairneán m1. ● vb 1 (leaves, dust, etc.) rothlaigh; 2 my mind was whirling bhí m'intinn ag guairneáil.

whirlpool n coire m4 guairneáin.

whirlwind n cuaifeach m1.

whisk n 1 (utensil) greadtóir m3; 2 (movement) flip f2. ● vb 1 to whisk eggs uibheacha a ghreadadh; 2 to whisk something away rud a sciobadh chun siúil.

whiskers npl 1 (of cat) guairí m(pl)4; 2 (of person) féasóg f2.

whiskey, **whisky** n uisce m4 beatha.

whisper n cogar m1. ● vb to whisper something rud a rá i gcogar; whispering ag cogarnach.

whistle n 1 (sound) fead f2; 2 (object) feadóg f2. ● vb lig fead; to whistle bheith ag feadaíl; to whistle at someone fead a ligean le duine.

white n 1 (colour) bán m1; 2 (person) duine m4 geal. ● adj bán.

white lie n bréag f2 gan díobháil.

whitethorn n sceach f2 gheal.

whitewash n aoldath m3. ● vb 1 (cuir aol ar, aoldathaigh); to whitewash a wall aol a chur ar bhalla; 2 to whitewash someone's reputation an smál a ghlanadh de chlú duine.

whiting n faoitín m4.

Whitsun n an Chincís f2.

whittle vb scamh.
□ **whittle away** gearr anuas.

who pron **1** (interrogative) cé; who's that? cé hé sin? (male), cé hi sin? (female); who told you that? cé a dúirt é sin leat?; who are they? cé hiad?; **2** (as relative) a, nach nár; the girl who works in the shop an cailín a oibríonn sa siopa; the man who lives across the road an fear atá ina chónaí trasna an bhóthair; the man who bought the house an fear a cheannaigh an teach; the woman who wasn't at home an bhean nach raibh sa bhaile; the man who didn't buy anything an fear nár cheannaigh aon rud.

whoever pron cibé, pé; whoever finds it cibé duine a gheobhaidh é; whoever did this cibé duine a rinne é seo.

whole n iomlán m1; as a whole ina iomláine; on the whole den chuid is mó, tríd agus tríd. ● adj ar fad; the whole year an bhliain ar fad.

wholehearted adj ó chroí.

wholemeal n min f2 chaiscín.

wholemeal bread n caiscín m4.

wholesale n mórdhíol m3. ● adj **1** (price) mórdhíola (gen of n); **2** (large-scale) ar fad; wholesale slaughter léirscrios. ● adv ar an mórchóir.

wholesaler n mórdhíoltóir m3.

wholesome adj folláin.

wholly adv ar fad, go hiomlán.

whom pron to whom are you writing? cé chuige a bhfuil tú ag scríobh?; to whom did you give it? cé dó ar thug tú é?; to whom did you speak? cé leis ar labhair

tú?; the woman to whom I spoke an bhean ar labhair mé léi.

whooping cough n triuch m3.

whose pron **1** (in questions) whose coat is this? cé leis an cóta seo?; whose fault is it? cé air a bhfuil an locht?; **2** (as relative) the girl whose father owns the shop an cailín a lena hathair an siopa; the woman whose son died an bhean ar cailleadh a mac; the man whose son you were talking about an fear a raibh tú ag caint faoina mhac.

why adv cén fáth, cad ina thaobh, cad chuige; why? cén fáth?; why do you do that? cad ina thaobh go ndéanann tú é sin?; why so? cad chuige?

wicked adj **1** (evil) urchóideach; **2** (mischievous) mioscaiseach.

wicket n geaitín m4.

Wicklow n Cill f2 Mhantáin.

wide adj **1** (not narrow) leathan; it's six feet wide tá sé sé throigh ar leithead; how wide is the room? cén leithead atá sa seomra?; **2** (experience, range, etc.) fairsing; to have a wide knowledge of something eolas fairsing a bheith agat ar rud. ● adv **1** (fully) to open wide oscail amach; the door was wide open bhí an doras ar leathadh; **2** (in sport) ar foraoil; the ball went wide chuaigh an liathróid ar foraoil; to shoot wide urchar iomrallach a scaoileadh.

wide-awake adj to be wide-awake bheith i do lándúiseacht.

widely adv **1** they differ widely in terms of politics is mór eatarthu ó thaobh na polaitíochta de; **2** to travel widely taisteal i bhfad agus i gcéin.

widen vb leathnaigh, fairsingigh.

widespread adj forleathan.

widow n baintreach f2.

widower n baintreach f2 fir.

width n leithead m1, fairsinge f4.

wield vb 1 (weapon) beartaigh; 2 (influence, authority) bain feidhm as.

wife n bean f (gen mná) chéile.

wig n bréagfholt m1.

wiggle vb to wiggle bheith ag lúbarnaíl.

wild adj 1 (animal) allta; a wild animal ainmhí allta; 2 (landscape) fiáin; wild country dúiche fhiáin; 3 (person, behaviour) fiáin; to go wild dul le báiní; 4 (storm, wind) garbh; 5 to take a wild guess buille faoi thuairim a thabhairt.

wilderness n fásach m1.

wildlife n fiabheatha f4.

wildly adv go fiáin.

wilful adj 1 (person) ceanndána; 2 (intentional) d'aon ghnó.

will vb 1 (future tense) will she do it? an ndéanfaidh sí é?; I will read it next week léifidh mé é an tseachtain seo chugainn; he will start tomorrow tosóidh sé amárach; 2 (in requests, orders) will you help me? an gcabhrófá liom?; will you listen! ná héistfeá! ● n 1 (desire) toil m3; against one's will i gcoinne do thola; God's will toil Dé; 2 (testament) uacht f3; to make a will uacht a dhéanamh.

willing adj toilteanach.

willingly adv go toilteanach.

willingness n toilteanas m1.

willow n sailleach f2.

willpower n neart m1 tola.

willy-nilly adv de do dheoin nó d'ainneoin.

wilt vb searg.

wily adj glic.

win n bua m4. ● vb buaigh; our team won bhuaigh ár bhfoireann; to win a match cluiche a bhuachan.

□ **win over** meall; to win someone over duine a mhealladh.

wince n freanga f4. ● vb he winced with the pain baineadh freanga as leis an bpian.

winch n unlas m1.

wind¹ n gaoth f2; a cold wind gaoth fhuar.

wind² vb 1 (clock) tochrais, cas; to wind a clock clog a thocras; 2 (road) cas; the road winds casann an bóthar.

□ **wind up** 1 (clock) tochrais; 2 (talk, meeting) cuir clabhsúr le.

windfall n 1 (blessing, money) amhantar m1; 2 (fruit) toradh m1 leagtha.

wind instrument n gaothuirlis f2.

windmill n muileann m1 gaoithe.

window n fuinneog f2.

window box n ceapach f2 fuinneoige.

window cleaner n glantóir m3 fuinneoige.

window ledge n leac f2 fuinneoige.

window pane n pána m4 fuinneoige.

window sill n leac f2 fuinneoige.

windpipe n sciúch f2.

wind power n cumhacht f3 ghaoithe.

windscreen n gaothscáth m3.

windscreen washer n niteoir m3 gaothscála.

windscreen wiper n cuimilteoir m3 gaothscála.

windy adj gaofar.

wine n fíon m3.

wine bar n beár m1 fíona.

wine cellar n siléar m1 fíona.

wine glass n gloine f4 fíona.

wine list n liosta m4 fíona.

wine merchant n ceannaí m4 fíona.

wing n 1 (of bird, aircraft) sciathán m1; 2 (in politics) eite f4; the left wing an eite chlé; 3 (in sport) cliathán m1.

winger n cliathánaí m4.

wink n caochadh m (gen caochta).
● vb caoch; **to wink an eye** súil a chaochadh.

winner n buaiteoir m3.

winning adj buach, caithréimeach.

winnings n airgead m1 buachana.

winter n geimhreadh m1.

winter sport n spórt m1 geimhridh.

wintry adj geimhriúil.

wipe n cuimilt f2; **to give something a wipe** cuimilt a thabhairt do rud. ● vb 1 cuimil; 2 (tape) glan.
□ **wipe off** glan de.
□ **wipe out** 1 (destroy) scrios; 2 (cancel) glan amach.

wire n sreang f2. ● vb
1 sreangaigh; **to wire (up) a building** forgneamh a shreangú; 2 (send telegram to) cuir sreangscéal chuig.

wiring n sreangú m (gen sreangaithe).

wiry adj 1 (hair) guaireach; 2 (person) miotalach.

wisdom n críonnacht f3, gaois f2.

wisdom tooth n fiacail f2 forais.

wise adj críonna.

wisecrack n carúl m1.

wish n 1 (desire) mian f2, fonn m1; 2 (prayer) guí f4; 3 **against his wishes** ar a neamhthoil; **in accordance with her wishes** chun a tola; **with best wishes** le deamhéin. ● vb **I wish I was rich** ba bhreá liom bheith saibhir; **I wish the rain would stop** ba bhreá liom dá stopfadh an bháisteach; **to wish someone goodbye** slán a fhágáil ag duine.

wistful adj cumhach, tnúthánach; **a wistful smile** gáire cumha.

wit n 1 (intelligence) éirim f2, meabhair f (gen meabhrach);
2 (sense of humour) féith f2 an ghrinn; 3 (witty person) nathaí m4; 4 (witty talk) dea-chaint f2.

witch n cailleach f2.

....

with prep
···▸ (in the company of) in éineacht le, i dteannta le; **to work with someone** bheith ag obair in éineacht le duine; **to have someone with you** duine a bheith in éineacht leat; **she went shopping with Máire** chuaigh sí ag siopadóireacht le Máire;
···▸ (thing used) **to write with a pencil** scríobh le peann luaidhe; **to cut something with a knife** rud a ghearradh le scian;
···▸ (in descriptions) **the man with red hair** an fear a bhfuil gruaig rua air;
···▸ (because of) **to shake with fear** bheith ar crith le heagla; **to be weak with hunger** bheith lag leis an ocras.

....

withdraw vb 1 (move back) tarraing siar; 2 (retreat) cúlaigh; 3 (money) déan aistarraingt; 4 (product, gesture) tarraing siar; **to withdraw one's resignation** tairiscint chun éirí as a tharraingt siar.

withdrawal n (of money) aistarraingt f (gen aistarraingthe).

withdrawn adj deoranta.

wither vb feoigh, searg.

withered adj 1 (plant) feoite; 2 (limb) seargtha.

withering adj **a withering look** féachaint ghoimhiúil.

withhold vb coimeád siar.

within prep 1 laistigh de; **within a mile** laistigh de mhíle; **within an hour** laistigh d'uair a chloig; **within arm's reach** faoi fhad láimhe; 2 (inside) istigh i; within

the building istigh san
fhoirgneamh. ● *adv* istigh,
laistigh.

without *prep* gan; **without food**
gan bhia; **not without difficulty** ní
gan dua; **without asking** gan
iarraidh. ● *adv* amuigh, laistigh
de; **within and without** istigh agus
amuigh.

withstand *vb* seas i gcoinne
(+GEN).

witness *n* finné *m4*. ● *vb* **1** (*see*)
feic; **to witness an accident**
timpiste a fheiscint; **2** (*signature,
ceremony*) fianaigh.

witty *adj* **1** greannmhar; **2** (*of
speech*) deisbhéalach.

wizard *n* draíodóir *m3*.

wobble *vb* **to wobble** bheith ag
guagadh.

woe *n* léan *m1*, mairg *f2*; **a day of
woe** lá léin; **woe is me!** mo léan
géar!

wolf *n* mac *m1* tíre, faolchú *m4*.

woman *n* bean *f* (*gen* mná).

womanly *adj* banúil.

womb *n* broinn *f2*.

women's movement *n*
gluaiseacht *f3* na mban.

women's refuge *n* tearmann
m1 do mhná.

women's studies *n* léann *m1*
na mban.

wonder *n* ionadh *m1*, iontas *m1*;
it's no wonder ní haon ionadh é.
● *vb* **I wonder if...** ní fheadar an...;
**I was wondering if you could help
me** bhí mé ag cuimhneamh an
bhféadfá cabhrú liom; **to wonder
at something** iontas a dhéanamh
de rud.

wonderful *adj* iontach.

woo *vb* meall.

wood *n* **1** (*timber*) adhmad *m1*;
2 (*forest*) coill *f2*.

woodcarving *n* snoíodóireacht
f3 adhmaid.

wooden *adj* adhmaid (*gen of* n).

woodpecker *n* snag *m1* darach.

woodwind *n* gaothuirlis *f2*
adhmaid.

woodwork *n* adhmadóireacht *f3*.

woodworm *n* réadán *m1*.

wool *n* olann *f* (*gen* olla); **sheep's
wool** olann caorach; ➤ **to pull the
wool over someone's eyes**
dallamullóg a chur ar dhuine;
➤ **a dyed-in-the-wool nationalist**
náisiúnach go smior.

woollen *adj* olla (*gen of* n); **a
woollen jumper** geansaí olla.

woolly *adj* **1** ollach; **2** (*unclear*)
scaipthe; **a woolly argument**
argóint scaipthe.

word *n* **1** focal *m1*; **to say a few
words** cúpla focal a rá; **2** (*prom-
ise*) focal *m1*; **to give one's word
d'fhocal a thabhairt**; **to keep
one's word** cur le d'fhocal; **to
break one's word d'fhocal a
bhriseadh**; **2** (*news*) scéala *m4*; **to
get word** scéala a fháil. ● *vb* cuir
i bhfocail.

wording *n* leagan *m1* na bhfocal.

word processing *n* próiseáil *f3*
focal.

word processor *n* próiseálaí
m4 focal.

work *n* **1** obair *f2*; **to go to work**
dul ag obair; **out of work** as
obair; **what kind of work does
she do?** cén sórt oibre a
dhéanann sí?; **2** (*of art, literature*)
saothar *m1*; **a work of art** saothar
ealaíne. ● *vb* **1** (*do work*) oibrigh;
to work bheith ag obair; **she
works at home** oibríonn sí sa
bhaile; **2** (*function*) **it worked**
d'eirigh leis; **3** (*manipulate,
mould*) múnlaigh; **to work metal**
miotal a oibriú.

□ **work on** (*succeed*) oibrigh;
did that work on the stain? ar
oibrigh sé sin ar an smál?;
2 (*continue working*) **to work on**
leanúint leat ag obair; **3 she's
working on a new project** tá sí ag
obair ar thionscadal nua.

□ **work out 1** (*turn out right*)
oibrigh amach; everything
worked out in the end d'oibrigh
gach rud amach sa deireadh;
2 (*exercise*) traenáil; do you work
out? an mbíonn tú ag traenáil?;
3 (*problem*) réitigh.

workable *adj* inoibrithe.

workaholic *n* oibrí *m4* cíocrach.

worker *n* oibrí *m4*.

working class *n* lucht *m3* oibre.
● *adj* working-class (an) lucht
oibre (*gen of n*).

workman *n* oibrí *m4*.

workmanship *n* ceardaíocht *f3*.

workplace *n* ionad *m1* oibre.

workshop *n* ceardlann *f2*.

work station *n* stáisiún *m1*
oibre.

world *n* domhan *m1*. ● *adj*
domhanda; the World War an
Cogadh Domhanda.

world champion *n* seaimpín
m4 an domhain.

world leader *n* ceannaire *m4*
domhanda.

worldly *adj* saolta.

worldwide *adj* ar fud an
domhain.

World-Wide Web *n* Líon *m1*
Domhanda, Gréasan *m1*
Domhanda.

worm *n* péist *f2*.

worn *adj* caite.

worn-out *adj* **1** (*clothes,
equipment*) idithe; **2** (*person*)
tugtha traochta.

worried *adj* buartha, imníoch.

worry *n* buairt *f2*, imní *f4*. ● *vb*
1 to worry about something
bheith buartha faoi rud;
2 (*annoy*) cuir imní ar; to worry
someone imní a chur ar dhuine.

worse *adj* níos measa; she's
worse then her sister tá sí níos
measa ná a deirfiúr; this is worse
than that is measa é seo ná é sin;
it's worse than ever tá sé níos

measa ná riamh. ● *adv* to get
worse dul in olcas. ● *n* there's
worse to come tá (rudaí) níos
measa le teacht; she was none
the worse for it níor mheasade í; I
think none the worse of him ní
lúide mo mheas air.

worsen *vb* téigh in olcas.

worse off *adj* to be worse off
bheith níos measa as.

worship *n* **1** (*act of worshipping*)
adhradh *m* (*gen adhartha*).
2 Your Worship A Onóir. ● *vb*
adhair.

worst *adj* is measa, ba mheasa
(*with past tense*); the worst player
an t-imreoir is measa; he was the
worst player ba é sin an t-imreoir
ba mheasa. ● *n* the worst an
ceann *m1* is measa.

worth *n* **1** (*financial*) luach *m1*;
2 (*practical*) fiúntas *m1*. ● *adj* it's
worth seeing is fiú é a fheiscint;
it isn't worth talking about ní fiú
bheith ag caint air; it's worth a
million is fiú milliún é.

worthless *adj* neamhfhiúntach;
it is worthless ní fiú faic é.

worthwhile *adj* fiúntach.

worthy *adj* **1** (*person*) fiúntach;
2 (*motive*) uasal.

····

would *vb*

····▸ (*conditional*) she would have
come if you had asked her to
thiocfadh sí dá n-iarrfá uirthi;
you would have enjoyed it
thaitneodh sé leat;

····▸ (*in offers, requests*) would you
like tea or coffee? ar mhaith
leat tae nó caifé?; would you
open the window please? an
osclófá an fhuinneog le do
thoil?;

····▸ (*in indirect speech*) she said
she would be here dúirt sí go
mbeadh sí anseo; did he say he
would do it? an ndúirt sé go
ndéanfadh sé é?;

••••▸ (in habitual past) she would always eat there d'itheadh sí ann i gcónaí.

wound n cneá f4. ● vb cneáigh.

wrap vb 1 (parcel) fill i bpáipéar; 2 (wind) corn.

wrapper n cumhdach m1.

wrapping paper n páipéar m1 fillte.

wreath n fleasc f2 (bláthanna).

wreck n 1 (parcel) raic f2; 2 (ship) long m1 bhriste; 3 (car) carr m1 scriosta. ● vb raiceáil, scrios.

wreckage n raic f2.

wren n dreoilín m4; Wren's Day (St. Stephen's Day) Lá an Dreoilín.

wrench n 1 (implement) rinse m4; 2 (movement) sracadh m (gen sractha). ● vb srac; to wrench something from someone rud a shracadh ó dhuine.

wrestle vb déan iomrascáil.

wrestler n iomrascálaí m4.

wrestling n iomrascáil f3.

wretched adj dearóil.

wriggle vb to wriggle bheith ag lúbarnaíl.

wring vb fáisc.

wrinkle n roc m1. ● vb roc.

wrist n caol m1 na láimhe, rosta m4.

wristwatch n uaireadóir m3 (láimhe).

writ n eascaire m4.

write vb scríobh.
□ **write back** scríobh ar ais.
□ **write down** scríobh síos.
□ **write off** 1 (debt) díscríobh; 2 (a car) scrios ar fad.
□ **write out** scríobh amach; to write something out in full rud a scríobh ina iomláine.
□ **write up** scríobh cuntas ar.

writer n scríbhneoir m3; a creative writer scríbhneoir cruthaitheach.

writing n 1 scríbhneoireacht f3; she has nice writing tá scríbhneoireacht dheas aici; in writing scríofa; 2 writings scríbhinní f(pl)2.

writing paper n páipéar m1 scríofa.

wrong adj 1 (incorrect) mícheart; the wrong number an uimhir mhícheart; the wrong answer an freagra mícheart; 2 (unacceptable) olc; it's wrong to say that ní ceart é sin a rá; 3 (not as it should be) cearr; what's wrong? cad atá cearr?, cad atá órt?; there's something wrong with it tá rud éigin cearr leis. ● n olc m1, éagóir f3; to do wrong olc a dhéanamh; to know right from wrong aithint idir an mhaith agus an t-olc; to be in the wrong bheith san éagóir. ● adv go mícheart, go héagórach. ● vb déan éagóir ar; to wrong someone éagóir a dhéanamh ar dhuine.

wrongful adj éagórach.

wrongfully adv go héagórach.

wrought adj oibrithe; wrought iron iarann oibrithe.

wry adj searbh; to give a wry smile gáire searbh a dhéanamh.

Xx

x-chromosome n x-chrómasóm m1.

xenophobe n Seineafóbach m1.

xenophobia n seineafóibe f4.

xenophobic adj seineafóbach.

Xmas →CHRISTMAS

X-ray n 1 (ray) x-gha m4;
2 (photograph) x-ghathú m (gen
x-ghathaithe). ● vb x-ghathaigh.

xylophone n xileafón m1.

Yy

yacht n luamh m1.

yachtsman n luamhaire m4.

Yank n Poncán m1.

yard n 1 (outside building) clós
m1; 2 (unit of measure) slat f2.

yardstick n slat f2 tomhais.

yarn n 1 (material) snáth m3;
woollen yarn snáth olla; 2 (story)
starnóg f2.

yawn n méanfach m1. ● vb déan
méanfach.

yawning adj béal-leathan; a
yawning gap bearna bhéal-
leathan.

year n bliain f3; last year
anuraidh, an bhliain seo caite;
next year an bhliain seo
chugainn; three years ago trí
bliana ó shin; he's twenty years
of age tá sé fiche bliain d'aois.

yearly adj bliantúil. ● adv
1 (once a year) uair sa bhliain;
2 (every year) go bliaintúil.

yearn vb to yearn for something
bheith ag tnúth le rud.

yeast n giosta m4.

yell n béic f2. ● vb lig béic asat.

yellow n buí m4. ● adj buí.

yes adv 'will you be there?' – 'yes'
'an mbeidh tú ann?' – 'beidh';
'did you buy it?' – 'yes' 'ar
cheannaigh tú é?' – 'cheannaigh';
'is this yours?' – 'yes' 'an leatsa é
seo? – is liom; 'are you a
teacher?' – 'yes' an múinteoir tú?

is ea; 'are you the teacher?' –
'yes' 'an tusa an múinteoir?' – 'is
mé'.

yesterday adv inné; yesterday
morning ar maidin inné. ● n an
lá m inné; yesterday's paper
páipéar an lae inné.

yet adv fós, go fóill; 'has he
phoned yet?' – 'not yet' 'ar
ghlaoigh sé fós?' – 'níor ghlaoigh
fós'. ● conj mar sin féin; it's sim-
ple, yet it seems to work tá sé
simplí ach, mar sin féin,
dealraíonn sé go n-oibríonn sé.

yew n iúr m1.

yield n 1 (output) toradh m1;
2 (of crop) barr m1; 3 (of milk)
tál m1. ● vb 1 (surrender) géill
(do); 2 (give) tabhair do.

yoghurt n iogart m1.

yolk n buíocán m1.

you pron 1 (singular: as subject)
tú; (emphatic) tusa; you met her
last week bhuail tú léi an
tseachtain seo caite; where are
you? cá bhfuil tú?; are you tired?
an bhfuil tuirse ort? (prep pron);
I helped her but you didn't
chabhraigh mise léi ach níor
chabhraigh tusa; YOU can talk! is
féidir leatsa labhairt (prep pron);
2 (singular: as direct or indirect
object) thú; (emphatic) thusa; she
likes you is maith léi thusa; I
gave you the money thug mé i
t-airgead duit (prep pron); I saw
your parents but not you chonaic
mé do thusimitheoirí ach ní
fhaca mé thusa; 3 (plural: as
subject) sibh; (emphatic) sibhse;
did you enjoy the meal? ar bhain
sibh taitneamh as an mbéile;
you're my friends is sibhse mo
chairde; 4 (plural: as direct or in-
direct object) I gave you the
money thug mé an t-airgead
daoibh; I've met your wives but
not you bhuail mé le bhur mná
céile ach níor bhuail mé libhse;
5 (after preposition or in

comparisons) I'll go with you rachaidh mise leat; I'm older than you táimse níos sinne ná tusa; **6** (*impersonal*) you can see the sea is féidir leat an fharraige a fheiceáil; you never know ní fheadar aon duine.

young *adj* óg. ● *npl* **1** (*of animal*) óga *m1*; **2** the young (*young people*) an t-aos *m1* óg.

younger *adj* níos óige; she's younger than her husband tá sí níos óige ná a fear céile.

youngster *n* **1** (*boy*) aosánach *m1*, ógánach *m1*; **2** (*girl*) gearrchaile *m4*.

your *adj* **1** (*to one person*) do (*followed by lenition*); your coat/house do chóta/theach; your father d'athair; **2** (*to more than one person*) bhur (*followed by eclipsis*); your father bhur n-athair; your coats/house bhur gcótaí/dteach.

yours *adj* **1** (*referring to single noun*) (*to one person*) do cheannsa; (*to more than one person*) bhur gceannsa; that's yours sin é do cheannsa/bhur gceannsa; **2** (*referring to plural*) (*to one person*) do chuidse; (*to more than one person*) bhur gcuidse; these are yours seo do chuidse/bhur gcuidse; **3** Yours sincerely is mise le meas.

yourself *pron* **1** (*subject*) tú féin; (*emphatic*) tusa féin; you said it yourself tú féin a duirt é; **2** (*object*) thú féin; (*emphatic*) thusa féin; help yourself! tarraing ort! (*prep pron*).

yourselves *pron* **1** sibh féin; (*emphatic*) sibhse féin; you said it

yourselves sibh féin a duirt é; help yourselves tarraingí oraibh (*prep pron*).

youth *n* **1** (*era*) óige *f4*; **2** (*young people*) an t-aos *m1* óg; **3** (*young man*) ógánach *m1*.

youth club *n* club *m1* na hóige.

youthful *adj* óigeanta.

youth hostel *n* brú *m4* na hóige.

Yugoslav *n* Iúgaslavach *m1*. ● *adj* Iúgaslavach.

Yugoslavia *n* an Iúgaslaiv *f2*.

Zz

Zambia *n* an tSaimbia *f4*.

zap *vb* scrios.

zeal *n* díograis *f2*.

zealous *adj* díograiseach.

zebra *n* séabra *m4*.

zenith *n* buaic *f2*.

zero *n* nialas *m1*. ● *adj* nialais (*gen of n*).

zest *n* flosc *m1*, fonn *m1*.

zigzag *n* fiarlán *m1*.

Zimbabwe *n* an tSiombáib *f2*.

zinc *n* sinc *f2*.

zip *n* sip *f2*. ● *vb* **1** (*zip up*) dún an tsip; **2** (*move quickly*) scinn.

zodiac *n* stoidiaca *m4*.

zone *n* crios *m3*.

zoo *n* zú *m4*.

zoology *n* míoleolaíocht *f3*.

zoom *vb* scinn.

Grammar/Gramadach

Initial Mutations/Athruithe Tosaigh

In certain circumstances the initial consonant or vowel of a particular word in Irish is subject to change when preceded by another word. These changes, which are a phenomenon of the spoken language, are called **Initial mutations** and they are shown in writing as **lenition** and **eclipsis**, the prefixing of 't' to vowels or 's', the prefixing of t to s, and the prefixing of h to vowels.

Lenition/Séimhiú (see also Guide to Pronunciation)

The letter **h** signifies lenition in Irish. The following nine consonants are lenited: **b, c, d, f, g, m, p, s, t**. When these consonants are lenited they are written as **bh, ch, dh, fh, gh, mh, ph, sh, th**. Words which generate lenition are indicated in the dictionary. The following is a list of examples showing some of the ways in which lenition occurs:

báisteach (*rain*)	an bháisteach (*the rain*)
cistin (*kitchen*)	sa chistin (*in the kitchen*)
dorcha (*dark*)	oíche dhorcha (*a dark night*)
fear (*man*)	ainm an fhir (*the man's name*)
gairdín (*garden*)	sa ghairdín (*in the garden*)
maidin (*morning*)	faoi mhaidin (*by morning*)
Pádraig	teach Phádraig (*Pádraig's house*)
seanathair (*grandfather*)	a sheanathair (*his grandfather*)
teach (*house*)	mo theach (*my house*)

Eclipsis/Urú (see also **Guide to Pronunciation**)

The following seven consonants are eclipsed: **b, c, d, f, g, p, t**. When these consonants are eclipsed they are written as **mb, gc, nd, bhf, ng, bp, dt**. Vowels are also eclipsed by the letter n. Words which generate eclipsis are indicated in the dictionary. The following are examples of the ways in which eclipsis occurs:

baile (*town*)	i mbaile (*in a town*)
carr (*car*)	seacht gcarr (*seven cars*)
doras (*door*)	ag dúnadh na ndoirse (*closing the doors*)
fiacha (*debts*)	i bhfiacha (*in debt*)
grúpa (*group*)	bhur ngrúpa (*your group*)
punt (*pound*)	deich bpunt (*ten pounds*)
teach (*house*)	ár dteach (*our house*)
asal (*donkey*)	naoi n-asal (*nine donkeys*)
Éireannach (*Irish person*)	teach na nÉireannach (*the Irish people's house*)
Indiach (*Indian*)	cultúr na nIndiach (*the Indians' culture*)
oileán (*island*)	líon na n-oileán (*the number of islands*)
uisce (*water*)	ag ól na n-uiscí (*drinking the waters*)

't-' before vowels or before 's'/'t-' roimh ghuta nó roimh 's'

t- is prefixed to the initial vowel of masculine nouns in the nominative singular and to certain other words:

airgead (*money*)	an t-airgead (*the money*)
uisce (*water*)	an t-uisce (*the water*)
aon (*one*)	an t-aon cheann amháin (*the only one*)

Uachtarán (*President*)   an tUachtarán (*the President*)

(*Note: when 't' is prefixed to a Capital vowel a hyphen is not used*)

t is prefixed to initial **s** (followed by a vowel or **l, n,** or **r**) in certain cases:

seachtain (*week*)	an tseachtain (*the week*)
sráid (*street*)	ar an tsráid (*on the street*)
slí (*way*)	sa tslí (*in the way*)
seomra (*room*)	doras an tseomra (*the door of the room*)
samhradh (*summer*)	i rith an tsamhraidh (*during the summer*)

'h' before vowels/'h' roimh ghutaí

h is prefixed to initial vowels in certain cases e.g.

áit (*place*)	na háiteanna (*the places*)
ard (*tall*)	chomh hard le (*as tall as*)
ainm (*name*)	a hainm (*her name*)
uair (*hour*)	trí huaire (*three hours*)

Prepositional Pronouns/Forainmneacha Réamhfhoclacha

ag (at)			**ar** (on)		
	singular	plural		singular	plural
1.	agam	againn	1.	orm	orainn
2.	agat	agaibh	2.	ort	oraibh
3.	(m) aige	acu	3.	(m) air	orthu
	(f) aici			(f) uirthi	

as (out of)

singular	plural
1. asam	asainn
2. asat	asaibh
3. (m) as	astu
(f) aisti	

fara (along with)

singular	plural
1. faram	farainn
2. farat	faraibh
3. (m) fairis	faru
(f) farae	

chun/chuig (to)

singular	plural
1. chugam	chugainn
2. chugat	chugaibh
3. (m) chuige	chucu
(f) chuici	

i (in)

singular	plural
1. ionam	ionainn
2. ionat	ionaibh
3. (m) ann	iontu
(f) inti	

de (from)

singular	plural
1. diom	dinn
2. díot	díbh
3. (m) de	díobh
(f) di	

idir (between)

singular	plural
1. —	eatarthu
2. —	eadraibh
3. —	eatarthu

do (to)

singular	plural
1. dom	dúinn
2. duit	daoibh
3. (m) de	dóibh
(f) di	

ionsar (to)

singular	plural
1. ionsorm	ionsorainn
2. ionsort	ionsoraibh
3. (m) ionsair	ionsorthu
(f) ionsuirthi	

faoi (under)

singular	plural
1. fúm	fúinn
2. fút	fúibh
3. (m) faoi	fúthu
(f) fúithi	

le (with)

singular	plural
1. liom	linn
2. leat	libh
3. (m) leis	leo
(f) léi	

ó (from)

singular	plural
1. uaim	uainn
2. uait	uaibh
3. (m) uaidh	uathu
(f) uaithi	

trí (through)

singular	plural
1. tríom	trínn
2. tríot	tríbh
3. (m) tríd	tríothu
(f) tríthi	

roimh (before)

singular	plural
1. romham	romhainn
2. romhat	romhaibh
3. (m) roimhe	rompu
(f) roimpi	

um (about)

singular	plural
1. umam	umainn
2. umat	umaibh
3. (m) uime	umpu
(f) uimpi	

thar (over)

singular	plural
1. tharam	tharainn
2. tharat	tharaibh
3. (m) thairis	tharstu
(f) thairsti	

Nouns/Ainmfhocail

The nouns in the dictionary are classified as *nm1*, *nf2*, *nm3*, *nf3*, *nm4*, *nf4* according to the following declensions:

1st Declension/1º Díochlaonadh
(Masculine Nouns)

Nominative	Genitive Singular	Plural	Genitive Plural
bord	boird	boird	bord
ceann	cinn	cinn	ceann
fathach	fathaigh	fathaigh	fathach
fear	fir	fir	fear
manach	manaigh	manaigh	manach
stáisiún	stáisiúin	stáisiúin	stáisiún

2nd Declension/2ú Díochlaonadh
(Feminine Nouns with a couple of exceptions)

Nominative	Genitive Singular	Plural	Genitive Plural
bróg	bróige	bróga	bróg
fuinneog	fuinneoige	fuinneoga	fuinneog
géag	géige	géag	géag
póg	póige	póga	póg
áit	áite	áiteanna	áiteanna
páirc	páirce	páirceanna	páirceanna
abairt	abairte	abairtí	abairtí
cáipéis	cáipéise	cáipéisí	cáipéisí

3rd Declension/3ú Díochlaonadh (Masculine)

Nominative	Genitive Singular	Plural	Genitive Plural
cainteoir	cainteora	cainteoirí	cainteoirí
comhlacht	comhlachta	comhlach-taí	comhlachtaí
múinteoir	múinteora	múinteoirí	múinteoirí
rás	rása	rásanna	rásanna
rang	ranga	ranganna	ranganna

3rd Declension/3ú Díochlaonadh (Feminine)

Nominative	Genitive Singular	Plural	Genitive Plural
beannacht	beannachta	beanachtaí	beannachtaí
iarracht	iarrachta	iarrachtaí	iarrachtaí
eisiúint	eisiúna	eisiúintí	eisiúintí
barúil	barúla	barúlacha	barúlacha
samhail	samhla	samhlacha	samhlacha

4th Declension/4ú Díochlaonadh (Masculine)

Nominative	Genitive Singular	Plural	Genitive Plural
cailín	cailín	cailíní	cailíní

toitín	toitín	toití	toitín
balla	balla	ballaí	ballaí
garda	garda	gardaí	gardaí
brú	brú	brúnna	brúnna
cnó	cnó	cnónna	cnónna

4th Declension/4ú Díochlaonadh (Feminine)

Nominative	Genitive Singular	Plural	Genitive Plural
bró	bró	brónna	brónna
trá	trá	tránna	tránna
beatha	beatha	beathaí	beathaí
fáilte	fáilte	fáiltí	fáiltí

Where nouns are declined in ways other than shown above the irregular forms are given in the dictionary entry.

Adjectives/Aidiachtaí

Adjectives are classified as *adj1*, *adj2* and *adj3* on the Irish-English side of the dictionary according to the following declensions:

1st Declension/1ú Díochlaonadh

Nominative	Gen. Sing. Masculine	Gen. Sing./Comp. Feminine	Plural
bacach	bacaigh	bacaí	bacacha
buíoch	buíoch	buíche	buíocha
ceolmhar	ceolmhair	ceolmhaire	ceolmhara
gorm	goirm	goirme	gorma
mórchúis-each	mórchúisigh	mórchúisí	mórchúis-eacha
séimh	séimh	séimhe	séimhe

2nd Declension/2ú Díochlaonadh

Nominative	Gen. Sing. Masculine	Gen. Sing./Comp. Feminine	Plural
gaisciúil	gaisciúil	gaisciúla	gaisciúla
tuirsiúil	tuirsiúil	tuirsiúla	tuirsiúla

3rd Declension/3ú Díochlaonadh
(*adj3* adjectives do not change form)

Nominative	Gen. Sing. Masculine	Gen. Sing./Comp. Feminine	Plural
breoite	breoite	breoite	breoite
cróga	cróga	cróga	cróga

Note:
Where an adjective follows a noun with a strong plural its genitive plural form is identical to the nominative plural. Where an adjective follows a noun with a weak plural its genitive plural is the same as the nominative singular form. Where adjectives do not conform to any of the above patterns the irregular forms are given in the dictionary entry.

Verbs/Briathra

Regular Verbs in Irish are divided into two conjugations according to the form of the verb in the third person singular future tense. The following tables show how the verbs are conjugated. Irregular verbal nouns and verbal adjectives are given throughout in the dictionary and the present tense 3rd person singular form is given where necessary in the case of syncopated verbs. The irregular forms of the eleven irregular verbs in Irish are also given below.

The 2nd person singular imperative is the verbal stem used throughout.

Regular Verbs/Briathra Rialta
The First Conjugation/An Chéad Réimniú

▶ **ceap** (think)

Imperative

singular	plural
1. ceapaim	ceapaimis
2. ceap	ceapaigí
3. ceapadh sé	ceapaidís
	ceapadh sí

autonomous verb ceaptar

Present

singular	plural
1. ceapaim	ceapaimid
2. ceapann tú	ceapann sibh
3. ceapann sé	ceapann siad
	ceapann sí

autonomous verb ceaptar

Past

singular	plural
1. cheap mé	cheapamar
2. cheap tú	cheap sibh
3. cheap sé	cheap siad
	cheap sí

autonomous verb ceapadh

Future

singular	plural
1. ceapfaidh mé	ceapfaimid
2. ceapfaidh tú	ceapfaidh sibh
3. ceapfaidh sé	ceapfaidh siad
	ceapfaidh sí

autonomous verb ceapfar

Conditional

singular	plural
1. cheapfainn	cheapfaimis
2. cheapfá	cheapfadh sibh
3. cheapfadh sé	cheapfaidís
	cheapfadh sí

autonomous verb cheapfaí

Past Habitual

singular	plural
1. cheapainn	cheapaimis
2. cheaptá	cheapadh sibh
3. cheapadh sé	cheapaidís
	cheapadh sí

autonomous verb cheaptaí

Present subjunctive

singular	plural
1. ceapa mé	ceapaimid
2. ceapa tú	ceapa sibh
3. ceapa sé	ceapa siad
	ceapa sí

autonomous verb ceaptar

Verbal Noun ceapadh

Verbal Adjective ceaptha

▶ pacáil (pack)

Imperative

singular	plural
1. pacálaim	pacálaimis
2. pacáil	pacálaigí
3. pacáladh sé	pacálaidís
pacáladh sí	

autonomous verb pacáiltear

Present

singular	plural
1. pacálaim	pacálaimid
2. pacálann tú	pacálann sibh
3. pacálann sé	pacálann siad
pacálann sí	

autonomous verb pacáiltear

Past

singular	plural
1. phacáil mé	phacálamar
2. phacáil tú	phacáil sibh
3. phacáil sé	phacáil siad
phacáil sí	

autonomous verb pacáladh

Future

singular	plural
1. pacálfaidh mé	pacálfaimid
2. pacálfaidh tú	pacálfaidh sibh
3. pacálfaidh sé	pacálfaidh siad
pacálfaidh sí	

autonomous verb pacálfar

Conditional

singular	plural
1. phacálfainn	phacálfaimis
2. phacálfá	phacálfadh sibh
3. phacálfadh sé	phacálfaidís
phacálfadh sí	

autonomous verb phacálfaí

Past Habitual

singular	plural
1. phacálainn	phacálaimis
2. phacáilteá	phacáladh sibh
3. phacáladh sé	phacálaidís
phacáladh sí	

autonomous verb phacáiltí

Present subjunctive

singular	plural
1. pacála mé	pacálaimid
2. pacála tú	pacála sibh
3. pacála sé	pacála siad
pacála sí	

autonomous verb pacáiltear

verbal noun pacáil

verbal adjective pacáilte

The Second Conjugation/An Dara Réimniú

▶ **cuardaigh** (search)

Imperative

singular	plural
1. cuardaím	cuardaímis
2. cuardaigh	cuardaígí
3. cuardaíodh sé	cuardaídís
cuardaíodh sí	

autonomous verb cuardaítear

Present

singular	plural
1. cuardaím	cuardaímid
2. cuardaíonn tú	cuardaíonn sibh
3. cuardaíonn sé	cuardaíonn siad
cuardaíonn sí	

autonomous verb cuardaítear

Past

singular	plural
1. chuardaigh mé	chuardaíomar
2. chuardaigh tú	chuardaigh sibh
3. chuardaigh sé	chuardaigh siad
chuardaigh sí	

autonomous verb cuardaíodh

Future

singular	plural
1. cuardóidh mé	cuardóimid
2. cuardóidh tú	cuardóidh sibh
3. cuardóidh sé	cuardóidh siad
cuardóidh sí	

autonomous verb cuardófar

Conditional

singular	plural
1. chuardóinn	chuardóimis
2. chuardófá	chuardódh sibh
3. chuardódh sé	chuardóidís
chuardódh sí	

autonomous verb chuardófaí

Past Habitual

singular	plural
1. chuardínn	chuardaímis
2. chuardaíteá	chuardaíodh sibh
3. chuardaíodh sé	chuardaídís
chuardaíodh sí	

autonomous verb chuardaítí

Present subjunctive

singular	plural
1. cuardaí mé	cuardaímid
2. cuardaí tú	cuardaí sibh
3. cuardaí sé	cuardaí siad
cuardaí sí	

autonomous verb cuardaítear

Verbal Noun cuardach

Verbal Adjective cuardaithe

▶ imigh (leave, go away)

Imperative

singular	plural
1. imím	imímis
2. imigh	imígí
3. imíodh sé	imídís
imíodh sí	

autonomous verb imítear

Present

singular	plural
1. imím	imímid
2. imíonn tú	imíonn sibh
3. imíonn sé	imíonn siad
imíonn sí	

autonomous verb imítear

Past

singular	plural
1. d'imigh mé	d'imíomar
2. d'imigh tú	d'imigh sibh
3. d'imigh sé	d'imigh siad
d'imigh sí	

autonomous verb imíodh

Future

singular	plural
1. imeoidh mé	imeoimid
2. imeoidh tú	imeoidh sibh
3. imeoidh sé	imeoidh siad
imeoidh sí	

autonomous verb imeofar

Conditional

singular	plural
1. d'imeoinn	d'imeoimis
2. d'imeofá	d'imeodh sibh
3. d'imeodh sé	d'imeoidís
d'imeodh sí	

autonomous verb d'imeofaí

Past Habitual

singular	plural
1. d'imínn	d'imímis
2. d'imíteá	d'imíodh sibh
3. d'imíodh sé	d'imídís
d'imíodh sí	

autonomous verb d'imítí

Present subjunctive

singular	plural
1. imí mé	imímid
2. imí tú	imí sibh
3. imí sé	imí siad
imí sí	

autonomous verb imítear

Verbal Noun imeacht

Verbal Adjective imithe

Briathra Neamhrialta/Irregular Verbs

▶ **abair** (say)

Imperative
abraim, abair, etc.

Present
deirim, deir tú etc.

Past
dúirt mé, dúirt tú, dúirt sé/sí, dúiramar etc.

auton dúradh

Future
déarfaidh mé, déarfaidh tú etc.

Conditional
déarfainn, déarfá etc.

Past Habitual
deirinn, deirteá etc.

Present Subjunctive
deire mé, deire tú etc.

verbal noun rá

verbal adjective ráite

beir (bring, give birth to, catch)

Past
rug mé/tú/ etc.

Future
béarfaidh mé/tú etc.

Conditional
bhéarfainn, bhéarfá etc.

verbal noun breith
verbal adjective beirthe

▶ **bí** (be)

Imperative
bím, bí etc.

auton bítear

Present (independent)
táim, tá tú etc.

auton táthar

Present (negative)
nílim níl tú etc.

auton níltear

Present (dependent)
go bhfuilim, go bhfuil tú etc.

auton go bhfuiltear

Past (independent)
bhí mé, tú etc.

auton bhíothas

Past (dependent)
ní/go raibh mé/tú etc.

auton ní/go rabhthas

Future
beidh mé/tú etc.

Conditional
bheinn, bheifeá etc.

Past Habitual
bhínn, bhíteá etc.

Present Subjunctive
raibh mé/tú etc.

auton rabhthas

verbal noun bheith

▶ clois/cluin (hear)

Past
chuala mé/tú/sé/sí, chuala-
mar, chuala sibh/siad

auton chualathas

verbal noun cloisteáil/
cluinstin

verbal adjective
cloiste/cluinte

▶ déan (make, do)

Past (independent)
rinne mé/tú etc.

Past (dependent)
ní dhearna mé/tú etc.
go ndearna mé/tú etc.

verbal noun déanamh

verbal adjective déanta

▶ faigh (get)

Past
fuair mé/tú etc.

auton fuarthas

Future (independent)
gheobhaidh mé/tú etc.

auton gheofar

Future (dependent)
ní bhfaighidh mé/tú etc.

auton ní bhfaighfear

Conditional (independent)
gheobhainn, gheofá etc.

auton gheofaí

Conditional (dependent)
ní/go bhfaighinn, ní/go
bhfaighfeá etc.

auton ní/go bhfaighfí

verbal noun fáil

verbal adjective faighte

▶ feic (see)

Past (independent)
chonaic mé/tú etc.

auton chonacthas

Past (dependent)
ní fhaca mé/tú etc.

auton ní fhacthas
go bhfaca mé/tú etc.

auton go bhfacthas
verbal noun feiceáil
verbal adjective feicthe

▶ **ith** (eat)

(Irregular only in Future and Conditional)

Future
íosfaidh mé/tú etc.
auton íosfar

Conditional
d'íosfainn, d'íosfá etc.
auton d'íosfaí
verbal noun ithe
verbal adjective ite

▶ **tabhair** (give)

Imperative
tugaim, tabhair etc.

Present
tugaim, tugann tú etc..

Past
thug mé/tú etc.

Future
tabharfaidh mé/tú etc.

Conditional
thabharfainn, thabharfá etc.

Past Habitual
thugainn, thugtá etc.

Present Subjunctive
tuga mé/tú etc.

verbal noun tabhairt
verbal adjective tugtha

▶ **tar (tagaim)** (come)

Imperative
tagaim, tar, tagadh sé etc.

Present
tagaim, tagann tú etc.

Past
tháinig mé/tú/sé/sí, thángamar etc.
auton thángthas

Future
tiocfaidh mé/tú etc.

Conditional
thiocfainn, thiocfá etc.

Past Habitual
thagainn, thagtá etc.

Present Subjunctive
taga mé/tú etc.

verbal noun teacht
verbal adjective tagtha

▶ **téigh** (go)

Past (independent)

chuaigh mé/tú etc
auton chuathas

Past (dependent)

ní dheachaigh mé/tú etc.

auton ní dheachthas
go ndeachaigh me/tú etc.

auton go ndeachthas

Future
rachaidh mé/tú etc.

auton rachfar

Conditional
rachainn, rachfá

auton rachfaí

verbal noun dul

verbal adjective dulta

The Copula/An Chopail

The Copula is is a defective verb and is used to link two nouns or pronouns together. It does not have imperative or autonomous forms and it does not have a verbal noun or adjective. It is followed by lenition in the past tense and the conditional.

Present and Future Tenses

	Positive	Negative
Independent	is	ní
Dependent	gur(b)	nach
Interrogative	an?	nach?
Relative:		
(Direct)	is	nach
(Indirect)	ar, arb	nach

Past Tense and Conditional

	Positive	Negative
Independent	ba / b'	níor, níorbh
Dependent	gur, gurbh	nár, nárbh

Interrogative	ar?, arbh?	nár?, nárbh?
Relative:		
(Direct)	ba / ab	nár, nárbh
(Indirect)	ar, arb	nár, nárbh

Present Subjunctive

Positive	Negative
gura, gurab	nára, nárab

Aa

a¹ *voc partic (followed by lenition)* a dhuine uasail Sir; táim anseo, a Shiobhán! I'm here, Siobhán!; a Bhreandáin, a chara Dear Breandán.

a² *partic (used with non-adjectival numbers)* a haon, a dó, a trí one, two, three; uimhir a daichead a hocht number forty-eight.

a³ *partic (used with verbal nouns)* ceol a sheinnt to play music; duine a mholadh to praise a person.

a⁴ *poss adj* his; her; its; their; a chóta his coat; a cóta her coat; a gcótaí their coats; a aintín his aunt; a haintín her aunt; a n-aintín their aunt; d'ith an madra a dhinnéar the dog ate its dinner.

a⁵ *rel partic*
····▸ (direct relative: followed by independent form of verb; lenites except when followed by an autonomous verb) an cailín a théann abhaile ar a hocht a chlog the girl who goes home at eight o' clock; an bhean a d'ól an tae the woman who drank the tea; na daoine a íosfaidh an béile seo the people who will eat this meal; an carr atá lasmuigh den teach the car which is outside the house;
····▸ (indirect relative: followed by independent form of verb - eclipses and prefixes 'n-' to vowel) an fear a dtugaim síob dó gach lá the man to whom I give a lift each day; an bhean a raibh a hiníon ar scoil leat the woman whose daughter was at school with you; an buachaill a n-imríonn a athair ar fhoireann an chontae the boy whose father plays on the county team; an fear a bhfuil a charr páirceáilte lasmuigh aige the man who has his car parked outside.

● *rel pron (followed by eclipsis)* sin a bhfuil ann that is all that is there; caitheann sé a dtuilleann sé he spends whatever he earns; fuair sí a raibh uaithi she found what she was looking for.

a⁶ *partic* bhí ionadh orm a shaoráidí a bhí sé I was amazed how easy it was; nuair a chuimhníonn tú ar a dheacra atá sé when one considers how difficult it is.

á *poss adj (as 3rd person singular and plural object of verbal noun)* bhí sé á cháineadh he was criticizing him; bhí siad á cáineadh they are criticizing her; bhí iománaíocht á himirt aige he was playing hurling; bíonn sí i gcónaí á gcáineadh she is always criticizing them.

ab¹ *nm3* abbot.

ab² *copula* see is.

abair (*vn* rá *vadj* ráite *pres* deir *past* dúirt *fut* déarfaidh) *vb* 1 say; abair é sin arís say that again; abair as Gaeilge é say it in Irish; dúirt sé é sin he said that; an ndéarfaidh tú é sin leis? will you say that to him?; 2 speak; mar a déarfá so to speak; 3 tell; abair léi nach mbeidh sé ag teacht tell her that he will not be coming; 4 sing; abair amhrán sing a song; 5 suppose, assume;

ach abair go dtarlóidh sé arís but suppose it happens again; abraimis nach bhfuil an ceart ag aon duine againn let us suppose that none of us are right.

abairt nf2 sentence.

ábalta adj **1** able; bheith ábalta rud a dhéanamh to be able to do something; **2** capable; is bean an-ábalta í she's a very capable woman; **3** able-bodied.

ábaltacht nf3 **1** ability; **2** capability.

abar nm1 boggy ground; bheith in abar to be bogged down; duine a fhágáil san abar to leave someone in the lurch.

abhac nm1 dwarf.

abhaile adv home; dul abhaile to go home; rud a chuir abhaile ar dhuine to persuade somebody of something.

abhaill nf2 apple tree; ➤ urchar an daill faoin abhaill a shot in the dark.

ábhailli nf4 playfulness, mischief.

abhainn (gensg **abhann** npl **aibhneacha**) nf river.

ábhairin nm4 (diminutive) →ÁBHAR. ● adv somewhat; tá sé ábhairin fuar it is somewhat cold.

ábhalmhór adj enormous, gigantic, huge.

abhann adj river; →ABHAINN..

abhantrach nf2 river basin.

ábhar nm1 **1** matter, material; ábhar tógála building material; **2** trainee; ábhar múinteora trainee teacher; ábhar sagairt trainee priest, clerical student; **3** cause; ábhar ceiliúrtha cause for celebration; ábhar bróin cause for sorrow; ábhar machnaimh food for thought; **4** subject, topic; ábhar scoile school subject; rud nach mbaineann le hábhar something that is not relevant; **5** a certain amount; tá ábhar Gaeilge agam I know some Irish; bhí

ábhar maith daoine ann there was a fair amount of people there; **6** ábhar a dhéanamh to fester.

ábharachas nm1 materialism.

ábharai nm4 materialist.

ábhartha adj3 **1** relevant; **2** material.

abhchóide nm4 advocate, barrister.

abhlann nf2 wafer, host; An Abhlann Choisricthe The Consecrated Host.

abhóg nf2 **1** bound, jump; chuaigh sí d'abhóg amach an doras she bounded out the door; **2** tall story.

abhras nm1 **1** handiwork; **2** yarn (wool); **3** reward; is beag an t-abhras a bhí aige de bharr a chuid iarrachtaí he had little reward for his efforts.

abhus adv here, on this side; thall agus abhus here and there; abhus anseo over here.

absalóideach adj1 absolute.

abú excl Ciarraí abú! Up Kerry!.

acadamh nm1 academy; Acadamh Ríoga na hÉireann Royal Irish Academy.

acadúlach nm1 academic.

acadúil adj2 academic.

acastóir nm3 axle.

....

ach conj

••▸ but; ní Seán atá ann ach Pádraig it isn't Seán who's there but Pádraig; ceannaím bainne ann ach ní cheannaím aon rud eile ann I buy milk there but I don't buy anything else there;

••▸ (with negative) except (that), but for, only; nílim ach ag rá gur chuala mé an scéal all I am saying is that I heard the story; ní stadann sí ach ag caint she never stops talking; tá sé ceart go leor ach go bhfuil tinneas cinn air he's all right except that he has a headache; **ach amháin gur chuala sí an scéal uaidh** ní bheadh a fhios aici but for the fact that she heard the story from him she wouldn't know;

···▸ (*with copula*) but for, if it were not for; **ach ab é Seán bheinn i dtrioblóid** but for Seán I would have been in trouble; **ach gurb í an bháisteach** if it were not for the rain;

···▸ (*with verbal noun*) provided that, as soon as, until; **gheobhaidh tu é ach foighne a bheith agat** you will get it provided you have patience; **fiafróidh mé de ach a dtiocfaidh sé abhaile** I'll ask him as soon as he comes home; **ní éireoidh me ach go ngealfaidh an lá** I won't get up until the day brightens.

● *prep* but, except **ní raibh aon duine ag baile ach Cáit** nobody was at home but Cáit.

● *adv*

···▸ only **níl ann ach ceath** it's only a shower;

···▸ almost; **tá sé déanta aige, ach sa bheag** he's done it, almost;

···▸ neither, either; **ach chomh beag** neither; **ní maith liomsa é ach chomh beag** I don't like it either.

achainí (*pl* **achainíocha**) *nf4* **1** petition; **2** request.

achainigh *vb* **1** implore; **2** petition.

achainíoch *nm1* petitioner.
● *adj1* petitioning.

achar *nm1* **1** distance; **cad é an t-achar go Loch Garman?** how far is it to Wexford?; **2** area; **cad é achar an ghairdín?** what is the area of the garden?; **3** period of time; **chaith mé achar fada a**

dhéanamh I spent a long time doing it.

achasán *nm1* **1** reproach; **➤ is maith an té atá ag tabhairt achasáin uaidh** it's the pot calling the kettle black (*literally: it is a good person who is doing the reprimanding*); **2** insult.

achoimre *nf4* summary, synopsis.

achoimrigh *vb* summarize.

achomair (*gensgf* **achoimre** *pl* **achoimre** *compar* **achoimre**) *adj* concise, short; **go hachomair** in brief, in short.

achomaireacht *nf3* conciseness, brevity.

achomharc *nm1* appeal (*in law*).

achrann *nm1* **1** tangle, entanglement; **bhí na téada in achrann** the ropes were in a tangle; **2** difficulty; **3** quarrelling.

achrannach *adj1* **1** difficult; **2** quarrelsome; **duine achrannach** a quarrelsome person; **3** rough, uneven.

acht *nf3* **1** act; **2 acht parlaiminte** act of parliament; **3** condition; **ar an acht go...** on condition that...

aclaí *adj3* agile, fit.

aclaigh *vb* flex, limber up.

aclaíocht *nf3* **1** agility; **2** exercise; **ag aclaíocht** exercising.

acmhainn *nf2* **1** capacity; **tá an-acmhainn oibre aige** he has a great capacity for work; **2** endurance; **níl aon acmhainn agam ar an teas** I can't stand the heat; **3** means, resources; **is acmhainn di carr a cheannach** she has the means to buy a car; **4** acmhainn grinn a bheith agat** to have a sense of humour.

acmhainneach *adj1* strong, durable.

acra[1] *nm4* acre.

acra[2] *nm4* **1** tool, implement; **2** service, favour; **acra a**

dhéanamh do dhuine to do some-one a favour.

acu → AG.

adamh nm1 atom.

adamhach adj1 atomic; **buama adamhach** atomic bomb.

adanóidí npl/2 adenoids.

ádh nm1 luck; **an t-ádh a bheith ort** to be lucky; **bhí an t-ádh dearg uirthi** she was extremely lucky; **ádh mór!** good luck!; **mar bharr ar an áth** as luck would have it.

adhain (pres **adhnann** fut **adhanfaidh**) vb **1** kindle; **tine a adhaint** to kindle a fire; **2** ignite; **3** inflame.

adhaint nf2 **1** ignition; **2** inflammation.

adhair (pres **adhrann** vn **adhradh** pp **adhartha**) vb worship, adore.

adhairt (pl **adhairteanna**) nf2 pillow.

adhaltranas nm1 adultery.

adharc nf2 **1** horn; **adharc bó** a cow's horn; **adharc seilge** a hunting horn; **2 in adharca a chéile** at loggerheads; **3** erection.

adharcach adj1 horny, randy.

adhartán nm1 cushion.

adhartha → ADHAIRT, ADHRADH.

adhlacadh (gensg **adhlactha** pl **adhlacthaí**) nm burial.

adhlacóir nm3 undertaker.

adhlaic (pres **adhlacann**) vb bury.

adhmad nm1 **1** wood; **bord déanta as adhmad** a table made of wood; **2** sense; **is deacair adhmad a bhaint as** it's difficult to make sense of it.

adhmadóireacht nf3 wood-work.

adhmaid adj(gen of n) wooden; → ADHMAD.

adhmaint nf2 magnet.

adhmainteach adj1 magnetic.

adhnann → ADHAIN.

adhnua nm4 **1** fuss; **rinne siad adhnua de** they made a fuss of him; **2** novelty.

adhradh (gensg **adhartha**) nm worship.

ádhúil adj2 fortunate, lucky.

admhaigh vb **1** admit, acknowledge; **admhaím go raibh an ceart aici** I admit that she was right; **litir a admháil** to acknowledge a letter; **2** confess; **do chuid peacaí a admháil** to confess your sins; **3** declare (at customs); **earraí a admháil** to declare goods.

admháil nf3 **1** admission; **2** receipt; **3** acknowledgement.

aduaidh adv, adjective, preposition **1** north; **an ghaoth aduaidh** the north wind; **2** from the north; **tháinig sé aduaidh** he came from the north.

aduain adj1 eerie, strange; **áit aduain** an eerie place.

ae (npl **anna** genpl **ae**) nm4 **1** liver; **2 dúil na n-ae a bheith agat i rud** to be extremely fond of something.

aer nm1 **1** air; **aer úr** fresh air; **aer na farraige** sea air; **amuigh faoin aer** in the open air; **2 aer an tsaoil** the pleasures of this world.

aer- pref aerial, air.

aerach adj1 **1** airy; **seomra aerach** an airy room; **2** lighthearted; **clár aerach** a lighthearted programme; **3** gay (homosexual); **duine aerach** a gay person.

aeráid nf2 climate.

aeráil nf3 airing, ventilation. ● verb air, ventilate.

aerálaí nm4 ventilator.

aerárthach (pl **aerárthaí**) nm1 aircraft.

aerasól nm1 aerosol.

aerbhrat nm1 atmosphere.

aerdhíonach adj1 airtight.

aerfhórsa nm4 air force.

aerfort nm1 airport.

aerga adj3 aerial.

aerghunna nm4 airgun.

aírionad nm1 airbase.

aerline nf4 airline.

aeróbaíocht nf3 aerobics.

aeróg nf2 aerial.

aeroiriúnaithe adj3 air-conditioned.

aeroiriúnú (gensg **aeroiriúnaithe**) nm air-conditioning.

aeróstach nm1 flight attendant.

aerpháirc nf2 airfield.

airphíobán nm1 snorkel.

aerphost nm1 airmail.

aer-ruathar nm1 air raid.

aertharlú (gensg **aertharlaithe**) nm airlift.

aesteitiúil adj2 aesthetic.

Aetóip nf2 Ethiopia.

áfach adv however.

Afracach nm1 adjective African. **Afracach Theas** South African.

Afraic nf2 Africa; an **Afraic Theas** South Africa.

ag (prep prons **agam, agat, aige, aici, againn, agaibh, acu**) prep

····➤ (in time phrases) **ag a seacht a chlog ar maidin** at seven o'clock in the morning; **ag am dinnéir** at dinner time;

····➤ at (place); **ag baile** at home; **ag an oifig** at the office; **ag an doras** at the door;

····➤ (with verbal nouns) **ag ól** drinking; **ag ithe** eating;

····➤ (expressing 'have') **tá teach álainn ag Máire agus Damien** Máire and Damien have a beautiful house; **tá carr nua aige** he

has a new house; **tá gruaig fhada aici** she has long hair;

····➤ (expressing 'can') **tá Polainnis aige** he can speak Polish; **an bhfuil tiomáint agat?** can you drive?; **tá snámh an-mhaith aici** she can swim very well;

····➤ (expressing the agent of an action) **tá an dinnéar dóite agat** you have burnt the dinner; **tá sé bodhar agaibh leis an ngleo** you have him deafened with the noise;

····➤ (expressing obligation) **tá a lán le déanamh aige** he has a lot to do;

····➤ (expressing feelings) **tá an ghráin aici air** she hates him;

····➤ (one of several people or things) **duine amháin acu** one of them (person); **bhí an bheirt acu ann** the two of them were there; **tóg ceann amháin acu** take one of them (thing);

····➤ (expressing advantage) **tá airgead agam ort** you owe me money; **níl ach cúpla bliain agam ort** I'm only a couple of years older than you; →AR.

aga nm4 period (of time); **ní raibh aga agam féachaint air** I didn't have time to look at it; **aga rochtana** access time (on a computer).

agair (pres **agraíonn**) vb 1 plead; **trócaire a agairt** to plead for mercy; **agraím tú** I beseech you; 2 avenge; **rud a agairt ar dhuine** to avenge something on someone; 3 sue.

agall nm1 1 exclamation; cry; 2 argument.

agallaí nm4 interviewee.

agallamh nm1 interview.

agallóir nm3 interviewer.

agam, agat →AG.

aghaidh (*pl* **aghaidheanna**) *nf2*
1 face; **bhí sí bán san aghaidh ina dhiaidh sin** she was white-faced afterwards; **aghaidh a thabhairt ar rud** to face something; **aghaidh ar aghaidh** face to face; **2** front, aspect; **aghaidh an tí** the front of the house; **3** aspect; **tá aghaidh an tsuímh ó dheas** the site has a southern aspect.
□ **ar aghaidh** (+GEN) facing; **ar aghaidh na gaoithe** facing the wind; **ar aghaidh leat!** on you go!
□ **in aghaidh** (+GEN) **1** against; **cuir in aghaidh duine** to oppose someone; **throid sé in aghaidh na nDúchrónach** he fought against the Black and Tans; **2** per; **fiche punt in aghaidh na seachtaine** twenty pounds per week, twenty pounds a week.
□ **le haghaidh** (+GEN) for; **tá sé réidh le haghaidh traenála** he's ready for training.

aghaidhluach *nm3* **ar aghaidhluach** at face value.

agó *nm4* **1** condition; **chuir sé cúpla agó leis an tairscint** he attached a couple of conditions to the offer; **2** **gan aon agó** without doubt; **3** objection; **agó a chur i rud** to raise an objection to something.

agóid *nf2* protest, objection; **agóid a dhéanamh in aghaidh ruda** to protest against something. ● *vb* protest; **ag agóid** protesting.

agóideoir *nf2* protester, objector.

agra *nm4* agra *dlí* law suit.

agraíonn → AGAIR.

agúid *nf2* acute accent.

aguisín *nm4* appendix (*in book*).

agus *conj*
⟶ and; **Conn agus Tomás** Conn and Tomás; **chuaigh sé amach agus thosaigh sé ag obair** he went out and began to work; **a**

trí agus a ceathair three and four;
⟶ when, as; **bhuail an teileafón agus mé ag fágáil an tí** the phone rang as I was leaving the house; **she wrote a lot when she was in Spain** scríobh sí an-chuid agus í sa Spáinn;
⟶ if, even if; **ní fhéadfadh sé é a dhéanamh agus é fiche bliain níos óige** he couldn't do it even if he were twenty years younger;
⟶ considering, seeing as; **tá sé an-te agus gan ann ach an Márta** it's very warm considering it's only March; **tá sí ar fheabhas chun léitheoireachta agus gan ach seacht mbliana aici** she's very good at reading considering she's only seven;
⟶ (*expressing manner*) **bhíomar sínte ar an bhféar agus gan aon rud ag cur isteach orainn** we were stretched on the grass with nothing bothering us; **bhí sé ina shuí sa chúinne agus é ag caint os íseal** he was sitting in the corner talking quietly;
⟶ (*used with 'chomh'*) as; **déanfaidh mé é chomh maith agus is féidir liom** I'll do it as well as I can; **chomh tapaidh agus a bhí sé** as fast as he could;
⟶ (*used with 'amhail'*) as if; **d'iompair sí í féin amhail agus dá mba leis an áit** she acted as if she owned the place;
⟶ (*in phrases*) **breis agus** more than; **a fhad agus** as long as; **timpeall agus** around.

> **!** agus is also written is

agús *nm1* **1** qualification; **2** reservation.

áibhealach *adj1* exaggerated.

áibhealaí *nm4* exaggerator.

áibhéil nf2 exaggeration; **ag déanamh áibhéile** exaggerating; **áibhéil a dhéanamh ar scéal** to exaggerate a story.

aibhléis nf2 electricity.

aibhleoga npl/2 embers.

aibhneacha → ABHAINN.

aibí adj3 1 ripe; **torthaí aibí** ripe fruit; 2 mature; **mac léinn aibí** mature student; 3 quick, clever; **intinn aibí** a keen mind.

aibítir (gensg **aibítre** pl **aibítreacha**) nf2 alphabet; **in ord aibítre** in alphabetical order.

Aibreán nm1 April; **mí Aibreáin** the month of April.

aibreog nf2 apricot.

aice nf4 1 nearness; 2 **ina aice sin** along with that.
□ **in aice** (+GEN) near; **in aice le** near to; **in aice na cathrach** near the city; **in aice láimhe** near at hand.

aiceann nm1 accent.

aiceannaigh (vn **aiceannú** pp **aiceanta**) vb accent, accentuate.

aiceanta adj3 1 natural; 2 → AICEANNAIGH.

aicearra nm4 1 shortcut; **aicearra a ghabháil** to take a shortcut; 2 abridgement.

aici → AG.

aicíd nf2 disease.

aicme nf4 1 group, class; 2 denomination (mathematical).

aicmigh vb classify.

aicne nf4 acne.

aicsean nm1 action.

Aidbhint nf2 Advent.

aidhm nf2 aim, purpose; **d'aon aidhm** on purpose.

aidhnín nm4 fuse (of bomb).

aidiacht nf3 adjective.

aidréanailín nm4 adrenaline.

aiféala nm4 regret, shame; **tá aiféala orm faoi anois** I regret it now.

aiféalach adj1 1 regretful; 2 sorrowful.

aiféaltas nm1 embarrassment; **chuir sé aiféaltas uirthi** he made her feel embarrassed.

áiféiseach adj1 ridiculous, exaggerated; **scéal áiféiseach** a ridiculous story.

aifir (pres **aifríonn**) vb rebuke, punish; **rud a aifirt ar dhuine** to rebuke (or punish) someone for something.

Aifreann nm1 Mass; **an tAifreann a éisteacht** to attend Mass; **Aifreann a rá do dhuine** to say Mass for someone; **Aifreann na Marbh** Requiem Mass.

aige ▸ →AG.

aigéad nm1 acid.

aigéadach adj1 acidic.

aigéadacht nf3 acidity.

aigéan nm1 ocean.

aigeanta adj3 spirited, cheerful.

aigeantach adj1 1 **tá sí sa chéill is aigeantaí aige** she's madly in love with him.

áigh excl ouch!

aihgneas nm1 argument, dispute.

aighneasach adj1 argumentative.

aigne nf4 1 mind; **tá rud éigin ar a aigne** something is on his mind; **tá fios a haigne aici** she knows her own mind; 2 spirit; **aigne a chur i nduine** to cheer someone up; **bhí sé lán d'aigne** he was in high spirits.

áil nf desire, wish; **déan mar is áil leat** do as you wish; **cad ab áil leat de?** what do you want with it?

áiléar nm1 1 attic, loft; 2 gallery.

ailgéabar nm1 algebra.

Ailgéir nf2 **an Ailgéir** Algeria.

ailibí nm4 alibi.

aligéadar nm1 alligator.

ailínigh vb align.

ailiúnas nm1 alimony.

aill (pl **aillte**) nf2 cliff.

áille nf4 beauty.

áilleacht nf3 beauty.

áilleagán nm1 **1** trinket; **2** toy; **3** doll.

áilléirge nf4 allergy.

áilléirgeach adj1 allergic.

aillte → AILL.

ailp nf2 chunk, lump.

ailse nf4 cancer; **ailse na scámhóg** lung cancer.

ailseach adj1 cancerous.

ailtearnaigh vb alternate.

ailtearnóir nm3 alternator.

áilteoir nm3 trickster.

ailtire nm4 architect.

ailtireacht nf3 architecture.

áiméar nm1 opportunity.

aimhleas nm3 harm, evil; **comhairle a aimhleasa a thabhairt do dhuine** to give someone bad advice.

aimhréidh nf2 tangle; **in aimhréidh** entangled.

aimhrialtacht nf3 anomaly.

aimiréal nm1 admiral.

aimitis nf2 amethyst.

aimléis nf2 misery; **bheith in umar na haiméise** to be in a miserable plight.

aimlithe adj3 wretched.

aimliú (gensg **aimlithe**) nm soaking; **fuair mé aimliú amuigh sa bháisteach** I got a soaking out in the rain.

aimnéise nf4 amnesia.

aimpéar nm1 amp, ampere.

aimpléis nf2 complication.

aimpléiseach adj1 complicated.

aimplitheoir nm3 amplifier.

aimrid adj sterile, barren.

aimridigh vb sterilize.

aimsigh vb **1** find, locate; **d'aimsigh sé an cháipéis a bhí ag teastáil uaidh** he found the document that he wanted; **2** strike (oil); **3** aim; **gunna a aimsiú ar dhuine** to aim a gun at someone; **4** hit; **an sprioc a aimsiú** to hit the target.

aimsir nf2 **1** weather; **aimsir shamraidh** summer weather; **2** time; **aimsir na Nollag** Christmas time; **in aimsir an chogaidh** in the time of the war; **i gceann na haimsire** in due course; **3** tense; **an aimsir fháistineach** the future tense.

aimsitheoir nm3 **1** marksman; **2 aimsitheoir uisce** water diviner.

aimsiú (gensg **aimsithe**) nm **1** find; **2** hit; **3** strike (oil, gold).

ainbhios (gensg **ainbheasa**) nm3 ignorance.

ainbhiosach adj1 ignorant.

ainbhiosán nm1 ignoramus.

aincheist nf2 predicament, dilemma.

aindiachaí nm4 atheist.

aineamh → AINIMH.

áineas nm1 pleasure.

ainéistéiseach nm1 anaesthetic.

ainéistéisí nm4 anaesthetist.

aineolach adj1 ignorant; **tá sé aineolach ar an stair** he knows nothing about history.

aineolas nm1 ignorance.

ain-fhéinspéis nf2 autism.

aingeal nm1 angel.

ainghléas nm1 **tá ainghléas air** it's out of order.

ainghníomh (pl **ainghníomhartha**) nm1 atrocity.

aingine nf4 angina.

ainimh (npl **ainimhe** genpl **aineamh**) nf2 blemish, disfigurement.

ainimhigh vb disfigure.

ainligh vb manoeuvre, handle.

ainm (pl **ainmneacha**) nm4
1 name, first name; **cén t-ainm
atá ort?** what's your name; **ainm
a thabhairt do dhuine/rud** to give
a name to someone/something;
ainm baiste christian name; **ainm
cleite** pen name; **in ainm Dé!** in
God's name!; 2 reputation; **ainm
na dea-oibre a bheith ort** to have
a reputation for good work; **tá an
t-ainm sin uirthi** she has that
reputation; 3 **in ainm a bheith ag
déanamh ruda** supposed to be
doing something; 4 **ainm
briathartha** verbal noun;

ainmfhocal nm1 noun.

ainmheasartha adj3 immoderate.

ainmheasarthacht nf3 excess.

ainmhí nm4 animal.

ainmhian (gensg **ainmhéine** pl
ainmhianta) nf2 lust.

ainmneach nm1 adjective nominative.

ainmnigh vb name, nominate.

ainmnitheach nm1 nominee.

ainmniúchán nm1 nomination.

ainneoin nf d'ainneoin, in
ainneoin (+GEN) in spite of,
despite; d'ainneoin a chuid
iarrachtaí in spite of his efforts;
in ainneoin na ndeacrachtaí in
spite of the difficulties.

ainneonach adj1 involuntary.

ainnir nf2 young woman.

ainnis adj1 1 miserable; the
weather is miserable **tá an aimsir
go hainnis**; 2 wretched, mean; he
lived in a wretched little house
mhair sé i dteach beag ainnis.

ainnise nf4 misery, meanness.

ainriail (gensg **ainrialach**) nf
disorder, anarchy.

ainrialaí nm4 anarchist.

ainrianta adj 1 unruly; 2 licentious.

ainriochtach adj1 dilapidated.

ainseabhai nm4 anchovy.

ainseal nm1 **dul chun ainsil** to
become chronic.

ainsealach adj1 chronic.

ainspianta adj3 grotesque.

aint nf2 aunt.

aintiarna nm4 tyrant.

aintiún nm1 anthem.

aionna →AOI.

aipindic nf2 appendix (in body).

aipindiciteas nm1 appendicitis.

air →AR.

airc nf2 hunger, desire; **airc a
bheith ort chun ruda** to have a
hunger for something.

áirc nf2 ark; **Áirc an Chonartha**
Ark of the Covenant.

aird[1] nf2 direction, point of the
compass; **aird na gaoithe** the direction of the wind; **tháinig siad
as gach aird** they came from all
directions; **chuaigh sí san aird sin**
she went in that direction.

aird[2] nf2 attention; **aird an
phobail a tharraingt ar rud** to
draw the public's attention to
something; **ná tabhair aon aird
uirthi** don't take any notice of
her; **aird a thabhairt do dhuine** to
pay attention to someone.

airde nf2 1 height, altitude; **airde
an tí** the height of the house;
2 pitch (in music).
□ **in airde** on high, up; **Dia in
airde** God on high; **dul in airde ar
chapall** to mount a horse; **ar
chosa in airde** at a gallop.

airdeall nm1 alertness; **bheith
san airdeall ar rud** to be on the
alert for something.

airdeallach adj1 1 alert; 2 cautious.

aire[1] nm4 care, attention; **tabhair
aire** take care; **aire a thabhairt do
leanaí** to take care of children;

Aire! Danger!; duine a chur ar a aire to put someone on their guard.

aire² nm4 minister; an tAire Airgeadais the Minister for Finance.

aireach adj1 careful, attentive, watchful.

aireacht nf3 ministry.

aireachtáil nf3 perception. ● vb →AIRIGH.

aireagán nm1 invention.

aireagóir nm3 inventor.

áireamh nm1 1 counting; 2 reckoning; rud a chur san áireamh take something into account; 3 arithmetic; áireamh cinn mental arithmetic; 4 number; áireamh maith daoine a good number of people.

áireamhán nm1 calculator.

airéine nf4 arena.

áirge nf4 asset, useful thing.

airgead nm1 1 money; cuid mhór airgid a lot of money; airgead mion small change; mo chuid airgid my money; airgead tirim ready cash; 2 silver.

airgeadaíocht nf3 monetary policy.

airgeadaíochta adj(gen of n) monetary; Aontas Airgeadaíochta na hEorpa European Monetary Union; →AIRGEADAÍOCHT.

airgeadaithe adj silver-plated.

airgeadas nm1 finance; An Roinn Airgeadais The Department of Finance.

airgeadóir nm3 cashier.

airgeadra nm4 currency.

airgeadúil ▷ adj silvery.

airgid adj(gen of n) silver; →AIRGEAD.

Airgintín nf2 an Airgintín Argentina.

Airgintíneach nm1 adjective Argentinian.

airgtheach adj1 inventive.

airí¹ nm4 1 symptom; airíonna an ghalair the symptoms of the disease; 2 property;

airí² nm4 just reward; is é an rud is airí air it's what he deserves, it serves him right.

airigh (vn aireachtáil) vb 1 sense; 2 hear; 3 feel.

áirigh (vn áireamh) vb 1 count, calculate; 2 include.

airíoch nm1 caretaker.

airíonna →AIRÍ.

áirithe nf4 1 certainty; níl aon áirithe aige air he has no certainty of it; ▶ is fearr áirithe na srathrach ná iasacht na diallaite a bird in the hand is worth two in the bush; 2 bord a chur in áirithe to book a table. ● adj certain; daoine áirithe certain people; lá áirithe a certain day; méid áirithe airgid a certain amount of money.

áiritheach adj1 perceptive.

áirithint nf2 reservation, booking.

airleacan nm1 advance (payment).

airneán nm1 night-visiting; oíche airneáin a social evening.

airnéis nf2 1 property; 2 cattle; 3 fleas; 4 lice.

áirse nf4 arch.

airteagal nm1 article (of law).

airtríteas nm1 arthritis.

ais¹ nf2 axis.

ais² adv ar ais back; ar ais arís back again; droim ar ais back to front; cuirfidh sí glaoch ar ais ort she'll phone you back. □ le hais (+GEN) next to, compared to.

ais³ nf2 ar ais nó ar éigean at all costs.

ais- pref back-.

áis nf2 1 facility, aid; áiseanna clos-amhairc audio-visual facilities; 2 convenience; is mór

an áis é it's very convenient;
3 aid, device; **áis éisteachta** hearing aid.

aisbhreathnaitheach adj1
retrospective.

aisce nf4 **1** favour, gift; **aisce a fháil** to be granted a favour; **2** saor in aisce free; **rud a fháil saor in aisce** to get something free; **3** in aisce in vain, fruitless; **saothar in aisce** labour in vain.

aischéim nf2 backward step.

aischur nm1 returns.

Áise nf4 an Áise Asia.

Áiseach adj1 Asian.

aiseag nm1 **1** vomit; **2** restoration; **3** return (on investment).

aiséirí nm4 resurrection.

aiseolas nm1 feedback.

aisfháil nf3 retrieval.

aisfhreagra nm4 retort, back answer; **aisfhreagra a thabhairt do dhuine** to give someone a back answer.

aisfhuaimnigh vb reverberate.

aisfhuaimniú (gensg **aisfhuaimnithe**) nm reverberation.

aisghabh vb retrieve (information).

aisghabháil nf3 retrieval (of information).

aisghair vb repeal.

aisghairm nf2 repeal.

aisig (pres **aiseagann** vn **aiseag**) vb **1** vomit; **2** restore (stolen property).

aisíoc nm3 **1** refund; **2** repayment. • vb **1** repay; **2** reimburse.

aisíocaíocht nf3 repayment.

aisiompaigh vb **1** reverse; **2** invert.

aisiompú (vn **aisiompaithe**) nm reversal.

áisiúil adj2 useful, convenient.

áisiúlacht nf3 convenience.

aisling nf2 dream, vision.

aispeist nf2 asbestos.

aiste nf4 **1** essay; **aiste a scríobh** to write an essay; **2** manner; **ar an aiste sin** in that manner; **3** aiste bia diet.

aisteach adj1 strange, peculiar.

aistear nm1 journey, voyage.

aisteoir nm3 actor.

aisteoireacht nf3 acting.

aisti → AS.

aistreog nf2 transfer (picture).

aistrigh vb **1** move, transfer; **cónaí a aistriú** to move house; **d'aistrigh mé go Luimneach** I moved to Limerick; **2** translate; **d'aistrigh mé an doiciméad ó Bhéarla go Gaeilge** to translate a document from English to Irish.

aistritheoir nm3 translator.

aistriú (vn **aistrithe**) nm **1** transfer; **2** translation.

aistriúchán nm1 translation.

ait adj1 odd, strange.

áit nf2 place, position; **ó áit go háit** from place to place; **bhí sé sa chéad áit** he was in first place; **an áit a bhfuil mé** i mó chónaí the place in which I live; **muintir na háite** the locals; **áit éigin** somewhere; **gach áit** everywhere; **áit ar bith** anywhere. □ **in áit** (+GEN) instead of, in place of; **chuaigh sé go dtí an phictiúrlann in áit dul abhaile** he went to the cinema instead of going home.

aiteann nm1 gorse, furze.

aiteas nm1 **1** strangeness; **2** fun, pleasantness.

áith (pl **áitheanna**) nf2 kiln.

aitheanta → AITHNE.

aitheantas nm1 **1** recognition; **fuair sí aitheantas** she gained recognition; **2** identification; **cárta aitheantais** identity card.

aitheasc nm1 speech, homily.

aithin (*pres* **aithníonn** *vn* **aithint**) *vb* **1** recognize, know, identify; *duine a aithint* to recognize somebody; *aithním a guth I know her voice*; **2** distinguish; *rud ámháin a aithint thar rud eile* to distinguish one thing from another.

aithinne *nf4* spark.

aithint → AITHIN.

aithis *nf2* **1** slur; *aithis a thabhairt do dhuine* to cast a slur on someone; **2** disgrace; *is mór an aithis é* it is a great disgrace.

aithiseach *adj1* defamatory.

aithisigh *vb* slur.

aithisiú (*gensg* **aithisithe**) *nm* defamation.

aithne[1] (*pl* **aitheanta**) *nf4* acquaintance, recognition; *aithne a chur ar dhuine* to get to know someone; *tá aithne mhaith acu ar a chéile* they know each other well; *cuireadh in aithne dá chéile iad* they were introduced to each other; *an bhfuil aithne agat orthu?* do you know them?; *rud a chur as aithne* to change something beyond recognition.

aithne[2] *nf4* commandment; *na Deich nAitheanta* the Ten Commandments.

aithnidiúil *adj2* familiar, well-known; *aithnidiúil ar* familiar with; *aisteoir aithnidiúil* a well-known actor.

aithníonn → AITHIN.

aithreacha → ATHAIR.

aithreachas *nm1* **1** repentance; *aithreachas a dhéanamh* to repent; **2** regret; *bhí aithreachas air faoi* he regretted it.

aithrí *nf4* **1** repentance; *aithrí thoirni* sudden repentance; **2** penance; *breithiúnas aithrí* penance (*in confessional*); *aithrí a dhéanamh i do chuid peacaí* to do penance for your sins.

aithris[1] *nf2* **1** imitation; *aithris a dhéanamh ar dhuine* to imitate someone; **2** narration.

aithris[2] (*pres* **aithrisíonn**) *vb* narrate, recite; *scéal a aithris* to tell a story; *dán a aithris* to recite a poem.

aithriseoir *nm3* **1** imitator, mimic; **2** reciter.

aithriúil *adj2* fatherly, paternal.

áitigh *vb* **1** occupy; *teach a áitiú* to occupy a house; **2** settle down; *áitiú ar do chuid oibre* to settle down to your work; **3** argue; *bheith ag áitiú* to argue; *bheith ag áitiú ar dhuine* to persuade someone.

áitiú (*gensg* **áitithe**) *nm* occupation (*of premises*) argument.

áitiúil *adj2* local.

áitreabh *nf1* **1** habitation; **2** premises.

áitreabhach *nm1* inhabitant; ● *adj* locative (*in grammar*);

áitrigh *vb* inhabit.

áitritheoir *nm3* inhabitant.

ál (*pl* **álta**) *nm1* litter, brood; *ál sicíní* a clutch of chickens.

ala *n* *ar ala na huaire* on the spur of the moment.

áladh *nm1* grab; *áladh a thabhairt ar rud* to make a grab for something.

álainn (*gensg* **áille** *pl* **áille** *compar* **áille**) *adj* beautiful; *tá sé go hálainn* it's beautiful.

aláram *nm1* alarm.

Albain (*gensg* **Alban**) *nf* Scotland.

Albáin *nf2* *an Albáin* Albania.

albam *nm1* album.

Albanach *nm1* Scot, Scottish person. ● *adj* Scottish.

alcaili *nf4* alkali.

alcól *nm1* alcohol.

alcólach *nm1 adj1* alcoholic.

alcólacht *nf3* alcoholism.

alfraits nf2 rascal.

allas nm1 sweat; ag cur allais sweating; bhí brat allais air he was covered in sweat.

allasúil adj2 sweaty.

allta adj3 wild; ainmhí allta a wild animal.

alltacht nf3 **1** astonishment; alltacht a chur ar dhuine to astonish someone; **2** wildness.

allúrach nm1 foreigner. ● adj1 foreign.

almóinn nf2 almond.

almóir nm3 alcove.

alp vb **1** swallow; **2** devour.

Alpa (npl na hAlpa genpl Alp) nplm na hApla the Alps.

alpaire nm4 glutton.

alpán nm1 chunk (of food).

Alsáiseach nm1 Alsation.

alt nm1 **1** joint; alt na láimhe wrist joint; alt na glúine knee joint; alt na coise ankle joint; as alt dislocated; **2** knuckle; **3** section, article (of law); **4** article (in grammar).

álta →ÁL.

altaigh vb give thanks; altú le bia to say grace.

altán nm1 **1** ravine, gorge; **2** sharp knife.

altóir nf3 altar.

altram nm3 fostering; leanbh a thógáil ar altram to foster a child; máthair altrama foster mother; mac altrama foster son.

altramaigh vb foster.

altú (gensg **altaithe**) nm **1** thanksgiving; Féile an Altaithe Thanksgiving (Day); **2** grace (before meals).

alúmanam nm1 aluminium.

am nm3 time; cén t-am é? what time is it?; faoin am seo by this time; in am on time; ó am go ham from time to time; am dinnéir dinner time; am soip bedtime; ag

an am céanna at the same time, nonetheless.

amach adv **1** (with movement) out; ag dul amach going out; an bealach amach the way out; rith sé amach as an siopa he ran out of the shop; amach leat! get out!; 'Amach' 'Way Out'; **2** abroad; bhí sé amach air go raibh sé an-bhreoite it was abroad that he was very sick; cur amach a bheith agat ar rud to have knowledge of something; **3** away from; fan amach uaidh stay away from him; **4** aloud; abair amach é say it out loud; **5** (of time) amach anseo in the future; ón lá seo amach from this day on; amach sa lá later in the day; **6** except; amach ó apart from, except; **7** amach is isteach approximately, about. **8** outward; an turas amach the outward journey; **9** completely; amach is amach out and out.

amadán nm1 fool, idiot; amadán a dhéanamh díot féin to make a fool of yourself; Lá na nAmadán April Fools' Day.

amadóir nm3 timer (device).

amaideach adj1 foolish.

amaidí nf4 nonsense; amaidí chainte foolish talk.

amaitéarach nm1 adjective amateur.

amanna →AM.

amárach adv tomorrow; an oíche amárach tomorrow night; feicfidh mé tú amárach I'll see you tomorrow.

amas nm1 **1** attack, opportunity (for attack); amas a thabhairt ar dhaoine to attack people; dá bhfaighinn amas air if I got an opportunity to attack him; **2** grab; amas a thabhairt ar rud to make a grab for something; **3** putt (in golf).

ambaiste excl really!, indeed!

ambasadóir *nm3* ambassador.

ambasáid *nf2* embassy.

amchlár *nm1* timetable, schedule.

amh *adj1* raw.

amh- *pref* raw.

ámh *adv* however.

amhail *conj, preposition* like, as; **amhail an fear eile** like the other man; **amhail is dá mbeadh sé breoite** as if he were sick; **chuir sí in amhail rud a rá** she went to say something.

amháin *adj, adverb, conjunction* **1** one; **fear amháin** one man; **(aon) lá amháin** one day; **aon uair amháin** one time, once; **2** only **ní hé sin amháin ach...** not only that but...; **an t-aon chóta amháin a bhí aige** the only coat he had; **ag Dia amháin atá a fhios** God only knows; **3** ach amháin** except; **bhí siad ar fad ann ach amháin Áine** they were all there except Áine; **4** fiú amháin** even; **fiú amháin dá mbeadh a fhios agam** even if I had known.

amhairc *adj(gen of n)* visual; → AMHARC.

amhantar *nm1* **1** chance; **dul san amhantar le rud** to take a chance on something; **2** windfall.

ámharach *adj1* lucky.

amharc *nm1* **1** sight; **amharc na súl** eyesight; **tá amharc maith aici** she has good eyesight; **as amharc** out of sight; **2** look; **amharc a fháil ar rud** to get a look at something; **3** view; **tá amharc an-mhaith againn ar an gcuan** we have a very good view of the harbour. • *vb* look, see; **bheith ag amharc ar rud** to look at something; **d'amharc sé orm** he looked at me.

amharclann *nf2* theatre.

amhas *nm1* **1** mercenary; **2** hooligan.

amhlaidh *adv* so, thus; **is amhlaidh atá sé** the fact is; **an amhlaidh nach bhfuil aon airgead agat?** is it that you don't have any money?; **ní hamhlaidh atá sé** it is not so; **is amhlaidh is fearr é** all the better; **más amhlaidh atá sé** if it is so; **gurb amhlaidh duit** the same to you; **tá sé déanta ag Brian agus caithfidh tusa déanamh amhlaidh** Brian has done it and you must do likewise.

amhlánta *adj3* **1** silly; **2** bad-mannered.

amhola *nf4* crude oil.

amhrán *nm1* **1** song; **amhrán a rá** to sing a song; **an tAmhrán Náisiúnta** the National Anthem; **2** (*as verbal noun*) **ag amhrán** singing.

amhránaí *nm4* singer.

amhránaíocht *nf3* singing.

amhras *nm1* doubt, suspicion; **gan amhras** without doubt; **amhras a tharraingt ar dhuine** to throw suspicion on someone; **táim in amhras faoi** I have my doubts about it/him.

amhrasach *adj1* suspicious, doubtful; **bheith amhrasach faoi dhuine/rud** to be suspicious about someone/something.

amlasc *nf2* time switch.

ámóg *nf2* hammock.

ampla *nm1* **1** hunger; **2** greed.

amplach *adj1* **1** hungry; **2** greedy.

amplachán *nm1* greedy person.

amscaí *adj3* **1** untidy; **obair amscaí** careless work; **2** awkward.

amú *adv* **1** wasted; **am amú** wasted time; **2** astray **chuaigh sé amú** he went astray; **duine a chur amú** to mislead someone.

amuigh *adv* **1** out, outside, away; (*position, not movement*) **bheith amuigh** to be outside; **tá sí**

amuigh faoi láthair she's out at
the moment; **bí amuigh** get out;
2 amuigh is istigh approximately;
**3 tá sé amuigh uirthi gur
drochmhúinteoir í** she's said to be
a bad teacher. ● *adj* outer,
external; **an balla amuigh** the ex-
ternal wall.

⋯⋯⋯⋯⋯⋯⋯⋯⋯⋯⋯⋯⋯⋯⋯⋯⋯⋯⋯⋯⋯⋯⋯⋯

an (*gensgf* **na** *pl* **na**)

➥ The way that an influ-
ences the form of the
word that follows it is
complex; for information
on this →**Grammar**

def art

⋯⋯➤ the; **an fear** the man; **an
bhean** the woman; **an seomra**
the room; **an tsráid** the street;
an t-amhrán the song; **an
tUachtarán** the President; **an
scuaine** the queue;

⋯⋯➤ (*with nouns followed by
demonstrative adjective*) **an
duine seo** this person; **an teach
sin** that house;

⋯⋯➤ (*with abstract nouns*) **an grá**
love; **an bás** death; **an tsláinte**
health;

⋯⋯➤ (*with languages*) **an Ghaeilge**
Irish; **an Pholainnis** Polish; **an
Fhraincis** French;

⋯⋯➤ (*with certain place names*) **an
Pholainn** Poland; **an Fhrainc**
France; **an Róimh** Rome; **an Clár**
Clare; **Na Clocha Liatha**
Greystones;

⋯⋯➤ (*with certain illnesses*) **an
bhruitíneach** measles; **an galar
buí** jaundice;

⋯⋯➤ (*with people's names and
titles*) **an tOllamh Ó Néill** Profes-
sor Ó Néill; **an tUasal Ó Briain**
Mr Ó Briain; **an tAthair Ó
Gallchóir** Father Ó Gallchóir;

⋯⋯➤ (*in time expressions*) **an
Nollaig** Christmas; **an Mháirt**

Tuesday; **ar an Luan** on
Mondays; **an tEarrach** Spring;

⋯⋯➤ (*in prices and ratios*) **caoga
pingin an ceann** fifty pence
each; **deich bpunt an duine** ten
pounds each (person);

⋯⋯➤ (*classifying a person or thing*)
is maith an t-imreoir é he's a
good player; **nach álainn an
bhean í?** isn't she a beautiful
woman?;

⋯⋯➤ (*emphatic uses*) **tá na céadta
ceirnín aige** he has hundreds of
records; **chaith sí an uile lá ann**
she spent every day there.

an² *inter partic* (*eclipses*) **an
gceannaíonn tú an páipéar sin
gach lá?** do you buy that paper
every day?; **an itheann sé feoil?**
does he eat meat?; **an bhfaca tú
é?** did you see him?

an-¹ *pref* (*intensifying*) very,
really; **an-mhaith** very good;
an-fhuar very cold; **an-deis** a
great chance.

an-² *pref* in-, un-, not, bad, evil;
antráth an inopportune time.

anabaí *adj3* **1** unripe; **2** imma-
ture; **3** premature.

anacair (*gensg* **anacra** *genpl*
anacraí) *nf3* **1** distress; **2** dis-
comfort; **3** unevenness. ● *adj*
(*gensgm* **anacair** *gensgf* **anacra**
npl **anacra** *compar* **anacra**)
1 distressing; **2** uncomfortable;
3 uneven.

anachain (*pl* **anachana**) *nf2*
1 calamity; **2** loss.

anacrach *adj1* distressing.

anaemach *adj1* anaemic.

anáil *nf3* **1** breath; **anáil a
tharraingt** to draw a breath; **anáil
a ligean amach** to let out a
breath; **as anáil** out of breath;
2 influence; **bheith faoi anáil
duine** to be under someone's
influence.

anailís *nf2* analysis.

anailíseach *adj1* analytic.

anailiseoir *nm3* breathalyser.

anailisí *nm4* analyst.

anailisigh *vb* analyse.

anaireicse *nf4* anorexia; **tá anaireicse uirthi** she's anorexic.

anaithnid *adj1* unknown; **file anaithnid** an unknown poet.

análaigh *vb* breathe.

anall *adv* across (*from the far side*); **tháinig sé anall ó Shasana** he came across from England; **anonn agus anall** over and back, from side to side; **riamh anall** from time immemorial.

anallód *adv* in olden times.

analóg *nf2* analogue.

análú (*gensg* **análaithe**) *nm* respiration; **análú tarrthála** mouth-to-mouth resuscitation.

anam (*pl* **anamacha**) *nm3*
1 soul; **idir anam is chorp** both body and soul; **anam an duine** the human soul; **dar m'anam!** upon my soul!; **d'anam don diabhal!** go to the devil!; **2** life; **d'anam a thabhairt slán leat** to escape with your life; **bhain sé an t-anam díom** it frightened the life out of me.

anamchara (*gensg* **anamcharad**) *nm* confessor, spiritual advisor.

anamóine *nf4* anemone.

anamúil *adj2* lively, animated.

anann *nm1* pineapple.

anarac *nm1* anorak.

anás *nm1* poverty; **bheith ar an anás** to be living in poverty.

anásta *adj3* clumsy.

anatamaíocht *nf3* anatomy.

anbhá *nm4* panic.

anbhann *adj1* frail, feeble.

anbhuain *nf2* uneasiness (*of mind*).

ancaire *nm4* anchor.

anchaoi *nf4* plight.

anchúinse *nm4* freak, monster.

anchumtha *adj3* misshapen.

andóch *adj1* improbable.

andóigh *nf2* improbability.

andúil *nf2* addiction.

andúileach *nm1* addict; **andúileach drugaí** drug addict.
● *adj1* addictive.

aneas *adv, adjective* south, southerly; **an ghaoth aneas** the south wind.

anfa *nm4* storm.

angadh *nm1* pus; **angadh a dhéanamh** to fester.

anghrách *adj1* erotic.

Angla- *pref* Anglo-.

Anglacánach *nm adjective1* Anglican.

Angla-Éireannach *adj1* Anglo-Irish.

aniar *adv, adjective* west, westerly; **gaoth aniar** a west wind; **aniar aduaidh** north west; **teacht aniar aduaidh ar dhuine** to take someone unawares, to catch up on someone; **níl aon teacht aniar ann** he has no initiative.

aníos *adv* up, upwards; **teacht aníos an staighre** to come up the stairs; **nuair a bhí na leanaí ag éirí aníos** when the children were growing up.

anlann *nm1* sauce, dressing; **anlann bán/donn** white/brown sauce; ➤ **is maith an t-anlann an t-ocras** hunger is a good sauce.

anlathas *nm1* anarchy.

ann¹ *adv* there; **an bhfuil aon duine ann?** is there anyone there?

ann² *n* **bheith in ann rud a dhéanamh** to be able to do something; **tá sí in ann aige** she is able for him.

ann³ → **i**.

annamh *adj1* rare. ● *adv* seldom.

anocht *adv* tonight; beidh ceol sa teach tábhairne anocht there will be music in the pub tonight. ● *adj* tonight's; clár na hoíche anocht tonight's programme.

anoir *adv* east, easterly; gaoth anoir an east wind.

anóirthear *nm1* the day after tomorrow.

anois *adv* now; anois láithreach immediately, right now; anois díreach just now; anois agus arís now and then.

anonn *adv* across (to); chuaigh sé anonn go Sasana he went across to England; anonn agus anall over and back, from side to side.

anord *nm1* chaos.

anordúil *adj2* chaotic.

anraith *nm4* soup.

anró *nm4* hardship.

anróiteach *adj1* wretched; aimsir anróiteach miserable weather.

ansa¹ *adj3* dearest, beloved; an rud is ansa le duine the thing which is dearest to someone.

ansa² *adj3* difficult; ní hansa it is not difficult (to relate).

anseo *adv* here; abhus anseo over here; fág anseo é leave it here; anseo agus ansiúd here and there.

ansin *adv* there; thall ansin over there; fág ansin é leave it there; tá sé ansin! there he is!

ansiúd *adv* yonder.

ansmacht *nm3* tyranny.

antaibheathach *nm1* antibiotic.

antaihiostaimin *nm4* antihistamine.

antaiseipteach *adj1* antiseptic.

antaiseipteán *nm1* antiseptic.

Antartach *nm1* an tAntartach the Antarctic.

antashubstaint *nf2* antibody.

antoisceach *nm1* extremist. ● *adj* extreme.

antraipeolaí *nm4* anthropologist.

antraipeolaíocht *nf3* anthropology.

antráthach *adj1* untimely.

anuas *adv* down; teacht anuas an staighre to come down the stairs; le cúpla lá/seachtain anuas for a couple of days/months past.

anuraidh *adv* last year; bhí sí anseo anuraidh she was here last year. ● *adj* last year's.

aoi (*pl* aíonna) *nm4* **1** guest; **2** lodger.

aoibh *nf2* smile; aoibh an gháire a bheith ort to be smiling; tá aoibh mhaith air he's in good form; tháinig aoibh uirthi she brightened up.

aoibhinn (*compar* aoibhne *gensgf* aoibhne *pl* aoibhne) *adj* charming, delightful.

aoibhneas *nm1* delight, bliss; bheith ag déanamh aoibhnis to enjoy oneself.

aoileach *nm1* manure, dung; carn aoiligh dungheap.

Aoine *nf4* Friday; Dé hAoine on Friday; ar an Aoine on Fridays; Aoine an Chéasta Good Friday.

aoir *nf2* satire.

aoire *nm4* **1** shepherd; **2** pastor; **3** whip (*in parliament*).

aois *nf2* **1** age; cén aois tú? how old are you?; táim fiche bliain d'aois I'm twenty years of age; tá aois mhaith aige he's a good age; **2** (*century*) century, era; an fichiú haois the twentieth century; an t-aonú haois is fiche the twenty-first century.

aoiseachas *nm1* ageism.

aoisghrúpa *nm4* age group.

aolchloch *nf2* limestone.

aoldath *nm3* whitewash.

aon *num* a haon one; **daichead a haon** forty one; **a haon déag** eleven; **a haon a chlog** one o' clock; **aon duine (amháin)** one person; **aon chapall déag** eleven horses; **aon rud amháin** one thing. ● *nm1* ace (*in cards*); **an t-aon muileata** the ace of diamonds. ● *adj* (*lenites*) **1** any; **aon duine** anyone; **aon rud** anything; **2** (*with negative*) any, anything, no, nothing; **níl raibh aon airgead fágtha againn** we didn't have any money left; **níl aon chiall aige** he has no sense; **níl aon ní uirthi** there is nothing wrong with her; **níl aon mhaith ionat** you are no good; **3** (*emphatic*) **gach aon** every single; **tá aithne aige ar gach aon duine acu** he knows every single one of them; **4** (*with definite article*) only; **an t-aon cháilíocht amháin atá aici** the only qualification she has; **níl ach an t-aon fhadhb amháin leis sin** there is only one problem with that; **5** (*identical*) one, same; **san aon am amháin** at the same time; **tá sé ar aon dul leis an gceann eile** it's the same as the other one.

aon- *pref* one-, only, uni-, mono.

aonach (*pl* **aontaí**) *nm1* fair.

aonad *nm1* unit.

aonar *nm1* **bheith i d'aonar** to be alone. ● *adj*(*gen of n*) **duine aonair** a solitary person.

aonarach *adj1* **1** lonely; **2** single.

aonarán *nm1* loner.

aonfhoirmeach *adj1* uniform.

aonocsaíd *nf2* monoxide; **aonocsaíd charbóin** carbon monoxide.

aonraigh *vb* isolate.

aonréadaí *nm4* soloist.

aonta → AON.

aontacht *nf3* **1** union; **Aontacht na hEorpa** European Union; **2** unity.

Aontachtaí *nm4* Unionist.

aontaithe *adj1* united; **Éire Aontaithe** United Ireland; **na Stáit Aontaithe** the United States.

aontas *nm1* union; **Aontas na hEorpa** the European Union; **Aontas na Mac Léinn** Students' Union.

aontíos *nm1* cohabitation; **bheith in aontíos le duine** to live with someone.

aonton *nm1* monotone.

aontonach *adj1* monotonous.

Aontroim *nm3* Antrim.

aontú (*gensg* **aontaithe**) *nm* agreement.

aontumha *nf4* celibacy. ● *adj3* celibate.

aonú *num* first; **an t-aonú lá de mhí Feabhra** the first day of February.

aor *vb* satirize, lampoon.

aortha → AOIR.

aos *nm3* people; **an t-aos óg** young people; **aos dána** people of the arts.

aosach *nm1* adult; **oideachas aosach** adult education.

aosánach *nm1* youth, youngster.

aosta *adj3* old, aged.

aothú (*gensg* **aothaithe**) *nm* crisis.

ápa *nm4* ape.

ar¹ (*prep prons* **orm, ort, air, uirthi, orainn, oraibh, orthu**) *prep*

····➤ at, in (*in time phrases*); **ar a seacht a chlog** at seven o' clock; **ar maidin** in the morning, this morning;

····➤ at (*present at*); **ní raibh sí ar scoil an lá sin** she was not at school that day; **bheith ar cóisir** to be at a party; **an raibh tú ar chóisir Sheáin?** were you at Seán's party?;

····➤ (describing a state) **ar díol** on sale; **ar crith** shaking; **ar buile** furious; **ar seachrán** astray;

····➤ (talking about illnesses, physical feelings, emotions) (followed by a verbal noun) **tá brón orm** I'm sorry; **tá slaghdán orm** I have a cold; **cad atá air?** what's wrong with him?; **beidh ocras air nuair a thiocfaidh sé abhaile** he'll be hungry when he comes home; **bhí tuirse uirthi** she was tired;

····➤ (talking about the weather) **tá sneachta air** it's going to snow; **tá sioc air** there will be frost; **tá athrach air** it's changing;

····➤ (describing features of a person or thing) **tá cosa fada uirthi** she has long legs; **tá gruaig dhonn air** he has brown hair; **tá dath dubh ar an gcarr** the car is a black colour;

····➤ (talking about price) for; **fuair mé é ar chaoga punt** I got it for fifty pounds; **cad a thug tú air?** what did you pay for it?; **tá sé le ceannach ar cheithre phunt** it can be bought for four pounds;

····➤ (in measurements) **tá sé os cionn sé throigh ar airde** he's over six feet tall; **ar fad agus ar leithead** in length and in breadth;

····➤ (talking about order of selection) **bhí sé ar an gcéad duine anseo** he was the first person here; **tá sí ar an mbean is cliste ar m'aithne** she's the cleverest woman I know; **tá sí ar na mná is cliste ar m'aithne** she's one of the cleverest women I know;

····➤ (expressing obligation) (followed by verbal noun) **tá orm dul abhaile** I have to go home; **bhí orthu an áit a ghlanadh** they had to clean the place;

····➤ (expressing debt or disadvantage) **tá fiacha air** he has debts; **tá airgead agam ort** you owe me money; **tá an gnó scriosta acu orm** they've ruined the business on me;

····➤ to judge by; **eachtrannach is ea é ar a tuin chainte** he is a foreigner to judge by his accent;

····➤ (expressing likeness) **tá sé ar dhath na farraige** it's the colour of the sea;

····➤ (followed by verbal noun) when, after; **ar theacht abhaile dó** when he had come home;

····➤ (not followed by lenition in expressions of very general locality) **ar colbha** on the edge; **ar muir agus ar tír** on sea and on land; **ar neamh agus ar talamh** in heaven and on earth; **ar thalamh an domhain** on the face of the earth;

····➤ (followed by eclipsis in certain phrases) **ar gcúl** backwards; **ar ndóigh** of course.

! almost always followed by lenition

ar² partic (interrogative: with past tense) **ar dhún tú an doras?** did you close the door?; **ar oscail tú an fhuinneog?** did you open the window?

ar³ partic (relative: with past tense) **an bhean ar cheannaigh a hiníon an carr uait** the woman whose daughter bought the car from you; **an fear ar cuireadh a mac i bpríosún** the man whose son was put in prison.

ar⁴ partic (indirect) → IS.

ar⁵ def vb (used with direct speech) said, says; **ar seisean** he said; **ar sise** she said.

ár¹ poss adj (followed by eclipsis) our; **ár dteach** our house; **ár nAthair** Our Father; **tá siad ár gcrá** they are tormenting us.

ár² *nm1* massacre, slaughter.

ara *nm4* temple.

Arabach *nm1* Arab; Arabach Sádach Saudi Arabian. ● *adj1* **1** Arab, Arabian; **2** Arabic.

árach *nm1* **1** security, bond; **2** fetter; bheith in árach le duine to be at loggerheads with someone.

árachas *nm1* insurance; árachas a chur ar rud to insure something; árachas saoil life insurance.

arai (*gensg* **araion** *pl* **araionacha**) *nf* bridle.

Araib *nf2* an Araib Arabia; an Araib Shádach Saudi Arabia.

Araibis *nf2* Arabic.

araicis *nf2* **1** meeting; dul in araicis duine to go to meet someone; **2** assistance, help; araicis a thabhairt ar dhuine to go to someone's assistance.

araile *pron* agus araile et cetera.

Árainn (*gensg* **Árann**) *nf* Aran; Oileáin Árann the Aran Islands.

araltas *nf1* heraldry.

arán *nm1* bread; arán bán white bread; arán donn brown bread; ár n-arán laethúil our daily bread; ➤ tá a chuid aráin ite aige it's all up with him (*literally: he has eaten his bread*).

Árannach *nm1* Aran Islander.

aranta *adj3* bad-tempered.

araon *pron* both; sinn araon both of us; tá siad araon breoite they are both sick.

áras *nm1* habitation.

árasán *nm1* flat, apartment.

áraslann *nf2* block of flats.

arb →**is**.

arbhar *nm1* **1** corn; arbhar Indiach maize; **2** cereal.

arcán *nm1* piglet.

ard *nm1* height, high part; in ard an tráthnóna in the middle of the afternoon; os ard openly. ● *adj1*

1 high; sliabh ard a high mountain; **2** loud; guth ard a loud voice.

ard- *pref* main, principal, chief.

ardaigh *vb* **1** raise, increase; do ghuth a ardú to raise your voice; an cíos a ardú to increase the rent; an fhuaim a ardú to turn up the sound; **2** lift, pick up; **3** carry away; ardaigh leat é take it away with you.

Ard-Aighne *nm4* Attorney General.

ardaitheoir *nm3* lift.

ardán *nm1* **1** platform, stage; **2** stand (*in stadium*); **3** platform (*in station*); **4** terrace (*in street names*).

ardcheannasach *adj* predominant.

ardchlár *nm1* plateau.

ardeaglais *nf2* cathedral.

Ard-Fheis (*pl* **Ard-Fheiseanna**) *nf2* National Convention.

Ardleibhéil *nplm1* 'A' levels.

Ard Mhacha *nm4* Armagh.

ard-mháistir (*pl* **ard-mháistrí**) *nm4* headmaster.

ard-mháistréas *nf3* headmistress.

ardmhéara *nm4* Lord Mayor.

ardmheas *nm3* esteem, admiration; ardmheas a bheith agat ar dhuine to hold someone in great esteem.

ardnósach *adj1* haughty, snobbish.

ardoifig *nf2* head office.

ardscoil *nf2* high school.

ard-teicneolaíocht *nf3* high technology.

ard-teicneolaíochta *adj*(*gen of n*) high-tech.

ardteistiméireacht *nf3* leaving certificate.

ardú (*gensg* **ardaithe**) *nm* rise, increase; ardú céime promotion.

aréir *adv* last night.

argóint *nf3* argument.

arís *adv* again; **ar ais arís** back again; **anois agus arís** now and then; **arís! encore; faoin am seo arís** by this time next year.

arm *nm1* 1 weapon; **arm tine** firearm; 2 army; **dul san arm** to join the army.

armáil *vb* arm.

armas *nm1* coat of arms.

ármhach *nm1* slaughter, massacre.

armlann *nf2* arsenal.

armlón *nm1* ammunition.

armúr *nm1* armour.

armúrtha *adj3* armoured.

arracht *nf3* giant, monster.

arrachtas *nm1* 1 grotesqueness; 2 brawn.

arraing *nf2* 1 stab (*of pain*); 2 stitch (*from running*); **bhuail arraing mé** I got a stitch in my side.

arsa *vb* (*with direct speech*) said, says; **'bí ciúin' arsa mise** 'be quiet,' I said; **'níl a fhios agam' arsa Gearóid** 'I don't know,' said Gearóid.

ársa *adj3* ancient, antique, archaic.

ársaíocht *nf3* 1 old age; 2 antiquarianism.

ársaitheoir *nm3* antiquarian.

arsanaic *nf2* arsenic.

art *nm1* (*literary*) stone; **chomh marbh le hart** stone dead.

Artach (*pl* **Artaí**) **an tArtach** the Arctic. ● *adj* Arctic.

artaire *nm4* artery.

árthach (*pl* **árthaí**) *nm1* 1 vessel, craft, ship, boat; **árthach foluaineach** hovercraft; 2 container.

artola *nf4* petrol.

arú *adv* **arú inné** the day before yesterday; **arú aréir** the night be-

fore last; **arú amárach** the day after tomorrow.

arúil *adj2* arable, fertile.

as (*prep prons* **asam, asat, as, aisti, asainn, asaibh, astu**) *prep* 1 from; **cad as tú/duit?** where are you from?; **bean as cathair Chorcaí** a woman from Cork city; 2 out of; **rud a thógáil as cófra** to take something out of a press; **tá an meaisín as ord** the machine is out of order; **as alt** out of joint; **tá sé as a mheabhair** he is out of his mind; **chuaigh sí as amharc** she disappeared from view; 3 (*away (from)*) **as baile** away from home; **bhí sí as láthair an lá sin** she was absent that day; 4 **tá muinín agam asat** I have confidence in you; **bhí sé an-bhródúil as gaisce a mhic** he was very proud of his son's achievement; 5 (*with languages*) in; **abair as Gaeilge é** say it in Irish; **tá sé scríofa as Béarla** it's written in English; 6 (*material*) of; **cad as a bhfuil sé déanta?** what is it made of?; **tá sé déanta as adhmad** it is made of wood. ● *adv* 1 off; 2 **as go brách leis off** he went; **cuir as an teilifís** turn off the television; **tá an tine imithe as** the fire has gone out; 3 **bheith go maith/holc as** to be well/badly off.

asal *nm1* donkey.

asam →AS.

asarlaí *nm4* magician.

asarlaíocht *nf3* magic, witchcraft.

asat →AS.

ascaill *nf2* 1 armpit; **póca ascaille** inside pocket; **bhí sé aici faoina hascaill** she had it under her arm; 2 recess, corner; 3 avenue (*in street names*); **Ascaill Bhaile an Róistigh** Rochestown Avenue.

aschur *vbn* output.

asléamh nm1 read-out (*from computer*).

aslonnaigh vb evacuate.

asma nm4 asthma.

aspairin nm4 aspirin.

aspal nm1 apostle.

aspalóid nf2 absolution; **aspalóid a thabhairt do dhuine** to absolve someone.

asphrionta nm4 printout (*from a computer*).

astitim nf2 fallout (*nuclear*).

Astráil nf2 an Astráil Australia.

Astrálach nm1 Australian.

Astrálai adj3 Australian.

astralaíocht nf3 astrology.

astu →AS.

at (*pl* **atanna**) nm1 swelling. ● vb swell.

atá →BÍ.

atáirg vb reproduce.

atáirgeach adj1 reproductive.

atáirgeadh (*gensg* **atáirgthe** *pl* **atáirgthi**) nm reproduction.

atarlaigh vb recur.

atarlú (*gensg* **atarlaithe** *pl* **atarluithe**) nm recurrence.

ateangaire nm4 interpreter.

atéigh vb reheat.

ath- *pref* 1 re-, second; **rud a athdhéanamh** to redo something; **déanta agus athdéanta** done and redone; 2 old, ex-, former.

áth (*pl* **áthanna**) nm3 ford.

athaimsigh vb relocate.

athair (*gensg* **athar** *pl* **aithreacha**) nm father; **athair céile** father in law; **athair críonna** grandfather; **athair baiste** godfather; **Ár nAthair** Our Father; **an tAthair Peadar Ó Laoire** Father Peadar Ó Laoire.

athaithne nm4 renewal of acquaintance.

athaontaigh vb reunite.

athaontú (*gensg* **athaontaithe**) nm reunion.

athar →ATHAIR.

athartha nf4 fatherland.

athartha² adj3 fatherly, paternal.

áthas nm1 happiness; **áthas a bheith ort** to be happy.

áthasach adj1 happy.

athbheochan nf3 revival, renaissance; **Athbheochan na Gaeilge** the Irish Revival.

athbheoigh vb revive, resuscitate.

athbhliain nf3 coming year; **an Athbhliain** the New Year; **san athbhliain** in the New Year.

athbhreithnigh vb review, revise.

athbhreithniú (*gensg* **athbhreithnithe** *pl* **athbhreithnithe**) nm revision, review.

athbhri nf4 recovery, revival.

athbhrioch nm1 tonic. ● adj1 1 stimulating, invigorating; 2 ambiguous.

athbhunaigh vb restore, reestablish.

athbhunú (*gensg* **athbhunaithe** *pl* **athbhunaithe**) nm restoration.

athchaite adj3 1 worn out; 2 cast-off.

athchas vb 1 rewind; 2 return (*of illness*).

athchasadh (*gensg* **athchasta** *pl* **athchastai**) nm recurrence.

athcheartaigh vb revise, amend.

athchistiú (*gensg* **athchistithe** *pl* **athchistithe**) nm refund.

athchluiche nm return match.

athchóirigh vb 1 rearrange, readjust; 2 restore, renovate.

athchóiriú (*gensg* **athchóirithe**) nm 1 rearrangment, readjustment; **2** restoration, renovation.

athchomhair vb re-count, recalculate.

athchomhaireamh (gensg **athchomhairimh**) nm re-count.

athchomhairle nf change of mind, second thoughts; **athchomhairle a dhéanamh** to change one's mind.

athchraiceann nm veneer.

athchraol vb repeat (of programme).

athchraoladh nm repeat (programme).

athchuimnigh vb reminisce.

athchum vb **1** reconstruct; **2** deform (in physics).

athchúrsa nm4 relapse.

athchúrsáil vb recycle; **buidéil a athchúrsáil** to recycle bottles.

athdháil vb redistribute.

athdháileadh (gensg **athdháilte**) nm redistribution.

athdhéan vb redo, remake.

athdhéanamh (gensg **athdhéanta**) nm reconstruction, remake; **athdhéanamh scannáin** a remake of a film.

athdhírigh vb redirect.

athfhill vb **1** recur; **2** reflect.

athfhilleadh (pl **athfhillteacha**) nm1 recurrence.

athfhillteach adj1 **1** recurrent; **2** reflexive (in grammar).

athfhriotal nm1 quotation.

athghabháil nf3 **1** recovery; **2** recapture.

athghair vb recall.

athghairm (pl **athghairmeacha**) nf2 encore.

athghnóthaigh vb regain.

athimirt nf3 replay (of a match).

athiompú (gensg **athiompaithe**) nm relapse.

athiomrá nm4 backbiting.

athlá (gensg **athlae**) nm another day; **rud a chur ar athlá** to put something off until another day.

athlas vb **1** relight; **2** inflame.

athlasadh (gensg **athlasta**) nm inflammation.

athléim nf2 rebound.

athlíon vb refill.

athlíonadh (gensg **athlíonta**) nm refill.

athlonnigh vb relocate.

athmhachnamh nm1 reflection; **athmhacnamh a dhéanamh ar rud** to rethink something.

atmhúscail (pres **athmhusclaíonn** vn **athmhúscailt**) vb reawake.

athmhúscailt nf2 **1** reawakening; **2** respiration; **athmhúscailt anála** artificial respiration.

athneartaigh vb restore, reinforce.

athneartú (gensg **athneartaithe** pl **athneartuithe**) nm reinforcement.

athnuachan nf3 renewal.

athnuaigh vb renew.

athphreab vb rebound.

athrá (pl **athráite**) nm4 repetition.

athrach nm1 change, alteration; **tá athrach ar an aimsir** there is a change in the weather; **chomh dócha lena athrach** as likely as not; **níl a athrach le déanamh agam** I have no other option.

athraigh vb change, alter, vary; **d'athraigh sí a cuid éadaigh** she changed her clothes; **d'intinn a athrú** to change one's mind.

athráiteach adj1 repetitive.

athraithe adj3 changed, altered.

athraitheach *adj1* changeable, variable.

athrú (*gensg* **athraithe** *pl* **athruithe**) *vb* change, alteration.

athscag *vb* refine.

athsheinm *nf3* repetition, replay (*of music*).

athshlánú (*gensg* **athshlánaithe**) *nm* rehabilitation.

athsholáthraigh *vb* replenish (supplies).

athsmaoineamh *nm1* afterthought, second thought.

athstaidéar *nm1* further study.

athuair *adv* again, for a second time; **rud a dhéanamh an athuair** to do something again.

atitim (*gensg* relapse.

Atlantach *nm1* Atlantic. ● *adj* Atlantic; **an tAigéan Atlantach** the Atlantic Ocean.

atlas *nm1* atlas.

atmaisféar *nm1* atmosphere.

atóg (*vn* **atógáil**) *vb* rebuild, reconstruct.

atosaigh *vb* **1** resume; **2** restart; **3** reboot (computer).

atráth *nm3* another time; **rud a chur ar atráth** to postpone something.

atreorú (*gensg* **atreoraithe**) *nm* diversion.

atuirse *nf4* weariness.

aturnae *nm4* solicitor.

Bb

b' →IS.

ba¹ →IS.

ba² →BÓ.

bá *nm4* bay (on coast).

bá² *nm4* **1** sympathy; **2** liking; **bá a bheith agat le duine** to have a liking for someone.

bá³ *nm4* **1** drowning; **2** flooding; **3** immersion.

báb *nf2* **1** baby; **2** maiden.

babaí *nm4* baby.

babhdán *nm1* **1** bogeyman; **2** scarecrow.

babhla *nm4* bowl.

babhlaer *nm1* bowler hat.

babhlálaí *nm4* bowler.

babhta *nm4* **1** bout (of illness); **2** spell; **babhta oibre** a spell of work; **3** round (in sport); **4** time, occasion; **an chéad bhabhta a bhuail mé léi** the first time I met her.

babhtáil *nf3* verb exchange.

bábóg *nf2* doll.

babún *nm1* baboon.

bac *nm1* **1** hindrance; **níl aon bhac air** there's nothing to prevent him; **2** barrier; **3** hurdle. ● *vb* **1** block, obstruct; **2 ná bac leis sin** don't bother about that.

bacach *nm1* beggar, tramp. ● *adj1* **1** lame; **bheith bacach** to have a limp; **2** halting, broken; **Gaeilge bhacach** broken Irish.

bacadaíl *nf3* limping; **bheith ag bacadaíl** to limp.

bácáil *nf3* baking. ● *vb* bake.

bacán *nm1* **1** crook (of arm); **rud a iompar ar bhacán do láimhe** to

carry something over one's arm;
2 peg; ▸ **rud a bheith ar na bacáin agat** to have something in preparation.

bachall *nf2* crozier.

bachlaigh *vb* bud.

bachlóg *nf2* bud, sprout;
bachlóga Bruiséile Brussels sprouts.

bácús *nm1* bakery.

bád[1] *nm1* boat; **bád farantóireachta** ferry; **bád seoil/rámhaíochta** sailing/rowing boat.

bád *nm1* baud.

badhbh *nf2* **1** carrion-crow;
2 vulture; **3** (*literary*) war goddess.

badhró *nm4* biro™.

badmantan *nm1* badminton.

bádóir *nm3* boatman.

bádóireacht *nf3* boating.

bagair (*pres* **bagraíonn** *vn* **bagairt**) *vb* **1** threaten; **bagairt ar dhuine** to threaten someone;
2 brandish, wave.

bagairt (*gen* **bagartha** *pl* **bagairtí**) *nf3* threat.

bagáiste *nm4* baggage; **bagáiste láimhe** hand baggage.

baghcat *nm1* boycott.

baghcatáil *vb* boycott.

bagrach *adj* threatening.

bagraíonn →BAGAIR

bagún *nm1* bacon.

baic *nf2* **baic an mhuiníl** the nape of the neck.

baiceáil *vb* back, move backwards.

báicéir *nm3* baker.

báicéireacht *nf3* baking.

baicle *nf4* group of people.

baictéar *nm1* bacterium.

báigh (*vn* **bá**) *vb* **1** drown;
2 sink; **long a bhá** to sink a ship;
3 immerse.

bail *nf2* **1** prosperity; **bail ó Dhia ort** God bless you; **2** condition; **tá bail mhaith air** it's in good condition; **3** order; **bail a chur ar rud** to put something in order.

bailbhe *nf4* **1** dumbness; **2** stammering.

bailc *nf2* downpour.

baile (*pl* **bailte**) *nm4* **1** home; **ag baile/sa bhaile** at home; **as baile** away (from home); **2** town, place; **baile fearainn** townland.

bailé *nm4* ballet.

baileach *adj* exact; **go baileach** exactly.

bailéad *nm1* ballad.

Baile Átha Cliath *nm4* Dublin.

baili *adj3* valid.

bailigh *vb* **1** collect, gather; **an bruscar a bhailiú** to collect the rubbish; **2** hurry; **bhailigh sé leis abhaile** he hurried off home;
bailigh leat! get lost!

bailitheoir *nm3* collector.

bailiú (*gensg* **bailithe**) *nm* collection; **bailiú bruscair** rubbish collection.

bailiúchán *nm1* collection;
bailiúchán stampaí a stamp collection; **bailiúchán daoine** a gathering of people.

báille *nm4* bailiff.

Bailt *adj* **an Mhuir Bhailt** the Baltic (Sea).

bailte →BAILE.

bain (*vn* **baint**) *vb* **1** extract; **gual a bhaint** to mine coal; **2** cut, pick, reap; **an féar a bhaint** to cut hay;
3 win; **duais a bhaint** to win a prize.
▫ **bain amach 1** extract, remove; **fiacail a bhaint amach** to extract a tooth; **smál a bhaint amach** to remove a stain; **2** gain; **an chead áit a bhaint amach** to gain first place; **beatha a bhaint amach** to earn a living; **3** reach;

ceann scríbe a bhaint amach to reach one's destination.

□ **bain anuas** take down, dismantle.

□ **bain as 1** take from, get from; an t-olc a bhaint as rud to take the harm out of something; **2** understand; ciall a bhaint as rud to make sense of something.

□ **bain de** take off, remove; do chóta a bhaint diot to take off one's coat.

□ **bain do 1** touch; **2** concern; **3** happen to; cad a bhain dó? what happened to him?

□ **bain faoi 1** settle, stay; cá bhfuil tú ag baint fút? where are you staying?; **2** pacify; **3** undermine.

□ **bain le 1** touch, interfere with; ná bain leis sin! don't touch that!; **2** concern, relate to; ní bhaineann sé leat it doesn't concern you.

□ **bain ó** take from, subtract from; rud a bhaint ó dhuine to take something from someone.

baincéir nm3 banker.

baincéireacht nf3 banking.

baineann adj **1** female; **2** effeminate.

baineannach nm1 female.

báiní nf4 frenzy, fury; dul le báiní to fly into a rage.

báinín nm1 **1** homespun cloth; **2** flannel; **3** jacket (made from white homespun wool).

baininscneach adj1 feminine (in grammar).

bainis (pl **baineseacha**) nf2 wedding feast; bainis bhaiste christening celebration.

bainisteoir nm3 manager.

bainisteoireach adj managerial.

bainisteoireacht nf3 management.

bainistíocht nf3 **1** good management; **2** thrift.

bainistíochta adj (genitive of noun) managerial; scileanna bainistíochta managerial skills.

bainistreás nf3 manager (female).

bainne nm4 milk; baine bó/ caorach cow's/sheep's milk.

bainniúil adj2 **1** milky; **2** milk-yielding.

báinseach nf2 lawn, green.

bainseó nm4 banjo.

baint nf2 **1** connection; níl aon bhaint aige leo he has no connection with them; **2** relevance. ● vb →BAIN.

baintreach nf2 widow; baintreach fir widower.

báíocht nf3 sympathy, fellow-feeling.

bairb nf2 barb.

bairdéir nm3 warder.

báire nm4 **1** goal; báire a scóráil to score a goal; cúl báire goalkeeper; i mbéal an bháire in the goalmouth; **2** contest; báire a chur ar dhuine to get the better of someone; **3** hurling match; ag imirt báire playing hurling; **4** shoal (of fish); **5** i dtosach báire at the outset; i lár báire in the middle; ag deireadh báire at the end.

bairéad nm1 beret.

báireoir nm3 hurler.

bairille nm4 barrel.

bairín nm4 loaf; bairín breac barm-brack.

bairneach nm1 limpet.

báirse nm1 barge.

báisín nm4 (wash)basin.

baist vb baptise.

báisteach nf2 rain; ag cur báistí raining.

baisteadh (gen **baiste** pl **baistí**) nm baptism, christening; ainm baiste Christian name.

baistí adj baptismal; **athair baistí** godfather; **máthair bhaistí** godmother.

báistiúil adj rainy.

báite adj soaked.

báiteach adj **1** watery; **grian bháiteach** a watery sun; **2** pale; **dreach báiteach** a pallid look.

baithis nf2 crown (of head); **ó bhaithis go bonn** from head to toe.

baitín nm4 baton.

baitsiléir nm3 bachelor.

bál nm1 ball (dance).

balastair nplm1 banisters.

balbh adj dumb, mute.

balbhaigh vb **1** silence; **2** dumbfound.

balbhán nm1 dumb person.

balcais nf2 garment.

balcóin nf2 balcony.

ball nm1 **1** member; **bheith i do bhall de chumann** to be a member of an organization; **2** limb; **3** organ; **na baill bheatha** the vital organs; **4** part, piece; **ball troscáin** a piece of furniture; **5 ar ball (beag)** after a (little) while, in a (little) while.

balla nm4 wall.

ballach¹ nm1 wrasse.

ballach² adj1 spotted; **capall ballach** a piebald horse.

ballaíocht nf3 approximation; **ballaíocht ar deich gcinn** approximately ten.

ballán nm1 teat.

ballasta nm4 ballast.

ballóid nf2 ballot.

ballra nm4 members.

ballraíocht nf3 membership.

balsam nm1 balsam, balm.

balscóid nf2 blotch.

bálseomra nm4 ballroom.

balún nm1 balloon.

bambú nm4 bamboo.

ban → BEAN.

ban- pref female.

bán nm1 **1** white; **an dubh a chur ina bhán ar dhuine** to persuade someone that black is white; **2** uncultivated land. ● adj **1** white, fair; **an Teach Bán** the White House; **gruaig bhán fair hair**; **2** blank; **leathanach bán** a blank page; **3 empty bhí an halla bán** the hall was empty; **4 mo chailín bán** my darling girl; **5 an béal bán** flattery.

bán- pref fair, pale, white.

bánaigh vb **1** whiten, bleach; **2** clear, empty; **3** devastate; **4 bhánaigh an lá** the day dawned.

banaisteoir nm3 actress.

banaltra nf4 nurse; **banaltra fir** a male nurse.

banaltracht nf3 nursing.

banana nm4 banana.

banbh nm1 piglet.

bánbhui adj3 cream.

banc nm1 bank; **banc taisce** savings bank.

banchara (gensg **bancharad** pl **banchairde**) nm lady friend, girlfriend.

banchliamhain (pl **banchliamhaineacha**) nm4 daughter-in-law.

bánchorcra adj3 mauve.

banda¹ nm4 band; **banda rubair** rubber band.

banda² adj3 womanly.

bandé → BANDIA.

bándearg adj1 pink.

bandia (gensg **bandé** pl **bandéithe**) nm goddess.

bandiúc nm1 duchess.

bandochtúir nm3 doctor (female).

bandraíodóir nm3 enchantress.

banéigean nm1 rape.

banfhile nm4 poet (female).

banfhreastalaí nm4 waitress.

bang *nm3* stroke (*in swimming*).

bangharda *nm4* policewoman.

bánghlóthach *nf2* blancmange.

bánghnéitheach *adj* pale, pallid.

banimpire *nm4* empress.

banlaoch (*pl* **banlaochra**) *nm1* heroine.

banmhaor *nm1* stewardess.

banmhéara *nm4* mayoress.

banna *nm4* **1** band; **banna práis** brass band; **2** bond, surety, warranty; **dul i mbannaí ar dhuine** to stand bail for someone.

bánna →BÁ.

banoidhre *nm4* heiress.

banóstach *nm1* hostess.

banphóilín *nm4* policewoman.

banphrionsa *nm4* princess.

banrach *nf2* paddock.

banríon *nf3* queen.

banspásaire *nm4* astronaut (*female*).

banstiúrthóir *nm3* conductress.

bantiarna *nf4* Lady (*as title*).

bantracht *nf3* womenfolk.

bánú (*gensg* **bánaithe**) *nm* **1** brightening; **bánú an lae** daybreak; **2** clearance.

banúil *adj2* ladylike; **2** womanly.

baoi (*pl* **baoithe**) *nm4* buoy.

baois *nf2* folly, foolishness; **baois na hóige** the folly of youth.

baoite *nm4* bait.

baol *nm1* danger, risk; **duine a chur i mbaol** to endanger someone; **beag an baol!** not likely!

baolach *adj1* dangerous, risky.

baoth *adj1* **1** foolish; **2** vain (*attempt*).

baothán *nm1* simpleton.

baothchaint *nf2* foolish talk.

baothléim *nf2* sudden jump.

baoth-thonn *nm1* convulsions.

bara *nm4* barrow; **bara rotha** wheelbarrow.

baracáid *nf2* barricade.

baraiméadar *nm1* barometer.

baráiste *nm4* barrage.

barántas *nm1* warrant, warranty; **barántas cuardaigh/gabhála** search/arrest warrant.

barántúil *adj2* authentic.

baratón *nm1* baritone.

barbaiciú *nm4* barbecue.

barbartha *adj3* barbaric.

barbarthacht *nf3* barbarity.

barbatúráit *nf2* barbiturate.

bárcadh *n* **ag bárcadh allais** streaming with sweat.

bard *nm1* bard; **filíocht na mbard** bardic poetry.

barda¹ *nm4* ward; **barda ospidéil** hospital ward; **barda cathrach** city ward.

barda² *nm4* garrison.

bardach *nm1* warden.

bardas *nm1* corporation (*of town*).

barócach *adj1* baroque.

barr (*npl* **barra**) *nm1* **1** tip; **barr méire** fingertip; **rud a bheith ar bharr do theanga agat** to have something on the tip of one's tongue; **2** top, summit, upper part; **barr cnoic** top of a hill; **barr an ranga** top of the class; **ó bhun go barr** from top to bottom; **i mbarr a réime** at the height of his/her career; **3** crop; **barr prátaí** a crop of potatoes; **4** thar barr** excellent; **5 mar bharr ar an ádh** as luck would have it; **6 barr a bhreith ar dhuine** to surpass someone; **7 de bharr** (+GEN) due to; **8 ar bharr** (+GEN) on top of; **9 dá bharr sin** consequently.

barra¹ *nm1* bar; **barra iarainn** an iron bar; **2 glaoch chun an bharr a fháil** to be called to the bar.

barra² →BARR.

barrachód *nm1* bar code.

barraicín *nm4* tip of the toe; **ar do bharraicíní** on tiptoes.

barraíocht *nf3* excess, too much; **barraíocht a bheith ite agat** to have eaten too much.

barrchaolaigh *vb* taper.

barrchéim (*pl* **barrchéimeanna**) *nf2* climax.

barriall (*gensg* **barréille** *pl* **barríallacha**) *nf2* shoelace.

barrloisc *vb* singe.

barróg *nf2* hug; **barróg a bhreith ar dhuine** to hug someone.

barrshamhail (*pl* **barrshamhailteacha**) *nf3* ideal.

barrthuisle *nm4* stumble; **barrthuisle a bhaint as duine** to trip someone up.

barrúil *adj2* **1** amusing; **2** strange.

barúil *nf3* opinion, idea; **cad é do bharúil?** what's your opinion?; **tá baruil aici di féin** she has a high opinion of herself.

bás *nm1* death; **bás a fháil** to die; **lámh a chur i do bhás féin** to commit suicide.

básaigh *vb* **1** kill; **2** execute; **3** die; **bhásaigh sé anuraidh** he died last year.

basal *nm1* basil.

basár *nm1* bazaar.

basc *vb* bash, crush.

Bascaín *nm1* Basque; **Tír na mBascach** the Basque Country. ● *adj1* Basque.

bascaed *nm1* basket.

Bascais *nf2* Basque (*language*).

básmhaireacht *nf3* mortality.

básmhar *adj* mortal.

básta *nm4* waist.

bastard *nm1* bastard.

bástcóta *nm4* waistcoat.

bású *nm* **1** killing; **2** execution.

bata *nm4* stick, baton; **bata agus bóthar a thabhairt do dhuine** to sack someone.

bataire *nm4* battery.

batráil *vb* batter.

báúil *adj2* sympathetic.

béabhar *nm1* beaver.

beacán bearaigh *nm1* toad-stool.

beach *nf2* bee.

beacht *adj1* exact, precise.

beachtaigh *vb* correct.

beachtas *nm1* accuracy.

beadaí *adj3* fussy, choosy (*about food*).

beadaí *nm* gourmet.

béadán *nm1* gossip, slander; **béadán a dhéanamh ar dhuine** to cast aspersions on someone.

béadánaí *nm4* gossip (*person*).

béadchaint *nf2* slander.

béadchainteach *adj1* slander-mongering.

beag *nm1* **1** little, small amount; **ar a bheag** at least; **a bheag a dhéanamh de rud** to make light of something; **a bheag nó a mhór** more or less; **2** few; **is beag a bhí ann** few were there. ● *adj1* (*compar* **lú**) **1** little, small; **fear/teach beag** a small man/house; **is beag is fiú é** it's not worth much; **an seomra is lú sa teach** the smallest room in the house; **ní beag sin de** there is more to it than that; **ní beag liom de I've** had enough of it; **➤ní lú liom an sioc samhraidh ná é** I really hate it (*literally: summer frost is not worse to me than it*); **2** junior, young; **Tadhg beag** Tadhg Junior; **3** (*of late*) **Domhnach beag seo** last Sunday; **le blianta beaga anuas** during the past few years.

beagán *nm1* little, small amount; **beagán ar bheagán** little by little; **cheannaigh mé ar bheagán iad** I bought them cheap; **ar bheagán**

airgid for a small amount of money. ● *adv* somewhat, a little; **tá sé beagán fuar** it's a little cold.

beagchroíoch *adj1* mean-spirited.

beagmheas *nm3* disrespect.

beagmhisneach *nm1* despondency.

beagmhisniúil *adj* despondent.

beagnach *adv* almost, nearly; **tá sé beagnach a sé a chlog** it's almost six o'clock.

beaguchtach *nm1* lack of courage.

beaguchtúil *adj2* lacking in courage.

beaichte *nf4* exactitude.

beaignit *nf2* bayonet.

beairic *nf2* barracks.

béal *nm1* **1** mouth, lips; **rud a bheith i do bhéal agat** to have something in one's mouth; **gan a bheith agat ach ón láimh go dtí an béal** to live from hand to mouth; **i mbéal an phobail** on everyone's lips; **an béal bán** flattery; ➤ **is binn béal ína thost** silence is golden (*literally: a silent mouth is sweet*); ➤ **béal bocht a dhéanamh** to complain constantly of poverty (*literally: to make a poor mouth*); **2** opening, entrance; **béal tollán** the mouth of a tunnel; **béal gunna** the muzzle of a gun; **béal an ghleanna** the mouth of the glen; **3** edge, rim; **béal scine** edge of a knife; **béal cupán** the rim of a cup; **lán go béal** full to the brim; **i mbéal na trá** at the water's edge; **i mbéal na doininne** in the teeth of the storm; **4** front, face; **dúirt mé suas lena bhéal é** I said it to his face; **5** sound, strait (*of sea*).

bealach (*pl* **bealaí**) *nm1* **1** road, pathway; **bealach mór** highway; **bealach caoch** cul-de-sac; **bealach iompair** runway; **2** way, route;

bealach isteach/amach way in/out; **cén bealach?** which way?; **fág an bealach!** out of the way!; **bheith sa bhealach ag duine** to be in someone's way; **ar bhealach** in a way; **bealach trádála** trade route; **3** channel (*TV*); **bealach a dó** channel two.

bealadh *nm1* grease, lubricant.

bealaí →BEALACH.

bealaigh *vb* grease, lubricate.

bealaithe *adj3* greasy; **bia bealaithe** greasy food.

béalaithris *nf2* **1** oral account; **2** oral tradition.

béalastán *nm1* ranter.

béalastánach *adj1* ranting.

béalbhach *nf2* bit (*of bridle*).

béalchrábhadh *nm1* hypocrisy.

béalchráifeach *adj1* **1** sanctimonious; **2** hypocritical.

bealchráifeacht *nf3* sanctimoniousness.

béaldath *nm3* lipstick.

Béal Feirste *nm* Belfast.

béalghrá *nm4* lip service; **bealghrá a thabhairt do rud** to pay lip service to something.

béal-leathan (*gensgm* **béal-leathain** *gensgf* **béal-leithne**) *adj* yawning (*gap, chasm*).

béalmhír *nf2* bit (*for drill*).

béalóg *nf2* **1** mouthpiece (*for musical instrument*); **2** muzzle (*for animal*).

béaloideas *nm1* folklore.

béaloideasóir *nm3* folklorist.

béaloscailte *adj3* gaping, open-mouthed.

béalscaoilte *adj3* indiscreet.

béalrún *nm1* bealrún a dhéanamh ar rud to keep one's lips sealed about something.

Bealtaine *nf4* May; ➤ **idir dhá thine Bhealtine** in a dilemma (*literally: between two May fires*).

bean (*gensg* **mná** *npl* **mná** *genpl* **ban**) *nf* woman; **Bean Uí Chróinín** Mrs Ó Cróinín; **bean phósta/ shingil** married/single woman; **bean an tí** the woman of the house; **bean rialta** nun; **bean uasal** lady; **a bhean uasal** my lady; '**Mná' 'Ladies'** (*on sign*); **bean ghlúine** midwife; **bean luí** mistress.

beangán *nm1* **1** shoot (*of plant*); **2** prong (*of fork*).

beann¹ *nf2* regard; **is mór a bheann uirthi** he holds her in high regard; **bheith beag beann ar rud** to have no regard for something.

beann² *nf2* **1** antler, horn, drinking horn; **2** prong.

beanna → BINN.

beannacht *nf3* blessing, greeting; **beannacht Dé ort** God bless you.

beannaigh *vb* bless.

beannaithe *adj3* holy, sacred.

beannú *nm* greeting, salute.

béar *nm1* bar (*pub*).

beár *nm1* bear.

beara → BIOR.

bearbóir *nm3* barber.

béarfaidh → BEIR.

Béarla *nm4* English (*language*).

béarlachas *nm1* anglicism.

bearlagair *nm4* jargon, slang.

Béarlóir *nm3* English speaker.

bearna *nf4* gap, break.

bearnach *adj1* gapped.

bearnaigh *vb* **1** breach, penetrate; **2** tap; **bairille a bhearnú** to tap a barrel.

bearnas *nm1* mountain pass.

bearr *vb* clip, shave, trim.

bearradh gruaige *nm* haircut.

bearránach *adj1* irritating.

beart¹ (*pl* **bearta**) *nm1* **1** bundle; **2** parcel.

beart² (*pl* **bearta**) *nm1* **1** plan; **2** action; **dul thar na bearta le rud** to go too far with something; **➤ i mbearta crua** in dire straits; **3** move (*in a game*).

beartaigh *vb* **1** plan, plot; **2** decide; **beartú ar rud a dhéanamh** to decide to do something; **3** wield (*weapon*).

beartaíocht *nf3* tactics.

beartaithe *adj* **1** planned; **2** decided; **bhí sé beartaithe againn dul ann** we had planned/decided to go there.

beartán *nm1* parcel.

beartas *nm1* policy.

béas (*npl* **béasa** *genpl* **béas**) *nm3* habit; **sin béas atá aici** that's a habit of hers; **béasa** manners.

béasach *adj* polite, well-mannered.

béascna *nf4* custom.

beatha *nf4* **1** life; **bheith i do bheatha** to be alive; **beatha agus sláinte chugat!** (long) life and health to you! **2** living, livelihood; **slí bheatha a bhaint amach** to earn a living; **3** sustenance; **➤ dé do bheatha** you're welcome.

beathaigh *vb* feed, nourish.

beathaisnéis *nf2* biography.

beathaisnéiseach *adj1* biographical.

beathaisnéisí *nm4* biographer.

beathaithe *adj* well fed, fat; **cuma bheathaithe a bheith ort** to look well fed.

beathaitheach *adj* nourishing.

beathú (*gensg* **beathaithe**) *nm* nourishment.

beathúil *adj2* nutritious.

béic *nf2 verb* yell.

béiceadán nm **1** bawler; **2** glutton.

béicíl nf3 yelling; **bheith ag béicíl** to yell.

beidh →BÍ.

beifear →BÍ.

béil adj(gen of n) oral; **an traidisiún béil** the oral tradition.

béile nm4 meal.

Beilg nf2 **an Bheilg** Belgium.

Beilgeach nm1 adj1 Belgian. ● Belgian.

beilt (pl **beilteanna**) nf2 belt.

béim (pl **béimeanna**) nf2 **1** blow, stroke; **béim ghréine** sunstroke; **2** emphasis; **béim a chur ar shíolla** to emphasise a syllable.

beir (vn **breith** vad) **beirthe** past **rug** fut **béarfaidh**) vb **1** bear, give birth to; **leanbh a bhreith** to give birth to a child; **she bore a child rugadh leanbh di; rugadh in Éirinn é** he was born in Ireland; **2** lay; **ubh a bhreith** to lay an egg; **3** bring, take; **beir leat é** take it with you; **bronntanas a bhreith chuig duine** to bring a present to someone; **4** win; **bua a bhreith to** win; **rug siad an chraobh leo** they won the match; **5** breith **ar rud** to catch something; **rug na gardaí uirthi** the guards caught her; **breith gairid ar dhuine** to catch someone unawares.

beireatas nm1 **teastas beireatais** birth certificate.

beirigh vb boil; **uisce a bheiriú** to boil water.

béirín nm4 teddy bear.

beiriste nm4 bridge (game).

Beirlín nf4 Berlin.

beirt nf2 two people; **beirt fhear/bhan/mhúinteoirí** two men/women/teachers; **lán na beirte agaibh** both of you.

beirthe →BEIR.

beith¹ nf2 being, entity.

beith² nf2 birch; **beith gheal** silver birch.

beithíoch nm1 animal, beast.

beo nm4 **1** living being; **an beo** the living; **2** life; **ligeadh a beo léi** her life was spared; **le mo bheo** as long as I am alive; **3** quick; **chuaigh sé sa bheo ionam** it pierced me to the quick. ● adj **1** living, alive; **duine beo** a living person; **bhí an áit beo leo** the place was alive with them; **2** live; **ceol beo** live music; **sreang bheo** a live wire.

beochan →BEOIGH.

beocht nf3 liveliness.

beoga adj3 **1** lively; **2** vivid; **3** brisk.

beoigh (vn **beochan**) vb enliven, animate.

beoir (gensg **beorach** pl **beoracha**) nf beer.

beola nplm1 lips.

beophianadh (gensg **beophianta**) nm suspense.

beostoc nm1 livestock.

b'fhéidir adv perhaps.

bh- remove 'h': see 'Initial Mutations' in the Grammar section.

bhéarfadh →BEIR.

bheireadh →BEIR.

bheith →BÍ.

bhfaighidh →FAIGH.

bhfuil →BÍ.

bhí →BÍ.

bhuel excl well!

bhur poss adj your.

bí (vn **bheith** pres **tá**, **níl** past **bhí** fut **beidh**)

➡ **níl** is the negative form; for conjugation patterns for **bí** →Verb Tables *vb*

▸ be, exist; **an Té a bhí agus atá** He who was and is; **bheith óg/sean** to be young/old; **bíodh sé maith nó olc** be it good or bad; **bheith seacht mbliana d'aois** to be seven years old; **bheith breoite/bheith go maith** to be ill/to be well; **níl sí anseo** she is not here;

▸ *(with 'ag')* **bheith ag obair/ag ól/ag ithe** to work/drink/eat; **tá sé ag cur báistí/sneachta** it is raining/snowing;

▸ *(with 'ag')* **tá duine éigin ag an doras** there is someone at the door; **tá Gaeilge agam** I can speak Irish; **níl aon tiomáint agam** I can't drive; **bíodh an diabhal aige!** let him go to the devil!;

▸ *(with 'ar')* **tá an dinnéar ar an mbord** the dinner is on the table; **cad atá ort?** what's wrong with you?; **áthas/brón a bheith ort** to be glad/sad; **bíonn uirthi éirí go luath gach maidin** she has to get up early every day;

▸ *(with 'as')* **beidh siad as obair** they will be out of work; **níl sé ach cúpla céad slat as seo** it is only a couple of hundred yards from here;

▸ *(with 'chomh' +adjective)* **tá sé chomh bán le sneachta** it is as white as snow; **tá sé chomh ramhar le rón** he is as fat as a seal;

▸ *(with 'chun' or 'le' + verbal noun)* **táim chun labhairt leis amárach** I intend to speak with him tomorrow; **bhí sé le glaoch a chur orm inniu** he was to ring me today;

▸ *(with 'de')* **dá mbeadh sé de mhisneach aige é a dhéanamh** if he had the courage to do it; **níl sé de chiall aici scaradh leis** she

hasn't the sense to split with him;

▸ *(with 'do')* **bhí siad do mo bhodhradh** they were deafening me; **bhí sí dár gcrá** she was tormenting us;

▸ *(with 'faoi')* **bheith faoi shiúl** to be moving/under way; **bheith fút imeacht** to intend to leave; **tá sé fút féin** it's up to you;

▸ *(with 'i')* **cé atá ann?** who is there?; **tá sé ina gharda** he is a guard; **tá sé ina shamhradh** it is (like) summer; **bean an-deas a bhí inti** she was a very nice woman; **níl ann ach garsún** he is only a boy; **níl aon mhaith iontu** they are no good;

▸ *(with 'le')* **bheith le duine** to accompany someone; **cé a bhí leat?** who was with you;

▸ *(with 'ó')* **cad atá uait?** what do you want?; **tá uaim labhairt léi** I want to speak with her.

bia *nm4* 1 food; **bia agus deoch** food and drink; **bia agus leaba** bed and board; ▸ **tá a bhia beirithe** his number's up *(literally: his food is cooked)*; 2 meal.

bia-ábhair *nplm1* foodstuffs.

biabhóg *nf2* rhubarb.

biachlár *nm1* menu.

biaiste *nf4* 1 season; 2 period of plenty.

biatas *nm1* beetroot; **biatas siúcra** sugar beet.

bibe *nm4* bib.

bicéips *nf2* biceps.

bicíní *nm4* bikini.

bideach *adj1* minute.

Bilearúis *nf2* **an Bhilearúis** Belarus.

bileog *nf2* 1 sheet *(of paper)*; **bileog pháipéir** a sheet of paper; 2 handout.

bille nm4 bill; **bille a íoc** to pay a bill; **bille parlaiminte** parliamentary bill.

billéad nm1 billet; **ar billead** billeted.

billéardaí npl billards.

billiún nm1 billion.

bim → **BÍ**.

binb nf2 venom.

binbeach adj1 venomous.

bindealán nm1 bandage.

binn[1] (pl **beanna** genpl **beann**) nf2 **1** peak; **binn sléibhe** mountain peak; **2** gable; **3** cliff.

binn[2] adj1 sweet, melodious; **ceol binn** sweet music.

binneas nm1 sweetness (of sound).

binse nm4 bench; **binse breithimh** tribunal.

Bíobla nm4 Bible.

biocáire nm4 vicar.

bíog nf2 peep, chirp; **ní raibh bíog as** there wasn't a peep out of him. ● vb **1** jump (when startled); **2** twitch.

biogamach nm1 bigamist.

biogamacht nf3 bigamy.

biogóid nf2 bigot.

biogóideacht nf3 bigotry.

biogúil adj **1** lively; **2** sprightly.

biolar nm1 watercress.

biongó nm4 bingo.

bior (gensg **beara** pl **bioranna**) nm3 **1** spike; **bior a chur ar rud** to sharpen something; **bior sa bheo** a thorn in the flesh; **bior seaca** icicle; **2** spit; **bior rósta** roasting spit; **3 thit sí ar bhior a cinn** she fell head first.

bíorach adj1 **1** pointed; **2** sharp.

bioraigh vb sharpen.

biorán nm1 pin, needle; **biorán a chur i rud** to stick a pin in something; **biorán cniotála** knitting needle; ➤ **rud a bheith ar**

bhíorán an chúil agat to have something nearly completed.

bioróir nm3 sharpener; **bioróir peann luaidhe** pencil sharpener.

biotáille nf4 spirits (alcohol).

bis nf2 **1** vice (tool); **2** screw; **3** spiral; **4 duine a choimeád ar bis** to keep someone in suspense.

biseach nm1 **1** improvement; **biseach a bheith ort** to be improving; **2** recovery; **biseach a fháil ó thinneas** to recover from illness; **bliain bhisigh** a leap year.

biseach adj1 spiral; **staighre biseach** a spiral staircase.

bisigh vb **1** improve; **2** recuperate.

bith nm3 **1** (literary) world, existence; **sa bhith críoch in all the world; 2 áit ar bith** anywhere; **duine ar bith** anyone; **3** (with negative) **áit ar bith** nowhere; **duine ar bith** no-one; **níl ciall ar bith aici** she has no sense.

bithbheo adj3 **1** immortal; **2** everlasting.

bithcheimic nf2 biochemistry.

bithdhílis (gensgm **bithdhílis** gensgf **bithdhílse** pl **bithdhílse**) adj **1** constant; **2** ever-faithful.

bitheolaí nm4 biologist.

bitheolaíoch adj1 biological.

bitheolaíocht nf3 biology.

bithghlas adj1 evergreen.

bithiúnach nm1 villain, scoundrel.

bith-theicneolaíocht nf3 biotechnology.

bitseach nf2 bitch.

biúró nm4 bureau.

bladair vb cajole, flatter; **duine a bhladar le rud a dhéanamh** to cajole someone into doing something.

bladar (vn **bladar**) nm1 flattery, cajolery.

bladhaire nm4 flame, flare.

bladhm (pl **bladhmanna**) nf3
flame. ● vb 1 flame, blaze (fire);
2 flare up (person, row).

bladhmann nm1 1 blaze;
2 boasting.

bladhmannach adj1 1 blazing;
tine bhladhmannach a blazing
fire; 2 boastful.

bláfar adj1 1 blooming; 2 beauti-
ful; cailín bláfar a beautiful girl;
3 neat; obair bhláfar neatly-done
work.

blagadach adj1 bald.

blagadán nm1 bald man.

blagaid nf2 bald patch.

blaincéad nm1 blanket.

blais vb taste; rud a bhlaiseadh to
taste something.

blaisínteacht nf3 ag
blaisínteacht ar bhia nibbling at
food.

blaistigh vb flavour, season.

blaosc nf2 1 skull; 2 shell.

blár nm1 (open) field; ➤ bheith ar
an mblár folamh to be down and
out.

blas nm1 1 taste, flavour; blas
milis/searbh sweet/bitter taste;
blas a fháil ar rud to get a taste of
something, to take a liking for
something; 2 accent; tá blas ait ar
a chuid cainte he has a strange
accent.

blasta adj3 1 tasty; bia blasta
tasty food; 2 correct, idiomatic;
Gaeilge bhlasta idiomatic Irish.

blastán nm1 seasoning.

bláth nm3 flower, blossom; bloom;
bláthanna a bhaint to pick
flowers; faoi bhláth in blossom;
bláth na hóige the bloom of
youth.

bláthach nf2 buttermilk.

bláthadóir nm3 florist.

bláthaigh vb blossom, flower.

bláthbhreac adj floral.

bláthcheapach nf2 flower bed.

bláthchuach (pl
bláthchuacha genpl
bláthchuach) nm4 flower vase.

bláthfhleasc nf2 wreath (of
flowers).

bleachtaire nm4 detective.

bleachtaireacht nf3 detection;
scéal bleachtaireachta a detective
story.

bleán nm1 milk yield. ● vb
→BLIGH.

bléasar nm1 blazer.

bleib nf2 bulb (of plant).

bleid nf2 bleid a bhualadh ar
dhuine to accost someone.

bléin (bléintepl) nf2 groin.

bléitse nm4 bleach.

bliain (pl **blianta; bliana**)
('bliana' is used with numbers)
nf3 year; cúpla bliain ó shin a
couple of years ago; tá sí seacht
mbliana d'aois she's seven years
old; i mbliana this year; an bhliain
seo caite/chugainn last year/next
year; An Bhliain Úr New Year.

bliainiris nf2 yearbook.

bliantóg nf2 annual (plant).

bliantúil adj2 annual, yearly.

bligeard nm1 blackguard.

bligh (vb **bleán**) vb milk.

bliosán nm1 artichoke.

bloba nm4 blob.

bloc nm1 block.

blocáil vb block; moladh a
bhlocáil to block a proposal.

bloclitreacha nf block letters.

blogh (pl **bloghanna**) nf3 frag-
ment. ● vb break into bits.

bloicín nm4 building block (for
children).

bloiscíneach adj buxom.

blonag nf2 fat, lard.

blosc nm1 1 bang (sound of
explosion); 2 blosc urchair report
(of shot); 3 blosc toirní a clap of
thunder; 4 blosc a bhaint as do

mhéara to snap one's fingers.
● vb 1 crack; 2 explode.

bloscadh nm1 1 explosion;
2 crack (noise).

blúire nm4 1 small piece; blúire
beag aráin a small piece of bread;
2 scrap, fragment; blúire fianaise
a scrap of evidence.

blurba nm4 blurb.

blús nm1 blouse.

bó (npl **ba** gensg **bó** genpl **bó**) nf
cow.

bob (pl **bobanna**) nm4 trick; bob
a bhualadh ar dhuine to play a
trick on someone.

bobailín nm4 tassel.

bobaireacht nf3 tricks; ag
bobaireacht ar dhuine playing
tricks on someone.

bobarún nm1 booby.

bobghaiste nm4 boobytrap.

boc nm1 1 buck; 2 boc mór big
shot.

bocáil vb bounce; liathróid a
bhocáil to bounce a ball.

bocht adj 1 poor (financially);
duine bocht a poor person; ➤ beo
bocht/chomh bocht leis an deoir
as poor as a church mouse;
2 poor (in quality); obair bhocht
poor work; is bocht an scéal é
it's a sad state of affairs. ● nm1
poor person; na boicht the poor.

bochtaigh vb impoverish.

bochtaineacht nf3 poverty.

bochtán nm1 pauper.

bod nm1 penis.

bodach nm1 lout.

bodhaire nf4 deafness; bodhaire
Uí Laoire feigned deafness.

bodhar adj1 deaf.

bodhraigh vb deafen.

bodhrán¹ nm1 1 deaf person;
2 slow-witted person.

bodhrán² nm1 drum (in Irish
traditional music).

bodhránaí nm4 drummer (in
Irish traditional music).

bodmhadra nm4 mongrel.

bodóg nf2 1 heifer; 2 hefty young
woman.

bog vb 1 move, stir; bog leat
move along; bog isteach move in;
bog ar aghaidh move forward;
2 soften; rud a bhogadh in uisce
to soften something in water;
3 warm; bainne a bhogadh to
warm milk. ● adj 1 soft; cathaoir
bhog a soft chair; feoil bhog ten-
der meat; 2 lenient; bheith
an-bhog le duine to be very leni-
ent with someone; 3 easy; tóg go
bog é take it easy; saol bog a
bheith agat to have an easy life;
➤ an rud a fhaightear go bog
cailltear go bog é easy come easy
go; 4 mild; aimsir bhog mild
weather; tá sé an-bhog it's very
humid.

bogadh (gensg **bogtha**) nm
1 move, movement; níl aon
bhogadh ann there isn't a stir
out of him; 2 easing, softening;
bogadh ar phian easing of pain;
3 ar bogadh loose.

bogadhmad nm1 softwood.

bogás nm1 complacency.

bogásach adj1 smug,
complacent.

bogchroíoch adj1 soft-hearted.

bogearraí nplm4 software.

bogfhiuchadh vb bogfhiuchadh
a bhaint as rud to simmer
something

bogha nm4 bow; bogha is
saighead bow and arrow; bogha
veidhlín violin bow; bogha báistí
rainbow.

boghdóir nm3 archer.

boghdóireacht nf3 archery.

bogoighear nm1 slush.

bogshodar nm1 jogging,
trotting; ar bogshodar at a trot.

bogthais adj1 humid.

bogthe adj3 lukewarm.

boige nf4 softness.

boigéiseach adj1 gullible.

bóiléagar n ar bóiléagar neglected, mislaid.

boilgearnach nf2 bubbling.

boilgeog nf2 bubble.

boilsc nf2 bulge.

boilsceanach adj1 bulging.

boilsciú (gensg **boilscithe**) nm inflation.

bóín nm4 bóín Dé ladybird.

boinéad nm1 bonnet (of car).

boirbe nf4 1 fierceness; 2 coarseness, vulgarity.

bois →BOS.

Boisnia nf4 Bosnia.

bóitheach nm1 cowhouse.

bóithre →BÓTHAR.

bóithrín nm4 country lane.

bólacht nf3 cattle.

boladh (pl **bolaithe**) nm1 smell, whiff, scent; tá boladh bréan as it smells terribly.

bólaí npl sna bólaí seo in these parts.

bolaigh vb smell.

Bolaiv nf2 an Bholaiv Bolivia.

bolb nm1 caterpillar.

bolcán nm1 volcano.

bolg nm1 1 stomach, abdomen, belly; líon siad a mbolg they filled their bellies; bolg le gréin a dhéanamh to sunbathe; 2 bag; bolg soláthair miscellany; 3 hold (of ship).

bolgach nf2 smallpox; bolgach fhrancach syphilis.

bolgam nm1 mouthful, sip.

bolgán nm1 1 bubble; 2 bulb; bolgán solais light bulb.

bolgchainteoir nm3 ventriloquist.

bolgóid nf2 bubble.

bolgshúileach adj1 pop-eyed.

bollaí nplm4 bowls.

bollán nm1 boulder.

bollóg nf2 loaf.

bológ nf2 bullock.

bolscaire nm4 publicist.

bolscaireacht nf3 propaganda.

bolta nm4 bolt.

boltáil vb bolt.

bómán nm1 fool, idiot.

bómánta adj stupid, thick.

bómántacht nf3 stupidity.

bóna nm4 1 collar; 2 lapel; 3 cuff.

bónas nm1 bonus.

bonn¹ nm1 1 sole; bonn coise/ bróige sole of foot/shoe; duine a chur dá bhoinn to knock someone off their feet; na boinn a thabhairt as to take to one's heels; 2 footing; ar aon bhonn on an equal footing; 3 base, foundataion; bonn tí foundation of house; 4 ó bhonn aníos radically; 5 tyre; bonn athmhúnlaithe remould tyre; 6 trail, track; bonn duine a chur to be on someone's trail; 7 láithreach bonn immediately.

bonn² nm1 1 coin; bonn cúig pingine a five-pence coin; 2 medal; bonn peile a football medal.

bonnán¹ nm1 horn, siren; an bonnán a shéideadh to hoot the horn.

bonnán² nm1 bittern.

bonnbhuaiteoir nm3 medallist.

bonneagar nm1 infrastructure.

bonnóg nf2 1 bannock; 2 scone.

bonsach nf2 javelin.

bórach adj1 bandy; cosa bóracha bandy legs.

borb adj1 1 fierce (person); 2 rude; caint bhorb rude talk; 3 pungent; boladh borb a pungent smell.

bord nm1 1 table; suí chun boird to sit down at table; an bord a leagan to lay the table; 2 board;

bord stiúrthóirí board of directors; **3** dul ar bord (+GEN) to board; ar bord loinge on board ship; ➤ tá braon maith ar bord aige he's had a lot to drink (*literally: he's taken a good drop on board*).

bordáil *vb* **1** board; long a bhordáil to go on board ship; **2** ag bordáil ar bordering on.

borr *vb* swell, grow.

borradh (*gensg* **borrtha**) *nm* **1** swelling; borradh farraige a sea swell; **2** growth, expansion; borradh trádála a trade boom; **3** surge (*electrical*).

borrtha *adj3* swollen; féitheacha borrtha varicose veins.

borrúil *adj2* **1** enterprising (*person*); **2** fast-growing; **3** puffy.

bos (*datsg* **bois**) *nf2* **1** palm (*of hand*); bualadh bos a round of applause; **2** blade (*of oar, hurling stick*); bos camáin boss (*of hurling stick*).

bosca *nm4* box; bosca cairtchláir cardboard box; bosca bruscair (rubbish) bin; bosca litreach post-box, letterbox; bosca ceoil accordion, melodeon.

boscadóir *nm3* accordionist.

boschrann *nm1* door knocker.

boslach *nm1* handful.

both (*pl* **bothanna**) *nf3* **1** booth; **2** hut.

bothán *nm1* hut, shed.

bóthar (*pl* **bóithre**) *nm1* road; bóthar mór main road; bóthar iarainn railway; buailimis an bóthar let's hit the road.

bothóg *nf2* shanty, cabin.

botún *nm1* blunder, mistake; botún a dhéanamh to make a blunder.

botúnach *adj* blundering.

brá *nm4* hostage; brá gill a hostage held for ransom.

brabach *nm1* **1** profit, gain; brabach a dhéanamh to make a profit; **2** advantage; brabach a bhreith ar dhuine to take advantage of someone.

brablach *nm1* rubble.

brabús *nm1* profit.

brabúsach *adj1* profitable.

brac *nm1* bracket.

brach *nm3* **1** pus; **2** an brach a chuimilt ó do shúile to rub the sleep from one's eyes.

brách *in phrases* **1** go brách ever; (*with negative*) never; go brách agus go deo for ever and ever; ní rachaidh mé arís go brách I'll never go again; **2** go brách na breithe until Judgment Day; **3** as go brách leis off he went.

brachán *nm1* porridge; brachán a dhéanamh de rud to make a mess of something.

brád →BRÁID.

bradach *adj1* **1** thieving; **2** stolen, ill-gotten.

bradán *nm1* salmon.

brádán *nm1* drizzle.

brádánach *adj1* drizzly.

braich *nf2* malt.

bráid (*gensg* **brád** *pl* **bráide**) *nf* **1** neck; slabhra bráid necklace; **2** throat; **3** bust; **4** rud a chur faoi bhráid duine to refer something to someone.

bráidín *nm4* bib.

braighdeanach *nm1* captive.

braighdeanas *nm1* captivity.

braillín *nm4* sheet.

brainse *nm4* branch.

bráisléad *nm1* bracelet.

braiteach *adj1* perceptive, alert.

braiteoireacht *nf3* hesitation.

braith (*vn* **brath**) *vb* **1** feel; cuisle a bhrath to feel a pulse; an mbraitheann tú níos fearr? do you feel better?; **2** perceive; **3** miss; rud/duine a bhrath uait to miss something/someone; **4** observe; teach a bhrath to watch a house; **5** spy on; **6** inform, betray; duine a bhrath to inform on someone; **7** bheith ag brath ar dhuine to depend on someone.

bráithre →BRÁTHAIR

bráithreachas *nm1* brotherhood.

bran¹ *nm1* (*literary*) raven.

bran² *nm1* bream.

bran³ *nm4* bran.

branar *nm1* fallow ground.

branda¹ *nm4* brand.

branda² *nm4* brandy.

brandáil *vb* brand.

branra *nm4* tripod; branra brád collarbone.

braobaire *nm4* insolent person.

braobanta *adj3* insolent.

braon (*pl* **braonta**) *nm1* drop; braon tae/bainne a drop of tea/ milk; braon drúchta a drop of dew; braon allais a bead of perspiration.

braonach *adj1* dripping (wet).

Brasail *nf2* an Bhrasail Brazil.

brat *nm1* **1** cloak, mantle; **2** covering, layer; brat sneachta a covering of snow; brat ózóin ozone layer; bhí brat allais leis he was covered with sweat; **3** curtain (*in theatre*).

bratach *nf2* flag, banner.

bratail *vb* bheith ag bratail to be flapping.

brath¹ *nm1* **1** feeling; **2** perception; **3** spying; Céadaoin an Bhraith Spy Wednesday; **4** betrayal; **5** (*with 'ar'*) tá brath aici ar imeacht she intends to go away.

brath² →BRAITH.

bráth *nm3* doomsday; Lá an bhrátha Day of Judgment.

brathadóir *nm3* **1** informer, betrayer, spy; **2** detector (*device*).

bráthair (*gensg* **bráthar** *pl* **bráithre**) *nm1* **1** brother, friar; **2** fellow man, friend.

brathbhéim *nf2* fatal blow.

bratlong *nf2* flagship.

bratóg *nf2* bratóg shneachta snowflake.

bratógach *adj1* ragged.

breá (*gensgm* **breá** *gensgf* **breátha** *compar* **breátha** *pl* **breátha**) *adj* fine, excellent, grand; aimsir bhreá fine weather; leabhar breá a fine book; d'éirigh go breá léi she got on very well; seomra breá mór a fine big room; is breá liom tae I love tea; ba bhreá liom é a fheiceáil I'd love to see it.

breab (*pl* **breabanna**) *nf2* bribe. • *vb* bribe.

breabaireacht *nf3* bribery.

breabhsánta *adj3* sprightly, spruce.

breac¹ *nm1* ▸ní breac é go raibh sé ar an bport don't count your chickens before they're hatched (*literally: it's not a trout until it's on the bank*).

breac² *vb* write down, jot down; rud a bhreacadh síos to write something down.

breac³ *adj* speckled, dappled; cuilt bhreac a patchwork quilt; tá an áit breac le... the place is covered with...

breac- *pref* partly, semi-.

breacadh *nm1* **1** writing, scribbling; **2** clearing (*of weather*); le breacadh an lae at daybreak.

breacaire *nm4* scribbler.

breacán *nm1* tartan.

Breac-Ghaeltacht *nf3* area of Gaeltacht where only some of the people are Irish speakers.

breacsholas *nm1* half-light.

bréad *nm1* braid.

bréag nf2 lie; **bréag a insint to tell a lie.**

bréag- pref false, pseudo-.

bréagach adj **1** false; **2** lying; **3** spurious.

bréagadóir nm3 liar.

bréagán nm1 toy.

bréagéide nf4 fancy dress.

bréagfholt nm1 wig.

bréagnaigh vb **1** contradict; **2** negate.

bréagnaitheach adj1 contradictory.

bréagríocht (gensg **bréagreachta**) nm3 disguise.

breall nf2 **1** blemish; **2 tá breall ort you are mistaken.**

breallach nm1 clam.

breallán nm1 fool, blunderer.

brealsún nm1 fool, idiot.

bréan adj1 **1** smelly, putrid, foul; **boladh bréan a foul smell; 2 bheith bréan de rud to be fed up with something.**

bréantas nm1 **1** stench; **2 chuir sé bréantas orm it disgusted me.**

Breatain nf2 **an Bhreatain (Mhór)** (Great) Britain; **an Bhreatain Bheag Wales.**

breátha → BREÁ.

breáthacht nf3 excellence.

breathnaigh vb **1** watch; **bheith ag breathnú ar an teilifís to watch television; 2** look, appear; **bhí sí ag breathnú go maith she looked well; 3** consider, examine; **cás a bhreathnú to consider a case.**

breas n **go breas nó go treas by hook or by crook.**

breathnóir nm3 **1** spectator; **2** viewer.

breathnóireacht nf3 observation.

Breatnach n Welshman; **Breatnach mná Welshwoman.** ● adj1 Welsh.

Breatnais nf2 Welsh (language).

breicne nf4 freckle.

breicneach adj1 freckled.

bréid nf2 bandage.

bréidín nm4 tweed.

bréifin nm4 perforation.

bréige nf4 falseness. ● adj(gen of n) false; **ainm bréige false name; deora bréige crocodile tears.**

breis nf2 **1** addition, extra; **sa bhreis ar in addition to; breis agus bliain ó shin more than a year ago; 2** excess, too much. ● adj(gen of n) **am breise** extra time; **costas breise** additional cost.

breischáin (gen **breischánach** pl **breischánacha**) nf **1** surcharge; **2** surtax.

breischéim nf2 comparative (in grammar).

breiseán nm1 additive.

breith[1] nf2 **1** birth; **lá breithe shona dhuit happy birthday to you; 2** capacity; **rud a chur thar a bhreith to overload something; 3** (in phrases) **má bhíonn breith agat air if you find time for it; níl aon bhreith aige uirthi he can't compare with her.**

breith[2] nf2 judgment, decision; **breith a thabhairt ar chás to give judgment on a case.**

breith[3] → BEIR.

breitheamh nm1 judge.

breithiúnas nm1 judgment, verdict; **breithiúnas a thabhairt to pass judgment.**

breithlá (gensg **breithlae** pl **breithlaethanta**) nm birthday.

breochloch nf2 flint.

breoite adj ill, sick.

breoiteacht nf3 illness, sickness.

breoitiúil adj1 sickly.

breosla nm4 fuel.

brí nf4 **1** meaning, significance; **cad is brí leis? what does it**

mean?; **2** strength; **brí na hóige** the vitality of youth; **bheith in ísle brí** to be run down, to be depressed; **3** (*in phrases*) **de bhrí go** because; **dá bhrí sin** therefore.

briathar (*pl* **briathra**) *nm1* **1** word; **briathar Dé** the word of God; **dar mo bhriathar** upon my word; **2** verb.

briathartha *adj3* verbal (*in grammar*); **ainm briathartha** verbal noun.

briathrach *adj1* wordy, verbose.

brice *nm4* brick.

briceadóir *nm3* bricklayer.

bricfeasta *nm4* breakfast.

bricín[1] *nm4* freckle.

bricín[2] *nm4* briquette (*fuel*).

bricín[3] *nm4* minnow, small trout.

brídeach *nf2* bride.

Brídiní *npl4* Brownies.

brilléis *nf2* gibberish.

brillín *nm4* clitoris.

briocht *nf3* **1** charm; **2** spell.

briogáid *nf2* brigade; **briogáid tóiteáin** fire brigade.

briogún *nm1* skewer.

briomhar *adj1* dynamic, vigorous.

brionglóid *nf2* dream.

brionglóideach *nf2* dreaming. ● *adj* dreamy.

brionnaigh *vb* forge, counterfeit.

brionnú (*gensg* **brionnaithe**) *nm* forgery.

briosc *adj* **1** brittle; **2** crisp.

briosca *nm4* biscuit.

brioscán *nm1* (potato) crisp.

brioscarán *nm1* shortbread.

briotach *adj1* lisping.

Briotáin *nf2* **an Bhriotáin** Brittany.

Briotáinis *nf2* Breton (*language*).

Briotanach *nm1* British person, Briton. ● *adj1* British.

bris *nf2* loss; **ní maith liom do bhris** I sympathize with you in your bereavement. ● *vb* **1** break; **rud a bhriseadh** to break something; **do lámh a bhriseadh** to break one's arm; **bhris sí a focal** she broke her word; **2** dismiss; **duine a bhriseadh as a phost** to fire someone from his job; **3** wreck; **long a bhriseadh** to wreck a ship; **4** change; **airgead a bhriseadh** to change money; **seic a bhriseadh do dhuine** to cash a cheque for someone.

□ **bris amach** break out.

□ **bris anuas** break down.

□ **bris ar: bhris ar an bhfoighne aige** his patience broke.

□ **bris isteach 1** break in (*burglar*); **2** interrupt.

briseadh (*gensg* **briste** *pl* **bristeacha**) *nm* **1** break; **briseadh san aimsir** a break in the weather; **2** dismissal; **3** defeat; **briseadh na Bóinne** the defeat at the Boyne.

briste *adj3* **1** broken; **briste brúite** bruised and battered; **Béarla briste** broken English; **2** broke (*financially*).

briste *nm4* trousers; **briste gairid** shorts; **briste deinim** denim jeans.

bristeacha →BRISEADH.

brístín *nm4* knickers, panties.

bró *nf4* millstone.

broc *nm1* badger.

brocach *adj1* filthy.

brocach *nf2* **1** (badger's) set; **2** (fox's) earth.

brocailí *nm4* broccoli.

brocaire *nm4* terrier.

brocais *nf2* **1** (badger's) set; **2** smelly place.

brocamas *nm1* rubbish.

brod *nm1* spur.

bród *nm1* pride; **bród a bheith ort as** rud to be proud of something.

bródúil *adj* proud.

bróg (datsg **bróig**) nf2 shoe; bróga siúil walking shoes; bróga peile football boots; bróga arda/móra boots; bróga reatha trainers, running shoes.

broghach adj dirty.

broghais nf2 1 lazy person, untidy person; 2 an bhroghais! the wretch!.

broic vb bheith ag broic le rud to put up with something, to tolerate something.

bróicéir nm3 broker.

broid¹ nf2 1 distress; bheith i mbroid ruda to be in urgent need of something; 2 captivity.

broid² nf2 1 prod, goad; 2 nudge.

broideadh (gensg **broidte**) nm 1 prod; 2 nudge; 3 bite (in fishing)

broidearnach nf2 throbbing.

broidiúil adj2 1 very busy; 2 pressed.

bróidnéireacht nf3 embroidery.

bróidnigh vb embroider.

broidtráth nm3 rush hour.

bróg →BRÓG.

broim nm3 fart; bheith ag gabháil le broim to go crazy. ● vb fart.

broinciteas nm1 bronchitis.

broinn (pl **broinnte**) nf2 1 womb; rud a bhreith as broinn leat to be born with something; 2 hold (of ship).

bróisiúr nm1 brochure.

bróiste nm4 brooch.

brollach nm1 breast, bosom.

bromach nm1 colt.

brón nm1 grief, sadness; brón a bheith ort to be sad, to be sorry.

brónach adj sad.

bronn vb 1 donate; 2 confer.

bronnadh (gensg **bronnta** pl **bronntaí**) nm 1 donation; 2 conferring; bronnadh na gcéimeanna graduation (conferring of degrees).

bronntanas nm1 present, gift; bronntanas pósta wedding present.

bronntóir nm3 donor.

brosna nm4 1 firewood; 2 kindling.

brostaigh vb hurry, rush; hurry up brostaigh ort; táim ag brostú chun é seo a chríochnú I'm rushing to finish this.

brothall nm1 1 heat; i mbrothall an lae in the heat of the day; 2 muggy weather.

brothallach adj1 1 very hot; 2 muggy.

brú¹ nm4 1 crush; brú daoine a crush of people; 2 pressure; bheith faoi bhrú to be under pressure; brú fola blood pressure; 3 bruise.

brú² nm4 hostel; Brú na hÓige Youth Hostel.

brú³ →BRÚIGH.

bruach (pl **bruacha**) nm1 1 bank (of river); bruach abhann river bank; ► léim an dá bhruach a chailleadh to fall between two stools; 2 edge; bruach aille the edge of a cliff; ag bruach an bhaile at the edge of the town.

bruachbhaile (pl **bruachbhailte**) nm4 suburb; i mbruachbhailte Bhaile Átha Cliath in the suburbs of Dublin.

bruachsholas (pl **bruachshoilse**) nm1 footlight.

brúcht nm3 1 belch; 2 eruption; 3 brúchtanna emissions; 4 brúcht farraige tidal wave. ● vb 1 belch; 2 erupt.

brúchtadh (gensg **brúchta** pl **brúchtaí**) nm 1 belch; 2 eruption.

brúghrúpa nm4 pressure group.

brúid nf2 brute.

brúidiúil adj2 brutal.

brúidiúlacht nf3 brutality.

brúigh *vb* **1** press; cnaipe a bhrú to press a button; **2** push, shove; rud a bhrú romhat to push something in front of you; rud a bhrú i leataobh to push something aside; **3** crush, squash; prátaí a bhrú to mash potatoes; **4** rud a bhrú faoi chois to suppress something.

bruíon¹ (*pl* **bruíonta**) *nf2 verb* fight, quarrel.

bruíon² (*literary*) (*pl* **bruíonta**) *nf2* **1** hostel; **2** fairy dwelling; ➤ bhí sé ina bhruíon chaorthainn acu they had the place in uproar.

bruíonach *adj1* quarrelsome.

Bruiséil *nf2* an Bhruiséil Brussels.

bruite *adj3* **1** fiery (*person, temperament*); **2** boiled, cooked; prátaí bruite boiled potatoes.

brúite *adj3* crushed, squashed.

bruith *vb* boil, bake.

brúitín *nm4* mashed potatoes.

bruitíneach *nf2* measles; bruitíneach dhearg German measles.

brúmhéadar *nm1* pressure gauge.

brus *nm1* **1** fragments; **2** dust.

bruscar *nm1* rubbish; bosca bruscair (rubbish) bin.

bruscarnach *nf2* debris.

brútam *nm1* crush (*in crowd*).

bruth *nm3* **1** heat; **2** rash.

bruthaire *nm4* cooker; bruthaire gáis gas cooker; bruthaire leictreach electric cooker.

bú *nm4* hyacinth.

bua *nm4* **1** victory, triumph; an bua a fháil to win; bua a bhreith ar dhuine to defeat someone; **2** talent, gift; bua na scéalaíochta a bheith agat to have the gift of storytelling; bua na cainte a bheith agat to have the gift of the gab.

buabhall *nm1* **1** buffalo; **2** bugle; **3** drinking horn.

buacach *adj* high-spirited.

buacaire *nm4* tap; an buacaire a oscailt/dhúnadh to turn on/off the tap.

buach *adj1* victorious.

buachaill *nm3* boy; buachaill báire playboy.

buachan →BUAIGH.

buaf *nf2* toad.

buafhocal *nm1* **1** punchline; **2** epithet.

buaic *nf2* **1** climax; buaic na spéire zenith; **2** highlight; ba é an t-amhrán sin buaic na hoíche that song was the highlight of the evening; **3** peak.

buaicphointe *nm4* **1** climax (*of a play*); **2** highlight.

buaicuaireanta *nplf2* peak hours.

buaigh *vb* win.
▫ **buaigh ar** defeat.

buail (*vn* **bualadh**) *vb* **1** beat, hit, strike; duine a bhualadh to hit someone; druma a bhualadh to beat a drum; **2** defeat; an namhaid a bhualadh to defeat the enemy; **3** buaileadh breoite í she was taken ill; **4** mint; airgead a bhualadh to mint money.
▫ **buail amach 1** beat out; **2** set out; bualadh amach faoin spéir to set out into the open air.
▫ **buail ar 1** knock; buail ar an doras knock on the door; **2** strike; dorn a bhualadh ar dhuine to strike someone with one's fist; cic a bhualadh ar dhuine to kick someone.
▫ **buail faoi** bualadh fút ar chathaoir to sit oneself down on a chair.
▫ **buail isteach 1** key in (*on a computer*); **2** pop in; bualadh isteach chun duine a fheiceáil to pop in to see someone.

□ **buail le 1** meet; **2** (*informal*) craiceann/leathar a bhualadh le duine to have sex with someone. □ **buail suas** strike up; **port a bhualadh suas** to strike up a tune.

buaile (*pl* **buailte**) *nf4* (summer) milking place; **➤ ní raibh an dara suí sa bhuaile agam** I had no alternative.

buaileam sciath *nm4* braggart.

buailte[1] *adj3* **1** defeated; **2** exhausted.

buailte[2] →BUAILE.

buailteoir *nm3* beater.

buaine *nf4* permanence.

buair (*vn* **buaireamh**) *vb*
1 worry; **bheith buartha faoi rud** to be worried about something; **2** annoy; **ná buair mé!** don't annoy me!

buaircín *nm4* cone (*pine or fir*).

buaireamh →BUAIR.

buairt (*gensg* **buartha** *pl* **buarthaí**) *nf3* **1** worry; **is sé atá ag déanamh buartha dom ná...** what's worrying me is that...; **2** sorrow; **bheith faoi bhuairt** to be sorrowful.

buaiteach *adj1* winning, victorious.

buaiteoir *nm3* winner, victor.

bualadh (*gensg* **buailte**) *nm* beating, striking; **bualadh bos** (round of) applause.

bualsach *nf2* slut.

bualtrach *nf2* cow-dung.

buama *nm4* bomb.

buamadóir *nm3* bomber.

buamáil *nf3* bombing. ● *vb* bomb.

buan *adj1* permanent, lasting.

buan- *pref* permanent.

buanaigh *vb* perpetuate.

buanchruth *nm4* stereotype.

buanchruthach *adj1* stereotyped.

buanfas *nm1* durability.

buanfasach *adj* durable, hard-wearing.

buannaíocht *nf3* presumption.

buannúil *adj2* presumptuous.

buanordú (*gensg*
buanordaithe) *nm* standing order.

buamseasmhach *adj1* persevering, steadfast.

buanseasmhacht *nf3* perseverance.

buanseilbh *nf2* security of tenure.

buantonn *nf2* perm.

buartha *adj3* **1** worried; **2** sorrowful.

buarthaí →BUAIRT.

buatais *nf2* boot; **buataisí rubair** wellington boots.

búcla *nm4* buckle; **2** ringlet.

búclach *adj1* **1** buckled; **2** ringleted.

búcláil *vb* buckle.

Búda *nm4* Buddha.

Búdachas *nm1* Buddhism.

Búdaí *nm4* Buddhist.

Búdaíoch *adj1* Buddhist.

budragár *nm1* budgerigar, budgie.

buí[1] *n* (*in phrase*) **a bhuí le Dia** thanks be to God.

buí[2] *nm4* yellow. ● *adj3* **1** yellow; **dath buí** yellow colour; **2 Fear Buí** Orangeman; **3** (*disparagingly or for emphasis*) **Liam an diabhail bhuí** that damned Liam; **is fada buí ó bhaile sinn** we are a long way from home.

buicéad *nm1* bucket.

buidéal *nm1* bottle.

buidéalaigh *vb* bottle.

buigh (*vn* **buíochan**) *vb* tan.

buile *nf4* madness, fury; **bheith ar/le buile** to be furious; **fear buile** madman.

builín *nm4* loaf.

builling *nm4* blow, stroke; buille a thabhairt do dhuine to strike someone a blow; ar bhuille a deich on the stroke of ten; duine a chur dá bhuille to put someone off his stroke; bheith go maith os cionn do bhuille to be well able for your work; builling faoi thuairim a thabhairt to make a guess.

buime *nf4* nanny.

buimpéis *nf2* pump (*shoe*).

buinneach *nf2* diarrhoea.

buinneán *nm1* **1** shoot; **2** sapling.

buiocán *nm1* (*egg*) yolk.

buíoch *adj1* grateful, thankful; bheith buíoch de dhuine to be grateful to someone.

buíochan →BUÍGH.

buíochán *nm1* jaundice.

buíochas *nm1* gratitude, thanks; buíochas a ghabháil le duine to express gratitude to someone; níl a bhuíochas ort don't mention it; d'éirigh léi dá bhuíochas she succeeded despite him.

buíon (*pl* buíonta) *nf2* band, gang.

búir *nf2* roar (*of animal*). ● *vb* roar.

búireach *nf2* roaring, bellowing.

buirg *nf2* borough.

buirgléir *nm3* burglar.

buirgléireacht *nf3* burglary.

buiséad *nm1* budget.

buiséadaigh *vb* budget.

búiste *nm4* **1** stuffing (*in food*); **2** poultice; **3** bulge; **4** boor.

búistéir *nm3* butcher.

búistéireacht *nf3* butchery.

buitléir *nm3* butler.

bulaí *nm4* bully; bulaí fir! good man!

bulaíocht *nf3* bullying.

bulba *nm4* bulb.

bulc *nm1* **1** bulk; **2** hold (*of ship*).

bulcais *nf2* bulky object.

Bulgáir *nf2* an Bhulgáir Bulgaria.

bulla[1] *nm4* buoy.

bulla[2] *nm4* (papal) bull.

bullán *nm1* bullock.

bultúr *nm1* vulture.

bumaire *nm4* bum.

bumbóg *nf2* bumble bee.

bun (*pl* bunanna) *nm1* **1** base, bottom; ag bun (+GEN) at the bottom (of); bun an ghairdín the bottom of the garden; ó bhun go barr from top to bottom; bun na spéire horizon; **2** butt; bun toitín cigarette butt; **3** stock (*of gun*); **4** (*in phrases*) níl bun ná barr leis it's meaningless, it's ridiculous; is é bun agus barr an scéil ná... the fact of the matter is that...; dul i mbun oibre to set to work; **5** (*with 'ar'*) gnó a chur ar bun to start a business; cad atá ar bun aige? what is he up to?

bun- *pref* **1** basic; buncheist a basic question; **2** primary; **3** elementary (*education*).

bunábhar *nm1* raw material.

bunachar *nm1* base, foundation; bunachar sonraí database.

bunadh *nm1* **1** kind, stock; mo bhunadh féin my own people; de bhunadh maith of good stock; **2** people, inhabitants; bunadh na háite the locals. ● *adj* (*gen of n*) original, fundamental; a chairde bunaidh his life-long friends; an fhírinne bhunaidh the essential truth.

bunaigh *vb* establish, found, set up.

bunaíoch *adj1* primitive.

bunaíocht *nf3* establishment.

bunáit *nf2* base.

bunáite *nf4* majority; bunáite na ndaoine the majority of the people.

bunaitheoir *nm3* founder.

bunanna →BUN.

bunbhri nm4 essence, essential meaning.

bunc nm4 bunk.

buncaer nm1 bunker.

buncheart (pl **bunchearta**) nm1 fundamental right.

bunchiall nf2 primary meaning.

bunchnoic nplm1 foothills.

bunchóip nf2 original (painting).

bunchóta nm4 undercoat (of paint).

bunchúis nf2 root cause, motive.

bundath nm3 primary colour.

bundúchasach nm1 aborigine.
● adj aboriginal.

bundún nm1 backside (of person); ➤dá gcuirfinn mo bhundún dearg amach no matter how I tried.

buneolas nm1 basic knowledge.

bungaló nm4 bungalow.

bunóc nf2 infant, baby.

bunoideachas nm1 primary education.

bunoscionn adj, adverb 1 up-side-down; 2 disorderly; 3 confused; bíonn gach rud bun os cionn aici she gets everything confused; 4 bunoscionn le... at variance with...

bunphraghas nm1 cost price.

bunreacht nm3 constitution; Bunreacht na hÉireann the Constitution of Ireland.

bunreachtúil adj constitutional.

bunriachtanas nm1 bare necessity, essential.

bunscoil nf2 primary school.

bunsmaoineamh nm1 original idea.

buntáiste nm4 1 advantage; buntáiste a bhreith ar dhuine to take advantage of someone; buntáiste a bhaint as rud to turn something to one's advantage; 2 handicap (in golf).

buntáisteach adj advantageous.

buntomhas nm1 dimension.

buntuarastal nm1 basic salary.

buntús nm1 basics, rudiments.

bunú (gensg **bunaithe**) nm foundation, setting up.

bunúdar nm1 1 original author; 2 root cause.

bunús nm1 1 basis, foundation; an bhfuil aon bhunús leis an scéal sin? does that story have any basis?; 2 origin; is ó Luimneach ó bhunús é he's originally from Limerick; 3 most; bunús na hoibre most of the work.

bunúsach adj basic, essential.

burdún nm1 1 refrain; 2 tale, gossip; 3 epigram.

burla nm4 bundle, wad (of money).

burláil vb 1 bundle; 2 bale.

burlaíocht nf3 1 bundling; 2 rolling about, wrestling.

burlaire nm4 baler.

bus (pl **busanna**) nm4 bus.

bús nm1 buzz, noise; bús deataigh clouds of smoke; bhí bús acu they had a great time.

busáras nm1 bus station.

busta nm4 bust (sculpture).

buta nm4 butt.

....

Cc

....

cá pron
(interrogative)
••••➤ (with verbs) (eclipses) where?; cá bhfaigheann tú iad? where do you get them?; cá dtéann sí?

where does she go?; **cá
n-oibríonn sé?** where does he
work?; **cá bhfuil na heochracha?**
where are the keys?; **cá raibh
sí?** where was she?; **cár
cheannaigh sé é?** where did he
buy it; **cár imigh sí?** where did
she go?; **cár rug siad air?** where
did they catch him;

···▸ (*with copula: combines with
copula to form 'cár', 'cárb',
'cárbh'*) **cárb as duit/tú?** where
are you from?; **cárbh aois é?**
what age was he?;

···▸ (*with noun or adjective: pre-
fixes 'h' to initial vowel*) **cá
tairbhe dúinn é?** what benefit is
it to us?; **cá beag sin?** isn't that
enough?; **cá háit a raibh sí?**
where was she?; **cá haois tú?**
what age are you?; **cá huair?**
when?;

···▸ (*with abstract noun of degree*)
cá luaithe a thiocfaidh siad?
how soon will they come?; **cá
mhéad?** how much?, how
many?; **cá mhinice?** how often?;
cá fhad? how long?;

···▸ (*with prepositional pronoun*)
cá leis ar oscail sé é? what did
he open it with?; **cá uaidh ar
tháinig sé?** where did it come
from?; **cá leis a bhfuil tú ag
feitheamh?** what are you wait-
ing for?;

···▸ **cár bith** whatever; **cár bith rud
é** whatever it is;

···▸ (*in phrase*) **cá bhfios duit?**
how do you know?

! followed by eclipsis except
in the past tense of
regular verbs (and some
irregular verbs) where the
form **cár** is followed by
lenition

cab *nm1* **1** (*informal*) mouth (*of
person*); **dún do chab!** shut your

mouth!; **2** lip; **3** mouth (*of fish*);
4 muzzle, snout (*of animal*).

cába *nm4* cape.

cabaire *nm4* chatterbox.

cabaireacht *nf3* chatter,
chattering; **beith ag cabaireacht**
to chatter.

cabáiste *nm4* cabbage.

cábán *nm1* **1** cabin; **2** cab (*of
lorry*); **cabán píolóta** cockpit.

cabhail (*gensg* **cabhlach** *pl*
cabhlacha) *nf* **1** body, torso;
2 frame (*of structure, vehicle*);
3 hull (*of boat*).

cabhair¹ (*gensg* **cabhrach**) *nf*
help, assistance; **cabhair a
thabhairt do dhuine** to give help
to someone; **teacht i gcabhair ar
dhuine** to come to someone's
assistance; **➤ is giorra cabhair Dé
ná an doras** God's help is always
at hand (*literally: God's help is
closer than the door*).

cabhair² (*pres* **cabhraíonn** *vn*
cabhradh) *vb* emboss.

cabhán¹ *nm1* cavity, hollow.

cabhán² *nm1* water lily.

Cabhán *nm1* **an Cabhán** Cavan.

cabhánach *adj1* hilly.

cabhlach *nm1* navy, fleet.

cabhrach *adj1* helpful.

cabhradh →CABHAIR

cabhraíonn →CABHAIR

cabhraigh *vb* help; **cabhrú le
duine** to help someone.

cabhróir *nm3* assistant, helper.

cabhsa *nm4* path, lane.

cábla *nm4* cable; **teilifís chábla**
cable television.

cábóg *nf2* clodhopper, buffoon.

cábógach *adj1* uncouth.

cac (*vn* **cac**) *nm3* excrement,
droppings; **cac a dhéanamh de
rud** to make a mess of things.
● *vb* excrete.

cáca *nm4* cake.

cacamas *nm1* nonsense.

cách *nm4* everyone, everybody; **faoi mar is eol do chách** as everyone knows.

cachtas *nm1* cactus.

....

cad *pron*
(*interrogative*)

⸺➤ (*with copula*) what; **cad is ainm duit?** what is your name?; **cad is filíocht ann?** what is poetry?; **cad ba chúis leis?** what caused it?; **cad ab áil leat é sin a rá?** why would you want to say that?; **cad ba mhaith leat le n-ithe?** what would you like to eat?;

⸺➤ (*with other verbs*) **cad a dhéanfaidh tú?** what will you do?; **cad a d'imigh uirthi?** what happened to her?; **cad atá air?** what's up with him?;

⸺➤ (*with demonstrative adjective*) **cad é sin?** what is that?; **cad iad sin?** what are those?; **cad é seo?** what is this?; **cad iad seo?** what are these?;

⸺➤ **cad é?** what?; **cad é an t-am é?** what time is it?; **cad é an mhaith é?** what good is it?; **cad é an rud é sin?** what is that thing?;

⸺➤ (*with prepositional pronouns and compound prepositions*) **cad leis ar oscail sé é?** what did he open it with?; **cad chuige?** why?; **cad chuige ar dhíol tú é?** why did you sell it?; **cad ina thaobh?** why?; **cad ina thaobh nár cheannaigh tú é?** why didn't you buy it?; **cad mar gheall air sin?** what about that?; **cad faoin bhfear eile?** what about the other man?; **cad as di/í?** where is she from?;

⸺➤ **cad eile?** what else?; **cad eile!** of course!;

⸺➤ (*with 'mar'*) **cad é mar atá tú?** how are you?; **cad é mar ghleo a bhí ann?** how noisy it was!

cadás *nm1* cotton.

cadhain *nf2* small cup; ➤ **cuid den chadhain seo a chur sa chadhain úd eile** robbing Peter to pay Paul.

cadhan *nm1* wild goose, barnacle goose; ➤ **bheith i do chadhan aonair** to be a loner.

cadhnaíocht *nf3* **bheith ar thús cadhnaíochta** to be in the vanguard.

cadhnra *nm4* battery.

cadóg *nf2* haddock.

cadráil *nf3* chatter, gossip.

cadránta *adj3* stubborn.

cág *nm1* jackdaw.

cagúl *nm1* cagoule.

caibhéad *nm1* **1** recess; **2** press, cupboard.

caibhéar *nm1* caviar(e).

caibidil (*gensg* **caibidle** *pl* **caibidlí**) *nf2* **1** chapter (*of book*); **2** debate; **faoi chaibidil** under discussion.

caibín *nm4* **1** (toothless) mouth; **caibín a bheith ort** to be toothless; **2** prominent chin.

cáibín *nm4* old hat; **thug sé a cháibín saor leis** he got off scot free.

caibinéad *nm1* cabinet; **caibinéad comhad** filing cabinet.

caibléir *nm3* cobbler.

caicí *nm4* khaki.

caid *nf2* football; **rug siad an chaid leo** they won the (football) game.

caidéal *nm1* pump.

caidéalaigh *vb* pump.

caidéis *nf2* inquisitiveness; **caidéis a chur ar dhuine** to accost someone.

caidéiseach *adj1* inquisitive.

cáidheach *adj1* dirty, filthy.

caidhp (*pl* **caidhpeanna**) *nf2* **1** cap, bonnet; **2** **caidhp bháis** death-cap (*toadstool*).

caidhséar *nm1* channel.

caidreamh *nm1* association, relationship; **caidreamh a dhéanamh le duine** to associate with someone; **bheith i gcaidreamh le duine** to be intimate with someone; **caidreamh poiblí** public relations; **caidreamh collaí** sexual intercourse; **oíche chaidrimh** social evening.

caife *nm4* **1** coffee; **2** café.

caifelann *nf2* cafeteria.

caifeach *adj1* wasteful, prodigal.

caifirín *nm4* headscarf.

caifitéire *nm4* cafeteria.

caighdeán *nm1* standard; **caighdeán maireachtála** standard of living; **caighdeáin (moral) standards.**

caighdeánach *adj1* standard.

caighdeánaigh *vb* standardize.

cáil (*pl* **cáileanna**) *nf2* **1** fame; **clú agus cáil a bheith ort** to be honoured and respected; **2** reputation.

cailc *nf2* **1** chalk; **2** limit; **dul thar chailc** to overstep the mark.

cailciam *nm4* calcium.

caileandar *nm1* calendar.

caileann (*gensg* **caille**) *nf2* Calends; **Lá Caille** New Year's Day.

cailg (*pl* **cailgeanna**) *nf2* bite, sting (*of insect*). ● *vb* sting.

cáiligh *vb* qualify.

cailín *nm4* **1** girl; **cailín aimsire** maid, au pair; **cailín coimhdeachta** bridesmaid; **2** girlfriend.

cáilíocht *nf3* **1** quality, attribute; **2** qualification (*degree*).

cailis *nf2* chalice.

cáilithe *adj3* qualified; **duine cáilithe** a qualified person.

cáilitheach *adj1* qualifying.

cáiliúil *adj3* famous, renowned.

caill (*pl* **cailleanna**) *nf2* loss. ● *vb* **1** lose; **rud a chailleadh** to lose something; **meáchan a chailleadh** to lose weight; **2** miss; **chaill sí an traein** she missed the train; **3** die; **cailleadh go tobann é** he died suddenly.

caille *nf4* veil.

cailleach *nf2* **1** witch, hag; **cailleach feasa** fortune teller; **2** scéal chailleach an uafáis** wild rumour.

cailliúnaí *nm4* **1** loser; **2** spendthrift.

caillte *adj3* **1** lost, perished; **2** dreadful; **aimsir chaillte** dreadful weather.

caillteanas *nm1* loss.

cáilmheas *nm3* goodwill (*of business*).

cailmín *nm4* calamine.

cailpis *nf2* fly (*of trousers*).

cáim (*pl* **cáimeacha**) *nf2* blemish, flaw.

caimiléir *nm3* crook.

caimiléireacht *nf3* dishonesty, crookedness, cheating.

caimileon *nm1* chameleon.

caimín *nm4* crook (*of shepherd*).

caimseog *nf2* fib.

cáin (*gensg* **cánach** *pl* **cánacha**) *nf* **1** tax; **cáin a bhailiú** to collect a tax; **cáin a ghearradh ar rud** to put a tax on something; **cáin ioncaim** income tax; **cáin bhreisluacha** value added tax; **2** (*law*) fine, penalty; **cáin a chur ar dhuine** to fine someone. ● *vb* **1** fine; **2** criticize; **duine a cháineadh** to criticize someone; **3** condemn.

cáinaisnéis *nf2* budget.

cáineadh (*gensg* **cáinte**) *nm* condemnation.

cainéal *nm1* channel (*television*).

cainéal² *nm1* cinnamon.

caingean (*gensg* **caingne** *pl* **caingne**) *nf2* dispute.

cáinmheas *nm3* tax assessment.

cainneann *nf2* leek.

cainneon *nm1* canyon.

cainníocht *nf3* quantity.

caint (*pl* **cainteanna**) *nf2* speech, talk, language; **bheith ag caint le duine** to talk with someone; **ag caint as Béarla** talking in English; **caint a chur ar dhuine** to accost someone; **baineadh an chaint di** she was left speechless; **drochchaint** bad language; **cainteanna** talks; **caint na ndaoine** common/everyday speech; **leagan cainte** mode of expression; **mórán cainte ar bheagán cúise** much ado about nothing.

cainte *adj3* (*genitive of noun*) oral; **scrúdú cainte** oral examination.

cáinte *nm4* satirist.

cainteach 1 talkative.

cáinteach *adj1* critical, disparaging.

cainteoir *nm3* speaker; **cainteoir dúchais Gaeilge** a native speaker of Irish.

caintic *nf2* canticle.

caíonna →CAOI.

cáipéis *nf2* document.

cáipéiseach *adj1* documentary.

caipín *nm1* cap; **caipín píce** peak cap; **caipín súile** eyelid; **caipín snámha** swimming cap.

caipiteal *nm1* capital (*finance*).

caipitleachas *nm1* capitalism.

caipitlí *nm4* capitalist.

caipitlíoch *adj1* capitalist.

cairde¹ →CARA.

cairde² *nm4* 1 respite; 2 credit; **ar cairde** on credit; 3 delay; **rud a chur ar cairde** to put something

off; **> tagann gach maith le cairde** all things come to him who waits.

cairdeach *1* generous (*about giving credit*).

cairdeagan *nm1* cardigan.

cairdeas *nm1* friendship.

cairdiach *adj1* cardiac.

cairdin *nm4* accordion.

cardinéal *nm1* cardinal.

cairdiúil *adj2* 1 friendly; 2 user-friendly.

cairéad *nm1* carrot.

cairéal *nm1* quarry.

cairéis *nf2* care.

cairéiseach *adj1* 1 careful, particular; 2 tricky; **ceist chairéiseach** a tricky question.

Cairib *adjf2* **an Muir Chairib** the Caribbean (Sea).

Caribeach *adj1* Caribbean.

cairpéad *nm1* carpet.

cairt¹ (*pl* **cairteacha**) *nf2* 1 chart, map (*nautical*); **cairt loingseoireachta** a navigation chart; 2 charter; **cairt chathrach** city charter; 3 parchment.

cairt² (*pl* **cairteacha**) *nf2* 1 cart; 2 (*informal*) car.

cairtchlár *nm1* cardboard; **bosca cairtchláir** cardboard box.

cairtéal *nm1* cartel.

cairtfhostaigh *vb* charter.

cáis *nf2* cheese.

Cáisc *nf3* Easter; **Domhnach Cásca** Easter Sunday; **um Cháisc** at Easter; **Cáisc na nGiúdach** Passover.

caiscín *nm4* wholemeal.

caiséad *nm1* cassette.

caiseal *nm1* 1 stone fort; 2 rook, castle (*in chess*); 3 spinning top.

caisealta *adj3* walled.

caisearbhán *nm1* dandelion.

casíne *nm4* casino.

caisirnín nm4 **1** kink, twist (in rope or wire); **2** wisp; caisirnín deataigh a wisp of smoke.

caisleán nm1 castle; **➤** i ndiaidh a chéile a thógtar na caisleáin Rome wasn't built in a day (literally: castles are built one after the other).

caismir nf2 cashmere.

caismirt nf2 commotion, disorder.

caismirteach adj1 disorderly.

caisne nm4 chip (of wood).

caite adj3 **1** worn; tá na bróga caite the shoes are worn; seanduine caite a worn-out old person; **2** spent; tá an t-airgead caite the money is spent; **3** (of time) an tseachtain/an mhí seo caite last week/month; **4** an aimsir chaite the past tense.

caiteachas nm1 expenditure.

caiteoir nm3 **1** consumer; **2** spender; **3** wearer.

caith¹ (vn caitheamh) vb **1** wear; cóta mór a chaitheamh to wear an overcoat; bhí buailtsí á gcaitheamh aige he was wearing boots; **2** wear out; tá muinchillí an gheansaí seo ag caitheamh the sleeves of this jumper are wearing out; **3** spend; airgead a chaitheamh to spend money; oíche a chaitheamh in óstán to spend the night in a hotel; **4** consume; béile a chaitheamh to consume a meal; toitíní a chaitheamh to smoke cigarettes; an gcaitheann tú siúcra? do you take sugar?; **5** fire; urchar a chaitheamh to fire a shot; **6** cast, throw; cloch a chaitheamh to throw a stone; vóta a chaitheamh to cast a vote; dorú a chaitheamh to cast a fishing line; **7** clear (an obstacle); chaith sé an balla de léim he cleared the wall at a jump; léim a chaitheamh to take a jump.

□ **caith amach** throw out.
□ **caith aníos 1** throw up (from below); **2** throw up, vomit.
□ **caith anuas 1** throw down (from above); **2** bhí sé ag caitheamh anuas orthu he was belittling them.
□ **caith ar 1** throw on; rud a chaitheamh ar an tine to throw something on the fire; **2** afflict, upset; tá na daitheacha ag caitheamh uirthi she's troubled by rheumatism; **3** súil a chaitheamh ar rud to glance at something.
□ **caith de leataobh** throw away.
□ **caith as** throw out of; caith as do cheann é put it out of your head.
□ **caith amach** throw out.
□ **caith chuige/caith chun 1** throw to, throw towards; chaith sé an liathróid chuici he threw the ball to her; **2** bheith ag caitheamh chun duine to nag someone.
□ **caith de** throw from.
□ **caith i** throw into.
□ **caith i ndiaidh** pine, hanker; bhí sí ag caitheamh i ndiaidh an bhaile she was pining for home.
□ **caith le 1** throw at; clocha a chaitheamh le duine to throw stones at someone; **2** am agus dua a chaitheamh le rud to spend time and effort with something; **3** chaith siad go deas léi they treated her well.
□ **caith suas 1** throw up; **2** chaith sé suas a phost he gave up his job.
□ **caith uait** throw from; caith uait é! throw it away (from you)!

caith² vb (auxiliary expressing obligation) caithfidh tú é a dhéanamh you must do it; chaith sí dul abhaile she had to go home; an gcaitheann tú é sin a dhéanamh? do you have to do that?

cáith¹ nf2 **1** chaff; **2** waste, rubbish.

cáith² vb **1** spray; **bhí sé ag cáitheadh báistí** it was pouring rain; **2** winnow.

cáitheadh (gensg **cáite**) nm spray (from sea).

caitheamh nm1 **1** wear; **caitheamh agus cuimilt** wear and tear; **2** spending; **caitheamh airgid** spending money; **3** consumption; **caitheamh tobac** smoking (of tobacco); **4** throw, cast; **caiteamh na ndísí** a throw of the dice; **5** course; **i gcaitheamh an lae** during the course of the day; **6** compulsion; **caitheamh a bheith ort rud a dhéanamh** to be compelled to do something; **7** (in phrases) **caitheamh aimsire** pastime(s); **bheith ag caitheamh i ndiaidh ruda** to hanker after something.

caithfidh →CAITH¹

caithis nf2 **1** affection, fondness; **2** charm.

caithiseach adj1 **1** affectionate; **2** attractive; **3** delicious; **béile caithiseach** a delicious meal.

cáithne nm4 particle, flake.

cáithnín nm4 small flake, particle; **cáithnín sneachta** a snowflake.

caithréim nf2 triumph.

caithréimeach adj1 triumphant.

caitín nm4 catkin.

Caitliceach nm1 adjective Catholic; **Caitliceach Rómhánach** Roman Catholic.

Caitliceachas nm1 Catholicism.

cál nm1 kale, cabbage; **cál glas** green cabbage; **cál ceannann** colcannon.

calabra nm4 calibre.

caladh (pl **calaí**) nm1 harbour.

calafort nm1 port, harbour.

calaois nf2 **1** fraud, swindle; **calaois a dhéanamh ar dhuine** to defraud someone; **2** foul (in sport); **calaois a dhéanamh ar dhuine** to foul someone.

calaoiseach adj1 fraudulent, deceitful.

calbhach adj1 bald.

calbhacht nf3 baldness.

calc (pl **calcanna**) nm1 dense mass; **calc toite** a belch of smoke. ● vb **1** plug; **poll a chalcadh** to plug a hole; **2** choke.

calcalas nm1 calculus.

call nm4 need; **níl call ar bith uirthi** she wants for nothing.

callaire nm4 **1** loud talker; **2** loudspeaker.

callaireacht nf3 proclaiming, calling, shouting; **bheith ag callaireacht** to shout.

callán nm1 noise, racket.

callánach adj1 noisy, loud.

calm nm1 calm.

calma adj3 **1** brave; **2** strong.

calmacht nf3 **1** bravery; **2** strength.

calóg nf2 flake; **calóga arbhair** cornflakes.

calra nm4 calorie.

cálslá nm4 coleslaw.

cam adj1 **1** bent, crooked; **2** dishonest.

camall nm1 camel.

camán nm3 hurling stick; **idir chamáin** under discussion.

camas nm1 **1** bay, cove; **2** bend (in river).

camastaíl nf3 **1** crookedness; **2** fraud, dishonesty.

cambheart nm1 (act of) dishonesty.

cambheartach adj1 dishonest.

Cambóid nf2 **an Chambóid** Cambodia.

cambús nm1 commotion.

camchosach adj1 bandy-legged.

camchuairt nf2 tour; **camchuairt na tíre a thabhairt** to wander around the country.

camhaoir nf2 dawn, daybreak.

camóg nf2 **1** comma; **camóga inbheartaithe** inverted commas; **2** camogie stick.

camógaíocht nf3 camogie (Irish game resembling hockey).

campa nm4 camp; **campa saoire** holiday camp.

campáil vb camp; **beith ag campáil** to be camping.

campálaí nm4 camper.

campas nm1 campus.

camra nm4 sewer.

camrach adj1 filthy.

can vb **1** sing; **amhrán a chanadh** to sing a song; **2** speak.

cána nm4 cane; **cána siúcra** sugar cane.

cánach, cánacha →**CÁIN**.

cánachas nm1 taxation.

canáil nf3 canal.

canárai nm4 canary.

canbhás nm1 canvas.

canbhasáil vb canvass; **canbhasáil ar son duine** to canvass for someone.

cancar nm1 **1** canker; **an rud atá ag déanamh cancair di** the thing that's annoying her; **2** malignancy.

cancrán nm1 **1** crank; **2** bad-tempered person.

candaí nm4 candy.

cangarú nm4 kangaroo.

canna nm4 can; **canna stáin** tin can; ➤ **bheith ar na cannaí (dubha)** to be (very) drunk.

cannabas nm1 cannabis.

cannaigh vb can.

canóin¹ nf3 cannon.

canóin² nf3 canon; **canóin liteartha** literary canon; **Canóin an Aifrinn** Canon of the Mass.

canónach nm1 canon (clergyman).

canónaigh vb canonize.

canta nm4 chunk, hunk; **canta aráin/feola** a chunk of bread/meat.

canta adj3 neat.

cantaireacht nf3 chant(ing); **bheith ag cantaireacht** to chant.

cantalach adj1 grumpy, cranky.

cantóir nf2 **1** press; **cantóir fíona** wine press; **2** splints (for limb); **3** bhí mé i gcantóir aige he had me in a tight corner.

canú nm4 canoe.

canúint (gensg **canúna**) nf3 **1** dialect; **canúintí na Gaeilge** the dialects of Irish; **2** speech, expression; **canúint a chur ar rud** to put something into words; **3** accent; **tá canúint ghallda aige** he has a foreign accent.

caoch (pl **caocha**) nm1 blind person. ● adj1 blind; **bheith caoch** to be blind; **teacht taobh na súile caoiche ar dhuine** to get on the blind side of someone; ➤ **chomh caoch le cloch as blind as a bat** (literally: as a stone). ● vb wink; **súil a chaochadh** to wink an eye.

caochadh (gensg **caochta**) nm wink. ● adj(gen of n) **bheith caochta** to be blind drunk.

caochaíl nf3 blockage.

caochán nm1 blind creature.

caochspota nm4 blind spot.

caoga (gensg **caogad** datsg **caogaid** pl **caogaidí, caogaid**) numm fifty; ('**caogaid**' is used with numerals).

caogadú nm4 fiftieth. ● adj fiftieth.

caoi (pl **caionna**) nf4 **1** way, manner; **an chaoi le rud a dhéanamh** the way to do something; **2** means, opportunity; **dá mbeadh caoi**

agam ar é a dhéanamh if I had the means/opportunity to do it; **3** condition; **tá caoi mhaith ar an teach** the house is in good condition; **cén chaoi a bhfuil tú?** how are you?; **4** order; **caoi a chur ar rud** to put something in order.

caoiche *nf4* blindness.

caoile *nf4* thinness.

caoilteamán *nm1* thin person.

caoimhe *nf4* **1** gentleness; **2** delicateness; **3** loveliness.

caoin *adj1* **1** gentle; **caoin ceansa** gentle and mild; **2** delicate; **aghaidh chaoin** delicate features; **3** aimsir chaoin** clement weather. ● *vb* **1** lament, mourn; **2** cry.

caoineadh (*gensg* **caointe** *pl* **caointe**) *nm* lament, elegy.

caoineas *nm1* **1** gentleness; **2** smoothness.

caoinfhulaingt (*gensg* **caoinfhulaingthe**) *nf* tolerance.

caoinfhulangach *adj1* tolerant.

caointeach *adj1* plaintive, mournful.

caointeoireacht *nf3* lamenting.

caoireoil *nf3* mutton.

caoirigh → CAORACH.

caoithiúil *adj2* convenient.

caoithiúlacht *nf3* convenience; **ar do chaoithiúlacht** at your convenience.

caol (*pl* **caolta**) *nm1* slender part (*of limb*); **caol na láimhe** wrist; **caol na coise** ankle; **caol an droma** small of the back; **ceangal na gcúig gcaol a chur ar dhuine** to tie someone hand and foot. ● *adj1* **1** slender, thin; **coim chaol a slender waist; **slat chaol** a thin rod; **fear caol** a thin man; **2** narrow; **cosán caol** a narrow path; **3** shrill, thin; **guth caol** a shrill voice; **4** diluted, thin; **anraith caol thin soup; **5** (*in phrases*) **chuaigh sé caol díreach**

abhaile he went straight home; **rud a dhéanamh caol díreach** to do something straight away.

caolaigeanta *adj3* narrow-minded.

caolaigh *vb* **1** narrow; **rud a chaolú** to narrow something; **2** dilute; **anraith a chaolú** to dilute soup; **3** palatalize (*in linguistics*); **4** edge, sidle; **caolú isteach in áit** to edge into a place.

caolas *nm1* **1** strait, narrow waterway; **2** bottleneck.

caolchuid *nf3* **bheith ar an gcaolchuid** to be in need.

caolchúiseach *adj1* subtle.

caolghlórach *adj1* shrill.

caolsráid *nf2* alley.

caolta → CAOL.

caomhnaigh *vb* preserve, protect, guard; **traidisiúin a chaomhnú** to preserve traditions.

caomhnóir *nm3* **1** protector; **2** guardian (*of minor*).

caomhnú (*gensg* **caomhnaithe**) *nm* **1** conservation; **2** preservation; **3** protection; **dul ar chaomhnú** to seek refuge.

caonach *nm1* moss.

caor *nf2* **1** berry; **caor chaorthainn** rowanberry; **caor fíniúna** grape; **2** **caor thine** thunderbolt, fireball.

caora (*gensg* **caorach** *npl* **caoirigh** *genpl* **caorach**) *nf* sheep.

caoraíocht *nf3* aghaidh do chaoraíochta a thabhairt ar dhuine to vent one's spleen on someone.

caorán *nm1* **1** moor, bog; **2** (small) sod of turf.

caordhearg *adj1* glowing.

caoróg *nf2* small berry.

caorthann *nm1* rowan, mountain ash; **crann caorthainn** rowan tree.

capaillín *nm4* small horse, pony.

capall *nm1* horse; ar mhuin capaill on horseback; **capaill bhána** white horses (*waves*); **capall luascáin** rocking horse; ➤ní dhéanfadh an saol capall rása d'asal you can't make a silk purse out of a sow's ear (*literally: you can't make a racehorse out of a donkey*).

capán *nm1* **capán glúine** knee-cap.

capsúl *nm1* capsule.

captaen *nm1* captain.

cár¹ *nm1* **1** set of teeth; **2** grimace; **cár a chur ort féin** to pull a face.

cár² →CÁ.

cara (*gensg* **carad** *genpl* **carad** *npl* **cairde**) *nm* friend; **cara rúin** confidant; **cara (as) Críost** Godparent; **A Chara Dear Sir/Madam**.

caracatúr *nm1* caricature.

carachtar *nm1* character.

carad →CARA.

caraf *nm4* carafe.

caramal *nm1* caramel.

carat *nm1* carat.

cárb →CÁ.

carbad *nm1* chariot.

carbaihiodráit *nf2* carbohydrate.

carball *nm1* **1** (hard) palate, roof of the mouth; **2** gum (*of mouth*).

carbán *nm1* carp.

cárbh →CÁ.

carbhán *nm1* caravan.

carbhat *nm1* tie; **carbhat cuachóige** bow tie.

carbólach *adj1* carbolic; **aigéad carbólach** carbolic acid.

carbón *nm1* carbon.

carbradóir *nm3* carburettor.

carcair (*gensg* **carcrach** *pl* **carcracha**) *nf* prison.

cardáil *nf3* **1** carding (*of wool*); **2** discussion, gossip. ● *vb* **1** card; **2** discuss; **nuacht a chardáil** to discuss news.

cargáil *nf3* jostling; **cargáil a thabhairt do dhuine** to man-handle someone.

Carghas *nm1* **An Carghas** Lent; **An Carghas a dhéanamh** to keep the Lenten fast.

carn *nm1* **1** heap, pile, mound; **carn aoiligh** dung-hill; **2** cairn; **3** great amount. ● *vb* heap (up), pile (up), stack (up); **ag carnadh sneachta** forming snow drifts.

carnabhal *nm1* carnival.

carnabhóir *nm3* carnivore.

carnán *nm1* (small) heap, mound.

carr *nm1* car; **carr sleamhnáin** sledge.

carrach *adj1* **1** rough-skinned, scabby; **2** rocky.

carrachán *nm1* **1** scabby person; **2** mangy creature; **3** scab (*blackleg*).

carraig *nf2* rock, boulder.

carraigeach *adj1* rocky.

carraigín *nm4* carageen moss.

carráiste *nm4* carriage; **carráiste traenach** train carriage.

carrbhealach (*pl* **carrbhealaí**) *nm1* carriageway; **carrbhealach dúbailte** dual carriageway.

carrbhuama *nm4* car bomb.

carrchlós *nm1* car park.

carrfón *nm1* carphone.

carrghlanadh (*gensg* **carrghlanta**) *nm* car wash.

carria *nm4* deer, stag.

caróstlann *nf2* motel.

cársán *nm1* wheeze.

cársánach *adj1* wheezing.

cart *vb* **1** scrape clean; **2** clear out, shovel up; **3** sweep away; **4** tan (*hide*).

cárt *nm1* quart.

cárta *nm4* **1** card; **cárta creidmheasa** credit card; **cárta guthán** phone card; **cárta poist** postcard; **cárta Nollag** Christmas card; **2 cluiche cártaí** a game of cards; **3 caite faoi thóin cártaí** discarded.

cártafón *nm1* cardphone.

cartán *nm1* carton.

carthanach *adj1* **1** charitable; **2** kind, loving, friendly.

carthanacht *nf3* **1** charity; **eagraíocht charthanachta** a charity, a charitable organization; **2** love, friendship.

cartlann *nf2* archive(s).

cartún *nm1* cartoon.

cartús *nm1* cartridge.

carúl *nm1* **1** (Christmas) carol; **2** witty remark; **carúl a chaitheamh le duine** to make a witty remark to someone.

cas *vb* twist; **téad a chasadh** to twist a rope; **2** turn; **tá an taoide ag casadh** the tide is turning; **chas sí timpeall** she turned around; **casadh ar ais** to turn back; **3** wind; **clog a chasadh** to wind a clock; **4** sing, play (music); **amhrán a chasadh** to sing a song; **5 cas ar/do/le** meet, encounter; **casadh orm/dom/liom í** I happened to meet her.

cás¹ *nm1* **1** case; **i gcás mar seo** in a case like this; **tuigim do chás** I understand your plight; **2** instance; **sa chás sin** in that instance; **3** case (*legal*); **cás cúirte** a court case; **4** concern, matter for concern; **bheith i gcás faoi rud** to be concerned about something; **ní cás liom/orm é** it's no concern of mine.

cás² *nm1* case; **cás gloine** a glass case; **cás pacála** packing case.

casacht *nf3* cough; **casacht a dhéanamh** to cough.

casachtach *nf2* coughing; **racht casachtaí** a fit of coughing.

Casacstáin *nf2* **an Chasacstáin** Kazakhstan.

casadh (*pl* **castaí**) *nm1* **1** turn, turning, twist; **casadh a bhaint as rud** to give something a twist/turn; **lán castaí** full of twists; **2** return; **le casadh an phoist** by return of post; **3** spin, coil; **rud a chur ar casadh** to set something spinning; **4** reproach; **➤ casadh an chorcáin leis an gciteal** the pot calling the kettle black;

cásáil *nf3* casing.

casaoid *nf2* **1** complaint; **casaoid a dhéanamh le duine/ar dhuine** to make a complaint to someone/about someone; **2** grievance.

casaoideach *adj1* querulous.

casaról *nm1* casserole.

caschlár *nm1* turntable.

caschoill *nf2* brushwood, undergrowth, scrub.

casfhocal *nm1* tongue-twister.

casla *nf4* harbour (*small*).

cásmhaireacht *nf3* **1** concern; **2** sympathy.

cásmhar *adj1* **1** concerned; **2** sympathetic.

casóg *nf2* jacket; **casóg spóirt** sports jacket.

casta *adj3* **1** twisted; **2** complicated, convoluted; **plota casta** a complicated plot; **3** wizened; **aghaidh chasta** a wizened face.

castacht *nf3* complexity.

castaí →CASADH.

castaire *nm4* spanner.

castán *nm1* chestnut.

casúr *nm1* hammer.

cat *nm1* cat; **cat baile** a domestic cat; **cat fiáin** a wild cat; **cat crainn** pine marten; **➤ cad a dhéanfadh mac an chait ach luch a mharú?** like father like son (*literally*: what would the cat's son do but kill a mouse).

catach *adj1* curly (*hair*).

catlaíoch *nm1* catalyst.

catalóg *nf2* catalogue.

cath *nm3* battle.

cathaigh *vb* **1** fight; **2** tempt.

cathain *adv* (*interrogative*)
when?; cathain a bheidh an
scannán ar siúl? when will the
film be on?; cathain a tháinig tú?
when did you come?

cathair (*gensg* **cathrach** *pl*
cathracha) *nf* **1** city; lár na
cathrach the city centre;
2 cathair ghríobháin labyrinth.

cathaoir (*gensg* **cathaoireach**
pl **cathaoireacha**) *nf* **1** chair;
cathaoir uilleann armchair;
cathaoir luascáin rocking chair;
dul sa chathaoir ag cruinniú to
take the chair at a meeting;
2 seat, throne; cathaoir ríoga
royal throne.

cathaoirleach *nm1* chairper-
son.

cathaoirleacht *nf3* chair (*role
of chairperson*).

cathartha *adj3* **1** civil; cogadh
cathartha civil war; **2** civic.

cathéide *nf4* armour.

cathmhíle *nm4* warrior, soldier.

cathrach, cathracha
→CATHAIR

cathróir *nm3* citizen.

cathróireacht *nf3* citizenship.

cathú (*gensg* **cathaithe**) *nm*
1 regret; cathú a bheith ort faoi
rud to regret something; **2** temp-
tation; cathú a chur ar dhuine to
tempt someone.

cé¹ *pron*
(*interrogative*)

⸺▸ who?; cé hé/hí sin? who is
he/she?; cé sin? who's that?; cé
hiad na daoine sin? who are
those people?; an bhfuil a fhios
agat cé a rinne é? do you know
who did it?; cé a chonaic é?
who saw it?; cé atá sa teach?
who's in the house?; cé a deir é
sin? who says that?;

⸺▸ (*with prep pron*) cé leis a
raibh tú ag fanacht? with whom
were you staying?, who were
you staying with?; cé aige a
bhfuil sé? who has it?; cé uaidh
a bhfuair sé an t-airgead? from
whom did he get the money?,
who did he get the money
from?; cé air a raibh sé ag
trácht? to whom was he
referring?, who was he
referring to?; cé dó a thug sé an
duais? to whom did he give the
prize?; cé agaibh is sine? which
of you is the oldest?; cé acu a
rinne é? which of them did it?;

⸺▸ (*becomes 'cén' when followed
by article and singular noun*) cén
áit a bhfuil sé? where is
he?; cén aois tú? what age are
you?; cén t-am é? what time is
it?; cén chaoi a bhfuil tú? how
are you?; cén dóigh? how?; cén
fáth? why?; cén uair? when?;
cén fear/bhean? which man/
woman?;

⸺▸ (*becomes 'cé na' when followed
by article and plural noun*) cé
na fir? which men?; cé na cinn?
which ones?;

⸺▸ (*forms 'cér', 'cérb', 'cérbh'
with copula*) cér díobh í? who
are her people?; cérbh é/í? who
was he/she?;

⸺▸ (*with 'le'*) cé leis é? who owns
it?;

⸺▸ (*with 'mar'*) cé mar atá an
obair ag dul? how is the work
going?

! cé is used in both direct
and indirect questions

cé² *conj* although; cé go ndeir
sé... although he says...; cé nach
ndeir sé... although he does not
say...

cé³ *nf4* quay.

ceacht *nm3* **1** lesson; ceacht ceoil a music lesson; **2** exercise; ceacht matamaitice a maths exercise.

céachta *nm4* plough; céachta sneachta snow plough.

ceachtar *pron* **1** either; ceachtar den dá rud either of the two things; **2** neither (*with negative*); ní fhaca ceachtar acu é neither of them saw it.

cead *nm3* **1** permission, leave; cead a bheith agat rud a dhéanamh to have permission to do something; an bhfuil cead agat? do you have permission?; i gcead duit by your leave; gan cead dom without consulting me; cead a chinn a thabhairt do dhuine to let someone have their own way; rud a chur i gcead duine to ask someone's permission for something; cead pleanála planning permission; **2** licence; cead alcóil a dhíol a licence to sell alcohol; **3** pass, permit; cead isteach pass; cead taistil travel permit.

céad¹ (*gensg* **céadta**) *nm1* **1** hundred; céad bliain a hundred years; céad faoin gcéad one hundred per cent; na céadta daoine hundreds of people; **2** century; an t-ochtú céad déag the eighteenth century.

céad² *adj* **1** first; an chéad duine the first person; na chéad daoine the first people; an chéad duais the first prize; an chéad uair the first time; **2** (*with 'eile'*) an chéad rud eile the next thing; an chéad duine eile the next person.

céad- *pref* first-.

ceadaigh *vb* **1** allow, permit; ceadú do dhuine rud a dhéanamh to allow someone to do something; **2** consult; níor ceadaíodh mé mar gheall air I wasn't consulted about it.

ceadaithe *adj3* allowed, permitted.

ceadaitheach *adj1* permissive.

ceadal *nm1* recital.

Céadaoin *nf2* Wednesday; An Chéadaoin Wednesday; Dé Céadaoin on Wednesday; ar an gCéadaoin on Wednesdays; Céadaoin an Luaithrigh Ash Wednesday.

cédar *nm1* **1** cedar (*tree*); **2** cheddar (*cheese*).

ceadas *n* i gceadas do... with all due respect for...

céadchosach *nm1* centipede.

céadfa *nm4* sense; na cúig céadfaí (*corparta*) the five (bodily) senses; chaill sí a ciall agus a céadfaí she took leave of her senses.

céadfach *adj1* sensory.

ceadmhach *adj1* permissible.

céadta →CÉAD.

céadú *nm4 adjective* hundredth.

céaduair *adv* a/de chéaduair first; at first; nigh do lámha a chéaduair wash your hands first; a chéaduair cheapas gurbh í a dheirfiúr í at first I thought she was his sister.

ceadúnaigh *vb* license.

ceadúnaithe *adj3* licensed.

ceadúnas *nm1* licence; ceadúnas tiomána/teilifíse driving/television licence.

ceaintín *nm4* canteen.

ceal *nm4* want, lack; de cheal (+GEN) for want/lack of; rud a chur ar ceal to cancel something.

céalacan *nm1* morning fast; bheith ar chéalacan to be fasting from the previous night; do chéalacan a bhriseadh to have breakfast (*to break one's morning fast*).

cealaigh *vb* cancel, annul.

cealg nf2 **1** deceit; treachery;
2 sting (of insect). ● vb **1** deceive,
beguile; **2** lull to sleep; **leanbh a
chealgadh** to lull a child; **3** sting
(insect).

cealgach adj1 **1** deceitful;
2 loaded (question).

cealgrúnach adj1 malevolent.

ceall, cealla →CILL.

ceallach adj1 cellular.

ceallóg nf2 cache; **ceallóg arm**
arms cache.

cealú (gensg **cealaithe**) nm can-
cellation.

ceamach nf2 slut, slattern. ● adj
slovenly.

ceamara nm4 camera.

ceamthaifeadán nm1 cam-
corder.

ceana →CION.

Ceanada nm4 Canada.

Ceanadach nm1 adjective Can-
adian.

ceanastar nm1 canister.

ceangail (pres **ceanglaíonn** vn
ceangal) vb **1** fasten, lace, tie;
iallacha bróg a cheangal to tie
shoe-laces; **ainmhí a cheangal** to
tie (up) an animal; **bhí sé le
ceangal** he was fit to be tied; **2** to
bind; **leabhar a cheangal** to bind
a book.

□ **ceangail ar** tie to/on.
□ **ceangail as** attach to, tie to.
□ **ceangail de** tie to; **rud a
cheangal de rud** to tie something
to something.
□ **ceangail le** tie with; **rud a
cheangal le téad** to tie something
with a rope; **dhá rud a cheangal
le chéile** to tie two things
together.

ceangailte adj3 tied up,
fastened.

ceangailteach adj1 **1** binding;
2 sticky.

ceangal¹ nm1 **1** tie, binding;
ceangal a chur ar rud to put a

binding on something; **2** connec-
tion; **níl aon cheangal aici leo** she
has no connection with them;
3 bond, obligation.

ceangal² →CEANGAIL.

ceangaltas nm1 commitment.

ceann (gensg **cinn** npl **cinn,
ceanna** genpl **ceann** dat
cionn) nm1 **1** head; **do cheann a
thógáil** to raise one's head; **ceann
gruaige** a head of hair; **tháinig sé
i mo cheann** it occurred to me;
**chaith sé an smaoineamh as a
cheann** he put the thought out of
his head; **chuaigh an deoch ina
cheann dó** the drink went to his
head; **tabhair a cheann don
chapall** to give the horse its head;
a cheann a ligean le duine to let
someone have free rein; **ceann
faoi a bheith ort** to be
downhearted; **2** person in charge;
Ceann Comhairle Speaker (in the
Irish 'Dáil' or Parliament); **ceann
feadhna** (ring)leader; **ceann
foirne** chief of staff; **ceann an
teaghlaigh** the head of the family;
ceann roinne head of department;
3 (of object) **ag ceann an bhoird**
at the head of the table; **ceann
casúir** head of hammer; **ceann
tairne** head of nail; **ceann púca**
gargoyle; **4** top; **ag ceann an
staighre** at the top of the stairs;
5 roof; **ceann a chur ar theach** to
put a roof on a house; **ceann tuí** a
thatched roof; **ceann slinne** a
slated roof; **6** end, extremity; **ag
ceann an bhóthair** at the end of
the road; **ceann téide** end of rope;
ceann tíre headland; **ceann scríbe**
journey's end; **ó cheann ceann na
tíre** from one end of the country
to the other; **dhá cheann an
mhaide** the two ends of the stick;
ar an gceann is lú de at the very
least; **idir dhá cheann na meá** in
the balance; **7** one; **an ceann sin**
that one; **na cinn sin** those ones;
an chéad cheann/an dara ceann

the first one/the second one; **cinn mhóra agus cinn bheaga** big ones and small ones; **an mó ceann atá uait?** how many do you want?; **ina gceann is ina gceann** one by one; **8** (*in phrases*) **bun os cionn** upside down; **dul chun cinn a dhéanamh** to make progress; **thar cionn** excellent; **an lá dár gcionn** the day after.

□ **ar cheann** (+GEN) **1** at the head of; **ar cheann an tslua** at the head of the crowd; **2** at the end of; **ar cheann téide** at the end of a rope.

□ **de cheann** (+GEN) **1** for the sake of; **de cheann airgid** for the sake of money; **2 de chionn go** because.

□ **faoi cheann** (+GEN) at the end of, by; **faoi cheann míosa** at the end of a month.

□ **go ceann** (+GEN) to the end of, for the duration of; **fan go ceann tamaill** wait for a while.

□ **i gceann** (+GEN) **1** at the end of; **i gceann seachtaine** in a week's time; **2** engaged in, attending to; **i gceann a ghnó** engaged in his business; **i gceann na leanaí** attending to the children; **3 dul i gceann oibre** to set to work.

□ **os cionn** (+GEN) **1** above, over; **os cionn an dorais/na fuinneoige** above the door/window; **2** more than; **bhí os cionn míle duine ann** there were more than a thousand people there.

□ **thar ceann** (+GEN) **1** on behalf of; **rud a rá thar ceann duine** to say something on behalf of someone; **2 thar ceann go** notwithstanding; **thar a cheann sin** moreover.

ceann- *pref* chief, main.

céanna *adj3* same; **an rud céanna** the same thing; **ar an gcuma chéanna** in like manner; **san am céanna/mar an gcéanna**

at the same time; **mar an gcéanna** likewise.

ceannach[1] *nm1* purchase; **ceannach a dhéanamh** to make a purchase; **earra go bhfuil ceannach maith air** a product which is selling well.

ceannach[2] → CEANNAIGH.

ceannachán *nm1* purchase (*thing bought*).

céannacht *nf3* identity.

ceannadhairt *nf2* pillow.

ceannaghaidh (*gensg* **ceannaithe** *pl* **ceannaithe**) *nf* **1** face; **2 ceannaithe** features.

ceannaí *nm4* merchant.

ceannaigh (*vn* **ceannach**) *vb* buy, purchase.

ceannairc *nf2* mutiny, revolt.

ceannairceach *nm1* mutineer, rebel. ● *adj1* mutinous, rebellious.

ceannaire *nm4* **1** leader; **2** corporal.

ceannaitheoir *nm3* buyer, purchaser.

ceannann *adj1* **1 capall ceannann** a horse with a white blaze; **2 an rud ceannann céanna** the very same thing.

ceannáras *nm1* headquarters.

ceannas *nm1* authority, command; **bheith i gceannas** to be in charge.

ceannasach *adj1* **1** commanding, ruling; **duine ceannasach** a commanding person; **2** assertive, assured; **3** dominant (*in music*).

ceannasaí *nm4* commander, controller.

ceannasaíocht *nf3* leadership, command.

ceannbheart (*pl* **ceannbhearta**) *nm1* headgear, helmet.

ceannbhrat *nm1* canopy.

ceannchathair (*gensg* **ceannchathrach** *pl* **ceannchathracha**) *nf* metropolis.

ceanncheathrú (*gensg* **ceanncheathrún** *pl* **ceanncheathrúna**) *nf* headquarters.

ceanndána *adj3* headstrong, stubborn.

ceannfhocal *nm1* headword.

ceannfort *nm1* **1** commander; **2** superintendent (*in police*).

ceannliath (*gensgm* **ceannléith** *gensgf* **ceannléithe** *compar* **ceannléithe**) *adj* grey-haired.

ceannlíne (*pl* **ceannlínte**) *nf4* headline.

ceannlitir (*gensg* **ceannlitreach** *pl* **ceannlitreacha**) *nf* capital letter.

ceannródaí *nm4* pioneer.

ceannródaíoch *adj1* pioneering.

ceannsolas (*pl* **ceannsoilse**) *nm1* headlight.

ceannteideal *nm1* heading.

ceansa *adj3* **1** gentle; **2** meek; **3** tame.

ceansaigh *vb* **1** appease, pacify; **2** tame.

ceant (*pl* **ceantanna**) *nm4* auction; **rud a chur ar ceant** to auction something.

ceantáil *nf3* auctioning. ● *vb* auction.

ceantálaí *nm4* auctioneer.

ceantar *nm1* **1** district; **na ceantair máguaird** the surrounding districts; **2** area, region; **ceantar talamhaíochta** an agricultural area.

ceanúil *adj2* affectionate, loving; **bheith ceanúil ar dhuine** to be fond of someone.

ceap¹ (*pl* **ceapa**) *nm1* **1** block, trunk; **ceap adhmaid** a block of wood; **ceap tuisle** a stumbling block; **ceap árasáin** a block of flats; **2** last; **ceap gréasaí** shoemaker's last; **3** ceapa stocks (*for punishment*); ➤ **bheith i do cheap magaidh** to be a laughing stock.

ceap² *vb* **1** think, reckon; **cad a cheapann tú?** what do you think?; **2** compose, invent; **dán a cheapadh** to compose a poem; **focal a cheapadh** to coin a word; **3** catch; **ainmhí a cheapadh i ngaiste** to catch an animal in a trap.

ceapach *nf2* flower bed.

ceapachán *nm1* appointment (*to position, job*).

ceapadh (*gensg* **ceaptha**) *nm* appointment (*to position, job*).

ceapadóir *nm3* **1** composer; **2** inventor.

ceapaire *nm4* sandwich.

céarach, céaracha →CÉIR.

cearbhán *nm1* basking shark.

cearc (*gensg* **circe**) *nf2* hen, female (*of bird*).

cearchaill *nf2* **1** girder; **2** piece of bog wood.

céard *pron* (*interrogative*) what; **céard é sin?** what's that?; **céard faoi a bhfuil sí ag caint?** what is she talking about?; **céard eile a dúirt sé?** what else did he say?; **d'fhiafraigh mé di céard a bhí á rá aige** I asked her what he was saying.

ceardaí *nm4* craftsman.

ceardaíocht *nf3* craft, craftwork.

ceardchumann *nm1* trade union.

ceardchumannaí *nm4* trade unionist.

ceardlann *nf2* workshop.

ceardscoil (*pl* **ceardscoileanna**) *nf2* technical school.

cearn *nf3* corner; **as gach cearn den tír** from every corner of the country; **gach cearn is clúid** every nook and cranny.

cearnach *adj1* **1** square; **dhá mhíle chearnach** two square miles; **fréamh chearnach** square root; **2** angular.

cearnaigh *vb* square; **uimhir a chearnú** to square a number.

cearnamhán *nm1* hornet.

cearnóg *nf2* square.

cearr (*pl* **cearra**) *adj3* **1** wrong; **rinneadh cearr air** a wrong was done to him; **2** mental illness; **tá cearr air** he is mentally ill. ● *adj1* wrong; **tá rud éigin cearr** something's wrong; **cad é atá cearr leat?** what's wrong with you?

cearrbhach *nm1* gambler.

cearrbhachas *nm1* gambling.

ceart (*pl* **cearta**) *nm1* **1** right; **ceart agus éigeart** right and wrong; **2** justice; **ag lorg cirt** seeking justice; **3** just claim, right; **ceart a bheith agat ar rud** to have a right to something; **cearta sibhialta** civil rights; **4** due; **chun a cheart a thabhairt dó** to give him his due; **5** fair play, fairness; **an ceart a sheasamh do dhuine** to see that someone gets fair play; **6** (*used with various prepositions*) **de cheart** by right; **bhí sé de cheart agat fanacht** you should have stayed; **i gceart** right, all right; **rud a chur i gceart** to put something right; **ó cheart** properly, originally; **as Cill Dara ó cheart í** she's originally from Kildare. ● *adj1* **1** right, correct; **an freagra ceart** the right answer; **2** true, real; **an rud ceart** the real thing;

3 proper **ba cheart dom é a dhéanamh** I should do it; **rud a dhéanamh mar is ceart** to do something properly; **4 ceart go leor** all right, okay.

ceárta *nm4* forge.

ceartaigh *vb* **1** correct; **profaí a cheartú** to correct proofs; **2** amend.

ceartaiseach *adj1* **1** insistent; **2** self-righteous.

ceartas *nm1* **1** claim; **ceartas a bheith agat ar rud** to have a claim to something; **2** right.

cearthaí *nf4* nervousness; **cearthaí a bheith ort** to be nervous.

ceartlár *nm1* exact centre; **i gceartlár** (+GEN) right in the middle of.

ceartlitriú (*gensg* **ceartlitrithe**) *nm* orthography.

ceartú (*gensg* **ceartaithe**) *nm* correcting.

ceartúchán *nm1* correction.

céas *vb* **1** torture, torment; **2** crucify.

ceasacht *nf3* complaining.

céasadh (*gensg* **céasta** *pl* **céasta**) *nm* **1** torture; **2** agony; **3** crucifixion; **an Céasadh** the Crucifixion.

céasla *nm4* paddle.

céaslaigh *vb* paddle (*a boat*).

ceasnaigh *vb* complain, grumble.

céasta *adj3* **1** tormented; **2** excruciating; **3** passive (*in grammar*); **an fhaí chéasta** the passive voice.

ceastóireacht *nf3* interrogation; **ceastóireacht a chur ar dhuine** to interrogate someone.

céatadán *nm1* percentage.

ceatha →CITH.

ceathair *numm4* four; **ceathair déag** fourteen.

ceathairéad *nm1* quartette.

ceathanna →CITH.

Ceatharlach *nm1* Carlow.

ceathracha (*gensg* **ceathrachad** *pl* **ceathrachaidí**) *numm* forty.

ceathrar *nm1* (*followed by genitive plural*) four people; **ceathrar fear/ban** four men/women; **ceathrar múinteoirí** four teachers.

ceathrú (*dat* **ceathrúin** *gensg* **ceathrún** *pl* **ceathrúna**) *nf* **1** quarter; **rud a roinnt ina cheathrúna** to divide something into quarters; **ceathrú uaire** a quarter of an hour; **ceathrú chun/tar éis a seacht** a quarter to/past seven; **2** thigh; **ceathrú chaoireola/uaineola** a leg of mutton/lamb; **3** quatrain, stanza; **4** quarters; **ar ceathrúin** in quarters (*military*).

ceathrú *adj* fourth; **an ceathrú duine/háit** the fourth person/place; **an ceathrú lá déag** the fourteenth day.

ceil (*vn* **ceilt**) *vb* hide, conceal; **rud a cheilt ar dhuine** to hide something from someone.

céile *nm4* **1** partner, spouse; **fear céile** husband; **bean chéile** wife; **2** partner; **céile comhraic** opponent (*in battle*); **3** partner, companion; **4** (*referring to two or more persons/things and with various prepositions*) a chéile each other; **bhí siad ag cáineadh a chéile** they were criticizing each other; **tá siad cosúil lena chéile** they are like each other; **tá siad mar a chéile** they are alike/the same; **is é an dá mhar a chéile é** it's the

same thing; **ó am go chéile** from time to time; **trí huaire as a chéile** three times in a row; **trí(na) chéile** mixed up, confused.

céileachas *nm1* companionship, cohabitation.

ceileatram *nm1* **1** camouflage; **2** disguise.

céilí *nm4* Irish dancing evening, ceilidh.

ceiliúr *vb* **1** celebrate; **do lá breithe a cheiliúradh** to celebrate one's birthday; **an tAifreann a cheiliúradh** to celebrate Mass; **2** fade, vanish.

ceiliúr (*vn* **ceiliúr**) *nm1* **1** greeting; **ceiliúr a chur ar dhuine** to address someone; **ceiliúr pósta a chur ar dhuine** to propose to someone; **2** song; **ceiliúr na n-éan** birdsong.

ceiliúradh (*gensg* **ceiliúrtha**) *nm* celebration.

céill, céille →CIALL.

céilí *adj3* **1** sensible; **2** wise.

ceilt *nf2* **1** concealment; **rud a dhéanamh faoi cheilt** to do something in secret; **rud a chur faoi cheilt** to conceal something; **2** cover-up. ● *vb* →CEIL.

Ceilteach¹ *nm1* Celt. ● *adj1* Celtic; **an Léann Ceilteach** Celtic Studies; **na Teangacha Ceilteacha** the Celtic languages.

ceilteach² *adj1* secretive.

Ceiltis *nf2* Celtic (*language*).

céim *nf2* **1** step; **céim a thabhairt** to take a step; **céim ar chéim** step by step; **2** degree (*from university*); **céim onóracha a fháil** to achieve an honours degree; **3** degree; **fiche céim celsius** twenty degrees celsius; **uillinn fiche cúig chéim** an angle of twenty five degrees; **4** rank; **ardú**

céime promotion; **ísliú céime** demotion.

céimí *nm4* graduate.

ceimic *nf2* chemistry.

ceimiceach *adj1* chemical.

ceimiceán *nm1* chemical.

ceimiceoir *nm3* chemist.

céimíocht *nf3* **1** rank; **2** distinction.

ceimiteiripe *nf4* chemotherapy.

céimiúil *adj2* distinguished.

céimiúlacht *nf3* distinction, eminence.

céimneach *adj1* stepped.

céimnigh *vb* **1** step, stride; **2** grade, graduate.

céimseach *adj1* gradual.

céimseata (*gensg* **céimseatan**) *nf* geometry.

céin, céline →CIAN.

Céinia *nf4* an Chéinia Kenya.

ceint (*pl* **ceintanna**) *nm4* cent.

ceinteagrád *nm1* centigrade.

ceinteagrádach *adj1* centigrade.

ceintilítear *nm1* centilitre.

ceintiméadar *nm1* centimetre.

céir (*gensg* **céarach** *pl* **céaracha**) *nf2* wax; **céir bheach** beeswax; **céir shéalaithe** sealing wax.

ceirbheacs *nm4* cervix.

ceird *nf2* trade, skill; **ceird a fhoghlaim** to learn a trade; **> den cheird an cleachtadh** practice makes perfect.

céire →CIAR.

ceirin *nm4* poultice.

ceirneoir *n* disc jockey.

ceirnín *nm4* record, disc.

céirseach *nf2* hen blackbird.

ceirt (*pl* **ceirteacha**) *nf2* **1** cloth, tea cloth; **2** tea cloth; **3** duster.

ceirtlín *nm4* ball; **ceirtlín olla** a ball of wool; **bheith ag tochras ar**

do cheirtlín féin to work in one's own interest.

ceirtlis *nf2* cider.

céislín *nm4* tonsil.

céislínteas *nm1* tonsillitis.

ceisneamh *nm1* complaining, grumbling.

ceist *nf2* question, issue, problem; **ceist a chur ar dhuine** to ask someone a question; **ceist a fhreagairt** to answer a question; **ceist agam ort** I have a question for you; **ceist dheacair** a difficult question; **an rud atá i gceist** the thing that is at issue; **cad a bhí i gceist aige leis sin?** what did he mean by that?

ceistigh *vb* question, interrogate.

ceistiú (*gensg* **ceistithe**) *nm* interrogation.

ceistiúchán *nm1* **1** interrogation; **2** questionnaire.

ceistneoir *nm3* questionnaire.

ceithearnach *nm1* **1** foot soldier; **2** ceithearnach coille outlaw; **3** pawn (*in chess*).

ceithre *num* four; **ceithre chapall/theach** four horses/houses.

cén →CÉ¹.

ceo¹ *nm4* fog, mist; **tá ceo ann** it's foggy; **ceo farraige** sea fog.

ceo² *nm4* **1** anything; **an bhfuil ceo ar bith le déanamh?** is there anything to do?; **2** nothing; **ní raibh beo ná ceo ann** there was nothing there.

ceobhrán *nm1* drizzle.

ceobhránach *adj1* drizzly.

ceoch *adj1* foggy, misty.

ceol *nm1* music; **ceol a sheinm** to play music; **ceol traidisiúnta/clasaiceach** traditional/classical music; **gléas ceoil** musical instrument; **> ceol a bhaint as rud** to enjoy something.

ceolán *nm1* **1** little bell; **2** ring.

ceoláras *nm1* concert hall.

ceolbhinn *adj1* melodious.

ceolbhuíon (*pl* **ceolbhuíonta**) *nf2* band (*playing music*).

ceolchoirm (*pl* **ceolchoirmeacha**) *nf2* concert.

ceoldráma *nm4* opera.

ceoldrámach *adj1* operatic.

ceolfhoireann (*gensg* **ceolfhoirne** *or* **ceolfhoirne**) *nf2* orchestra.

ceolmhar *adj1* musical.

ceoltóir *nm3* musician.

ceomhar *adj1* foggy.

ceosholas (*pl* **ceosholise**) *nm1* fog light.

cér, cérb cérbh →CÉ.

ch- remove 'h': see 'Initial Mutations' in the Grammar section.

cha *negative particle* (*becomes* 'chan' *before vowels and* 'f'; *becomes* 'char' *in past tense*; *combines with copula to form* 'char', *charbh'*) not; **cha thagann siad anseo go minic** they don't come here often; **chan fhuil sé sin ceart** that's not right; **chan íosfaidh sí é** she won't eat it; **charbh í sin a bhí ann** it wasn't she who was there.

cheana *adv* already, before(hand); **tá an Aoine againn cheana féin** it's Friday already; **an raibh tú anseo cheana?** were you here before?

chí *vb* (*variant present of* 'feic') **an rud a chí an leanbh is é a ní an leanbh** a child does as it sees.

choíche *adv* **1** ever; **2** forever; **3** never.

chomh *adv* **1** as; **chomh dubh le pic** as black as pitch; **chomh maith leis sin** as well as that; **tá sé chomh maith agam fanacht anois** I may as well stay now; **2** so; **táim chomh tuirseach sin** I'm so tired.

chonacthas, chonaic →FEIC.

chuaigh →TÉIGH.

chuala →CLOIS, CLUIN

chuathas →TÉIGH.

chuig (*prep prons* **chugam, chugat, chuige, chuici, chugainn, chugaibh, chucu**) *prep* to, towards; **rud a chur chuig duine** to send something to someone; **dul chuig áit** to go to a place; **chuaigh mé chuig na gardaí mar gheall air** I went to the guards about it; **tháinig sí chuici féin** she recovered; **chuige sin for** that purpose; **cad chuige?** what for?; **is chuige seo atá mé** this is what I'm referring to.

chun (*prep prons* **chugam, chugat, chuige, chuici, chugainn, chugaibh, chucu**) *prep* (+GEN) **1** to, towards; **dul chun na cathrach** to go to the city; **an bóthar chun na scoile** the road to the school; **a ceathrú chun a deich** a quarter to ten; **rud a tharraingt chugat** to pull something towards one; **cuir chucu é** send it to them; **seo chugainn iad!** here they come!; **2** for, fit for; **tá sé ullamh chun oibre** he's ready for work; **lá maith chun taistil** a good day for travelling; **3** at; **tá sí go maith chun Gaeilge** she is good at Irish; **tá sé go maith chuige** he is good at it; **4** in order to; **chun rud a dhéanamh i gceart** in order to do something properly; **chun nach bhfeicidís mé** so that they would not see me; **chun na fírinne a rá** to tell the truth.

cíach *nm1* hoarseness; **tá cíach orm** I'm hoarse.

cíachánach *adj1* hoarse.

cíainíd *nf2* cyanide.

ciall (*gensg* **céille** *dat* **céill**) *nf2* **1** sense, common sense; **ciall a bheith agat** to have sense; **níl aon chiall aici** she has no sense; **dul as do chiall** to take leave of one's

senses; duine a thabhairt chun
céille to make someone see sense;
ciall a bhaint as rud to make
sense of something; ní fheadar an
raibh sé ar meisce nó ar a chiall I
don't know whether he was
drunk or sober; **2** meaning; an
chiall cheart the correct meaning;
3 perception; tá ciall dheas do
ghreann aici she has a good sense
of humour; **4** understanding; ciall
a bheith agat do rud to have an
understanding of something;
5 reason, cause; sin é an chiall
nach ndúirt sé aon rud that's why
he didn't say anything; pé ciall
atá leis whatever the reason for
it is.

ciallaigh vb mean; cad a
chiallaíonn sé? what does it
mean?

ciallmhar adj1 sensible,
reasonable.

cian¹ (dat **céin** pl **cianta** datpl
cianaibh) nf ní fhaca mé tú le
cian d'aimsir I haven't seen you
in ages; na cianta ó shin a long
time ago; tíortha i gcéin faraway
countries; i mbaile is i gcéin at
home and abroad; ó chianaibh a
(short) while ago. ● adj (gensgm
céin gensgf **céine** compar
céine pl **ciana**) **1** distant, far;
2 long; aimsir chian a long time.

cian² nm4 sadness; bheith faoi
chian to be sad.

cian- pref **1** remote, distant;
2 long.

cianaosta adj3 primeval.

cianghlao nm4 long-distance
call.

Cianoirthear nm1 an
Cianoirthear the Far East.

cianrialaithe adj3 remote-
controlled.

cianrialú (gen **cianrialaithe**)
nm remote control.

cianta →CIAN.

ciap vb annoy, harass.

ciapadh (gensg **chiapta**) nm
harassment.

ciar (gensgm **céir** gensgf **céire**
compar **céire** pl **ciara**) adj dark
(hair; complexion).

ciardhubh adj1 jet-black; gruaig
chiardhubh jet-black hair.

ciaróg nf2 beetle; ciaróg dhubh
cockroach; ➤ aithníonn ciaróg
ciaróg eile birds of a feather flock
together (literally: one beetle
recognizes another).

Ciarraí nf4 Kerry.

ciarsán nm grumbling.

ciarsánach adj1 grumbling.

ciarsúr nm1 handkerchief.

cibé pron adj **1** whoever; cibé a
dúirt é sin whoever said that;
2 whatever; cibé ar bith rud a bhí
aige whatever he had; cibé rud a
bhí uaithi whatever she wanted;
3 whichever; bain úsáid as cibé
modh is fearr leat use any
method you like; **4** cibé acu
whether; cibé acu a thagann siad
nó nach dtagann siad whether
they come or not; **5** any; cibé ar
bith at any rate; cibé scéal any-
way.

cic (pl **ciceanna**) nf2 kick; cic
shaor free kick.

ciceáil vb kick.

ciclipéid nf2 encyclopedia.

ciclipéideach adj1 encyclope-
dic.

cifleog nf2 tatter.

cifleogach adj1 tattered.

cigil (pres **ciglíonn** vn **cigilt**) vb
tickle.

cigilt nf2 cigilt a chur i nduine to
tickle someone; cigilt a bheith
ionat to be ticklish.

cigire nm1 inspector.

cigireacht nf3 inspection.

cile nf4 keel.

cileachuairt nf2 kilocycle.

cileagram nm1 kilogram(me).

cileavata *nm4* kilowatt.

cili *nm4* chilli.

cilibheart (*pl* **cilibhearta**) *nm1* kilobyte.

ciliméadar *nm1* kilometre.

cill[1] (*npl* **cealla** *genpl* **ceall**) *nf2* **1** church; cill agus tuath church and state; **2** graveyard, cemetery; duine a chur i gcré na cille to bury someone in consecrated ground.

cill[2] (*npl* **cealla** *genpl* **ceall**) *nf2* cell (*in biology*).

Cill Chainnigh *nf* Kilkenny.

Cill Dara *nf* Kildare.

cillín *nm4* (prison) cell.

Cill Mhantáin *nf* Wicklow.

cime *nm4* prisoner, captive.

cimigh *vb* commit (*to prison*).

cimiú (*gensg* **cimithe**) *nm* committal.

Cincís *nf2* an Chincís Pentecost.

cine (*pl* **cineocha**) *nm4* race, people; an cine daonna the human race.

cineál *nm1* **1** kind, variety, species; ár gcineál féin our own kind; cén cineál leabhair é? what kind of book is it?; an cineál ainmhíoch the animal world; **2** sex, gender; an dá chineál both sexes; **3** natural quality; ag teacht chun cineáil developing to maturity; talamh a thabhairt chun cineáil to bring land to fertility. ● *adv* somewhat; tá sé cineál fuar it is somewhat cold.

cineálta *adj3* **1** kind; **2** mild.

cineáltas *nm1* kindness.

cinedheighilt *nf2* apartheid.

cinéiteach *adj1* kinetic.

ciniceas *nm1* cynicism.

ciníci *nm4* cynic.

cinicúil *adj2* cynical.

cinioch (*gensgm* **cinioch** *gensgf* **ciniche** *compar* **ciniche** *pl* **ciniocha**) *adj* racial, ethnic.

ciniocha →CINE.

ciniochaí *nm4* racist.

ciniochas *nm1* racism.

cinn[1] *vb* **1** decide; cinneadh ar rud a dhéanamh to decide to do something; **2** determine.

cinn[2] *vb* **1** cinn ar surpass; **2** cinn ar overcome; **3** cinn ar be too much for; chinn orainn é a dhéanamh we failed to do it.

cinneadh *nm1* **1** decision; cinneadh a dhéanamh faoi rud to make a decision about something; **2** findings (*of investigation, trial*).

cinniúint (*gensg* **cinniúna**) *nf3* **1** fate, destiny; bhí sé sa chinniúint agam it was fated for me; **2** tragedy; ba mhór an chinniúint é it was a tragedy.

cinniúnach *adj1* **1** fateful; **2** tragic; **3** fatal.

cinnte *adj3* **1** sure; bheith cinnte de rud to be sure of something; **2** certain; is cinnte go... it is certain that..; cinnte! certainly!; **3** definite; dáta cinnte a definite date.

cinnteacht *nf3* certainty.

cinntigh *vb* **1** make certain, ensure; **2** confirm.

cinntithe *adj3* confirmed.

cinntitheach *adj1* decisive.

cinntiú (*gensg* **cinntithe**) *nm* confirmation.

cinsealach *adj1* ascendant, dominant.

cinsealacht *nf3* ascendacy, dominance; an Chinsealacht the Ascendancy.

cinsire *nm4* censor.

cinsearacht *nf3* censorship.

cíoch *nf2* breast; an chíoch a thabhairt do leanbh to breastfeed a child.

cíochbheart (*pl* **cíochbhearta**) *nm1* bra.

cíocrach *adj1* eager, hungry.

ciocras *nm1* **1** craving; **ciocras ruda a bheith ort** to have a craving for something; **2** eagerness.

ciolar *nf* ➤ **ciolar chiot a dhéanamh de dhuine** to make mincemeat out of someone.

ciombal *nm1* cymbal.

cion[1] (*gensg* **ceana**) *nm3* **1** love, affection; **cion a bheith agat ar dhuine** to be fond of someone; **ainm ceana** pet name; **2** effect; **dul i gcion** to take effect; **rud a chur i gcion ar dhuine** to impress something on someone.

cion[2] *nm4* share; **do chion féin a dhéanamh** to do one's own share.

cion[3] (*gensg* **ceana** *pl* **cionta**) *nm3* offence, transgression; **duine a chur i gcionta le rud** to lay the blame for something on someone; **cion sa chion** an eye for an eye.

ciondáil *nf3* ration.

cionmhaireacht *nf3* proportion, share.

cionmhar *adj1* proportional; **ionadaíocht chionmhar** proportional representation.

cionn →CEANN.

cionsiocair (*gensg* **cionsiocrach** *pl* **cionsiocracha**) *nf* primary cause; **sin é is cionsiocair leis that** is the primary cause of it.

cionta →CION[3].

ciontach *nm1* culprit, offender. ● *adj* guilty; **bheith ciontach i** to be guilty of.

ciontacht *nf3* guilt.

ciontaigh *vb* **1** accuse; **2** convict.

ciontóir *nm3* offender.

ciontú (*gensg* **ciontaithe**) *nm* conviction (*for offence*).

cíor *nf2* **1** comb (*for hair*); **2** crest; **cíor coiligh** cockscomb; **3** cíor fiacla a set of teeth; **cíor mheala** honeycomb; **4** cíor thuathail** confusion, bewilderment. ● *vb* **1** comb; **do**

chuid gruaige a chíoradh to comb one's hair; **2** discuss; **fadhb a chíoradh** to discuss a problem; **3** scrutinize.

ciorach *adj1* serrated.

cioradh (*gensg* **ciortha**) *nm* **1** combing; **2** discussion; **3** scrutiny.

ciorcad *nm1* circuit (*electrical*).

ciorcal *nm1* circle.

ciorclach *adj1* circular.

ciorclaigh *vb* encircle.

ciorclán *nm1* circular (*document*).

ciorraigh *vb* **1** cut, hack, maim; **corp a chiorrú** to mutilate a body; **2** cut short, shorten; **ciorróidh sé an bóthar dúinn** it will shorten the journey for us.

cíos (*pl* **cíosanna**) *nm3* rent; **teach a ligean ar cíos** to let a house; **níl cíos, cás ná cathú orm** I haven't a care in the world; **cíos dubh** extortion.

ciotach *adj1* awkward, clumsy.

ciotaí *nf4* hassle, inconvenience.

ciotóg *nf2* **1** left hand; **2** left-hander, left-handed person.

ciotógach *adj1* left-handed.

ciotrúnta *adj3* **1** clumsy; **2** obstinate.

ciotrúntacht *nf3* **1** clumsiness; **2** obstinacy.

cipín *nm4* **1** twig; **tine chipíní a fire of sticks; **2** match; **cipín a lasadh** to light a match; ➤ **bheith ar cipíní** to be on tenterhooks.

Cipir *nf2* an Chipir Cyprus.

Cipireach *nm1* Cypriot. ● *adj1* Cypriot.

circe →CEARC.

círéib *nf2* riot, commotion.

círéibeach *adj1* riotous.

cis *nf2* **1** (wicker) basket; **2** crate; **3** handicap; **cis a chur ar dhuine** to handicap someone.

ciseán *nm1* basket.

cispheil *nf1* basketball.

cist *nf2* cyst.

ciste *nm4* 1 fund; 2 kitty; 3 treasure; 4 coffer.

ciste *nf4* cake.

cisteog *nf2* casket.

cisteoir *nm3* treasurer.

cistin (*pl* **cistineacha**) *nf2* kitchen.

citeal *nm1* kettle; an citeal a chur síos to put the kettle on.

cith (*gensg* **ceatha** *pl* **ceathanna**) *nm3* shower; ceathanna sneachta snow showers; ➤ do chuid d'uisce an cheatha a theacht ort to have one's share of misfortune (*literally: to get one's share of the water from the shower*).

cithfholcadán *nm1* shower (*in bathroom*).

cithfholcadh (*gensg* **cithfholctha** *pl* **cithfholcthaí**) *nm* shower; cithfholcadh a bheith agat to take a shower.

cithréim *nf2* deformity.

citreas *nm1* citrus; toradh citris citrus fruit.

ciú *nm4* queue.

ciúáil *vb* queue.

ciúb (*pl* **ciúbanna**) *nm4* cube.

ciúbach *adj1* cubic.

ciúin *adj1* 1 quiet, silent; bí(gí) ciúin! be quiet!; 2 calm.

ciumhais *nf2* border, edge, edging; ciumhais an leathanaigh the margin of the page; ar chiumhais na mara on the edge of the sea.

ciúnadóir *nm3* silencer.

ciúnaigh *vb* calm down, die down.

ciúnas *nm1* calm, silence, quiet.

ciúta *nm4* 1 clever remark; ciúta a chaitheamh chun duine to make a clever remark to someone; 2 trick.

clab *nm1* (open) mouth; dún do chlab! shut your mouth!

clabaire *nm4* prattler.

clabaireacht *nf3* prattle.

clábar *nm1* mud.

clabhstra *nm4* cloister.

clabhsúr *nm1* closure; clabhsúr a chur ar rud to bring something to a close.

cladach *nm1* seashore.

cladhaire *nm4* 1 villain; 2 coward.

cladhartha *adj3* 1 spineless; 2 cowardly.

clagarnach *nf2* clattering; bheith ag clagarnach bháistí to be pelting rain.

claí (*pl* **claíocha**) *nm4* 1 wall; 2 fence.

claibín *nm4* cap, lid, top (*of bottle etc*).

claidhreacht *nf3* cowardice.

claifort *nm1* embankment.

claíomh (*pl* **claimhte**) *nm1* sword.

clairéad *nm1* claret.

cláiríneach *nm1* cripple.

cláirnéid *nf2* clarinet.

cláirseach *nf2* harp.

clais *nf2* 1 channel; 2 ditch.

claisceadal *nm1* 1 choral singing; 2 choir.

clamhach *adj1* mangy.

clamhán *nm1* buzzard.

clamhsán *nm1* complaint; bheith ag clamhsán to be complaining.

clamhsánach *adj1* complaining.

clampa *nm4* clamp.

clampaigh *vb* clamp.

clampar *nm1* noise, commotion.

clamprach *adj1* noisy.

clampróir *nm3* troublemaker.

clann *nf2* children; clann mhac/iníonacha a family of sons/daughters; bheith ag iompar

clainne to be pregnant; **clann clainne** grandchildren.

claochladán *nm1* transformer.

claochlaigh *vb* change, transform.

claochlaitheach *adj1* changing, variable, unsettled.

claochlú (*gensg* **claochlaithe** *pl* **claochluithe**) *nm* change, transformation, metamorphosis.

claon (*pl* **claonta**) *nm1* **1** slope, incline; **claon an bhóthair** the slope of the road; **2** inclination, tendency; **tá claon chun leisciúlachta ann** he has a tendency to laziness; **claonta tendencies.** ● *adj1* **1** inclined; **2** bent down; **3** perverse; **gníomh claon a** perverse deed. ● *vb* **1** slope, slant; **rud a chlaonadh ar dheis** to slope something to the right; **2** bend, bow; **do cheann a chlaonadh** to bow one's head.

claon- *pref* oblique.

claonadh *nm1* inclination, tendency; **tá claonadh aige é sin a dhéanamh** he has a tendency to do that.

claonbheart (*pl* **claonbhearta**) treacherous deed, underhand deed.

claonbheartach *adj1* treacherous, underhand.

claonchló *nm4* negative (*of photo*).

claonta *adj3* biased, prejudiced.

clapsholas *nm1* twilight, dusk.

clár *nm1* **1** board; **clár áráin** breadboard; **clár dubh** blackboard; **clár fógraí** notice board; **clár sciorta** skirting board; **clár fichille/táiplíse** chess/draughts board; **clár toinne** surfboard; **2** table; **bia agus deoch a chur ar clár** to put food and drink on the table; **3** plank; **clár adhmaid** wooden plank; **4** table of contents, index; **clár ábhair** table of contents; **clár bia** menu; **5** lid;

clár an bhosca the lid of the box; **6** programme; **clár teilifíse** television programme; **7 os cionn cláir** dead.

Clár *nm1* **an Clár** Clare.

cláraigh *vb* register, enrol.

cláraithe *adj3* registered.

cláraitheoir *nm3* registrar.

clárfhiacail (*pl* **clárfhiacla**) *nf2* front tooth.

clárlann *nf2* registry (*office*).

clárú (*gen* **cláraithe**) *nm* registration.

clasaiceach *adj1* classical.

clásal *nm1* clause.

claspa *nm4* clasp.

clástrafóibe *nf4* claustrophobia.

clé *nf4* left hand, left-hand side; **ar do chlé** on your left. ● *adj* left; an taobh clé the left side; an eite chlé the left wing (*in politics*).

cleacht *vb* **1** make a habit of; **rud a chleachtadh** to make a habit of something; **2** practise; **ag cleachtadh peile** practising football; **3** rehearse; **dráma a chleachtadh** to rehearse a play.

cleachta *adj3* **bheith cleachta le** rud to be used to something.

cleachtadh *nm1* **1** habit; **2** practice; **3** experience; **4** rehearsal.

cleachtas *nm1* practice.

cleachtóir *nm3* practitioner.

cleamhnas *nm1* **1** relationship by marriage; **2** match, marriage arrangement; **cleamhnas a dhéanamh** to make a match.

cleas¹ *nm3* **1** trick, joke; **cleas a imirt ar dhuine** to play a trick on someone; **cleas magaidh** practical joke; **2** knack; **tá cleas air** there's a knack to it.

cleas² (*pl* **cleasanna**) *nm3* **1** class (*of person*); **2** gang.

cleasach *adj1* **1** crafty; **2** playful.

cleasaí *nm4* trickster.

cleasaíocht *nf3* trickery.

cleasghleacaí *nm4* acrobat.

cleatar *nm1* clatter.

cleathóg *nf2* cue (*in snooker*).

cléibh →CLIABH.

cléir *nf2* clergy.

cléireach *nm1* clerk.

cléiriúil *adj2* clerical.

cléiriúlachas *nm1* clericalism.

cleite *nm4* feather; peann cleite quill; bhí a cleití síos léi she was crestfallen; ní raibh barr cleite isteach ná bun cleite amach there wasn't a hair out of place.

cleiteach *adj1* feathered.

cleiteán *nm1* brush (*for painting*).

cleitearnach *nf2* flutter (*of wings*).

cleith *nf2* 1 pole, stave; 2 wattle.

cléithín *nm4* splint.

cleithiúnach *adj1* dependent.

cleithiúnaí *nm4* dependant.

cleithiúnas *nm1* dependence; bheith i gcleithiúnas duine to be dependent on someone.

cleithmhagadh *nm1* teasing.

cliabh (*gensg* **cléibh** *pl* **cléibh**) *nm1* 1 chest, bosom; cara cléibh bosom buddy; 2 pannier; 3 creel; 4 ribbed frame.

cliabhán *nm1* cradle; ón gcliabhán from the cradle, from infancy; cliabhán iompair carry-cot.

cliabhrach *nm1* chest, upper body.

cliamhain (*pl* **cliamhaineacha**) *nm4* son-in-law.

cliant *nm1* client.

cliantacht *nf3* clientele.

cliarlathas *nm1* hierarchy.

cliarscoil *nf2* seminary.

cliath (*gensg* **cléithe**) *nf2* 1 hurdle; 2 darn; cliath a chur ar stoca

to darn a stocking; 3 staff, stave (*in music*).

cliathán *nm1* 1 side, flank; bhí pian ina chliathán aige he had a pain in his side; 2 wing (*in sport*).

cliathánach *adj1* sideways.

cliathánaí *nm4* winger.

cliathbhosca *nm4* crate.

clib *nf2* tag.

clibhéar *nm1* cleaver.

clibirt *nf2* scrum (*in rugby*).

cling (*pl* **clingeacha**) *nf2 verb* 1 clink, jingle; 2 ring (*bell*).

clinic *nf2* clinic.

cliniciúil *adj2* cynical.

cliobóg *nf2* cliobóga a chaiteamh to play leapfrog.

clíoma *nm4* climate.

clip *vb* torment, tease; **clipthe** cráite worn out.

clis *vb* 1 jump, start; chlis sí as a suí she started out of her seat; 2 fail; ná clis orm don't fail me; 3 break down; chlis an carr the car broke down.

cliseadh (*gen* **cliste**) *nm1* 1 jump, start; 2 breakdown; 3 failure, sudden collapse.

cliste *adj3* clever, intelligent.

clisteacht *nf3* cleverness, intelligence.

cliúsaí *nm4* flirt, philanderer.

cliúsaíocht *nf3* flirting; bheith ag cliúsaíocht to flirt.

cló (*pl* **clónna**) *nm4* 1 form, shape; i gcló duine in human form; 2 appearance; tá cló báistí air it looks like rain; 3 print, type; leabhar a chur i gcló to print a book; as cló out of print; an cló gaelach Gaelic type; sa chló iodálach in italics; sa chló dubh in bold.

cló-aghaidh *nf2* typeface.

clóbh *nm1* clove.

clóbhuail (*vn* **clóbhulaladh**) *vb* print.

clóca *nm4* cloak.

cloch *nf2* stone; **cloch chora** stepping stone; **cloch dhomlais** gallstone; **cloch dhuáin** kidney stone; **cloch mheáchain** a stone weight; **cloch mhíle** milestone; **cloch reatha** a rolling stone; **clocha sneachta** hailstones.

clochán *nm1* causeway.

clochar *nm1* convent.

clódóir *nm3* printer.

clódóireacht *nf3* printing.

clog¹ *nm1* 1 clock; **clog aláraim** alarm clock; **a dódhéag a chlog** twelve o' clock; 2 bell.

clog² *nm1* blister (*on skin*).

clogad *nm1* helmet.

clogáil *vb* **clogáil isteach/amach** clock in/out.

clogás *nm1* belfry.

cloicheán *nm1* prawn.

cloigeann (*pl* **cloigne**) *nm1* head.

cloigh¹ *vb* defeat, overpower.

cloigh² *vb* **cloigh le** adhere to, abide by; **cloí leis na rialacha** to abide by the rules.

clóigh¹ *vb* print.

clóigh² *vb* **clóigh le** adapt to, adjust to.

cloigín *nm4* bell; **cloigín dorais** doorbell.

cloigne →CLOIGEANN.

cloigtheach (*gensg* **cloigthí** *pl* **cloigthithe**) *nm* 1 belfry; 2 round tower.

clóire *nm4* printer.

clóirín *nm4* chlorine.

clois (*past* **chuala** *vn* **cloisteáil**) *vb* hear; **rud a chloisteáil** to hear something; **an gcloiseann tú é sin?** do you hear that?

clóiséad *nm1* 1 cabinet; 2 closet.

clóiséidín *nm4* pigeonhole.

cloíte *adj3* 1 defeated; 2 exhausted.

clord *nm1* gangway.

clós *nm1* yard.

closamhairc *adj* (*gen sg of* n) **áiseanna closamhairc** audiovisual aids.

clóscríbhinn *nf2* typescript.

clóscríbhneoireacht *nf3* typing.

clóscríobh (*vn* **clóscríobh**) *vb* type.

clóscríobhaí *nm4* typist.

clóscríobhán *nm1* typewriter.

clóscríofa *adj3* typewritten.

clú *nm4* 1 reputation; **clú duine a mhilleadh** to destroy someone's reputation; 2 fame, honour; **clú agus cáil a bheith ort** to be famous; **clú a tharraingt ort féin** to distinguish oneself.

cluain *nf3* 1 deception; **cluain a chur ar dhuine** to deceive someone; 2 persuasion; 3 seduction.

cluais →CLUAS.

cluaisín *nm4* **cluaisín cait** dog ear.

cluanach *adj3* 1 deceiving; 2 flattering.

cluanaire *nm4* 1 deceiver; 2 flatterer.

cluas (*datsg* **cluais**) *nf2* 1 ear; **cluas a chur ort féin** to prick up one's ears; **cluas le héisteacht a chur ort féin** to listen attentively; **an chluas bhodhar a thabhairt do dhuine** to turn a deaf ear to someone; 2 handle; **cluas cupáin** cup handle.

cluasán *nplm1* headphones.

cluasaíocht *nf3* eavesdropping.

cluasáin *nplm1* headphones, earphones.

cluasán *nm1* earring.

club (*pl* **clubanna**) *nm1* club.

clubtheach (*gensg* **clubthi** *pl* **clubthithe**) *nm* clubhouse.

clúdach *nm1* cover; **clúdach litreach** envelope; **clúdach bog** paperback; **clúdach crua** hardback.

clúdaigh *vb* cover.

cluiche *nm4* **1** game; **cluiche a imirt** to play a game; **cluiche a bhuachan** to win a game; **cluiche a chailleadh** to lose a game; **cluiche cothrom** a drawn game; **cluiche ceannais** final; **cluichí ceannais na hÉireann** the All-Ireland finals; **cluiche faoileán** a flock of seagulls; **3** shoal.

clúidín *nm4* nappy; **clúidín indiúscartha** disposable nappy.

cluimhreach *nf2* feathers.

cluimhrigh *vb* **1** pluck; **2** preen.

cluin (*vn* **cluinstin** *vadj* **cluinte** *past* **chuala**) *vb* hear; **rud a chluinstin** to hear something; **an gcluineann tú é sin?** do you hear that?

clúiteach *adj1* famous, well-known.

clúmh *nm1* **1** down, feathers; **leaba chlúimh** a feather bed; **2** hair (*on body*); **3** coat (*of animal*).

clúmhach *nm1* fluff. ● *adj1* **1** downy, feathery; **2** fluffy.

clúmhilleadh (*gensg* **clúmhillte**) *nm* slander, defamation.

clúmhillteach *adj1* slanderous, defamatory.

clúmhúil *adj2* mildewed, mouldy.

cluthar *adj1* snug.

clutharaigh *vb* **1** make cosy; **tú féin a chlutharú** to make oneself cosy; **2** keep secret.

cnádaí *nm4* runt.

cnag (*pl* **cnaga**) *nm1* **1** knock; **bhí cnag ar an doras** there was a

knock at the door; **2** crack; **3** crunch. ● *vb* **1** knock, strike; **2** crunch.

cnagadh (*gensg* **cnagtha**) *nm* **1** knocking; **2** striking; **3** crunching.

cnagaosta *adj3* elderly.

cnagarnach *nf2* **1** crunch; **bheith ag cnagarnach** to crackle; **2** crackle; **3** rattle.

cnaigh *vb* **1** gnaw; **2** corrode.

cnáimhseach *nf2* midwife.

cnáimhseáil *nf3* grumbling; **bheith ag cnáimhseáil** to grumble.

cnáimhseálaí *nm4* grumbler, moaner and groaner.

cnaipe *nm4* **1** button, bead; **cnaipe a bhrú** to press a button; **cnaipe léine** a shirt button; ➤ **cnaipe a scaoileadh** to relieve oneself; ➤ **tá cnaipe déanta** he's done for; **2** bead.

cnámh *nf2* bone; **cnámh cromáin/droma/smiolgadáin** hip/back/collar bone; **na cnámha a bhaint as rud** to bone something; **cnámha an scéil** the bare bones of the story; ➤ **téann focal le gaoth ach téann buille le cnámh** actions speak louder than words (*literally: words go with the wind but a blow goes to the bone*).

cnámhach *adj1* bony.

cnámharlach *nm1* **1** skeleton; **2** very thin person.

cnap (*pl* **cnapanna**) *nm1* **1** button; **2** lump; **bhí cnap i mo scornach** there was a lump in my throat; **3** heap; **cnap gainimh** a heap of sand; ➤ **bheith i do chnap codlata** to be fast asleep; **4** mass; **cnap scamall** a cloud mass.

cnapach *adj1* lumpy.

cnapán *nm1* lump.

cnapsac *nm1* knapsack.

cnapshuim *nf2* lump sum.

cneá (pl **cneácha**) nf4 **1** sore; cneá fuachta cold sore; **2** wound; cneá angaidh a festering wound.

cnead (pl **cneadanna**) nf3 **1** gasp; **2** groan.

cneadach adj1 **1** gasping; **2** groaning.

cneáigh vb wound.

cneas (pl **cneasa**) nm1 skin.

cneasaigh vb heal.

cneasta adj3 **1** sincere; **2** honest; **3** mild; **4** gentle.

cneastacht nf3 **1** sincerity; **2** honesty; **3** mildness; **4** gentleness.

cniog nm4 tap.

cniogóg nf2 tap.

cniotáil nf3 knitting; bheith ag cniotáil to be knitting.

cnó nm4 nut; cnó coill hazelnut; crann cnó capaill horse chestnut tree.

cnoc nm1 **1** hill; ➤ is glas iad na cnoic i bhfad uainn faraway hills are green; **2** mountain; **3** cnoc oighir iceberg.

cnocach adj1 hilly.

cnocadóireacht nf3 hillwalking.

cnocán nm1 hillock.

cnoga nm4 **1** peg; **2** head (in electronics).

cnóire nm4 nutcracker.

cnuasach nm1 collection.

cnuasaigh vb **1** collect; **2** store.

cnuasainm (pl **cnuasainmneacha**) nm4 collective noun.

cóc nm1 coke.

Cóc nm4 Coke™.

coca nm4 cock; coca féir haycock.

cocáil vb cock, point; cluas a chocáil to cock an ear; gunna a chocáil to cock a gun.

cocaire nm4 cocky devil.

cócaire nm4 cook.

cócaireacht nf3 cooking.

cócaireán nm1 cooker.

cócaon nm1 cocaine.

cóch (pl **cócha**) nm1 squall.

cochall nm1 **1** hood, cowl; **2** pod.

cochán nm1 straw.

cócó nm4 cocoa.

cocstí nm4 ➤ cocstí a dhéanamh de rud to make a hash of something.

cód nm1 code.

coda →CUID

codail (pres **codlaíonn**) vb sleep.

codán nm1 fraction.

codanna →CUID

codarsnach adj1 **1** opposite, contrary; dhá thuairim chodarsnacha two opposite opinions; **2** contrasting; stíleanna codarsnacha contrasting styles.

codarsnacht nf3 **1** contrast; i gcodarsnacht le in contrast to; **2** contrariness.

codladh (gensg **codlata**) nm sleep; bheith i do chodladh to be asleep; dul a chodladh to go to sleep; codladh a bheith ort to be sleepy; oíche chodlata a night's sleep; codladh sámh sound sleep; thit sé ina chodladh he fell asleep; codladh grífín pins and needles.

codlaidín nm4 opium.

codlaíonn →CODAIL

codlata →CODLADH

codlatach adj1 **1** sleepy; **2** dormant.

cófra nm4 press; cófra tarraiceáin chest of drawers.

cogadh (pl **cogaí**) nm1 war; cogadh a fhearadh ar to wage war on; cogadh cathartha civil war; Cogadh na Saoirse the War of Independence; ➤ ní buan cogadh na gcarad war between friends does not last.

cogain (pl **cognaíonn** vn **cogaint**) vb **1** chew; bia a chogaint to chew food; **2** gnaw; **3** grind; na fiacla a chogaint to grind one's teeth; **4** slur; do chuid focal a chogaint to slur one's words; **5** mutter.

cogaíoch nm1 belligerent person. ● adj belligerent.

cógaiseoir nm3 pharmacist.

cogar nm1 **1** whisper; rud a rá i gcogar to whisper something; **2** cogar! listen!, hey!

cogarnach nf2 whispering; bheith ag cogarnach to be whispering.

cógas nm1 medicine, medication.

cógaslann nf2 pharmacy.

cognaíonn →COGAIN

coibhéis nf2 equivalent.

coibhéiseach adj1 equivalent.

coibhneas (pl **coibhneasa**) nm1 relationship, proportion.

coibhneasach adj1 related.

coibhneasacht nf3 **1** relativity; **2** relativism.

coibhneasta adj3 relative.

coicís nf2 fortnight.

coidéacs (pl **coidéacsanna**) nm4 codex.

coigeartaigh vb adjust, rectify.

coigeartú (gensg **coigeartaithe**) nm adjustment.

coigil (pres **coiglíonn** vn **coiglt**) vb **1** conserve; airgead/ bia a choigilt to conserve money/ food; níor choigil siad a ndícheall they were unsparing in their efforts; **2** rake; an tine a choigilt to bank up the fire; **3** gather together; rudaí a choigilt le chéile to gather things together.

coigilteach adj1 economical.

coigilteas nm1 **1** conservation; **2** economy; **3** thriftiness.

coigistigh vb confiscate.

coigríoch nf2 foreign country; ar an gcoigríoch abroad.

coileach nm1 cock, rooster; coileach péacóige peacock; coileach gaoithe weathercock, changeable person.

coileáinín nm4 puppy.

coileán nm1 pup.

coiléar nm1 collar.

coilí nm4 collie.

coiliceam nm1 colic.

coilíneach nm1 colonist. ● adj1 colonial.

coilíneachas nm1 colonialism.

coilíneacht nf3 colony.

cóilis nf2 cauliflower.

coill[1] (pl **coillte**) nf2 **1** wood; **2** forest.

coill[2] vb **1** castrate; **2** violate; geasa a choilleadh to violate taboos.

coillteach adj1 wooded.

coim nf2 **1** waist, middle; **2** cover, cloak; rud a dhéanamh faoi choim to do something in secret.

coimeád nm1 **1** observance; coimeád rialacha the observance of rules; **2** guard, protection; rud a chur i gcoimeád to put something in safekeeping; ► bheith ar do choimeád to be in hiding, to be on the run. ● vb **1** keep, observe; an dlí a choimeád to keep the law; **2** guard, protect; teach a choimeád to guard a house; **3** maintain, keep; ainmhithe a choimeád to keep animals; dialann a choimeád to keep a diary; **4** bheith ag coimeád na leapa to keep to one's bed.

coiméad nm1 comet.

coimeádach nm1 conservative; Coimeádach Conservative. ● adj1 conservative.

coimeádaí nm4 keeper.

coimeádán nm1 container.

cóimeáil *nf3* assembly; **líne chóimeála** assembly line. ● *vb* assemble.

coiméide *nf4* comedy.

cóimheá *nf4* balance.

coimhéad (*gensg* **coimhéadta**) *nm* **1** guard; **bheith ar do choimhéad** to be on one's guard; **2** watch; **coimhéad a chur ar dhuine** to put a watch on someone; **3** observation; **faoi choimhéad** under observation. ● *vb* **1** guard; **príosúnach a choimhéad** to guard a prisoner; **2** watch; **áit a choimhéad** to watch a place.

coimhéadaí *nm4* **1** watcher; **2** observer.

coimheascar *nm1* struggle, struggling.

cóimhiotal *nm1* alloy.

coimhlint *nf2* competition, contest; **bheith ag coimhlint le duine** to be competing with someone.

coimhlinteach *adj1* competitive.

coimhthíoch *nm1* **1** foreigner; **2** alien; **3** stranger. ● *adj* **1** foreign; **teanga choimhthíoch a** foreign language; **tíortha coimhthíocha** foreign countries; **2** alien; **nósanna coimhthíocha** alien customs; **3** strange, unfamiliar; **duine coimhthíoch a** stranger; **canúint choimhthíoch a** strange accent; **4** exotic; **bia coimhthíoch** exotic food; **5** aloof, stand-offish; **bheith coimhthíoch le duine** to be stand-offish with someone.

coimhthíos *nm1* **1** strangeness; **2** alienation; **3** shyness.

coimín *nm4* common pasturage.

coimirce *nf4* patronage, protection.

coimirceoir *nm3* guardian.

coimisinéir *nm3* commissioner.

coimisiún *nm1* commission.

coimisiúnaigh *vb* commission.

coimpléasc *nm1* **1** complex; **coimpléasc íochtaránachta** inferiority complex; **2** (physical) constitution; **tá coimpléasc capaill aige** he has the constitution of a horse; **3** girth, circumference.

coimre →COMAIR

coimrigh *vb* **1** summarize; **2** syncopate (*in grammar*).

coimrithe *adj3* **1** abbreviated; **2** syncopated.

coimriú (*gensg* **coimrithe** *pl* **coimrithe**) *nm* abstract.

coinbhéarta *nm4* converse.

coinbhinsiún *nm1* convention.

coinbhinsiúnach *adj1* conventional.

coinbhint *nf2* convent.

coinbhleacht *nf3* conflict.

coincheap (*pl* **coincheapa**) *nm3* concept.

coincheapúil *adj2* conceptual.

coincréit *nf2* concrete.

coincréiteach *adj1* concrete.

cóineartaigh *vb* confirm.

cóineartú (*gensg* **cóineartaithe**) *nm* confirmation (*religious*).

coineascar *nm1* dusk, twilight.

coinfití *nm4* confetti.

coinicéar *nm1* (rabbit) warren.

coinín *nm4* rabbit.

coinleach *nm1* stubble.

coinlín *nm4* **1** straw (*single*); **2** coinlín reo icicle.

coinlíocht *nf3* tháinig sé i gcoinlíocht he came of age.

coinne *nf4* **1** appointment; **coinne a bheith agat le duine** to have an appointment with someone; **2** expectation; **ní raibh aon choinne agam leat** I wasn't expecting you; **gan choinne** unexpectedly.

□ **i gcoinne** (+GEN) **1** against, opposed to; **i gcoinne a tola** against her will; **bheith i gcoinne ruda** to be against something.

□ **faoi choinne** (+GEN) for; **bhí litir ann faoina coinne** there was a letter there for her; **d'imigh sé faoi choinne an dochtúir** he went for the doctor.

□ **os coinne** (+GEN) in front of, opposite; **os coinne an tí** in front of the house; **os a choinne sin** as against that, on the other hand.

coinneáil[1] *nf3* **1** maintenance; **coinneáil tí** the upkeep of a house; **2** retention; **3** detention; **ionad coinneála** detention centre.

coinneáil[2] → COINNIGH.

coinneal (*gensg* **coinnle** *pl* **coinnle**) *nf2* **1** candle; **solas coinnle** candlelight; ➤ **an choinneal airneáin a chaitheamh** to burn the midnight oil; **2 coinnle corra** bluebells.

coinneálach *adj1* **1** sustaining (*food*); **2** retentive (*memory*).

coinnealbhá *nm4* excommunication.

coinnigh (*vn* **coinneáil**) *vb* **1** keep, maintain; **cuntas a choinneáil** to keep an account; **rud a choinneáil úr** to keep something fresh; **smacht a choinneáil ar dhuine** to keep someone under control; **lóistéirí a choinneáil** to keep lodgers; **2** hold; **rud a choinneáil i do lámha** to hold something in one's hands; **greim a choinneáil ar rud** to keep a grip on something; **3** detain, keep; **duine a choinneáil i bpríosún** to keep someone in prison; **4** (*with prepositions and adverbs*) **súil a choinneáil ar dhuine** to keep an eye on someone; **coinnigh leis!** keep at it!; **choinnigh sé léi ag an doras** he caught up with her at the door; **rud a choinneáil siar** to hold something back; **coinneáil suas le duine** to keep up with

someone; **coinneáil amach ó rud** to keep away from something.

coinnioll (*pl* **coinníollacha**) *nm* **1** condition, requirement; **ar choinníoll go... on condition that...; 2** pledge.

coinníollach *adj1* conditional.

coinnleoir *nm3* **1** candlestick; **2 coinnleor craobhach** chandelier.

coinscríobh (*gensg* **coinscríofa**) *nm* conscription.
● *vb* conscript.

coinscríofach *nm1* conscript.

coinseartó *nm4* concerto.

coinsias *nm3* conscience; **priocadh coinsiasa** a twinge of conscience.

coinsiasach *adj1* conscientious.

coinsíneacht *nf3* consignment.

coinsínigh *vb* consign.

coinsíniú (*gensg* **coinsínithe** *pl* **coinsínithe**) *nm* consignment.

cointinn *nf2* contention.

cointinneach *adj1* quarrelsome.

coip *vb* **1** ferment, foment; **chuir sé mo chuid fola ag coipeadh** it made my blood boil; **farraige choipthe** a surging sea; **2** whip; **uachtar coipthe** whipped cream.

cóip (*pl* **cóipeanna**) *nf2* copy; **cóip a dhéanamh de rud** to make a copy of something.

cóipcheart (*pl* **cóipchearta**) *nm1* copyright.

coipeach *adj1* foamy, frothy.

coipeadh (*gensg* **coipthe**) *nm* foam, froth.

cóipeáil *nf3* copying. ● *vb* copy.

cóipleabhar *nm1* exercise book.

coipthe *adj3* choppy.

coir *nf2* crime, offence; **coir a dhéanamh** to commit a crime.

cóir (*pl* **córacha**) *nf3* **1** justice; **cóir agus éagóir** justice and injustice; **an chóir a dhéanamh** to do what is just; **2** due; **fuair sé**

níos mó ná a chóir he got more than his due; **3** accommodation, provision; **cóir a chur ar dhuine** to accommodate someone, to provide for someone; **4** equipment; **cóir oibre** working equipment; **5 cóir ghaoithe** favourable wind.

□ **de chóir** (+GEN) near; **de chóir an bhaile** near the town; **tá sé de chóir a bheith déanta** it's nearly done. *adj* (*gensgm* **cóir** *gensgf* **córa** *compar* **córa** *pl* **córa**) **1** just; **breithiúnas cóir** a just judgement; **is ceart agus is cóir it** is right and just; **2** proper; **rud a dhéanamh mar is cóir** to do something as is proper; **ba chóir duit é sin a dhéanamh** you should do that; **ba chóir dom a rá** I should say; **3** honest; **duine cóir** an honest person.

coirce *nm4* oats.

coirceog *nf2* **1** beehive; **2** cone.

coirdial *nm1* cordial.

coire *nm4* cauldron.

Cóiré *nm4* an Chóiré (Thuaidh/Theas) (North/South) Korea.

coireach *adj1* wicked, sinful.

cóireáil *nf3* treatment. ● *vb* treat.

coireán *nm1* champion.

cóirigh *vb* **1** dress; **tú féin a chóiriú** to dress oneself; **2** arrange; **ceol a chóiriú** to arrange music; **3** prepare; **bia a chóiriú** to prepare food; **4** fix, mend; **bróga a chóiriú** to mend shoes; **teach a chóiriú** to fix up a house.

cóiríocht *nf3* **1** accommodation; **2** equipment, facilities.

cóiriú (*gensg* **cóirithe**) *nm* **1** arrangement; **2** dressing; **3** repair.

cóiriúil *adj2* suitable.

coirloscadh (*gensg* **coirlosctha**) *nm* arson.

coirm (*pl* **coirmeacha**) *nf2* **1** party; **2 coirm cheoil** concert.

coirnéad *nm1* cornet.

coirnéal¹ *nm1* corner.

coirnéal² *nm1* colonel.

coirnín *nm4* **1** curl (*of hair*); **2** bead; **coirnín allais** a bead of sweat.

coirníneach *adj1* **1** curled; **2** beaded.

Coirnis *nf2* Cornish.

coirpeach *nm1* criminal.

coirpín *nm4* corpuscle; **coirpín fola** blood corpuscle.

coirt (*pl* **coirteacha**) *nf2* **1** bark (*of tree*); **2** coating; **coirt bealaidh** a coating of grease.

cois →**cos**

coisbheart *nm1* footwear.

coisc (*vn* **cosc**) *vb* **1** prevent, prohibit; **duine a chosc ar rud a dhéanamh** to prevent someone from doing something; **leabhar a chosc** to prohibit a book; **2** suppress; **scéal a chosc** to suppress a story; **3** check, stem; **tuile a chosc** to stem a flood.

coiscéim *nf2* footstep, pace; **coiscéim a thabhairt chun tosaigh/ar gcúl** to take a step forward/backwards; **bheith ar aon choiscéim le duine** to be in step with someone; **tá coiscéim coiligh ar an lá** the days are noticeably longer.

coiscín *nm4* condom, contraceptive.

coiscriú (*gensg* **coiscrithe**) *nm* disturbance.

coisctheach *adj1* preventive; **leigheas coisctheach** preventive medicine.

coisear *nm1* kosher.

coisí *nm4* **1** walker; **2** pedestrian.

coisíocht *nf3* walking.

cóisir *nf2* **1** party; **bheith ar chóisir duine** to be at someone's party; **2** banquet; **cóisir bhainise** wedding banquet; **3 cóisir nó gorta** feast or famine.

coisreacan *nm1* **1** blessing; **coisreacan tí** the blessing of a house; **2** consecration; **coisreacan eaglaise** the consecration of a church.

coisric (*vn* **coisreacan**) *vb* bless, consecrate; **tú féin a choisreacan** to bless oneself.

coisricthe *adj3* holy, blessed; **uisce coisricthe** holy water.

coiste *nm4* **1** committee; **2** jury.

cóiste *nm4* coach, carriage; **cóiste codlata** sleeping car (*on train*); **cóiste na marbh** hearse.

coisteoir *nm3* **1** juror; **2** committee member.

coiteann *adj1* common.

coitianta *adj3* common, ordinary; **ainm coitianta is ea é** it's a common name; **nós coitianta** common custom; **go coitianta** commonly, generally.

coitiantacht *nf3* **1** ordinary people; **thar an gcoitiantacht** above the ordinary; **2 ar mhaithe leis an gcoitiantacht** for the common good.

coitinne *nf4* generality; **i gcoitinne** in general.

col *nm1* **1** aversion; **col a bheith agat le rud** to have an aversion to something; **2** degree of relationship; **col ceathrair** cousin; **col seisir** second cousin; **3** prohibition (*to marriage*); **col gaoil** forbidden relationship; **ciorrú col** incest.

colach *adj1* **1** incestuous; **2** loathsome.

colafon *nm1* colophon.

colainn (*pl* **colainneacha**) *nf2* **1** body, torso; **i gcolainn dhaonna** in human form, incarnate; **▸ is deacair ceann críonna a chur ar cholainn óg** you can't put an old head on young shoulders; **2** flesh; **peacaí na colainne** sins of the flesh.

coláiste *nm4* college; **coláiste ollscoile** university college.

colaistéaról *nm1* cholesterol.

colbha *nm4* edge, side; **colbha na leapa** the edge of the bed.

colfairt *nf2* reject.

colg *nm1* **1** anger; **tá colg air** he's angry; **colg a chur ar dhuine** to annoy someone; **2** blade (*of sword*); **3** bristle; **4** dorsal fin.

colgach *adj1* angry.

colgán¹ *nm1* swordfish.

colgán² *nm1* bristle, prickle.

coll *nm1* hazel; **crann coill** hazel tree; **cnó coill** hazelnut.

collach *nm1* boar.

collaí *adj* **1** sexual, carnal; **2** sensual.

collaíocht *nf3* sexuality.

colm¹ *nm1* dove, pigeon.

colm² *nm1* scar.

colmán *nm1* (little) dove.

colmóir *nm3* hake.

Colóim *nf2* **an Cholóim** Colombia.

colpa *nm4* calf.

colscaradh (*gensg* **colscartha** *pl* **colscarthaí**) *nm* divorce.

colún *nm1* column; **colún nuachtáin** newspaper column.

colúnaí *nm4* columnist.

colúnáid *nf2* colonnade.

colúr *nm1* pigeon; **colúr teachtaireachta** carrier pigeon.

cóma *nm4* coma.

comair *adj* (*gensgm* **comair** *gensgf* **coimre** *compar* **coimre** *pl* **coimre**) **1** neat; **2** concise; **stíl chomair** concise style.

comaitéir *nm3* commuter.

comaoin *nf2* **1** favour; **comaoin a chur ar dhuine** to do someone a favour; **2** obligation; **bheith faoi chomaoin ag duine** to be under an obligation to someone; **3** recompense; **i gcomaoin do chineáltais** in return for your kindness; **an choimaoin chéanna ort!** the same to you!

Comaoin *nf2* communion.

Comaoineach *nf4* communion; **An Chomaoineach Naofa** Holy Communion.

comard *nm1* equivalent.

comardaigh *vb* equate.

comh- *pref* **1** joint; **2** common; **3** fellow; **4** equal; **5** full, complete.

comha *nf4* **1** condition, terms; **géilleadh gan chomha** to surrender unconditionally; **2** indemnity.

comhábhar *nm1* **1** ingredient; **2** component.

comhad *nm1* file.

comhadchaibinéad *nm1* filing cabinet.

comhaimseartha *adj3* modern.

comhaimsearthacht *nf3* contemporaneity.

comaimsir *nf2* **i gcomhaimsir le** contemporary with; **lucht ár gcomhaimsire** our contemporaries.

comhainmneoir *nm3* common denominator.

comhair[1] *in prepositional phrases*

▫ **faoi chomhair,i gcomhair** (+GEN) for, intended for; **teacht faoi chomhair ruda** to come for something; **i gcomhair an dinnéir** for dinner.

▫ **os comhair** (+GEN) in front of, opposite; **os comhair an tí** in front of the house; **os comhair an tsaoil** for all to see, openly, publicly.

comhair[2] (*vn* **comhaireamh**) *vb* count, calculate; **an costas a chomhaireamh** to count the cost.

comh-airde *nf4* equal height.

comh-aireacht *nf3* cabinet.

comhaireamh *nm1* count, calculation.

comhairle *nf4* **1** advice, counsel; **comhairle a chur ar dhuine** to advise someone; **rud a chur i gcomhairle duine** to ask someone's advice about something; **is é mo chomhairle duit ná...** my advice to you is...; **do chomhairle féin a dhéanamh** to do as one pleases; **2** council; **comhairle contae** county council; **3 Ceann Comhairle** Speaker (*in the 'Dáil'*).

comhairleach *nm1* consultant. ● *adj* consultant.

comhairleoir *nm3* **1** councillor; **2** counsellor; **3** consultant; **comhairleoir airgeadais** a financial consultant.

comhairligh *vb* advise; **duine a chomhairliú** to advise someone.

cómhaith *nf2* equal; **a chómhaith** his equal.

cómhalartach *adj1* reciprocal.

cómhalartaigh *vb* reciprocate.

comhalta *nm4* fellow, member.

comhaltacht *nf3* fellowship.

comhaltas *nm1* **1** membership; **2** association.

comhaois *nf2* same age; **bheith ar comhaois le duine** to be the same age as someone; **lucht a comhaoise** her peers.

comhaontas *nm1* alliance; **An Comhaontas Glas** The Green Party.

comhaontú (*gensg*

comhaontaithe) *nm* **1** agreement, accord; **comhaontú a dhéanamh le duine** to enter into an agreement with someone; **2** unification.

comhar *nm1* cooperation, partnership, teamwork; **rud a dhéanamh i gcomhar le duine** to do something in cooperation with someone; **an comhar a íoc le duine** to return a service to someone; **comhar na gcomharsan** neighbourly cooperation.

comharba *nm4* successor.

comharbas *nm1* succession.

comharchumann *nm1* coopera-
tive.

comhardaigh *vb* equalize.

comhardú (*gensg*
comhardaithe) *nm* balance;
comhardú íocaíochta balance of
payments.

Cómhargadh *nm1* An
Cómhargadh the Common
Market.

comharsa (*gensg* comharsan
pl comharsana *genpl*
comharsan) *nf* neighbour;
comharsa bhéal dorais next-door
neighbour.

comharsanacht *nf3* neighbour-
hood.

comharsanúil *adj2* neighbourly.

comhartha *nm4* 1 mark, sign,
symbol; comhartha bóthair road
sign; comhartha cille birthmark;
comhartha ceiste question mark;
comharthaí athfhriotail quotation
marks; comhartha na croise the
sign of the cross; 2 symptom;
comhartha tinnis symptom of
illness; 3 gesture; comhartha a
dhéanamh le do láimh to make a
gesture with one's hand; 4 omen,
sign; is maith an comhartha é it's
a good omen; comhartha
drochaimsire a sign of bad
weather; dá chomhartha sin as an
indication of that.

comharthaigh *vb* 1 indicate,
gesture; 2 signify.

comhbhá *nm4* sympathy.

comhbhách *adj1* sympathetic.

comhbhall *nm1* component.

comhbheith *nf2* coexistence.

comhbheitheach *adj1* coexist-
ent.

comhbhráithreachas *nm1*
confraternity.

comhbhráthair (*gensg*
comhbhráthar *pl*

comhbhráithre) *nm* kinsman,
fellow man.

comhbhrí *nf4* ar comhbhrí le
equivalent (in meaning) to.

comhbhrón *nm1* 1 sympathy;
comhbhrón a dhéanamh le duine
to sympathize with someone;
2 condolence.

comhbhrúigh *vb* compress.

comhbhrúiteán *nm1* compress.

comhbhruth (*vn* **comhbhruth**)
nf2 concoction. ● *vb* concoct.

comhbhuainteoir *nm3* combine
harvester.

comhchaidreamh *nm1* associ-
ation.

comhchainteanna *plural
noun f2* talks (*political*).

comhcheangail *vb* combine,
join.

comhcheangailte *adj3* com-
bined, joint.

comhcheangal *nm1* 1 combin-
ation; 2 affiliation.

comhcheilg (*npl*
comhchealga *genpl*
comhchealg) *nf2* conspiracy.

comhchéim *nf2* bheith ar
comhchéim le duine to be in step
with someone.

comhcheol *nm1* harmony.

comhchiallach *nm1* synonym.
● *adj1* synonymous;
comhchiallach le synonymous
with.

comhchoirí *nm4* accomplice.

comhchoibhneas *nm1* correl-
ation.

comhchoibhneasach *adj1* cor-
relative.

comhchoiteann *adj1* 1 general;
2 collective.

comhchosúil *adj2* 1 similar;
2 identical.

comhchuntas *nm1* joint
account.

comhdháil (*pl* **comhdhálacha**) *nf3* conference, convention.

comhdhéanamh *nm1* composition, make-up.

comhdheas *adj* (*gensgm* **comhdheis** *gensgf* **comhdheise** *compar* **comhdheise** *pl* **comhdheasa**) ambidextrous.

comhdhlúthaigh *vb* **1** condense; **2** compact.

codhlúthú (*gensg* **comhdhlúthaithe**) *nm* condensation.

comhdhuille *nf4* counterfoil.

comhéadan *nm1* interface (*in computing*).

comheagar *nm1* coordination.

comhéifeacht *nf3* coefficient.

comhéigean *nm1* coercion.

comhfhiontar *nm1* joint venture.

comhfhios *nm3* consciousness; **rud a dhéanamh i gcomhfhios** to do something openly.

comhfhiosach *adj1* conscious.

comhfhocal *nm1* compound word.

comhfhreagair (*pres* **comhfhreagraíonn** *vn* **comhfhreagairt**) *vb* correspond.

comhfhreagracht *nf3* responsibility.

comhfhreagraí *nm4* correspondent; **comhfhreagraí polaitíochta** foreign correspondent.

comhfhreagras *nm1* correspondence.

comhghairdeas *nm1* congratulations; **comhghairdeas a dhéanamh le duine faoi rud** to congratulate someone on something.

comhghaolmhar *adj1* interrelated.

comhghleacaí *nm4* colleague.

comhghnás *nm1* convention.

comhghnásach *adj1* conventional.

comhghreamaitheach *adj3* cohesive.

comhghreamú (*gensgm* **comhghreamaithe**) *nm* cohesion.

comhghríosaigh *vb* incite.

comhghríosú (*gensg* **comhghríosaithe**) *nm* incitement.

comhghuailli *nm4* ally.

comhiomlán *nm1* aggregate.

comhionann *adj1* **1** equal; **2** identical.

comhionannas *nm1* equality.

comhla *nf4* **1** door leaf, shutter; **comhla thógála** trap door; **2** valve; **comhla shúite** suction valve.

comhlachas *nm1* association.

comhlacht *nm3* company, firm; **comhlacht teoranta** limited company; **comhlacht foilsitheoireachta** publishing company.

comhlánaigh *vb* complete, complement.

comhlann *nf2* contest, fight.

comhlánú (*gensg* **comhlánaithe**) *nm* complement.

comhlathas *nm1* commonwealth.

comhlíon *vb* **1** fulfill, carry out; **dualgas a chomhlíonadh** to carry out obligations; **2** observe, comply with; **na rialacha a chomhlíonadh** to comply with the rules.

comhlíonadh (*gensg* **comhlíonta**) *nm* **1** fulfilment; **2** observance; **3** completion.

comhluadar *nm1* company; **bheith i gcomhluadar duine** to be in someone's company; **taitneamh**

a bhaint as comhluadar duine to enjoy someone's company.

comhluadrach adj1 companionable.

comhoibrí nm4 fellow worker, workmate.

comhoibritheach adj1 cooperative.

comhoibriú (gensg **comhoibrithe**) nm cooperation.

comhoideachas nm1 co-education.

comhoideachais adj(gen sg of n) coeducational.

comhoiriúnach adj1 compatible.

comhoiriúnacht nf3 compatibility.

comhordaigh vb coordinate.

comhordanáid nf2 coordinate; **comhordanáidí** coordinates.

comhordanáidigh vb coordinate (in maths).

comhpháirt nf2 component; **i gcomhpháirt le** in partnership with.

comhphairtí nm4 associate.

comhphobal nm1 community; **An Comhphobal Eorpach** The European Community.

comhrá (pl **comhráite**) nm4 conversation, talk; **comhrá a dhéanamh le duine** to have a conversation with someone.

comhrac nm1 fight, combat.

comhraic (vn **comhrac**) vb **1** fight, combat; **2** encounter, meet.

comhráite →COMHRÁ

comhráiteach adj1 conversational, colloquial.

comhramh nm1 trophy.

comhréalta nf4 co-star.

comhréir nf2 **1** proportion; **i gcomhréir le** proportional to; **2** syntax.

comhréiteach nm1 compromise, settlement.

comhréitigh vb **1** compromise; **2** settle.

comhriachtain nf3 sexual intercourse.

comhrialtas nm1 coalition government.

comhrian (pl **comhrianta**) nm1 contour (on map).

comhrianach adj1 contour.

comhroinn (pl **comhranna**) nf2 **1** proportion; **2 i gcomhroinn** in common.

comhrún nm1 common purpose.

comhscór nm1 draw (in sport).

comhshamhlaigh vb assimilate.

comhshamhlú (gensg **comhshamhlaithe**) nm assimilation.

comhshaolach adj1 contemporary.

comhshaoránach nm1 fellow citizen.

comhsheasmhacht nf3 consistency.

comhshuaitheadh (gensgm **comhshuaite**) nm concussion.

comhshuigh (vn **comhshui**) vb **1** arrange; **2** compose; **3** (grammar) compound; **briathar comhshuite** compound verb.

comhshuíomh nm1 composition.

comhthaobhacht nf3 collateral.

comhtharlaigh vb coincidence.

comhtharlú (gensg **comhtharlaithe** pl **comhtharlvithe**) nm coincidence.

comhtháthaigh vb **1** integrate; **2** merge.

comhthéacs (pl **comhthéacsanna**) nm4 context; **sa chomhthéacs sin** in that context; **rud a ghlacadh as**

comhthéacs to take something out of context.

comhthiarnas *nm1* condominium.

comhthionól *nm1* assembly, congress.

comhthíreach *nm1* compatriot.

comhthogh *vb* co-opt.

comhthoghadh (*gensg* **comhthofa**) *nm* co-option.

comhtholgadh (*gensg* **comhtholgtha**) *nm* concussion.

comhthomhaiseach *adj1* **comhthomhaiseach le** commensurate with.

comhthreomhar *adj1* parallel; **línte comhthreomhara** parallel lines.

comhthreomharán *nm1* parallelogram.

comhthuiscint (*gen* **comhthuisceana**) *nf3* rapport, understanding.

comóir *vb* **1** celebrate; **ócáid a chomóradh** to celebrate an occasion; **2** accompany, escort; **duine a chomóradh abhaile** to escort someone home.

comónta *adj3* common, ordinary; **is ainm an-chomónta é** it's a very common name.

comóradh (*gen* **comórtha**) *nm1* celebration, escort.

comórtas *nm1* **1** competition, contest; **comórtas amhránaíochta** a singing competition; **cluiche comórtais** a competitive match; **2** comparison; **dhá rud a chur i gcomórtas le chéile** to compare two things.

companach *nm1* companion.

companachas *nm1* companionship.

comparáid *nf2* comparison, likeness; **rudaí a chur i gcomparáid le chéile** to compare things.

comparáideach *adj1* comparative.

compás *nm1* compass.

compord *nm1* comfort.

compordach *adj1* comfortable.

comrádaí *nm4* comrade, mate.

comrádaíocht *nf3* comradeship.

con →CÚ

cón *nm1* cone.

conablach *nm1* **1** carcass; **2** remains, remnants.

conách *nm1* success; **a chonách sin ort!** more luck to you!, it serves you right!

cónaí (*gensm* **cónaithe**) *nm* dwelling, residence; **bheith i do chónaí in áit** to be living in a place; **teach cónaithe** dwelling house; **scoil chónaithe** boarding school; **i gcónaí** always, still; **tagann sí go luath i gcónaí** she always arrives early; **maireann siad i mBaile Átha Cliath i gcónaí** they're still living in Dublin.

cónaidhm *nf2* federation; **stát cónaidhme** federal sate.

cónaiféar *nm1* conifer.

cónaigh *vb* live, reside.

conair *nf2* path, passage; **conair chúng** narrow path; **conair sléibhe** mountain pass.

conairt (*pl* **conairteacha**) *nf2* **1** pack of hounds, dogs; **2** rabble.

cónaisc (*vn* **cónascadh**) *vb* **1** amalgamate; **2** connect; **3** merge.

cónaithe →CÓNAÍ

cónaitheach *adj1* **1** constant, permanent; **2** resident.

cónaitheoir *nm3* **1** resident; **2** inmate.

conamar *nm1* fragments.

conartha, conarthaí
→CONRADH

conas *adv* how; **conas a tá tú?** how are you?; **conas a tharla sé?** how did it happen?

cónasc nm1 **1** connection, link; **2** conjunction (in grammar).

cónascach adj1 **1** connecting; **2** conjunctive (in grammar).

concas nm1 conquest.

conchró nm4 kennel.

conduchtaire nm4 conductor (device).

confach adj1 **1** bad-tempered; **2** rabid; vicious (dog).

cóngar nm1 **1** proximity; bheith i gcóngar áite to be close to a place; **2** shortcut; dul an cóngar to take the shortcut.

cóngarach adj1 **1** near, close, convenient; tá sé an-chóngarach duit it's very near to you; cóngarach don fhírinne close to the truth; **2** curt, terse.

conlaigh vb gather, glean.

conlán nm1 collection, gleaning; rud a dhéanamh ar do chonlán féin to do something on one's own initiative.

conn nm1 **1** sense; **2** reason.

Connachta nplm3 Connacht; Cúige Chonnacht (Province of) Connacht; Gaeilge Chonnacht Connacht Irish.

Connachtach nm1 Connacht man/woman. ● adj Connacht.

connadh nm1 fuel, firewood.

cónra nf4 coffin, casket.

conradh (gensg conartha pl conarthaí) nm1 **1** contract, agreement; conradh oibre work contract; **2** treaty; conradh síochána peace treaty; **3** bargain; **4** league (association); Conradh na Gaeilge the Gaelic League.

conraitheoir nm3 contractor; conraitheoir foirgníochta building contractor.

consaeit nm4 **1** conceit; **2** fastidiousness.

consaeitiúil adj2 **1** conceited; **2** fastidious.

consal nm1 consul.

consalacht nf3 consulate.

consan nm1 consonant.

consól nm1 console.

conspóid nf2 **1** controversy; **2** argument.

conspóideach adj1 **1** controversial; **2** argumentative.

constábla nm4 constable.

constáblacht nf3 constabulary.

constaic nf2 **1** obstacle; **2** barrier.

contae (pl contaetha) nm4 county.

contrabhanna nm4 contraband.

contráilte adj3 **1** wrong, incorrect; bheith san áit chontráilte to be in the wrong place; **2** contrary; duine contráilte a contrary person.

contráilteacht nf3 contrariness.

contralt nm1 contralto.

contrártha adj3 contrary, opposite.

contrárthacht nf3 contrast.

contráth nm3 dusk; le contráth na hoíche at nightfall.

contúirt nf2 danger; bheith i gcontúirt to be in danger.

contúirteach adj dangerous.

cor nm3 **1** turn; cor i mbóthar a turn in a road; cor cainte turn of phrase, idiom; **2** twist; cor a chur i rud to twist something; ag tabhairt na gcor twisting; **3** cor coise a thup; cor a chur ar dhuine to give someone the slip; **4** chuir sé cor inár saol it changed our life; cora crua an tsaoil the vicissitudes of life; tháinig sé de chor sa saol go... it came to pass that...; **5** cast (in fishing); cor a thabhairt to make a cast; cor lín a cast of a net; **6** dance; cor beirte two-handed reel; **7** (in adverbial phrases) ar aon chor anyway; in aon chor at all; ar chor éigin somehow.

cór¹ nm1 choir, chorus.

cór² *nm1* corps; **cór airm** army corps; **cór leighis** medical corps; **cór taidhleoireachta** diplomatic corps.

cora *nf4* **1** weir; **2 cloch chora** stepping stone.

coradh (*gensg* **cortha** *pl* **corthaí**) *nm* bend, turn; **coradh i mbóthar** a bend in a road.

coraintín *nm4* quarantine.

coraíocht *nf3* wrestling; **bheith ag coraíocht le rud** to be struggling with something.

coráiste *nm4* **1** courage; **2** nerve, effrontery.

coráistiúil *adj2* courageous, bold.

córam *nm1* quorum.

corann *nf2* tonsure.

Córan *nm4* **An Córan** the Koran.

córas *nm1* system; **córas oideachais** education system.

córasach *adj1* systematic.

corc *nm1* cork.

Corcaigh (*gensg* **Chorcaí**) *nf* Cork; **cathair Chorcaí** Cork city.

corcairdhearg *nm1* crimson.
● *adj1* crimson.

corcán *nm1* pot.

corcra *nm4 adj3* purple.

corcscriú *nm4* corkscrew.

corda *nm4* cord, string.

corn¹ *nm1* **1** cup, beaker; **2 cup** (*trophy*); **3** horn (*in music*).

corn² *vb* roll (up), coil.

Corn³ *nm1* **Corn na Breataine** Cornwall.

corna *nm4* **1** coil, roll; **corna de rópa** a coil of rope; **2 an corna** the coil (*contraceptive*).

cornchlár *nm1* sideboard.

cornphíopa *nm4* hornpipe.

coróin (*gensg* **corónach** *pl* **corónacha**) *nf* **1** crown; **teact i gcoróin** to accede to the throne; **2 an Choróin Mhuire** the Rosary.

coróineach *nf2* carnation.

corónaigh *vb* crown.

corónú *n* (*gensg* **corónaithe** *pl* **corónuithe**) *m* coronation.

corp *nm1* **1** body; **idir anam agus chorp** body and soul; **idir chorp, chleite is sciathán** bodily, entirely; **2** corpse; **3** middle, main part; **i gcorp an tsamhraidh** in the middle of the summer; **corp crainn** tree trunk; **4 corp na fírinne** the very truth.

corpán *nm1* corpse.

corporáid *nf2* corporation.

corporáideach *adj1* corporate.

corportha *adj3* bodily.

corpoideachas *nm1* physical education.

corr¹ (*pl* **corra**) *nm1* heron, stork.

corr² (*gensgm* **corr** *gensgf* **coirre** *compar* **coirre** *pl* **corra**) *adj* **1** odd, uneven; **uimhir chorr** an odd number; **2** odd, strange, eccentric; **duine corr** an odd person; **3** round, curved.

corr- *pref* odd, occasional.

corrabhuais *nf2* **1** uneasiness, nervousness; **2** confusion.

corrabhuaiseach *adj1* **1** uneasy, nervous; **2** confused.

corrach *adj1* **1** uneasy; **saol corrach** an uneasy life, troubled times; **d'éirigh sí corrach** she became restless; **2** uneven; **talamh corrach** uneven ground; **3** unsteady.

corradh *nm* **corradh agus more than**; **corradh agus deich mbliana ó shin** more than ten years ago.

corraigh (*vn* **corraí**) *vb* **1** move, shift, stir; **rud a chorraí** to move something; **ná corraigh!** don't move; **2** excite; **chorraigh sé an lucht féachana** it excited the viewers; **3** annoy, vex; **is éasca é a chorraí** he's easily upset.

corraíl *nf3* **1** movement; **2** excitement, thrill; **3** agitation.

corraithe *adj3* excited.

corraitheach *adj1* **1** moving; **2** exciting, thrilling.

corraitheacht *nf3* **1** excitement; **2** restlessness.

corrán *nm1* **1** sickle, hook; **corrán buana** reaping hook; ▶ **ná cuir do chorrán i ngort gan iarraidh** don't interfere in other people's business (*literally: don't put your sickle in a field without being asked to*); **2** crescent (*also in street names*); **corrán gealaí** crescent moon; **3** lower jawbone, jaw.

corránach *adj1* angular, hooked.

corrdhuine *nm4* oddball (*person*).

corrfhiacail *nf2* corrfhiacla a bheith ort to have buck teeth.

corrmhéar *nf2* forefinger.

corrmhíol (*pl* **corrmhíolta**) *nm* midge.

corróg *nf2* hip.

corrthónach *adj1* restless.

corruair *adv* occasionally, from time to time.

Corsaic *nf2* an Chorsaic Corsica.

cortha *adj3* exhausted.

corthaí →CORADH.

córúil *adj3* choral.

cos (*datsg* **cois**) *nf2* **1** foot, leg; **cos duine** a person's foot/leg; **dul go dtí áit de shiúl na gcos** to walk somewhere; **de chois** on foot; **bhris sé a dhá chois** he broke both his legs; **2** leg (*of object*); **cos cathaoireach** the leg of a chair; **3** handle; **cos scine** the handle of a knife; **4** (*in phrases*) **do chosa a bhreith leat** to escape, to get away; **ar cosa in airde** at a gallop; **cur sna cosa** to run off; **rud a chur faoi chois** to suppress something; **cos a bhualadh ar scéal** to hush up a story; **tá a chosa nite** he's finished, he's done for; **le cois as**

well as; **tá rud éigin ar cois aige** he's up to something.

cosain (*pres* **cosnaíonn** *vn* **cosaint**) *vb* **1** defend; **áit a chosaint** to defend a place; **2** protect; **3** cost; **cad a chosnaíonn sé?** what does it cost?

cosaint (*gensg* **cosanta**) *nf3* **1** defence; **na fórsaí cosanta** the defence forces; **bheith ar do chosaint** to be on the defensive; **2** protection.

cosán *nm1* **1** footpath, path, track; **2** pavement.

cosantach *adj1* defensive, protective.

cosantóir *nm3* **1** protector; **2** defender (*in sport*); **3** defendant (*in trial*).

cosc *nm1* **1** prevention, prohibition; **cosc ar ólachán** a ban on drinking; 'cosc ar thobac' 'no smoking'; **2** check, restraint; **cosc a chur ar dhuine** to restrain someone.

coscair (*pres* **coscraíonn**) *vb* **1** cut up, hack; **2** break up, shatter; **3** defeat; **an namhaid a choscairt** to defeat the enemy; **4** thaw; **tá sé ag coscairt** it's thawing.

coscairt (*gensg* **coscartha**) *nf3* **1** defeat; **2** slaughter; **3** thaw.

coscán *nm1* brake; **coscán láimhe** handbrake; **coscán coise** footbrake.

coscrach *adj1* **1** harrowing; **2** distressing; **3** overwhelming (*defeat*).

coslia *nm4* chiropodist.

cosmach *adj1* cosmic.

cosmas *nm1* comos.

cosmaid *nf2* cosmetic.

cosmeolaíocht *nf3* cosmology.

cosnaíonn →COSAIN

cosnochta *adj3* barefoot.

cósta *nm4* coast.

costas *nm1* cost, expense; costais taistil travel expenses.

costasach *adj1* costly, expensive.

cóstóir *nm3* coaster; cóstóir roithleáin roller coaster.

cosúil *adj2* like, alike; tá siad cosúil lena chéile they're alike; is cosúil go... it seems that...

cosúlacht *nf3* appearance, likeness, resemblance; de réir cosúlachta to all appearances; tá cosúlacht na fírinne air it seems to be true; tá cosúlacht seaca air it looks like there will be frost; tá an chosúlacht sin air that's the way it seems; tá an-chosúlacht eatarthu they're very alike.

cóta *nm4* coat; cóta báistí raincoat; cóta mór overcoat.

coatdh *nm1* shyness.

cothabháil *nf3* 1 maintenance; pá cothabhála subsistence wage; 2 sustenance.

cothaigh *vb* 1 feed, nourish; duine a chothú to feed a person; 2 stir up; trioblóid a chothú to stir up trouble.

cothroime *nf4* evenness, balance.

cothrom *nm1* 1 balance; rud a chur ó chothrom to unbalance something; 2 level; ar an gcothrom on the level; 3 equal measure, fairness; fuair sé a chothrom den airgead he got his fair share of the money; cothrom na féinne fair play; 4 cothrom an lae anuraidh on the same day last year. ● *adj1* 1 level; talamh cothrom level ground; 2 fair; 3 equal.

cothromaigh *vb* 1 balance; 2 even (up); level; an scór a chothromú to level the score, equalize.

cothromaíocht *nf3* 1 balance; i gcothromaíocht le in counterpoise to; 2 equilibrium.

cothromas *nm1* equity.

cothrománach *adj1* horizontal.

cothromóid *nf2* equation.

cothromóir *nm3* equalizer.

cothú (*gensg* **cothaithe**) *nm* 1 nourishment, sustenance; cothú maith a bheith ort to be well fed; 2 maintenance.

cothúil *adj2* nourishing, sustaining.

cotúil *adj2* bashful, shy.

crá *nm4* anguish, distress; crá croí heartbreak; mo chreach is mo chrá! alas!

crág *nf2* 1 large hand, claw; 2 handful; crág airgid a handful of money; 3 clutch (*of car*).

crágáil *vb* 1 handle awkwardly; 2 walk awkwardly.

craic *nf2* fun, crack; bhí an-chraic againn we had great fun.

craiceáil *vb* crack.

craiceann *nm1* 1 skin; craiceann duine/ainmhí human/animal skin; ➤ an craiceann is a luach a bheith agat to have it both ways; 2 peel; an craiceann a bhaint de phráta to peel a potato; 3 surface, veneer; craiceann a chur ar rud to put a veneer on something; 4 craiceann a bhualadh le duine to have sex with someone.

craicear *nm1* cracker (*biscuit*).

cráifeach *adj1* religious, pious.

cráifeachán *nm1* pious person.

cráifeacht *nf3* piety.

cráifisc *nf2* crayfish.

cráigh (*vn* **crá**) *vb* 1 annoy; duine a chrá to annoy someone; tá sé dár gcrá he's annoying us; 2 distress; 3 torment.

cráin (*gensg* **cránach** *pl* **cránacha**) *nf* sow.

cráite *adj3* 1 exasperated; táim cráite aige I'm exasperated by him; **2** tormented; **croí cráite** a broken heart.

cráiteachán *nm1* **1** wretch; **2** miser.

crampa *nm4* cramp.

cranda *adj3* stunted, withered.

crandaí *nm4* hammock.

crangaid *nf2* crank, winch.

crann *nm1* **1** tree; **crann caorthainn** rowan tree; **crann darach** oak tree; **crann úll** apple tree; **2** mast, pole; **crann seoil** mast (*of boat*); **crann brataí** flag-pole; **3** structure; **crann tógála** crane; **crann na croiche** gallows (tree); **4** handle (*of implement*); **crann spáide** handle of spade; **5** (*in phrases*) **do chrann tomhais a chaitheamh** to make a guess; **rud a chur ar chrann** to cast lots for something; **nach uirthi anuas atá an crann** isn't she unfortunate; **teacht i gcrann** to grow to maturity; **bheith as do chrann cumhachta** to be out of control; **6** (*literary*) **crann clis** penis.

crannchur *nm1* lottery, raffle.

crannlach *nm1* brushwood.

crannóg *nf2* **1** piece of wood, wooden construction; **2** pulpit, rostrum; **3** crannog, wooden lake dwelling; **4** crow's nest (*on ship*).

craobh (*pl* **craobhacha**) *nf2* **1** branch, bough; **craobh crainn** a branch of a tree; **craobh ghinealaigh** genealogical tree; **3** branch (*of organization*); **craobh de Chumann Lúthchleas Gael** a branch of the Gaelic Athletic Association; **4** (*in phrases*) **dul/imeacht le craobhacha** to go wild; **an chraobh a bhreith leat** to be victorious.

craobh-abhainn (*gensg* **craobh-abhann** *pl* **craobh-aibhneacha**) *nf* tributary.

craobhchómórtas *nm1* championship.

craobhóg *nf2* twig, sprig.

craobhscaoil *vb* **1** broadcast; **2** propagate.

craobhscaoileadh (*gensg* **craobhscaoilte**) *nm* **1** broadcast; **2** propagation.

craodó *n* **bheith ar do chraodó** to be at one's ease.

craol *vb* **1** announce; **2** broadcast.

craolachán *nm1* broadcasting.

craoladh (*gensg* **craolta** *pl* **craoltaí**) *nm* broadcast.

craorag *adj1* blood-red, crimson; **fuisce a ól craorag** to drink whiskey neat.

craos *nm1* **1** gullet; **do chraos a oscailt** to open one's mouth wide; **2** gluttony; **craos a chur ort féin** to make a glutton of oneself.

craosach *adj1* gluttonous.

craosaire *nm4* glutton.

craosaireacht *nf3* gluttony.

craosfholc *vb* gargle.

crap *vb* contract, shrink, draw in.

crapadh (*gensg* **craptha** *pl* **craptha**) *nm* contraction, shrinkage.

craplaigh *vb* cripple; **craplaithe ag na dathacha** crippled with rheumatism.

craptha *adj3* crippled.

cráta *nm4* crate.

cré¹ (*pl* **créanna**) *nf4* clay, earth, soil.

Cré² (*pl* **Créanna**) *nf4* **an Chré** The Creed.

creach *nf2* loot, plunder, spoils; **an chreach a roinnt** to share the spoils; **mo chreach!** woe is me! ● *vb* loot, pillage, plunder.

creachadh (*gensg* **creachtha** *pl* **creachthaí**) *nm* **1** plunder; **2** ruin.

creachadóir *nm3* plunderer.

creachadóireacht *nf3* plundering.

créacht *nf3* gash, wound.

créad (*literary*) *pron* (*interrogative*) what; **créad fá?** why?

créafóg *nf2* clay, earth.

creagach *adj1* craggy, rocky.

créam *vb* cremate.

créamatoriam *nm1* crematorium.

créanna →CRÉ[1, 2]

creasa² *n* tine chreasa a bhaint as cloch to strike sparks from a stone.

creasa² →CRIOS

creatach *adj1* gaunt, emaciated.

creatha →CRITH

creathach *adj1* shaky, trembling.

creathadach *nf2* trembling, quivering.

creathán *nm1* tremble, shake; **creathán a bheith ort** to tremble.

creathánach *adj1* trembling.

creathanna →CRITH

creathnaigh *vb* tremble, quake; **chreathnaigh sí le fearg** she trembled with rage.

creatlach *nf2* framework, outline; **creatlach foirgnimh** the framework of a building; **creatlach scéil** the outline of a story.

creatúr *nm1* creature.

créchólúr *nm1* clay pigeon.

cré-earraí *nplm4* earthenware.

creid (*vn* **creidiúint**) *vb* believe; **rud a chreidiúint** to believe something; **creidim i nDia** I believe in God; **creid mise** believe me; **ní chreideann sí é sin** she doesn't believe that.

creideamh *nm1* belief, faith, religion.

creidiúint (*gensg* **creidiúna**) *nf3* credit.

creidiúnach *adj1* reputable, creditable.

creidiúnaí *nm4* creditor.

creidmheach *nm1* believer.

creidmheas *nm3* credit; **cárta creidmheasa** credit card.

creig (*pl* **creaga** *genpl* **creag**) *nf2* crag, rock.

creig-ghairdín *nm4* rock garden.

creim *vb* **1** erode; **2** gnaw.

creimeadh (*gensg* **creimthe**) *nm* erosion.

creimire *nm4* rodent.

créip *nf2* crepe.

cré-umha *nm4* bronze.

crián *nm1* crayon.

criathar *nm1* quagmire, sieve.

criathraigh *vb* **1** sieve, sift; **2** riddle (*with bullets*).

críoch (*datsg* **crích**) *nf2* **1** limit, boundary; **críocha na tíre** the boundaries of the country; **2** region, territory; **críocha coimhthíocha** foreign countries; **3** end, completion; **rud a chur i gcrích** to complete something.

críochadóireacht *nf3* demarcation.

críochbheart (*pl* **críochbhearta**) *nm1* dénouement.

crioch-cheol *nm1* finale (*musical*).

críochdheighilt *nf2* partition (*in politics*).

críochfort *nm1* terminal.

críochnaigh *vb* **1** complete, finish; **2** end.

críochnaithe *adj3* **1** finished, completed; **2** utter; **meisceoir críochnaithe** an out and out drunkard.

críochnaitheach *adj1* final.

críochnú (*gensg* **críochnaithe**) *nm* completion.

críochnúil *adj2* **1** complete;
2 thorough; **3** methodical, neat.

críochú (*gensg* **críochaithe**) *nm*
demarcation.

criogar *nm1* cricket (*insect*).

criongán *nm1* moaning.

crionna *adj3* **1** wise, prudent;
chomh críonna le sionnach as
cunning as a fox; **2** mature;
3 old; máthair chríonna grand-
mother.

críonnacht *nf3* **1** wisdom; is den
chríonnacht é it is a wise thing to
do; **2** maturity, old age.

crios (*gensg* **creasa** *pl*
creasanna) *nm3* **1** belt, strap;
crios crochóg suspender belt;
crios leaisteach elastic band;
crios tarrthála life belt; **2** zone;
crios ama time zone; crios na
cruinne the equator.

Críost *nm1* Christ.

Críostaí *nm4* Christian. • *adj3*
Christian.

Críostaíocht *nf3* An
Chríostaíocht Christianity.

criostal *nm1* crystal.

Críostúil *adj2* Christian.

critear *nm1* criterion.

crith (*gensg* **creatha** *pl*
creathanna) *nm3* tremble,
shiver; bheith ar crith to be
trembling; crith talún earthquake.
• *vb* (*vn* **crith**) tremble, shiver.

critheagla *nf4* terror; critheagla
a chur ar dhuine to terrify
someone.

critheaglach *adj1* terrified.

crithlonraigh *vb* shimmer.

critic *nf2* criticism; critic liteartha
literary criticism.

criticeoir *nm3* critic, reviewer.

criticiúil *adj2* critical.

criú *nm4* crew.

cró[1] (*pl* **cróite**) *nm4* **1** enclosure,
pen, ring; cró caorach sheep fold;
cró muice pig sty; **2** hovel; **3** bore

(*of gun*); **4** cró na snáthaide the
eye of the needle.

cró[2] *nm4* blood, gore.

crobh *nm1* **1** hand; bhí lán a
chroibh d'airgead aige he had a
handful of money; **2** claw, talon.

crobhaing *nf2* cluster.

crobhaingeach *adj1* clustered.

croch *nf2* **1** cross; An Chroch
Chéasta The Cross of the
Crucifixion; **2** gallows; duine a
chur chun na croiche to send
someone to the gallows; **3**
hanger, hook; croch thógála
grappling hook. • *vb* **1** hang,
hang up; duine a chrochadh to
hang someone; **2** raise; bratach a
chrochadh to raise a flag.

crochadán *nm1* hanger.

crochadh (*gensg* **crochta**) *nm*
1 hanging; ar chrochadh hanging;
2 raising, hoisting; crochadh
brataí the hoisting of a flag.

crochadóir *nm3* hangman.

crochaille *nm4* spittle.

crochóga *nf2* suspenders.

crochta *adj3* **1** hanged, hanging;
2 raised; **3** steep; bóthar crochta
a steep road; **4** sloping.

cródhearg *adj1* blood-red.

cróga *adj3* brave.

crógacht *nf3* bravery, valour.

crogall *nm1* crocodile.

croí (*pl* **croíthe**) *nm4* **1** heart;
croí cloiche a heart of stone;
briseadh croí heartbreak; bhí mo
chroí i mo bhéal agam my heart
was in my mouth; i mo chroí
istigh in my heart of hearts;
2 courage; croí a chailliúint to
loose heart; croí a thabhairt do
dhuine to hearten someone; ba
chroí léi é sin that would hearten
her; **3** croí an scéil the heart of
the matter; croí na fírinne the es-
sential truth; croí na ceiste the
crux of the matter; **4** core (*of
fruit*); croí úill an apple core;

5 (*in phrases*) **a chroí!** my dear!; **a mhaoineach mo chroí!** my dear one! (*to child*).

croíbhriste *adj3* broken-hearted.

croidhicheall *nm1* best, utmost; **do chroídhicheall a dhéanamh to do one's best.**

croidhílis *adj* lá croídhílis a red-letter day.

croílár *nm1* very centre, hub.

cróilí *nm4* infirmity; **i gcroílí an bháis** in the throes of death. ● *adj* infirm, bedridden.

croiméal *nm1* moustache.

cróimiam *nm1* chromium.

cróine *nf* swarthiness.

cróinéir *nm* coroner; **coiste cróinéara** coroner's inquest.

cróineolaíoch *adj1* chronological.

croinic *nf2* chronicle.

croiniceoir *nm3* chronicler.

cróise *nf4* crochet.

croit *nf2* croft.

Cróit *nf2* an Chróit Croatia.

cróite →CRÓ.

croith *vb1* shake; **rud a chroitheadh** to shake something; **lámh a chroitheadh le duine** to shake hands with someone; **do ghuaillí a chroitheadh** to shrug one's shoulders; **2** scatter, sprinkle; **salann a chroitheadh ar do chuid bia** to sprinkle salt on one's food; **3** wave; **bhí sí ag croitheadh linn** she was waving at us.

croitheadh (*gensg* **croíte**) *nm* **1** shake; **croitheadh a bhaint as rud** to give something a shake; **croitheadh láimhe** handshake; **2** scatter, sprinkling.

croiúil *adj2* **1** cheerful, hearty; **2** warm (*welcome*).

crólinnteach *adj1* bloody, gory.

crom *adj1* bent, stooped. ● *vb* **1** bend, stoop; **do cheann a**

chromadh to bend one's head; **2** crouch; **3 cromadh ar rud a dhéanamh** to begin to do something; **chrom sé ar chaoineadh** he started to cry.

Crom *nm1* **in ainm Chroim!** in the name of Providence!

cróm *nm1* chrome.

cromán *nm1* hip; **alt an chrómáin** the hip joint.

chromeasóm *nm1* chromasome.

crompán *nm1* **1** creek; **2** water meadow.

cromruathar *nm1* headlong rush.

cromshlinneánach *adj1* stooped, round-shouldered.

crón *nm1* **1** dark yellow, tan; **2** swarthiness. ● *adj* **1** dark yellow, tan; **2** swarthy.

cronaigh *vb1* miss; **rud a chronú uait** to miss something.

crónán *nm1* drone, hum, murmur; **crónán beiche** the drone of a bee; **cronán an chait** the purring of the cat; ➤ **ar mhaithe leis féin a bhíonn an cat ag crónán** he/she likes the sound of his/her own voice (*literally: the cat purrs for its own benefit*).

cróntráth *nm3* dusk.

cros *nf2* **1** cross; **comhartha/fíor na croise** the sign of the cross; **cros Cheilteach** Celtic cross; **cros Bhríde** St. Bridget's cross; **An Chros Dhearg** the Red Cross; **2** prohibition; **cros a chur ar rud** to prohibit something; **3** trial, tribulation; **tá crosa romhainn** there are troubles ahead of us. ● *vb* **1** prohibit, forbid; **rud a chrosadh ar dhuine** to prohibit someone from doing something; **2** cross; **tú féin a chrosadh** to cross oneself.

crosach *adj1* crosswise.

crosáid *nf2* crusade.

crosáil *vb* cross (*a cheque*).

crosaire *nm4* crossing, crossroads.

crosán *nm1* 1 mimic; 2 satirist.

crosbhealach (*pl* **crosbhealaí**) *nm1* crossroad.

crosbhogha (*pl* **crosbhoghanna**) *nm4* crossbow.

crosbhóthar (*pl* **crosbhóithre**) *nm1* crossroad.

croscheistigh *vb* cross-examine.

crosfhocal *nm1* crossword.

croslámhach *nm1* crossfire.

crosóg *nf2* small cross; **crosóg mhara** starfish.

cros-siolrach *adj1* hybrid.

cros-siolraigh *vb* cross-breed, cross.

cros-siolrú (*gensg* **cros-siolraithe**) *nm* cross-breeding.

crosta *adj3* 1 cross; **bheith crosta le duine** to be cross with someone; 2 troublesome; **leanbh crosta** a troublesome child; 3 difficult, complicated; **leabhar crosta** a difficult book.

crostagairt *nf3* cross-reference.

crothán *nm1* sprinkling, light covering.

crú (*pl* **crúite**) *nm4* shoe (*for animal's hoof*); **crú capaill** horse shoe; **crú a chur faoi chapall** to shoe a horse; **> nuair a thagann an crú ar an tairne** when it comes to the test.

crua *nm4* hard, hardness; **an bog is an crua** the soft and the hard. ● *adj3* 1 hard, solid; **ábhar crua** a hard substance; **chomh crua le cloch** as hard as stone; 2 difficult; **ceist chrua** a difficult question; 3 harsh; **saol crua** a hard life.

cruabhruite *adj3* hardboiled.

cruach[1] *nf2* 1 stack; **cruach fhéir/mhóna** a stack of hay/turf; 2 pile,

heap; **cruach airgid** a pile of money.

cruach[2] *nf2* steel.

cruachan →CRUAIGH.

cruachás *nm1* difficulty, predicament; **bheith i gcruachás** to be in dire straits.

cruachroíoch (*gensgm* **cruachroíoch** *gensgf* **cruachroíche** *compar* **cruachroíche** *pl* **cruachroíocha**) *adj* callous, hard-hearted.

cruadhiosca *nm4* hard disk.

crua-earraí *nplm4* hardware.

cruaigh (*vn* **cruachan**) *vb* harden.

cruálach *adj1* cruel.

cruálacht *nf3* cruelty.

cruan *nm1* enamel. ● *vb* enamel.

cruánach *adj1* solid.

cruatan *nm1* hardship; **cruatan an tsaoil** the trials of life.

crúb *nf2* 1 claw; **crúba iolair** an eagle's talons; 2 hoof; **crúb capaill** a horse's hoof; 3 **ná leag crúb air** don't lay a hand on him.

crúbáil *vb* claw.

crúca *nm4* claw, crook.

crúcáil *vb* **bheith ag crúcáil ar** to be clawing at something.

cruib *nf2* crib; **cruib shúgartha** playpen.

cruicéad *nm1* cricket.

cruidín *nm4* kingfisher.

crúigh[1] (*vn* **crú**) *vb* milk; **bó a chrú** to milk a cow.

crúigh[2] (*vn* **crú**) *vb* shoe; **capall a chrú** to shoe a horse.

cruimh *nf2* 1 maggot, grub; 2 tiny insect.

cruinn *adj1* 1 round, rounded; **bord cruinn** a round table; 2 exact, accurate; **eolas cruinn** exact information; 3 coherent, clear; **pictiúr cruinn de rud a**

thabhairt to give a coherent picture of something.

cruinne *nf4* 1 universe; 2 world, globe, orb; ar ór na cruinne for all the gold in the world.

cruinneachán *nm1* dome.

cruinneas *nm1* accuracy, exactness.

cruinneog *nf2* 1 globe (of world); 2 sphere.

cruinnigh *vb* 1 assemble; daoine a chruinniú le chéile i halla to assemble people together in a hall; chruinniodar le chéile they gathered together; 2 collect, gather; airgead a chruinniú to collect money; do smaointe a chruinniú to gather one's thoughts.

cruinniú (*gensg* cruinnithe *pl* cruinnithe) *nm* meeting, gathering; cruinniú mullaigh summit meeting; cruinniú daoine a gathering of people.

crúiscin *nm4* small jar.

cruit *nf2* 1 hump; cruit a bheith ort to have a hump; 2 small harp.

cruiteach *adj1* humpbacked, hunchbacked.

cruiteachán *nm1* hunchback.

cruithneacht *nf3* wheat.

cruitire *nm4* harpist.

crunca *nm4* bhí sí ina crunca leis an bpian she was doubled up in pain.

cruóg *nf2* urgent need; in aimsir na cruóige in time of emergency.

cruógach *adj1* urgent.

crúsca *nm4* jar, jug.

crústa *nm4* 1 crust; crústa aráin a crust of bread; 2 blow; crústa de dhorn a punch; 3 miser.

cruth (*pl* cruthanna) *nm3* 1 appearance, form, shape; dul i gcruth ruda to take on the appearance of something; i gcruth daonna in human form; 2 condition, state; tá cruth maith air it's in good condition.

cruthaigh *vb* 1 create, form; rud a chruthú to create something; 2 prove; teoiric a chruthú to prove a theory; 3 fare, turn out; chruthaigh siad an-mhaith sna scrúduithe they fared very well in the exams.

cruthaíocht *nf3* shape, appearance.

cruthaitheach *adj1* creative.

cruthaitheoir *nm3* creator.

cruthanta *adj3* 1 exact, lifelike; is é a athair go cruthanta é he's exactly like his father; 2 complete, utter; amadán cruthanta a complete fool.

cruthú (*gensg* cruthaithe) *nm* 1 creation; cruthú na cruinne the creation of the universe; 2 proof; cruthú a bheith agat ar rud to have proof of something.

cruthúnas *nm1* proof, evidence.

cú (*gensg* con *pl* cúnna *genpl* con) *nm4* hound, greyhound.

cuach¹ *nf2* cuckoo.

cuach² *nf2* 1 bow (ribbon); 2 curl, tress (of hair); 3 bundle, roll; 4 embrace; 5 mo chuach thú! I love you! ● *vb* 1 roll, wrap; rud a chuachadh suas to wrap something up; 2 embrace; duine a chuachadh le d'ucht to embrace someone.

cuach³ (*pl* cuacha *genpl* cuach) *nm4* bowl.

cuachán¹ *nm1* small bowl.

cuachán² *nm1* small bundle.

cuaifeach *nm1* whirlwind.

cuaille *nm4* 1 pole; 2 post, stake; cuaille báire goalpost.

cuain (*pl* cuaineanna) *nf2* litter (of animals).

cuairín *nm4* circumflex.

cuairt (*pl* cuairteanna, cuarta) *nf2* ('cuarta' is used with numbers) 1 visit; cuairt a thabhairt ar dhuine to pay someone a visit; 2 call (of doctor);

3 tour; **thug siad cuairt na cathrach** they made a tour of the city; **4** circuit, lap (*in sport*).

cuairteoir *nm3* visitor.

cual *nm1* bundle.

cuallacht *nf3* **1** fellowship, company; **2** corporation, guild (*of trade*).

cuan (*pl* **cuanta**) *nm1* harbour, bay.

cuar *nm1* **1** circle; **2** curve.

cuarán *nm1* sandal.

cuarbhóthar (*pl* **cuarbhóithre**) *nm1* ring road.

cuardach *nm1* search.

cuardaigh (*vn* **cuardach**) *vb* search (for), seek; **áit a chuardach** to search a place.

cuarta →CUAIRT

cuartaíocht *nf4* visiting; **bhí mé ag cuartaíocht i dteach Ghearóid** I was visiting at Gearóid's house.

cuas (*pl* **cuasa**) *nm1* **1** cavity, hollow; **2** cove, creek; **3** sinus.

cuasach *adj1* concave, hollow.

cúb (*pl* **cúba**) *nf2* coop. ● *vb* **1** bend; **2** cower; **cúbadh siar ó dhuine** to shrink back from someone.

Cúba *nm4* Cuba.

cubhachail *nm4* cubicle.

cúbláil *vb* **1** gather, grab; **2** manipulate, wrangle; **airgead a chúbláil** to misappropriate money.

cúcumar *nm1* cucumber.

cufa *nm4* cuff.

cufróg *nf2* cypress; **crann cufóige** cypress tree.

cuí *adj3* fitting, proper; **mar is cuí** as is fitting.

cuibheasach *adj1 adverb* **1** fair, reasonable; **tá sé cuibheasach maith** it's fairly good; **2** middling; **cuibheasach gan a bheith maiteach** fair to middling.

cuibhiúil *adj2* **1** proper; **2** seemly; **3** decent.

cuibhiúlacht *nf3* **1** seemliness; **2** decency.

cuibhreach *nm1* binding, fetter.

cuibhreann *nm1* **1** common table, mess; **bheith i gcuibhreann duine** to be at table with someone; **2** division; **3** enclosed field.

cuid (*gensg* **coda** *pl* **codanna**) *nf3* **1** part; **an chuid is tábhachtaí de rud** the most important part of something; **rud a roinnt ina chodanna** to divide something into parts; **an chuid dheireanach** the last part; **2** share, portion; **mo chuid den airgead** my share of the money; **do chuid éadaigh** one's clothes; **nigh sí a cuid gruaige** she washed her hair; **a chuid airgid** his money; **ár gcuid bia** our food; **3** some; **cuid agaibh** some of you; **cuid mhaith** (+GEN) a lot of; **cuid mhaith báistí** a lot of rain; **4** subsistence; **do chuid a shaothrú** to earn one's keep; **fuaraigh do chuid** cool your food; **➤ rian do choda a bheith ort** to look well fed.

cuideachta *nf4* **1** company; **bheith i gcuideachta duine** to be in someone's company; **cuideachta a choimeád le duine** to keep someone company; **2** companionship; **3** amusement, fun; **bhí an-chuideachta againn** we had great fun.

cuideachtúil *adj2* sociable, companionable.

cuidigh *vb* help; **cuidiú le duine** to help someone.

cuiditheoir *nm3* **1** helper; **2** seconder (*at meeting*).

cuidiú (*gensg* **cuidithe**) *nm* help, assistance; **lámh chuidithe** a helping hand; **cuidiú airgid** financial assistance.

cuidiúil *adj2* helpful.

cúig *numm4* five; **cúig teach/mhíle** five houses/miles; **cúig déag** fifteen.

cúige *nm4* province; **Cúige Chonnacht** Connacht; **Cúige Laighean** Leinster; **Cúige Mumhan** Munster; **Cúige Uladh** Ulster.

cúigeach *adj1* provincial.

cúigeachas *nm1* provincialism.

cúigear *nm1* five people; **cúigear fear/ban** five men/women.

cúigiú *nm4* fifth. ● *adj3* fifth.

cuil¹ (*pl* **cuileanna**) *nf2* fly; **cuil Bhealtaine** mayfly; **cuil ghlas** greenfly; **cuil ghorm** bluebottle.

cuil² *nf2* angry appearance; **cuil a bheith ort** to be in an angry mood.

cúil (*gensg* **cúlach** *pl* **cúlacha**) *nf* corner, nook; ➤ **bheith caite i gcúil choicíse** to be cast aside.

cuileáil *vb* discard, reject.

cuileann *nm1* holly.

cúileann *nf2* fair maiden, blonde. ● *adj1* fair-haired, blonde.

cuileog *nf2* fly.

cúilín *nm4* **1** little nook; **2** point; **cúilín a scóráil** to score a point.

cuilithe *nf4* **1** eddying current, vortex; ➤ **breathnaigh an abhainn sula dtéir ina cuilithe** look before you leap; **2** throes; **i gcuilithe fiabhrais** in the grip of a fever.

cuilitheach *adj1* **1** eddying; **2** rippling.

cuilithín *nm4* ripple.

cuilt (*pl* **cuilithe**) *nf2* quilt.

cuimhin *n* (*with copula and 'le'*) **is cuimhin liom é sin** I remember that; **an cuimhin leat?** do you remember?

cuimhne *nf4* memory; **cuimhne a bheith agat ar rud** to remember something; **más buan mo chuimhne** if memory serves me right; **cuimhní cinn** memoirs; **rud a chur i gcuimhne do dhuine** to remind someone of something.

cuimhneachán *nm1* **1** commemoration; **2** memento, souvenir.

cuimhneamh *nm1* **1** remembrance; **beidh cuimhneamh míosa air** it will be specially remembered; **2** idea, thought; **cuimhneamh maith is ea é** it's a good idea.

cuimhnigh (*pl* **cuimhneamh**) *vb* **1** remember; **cuimhneamh ar rud** to remember something; **2** consider, think; **cuimhnigh air seo** consider this; **3** remind; **4** conceive.

cuimil (*pres* **cuimlíonn** *vn* **cuimilt**) *vb* **1** rub; **2** wipe; **3** stroke.

cuimilt *nf2* **1** rubbing; **cuimilt a thabhairt do rud** to give something a rub; **2** wiping; **3** stroking.

cuimilteoir *nm3* wiper; **cuimilteoir gaothscátha** windscreen wiper.

cuimse *nf4* **1** fair amount, plenty; **tá cuimse airgid aige** he has plenty of money; **2** limit; **dul thar cuimse le rud** to go too far with something; **3 as cuimse** extremely, exceedingly; **bhí teas as cuimse ann** it was extemely hot.

cuimsigh *vb* **1** comprehend; **2** comprise, include; **cuimsíonn sé na rudaí sin ar fad** it includes all those things.

cuimsitheach *adj1* **1** comprehensive; **2** inclusive.

cuing (*pl* **cuingeacha**) *nf2* **1** yoke; **faoi chuing na daoirse** under the yoke of slavery; **2** bond, obligation; **cuing an phósta** wedlock.

cúinne *nm4* **1** corner; **cúinne na sráide** the street corner; **cúinne bóthair** bend in the road; **cloch chúinne** cornerstone; **2** nook.

cúinneach *nm1* corner kick (*in football*).

cuinneog *nf2* churn.

cúinse *nm4* **1** countenance; cúinse a thabhairt do rud to countenance something; **2** circumstance, pretext; ar aon chúinse in any/under no circumstances.

cuir (*vn* cur) *vb* **1** sow, plant; síolta a chur to sow seeds; crann a chur to plant a tree; **2** place, put; cuir ansin é put it there; chuir sí ar an mbord é she put it on the table; cár chuir sé iad? where did he put them?; geall a chur le duine to place a bet with someone; **3** bury; duine a chur to bury a person; **4** send; litir a chur to send a letter; **5** shed; an fionnadh a chur to shed a coat (*animal*); duilleoga a chur to shed leaves; **6** (*in weather expressions*) tá sé ag cur báistí it's raining; tá sé ag cur sneachta it's snowing; tá sé ag cur seaca it's freezing; **7** bheith ag cur allais to be sweating.

□ **cuir amach 1** put out; an cat a chur amach to put the cat out; **2** eject; **3** pour; fíon a chur amach to pour wine out; **4** vomit; bheith ag cur amach to be vomiting.

□ **cuir aníos 1** send up (*from below*); **2** vomit.

□ **cuir anuas** send down (*from above*).

□ **cuir ar 1** put on; do chuid éadaigh a chur ort to put on one's clothes; **2** place; leabhar a chur ar sheilf to place a book on a shelf; **3** turn on; an teilifís a chur air to turn on the television; **4** impose; cáin a chur ar rud to impose a tax on something; costas a chur ar dhuine to put someone to expense; **5** make; fearg a chur ar dhuine to make someone angry; **6** translate; Gaeilge a chur ar théacs to translate a text to Irish;

7 ceist a chur ar dhuine to ask someone a question; **8** aithne a chur ar dhuine to get to know someone; eolas a chur ar ábhar to acquire knowledge of a subject; **9** trouble; tá a chroí ag cur air his heart is troubling him.

□ **cuir as 1** put out; duine a chur as a shlí to put someone out of their way; **2** dislocate; do ghualainn a chur as alt to dislocate one's shoulder; **3** extinguish, turn off; tine a chur as to put out a fire; an solas a chur as to turn off the light; **4** rud a bheith ag cur as duit to be worried about something.

□ **cuir chuig, cuir chun 1** send to; litir a chur chuig duine to send a letter to someone; **2** set off; cur chun bóthair to set off; **3** set about; cur chun ruda to set about something; **4** apply; rud a chur chun úsáide to put something to use; rud a chur chun cinn to promote something; **5** (*in phrases*) duine a chur chun báis to sentence someone to death; duine a chur feirge to make someone angry.

□ **cuir de 1** put off, send off; cuireadh an t-imreoir den pháirc the player was sent off the field; **2** finish; do chuid oibre a chur díot to finish one's work; **3** get over; breoiteacht a chur díot to get over an illness; **4** cuir díot! clear off!

□ **cuir do** send to; cuireadh don scoil chónaithe é he was sent to boarding school.

□ **cuir faoi 1** put under; **2** settle; cur fút in áit to settle in a place.

□ **cuir i 1** put in; **2** express; rud a chur i bhfocal to put something into words; **3** cur i gcoinne ruda to oppose something.

□ **cuir isteach 1** put in; **2** apply; cur isteach ar phost to apply for a job; **3** interrupt, annoy; **cur isteach ar dhuine** to annoy someone.

□ **cuir le 1** send with; **2** add to; **sonraí a chur le scéal** to add details to a story.

□ **cuir ó 1** put off; **duine a chur ó dhoras** to put someone off; **2** put away; **cuir uait é!** put it away!

□ **cuir roimh 1** put before; **bia agus deoch a chur roimh dhuine** to put food and drink before someone; **2** aim; **é a chur romhat rud a dhéanamh** to aim to do something.

□ **cuir siar 1** put back; **2** postpone; **3** rud a chur siar ar dhuine to force something on someone.

□ **cuir síos 1** put down; **2** lay down; **an dinnéar a chur síos** to put the dinner on; **4** cur síos ar rud to describe something.

□ **cuir suas 1** put up; **duine a chur suas** to put someone up; **2** (with 'de') cur suas de rud to refuse to accept something.

□ **cuir thar 1** put over; **2** put past; **ní chuirfinn thairis é** I wouldn't put it past him; **3** spill over; **ag cur thar maoil** overflowing.

□ **cuir thart 1** pass round; **buidéal a chur thart** to pass a bottle round; **2** turn; **roth a chur thart** to turn a wheel; **3** pass away; **an t-am a chur thart** to pass away the time.

□ **cuir trí 1** put through; **2** duine a chur trí chéile** to confuse someone; **3** scéal a chur trí chéile** to discuss something.

□ **cuir um** put around; **blaincéad a chur umat** to put a blanket around oneself.

cuircín *nm4* crest (of bird).

cuireadh (*pl* **cuiri**) *nm1* invitation; **cuireadh a thabhairt do dhuine** to give someone an invitation; **bheith ar cuireadh ag duine** to be someone's invited

guest; **cuireadh gan iarraidh** uninvited guest.

cuireata *nm4* jack, knave (*in cards*).

cúiréir *nm3* courier.

cuirfiú *nm4* curfew.

cuirín *nm4* currant; **cuirín dubh** blackcurrant.

cúirt *nf1* **1** court; **cúirt dlí** law court; **2** courthouse; **3** courtyard; **4** court (*for sports*); **cúirt badmantain** badminton court.

cúirtéis *nf2* **1** courtesy; **2** salute (*military*).

cúirteoir *nm3* courtier.

cuirtín *nm4* curtain.

cúis (*pl* **cúiseanna**) *nf2* **1** cause, reason; **cúis a bheith agat le rud a dhéanamh** to have a reason for doing something; **cad ba chúis leis?** what caused it?; **2** case; **cúis dlí** law suit; **3** cause; **cúis na saoirse** the cause of freedom; **4** charge; **cúis a chur i leith duine** to lay a charge against someone; **5 déanfaidh sé cúis** it will do.

cúiseamh *nm1* accusation, charge; **cúiseamh a dhéanamh ar dhuine** to prefer a charge against someone.

cúisí *nm4* an cúisí the accused.

cúisigh *vb* **1** accuse; **2** charge, prosecute.

cúisín *nm4* cushion.

cúisitheoir *nm3* prosecutor.

cuisle *nf4* **1** vein; **cuisle mhór** artery; **2** pulse; **cuisle duine a bhrath** to feel someone's pulse; ➤ **a chuisle mo chroí!** my dearest!

cuisneoir *nm3* refrigerator.

cúiteach *adj1* **bheith cúiteach le duine** to be quits with someone.

cúiteamh *nm1* **1** damages, compensation; **cúiteamh a dhéanamh as rud** to make amends for something; **cúiteamh a éileamh ar dhuine** to seek compensation from someone; **2** redress.

cúitigh *vb* **1** compensate; **rud a chúiteamh le duine** to compensate someone for something; **2** repay.

cúitineach *nm1* cuticle.

cuitléireacht *nf3* cutlery.

cúl (*pl* **cúla**) *nm1* **1** back, rear; **cúl an tí** the back of the house; **i gcúl an ghluaisteáin** in the back of the car; **seomra cúil** back room; **do chúl a bheith agat le duine** to have one's back to someone; **dul ar gcúl** to go backwards; **2** support, reserve; **cúl taca** support, backer (*person*); **3** goal (*in football*); **cúl a scóráil** to score a goal; **4** back (*player*); **lánchúl** fullback.

cúlach, cúlacha →**CÚL**

cúlai *nm4* back (*in sport*).

cúlaigh *vb* **1** back; **2** retreat; **3** reverse.

cúlaistín *nm4* henchman.

culaith (*pl* **cultacha**) *nf2* suit, dress; **culaith éadaigh** a suit of clothes; **culaith saighdiúra** a soldier's uniform.

cúlamharc *nm1* backward look.

cúlánta *adj3* **1** backward; **2** shy, retiring.

cúlbhannaí *nm4* collateral.

cúlbhinseoir *nm3* backbencher.

cúlbhrat *nm1* backdrop.

cúlbhuille *nm4* backhand (*stroke*).

cúlchaint *nf2* **1** backbiting; **2** gossip.

cúlchainteoir *nm2* gossip.

cúlchas *vb* rewind.

cúlchead *nm3* connivance.

cúlcheadaigh *vb* connive.

cúlchiste *nm4* reserve fund.

cúlchnap *nm4* float (*money*).

cúléist (*vn* **cúléisteacht**) *vb* eavesdrop.

cúléisteacht *nf3* eavesdropping.

cúlfhiacail (*pl* **cúlfhiacla**) *nf2* molar, back tooth.

cúlgharda *nm4* rearguard.

cúlpháirtí *nm4* accessory (*to crime*).

cúlra *nm4* background.

cúlráid *nf2* secluded place; **ar an gcúlráid** in seclusion.

cúlráideach *adj1* **1** secluded; **2** backward; **duine cúlráideach** a backward person.

cúlspás *nm1* backspace.

cúltaca *nm4* **1** backup (*of computer file*); **cóip chúltaca** backup copy; **2** reserve (*military*).

cultacha →**CULAITH**

cultas *nm1* cult.

cúltiománt *nf3* feithicil chúltiomána a rear-drive vehicle.

cúltort *vb* backfire.

cúltrá *nf4* backstrand.

cultúr *nm1* culture.

cultúrtha *adj3* cultural.

cúlú (*gensg* **cúlaithe**) *nm* **1** backing, reversing (*in vehicle*); **2** retreat; **3** withdrawal.

cum *vb* **1** compose; **dán a chumadh** to compose a poem; **2** form, shape; **3** invent, make up.

cuma¹ *nf4* **1** appearance; **cuma shláintiúil a bheith ort** to look healthy; **cuma óg a bheith ort** to look young; **2** shape, form; **níl cuma ná cruth air** it has neither shape nor form; **3** (*in phrases*) **ar chuma éigean** somehow; **ar aon chuma** at any rate; **ar an gcuma chéanna** similarly.

cuma² *adj* (*with copula*) **is cuma liom** I don't care; **is cuma duit** it's none of your business; **bheith ar nós cuma liom faoi rud** to be indifferent to something; **ba chuma léi mar gheall air** she didn't care about it.

cumadóir *nm3* **1** composer; **2** inventor.

cumadóireacht *nf3* **1** composition; **2** invention; **3** fabrication.

cumaisc (*pres* **cumascann** *vn* **cumasc**) *vb* **1** mix together, blend; rudaí a chumasc le chéile to mix things together; **2** combine.

cumann[1] *nm1* **1** association, society; **Cumann Lúthchleas Gael** the Gaelic Athletic Association; **cumann foirgníochta** building society; **2** club; **cumann sacair** a soccer club.

cumann[2] *nm1* **1** relationship, love affair; **dul i gcumann le duine** to have an affair with someone.

cummanach *adj1* communist.

cummanachas *nm1* communism.

cumanaí *nm4* communist.

cumar *nm1* ravine.

cumarsáid *nf2* communication.

cumas *nm1* **1** capability; **cumas a bheith ionat** to be capable; **2** ability; **tá sé ar a cumas é a dhéanamh** she is able to do it.

cumasach *adj1* **1** capable; **2** able.

cumasc *nm1* **1** mixture, blend; **2** merger.

cumascann →CUMAISC.

cumascóir *nm3* blender.

cumha *nm4* **1** loneliness; **2** homesickness; **cumha a bheith ort i ndiaidh an bhaile** to be homesick; **3** nostalgia.

cumhacht *nf3* **1** power; **bheith i gcumhacht** to be in power; **2** authority.

cumhachtach *adj1* powerful.

cumhdach *nm1* cover, wrapper.

cumhdaigh (*pl* **cumhdach**) *vb* **1** cover; **2** protect; **duine a chumhdach** to protect someone; **3** preserve; **go gcumhdaí Dia sibh!** may God preserve you!

cumhracht *nf3* **1** fragrance; **2** scent, aroma.

cumhrán *nm1* perfume.

cumtha *adj3* **1** fictitious, invented; **scéal cumtha** a made-up story; **2** comely, shapely.

cúnaigh (*vn* **cúnamh**) *vb* help; **cúnamh le duine** to help someone.

cúnamh *nm1* help; **cúnamh a thabhairt do dhuine** to help someone; **le cúnamh Dé** with the help of God.

cúnant *nm1* covenant.

cúng *adj1* **1** narrow; **bóthar cúng** a narrow road; **2** tight.

cúngach *nm1* narrow space; **bheith sa chúngach** to be in a tight spot.

cúngaigeanta *adj3* narrow-minded.

cúngaigh *vb* narrow.

cúngú (*gensg* **cúngaithe**) *nm* restriction.

cúnna →CÚ

cunta *nm4* count (*title*).

cúntach *adj1* helpful.

cuntanós *nm1* countenance.

cuntaois *nf2* countess.

cuntar *nm1* **1** counter (*in shop*); **2** condition; **ar chuntar go...** on condition that...

cuntas *nm1* account; **cuntas a thabhairt ar rud** to give an account of something; **cuntas a choimeád** to keep an account; **cuntas bainc a oscailt** to open a bank account.

cuntasaíocht *nf3* accountancy (*subject of study*).

cuntasóir *nm3* accountant, bookkeeper.

cuntasóireacht *nf3* accountancy (*profession*).

cúntóir *nm3* assistant, helper.

cuóta *nm4* quota.

cupán *nm1* cup.

cúpla *nm4* **1** couple; **cúpla rud a** couple of things; **2** twins; **duine de chúpla** one of twins; **3 An Cúpla** Gemini.

cúplach *adj1* twin.

cúpláil *nf3* copulation. ● *vb* couple.

cúpón *nm1* coupon.

cur *nm1* **1** sowing; **cur síolta** sowing seeds; **an cur a dhéanamh** to do the sowing; **2** laying; **cur cáblaí** cable laying; **3** burial; **4** round; **cur eile a ól** to drink another round; **5** (*in phrases*) **cur amach a bheith agat ar rud** to have knowledge of something; **cur i gcéill** pretence; **cur faoi chois** suppression; **cur síos** description; **cur siar** postponement.

cúr *nm1* foam, froth.

curach *nm1* currach, canoe.

curachóireacht *nf3* canoeing.

curaclam *nm1* curriculum.

curadh *nm1* champion.

curaí *nm4* curry.

curáideach *nm1* curate.

curaíocht *nf3* tillage.

cúram *nm1* **1** care; **faoi chúram** (+GEN) (in the) care of; **faoi chúram na ndochtúirí** in the care of the doctors; **2** responsibility; **ní dá cúram é** it's not her responsibility; **3** task, job; **cúram a bheith agat le déanamh** to have a job to do; **4** family; **níl aon chúram orthu** they have no family; **5** need; **cúram a bheith agat de rud** to have need of something.

cúramach *adj1* **1** careful, cautious; **2** busy.

curata *adj3* brave.

curfá *nm4* refrain, chorus.

curiarracht *nf3* record (*in sport*); **an churiarracht a bhriseadh** to break the record.

curiarrachtaí *nm4* record holder.

cúróg *nf2* soufflé.

curra *nm* holster.

cúrsa *nm4* **1** course; **cúrsa ríomhaireachta** a computer course; **cúrsa rásaíochta** a race course; **cúrsa a leagan síos** to lay down a course; **an chéad chúrsa** the first course (*of meal*); **2** journey; **ceann cúrsa** destination; **3** matter, affair; **conas atá cúrsaí?** how are things?; **cúrsaí reatha** current affairs.

cúrsáil *nf3* **1** cruising; **2** coursing; **cúrsáil giorriacha** hare coursing. ● *vb* **1** cruise; **2** course.

cúrsaíocht *nf3* **1** circulation; **i gcúrsaíocht** in currency; **2** currency.

cúrsóir *nm3* cruiser.

cusach *n* ⊳ **cusach a dhéanamh de rud** to make a hash of something.

cuspa¹ *nm4* cusp.

cuspa² *nm4* **1** objective; **2** model (*artist's*).

cuspóir *nm3* **1** object, objective; **2** purpose.

cuspóireach *nm1* accusative, objective (*in grammar*).

custaiméir *nm3* customer.

custam *nm1* customs.

custard *nm1* custard.

cúta *n* breith ar chúta an mhuiníl ar dhuine to catch someone by the scruff of the neck.

cuthach *nm1* fury, rage; **dul le cuthach** to get furious.

cúthail *adj2* **1** shy; **2** modest.

cúthalach *adj2* shy.

cúthaileacht *nf3* shyness.

Dd

d' →DE, DO.

dá¹ *conj*

···▸ (*with verbs*) if; **dá mbeinn in Éirinn** if I was in Ireland; **cad a dhéanfá dá bhfeicfeá í?** what would you do if you saw her?; **dá bhfaigheadh sé milliún punt** if he got a million pounds; **dá rachadh/dtéadh sí inár dteannta** if she had gone with us, if she were to go with us; **dá ndéanfaimis é sin bheimis i dtrioblóid** if we did that we would be in trouble; **dá gceannóidís é agus dá thabharfaidís abhaile leo é** if they bought it and brought it home;

···▸ (*with copula*) **dá mb'fhearr leat** if you would prefer; **dá mba mhaith leat** if you would like; **dá mba rud é go raibh sé fíor** supposing it were true; **dá mba léi é** if it were hers; **dá mba ea féin** even if it were so; **dá mba agatsa a bheadh an chumhacht cad a dhéanfá?** if you had the authority what would you do?; **dá mba cheoltóir proifisiúnta é** if he were a professional musician; **dá mbeinn gan a bheith breoite** if I were not sick.

! followed by conditional or past subjunctive

dá² *poss adj* **1** (*preposition 'de' + possessive adjective 'a'*) from/ of/off + his/her/its/their; **bhain sí na heocracha dá mac** she took the keys from her son; **ceann dá dtithe** one of their houses;

chuimil sé an salachar dá lámha he wiped the dirt off his hands; **2** (*preposition 'do' + possessive adjective 'a'*) to his/her/its/their, for his/her/its/their; **gheall sé an t-airgead dá mháthair** he promised the money to his mother; **thug sí dá hiníon é** she gave it to her daughter; **thugamar dár n-athair é** we gave it to our father; **cheannaigh sé é dá mháthair** he bought it for his mother.

dá³ *rel partic* ('de/do') + *relative particle 'a'*) **1** for/of/to whom; **an fear dá dtugaim airgead** the man to whom I give money; **an bhean dá mbíos ag obair** the woman for whom we used to work; **2** for/ of/to which; **an t-ábhar dá ndearnadh é** the material of which it was made; **3** (*referring to place or time*) that; **gach áit dá dtéann sé** every place that he goes.

dá⁴ *partic* ('de + a') however; **dá fheabhas é** however good it is; **dá thábhachtaí é caithfidh sé feitheamh** however important he is he must wait; **dá óige é is ea is fearr é** the younger he is the better; **▸ dá fhad í an oíche tagann an lá** tomorrow always comes (*literally: however long the night the day dawns*).

dá⁵ →DHÁ.

daba *nm4* **1** dab, blob; **2** mac an daba ring finger.

dabaíl *nf3* dabbing, daubing. ● *vb* dab, daub.

dabhach (*gensg* **daibhche** *pl* **dabhacha**) *nf2* tank, tub; **dabhach mhúnlaigh** septic tank.

dabht (*pl* **dabhtanna**) *nm4* doubt; **gan dabht!** without doubt!

dada *nm4* **1** anything; **má tá dada ann** if there's anything there; **2** nothing; **ní dada é** it's nothing.

daibhir (pl **daibhre**) nm4 poor person; an saibhir agus an daibhir the rich and the poor.
● adj (gensgm **daibhir** gensgf **daibhre** compar **daibhre** pl **daibhre**) poor.

daibhreas nm1 poverty.

daichead (pl **daichidí**) nm1 forty; daichead rud/duine forty things/people.

daicheadú nm4 fortieth. ● adj fortieth.

daid (pl **daideanna**) nm4 dad.

daideo nm4 grandfather.

daidí nm4 daddy; Daidí na Nollag Father Christmas.

daigéar nm1 dagger.

daigh (pl **daitheacha**) nf2 1 pang, twinge; 2 (plural) na daitheacha rheumatism.

dáigh adj1 1 obstinate, stubborn; 2 obdurate.

dáil (pl **dálai, dála**) nf3 1 meeting; tháinig siad ar fad i ndáil a chéile they all assembled together; dul i ndáil duine to go to meet someone; 2 assembly; i ndáil chomhairle in consultation; 3 parliament; Dáil Éireann The Dáil (Irish Parliament); 4 circumstance, condition; dálaí oibre working conditions; mo dhála féin in my own case; is é a dhála sin agamsa é it's the same with me; 5 (the form 'dála' is only used in certain phrases) dála an scéil by the way; a dhála sin moreover; dála Bhriain like Brian. ● vb 1 distribute; acmhainní a dháileadh to distribute resources; 2 serve, pour out; bia/deoch a dháileadh ar dhuine to serve food/drink to someone.

dáilcheantar nm1 constituency.

dáileadh (gensg **dáilte** pl **dáiltí**) nm distribution.

dáileog nf2 1 small portion; 2 dose.

dáileoir nm3 1 distributor; 2 dispenser; dáileoir airgid cash dispenser.

dáilia nf4 dahlia.

daille nf4 blindness.

dailtín nm4 1 brat; 2 cheeky thing.

dailtíneach adj1 impudent.

dáimh nf2 1 fellow feeling; 2 affection, fondness; dáimh a bheith agat le duine to be fond of someone.

daingean nm1 fort, stronghold.
● adj (gensgm **daingin** gensgf **daingne** compar **daingne** pl **daingne**) 1 fortified, secure; baile daingean a fortified town; 2 solid; balla daingean a solid wall; 3 fixed, firm; rún daingean a firm intention; 4 steadfast; grá daingean steadfast love.

daingneán nm1 fixture.

daingnigh vb 1 fortify, secure; 2 strengthen.

dainséar nm1 danger; bheith i ndainséar to be in danger.

dair (gensg **darach** pl **daracha**) nf oak; crann darach oak tree.

dairbhre nf1 oak grove.

dáirire nm4 earnestness, seriousness; i ndáirire in earnest.
● adj3 adverb earnest, serious; duine dáirire a serious person; bheith dáirire faoi rud to be in earnest about something.

dáiríreacht nf3 seriousness.

dairt nf2 dart.

dais nf2 dash.

daite adj3 1 coloured, dyed; 2 fated.

daitheacha →DAIGH.

dála →DÁIL.

dálach nm1 bheith ag obair Domhnach is dálach to be working seven days a week.

dalba adj3 1 bold, naughty; leanbh dalba a naughty child;

2 headstrong; duine dalba a headstrong person.

dall nm1 blind person. ● adj1 blind; bheith dall to be blind; ➤ chomh dall le bonn mo bhróige as blind as a bat (literally: as blind as the sole of my shoe). ● vb **1** blind; **2** dazzle.

dallach n dallach dubh a chur ar dhuine to hoodwink someone.

dalladh (gensg **dallta**) nm **1** blinding; **2** plenty; dalladh bia agus dí plenty of food and drink; **3** dalladh púicín blind man's buff; blindfold; dalladh púicín a chur ar dhuine to hoodwink someone.

dallamullóg nf2 dallamullóg a chur ar dhuine to fool someone.

dallarán nm1 dunce, fool.

dallintinneach adj1 slow-witted, stupid.

dallóg nf2 **1** blind (for window); dallóg Veinéiseach Venetian blind; **2** blind creature; dallóg fhéir dormouse.

dallradharc nm1 shortsightedness.

dallraigh vb blind.

dallrú (gensg **dallraithe**) n glare.

dalta nm4 pupil, student.

damáiste nm4 damage.

damanta adj3 **1** damned; **2** terrible, wicked.

damba nm4 dam.

dambáil vb dam.

damh nm1 ox.

dámh nf2 faculty; dámh na n-ealaíon faculty of arts.

dámhachtain nf3 award (of damages).

damhán nm1 damhán alla spider.

damhna nm4 matter, substance.

damhsa nm4 dance, dancing; ceachtanna damhsa dancing lessons.

damhsaigh vb dance.

damhsóir nm3 dancer.

damnaigh vb damn.

damnaithe adj3 damned.

damnú (gensg **damnaithe**) nm damnation; damn air! damn him/it!

dán (gensg **dánta**) nm1 **1** poem; dán grá a chumadh to compose a love poem; **2** destiny; ba é a dhán é it was his fate; pé rud a tá i ndán dúinn whatever is in store for us.

dána adj3 **1** bold; **2** daring, audacious; **3** confident.

dánaíocht nf3 **1** courage, boldness; ní raibh sé de dhánaíocht agam é a rá I hadn't the courage to say it; **2** audacity.

Danar nm1 **1** Dane; **2** foreigner; **3** barbarian.

danartha adj3 barbarous, cruel; gníomh danartha a barbaric deed.

danarthacht nf3 barbarity, cruelty.

dánlann nf2 art gallery.

Danmhairg nf2 an Danmhairg Denmark.

Danmhairgis nf2 Danish.

Danmhargach nm1 Dane. ● adj1 Danish.

dánta → DÁN.

daoibh → DO.

daoine → DUINE.

daoire nf4 dearness, expensiveness.

daoirse nf4 slavery.

daol nm1 beetle; ➤ chomh dubh leis an daol jet-black (literally: as black as a beetle).

daoldubh adj1 jet-black.

daonáireamh nm1 census.

daonchairdeas nm1 humanitarianism, philanthrophy.

daonchairdiúil adj2 humanitarian, philanthropical.

daonchara nm4 humanitarian, philanthrophist.

daonchumhacht nf3 manpower.

daonlathach adj1 democratic;
An Páirtí Daonlathach Progressive Democrats.

daonlathaí nm4 democrat.

daonlathas nm1 democracy.

daonna adj3 1 human; an cine daonna the human race; 2 humane, kind.

daonnachas nm1 humanism.

daonnacht nf3 1 humanity; 2 human nature.

daonnachtúil adj2 humane.

daonnaí nm4 human being.

daonra nm4 population.

daonuair (pl daonuaireanta) nf2 person hour.

daor nm1 slave. ● adj1 1 costly; bhí sé an-daor it was very expensive; íocfaidh tú go daor as you will pay dearly for it; 2 severe. ● vb1 enslave; 2 condemn, convict; duine a dhaoradh chun báis to condemn someone to death.

daoradh (gensg daortha) nm 1 enslavement; 2 condemnation.

daoraí n bheith ar an daoraí to be livid.

daorbhroid nf2 dire distress.

daorghalar nm1 haemorrhoids, piles.

daorobair nf2 hard labour.

daorsmacht nm3 1 oppression; 2 slavery.

daoscarshlua nm4 rabble, riff-raff.

dar¹ prep by; dar Dia! by God!; dar m'anam! upon my soul!

dar² vb dar le it seems/seemed; dar an ceart aici, dar liom she's right, it seems to me; dar liom, ní bheidh sé sásta leis seo in my opinion, he won't be happy with this.

dar³ indir rel ('de/do + indirect relative of copula 'ar') an bhean dar mhiste é the woman to whom it mattered; an duine dar dual a bheith sásta the person who's usually happy; fear darbh ainm Aodán a man whose name was Aodán.

dár¹ poss adj ('de/do + ár') thug sé dár n-athair é he gave it to our father; fág ann dár gcomharsana é leave it there for our neighbours; duine dár ndaltaí one of our pupils.

dár² rel partic ('de/do + ár') to/from whom; to/from which; an fear dár thug sé an litir the man to whom he gave the letter; an tseilf dár tógadh an leabhar the shelf from which the book was taken.

dár³ prep an lá dár gcionn the following day.

dara num second; an dara duine/rud/háit the second person/thing/place; an dara lá déag the twelfth day.

darach →DAIR.

daracha →DAIR.

darb, darbh →DAR.

dásacht nf3 1 daring, audacity; 2 madness.

dásachtach adj1 1 daring, audacious; 2 furious.

dáta nm4 date.

dátaigh vb date.

dath nm3 1 colour; tá dath dearg air it's a red colour; dath a chur ar rud to colour/dye something; (figurative) dath na fírinne a semblance of truth; 2 suit (in cards); an dath a imirt to follow suit; 3 a damh anything; (with negative) nothing; níl a dhath eile le rá agam I have nothing else to say.

dathaigh vb colour, dye.

dathannach adj1 colourful, multicoloured.

dathdhall adj1 colourblind.

dátheangach adj1 bilingual.

dátheangachas *nm1* bilingualism.

dathú (*gensg* **dathaithe**) *nm* colouring.

dathúil *adj2* **1** good looking, pretty; **2** colourful.

dathúlacht *nf3* good looks, beauty.

••••••••••••••••••••••••••••••••••••••

de (*prep prons* **diom, diot, de, di, dúinn, díbh, díobh**) *prep* (becomes *d'* before vowel or 'fh' + vowel ; 'de' + 'an' becomes 'den')

••••➤ (*attachment*) to; bhí sé greamaithe den fhuinneog it was stuck to the window; rud a cheangal de rud to tie something to something;

••••➤ (*removal, separation*) from, off; rud a bhaint de dhuine to take something from someone; géag a bhriseadh de chrann to break a branch from a tree;

••••➤ (*position*) tá sé lasmuigh den doras it is outside the door; ar an taobh seo den pháirc on this side of the field;

••••➤ (*material, source*) tá sé déanta de chloicha it's made of stone; buille de bhua a blow of an axe;

••••➤ (*kind*) rud den saghas sin something of that kind; amadán de bhuachaill a fool of a boy;

••••➤ (*partitive*) duine de na buachaillí one of the boys; lá de na laethanta seo one of these days; roinnt den airgead some of the money;

••••➤ (*manner*) rud a rá de ghlór ard to say something in a loud voice; de shiúl na gcos on foot;

••••➤ (*in time expressions*) de ghnáth usually; bíonn sí de shíor ag caint she's always talking; ag obair de ló is d'oíche working night and day; tamall de bhlianta ó shin a number of years ago;

••••➤ (*with copula and substantive verb*) ní den mhúineadh é it is not good manners; is den riachtanas é it is necessary; níl sé de mhisneach agam é a dhéanamh I haven't the courage to do it; bhí sé de dhánaíocht aici é a rá she had the audacity to say it;

••••➤ (*in comparisons*) is óige de dhá bhliain é ná a dheirfiúr he is two years younger than his sister; is fearr de leabhar an dara ceann ná é sin the second book is better than that;

••••➤ (*giving reason*) de cheal airgid for want of money; de bharr go raibh sé ag cur báistí because it was raining.

! followed by lenition

Dé *n* Dé Luain/Máirt/Céadaoin on Monday/Tuesday/Wednesday.

dé¹ *nf* breath; bheith ar an dé deiridh to be at one's last gasp; an dé a choimeád i nduine to keep someone alive.

dé² → DIA.

dé- *pref* two, twin, bi-.

dea- *pref* **1** good; dea-scéal good news; ar an dea-uair fortunately; **2** well-; deabhéasach well-mannered.

deabhadh *nm1* hurry, rush; deabhadh a bheith ort to be in a hurry.

dea-bhéasa *nplm4* **1** good manners; **2** etiquette.

dea-bhlas *nm1* **1** good taste; **2** relish.

deabhóid *nf2* devotion.

deabholadh *nm1* aroma.

deacair (*gensg* **deacra** *genpl* **deacra**) *nf* difficulty, hardship.
● *adj* (*gensm* **deacair** *gensf* **deacra** *compar* **deacra** *pl*

deacra) difficult, hard; **is deacair a rá** it's hard to say.

déach *adj1* (*gensgm* **déach**) dual.

deachaigh →TÉIGH.

dea-chaint *nf2* **1** smart talk; **2** witty speech.

dea-chainteach *adj1* **1** well-spoken; **2** witty.

dea-chlú *nm4* good reputation.

deachmaíocht *nf3* wastage.

dea-chomhairle *nf4* good advice.

deachomhartha *nm4* good sign.

dea-chroíoch *adj1* kind-hearted.

deachtafón *nm1* dictaphone.

deachtaigh *vb* dictate.

deachtas →TÉIGH.

deachtóir *nm3* dictator.

deachtóireacht *nf3* dictatorship.

deachtú (*gensg* **deachtaithe**) *nm* dictation.

deachúil *nf3* decimal.

deachúlach *adj1* decimal; **an córas deachúlach** the decimal system.

dea-chumtha *adj3* **1** shapely; **2** well formed.

deacra →DEACAIR.

deacracht *nf3* difficulty.

déad (*pl* **déada**) *nm1* tooth.

déadach *adj1* dental.

déadchíor *nf2* dentures.

déag *num* -teen; **trí dhuine dhéag** thirteen people; **seacht gcarr déag** seventeen cars; **a dó dhéag** twelve.

déagóir *nm3* teenager.

déagóra *adj*(*gen sg of n*) teenage.

dealaigh *vb* **1** part, separate; **dealaigh le** part with; **dealaigh ó** subtract from; **2** distinguish; **rud a dhealú ó rud eile** to distinguish something from something.

dealbh¹ *nf2* statue.

dealbh² *adj1* **1** destitute; **2** bare, empty.

dealbhóir *nm3* sculptor.

dealbhóireacht *nf3* sculpture.

dealg *nf2* **1** thorn; **2** brooch.

dealgán *nm1* knitting needle.

dealrachán *nm1* collarbone.

dealraigh *vb* **1** appear; **dealraíonn sé go...** it appears that...; **2** shine.

dealraitheach *adj1* **1** apparent; **is dealraitheach go bhfuil sé fíor** it appears to be true; **2** likely, plausible; **3** shining; **4** handsome.

dealramh *nm1* **1** appearance; **tá an dealramh air go...** it seems that...; **de réir dealraimh** apparently; **2** resemblance, likeness; **dealramh a bheith agat le duine** to look like someone; **3** sheen, splendour, radiance.

dealú (*gensg* **dealaithe**) *nm* subtraction.

dealús *nm1* destitution.

dealúsach *adj1* destitute.

deamhan *nm1* **1** demon; **2** (*in negative phrases; usually lenited*) **dheamhan a fhios agam** I haven't the faintest idea; **dheamhan a bhfaca sé** he saw nothing.

dea-mhéin *nf2* goodwill; **le gach dea-mhéin** with every good wish.

dea-mhéineach *adj1* benevolent, well-wishing.

dea-mhúinte *adj1* well-mannered.

deán *nm1* channel (*in strand at low tide*).

déan¹ *nm1* dean.

déan² (*vn* **déanamh**) *vb* **1** do; **obair a dhéanamh** to do work; **gnó a dhéanamh** to do business; **rinne sé a dhicheall** he did his best; **déanamh go maith** to do well; **2** make; **an dinnéar a dhéanamh** to make the dinner;

botún a dhéanamh to make a mistake; **3** reach; barr cnoic a dhéanamh to reach the top of a hill; **4** commit; coir a dhéanamh to commit a crime; **5** observe; an Carghas a dhéanamh to observe Lent; **6** act; páirt duine a dhéanamh to act the part of someone; **7** become, turn out; rinne sí amhránaí iontach she became a wonderful singer; rinne sé samhradh maith it turned out to be a good summer.

□ **déan amach 1** make out; liosta a dhéanamh amach to make out a list; **2** think; déanaim amach go... I think that...

□ **déan ar 1** make for, go towards; bheith ag déanamh ar áit to be making for a place; **2** (in phrases) ionsaí a dhéanamh ar dhuine to attack someone; do mhachnamh a dhéanamh ar rud to think about something; aithris a dhéanamh ar dhuine to imitate someone.

□ **déan as 1** make out of; rud a dhéanamh as adhmad to make something out of wood; **2** make do with; déanamh as an mbeagán to make do with little.

□ **déan de 1** make of; amadán a dhéanamh díot féin to make a fool of oneself; praiseach a dhéanamh de rud to make a mess of something; rinne sí gúna den éadach she made a dress from the cloth; **2** reduce to; smidiríní a dhéanamh de rud to make smithereens of something.

□ **déan do 1** do for; áis a dhéanamh do dhuine to do a favour for someone; **2** make for; béile a dhéanamh do dhuine to make a meal for someone.

□ **déan faoi** gáire a dhéanamh faoi dhuine to laugh at someone.

□ **déan suas** make up; scéal a dhéanamh suas to make up a story.

déanach adj1 **1** last; an uair dhéanach the last time; **2** late; déanach san oíche late in the night.

déanaí nf4 lateness; ar a dhéanaí at the latest; le déanaí lately; i ndéanaí an lae late in the day.

déanamh nm1 **1** doing; **2** making; **3** manufacture; déanamh earraí the manufacture of goods; **4** make; cén déanamh atá air? what make is it?

déanfasach adj1 industrious.

déan-féin-é nm4 do-it-yourself, DIY.

deann (pl deanna) nm3 **1** sting; **2** pang, twinge; **3** thrill.

deannach nm1 dust; clúdach deannaigh dust jacket (of book).

déanta adj3 **1** finished; earra déanta finished product; **2** fully qualified; dlíodóir déanta a fully qualified lawyer; **3** complete, utter; amadán déanta a complete fool; **4** (in phrase) déanta na fírinne as a matter of fact, to tell the truth.

déantóir nm3 **1** maker; **2** manufacturer.

déantús nm1 **1** make; de dhéantús na hÉireann made in Ireland; **2** manufacture.

déantúsaíocht nf3 manufacture.

dear vb draw, design.

deara n rud a thabhairt faoi (n)deara to notice something.

dearadh (pl dearai) nm1 **1** design; **2** sketch; **3** drawing.

dearbhaigh vb **1** affirm; **2** assure; **3** confirm; rud a dhearbhú do dhuine to confirm something for someone; **4** declare, testify; dhearbhaigh sí sa chúirt orthu she testified in court against them.

dearbhán nm1 voucher; dearbhán lóin luncheon voucher.

dearbhchló *nm4* positive, print (*in photography*).

dearbhú (*gensg* **dearbhaithe**) *nm* 1 affirmation; 2 confirmation; **dearbhú a thabhairt le rud** to give confirmation of something; 3 declaration; **dearbhú a dhéanamh** to make a declaration.

dearc *vb* look.

dearcach *adj1* 1 far-seeing; 2 considerate.

dearcadh *nm1* 1 look; 2 opinion, point of view; **an dearcadh atá agat ar rud** the opinion one has on something; 3 vision; 4 foresight.

dearcán *nm1* acorn.

Déardaoin *nf2* Thursday; **Déardaoin** on Thursday; **ar an Déardaoin** on Thursdays.

dearfa *adj3* 1 certain; **bheith dearfa de rud** to be certain of something; **go dearfa** certainly; 2 definite; 3 proven.

dearfach *adj1* affirmative, positive.

déarfaidh → ABAIR.

dearg (*pl* **dearga**) *nm1* red. ● *adj1* red.

dearg- *pref* intense, utter.

deargbhréag *nf2* barefaced lie.

deargbhuile *nf4* bheith ar **deargbhuile** to be furiously angry.

dearg-ghráin *nf2* intense hatred; **dearg-ghráin a bheith agat ar rud** to detest something.

dearmad *nm1* 1 forgetfulness; **dearmad a dhéanamh ar rud** to forget something; **mo dhearmad!** (by the way) I forgot!; 2 negligence; 3 mistake, error; **dearmad cló** misprint.

dearmadach *adj1* 1 forgetful; 2 absent-minded.

dearna¹ → DÉAN.

dearna² (*gensg* **dearna** *pl* **dearnana**) *nf* palm (*of hand*).

dearnáil *nf3* darning. ● *vb* darn.

dearóil *adj1* 1 frail, puny; 2 miserable, wretched; **áit dhearóil** a wretched place.

dearóile *nf4* misery, wretchedness.

deascnaitheach *adj1* excellent.

deartháir (*gensg* **dearthár** *pl* **deartháireacha**) *nm* brother; **deartháir céile** brother-in-law.

dearthóir *nm3* designer.

dea-rún *nm1* good intention.

deas¹ *n* ó dheas southwards; **dul ó dheas** to go south.

deas² *n* **de dheas do/i** near to, close to.

deas³ *adj* (*gensgm* **deis** *gensgf* **deise** *compar* **deise** *pl* **deasa**) right; **an taobh deas** the right side; **lámh dheas** right hand; **ar thaobh na láimhe deise** on the right-hand side.

deas⁴ (*compar* **deise**) *adj1* near, close; **deas don teach** close to the house; **bhí sí deas go maith dó** she was very close to it.

deas⁵ *adj* (*gensgm* **deas** *gensgf* **deise** *compar* **deise** *pl* **deasa**) nice, kind; **duine deas** a nice person; **ba dheas liom é a dhéanamh** I would like to do it.

deasach *adj1* right-handed.

deasaigh *vb* 1 dress; 2 arrange.

deasbhord *nm1* starboard.

deasc *nf2* desk.

deasca¹ *nm4* dregs, sediment.

deasca² *nm4* consequence; **dá dheasca sin** in consequence of that.

deascán *nm1* 1 deposit, sediment; 2 collection.

dea-scéala *nm4* good news.

deasghnách *adj1* 1 ceremonial; 2 formal.

deasghnáth (*pl* **deasghnátha**) *nm3* 1 ceremony; 2 formality; 3 rite, ritual.

deaslabhartha *adj3* **1** articulate; **2** eloquent.

deaslabhra *nf4* elocution.

deaslámhach *adjm* **1** adept, skilful; **2** handy; **3** right-handed.

deastógáil *nf3* assumption; **Deastógáil na Maighdine Muire** the Assumption of the Blessed Virgin Mary.

deatach *nm1* smoke.

deataigh *vb* smoke; **iasc a dheatú** to smoke fish.

deataithe *adj3* smoked; **bradán deataithe** smoked salmon.

dea-thoil *nf3* goodwill.

débhríoch *adj1* ambiguous.

débhríocht *nf3* ambiguity.

décharbónáit *nf2* bicarbonate.

déchéileachas *nm1* bigamy.

déchiallach *adj1* **1** ambiguous; **2** equivocal.

défhiús *nm1* ambivalence.

défhiúsach *adj1* ambivalent.

défhócasaigh *nplm1* bifocals.

défhoghar *nm1* diphthong.

deic *nf2* deck.

deich *numm4* ten; **deich dteach/ gcarr** ten houses/cars.

deichiú *nm4* tenth. ● *adj3* tenth; **an deichiú teach/duine** the tenth house/person.

deichniúr *nm1* **1** ten people; **2** decade (*of rosary*); **deichniúr den Phaidrín** a decade of the rosary.

déideadh *nm1* toothache.

deifir (*gensg* **deifre**) *nf2* hurry, rush; **deifir a bheith ort** to be in a hurry; **déan deifir!** hurry up!

deifreach *adj1* hurried; **➤ is minic a bhí deifreach déanach** more haste less speed.

deifrigh *vb* hurry.

deighil (*pres* **deighleann** *vn* **deighilt**) *vb* **1** divide; **2** separate; **3** partition (*in politics*).

deihgilt *nf2* **1** division; **2** split, rift; **3** separation; **4** partition (*in politics*); **deighilt tíre** partition of a country.

deil *nf2* lathe.

deilbh *nf2* **1** frame; **2** appearance, shape; **deilbh bhocht** poor appearance.

deilbhcháipéis *nf2* framework document.

deilbhíocht *nf3* morphology.

déileáil *nf3* dealing. ● *vb* deal.

déileálaí *nm4* dealer.

deilf *nf2* dolphin.

deilgneach *nf2* chickenpox. ● *adj1* **1** prickly, thorny; **2** barbed; **sreang dheilgneach** barbed wire.

deilín *nm4* **1** rigmarole; **2** jingle (*for advertisement*).

deiliusach *adj1* impudent.

deimheas *nm1* shears.

deimhin *n* **deimhin a bheith agat ar rud** to have proof of something; **deimhin a dhéanamh de rud** to make certain of something. ● *adj* (*gensgm* **deimhin** *gensgf* **deimhne** *compar* **deimhne** *pl* **deimhne**) certain, sure; **bheith deimhin de rud** to be certain of something; **go deimhin** indeed, of course.

deimhneach *adj1* certain; **bheith deimhneach de rud** to be certain of something.

deimhneacht *nf3* certainty.

deimhnigh *vb* **1** confirm, verify; **2** assure; **3** affirm.

deimhniú (*gensg* **deimhnithe**) *nm1* **1** certificate; **2** confirmation.

deimhniúil *adj2* affirmative.

déin¹ *n* (+GEN) (*in phrases*) **faoi dhéin** to meet, to fetch; **teacht faoi dhéin duine** to come to meet someone; **dul faoi dhéin duine** to go to fetch someone.

déin² →**DIAN**.

déine *nf4* **1** hardness, severity; **2** intensity; **dul i ndéine** to intensify.

deinim *nm4* denim.

deir[1] →ABAIR.

deir[2] *nf2* shingles.

déirc *nf2* charity.

deireadh[1] (*pl* **deiri**) *nm1* **1** end; **ag deireadh an chláir** at the end of the programme; **deireadh an lae** the end of the day; **deireadh na bliana** the end of the year; **2** conclusion, finish; **deireadh a chur le rud** to end something; **deireadh a bheith déanta agat** to have finished; **3** (*regarding time*) **faoi dheireadh** at last; **bheith chun deiridh le rud** to be behind with something; **an lá faoi dheireadh** the other day; **4** (*as adjective*) **suíochán deiridh** back seat; **roth deiridh** back wheel; **5** ending (*in grammar*); **6** stern (*of boat*).

deireadh[2] →ABAIR.

Deireadh Fómhair *nm* October.

deireanach *adj1* **1** last; **an ceann deireanach** the last one; **2** late; **oíche dheireanach** a late night; **3** latest, recent; **an scéala is deireanaí** the latest news.

deireanaí *nf4* lateness.

deireanas *nm1* lateness; **le deireanas** lately.

deirfiúr (*gensg* **deirféar** *pl* **deirféaracha**) *nf* sister; **deifiúr céile** sister-in-law.

deiri →DEIREADH[1].

déiríocht *nf3* dairying.

deirmititeas *nm1* dermatitis.

deis *nf2* **1** right, right-hand side; **ar dheis** on the right (hand side); **2** nearness; **rud a bheith ar do dheis agat** to have something to hand; **3** opportunity; **deis a thapú** to seize an opportunity; **4** advantage; **rud a chur chun do dheise féin** to turn something to one's

advantage; **5** facility; **deis imeartha** sporting facilities; **6** good condition; **rud a bheith ar deis agat** to have something in good condition; **7** wealth; **deis mhaith a bheith ort** to be well off.

deisbhéalach *adj1* well-spoken, witty.

deisbhéalaí *nf4* wittiness, wit.

deisceabal *nm1* disciple.

deisceart *nm1* south; **i ndeisceart na hÉireann** in the south of Ireland.

deisceartach *nm1* southerner. ● *adj1* southern.

deiseal *nm1* right-hand direction; (*as adverb*) **casadh ar deiseal** to turn clockwise.

deisigh *vb* mend, repair.

deisitheoir *nm3* repairer.

deisiú (*gensg* **deisithe**) *nm* repair.

deismineach *adj1* **1** refined; **2** prim, precious.

deismineachtaí *nplf4* niceties.

deismir *adj1* **1** fine, exemplary; **2** neat, tidy; **3** refined.

deismireacht *nf3* **1** example, illustration; **deismireacht a thabhairt do dhuine ar rud** to give someone an example of something; **2** neatness; **3** refinement.

déistin *nf2* disgust; **cuireann sé déistin orm** it disgusts me.

déistineach *adj1* disgusting.

déithe →DIA.

den →DE.

dénártha *adj3* binary.

deo *n* **go deo** always, forever, never (*with negative*); **go deo na ndeor** until the end of time; **go deo arís** never again.

deoch (*gensg* **dí** *pl* **deochanna**) *nf* **1** drink; **deoch mheisciúil** intoxicating drink; ➤ **is túisce deoch ná scéal** one should offer a

drink before asking for news;
2 beverage.

dé-ocsaíd nf2 **déocsaíd charbóin**
carbon dioxide.

dé-óid nf2 diode.

deoin nf3 consent, will; **rud a
dhéanamh de do dheoin féin** to
do something of one's own free
will.

deoir¹ (npl **deora** genpl **deor**)
nf2 **1** tear; **ag sileadh na ndeor**
shedding tears; **2** drop; **deoir
dhrúchta** a drop of dew; **deoir ar
dheoir** drop by drop; **3 deora dé**
fuchsia.

deoir² n ► **chomh bocht leis an
deoir** as poor as a church mouse.

deoirghás nm1 tear gas.

deolchaire nf4 gratuity.

deonach adj1 voluntary; **obair
dheonach** voluntary work.

deonaigh vb **1** consent; **deonú
rud a dhéanamh** to consent to do
something; **2** grant; **rud a dheonú
do dhuine** to grant something to
someone.

deontas nm1 grant.

deontóir nm3 donor.

deonú (gensg **deonaithe**) nm
grant, concession.

deor, deora → DEOIR.

deorach adj1 tearful.

deoraí nm4 **1** exile; **2** stranger;
3 (in phrase) **ní raibh duine ná
deoraí ann** there was no one at
all there.

deoraíocht nf3 exile; **bheith ar
deoraíocht** to be in exile.

deoranta adj3 **1** strange,
unusual; **2** alien, foreign.

déshúiligh nplm1 binoculars.

déthaobhach adj1 bilateral.

déthaobhachas nm1 bilateral-
ism.

déthoiseach adj1 two-
dimensional.

dh- remove 'h': see 'Initial Muta-
tions' in the Grammar section.

dhá num (becomes 'da' after 'an'
or 'cead') two; **dhá bhosca
bheaga** two small boxes; **an dá
rud** the two things; **in dhá shlí** in
two ways.

dháréag nm4 twelve people.

dheachaigh → TÉIGH.

dhéanfainn, dhearna → DÉAN.

di → DE, → DO

dí → DEOCH.

dia (gensg **dé** pl **déithe**) nm god;
na déithe págánacha the pagan
gods; **dia beag** false god, idol.

Dia (gensg **Dé**) nm God; **1 Dia an
tAthair God the Father; a Dhia
dhílis!** O dear God!; **in ainm Dé!**
in God's name!; **2** (in greetings)
Dia duit hello, God save you; **Dia
is Muire duit** hello (in reply); **Dia
anseo isteach** God bless all here.

dia-aithis nf2 blasphemy.

diabhal nm1 **1** devil; **2** (in
phrases) **d'anam don diabhal!**
damn you!; **bíodh an diabhal
agat!** the devil guide you!; **conas
sa diabhal...?** how the devil...?

diabhalta adj3 **1** mischievous;
2 very; **diabhalta fuar** very cold.

diabhlaíocht nf3 **1** mischief;
2 witchcraft.

diaga adj3 **1** divine; **2** theo-
logical.

diagacht nf3 **1** divinity; **2** the-
ology.

diaganta adj3 pious.

diagram nm1 diagram.

diaibéiteach nm1 diabetic.

diaibéiteas nm1 diabetes.

diaidh n i ndiaidh (+GEN) follow-
ing, after; **i ndiaidh an
chruinnithe** after the meeting; **i
ndiaidh an dinnéir** after dinner;
tamall ina dhiaidh sin a while
after that; **fiche i ndiaidh a
seacht** twenty past seven; **diaidh ar
ndiaidh** gradually; **i ndiaidh a**

chéile one after the other; **cúig uaire i ndiaidh a chéile** five times in a row.

diail[1] *nf2* dial.

diail[2] *adj1* **1** terrible; **2** remarkable, wonderful; **go diail!** great!

dialaigh *vb* dial.

diair *adv* **go diair** quickly; **éirigh go diair!** get up at once!

diáirithe *adj3* innumerable.

dialann *nf2* diary.

dialait *nf2* saddle.

diamant *nm1* diamond.

diamhair (*gensgm* **diamhair** *gensgf* **diamhaire** *compar* **diamhaire** *pl* **diamhra**) *adj2* **1** dark, obscure; **2** mysterious; **3** terrible.

diamhasla *nm4* blasphemy.

diamhaslaigh *vb* blaspheme.

diamhracht *nf3* mysteriousness.

dian *adj* (*gensgm* **déin** *gensgf* **déine** *compar* **déine** *pl* **diana**) **1** intense; **2** hard, severe; **3** difficult.

dian- *pref* **1** intensive; **2** hard, severe;

dianas *nm1* **1** intensity; **2** severity.

dianchúrsa *nm4* intensive course.

dianmhacnamh *nm1* concentration, deep thought.

dí-armáil *nf3* disarmament. ● *vb* disarm.

dias (*gensg* **déise**) *nf2* **1** ear (*of corn*); **2** point (*of weapon*); **3** spike (*in botany*); **4** deuce (*in tennis*).

diasraigh *vb* glean.

díbeartach *nm1* outcast.

díbeartha *adj3* → DÍBIRT.

díbh → DE.

dibheán *nm1* divan.

díbheirg *nf2* wrath; **díbheirg Dé** the wrath of God.

díbheo *adj3* lifeless, listless.

dibhinn *nf2* dividend.

díbhirce *nf4* zeal.

díbhirceach *adj1* **1** eager; **2** zealous.

díbhlionach *adj1* mutual.

díbhoilsciú (*gensg* **díbhoilscithe**) *nm* deflation.

díbholaíoch *nm1* deodorant.

díbholg *vb* deflate.

díbir (*pres* **díbríonn** *vn* **díbirt**) *vb* **1** drive out, expel; **2** deport; **3** banish.

díbirt (*gensg* **díbeartha**) *nf3* **1** expulsion; **2** deportation; **3** banishment.

díblí *adj3* **1** decrepit; **2** dilapidated.

dícháiligh *vb* disqualify.

dícheall *nm1* best effort; **do dhícheall a dhéanamh** to do one's best.

dícheallach *adj1* **1** hardworking, industrious; **2** earnest.

díchéilli *adj* senseless.

díchoimeáil *vb* dismantle.

díchorda *nm4* discord.

díchorn *vb* unwind.

díchuimhne *nf4* **1** forgetfulness; **2** oblivion.

dide *nm4* nipple, teat.

dídean *nf2* **1** shelter; **dídean a thabhairt do dhuine** to give someone shelter; **2** refuge, protection.

dídeanaí *nm4* refugee.

difear *nm1* difference.

dífhabhtaigh *vb* debug (*in computing*).

dífhostaíocht *nf3* unemployment.

dífhostaithe *adj3* unemployed.

dífhostú (*gensg* **dífhostaithe**) *nm* dismissal.

difríocht *nf3* difference.

difriúil *adj2* different.

diftéire *nf4* diphtheria.

dígeanta *adj3* obdurate.

dighalraigh *vb* disinfect.

dighalrán *nm1* disinfectant.

dighreamaigh *vb* unstick.

digit *nf2* digit.

dil *adj1* **1** dear; **2** beloved.

diláraithe *adj3* decentralised.

dilárú *(gensg* **diláraithe)** *nm* decentralisation.

dile *(gensg* **dileann** *pl* **dílí)** *nf* flood, deluge.

dileá *nm4* **1** digestion; **2** dissolution.

dileáigh *vb* **1** digest; **2** dissolve.

dílis *adj (gensgf* **dílse** *compar* **dílse** *pl* **dílse) 1** loyal; **bheith dílis do dhuine** to be loyal to someone; **2** own; **a dteanga dhílis** their own language; **3** proper; **ainm dílis** proper name/noun; **4** dear; *(in letter)* **a Mhéabh dhílis** dear Méabh; **5** genuine; **cóip dhílis** genuine copy.

dilleachta *nm4* orphan.

dilleachtlann *nf2* orphanage.

dílse¹ *nf4* **1** loyalty, allegiance; **2** security, pledge.

dílse² →DÍLIS.

dílseacht *nf3* **1** loyalty, allegiance; **mionn dílseachta** an oath of allegiance; **2** genuineness, reliability.

dílseánach *nm1* proprietor.

dílseoir *nm1* loyalist.

diluacháil *nf3* devaluation. ● *vb* devalue.

diluchtaigh *vb* unload.

dimheabhrach *adj1* **1** forgetful; **2** oblivious; **dimheabhrach ar** oblivious of.

dimheas *nm3* contempt, disrespect.

dimheasúil *adj2* contemptuous, disrespectful.

dináisiúnaigh *vb* denationalize.

ding *nf2* **1** wedge; **2** dent. ● *vb* **1** wedge; **2** pack; **3** ram.

dinimiciúil *adj2* dynamic.

dinimít *nf2* dynamite.

dinit *nf2* dignity.

dinn →DE.

dinnéar *nm1* dinner.

dinnireacht *nf3* dysentery.

dinnseanchas *nm1* topography.

dintiúir *nplm1* credentials, qualifications; **tá a dintiúir (ó thalamh) aici** she's fully qualified.

díobh →DE.

díobhach *nm1* remover; **díobhach vearnais iongan** nail varnish remover.

díobháil *nf3* **1** lack, want; **de dhíobháil ruda** for want of something; **2** damage, injury; **díobháil a dhéanamh do rud** to damage something; **díobháil a dhéanamh do dhuine** to injure someone; **3** harm; **ní haon díobháil é** it's no harm.

díobhálach *adj1* **1** harmful, injurious; **2** at a loss.

díocasach *adj2* eager.

díochlaon *vb* decline *(in grammar)*.

díochlaonadh *(gensg* **díochlaonta** *pl* **díochlaontaí)** *nm* declension.

díochra *adj3* **1** intense; **2** fervent, passionate.

díochracht *nf3* **1** intensity; **2** fervour, passion.

díog *nf2* **1** ditch; **2** drain.

díogáil *vb* dock, trim.

díogha *nm4* worst; **díogha gach úsáid** the worst possible thing; **rogha an dá dhíogha** a choice between two evils.

díograis *nf2* **1** fervour, zeal; **2** kindred affection; **bheith i ndíograis le duine** to be very close to someone.

díograiseach *adj1* **1** enthusiastic; **2** zealous.

díograiseoir *nm3* zealot.

di-oighrigh *vb* de-ice.

di-oighraitheoir *nm3* de-icer.

diol *nm3* **1** sale; ar díol for sale; **2** payment; i ndíol ruda in payment for something; **3** enough; tá díol seachtaine agam I have enough for a week. ● *vb* (*vn* díol) **1** sell; **2** pay.

diolachán *nm1* sale.

diolaim *nf2* collection, compilation.

diolaíocht *nf3* payment.

dioltas *nm1* **1** revenge; díoltas a imirt ar dhuine to take revenge on someone; **2** vengeance; díoltas a bhaint amach to exact vengeance.

dioltasach *adj1* vindictive, vengeful.

dioltóir *nm3* dealer, seller.

diolúine (*pl* díolúinti) *nf3* **1** exemption, immunity; **2** franchise, licence.

diom → DE

diomá *nf4* disappointment.

diomách *adj1* disappointed.

diomail (*pres* diomlaíonn *vn* diomailt) *vb* squander, waste; airgead a dhiomailt to squander money.

diomailteach *adj1* **1** wasteful; **2** extravagant.

diomaíoch *adj1* ungrateful.

diomaite *adv* diomaite de apart from, besides.

diomas *nm1* **1** arrogance; **2** contempt, scorn.

diomasach *adj1* **1** arrogant; **2** contemptuous, scornful.

diomhaoin *adj1* **1** idle; bheith díomhaoin to be idle; **2** vain, worthless; ba dhíomhaoin é mar thuras it was a journey in vain; **3** unmarried; an bhfuil sé pósta nó díomhaoin? is he married or single?

diomhaointeas *nm1* **1** idleness; **2** vanity.

diomú *nm4* dissatisfaction, displeasure.

diomua *nm4* defeat.

diomúch *adj1* dissatisfied.

dion¹ (*pl* díonta) *nm1* **1** protection, shelter; mar dhíon ar an bhfuacht as protection against the cold; dul faoi dhíon to seek shelter; **2** roof; dion slinne a slate roof. ● *vb* **1** protect, shelter; **2** make watertight; **3** roof; **4** immunize.

dion² *n* ➤ ag cur de dhíon is de dheora raining cats and dogs.

dionach *adj1* protective, impermeable; díonach ar uisce waterproof.

dionbhrat *nm1* awning.

dionbhrollach *nm1* preface.

diongbháil *nf3* **1** equal, match; casadh fear a dhíongbhála air he met his match; **2** worth; **3** merit, worth.

diongbháilte *adj3* **1** firm, steadfast; rún diongbháilte a bheith agat to be firmly resolved; **2** strict, positive; rialacha dionghálte strict rules; **3** well built, solid; fear diongbháilte a thickset man.

diongbháilteacht *nf3* **1** worthiness, merit; **2** resolve; **3** firmness, steadfastness; **4** decisiveness.

dionmhar *adj1* protective.

dionteach (*gensg* dionti *pl* diontithe) *nm* penthouse.

diopdloma *nm4* diploma.

dioplómaitic *nf2* diplomacy.

dioplómaitiúil *adj2* diplomatic.

diorma *nm4* **1** troop; **2** band.

diorthach *nm1* derivative. ● *adj1* derivative.

diosal *nm1* diesel.

diosc *vb* **1** creak; **2** grate, grind.

diosca *nm4* disk (*computers*) diosca crua hard disk; diosca bog floppy disk.

dioscán *nm1* **1** creaking; **2** grating, grinding.

dioscó *nm4* disco.

dioscthiomáint (*gen* **dioscthiomána**) *nf3* disk drive.

díospóireacht *nf3* debate, discussion.

díot → DE.

díotáil *nf3* indictment. ● *vb* indict.

diothaigh *vb* **1** annihilate; **2** exterminate, eliminate.

díothóir *nm3* **1** exterminator; **2** destroyer.

díothú (*gensg* **díothaithe**) *nm* **1** destruction; **2** annihilation; **3** extermination.

dip *nf2* dip.

dírbheathaisnéis *nf2* autobiography.

díreach *adj1* **1** straight; **líne dhíreach a dhéanamh** to form a straight line; **2** direct; **ceist dhíreach** a direct question; **insint dhíreach** direct speech (*in grammar*); **3** erect, upright. ● *adv* **go díreach!** exactly!; **díreach ansin** just there; **anois díreach** just now; **díreach ag an nóiméad sin** just at that moment.

diréir *nf2* disproportion.

diréireach *adj1* disproportionate.

dírigh *vb* **1** straighten; **2** direct; **d'aire a dhíriú ar rud** to direct one's attention to something; **díriú ar áit** to make for a place.

dis *nf2* pair.

disc *nf2* dryness; **dul i ndísc** to run dry.

discéad *nm1* diskette.

disciplín *nm4* discipline.

discithe *adj3* **1** dried up; **2** consumed.

discréid *nf2* discretion.

discréideach *adj1* discreet.

discríobh (*vn* **discríobh** *vadj* **discriofa**) *vb* write off.

diséad *nm1* duet.

diseart *nm1* retreat.

dishealbhaigh *vb* **1** evict; **2** dispossess.

dishealbhú *vb* **1** eviction; **2** dispossession.

dishioc *vb* defrost.

disle *vb* die; **dísli** dice.

dispeag *vb* belittle.

dispeagadh (*gensg* **dispeagtha**) *nm* **1** belittlement; **2** contempt; **dispeagadh cúirte** contempt of court; **3** diminutive.

dispeansáid *nf2* dispensation.

dispéise *nm4* dyspepsia.

dith *nf2* **1** loss, deprivation; **rud a chur de dhíth ar dhuine** to deprive someone of something; **2** lack, need, want; **rud a bheith de dhíth ort** to need something.

dithneas *nm1* **1** haste, hurry; **dithneas a bheith ort** to be in a hurry; **2** urgency.

dithneasach *adj1* **1** hurried; **2** urgent.

dithreabh *nf2* wilderness.

dithreabhach *nm1* **1** hermit, recluse; **2** homeless person.

dithruaillligh *vb* decontaminate.

diúc *nm1* duke.

diúg *vb* **1** drain, drink to the dregs; **2** sponge on.

diúgaire *nm4* **1** drinker, tippler; **2** sponger.

diúgaireacht *nf3* **1** drinking, tippling; **2** draining (*of liquid*); **3** sponging.

diúilicín *nm4* mussel.

diúité *nm4* duty; **bheith ar diúité** to be on duty.

diúl (*vn* **diúl**) *vb* suck.

diúlach *nm1* chap, guy, bloke; **a dhiúlaigh!** my boyo!

diúltach *nm1* negative. ● *adj* negative.

diúltaigh vb 1 deny; 2 refuse;
diúltú rud a dhéanamh to refuse
to do something; 3 turn down;
4 renounce; diúltú don fhoréigean
to renounce violence.

diúltú (gensg **diúltaithe**) nm
1 denial; 2 refusal; 3 rejection;
4 renunciation.

diúnas nm1 stubbornness.

diúracán nm1 missile, projectile.

diúraic (pres **diúracann** vn
diúracadh vadj **diúractha**) vb
1 cast, throw; 2 launch.

diúrnaigh vb 1 drain, drink;
2 embrace, hug; bhí siad ag
diurnú a chéile they were hug-
ging each other.

diúscairt (gen **diúscartha**) nf3
disposal.

dlaoi (pl **dlaoithe**) nf4 1 wisp,
tuft; 2 lock (of hair); 3 (in
phrase) an dlaoi mhullaigh a chur
le rud to put the finishing
touches to something.

dleacht nf3 1 (legal) right; is é
do dhleacht é it is your (legal)
right; 2 tax, duty; saor ó dhleacht
duty free; 3 royalty; dleacht údair
author's royalty.

dleachtach adj1 1 due; 2 lawful;
3 proper.

dleathach adj1 1 lawful, legal;
2 genuine; 3 valid.

dlí (pl **dlithe**) nm4 law; dlí an
nádúir/dlí Dé the law of nature/
God; de réir an dlí according to
the law; an dlí a choimeád/a
bhriseadh to keep/to break the
law.

dlíeolaí nm4 jurist.

dlí-eolaíocht nf3 jurisprudence.

dliodóir nm3 lawyer.

dlisteanach adj1 1 lawful; 2 le-
gitimate; 3 loyal, faithful.

dliteanas nm1 liability.

dlíthairiscint (gensg
dlíthairisceana) nf legal
tender.

dlithe →DLÍ.

dlíthiúil adj2 legal, lawful.

dlús nm1 1 density; 2 compact-
ness; 3 expedition, speed; dlús a
chur le rud to speed something
up.

dlúsúil adj2 1 diligent,
industrious; 2 speedy, prompt.

dlúth adj1 1 close; 2 compact;
3 dense.

dlúthbhaint nf2 close contact.

dlúthchaidreamh nm1 close
relations.

dlúthdhiosca nm4 compact disc,
CD.

dlúthpháirtíocht nf3 solidarity.

do¹ poss adj (becomes d' before a
vowel or fh + vowel) your
(singular); do teach/charr your
house/car; d'athair your father.

do² (prep prons **dom, duit, dó,
di, dúinn, daoibh, dóibh**)
prep
(becomes d' before a vowel or fh
+ vowel; 'do + ár' becomes 'dár';
'do + an' becomes 'don') to, for;
····▸ (introducing indirect object)
rud a thabhairt do dhuine to give
something to someone; nóta a
fhágáil do dhuine to leave a note
for someone;
····▸ (thing or person affected) tá sé
sin go maith duit that's good for
you; rinne sé dochar dó it did
him harm; trua a bheith agat do
dhuine to have pity for
someone; d'inis sí scéal dom she
told me a story;
····▸ (destination) dul don chathair
to go to the city; bhí sé ag dul
don siopa he was going to the
shop;
····▸ (in greetings, invocations)
beannú do dhuine to greet
someone; oíche mhaith duit!
goodnight to you!; Nollaig shona
dhuit! happy Christmas to you!;

···→ (relation, proximity) **cara dom** a friend of mine; **casadh uncail di orm** I met an uncle of hers; **cóngarach dom** close to me;

···→ (with copula) **is mór an chabhair dom é** it's a big help to me; **ba cheart duit labhairt leis** you should speak with him; **b'fhíor di** she was right; **b'fhánach an mhaise dó é** it was a useless thing for him to do;

···→ (with verbal noun) **ag teacht isteach dom as** I was coming in; **ag tiomáint abhaile di** as she was driving home.

! followed by lenition

do-aimsithe adj3 unattainable.

do-áirithe adj3 innumerable, countless.

do-aitheanta adj3 unrecognizable.

dóbair vb (defective) **dóbair dom titim** I nearly fell; **dóbair dó it was a near thing for him.

Dobhar nm3 Dover.

dobharchú nm4 otter.

dobhardhroim nm3 watershed.

dobhareach nm1 hippopotamus.

dobharline (pl **dobharlinte**) nf4 waterline.

dobhrán nm1 **1** otter; **2** idiot, halfwit.

dobhréagnaithe adj3 undeniable.

dobhriathar (pl **dobhriathra**) nm1 adverb.

dobhriste adj3 unbreakable.

dobrón nm1 grief, sorrow; **dobrón a dhéanamh** to grieve.

dócha (compar **dóichí**) adj likely, possible; **is dócha (go)** it is likely that...; **ní dócha (go)...** it is unlikely that...; **is é is dóichí go...** it is most likely that...; **chomh**

dócha lena athrach as likely as not.

dochar nm1 **1** harm, hurt, injury; **dochar a dhéanamh do dhuine/rud** to harm someone/ something; **2** debit; **taobh an dochair** the debit side; **sochar agus dochar** profit and loss.

dóchas nm1 **1** hope; **bheith i ndóchas (go)...** to hope that...; **2** expectation.

dóchasach adj1 **1** hopeful; **2** confident, optimistic.

docheansaithe adj3 **1** uncontrollable; **2** untameable (animal).

dochloíte adj3 **1** invincible; **2** indefatigable, tireless.

dochorraithe adj3 immovable, imperturbable.

dochrach adj1 harmful, damaging.

dochreidte adj3 incredible, unbelievable.

docht adj1 **1** tight; **greim docht a** tight grip; **2** close; **rún docht** close secret; **3** strict; **rialacha dochta** strict rules.

dochtúir nm3 doctor.

dóchúil adj2 likely, probable.

dóchúlacht nf3 likelihood, probability.

dóchmainneach adj1 insolvent.

dócúl nm1 discomfort.

dodhéanta adj3 impossible.

dodhearmadta adj3 unforgettable.

do-earráide adj3 infallible.

dofhaighte adj3 unobtainable.

dofheicthe adj3 invisible.

dofheictheacht nf3 invisibility.

dofhulaingthe adj3 **1** unbearable; **2** intolerable.

doghafa adj3 impregnable.

doghluaiste adj3 immovable.

doghluaisteacht nf3 immobility.

dóibh →DO².

doicheall *nm1* **1** reluctance; **2** churlishness.

doicheallach *adj1* **1** unwelcoming; **2** inhospitable; **3** reluctant.

dóichí →DÓCHA.

doiciméad *nm1* document.

doiciméadaigh *vb* document.

do-idithe *adj3* inexhaustible.

dóigh¹ *nf2* **1** way, manner; rud a dhéanamh ar dhóigh áirithe to do something in a certain way; sa dóigh sin in that way; ar dhóigh éigin somehow; ar aon dóigh anyway; **2** method; dóigh oibre method of working; **3** state, condition; tá dóigh mhaith air it's in a good state; **4** chance, opportunity; dóigh a fháil ar rud to get a chance to do something.

dóigh² *nf2* **1** hope, expectation; do dhóigh a chur i nduine to put one's hope in someone; **2** likelihood, probability; is dóigh liom (go) I think (that); is dóigh (go) it's likely that.

dóigh³ *vb* burn, scorch.

dóighiúil *adj2* handsome, good-looking.

doiléir *nf2* **1** dim; **2** obscure; **3** vague; **4** indistinct.

doiléirigh *vb* **1** dim; **2** obscure; **3** darken.

doilígh *(gensgm* **doiligh** *gensgf* **doili** *compar* **doili** *pl* **doili***) adj* difficult, hard.

doilíos *nm1* **1** sorrow, remorse; **2** melancholy.

doilíosach *adj1* **1** sorrowful, remorseful; **2** melancholy.

doimhne, doimhneacha →DOMHAIN.

doimhneacht *nf3* depth.

doineann *nf2* **1** bad weather; **2** storm.

doineanta *adj3* **1** stormy, inclement (*weather*); **2** cheerless (*person*).

doinsiún *nm1* dungeon.

do-inste *adj3* indescribable.

Doire *nm4* Derry.

dóire *nm4* burner.

doirne →DORN.

doirse →DORAS.

doirseoir *nm3* doorkeeper, porter.

doirt *vb* **1** pour; deoch a dhoirteadh amach do dhuine to pour out a drink for someone; ag doirteadh fearthainne pouring rain; **2** spill; **3** run (*colour*).

doirteadh *(gensg* **doirte***) nm* **1** spilling; doirteadh fola bloodshed; **2** pouring.

doirteal *nm1* **1** sink; **2** washbasin.

do-ite *adj3* inedible.

dóite *adj3* **1** burned, scorched; bheith dóite ag an ngrian to be sunburnt; ➤ bheith (dubh) dóite de rud to be fed up with something; (*literally: to be burnt black by something*) **2** withered, dry; seanduine dóite a decrepit old person.

dóiteán *nm1* blaze, fire; inneall dóiteáin fire engine.

dol *nm3* **1** snare, trap; bheith sa dol to be ensnared; **2** noose; **3** loop.

dól *nm1* dole.

dola¹ *nm4* (wooden) peg.

dola² *nm4* **1** harm, loss; dola a dhéanamh to do harm; **2** charge, expense.

dolabhartha *adj3* unspeakable.

doladhroichead *nm1* tollbridge.

dólás *nm1* **1** sorrow, tribulation; **2** contrition; gníomh dóláis act of contrition.

doléite *adj3* illegible.

dollar *nm1* dollar.

doloicthe *adj3* foolproof, reliable.

dolúbtha adj3 **1** inflexible; **2** unbending.

dom →DO

domhain (gensg **doimhne** pl **doimhneacha**) nf2 depth. ● adj (gensgm **domhain** gensgf **doimhne** compar **doimhne** pl **doimhne**) **1** deep; **2** profound.

domhan nm1 earth, world; an Domhan the Earth; ar fud an domhain all over the world; an Tríú Domhan the Third World; ocras/tart an domhain a bheith ort to be extremely hungry/thirsty.

domhanda adj3 **1** worldwide; Cogadh Domhanda World War; **2** global.

domhanfhad nm1 longitude.

domhanleithead nm1 latitude.

domhantarraingt (gensg **domhantarraingthe**) nf gravity.

domheanma (gensg **domheanman**) nf despondency, depression.

domheanmnach adj1 downhearted, dejected.

domheasta adj3 immeasurable.

Domhnach nm1 an Domhnach Sunday; Dé Domhnaigh on Sunday; ar an Domhnach on Sunday.

domholta adj3 inadvisable.

domlas nm1 bitterness.

domlasta adj3 bitter.

domplagán nm1 dumpling.

don →DO².

dona adj3 **1** bad; tá an t-aer go dona the air is bad; rinne sé go dona he did badly; **2** unfortunate; is dona an scéal é it's a sad state of affairs.

donacht nf3 badness; dul i ndonacht to get worse.

donas nm1 **1** bad luck; mar bharr ar an donas on top of every misfortune; **2** affliction, misery;

dul chun donais to get worse; **3** badness; tá an donas dearg air he's terrible; tá an donas air le fuacht it's terribly cold.

donn adj1 brown.

donnbhuí adj3 light brown.

do-oibrithe adj3 unworkable.

dó-ola nf4 fuel oil.

doras (pl **doirse**) nm1 door; doras an tí door of the house; duine a chur ó dhoras to turn someone away from the door, to fob someone off.

dorcha adj3 **1** dark; oíche dhorcha a dark night; **2** obscure.

dorchacht nf3 darkness.

dorchadas nm1 dark, darkness; sa dorchadas in the dark.

dorchaigh vb darken.

dorchla nm4 passage, passageway.

dord nm1 **1** drone, buzz, hum; **2** bass (instrument). ● vb drone, buzz, hum.

dordán nm1 drone, buzz; bheith ag dordán to be droning.

dordánaí nm4 buzzer.

dordghuth nm3 bass (voice).

dordveidhil nf2 cello.

doréitithe adj3 insoluble.

doriartha adj3 **1** unruly; **2** intractable.

dorn (pl **doirne**) nm1 **1** fist, hand; rud a bheith i do dhorn agat to have something in one's hand; **2** punch; dorn a thabhairt do dhuine to give someone a punch; **3** fistful; dorn de rud a fistful of something.

dornaisc nplm1 handcuffs.

dornálaí nm4 boxer.

dornálaíocht nf2 boxing.

dornán nm1 handful.

dórtúr nm1 dormitory.

dorú (pl **doruithe**) nm4 (fishing) line.

dos (*pl* **dosanna**) *nm1* **1** tuft;
2 bush; **3** bunch (*of flowers*);
4 copse.

dosaen *nm1* dozen.

doscéala *nm4* bad news.

doshamhlaithe *adj3* unimaginable, unthinkable.

dosháraithe *adj3* unbeatable.

dosheachanta *adj3* unavoidable.

doshéanta *adj3* irrefutable.

doshrianta *adj3* uncontrollable.

dosmachtaithe *adj3* uncontrollable.

dóthain *nf4* enough, sufficiency;
do dhóthain a bheith agat to have
enough; dóthain airgid enough
money.

dothrasnaithe *adj3* impassable.

dothuigthe *adj3* **1** unintelligible;
2 inscrutable.

dothuirsithe *adj3* tireless.

dóú *adjm* second; an dóú duine/
háit the second person/place.

drabhlás *nm1* debauchery;
bheith ar an drabhlás to be
debauched, to be on the tear.

drabhlásach *adj1* debauched,
dissipated.

drabhlásaí *nm4* **1** rake;
2 boozer; **3** profligate.

draein (*gensg* **draenach** *pl*
draenacha) *nf* drain.

draenáil *nf3* drainage. ● *vb*
drain.

dragan *nm1* dragon.

draid *nf2* **1** grimace; **2** (set of)
teeth.

draidgháire *nm4* **1** toothy smile,
grin; **2** grimace.

draighneán *nm1* blackthorn.

draíocht *nf3* **1** magic, witchcraft;
rud a dhéanamh le draíocht to do
something by magic; cleas
draíochta a magic trick; **2** spell;
bheith faoi dhraíocht to be under
a spell.

draiodóir *nm3* magician.

dram *nm3* dram.

dráma *nm4* **1** drama; **2** play.

drámadóir *nm3* **1** dramatist;
2 playwright.

drámaíocht *nf3* drama.

drámata *adj3* dramatic.

dramhail (*gen* **dramhaíola**) *nf3*
refuse, waste.

drandal *nm1* gum(s).

drann *vb* **1** snarl; **2** drann le draw
near to.

drantaigh *vb* snarl, growl.

draoi *nm4* druid, magician,
wizard.

draoibeach *adj1* muddy.

draoidín *nm4* midget (*person*).

drár *nm1* drawer.

dreach *nm3* **1** facial expression,
appearance; dreach caillte a
bheith ort to have a hangdog
look; **2** face; **3** surface.

dréacht *nf3* **1** draft; **2** composition.

dréachtaigh *vb* draft.

dream *nm3* group, crowd (*of
people*); an dream óg the young
crowd; seachain an dream sin
avoid that crowd.

dreancaid *nf2* flea.

dreap *vb* climb.

dreapa *nm4* **1** climb, place for
climbing; **2** ledge (*on cliff*);
3 stile.

dreapadh (*gensg* **dreaptha**) *nm*
climb.

dreapadóir *nm3* climber.

dreapadóireacht *nf3* climbing.

dreas (*pl* **dreasa**) *nm3* **1** spell,
while; dreas oibre a dhéanamh to
do a spell of work; rinneamar
dreas cainte we chatted for a
while; **2** (*sport*) round.

dreasú (*gensg* **dreasaithe**) *nm*
incentive.

dréim *nf2* **1** aspiration, striving;
dréim le cáil striving for fame;

2 expectation; **ní raibh dréim aici leis** she was not expecting it; **3** contention; **bheith i ndréim le duine** to be in contention with someone. ● *vb* **1** aspire, strive; **bheith ag dréim le rud a dhéanamh** to be striving to do something; **2** expect.

dréimire *nm4* ladder; **dréimire taca** stepladder.

dreoigh *vb* decay, decompose.

dreoilín *nm4* **1** wren; **Lá an Dreoilín** St. Stephen's Day; **2** dreoilín teaspaigh grasshopper.

dreoite *adj3* **1** decayed; **2** withered.

driodar *nm1* dregs, slops.

driog *vb* distil.

drioglann *nf2* distillery.

driopás *nm1* hurry; **driopás a bheith ort** to be in a hurry.

dris *nf2* bramble, briar; **dris chosáin** stumbling block.

drisiúr *nm1* dresser.

drithle *nf4* sparkle.

drithleach *adj1* sparkling.

drithleog *nf2* spark.

drithligh *vb* sparkle, gleam, twinkle.

drithlin *nm4* **1** gleaming drop, bead; **2** thrill, tingle; **drithliní fuachta** cold shivers.

droch- *pref* **1** bad, evil; **2** poor; **3** un-.

drochamhras *nm1* distrust, misgiving; **drochamhras a bheith agat ar dhuine** to distrust someone.

drochaoibh *nf2* drochaoibh a bheith ort to be in a bad mood.

drochbhail *nf2* poor condition.

drochbharúil *nf3* poor opinion.

drochbhéas (*pl* **drochbhéasa** *genpl* **drochbhéas**) *nm3* vice, bad habit; **drochbhéasa** bad manners.

drochbhéasach *adj1* ill-mannered.

drochbhlas *nm1* bad taste.

droch-chaint *nf2* bad language.

droch-chlú *nm4* bad reputation.

droch-chríoch (*gensg* **droch-chríche**) *nf2* bad end; **rug droch-chríoch air** he came to a bad end.

droch-chroí *nm4* ill will; **drochchroí a bheith agat do dhuine** to be ill-disposed towards someone.

drochfhéachaint *nf3* evil look.

drochghnóthach *adj1* up to no good.

drochiarraidh (*gensg* **drochiarrata** *pl* **drochiarrataí**) *nf* **1** bad attack; **drochiarraidh den phlúchadh** a bad attack of asthma; **2** indecent assault.

drochíde *nf4* abuse; **drochíde do pháistí** child abuse.

drochiontaoibh *nf2* mistrust.

drochmheas *nm3* disdain, contempt; **drochmheas a bheith agat ar rud** to be contemptuous of something.

drochmheasúil *adj2* disdainful, contemptuous.

drochmhisneach *nm1* despondency, discouragement; **drochmhisneach a chur ar dhuine** to discourage someone.

drochmhuinín *nm4* distrust.

drochmhúinte *adj3* rude.

drochobair *nf2* mischief.

drochshaol *nm1* hard times; **An Drochshaol** The Great Famine.

drochthuar *nm1* bad omen, foreboding.

drochuair *nf2* evil hour; **ar an drochuair** unfortunately.

drogall *nm1* reluctance; **drogall a bheith ort rud a dhéanamh** to be reluctant to do something.

drogallach *adj1* reluctant.

droichead *nm1* bridge;
droichead coisithe footbridge;
droichead crochta suspension
bridge.

droim (*gensg* **droma** *pl*
dromanna) *nm3* **1** back; **droim
duine** a person's back; **chas sí a
droim liom** she turned her back
on me; **droim ar ais** back to front;
bheith sa droim ar dhuine to be
on someone's back (*nagging*);
tháinig siad de dhroim an chnoic
they came over the hill; **2** ridge;
droim sléibhe a mountain ridge;
3 droim dubhach depression,
melancholy; **titim i ndroim
dubhach** to become depressed.

droimneach *adj1* rolling,
undulating.

droimscríobh (*vn*
droimscríobh *vadj*
droimscríofa) *vb* endorse
(*cheque*).

drólann *nf2* colon (*bowel*).

droma *adj* (*genitive singular of
noun*) spinal.

dromán *nm1* **1** camber.

dromchla *nm4* surface.

dromlach *nm1* spine, spinal
column.

drong *nf2* **1** group, gang, set (*of
people*); **drong meirleach a gang
of outlaws; 2** multitude, throng.

dronn *nf2* hump; **dronn a chur ort
féin** to arch one's back.

dronuilleog *nf2* rectangle.

dronuilleogach *adj1* rectangu-
lar, oblong.

dronuillinn (*pl
dronuillinneacha) *nf2* right
angle.

drualus *nm3* mistletoe.

drúcht *nm3* dew.

drug *nm4* drug.

drugáil *vb* drug, dope.

druid¹ (*vn* **druidim**) *vb* **1** close,
shut; **doras a dhruidim** to close a
door; **2** draw near to, move close

to; **druidim le duine** to draw up to
someone.

druid² *nf2* starling.

druidte *adj3* closed, shut.

druil *nf2* (*in agriculture*) drill.

druileáil *vb* drill.

druilire *nm4* drill (*tool*); **druilire
láimhe** hand drill.

drúis *nf2* lust.

drúisiúil *adj2* lustful, lecherous.

druma *nm4* drum.

drumadóir *nm3* drummer.

druncaeir *nm3* drunk.

drúthlann *nf2* brothel.

dtí *adv* **go dtí seo** to, until; **go dtí
seo up** to now, so far; **chuaigh sí
go dtí an cheolchoirm** she went to
the concert; **níorbh fhuacht go dtí
é** there was no coldness to com-
pare with it.

dua *nm4* **1** labour, toil; **am agus
dua a chaitheamh le rud** to spend
time and effort at something;
2 difficulty.

duáilce *nf4* vice, evil.

duairc *adj1* **1** cheerless, gloomy;
2 morose.

duairceas *nm1* **1** cheerlessness,
gloominess; **2** moroseness.

duais *nf2* **1** award, prize; **2** re-
ward.

duaiseoir *nm3* prizewinner.

duaisiúil *adj2* difficult, trying.

duaithnigh *vb* camouflage.

duaithníocht *nf3* camouflage.

dual¹ *nm1* **1** lock; **dual dá cuid
gruaige** a lock of her hair;
2 wisp, tuft; **3** ply, strand; **dual
snátha** strand of thread; **4** knot
(*in wood*).

dual² *nm1* natural; **is dual dó
bheith mar sin** it's in his nature
to be like that; **an rud is dual duit**
what is natural to oneself.

dualgas *nm1* **1** duty, obligation;
do dhualgas a dhéanamh to do
one's duty; **rud a bheith de

dhualgas ort to be obliged to do something; **2** right, due; do dhualgas a fháil to get one's due.

duan (*pl* duanta) *nm1*
1 (*literature*) poem; **2** song; duan Nollag Christmas Carol.

duán[1] *nm1* hook.

duán[2] *nm1* kidney.

duánai *nm4* angler.

duanaire *nm4* anthology (*of poems*).

duanta →DUAN.

duántacht *nf3* angling.

duarcán *nm1* dour person.

duartan *nm1* downpour.

dúbail (*pres* dúblaíonn *vn* dúbailt) *vb* double.

dúbailte *adj3* double; leaba dhúbailte double bed.

dubh *nm1* **1** black; bhí sí gléasta i ndubh ar fad she was dressed all in black; an dubh a chur ina gheal ar dhuine to persuade someone that black is white; **2** darkness; dubh na hoíche the darkness of night. ● *adj* **1** black; **2** dark; an oíche dhubh the dark night; **3** malevolent; tá croí dubh aige he's black-hearted; **4** bhí an áit dubh le daoine the place was black with people.

dubhach *adj1* **1** downcast; **2** melancholic; **3** gloomy.

dubhachas *nm1* gloom, sorrow.

dubhaigh *vb* **1** blacken, darken; **2** sadden.

dubhfhocal *nm1* enigma, conundrum.

dúblach *nm1* duplicate. ● *adj* duplicate.

dúblaíonn →DÚBAIL.

dúch *nm1* ink.

dúchais *adj*(*gen sg of n*) native; cainteoir dúchais Gaeilge a native speaker of Irish.

dúchan *nm1* (potato) blight.

dúchas *nm1* **1** heritage; is cuid dár ndúchas é it's part of our heritage; **2** native place-country; filleadh ar do dhúchas to return to one's native place; is Polannach ó dhúchas é he's Polish by birth; **3** nature, innate quality; rud a bheith ionat ó dhúchas to have a natural aptitude for something, to have something in one's blood.

dúchasach *nm1* native. ● *adj1* **1** hereditary; **2** ancestral; **3** native; **4** innate.

dúcheist *nf2* puzzle, riddle.

Dúchrónach *nm1* Black and Tan.

dúdaire *nm4* **1** eavesdropper; **2** crooner.

dúdóg *nf2* (short) clay pipe.

dufair *nf2* jungle.

duga *nm4* dock.

dúghorm *adj1* navy (blue).

duibheagán *nm1* **1** abyss; **2** depth, deep chasm; **3** profundity; duibheagán smaointe profundity of thought.

duibheagánach *adj1* deep.

dúiche *nf4* **1** (native) land; **2** district, region; Cúirt Dhúiche District Court.

dúil *nf2* **1** desire, liking; dúil a bheith agat i rud to have a liking for something; dúil i dtobac a craving for tobacco; **2** bheith ag dúil le rud to hope for something.

duileasc *nm1* dulse.

dúiliocht *nf3* partiality, tendency.

duille *nf4* leaf.

duilleachán *nm1* leaflet.

duilleog *nf2* leaf; duilleog crainn leaf of a tree; duilleog bháite water lily.

duillin *nm4* docket.

duilliúr *nm1* foliage.

duilliúrach *adj1* leafy.

duillsilteach *adj1* deciduous.

dúilmhear adj1 desirous, longing; **bheith dúilmhear i rud** to be desirous of something.

duine (pl **daoine**) nm4 **1** (with article) man, human, mankind; **cumhacht an duine** the power of man; **cearta an duine** human rights; **2** person; **duine éigin** someone, somebody; **gach duine** everyone; **duine aosta/óg** an old/ young person; **cén sórt duine é?** what kind of person is he?; **daoine** people; **caint na ndaoine** ordinary speech, speech of the people; **le cuimhne na ndaoine** in living memory; **tá daoine a cheapann go...** there are those who think that...

dúinn →DO².

dúirt →ABAIR.

dúiseacht nf3 awakening; **bheith i do dhúiseacht** to be awake.

dúisigh vb **1** awake, wake up; **2** evoke; **cuimhní a dhúiseacht** to evoke memories.

dúisire nm3 starter (in vehicle).

duit →DO².

duitse →DO².

dul¹ nm3 **1** departure, going; **dul agus teacht** coming and going; **2** method, way, means; **dul a bheith agat ar rud a dhéanamh** to have an opportunity to do something; **3** style, construction (of speech); **níl dul na Gaeilge air** it's not the right way to say it in Irish; **4** version; **tá dul eile ar an scéal** there is another version of that story; **5** (in phrases) **dul isteach** entrance; **dul as** escape; **níl aon dul as aici** she has no option; **dul i léig** decline; **ar an gcéad/dara dul síos** in the first/ second place; →TÉIGH

dul² →TÉIGH.

dúlra nm4 nature.

dulta →TÉIGH.

dúmas nm1 pretence.

dúmhál nm1 blackmail. ● vb blackmail.

dumpáil vb dump.

Dún nm1 **An Dún** Down.

dún¹ nm1 fort, fortress.

dún² vb close, shut; **doras a dhúnadh** to close a door; **dún do chlab!** shut your mouth!

dúnadh (gensg **dúnta**) nm closure.

dúnáras nm1 reserve, reticence.

dúnárasach adj1 reserved, reticent.

Dún Éideann nm Edinburgh.

dúnmharaigh vb murder.

dúnmharfóir nm3 murderer.

dúnmharú (gensg **dúnmharaithe**) nm murder.

Dún na nGall nm Donegal.

dúnorgain nf manslaughter.

dúnpholl nm1 manhole.

dúnta¹ adj3 closed, shut.

dúr adj1 **1** dour, grim; **2** stupid, thick.

dúradán nm1 **1** speck; **dúradán deannaigh** a speck of dust; **2** domino; **3** little squirt (person).

dúramán nm1 moron.

dúradh →ABAIR.

durdáil vb coo.

dúrún nm1 profound mystery.

dúrud nm3 **an dúrud** (+GEN) a lot of, lots of; **scríobh sé an dúrud leabhar** he wrote lots of books; **tá an dúrud airgid aici** she has lots of money.

dúshaothrú (gensg **dúshaothraithe**) nm (over)exploitation.

dúshlán nm1 challenge, defiance; **dúshlán duine a thabhairt** to challenge someone.

dúshlánach adj1 challenging.

dúshraith nf2 base, foundation(s); **dúshraith an tí** the foundations of the house.

dusma nm4 blur, haze.

dusta nm4 dust.

dustáil vb dust.

duthain adj1 short-lived.

duthaine nf4 transience.

dúthomhas nm1 enigma.

dúthracht nf3 1 diligence; 2 devotion, fervour; 3 earnestness.

dúthrachtach adj1 1 diligent; 2 devoted; 3 earnest.

Ee

é pron
(3rd pers msg)

····▸ (with copula) **is deas an fear é** he's a nice man; **b'olc an samhradh é** it was a bad summer; **'cé hé sin?' – 'sin é Peadar'** 'who's that?' – 'that's Peter'; **'cé hé tusa?** who are you?; **nach ait é?** isn't it strange?; **is é an rud céanna é** it's the same thing;

····▸ (as direct object or after preposition) **him**; it; **chuala mé é** I heard him; **déan é!** do it!; **gan é** without him/it;

····▸ (with autonomous verb) **maraíodh é** he was killed; **dúradh é** it was said;

····▸ (alluding to a statement or event) **cad é a tharla ina dhiaidh sin?** what happened after that?; **is é a tharla ná...** what happened was that...; **is é is dóigh liom ná...** what I think is...; **is é an trua nach raibh tú ann** it's a pity that you weren't there;

····▸ (with conjunctions and prepositions and in certain phrases) **pé scéal é** in any case; **is é sin** namely, that is; **d'imigh sé abhaile agus é an-sásta** he went home (and he) very happy; **ní raibh agam ach é** that was all that I had; **d'ainneoin é a bheith breoite** although he was sick.

ea pron
(3rd pers sing neuter)

····▸ (classifying) **múinteoir is ea Máire** Máire is a teacher; **siopadóir is ea é** he is a shopkeeper; **feirmeoirí is ea iad** they are farmers; **ealaíontóir ba ea é** he was an artist; **'an scríbhneoir maith í?' – 'is ea/ní hea'** 'is she a good writer?' – 'yes/no'; **'an siopa é sin?' – 'ní hea, ach teach'** 'is that a shop?' – 'no, a house'; **ceann deas é sin, nach ea?** that's a nice one isn't it?; **an-cheoltóir ab ea í, nárbh ea?** she was a great musician, wasn't she?;

····▸ (with adverb as predicate) **thall sa Bhreatain Bheag is ea atá siad ina gcónaí anois** they're living over in Wales now; **nuair a bhíonn sé ar saoire is ea a bhuaileann sé leo** it's when he's on holiday that he meets them;

····▸ (introductory, anticipatory use) **is ea**, is cuimhin liom anois yes, I remember now; **an ea nach maith leat é?** is it that you don't like him?; **ní hea nár mhaith liom é a fheiceáil** it isn't that I wouldn't like to see it;

····▸ (in phrases) **más ea (féin)** even so; **abair is ea nó ní hea** say yes or no.

! used only with copula

éabann nm1 ebony.

eabhar *nm1* ivory.

éabhlóid *nf2* evolution.

Eabhrach *nm1* Hebrew. ● *adj* Hebrew.

Eabhrais *nf2* Hebrew (*language*).

each (*pl* **eacha**) *nm1* horse.

each-chumhacht *nf3* horse-power.

eachma *nf4* eczema.

éacht *nf3* 1 feat; 2 achievement.

éachtach *adj1* 1 excellent, wonderful; 2 eventful.

eachtarmhúrach *adj1* extramural.

éachtóir *nm3* stuntman.

eachtra *nf4* 1 adventure; 2 event, incident; 3 (adventure) story.

eachtrach¹ *adj1* 1 adventurous; 2 eventful.

eachtrach² *adj1* external.

eachtránai *nm4* adventurer.

eachtrannach *nm1* 1 foreigner, stranger; 2 alien. ● *adj* 1 foreign; 2 alien.

eachtrúil *adj2* 1 adventurous; 2 eventful.

eacnamaí *nm4* economist.

eacnamaíoch *adj1* 1 economic; 2 economical.

eacnamaíocht *nf3* 1 economy; 2 economics (*as subject of study*).

eacnamúil *adj2* economic.

eacstais *nf2* ecstasy.

Eacuadór *nm4* Ecuador.

éacúiméineach *adj1* ecumenical.

éad *nm3* 1 jealousy; **bheith in éad le duine** to be jealous of someone; 2 envy.

éadach (*pl* **éadaí**) *nm1* 1 cloth, fabric; 2 clothing, clothes; **éadach leapa** bed clothes; **do chuid éadaigh a chur ort** to put one's clothes on.

éadáil *nf3* 1 gain; **ba bheag an éadáil di é** she gained little from it; 2 wealth.

éadaingean *adj* (*gensgm* **éadaingin** *gensgf* **éadaingne** *compar* **éadaingne** *pl* **éadaingne**) insecure, unstable, weak.

éadálach *adj1* 1 lucrative, profitable; **obair éadálach** lucrative work; 2 prosperous.

éadan *nm1* 1 face; **éadan duine** a person's face; **clár éadain** forehead; 2 front; 3 cheek, nerve; **é a bheith d'éadan ort rud a rá** to have the cheek to say something. □ **in éadan** (+GEN) 1 against; **in éadan na gaoithe** against the wind; 2 opposed to; **bheith in éadan argóna** to be opposed to an argument.

eadarlúid *nf2* interlude.

éadathach *adj1* colourless.

eadhon *adv* namely.

éadlás *nm1* roughness, severity.

éadlúth *adj1* rare (*atmosphere*).

éadmhar *adj1* 1 jealous; 2 envious.

éadóchas *nm1* despair; **bheith in éadóchas** to be in despair.

éadóchasach *adj1* despairing.

éadóigh *nf2* 1 unlikely thing; 2 unlikelihood; 3 **is éadóigh go...** it is unlikely that...

éadóirsigh *vb* naturalize.

éadomhain *adj* (*gensgm* **éadomhain** *gensgf* **éadoimhne** *compar* **éadoimhne** *pl* **éadoimhne**) shallow.

éadomhaiste *adj3* immeasurable.

eadra *nm4* 1 late morning; **codladh go headra** to sleep late; 2 (late morning) milking time.

eadraibh →IDIR

eadráin *nf3* 1 arbitration; 2 intervention.

eadrainn →IDIR

eadránaí *nm4* **1** mediator; **2** arbitrator.

éadrócaireach *adj1* merciless.

éadroime *nf4* lightness.

éadrom *adj1* **1** light; **buille éadrom** a light blow; **codladh éadrom** a light sleep; **2** frivolous; **ábhar léitheoireachta éadrom** light reading.

éadromaigh *vb* lighten.

éadromán *nm1* **1** balloon; **2** air-filled object; **3** giddy person.

éadromchroíoch *adj1* light-hearted.

éadrom-mheáchan *nm1* light-weight.

éadruach *adj1* pitiless.

éadulagach *adj1* intolerant.

éag *nm3* death; **dul in éag** to die, to expire; **go héag until death.** ● *vb* **1** die, expire; **2** die out; die.

éagach *nm1* **an t-éagach** the deceased.

eagal *adj1* **1** fearful; **2** (*with copula*) **is eagal liom go...** I fear that...; **is eagal liom nach bhfuil sé fíor** I am afraid that it is not true; **ní heagal duit é sin** you needn't be afraid of that.

éaganta *adj3* **1** senseless; **2** giddy, scatterbrained.

éagaoin *nf2* moan. ● *vb* moan.

eagar *nm1* **1** arrangement, order; **rudaí a chur in eagar** to put things in order; **leabhar a chur in eagar** to edit a book; **2** state; **an eagar ina bhfuil siad** the state that they are in.

eagarfhocal *nm1* editorial.

eagarthóir *nm3* editor.

eagarthóireacht *nf3* editing.

eagla *nf4* fear; **eagla a bheith ort** to be afraid; **eagla a chur ar dhuine** to make someone afraid; **ar eagla na heagla** just in case; **tá eagla orm go...** I'm afraid that...

eaglach *adj1* fearful.

eaglais *nf2* church (*body*); **an Eaglais** the Church; **Eaglais na hÉireann** the Church of Ireland.

eaglaiseach *nm1* clergyman.

eaglasta *adj3* ecclesiastical.

éagmais *nf2* **1** absence; **in a héagmais** in her absence; **cairde éagmaise** absent friends; **2** lack; **déanamh in éagmais ruda** to do without something.

éagmaiseach *adj1* **1** absent; **2** lonesome.

eagna *nf4* wisdom; **eagna chinn** intelligence.

eagnach *nm1* groan, moan.

eagnaí *nm4* wise person, sage. ● *adj* wise, intelligent.

éagóir (*pl* **éagóracha**) *nf3* **1** injustice; **éagóir a dhéanamh ar dhuine** to do someone an injustice; **2** wrong; **bheith san éagóir** to be in the wrong.

éagoiteann *adj1* uncommon, unusual.

éagoitiantacht *nf2* strangeness.

éagórach *adj1* **1** unjust; **2** wrong.

éagothroime *nf4* **1** imbalance; **2** inequality.

éagothrom *nm1* **1** uneveness; **2** unfairness. ● *adj* **1** uneven; **2** unfair.

eagraí *nm4* organizer.

eagraigh *vb* **1** arrange; **2** organize.

eagraíocht *nf3* organization.

eagrán *nm1* edition, issue.

eagras *nm1* organization.

eagrú (*gen* **eagraithe** *pl* **eagruithe**) *nm* organization.

éagruthach *adj1* **1** deformed; **2** formless, shapeless.

éagsamhalta *adj3* **1** unimaginable; **2** extraordinary.

éagsúil *adj2* **1** different; **2** various.

éagsúlacht nf3 1 dissimilarity; 2 variety.

éagsúlaigh vb vary.

éaguibheas nm1 1 impropriety; 2 immoderation.

éaguibhreannach adj1 incompatible.

éaguibhreannas nm1 incompatibility.

éaguimseach adj1 1 disproportionate; 2 immoderate.

éagumas nm1 1 incapacity; 2 impotence.

éagumasach adj1 1 incapable; 2 impotent.

eala nf4 swan.

éalaigh vb 1 escape; éalú as priosún to escape from prison; 2 elope; 3 evade; éalú ó dhuine to evade someone; 4 slip away; 5 éalaigh ar steal up on; éalú ar dhuine to steal up on someone.

ealain (npl **ealaíona** genpl **ealaíon**) nf2 1 art; na healaíona uaisle the fine arts; Dámh na nEalaíon the Faculty of Arts; 2 skill, craft; teacht isteach ar ealaín to acquire a skill; 3 caper; cad é an ealaín anois ort? what are you up to now?

ealaíonta adj3 1 artistic; 2 skilful.

ealaíontacht nf3 artistry.

ealaíontóir nm3 artist.

éalaitheach nm1 fugitive, escapee. ● adj1 elusive.

éalang nf2 1 flaw; 2 weakness.

éalangach adj1 flawed.

eallach nm1 1 cattle; 2 livestock.

ealta nf4 flock.

éalú (gen **éalaithe**) nm escapism.

éamh nm1 cry, scream.

éan nm1 1 bird; éin mara seabirds; éin tí domestic fowl; 2 éan corr odd man out.

éanadán nm1 birdcage.

Eanáir nm4 January.

éaneolaí nm4 ornithologist.

éanfhairtheoir nm3 birdwatcher.

eang nf3 1 notch, nick; eang a ghearradh i rud to cut a notch in something; 2 track, trace; eang rud a leanúint to follow the track of something.

eangach¹ nf2 1 net, netting; 2 network.

eangach² adj1 grooved, indented.

eanglach nm1 numbness.

éanlaith nf2 birds, fowl.

éanlann nf2 aviary.

earc (pl **earca**) nm1 lizard; earc luachra newt.

earcach nm1 recruit.

earcaigh vb recruit.

éard pron (used with copula) is éard a chloisim (go)... what I hear is (that)...

éarlais nf2 deposit; éarlais a chur ar rud to put a deposit on something.

éarlamh nm1 1 patron; 2 patron saint.

éarlamhacht nf3 patronage.

earnáil nf3 1 category; 2 sector; an earnáil phoiblí the public sector.

earra nm4 1 commodity; earraí goods; earraí gloine glassware; 2 thing; is maith an t-earra é it is a good thing.

earrach nm1 spring, springtime; teacht an earraigh the coming of spring.

earráid nf2 mistake, error; earráid a dhéanamh to make a mistake.

earráideach adj1 erroneous, mistaken, incorrect.

éarthach adj1 repellent. ● adj1 repellent.

eas nm3 **1** waterfall; **2** rapid, strong current.

easaontaigh vb disagree; **easaontú le duine** to disagree with someone.

easaontas nm1 disagreement.

éasc nm1 **1** flaw (in wood); **2** fault (in rock).

éasca adj3 **1** easy; **2** (literary) swift.

eascaine nf4 curse, swearword.

eascainigh (vn **eascaini**) vb curse, swear.

eascair (pres **eascraionn** vn **eascairt**) vb **1** spring, sprout; **2** eascraíonn sé ó it derives from.

eascairdeas nm1 antagonism, enmity.

eascairdiúil adj2 unfriendly.

eascaire nm4 writ.

eascann nf2 eel.

eascoiteannaigh vb excommunicate.

eascoiteannú nm excommunication.

eascra nm4 breaker.

eascrach →EISCIR

easláinte nf4 ill health.

easlán nm1 invalid. ● adj sickly.

easna (pl **easnacha**) nf4 rib.

easnamh nm1 shortage, lack; **rud a bheith in easnamh ort** to lack something; **níl aon easnamh uirthi** she wants for nothing.

easnamhach adj1 deficient, incomplete.

easóg nf2 stoat.

easonóir nm3 dishonour, indignity.

easpa[1] nf4 **1** lack; **easpa ruda a bheith ort** to lack something; **2** deficiency; **3** absence; **bheith ar easpa** to be missing.

easpa[2] nf4 abscess.

easpach adj1 **1** lacking; **2** deficient; **3** missing.

easpag nm1 bishop; ➤ **dul faoi láimh easpaig** to be confirmed.

easpórtáil nf3 exportation. ● vb export.

easpórtálaí nm4 exporter.

eastát nm1 estate; **eastát dlí** legal estate; **eastát tithíochta** housing estate.

Eastóin nf2 **an Eastóin** Estonia.

easuan nm1 insomnia.

easumhal adj1 (pl **easumhla**) disobedient.

easumhlaíocht nf3 disobedience, insubordination.

easurraim nf2 disrespect.

easurramach adj1 irreverent, disrespectful.

easurrús nm1 presumption.

easurrúsach adj1 presumptuous.

eatarthu →IDIR

eatramh nm1 **1** interval between showers; **2** cessation; **3** respite; **eatramh ó phian** respite from pain.

eatramhach adj1 intermittent.

eibhear nm1 granite.

eibhleacht nf3 emulsion.

éiceachóras nm1 ecosystem.

éiceolaíocht nf3 ecology.

éide nf4 **1** clothes; **2** uniform; **faoi éide** in uniform.

éideannas nm1 detente.

éideimhin adj (gensgm **éideimhin** gensgf **éideimhne** compar **éideimhne** pl **éideimhne**) uncertain, unsure.

éideimhne nf4 uncertainty.

eidhneán nm1 ivy.

éidreorach adj1 **1** feeble; **2** helpless.

éifeacht nf3 **1** effect; **2** effectiveness; **rud a dhéanamh le héifeacht** to do something effectively; **3** significance, force; **éifeacht argóinte** the force of an argument;

4 teacht in éifeacht to mature; to become successful.

éifeachtach adj1 **1** effective; **2** capable.

éifeachtacht nf3 efficiency.

éigean nm1 **1** force, violence; **2** rape; **3** necessity, need; **4** distress; bheith in éigean to be in distress; **5** (with copula) is éigean duit dul ann it is necessary for you to go there; b'éigean dom éirí I had to get up; **6** (in adverbial phrase) ar éigean hardly, barely; is ar éigean a bhí mé in ann é a chloisteáil I was hardly able to hear him.

éigeandáil nf3 emergency, crisis.

éigeantach adj1 compulsory.

éigeart nm1 injustice, wrong.

éigeas (pl **éigse**) nm1 (literary) poet.

éigh vb cry, scream.

éigiallta adj3 irrational, senseless.

éigin adj **1** some; duine éigin someone, somebody; rud éigin something; amhrán éigin eile some other song; **2** approximately, about; daichead éigin bliain roimhe sin about forty years before that.

éiginnte adj3 **1** uncertain; **2** vague; **3** undecided; **4** indefinite (in grammar).

éiginnteacht nf3 **1** uncertainty; **2** vagueness; **3** indecision.

éiginntitheach adj1 **1** indecisive; **2** inconclusive.

éagiontach adj1 innocent.

éigiontacht nf3 innocence.

Éigipt nf2 an Éigipt Egypt.

Éigipteach nm1 Egyptian.
● adj1 Egyptian.

éigneach nm1 **1** violence; **2** outrage. ● adj1 **1** violent; **2** outrageous.

éigneasta adj3 insincere.

éigneoir nm3 rapist.

éignigh vb **1** rape; **2** violate.

éigniú (gensg **éignithe**) nm rape.

éigrioch nf2 infinity.

éigríochta adj3 infinite.

éigrionna adj3 **1** unwise, imprudent; **2** ill-advised.

éigse nf4 **1** poetry; **2** assembly of poets.

eile adj, adverb **1** other; an ceann eile the other one; **2** another; duine eile another person; **3** next; an chéad duine eile the next person; **4** else; cé eile? who else; cad eile? what else?

éileamh nm1 **1** claim; éileamh árachais an insurance claim; **2** demand; tá éileamh air it is in demand; **3** request; **4** complaint.

eileatram nm1 hearse.

eilifint nf2 elephant.

éiligh vb **1** claim; **2** demand; **3** complain.

eilimint nf2 element.

eiliminteach adj1 elemental.

eilit nf2 doe.

éilitheach adj1 demanding.

éilitheoir nm3 **1** claimant; **2** plaintiff.

éill, éille →IALL.

éillín nm4 clutch, brood.

Eilvéis nf2 an Eilvéis Switzerland.

Eilvéiseach nm1 adj1 Swiss.

Éimin nf4 Yemen.

éindí n in éindí le together with.

éineacht n **1** at the same time; in éineacht at the same time; **2** together; in éineacht le together with, along with; dul in éineacht le duine to go along with someone.

eipeasóid nf2 episode.

eipic nf2 epic.

eipidéim nf2 epidemic.

eire nm4 burden.

Éire (gensg **Éireann** datsg **Éirinn**) nf Ireland; Poblacht na hÉireann the Republic of Ireland; in Éirinn in Ireland.

eireaball nm1 **1** tail; eireaball capaill horse's tail; **2** (tail)end; eireaball ruda tailend of something.

Éireann →ÉIRE. .

Éireannach nm1 Irishman/ Irishwoman. ● adj Irish.

eireog nf2 chicken.

éirí nm4 rising, rise; éirí luath early rising; éirí na gréine sunrise; éirí in airde uppishness; Éirí Amach na Cásca the Easter Rising.

éiric nf2 **1** compensation, compensatory payment; in éiric ruda in compensation for something; **2** retribution; éiric a lorg i rud to look for retribution for something.

eiriceach nm1 heretic.

eiriceacht nf3 heresy.

éirigh vb **1** rise, get up; éirí as do leaba to rise from one's bed; d'éirigh an ghrian the sun rose; **2** become, get; tá sé ag éirí dorcha it's getting dark; **3** grow; tá na leanaí ag éirí aníos the children are growing up.
□ **éirigh as 1** retire from; **2** give up, quit.
□ **éirigh de** rise from.
□ **éirigh do** happen to; cad a d'éirigh di? what happened to her?
□ **éirigh idir**: d'éirigh eatharthu they fell out, they quarrelled.
□ **éirigh le** succeed; d'éirigh liom I succeeded.

éirim nf2 **1** gist; éirim an scéil the gist of the story; **2** intelligence; tá an-éirim aige aici she's very intelligent; **3** aptitude, talent; tá éirim ceoil inti she has a talent for music.

éirimiúil adj2 **1** intelligent; **2** talented.

Éirinn →ÉIRE.

éiritheach adj1 **1** rising; **2** rebellious; **3** successful.

eirleach nm1 **1** carnage, slaughter; **2** destruction.

eirmin nm4 ermine.

éirnigh vb explain, expound.

éis n (+GEN) tar éis after; fiche tar éis a haon twenty past one; tar éis an dinnéir after dinner.

eisbheartach adj1 **1** skimpy (clothing); **2** scantily clad; **3** feeble, puny.

éisc →IASC.

eisceacht nf3 exception; eisceacht a dhéanamh to make an exception.

eisceachtúil adj2 exceptional.

eisceadúnas nm1 off-licence.

eiscir (gensg **eascrach** pl **eascracha**) nf ridge, esker.

eisdirtheach nm1 extrovert.
● adj extrovert.

eiseach nm1 existing thing.
● adj1 existential.

eiseachadadh (gensg **eiseachadta**) nm extradition.

eiseachaid (pres **eiseachadann** vn **eiseachadadh**) vb extradite.

eiseachas nm1 existentialism.

eiseadh nm1 existence.

eisealach adj1 **1** squeamish; **2** fastidious.

eiseamláir nf2 **1** example; eiseamláir duine a leanúint to follow someone's example; **2** exemplar, paragon; **3** illustration.

eiseamláireach adj1 exemplary.

eisean pron (emphatic) he, him, himself; eisean a dúirt é it was HE who said it.

eisiach adj1 exclusive.

eisiaigh (*vn* **eisiamh**) *vb* exclude.

eisiatacht *nf3* exclusion.

eisigh *vb* issue.

eisilteach *nm1* effluent.

eisimirce *nf4* emigration.

eisimirceach *nm1* emigrant. ● *adj* emigrant.

eisint *nf2* essence.

eisíocaíocht *nm3* out-payment, outlay.

eisiúint *nf3* **1** issue; **eisiúint scaireanna** issue of shares; **2** release (*of film, book, etc*).

eispéaras *nm1* experience.

eisreachtaí *nm4* outlaw.

eisreachtaigh *vb* outlaw, proscribe.

eisréimnigh *vb* diverge.

éist *vb* **1** listen; **éisteacht le duine** to listen to someone; **2** hear; **cás a éisteacht** to hear a case; **3** heed, pay attention to; **4** éist! be quiet!; **éist do bhéal** shut your mouth.

éisteach *adj1* attentive.

éisteacht *nf3* hearing; **i d'éisteacht** in one's hearing; **éisteacht mhaith a bheith agat** to have a good sense of hearing.

éisteoir *nm3* listener.

eite *nf4* **1** wing (*in politics*); **an eite chlé** the left wing; **an eite dheas** the right wing; **2** fin.

eiteach *nm1* refusal.

eiteán *nm1* **1** spool; **2** shuttlecock.

eiteog *nf2* wing (*of bird*).

éitheach *nm1* lie; **mionn éithigh** false oath; **an t-éitheach a thabhairt do dhuine** to give the lie to someone; **thug tú d'éitheach!** you're a liar!

eithne *nf4* **1** kernel; **2** nucleus.

eithneach *adj1* nuclear.

eitic *nf2* ethics.

eiticiúil *adj2* ethical.

eitigh (*vn* **eiteach**) *vb* refuse.

eitil (*pres* **eitlíonn**) *vb* fly.

eitilt *nf2* **1** flight; **ar eitilt** in flight; **2** flying.

eitinn *nf2* tuberculosis.

eitleán *nm1* plane.

eitleog *nf2* **1** kite; **2** volley.

eitlíocht *nf3* aviation.

eitneagrafaí *nm4* ethnographer.

eitneagrafaíocht *nf3* ethnography.

eitneach *adj1* ethnic.

eitneolaí *nm4* ethnologist.

eitpheil *nf2* volleyball.

eitre *nf4* groove.

eitreach *adj1* grooved.

eitseáil *nf3* etch. ● *vb* etch.

eochair (*gensg* **eochrach** *pl* **eochracha**) *nf* key.

eochairbhuille *nm4* keystroke.

eochairchlár *nm1* keyboard.

eochairfhocal *nm1* keyword.

eochraí *nm4* roe; **eochraí scadáin** herring roe.

eochróir *nm3* turnkey.

eoclaip *nf2* eucalyptus.

eol *nm1* **is eol dom go…** I know that…; **mar is eol dúinn** as we know.

eolach *adj1* **1** knowledgeable; **2** learned.

eolaí *nm4* **1** expert; **2** scientist; **3** directory.

eolaíoch *adj1* scientific.

eolaíocht *nf3* science.

eolaire *nm4* directory.

eolas *nm1* **1** knowledge; **rud a bheith ar eolas agat** to know something; **2** information; **eolas a lorg** to seek information; **duine a chur ar an eolas faoi rud** to give someone information about something.

eorachárta *nm4* eurocard.

Eoraip (*gen* **Eorpa**) *nf3* **an Eoraip** Europe.

eoraiseic nm4 eurocheque.

eorna nf4 barley.

eornóg nf2 barley sugar.

Eorpach nm1 European. ● adj1 European.

eotanáis nf2 euthanasia.

....

Ff

....

fabhal nm1 fable.

fabhalscéal (pl **fabhalscéalta**) nm1 fable.

fabhar nm1 favour; **bheith i bhfabhar (le)** rud to be in favour of something.

fabhcún nm1 falcon.

fabhlach adj1 fabled, fabulous.

fabhra nm4 1 eyelash; 2 eyebrow.

fabhrach adj1 1 favourable; 2 partial.

fabhraigh vb 1 form; 2 develop.

fabhraíocht nf3 favouritism.

fabht nm4 1 flaw, fault; **an fabht san éide** the chink in the armour; 2 defect.

fabhtach adj1 1 flawed, faulty; 2 deceptive, treacherous.

fabhtóg nf2 foul blow.

fabraic nf2 fabric.

fách n bheith i bhfách le rud to be in favour of something.

fachtóir nm3 factor.

facs (pl **facsanna**) nm4 fax.

facsáil vb fax.

fad nm1 1 length; **fad ruda** the length of something; **tá sé deich méadar ar fad** it's ten metres long; **ar a fhad** lengthwise; **a fhad is as long as; an bhliain ar fad** all year; **i bhfad amach** far out; 2 distance, duration, extent; **cén**

fad é as seo go dtí an Daingean? how far is it from here to Dingle?; **cén fad a lean sé?** how long did it last?

fada adj3 (compar **faide**) long, lengthy; **lá fada** a long day; **tamall fada** a long time; **le fada an lá** for a long time past; **is fada ó bhí mé ann** it's a long time since I was there; **chomh fada leis sin..** as far as that is concerned..; ▸ **más fada an lá tagann an oíche** all things must come to an end (however long the day is, night comes).

fadaigh¹ vb 1 kindle; 2 incite.

fadaigh² vb lengthen.

fadálach adj1 1 slow; 2 tedious, tiresome.

fadálacht nf3 tediousness.

fadar n dul chun fadair le rud to go to ridiculous lengths with something.

fadaraíonach adj2 patient.

fadbhreathnaitheach adj1 far-seeing.

fadchainteach adj1 long-winded.

fadcheannach adj1 astute, shrewd.

fadfhulangach adj1 long-suffering.

fadharcán nm1 corn (on foot).

fadhb nf2 1 problem; **sin í an fhadhb** that's the problem; **réiteach faidhbe** the solution to a problem; 2 knot (in wood).

fadhbach adj1 problematical.

fadiascaireacht nf3 offshore fishing.

fadline nf4 meridian.

fadó adv long ago; **in Éirinn fadó** in Ireland long ago; **bhí fear ann fadó..** once upon a time there was a man...

fadradharcach adj1 long-sighted.

fadraoin adj (gen of n) long-range.

fadsaolach adj1 long-lived.

fadtéarmach adj1 long-term.

fadtonn (pl **fadtonnta**) nf2 long wave.

fadtréimhseach adj1 long-term.

fadú (gen **fadaithe**) nm extension.

fág (vn **fágáil**) vb 1 leave; **áit a fhágáil** to leave a place; **fág ansin é** leave it there; **fágadh lasmuigh é** it was left outside; **rud a fhágáil faoi dhuine** to leave something to someone; **rud a fhagáil le duine** to leave something with someone; **rud a fhágáil amach** to exclude something; **rud a fhágáil as an áireamh** to leave something out of the reckoning; **fág as seo!** get out of here!; 2 **fágaimis go bhfuil sé fíor** let us suppose that it is true; 3 **fágann sin go...** it follows from that...

fágálach nm1 weakling.

faghairt (gensg **fagharta** pl **faghairti**) nf3 mettle, spirit.

fai nf4 1 cry, call; 2 voice (in grammar); **an fhai chéasta** the passive voice.

fáibhile nm4 tree.

faic nf2 nothing; **faic na ngrást** nothing at all; **níl faic le déanamh** there's nothing to do.

faiche nf4 1 lawn; 2 green; 3 playing field.

faichill nf2 care, caution; **bheith ar d'fhaichill** to be cautious, to be wary.

faichilleach adj1 careful, cautious, wary.

faide →FADA.

fáideog nf2 1 candle; 2 wick.

fáidh (pl **fáithe**) nm4 prophet.

fáidhiúil adj2 prophetic.

faigh (past **fuair** fut **gheobhaidh** vn **fáil** vadj **faighte**) vb 1 get; **post a fháil** to get a job; **gheobhaidh sí post**

she'll get a job; **an bhfuair tú an t-airgead?** did you get the money?; **litir a fháil** to get a letter; 2 find, discover; **fuair mé é faoin leaba** I found it under the bed; **fáil amach faoi dhuine/rud** to find out about someone/something; **locht a fháil ar dhuine** to find fault with someone; ➤ **an té a fuair is dó is cóir é!** finders keepers!; 3 **duine a fháil ciontach** to find someone guilty.

faighin (gensg **faighne** pl **faighneacha**) nf2 vagina.

faighneog nf2 1 pod; 2 shell.

faighteoir nm3 recipient, receiver.

fáil →FAIGH.

fáilí adj3 furtive, stealthy; **teacht go fáilí ar dhuine** to sneak up on someone.

faill nf2 1 chance, opportunity; **faill a bheith agat rud a dhéanamh** to have a chance to do something; 2 time, occasion.

failli nf4 negligence; **failli a dhéanamh i rud** to neglect something.

faillitheach adj1 negligent.

fáilte nf4 welcome; **fáilte a chur roimh dhuine** to welcome someone; **fáilte romhat!** welcome!

fáilteach adj1 welcoming.

fáiltiú (gensg **fáiltithe**) nm reception.

fainic nf2 caution. ● vb **fainic!** look out!; **fainic thú féin!** watch yourself!

fáinleog nf2 swallow.

fáinne nm4 1 ring; **fáinne pósta** wedding ring; **fáinne eochracha** keyring; 2 circle; **fáinne lochtach** vicious circle; 3 ringlet; 4 **fáinne solais** halo.

fáinneach adj1 1 ringlike; 2 ringleted.

fair vb 1 watch, observe; 2 guard.

fáir nf2 roost. ● vb roost.

faire nf4 **1** watch, lookout; faire a dhéanamh to keep watch; **2** surveillance; **3** wake; dul ar fhaire duine to go to someone's wake.

faireach nf2 booing.

faireog nf2 gland.

faireogach adj1 glandular.

fairis →FARA.

fairsing adj1 **1** wide; **2** spacious.

fairsinge nf4 **1** width, breadth; **2** spaciousness; **3** expanse.

fairsingigh vb broaden, widen.

fairsingiú (gensg fairsingithe) nm expansion, extension.

fairtheoir nm3 sentry, watchman.

fáisc (vn fáscadh) vb **1** squeeze, press, wring; éadach a fháscadh to wring a cloth; **2** tighten.

fáiscean nm1 **1** bandage; **2** press (machine).

fáiscín nm4 clip, fastener; fáiscín páipéir paper clip.

faisean nm1 fashion, style; san fhaisean in fashion; as faisean out of fashion.

faiseanta adj3 fashionable, stylish.

faisisteach adj1 fascist.

faisisteachas nm1 fascism.

faisnéis nf2 **1** information, intelligence; faisnéis na haimsire weather report; **2** predicate (in grammar).

faisnéiseach adj1 **1** informative; **2** predicative (in grammar).

faisnéiseoir nm3 informant.

faisnéisiú (gensg faisnéisithe) nm disclosure.

fáistine nf4 prophecy.

fáistineach nm1 future (in grammar); an aimsir fháistineach the future tense. ● adj1 **1** prophetic; **2** future (in grammar).

faiteach adj1 timid, shy.

faiteachán nm1 timid person.

faiteadh nm1 fluttering movement; i bhfaiteadh na súl in the blink of an eye.

fáithe →FÁIDH.

fáithim nf2 hem.

faithne nm4 wart.

faitíos nm1 fear; faitíos a bheith ort to be afraid; ar fhaitíos na bhfaitíos to make doubly certain.

fál (pl fálta) nm1 **1** hedge; **2** fence, wall; fál cuaillí a picket fence; **3** rudaí a chur i bhfál a chéile to tidy things up.

fala (pl falta) nf4 grudge; fala a bheith agat ar dhuine to bear someone a grudge.

fálaigh vb **1** fence, enclose; **2** lag (pipes).

fallaing (pl fallaingeacha) nf2 **1** cloak, mantle; **2** gown, robe; fallaing folctha bathrobe.

fallás nm1 fallacy.

fálróid nf2 strolling; ag fálróid timpeall wandering about.

falsa adj3 **1** false; **2** lazy.

falsacht nf3 **1** falseness; **2** laziness.

falsaigh vb falsify.

falsaitheoir nm3 forger.

falsóir nm3 lazy person.

falta →FALA.

fálta →FÁL.

faltanas nm1 **1** spitefulness; **2** grudge; faltanas a bheith agat do dhuine to bear a grudge against someone.

faltanasach adj1 **1** spiteful; **2** grudging.

fáltas nm1 **1** income; fáltais receipts, proceeds; **2** amount.

fámaire nm4 huge person, huge thing; fámaire fir a huge man.

fan vb stay, wait, remain; fanacht le duine/rud to wait for someone/ something; fanacht ag duine to stay with someone; fan fút! stay

put!; **fan amach uaidh!** stay away
from him!

fán *nm1* straying, wandering;
duine a chur chun fáin to send
someone astray.

fána *nm4* (downward) slope; **dul
le fána** to go downhill.

fánach *adj1* **1** futile, vain;
iarracht fhánach a futile attempt;
2 occasional; **3** wandering,
vagrant.

fanacht *nf3* wait, stay.

fánaí *nm4* rambler, wanderer.

fanaiceach *nm1* fanatic. ● *adj*
fanatic(al).

fanaile *nm4* vanilla.

fánán *nm1* **1** slope; **2** ramp;
3 slipway.

fann *adj* (*gensgm* **fann** *gensgf*
fainne *compar* **fainne** *pl* **fanna**)
weak, feeble.

fannchlúmh *nm1* eiderdown.

fanntais *nf2* faint; **titim i
bhfanntais** to faint.

fánsruth *nm3* rapids.

fantaisíocht *nf3* fantasy.

faobhar *nm1* **1** sharp edge;
faobhar a chur ar rud to sharpen
something; **faobhar a chur ar
ghoile duine** to whet someone's
appetite; **2** edge; **faobhar na faille**
the cliff edge.

faobhrach *adj1* sharp-edged.

faobhraigh *vb* sharpen.

---

faoi (*prep prons* **fúm, fút, faoi,
fúithi, fúinn, fúibh, fúthu**)
('*faoi*' combines with the definite
article to form '*faoin*'; forms
'*faoina*' '*faoinar*' when followed
by possessive adjectives 'a', 'ár';
when followed by relative par-
ticles 'a' and 'ar' it forms
'*faoina*' and '*faoinar*') *prep*
····▸ under, below; **faoin mbord/
gcarraig** under the table/rock;
rud a chur faoi rud eile to put

one thing under another; **faoi
thalamh** underground;

····▸ about; **leabhar faoin gcogadh**
a book about the war; **labhair
mé leis faoi** I spoke to him
about it; **tá sí imníoch faoi** she's
worried about it; **cad faoin
bhfear eile?** what about the
other man?;

····▸ (*with numbers*) **caoga faoin
gcéad** fifty per cent; **céad faoina
seacht** a hundred by seven; **faoi
dhó** twice;

····▸ (*expressing responsibility*) **fút
féin atá sé** it's up to you; **rud a
fhágáil faoi dhuine** to leave
something to someone;

····▸ (*expressing intention*) **tabhairt
faoi rud a dhéanamh** to attempt
to do something; **cad atá fút a
dhéanamh?** what are you going
to do?;

····▸ by, at, within; **faoin am sin** by
that time; **faoi mhaidin** by
morning; **faoi mhíle den áit**
within a mile of the place; **faoi
dheireadh** at last;

····▸ (*expressing particular state*)
bheith faoi bhrú to be under
pressure; **bheith faoi bhrón** to be
grieving; **faoi shiúl** in motion;
faoi smacht under control;

····▸ (*expressing being subjected to
something*) **dul faoi scian** to
have an operation; **cuireadh faoi
scrúdú í** she was examined;

····▸ (*against, at*) against, at; **do
chos a bhualadh faoi rud** to
knock one's foot against
something; **fogha a thabhairt
faoi dhuine** to make a lunge at
someone;

····▸ (*around*) **do lámh a chur faoi
choim duine** to put one's arm
around someone's waist.

! followed by lenition

faoileáil vb **1** spin, wheel; **2** hover.

faoileán nm1 seagull.

faoileoir nm3 glider.

faoileoireacht nf3 gliding.

faoin, faoina faoinar faoinár →FAOI.

faoiseamh nm1 relief; **faoiseamh ó phian** pain relief.

faoiste nf2 fudge.

faoistin nf2 confession; **dul chun faoistine** to go to confession.

faoitín nm4 whiting.

faolchú (pl **faolchúnna**) nm4 wolf.

faomh vb accept, consent to.

faomhadh (gen **faofa**) nm acceptance.

faon adj1 **1** limp, languid; **2** supine.

faopach n **bheith san fhaopach** to be in a fix.

fara (prep prons **faram, farat, fairis, farae, farainn, faraibh, faru**) prep **1** along with; **dul áit fara duine** to go somewhere along with someone; **2** as well as, besides; **fairis sin** as well as that.

farae →FARA.

farantóireacht nf3 ferrying; **bád farantóireachta** ferry.

faraor excl alas.

farasbarr nm1 excess, surplus.

farat →FARA.

fargán nm1 ledge.

farradh n **bheith i bhfarradh duine** to be in the company of someone; **cé a bhí i d'fharradh** who was with you?

farraige nf4 sea; **ar an bhfarraige** at sea; **dul chun farraige** to go to sea; **an Fharraige Mhór** the Ocean.

faru →FARA.

fás nm1 growth. ● vb grow; **rud a fhás** to grow something; **duine fásta** a grown-up person.

fásach nm1 desert, wilderness.

fáscadh (pl **fáscaí**) nm1 squeeze.

fáschoill nf2 undergrowth.

fásra nm4 vegetation.

fastaim nf2 nonsense.

fáth nm3 reason, cause; **cén fáth?** why?; **gan fáth** without reason.

fathach nm1 giant.

fáthchiallach adj1 allegorical.

fáthmheas nm3 diagnosis. ● vb diagnose.

fáthscéal (pl **fáthscéalta**) nm1 parable.

feá¹ nf4 beech.

feá² nm4 fathom.

feabhas nm1 **1** excellence; **ar fheabhas** excellent; **2** improvement; **dul i bhfeabhas** to improve; **feabhas a chur ar rud** to improve something.

Feabhra nm4 February; **mí Feabhra** the month of February.

feabhsaigh vb improve, get better.

feabhsaitheoir nm3 conditioner.

feabhsú (gensg **feabhsaithe**) nm improvement.

feac¹ nm4 handle (of spade).

feac² nm3 **do chos a chur i bhfeac** to put one's foot down; **bheith i bhfeac** to have taken a firm stand.

feac³ vb bend.

féach vb **1** look; **féachaint ar rud** to look at something; **féach air sin!** look at that!; **2** see; **féachaint an mbeadh sí ann** to see if she would be there; **3** test, examine; **féach ort** try on (clothes); **cuisle a fhéachaint** to feel a pulse.

féachadóir nm3 **1** observer; **2** onlooker.

féachaint (gensg **féachana**) nf3 **1** look; **féachaint a thabhairt ar rud** to give something a look;

lucht féachana spectators, viewers; **2** appearance; **3** test; cuirimis chun féachana é let's put it to the test.

feachtas *nm1* campaign.

feachtasóir *nm3* campaigner.

fead (*gensg* feide *pl* feadanna) *nf2* whistle; fead a ligean to whistle; ➤ bheith i ndeireadh na feide to be at one's last gasp.

féad (*vn* féadáchtáil) *vb* (*auxiliary*) **1** to be able; má fhéadaim é a dhéanamh if I can do it; féadann tú suí ansin you may sit there; féadaim a rá (go)... I may say (that)...; **2** should, ought to; ní fhéadann tú é sin a dhéanamh you shouldn't do that, you oughtn't to do that.

feadaíl *nf3* whistling; bheith ag feadaíl to whistle.

feadair *vb* (*defective*) ní fheadar I don't know; an bhfeadraís? do you know?; ní fheadair sí aon rud faoi she doesn't know anything about it.

feadán *nm1* tube.

feadh *nm3* **1** extent, distance, length; feadh mo radhairc as far as I can see, the extent of my vision; ar feadh m'eolais as far as I know; **2** ar feadh during, throughout; ar feadh na bliana throughout the year; ar feadh tamaill for a while; ar feadh seachtaine for (the duration of) a week; **3** along; feadh an bhóthair along the road.

feadhain (*gensg* feadhna *pl* feadhna) *nf2* troop, band.

feadóg *nf2* whistle; feadóg mhór flute.

feall *nm1* **1** betrayal, treachery; feall a dhéanamh ar dhuine to betray someone; feall ar iontaoibh betray trust; ➤ filleann an feall ar an bhfeallaire treachery brings it's own punishment; **2** failure;

3 foul (*in sport*). ● *vb* **1** betray; **2** fail.

feallaire *nm3* betrayer, deceiver.

feallmharaigh *vb* assassinate.

feallmharú (*gensg* feallmharaithe) *nm* assassination.

fealltach *adj1* treacherous.

fealltóir *nm3* traitor.

fealsamh (*pl* fealsúna) *nm1* philosopher.

fealsúnach *adj1* philosophical.

fealsúnacht *nf3* philosophy.

feamainn *nf2* seaweed.

fean (*pl* feananna) *nm4* fan.

feann *vb* **1** skin, flay; **2** criticize strongly; **3** fleece (*strip of money*).

fear¹ *nm1* man; fear céile husband; fear ionaid substitute; fear ceoil musician; fear bréige scarecrow; 'Fir' 'Gents'.

fear² *vb* **1** wage (*war*); **2** fáilte a fhearadh roimh dhuine to welcome someone.

féar *nm1* **1** grass; **2** hay.

féarach *nm1* pasture.

fearacht *prep* (+GEN) as, like; is é a fhearacht sin agamsa é it is the same with me.

fearadh (*gensg* feartha *pl* feartha*) *nm* **1** bestowal, provision; fearadh na fáilte a hearty welcome; **2** asset, benefit.

féaráilte *adj3* fair.

fearann *nm1* land, territory; baile fearainn townland; **2** region.

fearas *nm1* **1** appliance, apparatus; **2** order; rud a chur i bhfearas to put something in working order, to set something up; **3** equipment.

fearb *nf2* weal, welt.

fearg (*gensg* feirge *datsg* feirg) *nf2* anger; fearg a bheith ort to be angry.

fearga *adj1* male, masculine; **ball fearga** penis.

feargach *adj1* **1** angry, irate; **2** inflamed (*wound*).

feargacht *nf3* masculinity.

Fearmanach *nm* Fermanagh.

fearr →MAITH

fearsaid *nf2* **1** spindle, shaft; **2** An Fhearsaid Orion's Belt.

feart[1] *nm3* miracle; **A Dhia na bhFeart!** Almighty God!

feart[2] *nm3* **1** mound; **2** grave, tomb.

feartha, fearthai →FEARADH.

fearthainn *nf2* rain; **ag cur fearthainne** raining.

feartlaoi *nf4* epitaph.

fearúil *adj2* manly, manful.

feasa →FIOS.

feasach *adj1* **1** informed (*opinion*); **2** knowledgeable.

feasachán *nm1* bulletin.

féasóg *nf2* beard.

féasógach *adj1* bearded.

féasrach *nm1* muzzle.

feasta *adv* from now on.

féasta *nm4* feast, banquet.

feic[1] (*vn* **feiceáil** *vadj* **feicthe** *past* **chonaic**) *vb* **1** see; **rud a fheiceáil** to see something; **an bhfeiceann tú é?** do you see it?; **2** seem; **feictear domsa go...** it seems to me that...

feiceálach *adj1* **1** noticeable; **2** attractive, eye-catching.

féich →FIACH.

féichiúnai *nm4* debtor.

féidearthacht *nf3* possibility.

feidhm *nf2* **1** function, operation; **as feidhm** out of order; **rud a chur i bhfeidhm** to put something into operation; **2** use; **feidhm a bhaint as rud** to use something; **3 dul i bhfeidhm ar dhuine** to influence someone.

feidhmeach *adj1* applied.

feidhmeannach *nm1* **1** executive; **2** official, agent.

feidhmeannas *nm1* **1** service, function; **2** office; **bheith i bhfeidhmeannas** to hold office.

feidhmigh *vb* **1** function; **2** officiate.

feidhmitheach *adj1* executive.

feidhmiú (*gensg* **feidhmithe**) *nm* **1** operation; **2** application.

feidhmiúchán *adj*(*gen sg of n*)*1* executive; **oifigeach feidhmiúcháin** executive officer.

feidhmiúil *adj2* **1** functional; **2** efficient.

féidir *n* (*used only with copula*) **b'fhéidir** maybe; **is féidir (go)** it is possible (that); **an féidir leat teacht inniu?** can you come today?; **chomh luath agus is féidir** as soon as possible.

feighil *nf2* **1** care; **bheith i bhfeighil ruda** to be in charge of something; **2** vigilance.

feighli *nm4* watcher; **feighli páisti** babysitter.

feil (*vn* **feiliúint**) *vb* suit, fit; **má fheileann sé duit** if it suits you.

feil →FIAL.

féile[1] (*pl* **féilte**) *nf4* **1** festival; **2** feast; **Lá Fhéile Bríde** St. Bridget's Day; **Lá Fhéile Pádraig** St. Patrick's Day.

féile *nf4* **1** generosity; **2** hospitality.

féileacán *nm1* butterfly.

féileastram *nm1* iris.

féilire *nm4* calendar.

feiliúint →FEIL.

feiliúnach *adj1* **1** suitable; **2** appropriate; **3** obliging.

feiliúnacht *nf* suitability.

feilt *nf2* felt.

féilte →FÉILE.

féiltiúil *adj2* **1** festive; **2** periodic; **3** regular.

féimheach *nm1* bankrupt.

féimheacht nf3 bankruptcy.

feimeanachas nm1 feminism.

feimíní nm4 feminist.

....

féin pron
(emphatic, reflexive) adverb

···▶ (with pronoun) mé féin myself; tú féin yourself; (s)é féin himself; (s)í féin herself; sinn féin ourselves; sibh féin yourselves; iad féin themselves;

···▶ (referring to husband or wife) É féin himself, the husband; Í féin herself, the wife;

···▶ (with proper noun) Micheál féin a bhí ann it was Micheál himself;

···▶ (with prepositional pronouns) eadrainn féin between ourselves; fút féin atá it's up to you; tá sé aici féin she has it herself;

···▶ (after possessive pronoun and noun) own; a theach féin his own house; mo charr féin my own car;

···▶ (as reflexive pronoun) ghortaigh sé é féin he hurt himself; tá sí á ní féin she's washing herself;

···▶ (as adverb) mar sin féin even so; cheana féin already; go deimhin féin indeed; an uair sin féin even at that time.

féin- pref auto-, self-.

féinchosaint (gen **féinchosanta**) nf3 self-defence.

féindiúltú (gensg **féindiúltaithe**) nm self-denial.

féinfhostaithe adj3 self-employed.

feinimeán nm1 phenomenon.

féiníobairt (gen **féiníobartha**) nf3 self-sacrifice.

féiniúlacht nf3 1 identity; 2 individualism.

féinmharú (gensg **féinmharaithe**) nm suicide.

féinmhuinín nm4 self-confidence.

Féinne →FIANN.

féinní (literary) nm4 1 member of Fianna; 2 warrior, soldier.

féinriail (gen **féinrialach**) nf autonomy.

féinrialaitheach adj1 autonomous, self-governing.

féinseirbhís nf2 self-service.

féinsmacht nm3 self-discipline.

féinspéis nf2 egotism.

féinspéiseach adj1 egotistical.

féinspéisí nm4 egotist.

féintrua nm4 self-pity.

féir →FIAR.

feirc nf2 1 hilt (of sword); 2 peak (of cap); 3 tilt; **feirc a chur ar chaipín** to tilt/cock a cap.

feircín nm4 firkin.

féire →FIAR.

feirg, feirge →FEARG.

féirín nm4 present.

feirm (pl **feirmeacha**) nf2 farm.

feirmeoir nm3 farmer.

feis nf2 1 festival, Irish language festival; **feis cheoil** a music festival; 2 **Ard-Fheis** National Convention; 3 (literary) sexual intercourse.

Feisire nm4 member of Parliament; **Feisire Eorpach** Member of the European Parliament.

feisteas nm1 1 furnishings; 2 fittings; 3 costume, outfit; **seomra feistis** changing room.

feisteoir nm3 1 fitter; 2 outfitter.

feistigh (vn **feistiú**) vb 1 arrange; 2 dress; **tú féin a fheistiú** to dress oneself up; 3 equip; 4 fit; 5 moor (a boat).

feistiú (gensg **feistithe**) nm 1 arrangement; 2 decor; 3 fittings, installation.

feith vb **bheith ag feitheamh le duine** to be waiting for someone.

féith *nf2* **1** vein; **2** sinew, muscle; **3** seam (*in rock*); **féith ghuail** a seam of coal; **4** talent, trait; **tá féith an cheoil aici** she has a talent for music; **féith an ghrinn a bheith agat** to have a sense of humour.

féithchrapadh (*gensg* **féithchraptha**) *nm* contraction.

feitheamh *nm1* wait, waiting; **feitheamh fada** a long wait; **ar feitheamh** pending; **seomra feithimh** waiting room.

féitheog *nf1* **1** sinew, muscle; **2** vein.

féitheogach *adj1* sinewy, muscular.

feitheoir *nm3* **1** invigilator; **2** supervisor.

feitheoireacht *nf3* supervision.

feithicil (*gensg* **feithicle** *pl* **feithiclí**) *nf2* vehicle.

feithid *nf2* insect.

feithideolaíocht *nf3* entomology.

feithidicíd *nf2* insecticide.

féithleann *nf2* honeysuckle.

féithleog *nf2* vine.

feitis *nf2* fetish.

feochadán *nm1* thistle.

feoigh *vb* decay, wither.

feoil (*gensg* **feola** *pl* **feolta**) *nf3* **1** meat; **feoil dhearg/fhola** red meat, lean meat; **feoil bhán** white meat, fat meat; **2** flesh.

feoilseantach *adj1* vegetarian.

feoilseantóir *nm3* vegetarian.

feoite *adj3* withered.

feola, feolta →FEOIL.

feolmhar *adj1* flabby, fleshy.

feothan *nm1* breeze.

fh- reove 'h'; see 'Initial Mutations' in the Grammar section.

fí¹ *nf4* **1** weave; **2** weaving; **3** plait (*in hair*).

fí² *n* **níl spide fí air** he is nothing but skin and bone.

fia¹ *nm4* deer; **fia rua** red deer.

fia² *adj3* wild.

fia³ *n* **dar fia!** by heavens!

fiabheatha *nf4* wildlife.

fiabhras *nm1* fever.

fiabhrasach *adj1* feverish.

fiacail (*pl* **fiacla**) *nf2* tooth; **fiacail forais** wisdom tooth; **níor chuir sí fiacail ann** she didn't mince her words.

fiach¹ (*gensg* **féich** *npl* **fiacha** *genpl* **fiach**) *nm1* **1** debt; **bheith i bhfiacha** to be in debt; **2** obligation; **é a bheith d'fhiacha ort rud a dhéanamh** to be under an obligation to do something.

fiach² (*gensg* **fiaigh** *npl* **fiacha** *genpl* **fiach**) *nm1* raven; **chomh dubh leis an bhfiach** as black as a raven; **> is geal leis an bhfiach dubh a ghearrcach féin** beauty is in the eye of the beholder.

fiach³ *nm1* hunt, chase; **bheith chun fiaigh** to be fit for the chase. ● *vb* hunt.

fiachas *nm1* liabliity.

fiachóir *nm3* debtor.

fiachtheoranta *adj3* **comhlacht fiachtheoranta** public limited company.

fiacla →FIACAIL.

fiaclach *adj1* **1** toothed; **2** serrated.

fiaclóireacht *nf3* dentistry.

fiadhúlra *nm4* wildlife.

fiafheoil (*gen* **fiafheola**) *nf3* venison.

fiafraí (*gensg* **fiafraithe**) *nm* enquiry, question; **fiafraí a dhéanamh faoi rud** to make an enquiry about something.

fiafraigh *vb* enquire, ask; **rud a fhiafraí de dhuine** to ask someone something.

fiafraitheach *adj1* inquisitive.

fiafraitheacht *nf3* inquisitiveness.

fiagaí nm4 hunter.

fiaile nm4 weed(s).

fiailnimh nf2 weedkiller.

fiáin adj1 **1** wild; **2** uncultivated (land); **3** primitive, savage.

fial¹ nm1 **1** veil; **2** screen, curtain.

fial² nm1 vial.

fial³ adj (gensgm **féil** gensgf **féile** compar **féile** pl **fiala**) generous, hospitable.

fialmhaireacht nf3 generosity.

fiamh nm4 grudge; **fiamh a bheith agat le duine** to have a grudge against someone.

fianaise nf4 **1** evidence, tesimony; **fianaise a thabhairt** to give evidence, to testify; **2** (with 'i') **i bhfianaise duine** in the presence of; **i bhfianaise a bhfuil cloiste againn** in view of what we have heard.

fiancé nm4 fiancé, fiancée.

Fiann (gensg **Féinne** npl **Fianna** genpl **Fiann**) nf2 **1** roving band of warrior-hunters (in Irish legend); **Fianna Éireann** the Fianna of Ireland; **2 Fianna Fáil** Fianna Fáil (political party).

fiannaíocht nf3 **An Fhiannaíocht** The Fenian or Ossianic Cycle of Tales; **scéal fiannaíochta** a story of the Fenian cycle, a romantic legend.

fiánta adj2 wild, fierce.

fiar nm1 **1** slant, twist; **rud a chur ar fiar** to slant something; **téann sé ar fiar** it goes diagonally; **2** bend, crookedness; **fiar in adhmad** a warp in wood.

fiar adj (gensgm **féir** gensgf **féire** compar **féire** pl **fiara**) **1** slanting, diagonal; **2** bent, crooked.

fiarán nm1 petulance; **imeacht ar fiarán** to go off in a huff.

fiarlán nm1 zigzag; **fiarlán a dhéanamh** to zigzag.

fiarshúil nf2 squint.

fiata adj3 **1** fierce; **2** wild.

fia-úll (pl **fia-úlla**) nm1 crab apple.

fíbín nm4 notion, caprice.

fich → FÍOCH.

fiche (gensg **fichead** pl **fichidí** datsg **fichid**) nf twenty ('fichidí' is used with other numbers).

ficheall nf2 **1** chess; **2** chessboard.

fichillín nm4 pawn.

fichiú nm4 adjective twentieth.

ficsean nm1 fiction.

fidil (gensg **fidle** pl **fidleacha**) nf2 fiddle.

fidléir nm3 fiddler.

fíf nf2 fife.

fige nf4 fig.

figh vb weave, intertwine; **fíte fuaite** interwoven.

figiúr (pl **figiúirí**) nm1 **1** figure; **2** number.

file nm4 poet.

fileata adj3 **1** poetic; **2** lyrical.

filiméala nm4 nightingale.

filíocht nf3 poetry, verse.

Filipíneach adj1 **na hOileáin Fhilipíneacha** the Philippines.

fill vb **1** bend, fold; **éadach a fhilleadh** to fold cloth; **2** return, turn back; **filleadh abhaile** to return home.

filléad nm1 fillet.

filleadh (pl **fillteacha**) nm1 **1** fold, bend; **2** return; **3 filleadh beag** kilt.

fillte adj3 ticéad fillte return ticket.

fillteach adj1 folding, fold-up.

fillteán nm1 folder, wrapper.

fímíneach nm1 hypocrite. ● adj1 hypocritical.

fímíneacht nf3 hypocrisy.

fine nf4 **1** family group, clan; **2 Fine Gael** Fine Gael (political party).

finéagar nm1 vinegar.

fineáil *nf3* fine. ● *vb* fine.

fineálta *adj3* fine, delicate.

fineáltacht *nf3* fineness, delicacy.

finideach *adj1* finite.

Finín *nm4* (*history*) Fenian.

Finíneachas *nm1* Fenianism.

finiúin *nm3* **1** grapevine; **2** vine-yard.

finné *nm4* witness; **finné súl** eye witness; **finné fir** best man.

finscéal (*pl* **finscéalta**) *nm1* **1** fiction; **> is iontaí fírinne ná finscéal** truth is stranger than fiction; **2** legend, romantic tale.

finscéalach *adj1* **1** fictional; **2** legendary.

finscéalaíocht *nf3* **1** fiction; **2** romantic tales; **3** telling of romantic tales.

fíocas *nm1* piles, haemorrhoids.

fíoch (*gen* **fích**) *nm1* anger, fury; **fíoch a bheith ort** to be furious; **fíoch fola** blood lust.

fíochán *nm1* tissue (*in biology*).

fíochmhar *adj1* ferocious, furious.

fíochta *adj3* infuriated.

fíodóir *nm3* weaver.

fíogadán *nm1* camomile.

fíoghual *nm1* charcoal.

fíon (*pl* **fíonta**) *nm3* wine; **fíon bán/dearg** white/red wine.

fíonchaor *nf2* grape.

fíoncheannaí *nm4* wine merchant.

fíonghloine *nm4* wine glass.

fíonghort *nm1* vineyard.

Fionlainn *nf2* **an Fhionlainn** Finland.

Fionlainnis *nf2* Finnish.

Fionlannach *nm1* Finn. ● *adj1* Finnish.

fíonn[1] *adj1* fair, blonde.

fíonn[2] *vb* discover.

fíonn[3] (*pl* **fíonna**) *nm1* cataract (*of eye*).

fionnchrith *nm3* goose pimples, goose bumps.

fionnachtaí *nm4* discoverer.

fionnachtain *nf3* **1** discovery; **2** find; **3** invention.

fionnadh *nm1* **1** hair; **2** fur, coat.

fionnrua *adj3* light red, sandy.

fionnuar *adj1* cool.

fíonraí *nf4* suspension; **rud/duine a chur ar fíonraí** to suspend something/someone.

fíonraíocht *nf3* suspension.

fíonta →**FÍON**

fíontar *nm1* **1** risk; **2** enterprise, venture.

fíontrach *adj1* enterprising.

fíontraí *nm4* entrepreneur.

fíontraíocht *nf3* enterprise.

fíor[1] *nf2* truth; **fíor agus bréag** truth and falsehood. ● *adj1* true; **is fíor é** it's true; **is fíor duit** you're right; **scéal fíor** a true story.

fíor[2] (*gensg* **fíorach**) *nf* **1** figure; **2** symbol; **fíor na croise** the sign of the cross.

fíor- *pref* true, real, very.

fíoraigh *vb* **1** verify; **2** fulfill (*prediction*).

fíoraíocht *nf3* frame.

fíoras *nm1* fact.

fíorasach *adj1* factual.

fíorasc *nm1* factual.

fíorchaoin *n* **fíorchaoin fáilte** a hearty welcome.

fíordheimhnigh *vb* authenticate.

fíordheimhniú (*gensg* **fíordheimhnithe**) *nm* authentication.

fíorú (*gensg* **fíoraithe**) *nm* **1** verification; **2** fulfilment.

fíorúil *adj2* virtual.

fioruisce *nm4* pure water, spring water.

fios (*gensg* **feasa**) *nm3* **1** knowledge; **fios ruda a bheith agat** to know something; **rud a thabhairt le fios do dhuine** to let someone know something; **tá a fhios agam** I know; **go bhfios dom** as far as I know; **gan fhios** unknown, secretly; **fear/bean feasa** fortune teller; **2** information; **fios a lorg** to seek information; **3 fios a chur ar dhuine/rud** to send for someone/something.

fiosrach *adj1* inquisitive.

fiosracht *nf3* inquisitiveness, curiosity.

fiosraigh *vb* enquire.

fiosraitheoir *nm3* enquirer.

fiosrú (*gensg* **fiosraithe**) *nm* investigation, inquiry.

fiosrúchán *nm1* inquiry.

fir →FEAR

firéad *nm1* ferret.

firéan *nm1* just person; **na firéin** the just, the faithful.

fireann *adj1* male.

fireannach *nm1* male. ● *adj* male.

fíréanta *adj3* just, righteous.

firic *nf2* fact.

fírinne *nf4* truth; **chun na fírinne a insint** to tell the truth.

fíreannach *adj1* truthful.

firinscne *nf4* masculine (*in grammar*).

firinscneach *adj* masculine.

firmimint *nf2* firmament.

fis *nf2* vision, dream.

fis- *pref* video.

fiseán *nm1* videotape.

fisic *nf2* physics.

fisiceach *adj1* physical.

fisiceoir *nm3* physicist.

fisiteiripe *nf4* physiotherapy.

fístéip *nf2* video (tape).

fithis *nf2* orbit.

fithisigh *vb* orbit.

fiú *n* (*used as predicative adjective with copula*) worth; **is fiú é** it is worth it; **b'fhiú di labhairt leis** it would be worth her while to talk to him; **fiú amháin** even.

fiuch (*vn* **fiuchadh**) *vb* boil; **uisce fiuchta** boiling water; **ar fiuchadh** boiling.

fiúntach *adj1* **1** worthy; **2** worthwhile.

fiúntas *nm1* **1** worth, merit; **2** decency.

fiús *nm1* fuse.

flaidireacht *nf3* fly-fishing.

flaigin *nm4* flask.

flainín *nm4* flannel.

flaith (*gensg* **flatha** *pl* **flatha**) *nm3* **1** prince, ruler; **2** chief, lord.

flaitheas *nm1* **1** rule, sovereignty; **2** kingdom; **3 na flaithis** the heavens; **bheith sna flaithis bheaga** to be in seventh heaven.

flaithiúil *adj2* generous, princely.

flaithiúlacht *nf3* generosity.

flaithiúnas *nm1* sovereignty.

flannbhuí *adj3* orange.

flas *nm3* floss; **flas fiacla** dental floss.

flatha →FLAITH.

fleá *nf4* festival, drinking feast.

fleáchas *nm1* festivities.

fleasc *nm3* flask.

fleasc *nf2* **1** rod; **fleasc dhraíochta** magic wand; **2** band, hoop; **3 bláthfhleasc** wreath (*of flowers*); **4** rim (*of wheel*).

fleisc *nf2* flex.

fleiscín *nm1* hyphen.

flichshneachta *nm4* sleet.

flip *nf2* whisk.

fliú *nm4* flu; **an fliú a bheith ort** to have the flu.

fliuch *adj1* wet. ● *vb* wet.

fliuchadh (*gensg* **fliuchta**) *nm* wetting, drenching; **fliuchadh a fháil** to get a drenching.

fliuchán *nm1* moisture.

fliuchras *nm1* moisture.

fliúit *nf2* flute.

flocas *nm1* **flocas cadáis** cotton wool.

flóra *nm4* flora.

flosc *nm3* zest.

flóta *nm4* float.

fluairid *nf2* fluoride.

fluaraiseach *adj1* fluorescent.

flúirse *nf4* abundance, plenty.

flúirseach *adj1* abundant, plentiful.

flústar *nm1* fluster.

fo- *pref* **1** sub-, secondary; **2** occasional.

fo-bhóthar *nm1* by-road.

fobhriste *nm1* underpants.

focal *nm1* **1** word; **focal ar fhocal** word for word; **focal a chumadh** to coin a word; **níl focal Gaeilge aici** she hasn't a word of Irish; **2** comment, remark; **focal a rá le duine** to have a word with someone; **3** promise, word; **d'fhocal a bhriseadh** to break one's promise; **tá lámh agus focal eatarthu** they are engaged (to be married).

fócas *nm1* focus; **as fócas/i bhfócas** out of/in focus.

fochaid *nf2* derision; **bhí sí ag fochaid faoi** she was mocking him.

fochair *n* **i bhfochair** (+GEN) along with, together with.

fochais *nf2* submerged rock.

fochall *nm1* filth.

fochéimí *nm4* undergraduate.

fochlásal *nm1* subordinate clause.

fochma *nm4* chilblain.

fochoiste *nm4* subcommittee.

fo-chomhfhios (*gen* **fo-chomhfheasa**) *nm3* the subconscious.

fo-chomhfhiosach *adj* subconscious.

fochomhlacht *nm3* subsidiary.

fochostais *nplm1* incidental expenses.

fochóta *nm4* undercoat.

fochupán *nm1* saucer.

foclóir *nm3* **1** dictionary; **2** vocabulary.

fód *nm1* **1** sod; **fód móna** a sod of turf; **2** layer of sods, layer of earth; **an fód glas** the upper layer of grassland; **3** place, spot of ground; **an fód dúchais** one's native place; **an fód a sheasamh** to stand one's ground.

fódaigh *vb* **1** build up with sods, cover with sods; **2** establish; **tu féin a fhódú in áit** to establish oneself in a place.

fodar *nm1* fodder.

fodhlí *nm4* by(e)-law.

fo-éadaí *nplm1* underwear.

fo-eagarthóir *nm3* sub-editor.

fo-eagraigh *vb* sub-edit.

fógair (*pres* **fógraíonn**) *vb* announce.

fógairt (*gensg* **fógartha**) *nf3* declaration, announcement.

fogas *n* **i bhfogas do rud** close to something.

fogha *nm4* **1** attack; **fogha a thabhairt faoi dhuine** to attack someone; **2** lunge.

foghail (*gen* **foghla**) *nf3* pillage, plunder, plundering.

foghar *nm1* sound.

fogharscríobh (*gensg* **fogharscríofa**) *nm3* phonetic transcription.

foghlaeireacht *nf3* fowling.

foghlaí *nm4* plunderer; **foghlaí mara** pirate.

foghlaim *nf3* learning. ● *vb* (*pres* **foghlaimíonn**) learn.

foghlaimeoir *nm3* learner.

foghlamtha *adj3* learned.

foghraíocht *nf3* phonetics; **litriú foghraíochta** phonetic spelling.

fo-ghúna *nm4* slip, petticoat.

fógra *nm4* 1 advertisement; 2 announcement.

fógraíocht *nf3* advertising.

fógraíonn →FÓGAIR.

fógróir *nm3* advertiser.

fóibe *nf4* phobia.

foiche *nf4* wasp.

foighne *nf4* patience; **foighne a bheith agat** to have patience; **foighne a dhéanamh** to be patient.

foighneach *adj1* patient.

fóill *adj1* go fóill yet, still; **fan go fóill** wait a while.

fóillíocht *nf3* leisure; **am fóillíochta** leisure time.

foilmhe →FOLAMH.

foilmhe *nf3* emptiness.

foilsceadh *nm1* flurry, flutter; **foilsceadh a chur faoi dhuine** to fluster someone.

foilseachán *nm1* publication.

foilseán *nm1* (*legal*) exhibit.

foilsigh *vb* 1 publish; 2 reveal, disclose.

foilsitheoir *nm3* publisher.

foilsitheoireacht *nf3* publishing.

foilsiú (*gensg* **foilsithe**) *nm* disclosure.

fóin (*pres* **fónann** *vn* **fónamh**) *vb* serve, be of use; **fónamh do dhuine** to serve someone; **an bhfónann sé sin duit?** does that suit you?

fóinéim *nf2* phoneme.

foinse *nf4* 1 source; 2 spring, fountain.

fóinteach *adj1* of service, helpful.

fóir (*gensg* **fóireach** *pl* **fóireacha** *datpl* **fóiribh**) *nf2* boundary; **dul thar fóir le rud** to go too far with something; **rudaí a chur i bhfóiribh a chéile** to put things neatly together.

fóir *vb* 1 help; **fóir orm!** help me!; 2 relieve; 3 save.

foirceadal *nm1* teaching, doctrine.

foirceann *nm1* end, extremity.

fóirdheontas *nm1* subsidy.

foireann (*gensg* **foirne** *pl* **foirne**) *nf2* 1 team; **foireann peile** football team; 2 set; **foireann fichille** chess set; 3 font (*in printing, computing*).

foirfe *adj3* perfect.

foirfeacht *nf3* perfection.

foirfigh *vb* perfect.

foirgneamh *nm1* building.

foirgníocht *nf3* building, construction.

fóirithint *nf2* help, relief.

foirm (*pl* **foirmeacha**) *nf2* form.

foirmigh *vb* form.

foirmiú (*gensg* **foirmithe**) *nm* formation.

foirmiúil *adj2* formal.

foirmle *nf4* formula.

foirne →FOIREANN.

foirnéalaí *nm4* layabout, idler.

foirnéis *nf2* furnace.

fóirstineach *adj1* suitable, fitting.

foirtile *nf4* fortitude.

fóisc *nf2* ewe.

foisceacht *nf3* proximity.

fóiséad *nm1* faucet.

fol *vb* moult (*of birds*).

fola →FUIL.

folach *nm1* hiding, concealment; **rud a chur i bhfolach** to hide something.

folachán *nm1* **1** hiding, concealment; **2** (*plural*) **folacháin a dhéanamh** to play hide and seek; **3** cache, hoard.

folachánai *nm4* stowaway.

folachas *nm1* **1** hiding; **2** secret, mystery.

folaigh *vb* hide, conceal.

folaíocht *nf3* breeding.

foláir *n* (*used negatively with copula*) **ní foláir** it is necessary; **ní foláir nó tá/go bhfuil aithne agat uirthi** you must know her; **ní foláir liom** I think; **ní foláir dó é** it is just as well for him.

foláireamh *nm1* warning, notice.

folaitheach *adj1* hidden, secret.

folamh (*gensgm* **folamh** *gensgf* **foilmhe** *compar* **foilmhe** *pl* **folmha**) *adj* empty, vacant; **seomra folamh** an empty room; **leathanach folamh** a blank page.

folc *vb* bathe.

folcadán *nm1* bath.

foleantóir *nm3* trailer.

foléas *nm3* sublease.

foléim *nf2* bound, skip.

foléine *nf4* undershirt.

folig (*vn* **foligean**) *vb* sublet.

foline (*pl* **folinte**) *nf4* extension (*telephone*).

folláin *adj1* **1** healthy, fit; **2** wholesome (*food*).

folláine *nf4* **1** healthiness; **2** wholesomeness.

follas *adj* (*gensg* **follais** *gensgf* **foilse** *compar* **foilse** *pl* **follasa**) clear, evident.

follasach *adj1* **1** clear, evident; **is follasach (go)** it is evident that; **2** open, plain.

folmha →FOLAMH.

folmhaigh *vb* empty.

folmhú (*gensg* **folmhaithe**) *nm* discharge.

folracht *nf3* gore.

folt *nm1* hair.

foltfholcadh (*gensg* **foltfholctha**) *nm* shampoo.

foluain (*gen* **foluana**) *nf3* **1** flying, fluttering; **2** hovering.

foluaineach *adj1* fluttering.

folúil *adj2* thoroughbred.

folúntas *nm1* vacancy.

folús *nm1* vacuum.

folúsfhlaigin *nm4* vacuum flask.

folúsghlantóir *nm3* vacuum cleaner.

folúsphacáilte *adj3* vacuum-packed.

fómhar *nm1* **1** autumn; **2** harvest.

fomhias (*gen* **fomhéise**) *nf2* side-dish.

fomhuireán *nm1* submarine.

fón *nm1* phone; **fón póca** mobile phone.

fónamh *nm1* **1** service; **2** benefit; **3** **bheith ar fónamh** to feel well.

fónamhaí *nm4* servant.

fondúireacht *nf3* foundation.

fonn¹ *nm1* **1** mood, desire, urge; **fonn a bheith ort rud a dhéanamh** to feel like doing something; **fonn oibre a bheith ort** to be in the mood for work; **2 d'fhonn** in order to; ➤ **fonn a níos fiach** where there's a will there's a way.

fonn² *nm1* melody, tune.

fonnadóir *nm3* **1** singer; **2** lilter.

fonnadóireacht *nf3* **1** singing; **2** lilting.

fonnmhaireacht *nf3* enthusiasm.

fonnmhar¹ *adj1* tuneful, melodic.

fonnmhar² *adj1* eager, willing.

fonóid *n* **fonóid a dhéanamh faoi dhuine** to scoff at someone.

fonóideach *adj1* derisive, scornful.

fonóta *nm4* footnote.

fonsa *nm4* **1** hoop, circular band; **2** weal, welt.

fónta *adj3* **1** good; **2** useful.

fóntas *nm1* utility.

forábhar *nm1* supplement, supplementary matter.

foráil *nf3* provision (*legal*); **forálacha reachta** provisions of an enactment. ● *vb* provide.

forainm (*pl* **forainmneacha**) *nm4* pronoun.

fóram *nm1* forum.

foraois *nf2* forest.

foraoiseacht *nf3* forestry.

foras *nm1* **1** institute, institution; **2** foundation, basis.

forás *nm1* **1** development, growth; **2** progress.

forásach *adj1* **1** developing; **2** progressive.

forba *nm4* gash.

forbair (*pres* **forbraíonn** *vn* **forbairt** *vadj* **forbartha**) *vb* **1** develop; **2** expand.

forbairt (*gen* **forbartha**) *nf3* **1** development; **2** growth.

forbhás *nm1* **ar forbhás** unstable, topheavy.

forbhríste *nm4* overalls.

forc *nm1* fork.

forcáil *vb* fork.

forcháin (*gensg* **forchánach** *pl* **forchánacha**) *nf* surtax.

forchás *nm1* homage.

forchéimniú *nf2* climax.

forchéimniú (*gensg* **forchéimnithe**) *nm* progression.

forchlúdach *nm1* dust jacket, wrapper.

forchostas *nm1* overhead.

fordhaonna *adj3* superhuman.

fordhath *nm3* hue, tint.

foréigean *nm1* violence.

foréigneach *adj1* violent.

foréileamh *nm1* requisition.

forghabh (*vn* **forghabháil**) *vb* seize, take by force.

forghabháil *nf3* seizure.

forghoin (*gen* **forghona** *pl* **forghonta** *vadj* **forghonta**) *nf3* severe wound. ● *vb* wound severely.

forhalla *nm4* foyer.

forimeall *nm1* periphery.

forimeallach *adj1* peripheral.

forléas *nm1* skylight.

forleathadh (*gensg* **forleata**) *nm* spread (*of disease*).

forleathan *adj* (*gensgm* **forleathain** *gensgf* **forleithne** *compar* **forleithne** *pl* **forleathana**) widespread.

forlíonadh (*pl* **forlíontaí**) *nm1* supplement (*in magazine*).

forluigh *vb* overlap.

formad *nm1* envy.

formáid *nf2* format.

formáidigh *vb* format.

formhéadaigh *vb* magnify.

formheas *nm3* approval.

formhór *nm1* most, majority.

formhothaithe *adj3* stealthy.

formhúch *vb* smother, suffocate.

forógra *nm4* proclamation.

forrán *nm1* **forrán a chur ar dhuine** to accost someone, to address someone.

fórsa *nm4* force.

forscáth *nm3* canopy.

forscript *nf2* superscript.

forsheomra *nm4* anteroom.

forshonach *adj1* supersonic.

forshuigh *vb* superimpose.

fortacht *nf3* aid, relief.

fortheach (*gensg* **forthí** *pl* **forthithe**) *nm* extension of house.

fortheideal *nm1* caption.

fortún *nm1* fortune.

fós *adv* **1** yet; **2** still; **3** nevertheless; **ach fós** but nevertheless; **4** even; **níos measa fós** even worse.

foscadh *nm1* shelter.

foscript *nf2* subscript.

foscúil *adj2* sheltered.

foshruth *nm3* undercurrent.

foshuiteach *nm1* subjunctive.
● *adj1* subjunctive.

fosta *adv* also.

fostaí *nm4* employee.

fostaigh *vb* employ, hire.

fostaíocht *nf3* employment.

fostóir *nm3* employer.

fostú *(gensg* **fostaithe)** *nm* **1** entanglement; **dul i bhfostú i rud** to become entangled in something; **2** employment.

fótachóip *nf2* photocopy.

fótachóipire *nm4* photocopier.

fotha *nm4* feed *(on machine).*

fothaigh *vb* feed.

fothain *(gen* **fothana)** *nf3* shelter.

foathainiúil *adj2* sheltered.

fotháirge *nm4* by-product.

fothaispeántas *nm1* sideshow.

fotheideal *nm1* subtitle.

fothoghchán *nm1* by-election.

fothrach *nm1* ruin.

fothragadh *(gensg* **fothragtha)** *nm* **1** fuss; **2** flurry.

fothraig *(pres* **fothragann** *vadj* **fothragtha)** *vb* bathe, dip.

fothram *nm1* noise.

Frainc *nf2* **an Fhrainc** France.

Fraincis *nf2* French.

frainse *nm4* fringe.

fráma *nm4* frame.

frámaigh *vb* frame.

Francach *nm1* Frenchman; **Francach mná** Frenchwoman.
● *adj* French.

francach *nm1* rat.

fraoch[1] *(gensg* **fraoigh)** *nm1* heather.

fraoch[2] *(gensg* **fraoich)** *nm1* fury.

fras *adj1* abundant, copious, profuse; **go fras** abundantly; **tá sneachta go fras ann inniu** there's loads of snow today.

frása *nm4* phrase.

fraschanna *nm4* watering can.

freagair *(pres* **freagraíonn** *vn* **freagairt** *vadj* **freagartha)** *vb* **1** answer, reply; **ceist a fhreagairt** to answer a question; **2 freagairt do rud** to correspond to something.

freagra *nm4* answer, reply.

freagrach *adj1* **1** responsible; **bheith freagrach as rud** to be responsible for something; **2** responsive.

freagracht *nf3* **1** responsibility; **2** liability.

fréamh *nf2* **1** root; **2** origin, source.

fréamhaigh *vb* (take) root.

freang *vb* **1** twist; **2** strain *(in muscle, joint, etc.).*

freanga *nf4* **1** twist; **2** spasm.

freangach *adj1* **1** twisted; **2** spasmodic.

freasaitheoir *nm3* reactor.

freastail *(pres* **freastalaíonn** *vadj* **freastalta)** *vb* **1** attend; **freastal ar léachtaí** to attend lectures; **2** serve; **freastal ar dhuine** to serve someone.

freastal *nm1* **1** attendance; **2** service.

freastalaí *nm4* **1** attendant; **2** waiter.

freasúra *nm4* opposition; **an Freasúra** the Opposition party.

freasúrach *adj1* opposing.

freisin *adv* as well.

frid *nf2* **faic na fríde** nothing at all.

fridín *nm4* germ.

frioch *vb* fry.

friochadh (*gensg* **friochta**) *nm* (*meal*) fry.

friochanta *adj3* **1** active, quick; **2** quick-tempered.

friochta *adj3* fried.

friochtán *nm1* frying pan.

friotal *nm1* **1** speech; **2** expression.

friotháil (*pres* **friothálann** *vn* **friotháil**) *vb* **1** attend to; **2** serve.

friothálaí *nm4* **1** attendant; **2** server.

friseáilte *adj3* fresh.

frisnéis *nf2* contradiction.

frisnéiseach *adj1* contradictory.

frith- *pref* (*becomes* 'frí' *before* 't*') anti-, counter-.

frithbheathach *nm1* antibiotic.

frithbhuaic *nf2* anticlimax.

frithbhualadh (*gensg* **frithbhuailte**) *nm* **1** recoil, backlash; **2** repercussion.

frithchaith *vb* reflect.

frithchaitheamh *nm1* reflection.

frithchioclón *nm1* anticyclone.

frithchléireach *adj1* anticlerical.

frithdhúnadh (*gensg* **frithdhúnta**) *nm* lock-out.

frithgheallaí *nm4* underwriter.

frithghealltanas *nm1* underwriting.

frithghiniúint (*gen* **frithghiniúna**) *nf3* contraceptive.

frithghiniúnach *nm1* contraception. ● *adj* contraceptive.

frithghiúdachas *nm1* anti-Semitism.

frithghníomh (*pl* **frithghníomhartha**) *nm1* reaction.

frithghníomhaí *nm4* reactionary.

frith-hiostaimin *nm4* antihistamine.

frithir *adj1* sore, tender.

frithluail *nf2* reflex action.

frithmholadh (*gensg* **frithmholta**) *nm* counterproposition.

frithnimh *nf2* antidote.

frithnúicleach *adj1* antinuclear.

frithréabhlóid *nf2* counterrevolution.

frithreo *nm4* antifreeze.

frithsheasmhacht *nf3* resistance.

frithsheipteach *adj1* antiseptic.

frithsheipteán *nm1* antiseptic.

frithshóisialta *adj3* antisocial.

frithshuí *nm4* contrast.

frithshuigh *vb* contrast.

frithiortha *npl* na **frithiortha** the antipodes.

fritonn (*pl* **fritonnta**) *nf2* backlash.

fritoradh (*pl* **fritorthaí**) *nm1* reaction.

frog (*pl* **froganna**) *nm1* frog.

frogaire *nm4* frogman.

fronsa *nm4* farce.

fronta *nm4* front (*weather, military*).

fuacht *nm3* **1** cold; fuacht an gheimhridh the cold of winter; fuacht a bheith ort to feel cold; **2** chill; fuacht a fháil to catch a chill.

fuachtán *nm1* chilblain.

fuadach *nm1* **1** abduction, kidnapping; **2** hijacking.

fuadaigh *vb* **1** abduct, kidnap; **2** hijack.

fuadaitheoir *nm3* **1** abductor, kidnapper; **2** hijacker.

fuadar *nm1* rush, fuss; fuadar a bheith ort to be in a rush.

fuadrach adj1 **1** hurried; **2** flustered.

fuadráil n/3 **1** fussing; **2** bustling.

fuafar adj1 hateful, hideous.

fuaidreamh nm1 **1** wandering; **2** agitation.

fuaigh (pres **fuann**) vb sew, stitch.

fuáil n/3 sewing.

fuaim n/2 sound.

fuaimbhac nm1 sound barrier.

fuaimdhíonach adj1 soundproof.

fuaimeolaíocht n/3 acoustics (science).

fuaimintiúil adj2 **1** substantial; **2** fundamental.

fuaimíocht n/3 acoustics.

fuaimiúil adj2 acoustic.

fuaimnigh vb **1** pronounce; **2** sound.

fuaimniú (gensg **fuaimnithe** nm pronunciation.

fuaimrian (pl **fuaimrianta**) nm1 soundtrack.

fuair →FAIGH.

fuaire n/4 **1** cold, coldness; dul i bhfuaire to get colder; **2** rud a ligean i bhfuaire to neglect something.

fual nm1 urine; fual a dhéanamh to urinate; fual a bheith ort to need to go to the toilet.

fualán nm1 **1** urinal, chamberpot; **2** pimp.

fuann →FUAIGH.

fuar adj1 **1** cold; **2** useless, vain; is fuar agam bheith ag caint léi anois it's useless for me to talk to her now.

fuaraigeanta adj3 calm, composed.

fuaraigh vb cool (down); ➤ an té a bhíonn amuigh fuaraíonn a chuid cut of sight out of mind.

fuarán nm1 spring, fountain.

fuarbholadh nm1 stale smell.

fuarchroíoch adj1 cold-hearted.

fuarchúis n/2 **1** coolness; **2** indifference.

fuarchúiseach adj1 **1** indifferent; **2** clinical; **3** calm.

fuarfháilte n/4 cool welcome.

fuarintinneach adj1 **1** purposeful; **2** cool-headed.

fuarthas →FAIGH.

fuarthóir nm3 cooler.

fuascail (pres **fuasclaíonn**) vb **1** release (prisoner); **2** solve (problem).

fuascailt n/2 **1** release; **2** solution, answer.

fuath nm3 hate, hatred; is fuath liom é I hate it.

fuathaigh vb hate.

fud n ar fud (+GEN) throughout, all over; ar fud na tíre throughout the country.

fudar nm1 mess; fudar a dhéanamh de rud to make a mess of something.

fúibh →FAOI.

fuidreamh nm1 batter.

fuil (gensg **fola**) n/3 blood; bheith ag cur fola to bleed.

fuilaistriú (gensg **fuilaistrithe**) nm blood transfusion.

fuileadán nm1 blood vessel.

fuilghrúpa nm4 blood group.

fuiliú nm **1** bleeding; **2** haemorrhage.

fuilleach nm1 **1** remains, leftovers; **2** surplus; fuilleach ama a bheith agat to have plenty of time.

fuilteach adj1 bloody.

fuin vb **1** knead; ➤ fuineadh de réir na mine to live within one's means; **2** cook; **3** roast.

fuineadh nm fuineadh gréine sunset.

fúinn →FAOI.

fuinneamh *nm1* **1** energy; **2** force, impetus; **3** vigour; **4** spirit.

fuinneog *nf2* window.

fuinniúil *adj2* **1** energetic; **2** vigorous.

fuinseog *nf2* ash tree.

fuioll *nm1* **1** remainder; **2** surplus; **3** níor fágadh fuíoll molta uirthi nothing was left unsaid in her praise.

fuíoll-leabhar *nm1* scrapbook.

fuip *nf2* whip.

fuipeáil *nf2* whip.

fuireachas *nm1* **1** waiting; **2** vigilance.

fuirseoir *nm3* jester, comedian.

fuirseoireacht *nf3* buffoonery.

fuirsigh *vb* **1** harrow; **2** struggle; **3** fuss.

fuisce *nm4* whiskey, whisky.

fuiseog *nf2* lark.

fuist *excl* hush.

fúithi →FAOI

fulacht *nf3* **1** barbecue; **2** cooking; bia a fhulacht to cook food.

fulaing *vb* **1** endure, suffer; **2** tolerate, put up with.

fulaingt (*gensg* **fulaingthe**) *nf* **1** endurance, suffering; **2** tolerance.

fulangach *adj1* **1** enduring; **2** suffering.

fulangaí *nm4* sufferer.

fúm →FAOI

fungas *nm1* fungus.

furasta *adj3* (*compar* **fusa**) easy.

furú *nm4* hubbub.

fusacht *nf3* easiness; rud a chur chun fusachta to simplify something.

fút, fúthu →FAOI

futráil *nf3* fidgeting.

Gg

ga¹ (*pl* **gathanna**) *nm4* **1** spear; **2** dart; **3** beam, ray; ga solais a ray of light; **4** radius.

ga² *n* bhí ga seá inti she was panting for breath.

gá *nm4* need, necessity; ní gá é sin a rá that goes without saying.

gabh (*vn* **gabháil** *vadj* **gafa**) *vb* **1** take, seize; rud a ghabháil i do láimh to take something in your hand; seilbh a ghabháil ar rud to take possession of something; duine a ghabháil ina phríosúnach to take someone prisoner; **2** catch; liathróid a ghabháil to catch a ball; **3** win; bua a ghabháil to win a victory; **4** accept; leithscéal duine a ghabháil to accept someone's apology; gabh mo leithscéal excuse me; **5** sing, say; amhrán a ghabháil to sing a song; **6** go; gabh abhaile! go home!; ag gabháil chun na scoile going to school; tá cúrsaí ag gabháil ina gcoinne things are going against them; conas atá an cluiche ag gabháil? how's the match going?; **7** run (*machine, engine*).

□ **gabh ag 1** ask of; gabhaim pardún agat I beg your pardon; **2** forgive; gabhaim agam a ndearna mé ort forgive me for what I did to you.

□ **gabh ar 1** go on; **2** set about; **3** undertake; rud a ghabháil ort féin to undertake to do something.

□ **gabh as 1** go out of; **2** go out (*light*).

□ **gabh chun/chuig** go to; ag gabháil chun na hollscoile going to university.

□ **gabh de** set about with; gabháil de rud le hord to set about something with a sledgehammer.

□ **gabh do 1** go about, work at; bheith ag gabháil do rud to be working at something; **2** annoy, afflict; ag gabháil do dhuine annoying someone.

□ **gabh faoi 1** go under; **2** undertake; **3** undergo; gabháil faoi scian to undergo an operation; **4** set about; ag gabháil faoi dhuine attacking someone.

□ **gabh i** go into.

□ **gabh le 1** go with; bheith ag gabháil (amach) le duine to be going (out) with someone; **2** side with; **3** convey; buíochas a ghabháil le duine to convey thanks to someone; **4** take to; gabháil le hól to take to drink.

□ **gabh ó 1** go from; **2** take from; **3** accept from.

□ **gabh thar 1** go by, pass by; **2** go over, pass over.

□ **gabh trí** go through.

□ **gabh um 1** put on (clothes); **2** set about.

gábh (pl **gábha**) nm1 danger.

gabha (pl **gaibhne**) nm4 smith.

gabháil nf3 **1** seizure, capture; gabháil baile the capture of a town; gabháil drugaí seizure of drugs; **2** catch; **3** rendition (of song).

gabháil nf3 yeast.

gábhar nf4 craving; gábhair ruda a bheith ort to have a craving for something.

gabhal nm1 **1** fork, junction; Gabhal Luimnigh Limerick Junction; **2** crotch; bheith ar scaradh gabhail ar rud to be astride something.

gabhálach adj1 **1** contagious; **2** gripping.

gabhálas nm1 accessory.

gabháltas nm1 **1** land holding; **2** occupation, conquest (of country).

gabhann nm1 **1** (enclosure) (cattle) pound; **2** dock (in courtroom).

gabhar nm1 goat; An Gabhar Capricorn.

gabhdán nm1 container.

gabhlaigh vb fork, branch off.

gabhlán nm1 martin; gabhlán binne house martin.

gabhlóg nf2 (small) fork.

gach n all, everything; gach is maith leat everything that you like; gach a bhfuil agam everything that I have. ● adj each, every; gach rud/duine everything/everyone; gach aon cheann acu every single one of them; gach re, gach dara every second (one in two).

gad nm1 **1** rope, string; gad ar ghaineamh a useless thing; **2** an gad is deise don scornach the most urgent problem; **3** withy.

gada →GOID

gadaí nm4 thief.

gadaíocht nf3 theft.

gadhar nm1 dog.

Gaeilge nf4 Irish (language) Gaelic; Gaeilge na hAlban Scottish Gaelic.

Gaeilgeoir nm3 **1** Irish speaker; **2** learner of Irish.

Gael nm1 Irishman, Irishwoman.

Gaelach adj1 Irish, Gaelic.

Gael-Mheiriceánach nm1 Irish American. ● adj1 Irish-American.

Gaeltacht nf3 Irish-speaking area.

gafa adj3 **1** caught; bheith gafa i rud to be caught up in something; **2** arrested; **3** (seat) taken, occupied.

gág *nf2* **1** crack, chink; **2** chap (*in skin*).

gaibhne →GABHA.

gaibhneacht *nf3* metalwork, iron forging.

gaibhnigh *vb* forge (*metal*).

gáifeach *adj1* **1** loud, garish; **2** flamboyant; **3** sensational.

gaige *nm4* fop, dandy.

gaileadán *nm1* boiler.

gailearai *nm4* gallery.

gáilleach *nm1* gills (*of fish*).

gáilleog *nf2* mouthful.

Gaillimh *nf2* Galway; **cathair na Gaillimhe** Galway city.

gailseach *nf2* earwig.

Gaimbia *nf4* **an Ghaimbia** The Gambia.

gaimbín *nm4* (exorbitant) interest; **fear gaimbín** gombeen man, money-lender.

gaineamh *nm1* sand.

gaineamhchloch *nf2* sandstone.

gaineamhlach *nm1* desert.

gaineamhach *adj1* sandy.

gainne¹ *nf4* scale (*on fish*).

gainne² *nf4* scarcity; **dul i ngainne** to become scarce.

gair (*vn* **gairm**) *vb* **1** call, shout; **duine a ghairm chugat** to call someone to you; **2** summon.

gáir¹ (*pl* **gártha**) (*vn* **gáire**) *nf2* **1** cry, shout; **gáir a thógáil** to raise a shout; **2** roar; **3** fame; **gáir mhór a bheith ort** to be famous; **4** rumour; **tá an gháir amuigh go...** it is rumoured that...

gáir² *vb* **1** laugh, smile; **bheith ag gáire faoi dhuine** to laugh at someone; **2** cry, shout.

gairdian *nm1* guardian.

gairdín *nm4* garden.

gaireacht *nf3* nearness, proximity; **i ngaireacht ruda** near to something.

gaireas *nm1* device, gadget.

gairgeach *adj1* harsh, gruff.

gairid *adj1* **1** short, brief; **tamall gairid** a short while; **2** close; **gaol gairid** a close relation.

gairleog *nf2* garlic; **ionga gairleoige** a clove of garlic.

gairm (*pl* **gairmeacha**) *nf2* **1** call; **2** calling, vocation; **3** **gairm bheatha** profession, occupation.

gairm- *pref* vocational.

gairmeach *nm1* vocative (*in grammar*). ● *adj* vocative.

gairmiúil *adj2* **1** professional; **2** vocational.

gairmoideachas *nm1* vocational education.

gairmscoil *nf2* vocational school.

gáirsiúil *adj2* obscene, smutty, bawdy.

gáirsiúlacht *nf3* obscenity.

gairtéar *nm1* garter.

gaisce *nm4* **1** feat; **gaisce a dhéanamh** to perform a feat; **2** boasting, showing off; **gaisce a dhéanamh as rud** to boast about something; **3** (*literary*) arms; **gaiscce a ghabháil** to take arms.

gaiscéad *nm1* gasket.

gaisceoir *nm3* **1** boaster; **2** swaggerer.

gaiscíoch *nm1* hero, warrior.

gaisciúil *adj2* heroic.

gaisciúlacht *nf3* heroism.

gaisneas *n* **do ghaisneas a bhaint as rud** to make something serve one's purpose.

gaiste *nm4* snare, trap; **bheith gafa i ngaiste** to be caught in a trap.

gáitéar *nm1* gutter, drainpipe.

gal¹ *nf2* **1** steam, vapour; **gal soip** a flash in the pan; **inneall gaile** steam engine; **2** smoke; **gal tobac a bheith agat** to have a smoke.

gal² *nf2* valour; **gal agus gaisce** valour and prowess.

gála *nm4* **1** gale; **tá sé ina ghála** it's blowing a gale; **2** gálaí (*plural*) instalments; **íoc as rud ina ghálaí** to pay for something in instalments.

galach *adj1* **1** steamy; **2 uisce galach** boiling water.

galaigh *vb* **1** steam; **2** vaporize.

galamaisíocht *nf3* capriciousness, playfulness.

galán *nm1* **1** puff; **galán deataigh** a puff of smoke; **2** daddy-longlegs.

galánta *adj3* **1** beautiful; **2** elegant, grand; **3** genteel; **4** gallant.

galántacht *nf3* **1** elegance, stylishness; **2** gentility; **3** gallantry.

galántas *nm1* pageantry.

galar *nm1* **1** disease, sickness; **galar a thógáil** to catch a disease; **galar báis** a fatal disease; **galar dubhach** melancholy, depression; **2** affliction, misery; **d'imigh an galar céanna uirthi** the same thing happened to her; **ní galar éinne amháin é** others are similarly afflicted.

galbhruith (*vn* **galbhruth**) *vb* steam.

galf *nm1* golf.

galfaire *nm4* golfer.

galfchúrsa *nm4* golf course.

galfholcadán *nm1* sauna.

Gall *nm1* **1** foreigner; **2** Englishman.

gallán *nm1* standing stone.

gallchnó *nm4* walnut.

gallda *adj3* **1** foreign; **2** anglicized; **3** English.

galldachas *nm1* **1** foreign ways; **2** anglicized ways.

galldaigh *vb* anglicize.

Gall-Ghael *nm1* Anglo-Irishman.

Gall-Ghaelach *adj1* Anglo-Irish.

gallóglach *nm1* gallowglass.

galltacht¹ *nf3* anglicization.

Galltacht² *nf3* English-speaking area (*of Ireland*).

gallúnach *nf2* soap.

galraigh *vb* infect.

galrú (*gensg* **galraithe**) *nm* infection.

galstobh (*vadj* **galstofa**) *vb* braise.

galuisce *nm4* boiling water.

galún *nm1* gallon.

gamal *nm1* idiot.

gamhain (*gensg* **gamhna** *pl* **gamhna**) *nm3* calf.

gan *prep*
(*lenites b, c, g, m, p*):

····▸ (*with noun*) without; **gan amhras** without doubt; **gan phingin** without a penny; **duine gan chiall** a senseless person; **rud gan mhaith** a useless thing; **gan an t-airgead** without the money;

····▸ (*with verbal noun*) without; **gan déanamh** undone;

····▸ (*with dependent clause - no lenition*) **gan braon a dhoirteadh** without spilling a drop; **gan cúis a lorg** without looking for a reason;

····▸ (*with 'ach'*) **ach gan é a bheith róthe** provided that it's not too hot; **gan ach an dríodar fágtha** with only the dregs left; **gan ann ach buachaill óg ag an am** he was only a young boy at the time.

Gána *nm4* Ghana.

gandal *nm1* gander.

ganfhiosaíocht *nf3* **1** secrecy; **2** secretiveness; **ganfhiosaíocht a dhéanamh ar rud** to be secretive about something.

gang *nm3* gong.

gangaid nf2 **1** spite; **2** venom.

gangaideach adj1 **1** spiteful; **2** venomous.

gann adj1 **1** scarce; **bheith gann i rud** to be short of something; **tá airgead gann** money is scarce; **2** mean, miserly; **ná bí chomh gann leis** don't be so stingy with it.

ganntanas nm1 scarcity, shortage.

gaobhar nm1 proximity; **ar na gaobhair** in the vicinity.

gaobhardach adj1 nearby.

gaofar adj1 windy.

gaois nf2 **1** wisdom; **2** shrewdness.

gaoiseach adj1 **1** wise; **2** shrewd.

gaol (pl **gaolta**) nm1 **1** relationship; **gaol a bheith agat le duine** to be related to someone; **gaol fola** blood relationship; **2** relative, relation; **gaolta** relatives.

gaolmhar adj1 related; **bheith gaolmhar le duine** to be related to someone.

gaosán nm1 nose.

gaoth¹ nf2 wind; **gaoth aniar aneas** southwest wind; **in aghaidh na gaoithe** against the wind; **ar nós na gaoithe** like the wind (fast); **➤ is olc an ghaoth nach séideann do dhuine éigin** it's an ill wind that blows nobody good.

gaoth² nf2 estuary, inlet.

gaothscáth nm3 windscreen.

gaothuirlis nf2 wind instrument.

gar nm1 **1** nearness, proximity; **i ngar do rud** near to something; **2** favour, good turn; **gar a dhéanamh do dhuine** to do someone a favour; **3** benefit; **is mór an**

gar dom é it is a great benefit to me. ● adj near; **bheith gar do rud** to be close to something.

gar- pref near-.

garach adj1 helpful.

garaíocht n **bheith in áit na garaíochta** to be in a position to help.

garáiste nm4 garage.

gar-amharc nm1 close-up.

garastún nm1 garrison.

garathair (gensg **garathar** pl **garaithreacha**) nm great-grandfather.

garbh adj1 **1** rough; **aimsir gharbh** rough weather; **duine garbh** a rough person; **2** uneven; **dromchla garbh** an uneven surface; **3** coarse.

garbhánach nm1 sea bream.

garbhchríoch nf2 **Garbhchríocha na hAlban** the Scottish Highlands.

garbhlach nm1 rough ground.

garbhshíon nf2 rough weather; **garbhshíon na gcuach** rough weather in May.

garchabhair (gensg **garchabhrach**) nf first aid.

garda nm4 guard, policeman; **Gardaí Síochána** Irish Police Force; **garda cosanta** coastguard.

gardáil vb guard.

garg adj1 harsh, bitter.

gariníon (pl **gariníonacha**) nf2 granddaughter.

garmhac nm1 grandson.

garmheastachán nm1 rough estimate.

garneacht nf3 grandniece.

garnia nm4 grandnephew.

garraí nm4 vegetable garden.

garraíodóir nm3 gardener.

garraíodóireacht *nf3* gardening.

garrán *nm1* grove.

garsún *nm1* boy.

gártha →GÁIR¹.

garúil *adj2* helpful, obliging.

gas *nm1* 1 stalk; 2 stem.

gás *nm1* gas.

gásaigh *vb* gas.

gásailin *nm4* gasoline.

gasóg *nf2* boy scout.

gasra *nm4* group.

gasta *adj3* 1 fast; 2 clever, smart.

gastrach *adj1* gastric.

gasúr *nm1* boy, child.

gátar *nm1* 1 distress; 2 need; in am an ghátair in time of need.

gathaigh *vb* radiate.

gathanna →GA.

gc- remove 'c': see 'Initial Mutations' in the Grammar section.

gé *nf4* goose; na Géanna Fiáine the Wild Geese (*in Irish history*).

geab *nm4* chatter; neart geab a bheith agat to be full of talk.

geabach *adj1* chatty, talkative.

geabaire *nm4* chatterbox.

geabánta *adj3* loquacious.

geábh *nm3* 1 short run; 2 (quick) trip; geábh a thabhairt ar áit to make a flying visit to a place; 3 spell of activity; ➤ den chéad gheábh at the first go.

geadán *nm1* 1 buttocks, backside; 2 rump (*meat*).

geafaire *nm4* 1 busybody; 2 gaffer.

geafar *nm1* gaffer.

géag *nf2* 1 branch, bough; 2 limb; 3 branch (*in genealogy*).

géagán *nm1* appendage.

geaitín *nm4* wicket (*in cricket*).

geáitse *nm4* 1 affectation; 2 gesture; geáitsí antics.

geáitsíocht *nf3* 1 gesturing; 2 playacting.

geal *nm1* 1 white; 2 brightness ● *adj* 1 bright; chomh geal le sneachta na haonoíche as bright as overnight snow; 2 white; 3 happy; ba gheal an scéal di é it was happy news for her.

geal- *pref* 1 light, bright; 2 white; 3 happy.

gealacán *nm1* gealacán (uibhe) white (of egg); gealacán (súile) white (of eye).

gealach *nf2* moon, moonlight; gealach lán full moon; oíche ghealaí a moonlit night.

gealadh *nm1* dawn, dawning.

gealasacha *nplm1* braces.

gealbhan *nm1* sparrow.

gealbhuí *adj3* bright yellow.

gealchroíoch *adj1* light-hearted.

gealgháireach *adj1* 1 pleasant; 2 radiant.

geall *nm1* 1 promise, pledge; rud a chur i ngeall to pledge something, to pawn something; 2 bet, wager; geall a chur ar rud to lay a bet on something; cuirfidh mé geall leat go... I'll bet you that...; 3 (*in phrases*) de gheall ar for the sake of; i ngeall ar because of; geall le almost; mar gheall ar because of; cad mar gheall ar...? what about...? ● *vb* promise, pledge; rud a ghealladh do dhuine to promise something to someone.

geallbhróicéir *nm3* pawnbroker.

geallbhroid *n* i ngeallbhroid forfeit.

geallchur *nm1* betting.

geallghlacadóir *nm3* bookmaker.

geallmhar *adj1* geallmhar ar fond of.

gealltanas *nm1* 1 pledge, promise; gealltanas pósta engagement, promise of marriage; 2 commitment.

gealltóir nm3 punter.

geallúnai nm4 guarantor.

gealt (gen **geilte**) nf2 madman, lunatic; **teach na ngealt** lunatic asylum.

gealtacht nf3 insanity; **dul ar gealtacht** to go crazy.

gealtartar nm1 cream of tartar.

gealtóir nm3 bleach.

geamaireacht nf3 pantomime.

geamhthroid (gen **geamhthroda**) nf3 brawling.

gean nm3 love, affection; **gean a thabhairt do dhuine** to become fond of someone.

geanc nf2 snub nose; ➤ **geanc a chur ort féin (le rud)** to turn one's nose up at something.

geancach adj1 snub-nosed.

geanmnai adj3 chaste.

geanmnaíocht nf3 chastity.

geansai nm4 jumper, sweater, jersey.

geanúil adj2 **1** affectionate, loving; **2** lovable.

géar nm1 sharp (in music). ● adj **1** sharp; **scian ghéar** a sharp knife; **2** acute (angle); **3** steep (slope); **4** severe, intense; **pian ghéar** a sharp pain; **gaoth ghéar** a sharp wind; **5** unpleasant; **boladh géar** a pungent smell; **6** (of senses) **súil ghéar** a choimeád ar dhuine** to keep a sharp eye on someone; **tá amharc géar aici** she has keen sight; **7** bitter, sour; **bainne géar** sour milk.

géaraigh vb **1** sharpen; **2** intensify; **3** quicken; **géarú ar do choiscéim** to quicken one's step.

gearán nm1 complaint. ● vb complain; **bheith ag gearán faoi rud** to complain about something; **ní gearánta dom** I have no cause for complaint.

gearánai nm4 plaintiff.

gearb (gen **geirbe**) nf2 scab; **cad atá ag dó na geirbe aici?** what's worrying her?

géarbhlasta adj3 sharp-tasting.

géarbholadh nm1 sharp smell.

géarbholaíoch adj1 sharp-smelling.

géarchúis nf2 astuteness, shrewdness.

géarchúiseach adj1 astute, shrewd.

géarghlas nm1 close confinement; **bheith faoi ghéarghlas** to be (kept) in close confinement.

géarleanúint (gen **géarleanúna**) nf3 persecution; **géarleanúint a dhéanamh ar dhuine** to persecute someone.

Gearmáin nf2 **an Ghearmáin** Germany.

Gearmáinis nf2 German (language).

Gearmánach nm1 German (person). ● adj1 German.

gearr adj (gensm **gearr** gensgf **giorra** compar **giorra** pl **gearra**) **1** short; **2** near; **an siopa is giorra dúinn** the nearest shop to us. ● vb **1** cut; **2** carve (meat); **3** impose (fine, sentence); **4** shorten; **5** reduce (charges).

gearr- pref **1** short-; **2** fairly, fair; **gearrchuid** a fair amount.

gearradh (gensg **gearrtha** pl **gearrthacha**) nm **1** cutting; **2** cut, nick; **gearradh ar do mhéar** a cut on one's finger; **3** incision; **4** chastisement; **gearradh teanga** a severe scolding; **5** deduction; **6** imposition (of tax).

gearraighneas nm1 back chat, cheek.

gearraighneastúil adj2 cheeky, argumentative.

gearrán nm1 **1** gelding, horse; ➤ **bheith ar do ghearrán ard** to be on one's hobby-horse;

gearranáil *nf3* shortness of breath.

gearrbhodach *nm1* youngster, young fellow.

gearrcach *nm1* fledgling.

gearrchaile *nm4* young girl.

gearrchiorcaid *nf2* short-circuit.

gearrscríobh *(gensg gearrscríofa)* *nm* shorthand.

gearrshaolach *adj1* short-lived.

gearrtha *adj* cut.

gearrthán *nm1* **1** (newspaper) clipping; **2** (cardboard) cutout.

gearrthóg *nf2* **1** cutlet; **2** cutting *(of plant)*.

gearrthóir *nm3* cutter.

géarshúileach *adj1* sharp-eyed.

géarú *(gensg géaraithe)* *nm* **1** sharpening; *géarú scine* sharpening of a knife; *géarú goile* appetizer; **2** heightening, intensifying; **3** souring; *tháinig géarú ar an mbainne* the milk went sour.

géaruillinn *(pl géaruillinneacha)* *nf2* acute angle.

géasar *nm1* geyser.

geasróg *nf2* charm.

geata *nm4* gate.

géibheann *nm1* captivity.

géibheannach *nm1* captive, prisoner. ● *adj1* critical, distressing.

geilignit *nf2* gelignite.

géill¹ *vb* **1** yield, submit to; **2** surrender; *géilleadh do dhuine* to surrender to someone; **3** concede.

géill² →GIALL

géilleadh *(gensg géillte)* *nm* submission, surrender.

geilleagar *nm1* economy.

géilliúil *adj2* submissive.

géilliúlacht *nf3* **1** submissiveness; **2** compliance.

géillsine *nf4* allegiance.

géillseanach *nm1* subject.

geilte →GEALT

géim¹ *nf2* (hunting) game.

géim² *nf2* moo(ing), roar(ing). ● *vb* (*vn* **géimneach**) moo, roar.

geimheal *(gensg geimhle* *pl geimhle)* *nf2* shackle.

geimhleach *nm1* captive.

geimhreadh *(pl geimhrí)* *nm1* winter.

geimhrigh *vb* hibernate.

geimhriúil *adj2* wintry.

géimneach →GÉIM².

géin *nf2* **1** gene; **2** *brístí géiní* jeans.

geineasach *adj1* generic.

géineolaíocht *nf3* genetics.

géiniteach *adj1* genetic.

geir *nf2* (cooking) fat.

geirbe →GEARB.

geireach *adj1 (food)* fatty.

geireann *nm1* gerund.

geireannach *nm1* gerundive. ● *adj* gerundive.

geiréiniam *nm1* geranium.

geirm *nf2* germ.

geis *(pl geasa* *genpl geas)* *nf2* **1** taboo, prohibition; **2** spell; *duine a chur faoi gheasa* to put someone under a spell; **3** obligation.

geistear *nm1* gesture.

geit *nf2* **1** fright, shock; *geit a bhaint as duine* to give someone a fright; **2** jump, start; *de gheit* suddenly, with fright; *léim sí de gheit* she jumped suddenly/with fright. ● *vb* jump, start.

geiteach *adj1* jumpy, nervous.

geiteo *nm4* ghetto.

geografaíoch *adj1* geographical.

geografaíocht *nf3* geography.

geoiméadrach *adj1* geometrical.

geoiméadracht *nf3* geometry.

geoin nf2 **1** drone, hum; **2** whimper (of animal).

geolaíoch adj1 geological.

geolaíocht nf3 geology.

geolán nm1 (electric) fan.

geolbhach nm1 gills.

geonaíl nf3 **1** droning, humming; **2** whimpering (of animal); **3** rumbling (of stomach).

geopholaitíocht nf3 geopolitics.

gh- remove 'h': see 'Initial Mutations' in Grammar section.

gheobhadh, gheobhaidh →FAIGH.

giall¹ (gensg **géill** pl **gialla**) nm1 **1** jaw, chin; cnámh géill jaw bone; **2** jamb (of door).

giall² (gensg **géill** pl **gialla**) nm1 hostage.

giar (pl **gíaranna**) nm1 gear.

giarbhosca nm4 gearbox.

gibide nm4 prattle.

gibideacht nf3 prattling.

gibris nf2 gibberish.

gild (pl **gildeanna**) nm4 guild.

gile nf4 **1** whiteness; **2** brightness.

giltín nm4 guillotine.

gin nf2 embryo. ● vb **1** procreate; leanbh a ghiniúint to beget a child; **2** generate (energy); teas a ghiniúint to generate heat; **3** (used autonomously) (literary) give birth to.

gine nm4 guinea.

gineadóir nm3 generator.

ginealach nm1 **1** genealogy; líne ghinealaigh line of descent; **2** pedigree.

ginealas nm1 genealogy.

ginearál nm1 general.

ginearálta adj3 general; go ginearálta generally.

ginearálú (gensg **ginearálaithe**) nm generalization.

Ginéiv nf2 an Ghinéiv Geneva.

ginias nm1 genius.

ginideach nm1 genitive (in grammar). ● adj genitive.

giniúint (gensg **giniúna**) nf3 **1** conception; Giniúint Mhuire gan Smál the Immaculate Conception; **2** procreation, reproduction; baill ghiniúna genitals; **3** generation (of electricity).

ginmhilleadh (gensg **ginmhillte**) nm abortion; ginmhilleadh a fháil to have an abortion.

giobach adj1 untidy, scruffy.

giobal nm1 rag.

gioblach adj1 ragged.

gíobóg nf2 scrap (of paper etc.).

Gíobráltar nm1 Gibraltar.

giodam nm1 giddiness.

giodamach adj1 giddy.

giofóg nf2 gypsy.

giog nf2 **1** squeak; **2** chirp; ní raibh gíog ná míog as there wasn't a peep out of him.

giolamas nm1 fondling, petting.

giolcach nm1 reed.

giolla nm4 **1** attendant, manservant; giolla clódóra printer's devil; **2** youth, pageboy.

giollaigh vb **1** lead (animal); **2** attend to; **3** cook.

giománach nm1 **1** coachman; **2** servant; **3** yeoman.

giomnáisiam nm1 gymnasium.

gioró nm4 giro.

giorra nf4 shortness.

giorracht nf3 **1** shortness; ag dul i ngiorracht getting shorter; **2** closeness.

giorraigh vb shorten.

giorraisc adj1 abrupt, short; bheith giorraisc le duine to be abrupt with someone; freagra giorraisc a short answer.

giorria (pl **giorriacha**) nm4 hare.

giorrúchán *nm1* abbreviation.

giortach *adj1* skimpy, short.

giosáil *vb* sizzle, fizzle.

giosán *nm1* sock.

giosta *nm4* yeast.

giota *nm4* 1 bit; 2 piece.

giotán *nm1* bit (*in computing*).

giotár *nm1* guitar.

gipis () *nf2* giblets.

gipseam *nm1* gypsum.

gircín *nm4* gherkin.

girseach *nf2* girl.

Giúdach *nm1* Jew. ● *adj* Jewish.

giúiré *nm4* jury.

giúirléid *nf2* implement; **giúirléidí** (*plural*) knick-knacks.

giúis *nf2* (*tree*) fir, pine.

giúistis *nm4* magistrate, justice; **giúistísí** judiciary.

giúmar *nm1* humour.

giúróir *nm3* juror.

glac¹ *vb* 1 accept, receive; **glacadh le** rud to accept something; **cúram** rud a **ghlacadh** to take responsibility for something; 2 take; **comhairle** a **ghlacadh** to take advice; **sos** a **ghlacadh** to take a rest; **páirt** a **ghlacadh i** rud to take part in something; 3 contract; **galar** a **ghlacadh** to contract a disease.

glac² *nf2* hand, handful.

glacadh (*gensg* **glactha**) *nm* 1 acceptance; **glacadh a bheith agat le** rud to accept something; 2 reception (*on TV, radio*).

glacadóir *nm3* receiver.

glae *nm4* 1 glue; 2 slime.

glaeúil *adj2* slimy.

glafaire *nm4* mumbler.

glafaireacht *nf3* mumbling.

glaine *nf4* cleanliness.

glam *nf2* 1 bark; 2 howl; 3 roar. ● *vb* (*vn* **glamail**) 1 bark; 2 howl; 3 roar.

glan *adj1* 1 clean; **áit a choimeád glan** to keep a place clean; 2 pure; 3 clear; **spéir ghlan a** clear sky; 4 bright; 5 complete; **an fhírinne ghlan** the whole truth; 6 (*as adverb*) completely; **theip glan air é** he failed completely. ● *vb* 1 clean; 2 clear; **glan leat!** clear off!; 3 pay; **do chuntas a ghlanadh** to pay one's account.

glanadh (*gensg* **glanta**) *nm* 1 cleaning; 2 clearance.

glanbhearrtha *adj3* clean-shaven.

glanbhrabach *nm1* clear profit.

glanmheabhair *n* rud a chur de **ghlanmheabhair** to learn something off by heart.

glanscartha *adj3* self-contained.

glantach *nm1* detergent.

glantachas *nm1* cleanliness.

glantóir *nm3* cleaner.

glao *nm4* call, cry; **glao a ligean** to let out a cry; **glao guthháin a** telephone call.

glaoch *nm1* call, calling.

glaoigh *vb* call, shout; **glaoch ar dheoch** to call for a drink.

glaoire *nm4* beeper.

glas¹ *nm1* lock; **an glas a chur ar** rud to lock something; **an glas a bhaint de** rud to unlock something; **faoi ghlas** locked; **glas fraincín** padlock.

glas² *nm1* 1 green; 2 grey. ● *adj1* 1 grey (*object*); 2 green (*plant*); 3 blue-grey (*eyes*); 4 inexperienced, green (*person*); **bheith glas ar** rud to be unused to something.

glasadóir *nm3* locksmith.

glasáil *vb* lock.

Glaschú *nm4* Glasgow.

glasíoc *nm3* instalment.

glasra *nm4* vegetable.

glé *adj3* 1 clear; 2 vivid.

gleaca →GLEIC.

gleacaí *nm4* **1** acrobat, gymnast; **2** fighter, wrestler; **3** trickster.

gleacaíocht *nf3* **1** acrobatics; **2** gymnastics; **3** wrestling.

gleadhair (*pres* **gleadhrann**) *vn* **gleadhradh** *vadj* **gleadhartha** *vb* **1** beat noisily; **ag gleadhradh drumaí** beating drums furiously; **2** pummel.

gleadhradh (*gensg* **gleadhartha**) *nm* **1** clatter, tumult; **2** noisy beating of drums.

gleann (*pl* **gleannta**) *nm3* glen, valley.

gleanntán *nm1* small glen.

gléas (*pl* **gléasanna**) *nm1* **1** order, arrangement; **as gléas** out of order; **rud a chur i ngléas** to put something in working order; **2** instrument; **gléas ceoil** musical instrument; **3** appliance; **gléas glanta** a cleaning appliance. ● *vb* **1** dress up; **tú féin a ghléasadh** to dress oneself up; **2** fit out, equip; **3** adjust, arrange.

gléasadh (*gensg* **gléasta**) *nm* attire.

gléasra *nm4* equipment.

gléasta *adj3* **1** equipped; **2** well-dressed.

glébhinn *adj1* **1** sweet and clear; **2** silver-tongued.

gleic (*pl* **gleaca**) *nf2* **1** struggle; **dul i ngleic le rud** to tackle something; **2** wrestling, fighting.

gléigeal *adj1* pure white.

gléineach *adj1* **1** clear; **2** bright.

gléireán *nm1* gléiréan brothaill heat shimmer.

gleo *n* **1** noise, clamour, din; **gleo a dhéanamh** to make noise; **2** fight, row; **dul sa ghleo** to join in the fighting.

gleoiréiseach *adj1* boisterous.

gleoite *adj3* **1** delightful; **2** lovely, pretty.

glic *adj1* **1** clever; **2** crafty, cunning.

gliceas *nm1* **1** cleverness; **2** craftiness, cunning.

gligín *nm4* rattle.

gligeáil *vb* clink; **gloiní a ghligeáil** to clink glasses.

glinn *adj1* clear, distinct.

glinne *nf4* clarity, distinctness.

gliobach *adj1* dishevelled, untidy.

gliogar *nm1* **1** rattle, clink, jangle; **2** prattle.

gliogarnach *nm1* rattling.

gliograch *adj1* rattling.

gliomach *nm1* lobster.

gliondar *nm1* joy; **gliondar a bheith ort** to be joyful.

gliondrach *adj1* joyful.

glioscarnach *nf2* glitter, glistening.

gliscín *nm4* lisp.

gliú *nm4* glue.

gliúáil *vb* glue.

gliúcaíocht *nf3* **bhí sé ag gliúcaíocht uirthi** he was peering at her.

gliúmáil *nf3* **1** petting, fondling; **2** fumbling, groping.

gliúrascnach *nf2* creaking.

glób *nm1* globe.

glógarsach *nf2* clucking.

gloimneach *nf2* baying, barking.

gloine *nf2* glass; **gloine dhaite** stained glass; **gloine uisce/fíona** a glass of water/wine; **gloiní glasses**; **gloiní gréine** sunglasses.

gloineadóir *nm3* glazier.

gloinigh *vb* glaze.

gloiniú (*gensg* **gloinithe**) *nm* glazing.

glóir *nf2* glory; **glóir do Dhia** glory be to God.

glóirigh *vb* glorify.

glóiriú (*gensg* **glóirithe**) *nm* glorification.

glóirmhian (*gensg* **glóirmhéine**
pl **glóirmhianta**) *nf2* ambition,
desire for glory.

glóirmhianach *adj1* ambitious,
glory-seeking.

glónra *nm4* glaze.

glónraigh *vb* glaze.

glónraithe *adj3* glazed.

glór *nm1* **1** voice, speech;
2 sound, noise.

glórach *adj1* loud, loud-voiced.

glórmhar *adj1* glorious.

glórmhaireacht *nf3* glorious-
ness.

glóthach *nf2* **1** jelly; **2** gel.

gluaireán *nm1* complaining,
grumbling.

gluais¹ *vb* **1** move; **2** set in
motion; **3** go, proceed.

gluais² *nf2* **1** glossary; **2** vocabu-
lary.

gluaiseacht *nf3* motion,
movement.

gluaisrothaí *nm4* motorcyclist.

gluaisrothar *nm1* motorcycle.

gluaisteán *nm1* car.

gluaisteánaí *nm4* motorist.

glúcós *nm1* glucose.

glugarnach *nf2* gurgling.

glúin (*pl* **glúine** *genpl* **glún**) *nf2*
1 knee; dul ar do ghlúine to go on
one's knees; **2** generation; an
ghlúin óg the younger
generation.

gnách *adj1* usual, customary,
normal; mar is gnách as usual.

gnaíúil *adj2* **1** beautiful; **2** hand-
some; **3** decent.

gnaoi *nf4* **1** beauty; **2** fondness,
liking; gnaoi a bheith agar ar
dhuine to be fond of someone.

gnás (*pl* **gnásanna**) *nm1* **1** cus-
tom, usage; **2** procedure; ba é an
gnás é it was the usual practice.

gnásúil *adj2* conventional.

gnáth (*pl* **gnátha**) *nm1* **1** cus-
tom, usage; de ghnáth as usual;

rud as an ngnáth something out
of the ordinary; **2** gnáth a bheith
agat ar áit to frequent a place.

gnáth- *prefix-* **1** usual,
customary; **2** everyday, normal.

gnáthaigh *vb* **1** practise; **2** fre-
quent.

gnáthamh *nm1* **1** routine; **2** pro-
cedure.

gnáthchaint *nf2* ordinary
speech.

gnáthchaite *adj3* an aimsir
ghnáthchaite the past habitual
tense.

gnáthdhochtúir *nm3* general
practitioner.

gnáthdhuine (*pl*
gnáthdhaoine) *nm4* average
person.

gnáthéadach *nm1* ordinary
clothes; i ngnáthéadach in plain
clothes.

gnáthghaoth *nf2* prevailing
wind.

gnáthóg *nf2* **1** haunt; **2** lair, den;
3 cache.

gnáthóir *nf3* regular (customer).

gnáthriail (*gensg* **gnáthrialach**
pl **gnáthrialacha**) *nf* **1** general
rule; **2** standing order.

gné (*pl* **gnéithe**) *nf4* **1** aspect;
gné thábhachtach de rud an im-
portant aspect of something;
2 species; **3** form, appearance.

gné-alt *nm1* feature (article).

gnéas *nm1* sex.

gnéasach *adj1* sexual.

gnéaschlaonta *adj3* sexist.

gnéchlár *nm1* feature
(programme).

gnéithe →GNÉ.

gníomh (*pl* **gníomhartha**) *nm1*
1 action, act; rud a chur i
ngníomh to put something into
action; **2** deed; **3** act (*of play*).

gníomhach *adj1* **1** active;
feachtasóir gníomhach an active

campaigner; **an fhaí ghníomhach** the active voice (*in grammar*); **2** acting; **bainisteoir gníomhach** acting manager.

gníomhachtaigh *vb* activate.

gníomhaí *nm4* activist.

gníomhaigh *vb* act.

gníomhaíocht *nf3* **1** activity; **2** action.

gníomhaire *nm4* agent; **gníomhaire eastáit** estate agent.

gníomhaireacht *nf3* agency.

gníomhartha →GNÍOMH.

gníomhas *nm1* deed (*document*).

gníomhú (*gensg* **gníomhaithe**) *nm* action.

gnó *nm4* **1** business; **fear gnó** businessman; **bean ghnó** businesswoman; **2** affair, concern; **gnóthaí pearsanta** personal affairs; **An Roinn Gnóthaí Eachtracha** The Department of Foreign Affairs; **3** d'aon ghnó on purpose.

gnólacht *nf3* **1** company; **2** business.

gnóthach *adj1* busy.

gnóthachan *nm1* gain, benefit.

gnóthaigh *vb* **1** work; **2** win; **geall a ghnóthú** to win a bet; **3** earn, gain; **airgead a ghnóthú** to earn money; **4** fare; **conas a ghnóthaigh tú?** how did you get on?

gnóthaíocht *nf3* dealings.

gnóthas *nm1* business.

gnúis *nf2* **1** face; **2** countenance.

gnúiseach *adj1* good-looking.

gnúsacht *nf3* grunt; **gnúsacht a dhéanamh** to grunt.

go¹ *prep* (*prefixes* 'h' *to vowels*) **1** to; **ag dul go Meiriceá/go hÉirinn** going to America/Ireland; **go dtí to**, towards; **chuaigh sí go dtí an Fhrainc** she went to France; **2** until, till; **ó mhaidin go**

hoíche from morning till night; **go bás** until death; **go deo** for ever; **go fóill** still, yet.

go² *conj* (*becomes* 'gur' *with past tense of regular verbs*) **1** that; **ceapaim go bhfuil an ceart aici** I think that she is right; **dúirt sí go raibh tuirse uirthi** she said that she was tired; **dúirt sí gur chuala sí fothram** she said that she heard a noise; **déan deifir le go mbeidh tú in am** hurry so that you will be in time; **chun go mbeadh gach rud i gceart** so that everything would be all right; **2** until; **fan go dtiocfaidh siad** wait until they come.

go³ *prep* (*usually with* 'le') and; **uair go leith an hour and a half; **míle go leith** a mile and a half.

go⁴ *partic* (*used with advs*) **go maith** well; **go luath** early; **go déanach** late.

go⁵ *partic* (*verbal: used with pres subj*) **go n-éirí leat** may you succeed; **go raibh maith agat** thank you; **go maire tú an céad** may you live to be a hundred.

gó *nf4* lie; **gan gó** undoubtedly.

gob *nm1* **1** bill, beak (*of bird*); ➤ **do ghob a shá isteach i rud** to interfere in something (*to thrust one's beak into something*); **2** (*pejorative*) mouth; **gob a chur ort féin** to pout; **3** spout (*of jug*). ● *vb* **1** peck; **2** stick out; **ag gobadh amach** sticking out.

gobadán *nm1* sandpiper; ➤ **ní féidir leis an ngobadán an dá thrá a fhreastal** one cannot be in two places at once (*literally: the sandpiper cannot attend to two beaches at once*).

gobán *nm1* **1** dummy (*for baby*); **2** gag; **gobán a chur i nduine** to gag someone; **3** (*small*) headland.

gobharnóir *nm3* governer.

goblach *nm1* titbit, mouthful.

goic *nf2* **1** slant, tilt; **goic a chur ar do hata** to cock one's hat; **2 goic a chur ort féin** to swagger.

goid (*gensg* **gada**) *nf2* theft. ● *vb* steal.

goil *vb* cry, weep; **bheith ag gol na ndeor** to shed tears.

goile *nm4* **1** stomach; **i log do ghoile** in the pit of one's stomach; **2** appetite; **goile a bheith agat do rud** to have the stomach for something.

góilín *nm4* **1** (small) inlet; **2** creek.

goiliúil *adj2* having a large appetite.

goill *vb* hurt, distress; **ghoill an rud a dúirt sí orm** what she said distressed me.

goilliúnach *adj1* **1** (*of person*) easily hurt, over-sensitive; **2** hurtful, distressing.

goimh *nf2* **1** sting, venom; **an ghoimh a bhaint as rud** to take the sting out of something; **2 an ghoimh a bheith ort le duine** to be very annoyed with someone; **cuireann sé an ghoimh orm** it really annoys me; **3** craving; **goimh chun ruda a bheith ort** to have a craving for something.

goimhiúil *adj2* stinging, venomous.

goin (*gen* **gona** *pl* **gonta**) *nf3* wound, injury. ● *vb* wound, injure.

goineog *nf2* **1** sting; **2** hurtful remark; **3** fang (*of snake*).

goirín *nm4* pimple, spot; **goirín dubh** blackhead.

goirineach *adj1* spotty.

goirmín *nm4* pansy.

goirt *adj1* **1** salty; **2** bitter.

gol *nm1* crying, weeping.

gona →GOIN.

gonc *nm1* snub; **gonc a thabhairt do dhuine** to snub someone.

gonta¹ *adj3* **1** sharp, incisive (*comment, remark*); **2** succinct.

gonta² *adj3* wounded.

gontacht *nf3* **1** incisiveness; **2** succinctness.

gor *nm1* **1** incubation; ➤ **bheith ar gor le rud a dhéanamh** to be dying to do something; ● *vb* **1** heat; **2** hatch, incubate.

goradán *nm1* incubator.

goradh (*gensg* **gortha**) *nm* **1** heat, heating; **rinne sí a goradh cois tine** she warmed herself by the fire; **2** hatching, incubation.

gorai *nm4* **1** hatching hen; **2** impatient person.

goraille *nm4* gorilla.

gorb *nm1* glutton.

gorm *nm1* blue. ● *adj* **1** (*colour*) blue; **2** black (*person, skin*); *fear* **gorm** a black man; **3 na gormacha** the blues (*jazz*).

gormach *nm1* black person.

gormchló *nm4* blueprint.

gort *nm1* field.

gorta *nm4* famine; **An Gorta Mór** The Great Famine.

gortach *adj1* **1** hungry; **2** mean, stingy.

gortachán *nm1* hungry person.

gortaigh *vb* hurt, injure.

gortaithe *adj3* hurt, injured.

gortú (*gensg* **gortaithe**) *nm* injury.

gotha *nm4* **1** appearance; **2** gesture, pose; **bheith ag cur gothaí ort féin** to put on airs, to show off.

gothaíocht *nf3* mannerism.

grá *nm4* **1** love; **bheith i ngrá le duine** to be in love with someone; **2** darling, sweetheart; **3 de grá** (+GEN) for the sake of; **de ghrá na simpliochta** for the sake of simplicity.

grabhar *nm1* crumbs, fragments.

grabhróg *nf2* crumb.

grách *adj1* loving.

grád *nm1* **1** grade; **2** degree, class; **ticéad den chéad ghrád** a first-class ticket.

grádach *adj1* graded.

grádaigh *vb* grade.

gradam *nm1* **1** esteem, honour, prestige; **2** distinction.

gradamach *adj1* esteemed.

grádán *nm1* gradient.

graf *nm1* graph.

grafach *adj1* graphic.

grafaici *nplm* graphics.

grág *nf2* croak, caw.

grágach *adj1* raucous.

grágán *nm1* **1** tree stump; **2** bushy head of hair; ➤ **braon a bheith sa ghrágán agat** to have a drop taken.

grai (*pl* **graionna**) *nf4* stud farm.

graidhin *n* **1** mo ghraidhin go deo thú well done!, bravo!; **2** (*in sympathy*) mo ghraidhin é! poor fellow!

graidhp *nf2* prominent nose; ➤ **bhainfeadh sé an ghraidhp díot** it would freeze your nose off.

graif *nf2* grave accent (*on a letter*).

graificí *nplf2* graphics.

graifit *nf2* graphite.

graifleach *adj1* **1** coarse, rugged; **2** ugly.

gráig *nf2* village.

gráigh *vb* love.

graiméar *nm1* grammar (book).

gráin *nf2* **1** hatred; **an ghráin a bheith agat ar** rud to hate something; **2** ugliness.

grainc *nf2* grimace; **grainc a chur ort féin** to frown.

gráinigh *vb* hate, detest.

gráiniúil *adj2* **1** hateful; **coir ghráiniúil** a heinous crime; **2** ugly.

gráinne *nm4* (single) grain.

gráinneog *nf2* hedgehog.

gráinneogach *adj1* short-tempered.

gráinnigh *vb* granulate.

gráinnín *nm4* pinch, small amount.

gráinseach *nm1* **1** grange; **2** granary.

graire *nm4* stud horse.

gráiscineach *adj2* obscene.

gram *nm1* gram.

gramadach *nf2* grammar.

gramadúil *adj2* grammatical.

gramafón *nm1* gramophone.

gramaisc *nf2* rabble.

grámhar *adj1* loving.

grán *nm1* grain.

gránach *nm1* cereal.

gránáid *nf2* grenade.

gránbhiorach *adj1* **peann gránbhiorach** ballpoint (pen).

gránna *adj3* **1** ugly; **2** nasty, repulsive.

gránphlúr *nm1* cornflour.

gránú (*gensg* **gránaithe**) *nm* graze.

Graonlainn *nf2* **an Ghraonlainn** Greenland.

graosta *adj3* obscene, vulgar.

graostacht *nf3* obscenity.

gráscar *nm1* mob.

grásta (*gensg* **grásta** *pl* **grásta** *genpl* **grást**) *nm4* **1** grace; **lán de ghrásta** full of grace; **2** **faic na ngrást** nothing whatsoever.

grástúil *adj2* gracious.

gráta *nm1* **1** grate; **2** grating.

grátáil *vb* grate (*in cooking*).

gread *vb* **1** beat; **gread leat!** beat it!; **2** hammer, pound; **3** whisk (*in cooking*).

greadadh (*gensg* **greadtha**) *nm* beating.

greadfach *nf2* stinging.

greadóg *nf2* slap, smack.

greadtóir *nm3* whisk.

Gréagach *nm1 adjective* Greek.

greama →GREIM.

greamachán *nm1* adhesive.

greamaigh *vb* **1** stick, adhere; **greamú de rud** to stick to something; **2** attach.

greamaire *nm4* pliers.

greamaithe *adj3* stuck.

greamaitheach *adj1* sticky.

greamaitheoir *nm3* sticker.

greamú (*gensg* **greamaithe**) *nm* **1** adhesion; **2** tackle (*in rugby*).

grean[1] *nm1* gravel, grit.

grean[2] *vb* engrave.

greanadóireacht *nf3* engraving.

greann *nm1* **1** fun, humour; **féith an ghrinn a bheith ionat** to have a sense of humour; **2** joking; **rud a rá le greann** to say something as a joke.

greannán *nm1* comic.

greannmhar *adj1* humorous.

greanóir *nm3* sander.

greanpháipéar *nm1* sandpaper.

greanta *adj3* **1** engraved; **2** polished.

gréasaí *nm4* shoemaker.

gréasán *nm1* **1** network; **2** web; **3** tangle.

Gréig *nf2* **an Ghréig** Greece.

Gréigis *nf2* Greek.

greille *nf4* frill, grid.

greim (*gen* **greama**) *nf2* **1** grip, grasp; **greim a fháil ar rud** to get a grip of something; **2** bite (*of food*); **greim a bhaint as rud** to take a bite out of something; **greim a fháil le n-ithe** to get a bite to eat; **3** stitch; **▸ an té nach gcuirfidh greim, cuirfidh sé dhá ghreim a stitch in time saves nine.**

greimlin *nm4* adhesive plaster.

gréin, gréine →GRIAN.

gréisc *nf2* grease.

gréiscdhionach *adj1* greaseproof.

gréisceach *adj1* greasy.

gréithe *npl* dishes, crockery.

grian (*gensg* **gréine** *pl* **grianta** *datsg* **gréin**) *nf2* sun; **lá gréine** a sunny day; **éirí/luí na gréine** sunrise/sunset.

grian- *pref* sun-, solar-.

grianán *nm1* **1** summerhouse, bower; **2** solarium.

grianchlog *nm1* sundial.

grianchumhacht *nf3* solar power.

grianghraf *nm1* photograph.

grianghrafadóir *nm3* photographer.

grianghrafadóireacht *nf3* photography.

grianmhar *adj1* sunny.

grianta →GRIAN.

grinn *adj1* **1** discerning, perceptive; **2** clear.

grinneall *nm1* **1** bed (*of river, sea*); **2** bedrock.

grinneas *nm1* **1** discernment, perspicacity; **2** clarity; **3** accuracy.

grinnigh *vb* scrutinize, examine closely.

grinnléigh (*vn* **grinnléamh**) *vb* peruse.

grinnscrúdaigh *vb* examine closely.

griobh *nf2* griffin.

griobhán *nm1* **cathair ghríobháin** labyrinth, maze.

griodán *nm1* dregs.

griofadach *nm1* tingle, tingling.

griog *vb* **1** incite; **2** tease.

griolladh (*gensg* **griollta**) *nm* grill (*on cooker*).

griosach *nf2* hot ashes.

griosaigh *vb* **1** stir up; **tine a ghríosú** to stir up a fire; **2** rouse;

3 incite; duine a ghríosú le rud a dhéanamh to incite someone to do something.

gríosaitheach *adj1* **1** rousing; **2** provocative.

gríosc *vb* grill.

gríosú (*gen* **gríosaithe**) *nm* incitement.

griothal *nm1* fuss, bustle; griothal a bheith ort to be in a tizzy.

griothalach *adj1* fussy.

griscín *nm4* chop; gríscín muiceola pork chop.

gró *nm4* crowbar.

grod *adj1* abrupt.

groi *adj3* **1** strong; **2** (*as intensifier with "mór"*) ceann mór groí a very big one.

grósaeir *nm3* grocer.

grua *nf4* **1** cheek (*of face*); **2** brow (*of hill*); **3** facet.

gruagach *nm1* troll. ● *adj* hairy, shaggy.

gruagaire *nm4* hairdresser.

gruagaireacht *nf3* hairdressing.

gruaig *nf2* hair.

gruaim *nf2* gloom.

gruama *adj3* **1** gloomy, sad; **2** depressed.

grúdaigh *vb* brew (*beer*).

grúdlann *nf2* brewery.

gruig *nf2* wrinkle (*in forehead*); gruig a chur ort féin to frown.

grúm *nm1* groom.

grúpa *nm4* group.

grúpáil *vb* group.

guagacht *nf3* **1** instability; **2** fickleness.

guailleáil *vb* **1** jostle; **2** shoulder.

guaillí →GUALAINN

guaim *nf2* control, self control.

guairdeall *nm1* loitering.

guairille *nm4* guerrilla.

guairilleach *adj1* guerrilla.

guairneán *nm1* **1** whirl, spin; **2** eddy.

guais *nf2* **1** danger; **2** peril.

guaiseach *adj1* dangerous.

gual *nm1* coal.

gualach *nm1* charcoal.

gualaigh *vb* char.

gualainn (*pl* **guaillí**) *nf2* shoulder.

gualcheantar *nm1* coalfield.

gualchró *nm4* coal bunker.

gualéadan *nm1* coalface.

guí *nm4* prayer.

guigh *vb* pray; bheith ag guí ar son duine to pray for someone.

guma *nm4* gum; guma coganta chewing gum.

gúna *nm4* dress.

gunna *nm4* gun.

gunnán *nm* revolver.

gur¹ →GO.

gur², **gura**, **gurab**, **gurb**, **gurbh** →IS.

gurgón *nm1* gargoyle.

gus *nm3* **1** courage, spirit; gus a bheith ionat to be courageous; **2** enterprise, initiative.

gusta *nm4* gust.

gustal *nm1* **1** means, wealth; fear gustail a wealthy man; **2** initiative, enterprise; é a bheith de ghustal ionat rud a dhéanamh to have the initiative to do something.

gustalach *adj1* **1** wealthy; **2** resourceful, enterprising; **3** self-important.

guta *nm4* vowel.

gúta *nm4* gout.

guth *nm3* voice; rud a rá in ard do ghutha to say something at the top of one's voice; d'aon guth unanimously, with one voice.

guthach *adj1* **1** vocal; **2** vocalic.

guthán *nm1* telephone.

Hh

habhatsar *nm1* howitzer.

haca *nm4* hockey; **haca oighir** ice hockey.

hácaeir *nm3* hawker.

haemifliach *nm1 adjective* haemophiliac.

haingear *nm1* hangar.

hairicín *nm4* hurricane.

haisis *nf2* hashish.

haiste *nm4* hatch; **na haistí a dhaingniú** to batten down the hatches.

halla *nm4* **1** hall, hallway; **2** hall (*public*); **halla na cathrach** city hall.

hamstar *nm1* hamster.

hanla *nm4* handle.

hap *nm4* hop; **ar hap an tairne** at once.

harasaí *npl* bheith sna harasaí to be in the horrors.

hart *nm1* hearts (*in cards*).

hata *nm4* hat.

héadónaí *nm1* hedonist.

hearóin *nf2* heroin.

héileacaptar *nm1* helicopter.

hidrigin *nm4* hydrogen.

hidrileictreach *adj1* hydroelectric.

hiéana *nm4* hyena.

hileantóir *nm3* (Scottish) highlander.

hiodrálach *adj1* hydraulic.

Hiondúch *nm1 adjective* Hindu.

hiopnóisigh *vb* hypnotize.

hipitéis *nf2* hypothesis.

histéire *nf4* hysteria.

histéireach *adj1* hysterical.

holam halam *n* commotion, uproar.

homaighnéasach *nm1 adjective* homosexual.

homaighnéasacht *nf3* homosexuality.

hormón *nm1* hormone.

hormónach *adj1* hormonal.

hurdaí gurdaí *nm* hurdy-gurdy.

Ii

i (*prep prons* **ionam, ionat, ann, inti, ionainn, ionaibh, iontu**) *prep*
(*eclipses; becomes 'in' before vowels; combines with 'an' to form 'sa' before consonants and 'san' before vowels; combines with 'na' to form 'sna'*);

••••▶ (*place*) **i dteach** in a house; **in áit** in a place; **i seomra** in a room; **sa seomra** in the room; **sa chathair** in the city; **san aerfort** in the airport; **sna gardaí** in the guards; **caith sa tine é** throw it into the fire; **chuir sí an t-airgead sa bhanc** she put the money in the bank;

••••▶ (*time*) **san fhómhar** in autumn; **i mí Feabhra** in February;

••••▶ (*of state, condition*) **bheith i do chodladh/shuí/sheasamh** to be sleeping/sitting/standing; **i bhfiacha** in debt; **i bpian** in pain; **bí i do thost!** be quiet!;

••••▶ (*manner*) **i nguth ard** in a loud voice;

····▶ (*capability*) níl aon mhaith ann it's no good; tá an-mhianach inti she has great potential;

····▶ (*classification*) tá sí ina banaltra she is a nurse; múinteoir atá ann he is a teacher;

····▶ (*ratio*) daichead punt sa tseachtain forty pounds a week; dhá uair sa lá twice a day;

····▶ (*with substantive verb*) tá fuacht ann it is cold; cé a bhí ann? who was there; is olc an aimsir atá ann the weather is bad;

····▶ (*change of state*) ag dul i bhfeabhas improving; ag dul in olcas getting worse; ag dul in aois ageing.

í *pron* **1** (*with copula*) it; is deas an bhean í she's a nice woman; ba chailte an aimsir í it was rotten weather; 'cé hí sin?' – 'sin í Sadhbh' 'who's that?' – 'that's Sadhbh'; **2** (*as direct object*) her; it; chuala mé í I heard her/it; gan í without her/it; **3** (*with autonomous verb*) gortaíodh í she was hurt.

iad *pron* **1** they; is iad is fearr they are the best; is iad na himreoirí is láidre ar an bhfoireann iad they are the strongest players on the team; cé hiad? who are they?; **2** them; chuala mé iad I heard them; gan iad without them; **3** (*with autonomous verb*) maraíodh iad they were killed; **4** (*in phrases*) agus daoine nach iad and others besides; Brian agus iad Brian and the rest of them.

iadsan *pron* (*emphatic*) them.

iaidin *nm4* iodine.

iaigh (*pres* **iann** *vn* **iamh** *vadj* **iata**) *vb* close.

iall (*gensg* **éille** *pl* **iallacha** *datsg* **éill**) *nf2* **1** lace; iall bróige a

shoelace; d'iallacha a cheangal to tie one's laces; **2** strap; **3** lead, leash; madra a bheith ar éill agat to have a dog on a lead; tá sé ar éill aici he has him on a string.

iallach *nm1* compulsion; iallach a chur ar dhuine rud a dhéanamh to make someone do something.

iamh *nm1* enclosure; faoi iamh enclosed.

iann →IAIGH.

iar *prep* (*literary*) (*eclipses*) after; iar ndéanamh a gcuid oibre after doing their work; iar sin after that.

iar- *pref* **1** former; an tIar-Uachtarán the former President; **2** late; **3** post-.

Iaráic *nf2* an Iaráic Iraq.

Iaráin *nf2* an Iaráin Iran.

iarann *nm1* **1** iron; iarann rocach/múnla corrugated/cast iron; **2** iron (*for ironing, golf*).

iarannaois *nf2* an Iarannaois the Iron Age.

iarbháis *adj*(*gen of* n) **1** posthumous; **2** postmortem; scrúdú iarbháis postmortem examination.

iarchéim *nf2* postgraduate degree.

iarchéimí *nm4* postgraduate.

iardhearcadh *nm1* flashback.

iardheisceart *nm1* southwest.

iarfhocal *nm1* epilogue.

iarghaois *nf2* hindsight.

iarghaoiseach *adj1* wise after the event.

iargúil (*gensg* **iargúlach** *pl* **iargúlacha**) *nf* backwater.

iargúlta *adj3* **1** isolated, remote; **2** backward; **3** outlandish.

iargúltacht *nf3* **1** isolation, remoteness; **2** outlandishness.

Iar-Indiach *nm1* West-Indian. ● *adj* West-Indian.

iarla *nm4* earl.

iarlais *nf2* **1** changeling; **2** worthless person/object.

iarmhairt (*gensg* **iarmharta**) *nf3* **1** consequence; **2** effect; **3** residue.

iarmhais *nf2* valuables.

iarmhar *nm1* residue, remainder.

iarmhartach *adj1* **1** consequential; **2** resultant; **3** consecutive; **clásal iarmhartach** consecutive clause.

iarmhéid *nm4* balance; **iarmhéid bainc** bank balance.

Iarmhí *nf4* an Iarmhí Westmeath.

iarmhir *nf2* suffix.

iarnáil *nf3* ironing. ● *vb* iron.

iarnóin (*pl* **iarnónta**) *nf3* afternoon.

iarnród *nm1* railway.

iaróg *nf2* **1** quarrel; **2** disturbance.

iarógach *adj1* quarrelsome.

iarr *vb* **1** ask, request; **rud a iarraidh ar dhuine** to ask someone for something; **2** demand; **do chearta a iarraidh** to demand one's rights; **3** attempt, try; **bhí mé ag iarraidh é a dhéanamh** I was trying to do it.

iarracht *nf3* **1** attempt, effort; **iarracht a thabhairt ar rud a dhéanamh** to make an attempt to do something; **d'aon iarracht** at one attempt; **iarracht a dhéanamh** to make an effort; **2** time, turn; **an iarracht seo** this time; **3** trace; **iarracht de shlaghdán a bheith ort** to have a slight cold. ● *adv* slightly; **tá sé iarracht cantalach** he's a little contrary.

iarraidh (*gensg* **iarrata** *pl* **iarrataí**) *nf* **1** request, demand; **tá iarraidh mhór air** it's in great demand; **2** attempt; **iarraidh a thabhairt ar rud a dhéanamh** to attempt to do something; **iarraidh bhuailte a thabhairt ar dhuine** to attempt to hit someone; **3** time,

turn; **fan le d'iarraidh** wait your turn); **4** ar iarraidh missing.

iarratas *nm1* **1** application, request; **iarratas a dhéanamh ar rud** to put in an application for something; **2** demand.

iarratasóir *nm3* applicant.

iarrthóir *nm3* **1** applicant; **2** entrant, candidate; **3** petitioner.

iarscríbhinn *nf2* postscript.

iarsma *nm4* **1** remains; **2** iarsmaí relics.

iarsmalann *nf2* museum.

iarta *nm4* hob; ➤ **chomh dubh leis an iarta** as black as the hob.

iarthar *nm1* west; **an tIarthar** the West.

iartharach *nm1* westerner. ● *adj* western.

iartheachtach *adj1* subsequent.

iarthuaisceart *nm1* northwest.

iasacht *nf3* **1** loan; **ar iasacht** on loan; **iasacht ruda a thabhairt do dhuine** to loan something to someone; **iasacht ruda a fháil** to borrow something; **2** ón iasacht** from abroad. ● *adj*(*gen* of *n*) **duine iasachta** foreigner, stranger; **focal iasachta** loan word; **tír iasachta** a foreign country.

iasachtach *adj1* **1** strange, foreign; **2** foreign.

iasachtaí *nm4* borrower.

iasachtóir *nm3* lender.

iasc (*gensg* *pl* **éisc**) *nm1* fish; **iasc abhann/locha** freshwater fish; **iasc farraige/mara** sea fish; **na hÉisc** Pisces. ● *vb* (*vn* **iascach**) iasc.

iascach *nm1* fishing.

iascaire *nm4* fisherman.

iascaireacht *nf3* fishing; **slat iascaireachta** fishing rod.

iata *adj3* closed, shut.

iatacht *nf3* constipation.

idé *nf4* idea.

íde nf4 **1** abuse; **íde béil** verbal abuse; **íde na muc agus na madraí a thabhairt do dhuine** to give someone dog's abuse; **2** root, cause; **íde gach oilc** the root of all evil.

idéal nm1 ideal.

idéalach adj1 ideal; **go hidéalach** ideally.

idéalachas nm1 idealism.

idéalaí nm4 idealist.

idéalaíoch adj1 idealistic.

idé-eolaíoch adj1 ideological.

idé-eolaíocht nf3 ideology.

ídigh vb **1** use up, consume, wear out; **tá na cadhnraí ídithe** the batteries are worn out; **2** abuse.

idir (prep prons **eadrainn, eadraibh, eatarthu**) prep (lenites except in certain phrases with 'agus') **1** (of space, time) between, among; **idir dhá theach** between two houses; **idir thithe** between houses; **teacht idir dhaoine** to come between people; **idir an balla agus an cófra** between the wall and the cupboard; **idir an dá linn** in the meantime; **cluiche idir Ciarraí agus Corcaigh** a match between Kerry and Cork; **áit éigin idir Baile Átha Cliath agus Béal Feirste** somewhere between Dublin and Belfast; **2** both; **idir shean agus nua** both old and new; **idir fhir agus mhná** both men and women; **3** partly; **idir shúgradh agus dáiríre** partly in jest, partly in earnest; **4** between, among (people); **eadrainn/eadraibh féin** between ourselves/yourselves; **idir mise agus tusa** between me and you; **cheannaigh siad é eatarthu** they bought it between them; **idir chairde** among friends.

idiraisnéis nf2 parenthesis.

idirbheart (pl **idiebhearta**) nm1 transaction.

idirbheartaíocht nf3 negotiation.

idirchúrsa nm4 entrée.

idirdhealaigh vb **1** differentiate; **rudaí a idirdhealú** to differentiate between things; **2** discriminate; **3** distinguish; **4** separate.

idirdhealú (gensg **idirdhealaithe**) nm **1** distinction; **idirdhealú a dhéanamh idir rudaí** to make a distinction between two things; **2** differentiation; **3** discrimination.

idiréadan nm1 interface (in computing).

idireaglasta adj3 interdenominational.

idirghabh vb mediate.

idirghabháil nf3 **1** intervention; **2** mediation.

idirghaolmhar adj1 inter-related.

idirghníomhach adj1 interactive.

idirghníomhaire nm4 intermediary.

idirghréasán nm1 **an tidirghréasán** the Internet, the Net.

idirghuí nm4 intercession.

idirleathadh (gensg **idirleata**) nm diffusion.

idirlinn nf2 **1** intermission; **2** interval.

idirlíon nm1 **an tidirlíon** the Internet, the Net.

idirmheán nm1 **1** medium; **2** middle.

idirmheánach adj1 intermediate.

idirnáisiúnta adj3 international.

idirscaradh (gensg **idirscartha** pl **idirscarthai**) nm **1** divorce; **2** separation.

idirscor nm1 interruption.

idirsholas nm1 twilight.

idirstad *nm4* colon (*punctuation*).

idirthuras *nm1* transit.

idithe *adj3* **1** used up; **2** spent; **3** worn out.

iditheoir *nm3* **1** consumer; **2** abuser; **3** user.

idiú *nm* **1** consumption; **2** abuse.

ifreanda *adj3* hellish, infernal.

ifreann *nm1* hell.

il- *pref* **1** many-, various; **2** diverse; **3** multi-, poly-.

ilbheartach *adj1* all-round (*sportsman*).

ilbheartóir *nm3* all-rounder.

ilbhliantóg *nf2* perennial.

ilbhliaintiúil *adj2* perennial.

ilcheardach *adj1* **1** multi-skilled (*person*); **2** polytechnical (*institution*).

ilcheardaí *nm4* Jack-of-all-trades.

il-cheardscoil *nf2* polytechnic.

ilchineálach *adj1* miscellaneous.

ilchomórtas *nm1* tournament.

ilchríoch *nf2* continent.

ilchríochach *adj1* continental.

ilchumasc *nm1* assortment.

ildánach *adj1* **1** versatile; **2** accomplished.

ildathach *adj1* multicoloured.

ile *nf4* oil.

ileaglasta *adj3* multidenominational.

ilearraí *nplm4* sundries.

iléirimiúil *adj2* versatile.

iléirimiúlacht *nf3* versatility.

ilfheidhmeach *adj1* multifunctional.

ilfheidhmeannas *nm1* pluralism.

ilghnéitheach *adj1* **1** diverse; **2** multi-faceted.

iligh *vb* oil.

iliomad *n* **1** a great variety; **2** a great many, a lot.

ilmhilliúnaí *nm4* multimillionaire.

ilnáisiúnta *adj3* multinational.

ilnáisiúntach *nm1* multinational.

ilnithe *nplm4* sundries.

ilranna *adj*(*gen of n*)*3* **siopa ilranna** department store.

ilsiamsa *nm4* vaudeville.

ilsiollach *adj1* polysyllabic.

ilsleasach *adj1* many-sided.

ilstórach *nm1* skyscraper. ● *adj1* multi-storey.

iltaobhach *adj1* **1** multilateral; **2** many-sided.

ilteangach *nm1* adjective polyglot.

iltíreach *nm1* adjective cosmopolitan. ● *adj1* cosmopolitan.

iltréitheach *adj1* multi-talented.

im (*gens* **ime** *pl* **imeanna**) *nm2* butter.

im- *pref* **1** about, around, peri-; **2** great, very.

imbhriseadh (*gens* **imbhriste** *pl* **imbhristeacha**) *nm* melée.

imbhualadh (*gens* **imbhuailte** *pl* **imbhuailti**) *nm* collision.

imchas *vb* rotate.

imchuairt *nf2* circuit.

imdháileadh (*gens* **imdháilte**) *nm* distribution.

imdhíonach *adj1* immune.

imdhíonacht *nf3* immunity.

imeacht *nm3* **1** departure, leaving; **am imeachta an eitleáin** the departure-time of the plane; **Imeacht na nIarlaí** The Flight of the Earls (*in Irish history*); **2** going; **imeacht gan teacht air!** may he be gone for good!; **3** course, passage; **in imeacht an lae** in the course of the day; **4** walk, gait; **5 imeachtaí** proceedings.

imeagla nf4 dread, terror.

imeaglach adj1 dreadful.

imeaglaigh vb intimidate.

imeaglú (gensg **imeaglaithe**) nm intimidation.

imeall nm1 **1** edge; ar imeall (+GEN) on the outskirts; ar imeall na cathrach on the outskirts of the city; **2** border; **3** rim; **4** margin.

imeallach adj1 **1** peripheral; **2** marginal.

imeallbhord nm1 **1** border; **2** coastline.

imeallchríoch nf2 frontier.

imeartas nm1 play; imeartas focal a play on words, a pun.

imeartha →IMIRT

imghabháil nf3 evasion.

imghearradh (gensg **imghearrtha**) nm circumcision.

imigéin n in imigéin far off, far away.

iméiginiúil adj2 faraway.

imigh vb **1** leave, go away, depart; imigh leat! go away!; **2** go on, proceed; ag teacht agus imeacht coming and going; bhí sí ag imeacht léi ar feadh an lae she kept on going throughout the day; **3** be current; na nósanna atá ag imeacht the current customs; **4** pass; tá na blianta ag imeacht the years are passing; **5** escape.

imir¹ (pl **imireacha**) nf2 tinge, tint.

imir² (pres **imríonn**) vb **1** play; cluiche a imirt to play a game; cleas a imirt ar dhuine to play a trick on someone; **2** wield, ply; arm a imirt to wield a weapon; **3** díoltas a imirt ar duine to wreak vengeance on someone.

imirce nf4 **1** emigration; imirce a dhéanamh to emigrate; **2** migration.

imirceach nm1 **1** emigrant; **2** migrant. ● adj1 migratory.

imirt (gensg **imeartha**) nf3 playing; playing field páirc imeartha.

imleabhar nm1 volume.

imleacán nm1 navel.

imleor adj1 adequate.

imline nf4 **1** circumference; **2** outline.

imlínigh vb outline.

imlitir (gensg **imlitreach** pl **imlitreacha**) nf circular.

imní nf4 **1** anxiety; imní a bheith ort faoi rud to be anxious about something; **2** concern.

imníoch adj1 **1** anxious; **2** nervous.

imoibrigh vb react (chemically).

imoibriú (gensg **imoibrithe**) nm reaction; imoibriú ceimiceach chemical reaction.

impí (pl **impíocha**) nf4 entreaty.

impigh vb beg, entreat; rud a impí ar dhuine to beg someone for something.

impire nm4 emperor.

impireacht nf3 empire.

impiriúil adj2 imperial.

impiriúlachas nm1 imperialism.

impleacht nf3 implication.

imprisean nm1 impression.

impriseanachas nm1 impressionism.

impriseanaí nm4 impressionist.

impriseanaíoch adj1 impressionistic.

imreas nm1 quarrel; bheith ag imreas to quarrel; lucht imris trouble-makers.

imreasach adj1 quarrelsome, troublesome.

imreasc nm1 iris; mac imris pupil (of eye).

imréiteach nm1 clearance (financial); áras imréitigh clearing house.

imreoir nm3 player.

imrionn →IMIR

imrothlach adj1 revolving.

imrothlaigh vb revolve.

imrothlú (gensgm **imrothlaithe**) nm revolution (of wheel, engine, etc).

imsaoil adj(gen of n) environmental.

imshaol nm1 environment; cúrsaí imshaoil environmental matters.

imshaolach adj1 environmental.

imshruthú (gensgm **imshruthaithe**) nm circulation.

imshuí nm4 siege.

imtharraingt (gensgm **imtharraingthe**) nf1 attraction; 2 gravity, gravitation.

imtheorannaigh vb intern.

imtheorannú (gensgm **imtheorannaithe**) nm internment.

in →I.

in-¹ pref 1 capable of; 2 fit for; 3 fit to be.

in² pref 1 il-, im-, in-, ir-; 2 endo-.

-in suff (diminutive) little, tiny; an firín cantalach the cantankerous little man; an bheainín chainteach the chatty little woman.

ináirithe adj3 1 calculable; 2 worth mentioning.

inaistir adj(gen of n) 1 fit to travel; 2 roadworthy; 3 seaworthy.

inaitheanta adj3 recognizable.

ináitrithe adj3 habitable.

inar →I.

inár →I.

inathraithe adj3 1 changeable; 2 adjustable.

inbhear nm1 1 estuary; 2 river mouth, firth.

inbheartaithe adj3 manoeuvrable.

inbheirthe adj2 inborn, innate.

in-bhith-dhíghrádaithe adj3 biodegradable.

inbhraite adj3 perceptible.

inbhraiteacht nf3 perceptibility.

inbhreathnaitheach adj1 introspective.

incháinithe adj3 taxable.

inchaite adj3 1 wearable (clothes); 2 edible (food); 3 disposable (income).

inchinn nf2 brain.

inchloiste adj3 audible.

inchluinte adj3 audible.

inchomórtais adj(gen of n) inchomórtais le comparable with/to.

inchreidte adj3 credible.

inchurtha adj3 1 inchurtha le comparable with, equal to; 2 ceist inchurtha an askable question.

indéanta adj3 possible, feasible.

India nf4 an India India; na hIndiacha Thiar the West Indies.

Indiach nm1 adjective Indian;

indibhid nf2 individual.

indibhidiúil adj2 individual.

indibhidiúlacht nf3 individuality.

indileáite adj3 digestible.

Indinéis nf2 an Indinéis Indonesia.

indíreach adj1 indirect.

indiúscartha adj3 disposable.

infhaighte adj3 available.

infhaighteacht nf3 availability.

infheicthe adj3 visible.

infheiceacht nf3 visibility.

infheisteoir nm3 investor.

infheistigh vb invest.

infheistíocht nf3 investment.

infhéitheach adj1 intravenous.

infhilleadh *nm1* inflection (*in grammar*).

infhillte *adj3* **1** folding; **2** collapsible.

infinid *nf2* infinite.

infinideach *nm1* adjective infinitive (*in grammar*).

ingear *nm1* **1** perpendicular; **2** vertical; line ingir plumb-line.

ingearach *adj1* **1** perpendicular; **2** vertical.

inghlactha *adj3* acceptable, admissible.

inghlacthacht *nf3* acceptability, admissibility.

inghreim *nf2* persecution.

ingne →IONGA.

iniata *adj3* enclosed (*in letter*); iniata leis seo gheobhaidh tú... please find enclosed...

Inid *nf2* Shrovetide; Máirt Inide Shrove Tuesday.

inimirce *nf4* immigration.

inimirceach *nm1 adjective* immigrant.

iniompartha *adj3* portable.

Iníon¹ *nf2* Miss; Iníon Uí Dhálaigh Miss Daly.

iníon² (*pl* inionacha) *nf2* daughter.

iníonacht *nf3* maidenhood.

iníor *nm1* grazing.

inis¹ (*gensgm* inse *pl* insí) *nf2* island, isle.

inis² (*pres* insíonn *vn* insint) *vb* **1** tell, relate; scéal a insint to tell a story; bréag a insint to tell a lie; inis dom mar gheall air tell me about it; ➤ slán mar a hinstear! God save us from the likes of it!

iniseal *nm1* initial.

inite *adj3* edible.

iniúch *vb* **1** examine; **2** audit.

iniúchóir *nm3* auditor.

inlasta *adj3* (in)flammable.

inleighis *adj(gen of n)* curable.

inléite *adj3* legible.

inmhaite *adj2* forgiveable.

inmhaite *adj3* enviable.

inmhalartaithe *adj3* interchangeable.

inmharthana *adj(gen of n)3* viable.

inmhe *nf4* **1** maturity; teacht in inmhe to reach maturity; **2** ability.

inmheánach *adj1* internal, interior.

inmhianaithe *adj3* desirable.

inmhinithe *adj3* explicable.

inmholta *adj3* **1** commendable; **2** advisable.

inn *n* ar inn ar éigean barely.

inné *adv, noun* yesterday.

innéacs *nm4* index.

inneall *nm1* **1** arrangement; inneall a chur ar rud to arrange something; **2** state, condition; in ord agus in inneall in good condition; **3** engine, motor; inneall gluaisteáin a car engine; **4** machine.

innealra *nm4* machinery.

inealta *adj3* **1** ordered, neat; **2** skilled, deft; bheith inealta ar rud a dhéanamh to be skilled at doing something.

inealtóir *nm3* engineer.

innealtóireacht *nf3* engineering.

inneoin (*gensgm* inneonach *pl* inneonacha) *nf* anvil.

inní *nplm4* bowels, innards.

innilt *nf2* grazing.

in-níte *adj3* washable.

inniu *adv, noun* today; sa lá atá inniu ann in today's world.

inniúil *adj2* **1** inniúil ar/do able; **2** equipped.

inniúlacht *nf3* ability, capability.

inoibrithe *adj3* workable.

inólta *adj3* drinkable.

inráite adj3 mentionable; rud atá inráite something that can be said.

inroinnte adj3 divisible.

insamhlaithe adj3 1 imaginable; 2 insamhlaithe le comparable with.

inscne nf4 gender (in grammar).

inscortha adj3 detachable.

inscríbhinn nf2 inscription.

inse¹ nm4 hinge.

inse² → INIS¹.

inseach adj1 insular.

insealbhú (gensgm **insealbhaithe** pl **insealbhuithe**) nm 1 investment; 2 installation, induction.

Inse Ghall npl/2 the Hebrides.

inseoir nm3 narrator.

inseolta adj3 1 navigable; 2 seaworthy.

Inse Orc nf2 the Orkney Islands.

insí → INIS¹.

insint nf2 1 narration; 2 version; tá insint eile air there is another version of it; → INIS²

insíonn → INIS²

insligh vb insulate.

inslín nf2 insulin.

insliú (gensgm **inslithe**) nm insulation.

inspéise adj(gen of n)3 interesting, noteworthy.

inspioráid nf2 inspiration.

insroichte adj3 accessible.

insteall vb inject.

instealladh (gensgm **insteallta** pl **instealltaí**) nm injection, jab, shot.

instinn nf2 instinct.

instinneach adj1 instinctive.

institiúid nf2 institute, institution; **Institiúid Ardléinn Bhaile Átha Cliath** the Dublin Institute for Advanced Studies.

institiúideach adj1 institutional.

inti →I

intinn nf2 1 mind; rud a bheith ar d'intinn agat to have something on one's mind; bheith ar aon intinn le duine to be of one mind with someone; d'intinn a athrú to change one's mind; 2 intention; rud a bheith ar intinn agat to intend to do something, to have something in mind.

intinne adj3 (gen of n) mental.

intinneach adj1 intentional.

intíre adj(gen of n)3 1 inland; 2 internal, interior (in politics).

intleacht nf3 intellect, intelligence.

intleachtach nm1 intellectual.
● adj1 intellectual, intelligent.

intofa adj3 eligible (for election).

intráchta adj(gen of n)3 negotiable.

intuaslagtha adj3 soluble.

intuigthe adj3 1 understandable, intelligible; 2 implied, understood.

inveirteabrach nm1 adjective invertebrate.

íobair (pres **íobraíonn** vn **íobairt**) vb sacrifice.

íobartach nm1 sacrificial victim.

íoc¹ nm3 1 payment; 2 charge.
● vb pay; **íoc as rud** to pay for something.

íoc² nf2 cure, healing.

íocaí nm4 payee.

íocaíocht nf3 payment.

Íocht n Muir nIocht English Channel.

íochtar nm1 1 lower part; 2 bottom; 3 northern part; **íochtar na tíre** the north of the country.

íochtarach adj1 1 lower, bottom; **an tseilf íochtarach** the lower shelf; 2 inferior.

iochtarán *nm1* **1** lowly person, underling; **2** inferior; **3** subordinate.

iochtaránach *adj1* **1** inferior; **2** subordinate.

iochtaránacht *nf3* inferiority.

ioclann *nf2* dispensary.

ioclannóir *nm3* dispenser.

íocóir *nm3* payer; íocóir cánach taxpayer.

íocón *nm1* icon.

íocshláinte *nf4* **1** balm; **2** tonic.

íocshláinteach *adj1* refreshing.

Iodáil *nf2* an Iodáil Italy.

Iodáilis *nf2* Italian (*language*).

Iodálach¹ *nm1* Italian (*person*). ● *adj1* Italian.

iodálach² *nm1* italic; in iodálaigh in italics. ● *adj1* italic; i gcló iodálach in italics.

íogair *adj1* **1** sensitive; **2** touchy (*person*); **3** delicate (*question, situation*).

iógart *nm1* yoghurt.

íol *nm1* idol.

íoladhradh (*gensgm* íoladhartha) *nm* idolatory.

iolar *nm1* eagle.

íolbhristeoir *nm3* iconoclast.

iolra *nm4* **1** multiplicity; **2** plural. ● *adj3* plural; an uimhir iolra the plural.

iolrachas *nm1* pluralisim.

iolraí *nm4* multiple.

iolraigh *vb* **1** multiply; **2** compound.

iolrú (*gensgm* iolraithe) *nm* multiplication.

iomad *n* **1** great number; iomad saibhris great wealth; **2** (too) much, (too) many; an iomad daoine too many people.

iomadúil *adj2* **1** numerous; **2** abundant, plentiful; **3** excessive.

iomadúlacht *nf3* abundance.

iomaí *adj3* many; is iomaí duine a shíleann é sin many people think that; ➤ is iomaí duine ag Dia it takes all kinds to make a world.

iomáin *nf3* hurling. ● *vb* hurl, play hurling.

iomáint (*gensgm* iomána) *nf3* hurling.

iomaíoch *adj1* competitive.

iomaíocht *nf3* **1** competition; bheith san iomaíocht to be in the running; **2** rivalry.

iomair (*pres* iomraíonn *vn* iomramh) *vb* row; bád a iomramh to row a boat.

iomaire *nm4* ridge; ➤ d'iomaire féin a threabhadh to plough one's own furrow.

iomaitheoir *nm3* **1** competitor; **2** rival.

iománaí *nm4* hurler.

iománaíocht *nf3* hurling.

iomann *nm1* hymn.

iomarbhá *nm4* **1** dispute, controversy; bheith in iomarbhá le duine to be in dispute with someone; **2** contest.

iomarca *nf4* excess; an iomarca (+GEN) too much (of).

iomarcach *adj1* **1** excessive; **2** superfluous.

iomarcaíocht *nf3* **1** excess; **2** superfluity.

iomas *nm1* intuition.

iomasach *adj1* intuitive.

íomhá *nf4* image.

íomháíneachas *nm1* imagery.

iomláine *nf4* entirety; ina iomláine in its entirety.

iomlasc (*pres* iomlascann *vn* iomlasc) *vb* **1** roll about, tumble; **2** wallow.

iomlán *nm1* total, whole; iomlán na fírinne the whole truth; an t-iomlán the lot. ● *adj1* **1** full, whole; seachtain iomlán a whole

week; **2** go hiomlán fully,
entirely; go huile agus go
hiomlán totally and utterly.

iomlánaigh *vb* complete.

iomlánú (*gensgm* **iomlánaithe**)
nm completion.

iomlasc, iomlascann
→IOMLAISC.

iomlua *nm4* exercise, movement.

iompaigh *vb* **1** turn; iompú thart
to turn round; iompú ar ais to
turn back; iompú bán to turn
white; **2** invert, turn over; bosca
a iompú béal faoi to turn a box
upside down.

iompair (*pres* **iompraíonn**) *vb*
1 carry, bear; ualach a iompar to
carry a load; bheith ag iompar
linbh to be pregnant; **2** take;
3 behave; tú féin a iompar go
maith to behave oneself.

iompaitheach *nm1* convert.

iompar *nm1* **1** transport; iompar
poiblí public transport; Córas
Iompair Éireann (*C.I.E.*) Irish
Transport System; **2** carriage,
haulage; rud a bheith ar iompar
agat to be carrying something;
3 transmission; iompar fuaime
transmission of sound.

iompórtáil *nf3* import.

iompórtálaí *nm4* importer.

iompraíonn →IOMPAIR.

iompróir *nm3* carrier (*of disease*).

iompú (*gensgm* **iompaithe**) *nm*
turn, turning; ar iompú do
bhoise in a trice; iompú chun
bisigh a turn for the better.

iomrá *nm4* **1** rumour, report;
chuaigh iomrá amach uirthi (go)
it was rumoured about her (that);
2 repute, fame; scríbhneoir gan
iomrá a little-known writer.

iomraíonn →IOMAIR.

iomráiteach *adj1* famous, well-
known.

iomrall *nm1* mistake.

iomrallach *adj1* **1** mistaken;
2 missed, wide; (*shot*)

iomramh *nm1* rowing.

iomrascáil *nf3* wrestling.

iomrascálaí *nm4* wrestler.

ion *adj1* **1** pure; **2** sincere.

ionacht *nf3* purity.

ionad *nm1* **1** place; as ionad out
of place; ionad saoire holiday
resort; **2** centre; **3** site; **4** station
(*in life*); d'ionad sa saol one's sta-
tion in life; **5** fear ionaid substi-
tute, deputy; **6** in ionad (+GEN) in
place of, instead of.

ionadach *adj1* **1** substitute;
2 vicarious.

ionadaí *nm4* **1** representative;
2 substitute; **3** deputy, stand in.

ionadaigh *vb* **1** represent; **2** sub-
stitute.

ionadaíocht *nf3* **1** re-
presentation; ionadaíocht
chionmhar proportional
representation; **2** replacement.

ionadh (*pl* **ionaí**) *nm1* surprise,
wonder; ionadh a bheith ort to be
surprised; ionadh a dhéanamh de
rud to wonder at something; ní
nach ionadh not surprisingly.

ionaibh, ionainn ionam →I.

ionanálaigh *vb* inhale, breathe
in.

ionann *adj* **1** same, identical; is
ionann iad they are the same; ní
hionann an dá rud the two things
are not the same; **2** equal;
3 alike; ní hionann agus... un-
like...; **4** ionann is almost.

ionannaigh *vb* equate.

ionannas *nm1* **1** identity;
2 equality.

ionar *nm1* tunic, jacket.

ionas *adv* ionas go so that; ionas
nach so that...not.

ionathar *nm1* **1** intestines;
2 bowels.

ioncam *nm1* income.

ionchoisne *nm4* 1 inquest; 2 inquisition.

ionchollú (*gensgm* **ionchollaithe**) *nm* incarnation.

ionchorpraigh *vb* incorporate.

ionchúiseamh *nm1* prosecution.

ionchúisitheoir *nm3* prosecutor.

ionchur *nm1* input (*on computer*).

iondúil *adj2* normal, usual; **is iondúil go...** it is usual that...; **go hiondúil** normally, usually.

ionfhabhtú (*gensgm* **ionfhabhtaithe**) *nm* infection.

ionfhabhtaigh *vb* infect.

ionga (*gensgm* **iongan** *pl* **ingne**) *nf* 1 (finger-)nail; 2 claw, talon; 3 clove (*of garlic*).

ionghabháil *nf3* intake.

ionghlanadh (*gensgm* **ionghlanta**) *nm* purification.

ionlach *nm1* lotion.

ionnarbadh (*gensg* **ionnarbtha**) *nm* 1 expulsion; 2 banishment.

ionnús *nm1* 1 wealth; 2 resources.

ionnúsach *adj1* wealthy.

ionracas *nm1* 1 honesty; 2 integrity.

ionradh (*pl* **ionrai**) *nm1* invasion.

ionraic *adj1* honest.

ionramháil *nf3* handling, management. ● *vb* handle, manage.

ionróir *nm3* invader.

ionsá *nm4* insertion.

ionsaí *nm1* attack, assault; **ionsaí a dheanamh ar dhuine** to attack someone.

ionsaigh *vb* attack.

ionsáigh *vb* insert.

ionsair → IONSAR

ionsaitheach *adj2* aggressive.

ionsaitheoir *nm3* attacker.

ionsar (*prep prons* **ionsorm, ionsort**. **ionsair, ionsuirthi, ionsorainn, ionsoraibh, ionsorthu**) *prep* (*followed by lenition*) to, towards.

ionsma *nm4* socket.

ionsoilsigh *vb* illuminate.

ionstraim *nf2* instrument.

ionstraimeach *adj1* instrumental.

ionstraimí *nm4* instrumentalist.

ionsú *nm4* absorption.

ionsúigh *vb* absorb.

ionsúiteach *adj1* absorbent.

iontach *adj1* 1 wonderful; **is iontach an duine é** he's a wonderful person; 2 remarkable; 3 surprising, strange. ● *adv* very, extremely; **tá sé iontach fuar** it's very cold.

iontaise *nf4* fossil.

iontaobhach *adj1* trusting.

iontaobhai *nm4* trustee.

iontaobhas *nm1* trust; **iontaobhas carthanais** a charitable trust.

iontaofa *adj3* trustworthy.

iontaoibh *nf2* 1 trust; **dul in iontaoibh ruda** to put one's trust in something; 2 confidence; **iontaoibh a bheith agat as duine** to have confidence in someone.

iontas *nm1* 1 surprise, astonishment; **iontas a bheith ort faoi rud** to be astonished by something; 2 wonder, remarkable thing; **seacht n-iontais an domhain** the seven wonders of the world.

iontógáil *nf3* intake.

iontráil *nf3* entry. ● *vb* enter; **eolas a iontráil i ríomhaire** to enter information onto a computer.

iontrálai *nm4* entrant.

iontu → I.

ionú *nm4* **1** time; **ionú a bheith agat ar rud a dhéanamh** to have the time to do something; **2** opportunity.

ionú (*gensgm* **ionaithe**) *nm* purification.

ionua *adj* **b'ionua agamsa é** it was the same with me.

ionúin *adj1* dear, beloved.

iora *nm4* squirrel; **iora glas/rua** grey/red squirrel.

Iordáin *nf2* **an Iordáin** Jordan.

íoróin *nf2* irony.

íorónta *adj3* ironic; **go híorónta** ironically.

iorras *nm1* promontory.

iortha *adj3* irascible.

Iorua *nf4* Norway.

Ioruach *nm1 adjective* Norwegian.

Ioruais *nf2* Norwegian (*language*).

íos- *pref* minimal, minimum, least.

Íosa *nm4* Jesus.

Íosánach *nm1* Jesuit.

iosbhealach (*pl* **iosbhealaí**) *nm1* subway.

ioscaid *nf2* back of the knee; **go hioscaidí in uisce** knee-deep in water.

íosfaidh → ITH.

íoslach *nm1* basement.

íoslaghdaigh *vb* minimize.

Íoslainn *nf2* **an Íoslainn** Iceland.

Ioslamach *adj1* Islamic.

íosluach *nm3* minimum value.

íospairt (*gensg* **íospartha**) *nf3* ill-treatment, abuse.

Iosrael *nm4* Israel.

Iosraelach *nm1* Israeli. ● *adj1* Israeli.

íosta *adj3* minimum.

íostas *nm1* **1** lodgings, accommodation; **2** hostel.

íostasach *adj1* hospitable.

iota *nf4* **1** (great) thirst; **2** (great) desire.

iothlainn *nf2* grain store.

iris¹ *nf2* magazine, periodical, journal; **iris mhíosúil** a monthly journal.

iris² *nf2* shoulder strap.

iriseoir *nm3* journalist.

iriseoireacht *nf3* journalism.

irisleabhar *nm1* journal.

is¹

→ see Grammar

copula

···▸ (*present tense*) **is múinteoir é/múinteoir is ea é** he's a teacher; **nach iriseoir é Conn?** isn't Conn a journalist?; **is dócha gur garda é** he's probably a guard; **an é an sáirsint é?** is he the sergeant?; **'an múinteoir é?' - 'is ea/ní hea'** 'is he a teacher?' - 'yes/no'; **ní dhochtúir í** she's not a doctor; **ní hé sin an t-imreoir is fearr** he isn't the best player; **is le Diarmuid é sin** that's Diarmuid's; **is fuath liom an rud sin** I hate that thing; **is as Luimneach é** he's from Limerick; **deir sé gurb é Brian atá ar an bhfón** he says it's Brian that's on the phone; **déanaim amach gurb iad atá ann** I reckon that it's them;

···▸ (*past tense*) **ba mhúinteoir é/múinteoir ab ea é** he was a teacher; **níor dhochtúir í** she wasn't a doctor; **'ar mhúinteoir í?' - 'ba ea/níorbh ea'** 'was she a teacher?' - 'yes/no'; **ba í sin an duine ba thapúla** she was the fastest person; **ba leo é** it was theirs; **cárbh as é?** where was he from?; **cérbh í?** who was she?; **nárbh eisean an tiománaí?** wasn't he the driver?; **cheapamar gurbh amadán é** we thought he was a fool; **chuala** mé gur shiopadóir ab ea é I heard that he was a shopkeeper; an fear arbh innealtóir a mhac the man whose son was an engineer;

···▸ (conditional) 'ar mhaith leat deoch?' · 'ba mhaith/níor mhaith' 'would you like a drink?' · 'yes/no'; ba bhreá liom é a fheiceáil I'd love to see it; arbh fhearr leat fanacht ansin? would you prefer to stay there?; nárbh fhearr duit dul a chodladh anois? wouldn't it be best for you to go to sleep?; b'fhéidir nárbh fhiú duit é perhaps it wouldn't be worthwhile for you; ba é an duine ab fhearr é he was the best person;

···▸ (subjunctive) gura fad buan é may he live long; gurab amhlaidh duit! the same to you!; nárab é! may it not be so!

is² conj and; → AGUS.

ise pron (emphatic) she, her, herself.

íseal (pl **ísle**) nm1 **1** lowly person; **2** low-lying place; **3** os íseal quietly, in secret. ● adj (gensgm **ísil** gensgf **ísle** compar **ísle** pl **ísle**) low; foirgneamh íseal a low building; de ghlór íseal in a low voice.

ísealaicme nf4 lower class.

Ísiltír nf2 an Ísiltír the Netherlands.

ísle nf4 lowliness, lowness; bheith in ísle brí to be in low spirits.

ísleacht nf3 lowliness.

ísleán nm1 low ground.

íslígh vb **1** lower; **2** turn down (volume).

ísliú (gensg **íslithe**) nm **1** lowering; ísliú céime demotion; **2** reduction.

ispín nm4 sausage.

isteach prep adv, adjective **1** in, into; dul isteach i dteach to go into a house; tháinig sí isteach an doras she came in the door; tar isteach come in; **2** incoming, inward; litreacha isteach incoming mail; doras isteach entrance (door). ● vb in phrases isteachaígí! in you go! (plural).

istigh prep, adverb, adjective **1** inside, in; bheith istigh i seomra to be in a room; bí istigh come in; **2** inner, indoor; an seomra istigh the inner room; an taobh istigh den teach the inside of the house; **3** (in phrases) taobh istigh de within; níl sé istigh leis féin he isn't well, he isn't at ease.

istoíche adv at night, by night.

ith (vn **ithe** vadj **ite** fut **íosfaidh**) vb **1** eat; **2** feed on.

ithe nm4 eating; tá ithe agus ól ann there is eating and drinking in it.

itheachán nm1 seomra itheacháin dining room.

ithir (gensg **ithreach** pl **ithreacha**) nf earth, soil.

ithirchreimeadh (gensg **ithirchreimthe**) nm soil erosion.

iubhaile nf4 jubilee.

iúd pron that, yonder; b'iúd é yonder it is.

lúdás nm1 **1** Judas; **2** traitor.

lúgsláiv nf2 an lúgsláiv Yugoslavia.

lúgslávach nm1 adjective Yugoslav.

lúil nm4 July.

iúl nm1 **1** knowledge; rud a chur in iúl do dhuine to let someone know something; **2** direction; **3** attention; d'iúl a bheith ar rud to have one's attention on something; **4** tú féin a chur in iúl to express oneself.

iúr nm1 yew.

Jj

jab (pl **jabanna**) nm4 job.

jacaí nm4 jockey.

jaingléir nm3 straggler, vagrant.

jib nm4 jib(-sail); ➤ **jib a bheith ort chun ruda** to be all set for something.

jin nm4 gin.

jip nm4 jeep.

Kk

karaté nm4 karate.

Ll

lá (gensg **lae** pl **laethanta**) nm 1 day, daytime; **cen lá inniu é?** what day is it today?; **seacht lá na seachtaine** the seven days of the week; **i rith an lae** during the day; **lá oibre** a day's work; **lá breithe** birthday; **lá den saol** in former days; 2 **Lá Nollag** Christmas Day; **Lá Fhéile Pádraig** St. Patrick's Day; **Lá Fhéile Bríde** St. Brigid's Day; 3 (in phrases) **ag baint lae** as getting by, whiling away the time; **tiocfaidh ár lá feabhais** better days will come

for us; **mura raibh bruíon ann ní lá fós é** you never saw such a fight; **ní dhearna sé lá dochair di** it did her no harm at all; **ná cuireadh sé lá buairimh ort** don't let it worry you in the least.

lab nm4 1 lump; 2 large amount (of money); 3 lob (in sport).

labáil vb lob.

lábán nm1 1 muck, mud; 2 soft roe.

lábánach adj1 muddy, mucky.

labarnam nm1 laburnum.

labhair (pres **labhraíonn**) vb speak; **teanga a labhairt** to speak a language; **labhairt le duine (faoi rud)** to speak to someone (about something).

labhairt (gensg **labhartha**) nf3 speaking; **lucht labhartha na Gaeilge** Irish speakers.

labhandar nm1 lavender.

labhras nm1 laurel.

lacáiste nm4 1 discount; **rud a fháil ar lacáiste** to get something at a discount; 2 rebate; **lacáiste i gcíos** a rent rebate.

lách adj1 good-natured, friendly.

lacha (gen **lachan** pl **lachain**) nf duck.

lacht nm3 1 milk; 2 milk yield; ➤ **súile ina lacht** eyes full of tears.

lachtach adj1 1 milky; 2 lactic.

lachtbhán adj1 milk-white.

lachtmhar adj1 milky.

ládáil nf3 cargo.

ladar nm1 ladle; ➤ **do ladar a chur i rud** to interfere in something; ➤ **ladar a bheith agat i ngach mias** to have a hand in everything.

ladhar (gensg **laidhre** pl **ladhracha**) nf2 1 toe; **ladhar mhór/bheag** big/little toe; 2 claw; 3 prong; 4 fork; **ladhar sa bhóthar** a fork in the road.

ladhráil nf3 clutching, groping, fumbling; **bheith ag ladhráil ar**

rud to clutch at/grope for
something.

ladhróg *nf2* point.

lae, laethanta →LÁ.

laethúil *adj2* daily.

laftán *nm1* ledge (*of rock*).

lag *nm1* weak person; **an lag is an láidir** the weak and the strong.
→LUG ● *adj* weak, feeble.

lagaigh *vb* weaken; **deoch a lagú** to dilute a drink; **▷ nár lagaí Dia thú!** more power to you!

Lagán *n* **Abhainn an Lagáin** the river Lagan.

lagar (*pl* **lagracha**) *nm1* weakness, faintness.

lágar *nm1* lager.

lagbhríoch *adj1* weak, languid.

lagbhrú *nm4* low pressure, depression.

lagchoráiste *nf4* low spirits.

lagchríoch *adj1* fainthearted.

laghad *nm4* smallness; **ar a laghad** at least; **dá laghad** however little; **ní raibh brón dá laghad uirthi** she wasn't the slightest bit sorry.

laghairt *nf2* lizard.

laghdaigh *vb* **1** decrease, lessen; **2** reduce.

laghdú *nm4* **1** decrease; **2** reduction.

lagiolra *nm4* weak plural.

lagmheasartha *adj3* mediocre.

lagmhisneach *nm1* low spirits; **lagmhisneach a bheith ort** to be in low spirits.

lagmhisniúil *adj2* low-spirited.

láib *nf2* mud; **folcadh láibe** a mud bath.

laibhe *nf4* lava.

laicear *nm1* lacquer.

Laidin *nf2* Latin.

láidir (*pl* **láidre**) *nm4* strong person. ● *adj* (*gensgm* **láidir** *gensgf* **láidre** *compar* **láidre** *pl* **láidre**) **1** strong; **2** powerful; **le**

láimh láidir by force; **3** (*in phrases with copula*) **is láidir go/nach...** it's strange that...; **is láidir nach mbíonn sé anseo níos minicí** it's strange that he isn't here more often.

láidreacht *nf3* strength.

láidrigh *vb* strengthen.

laige *nf4* **1** weakness; **laige an duine** human frailty; **2** infancy; **3** faint; **titim i laige** to faint.

Laighin (*genpl* **Laighean**) *nplm* **Cúige Laighean** Leinster.

Laighneach *nm1* Leinsterman/ Leinsterwoman. ● *adj* Leinster.

láimh →LÁMH

láimhdeachas *nm1* handling.

láimhe *adj* (*gen of n*) hand-, manual.

láimhseáil *nf3* **1** handling; **2** management. ● *vb* **1** handle; **2** manage.

laincis *nf2* **1** fetter; **2** laincis a bheith ort** to be restricted.

laindéar *nm1* lantern.

lainse *nf4* launch.

lainseáil *vb* launch.

laíon *nm1* pulp; **laíon adhmaid** wood pulp.

láir (*gensg* **lárach** *pl* **láracha**) *nf* mare.

láirig *nf2* thigh; **cuas na láirige** pelvis.

laiste *nm4* latch.

laisteas *adv, preposition, adjective* on the south side; **laisteas de south of.**

laistiar *adv, preposition, adjective* **1** on the west side of; **2** behind; **laistiar díot** behind you.

laistigh *adv, preposition, adjective* inside, within; **laistigh de bhliain** within a year.

laistíos *adv, preposition, adjective* below.

láithreach *nm1* **1** ruin; **2** imprint, trace; **3** present (*in* grammar); aimsir láithreach present tense. ● *adj, adverb* immediate, prompt; **láithreach** bonn straight away, on the spot; **bheith láithreach** to be present.

láithreacht *nf3* presence.

láithreán *nm1* **1** site; **láithreán tógála** building site; **2** set.

láithreoir *nm3* presenter.

laitis *nf2* lattice.

Laitvia *nf4* **An Laitvia** Latvia.

lámh (*datsg* **láimh**) *nf2* **1** arm, hand; **lámh chlé/dheas** left/right hand; **ar thaobh na láimhe deise** on the right-hand side; **lámh chúnta** a helping hand; **rud a choiméad ar fhad do láimhe** to keep something at arm's length; **ar láimh** at hand; **2** handwriting; **do lámh a chur le rud** to sign something; **3** handle; **4** (*in phrases*) **rud a bheith idir lámha agat** to be engaged in something; **rud a ghlacadh i láimh** to undertake something; **rud a chur de láimh** to dispose of something; **tá lámh agus focal eatarthu** they are engaged (to be married); **le lámh láidir** with/by violence; **lámh a chur i do bhás féin** to commit suicide.

lámhacán *nm1* crawling.

lámhach *nm1* shooting, gunfire; **sos lámhaigh** ceasefire. ● *vb* shoot.

lamháil *nf3* allowance. ● *vb* allow.

lámhainn *nf2* glove.

lamháltas *nm1* allowance.

lámhchartadh (*gensg* **lámhcharta**) *nm* masturbation.

lámhcheird *nf2* handicraft.

lámhchleasaí *nm4* juggler.

lámhchleasaíocht *nf3* juggling.

lámhchrann *nm1* handle.

lámhchuimilt *nf2* massage.

lámhdhéanta *adj3* handmade.

lámhleabhar *nm1* handbook, manual.

lámhluamhán *nm1* hand lever.

lámh-mhaisiú (*gensg* **lámh-mhaisithe**) *nm* manicure.

lamhnán *nm1* bladder.

lámhráille *nm4* handrail.

lámhscríbhinn *nf2* manuscript.

lámhscríbhneoireacht *nf3* handwriting.

lámhscríofa *adj3* handwritten.

lampa *nm4* lamp.

lán¹ *nm1* **1** full, fill; **lán mara** high tide; **2** contents; **3** charge; **4** pride, arrogance; **lán de lán** of pride; **5** a lán much, many; **a lán daoine** many people; **sin é a dúirt a lán agaibh** that's what many of you said. ● *adj* full; **bhí an halla lán go doras** the hall was full to the doors; **lán go béal** full to the brim.

lán² *nm1* curve, bend.

lána *nm4* lane.

lánaigh *vb* **1** fill out; **2** give volume to.

lánaimseartha *adj3* full-time.

lánán *nm1* charge (*explosive*).

lánchinnte *adj3* fully certain.

lánchosc *nm1* embargo.

lánchúlaí *nm4* full-back.

lánchumhachtóir *nm3* plenipotentiary.

landair *nf2* partition, screen.

lándáiríre *adj3 adverb* fully in earnest.

lándearfa *adj3* absolutely certain.

lándorchadas *nm1* total darkness.

lándúiseacht *nf3* **bheith i do lándúiseacht** to be fully awake.

lánfhada *adj3* full length; **scannán lánfhada** feature film.

lánfhostaíocht *nf3* full employment.

lánléargas *nm1* panorama.

lánlíon *nm1* full complement.

lánluas *nm1* full speed.

lánmhaireacht *nf3* fullness.

lánmhúchadh (*gensg* **lánmhúchta**) *nm* blackout.

lann *nf2* **1** blade; **2** scale (*of fish*).

lánoilte *adj3* fully-trained.

lánoiread *n* a lánoiread as many.

lánsásta *adj3* fully satisfied.

lánscoir *vb* dissolve (*parliament*).

lánscor *nm1* dissolution (*of parliament*).

lánseol *n* faoi lánseol in full swing, at full speed.

lánstaonadh (*gensg* **lánstaonta**) *nm* teetotalism.

lánstaonaire *nm4* teetotaller.

lántáille *nf4* full fare.

lántoilteanach *adj3* fully consenting, very willing.

lántosaí *nm4* full forward.

lánúin (*pl* **lánúineacha**) *nf2* couple; lánúin nuaphosta newly-weds.

lánúnas *nm1* **1** matrimony; **2** co-habitation.

lánurú (*gensg* **lánuraithe**) *nm* total eclipse.

lao (*pl* **laonna**) *nm4* calf.

laoch (*gensg* **laoich** *pl* **laochra**) *nm1* hero, warrior.

laochadhradh (*gensg* **laochadhartha**) *nm* hero worship.

laochas *nm1* heroism, valour; scéalta laochais heroic tales.

laochra *nm4* band of warriors.

laofheoil *nf3* veal.

laoi (*pl* **laoithe**) *nf4* lay (*poem*); laoi Fiannaíochta Fenian lay, Ossianic lay.

Laoi *nf4* an Laoi the River Lee.

Laois *nf2* Laois.

laomhthacht *nf3* brilliance.

lapa *nm4* paw.

lapadail *nf3* **1** paddling; **2** lapping (*of water*).

Laplainn *nf2* an Laplainn Lapland.

lár *nm1* **1** centre, middle; i lár na hoíche in the middle of the night; 'An Lár' 'City Centre' (*on sign*); **2** floor, ground; bheith ar lár to be on the ground; to be missing; **3** (*in phrases*) rud a fhágáil ar lár to omit something; lúb ar lár a missing link, a defect.

lárach, láracha →LÁR.

láraigh *vb* centralize.

laraing *nf2* larynx.

laraingíteas *nm2* laryngitis.

larbha *nm4* larva.

lardrús *nm1* larder.

lárionad *nm1* centre.

lárlíne (*pl* **lárlínte**) *nf4* diameter, centre line.

lárnach *adj3* central.

lárphointe *nm4* centre, mid-point.

lárthosaí *nm4* centre forward.

lárú (*gensg* **láraithe**) *nm* centralization.

las *vb* **1** light; cipín solais a lasadh to light a match; **2** inflame; **3** flame.

lása *nm4* lace.

lasadh (*gensg* **lásta**) *nm* **1** lighting; **2** inflammation; **3** blush; lasadh a bhaint as duine to make someone blush.

lasair (*gensg* **lasrach** *pl* **lasracha**) *nf* flame; ar/faoi bharr lasrach ablaze.

lasaireán *nm1* flamingo.

lasairtheocht *nf3* flashpoint.

lasán *nm1* **1** flame, flash; **2** match; bosca lasán a box of matches.

lasánta *adj3* **1** flaming; **2** fiery; **3** irascible.

lasc nf2 **1** whip; **2** lash; **lasc fuipe** whiplash; **3** switch (electric). ● vb whip, lash.

lascadh (gensg **lasctha**) nm flogging, whipping.

lascaine nf4 discount; **lascaine a thabhairt i rud** to allow a discount on something; **rud a cheannach ar lascaine** to buy something at a discount.

lasc-chlár nm1 switchboard.

lasmuigh adj, preposition, adverb (on the) outside; **lasmuigh de sin** aside from that.

lasnairde adj, preposition, adverb above, overhead.

lasóg nf2 **1** small flame; **an lasóg a chur sa bharrach** to spark off a row; **2** small torch.

lasrach, lasracha →LASAIR.

lasta nm4 cargo, freight.

lastall adverb on the far side; **lastall de** on the far side of, beyond.

lastas nm1 consignment, shipment.

lastlong nf2 freighter.

lastoir adverb on the east side; **lastoir de** east of.

lastóir nm3 lighter.

lastuaidh adverb on the north side; **lastuaidh de** north of.

lastuas adverb above, overhead; ► **dul lastuas de dhuine** to get the better of someone.

láth nm1 heat (of animal); **faoi láth** in heat.

lathach nf2 mud.

láthair (gensg **láithreach** pl **láithreacha**) nf **1** place, site, location, spot; **ar an láthair** on the spot; **ar láthair amuigh** on location (filming); **2** presence; **bheith i láthair** to be present; **bheith as láthair** to be absent.

le (prep prons **liom**, **leat**, **leis**, **léi**, **linn**, **libh**, **leo**) prep

(prefixes 'h' to vowels; before definite article 'leis') with, to, against, by, for;

····▸ (with copula) **an maith leat...?** do you like...?; **is/ní maith liom...** I like/don't like...; **is cuma liom** I don't mind; **is cuimhin liom** I remember; **an miste leat?** do you mind?; **is dóigh liom go...** I think that...;

····▸ (expressing ownership or relationship) **'cé leis é seo?'** - **'is liomsa é'** 'who owns this?' - 'it's mine'; **is léi an teach sin** she owns that house; **cara leis** a friend of his; **dán le Liam Ó Muirthile** a poem by Liam Ó Muirthile;

····▸ (expressing profession or occupation) **dul le múinteoireacht** to become a teacher; **chuaigh sé le polaitíocht** he became involved in politics;

····▸ with, by means of; **dheisigh sé é le scriúire** he fixed it with a screwdriver; **cad leis ar oscail sí é?** what did she open it with?; **rinne sé é lena dhá láimh** he made it with his two hands;

····▸ with, along with; **bhí mé ar an ollscoil leis** I was at university with him; **tá sí ina conaí leo** she's living with them; **an bhfuil tú ag teacht linn?** are you coming with us?;

····▸ for; **ar mhaithe le do shláinte** for the good of your health; **le leas an phobail** for the good of the community;

····▸ (continued action) **bhí mé ag obair liom** I was working away; **bhí sí ag amhrán léi** she was singing away; **abair leat** speak out;

····▸ (in comparisons) **tá sí chomh mór lena deartháir** she is as big as her brother; **chomh dubh leis an bpic** as black as pitch; **i** gcomparáid le... in comparison to...;

···➤ (in phrasal verbs) cabhrú le duine to help someone; éisteacht le duine to listen to someone; labhairt le duine to speak to someone; tús/críoch a chur le rud to begin/end something.

···➤ (with verbal nouns) tá obair le déanamh agam I have work to do; tá sí le teacht amárach she's expected to come tomorrow; níl faic le rá agam leat I've nothing to say to you;

···➤ (in time expressions) tá sé anseo le seachtain anuas he's been here for a week now; le mo linn in my time; le saol le saol for ever and ever;

···➤ (in phrases) isteach leat/libh! in you go!; le do thoil (if you) please; le do chead with your permission;

lé nf4 leaning, partiality; lé a bheith agat le rud to have a leaning towards something.

leá nf4 1 melting; 2 dissolution.

leaba (gensg **leapa** pl **leapacha**) nf4 1 bed; leaba shingil/dhúbailte single/double bed; leaba agus bricfeasta bed and breakfast; bheith ag coimeád na leapa to be bedridden; 2 berth; leaba loinge ship's berth; 3 (in phrase) i leaba (+GEN) instead of.

leabaigh vb bed, embed.

leabhair adj1 1 long and slender; 2 supple.

leabhairchruthach adj1 streamlined.

leabhar nm1 1 book; leabhar staire a history book; 2 duine a chur sa leabhar dubh to blacklist someone; ar mo leabhar breac! I swear!

leabharcheangal nm1 bookbinding.

leabharlann nf2 library.

leabharlannaí nm4 librarian.

leabharliosta nm4 bibliography.

leabharmharc nm1 bookmark.

leabhragán nm1 bookcase.

leabhrán nm1 booklet.

leabhróg nf2 libretto.

leac nf2 1 flat stone; leac an dorais threshold (stone); leac fuinneoige window sill; leac uaighe gravestone; 2 slab, flagstone; 3 leac oighir ice; 4 kitty; tá an leac buailte the kitty's empty.

leaca (gensg **leacan** pl **leicne**) nf 1 cheek; 2 side, slope (of hill).

leacán nm1 1 flat stone, slab; 2 tile; urlár leacán a tiled floor.

leacht¹ nm3 liquid.

leacht² nf3 1 memorial cairn, grave; 2 leacht cuimhneacháin memorial; 3 heap.

léacht nf3 lecture; léacht a thabhairt to give a lecture.

leachtach adj1 liquid.

leachtaigh vb 1 liquefy; 2 liquidate.

léachtlann nf2 lecture theatre.

léachtóir nm3 lecturer.

léachtóireacht nf3 lectureship.

leadair (pres **leadraíonn**) vb 1 beat; 2 hack.

leadhb nf2 1 strip; leadhbanna éadaigh strips of cloth; 2 ragged thing; leadhb de chóta a ragged coat; ina liobar is ina leadhb in shreds; 3 blow, stroke; 4 slovenly person, slut. ● vb 1 tear into strips; 2 lick.

leadhbairt nf3 beating.

leadhbóg nf2 1 small strip; 2 slap.

leadóg nf2 tennis; leadóg bhoird table tennis.

leadradh (gen **leadartha**) nm beating, thrashing; leadradh a fháil to get a beating.

leadraíonn →LEADAIR.

leadrán nm1 boredom, tedium; **dul chun leadráin le rud** to drag something out.

leadránach adj1 boring, tedious.

leadránaí nm4 bore.

leafaos nm1 paste.

leag vb 1 knock down; **foirgneamh a leagan** to knock down a building; **leagadh é** he was knocked down; 2 lay; **cáblaí/píopaí a leagan** to lay cables/pipes; **an bord a leagan** to lay the table; 3 lower; **praghsanna a leagan** to lower prices. □ **leag amach** 1 lay out; 2 lay down; **rialacha a leagan amach** to lay down rules. □ **leag ar 1** lay on, place on; **an chéad uair a leag mé súil uirthi** the first time I laid eyes on her; 2 apply to; **d'intinn a leagan ar rud** to set one's mind to something; 3 attribute to; **dán a leagtar ar Aogán Ó Rathaille** a poem attributed to Aogán Ó Rathaille; **leagadh uirthi é** she was blamed for it.

leagáid nf2 legacy.

leagan nm1 1 version; **leagan cainte** expression, phrase; 2 demolition, knocking down; 3 lowering, laying; **leagan amach** layout; 4 leaning, partiality; **leagan a bheith agat le rud** to have a leaning towards something.

leaid (pl **leaideanna**) nm4 lad.

leáigh vb melt, thaw.

leaisteach adj1 elastic.

leaistic nf2 elastic.

leamh (gensg **leamh**) adj1 1 weak; 2 boring, dull; 3 tepid; 4 insipid.

léamh (pl **léamha**) nm3 reading; →LÉIGH.

leamhan nm1 moth.

leamhán nm1 elm.

leamhgháire nm4 sarcastic smile.

leamhnacht nf3 milk.

leamhshláinn nf2 stalemate.

lean (vn **leanúint**) vb 1 follow; **duine a leanúint** to follow someone; **mar leanas** as follows; 2 continue; **lean sé ar feadh i bhfad** it continued for a long time; **leanúint ort** to continue. □ **lean ar** continue, proceed; **leanúint ar aghaidh** to proceed; **lean ort!** go on! □ **lean as leanann as seo go...** it follow from this that... □ **lean de 1** continue; 2 adhere to, keep to; **leanúint de na rialacha** to adhere to the rules; 3 stick; **lean an t-ainm de** the name stuck to him. □ **lean le** continue with.

léan nm1 anguish; **léan agus leatrom** sorrow and oppression; **mo léan géar!** alas!; **léan ort!** woe betide you!

leanaí →LEANBH.

leanbaí adj3 childish.

leanbaíocht nf3 childishness.

leanbán nm1 little child, baby.

leanbh (pl **leanaí**) nm1 child; **leanbh mic** a young son; **leanbh iníne** a young daughter.

léanmhar adj1 1 agonizing; 2 harrowing; 3 woeful.

leann (pl **leannta**) nm3 1 ale; 2 beer; **leann dubh** porter, stout.

léann nm1 learning.

leannán nm1 1 lover; 2 darling; 3 affliction.

leannlus nm3 hops.

leannta →LEANN.

léannta adj3 learned.

leantach adj1 1 continuous; 2 repeated.

leantóir nm3 1 follower, fan; 2 trailer.

leanúint (*gen* **leanúna**) *nf3*
1 following; **lucht leanúna** followers; 2 pursuit.

leanúnach *adj1* 1 continuous;
2 persistent; 3 faithful.

leanúnachas *nm1* 1 continuity;
2 faithfulness.

leanúnaí *nm4* follower.

leapa, leapacha →LEABA.

lear[1] *nm1* sea; **thar lear** overseas, abroad.

lear[2] *nm1* large number; large amount.

lear[3] *nm1* defect; **gan locht ná lear** flawless.

léaráid *nf2* 1 diagram; 2 illustration.

learg *nf2* slope; **learg sléibhe** mountainside.

léargas *nm1* 1 insight, discernment; **léargas a fháil ar rud** to gain an insight into something; 2 visibility.

léaró *nm4* glimmer; **léaró solais** a glimmer of light.

léaróg *nf2* larch.

léaróga *npl/2* blinkers.

Learpholl *nm1* Liverpool.

léarscáil *nf2* map.

léarscáiligh *vb* map.

leas *nm3* 1 good, interest, welfare; **is é do leas é** it's for your own good; **comhairle a leasa a thabhairt do dhuine** to give someone good advice; 2 fertilizer, manure; **leas a chur ar pháirc** to fertilize a field.

leas- *pref* 1 vice-, deputy-; 2 step-.

léas[1] *nm3* lease.

léas[2] (*pl* **léasacha**) *nm1* 1 light, ray of light; 2 radiance; 3 weal, welt.

léas[3] *vb* flog, thrash; **duine a léasadh** to flog someone.

leasachán *nm1* fertilizer.

léasadh (*gensg* **léasta** *pl* **léastaí**) *nm* flogging, thrashing.

leasaigh *vb* 1 amend, reform; **dlí a leasú** to amend a law; **d'iompar a leasú** to mend one's ways; 2 preserve, cure (*food*); 3 (*land*) fertilize.

léasaigh *vb* lease.

leasainm (*pl* **leasainmneacha**) *nm4* nickname.

leasaithe *adj3* 1 amended, reformed; 2 preserved (*food*); 3 fertilized.

leasaitheach *adj1* 1 amending; 2 reforming; 3 preservative.

leasaitheoir *nm3* reformer.

léasar *nm1* laser.

léasarphrintéir *nm3* laser printer.

leasathair (*gensg* **leasathar** *pl* **leasaithreacha**) *nm* stepfather.

leasc (*gensgm* **leasc**) *adj1* 1 lazy, sluggish, slow; 2 reluctant; **ba leasc leis é a dhéanamh** he was reluctant to do it.

leaschraol *vb* relay (*broadcast*).

leasdeartháir (*gensg* **leasdearthár** *pl* **leasdeartháireacha**) *nm* stepbrother.

leasdeirfiúr (*gensg* **leasdeirféar** *pl* **leasdeirfiúracha**) *nf* stepsister.

leasiníon *nf2* stepdaughter.

leasmhac (*pl* **leasiníonacha**) *nm1* stepson.

léaspairt *nf2* witticism.

leas-phríomhoide *nm4* vice-principal.

leasrach *nm1* loins.

leasracha →LEIS.

leasú (*gensg* **leasaithe** *pl* **leasuithe**) *nm* 1 amendment; 2 reform; 3 fertilizer; manure.

leasuachtarán *nm1* vice-president.

leasúchán *nm1* amendment.

leat →LE.

leata adj leata ag an bhfuacht perished with the cold; leata leis an ocras to be famished with hunger.

leataobh nm1 **1** lay-by; **2** rud a chur ar leataobh to put something aside.

leataobhach adj1 **1** one-sided; **2** biased.

leatard nm1 leotard.

leath¹ (datsg **leith**) nf2 **1** half; dhá leath a dhéanamh de rud to make two halves of something; leath ama half-time; an chéad/dara leath the first/second half; uair a chloig go leith an hour and a half; **2** side, part; leath tosaigh front part; **3** ar/faoi leith special, distinctive; duine ar leith a remarkable person. □ **i leith** (+GEN) **1** in the direction of; dul i leith duine to go towards someone; **2** getting, tending towards; ag dul i leith na haoise getting old; **3** on the side of; bheith i leith duine/ruda to be in favour of someone/something; **4** accuse; rud a chur i leith duine to accuse someone of something.

leath² vb **1** spread (out); léarscáil a leathadh to spread out a map; ráflaí a leathadh to spread rumours; **2** open wide; fuinneog a leathadh to open a window wide.

leath- pref **1** half-, semi-; cluiche leathcheannais semi-final; **2** one (of two); leathbhróg one shoe.

leathadh (gensg **leata**) nm **1** spread(ing); leathadh galair the spread of disease; **2** ar leathadh wide open; **3** leathadh a fháil ón bhfuacht to be perished with the cold.

leathaghaidh nf2 profile.

leathan (gensgf **leithne** compar **leithne**) adj1 broad, wide.

leathanach nm1 page, sheet.

leathanaigeanta adj3 broad-minded.

leathar nm1 **1** leather; earraí leathair leather goods; **2** skin, flesh; **3** sex; fonn leathair sexual desire; bualadh leathair sexual intercourse.

leathbhádóir nm3 **1** shipmate; **2** colleague; **3** companion.

leathbhreac nm1 counterpart; is é do leathbhreac féin é he is just like yourself.

leathbhreall n leathbhreall a chur ar rud to garble something.

leathchéad nm1 fifty.

leathcheann nm1 half (of whiskey).

leathchiorcal nm1 semi-circle.

leathchruinne nf4 hemisphere.

leathchuibheasach adj1 mediocre.

leathdhosaen nm1 half a dozen.

leathdhuine (pl **leathdhaoine**) nm4 **1** half-wit; **2** leathdhuine cúpla one of twins.

leathfhada adj3 oblong.

leathfhocal nm1 **1** catchphrase; **2** hint.

leathlá (gensg **leathlae** pl **leathlaethanta**) nm half-day.

leathnaigh vb widen.

leathnú (gensg **leathnaithe**) nm widening.

leathoiread n a leathoiread half as much.

leathphingin nf2 halfpenny; ➤ duine a fhágáil in áit na leathphingine to leave someone in the halfpenny place (to outshine someone).

leathphionta nm4 half-pint.

leathrann nm1 couplet.

leathscoite adj3 semi-detached.

leathstad nm4 semi-colon.

leath-tháille nf4 half fare.

leath-thosaí nf4 half-forward.

leath-thuairim nf2 vague idea.

leathuair nf2 half-hour, half an hour.

leatrom nm1 **1** unevenness, inequality; **2** oppression; leatrom a dhéanamh ar dhuine to oppress someone.

leatromach adj1 **1** unbalanced; **2** oppressive.

léi →LE.

leibhéal nm1 level.

léibheann nm1 **1** level surface; **2** platform; **3** léibheann cheann staighre landing (on staircase); **4** terrace (on hillside).

leiceacht nf3 delicacy.

leiceadar nm1 slap (on cheek).

leicneach nf2 mumps.

leicneán nm1 washer (on tap).

leictreach adj1 electric(al).

leictreachas nm1 electricity.

leictreoid nf2 electrode.

leictreoir nm3 electrician.

leictreonach adj1 electronic.

leictreonaic nf2 electronics.

leictrigh vb electrify.

leictriú (gensg **leictrithe**) nm electrification.

leid nf2 hint.

léig nf2 **1** neglect; rud a ligean i léig to neglect something; **2** decay; dul i léig to decay, to decline.

léigear nm1 siege.

léigh (vn **léamh**) vb **1** read; an páipéar a léamh to read the paper; **2** léigh ar interpret, read; **3** léigh as understand from; tá sé le léamh as seo go... it can be understood from this that...

leigheas nm1 **1** medicine; **2** cure, remedy; níl luibh ná leigheas air it's incurable. ● vb **1** cure; **2** heal.

léigiún nm1 legion.

léim nf2 jump, leap; **léim** ard/fhada high/long jump; **léim** láimhe vault. ● vb jump, leap; léim thar bhalla to jump over a wall.

léimneach nf2 jumping.

léine (pl **léinte**) nf4 shirt.

leipreachán nm1 leprechaun.

léir¹ n ▸léan is léir ort! bad luck to you!.

léir² adj1 **1** clear; is léir go... it is clear that...; níor léir dom é it wasn't clear to me; **2** distinct; labhairt go léir to speak clearly; **3** (adverb) go léir all, altogether; sinn go léir all of us; an-deas go léir very nice indeed.

léire nf4 clearness, distinctness.

léirigh vb **1** show, illustrate; **2** indicate; **3** produce (record, programme, film, etc.).

léiritheach adj1 **1** illustrative; **2** indicative.

léiritheoir nm3 producer (of record, programme, film, etc.).

léiriú (gensg **léirithe**) nm production.

léirléamh nm1 interpretation.

léirmheas nm3 review, critique.

léirmheastóir nm3 reviewer, critic.

léirmheastóireacht nf3 criticism (literary, etc.).

léirmhínigh vb interpret.

léirscrios nm destruction, devastation. ● vb destroy, devastate.

léirsigh vb demonstrate, protest.

léirsitheoir nm3 demonstrator, protestor.

léirsiú (gensg **léirsithe**) nm demonstration.

léirsmaoineamh nm1 (pl **léirsmaointe**) **1** deep consideration; **2** meditation.

léirsmaoinigh vb **1** consider deeply; **2** meditate (on).

léirthuisceanach *adj1* appreciative.

léirthuiscint *(gensg* **léirthuisceana)** *nf3* clear understanding, appreciation.

leis *(pl* **leasracha)** *nf2* thigh.

leis² *adv* as well, also, too.

leis³ →LE.

leisce *nf4* **1** laziness; **leisce a bheith ort** to be lazy; **2** reluctance; **leisce a bheith ort rud a dhéanamh** to be reluctant to do something.

leisceoir *nm3* lazybones.

leisciúil *adj2* **1** lazy; **2** reluctant.

leispiach *nm1* adjective lesbian.
● *adj* lesbian.

leite *(gensg* **leitean)** *nf* porridge.

leith →LEATH.

léith →LIATH.

leithcheal *nm3* discrimination; **leithcheal a dhéanamh ar dhuine** to discriminate against someone.

léithe →LIATH.

leithead *nm1* **1** breadth, width; **leithead ruda** the width of something; **2** self-importance; **fear leithid** a self-important man.

leitheadach *adj1* **1** widespread; **2** broad, wide; **3** conceited.

leithéid *nf2* **1** like, equal, such; **níor chuala mé a leithéid riamh** I never heard the like of it; **a leithéid de bholadh!** what a smell!; **a leithéid de dhuine** such a person; **leithéidí Thomáis** the likes of Tomás; **2** *(with 'seo')* **a leithéid seo d'áit** such and such a place; **a leithéid seo** take this for example, something like this.

leithéis *nf2* joking; **ní raibh ann ach leithéis** it was only a joke.

léitheoir *nm3* reader.

léitheoireacht *nf3* reading.

leithinis *(gensg* **leithinse** *pl* **leithinsi)** *nf2* peninsula.

leithleach *adj1* **1** distinctive, peculiar; **duine leithleach** a peculiar person; **2** áit leithleach a place apart; **3** selfish, egotistical.

leithleachas *nm1* **1** distinctiveness; **2** peculiarity; **3** selfishness.

leithligh *n* ar leithligh apart.

leithlis *nf2* isolation.

leithliseach *adj1* **1** isolated; **2** absolute *(in grammar)*.

leithlisigh *vb* isolate.

leithne *nf4* breadth, width.

leithreas *nm1* toilet.

leithscar *vb* segregate.

leithscaradh *(gensg* **leithscartha)** *nm* segregation.

leithscéal *(pl* **leithscéalta)** *nm1* **1** excuse; **leithscéal a thabhairt faoi rud** to give an excuse for something; **2** apology; **gabh mo leithscéal** excuse me.

leithscéalach *adj1* apologetic.

leitis *nf2* lettuce.

lena, lenar →LE.

leo¹ *nm4* slime.

leo² →LE.

leochaileach *adj1* **1** fragile, delicate; **2** tender, vulnerable.

leochaileacht *nf3* **1** fragility, delicacy; **2** tenderness, vulnerablity.

leoga *excl* indeed.

leoicéime *nf4* leukaemia.

leoithne *nf4* breeze.

leomh *vb* **1** dare; **2** allow.

leon¹ *nm1* lion; **an Leon** Leo.

leon² *vb* **1** sprain; **2** injure, wound.

leonadh *(gensg* **leonta** *pl* **leontaí)** *nm* **1** sprain; **2** injury, wound.

leonta *adj3* **1** sprained; **2** injured, wounded.

leor *adj1* **1** enough, sufficient; **is leor é sin** that's enough; **is leor a rá go...** suffice to say that...; **2** *(with 'go')* **go leor le n-ithe**

enough to eat; **maith go leor** all right, right enough.

leoraí nf4 lorry.

leordhóthain nf4 sufficiency, plenty; **mo leordhóthain** all I need.

lí[1] nf4 **1** complexion; **2** colouring.

lí[2] nf4 licking.

lia[1] nm4 physician; **lia súl** optician; **lia cos** chiropodist.

lia[2] (pl **liaga** genpl **liag**) nm4 **1** stone; **2** pillar.

lia[3] adj (comp) more, more numerous; ► **ní lia duine ná tuairim** no two people think alike (literally: so many people, so many minds).

liacht nf3 medicine.

liairne nm4 loafer.

Liam n **Liam na sopóige** will o' the wisp.

liamhás (pl **liamhása**) nm1 ham.

lián nm1 **1** trowel; **2** propeller blade.

liarlóg nf2 **1** strip (of cloth); **2** rag (newspaper).

liath (gensg **léith** pl **liatha**) nm1 **1** grey; **2** grey-haired person; **3** grey horse. ● adj (gensgm **léith** gensgf **léithe** compar **léithe** pl **liatha**) grey. ● vb become grey; **tá a chuid gruaige ag liathadh** his hair's going grey.

liathán nm1 spleen.

liathánach adj1 pale, pallid, wan.

liathbhuí adj3 sallow.

liathchorcra adj3 lilac.

liathróid nf2 ball; **liathróid láimhe** handball.

liathshúil nf2 **liathshúil a thabhairt ar dhuine** to glance coldly at someone.

Liatroim nm3 Leitrim.

libh = LE.

Libia nf4 **An Libia** Libia.

libín nm4 dripping wet object; **bheith i do libín báite** to be soaked.

libíneach adj1 soaking wet.

licéar nm1 liqueur.

licín nm4 counter (in game).

Life nf4 **an Life** the river Liffey.

lig vb **1** let, allow; **ligean do dhuine déanamh mar is maith leis** to let someone do as they like; **2** let; **teach a ligean** to let a house; **3** emit, let out, release; **osna a ligean** to let out a sigh; **béic a ligean** to let out a shout; **4** do scíth a ligean to rest oneself.

□ **lig amach 1** let out, release; **príosúnaigh a ligean amach** to let prisoners out; **2** hire out; **3** let out (a garment); **4** disclose, reveal; **eolas rúnda a ligean amach** to disclose secret information.

□ **lig anuas** let down.

□ **lig ar 1** pretend; **bheith ag ligean ort go bhfuil tú breoite** to pretend to be sick.

□ **lig as** let out, release.

□ **lig chuig/chun 1** let go to; **ligean do leanaí dul chuig dioscó** to let children go to a disco; **2** allow to.

□ **lig de 1** release from; **2** give up; **ligean den ól** to give up drinking.

□ **lig do 1** allow; **2** leave to; **3** let be; **lig dom féin!** leave me alone!

□ **lig fút** settle down.

□ **lig isteach 1** let in; **2** leak; **tá an díon ag ligean isteach** the roof is leaking.

□ **lig le 1** let out; **2** let go; **3** reveal to.

□ **lig uait 1** let go; **2** leak.

□ **lig síos 1** let down; **duine a ligean síos** to let someone down; **2** let the roof is leaking.

□ **lig tharat** let pass.

□ **lig trí 1** let through; **2** leak; **tá an pota ag ligean tríd** the pot's leaking.

ligean nm1 1 letting; **ligean fola** bloodletting; 2 draining; 3 slack; **an ligean a thabhairt isteach** to take in the slack; 4 leeway; **ligean a thabhairt do dhuine** to give someone leeway.

ligh vb lick.

lile nf4 lily.

limistéar nm1 1 area, territory; 2 sphere (of action).

line nf4 1 line; **líne dhíreach** a straight line; **dul i líne** to form a line; 2 lineage.

líneach adj1 1 lined; 2 linear.

líneadach nm1 linen.

líneáil nf3 lining. ● vb line.

línéar nm1 liner.

linigh vb draw.

líníocht nf3 drawing.

línitheoir nm3 draughtsman/woman.

linn¹ (pl **linnte**) nf2 pool, pond; **linn snámha** swimming pool.

linn² nf2 period; **le mo linn** in my lifetime; **idir an dá linn** in the meantime.

linn³ →LE.

linte →LINNE.

lintéar nm1 1 drain; 2 gully.

lintile nf2 lentil.

Liobáin nf2 **an Liobáin** Lebanon.

liobair (pres **liobraíonn** vn **liobairt**) vb 1 tear; 2 scold.

liobarnach adj1 1 hanging loose; 2 torn; 3 clumsy.

liobarnacht nf3 1 looseness; 2 raggedness; 3 clumsiness.

liobarnálaí nm4 slovenly person.

liobrálach adj1 liberal.

liobrálachas nm1 liberalism.

liobrálaí nm4 liberal.

liocras nm1 liquorice.

liodán nm1 litany.

liofa adj3 1 fluent, polished; **cainteoir liofa** a fluent speaker; 2 sharp; **lann liofa** a sharp blade.

liofacht nf3 1 fluency; 2 sharpness.

liom →LE.

lioma nm4 lime.

liomanáid nf2 lemonade.

liomatáiste nm4 1 area, district; 2 limit; 3 territory.

liombó nm4 limbo.

liomhain (gensg **liomhna** pl **liomhainti**) nf3 allegation. ● vb (pres **liomhnaíonn**) allege.

liomhán nm1 file (tool).

liomóg nf2 pinch.

liomóid nf2 lemon.

líon¹ (pl **líonta**) nm1 full number. ● vb fill; **gloine a líonadh** to fill a glass.

líon² (pl **líonta**) nm1 1 net; 2 web; **líon damháin alla** cobweb.

líon³ nm1 linen, flax.

líonadh (gensg **líonta**) nm filling.

líonmhaireacht nf3 numerousness; **dul i líonmhaireacht** to become more numerous.

líonmhar adj1 1 numerous, abundant; 2 complete; **an tuairisc is líonmhaire** the most complete report.

líonn (gensg **leanna** pl **líonnta**) nm3 humour (of body); **líonn dubh** depression, melancholia.

líonndubhach adj1 depressed.

líonóil nf2 lino.

líonpheil nf2 netball.

líonrith nm3 panic; **líonrith a theacht ort** to panic; 2 excitement.

líonsa nm4 lens; **líonsaí tadhaill** contact lenses.

líonta →LÍON¹, ².

liontán nm1 netting, net.

liopa nm4 lip.

liopach nm1 adjective labial (in phonetics).

liopaire nm4 thick-lipped person.

liopard *nm1* leopard; **liopard fiaigh** cheetah.

lios (*gen* **leasa**) *nm3* **1** ring fort; **2** fairy mound.

Liospóin *nf4* Lisbon.

liosta¹ *nm4* list.

liosta² *adj3* **1** slow, tedious; **2** persistent.

liostaigh *vb* list.

liostáil *vb* enlist.

Liotuáin *nf2* an Liotuáin Lithuania.

liotúirge *nm4* liturgy.

lipéad *nm1* label.

lireacán *nm1* lollipop.

liric *nf2* lyric.

liriceach *adj1* lyrical.

lítear *nm1* litre.

liteartha *adj1* **1** literary; **2** literate; **3** literal.

litearthacht *nf3* literacy.

litir (*gensg* **litreach** *pl* **litreacha**) *nf* letter.

litirbhuama *nm4* letter bomb.

litreoireacht *nf3* lettering.

litrigh *vb* spell.

litríocht *nf3* literature.

litriú (*gensg* **litrithe**) *nm* spelling.

litriúil *adj2* literal.

liú *nm4* yell, shout; **liú a ligean asat** to yell.

liúigh *vb* yell, shout.

liúntas *nm1* allowance.

lobh *vb* decay, rot.

lobhadh *nm1* decay, rot.

lobhar *nm1* leper.

lobhra *nf4* leprosy.

lobhrach *adj1* leprous.

loc *nm1* lock (*on canal*). ● *vb* shut in, enclose.

loca *nm4* **1** pen, fold (*for animals*); **2** wad; **3** lock (*of hair*).

lócaiste *nm4* locust.

loc-chomhla *nf4* sluice gate.

loch *nm3* lake, lough.

lochán *nm1* **1** pond; **2** puddle.

Loch Garman *nm* Wexford.

Lochlannach *nm1* **1** Scandinavian; **2** Viking, Norseman.

lóchrann *nm1* lantern.

locht *nf3* **1** fault; **locht a fháil ar rud** to find fault with someone; **is ormsa atá an locht** it's my fault; **2** blame; **an locht a chur ar dhuine** to put the blame on someone.

lochta *nm4* loft.

lochtach *adj1* faulty, defective.

lochtaigh *vb* fault.

lochtóir *nm3* fault-finder.

lochtú (*gensg* **lochtaithe**) *nm* fault-finding.

lód *nm1* load.

lódáil *vb* load.

lodartha *adj3* **1** abject, servile; **2** vulgar.

lofa *adj3* decayed, rotten.

log¹ *nm1* **1** hollow; **2** log do ghoile** the pit of one's stomach; **log súile** eye socket; **3** (*literary*) place.

log² *vb* log **ann/as** log on/off (*on computer*).

logainm (*pl* **logainmneacha**) *nm4* place name.

logán *nm1* hollow.

logánach *adj1* hollow.

logartam *nm1* logarithm.

logha *nm4* **1** indulgence (*religious*); **2** concession.

loic *vb* **1** flinch; **loiceadh ó rud** to flinch from something; **2** fail; **loiceadh ar dhuine** to fail someone; **3** falter.

loicéad *nm1* locket.

loiceadh (*gensg* **loicthe**) *nm* **1** flinching; **2** failure.

loiceadóir *nm3* loiterer.

loiceadóireacht *nf3* loitering.

loighciúil *adj2* logical.

loighic *nf2* logic.

loigín nm4 dimple.

loime nf4 bareness, bleakness.

loingeas nm1 fleet.

loingseoir nm3 seaman, navigator.

loingseoireacht nf3 seamanship, navigation.

loinneog nf2 refrain, chorus.

loinnir (gensg **loinnreach**) nf 1 brightness, brilliance; 2 shine, sparkle.

loirgneán nm1 shinguard.

lóis nf2 lotion.

loisc (vn **loscadh**) vb burn, scorch.

loisceanta adj3 fiery.

loisceoir nm3 incinerator.

loiscneach nm1 1 firewood; 2 caustic. ● adj1 1 burning; 2 caustic; 3 stinging.

lóiste nm4 lodge.

lóistéir nm3 lodger.

lóistín nm4 1 lodgings, digs; 2 accommodation.

loit (vn **lot**) vb 1 damage, spoil; 2 hurt, injure.

loitiméir nm3 vandal.

loitiméireacht nf3 vandalism.

lom nm1 1 bareness; lom na fírinne the naked truth; 2 openness, exposure; lom an bhóthair the open road. ● adj1 1 bare; 2 thin; tá sé éirithe an-lom he's become very thin; 3 close; do chuid gruaige a bhearradh go lom to cut one's hair closely. ● adv lom díreach right away; bheith lom dáiríre to be totally earnest. ● vb 1 lay bare, strip; 2 shear.

lomadh (gensg **lomtha**) nm 1 baring, stripping; 2 shearing.

lomaire nm4 mower; lomaire faiche lawn mower.

lomán nm1 log.

lomchaite adj3 threadbare.

lomchlár n lomchlár na fírinne the plain truth.

lomdhiúltú (gensg **lomdhiúltaithe**) nm flat refusal.

lomlán nm1 full capacity. ● adj1 full to capacity.

lomnocht adj1 nude, stark naked.

lomnochtán nm1 naked person.

lomra nm4 fleece.

lon (pl **lonta**) nm1 lon dubh blackbird.

lón nm1 1 lunch; 2 provisions; 3 supply; lón bia a supply of food; lón machnaimh food for thought; 4 lón cogaidh munitions.

lónadóir nm3 caterer.

lónadóireacht nf3 catering.

Londain (gensg **Londan**) nf London.

long nf2 ship.

longbhriseadh (gensg **longbhriste** pl **longbhristeacha**) nm shipwreck.

longchlós nm1 shipyard.

longfort nm1 camp, fort.

Longfort nm1 an Longfort Longford.

longlann nf2 dockyard.

lonnaigh vb settle; lonnú in áit to settle in a place.

lonnaitheoir nm3 squatter.

lonrach adj1 1 bright; 2 brilliant; 3 shining.

lonta → LON.

lópaire nm4 untidy person.

lorg nm1 1 mark, print; do lorg a fhágáil ar rud to leave one's mark on something; lorg coise footprint; 2 trace, track; lorg ruda a chur to track something; ar lorg (+GEN) in pursuit of. ● vb 1 look for; bheith ag lorg ruda to be looking for something; 2 track.

lorga nf4 1 shin; 2 cudgel, stick.

lorgaire nm4 1 tracker; 2 detective.

lorgaireacht nf3 1 seeking; 2 detection.

lorgán nm1 lorgán radhairc viewfinder.

lorgántacht nf3 laziness.

losainn nf2 lozenge.

loscadh (gensg **loiscthe**) nm burning; →LOISC.

loscann nm1 tadpole.

loscánta adj1 amphibious.

lot nm1 1 hurt, injury; 2 damage; →LOT.

L-phlátaí nplm4 L-plates.

Lú nm4 Louth.

lú →BEAG

lua nm4 mention, reference.

luach nm1 1 value; luach a chur ar rud to put a value on something; 2 price; cén luach atá air? what price is it?; 3 reward; luach saothair reward (for work).

luacháil nf3 valuation, evaluation. ● vb value, evaluate.

luachair (gensg **luachra**) nf3 rushes.

luachálaí nm4 valuer.

luachliosta nm4 price list.

luachmhaireacht nf3 costliness, preciousness.

luachmhar adj1 1 valuable; 2 costly, precious.

luachmhéadú (gensg **luachmhéadaithe**) nm appreciation.

luadráil nf3 gossiping.

luadrálaí nm4 gossip (person).

luaidhe nf4 lead; peann luaidhe pencil.

luaidhnimh nf2 lead-poisoning.

luaigh vb mention, refer to, cite.

luail nf3 motion; ar luail in motion.

luain nf2 hard work.

luaineach adj1 1 changeable; 2 fickle; 3 flickering; 4 fluctuating.

luaineacht nf3 1 changeability; 2 fickleness; 3 flickering; 4 fluctuation.

luainigh vb 1 change; 2 fluctuate.

luaíocht nf3 merit.

luaith nf3 ashes.

luaithreach nm1 ashes.

luaithreadán nm1 ashtray.

luamh nm1 yacht.

luamhán nm1 lever.

luamhánacht nf3 leverage.

Luan (pl **Luanta**) nm1 Monday; Dé Luain on Monday; ar an Luan on Mondays.

luan nm1 halo.

luas nm1 1 speed, rapidity; ar luas at speed; luas a dhéanamh le rud to speed up something; 2 earliness; ar luas nó ar moille sooner or later.

luasaire nm4 accelerator.

luasbhád nm1 speedboat.

luasc vb 1 swing; 2 rock, sway; cliabhán a luascadh to rock a cradle; 3 oscillate.

luascach adj1 swinging.

luascadán nm1 pendulum.

luascadh nm 1 swinging; 2 swinging, rocking.

luascán nm1 swing; cathaoir luascáin rocking chair; capall luascáin rocking horse.

luasghéaraigh vb accelerate.

luasmhéadar nm1 speedometer.

luasraon (pl **luasraonta**) nm1 speedway.

luath adj1 1 fast, speedy; capall luath a fast horse; éirí go luath to get up early; 3 soon; chomh luath agus is féidir liom as soon as I can; 4 fickle.

luathaigh vb speed up.

luathintinneach adj1 1 impulsive; 2 hasty.

luathlámhach adj1 1 dextrous; 2 light-fingered.

luathscribhneoireacht nf3 shorthand.

lúb nf2 **1** loop; **2** link; **lúb i slabhra** a link in a chain; **3** bend, twist; **lúb a chur ar rud** to bend something; **4** craft; **sionnach na lúibe** the crafty fox. ● vb **1** loop; **rud a lúbadh ar rud** to loop something around something; **2** bend.

lúbach adj1 **1** looped; **2** coiled; **3** crafty.

lúbadh (gensg **lúbtha**) nm bending.

lúbán nm1 **1** loop; **2** hoop.

lúbarnaíl nf3 twisting, wriggling.

lúbloch nm3 ox-bow lake.

lúbra nm4 maze.

lúbthacht nf3 curvature.

luch nf2 mouse **luch mhór/ fhrancach** rat; **luch fhéir** dormouse;

lúcháir nf2 joy, delight; **lúcháir a dhéanamh** to rejoice.

lúcháireach adj1 joyous, glad.

lucharachán nm1 **1** pygmy; **2** elf.

luchóg nf2 mouse.

luchartha adj3 luchartha locharta decrepit.

lucht nm3 **1** content; **2** capacity; **3** category (of people); **lucht labartha na Gaeilge** Irish speakers; **lucht leanúna** followers.

luchtaigh vb **1** fill; **2** load; **3** (battery) charge.

luchtmhaireacht nf2 capaciousness.

luchtmhar adj1 capacious.

luchtóir nm3 loader.

Lucsamburg nm4 Luxembourg.

lúfaireacht nf3 agility.

lúfar adj1 agile, athletic.

lug n thit an lug ar an lag orm I lost courage.

luí nm4 **1** lying down; **bheith i do luí** to be lying down; **2** lie; **luí na tíre** the lie of the land; **3** inclin-

ation; **luí a bheith agat le rud** to have an inclination towards something; **4** luí na gréine sunset; **5** rud a chur ina luí (gaidhte) ar dhuine to persuade someone of something.

luibh nf2 **1** herb; **2** plant.

luibheolaí nm4 botanist.

luibheolaíocht nf2 botany.

luibhghairdín nm4 botanical garden.

luibhiteoir nm3 herbivore.

lúibín nm4 **1** loop; **2** link; **3** buttonhole; **4** bracket; **idir lúibíní** in brackets.

luid nf2 scrap, shred (of clothing); **ní raibh aon luid uirthi** she hadn't a stitch on.

lúide prep **1** minus; **a deich lúide a trí** ten minus three; **2** ní lúide sin a meas air she respects him none the less for that.

lúidín nm4 little toe.

luifearnach nm1 **1** weeds; **2** rabble.

luigh vb **1** lie; **luí síos** to lie down; **2** set (sun); **3** settle.
□ **luigh ar** **1** lie on; **2** lean on.
□ **luigh chun** luí chun oibre to get down to work.
□ **luigh faoi** **1** lie under; **2** submit, yield.
□ **luigh isteach** (in phrase) luí isteach ar do chuid oibre to set about one's work in earnest.
□ **luigh le** **1** lie with; **2** luíonn sé le réasún go it stands to reason.

Luimneach nm1 Limerick.

luimneach nm1 limerick.

luíochán nm1 ambush.

lúireach nf2 breastplate.

luisiúil adj2 **1** radiant; **2** glowing.

luisne nf4 **1** glow; **2** flush, blush.

luisniúil adj2 **1** blushing; **2** flushed.

luiteach adj1 **1** well fitting (garment); **2** luiteach le rud inclined to something.

lúitéis *nf2* obsequiousness.

lúitéiseach *adj3* obsequious.

lúitheach *nm1* ligament, tendon.

lúmaire *nm4* blockhead.

lumbágó *nm4* lumbago.

lumpa *nm4* lump.

Lúnasa *nm4* August.

lupadán *n* lupadán lapadán splashing (*sound*).

lus *nm3* **1** herb; **lus mín dill; lus na mbrat** wild thyme; **2** plant; **lus na mban sí** foxglove; **lus an chromchinn** daffodil.

lúsáilte *adj3* **1** loose; **2** athletic.

lusra *nm4* herbs.

lústaire *nm4* toady.

lústar *nm1* fawning, toadying.

lútáil *nf3* fawning, toadying; **bheith ag lútáil ar dhuine** to fawn on someone.

lúth *nm1* **1** movement; **2** agility, athleticism.

lúthaíocht *nf3* exercise.

lúthchleas *nm1* athletic exercise; **lúthchleasa** athletics.

lúthchleasaí *nm4* athlete.

lúthchleasaíocht *nf3* athletics.

Mm

má[1] *conj*
(*prefixes d' to vowel or fh + vowel in past tense; combines with copula to form 'más'*)
···▸ (*with past and present indicative*) if; **má tá sin amhlaidh** if that is so; **má bhíonn aon fhadhb agat cuir glaoch orm** if you have any problem call me; **má éiríonn tú go luath beidh tú**

in am if you get up early you'll be in time; **má bhí sí ann ní fhaca mise í** if she was there I didn't see her; **má cuireadh sa phost é beidh sé againn amárach** if it was posted we'll have it tomorrow; **má d'itheadar é sin beidh siad breoite** if they ate that they'll be sick;
···▸ (*with copula*) **más maith leat** if you like; **más fíor a bhfuil ráite** if what has been said is true; **má ba chaillte an aimsir í** terrible as the weather was;
···▸ (*conditional: used instead of 'dá'*) **má fhéadfá é sin a dhéanamh dom** if you could do that for me; **má bheadh cúpla punt agam** if I had a couple of pounds;
···▸ (*in phrases*) **is ait an duine é, ach más ait féin** he's a strange person, but even so; **más olc maith leat** whether you like it or not; **is beag má tá deich bpunt fágtha agam** I hardly have ten pounds left.

! lenites following verb

má[2] *adj4* plain.

má[3] *prep* **leath má leath** half and half.

mabóg *nf2* tassel.

mac *nm1* **1** son; **2** lad, fellow; **a mhic ó!** my lad!; **3** mac léinn student; **4** mac imris pupil (*of eye*); **5** mac tíre wolf.

macacht *nf3* **1** childhood; **2** boyhood.

Macadóin *nf2* **an Mhacadóin** Macedonia.

macalla *nm4* echo; **macalla a bhaint as rud** to make something echo.

macánta *adj3* **1** honest; **2** gentle; **3** meek.

macántacht *nf3* **1** honesty, sincerity; **2** gentleness; **3** childhood.

macaomh *nm1* **1** youth; **2** young boy.

macarón *nm1* macaroni.

macarónach *adj1* macaronic.

macasamhail (*gen* **macasamhla**) *nf3* **1** like, equal; ní fhaca mé a mhacasamhail riamh I never saw anything like it; **2** reproduction; macasamhail de rud a dhéanamh to make a reproduction of something.

máchail *nf2* **1** defect; **2** injury.

máchaileach *adj1* **1** defective, damaged; **2** injured.

machaire *nm4* **1** plain, level ground; machaire ráis racecourse; **2** field; machaire an chatha battlefield.

machnaigh (*vn* **machnamh**) *vb* think, reflect; machnamh ar rud to think about something.

machnamh *nm1* thought, reflection; do mhachnamh a dhéanamh ar rud to think about something.

machnamhach *adj1* thoughtful, reflective.

macnas *nm1* **1** exuberance; **2** wantonness; **3** voluptuousness.

macnasach *adj1* **1** exuberant; **2** wanton, voluptuous.

madra *nm4* dog; madra rua fox.

madrúil *adj2* **1** doglike; **2** coarse, vulgar.

magadh *nm1* mocking, mockery; bheith ag magadh faoi dhuine to mock someone; mar mhagadh atáim I'm only joking; ceap magaidh a dhéanamh de dhuine to make a laughing stock of someone.

magairle *nm4* testicle.

magairlín *nm4* orchid; magairlín meidhreach early purple orchid.

máguaird *adv* about, around; an tír mháguaird the surrounding country.

magúil *adj2* mocking.

mahagaine *nm4* mahogany.

maicín *nm4* spoilt child.

maicréal *nm1* mackerel.

maide *nm4* **1** stick, piece of wood; maide siúil walking stick; maide rámha oar; maide croise crutch; **2** (*in phrases*) dul ar na maidí rámha to get going; do mhaidí a ligean le sruth to let things drift; **3** maide pint a pint measure (of beer).

maidhm *nf2* **1** break, burst; maidhm thalún landslide; maidhm shneachta avalanche; **2** defeat, rout. ● *vb* (*pres* **madhmann** *vn* **madhmadh** *vadj* **madhmtha**) **1** break, burst; **2** defeat; madhmadh orainn we were routed.

maidhmitheoir *nm3* detonator.

maidin (*pl* **maidineacha**) *nf2* morning; ar maidin this morning; in the morning; faoi mhaidin by/before morning.

maidir *prep* **1** maidir le as regards; maidir le d'iarratas as regards your application; **2** níl siad maidir le chéile they are not alike.

Maidrid *nf4* Madrid.

maigh (*vn* **maíomh**) *vb* **1** claim, state; maíonn sé go... he claims that...; tá sé maíte air go... it is said of him that...; **2** boast; maíomh as rud to boast about something; **3** begrudge; rud a mhaíomh ar dhuine to begrudge someone something.

maighdean *nf2* **1** maiden, virgin; maighdean óg a young maid; maighdean mara mermaid; an Mhaighdean Mhuire the Virgin Mary; **2** an Mhaighdean Virgo.

maighdeanas *nm1* virginity.

maighdeanúil *adj2* virgin(al).

Maigh Eo nf Mayo.

maighnéad nm1 magnet.

maighnéadach adj1 magnetic.

máilíneach adj1 baggy.

mailís nf2 1 malice; 2 malignancy (of tumour).

mailíseach adj1 malignant.

maille prep maille le (along) with.

máille nf4 mail (armour).

máilléad nm1 mallet.

mailp (pl **mailpeanna**) nf2 maple; **crann mailpe** maple tree.

maindilín nm4 mandolin.

máine nf4 mania.

máineach nm1 maniac. ● adj manic.

mainicín nm4 mannequin, model.

mainicíneacht nf3 modelling (fashion).

mainistir (gensg **mainistreach** pl **mainistreacha**) nf 1 monastery; 2 abbey.

máinlia nm4 surgery.

máinliach adj1 surgical.

máinliacht nf3 surgery.

mainneachtain nf3 1 negligence; 2 default (in law); **trí mhainneachtain** by default.

máinneáil nf3 loitering.

máinneálaí nm4 loiterer.

máinséar nm1 manger, crib.

mainteach (gensg **mainti** pl **maintithe**) nm mansion house.

maíomh nm1 1 assertion; 2 boast.

mair (vn **maireachtáil**) vb 1 live; **mhair sé san aois seo caite** he lived in the last century; **cá maireann tú?** where do you live?; 2 last; **má mhaireann an aimsir bhreá** if the fine weather lasts; 3 (in congratulatory phrases) **go maire tú an céad** may you live to be a hundred; **go maire sibh bhur saol nua** may

you enjoy your new life (at wedding).

mairbhe nf4 1 lifelessness; 2 sluggishness.

mairg nf2 woe, sorrow; **mo mhairg! alas!**; **bheith faoi mhairg** to be in sorrow; **níor chuir sé lá dá mhairg orm** it didn't upset me in the least.

mairgiúil adj2 1 sorrowful, woeful; 2 dismal.

mairnéalach nm1 sailor.

máirseáil nf3 march. ● vb march.

máirseálaí nm4 marcher.

Máirt nf2 Tuesday; **Dé Máirt** on Tuesday; **ar an Máirt** on Tuesdays; **Máirt Inide** Shrove Tuesday.

mairteoil nf3 beef.

mairtíreach nm1 martyr.

mairtíreacht nf3 martyrdom.

maise nf4 1 adornment; **maise a chur ar rud** to adorn something; 2 beauty; **faoi mhaise** beautiful, flourishing; **guím Athbhliain faoi mhaise oraibh** I wish you a prosperous New Year; 3 (in phrases) **b'olc an mhaise duit gan é sin a dhéanamh** it would ill become you not to do that; **ba mhaith an mhaise dó é** it was nice of him.

maisigh vb 1 adorn, beautify; **tú féin a mhaisiú** to do oneself up; 2 illustrate (book).

maisitheoir nm3 decorator.

máisiúchán nm1 1 adornment; 2 decoration; **máisiúcháin na Nollag** Christmas decorations.

maisiúil adj2 1 decorative; 2 elegant.

máisiún nm1 mason.

maistín nm4 1 thug, tyke; 2 mastiff.

maistíneacht nf3 thuggery.

máistir nm4 master; **máistir scoile** schoolmaster; **Máistir Ealaíne** Master of Arts.

máistreacht *nf3* mastery.

maistreadh (*pl* **maistri**) *nm1* churning.

máistreás *nm1* mistress.

maistrigh *vb* churn.

máistrigh *vb* master.

máistriúil *adj2* masterly, masterful.

máite →MÁMH

maith¹ (*pl* **maithe**) *nf2* **1** good, goodness; idir mhaith agus olc both good and bad; níl aon mhaith ann it's no good; cén mhaith é sin? what good is that?; déanfaidh sé maith duit it will do you good; **2** go raibh (míle) maith agat thank you (very much).
● *adj1* (*compar* **fearr**) **1** good; duine maith a good person; obair mhaith good work; oíche mhaith goodnight; maith go leor all right; go maith! good!; 'conas atá tú?' – 'táim go maith' 'how are you?' – 'I'm well'; **2** cuid mhaith airgid a fair amount of money; roinnt mhaith acu a good few of them; bhí sé ólta go maith he was quite drunk; **3** (*with copula*) 'an maith leat..?'– 'is/ní maith (liom)' 'do you like..?' – 'yes/no'; 'ar mhaith leat..?' 'ba/níor mhaith (liom) 'would you like..?' 'yes/no'; is fearrde thú é you're the better for it.

maith² (*vn* **maitheamh**) *vb* forgive; rud a mhaitheamh do dhuine to forgive someone something.

maithe *nf4* good, goodness; ar mhaithe le for the good/sake of the.

maitheas *nm1* good, goodness; athrú chun maitheasa a change for the good; bheith i mbláth do mhaitheasa to be in the prime of life.

maithiúnas *nm1* forgiveness, pardon.

máithreacha →MÁTHAIR

máithreachais *adj*(*gen of n*) maternity; saoire mháithreachais maternity leave.

máithreachas *nm1* motherhood, maternity.

máithreánach *nm1 adj1* matriculation.

máithrigh *vb* mother.

máithriúil *adj2* motherly.

maitris *nf2* matrix.

mál *nm1* excise.

mala *nf4* **1** brow, eyebrow; muc ar gach mala a bheith agat to frown angrily; **2** brow, slope (*of hill*).

mála *nm4* bag, sack; mála láimhe handbag; mála milseán a bag of sweets; mála codlata sleeping bag.

Malaeisia *nf4* an Mhalaeisia Malaysia.

maláire *nf4* malaria.

malairt *nf3* **1** change; malairt intinne a change of mind; **2** alternative; níl a mhalairt le déanamh there's no alternative; **3** exchange; mar mhalairt ar rud in exchange for something; **4** opposite; a mhalairt glan the total opposite.

malartach *adj1* **1** changing; **2** fluctuating.

malartaigh *vb* **1** change; **2** exchange.

malartán *nm1* exchange; malartán teileafóin telephone exchange.

malartú *nm4* **1** change; **2** exchange.

mall (*gensg* **mall** *gensgf* **moille** *compar* **moille** *pl* **malla**) *adj* **1** slow; tá an clog mall the clock's slow; **2** late; bheith mall ag rud to be late for something.

mallacht *nf3* curse.

mallaibh *n* ar na mallaibh lately, of late.

mallaigh *vb* curse.

mallaithe *adj3* 1 cursed; an rud mallaithe sin! that bloody thing!; 2 bad tempered; madra mallaithe a vicious dog; 3 dúil mhallaithe a bheith agat i rud to have an all-consuming desire for something.

mallaitheacht *nf3* 1 cursedness; 2 viciousness.

Mallarca *nm4* Majorca.

mallghluaiseacht *nf3* slow motion.

mallintinneach *adj1* 1 slow-witted; 2 mentally retarded.

malltriallach *adj1* 1 sluggish; 2 hesitating.

malrach *nm1* child, youngster.

Málta *nm4* Malta.

mam *nf2* mum, mummy.

mám[1] *nf3* handful.

mám *nm3* mountain pass.

mamach *nm1* mammal. ● *adj1* mammary.

mamaí *nf4* mum, mummy.

mámas *n* faoi mhámas in subjection.

mamat *nm1* mammoth.

mámh (*pl* **máite**) *nm1* trump card; an mámh mór the highest trump card.

mamó *nf4* granny.

mana *nm4* 1 motto; 2 omen; 3 attitude.

manach *nm1* monk.

manachas *nm1* monasticism.

manachúil *adj2* monastic.

Manainn (*gen* **Mhanann**) *n2* Oileán Mhanann Isle of Man.

Manainnis *nf2* Manx (*language*).

Manannach *nm1* Manxman. ● *adj1* Manx.

Manchain *nf2* Manchester.

mandairín *nm4* mandarin.

mangaire *nm4* peddler, hawker.

mangaireacht *nf3* peddling, hawking.

mangarae *nm4* junk, cheap goods.

manglam *nm1* 1 jumble, hotchpotch; 2 cocktail.

mánla *adj3* gentle, gracious.

mantach *adj1* 1 gap-toothed; 2 toothless; 3 chipped (*knife*).

mantóg *nf2* 1 muzzle; 2 gag; mantóg a chur i nduine to gag someone.

maoil (*gen* **maoildeirge**) *nf2* 1 rounded summit; 2 hillock; 3 top of head; ➤ rud a rá as maoil do chonláin to say something on the spur of the moment; ➤ ag cur thar maoil overflowing; 4 bald patch.

maoildearg *nf2* mulberry; crann maoildeirge mulberry tree.

maoin *nf2* 1 wealth; maoin shaolta worldly riches; 2 property.

maoineas *nm1* endowment.

maoinigh *vb* 1 finance; 2 endow.

maoirseoir *nm3* supervisor.

maoirseoireacht *nf3* supervision.

maoiseog *nf2* heap; tá airgead ina mhaoiseoga acu they have piles of money.

maoithneach *adj1* 1 sentimental; 2 emotional; 3 melancholic.

maoithneachas *nm1* 1 sentimentality; 2 emotion.

maol *nm1* 1 stupid person; 2 flat (*in music*). ● *adj1* 1 bald; paiste maol bald patch; 2 blunt; scian mhaol a blunt knife; 3 flat (*in music*); 4 (*as intensifier*) tá sé maol marbh he's stone dead.

maolaigh *vb* 1 make bare, make bald; 2 alleviate (*pain*); 3 decrease (*speed*); 4 moderate (*attitude*); 5 abate, subside; mhaolaigh an stoirm the storm abated; 6 soften (*tone, colour*).

maolaire *nm4* 1 bumper; 2 buffer (*in computing*).

maolaisnéis *nf2* understatement.

maolaitheach *adj1* 1 alleviating; 2 extenuating.

maolchluasach *adj1* subdued.

maolgháire *nm4* chuckle.

maolintinneach *adj1* 1 slow-witted; 2 obtuse.

maolscríobach *adj1* slipshod.

maolú (*gensg* **maolaithe**) *nm* 1 alleviation; 2 slackening; 3 abatement.

maoluillinn *nf2* obtuse angle.

maonáis *nf2* mayonnaise.

maor *nm1* 1 supervisor; 2 steward; 3 warden, keeper; **maor géim** gamekeeper; 4 **maor cúil** goal umpire (*in Gaelic games*); 5 prefect (*in school*).

maorga *adj3* stately.

maorlathach *adj1* bureaucratic.

maorlathas *nm1* bureaucracy.

maos *nm1* ar **maos** saturated; **rud a chur ar maos in uisce** to put something to steep in water.

maoschlár *nm1* water table.

maoth *adj1* 1 soft; 2 tender; 3 moist.

maothaigh *vb* 1 soften; 2 moisten.

maothán *nm1* (ear) lobe.

mapa¹ *nm4* mop.

mapa² *nm4* map.

mapáil¹ *vb* mop.

mapáil² *vb* map.

mar *prep* (*followed by lenition*) like, as; **duine mar sin** a person like that; **tá sé ag obair mar mhúinteoir** he's working as a teacher; **tá sí an-deas mar dhuine** she's very nice as a person; **rinne sí mar sin é** she did it like that; **tá siad mar a chéile** they're alike; **agus mar sin de** and so forth; **mar sin féin** even so. ● *conj* 1 as,

like; **mar atá rudaí faoi láthair** as things are at present; **mar a déarfá** as one might say; **bhí sé ag béiceach mar a bheadh tarbh ann** he was roaring like a bull; **mar dhea! as if!**; **mar an gcéanna** likewise; 2 because; **ní raibh sé ann mar ní raibh aon airgead aige** he wasn't there because he didn't have any money; **d'fhan sí san oifig mar bhí obair le déanamh aici** she stayed in the office because she had work to do. ● *adv* where; **mar a bhfuil sé** where he is; **tá sé mar ar fhág tú é** it's where you left it.

mara →MUIR.

marachuan *nm1* marijuana.

Maracó *nm4* Morocco.

maraigh *vb* kill.

marana *nf4* contemplation; **dul ar do mharana** to start to thinking.

maranach *adj1* thoughtful.

maránta *adj3* 1 gentle; 2 mild.

marascal *nm1* marshal.

maratón *nm1* marathon.

marbh *nm1* dead person; **an marbh** the deceased; **Féile na Marbh** All Souls' Day. ● *adj* 1 dead; **ainmhí marbh** a dead animal; 2 exhausted; **marbh leis an ocras** dying with hunger; 3 unused, idle (*capital*); 4 stagnant; **uisce marbh** stagnant water; 5 dull; **pian mharbh** a dull pain; **dathanna marbha** dull colours.

marbhán *nm1* corpse.

marbhánta *adj3* 1 close, sultry (*weather*); 2 lethargic (*person*); 3 slack (*business, trade*).

marbhántacht *nf3* 1 sultriness (*of weather*); 2 lethargy; 3 slackness (*of business*).

marbhchóiste *nm4* hearse.

marbhfháisc *nf2* **marbhfháisc ort!** bad luck to you!

marbhghin *nf2* stillborn child.

marbhintinneach *adj1* listless.

marbhlann *nf2* morgue.

marbhna *nm4* elegy.

marbhsháinn *nf2* checkmate.

marbhsholas *nm1* half-light.

marbhshuan *nm1* deep sleep.

marbhuisce *nm4* backwater.

marc (*pl* **marcanna**) *nm1*
1 mark; **marc a chur ar rud** to put a mark on something; **2** target; **an marc a bhualadh** to hit the target; **3** set time.

marcach *nm1* rider, jockey.

marcaigh *vb* ride.

marcáil *vb* mark; **áit a mharcáil** to mark a place; **scrúduithe a mharcáil** to mark exams.

marcaíocht *nf3* **1** riding; **dul ag marcaíocht** to go riding; **2** lift; **marcaíocht a fháil** to get a lift (*in vehicle*).

marcóir *nm3* marker (pen).

marcshlua *nm4* cavalry.

marfach *adj1* **1** deadly, lethal; **2** peaca marfach** mortal sin.

marfóir *nm3* killer.

margadh *nm1* **1** market; **ar an margadh** on the market; **margadh beithíoch** cattle market; **2** bargain, agreement; **bíodh ina mhargadh!** it's a deal!

margaigh *vb* market.

margáil *nf3* bargaining, haggling.

margaíocht *nf3* marketing.

margairín *nm4* margarine.

marglann *nf2* mart.

marla *nm4* Plasticine™.

marmaláid *nf2* marmalade.

marmar *nm1* marble.

maróg *nf2* **1** pudding; **maróg Nollag** Christmas pudding;
2 paunch, beer belly; **titim chun maróige** to become paunchy.

marógach *adj1* pot-bellied.

marós *nm1* rosemary.

Mars *nm1* Mars.

mart *nm1* **1** heifer; **2** bullock; **3** carcass of beef; **ceathrú mhairt** a quarter of beef.

Márta *nm4* March.

martbhorgaire *nm4* beefburger, hamburger.

marthain *nf3* existence; **ar marthain** extant.

marthanach *adj1* **1** lasting, enduring; **2** permanent, everlasting.

marthanas *nm1* survival.

marthanóir *nm3* survivor.

marú *nm4* **1** killing; **2** slaughter.

marún *nm1* maroon.

Marxach *n, adjective m1* Marxist. • *adj1* Marxach.

más¹ *nm1* **1** buttock; **2** thigh.

más² *nm1* mace.

más³ → **MÁ**.

másach *adj1* big-bottomed.

másailéam *nm1* mausoleum.

masc *nm1* mask.

mascára *nm4* mascara.

masla *nm4* **1** insult; **masla a thabhairt do dhuine** to insult someone; **2** strain; **masla a chur ort féin le hualach** to strain oneself with a load.

maslach *adj1* **1** insulting, abusive; **2** strenuous; **obair mhaslach** strenuous work.

maslaigh *vb* **1** insult, abuse; **2** overstrain.

masmas *nm1* nausea; **chuirfeadh sé masmas ort** it would nauseate one.

masmasach *adj1* nauseous, nauseating.

mata *nm4* mat; **mata tairsí** doormat.

máta *nm4* mate (*on ship*).

matal *nm1* mantelpiece.

matalang *nm1* disaster, calamity.

matamaitic *nf2* mathematics.

matamaiticeoir *nm3* mathematician.

matamaiticiúil *adj2* mathematical.

matán *nm1* muscle.

matánach *adj1* muscular.

máthair (*gensg* **máthar** *pl* **máithreacha**) *nf* mother; **máthair altrama** foster-mother; **máthair chéile** mother-in-law; **máthair mhór** grandmother.

máthairab *nf3* abbess.

máthartha *adj3* maternal; **teanga mháthartha** mother tongue.

mátrún *nm1* matron.

mb remove 'm'; see 'Initial Mutations' in the Grammar section.

mé *pron* I, me; **tá mé anseo** I am here; **ionsaíodh mé** I was attacked; **an gcloiseann tú mé?** do you hear me?

meá *nf4* 1 balance; **ar mheá chothrom** evenly balanced; **idir dhá cheann na meá** in the balance; 2 scales; 3 measure; **go meá** in full measure; 4 **an Mheá** Libra.

meabhair (*gensg* **meabhrach**) *nf* 1 mind; **bheith as do mheabhair** to be out of one's mind; 2 memory; **is meabhair liom go...** I remember that...; 3 understanding; **meabhair a bhaint as rud** to understand something; **meabhair chinn** intelligence.

meabhairghalar *nm1* mental illness.

meabhrach *adj1* 1 mindful; 2 intelligent; 3 thoughtful; 4 conscious.

meabhraigh *vb* 1 memorize; 2 remember; 3 remind; 4 reflect.

meabhraíocht *nf3* 1 awareness; 2 consciousness; 3 intelligence; 4 thought.

meabhrán *nm1* memo, memorandum.

meacan *nm1* **meacan dearg** carrot; **meacan bán** parsnip.

meáchan *nm1* weight; **meáchan a chur in airde** to put on weight; **meáchan a thógáil** to lift a weight.

meáchanlár *nm1* centre of gravity.

méad *nm* amount, quantity; **cá/cé mhéad?** how much/many?; **cá/cé mhéad atá air?** how much is it?; **cá/cé mhéad leabhar?** how many books?; **ar a mhéad** at the most; **dá mhéad é** however great; much it is; → **MÉID**.

méadaigh *vb* 1 increase; **go méadaí Dia do stór** may God prosper you; **méadú** ar add to; 2 enlarge; 3 grow bigger.

meadaíocht *nf3* 1 maturity; **teacht i méadaíocht** to reach maturity; 2 increase; 3 self-importance.

méadaitheach *adj1* increasing.

méadar *nm1* 1 metre; 2 meter.

meadaracht *nf3* metre (*in poetry*).

meadhg *nf2* 1 whey; 2 serum.

meadhrán *nm1* 1 dizziness, vertigo; **meadhrán a bheith ionat** to be dizzy; 2 exhilaration; 3 bewilderment.

méadrach *adj1* metric.

méadú *nm* 1 increase; 2 multiplication; 3 enlargement.

meafar *nm1* metaphor.

meafarach *adj1* metaphorical.

meaig *nf2* magpie.

meáigh *vb* 1 balance, weigh; 2 consider; **do chuid cainte a**

mheá go cúramach to measure one's words carefully.

meaisín nm4 machine.

meaisíneoir nm3 machinist.

meaisínghunna nm4 machine gun.

meaisínre nm4 machinery.

meáite adj3 bheith meáite ar rud a dhéanamh to be decided on doing something.

meala →MIL.

mealbhacán nm1 melon.

mealbhóg nf2 1 pouch, small bag; 2 leather bottle.

meall¹ (pl **meallta**) nm1 1 ball, globe; meall súile eyeball; 2 protuberance; meall gorm carbuncle; 3 lump; meall ime a lump of butter.

meall² vb 1 charm, entice; duine a mhealladh go dtí áit to coax someone somewhere; 2 deceive, delude; mealladh í she was deceived.

meallacach adj1 1 alluring; 2 attractive.

meallacacht nf3 1 allure; 2 attractiveness.

mealladh (gensg **meallta** pl **mealltaí**) nm 1 allurement; 2 attraction; 3 deception.

mealltach adj1 1 alluring; 2 attractive; 3 deceptive.

meamhlach nf2 miaowing.

meamram nm1 1 memorandum; 2 parchment.

meán nm1 1 middle; an meán lae midday; 2 average; 3 medium; meán múinteoireachta teaching medium; na meáin chumarsáide the media; 4 waist.

meán- pref 1 medium; 2 middle; 3 average; 4 intermediate (school).

meánach adj1 1 average; 2 middle; 3 medium.

meánaicme nf4 middle class.

meánaicmeach adj1 middle-class.

meánaois nf2 middle age; an Mheánaois the Middle Ages.

meánaoiseach adj1 medieval.

meánaosta adj3 middle-aged.

méanar adj (with copula) nach méanar duit isn't it well for you.

meánchiorcal nm1 equator.

meancóg nf2 mistake.

meandar nm1 instant.

méanfach nf2 yawn, yawning; méanfach a dhéanamh to yawn.

Meán Fómhair nm September.

meangadh (gensg **meangtha**) nm meangadh (gáire) a smile; meangadh a dhéanamh to smile.

meanma (gensg **meanman**) nf 1 morale; meanma mhaith a bheith agat to be in good spirits; ardú meanman a morale booster; 2 courage.

Meánmhuir (gen **Meánmhara**) nf3 an Mheánmhuir the Mediterranean (Sea).

Meánmhuirí adj3 Mediterranean.

meanmnach adj1 1 spirited; 2 cheerful.

Meann adj an Mhuir Mheann the Irish Sea.

meannán nm1 kid (goat).

meánoideachas nm1 secondary education.

Meánoirthear nm1 an Meánoirthear the Middle East.

meánscoil nf2 secondary school.

meántán nm1 tit; meántán gorm blue tit.

meánteistiméireacht nf3 intermediate certificate.

meántonn nf2 medium wave (on radio).

mear adj1 1 quick, fast; 2 hasty; ráiteas mear a rash statement.

méar nf2 finger; méar coise toe; méar ar eolas a dhéanamh do dhuine to point the way for someone.

méara *nm4* mayor.

méaracán *nm1* thimble.

mearadh *nm1* insanity.

mearai *nf4* bewilderment; meascán mearai confusion.

méarai *adj3* digital.

mearaigh *vb* **1** derange; **2** distract; **3** bewilder.

méaraigh *vb* finger; leabhar a mhéarú to thumb through a book.

mearbhall *nm1* **1** bewilderment, confusion; mearbhall a bheith ort to be bewildered; **2** dizziness; **3** mistake; tá mearbhall ort you're mistaken.

mearbhlach *adj1* **1** bewildered; **2** bewildering; **3** dizzy; **4** mistaken.

mearcair *nm4* **1** mercury; **2** Mearcair Mercury (*planet*).

méarchlár *nm1* keyboard.

mearghrá *nm4* infatuation.

méarlorg *nm1* fingerprint.

méarnáil *nf3* **1** phosphoresence; iasc méarnála phosphorescent fish; **2** groping.

mearóg *nf2* marrow (*vegetable*).

méaróg *nf2* pebble.

mearú *nm4* **1** bewilderment; mearú súl hallucination; **2** mirage; **3** distraction.

meas *nm3* **1** respect; meas a bheith agat ar dhuine/rud to have respect for someone/something; **2** opinion, estimation; cad é do mheas ar Sheán? what do you think of Seán?; do mheas ar rud a thabhairt to give one's opinion of something. ● *vb* **1** estimate, judge, assess; rud a mheas go cruinn to estimate something correctly; **2** think; cad a mheasann tú? what do you think?

measa →OLC.

measartha *adj3* **1** moderate; **2** middling. ● *adv* fairly; bhí sé measartha maith it was fairly good.

measarthacht *nf3* **1** moderation; **2** fair amount.

measc¹
□ **i measc** (+GEN) among, in the midst of; **i measc nithe eile** among other things.

measc² *vb* **1** mix; rudaí a mheascadh le chéile to mix things together; **2** stir.

meascadh (*gensg* **measctha**) *nm* **1** mixture; **2** confusion.

meascán *nm1* **1** mixture; **2** jumble; **3** meascán mearai confusion.

measchú *nm4* lapdog.

meascra *nm4* **1** miscellany; **2** medley (*musical*).

measctha *adj3* mixed.

measthóir *nm3* mixer.

meastachán *nm1* estimate.

meastóireacht *nf3* valuation.

measúil *adj2* **1** estimable; **2** esteemed, respected; **3** respectable.

measúlacht *nf3* respectability.

measúnacht *nf3* assessment.

measúnaigh *vb* assess.

measúnóir *nm3* assessor.

measúnú *nm* assessment.

meata *adj3* **1** cowardly; gníomh meata cowardly deed; **2** sickly, pale.

meatach *adj1* **1** cowardly; **2** declining; **3** decaying; **4** decadent.

meatachán *nm1* **1** coward; **2** weakling.

meatacht *nf3* **1** cowardice; **2** decay.

méataireacht *nf3* pampering; ag méataireacht ar leanbh pampering a child.

meatán *nm1* methane.

meath *nm3* **1** decline; meath tionscail the decline of an industry; **2** decay; **3** failure;

meath sláinte failing health. ● *vb*
1 decline; **2** decay; **3** fail; **tá a
sláinte ag meath** her health is
failing.

meathbhreoite *adj* in poor
health.

meathchuimhne *nf4* faint
recollection; **tá meathchuimhne
agam air** I faintly remember it.

Meice *nf4* Mecca.

meicneoir *nm3* mechanic.

meicnic *nf2* mechanics.

meicníocht *nf3* mechanism.

meicniúil *adj2* mechanical.

Meicsiceach *nm1* Mexican.
● *adj1* Mexican.

Meicsiceo *nm4* Mexico.

méid *nm4* **1** amount, quantity; **an
méid ama a thóg sé** the amount
of time it took; **cén méid airgid?**
how much money?; **tá an méid
sin fíor** that much is true; **sa
mhéid sin** to that extent; **sa
mhéid go** in so far as; **2** size;
méid ruda the size of something;
→MÉAD.

meidhir *nf2* merriment, fun.

meidhreach *adj1* **1** merry;
2 lively; **3** frisky.

meig *nf2* bleat (*of goat*).

meigeall *nm1* **1** goat's beard;
2 goatee.

meigibheart *nm1* megabyte.

meil *vb* **1** grind; ➤ **meileann
muilte Dé go mall (ach meileann
siad go mín)** the mills of God
grind slowly (but they grind ex-
ceeding small); **2** sharpen (*knife*);
3 crush; **4** consume; **5 an t-am a
mheilt** to while away the time.

méileach *nf2* bleat(ing) (*of
sheep*).

meilt *nf2* crushing.

meilteoir *nm3* **1** grinder;
2 crusher.

méin *nf2* disposition; **méin mhaith
a bheith agat do dhuine** to be
well disposed towards someone.

méine →MIAN.

meiningíteas *nm1* meningitis.

méiniúil *adj2* friendly.

meirbh (*gensgm* **meirbh**) *adj1*
1 sultry (*weather*); **2** languid.

meirdreach *nf2* harlot, whore.

meirfean *nm1* **1** faintness; **2** sul-
triness (*of weather*).

meireang *nm4* meringue.

meirg *nf2* **1** rust; **tá meirg ar mo
chuid Gaeilge** my Irish is a bit
rusty; **2** irritability.

meirgeach *adj1* **1** rusty; **2** irrit-
able.

meirgigh *vb* rust.

Meiriceá *nm4* America; **Meiriceá
Laidineach** Latin America;
Meiriceá Láir Central America;
Meiriceá Theas South America;
Meiriceá Thuaidh North America.

Meiriceánach *nm1* adjective
American.

méirínteacht *nf3* meddling,
fiddling.

meirleach *nm1* outlaw, bandit.

meisce *nf4* drunkenness; **bheith
ar meisce** to be drunk.

meisciúil *adj2* **1** alcoholic,
intoxicating; **deoch mheisciúil** an
alcoholic drink; **2** alcoholic,
drunken (*person*).

méise →MIAS.

meiseáil *nf3* **bheith ag meiseáil
le rud** to mess about with
something.

Mesias *nm4* Messiah.

meitéareolaíocht *nf3* meteor-
ology.

méitéareolaí *nm4* meteorolo-
gist.

méith *adj* **1** fat (*meat, person*);
feoil mhéith fat meat; **2** fertile,
rich (*land*).

meitheal *nf2* **1** (*farming*) gang
(*of workers*); **2** contingent (*of
soldiers*).

Meitheamh *nm1* June; **mí an Mheithimh** the month of June.

meitifisic *nf2* metaphysics.

meon *nm1* disposition, character, temperament.

meonúil *adj2* **1** whimsical, capricious; **2** fastidious.

mh- remove 'h': see 'Initial Mutations' in the Grammar section.

mí *(gensg* **miosa** *pl* **mionna)* *nf* month; **mí féilire/gealaí** calendar/ lunar month; **mí na meala** honeymoon.

mí- *pref* bad, ill, evil, mis-, un-.

mí-ádh *nm1* bad luck; **bhí an mí-ádh dearg uirthi** she was terribly unlucky.

mí-áireamh *nm1* miscalculation.

mí-áisiúil *adj2* inconvenient.

mí-ámharach *adj1* unlucky.

mian *(gensg* **méine** *pl* **mianta)* *nf2* **1** desire, wish; **mian a thabhairt do rud** to desire something; **dá mbeadh mo mhian agam** if I had my way; **cad is mian leat a dhéanamh?** what do you wish to do?; **más mian leat** if you wish; **2** thing desired; **do mhian a fháil** to get what one desires.

mianach *nm1* **1** ore; **2** mine; **mianach guail** coal mine; **3** potential, ability *(of person)*; **mianach a bheith ionat** to have potential.

mianadóir *nm3* miner.

mianadóireacht *nf3* mining.

mianra *nm4* mineral.

mianrach *adj1* mineral.

mias *(gensg* **méise)* *nf2* **1** dish; **2** basin.

miasniteoir *nm3* dishwasher.

míbhéas *(pl* **míbhéasa** *genpl* **míbhéas)* *nm3* bad habit; **míbhéasa** bad manners.

míbhéasach *adj1* ill-mannered, rude.

míbhuíoch *adj1* ungrateful.

míbhuíochas *nm1* ingratitude.

míbhuntáiste *nm4* disadvantage.

míbhuntáisteach *adj1* disadvantageous.

mic → MAC.

michairdiúil *adj2* unfriendly.

míchaoithiúil *adj2* inconvenient.

míchaoithiúlacht *nf3* inconvenience.

mícheansa *adj3* recalcitrant.

mícheansacht *nf3* recalcitrance.

mícheart *adj1* wrong, incorrect.

míchéillí *adj3* foolish.

míchiall *nf2* misinterpretation.

míchinniúint *nf3* ill fate.

míchinniúnach *(gen* **míchinniúna)* *adj1* ill-fated.

míchleachtas *nm1* malpractice.

míchlú *nm4* ill repute; **míchlú a tharraingt ar rud** to bring something into disrepute; **míchlú a chur ar dhuine** to defame someone.

míchlúiteach *adj1* disreputable, infamous.

míchomhairle *nf4* bad advice.

míchompord *nm1* discomfort.

míchompordach *adj1* uncomfortable.

míchothrom *adj1* **1** unbalanced; **2** unfair; **3** uneven; **4** rough *(ground)*.

míchruinn *(gensgm* **míchruinn)* *adj1* inaccurate.

míchruinneas *nm1* inaccuracy.

míchuí *adj3* improper.

míchuibheasach *adj1* immoderate.

míchuibhiúil *adj2* unfitting.

míchumas *nm1* disability.

míchumasach *adj1* disabled.

míchumtha *adj3* deformed.

míchúramach *adj1* careless.

micrea-, micri- *pref* micro-.

micreafón *nm1* microphone.

micreascannán *nm1* .

micreascóp *nm1* microscope.

micrifis *nf2* microfiche.

micriríomhaire *nm4* microcomputer.

micrishlis *nf2* microchip.

midhaonna *adj3* inhuman.

midhílis (*gensgm* **midhílis** *gensgf* **midhílse** *compar* **midhílse** *pl* **midhílse**) *adj* unfaithful.

midhílseacht *nf3* unfaithfulness, infidelity.

midhleathach *adj1* illegal.

midhlisteanach *adj1* **1** illegitimate; **2** disloyal.

mifhabhrach *adj1* unfavourable.

mifheiliúnach *adj1* unsuitable.

mifhoighne *nf4* impatience.

mifhoighneach *adj1* impatient.

mifholláin *adj1* unhealthy.

mifhuadar *nm1* evil intent.

migheanmnaí *adj3* unchaste.

mighléas *nm1* malfunction; **ar mighléas** out of order.

mighnaoi *nf4* **1** ugliness; **2** meanness.

mighníomh (*pl* **mighníomhartha**) *nm1* **1** evil deed; **2** misdemeanour.

migréin *nf2* migraine.

mi-iompar *nm1* misbehaviour.

mi-ionracas *nm1* dishonesty.

mi-ionraic (*gensgm* **mi-ionraic**) *adj1* dishonest.

mil (*gensg* **meala**) *nm3* honey; **lá meala** a delightful day.

míle (*pl* **mílte**) *nm4* **1** mile; **sé mhíle** six miles; **2** thousand; **míle punt** a thousand pounds; **míle dhá chéad** one thousand two hundred.

mileáiste *nm4* mileage.

mileata *adj3* military.

mílechosach *nm1* millipede.

mílemhéadar *nm1* milometer.

milis (*gensgm* **milis** *gensgf* **milse** *compar* **milse** *pl* **milse**) *adj* **1** sweet; **2** flattering; **teanga mhilis** flattering tongue.

miliste *nm4* militia.

militheach *adj1* **1** pale, pallid; **2** sickly-looking.

millú *n, adjective* ; *m4* thousandth.

mill *vb* spoil, ruin; **cluiche a mhilleadh** to spoil a game; **leanbh a mhilleadh** to spoil a chlid.

milleadh (*gensg* **millte**) *nm* **1** destruction, ruination; **▸ milleadh agus meath ort!** bad luck to you!

milleagram *nm1* milligram.

milleán *nm1* blame; **an milleán a chur ar dhuine** to put the blame on someone.

milliméadar *nm1* millimetre.

milliún *nm1* million.

milliúnaí *nm4* millionaire.

milliúnú *n, adjective m4* millionth.

millteach *adj1* **1** destructive; **2** extremely, terribly; **tá sé millteach fuar** it's terribly cold.

milseacht *nf3* **1** sweetness; **2** flattery.

milseán *nm1* sweet.

milseog *nf2* **1** dessert; **2** sweet.

milseogra *nm4* confectionery.

milsigh *vb* sweeten.

milte →**MÍLE**.

mím *nf2* mime.

mímhacánta *adj3* dishonest.

mímhacántacht *nf3* dishonesty.

mímhorálta *adj2* immoral.

mímhoráltacht *nf3* immorality.

mímhuinín *nf2* distrust, lack of confidence; **mímhuinín a bheith agat as duine** to distrust someone.

mímhúinte *adj3* ill-mannered.

mímhúinteacht *nf3* unmanner-liness.

mín *nf2* **1** meal; **mín choirce** oatmeal; **2 mín sáibh** saw dust.

mín *nf1* **1** smooth thing; **2** level land. ● *adj1* **1** smooth; **2** soft, delicate; **3** fine; **púdar mín** fine powder; **4** gentle (*person*).

mínádúrtha *adj3* unnatural.

mínáireach *adj1* shameless.

mInc *nf2* mink.

míne *nf4* **1** smoothness; **2** fineness; **3** gentleness.

míneas *nm1* minus.

mineastráil *nf3* administration.

mineastróine *nm4* minestrone.

minic *adv* (*compar* **minice**) often, frequently; **go minic** often; **níos minice** more often; **is minic a chuala mé é** I've often heard it; **ba mhinic breoite í** she was often ill.

miniciocht *nf3* frequency (*on radio*).

minigh *vb* **1** explain; **2** smooth; **dromchla a mhíniú** to smooth a surface.

míníneacht *nf3* **1** refinement; **2** delicacy (*food*); **3 ag míníneacht** splitting hairs.

minister *nm4* minister (*of religion*).

ministreacht *nf3* ministry.

minitheach *adj1* explanatory.

míniú *nm4* explanation.

mínleach *nm1* fairway (*in golf*).

míntír *nf2* mainland.

míntíreachas *nm1* **1** cultivation; **2** reclamation; **talamh a thabhairt chun míntíreachais** to reclaim land.

míobhán *nm1* dizziness.

miocrób *nm1* microbe.

miodamas *nm1* **1** garbage; **2** offal.

miodóg *nf2* dagger.

míofar *adj1* ugly.

míofaracht *nf3* ugliness.

mí-oiriúnach *adj1* unsuitable.

miol (*pl* **míolta**) *nm1* **1** insect; **míol corr** midge; **2** animal; **miol mór** whale.

míolach *adj1* **1** lousy; **2** verminous; **3** mean.

mioleolaí *nm4* zoologist.

mioleolaíocht *nf3* zoology.

míolra *nm4* vermin.

mion *adj1* **1** fine, powdered; **rud a mheilt go mion** to grind something finely; **2** minute, detailed.

mion- *pref* **1** small; **2** minor; **3** micro-.

mionaigh *vb* **1** mince; **2** crumble.

mionairgead *nm1* small change.

mionaoiseach *nm1* minor (*in law*).

mionbhristín *nm4* briefs.

mionbhus (*pl* **mionbhusanna**) *nm4* minibus.

mionchaint *nf2* small talk.

mionchatach *adj1* frizzy (*hair*).

mionchóir *n* **ar mionchóir** on a small scale.

mionchruinn *adj1* precise.

mionchruinneas *nm1* precision.

mionchúiseach *adj1* **1** meticulous; **2** trivial.

mionda *adj3* petite, small.

miondealú (*gensg* **miondealaithe**) *nm* breakdown, analysis (*of data*).

miondíol (*vn* **miondíol**) *nm3* retail; **earraí miondíola** retail goods. ● *vb* retail.

miondíoltóir *nm3* retailer.

mionduine (*pl* **miondaoine**) *nm4* unimportant person, underling.

mionduirling *nf1* shingle, shingle beach.

mioneachtra *nf4* minor incident.

mionéadach *nm1* haberdashery.

mioneolas *nm1* detailed knowledge.

mionfheoil *nf3* mince, minced meat.

mionghadai *nm4* petty thief.

mionghadaíocht *nf3* pilfering.

miongháire *nm4* smile, chuckle; **miongháire a dhéanamh** to smile, to chuckle.

mionghearr *nm4* **1** chop finely; **2** shred; **3** mince.

mionghléas *nm1* minor key (*in music*).

mionghoid (*gensg* **mionghada**) *nf3* petty theft.

mionlach *nm1* minority.

mionleasaigh *vb* touch up.

mionn *nm3* **1** oath; **mionn a thabhairt** to take an oath; **faoi mhionn** under oath; **mionn éithigh** a false oath; **2 mionn mór** a swear word, curse; **ag tabhairt mionnaí móra** cursing.

mionna →MÍ.

mionnaigh *vb* **1** swear; **2** swear in.

mionscríbhinn *nf2* affidavit.

mionnú (*gensg* **mionnaithe**) *nm* swearing; **mionnú éithigh** perjury.

mionóg *nf2* fragment.

mionpháirt *nf2* minor part.

mionpheaca *nm4* peccadillo.

mionphointe *nm4* minor detail, small point.

mionra *nm4* mince, minced meat.

mionrud *nm3* **1** trifle; **níl ann ach mionrud** it's a mere trifle; **2 mionrudaí** trivialities.

mionsamhail (*gen* **mionsamhla**) *nf3* **1** model; **2** miniature.

mionsciorta *nm4* miniskirt.

mionscrúdaigh *vb* scrutinize.

mionsonra *nm4* (minor) detail.

mionta *nm4* mint (*for money*).

miontas *nm1* mint (*plant*).

mionteagasc *nm1* brief (*legal*).

miontuairisc *nf2* **1** detailed account; **2** (*plural*) **miontuairiscí cruinnithe** the minutes of a meeting.

mionúr *nm1* minor (*in sport*).

mi-ordú (*gensg* **mi-ordaithe**) *nm* disarray.

miorúilt *nf2* miracle.

miorúilteach *adj1* miraculous.

miosa →MÍ.

miosachán *nm1* monthly.

mioscais *nf2* malice.

mioscaiseach *adj1* malicious.

miostraigh *vb* menstruate.

miostrú (*gensg* **miostraithe**) *nm* menstruation.

miosúil *adj2* monthly.

miosúr *nm1* measure, measurement.

miotal *nm1* **1** metal; **2** mettle.

miotalach *adj1* **1** metallic; **2** hardy.

miotas *nm1* myth.

miotasach *adj1* mythical.

miotaseolaíocht *nf3* mythology.

miotóg[1] *nf2* glove, mitten.

miotóg[2] *nf2* pinch; **miotóg a bhaint as duine** to pinch someone.

mír *nf2* **1** piece, portion; **2** item; **míreanna nuachta** news items; **3** segment; **míreanna mearaí** a jigsaw puzzle; **4** episode (*of TV series*); **5** phrase (*in music*); **6** particle (*in grammar*).

mírcheann *nm1* heading.

mire *nf4* **1** speed, rapidity; **2** madness; **fear mire** madman; **3** frenzy; **bheith ar mire** to be in a frenzy.

miréasúnta *adj3* unreasonable.

mírialta *adj1* **1** unruly; **2** irregular.

miriar *nm4* mismanagement. ● *vb* mismange.

mirlín *nm4* marble; ag imirt mirlíní playing marbles.

mirún *nm1* malice.

misc *nf2* mischief.

mise *pron (emphatic)* I, me; is mise Séan I am Séan; dá mba mise tusa if I were you; is mise, le meas I am yours respectfully (*in letter*).

misean *nm1* mission.

mishásamh *nm1* displeasure, dissatisfaction.

mishásta *adj3* displeased, dissatisfied.

mishástacht *nf3* displeasure, dissatisfaction.

mishásúil *adj2* unsatisfactory.

misheasmhach *adj1* inconstant.

mishiabhalta *adj3* rude.

mishocair (*gensgm* **mishocair** *gensgf* **mishocra** *compar* **mishocra** *pl* **mishocra**) *adj* **1** uneasy; **2** unsteady.

mishocracht *nf3* **1** unease; **2** unsteadiness.

mishócúlach *adj1* uncomfortable.

mishoiléir (*gensgm* **mishoiléir**) *adj1* unclear.

mishona *adj3* unhappy.

mishuaimhneach *adj1* restless.

mishuaimhneas *nm1* discomfort, disquiet.

misinéir *nm3* missionary.

misneach *nm1* courage, morale; misneach a ghlacadh to take courage; conas atá an misneach? how's the form?; ➤ níor chaill fear an mhisnigh riamh fortune favours the brave.

misnigh *vb* **1** encourage; **2** cheer up.

misniúil *adj1* courageous, brave.

miste *adj3* (*combined form of 'measa + de'*) an miste leat? do you mind?; is/ní miste liom I do/don't mind; mura miste leat if you don't mind; ar mhiste leat dá...? would you mind if...?; níor mhiste é sin a rá it would be no harm to say that.

misteach *nm1 adjective* mystic.

misteachas *nm1* mysticism.

mistéir *nf2* mystery.

mistéireach *adj1* mysterious.

mistic *nf2* mystique.

mistuama *adj3* **1** thoughtless; **2** clumsy.

míthaitneamh *nm1* dislike, aversion.

míthaitneamhach *adj1* **1** unlikeable, unpleasant; **2** disagreeable.

míthaom *nm3* paroxysm, fit.

míthapa¹ *nm4* **1** mishap; **2** hasty act; míthapa a bhaint as duine to make someone lose their temper; **3** state of unreadiness; breith ar dhuine ar a mhíthapa to catch someone unawares.

míthapa² *adj3* **1** unsteady; **2** inactive.

mítharraingteach *adj1* unattractive.

mithid *adj* (*with copula*) is mithid... it's high time...; is mithid dom tosú it's time for me to begin.

míthráthúil *adj2* **1** untimely; **2** inopportune.

míthreorach *adj1* misleading.

míthrócaireach *adj1* merciless.

míthuairim *nf2* misconception.

míthuiscint (*gensg* **míthuisceana**) *nf3* misunderstanding.

mitín *nm4* mitten, glove.

miúil *nf2* mule.

mí-úsáid *nf2* **1** abuse; **2** misuse.

mná →BEAN

mo *poss adj* (becomes *m'* before vowel or *'fh + vowel*) **1** my; **mo theach** my house; **m'athair** my father; **2** (referring to someone) **mo dhuine** your man.

mó¹ *adj3* many; **an mó?** how many; **an mó uair a bhís ann?** how many times were you there?

mó² →MÓR

moch (gensgm **moch** gensgf **moiche** compar **moiche** pl **mocha**) *adj* early; **go moch ar maidin** early in the morning; **an Nua-Ghaeilge Mhoch** Early Modern Irish.

mochóirí *nm4* early rising.

modartha *adj3* **1** murky; **lá múchta modartha** a muggy day; **2** dark; **3** morose.

modh *nm3* **1** mode, method; **modh oibre** method of work; **2** procedure; **3** mood (in grammar).

Modhach *nm1 adj1* Methodist.

modhnaigh *vb* modify.

modhnóir *nm3* moderator.

modhúil *adj2* **1** modest; **2** decent.

modhúlacht *nf3* **1** modesty; **2** decency.

módúl *nm1* module.

mogall *nm1* **1** mesh; ➤**focail mhóra agus mogaill fholmha** vain boasting (literally: big words and empty nets); **2** pod, shell.

mogalra *nm4* **1** network; **2** grid.

moghlaeir *nm3* boulder.

móid *nf2* vow; **móid a thabhairt to** take a vow.

móide combined form of 'mór + de' is **móide a buaireamh** she's all the more worried; **ní móide rud de** it's as likely as not; **ní móide go rachainn ann anois** I will probably not go there now; **a sé móide a hocht** six plus seven.

móideim *nm4* modem.

móidigh *vb* vow.

móidin *nm4* devotee.

móilín *nm4* molecule.

moill *nf2* **1** delay; **moill a chur ar dhuine** to delay someone; **2** hindrance.

moille →MALL.

moilleadóireacht *nf3* delaying, procrastination.

moilligh *vb* delay, slow down, slow up.

móimint *nf2* moment.

móiminteam *nm1* momentum.

móin *nf3* **1** turf, peat; **2** bogland.

móinbhainteoir *nm3* turf-cutter.

móinéar *nm1* meadow.

moing *nf2* **1** long hair; **2** mane; **3** dense vegetation, undergrowth.

móinteach *nm1* moor, heath.

móipeid *nf2* moped.

móiréiseach *adj1* **1** haughty; **2** pretentious.

moirfeolaíocht *nf3* morphology.

moirfín *nm4* morphine.

moirt *nf2* **1** dregs, sediment; **moirt fíona** dregs of wine; **2** mud.

moirtéal *nm1* mortar (cement).

moirtéar *nm1* mortar (bomb or for pestle).

móitíf *nf2* motif.

mol¹ *nm1* **1** hub; **2** pole; **an Mol Thuaidh** the North Pole; **an Mol Theas** the South Pole.

mol² *vb* **1** praise; **duine a mholadh** to praise someone; **2** recommend; **rud a mholadh do dhuine** to recommend something to someone.

moladh (gensg **molta** pl **moltaí**) *nm* **1** praise; **2** recommendation; **3** proposal.

molás *nm1* molasses.

molchaidhp *nf2* hubcap.

Moldóiv *nf2* an Mholdóiv Moldova.

moll *nm1* **1** heap; **2** large amount; tá moll airgid aige he has heaps of money.

moltach *adj1* complimentary.

moltóir *nm3* **1** proposer, nominator; **2** referee, umpire; **3** adjudicator.

moltóireacht *nf3* **1** adjudication; **2** refereeing.

mómhar *adj1* **1** mannerly; **2** graceful.

monabhar *nm1* murmuring.

Monacó *nm4* Monaco.

monagamach *adj1* monogamous.

monaplacht *nf3* monopoly.

monarc *nm1* monarch.

monarcacht *nf3* monarchy.

monarcha *(gensg* **monarchan** *pl* **monarchana)** *nf* factory.

monatóir *nm3* monitor.

moncaí *nm4* monkey.

mongach *adj1* **1** long-haired (*person*); **2** maned (*animal*); **3** covered with dense undergrowth; **4** boggy.

Mongóil *nf2* an Mhongóil Mongolia.

mónóg *nf2* **1** bogberry; **2** cranberry; **3** mónóga allais beads of perspiration.

mór¹ *nm1* **1** much, many; a mhór a dhéanamh de rud to make the most of something; **2** pride; an mór a bheith ionat to be proud; to be bashful. ● *adj* **1** big, large; teach mór a big house; páirc mhór a large field; **2** main; an tsráid mhór the main street; an fhadhb is mó the main problem; **3** great, senior; Alastar Mór Alexander the Great; na ceoltóirí móra the great musicians; **4** senior; Breandán Mór Breandán Senior; **5** athair mór grandfather; máthair mhór grandmother;

6 (*degree,intensity*) bhí fonn mór oibre air he was in great form for work; bliain mhór cuairteoirí a great year for vistors; fear mór óil a big drinker; bean mhór cainte a great woman for talking; **7** friendly; bheith mór le duine to be friendly with someone; **8** (*used adverbially*) go mór greatly; go mór mór especially; nach mór almost; ní mó ná hardly; ní mó ná sásta a bheidh sí she won't be very pleased; ní mór dom é a dhéanamh I have to do it; níos mó any more; →MÓIDE ● *vb* **1** exalt; **2** increase; **3** celebrate; **4** boast; bheith ag móradh as rud to boast about something.

Mór² *(gensg* **Móire)** *nf* ▸ cailín ag Mór agus Mór ag iarraidh déirce keeping up appearances (*literally:* Mór has a maid and yet Mór is begging).

mór- *pref* **1** great, grand-; **2** main-; **3** major-; **4** general.

móraigeanta *adj3* **1** magnanimous; **2** high-spirited.

móraigeantacht *nf3* **1** magnanimity; **2** high-spiritedness.

móráil *nf3* pride, vanity.

mórálach *adj1* proud; bheith mórálach as rud to be proud of something.

morálta *adj3* moral.

móráltacht *nf3* morality.

móramh *nm1* majority.

morán *nm1* **1** much; many; an bhfuil mórán fágtha? is there much left?; **2** a lot; mórán daoine a lot of people.

mórbhileog *nf2* broadsheet.

mórbhonn *nm1* medallion.

mórchóir *nf2* ar an mórchóir on a large scale.

mórchuid *(gensg* **mórchoda** *pl* **mórchodanna)** *nf* **1** large amount; i mórchodanna in large amounts; **2** greater number; an mhórchuid de na vótálaithe the majority of voters.

mórchúis nf2 **1** pride; **2** self-importance.

mórchúiseach adj1 **1** proud; **2** self-important.

mórdhóthain nf4 more than enough.

mórdhíol nm3 wholesale; **earraí mórdhíola** wholesale goods.

mórdhíoltóir nm3 wholesaler.

mórga adj3 **1** great; **2** majestic.

mórgacht nf3 **1** greatness; **2** majesty.

morgáiste nm4 mortgage.

morgáistigh vb mortgage.

mórghléas nm1 major key (in music).

mórleabhar nm1 **1** ledger; **2** tome.

mórluachach adj1 **1** very valuable; **2** self-important.

mórluas nm1 high speed; **bheith ag imeacht ar mórluas** to go at high speed.

Mormannach nm1 Mormon. ● adj Mormon.

mórphianó nm4 grand piano.

mór-ríomhaire nm4 mainframe computer.

mór-roinn (pl **mór-ranna**) nf2 continent.

mor-rón nm1 sea lion.

Morsach nm1 Morse. ● adj Morse; **an cód Morsach** the Morse code.

mórshiúl (pl **mórshiúlta**) nm1 procession.

mórtas nm1 **1** pride; **2** boastfulness.

mórsheisear nm1 seven (people); **mórsheisear ban** seven women.

mórthaibhseach adj1 spectacular.

mórthimpeall n sa mhórthimpeall in the surroundings. ● adv, prep surrounding, all around; **mórthimpeall na háite** all around the place.

mórthír nf2 mainland.

mortlaíocht nf3 mortality, death rate.

mos¹ nm1 smell, scent.

mos² nm1 surliness.

mós adv rather; **tá sé mós dorcha** it's rather dark.

mosach adj1 **1** shaggy; **2** surly.

mósáic nf2 mosaic.

mosc nm1 mosque.

Moscó nm4 Moscow.

Moslamach nm1 adj1 Moslem.

móta nm4 moat.

mótar nm1 motor car.

mótar- pref motor.

mótarbhealach (pl **mótarbhealaí**) nm1 motorway.

mótarghluaiste adj3 motor-driven.

mothaigh vb **1** feel; **an fuacht a mhothú** to feel the cold; **2** perceive, sense; **3** hear; **4** miss; **rud a mhothú uait** to miss something.

mothaitheach adj1 perceptive.

mothálach adj1 **1** sensitive; **2** responsive.

mothálacht nf3 **1** sensitivity; **2** responsiveness.

mothall nm1 **mothall gruaige** a mop of hair.

mothallach adj1 **1** (hair) bushy; **2** shaggy.

mothchat nm1 tomcat.

mothrach adj1 overgrown, tangled.

mothú (gensg **mothaithe**) nm **1** feeling; **2** perception; **3** consciousness.

mothúchán nm1 emotion, feeling.

mothúchánach adj1 emotional.

muc *nf2* **1** pig; **muc i mála a cheannach** to buy a pig in a poke; **2 muc mhara** porpoise; **3** bank, drift; **muc shneachta** snowdrift; **4 ➤ muc ar gach mala a bheith agat** to scowl; **→MUIN**

mucais *nf2* pigsty.

múcas *nm1* mucus.

múch *nf2* fumes. ● *vb* **1** quench, extinguish; **coinnle a mhúchadh** to put out a candle; **2** smother, suffocate; **3** switch off; **an solas a mhúchadh** to switch off the light.

múchadh (*gensg* **múchta**) *nm* **1** asthma; **2** smothering, suffocation; **3** quenching; **múchadh tarta** quenching of thirst.

múchán *nm1* chimney flue.

múch-chodladh (*gensg* **múch-chodlata**) *nm* slumber.

múchghlan *vb* fumigate.

múchtóir *nm3* extinguisher; **múchtóir tine** fire extinguisher.

muclach *nm1* **1** piggery; **2** drove of pigs; **3** swine (*person*).

muga *nm4* mug.

mugadh magadh *n* humbug.

muiceoil *nf3* **1** pork; **2** bacon.

muid *pron* **1** we; **thosaigh muid inné** we started yesterday; **2** us; **chonaic sé muid** he saw us.

muidne *pron* (*emphatic*) **1** we; **2** us.

muifin *nm4* muffin.

muileann (*pl* **muilte**) *nm1* mill; **muileann gaoithe** windmill.

muileata *nm4* diamond.

muilleoir *nm3* miller.

Muimhneach *nm1* Munsterman. ● *adj1* Munster.

muin *nf2* **1** back; **ar muin capaill** on horseback; **➤ bheith ar mhuin na muice** to be on the pig's back; **2** top; **ar a mhuin sin** on top of that.

múin *vb* teach, instruct; **teanga a mhúineadh** to teach a language.

muince *nf4* necklace.

muinchille *nf4* sleeve.

Muineachán *nm1* Monaghan.

múineadh *nm* **1** teaching; **2** manners, good behaviour; **múineadh a bheith ort** to have manners; **3** moral (*of story*).

muineál (*gensg* **muinil** *pl* **muinil**) *nm1* neck.

muinín *nf2* **1** confidence, trust; **muinín a bheith agat as duine** to have confidence in someone; **2** dependence; **bheith i muinín ruda** to be dependent on something.

muiníneach *adj1* **1** trustworthy, dependable; **2** trusting; **bheith muiníneach asat féin** to be self-confident.

múinte *adj3* polite, well-mannered.

muintearas *nm1* **1** friendliness; **2** fellowship; **3** kinship; **muintearas a bheith agat do dhuine** to be related to someone.

muinteartha *adj3* **1** friendly; **bheith muinteartha le duine** to be friendly with someone; **2** related; **bheith muinteartha do dhuine** to be related to someone.

múinteoir *nm3* teacher.

múinteoireacht *nf3* teaching.

muintir *nf2* **1** people; **muintir na hÉireann** the people of Ireland; **2** family, kin; **mo mhuintir féin** my own people; **3** (*with surnames*) **muintir Chróinín** the Cronins.

muir (*gensg* **mara**) *nf3* sea; **ar muir is ar tír** on sea and on land; **Muir Éireann** the Irish Sea; **long mhara** sea-going ship.

muirbhrúcht *nm3* tidal wave.

muirchur *nm1* jetsam.

Muire *nf4* Mary; **Muire Mhaighdean** Virgin Mary.

muirear *nm1* **1** charge; cuireadh ina mhuirear air é it was placed in his charge; **2** family; muirear mór a bheith ort to have a large family to support; **3** burden.

muireitleán *nm1* seaplane.

muirgha (*pl* muirghathanna) *nm4* harpoon.

muirghalar *nm1* seasickness.

muiri *adj3* marine, maritime.

muirín[1] (*pl* muirineacha) *nf2* **1** charge; **2** family; **3** burden.

muirín[2] *nm4* scallop.

múirín *nm4* shower; múirín gréine a sunny shower.

muirine *nm4* marina.

muirn *nf2* affection, tenderness.

muirneach *adj1* **1** affectionate, loving; **2** caressing.

muirnigh *vb* caress, cuddle.

muirnín *nm4* darling, sweetheart.

muirniú (*gensg* muirnithe) *nm* caress.

muirthéacht *nf3* revolution (*political*).

múisc *nf2* **1** vomit; **2** nausea; chuirfeadh sé múisc ort it would nauseate you.

muiscít *nf4* mosquito.

múisiam *nm4* **1** upset; **2** nausea; **3** drowsiness.

múisiamach *adj1* **1** upset; **2** nauseated; **3** drowsy.

muisiriún *nm4* mushroom.

muislin *nm4* muslin.

múitseáil *nf3* mitching, truancy.

múitseálaí *nm4* mitcher, truant.

mullach *nm1* **1** top, highest point; mullach an tsléibhe the top of the mountain; **2** crown (*of head*); mullach cinn crown of head; titim ar mhullach do chinn to fall head first; **3** (*in phrases*) i mullach a chéile on top of one another; rudaí a bheith sa mhullach ort to be overwhelmed by things; tá an Nollaig sa

mhullach orainn Christmas is upon us.

mullán *nm1* hillock.

mullard *nm1* bollard.

mulpaire *nm4* lout.

Mumhain (*gensg* **Mumhan**) *nf* Munster; cúige Mumhan province of Munster.

mún *nm1* piss, urine. ● *vb* piss, urinate.

mungail (*pres* munglaíonn *vn* mungailt) *vb* **1** chew, munch; **2** mumble; do chuid cainte a mhungailt to slur one's speech.

múnla *nm4* mould; **2** shape.

múnlach *nm1* **1** sewage; **2** putrid water.

múnlaigh *vb* **1** mould; **2** shape.

múr (*pl* múrtha) *nm1* **1** wall, rampart; **2** rain shower; **3** (*plural*) abundance, plenty; tá na múrtha airgid aici she has loads of money.

mura *conj*

····▸ (*with present and past indicative*) (*becomes 'murar' before past tense of regular verbs*) mura bhfuil feabhas air amárach ní éireoidh sé if he is not improved tomorrow he won't get up; mura mbíonn siad sa bhaile cuir glaoch orm if they're not at home call me; mura ndéanann tú é beidh brón ort if you don't do it you'll be sorry; mura n-itheann sí é beidh ocras uirthi if she doesn't eat it she'll be hungry; mura raibh sé ann cén fáth a ndúirt sé go raibh? if he wasn't there why did he say he was?; murar goideadh é if it wasn't stolen;

····▸ (*with copula*) (*becomes 'murab' before vowels and 'murabh' before vowels in the past and conditional*) mura miste leat if you don't mind; murab ionann agus an bhliain

seo caite unlike last year;
murab í atá ann if it's not her;
murab é tusa if it were not for
you; murarbh é Mícheál a dúirt é
if it was not Mícheál who said
it;

····▶ (with present subjunctive or
future) mura dtaga sí/dtiocfaidh
sí anocht níl a fhios agam cad a
tharlóidh if she doesn't come to-
night I don't know what will
happen; mura bhfeice mé/
bhfeicfidh mé tú amárach
cuirfidh mé glaoch ort if I don't
see you tomorrow I'll call you;
mura n-imí/n-imeoidh sé anois
beidh sé déanach if he doesn't
go now he'll be late;

····▶ (with conditional or past
subjunctive) mura dtiocfadh sé/
dtagadh sé in am if he hadn't
come in time, if he didn't come
in time; mura rachfá/dtéiteá ann
i mo theannta if you hadn't gone
with me, if you didn't go with
me; mura gceannófá é bheadh
níos mó airgid agat if you
hadn't bought it you would have
more money; mura mbeadh ann
ach cúpla punt even if it were
only a couple of pounds; mura
mbeadh tusa but for you; mura
mbeadh ise bheinn caillte but
for her I would be/would have
been lost.

murab →MURA.

murach conj if not, only; murach
an bháisteach only for the rain;
murach tusa if it were not for
you; murach é sin but for that;
murach gur chuala mé é had I not
heard it.

murar, murarbh →MURA.

murascaill nf2 gulf; Cogadh na
Murascaille the Gulf War.

murlach¹ nm1 lagoon.

murlach² nm1 murlach mara
kingfisher.

murlán nm1 1 (door)knob;
2 knuckle bone.

mursaire nm4 overbearing
person, tyrant.

mursanta adj3 overbearing,
domineering.

múrtha →MÚR.

murúch nf2 mermaid.

mús nm1 moose.

músaem nm1 museum.

múscail (pres **músclaíonn**) vb
1 wake; 2 awake; 3 rouse;
múscail do mhisneach take heart.

múscailt nf2 awakening.

múscailte adj awake.

múscán nm1 sponge.

múscánta adj3 spongy.

músclóir nm3 activator.

mustar nm1 1 muster (of troops);
2 arrogance.

mustard nm1 mustard.

mustrach adj1 1 arrogant;
2 swaggering; 3 pompous.

múta n múta máta worthless
person.

mútáil nf3 fumbling.

Nn

n- remove 'n-': see 'Initial Muta-
tions' in the Grammar section.

na →AN¹

-na suff (emphatic) ár gcarrna
OUR car; bhíomarna ann leis WE
were there too.

ná¹ partic (negative verbal: used
with imperative) do not; ná bí
déanach! don't be late!; ná déan
é! don't do it!; ná habair é sin!
don't say that!; ná cloisim focal

eile uait! don't let me hear another word from you!

ná² partic (negative verbal: used with verb 'bí' in present subjunctive) ná raibh maith agat! no thanks to you!

ná³ conj **1** or, nor; ní raibh Seán ná Brian ann neither Seán or Brian were there; níl airgead ná ór aici she has neither gold nor silver; **2** (intensifying) 'an raibh brón air?' · 'ní raibh ná brón!' 'was he sorry?' · 'indeed he was not!'.

ná⁴ conj than; is measa an ceann seo ná an ceann sin this one is worse than that one; tá sé níos sine ná mise he's older than me; ▶ is fearr an tsláinte ná na táinte health is better than riches.

ná⁵ conj but; cé a bheadh ann ná é féin? who was there but he himself?

ná⁶ conj (with copula) is é a deir sé ná.. what he says is..; is é ba mhaith liom a dhéanamh ná... what I would like to do is...

nach¹ verbal particle (negative interrogative verbal: not used with regular verbs in past tense) nach gcloiseann tú é? don't you hear it?; nach bhfaca tú é? did you not see it?; →NÁR¹.

nach² partic (negative relative verbal: not used with regular verbs in past tense) who(m), which .. not; duine nach dtuigeann Gaeilge a person who does not understand Irish; duine nach bhfuil eagla air a person who is not afraid; duine nach raibh ann a person who wasn't there; →NÁR².

nach³ conj that .. not; deir sé nach bhfuil fonn oibre orthu inniu he says that they don't feel like working today; an fíor nach ndeireann sé faic? is it true that he doesn't say anything?; →NÁR³.

nach⁴ adv nach mór/beag almost.

nádúr nm1 **1** nature; os cionn an nádúir supernatural; **2** inherent character; tá sé sa nádúr aici it's in her nature.

nádúrachas nm1 naturalism.

nádúraí nm4 naturalist.

nádúrtha adj3 **1** natural; dlí nádúrtha natural law; **2** normal; **3** mild (weather).

nai nm4 infant.

náibhí nm4 navvy.

náibhíocht nf3 navvying.

naíchóiste nm4 pram.

náid nf2 **1** nothing, nought, nil; **2** zero.

naimhde →NAMHAID.

naimhdeach adj1 hostile.

naimhdeas nm1 **1** hostility; **2** enmity.

naíonlann nf2 nursery.

naíonacht nf3 infancy.

naíonán nm1 infant.

naíonda adj3 childlike.

naipcín nm4 napkin.

náir adj (with copula) is náir liom é a rá leat I'm ashamed to say it to you; níor náir léi é a rá liom she had the cheek to say it to me.

náire nf4 **1** shame, disgrace; náire a bheith ort to be ashamed; is mor an náire é it's a great shame; náire shaolta a public disgrace; **2** sense of shame; náire a bheith ionat to have a sense of decency.

náireach adj1 **1** shameful; **2** shy, bashful.

náirigh vb shame, disgrace.

naiscoil nf2 nursery.

náisiún nm1 nation; na Náisiúin Aontaithe the United Nations.

náisiúnach nm1 national.

náisiúnachas nm1 nationalism.

náisiúnaí nm4 nationalist.

náisiúnaigh vb nationalize.

náisiúnaíoch adj1 nationalis-
t(ic).

náisiúnta adj3 national,
nationwide.

náisiúntacht nf3 nationality.

náisiúnú (gensg **náisiúnaithe**)
nm nationalization.

Naitseachas nm1 Naziism.

Naitsí nm4 Nazi.

Naitsíoch adj1 Nazi.

namhaid (gensg **namhad** pl
naimhde) nm enemy; níl aon
namhaid aige ach é it's the thing
he hates the most.

naofa adj3 1 holy; Breandán
Naofa Saint Brendan; 2 sacred.

naofacht nf3 1 holiness; 2 sanc-
tity.

naoi (pl **naonna**) nm4 nine;
naoideag nineteen; naoi dteach/
míle nine houses/miles.

naomh nm1 saint; Naomh
Pádraig St. Patrick. ● adj holy;
an Spiorad Naomh the Holy
Spirit.

naomhaithis nf2 blasphemy.

naomhluan nm1 halo.

naomhóg nf2 currach (type of).

Naomhsacraimint nf2 an
Naomhshacraimint the Blessed
Sacrament.

naomhsheanchas nm1 hagio-
graphy.

naonúr nm1 nine people; naonúr
fear/ban nine men/women.

naoscaire nm4 sniper.

naoú nm4 adjective3 ninth.

náprún nm1 apron.

nár¹ partic (negative interrogative:
used with past tense of regular
verbs) did not; nár bhuail tú leo?
did you not meet them; nár
labhair sé leat? did he not speak
to you? →NACH¹.

nár² partic (negative relative ver-
bal: used with past tense of regu-
lar verbs) who(m), which .. not; a

fear nár thuig Béarla the man
who didn't understand English;
an cailín nár labhair the girl who
did not speak. →NACH¹.

nár³ conj that .. not; is maith nár
cheannaigh tú é it's good that
you didn't buy it; cé nár bhuail
mé riamh leis although I've never
met him. →NACH³.

nár⁴ partic (negative verbal: used
with present subjunctive) nár lige
Dia! God forbid; nár fhille siad!
may they not return!

nárbh →IS.

nasc nm1 1 link; 2 bond. ● vb
1 link; 2 tie, bind; rudaí a
nascadh le chéile to tie things
together.

nath nm3 1 saying; nath cainte
expression; 2 níor chuir sí aon
nath ann she didn't pay attention
to it.

nathai nm4 wit, witty person.

nathair (gensg **nathrach** pl
nathracha) nf snake; nathair
nimhe poisonous snake.

nathán nm1 1 saying; 2 aphor-
ism.

nd- remove 'n': see 'Initial Muta-
tions' in the Grammar section.

-ne suff (empahtic) ár bpáircne
OUR field; rachaimidne WE will
go.

neach nm4 1 being; neach
daonna a human being; neach
neamhshaolta an unearthly
being; 2 person; aon neach any-
one.

neacht nf3 niece.

neachtar pron nó neachtar acu
or else.

neachtlann nf2 laundry.

nead (gen **neide** pl **neadacha**)
nf2 nest; nead éin bird's nest.

neadaigh vb 1 nest; 2 nestle;
3 settle.

neafais nf2 triviality.

neafaiseach adj1 trivial.

néal (*pl* **néalta**) *nm1* **1** cloud; **2** snooze, nap; **néal a chodladh** to take a nap; **3** fit; **néal feirge** a fit of anger; **4** depression; **néal a bheith anuas ort** to be depressed.

néalmhar *adj1* **1** cloudy; **2** gloomy.

neamart *nm1* neglect, negligence; **neamart a dhéanamh i rud** to neglect something.

neamartach *adj1* **1** neglectful, negligent; **2** remiss.

neamh (*gensg* **neimhe**) *nf2* heaven.

neamh- *pref* in-, non-, un-, -less.

neamhábalta *adj3* incapable, unable.

neamhábaltacht *nf3* incapability.

neamhábhartha *adj3* **1** inmaterial; **2** irrelevant.

neamhacra *n* bheith ar an neamhacra to be independent.

neamhaird *nf2* inattention.

neamhairdiúil *adj2* inattentive.

neamh-aire *nf4* carelessness.

neamh-aireach *adj1* careless.

neamháiseach *adj1* **1** inconvenient; **2** unhelpful (*person*).

neamhaistear *nm1* **1** idleness; **2** mischief.

neamhaistreach *adj1* intransitive.

neamhaithnid (*gensgm* **neamhaithnid**) *adj1* unfamiliar, unknown.

neamh-amhrasach *adj1* unsuspicious, unsuspecting.

néamhann *nm1* mother-of-pearl.

neamhathraithe *adj3* unchanged.

neamhathraitheach *adj3* unchanging.

neamhbhailbhe *nf4* forthrightness.

neamhbhaileach *adj1* inexact.

neamhbhaili *adj3* invalid.

neamhbhalbh *adj1* **1** forthright; **2** blunt; **rud a rá go neamhbhalbh** to say something bluntly.

neamhbheartaithe *adj3* unplanned.

neamhbheo *adj3* **1** inanimate, lifeless; **2** ábhar neamhbheo still life.

neamhbhlasta *adj3* tasteless.

neamhbhuan *adj1* **1** fleeting; **2** transient; **3** ephemeral.

neamhbhuartha *adj3* carefree, untroubled.

neamhbhuíoch *adj1* **1** ungrateful; **2** thankless.

neamhbhuíochas *nm1* **1** ingratitude; **2** thanklessness.

neamhcháilithe *adj3* unqualified.

neamhchásmhar *adj1* **1** unconcerned; **2** unsympathetic.

neamhchead *n* ar neamhchead do regardless of, without the permission of.

neamhcheadaithe *adj3* unauthorized.

neamhchinnte *adj3* uncertain.

neamhchinnteacht *nf3* uncertainty.

neamhchiontach *adj1* innocent, not guilty.

neamhchiontacht *nf3* innocence.

neamhchlaon *adj1* **1** impartial; **2** unbiased.

neamhchodladh (*gensg* **neamhchodlata**) *nm* insomnia.

neamhchoitianta *adj3* uncommon.

neamhchomhfhiosach *adj1* unconscious; **go neamhchomhfhiosach** unconsciously.

neamhchorrabhuais *nf2* nonchalance, self-possession.

neamhchorrabhuaiseach *adj1* nonchalant, self-possessed.

neamhchostasach *adj1* inexpensive.

neamhchosúil *adj2* **1** unlike; **neamhchosúil le rud** unlike something; **2** unlikely; **is neamhchosúil go...** it is unlikely that...

neamhchreidmheach *nm1* unbeliever. ●*adj1* unbelieving.

neamhchríochnaithe *adj2* unfinished.

neamhchruinn *adj1* inaccurate.

neamhchruinneas *nm1* inaccuracy.

neamhchúis *nf2* **1** composure; **2** lack of concern.

neamhchúiseach *adj1* **1** imperturbable; **2** unconcerned.

neamhchumhachtach *adj1* powerless.

neamhchúram *nm1* carelessness.

neamhchúramach *adj1* careless.

neamhdhaingean (*gensgm* **neamhdhaingin** *gensgf* **neamhdhaingne** *compar* **neamhdhaingne** *pl* **neamhdhaingne**) *adj* insecure.

neamhdhíobhálach *adj1* harmless.

neamhdhóchúil *adj2* unlikely.

neamhdhuine (*pl* **neamhdhaoine**) *nm4* nobody, nonentity.

neamheagla *nf4* fearlessness.

neamheaglach *adj1* **1** fearless; **2** intrepid.

neamhéifeacht *nf3* inefficiency.

neamhéifeachtach *adj1* inefficient.

neamheolach *adj1* **1** ignorant; **2** unaware.

neamheolas *nm1* ignorance.

neamhfhaiseanta *adj3* unfashionable.

neamhfheiceálach *adj1* inconspicuous.

neamhfhéideartha *adj3* impossible.

neamhfhéidearthacht *nf3* impossibility.

neamhfhicsean *nm1* nonfiction.

neamhfhiúntach *adj1* unworthy.

neamhfhoirfe *adj3* imperfect.

neamhfhoirmiúil *adj2* **1** informal; **2** casual.

neamhfhoirmiúlacht *nf3* **1** informality; **2** casualness.

neamhfholach *adj1* anaemic.

neamhfholacht *nf3* anaemia.

neamhfhorbartha *adj3* undeveloped.

neamhfhreagrach *adj1* **1** irresponsible; **2** inconsistent; **3** neamhfhreagrach do incompatible with.

neamhfhreagracht *nf3* **1** irresponsibility; **2** inconsistency.

neamhghairmiúil *adj2* nonprofessional.

neamhghéilliúil *adj1* **1** uncompromising; **2** unsubmissive.

neamhghlan *adj1* unclean.

neamhghlórach *adj1* unvoiced, voiceless (*in linguistics*).

neamhghnách (*gensgm* **neamhghnách**) *adj1* **1** unusual; **2** extraordinary.

neamhghoilliúnach *adj1* **1** insensitive; **2** thick-skinned.

neamhinniúil *adj2* incompetent.

neamhiomláine *nf4* incompleteness.

neamhiomlán *adj1* incomplete.

neamhionannas *nm1* **1** inequality; **2** disparity.

neamhiontas *nm1* **neamhiontas a dhéanamh de dhuine/rud** to ignore someone/something.

neamhláithrí *nm4* absentee.

neamhleithleach adj1 unselfish.

neamhleithleachas nm1 unselfishness.

neamhleor adj1 insufficient.

neamhliteartha adj3 illiterate.

neamhlitearthacht nf3 illiteracy.

neamhlonrach adj1 1 matt; 2 lustreless.

neamh-mheisciúil adj2 nonalcoholic.

neamh-mhóiréiseach adj1 unpretentious.

neamh-mhothálach adj1 insensitive.

neamh-mhuinineach adj1 1 lacking in confidence, unconfident; 2 unreliable.

neamhní nm4 1 nothing; dul ar neamhní to come to nothing; 2 nought, zero.

neamhoifigiúil adj2 unofficial.

neamhoilte adj3 inexperienced.

neamhoiriúnach adj1 unsuitable.

neamhómósach adj1 disrespectful.

neamhord nm1 disorder.

neamhphearsanta adj3 impersonal.

neamhpholaitiúil adj2 nonpolitical.

neamhphósta adj3 unmarried.

neamhphraiticiúil adj2 impractical.

neamhréasúnach adj1 irrational.

neamhréiteach nm1 discrepancy.

neamhriachtanach adj1 unnecessary.

neamhrialta adj3 irregular.

neamhscrupallach adj1 unscrupulous.

neamhshaolta adj3 1 unworldly; 2 ethereal.

neamhsheasmhach adj1 inconsistent.

neamhsheicteach adj1 nonsectarian.

neamhshocracht nf3 uneasiness.

neamhshuntasach adj1 1 inconspicuous; 2 unremarkable.

neamhspéis nf2 disregard; neamhspéis a dhéanamh de dhuine/rud to disregard someone/something.

neamhspéisiúil adj2 1 uninteresting; 2 unimportant; 3 bheith neamhspéisiúil i nduine/rud to be indifferent to someone/something.

neamhspleách adj1 independent.

neamhthábhachtach adj1 unimportant.

neamhthaibhseach adj1 unostentatious.

neamhthoil nf3 1 unwillingness; 2 reluctance.

neamhthoiliúil adj2 involuntary.

neamhthoileanach adj1 1 unwilling; 2 reluctant.

neamhthorthúil adj2 1 infertile; 2 fruitless.

neamhthrócaire nf4 1 mercilessness; 2 ruthlessness.

neamhthrócaireach adj2 1 merciless; 2 ruthless.

neamhthuilleamaí nm4 bheith ar an neamhthuilleamaí to be independent.

neamhthuisceanach adj1 1 inconsiderate; 2 unappreciative.

neamhúdaraithe adj3 unauthorized.

neamhurchóideach adj1 1 harmless; 2 inoffensive.

neamúch adj1 begrudging.

neamúil adj appetizing.

neantóg nf2 nettle.

néarailge *nf4* neuralgia.

néarchóras *nm1* nervous system.

néaróg *nf2* nerve.

néarógach *adj1* neural.

néaróis *nf2* neurosis.

néaróiseach *nm1* neurotic.
● *adj1* neurotic.

neart *nm1* **1** strength; **dul i neart** to become strong; ➤ **ní neart go cur le chéile** there is strength in unity; **2** force, might; **le neart slua** by force of numbers; **3** (*+GEN*) plenty; **bhí neart bia ann** there was plenty of food there; **tá neart ama againn** we have plenty of time; **4** (*prevention*) **rud nach bhfuil neart air** something that cannot be helped; **dá mbeadh neart aici air** if she could help it.

neartaigh *vb* **1** strengthen; **2** reinforce.

neartmhaire *nf4* **1** strength; **2** vigour.

neartmhar *adj1* **1** strong; **2** vigorous.

neascóid *nf2* boil.

néata *adj3* neat.

néatacht *nf3* neatness.

neimhe →NEAMH.

neimhe →NIAMH.

Neiptiún *nm1* Neptune (*planet*).

neirbhís *nf2* nervousness.

neirbhíseach *adj1* nervous.

neodar *nm1* neuter.

neodrach *adj1* neutral.

neodracht *nf3* neutrality.

neodraigh *vb* **1** neutralize; **2** neuter.

neon *nm1* neon; **soilse neon** neon lights.

ng- remove 'n': see 'Initial Mutations' in the Grammar section.

Ní (*form of 'Ó' surnames for unmarried woman*) **Cáit Ní Bheaglaoich** Cáit Begley.

ní¹ (*pl* **nithe**) *nm4* **1** thing, something; **ar thug tú aon ní faoi deara?** did you notice anything?; **nithe tábhachtacha** important things; **an bhfuil aon ní air?** is there anything wrong with him?; **2** (*used negatively*) nothing; **ní raibh aon ní ann** there was nothing there; **3** (*in phrases*) **os ní go** seeing as; **ní nach ionadh** no wonder.

ní² *nf4* washing.

ní³ *in phrase* **ní mé** I wonder.

ní⁴ *partic* (*negative verbal: followed by lenition except with certain irregular verbs*) ní **cheannaim é** I don't buy it; **ní fhaca mé tú** I didn't see you; **ní bheidh siad ann amárach** they won't be there tomorrow; **ní itheann sí feoil** she doesn't eat meat; **ní deir sí mórán** she doesn't say much; **ní bhfuair sé litir** he didn't get a letter; **ní bhfaighidh tú ar ais é** you won't get it back; **ní raibh aon duine ann** no one was there.

nia (*pl* **nianna**) *nm4* nephew.

niachas *nm1* chivalry.

nialas *nm1* zero.

niamh (*gensg* **néimhe**) *nf2* **1** brightness; **2** lustre.

niamhrach *adj1* **1** bright; **2** lustrous.

Nic *n* (*form of 'Mac' surnames used for unmarried women; lenites except 'c' and 'g'*) **Bríd Nic Mhaoláin** Bríd Mac Mullen.

nicil *nf2* nickel.

nicitín *nm4* nicotine.

Nigéir *nf2* an Nigéir Nigeria.

nigh *vb* wash; **do chuid gruaige a ní** to wash one's hair.

níl →BÍ.

nimh *nf2* **1** poison; **2** venom; ➤ **an nimh a bheith san fheoil agat do dhuine** to have it in for someone *(literally: to have poison in the meat for someone).*

nimheadas *nm1* **1** venom; **2** spite.

nimheanta *adj3* **1** venomous; **2** spiteful.

nimhigh *vb* poison.

nimhíoc *nf2* antidote.

nimhiú *(gensg* **nimhithe)** *nm* poisoning; **nimhiú bua** food poisoning.

nimhiúil *adj2* poisonous.

nimhiúlacht *nf3* **1** poisonousness; **2** virulence.

nimhneach *adj1* **1** painful; **2** hurtful; **3** spiteful.

níochán *nm1* **1** washing; **meaisín níocháin** washing machine; **2** laundry.

niolón *nm1* nylon.

níor *partic (negative verbal: used in the past tense with regular verbs)* **níor chuir sí glaoch orm** she didn't call me; **níor thug sé aon rud faoi deara** he didn't notice anything.

níor, níorbh →**IS¹**.

níos *adv (comparative)* **tá sí níos sine ná sin** she's younger than that; **nuair a bhí mé níos óige** when I was younger; **tá an ceann seo níos lú/mó** this one is smaller/bigger; **caithfidh tú níos mó ama a chaitheamh leis** you must spend more time at it; **níos fearr** ná better than.

niteoir *nm3* washer *(person)*.

nithe →**NÍ¹**

nithiúil *adj2* **1** real; **2** corporeal.

nithiúlacht *nf3* reality.

nitrigin *nf2* nitrogen.

niúmóine *nm4* pneumonia.

nó *conj* or; **fear nó bean?** a man or a woman?; **is ea nó ní hea** yes or no; **dhá cheann nó trí?** two or three?

nócha *(gensg* **nóchad** *pl* **nóchaidí)** *nm(followed by nom sing)* ninety.

nóchadú *nm4 adjective* ninetieth.

nocht *nm1* naked person. ● *adj1* naked. ● *vb* **1** bare, uncover; **do cheann a nochtadh** to bear one's head; **2** disclose, reveal; **eolas a nochtadh** to disclose information; **3** appear, become visible; **nocht duine ag an bhfuinneog** someone apeared at the window.

nochtach *nm1* **1** nude; **2** nudist.

nochtacht *nf3* nudity.

nochtadh *(gensg* **nochta)** *nm* **1** exposure; **nochtadh mígheanasach** indecent exposure; **nochtadh scannáin** exposure of a film; **2** unveiling; **nochtadh leachta** the unveiling of a monument; **3** disclosure; **nochtadh eolais** disclosure of information; **4** appearance.

nochtóir *nm3* stripper.

nod *nm1* **1** abbreviation; **2** hint; ➤ **is leor nod don eolach** a word to the wise is sufficient.

nódaigh *vb* **1** graft; **2** tranplant.

nódú *(gensg* **nódaithe** *pl* **nóduithe)** *nm* **1** graft; **2** transplant.

nóibhíseach *nm1* novice.

nóiméad *nm1* **1** minute; **2** moment.

nóin *nf3* noon; **um nóin** at noon; ➤ **nóin bheag do shaoil** the evening of one's life.

nóinín *nm4* daisy.

nóinléiriú *(gensg* **nóinléirithe)** *nm* matinée.

nóisean *nm1* notion; **nóisean a bheith agat do dhuine** to have a notion of someone, to fancy someone.

noitmig *nf2* nutmeg.

Nollaig *(gensg* **Nollag** *pl* **Nollaigí)** *nf* Christmas; **Lá**

Nollag Christmas Day; **Oíche Nollag** Christmas Eve; **Lá Nollag Beag** New Year's Day; **Nollaig shona dhuit!** Happy Christmas to you!

normálta *adj3* normal.

Normannach *nm1* Norman. ● *adj1* Norman.

nós (*pl* **nósanna**) *nm1* **1** custom; **nósanna na tíre** the customs of the country; **nós imeachta** procedure; ➤ **ná déan nós agus ná bris nós** do not make or break a custom; **2** habit; **tá sé de nós aige é sin a dhéanamh** he has a habit of doing that; **3** ar nós (+GEN) in the manner of, like; **rith ar nós na gaoithe** to run like the wind; **4** ar aon nós at any rate, in any case.

nósmhaireacht *nf3* **1** customariness; **2** formality.

nósmhar *adj1* **1** customary; **2** usual; **3** polite.

nósúil *adj2* **1** formal; **2** fastidious.

nósúlacht *nf3* mannerism.

nóta *nm4* **1** note; **2** annotation.

nótáil *vb* note (down).

nótáilte *adj3* **1** noted; **2** notable.

nótaire *nm4* notary.

nua *nm4* **1** newness; **2** new thing; **an sean agus an nua** the old and the new; **3** as an nua** anew. ● *adj* (*gensgm* **nua** *gensgf* **nuai** *pl* **nua**) new.

nua- *pref* **1** new, newly; **2** neo.

nua-aimseartha *adj3* modern.

nua-aoiseach *adj1* **1** modern; **2** new-age.

nua-aoiseachas *nm1* modernism.

nua-aoisí *nm4* modernist.

nua-bheirthe *adj3* newborn.

nuachar *nm1* spouse.

nuachlasaiceach *adj1* neoclassical.

nuachlasaiceachas *nm1* neoclassicism.

nuacht *nf3* **1** news; **ar chuala tú an nuacht?** did you hear the news?; **cinnlínte na nuachta** the news headlines; **2** novelty; **is mór an nuacht é** it's a great novelty.

nuachtán *nm1* newspaper.

nuachtánaí *nm4* newsagent.

nuachtghníomhaireacht *nf3* news agency.

nuachtlitir (*gensg* **nuachtlitreach** *pl* **nuachtlitreacha**) *nf* newsletter.

nuachtlann *nf2* newsroom.

nuachtpháipéar *nm1* newspaper.

nuachtspól *nm1* newsreel.

Nua-Eabhrac *nm4* New York.

Nua-Ghaeilge *nf4* Modern Irish.

nuaí →**NUA**.

nuair *conj* **1** when; **nuair a bhí mé óg** when I was young; **nuair a bhíodh an t-airgead aige** whenever he had the money; **2** since; **nuair nach dtuigeann sé Gaeilge** since he doesn't understand Irish.

nuanósach *adj1* new-fangled.

nuaphósta *adj3* newly-wed.

Nua-Shéalainn *nf2* **an Nua-Shéalainn** New Zealand.

Nua-shéalannach *nm1* Nua-Shéalainn.

nua-stair *nf2* modern history.

nuatheanga *nf4* modern language.

núicléach (*gensgm* **núicléach**) *adj1* nuclear.

núicléas *nm1* nucleus.

nuige *adv* **go nuige** as far as; **go nuige seo** up until now, so far.

nuinteas *nm1* nuncio; **nuncio an Phápa** the papal nuncio.

núiosach¹ *nm1* newcomer.

núiosach² *adj1* **1** unseasoned, untrained; **earcaigh núíosacha** raw recruits; **2** unusual, strange.

núis *nf2* nuisance.

nús *nm1* beestings.

nuta *nm4* stump, butt; **nuta toitín** cigarette butt.

....

Oo

....

ó¹ (*gensg* **uí** *datpl* **uíbh pl ói**) *nm* **1** grandson; **2** descendant; **3** (*in surnames*) Pádraig Ó Dálaigh Pádraig O' Daly; **saothair Mháirtín Uí Chadhain** the works of Máirtín Ó Cadhain; **4** (*in place names*) Uíbh Fhailí Ofaly; **Uíbh Ráthach** Iveragh.

ó² (*prep prons* **uaim, uait, uaidh, uaithi, uainn, uaibh, uathu**) *prep* (*lenites; combines with definite article to form 'ón' which is followed by eclipsis*) from; **ó Chorcaigh go Baile Átha Cliath** from Cork to Dublin; **'cé uaidh a bhfuair tú é?'** - **'ó Mhéabh'** 'who did you get it from?' - 'from Méabh'; **ó bhliain go bliain** from year to year; **ó thosach go deireadh** from start to finish. ● *conj* (*lenites; combines with the copula 'is' to form 'ós'*) since; **ó chonaic mé í** since I saw her; **os ag caint air atáimid** since we are talking about it.

ó³ *adv* **ó dheas** southwards; **ó thuaidh** northwards.

ó⁴ *excl* oh!; **ó a thiarcais!** oh my goodness!; **a mháthair ó!** mother dear!

ob *vb* **1** refuse, decline; **2** reject; **3** fail; **obadh ar dhuine** to fail someone.

obach *adj1* **1** refusing; **2** rejecting.

obadh (*gensg* **obtha**) *nm* **1** refusal; **2** rejection.

obair (*gensg* **oibre** *pl* **oibreacha**) *nf2* **1** work; **obair a dhéanamh** to do work; **lá oibre** a day's work; **obair bhaile** homework; **2** labour; **Páirtí an Lucht Oibre** the Labour Party; **3** employment; **obair a fháil** to find work, to find employment; **bheith as obair** to be out of work, to be unemployed; **4** oibreacha poiblí public works; **oibreacha iarainn** ironworks.

óbó *nm4* oboe.

óbóir *nm3* oboist.

obrádlann *nf2* operating theatre.

obráid *nf2* operation; **obráid a dhéanamh ar dhuine** to carry out an operation on someone.

ócáid *nf2* **1** occasion; **ar ócáidí** occasionally; **2** rugadh uirthi san ócáid** she was caught in the act.

ócáideach *adj1* occasional.

ócar *nm1* ochre.

ocastóir *nm3* huckster.

ochlán *nm1* **1** sigh; **2** groan.

och *excl* och, oh; **och ochón!** alas!

ochón *n* **1** ochón a dhéanamh** to wail. ● *excl* alas.

ochslaíoch *nm1* ablative (*in grammar*). ● *adj1* ablative (*in grammar*).

ocht *nm4* **a hocht** eight; **ocht gcarr** eight cars; **a hocht déag** eighteen.

ócht *nf3* virginity.

ochtach *nm1* octave.

ochtagán *nm1* octagon.

ochtapas *nm1* octopus.

ochtar *nm1* eight people; **ochtar fear/ban** eight men/women.

ochtó (*gensg* **óchtód** *pl* **ochtóidí**) *nm*(*followed by nom sing*) eighty.

ochtódú (*pl* **ochtóduithe**) *n4 adjective3* eightieth.

ochtú *nm4 adjective3* eighth.

ocrach *adj1* **1** hungry; **blianta ocracha** lean years; **2** poor; **tír ocrach** a poor country.

ocras *nm1* hunger; **ocras a bheith ort** to be hungry.

ocsaigin *nm4* oxygen.

ofráil *nf3* offering. ● *vb* offer.

óg *nm1* young person, youth. ● *adj1* **1** young; **bean óg** a young woman; **2** junior (*with names*); **Ruairí Óg** Ruairí Junior.

óganach *nm1* young man, youth.

ógbhean (*gensg* **ógmhná** *pl* **ógmhná** *genpl* **ógbhan**) *nf* young woman.

ógchiontóir *nm3* young offender.

ógfhear *nm1* young man.

ógh *nf2* virgin.

ogham (*datsg* **oghaim**) *nm1* **1** ogham (*script*); **2 d'aon oghaim** on purpose.

óglach *nm1* volunteer; **Óglaigh na hÉireann** the Irish Volunteers.

ógra *nm4* young people; **Ógra Fianna Fáil** Young Fianna Fáil.

óí →ó¹

oibiacht *nf3* object (*in grammar, philosophy*).

oibiachtúil *adj2* objective.

oibleagáid *nf2* obligation; **é a bheith d'oibleagáid ort rud a dhéanamh** to be obliged to do something.

oibleagáideach *adj1* **1** obligatory; **2** obliging.

oibre, oibreacha →OBAIR.

oibreachas *nm1* **an Chúirt Oibreachais** the Labour Court.

oibreoir *nm3* operator.

oibrí *nm4* worker, labourer; **oibrí monarchan** a factory worker; **oibrí miotail** a metalworker.

oibrigh *vb* **1** work; **oibriú i monarcha** to work in a factory; **2** operate; **meaisín a oibriú** to operate a machine; **3** agitate, excite; **bhí sí an-oibrithe** she was very agitated.

oibríoch *adj1* operative.

oibríocht *nf3* (military) operation.

oibriú (*gensg* **oibrithe**) *nm* **1** working; **2** operation; **3** agitation; **oibriú intinne** mental agitation.

oíche (*pl* **oícheanta**) *nf4* **1** night, night-time; **san oíche** at night; **oíche amháin** one night; **i lár na hoíche** in the middle of the night; **titim na hoíche** nightfall; **oíche mhaith** goodnight; **2** eve; **Oíche Nollag** Christmas Eve; **Oíche Chinn Bliana** New Year's Eve.

oíchí *adj3* nocturnal.

oide *nm4* tutor, teacher.

oideachas *nm1* education; **oideachas feabhais** remedial education; **an Roinn Oideachais** the Department of Education.

oideachasúil *adj2* educational.

oideas *nm1* prescription; **2** recipe; **3** tuition.

oideoir *nm3* educator.

oideolaíocht *nf3* pedagogy.

oidhe *nf4* **1** (*literary*) violent death; **2** tragedy; **3 ba mhaith an oidhe uirthi é** she got what she deserved.

oidhre *nm4* **1** heir; **2 ní raibh aon oidhre ar a seanmháthair ach í** she was the image of her grandmother.

oidhreacht *nf3* **1** inheritance; teacht in oidhreacht ruda to inherit something; **2** heritage.

oidhreachtúil *adj2* hereditary.

oifig *nf2* office; oifig eolais information office; oifig an phoist post office; éirí as oifig to retire from office.

oifigeach *nm1* officer.

oifigiúil *adj2* official.

oifigiúlachas *nm1* officialdom.

óige *nf4* youth, childhood.

óigeanta *adj3* young.

óigeantacht *nf3* youthfulness.

oigheann *nm1* oven.

oighear *nm1* ice.

oighearaois *nf2* ice-age.

oighear-rinc *nf2* ice-rink.

oighearshruth *nm3* glacier.

oighreata *adj3* icy.

oighrigh *vb* **1** ice; **2** ice over, freeze.

oil *vb* **1** rear; leanbh a oiliúint to rear a child; **2** foster; **3** educate; **4** train.

oilbheart (*pl* **oilbhearta**) *nm1* evil deed.

oilbhéas (*pl* **oilbhéasa** *genpl* **oilbhéas**) *nm3* **1** evil habit; **2** mischievousness; **3** unruliness.

oilbheartach *adj1* **1** mischievous; **2** unruly.

oileán *nm1* island; oileán mara a sea island; oileán tráchta a traffic island; Oileáin Iarthair na hEorpa the Western European Isles.

oileánach *nm1* islander. ● *adj1* **1** insular; **2** abounding in islands.

oileánrach *nm1* archipelago.

oilghníomh (*pl* **oilghníomhartha**) *nm1* misdemeanour.

Oilimpeach *adj1* Olympic; na Cluichí Oilimpeacha the Olympic Games.

oilithreach *nm1* pilgrim.

oilithreacht *nf3* pilgrimage.

oiliúint (*gensg* **oiliúna**) *nf3* **1** upbringing; **2** training.

oiliúnach *adj1* instructive.

oilte *adj3* **1** trained; **2** proficient; **3** practised; lámh oilte a practised hand.

oilteacht *nf3* **1** upbringing; **2** fostering; **3** training; **4** proficiency.

oineach *nm1* **1** honour; **2** reputation, good name; **3** generosity; oineach a dhéanamh ar dhuine to be generous with someone; **4** (*genitive singular as adjective*) céim oinigh an honorary degree.

oinniún *nm1* onion.

óinseach *nf2* fool (*female*).

óinsiúil *adj2* foolish.

oir *vb* **1** suit; an oireann sé sin duit? does that suit you?; níor oir an bia di the food didn't agree with her; **2** need; d'oirfeadh a leithéid dó he could do with something like that.

óir *conj* for.

oirbheartaíocht *nf3* tactics.

oirdheisceart *nm1* southeast.

oireachas *nm1* **1** precedence; **2** sovereignty.

oireachtas *nm1* **1** assembly; an tOireachtas the Legislature; **2** festival; Oireachtas na Gaeilge Irish Language Festival (*annual*).

oiread *n* **1** amount, number, quantity; tá an oiread sin airgid aici she has so much money; tá a oiread sin le déanamh aige he has that much to do; tá a dhá oiread sin agam I have twice as much; **2** ach oiread either; ach oiread le no more than.

oirfide *nm4* **1** entertainment; **2** music.

oirfideach *nm1* **1** entertainer; **2** performer; **3** musician. ● *adj1* entertaining.

oirirc *adj1* **1** eminent; **2** renowned.

oirirceas *nm1* **1** eminence; **2** renown.

oiriúint (*gensg* **oiriúna**) *nf3* **1** suitability; in oiriúint in order; rud a chur in oiriúint do rud eile to adapt something to something else; **2** oiriúintí fittings, accessories; oiriúintí cistine kitchen fittings.

oiriúnach *adj1* **1** suitable; **2** fitting; **3** ready; oiriúnach chun oibre ready for work.

oiriúnacht *nf3* **1** suitability; **2** fitness.

oiriúnaigh *vb* adapt, fit.

oirmhinneach *nm1* Reverence; A Oirmhinnigh Your Reverence; An tOirmhinneach Liam Ó hUaithne the Reverend William Greene. ● *adj1* reverend.

oirnigh *vb* **1** ordain; **2** inaugurate.

oirniú (*gensg* **oirnithe**) *nm* **1** ordination; **2** inauguration.

oirthear *nm1* east; oirthear na hEorpa Eastern Europe; an tOirthear the Orient.

oirthearach *adj1* **1** eastern; **2** oriental.

oirthuaisceart *nm1* northeast.

oirthuaisceartach *adj1* northeast(ern).

oisín *nm4* fawn.

oisire *nm4* oyster.

oitir (*gensg* **oitreach** *pl* **oitreacha**) *nf* bank; oitir ghainimh sandbank.

ól *nm1* drink, drinking; an t-ól the drink, drinking; éirí as an ól to give up drinking; teach óil pub. ● *vb* drink; fíon a ól to drink wine.

ola *nf4* **1** oil; ola innill engine oil; ola bhealaithe lubricating oil; ola choisricthe holy oil; ola cócaireachta cooking oil; ola ológ

olive oil; **2** an ola dhéanach extreme unction.

ola-adhainte *adj3* oil-fired.

olach *adj1* oily.

ólachán *nm1* drinking.

olacheantar *nm1* oilfield.

olagón *nm1* **1** wailing; olagón a dhéanamh to wail; **2** lament.

olagónach *adj1* **1** wailing; **2** lamenting.

olann (*gensg* **olla** *pl* **olanna** *genpl* **olann**) *nf* wool; geansaí olla a woollen jumper.

olc *nm1* **1** evil; an t-olc agus an mhaith good and evil; **2** grudge; olc a bheith agat ar dhuine to bear someone a grudge; **3** anger; an t-olc a chur ar dhuine to make someone angry. ● *adj1* (*compar* **measa**) **1** bad, evil; **►** an rud is measa le duine ná a bhás b'fhéidir gurb é lár a leasa é what one may regard as a fate worse than death may prove to be for one's good; **2** is olc an aimsir í it's terrible weather; **3** bheith go holc to be very ill.

olcas *nm1* badness, evil; ag dul in olcas getting worse.

olla →OLANN

ollach *adj1* woolly.

Ollainn *nf2* an Ollainn Holland.

Ollainnis *nf2* Dutch.

ollamh (*pl* **ollúna**) *nm1* **1** professor; ollamh ollscoile a university professor; **2** master poet.

Ollannach *nm1* Dutchman. ● *adj1* Dutch.

ollbhrathadóir *nm3* supergrass.

ollchóiriú (*gensg* **ollchóirithe**) *nm* overhaul.

ollchruinniú (*gensg* **ollchruinnithe**) *nm* mass meeting.

ollchumhacht *nf3* superpower.

olldord *nm1* double bass.

ollmhaitheas *nm3* **1** great wealth; **2** luxury.

ollmhargadh (*pl* **ollmhargaí**) *nm1* supermarket.

ollmhór *adj1* huge, immense.

ollphéist *nf2* **1** monster; **2** serpent.

ollphuball *nm1* marquee.

ollscartaire *nm4* bulldozer.

ollscoil *nf2* university.

ollscolaíocht *nf3* university education.

ollsmachtachas *nm1* totalitarianism.

ollstailc *nf2* general strike.

olltáirg *vb* mass-produce.

olltáirgeacht *nf3* gross product.

olltáirgeadh (*gensg* **olltáirgthe**) *nm* mass production.

olltoghchán *nm1* general election.

ollúna →OLLAMH.

ollúnacht *nf3* professorship.

ológ *nf2* olive; (*crann* **ológ** olive tree; **ola** **ológ** olive oil.

ólta *adj3* **1** drunk; **2** alcoholic; **3** absorbent.

óltóir *nm3* drinker.

olúil *adj2* oily.

Oman *nm4* Oman.

ómós *nm1* **1** homage; **ómós a thabhairt do dhuine** to pay homage to someone; **2** honour; **in ómós do dhuine** in honour of someone; **3** respect; **i gcead is in ómós dó** with all due respect to him; **4** reverence.

ómósach *adj1* respectful.

ómra *nm4* amber.

ómrach *adj1* amber.

ón, **óna** **ónár** →Ó².

onóir (*pl* **onóracha**) *nf3* **1** honour; **in onóir duine** in honour of someone; **2** (*form of address*) **A Onóir** Your Honour; **3** **onóracha a fháil i scrúdú** to get honours in

an exam; **céim onóracha** honours degree.

onórach *adj1* **1** honourable; **2** honoured, esteemed; **3** honorary.

onóraigh *vb* **1** honour; **2** worship, venerate.

onórú (*gensg* **onóraithe**) *nm* **1** honouring; **2** worship.

ópal *nm1* opal.

optach *adj1* optic.

optamam *nm1* optimum.

ór *nm1* gold; **ór agus airgead** gold and silver; **ar ór na cruinne** not for all the gold in the world; **fáinne óir** a gold ring.

oraibh →AR.

óráid *nf2* oration, speech.

óráidí *nm4* orator, speaker.

óraigh *vb* gild.

orainn →AR.

oráiste *nm4* *adjective3* orange.

Oráisteach *nm1* Orangeman (*in politics*). ● *adj* Orange.

Orc *n* **Inse Orc** the Orkneys.

orc *n* > **na hoirc is na hairc a gheallladh do dhuine** to promise someone the sun, the moon, and the stars.

órcheardaí *nm4* goldsmith.

órchiste *nm4* treasury.

órchiumhsach *adj1* gilt-edged.

ord[1] *nm1* sledgehammer.

ord[2] *nm1* **1** order; **ord manach** an order of monks; **ord ban rialta** an order of nuns; **2** arrangement, sequence; **rudaí a chur in ord (agus in eagar)** to put things in order; **in/as ord** in/out of order; **in ord aibítre** in alphabetical order.

ordaigh *vb* **1** command, order; **rud a ordú do dhuine** to order someone to do something; **2** prescribe; **3** order; **rud a ordú ó shiopa** to order something from a shop.

ordaitheach *nm1 adjective* imperative (*in grammar*).

ordanás *nm1* ordnance.

órdhonn *adj1* auburn.

ordóg *nf2* thumb; dul ar an ordóg to thumb a lift.

ordú (*gensg* **ordaithe**) *nm* **1** command, order; ordú a thabhairt do dhuine to give someone an order; **2** order; ordú airgid a money order.

ordúil *adj2* orderly.

orduimhir (*gensg* **orduimhreach** *pl* **orduimhreacha**) *nf* ordinal number.

ordúlacht *nf3* **1** orderliness; **2** tidiness.

órga *adj3* golden.

orgán *nm1* organ; orgán béil a mouth organ.

orgánach *nm1* organism. ● *adj1* organic.

orgásam *nm1* orgasm.

orla *nm4* **1** vomiting; **2** vomit.

orlach (*pl* **orlaí**) *nm1* **1** inch; áit a churdach ina orlaí to search a place inch by inch; **2** tá sé ina orlaí tríd it is interspersed with it.

orm →AR

ornáid *nf2* ornament.

ornáideach *adj1* ornamental.

ornáidigh *vb* ornament.

ornaíocht *nf3* adornment.

órnite *adj3* gilt.

órphlátaithe *adj3* gold-plated.

órshnáithe *nm4* gold braid.

órshúlach *nm1* golden syrup.

ort →AR

ortapéideach *adj1* orthopaedic.

ortha *nf4* charm, spell.

órthaisce *nf4* gold reserve.

orthu →AR

os *prep* above, over; os cionn (+GEN) above, more than; os

cionn na fuinneoige above the window; os comhair/coinne (+GEN) in front of, opposite; os comhair an tí in front of the house.

ós combined form of 'ó + is'. →Ó¹, IS¹.

ósais *nf2* oasis.

oscail (*pres* **osclaíonn**) *vb* open.

oscailt *nf2* opening; bheith ar oscailt to be open.

oscailte *adj3* open.

oscailteacht *nf3* openness.

osclóir *nm3* opener.

osmóis *nf2* osmosis.

osna *nf4* sigh; osna a ligean to sigh.

osnádúrtha *adj3* supernatural.

osnaigh (*vn* **osnaí**) *vb* sigh.

óspairt *nf2* **1** mishap; **2** injury; óspairt a fháil to be injured.

ospidéal *nm1* hospital.

osréalach *adj1* surreal.

osréalachas *nm1* surrealist.

osréalaí *nm4* surrealist.

ósta *nm4* **1** lodging; **2** teach ósta public house, inn.

óstach *nm1* **1** host; **2** hostess.

Ostair *nf2* an Ostair Austria.

óstán *nm1* hotel.

Ostarach *nm1 adjective* Austrian.

osteilgeoir *nm3* overhead projector.

óstlann *nf2* hotel.

óstlannaí *nm4* hotelier.

ostrais *nf2* ostrich.

otair (*gensgm* **otair** *gensgf* **otra** *compar* **otra** *pl* **otra**) *adj1* **1** obese; **2** vulgar.

oth *n* (*with copula*) is oth liom a rá (go)... I regret to say (that)...

othar *nm1* patient.

otharcharr *nm1* ambulance.

otharlann *nf2* infirmary.

othras *nm1* ulcer.

otras *nm1* filth.

ózón *nm1* ozone; **ciseal ózóin** ozone layer.

....

Pp

....

pá *nm4* **1** pay; **2** wages.

pábháil *nf3* paving, pavement; **cloch phábhála** paving stone.
● *vb* pave; **bóthar a phábháil to** pave a road.

paca *nm4* pack.

pacáil *nf3* packing; **cás pacála a** packing case. ● *vb* pack.

pacáilte *adj3* packed.

pacaireacht *nf2* peddling.

pacáiste *nm4* package.

Pacastáin *nf2* **an Phacastáin** Pakistan.

Pacastánach *nm1 adjective* Pakistani.

pachaille *nf4* bunion.

padhsán *nm1* **1** useless person; **2** complaining person.

páganach *nm1* pagan, heathen.

pagánta *adj3* pagan, heathen.

pagántacht *nf3* paganism, heathenism.

paicéad *nm1* packet.

paidir (*gensg* **paidre** *pl* **paidreacha**) *nf2* prayer; **an Phaidir** the Our Father; **rud a** **bheith ina phaidir agat to have** something off by heart; ➤ **paidir** **chapaill a dhéanamh de rud** to drag something out (*literally: to* *make a horse's prayer out of* *something*).

paidrín *nm4* **1** rosary beads; **2 an** Phaidrín the Rosary.

Páil *nf2* **an Pháil** the Pale.

pailéad *nm1* palette.

pailin *nf2* pollen.

pailliún *nm1* pavilion.

pailm *nf2* palm.

pailnigh *vb* pollinate.

pailniú (*gensg* **pailnithe**) *nm* pollination.

paimfléad *nm1* pamphlet.

paincréas *nm1* pancreas.

painéal *nm1* panel.

painéaladh (*gensg* **painéalta**) *nm* panelling.

páipéar *nm1* **1** paper; **páipear** **scríbhneoireachta** writing paper; **2 páipéar (nuachta)** newspaper; **3 Páipéar Bán White Paper** (*in* *politics*). ● *adj* (*gen of n*) **mála** **páipéir** a paper bag.

páipéarachas *nm1* stationery.

páirc *nf2* **1** field; **páirc imeartha** playing field; **2** park; **páirc** **phoiblí** public park.

páirceáil *nf3* parking. ● *vb* park.

páircineach *adj1* checked.

pairifín *nm4* paraffin.

pairilis *nf2* paralysis.

pairiliseach *adj1* paralytic.

páirín *nm4* sandpaper.

páirt *nf2* **1** part; **an pháirt is lú** the smallest part; **páirt a** **ghlacadh i rud** to take part in something; **páirt duine a** **dhéanamh (to play the part of** someone); **3** partnership; **bheith i** **bpáirt le duine to be in partner-**ship with someone.

páirtaimseartha *adj3* part-time.

páirteach *adj1* **1** páirteach; **bheith páirteach i rud** to participate in something; **2** sympa-thetic; **bheith páirteach le duine** to be sympathetic to someone.

páirteachas *nm1* participation.

páirtí *nm4* **1** party; **an tríú páirtí i** **gcúis** the third party in a dispute; **páirtí polaitíochta** a political party; **2** companion, friend; **an-pháirtí liom is ea é** he's a great friend of mine.

páirtíocht *nf3* partnership.

páirtiséan *nm1* partisan.

páis *nf2* passion, suffering; **Páis ár dTiarna** the Passion of our Lord.

paisean *nm1* passion.

paiseanta *adj3* passionate.

paisinéir *nm3* passenger.

paiste *nm4* patch; **paiste maol** bald patch.

páiste *nm4* child.

paisteáil *vb* patch.

paistéar *vb* pasteurize.

paistéarachán *nm1* pasteurization.

paistéartha *adj2* pasteurized.

paistil *nf2* pastille.

paistis *nf2* pastiche.

páistiúil *adj2* childish.

paiteanta *adj3* **1** clear; **2** neat; **3** exact; **tá Gaeilge phaiteanta aici** she has correct Irish.

paiteolaí *nm4* pathologist.

paiteolaíoch *adj1* pathological.

paiteolaíocht *nf3* pathology.

paitín *nm4* clog.

paitinn *nf2* patent.

paitinnigh *vb* patent.

Palaistín *nm4* an Phalaistín Palestine.

Palaistíneach *nm1* adjective Palestinian.

pálás *nm1* palace.

pálásta *adj3* palatial.

pána *nm4* pane; **pána gloine** a pane of glass.

pancóg *nf2* pancake.

panna *nm1* pan.

pantar *nm1* panther.

pantrach *nf2* pantry.

pápa *nm4* pope.

pápacht *nf3* papacy.

pápaire *nm1* papist.

pár *nm1* parchment.

parabal *nm1* parable.

paradacsa *nm4* paradox.

paradacsúil *adj2* paradoxical.

paragraf *nm1* paragraph.

Paraguay *nm4* Paraguay.

paráid *nf2* parade.

parailéal *nm1* parallel.

parailéalach *adj1* parallel.

paraimiliteach *nm1* adjective paramilitary.

paraisiút *nm1* parachute.

paranóia *nf4* paranoia.

Páras *nm4* Paris.

Párasach *nm1* adjective Parisian.

parasól *nm1* parasol.

pardóg *nf2* **1** pad; **2** pannier.

pardún *nm1* pardon; **gabhaim pardún agat** I beg your pardon!

parlaimint *nf2* parliament.

parlaiminteach *adj1* parliamentary.

parlús *nm1* **1** parlour; **2** sitting-room.

paróiste *nm4* parish.

paróisteach *nm1* parishioner. ● *adj1* parochial.

párolla *nm4* payroll.

parthas *nm1* paradise; **Gairdín Pharthais** the Garden of Eden.

parúl *nm1* parole; **bheith ar parúl** to be on parole.

pas (*pl* **pasanna**) *nm4* **1** pass; **pas a fháil i scrúdú** to pass an exam; **pas a thabhairt do dhuine** to pass to someone (*in sport*); **2** passport. ● *adv* rather, somewhat; **tá sé pas ramhar** he's rather fat.

pasáil *vb* pass (*in sport*).

pasáiste *nm1* **1** passageway, corridor; **2** passage (*journey*).

pastae *nm4* pasty.

patachán *nm1* **1** leveret;
2 plump creature.

pataire *nm4* pataire linbh a
plump child.

páté *nm4* pté.

pátraisc *nf2* partridge.

patról *nm1* patrol.

pátrún *nm1* pattern.

pátrún *nm1* patron.

patrúnacht *nf3* patronage.

patuaire *nf4* **1** tepidity; **2** apathy.

patuar *adj1* **1** tepid; **2** apathetic.

pé *adj, conjunction, pronoun*
1 whoever; pé hé/hí féin whoever
he/she is; **2** whatever; pé rud a
bhí ann whatever it was; pé scéal
é anyhow, whatever the story is;
3 whichever; pé duine a bhí ann
whoever it was; **4** whether; pé
beag mór é whether it is big or
small.

péac *nf2* **1** point, peak; **2** sprout;
3 dig, prod; péac a thabhairt faoi
dhuine to hit someone a dig; **4** ef-
fort; bheith i ndeireadh na péice
to be at one's last gasp.

peaca *nm4* sin; peaca marfach a
mortal sin; peaca an tsinsir ori-
ginal sin; peaca a dhéanamh to
commit a sin.

peacach *nm1* sinner. ● *adj* sin-
ful.

péacach *adj1* **1** pointed, peaked;
2 gaudy, gaudily dressed.

peacaigh *vb* sin.

péacán *nm1* shoot (*of plant*).

péacóg *nf2* peacock.

peacúil *adj2* sinful.

peann *nm1* pen; peann luaidhe
pencil.

peannaid *nf2* **1** penance; **2** pain,
torment.

peannaideach *adj1* **1** penal;
2 painful, agonizing.

péarla *nm4* pearl.

pearóid *nf2* parrot.

pearsa (*gensg* **pearsan** *pl*
pearsana) *nf* **1** person; **2** per-
son (*in grammar*); an dara pearsa
iolra the second person plural;
3 character (*in literature*).

pearsanaigh *vb* impersonate.

pearsanra *nm4* personnel.

pearsanta *adj3* personal.

pearsantacht *nf3* personality.

pearsantaigh *vb* personify.

pearsantú (*gensg*
pearsantaithe) *nm* personifica-
tion.

pearsanú (*gensg*
pearsanaithe) *nm* imperson-
ation.

peasghadaí *nm4* pickpocket.

peata *nm4* pet; peata an
mhúinteora teacher's pet.

péatar *nm1* pewter.

peidiatraic *nf2* paediatrics.

peil *nf2* football (*game, ball*); ag
imirt peile playing football; peil
Ghaelach Gaelic football.

peilbheach *adj1* pelvic.

peilbheas *nm1* pelvis.

peiliceán *nm1* pelican.

peileadóir *nm3* footballer.

péindlí (*pl* **péindlithe**) *nm4*
penal law.

péine[1] → PIAN

péine *nm4* pine (tree).

péineas *nm1* penis.

peinicillín *nf2* penicillin.

péint *nf2* paint.

peinteagán *nm1* pentagon.

péinteáil *nf3* **1** painting; **2** paint-
work. ● *vb* paint.

péintéir *nm3* painter.

péintéireacht *nf3* painting.

péire[1] *nm4* pair; péire bróg a pair
of shoes.

péire[2] *nm4* pear.

peireaméadar *nm1* perimeter.

Peirs *nf2* an Pheirs Persia.

péirse *nf4* perch (*fish*).

Peirseach *nm1 adjective* Persian.

peirsil *nf2* parsley.

péirspéacs *nm4* perspex™.

peirspictíocht *nf3* perspective.

péist *nf2* **1** worm; **péist talún** earthworm; **péist chábáiste** caterpillar; **2** **péist mhór** monster.

peiteal *nm1* petal.

peitreal *nm1* petrol.

peitriceimiceach *adj1* petrochemical.

peitriceimiceán *nm1* petrochemical.

peitriliam *nm1* petroleum.

péitseog *nf2* peach.

ph- remove 'h': see 'Initial Mutations' in the Grammar section.

piachán *nm1* hoarseness; **piachán a bheith ort** to be hoarse.

piachánach *adj1* hoarse.

pian (*gensg* **péine** *pl* **pianta**) *nf2* pain; **bheith i bpian** to be in pain.

pianmhar *adj1* painful.

pianmhúchán *nm1* painkiller.

pianó *nm4* piano.

pianadóir *nm3* pianist.

pianpháis *nf2* anguish.

pianpháiseach *adj1* anguished.

pianta →PIAN.

piarálach *nm1* pompous person.

piarda *nm4* (*ironic*) big shot.

piardáil *vb* rummage.

piardán *nm1* prawn.

piardóg *nf2* crayfish.

piasún *nm1* pheasant.

pib (*pl* **pioba** *genpl* **píob**) *nf2* **1** (*music*) pipe; **píb mhála** bagpipe; **2** windpipe.

pibline *nf4* pipeline.

pic *nf2* pitch.

píce *nm4* **1** pike; **2** fork; **píce féir** pitchfork; **3** peak; **píce caipín** peak of cap.

picéad *nm1* picket.

picéadaigh *vb* picket.

pichairt *nf2* pie chart.

picil *nf2 verb* pickle.

pictiúr *nm1* **1** picture; **pictiúr a tharraingt** to draw a picture; **2** painting; **3** photograph; **pictiúr a thógáil** to take a photograph; **4** **pictiúr mná** a beautiful woman.

pictiúrlann *nf2* cinema.

pictiúrtha *adj3* picturesque.

pideog *nf2* piddock.

piléar[1] *nm1* bullet; **piléar a scaoileadh** to fire a bullet.

piléar[2] *nm1* pillar.

pílear *nm1* cop, policeman.

piléardhíonach *adj1* bulletproof.

Pilib n **Pilib an Gheataire** daddy-long-legs.

pilibín *nm1* **1** plover; **pilibín míog** lapwing; **2** penis.

pilibínteacht *nf3* fooling.

pilirín *nm1* pinafore.

piliúr *nm1* pillow.

pillín *nm4* **1** pillion; **2** pad; **3** (*small*) cushion.

pilséar *nm1* pilchard.

pingin (*pl* **pingini, pingine**) *nf2* ('*pingine*' is used with numbers) penny; **pingin mhaith airgid** a pretty penny; **deich bpingine** ten pence; **gan pingin rua a bheith agat** to be totally broke; **tá pingini móra á bhfáil aige** as he's earning big money out of it.

pinniúr *nm1* gable end.

pinse *nm4* pinch; **pinse salainn** a pinch of salt.

pinsean *nm1* pension; **dul ar pinsean** to retire on a pension.

pinsinéir *nm3* pensioner.

píob, pioba →PÍB.

piobaire *nm4* pensioner.

piobaireacht *nf3* **1** pipe music; **2** pipe-playing.

píobán *nm1* **1** pipe; **2** tube, hose; **píobán dóiteáin** a fire hose;

3 windpipe; **do phíobán a fhliuchadh** to wet one's whistle.

piobar *nm1* pepper.

pioc *nm4* bit, jot; **níl sé aon phioc níos fearr ná í** he's not one bit better than her. ● *vb* **1** pick; **piocadh ar dhuine** to pick on someone; **2** pluck; **3** preen; **4** choose, select; **rud a phiocadh** to choose something.

piocadh (*gensg* **pioctha**) *nm* picking.

piocaire *nm4* picker; **piocaire pócaí** pickpocket.

piochán *nm1* pore.

piochánach *adj1* porous.

Piocht *nm3* Pict.

Piochtach *adj1* Pictish.

piocóid *nf2* pick, pickaxe.

pioctha *adj3* neat; **pioctha bearrtha** spick and span.

piocúil *adj2* **1** neat; **2** smart.

píóg *nf2* pie; **píóg úll** apple pie.

piollaire *nm4* **1** pill; **2** pellet; **3** is é an piollaire é he's a bad pill.

piolón *nm1* pylon.

piolóta *nm4* pilot.

pioló taigh *vb* pilot, fly.

pioncás *nm1* pincushion.

piongain *nf2* penguin.

pionna *nm4* pen.

pionós *nm1* **1** penalty; **pionós a ghearradh ar dhuine** to impose a penalty on someone; **2** punishment; **pionós báis** capital punishment; **pionós corportha** corporal punishment.

pionósach *adj1* punitive.

pionósaigh *vb* **1** punish; **2** penalize.

pionsóireacht *nf3* fencing.

pionsúirín *nm4* tweezers.

pionsúr *nm1* pincers.

pionta *nm4* pint.

píopa *nm4* pipe; **píopa a chaitheamh** to smoke a pipe.

píoráid *nf2* pirate.

píoráideacht *nf3* piracy, pirating.

piorra *nm4* pear; **piorra abhcóide** avocado.

piorróg *nf2* pear tree.

piosa *nm4* piece, bit.

piostal *nm1* pistol.

piotón *nm1* python.

Piréiní *nplm* **na Piréiní** the Pyrenees.

pirimid *nf2* pyramid.

pis (*pl* **piseanna**) *nf2* pea; **pis chumhra** sweet pea; **pis talún** peanut.

piscín *nm4* kitten.

piseán *nm1* pea.

piseánach *nm1* lentils; **anraith piseánaigh** lentil soup.

piseog *nf2* superstition.

piseogach *adj1* superstitious.

piteog *nf2* sissy.

piteogach *adj1* effeminate.

pitseámaí *nplm4* pyjamas.

pitséar *nm1* pitcher.

piúratánach *nm1* puritan. ● *adj* puritanical.

piúratánachas *nm1* puritanism.

plá *nm4* **1** plague, pestilence; **plá ort!** a plague on you!; **2** pest (*person*).

plab *nm4* **1** splash; **2** bang, slam. ● *vb* **1** splash; **2** bang, slam; **an doras a phlabadh** to bang the door.

placadh *n* **placadh siollaí** gobbledegook.

placaint *nf2* placenta.

plaic *nf2* **1** bite; **plaic a bhaint as rud** to take a bite out of something; **2** plaque (*trophy*).

pláigh *vb* pester.

pláinéad *nm1* planet.

pláinéadach *adj1* planetary.

plaisteach *nm1* plastic. ● *adj1* plastic.

plait *nf2* **1** bald patch; **2** scalp.

plaiteach *adj1* **1** bald; **2** patchy.

pláitín *nm4* **1** small plate; **2** knee-cap.

plámás *nm1* **1** flattery; **plámás a dhéanamh le duine** to flatter someone; **2** cajolery.

plámásach *adj1* flattering.

plámásaí *nm4* flatterer.

plána *nm4* plane (*tool*).

plánáil *vb* plane.

planc *nm1* plank. ● *vb* beat.

plancstaí *nm4* planxty.

planda *nm4* plant.

plandaigh *vb* plant.

plandáil *nf3* plantation. ● *vb* **1** plant; **2** settle.

plandlann *nf2* nursery.

plandóir *nm3* planter.

plás¹ *nm1* **1** level area; **2** place (*in street names*).

plás² *nm1* plaice.

plásaíocht *nf3* flattering.

plásánta *adj3* flattering.

plásóg *nf2* **1** lawn; **2** green; **plásóg choille** a forest glade.

plástar *nm1* plaster; **plástar Pháras** plaster of Paris.

plástráil *vb* plaster.

pláta *nm4* plate; **pláta te** hotplate; ► **bheith ar an bpláta beag** to be on short rations (*literally: to be on the small plate*).

plátáil *nf3* armour plating.

plátáilte *adj1* armoured, (armour) plated; **carr plátáilte** armoured car.

platanam *nm1* platinum.

plátghloine *nf4* plate glass.

plé *nm4* **1** discussion; **2** treatment (*of subject*); **3** dealings; **ní raibh mé riamh ag plé leo** I never had any dealings with them.

pléadáil *nf3* plea. ● *vb* **1** plead; **2** dispute.

plean (*pl* **pleanna**) *nm4* plan.

pleanadóir *nm3* planner.

pleanáil *nf3* planning; **pleanáil chlainne** family planning. ● *vb* plan.

pleanálaí *nm4* planner.

pléaráca *nm4* **1** revelry, merrymaking; **2** festival; **Pléaráca Chonamara** the Connemara Festival.

pléasc (*pl* **pléascanna**) *nf2* explosion; **de phléasc** like a shot. ● *vb* **1** explode; **2** go off; **3** burst; **phléasc an balún** the balloon burst; **4** **phléasc siad ag gáire** they burst out laughing.

pléascach *nm1* plosive (*in linguistics*). ● *adj1* explosive; **ábhair phléascacha** explosive materials.

pléascadh (*gensg* **pléasctha**) *nm* explosion.

pléascán *nm1* explosive.

pléasc-cheann *nm1* warhead.

pléascóg *nf2* cracker.

pléata *nm4* pleat.

pléatach *adj1* pleated.

pléatáil *vb* pleat.

pleidhce *nm4* stupid person, fool; **a phleidhce amadáin!** you stupid fool!

pleidhcíocht *nf3* fooling, clowning.

pleidhciúil *adj2* stupid.

pléigh *vb* **1** discuss; **rud a phlé** to discuss something; **2** (*with 'le'*) **plé le rud** to deal with something.

Pléimeannach *adj1* Flemish.

Pléimeannais *nf2* Flemish.

pléisiúr *nm1* pleasure; **pléisiúr a bhaint as rud** to take pleasure in something.

pléisiúrach *adj1* **1** pleasurable, enjoyable; **2** pleasant.

pleist *nf2* splash.

pleota *nm4* fool, idiot.

plimp *nf2* **1** crash, bang; **plimp thoirní** a clap of thunder; **2** sudden fall.

plionta *nm4* plinth.

plobarnach *nf2* **1** splashing; **2** bubbling.

plocóid *nf2* plug.

plód *nm1* crowd.

plódaigh *vb* crowd, mob; **bhí siad ag plódú isteach sa teach** they were crowding into the house; **bhí an áit plódaithe** the place was crowded.

plódú (*gensg* **plódaithe**) *nm* **1** crush; **2** congestion; **plódú tráchta** traffic congestion.

plota *nm4* plot.

pluais *nf2* **1** cave; **2** den, lair; **pluais mhadra rua** a fox's den.

pluc *nf2* **1** cheek; **rud a rá le do theanga i do phluc** to say something tongue in cheek; **chuir sí pluc uirthi féin** she put on a cheeky face; **2** bulge.

plucach *adj1* **1** chubby; **leanbh plucach** a chubby child; **2** having round cheeks.

plucaireacht *nf3* impertinence.

plucamas *nm1* mumps.

plúch *vb* **1** smother, suffocate; **2** ag plúchadh sneachta snowing heavily.

plúchadh (*gensg* **plúchta**) *nm* **1** asthma; **tá an plúchadh air** he has asthma; **2** suffocation; **3** plúchadh sneachta a heavy fall of snow.

plúchtach *adj1* suffocating, stifling.

pluda *nm4* **1** mud; **2** slush.

pludach *adj1* **1** muddy; **2** slushy.

pludar *n* **pludar pladar** squelch squelch.

pludchlár *nm1* dashboard.

pludgharda *nm4* mudguard.

pluga *nm4* plug.

pluid *nf2* blanket.

pluiméir *nm3* plumber.

pluiméireacht *nf3* plumbing.

plúirín *nm4* little flower; **plúirín sneachta** snowdrop.

pluma *nm4* **1** plum; **crann plumaí** plum tree; **2** plumb.

plúr *nm1* flower; **plúr na gréine** winter heliotrope.

plúr *nm1* flour; **mála plúir** a bag of flour.

plúrscoth *nf3* pick, choice; **plúrscoth na bhfíonta** the choicest of wines.

plus *nm4* plus.

Plútó *nm4* Pluto (*planet*).

pobal *nm1* **1** community, people; **i measc an phobail** amongst the people; **2** congregation, parish; **tá sé i mbéal an phobail** it's the talk of the parish; **3** population; **4** public; **os comhair an phobail** in public.

pobalbhreith *nf2* opinion poll.

pobalscoil *nf2* community school.

poblacht *nf3* republic; **Poblacht na hÉireann** the Republic of Ireland.

poblacht(án)ach *nm1* republican. ● *adj1* republican.

poblacht(án)achas *nm1* republicanism.

poc *nm1* **1** billy goat; **Aonach an Phoic Puck Fair**; **2** stag; **3** butt; **4** puck (*in hurling*); **poc amach** puck out.

póca *nm4* pocket.

pocáil *vb* puck, strike (*in hurling*).

pócar *nm1* poker (*game*).

pocléimneach *nf2* frolicking.

póg *nf2* kiss; **póg a thabhairt do dhuine** to give someone a kiss. ● *vb* kiss; **póg mó thóin!** kiss my arse!

poibleog *nf2* poplar.

poiblí *adj3* public; **go poiblí** publicly.

poibligh *vb* **1** publicize; **2** make public.

poiblíocht *nf3* publicity.

poibliú (*gensg* **poiblithe**) *nm* **1** publicization; **2** publication.

póidiam *nm1* podium.

póigín *nm4* kiss.

póilín *nm4* policeman.

póilínigh *vb* police.

poimp *nf2* pomp.

poimpéiseach *adj1* pompous.

pointe *nm4* **1** point; **a cúig pointe a seacht** five point seven; **pointe fiuchta** boiling point; **pointe teicniúil** a technical point; **tuigim do phointe** I understand your point; **2 ar an bpointe** immediately, on the spot.

pointeáil *vb* point.

pointeáilte *adj3* **1** particular, fussy; **2** tidy; **3** punctual.

poipín *nm4* poppy.

póir *nf2* pore.

poirceallán *nm1* porcelain; **soithí poircealláin** china.

póirín *nm4* **1** small potato; **2** pebble.

póirse *nm4* porch.

póirseáil *nf3* rummaging, searching.

póirseálaí *nm4* **1** rummager; **2** prowler.

póirtéir *nm3* porter.

poistíneacht *nf3* pottering, doing odd jobs.

póit *nf2* **1** heavy drinking; **póit a dhéanamh** to drink heavily; **2** hangover; **póit a bheith ort** to have a hangover; ➤ **leigheas na póite a hól arís** the hair of the dog that bit you.

póiteach *adj1* heavy-drinking.

poitigéir *nm3* chemist, pharmacist.

poitigéireacht *nf2* pharmaceutics.

poitín *nm4* poteen.

poitiúil *adj2* intoxicating.

póitseáil *nf3* poaching.

póitseálaí *nm4* poacher.

pol *nm1* pole; **pol deimhneach/diúltach** positive/negative pole; **an Pol Theas/Thuaidh** the South/North Pole.

polach *adj1* polar.

polaimialíteas *nm1* polio.

Polainn *nf2* **an Pholainn** Poland.

Polainnis *nf2* Polish.

polaiteicnic *nf2* polytechnic.

polaitéin *nf2* polythene.

polaiteoir *nm3* politician.

polaitíocht *nf3* politics.

polaitiúil *adj2* political.

Polannach *nm1* Pole. ● *adj1* Polish.

polasaí *nm4* policy.

polca *nm4* polka.

poll *nm1* **1** hole; **poll a thochailt** to dig a hole; **poll a líonadh** to fill a hole; **2** pit; **3 dul go tóin poill** to sink to the bottom (of the sea); **4** leak; puncture; **5** aperture; **poll eochrach** keyhole; **poll faire** spyhole. ● *vb* **1** hole; **2** penetrate; **3** puncture; **bonn a pholladh** to puncture a tyre.

polla *nm4* **1** pole; **2** pillar.

polladh (*gensg* **polltha**) *nm* perforation.

polláire *nm4* nostril; **polláirí** nostrils.

pollóg *nf2* pollock.

polltach *adj1* piercing; **guth pholltach** a piercing voice.

póló *nm4* polo.

pomagránait *nf2* pomegranate.

pónaí *nm4* pony.

pónaire *nf4* bean(s); **pónaire shoighe** soya bean; **pónaire**

reatha runner beans; **pónaire dhuánach** kidney bean.

ponc *nm1* **1** dot; **2** point; **3** full stop; **4** **bheith i bponc** to be in a fix.

poncaigh *vb* **1** punctuate; **2** point.

poncaíocht *nf3* punctuation.

Poncán *nm1* Yank.

poncloisc (*vn* **poncloscadh**) *vb* cauterize.

poncúil *adj2* punctual.

poncúlacht *nf3* punctuality.

popcheol *nm1* pop music.

popchultúr *nm1* pop culture.

pór (*pl* **pórtha**) *nm1* **1** seed; **2** breed.

póraigh *vb* **1** breed; **2** propagate.

pórghlan *adj1* purebred.

pornagrafaíocht *nf3* pornography.

port¹ *nm1* **1** port, harbour; **2** bank; **port abhann** river bank.

port *nm1* tune; **port a sheinnt** to play a tune; **port aitheantais** signature tune; ➤ **tá a phort seinnte** he's done for (*literally: his tune has been played*).

pórt *nm1* port (*wine*).

portach *nm1* bog.

Portaingéalach *nm1 adjective* Portuguese (*person*).

Portaingéil *nf2* **an Phortaingéil** Portugal.

Potraingéilis *nf2* Portuguese (*language*).

portaireacht *nf3* lilting (*of music*).

portán *nm1* crab; **an Portán** Cancer (*star sign*).

pórtar *nm1* porter (*drink*).

pórtha →PÓR

pórtheastas *nm1* pedigree.

Port Láirge *nm* Waterford.

portráid *nf2* portrait.

pós *vb* marry; **bheith pósta ar dhuine/le duine** to be married to someone; **tá siad pósta** they're married.

pósadh (*gensg* **pósta** *pl* **póstaí**) *nm* **1** marriage; **ceiliúr pósta a chur ar dhuine** to propose marriage to someone; **bheith in aois do phósta** to be of marriageable age; **2** wedding.

pósae *nm4* posy.

post¹ *nm1* post, mail; **rud a chur leis an bpost** to send something by post; **tá an litir sa phost** the letter's in the post; **an Post** Postal Service (*in Ireland*); **oifig an phoist** the post office; **fear an phoist** the postman.

post² *nm1* **1** post; **2** job, position.

póstaer *nm1* poster.

póstaí →PÓSADH.

postaigh *vb* post.

postáil *vb* post, send by post.

postas *nm1* postage.

postdíol *nm3* mail-order.

postmharc *nm1* postmark.

postúil *adj2* **1** self-important; **2** conceited.

postúlacht *nf3* **1** self-importance; **2** conceit.

pota *nm4* pot.

potaire *nm4* potter.

pótaire *nm4* drunkard.

potaireacht *nf3* pottery.

pótaireacht *nf3* **1** heavy drinking; **2** drunkenness.

potbhiathaigh *vb* spoon-feed.

potrálaí *nm4* **1** potterer; **2** quack (*doctor*).

prácás *nm1* mess; **a leithéid de phrácás!** what a mess!

praghas (*pl* **praghsanna**) *nm1* price; **rud a fháil ar praghas íseal** to get something for a low price.

praghasliosta *nm4* price list.

praghsanna →PRAGHAS.

pragmatach nm1 pragmatist.
● adj1 pragmatic.

práinn¹ nf2 1 urgency; tá práinn
leis it's urgent; 2 hurry, rush; tá
práinn uirthi leis she's in a hurry
for it.

práinneach adj1 1 urgent;
scannairt phráinneach an urgent
operation; 2 pressing.

praiseach nm1 1 thin porridge,
gruel; 2 mess; ➤ an phraiseach a
bheith ar fud na mias agat to
have made a mess of everything
(literally: to have the porridge all
over the plates).

praiseachán nm1 mess.

praiticiúil adj2 practical.

praiticiúlacht nf3 practicality.

praitinniúil adj2 1 astute, clever;
2 sensible.

pram nm4 pram.

pramsáil vb prance (about).

prapáil vb prepare; thú féin a
phrapáil le haghaidh ruda to pre-
pare oneself for something.

prapaire nm4 insolent person.

prapaireacht nf3 insolence.

prapanta adj3 insolent.

pras adj1 1 quick, ready; freagra
pras a quick answer; 2 abrupt;
labhairt go pras le duine to speak
abruptly to someone.

prás nm1 brass; banna práis a
brass band.

prásach adj1 brazen, brassy.

prásóg nf2 marzipan.

práta nm4 potato; prátaí bruite
boiled poataoes; prátaí nua new
potatoes; prátaí rósta roast
potatoes.

preab nf2 1 start; éirí de phreab
to rise with a start; 2 bounce (of
ball); 3 twitch; 4 ag cur preab
san ól drinking with gusto. ● vb
1 start, spring; preabadh i do
shuí to sit up with a start;
2 bounce; ag preabadh liathróide
bouncing a ball; 3 twitch.

preabaireacht nf3 1 jumping;
2 liveliness.

preabán nm1 patch; níl ach
preabán beag talún acu they only
have a small patch of land.

preabánach adj1 patched.

preabanta adj3 lively.

preabchlár nm1 springboard.

preabshábh (pl preabshábha)
nm1 jigsaw (tool).

préachán nm1 crow, rook; ➤ an
chloch phreacháin a chur le rud
to put the finishing touches to
something.

préachta adj3 freezing,
perished; bheith préachta leis an
bhfuacht to be perished with the
cold.

preas nm3 press (newspapers); an
preas the press.

preasagallamh nm1 press
conference.

preasáil vb press, iron.

préimh nf2 premium (insurance).

Preispitéireach nm1 Presbyter-
ian. ● adj1 Presbyterian.

priacal nm1 1 risk, peril; ar do
phriacal féin at your own risk;
2 bean i bpriacal a woman in
childbirth.

priaclach adj1 risky.

pribhéid nf2 privet.

pribhléid nf2 privilege.

pribhléideach adj1 privileged.

printéir nm3 printer (machine).

printíseach nm1 apprentice.

printíseacht nf3 apprenticeship.

príobháideach adj1 private.

príobháideacht nf3 privacy.

príobháidiú (gensg
príobháidithe) nm privatisa-
tion; príobháidiú tionscail the pri-
vatisation of an industry.

prioc nm1 1 prick; prioc an
diabhal mé the devil tempted me;
2 poke, prod.

priocadh (*gensg* **prioctha**) *nm*
1 prick; **2** prod.

priocaire *nm4* poker (*for fire*).

prioll *nf2* fool.

priollaireacht *nf3* foolish talk.

príomh- *pref* main, principal,
chief, major.

príomha *adj3* prime, primary; **go
príomha** primarily.

príomhach *nm1* primate
(*animal*).

príomháidh (*pl* **príomháithe**)
nm4 primate (*religious*).

príomhaidhm *nf2* principal aim.

príomhaire *nm4* prime minister.

príomhaisteoir *nm3* leading
actor.

príomhamhránaí *nm4* lead
singer.

príomhbhean (*gensg*
príomhmhná *pl* **príomhbhan**)
nf first lady.

príomhbhóthar (*pl*
príomhbhóithre) *nm1* main
road.

príomhchathair (*gensg*
príomhchathrach *pl*
príomhchathracha) *nf* capital
city.

príomhchigire *nm4* chief
inspector.

príomhchócaire *nm4* head chef.

príomhchonstábla *nm4* chief
constable.

príomhdhath *nm3* primary
colour.

príomhfhreastalaí *nm4* head
waiter.

príomhlíonra *nm4* (electrical)
mains.

príomhoide *nm4* principal,
headmaster.

príomhoifig *nf2* head office.

príomhordúil *adj2* primordial.

príomhpháirt *nf2* leading part,
lead (*theatre*).

príomhphíopa *nm4* main pipe;
príomhphíopa gáis main gas pipe;
príomhphíopaí mains.

príomhphointe *nm4* main point.

príomhscannán *nm1* feature
film.

príomhshráid *nf2* main street.

príompallán *nm1* (dung) beetle.

prionsabal *nm1* principle.

prionsa *nm4* prince; **Prionsa na
Breataine Bige** the Prince of
Wales.

prionsabáltacht *nf3* moral
principles.

prionta *nm4* print.

priontáil *vb* print.

priosla *nm4* dribble, slobber.

priosún *nm1* **1** prison; **2** impris-
onment.

priosúnach *nm1* prisoner.

priosúnacht *nf3* imprisonment.

próca *nm4* jar; **próca suibhe** a
jam jar.

prochóg *nf2* **1** hole, cave;
2 hovel.

profa *nm4* proof; **profaí a cheartú**
to correct proofs.

prognóis *nf2* prognosis.

próifíl *nf2* profile.

proifisiúnta *adj3* professional.

proifisiúntacht *nf3* professional-
ism.

proinn *nf2* meal.

proinnseomra *nm4* dining
room.

proinnteach (*gensg* **proinnti** *pl*
proinntithe) *nm* **1** dining hall;
2 refectory.

Proinsiasach *nm4* Fransican;
Ord na bProinsiasach the
Fransiscan Order. ● *adj1*
Fransican.

próiseáil *nf2* processing;
próiseáil bia food processing.
● *vb* process.

próiseálán *nm1* processor; **próiseálán focal** word processor.

próiséas *nm1* process; **Próiséas na Síochána** the Peace Process.

próitéin *nf2* protein.

promanáid *nf2* promenade.

promh *vb* 1 test; 2 prove.

promhadán *nm1* test tube.

promhadh *nm1* 1 proof; 2 test; **tréimhse promhaidh** a trial period; 3 probation (*for offender*); **bheith ar promhadh** to be on probation.

prompa *nm4* rump.

prós *nm1* prose.

prósach *adj1* prosaic.

prósaire *nm4* prose writer.

prósóid *nf2* prosody.

Protastúnach *nm1* Protestant. ● *adj1* Protestant.

prúna *nm4* prune.

pub (*pl* **pubanna**) *nm4* pub.

púca *nm4* ghost; **púca na n-adharc bugbear**; ➤ **an rud a scríobhann an púca léann sé féin é** the author can interpret his own words (*what the ghost writes the ghost reads*);

púdal *nm1* poodle.

púdar *nm1* 1 powder; **púdar níocháin** washing powder; 2 dust.

púdráil *vb* powder.

púic *nf2* 1 blindfold; 2 moroseness; **tá púic air** he's down in the dumps; 3 covering; **púic tae** tea cosy.

púicín *nm4* 1 blindfold; 2 blinkers.

puifín *nm4* puffin.

puilpid *nf2* pulpit.

puimcín *nm4* pumpkin.

puinn *n* (*used negatively and in questions*) **níl puinn airgid agam** I have no money; **an raibh puinn**

daoine ann? were there many people there?;

puins *nf2* punch (*drink*).

puipéad *nm1* puppet.

púir¹ *nf2* tragedy, loss; **ba phúir mhór a bhás** his death was a great tragedy; **níorbh aon phúir é!** he was no loss!

púir² *nf2* 1 flue; 2 pall; 3 swarm; **púir beach** a swarm of bees.

puirtleog *nf2* fluff.

puis *n* puis puss! puss puss!

puisín *nm4* kitten, pussy cat.

puiteach *nm1* mud.

puiti *nm4* putty.

púitse *nm4* pouch.

púl *nm1* pool (*game*).

pulc *vb* 1 gorge; 2 crowd, throng; 3 cram (*for exams*).

pumpa *nm4* pump.

pumpáil *vb* pump.

punann *nf2* sheaf.

punc *nm1* punk.

punt *nm1* pound; **deich bpunt** ten pounds; **punt meáchain** a pound weight; **punt cairéad** a pound of carrots.

punta *nm4* punt (*boat*).

púrach *adj1* 1 tragic; 2 grief-stricken.

purgadóir *nm3* purgatory.

purgóid *nf2* laxative.

púróg *nf2* pebble.

pus *nm1* 1 pout; 2 sulky expression.

pusach *adj1* 1 sulky; 2 pouting.

pusaire *nm4* sulky person.

puslach *nm1* muzzle.

puth *nf2* puff; **ní raibh puth gaoithe ann** there wasn't a breath of wind.

putóg *nf2* 1 gut; **ar phutóga folmha** on an empty stomach; 2 intestine; 3 pudding; **putóg dhubh/bhán** black/white pudding.

Qq

quinín *nm4* quinine.

Rr

rá *nm4* saying. ● *vb* →ABAIR.

rábach *adj1* **1** dashing, bold; **2** extravagant; **3** profuse (*growth*); **4** go rábach easily.

rábaire *nm4* **1** dashing person; **2** extravagant person.

rabairne *nm4* extravagance.

rabhadh *nm1* **1** warning; rabhadh a thabhairt do dhuine to give someone a warning; **2** alarm.

rabhait *nf2* bout; rabhait óil a drinking bout.

rabhán *nm1* **1** fit; rabhán gáire a fit of laughing; **2** spasm.

rabharta *nm4* **1** spring tide; **2** flood; **3** great abundance.

rabhcán *nm1* ditty.

rabhchán *nm1* **1** alarm (*signal*); **2** beacon.

rabhlaer *nm1* overall.

rabhlóg *nf2* tongue-twister.

rac *nm4* rock (*music*).

raca *nm4* rack; raca báiste baggage rack.

ráca *nm4* rake.

rácáil *vb* rake.

racán *nm1* **1** racket, din; racán a thógáil to make a racket; **2** brawl.

racánach *adj1* **1** unruly; **2** rowdy.

rachaidh →TÉIGH.

ráchairt *nf2* demand; tá ráchairt mhór orthu they're in great demand.

rachmas *nm1* wealth; lucht rachmais the rich.

rachmasach *adj1* wealthy.

racht *nm3* fit, outburst; racht feirge a fit of anger; racht casachtaí a fit of coughing.

rachta *nm4* **1** rafter; **2** beam.

rad *vb* **1** throw, fling; **2** kick, rear (*horse*).

radacach *adj1* radical.

radadh *nm* **1** showering, pelting; **2** kick (*of horse*).

radaighníomhach *adj1* radioactive.

radaíocht *nf3* radiation.

radaitheoir *nm3* radiator.

radar *nm1* radar.

radharc *nm1* **1** view; radharc ar an bhfarraige a view of the sea; **2** sight; radharc na súl eyesight; **3** look; radharc a fháil ar rud to get a look at something; **4** scene (*in play*).

radharcra *nm4* scenery (*in theatre*).

radúil *adj2* radial.

rafar *adj1* **1** thriving, prosperous; **2** prolific.

ráfla *nm4* rumour.

rafta *nm4* raft.

ragairne *nm4* **1** carousing, revelry; **2** (drinking) spree; dul ar an ragairne to go on the tear.

ragairneach *adj1* **1** revelling; **2** rakish.

ragobair (*gen* ragoibre) *nf2* overtime.

ragús *nm1* sexual desire.

ráib *nf2* **1** dash; ráib a thabhairt ar an doras to make a dash for the door; **2** swoop; **d'aon ráib amháin** at one swoop.

raibh →BI¹.

raibi nm4 rabbi.

Raibiléiseach adj1 Rabelaisian.

raic nf2 **1** wreckage; **raic mhara** flotsam and jetsam; **2** row; **raic a thógáil** to kick up a fuss.

raicéad nm1 (tennis) racket.

raiceáil vb wreck.

raiceáilte adj3 ramshackle.

raicleach nf2 bitch.

raidhfil nf2 rifle.

raidhse nf4 **1** plenty; **2** profusion.

raidhsiúil adj2 **1** plentiful; **2** profuse; **3** prolific.

raidió nm4 radio; **Raidió na Gaeltachta** Gaeltacht radio (Irish language radio station); **ar an raidió** on the radio.

raidis nf2 radish; **raidis fhiáin** horseradish.

ráig nf2 **1** outbreak; **ráig ghalair** an outbreak of a disease; **2** rush; **ráig a thabhairt ar rud** to make a dash for something; **de ráig** all of a sudden; **3** fit; **ráig feirge** a fit of anger.

ráigí nm4 vagrant.

raili nm4 rally.

ráille nm4 **1** rail; **ráille tuáillí** towel rail; **ráillí** (plural) banisters; **2** railway; **imeacht de na ráillí** to go off the rails.

ráiméis nf2 **ráiméis** (chainte)! nonsense!

raimhre nf4 **1** fatness; **dul i raimhre** to get fat; **2** thickness; **dul i raimhre** to thicken; →RAMHAR.

raingléis nf2 **raingléis tí** a ramshackle house.

ráinigh vb (defective) **1** arrive; **2** happen; **ráinigh dom a bheith ann** I happened to be there; **3** ráinigh le succeed; **ráinigh léi é**

a dhéanamh she managed to do it.

rainse nm4 ranch.

ráite →ABAIR.

ráiteachas nm1 saying.

ráiteas nm1 statement.

raiteog nf2 flirt.

ráithe nf4 **1** season; **ceithre ráithe na bliana** the four seasons of the year; **2** quarter (of a year).

ráitheachán nm1 quarterly (publication).

ráithiúil adj2 quarterly.

raithneach nf2 **1** bracken; **2** fern.

rálach nf2 harlot.

ramallach adj1 slimy.

ramallae nm4 slime.

rámh nm3 oar.

rámhaigh vb row.

rámhaille nf4 **1** delirium; **rámhaille óil** delirium tremens; **2** raving; **3** far-fetched notions.

rámhailleach adj1 **1** raving; **2** delirious.

rámhainn nf2 spade.

rámhaíocht nf3 rowing.

ramhar (gensgf **raimhre** pl **ramhra**) adj1 **1** fat; **2** thick; **3** viscous.

ramhraigh vb **1** fatten; **2** thicken.

randamrochtain nf3 random access.

rang nm3 **1** class; **an chéad rang** first class; **2** rank; **3** row, file.

rangabháil nf3 participle.

rangaigh vb **1** classify; **2** grade.

rangalam nm1 rigmarole.

rangú (gensg **rangaithe**) nm **1** classification; **2** grading.

rann¹ ranna →ROINN².

rann² nm1 verse; **rainn pháistí** nursery rhymes.

rannach adj1 departmental.

ranníocaíocht *nf3* contribution (*to insurance*).

rannóg *nf2* **1** section; **2** sector.

rannóir *nm3* dispenser; **rannóir airgid** cash dispenser.

rannpháirt *nf2* **1** participation; **2** involvement.

rannpháirteach *adj1* **1** participating; **bheith rannpháirteach i rud** to participate in something; **2** contributory.

rannpháirteachas *nm1* participation.

rannpháirtí *nm4* **1** participant; **2** subscriber.

rannta →ROINNT.

ransaigh *vb* **1** ransack; **seomra a ransú** to ransack a room; **2** rummage through.

raon (*pl* **raonta**) *nm1* **1** range; **raon radhairc** range of vision; **laistigh de raon cluas** within earshot; **2** path, track; **raon rásaí** racetrack.

rapcheol *nm1* rap (*music*).

rás *nm1* race; **rás a rith** to run a race.

rásáil *vb* race.

rásaíocht *nf3* racing.

ráscánta *adj3* facetious.

ráscántacht *nf3* facetiousness.

ráschúrsa *nm4* racecourse.

raspa *nm4* rasp, file.

raspanta *adj3* rasping.

rásúr *nm1* razor.

ráta *nm4* rate; **ráta úis** interest rate; **ráta faoin gcéad** rate per cent.

rath *nm3* **1** prosperity, success; **faoi rath** prospering; **tá rath ar chúrsaí gnó** business is prospering; **2** good, usefulness; **cén rath dom é?** what good is it to me?

ráth¹ *nm3* **1** ring fort, rath; **2** drift; **rath sneachta** snowdrift.

ráth² *nm3* (*literary*) surety.

ráth³ *nf3* shoal.

ráthaigh *vb* prosper, thrive.

ráthaigh *vb* guarantee.

ráthaíocht *nf3* guarantee.

ráthóir *nm3* guarantor.

rathúil *adj2* prosperous, thriving.

rathúnas *nm1* **1** prosperity; **2** plenty, abundance.

rathúnasach *adj1* **1** prosperous; **2** plentiful.

re *adj* **gach re...** every second...; **gach re seachtain** every second week.

ré *nf4* **1** period (of time); **le linn na ré sin** during that time; **2** age, era; **an Ré Órga** the Golden Age; **3** moon; **ré nua** a new moon; **4** roimh ré** beforehand.

réab *vb* **1** tear, tear up; **2** break up, shatter; **3** violate.

réabhlóid *nf2* revolution.

réabhlóideach *adj1* revolutionary.

réabhlóidí *nm4* revolutionary.

reacaire *nm4* **1** vendor; **2** reciter, narrator; **3** gossip.

reacaireacht *nf3* **1** vending, selling; **2** reciting, narrating.

reacht *nm3* **1** statute; **2** law.

reachtach *adj1* legislative.

reachtaigh *vb* legislate.

reáchtáil *nf3* running; **reáchtáil gnó** the running of a business.

reachtaíocht *nf3* legislation.

reachtaire *nm4* **1** rector; **2** administrator; **3** steward.

reachtas *nm1* **1** administration; **2** stewardship.

reachtúil *adj2* statutory.

réadach *adj1* real; **eastát réadach** real estate.

réadaigh *vb* realize.

réadán *nm1* woodworm.

réadlann *nf2* observatory.

réadóir¹ *nm3* fortune teller.

réadóir² *nm3* teetotaller, pioneer.

réadóireacht *nf3* fortune telling.

réadú *(gensg* **réadaithe)** *nm* realization.

réadúil *adj2* realistic.

réaduimhir *(gensg* **réaduimhreach** *pl* **réaduimhreacha)** *nf* real number.

réal *vb* develop *(photograph)*.

réalachas *nm1* realism.

réaladh *(gensg* **réalta)** *nm* 1 manifestation; 2 development *(of photograph)*.

réalaí *nm4* realist.

réalaíoch *adj1* realistic.

réalt- *pref* 1 astro-, star.

réalta *nf4* 1 star; réalta reatha a shooting star; 2 réalta scannán a film star; 3 asterisk.

réaltach *adj1* 1 starry; 2 astral.

réaltacht *nf3* 1 reality; 2 clarity.

réaltbhuíon *(pl* **réaltbhuíonta)** *nf2* constellation.

réalteolaí *nm4* astronomer.

réalteolaíocht *nf3* astronomy.

réaltfhisic *nf2* astrophysics.

réaltra *nm4* galaxy.

réama *nm4* catarrh.

réamh- *pref* pre-, fore-, ante-, introductory, preliminary.

réamhaisnéis *nf2* forecast; réamhaisnéis na haimsire weather forecast.

réamhaithris *vb* predict. ● *n* prediction.

réamhbheartaigh *vb* premeditate.

réamhbheartaithe *adj3* premeditated.

réamhbhlaiseadh *(gensg* **réamhbhlaiste)** *nm* trailer *(of film)*.

reamhbhlas *nm1* foretaste.

réamhchinneadh *(gensg* **réamhchinnte)** *nm* predestination.

réamhchlaonadh *(gensg* **réamhchlaonta)** *nm* prejudice.

réamhchlaonta *adj3* prejudiced.

réamhchoinníoll *(pl* **réamhchoinníollacha)** *nm1* precondition.

réamhchóip *nf2* advance copy.

réamh-Chríostaí *adj3* pre-Christian.

reamhchúram *(pl* **réamhchúraimí)** *nm1* precaution.

réamhchúramach *adj1* precautionary.

réamhdhátaigh *vb* predate.

réamhdhréacht *nf3* 1 rough copy; 2 prelude.

réamheolaire *nm4* prospectus.

réamhfhéachaint *(gensg* **réamhfhéachana)** *nf3* foresight.

réamhfhocal *nm1* preposition.

réamhghabh *vb* anticipate.

réamhghabháil *nf3* anticipation.

réamhíoc *(vn* **réamhíoc)** *vb* prepay.

réamhíocaíocht *nf3* advance payment.

réamhléiriú *nm* rehearsal; réamhléiriú feistithe dress rehearsal.

réamhobair *(gen* **réamhoibre)** *nf2* preliminary work.

réamhrá *nm4* 1 introduction; 2 preface.

réamhráite *adj3* aforementioned.

réamhriachtanach *adj1* prerequisite.

réamhriachtanas *nm1* prerequisite.

réamhshampla *nm4* precedent.

réamhstairiúil *adj2* prehistoric.

réamhthaispeántas *nm1* preview.

réamhtheachtaí *nm4* **1** precursor; **2** predecessor; **3** antecedent (*in grammar*).

réamhthuairim *nf2* preconception.

reann, reanna → RINN¹, ².

réasac *nm1* undertow.

réasún *nm1* **1** reason, sense; luíonn sé le réasun go... it stands to reason that...; réasún a bheith ionat to be reasonable; **2** reason, cause; cad é ba réasún leis? what was the reason for it?

réasúnach *adj1* reasoning, rational.

réasúnaíocht *nf3* reasoning.

réasúnta *adj3* reasonable; duine réasúnta a reasonable person. ● *adv* reasonably; réasúnta maith reasonably good.

reatha → RITH.

reathaí *nm4* runner.

reathaíocht *nf3* running.

réchas *vb* twist.

réchúiseach *adj1* **1** easy-going, laid-back; **2** indifferent.

réibh *nf2* rave.

réibhcheol *nm1* rave music.

réibhe → RIABH.

reibiliún *nm1* rebellion.

reibiliúnach *adj1* rebellious.

reic (*gensg* **reaca** *pl* **reiceanna**) *nm3* **1** sale; **2** public recital. ● *vb* **1** sell; **2** peddle; **3** rave.

réiciúil *adj2* rakish, dissolute.

réidh (*gensgm* **réidh**) *adj1* **1** level, even; talamh réidh level ground; **2** smooth; **3** easy; tóg go réidh é! take it easy!; **4** ready; an bhfuil tú réidh? are you ready?

réidhe *nf4* **1** levelness, evenness; **2** smoothness; **3** ease; **4** readiness.

Reifirméisean *nm1* an Reifirméisean the Reformation.

reifreann *nm1* referendum.

réigiún *nm1* region.

réigiúnach *adj1* regional.

reilig *nf2* graveyard.

reiligiún *nm1* religion.

reiligiúnach *adj1* religious.

réiltín *nm4* **1** (small) star; **2** asterix; **3** starlet (*of cinema*).

réiltíneach *adj1* starry.

réim *nf2* **1** career; bheith i mbarr do réime to be at the height of one's career; **2** power; bheith i réim to be in power; (*in phrase*) sin é an nós atá i réim that is the prevailing custom; **3** range, extent; réim leathan saincheisteanna a wide range of issues; **4** regimen; bheith ar réim bia to be on a diet.

réimeas *nm1* **1** reign; **2** regime.

réimir *nf2* prefix.

réimnigh *vb* **1** conjugate; **2** arrange in order.

réimniú (*gensg* **réimnithe**) *nm* conjugation; an chéad/dara réimniú the first/second conjugation.

réimse *nm4* **1** range; **2** réimse leathan earraí a wide range of goods; **3** stretch (*of land*); **3** field (*in database*).

Réin *nf2* an Réin the Rhine.

réinfhia *nm4* reindeer.

reiptíl *nf2* reptile.

réir *nf2* **1** will, wish; réir Dé a dhéanamh to do God's will; **2** faoi réir governed by (*in grammar*). ● *da* réir (+GEN) according to; dé réir na nuachta according to the news; dá réir sin accordingly; de réir dealraimh apparently.

réisc → RIASC.

réise *nf4* span; réise sciathán wing span.

reisimint *nf2* regiment.

reisimintiúil *adj2* regimental.

réiteach *nm1* **1** solution; réiteach faidhbe solution to a problem; **2** agreement; teacht chun réitigh le duine to come to an agreement with someone; **3** settlement.

réiteoir nm3 **1** referee; **2** umpire.

reithe nm4 ram; **an Reithe** Aries.

réitigh vb **1** solve; **fadhb a réiteach** to solve a problem; **2** prepare; **seomra a réiteach** to prepare a room; **thú féin a réiteach** to ready oneself; **3** smooth, clear; **an bealach a réiteach** to clear the way; **4** (with '**le**') **réiteach le duine** to get on with someone; **níor réitigh an bia léi** the food didn't agree with her.

reitine nf4 retina.

reitric nf2 rhetoric.

reo nm4 frost.

reoán nm1 icing.

reoigh vb **1** freeze; **2** congeal.

reoiteoir nm3 freezer.

reomhar adj1 frigid.

reophointe nm4 freezing point; **teochtaí faoin reophointe** temperatures below freezing point.

ré-uimhir (gensg **ré-uimhreach** pl **ré-uimhreacha**) nf even number.

rí¹ (pl **rithe**) nm4 **1** king, ruler; **2** **an rí rua** chaffinch.

rí² (pl **ritheacha**) nm4 **1** forearm; **2** **ritheacha** limbs.

rí- pref **1** very, ultra-; **2** royal, kingly.

riabh (gensg **réibhe**) nf2 stripe, streak.

riabhach adj1 **1** striped, streaked; **2** drab; **3** miserable (weather); ▸ **aimsir na bó riabhaí** weather of the brindled cow (harsh weather at the end of March and beginning of April).

riachtanach adj1 **1** necessary; **2** essential.

riachtanas nm1 **1** need, necessity; **riachtanais na beatha** the necessities of life; **2** requirement.

riail (gensg **rialach** pl **rialacha**) nf **1** rule; **feidhmiú de réir na rialacha** to operate according to the rules; **rialacha cluiche** the rules of the game; **2** authority; **bheith faoi riail duine** to be ruled by someone.

rialaigh vb **1** rule; **tír a rialú** to rule a country; **2** reign; **3** control.

rialaitheoir nm3 controller.

rialóir nm3 ruler.

rialta adj3 **1** regular; **2** religious; **ord rialta** a religious order; **mná rialta** nuns; **3** **go rialta** regularly; **4** **briathar rialta** a regular verb.

rialtacht nf3 regularity.

rialtas nm1 government; **aire rialtais** a government minister.

rialtóir nm3 sovereign (ruler).

rialú (gensg **rialaithe**) nm **1** rule, regulation; **2** government; **bord rialaithe** governing body; **3** control.

riamh adv **1** ever; **an raibh tú riamh ann?** were you ever there?; **2** never; **ní raibh mé riamh ann** I was never there; **3** always; **bhí sí riamh mar sin** she was always like that.

rian (pl **rianta**) nm1 **1** mark, trace; **rian coise** footprint; **d'fhág sé a rian air** he left his mark on it; **2** course, trajectory; **rian piléir** the trajectory of a bullet.

rianaigh vb trace.

rianpháipéar nm1 tracing paper.

rianú (gensg **rianaithe**) nm **1** marking; tracing; **2** delineation.

riar nm4 **1** administration; **riar cirt** the administration of justice; **2** provision; **riar maith a chur ar dhuine** to provide well for someone; **3** share; **tá ár riar ann** it's enough for us; **4** supply; **riar agus éileamh** supply and demand. ● vb **1** administer; **do chúrsaí féin a riaradh** to manage one's own affairs; **2** provide; riaradh do dhuine to provide for someone; **3** distribute; **4** obey.

riarachán nm1 administration.

riaráiste nm4 arrears; riaráiste a bheith ort to be in arrears.

riarthóir nm3 administrator.

riasc (gensg **réisc** pl **riasca**) nm1 marsh.

ribe nm4 **1** strand, fibre; **2** bristle; **3** blade (of grass); **4** filament; **5** ribe róibéis shrimp.

ribeach adj1 **1** hairy; **2** bristly; **3** fibrous.

ribeog nf2 wisp (of hair).

ribín nm4 **1** ribbon; **2** tape (sport); **3** ribín tomhais tape measure; **4** (plural) i ribíní in tatters.

ribleog nf2 tatter.

richathaoir (gensg **richathaoireach** pl **richathaoireacha**) nf throne.

ridire nm4 **1** knight; **2** sir (in titles).

rige nm4 rig; rige ola an oil rig.

righin (gensgm **righin** gensgf **righne** compar **righne** pl **righne**) adj **1** stiff; **2** tough (meat); **3** stubborn; **4** slow, deliberate.

righneáil nf3 **1** dawdling; **2** lingering.

righneas nm1 **1** stiffness; **2** toughness; **3** gan a thuilleadh righnis without further delay.

righnigh vb **1** toughen; **2** stiffen.

rigín nm1 **1** rigging (on boat); **2** ribbing (in knitting).

ril nf2 reel; ril a dhamhsa to dance a reel; ril scannáin a reel of film.

rilíf nf2 relief (in geography).

rilleadh (gensg **rillte**) nm downpour, torrent; rilleadh fearthainne a downpour of rain.

rilleán nm1 coarse sieve.

rim nf2 rhyme.

riméad nm1 **1** joy; riméad a bheith ort to be overjoyed; **2** jubilant.

riméadach adj1 **1** joyous; **2** jubilant.

rinc¹ (pl **rinceanna**) nf2 rink.

rinc vb dance.

rince nm4 dance; dul go dtí rince to go to a dance; ar mhaith leat rince a dhéanamh? would you like to dance?

rinceach adj1 dancing.

rinceoir nm3 dancer.

rinn¹ (pl **reanna** genpl **reann**) nf2 **1** point; **2** tip; rinn méire fingertip; **3** top; **4** rinn tíre headland.

rinn² (gensg **reanna** pl **reanna** genpl **reann**) nm3 **1** star; **2** planet; na reanna neimhe the heavenly bodies.

rinne →DÉAN

rinneach adj1 **1** pointed; **2** biting; gaoth rinneach a piercing wind.

rinse nm4 wrench (tool).

rinseáil nf3 verb rinse.

riobóideach adj1 ribald.

ríochas nm1 royalty.

ríocht (gensg **reachta**) nm3 **1** shape, form; rud a chur as a ríocht to distort something; **2** guise; dul i ríocht duine to masquerade as someone; d'éalaigh sé i ríocht mná he escaped disguised as a woman; **3** state, condition; **4** i ríocht is go... in such a way that...

ríocht nf3 kingdom; an Ríocht Aontaithe the United Kingdom.

ríochtaigh vb **1** adapt; **2** condition.

ríochtán nm1 (dressmaker's) dummy.

ríog nf2 **1** fit; **2** spasm; ríoga péine spasms of pain; **3** impulse.

ríoga adj3 royal, regal.

ríogach *adj1* **1** spasmodic; **2** impulsive.

ríogaí *nm4* royalist.

ríomh *nm3* **1** enumeration; **2** calculation; **3** recounting. ● *vb* **1** enumerate; **2** calculate; **3** recount; *eachtra a ríomh* to recount an adventure.

ríomhaire *nm4* computer; *ríomhaire glúine* a laptop (computer); *ríomhaire pearsanta* a personal computer.

ríomhaireacht *nf3* **1** computer science; **2** computation.

ríomhchlár *nm1* computer programme.

ríomhchláraigh *vb* program (*in computing*).

ríomhchláraitheoir *nm2* computer programmer.

ríomhchlárú (*gensg* **ríomhchláraithe**) *nm* computer programming.

ríon *nf3* queen.

ríonaigh *vb* queen (*in chess*).

ríonmháthair (*gensg* **ríonmháthar** *pl* **ríonmháithreacha**) *nf* queen mother.

ríonn *vb* **1** engrave; **2** carve.

ríonnaí *nm4* engraver.

ríosól *nm1* rissole.

ríosóm *nm1* rhizome.

ríospráid *nf2* respiration.

rírá *nm4* uproar.

ris *adv* bare, uncovered.

ris *nf2* rice.

rísín *nm4* raisin.

rite¹ *adj3* **1** taut; *téad rite* a taut rope; **2** steep; *fána rite* a steep slope; **3** (*with 'chun'*) *bheith rite chun ruda* to be eager for something; **4** *chuaigh sé rite orm é a dhéanamh* I barely managed to do it.

rite² *adj3* used up.

riteacht *nf3* **1** tautness; **2** tension; **3** steepness.

riteoga (*genpl* **riteog**) *nf(pl)2* **1** tights.

rith (*gensg* **reatha** *pl* **riti**) *nm3* run, running; ➤ *is fearr rith maith ná drochsheasamh* discretion is the better part of valour (*literally: a good run is better than a bad stand*). ● *adj* (*gen sg of n*) *uisce reatha* running water; *cuntas reatha* current account; *cúrsaí reatha* current affairs. □ *i rith* (+GEN) during; *i rith an lae/na hoíche* during the day/the night; *i rith an ama* all the time. *vb* run.

rithe →RÍ¹.

rití →RITH.

ritheacha →RÍ².

rithim *nf2* rhythm.

RnaG *abbrev* Raidió na Gaeltachta (*Irish Language Radio station*).

ró¹ *nm4* row; *ró suíochán* a row of seats.

ró- *pref* too, over-, excessively; *rómhall* too slow; *ró-ard* too tall.

róba *nm4* **1** gown **2** robe

robáil *nf3* robbery. ● *vb* rob.

robálaí *nm4* robber.

roc *nm1* **1** wrinkle; **2** crease; *roic a chur in éadach* to rumple cloth. ● *vb* **1** wrinkle; **2** crease.

rocach *adj1* **1** wrinkled; **2** creased; **3** corrugated; *iarann rocach* corrugated iron.

róchruinn (*gensgm* **róchruinn**) *adj1* perfectly round; ➤ *níl sí róchruinn inti féin* she's not the full shilling.

rochtain (*gensg* **rochtana**) *nf3* access (*in computing*); *aga rochtana* access time.

róchuma *n* is *róchuma liom* I couldn't care less.

ród *nm1* road.

ródadh (*gensg* **ródta**) *nm* leeway.

ródaíocht *nf3* wayfaring, travelling.

ródhóbair *in phrases with copula* ba ródhobair gur bhris sé it very nearly broke; ba ródhobair di teip she very nearly failed.

ródháileog *nf2* overdose.

ródhóchas *nm1* presumption.

rógaire *nm4* rogue.

rogha *nf4* **1** choice; rogha a dhéanamh to make a choice; **2** choice (*thing chosen*); b'shin é a rogha that was his/her choice; **3** preference; déan do rogha rud do whatever you like; de rogha ar in preference to; **4** choicest, best; rogha agus togha the very best; **5** alternative, option; gan an dara rogha a bheith agat to have no alternative.

roghchlár *nm1* menu (*on computer*).

roghnach *adj1* optional.

roghnaigh *vb* **1** choose; **2** select.

roghnaíocht *nf3* selectivity.

roghnú (*gensg* **roghnaithe**) *nm* **1** choice; **2** selection.

roicéad *nm1* rocket.

roilsí *n* tá roilsí ag baint léi she puts on airs.

roimh (*prep prons* **romham, romhat, roimhe, roimpi, romhainn, romhaibh, rompu**) *prep* (*followed by lenition*) **1** in front of; tá sé ansin romhat it's there in front of you; shiúil sé romhainn he walked in front of us; **2** (*in time expressions*) roimh dheireadh na seachtaine before the end of the week; roimh i bhfad before long; roimh Chríost (R.C.) before Christ (B.C.); **3** (*in phrases*) tá fáilte romhat you're welcome; tá eagla air roimh an madra he's afraid of the dog; teacht roimh dhuine/rud to intercept someone/something.

Róimh *nf2* Rome.

roimhe *adv* before; chuala mé é roimhe I heard it before; roimhe seo formerly; roimhe sin before that.

roimpi →ROIMH.

Róin *nf2* an Róin the Rhone.

roinn[1] (*pl* **ranna**) *nf2* **1** department; ranna rialtais government departments; an Roinn Airgeadais the Department of Finance; **2** divided part; **3** particular area.

roinn[2] (*gensg* **ranna** *pl* **ranna** *genpl* **rann**) *nf* **1** distribution; **2** share, portion.

roinn[3] *vb* **1** divide; **2** share; **3** deal, distribute; cártaí a roinnt to deal cards; **4** involve; tá fadhbanna ag roinnt leis sin there are problems involved with that.

roinnt (*pl* **ranna**) *nf2* **1** division; **2** sharing; **3** some, a few; roinnt mhaith acu a good few of them; roinnt mhaith airgid a good deal of money. ● *adv* somewhat; tá sé roinnt crosta he's somewhat cross.

rois[1] *nf2* **1** volley (*of shots*); **2** blast; rois ghaoithe a blast of wind.

rois[2] *vb* unravel.

roiseadh (*gensg* **roiste** *pl* **roistí**) *nm* **1** rip, tear; **2** ladder (*in tights*).

roisín *nm4* resin.

roithleagán *nm1* **1** circle, wheel; **2** hoop (*toy*); **3** dizzy sensation.

roithleán *nm1* **1** pulley; **2** wheel; **3** reel (*of fishing rod*).

roithleánach *adj1* **1** revolving; **2** whirling, spinning.

ról *nm1* role.

roll *vb* roll.

rolla *nm4* **1** roll, register; rolla scoile school roll; an rolla a ghlaoch to call the roll; **2** roll; rolla páipéir a roll of paper.

rolladh (*gensg* **rollta**) *nm* roll.

rollaigh *vb* enrol.

rollán *nm1* roller.

rollóg *nf2* (small) roll; **rollóg aráin** a bread roll.

róluchtaigh *vb* **1** overcharge (*in electricity*); **2** overload.

Rómáin *nf2* **an Rómáin** Romania.

Rómáinis *nf2* Romanian (*language*).

Rómánach *nm1 adjective* Romanian.

rómánsach *adj1* **1** romantic; **na Scéalta Rómánsacha** the Romantic Tales; **2 na teangacha Rómánsacha** the Romance languages.

rómánsachas *nm1* romanticism.

rómánsaí *nm4* romanticist.

rómánsaíocht *nf3* romanticism (*artistic movement*).

romhaibh, romhainn romham →ROIMH.

rómhair (*vn* **rómhar**) *vb* dig.

Rómhánach *nm1 adjective* Roman.

romhat, rompu →ROIMH.

rón[1] *nm1* seal.

rón[2] *nm1* horsehair; **léine róin** a hair shirt.

ronna *nm4* mucus.

ronnach *nm1* mackerel.

rop *nm3* **1** thrust; **2** stab; **3** dash. ● *vb* **1** thrust; **2** stab; **3** dash.

rópa *nm4* rope.

ropadh *nm1* **1** thrust; **2** stab; **3** dash; **ropadh a thabhairt ar rud** to make a dash for something; **4** fracas.

ropaire *nm4* **1** robber; **2** violent person; **ropaire mná** violent person; **3** rapparee (*in Irish history*).

ropóg *nf2* small intestine.

ros[1] *nm1* linseed; **ola rois** linseed oil.

ros[2] *nm1* (wooded) headland.

rós (*pl* **rósanna**) *nm1* rose.

rósach *adj1* rosy.

rosán *nm1* **1** thicket; **2** shrubbery.

rosc[1] *nm1* (*literary*) eye.

rosc[2] *nm1* **1** metrical composition; **2** chant; **rosc catha** battle cry; **3 rosc ceoil** rhapsody.

rosca *nm4* rusk.

roscach *adj1* rhetorical.

Ros Comáin *nm* Roscommon.

rósóg *nf2* rose bush.

róst *vb* roast.

rósta *nm4* roast. ● *adj1* roast.

rostram *nm1* rostrum.

rosualt *nm1* walrus.

róta *nm4* rota.

roth *nm3* wheel; **roth tosaigh/ deiridh** front/back wheel; **roth stiúrtha** steering wheel.

rothaí *nm4* cyclist.

rothaigh *vb* cycle.

rothaíocht *nf3* cycling.

rothán *nm1* **1** small wheel; **2** loop.

rothar *nm1* bicycle, bike; **rothar sléibhe** mountain bike.

rótharraingt (*gensg* **rótharraingthe**) *nf* overdraft.

rótharraingthe *adj3* overdrawn.

rothlach *adj1* **1** rotating; **2** rotary.

rothlaigh *vb* rotate.

rothlú (*gensg* **rothlaithe**) *nm* **1** rotation; **2** whirl.

RTÉ *abbrev* Radió Teilifís Éireann (*Irish national broadcasting service*).

rua *adj3* **1** red; **an Mhuir Rua** the Red Sea; **madra rua** a fox; **2** red-haired; **bean rua** a red-haired woman; **3** (*in phrase*) ➤ **níl pingin rua agam** I haven't got a penny (*literally: I haven't got a red penny*);

ruacan *nm1* cockle.

ruacán *nm1* boor.

ruagaire *nm4* **1** chaser; **2** hunter; **3** ruagaire reatha vagabond.

ruagaireacht *nf3* **1** chasing; **2** hunting.

ruaille *n* ruaille buaille commotion, uproar.

ruaim *nf2* fishing line; ➤ dhá ruaim a bheith agat ar do shlat to have two strings to one's bow.

ruaimneach *adj1* mudddy (*water*).

ruaimnigh *vb* **1** dye red; léine a ruaimniú to dye a shirt red; **2** redden, flush; **3** muddy (*water*).

ruainne *nm4* **1** scrap; níl ruainne fianaise acu they haven't got a scrap of evidence; **2** morsel, small piece; **3** i ruainní in tatters.

ruainneach *nm1* horsehair.

ruán *nm1* buckwheat.

ruathar *nm1* **1** charge; ruathar a thabhairt ar rud to charge at something; **2** rush.

rúbal *nm1* rouble.

rubar *nm1* rubber.

rúbarb *nm1* rhubarb.

rúcach *nm1* **1** rook; **2** rookie, greenhorn.

rud *nm3* **1** thing; rud éigin something; rud nach fiú a dhéanamh a thing not worth doing; an rud a tharla the thing that happened; **2** an rud salach! the dirty thing!; an rud bocht! the poor thing!; na rudaí beaga the little ones; **3** tá sé rud beag mall he's a little bit slow; **4** (*in phrases*) ós rud é go... since it happens that...; agus rud eile de... and furthermore...

rufa *nm4* frill.

rug → BEIR

ruga *nm4* rug.

rugbaí *nm4* rugby.

ruibh¹ *nf2* **1** venom; **2** sting.

ruibh² *nf2* sulphur.

ruibhchloch *nf2* brimstone.

ruibheach *adj1* sulphuric.

ruibheanta *adj3* venomous.

rúid *nf2* **1** sprint; de rúid at a sprint; **2** dash.

rúidbhealach (*pl* rúidbhealaí) *nm1* runway.

ruifíneach *nm1* ruffian.

rúiléid *nf2* roulette.

rúipí *nm4* rupee.

ruipleog *nf2* tripe.

Rúis *nf2* an Rúis Russia.

rúisc¹ *nf2* **1** discharge (*of gun*); **2** volley; rúisc urchar a volley of shots; **3** loud noise.

rúisc² (*vn* rúscadh) *vb* **1** strip; **2** shell (*peas etc.*); **3** pelt; duine a rúscadh le clocha to pelt someone with stones.

Rúiseach *nm1 adjective* Russian.

Rúisis *nf2* Russian (*language*).

ruithnigh *vb* **1** illuminate; **2** shine.

rúitín *nm4* ankle.

rum *nm4* rum.

rún *nm1* **1** secret; faoi rún in secret; do rún a ligean le duine to confide in someone; **2** intention; rún a bheith agat rud a dhéanamh to intend to do something; **3** motion (*in meeting*); rún a mholadh to propose a motion.

rúnaí *nm4* secretary; rúnaí príobháideach private secretary; rúnaí stáit secretary of state.

rúnda *adj3* secret.

rúndacht *nf3* secrecy.

rúndaingean (*gensgm* rúndaingin *gensgf* rúndaingne *compar* rúndaingne *pl* rúndaingne) *adj* resolute.

rúndiamhair (*pl* rúndiamhra) *nf2* (religious) mystery. ● *adj1* mysterious.

rúndiamhracht *nf3* mysteriousness.

runga *nm4* rung.

rúnmhar *adj1* secretive.

rúnscríbhinn *nf2* cipher.

rúnseirbhís *nf2* secret service.

Rúraíocht *nf3* an Rúraíocht the Ulster Cycle (*of tales*).

rúsc *nm1* bark (*of tree*).

rúta *nm4* 1 root; 2 stump.

ruthag *nm1* 1 run; 2 dash; ruthag a thabhairt faoi rud to make a dash for something; 3 trajectory; 4 substance.

ruthagach *adj1* 1 dashing; 2 impulsive.

....

Ss

....

sa combined form of 'i' + definite article 'an';

-sa *suff* (*emphatic: used after broad consonants or vowels*) sin é mo cheannsa that's MY one; cad a dhéanfása? what would YOU do?; an agatsa atá sé? do YOU have it?

sá (*pl* **sáite**) *nm4* 1 thrust; 2 lunge; 3 stab (*of knife*).

sabaitéir *nm3* saboteur.

sabaitéireacht *nf3* sabotage.

sábh (*pl* **sábha**) *nm1* 1 saw; sábh miotail a hacksaw; 2 sábh mara sawfish.

sábháil *nf3* 1 saving; 2 rescuing; 3 harvesting (*of crops*). ● *adj(gen of n)* crios sábhála safety belt; glas sábhála safety lock. ● *vb* 1 save; airgead a shábháil to save money; 2 rescue; 3 harvest (*crops*).

sábháilte *adj3* safe.

sábháilteacht *nf3* safety.

sabhaircín *nm4* primrose.

sabhdán *nm1* sultan.

sabhdánach *nm1* sultana.

sabóid *nf2* sabbath.

sabóideach *adj1* sabbatical; bliain shabóideach a sabbatical year.

sac *nm1* sack. ● *vb* 1 pack; 2 cram, stuff; 3 thrust.

sacar *nm1* soccer.

sách *nm1* well-fed person; ➤ ní thuigeann an sách an seang the well-fed do not understand the hungry. ● *adj* sated, satisfied. ● *adv* fairly; sách fuar fairly cold.

sacraimint *nf2* sacrament.

sacsafón *nm1* saxophone.

sádach *nm1* sadist. ● *adj1* sadistic.

sádachas *nm1* sadism.

sadhlas *nm1* silage.

sáfach *nm1* handle (*of spade or shovel*).

sága *nm4* saga.

sagart *nm1* priest.

sagartóireacht *nf3* priesthood.

saghas (*pl* **saghsanna**) *nm1* kind, sort; gach aon saghas rud every kind of thing. ● *adv* rather, somewhat.

Sahára *nm4* an Sahára the Sahara.

saibhir (*pl* **saibhre**) *nm4* rich person. ● *adj (gensm* saibhir *gensf* saibhre *compar* saibhre *pl* saibhre) daoine saibhre rich people; bia saibhir rich food.

saibhreas *nm1* 1 riches, wealth; 2 richness.

saibhrigh *vb* enrich.

saicín *nm4* sachet.

saifir *nf2* sapphire.

sáigh *vb* 1 thrust; 2 stab; 3 (*in phrases*) bheith sáite i rud to be engrossed in something; bheith sáite as duine to nag someone;

bhí siad sáite ina chéile they were attacking each other.

saighdeadh (gensg **saighdte**) nm **1** incitement; **2** provocation.

saighdeann →SAIGHID.

saighdeoir nm3 archer; (astrology) an Saighdeoir Sagittarius.

saighdeoireacht nf3 archery.

saighdiúir nm3 soldier.

saighead (gensg **saighde**) nf2 **1** arrow; **2** pang; saighead reatha a stitch in the side (from running); **3** bolt; saighead ghealáin a bolt of lightning.

saighid (pres **saighdeann** vn **saighdeadh**) vb **1** incite; duine a shaighdeadh le rud a dhéanamh to incite someone to do something; **2** provoke.

saighneáil vb willow (tree).

saighneán nm1 lightning; na Saighneáin the Northern Lights.

sail[1] (gen **saileach** pl **saileacha**) nf willow (tree).

sail[2] nf2 dirt; sail chluaise ear wax; sail chnis dandruff.

sail[3] nf2 **1** cudgel; **2** beam (of wood).

sáil (pl **sála** genpl **sál**) nf2 **1** heel; sáil bróige the heel of a shoe; bheith sna sála ag duine to be on someone's heels; **2** stub (of cheque, ticket).

sáile nm4 **1** sea water; **2** sea; thar sáile overseas.

saileach nf2 willow; crann sailí willow tree; an tsaileach shilte the weeping willow.

sailéad nm1 salad; sailéad trátaí a tomato salad.

saileán nm1 oyster bed.

saill nf2 **1** fat; **2** fat meat.

saill vb salt; feoil shaillte salt meat.

saileach adj1 fatty.

sáiltéar nm1 salt cellar.

Saimbia nf4 an tSaimbia Zambia.

sáimhín nm4 tranquil mood; bheith ar do shaimhín só to be at one's ease.

sáimhrigh vb **1** quieten; **2** make tranquil, make drowsy.

sáimhríoch adj1 **1** easy; **2** drowsy; **3** tranquil.

sáimhríocht nf3 **1** easiness; bheith ar sáimhríocht to be completely at one's ease; **2** drowsiness; **3** tranquillity.

sain- pref **1** special; **2** distinctive; **3** characteristic.

sainaithin (pres **sainaithníonn** vn **sainaithint** vadj **sainaitheanta**) vb identify.

saincheadúnas nm1 franchise.

saincheist nf2 issue.

sainchomhartha nm4 characteristic.

sainchreideamh nm1 denomination (religious).

saineolaí nm4 expert.

saineolas nm1 expertise.

sainghné (pl **sainghnéithe**) nf4 special feature.

sainiúil adj2 **1** distinctive; **2** specific.

sainiúlacht nf3 distinctiveness.

sainmharc (pl **sainmharcanna**) nm1 hallmark.

sainmhínigh vb define.

sainmhíniú (gensg **sainmhínithe**) nm definition.

sáinn nf2 **1** trap; bheith i sáinn to be in a fix; **2** check (in chess).

sáinnigh vb **1** trap; **2** check (in chess).

sainordú (gensg **sainordaithe**) nm mandate.

saint nf2 **1** greed; **2** avarice.

saintréith (pl **saintréithe**) nf2 characteristic.

saíocht *nf3* **1** erudition; **2** learning.

Sáir *nf2* an tSáir Zaire (*now Democratic Republic of Congo*).

Sairdín *nm4* an tSairdín Sardinia.

sairdín *nm4* sardine.

sáirsint *nm4* sergeant.

sais *nf2* sash.

sáiste *nm4* sage (herb).

sáiteach *adj1* **1** thrusting; **2** annoying; **3** nagging.

sáiteán *nm1* **1** stake; **2** dig, jibe.

sáith *nf2* **1** fill (of food, drink); do sháith a ithe to eat one's fill; **2** enough; tá a sáith le déanamh acu they have enough to do.

saithe *nf4* swarm (of insects).

sál, sála →SÁIL.

salach *adj1* **1** dirty; **2** obscene (*talk*); **3** dismal (*weather*); **4** teacht salach ar dhuine to fall foul of someone, to cross someone.

salachar *nm1* **1** dirt; **2** weeds; **3** obscenity; salachar cainte obscene talk.

salacharaíl *nf3* smattering; tá salacharaíl Gaeilge aici she has a smattering of Irish.

salaigh *vb* **1** dirty; **2** soil.

salann *nm1* salt.

sall *adv* over, to the other side; ag dul sall crossing (to the other side).

salm *nm1* psalm.

salú (*gensg* **salaithe**) *nm* defilement.

salún *nm1* saloon.

sámh *adj1* **1** easy; **2** peaceful; **3** tranquil; codladh sámh a tranquil sleep.

samhail (*gensg* **samhla** *pl* **samhlacha**) *nf3* **1** likeness, semblance; **2** model; **3** image; **4** ghost, phantom.

samhailteach *adj1* imaginary.

Samhain (*gensg* **Samhna** *pl* **Samhnacha**) *nf3* November; Oíche Shamhna Halloween.

samhalta *adj3* **1** visionary; **2** imaginary; **3** virtual.

sámhán *nm1* nap.

samhla, samhlacha →SAMHAIL.

samhlaigh *vb* **1** imagine; rud a shamhlú to imagine something; **2** visualize; **3** (*with 'le'*) rud a shamhlú le rud eile to liken something to something.

samhlaíoch *adj1* imaginative.

samhlaíocht *nf3* imagination.

samhlaoid *nf2* illustration.

samhnas *nm1* **1** nausea; **2** disgust; samhnas a bheith ort to feel nauseated.

samhnasach *adj1* **1** nauseating; **2** disgusting; **3** squeamish (*person*).

samhradh (*pl* **samhraí**) *nm1* summer; i rith an tsamhraidh during the summer.

samhrata *adj3* summery (*weather*).

sampla *nm4* **1** sample; **2** specimen; **3** example.

samplach *adj1* **1** sample; **2** specimen; **3** test; cás samplach a test case.

sampláil *vb* sample.

San *n* Saint; San Tomás Saint Thomas; San Nioclás Santa Claus.

san represents 'i' + definite article 'an'.

-san *suff* (*emphatic*) a teachsan HER house; cheannaíodarsan é THEY bought it; leosan a bhí sé he was with THEM.

sanasaíocht *nf3* etymology.

sanasán *nm1* glossary.

Sanscrait *nf2* Sanskrit.

santach *adj1* **1** greedy; **2** avaricious; **3** very eager.

santacht *nf3* greediness.

santaigh vb **1** desire; **2** lust after.

santal nm1 sandalwood.

saobh adj1 **1** perverse; **2** crooked; **3** slanted. ● vb (vadj **saofa**) **1** pervert; **dearcadh saofa** a perverted view; **2** make crooked; **3** slant.

saobhghrá nm4 infatuation.

saofacht nf3 perversity.

saofóir nm3 pervert.

saoi (pl **saoithe**) nm4 wise man; ➤ **ní bhíonn saoi gan locht** even Homer nods (literally: a wise man is not without fault).

saoire nf4 holiday; **bheith ar saoire** to be on holidays; **lá saoire** a day off; **lá saoire eaglaise** a holy day.

saoirse nf4 freedom.

saoirseacht nf3 craftsmanship.

saoiste nm4 foreman, gaffer; **2** rolling wave; **saoistí farraige** rolling seas.

saoithín nm4 pedant, know-all.

saoithíneach adj1 pedantic.

saoithíneacht nf3 pedantry.

saoithiúil adj2 **1** learned; **2** wise; **3** pleasant.

saoithiúlacht nf3 **1** learning; **2** wisdom.

saol nm1 **1** life; **fad saoil** long life; **saol crua** a hard life; ➤ **is ait an mac an saol life is strange; 2** lifetime; **le linn mo shaoil** in my lifetime; **3** sa saol a bhí ann an uair sin** in those days; **ar na saolta seo** these days; **4** world; **tá a fhios ag an saol go...** the whole world knows that..., an **dá shaol** to have the best of both worlds.

saolach adj1 long-lived.

saolaigh vb (used autonomously) **saolaíodh i Luimneach é** he was born in Limerick; **saolaíodh leanbh dóibh** a child was born to them.

saolré nf4 life cycle.

saolta adj3 **1** worldly; **2** temporal; **3** (intensifying) **náire shaolta an utter disgrace.

saonta adj3 gullible, naive.

saontacht nf3 naivety.

saor¹ nm1 craftsman; **saor cloiche** stonemason.

saor² nm1 free person.

saor³ adj1 **1** free; **duine a scaoileadh saor** to set someone free; **am saor** free time; **rud a fháil saor in aisce** to get something for free; **saor ó chontúirt** free from danger; **2** cheap; **bhí sé an-saor** it was very cheap; **3** vacant (room).

saor⁴ vb **1** free; **2** liberate; **3** acquit.

saor- pref **1** free; **2** independent.

saoradh (gensg **saortha**) nm **1** liberation; **2** acquittal.

saoráid nf2 **1** ease; **tá saoráid ag baint leis** it's easy; **2** facility; **3** convenience.

saoráideach adj1 easy.

saorálach adj1 voluntary.

saorálaí nm4 volunteer.

saoránach nm1 citizen.

saoránacht nf3 citizenship.

saorbhriathar (pl **saorbhriathra**) nm1 autonomous verb.

saorchic nf2 free kick.

saorfhiontraíocht nf3 free enterprise.

saorga adj3 artificial.

saorgacht nf3 artificiality.

saorghlan vb **1** purify; **2** purge.

saorghlanadh (gensg **saorghlanta**) nm **1** purification; **2** purging.

saorstát nm1 free state; **Saorstát na hÉireann** Irish Free State (in Irish history).

saorthoil nf3 free will.

saorthoilteanach *adj1* discretionary.

saorthrádáil *nf3* free trade.

saothar *nm1* 1 work; saothar ealaíne a work of art; 2 labour; saothar in aisce labour in vain; saothar anála laboured breathing; tá saothar orm I'm out of breath; 3 effort; gan mórán saothair without much effort.

saotharlann *nf2* laboratory.

saothrach *adj1* 1 hard-working; 2 laborious; 3 laboured (*breath*).

saothraí *nm4* labourer, worker.

saothraigh *vb* 1 work; 2 labour; 3 earn; 4 cultivate, till (*land*).

saothrú (*gensg* **saothraithe**) *nm* 1 cultivation; 2 earnings.

sár *nm1* czar.

sár- *pref* 1 excellent; 2 extremely; 3 supreme; 4 ultra-.

sáraigh *vb* 1 defeat, overcome; 2 violate, transgress; dlí a shárú to violate a law; 3 thwart; 4 exceed; 5 (*with 'ar'*) sháraigh uirthi é a chríochnú she failed to finish it.

sáraíocht *nf3* 1 contradicting; 2 disputing; 3 contending.

sárchéim *nf2* superlative (*in grammar*).

sármhaith *adj1* excellent.

sárobair (*gen* **sároibre** *pl* **sároibreacha**) *nf2* excellent work.

sárshaothar *nm1* masterpiece.

sárú (*gensg* **sáraithe**) *nm* 1 violation, transgression; 2 thwarting; 3 rape.

sás *nm1* 1 device; 2 trap; 3 is maith an sás é chun oibre he's well able to do work.

sásaigh *vb* 1 satisfy; 2 please; 3 indulge (*desire*).

sásamh *nm1* 1 satisfaction; 2 gratification (*of desires*); 3 revenge; sásamh a bhaint as duine to get even with someone.

Sasana *nm4* England.

Sasanach *nm1* Englishman, Englishwoman. ●*adj1* English.

sáspan *nm1* saucepan.

sásta *adj1* 1 satisfied; 2 pleased; 3 happy; 4 willing; bheith sásta rud a dhéanamh to be willing to do something.

sástacht *nf3* satisfaction; rudaí a bheith chun do shástachta to be satisfied with things.

sásúil *adj2* 1 satisfactory; 2 satisfying.

satail (*pres* **satlaíonn** *vn* **satailt**) *vb* trample.

satail →SATAIL.

satailít *nf2* satellite.

Satarn *nm1* Saturn.

Satharn *nm1* Saturday; Dé Sathairn on Saturday; ar an Satharn on Saturdays.

satlaíonn →SATAIL.

scabhaitéir *nm3* blackguard.

scadán *nm1* herring.

scafall *nm1* scaffolding.

scafánta *adj3* strapping (*person*).

scáfar *adj1* 1 frightful; 2 terrifying; 3 timid, easily frightened.

scag *vb* 1 strain, filter; anlann a scagadh to strain a sauce; 2 drain; prátaí a scagadh to drain potatoes; 3 refine; siúcra a scagadh to refine sugar; 4 screen (*applicants*).

scagadh (*gensg* **scagtha**) *nm* 1 filtering; 2 refinement (*sugar*); 3 screening (*of applicants*).

scagaire *nm4* filter.

scagdhealú (*gensg* **scagdhealaithe**) *nm* dialysis.

scaglann *nf2* refinery.

scaif *nf2* scarf.

scáil *nf2* 1 shade; 2 shadow; 3 reflection.

scáileán *nm1* screen.

scailéathan *nm1* wild exaggeration.

scailéathanach *adj1* wildly exaggerated.

scailliún *nm1* scallion.

scailp *nf2* fissure (*in rock*).

scailpeach *adj1* fissured (*rocks*).

scaimh *nf2* grimace; **scaimh a chur ort féin** to grimace.

scáin *vb* 1 split (*wood, rock*); 2 disperse (*clouds*); 3 wear thin (*clothing*).

scáinte *adj3* 1 flimsy; 2 thin (*hair*); 3 sparse; 4 threadbare (*clothes*).

scaip *vb* 1 scatter; 2 spread; **an scéal a scaipeadh** to spread the word; 3 disperse.

scaipeadh (*gensg* **scaipthe**) *nm* 1 dissemination; 2 dispersal.

scaipthe *adj3* 1 scattered; 2 dispersed; 3 scatterbrained (*person*); 4 incoherent (*speech*).

scair *nf2* 1 share; **scaireanna a cheannach** to buy shares; 2 layer; 3 overlap.

scairbh *nf2* 1 shoal; 2 shelf; **scairbh ilchríochach** continental shelf.

scaird *nf2* 1 jet (*of liquid*); 2 spurt. ● *vb* 1 squirt; 2 gush.

scairdeán *nm1* fountain.

scairdeitleán *nm1* jet (plane).

scairdinneall *nm1* jet engine.

scairp *nf2* scorpion; **an Scairp** Scorpio (*star sign*).

scairbhshealbhóir *nm3* share-holder.

scairt¹ (*pl* **scairteacha**) *nf2* 1 midriff; 2 diaphragm.

scairt² (*pl* **scairteacha**) *nf2* 1 cave, shelter; 2 thicket.

scairt³ *nf2* 1 shout; 2 call; **cuir scairt orm** give me a call. ● *vb* 1 call out; 2 shout out.

scairteoir *nm3* caller.

scaitheamh (*pl* **scaití**) *nm1* while; **ar feadh scaithimh** for a while; **scaití** at times.

scal *nf2* 1 burst; **scal ghréine** sunburst; 2 flash. ● *vb* 1 burst; 2 flash.

scála *nm4* scale.

scall *vb* 1 scald; 2 scold; 3 poach; **ubh a scalladh** to poach an egg.

scalladh (*gensg* **scallta**) *nm* scald.

scallta *adj3* 1 paltry; 2 puny.

scalltán *nm1* 1 fledgling; 2 puny person.

scamall *nm1* 1 cloud; 2 web (*on foot*).

scamallach *adj1* cloudy.

scamallaigh *vb* cloud over.

scamh *vb* 1 peel; **prátaí a scamhadh** to peel potatoes; 2 strip; 3 fray; 4 shave.

scamhadh *nm* 1 shavings; 2 scrapings.

scamhaire *nm4* 1 peeler; 2 stripper.

scamhánach *adj1* filmy.

scamhard *nm1* nourishment.

scamhardach *adj1* nourishing.

scamhóg *nf2* lung.

scan *vb* scan.

scannal *nm1* scandal.

scannalach *adj1* scandalous.

scannán *nm1* 1 film, movie; **scannán lánfhada** a feature film; 2 film (*for camera*); **scannán daite** colour film.

scannánaigh *vb* film.

scanóir *nm3* scanner.

scanradh *nm1* fright; 2 scare.

scanraigh *vb* 1 frighten; 2 scare; 3 take fright.

scanraithe *adj3* frightened.

scanrúil *adj2* 1 frightening; 2 scary; 3 easily frightened.

scansáil *nf3* squabble.

scansálaí *nm4* squabbler.

scaob vb scoop up.

scaobach adj1 **1** swirling;
2 choppy (sea).

scaoil vb **1** loosen; scriú a
scaoileadh to loosen a screw;
2 undo; snaidhm a scaoileadh to
undo a knot; **3** set free; duine a
scaoileadh saor to set someone
free; **4** dissolve (marriage); **5** dis-
charge; urchar a scaoileadh to
fire a shot; **6** reveal (secret).
□ **scaoil amach** let out.
□ **scaoil faoi** set about;
scaoileadh faoi rud to set about
something.
□ **scaoil le** let go; **2** fire at.
□ **scaoil thar rud** a scaoileadh
tharat to ignore something.

scaoileadh nm2 **1** release (of
person); **2** shooting.

scaoilte adj3 **1** loose; **2** slack.

scaoilteach adj1 **1** loose; **2** dis-
solute.

scaoll nm1 **1** panic; **2** fright.

scaollmhar adj1 panicky.

scaoth nf2 swarm; ➤ní scaoth
breac one swallow doesn't make
a summer (literally: one trout is
not a swarm).

scaothaire nm4 **1** loudmouth;
2 boaster.

scaothaireacht nf3 **1** bombast;
2 boasting.

scar vb **1** separate; **2** part; **3** di-
verge; **4** spread.

scaradh (gensg **scartha**) nm
1 separation; scaradh lanúine
separation of a couple; **2** spacing
(between words); **3** spreading.

scaraire nm4 cutout (switch).

scaraoid nf2 tablecloth.

scarlóideach adj1 scarlet.

scartha adj3 **1** separate; **2** dis-
jointed; **3** an fhoirm scartha the
analytic form (in grammar).

scata nm4 group; tá scata mór
acu ann there's a big group of
them there.

scáta nm4 skate; scátaí rothacha
roller skates.

scátáil nf3 skating. ● vb skate.

scátálaí nm4 skater.

scáth nm3 **1** shadow; scáth a
chaitheamh to cast a shadow;
➤faoi scáth a chéile a mhaireann
na daoine people depend on each
other in life (literally: people live
under one another's shadows);
2 shade; **3** cover; faoi scáth na
hoíche under cover of night; **4** re-
flection (in mirror); **5** fear; scáth
a chur ar dhuine to frighten
someone; **6** scáth báistí/
fearthainne umbrella.

scáthach adj1 shady.

scáthaigh vb **1** shade; **2** screen.

scáthán nm1 mirror.

scáthbhrat nm1 awning.

scáthchruth nm3 silhouette.

scáthlán nm1 **1** shelter;
2 screen; **3** shade; scáthlán lampa
a lampshade.

sceab →SCIOB.

sceabha nm4 **1** skew; ar
sceabha askew; **2** obliqueness.

sceabhach adj1 **1** slanting;
2 oblique.

sceach nf2 **1** thorn bush;
➤ sceach i mbéal bearna a
stopgap (literally: a thorn bush in
the mouth of a gap) **2** sceach
gheal hawthorn.

sceachaill nf2 tumour.

scead nf2 **1** bald patch; **2** blaze
(on animal).

sceadach adj1 balding.

sceadamán nm1 throat.

scéal (pl **scéalta**) nm1 **1** story;
scéal a insint to tell a story; scéal
mhadra na n-ocht gcos a long
drawn out story; **2** tale; **3** anec-
dote; scéal grinn a humorous
anecdote; **4** state of affairs; cad é
an scéal? what's the story?;
5 news; (an bhfuil) aon scéal
agat? what's new?

scéala *nm4* **1** news; **scéala a fháil faoi dhuine/rud** to get news about someone/something; **2** message; **scéala a chur chuig duine** to send word to someone; **3** information; **scéala a dhéanamh ar dhuine** to inform on someone; **rinne a guth scéala uirthi** her voice gave her away.

scéalach *adj1* full of stories/news; ➤ **bíonn siúlach scéalach** a traveller has many tales to tell.

scéalaí *nm4* storyteller; ➤ **is maith an scéalaí an aimsir** time will tell (*literally: time is a good storyteller*).

scéalaíocht *nf3* storytelling.

sceallóg *nf2* **1** chip; **sceallóga chips** (*potatoes*); **2** chip (*of wood, stone*).

scealp *nf2* **1** chip (*of rock*); **2** splinter (*of wood*). • *vb* **1** chip; **2** splinter.

scealpach *adj1* **1** chipped; **2** splintered.

scéalta →SCÉAL.

sceamh *nf2* **1** squeal; **2** yelp. • *vb* (*vn* **sceamhail**) **1** squeal; **2** yelp.

sceamhail (*gensg* **sceamhaíola**) *nf3* **1** squealing; **2** yelping.

scean *vb* **1** stab, knife; **2** cut up.

sceana →SCIAN.

sceanra *nm4* cutlery.

sceartachán *nm1* pot-bellied person.

sceartán *nm1* tick, louse.

sceathrach *nf2* spawn; **sceathrach froig** frogspawn.

sceideal *nm1* schedule.

sceidín *nm4* skimmed milk.

sceilg (*pl* **sceolga** *genpl* **scealg**) *nf2* **1** crag; **2** steep rock.

scéilín *nm4* anecdote.

sceilmis *nf2* **1** commotion; **2** skirmish.

sceilp *nf2* slap.

sceilpín *nm4* **sceilpín gabhair** a scapegoat.

scéim *nf2* scheme.

scéiméir *nm3* schemer.

scéiméireacht *nf3* scheming.

scéimh *nf2* **1** beauty; **2** appearance.

sceimhle *nm4* terror; **bheith faoi sceimhle** to be terrified.

sceimhligh *vb* **1** terrify; **2** terrorize; **3** become terrified.

sceimhlitheoir *nm3* terrorist.

sceimhlitheoireacht *nf3* terrorism.

scéin *nf2* **1** fright; **2** terror; **3** wild look; **bhí scéin ina shúile** he had a wild look in his eyes.

scéiniúil *adj2* **1** frightening; **2** terrifying; **3** terrified-looking.

scéinséir *nm3* thriller (*film, book*).

sceipteach *nm1* sceptic.

sceiptiúil *adj2* sceptic.

sceir *nf2* reef; **sceir chioréil** coral reef.

sceirdiúil *adj2* **1** bleak; **2** windswept.

sceith *nf2* **1** discharge; **2** spawn; **sceith fhroig** frog spawn; **3** vomit. • *vb* **1** discharge; **2** overflow; **3** spawn; **4** spew, vomit; **5** divulge (*secrets*); **6** betray, give away; **sceitheadh ar dhuine** to betray someone.

scéithe →SCIATH.

sceitheadh (*gensg* **sceite**) *nm* **1** discharge; **2** overflow; **3** spawn.

sceithire *nm4* informer.

sceithphíopa *nm4* **1** exhaust pipe; **2** overflow pipe; **3** waste pipe.

sceitimíneach *adj1* very excited.

sceitimíní *npl* **sceitimíní a bheith ort** to be very excited.

sceitse nm4 sketch.

sceitseáil vb sketch.

scí (pl **scionna**) nm4 ski. ● vb ski.

sciáil nf3 skiing. ● vb ski.

sciatica nf4 sciatica.

sciálai nm4 skier.

sciamhach adj1 beautiful.

scian (gensg **scine** pl **sceana**) nf2 1 knife; 2 (in phrases) dul faoi scian to undergo an operation; bheith ar na sceana chun duine to have it in for someone.

sciar (pl **sciartha**) nm4 share.

sciata nm4 skate (fish).

sciath (gensg **scéithe**) nf2 1 shield; sciath chosanta protective shield; ➤ dul ar chúl scéithe le rud to hedge about something; 2 protection.

sciathán nm1 1 wing; 2 side; 3 duine a choiméad ar fad sciatháin to keep someone at arm's length; 4 sciathán leathair a bat.

scibhéar nm3 skewer.

scidil nf2 skittle.

scigaithris nf2 parody.

scigdhráma nm4 farce.

scigiúil adj2 derisive.

scigphictiúr nm1 caricature.

scil[1] nf2 skill.

scil[2] vb 1 shell (nuts, peas); 2 divulge; rún a scileadh to divulge a secret.

sciliúil adj2 skillful, skilled.

sciléad nm1 saucepan.

scilling nf2 shilling.

scim nf2 1 thin coating, film; 2 anxiety; tá rud éigin ag déanamh scime di something is worrying her.

scimeáil vb skim.

scimpín nm4 skimpy garment.

scine →SCIAN

scinn vb 1 dash; 2 rush; 3 shy (animal); 4 escape; scinn an t-ainm uaim the name escaped me.

sciob n sciob sceab scramble. ● vb 1 grab; 2 snatch; rud a sciobadh ó dhuine to snatch something from someone.

sciobadh n (gensg **sciobtha**) m grab, snatch; sciobadh a thabhairt ar rud to make a grab for something.

scioból nm1 barn.

sciobtha adj3 1 fast; go sciobtha! quickly!; 2 prompt.

scioll vb scold.

sciomair (vn **sciomraíonn** pres **sciomradh** pp **sciomartha**) vb 1 scour; 2 scrub; 3 polish.

scionna vb →scí.

sciorr vb 1 skid; 2 slip, slide.

sciorradh (gensg **sciorrtha** pl **sciorrthaí**) nm 1 skid; 2 slip; sciorradh focail a slip of the tongue.

sciorta nm4 1 skirt; 2 small piece; sciorta den ádh a bheith leat to have a touch of luck.

sciortáil vb skirt.

sciot vb 1 snip; 2 prune.

sciotaíl (gensg **sciotaíola**) nf3 giggling.

sciotán nm1 1 stump (of tail); 2 de sciotán all of a sudden.

scirmis nf2 skirmish.

scíth nf2 1 tiredness; 2 rest; do scíth a ligean to take a rest; scíth nóna siesta.

sciúch nf2 1 throat; 2 voice.

sciuird nf2 1 dash; 2 flying vist.

sciúr vb 1 scour; 2 scrub; 3 trounce.

sciur vb hurry, rush.

sclábhaí nm4 1 slave; 2 (farm) labourer.

sclábhaíocht nf3 1 slavery; 2 drudgery, hard work.

sclamh nf2 bite. ● vb 1 snap at; 2 scold.

scláta nm4 slate.

scléip nf2 1 ostentation; 2 fun; 3 wild behaviour; 4 row.

scléipeach adj1 1 ostentatious; 2 fun; 3 boisterous.

scleondar nm1 high spirits.

sclíúchas nm1 1 brawl; 2 fracas; 3 skirmish.

scód nm1 1 sheet (nautical); 2 scope; scód a ligean le duine to give someone rope.

scoil nf2 1 school; dul ar scoil to go to school; scoil náisiúnta national school; scoil chuimsitheach comprehensive school; 2 shoal; scoil éisc a shoal of fish. ● adj(gen of n) school; leabhar scoile school book.

scoilt nf2 1 split; 2 rupture; 3 fissure (in rock); 4 parting (in hair). ● vb 1 split; 2 break apart; 3 part (hair); 4 divide.

scoilteach nf2 1 severe pain; 2 scoilteacha rheumatic pains.

scoiltghleann (pl **scoiltghleannta**) nm1 rift valley.

scóip nf2 1 scope; 2 ambition; 3 high spirits; scóip a bheith ort to be in high spirits.

scóipiúil adj2 1 spacious; 2 ambitious; 3 high-spirited.

scoir (vn **scor**) vb 1 unharness; 2 detach; 3 stop.

scoite adj3 1 disconnected; 2 scattered (showers); 3 detached; teach scoite a detached house; 4 solitary (person).

scoith vb 1 disconnect; 2 come apart; 3 pull up (plant); 4 wean (child).

scol nm1 1 shout; 2 burst; scol amhráin a burst of a song.

scól vb 1 scald; 2 torment; 3 warp (timber).

scolaíocht nf3 schooling.

scoláire nm4 scholar.

scoláireacht nf3 scholarship.

scolártha adj3 scholarly.

scolb nm1 1 splinter; 2 scallop; 3 scollop (for thatching); ➤ ní hé lá na gaoithe lá na scolb the windy day is not the day for thatching.

scológ nf2 small farmer.

sconna nm4 1 spout; 2 tap (on sink).

sconsa nm4 1 fence; 2 ditch.

scor¹ nm1 1 termination; 2 end (of meeting); 3 cessation; am scoir finishing time; bheith ar scor to be on leave (from work); 4 unharnessing. ● adj(gen of n) final; focal scoir final word; an buille scoir the finishing stroke.

scor² n ar scor ar bith at any rate.

scor³ →SCOIR

scór nm1 1 twenty; dhá scór forty; 2 notch; an bata scóir the tally stick; 3 score (in sport); an scór a choiméad to keep the score; 4 score (music).

scóráil vb score (in sport).

scórchlár nm1 scoreboard.

scorn nm1 1 scorn; 2 disdain.

scornach nf2 throat.

scoth nm3 1 best; scoth na gceoltóirí the best of musicians; 2 choice.

scothbhruite adj3 1 softboiled (egg); 2 medium (steak).

scothóg nf2 tassel.

scrabh vb 1 scratch; 2 scrape.

scrabha nm4 1 scratch; 2 torn piece; 3 shower (of rain).

scrabhaiteach adj1 showery.

scragall nm1 foil; scragall stáin tin foil.

scraiste nm4 1 idler; 2 gurrier, hooligan.

scraithín nm4 divot.

scréach *nf2* **1** screech, shriek; **2** scream. ● *vb* (*vn* **scréachach**) **1** screech, shriek; **2** scream.

scréachóg *nf2* **scréachóg choille** jay; **scréachóg reilige** barn owl.

scread *nf3* scream. ● *vb* (*vn* **screadach**) scream.

screamh *nf2* **1** thin coating, film; **2** scum.

screamhóg *nf2* crust (*of paint, rust*).

scríbhinn *nf2* **1** writing; **i scríbhinn** in writing; **2** written work; **scríbhinní Phádraig Uí Chiobháin** the writings of Pádraig Ó Ciobháin.

scríbhneoir *nm3* writer.

scríbhneoireacht *nf3* **1** (hand)writing; **2** writing (*as profession*).

scrín *nf2* shrine.

scríob *nf2* **1** scratch; **2** scrape; **3** spell (*of work*); **4** attempt; **den chéad scríob** at the first attempt; **5** ceann scribe destination.

scríobach *adj1* abrasive.

scríobadh (*gensg* **scríobtha**) *nm* scratch.

scríobán *nm1* grater.

scríobh (*gensg* **scríofa**) *nm3* (hand)writing. ● *vb* (*vn* **scríobh** *vadj* **scríofa**) write; **litir a scríobh** to write a letter.

scríobhaí *nm4* scribe.

scríofa →SCRÍOBH.

scrioptúr *nm1* scripture.

scrios (*gensg* **scriosta**) *nm* **1** destruction; **2** ruin. ● *vb* **1** destroy; **2** erase; **rud a scriosadh amach** to rub something out; **3** ruin.

scriosach *adj1* destructive.

scriosán *nm1* eraser, rubber.

scriostóir *nm3* destroyer.

script (*pl* **scripteanna**) *nf2* script (*for play, film*).

scriú *nm4* screw.

scriúáil *vb* screw.

scriúire *nm4* screwdriver.

scrobh (*vadj* **scrofa**) *vb* scramble; **uibheacha scrofa** scrambled eggs.

scrogaire *nm4* eavesdropper.

scrogall *nm1* **1** long thin neck; **2** bottleneck (*in traffic*).

scroid *nf2* snack.

scroidchuntar *nm1* snack bar.

scrolla *nm4* scroll.

scrollaigh *vb* scroll.

scrúdaigh *vb* examine.

scrúdaitheoir *nm3* examiner.

scrúdú *nm* examination; **scrúdú cainte** oral examination.

scrúile *nm4* miser.

scrupall *nm1* scruple.

scrupallach *adj1* scrupulous.

scuab *nf2* **1** sweeping brush, broom; **2** brush; **scuab ghruaige** a hair brush; **3** scuab sionnaigh a fox's brush (*tail*); →SOP. ● *vb* **1** brush; **do chuid gruaige a scuabadh** to brush one's hair; **2** sweep.

scuabadh (*gensg* **scuabtha**) *nm* sweep.

scuad *nm1* squad.

scuadrún *nm1* squadron.

scuaine *nf4* queue.

scuais *nf2* squash (*sport*).

scuibhéir *nm3* squire.

scúille *nm4* scullion.

scun *n* (*in phrase*) **scun scan** completely, outright.

scúnc *nm1* skunk.

scúp *nm1* scoop.

scútar *nm1* scooter.

sé¹ *pron* **1** he; **tá sé ag caint** he's talking; **2** it; **tá sé déanach** it's late.

sé² *numm4* **a sé** six; **sé teach/mhíle** six houses/miles.

sea¹ *nm1* **1** strength; **2** prime; **nuair a bhí mé i mo shea** when I was in my prime; **3** attention;

sea a chur i rud to pay attention to someone.

sea² *adv* **go sea** until now, still.

seabhac *nm1* hawk; **seabhac seilge** peregrine falcon; **seabhac gaoithe** kestrel.

seabhrán *nm1* **1** dizziness; **2** whirring noise (*in head*); **3** whirr.

séabra *nm4* zebra.

seac *nm4* jack (*for car*).

seaca *adj* (*gen of n*) frosty; **maidin sheaca** a frosty morning; →SIOC.

Seacaibíteach *nm1* Jacobite.

seacain *nf2* sequin.

seacál *nm1* jackal.

seach *n* **faoi seach** respectively, in turn.

seachadadh (*gensg* **seachadtha**) *nm* **1** delivery; **seachadadh litreacha** delivery of letters; **2** pass (*in sport*).

seachaid (*pres* **seachadann**) *vb* **1** deliver; **2** pass (*in sport*).

seachain (*pres* **seachnaíonn**) *vb* **1** avoid; **duine a sheachaint** to avoid someone; **2** take care; **seachain!** watch out!

seachaint (*gen* **seachanta**) *nf3* **1** avoidance; **2** guardedness; **bheith ar do sheachaint faoi rud** to be on one's guard about something.

seachantach *adj1* **1** evasive; **2** guarded.

seachas *prep* **1** besides; **2** rather than; **3** compared to.

seachbhóthar (*pl* **seachbhóithre**) *nm1* ring road.

seachbhrí *nf4* overtone.

seach-chonair *nf2* bypass (*surgical*).

seachfhocal *nm1* aside.

seachghalar *nm1* complication (*medical*).

seachmall *nm1* **1** aberration; **2** illusion; **seachmall radhairc** an optical illusion.

seachnaíonn →SEACHAIN.

seachrán *nm1* **1** straying; **dul ar seachrán** to go astray; **seachrán a bheith ort** to be mistaken; **3** derangement.

seachránach *adj1* **1** straying; **2** erroneous; **3** deranged.

seachránaí *nm4* wanderer.

seachród *nm1* bypass.

seacht *numm4* **a seacht** seven; **seacht dteach/míle** seven houses/miles.

seachtain (*pl* **seachtaini**) *nf2* week; **an tseachtain seo caite/seo chugainn** last/next week; **deireadh na seachtaine** the weekend (*the plural 'seachtaine' is used with numbers*).

seachtainiúil *adj2* weekly.

seachtar *nm1* seven people.

seachtó *numm* seventy; **seachtó teach** seventy houses.

seachtódú *adj* seventieth.

seachtrach *adj1* external.

seachtú *nm4* *adjective3* seventh.

seachvótáil *nf3* voting by proxy.

seacláid *nf2* chocolate.

séad (*pl* **séada** *genpl* **séad**) *nm3* **1** jewel; **séad fine** heirloom; **2** valuable object.

seadán *nm1* parasite.

séadchomhartha *nm4* monument.

seadóg *nf2* grapefruit.

seafóid *nf2* nonsense.

seafóideach *adj1* nonsensical; **caint sheafóideach** nonsensical talk.

seafta *nm4* shaft.

seagal *nm1* rye; ▸ **ba é teacht an tseagail aige é** it took him a long time.

seaicéad *nm1* jacket.

seaimpéin *nm4* champagne.

seaimpín *nm4* champion (*in sport*).

seal *nm3* **1** turn; **is é mo sheal é** it's my turn; **2** period of time; **seal oibre a dhéanamh** to do a spell of work.

seál *nm1* shawl.

séala *nm4* **1** seal; **faoi shéala** sealed; **séala a chur ar rud** to seal something; **2** effect, result; **d'fhág sin a shéala air** that left its mark on him.

sealadach *adj1* provisional.

séalaigh *vb* seal.

sealaíocht *nf3* **1** alternation; **sealaíocht a dhéanamh ar rud** to take turns at something; **2** relay (*in sport*); **rás sealaíochta** a relay race.

sealán *nm1* noose.

sealbh, sealbha →SEILBH'

sealbhach *nm1* possessive (*case*). ●*adj1* possessive.

sealbhaigh *vb* **1** possess; **2** gain possession of.

sealbhán *nm1* flock; herd.

sealbhaíocht *nf3* **1** possession; **2** tenure; **sealbhaíocht oifige** tenure of office.

sealbhóir *nm3* **1** possessor; **sealbhóir ticéid** ticket holder; **2** occupier.

sealgaire *nm4* hunter.

sealgaireacht *nf3* hunting.

sealla *nm4* chalet.

Sealtainn *nf2* Shetland, the Shetland Islands.

sealúchas *nm1* **1** possession(s); **2** property; **Sealúchas Trádála** (*Insurance*) Commercial Property.

seam *nm3* rivet.

seamair (*gensg* **seimre** *pl* **seamra**) *nf2* clover.

seamhan *nm1* semen.

seamlas *nm1* slaughterhouse.

seampú (*pl* **seampúanna**) *nm4* shampoo.

seamróg *nf2* shamrock.

seamsán *nm1* drone, hum; ➤ **bíonn an seamsán céanna aici i gcónaí** she never changes her tune.

sean *nm1* ancestor. ●*adj1* old (*compar* **sine**).

sean- *pref* **1** old; **2** exceeding.

-sean *suff* (*emphatic*) **a ndeartháirsean** THEIR brother; **a cuidsean den bhia** HER share of the food; **d'imeoidís-sean dá ligfí dóibh** THEY would leave if they were let.

séan *nm1* **1** (*literary*) good omen; **2** good luck, prosperity.

séan *vb* **1** deny; **2** disown.

seanad *nm1* Senate; **Seanad Éireann** the Irish Senate.

séanadh (*gensg* **séanta**) *nm* denial.

seanadóir *nm3* senator.

seanaimseartha *adj3* **1** old-fashioned; **2** dated.

seanaois *nf2* old age.

seanathair (*gensg* **seanathar** *pl* **seanaithreacha**) *nm* grandfather.

seanbhean (*gensg* **seanmhná** *pl* **seanmhná** *genpl* **seanbhan**) *nf* old woman.

seanbhlas *nm1* contempt; **rud a rá le seanbhlas** to say something contemptuously.

seanbhlastúil *adj2* contemptuous.

seanbhunaithe *adj3* (well) established.

seanchaí *nm4* storyteller.

seanchailín *nm4* spinster.

seanchaite *adj3* worn out.

seanchas *nm1* **1** tradition, lore; **de réir seanchais** according to tradition; **2** storytelling.

seanchríonna *adj3* **1** precocious; **2** wise; **3** experienced.

seanchríonnacht nf3 1 preco-
ciousness; 2 wisdom; 3 experi-
ence.

seanda adj3 old; ancient.

seandacht nf3 antiquity; **siopa
seandachtaí** antique shop.

seandai nm4 shandy.

seandálai nm4 archaeologist.

seandálaíocht nf3 archaeology.

seandéanta adj3 outdated.

seandraoi (pl **seandraoithe**)
nm4 precocious child.

seanduine (pl **seandaoine**)
nm4 old person.

seanfhaiseanta adj3 old-
fashioned.

seanfhear nm1 old man.

seanfhocal nm1 1 proverb;
2 old saying.

seanfhondúir nm3 1 veteran;
2 old-timer.

seang adj1 (gensgm **seang**)
1 slim, slender; 2 meagre;
→SÁCH.

seangán nm1 ant.

Sean-Ghall nm1 Anglo-Norman,
Old English.

Sean-Ghallda adj3 Anglo-
Norman, Old English.

seanghoimh nf2 old sore.

sean-iarsma nm1 ancient relic.

seanléim nf2 bheith ar do
sheanléim arís to be back to one's
best.

seanliach adj1 geriatric.

seanmháthair (gensg
seanmháthar pl
seanmháithreacha) nf grand-
mother.

seanmóir nf3 sermon.

seanmóireacht nf3 preaching,
sermonizing.

seanmóiri nm4 preacher.

sean-nós nm1 traditional
custom; **amhránaíocht ar an sean-
nós** traditional style of singing.

seanóir nm3 old person, elder.

seanphinsean nm1 old-age
pension.

seanphinsinéir nm3 old-age
pensioner.

seans (pl **seansanna**) nm4
1 chance; **dul sa seans** to take a
chance; **de sheans** by chance;
2 luck; **seans a bheith leat** to be
lucky.

séans (pl **séansanna**) nm4 sé-
ance.

seansaighdiúir nm3 old soldier,
veteran.

seansailéir nm3 chancellor;
Seansailéir an Stáitchiste the
Chancellor of the Exchequer.

Sean-Tiomna nm4 Old
Testament.

séantóir nm3 1 apostate; 2 rene-
gade.

Seapáin nf2 an tSeapáin Japan.

Seapáinis nf2 Japanese
(language).

Seapánach nm1 adjective Japan-
ese.

séarach nm1 sewer.

séarachas nm1 sewerage.

searbh (gensgm **searbh**) adj1
1 bitter; 2 sour; 3 sardonic
(person).

searbhaigh vb 1 make bitter;
2 become bitter; 3 embitter.

searbhán nm1 bitter person.

searbhas nm1 1 bitterness;
2 sourness; 3 sarcasm.

searbhasach adj1 1 bitter;
2 sour; 3 sarcastic.

searbhónta nm4 servant.

searc nf2 1 love; 2 beloved one.

searg[1] nm1 atrophy.

searg[2] adj3 wasted.

searg[3] vb 1 wither; 2 waste;
3 shrivel.

seargánach nm1 spoilsport.

searmanas nm1 ceremony.

searmanasach *adj1* ceremonious.

searr *vb* stretch, extend (*limbs*); **thú féin a shearradh** to stretch oneself.

searrach *nm1* foal.

searradh (*gensg* **searrtha**) *nm* stretching (*of limbs*).

searróg *nf2* jar.

seas *vb* 1 stand; **seasamh ar rud** to stand on something; **sheas sí suas** she stood up; 2 remain firm; **an fód a sheasamh** to stand one's ground; 3 stand (*pay for*); **béile a sheasamh do dhuine** to stand someone a meal; 4 last; **ní fheadar an seasfaidh an aimsir?** I wonder will the weather last?; 5 bear, endure; **cruatan a sheasamh** to bear hardship; 6 stand, put up with; **ní féidir liom é a sheasamh** I can't stand him.
□ **seas amach** stand out.
□ **seas ar** maintain; **seasamh ar go...** to maintain that...
□ **seas do** 1 stand (up) for; 2 stand to; **sheas sé sin dó riamh** that always stood to him.
□ **seas le** 1 stand by; **seasaim lena ndúirt mé** I stand by what I said; 2 support.

seasamh *nm1* 1 standing; **bheith i do sheasamh** to be standing (up); **rud a chur ina sheasamh** to stand something upright; 2 status; **tá seasamh aige ina thír féin** he has standing in his own country; 3 endurance; 4 toleration; 5 bheith **ag titim as do sheasamh** to be about to collapse.

seasc *adj1* (*gensgm* **seasc**) 1 barren, infertile; 2 dry; **bó sheasc** a dry cow; 3 neuter (*in biology*).

seasca (*gensg* **seascad** *pl* **seascaidí**) *numm*(*followed by nom sg*) sixty.

seascadú *numm4* sixtieth. ● *adj* sixtieth.

seascair (*gensgm* **seascair**) *adj1* 1 cosy; 2 comfortable.

seascann *nm1* swamp.

seasmhach *adj1* 1 steadfast, loyal (*person*); **bheith seasmhach do do chairde** to be loyal to one's friends; 2 settled (*weather*).

seasmhacht *nf3* 1 steadfastness; 2 constancy.

seasta *adj3* 1 standing; 2 steady (*work*); 3 bheith **seasta le rud** to be delighted with something.

seastán *nm1* stand.

séasúr *nm1* 1 season; **i/as séasúr** in/out of season; 2 seasoning (*in food*).

séasúrach *adj1* 1 seasonal; 2 savoury.

seatnaí *nm4* chutney.

seic (*pl* **seiceanna**) *nm4* 1 cheque; 2 check (*pattern*).

seic-chárta *nm4* cheque card.

Seiceach *nm1* Czech (*person*). ● *adj* Czech; **an Phoblacht Sheiceach** the Czech Republic.

seiceáil *nf3* test. ● *vb* check.

seicheamh *nm1* sequence.

Seicis *nf2* Czech (*language*).

seicleabhar *nm1* chequebook.

seict *nf2* sect.

seicteach *adj1* sectarian.

seicteachas *nm1* sectarianism.

séid *vb* 1 blow; **bhí an stoirm ag séideadh** the storm was blowing; **do shrón a shéideadh** to blow one's nose; 2 inflate, blow up; **balún a shéideadh** to blow up a balloon; 3 incite; **séideadh faoi dhuine** to annoy someone.

séideadh (*gensg* **séidte**) *nm* 1 blowing; 2 inflation, blowing up; 3 draught; 4 inflammation.

séideán *nm1* 1 gust; 2 snort; **séideán a chur asat** to snort.

séideog *nf2* **1** puff (*of wind, breath*); **2** sniff.

SEIF *abbrev* (*short for: Siondróm Easpa Imdhíonachta Faighte*) Aids.

seift *nf2* **1** resource; an tseift dheireanach the last resource; **2** plan; ➤ múineann gá seift necessity is the mother of invention; **3** device; seift liteartha a literary device.

seiftigh *vb* **1** devise; plean a sheiftiú to devise a plan; **2** provide.

seiftiú (*gensg* seiftithe) *nm* **1** contrivance; **2** provision.

seiftiúil *adj2* resourceful.

seiftiúlacht *nf3* resourcefulness.

seilbh (*pl* sealbha *genpl* sealbh) *nf2* **1** possession; seilbh ruda a bheith agat to have something in one's possession; **2** property; **3** occupancy; duine a chur as seilbh to evict someone.

seile *nf4* spit, spittle; seile a chaitheamh to spit.

seilf *nf2* shelf; ar an tseilf on the shelf; seilf leabhar bookshelf.

seilg *nf2* **1** hunt; seilg an mhadra rua foxhunting; **2** quarry; **3** seeking out. ● *vb* **1** hunt; **2** seek out.

seilide *nm4* **1** snail; **2** seilide (drúchta) slug.

seilmideálaí *nm4* dawdler.

séimeantach *adj1* semantic.

séimeantaic *nf2* semantics.

séimh *adj1* **1** gentle; **2** mild; **3** placid; **4** smooth; **5** soft.

séimhigh *vb* **1** soften; **2** smooth; **3** lenite (*in grammar*).

séimhiú (*gensg* séimhithe) *nm* lenition.

seimineár *nm1* seminar.

seimistear *nm1* semester.

Seineagáil (*gensg* an tSeineagáil) Senegal.

seinm (*gensg* seanma) *nf3* **1** playing (*of music*); **2** warbling, chirping (*of birds*).

seinn (*vn* seinm) *vb* play (*music*); an giotár a sheinm to play the guitar.

seinnteoir *nm3* **1** player (*of music*); seinnteoir giotáir guitar player; **2** seinnteoir dlúthdhioscaí compact disc player.

séipéal *nm1* church.

séiplíneach *nm1* chaplain.

seipteach *adj1* septic.

seirbhe *nf4* bitterness.

seirbheáil *vb* serve.

seirbhís *nf2* service; an tseirbhís phoiblí the public service; na seirbhísí éigeandála the emergency services.

seirbhíseach *nm1* servant.

Serbia *nm4* an tSerbia Serbia.

Seirbiach *nm1* Serb(ian). ● *adj1* Serb(ian).

seirfeach *nm1* serf.

seirfean *nm1* indignation.

seiris *nf2* sherry.

séis *nf2* melody.

seisc *nf2* sedge.

séiseach *adj1* melodic.

seisean *pron* (*emphatic*) he; labhair seisean léi HE spoke to her. ● *suff* (*emphatic*) a leabhar seisean HIS book.

seisear *numm1* six people.

séisín *nm4* tip.

seisiún *nm1* session.

seisreach *nf2* **1** plough team; **2** an tSeisreach the Plough (*constellation*).

seit (*pl* seiteanna) *nm4* set (*in dancing*).

seitgháire *nm4* snigger.

seitgháireach *adj1* sniggering.

seithe *nf4* skin, hide (*of animal*).

seitheadóir *nm3* taxidermist.

seitreach *nf2* neighing, neigh.

seo *demonstrative pronoun, adjective, adverb* **1** this, these; **an ceann seo** this one; **cad é seo?** what is this?; **na cinn seo** these ones; **cé hiad na daoine seo?** who are these people?; **seo is siúd** this and that; **2** here; **seo chugainn Tadhg** here comes Tadhg; **3** (*in expression of time*) **as seo amach** from now on; **go dtí seo** up to now; **roimhe seo** before this; **an tseachtain seo caite/chugainn** last/next week; **4** (*denoting ownership*) **an t-uncail seo againne** this uncle of ours; **an gluaisteán seo acu** this car of theirs; **5** **seo dhuit** here (you are); **seo leat!** come on!

seó *nm4* **1** show; **2** fun.

seobhaineach *nm1* chauvinist.
● *adj1* chauvinist.

seobhaineachas *nm1* chauvinism.

seodóir *nm3* jeweller.

seodóireacht *nf3* jewellery (*business*).

seodra *nm4* jewellery.

seoid (*pl* **seoda** *genpl* **seod**) *nf2* **1** jewel; **2** gem.

seoigh *adj1* (*gensgm* **seoigh**) **1** wonderful; **d'éirigh go seoigh léi** she got on wonderfully; **2 fear seoigh** a showman, a comedian.

seoinín *nm4* shoneen.

seoiníneacht *nf3* shoneenism.

Seoirseach *nm1 adjective* Georgian.

seoithín *nm4* **1** whispering sound, sough; **2 seoithín seó** a lullaby.

seol¹ (*pl* **seolta**) *nm1* **1** sail; ➤ **do sheolta a ardú** to raise one's sails (*to set off*); **2** trend; **3** course; **duine a chur de droim seoil** to put someone off course; **4** loom; **seol láimhe** a hand loom.

seol² *nm1* **bean i luí seoil** a woman in labour.

seol³ *vb* **1** sail; **2** send; **teachtaireacht ríomhphoist a sheoladh chuig duine** to send an e-mail to someone; **3** ship (*goods*).

seoladh *nm* (*gensg* **seolta** *pl* **seoltaí**) **1** address; **ainm agus seoladh** name and address; **2** sailing; **3** course; **4** launch (*of book*).

seoltán *nm1* remittance.

seoltóir *nm3* **1** sailer; **2** sender; **3** conductor (*electrical*).

seoltóireacht *nf3* sailing.

seomra *nm4* room; **seomra folctha** bathroom; **seomra leapa** bedroom; **seomra suite** sitting room.

séú *nm4 adj* sixth.

sféar *nm1* sphere.

sh remove 'h': see 'Initial Mutations' in the Grammar section.

sí¹ *nm4* **1** fairy mound; **2 bean sí** banshee.

sí² *nm4* **sí gaoithe** whirlwind.

sí³ *pron* **1** she; **tá sí ag obair** she's working; **2** it.

sia *adj* (*comparative*) longer, farther; **níos sia ná** longer/farther than.

siabhrán *nm1* delusion.

siad *pron* they; **tá siad sa chistin** they're in the kitchen.

siamsa *nm4* **1** entertainment; **2** fun.

sian *nf2* **1** hum (*of voices*); **2** whistling sound (*of wind etc.*); **3** whine; **sian na bpiléar** the whine of bullets.

siansa *nm4* **1** strain (*of music*); **2** symphony.

siansach *adj1* **1** melodious; **2** symphonic; **ceolfhoireann shiansach** symphony orchestra.

siar *adv* **1** to the west, westwards; **ag dul siar** going west; **2 ar ó dheas** to the southwest; **2** back; **siar is aniar** back and forth; **i**

bhfad siar a long time ago; **ól siar é!** knock it back! (drink); **baineadh siar aisti** she was taken aback.

sibh pron you (plural); **an bhfuil sibh go léir ag dul?** are you all going?

sibhialta adj3 **1** civil, civilized; **2** polite.

sibhialtach nm1 civilian. ● adj1 civilian.

sibhialtacht nf3 civilization.

sibhialtas nm1 civility.

sibhruion (pl **sibhruionta**) nf2 (literary) fairy palace.

sibhse pron (emphatic) you; **cá raibh sibhse?** where were YOU?

sibín nm4 shebeen.

sic (pl **siceanna**) nm4 sheikh.

sice nf4 psyche.

siceach adj1 psychic.

siceapatach nm1 psychopath. ● adj1 psychopathic.

siceolaí nm4 psychologist.

siceolaíoch adj1 psychological.

siceolaíocht nf3 psychology.

siciatracht nf3 psychiatry.

siciatraí nm4 psychiatrist.

Sicil nf2 an tSicil Sicily.

sicín nm4 chicken.

siciteiripe nf4 psychotherapy.

sicréid nf2 secret.

sifilis nf2 syphilis.

sil vb **1** drip; **tá uisce ag sileadh den tsíleáil** water is dripping from the ceiling; **2** trickle; **3** drain (vegetables); **4** shed; **ag sileadh na ndeor** shedding tears; **5** hang down (hair).

sil vb **1** think; **is lag a shíl mé go..** little did I think that..; **2** suppose; **3** intend; **shíl sé lena dhéanamh** he intended to do it.

Sile nf4 an tSile Chile.

sileacan nm1 silicon.

sileadh nm **1** drip; **2** discharge (from wound).

siléail nf3 ceiling.

siléar nm1 cellar.

siléig nf2 slackness (in work).

siléigeach adj1 lax.

silín nm4 cherry.

sil-leagan nm1 deposit (in geology).

silteach adj1 **1** dripping; **2** trickling; **3** running; **cneá shilteach** a running sore; **4** flowing; **gruaig shilteach** flowing hair.

silteánach nm1 listless person.

silteoir nm3 drainer.

siméadracht nf3 symmetry.

simléar nm1 chimney.

simpeansaí nm4 chimpanzee.

simpli adj3 simple.

simpliocht nf3 simplicity.

sin demonstrative pronoun, adverb, adjective **1** that, those; **an ceann sin** that one; **cad é sin** what is that; **sin sin** that's that; **cé hé sin?** who's that?; **na cinn sin** those ones; **cé hiad na daoine sin?** who are those people?; **2** (in expressions of time) **as sin amach** from then on; **go dtí sin** before that; **roimhe sin** before that; **mí ó shin** a month ago; **3** (in phrases) **os a choinne sin** as against that; **mar sin** like that; **agus mar sin de** and so forth; **ach mar sin féin** nonetheless.

sin- pref great-; **sin-seanathair** great-grandfather; **sin-seanmháthair** great-grandmother.

Sín nf2 an tSín China.

sín vb **1** stretch (out); **2** point; **méar a shíneadh** to point a finger; **3** hold out; **do lámh a shíneadh chuig duine** to hold out one's hand to someone; **4** lengthen; **tá an lá ag síneadh** the days are lengthening.

sinc nf2 zinc.

siciarann nm1 galvanized iron.

sindeacáit nf2 syndicate.

sine[1] nf4 nipple, teat.

sine[2] →SEAN.

sineach nm1 mammal.

Sineach nm1 adjective Chinese.

sineadh (pl **sínti**) nm4 1 extension; 2 stretch; 3 pointing; 4 accent (on character); **sineadh fada** length mark.

singil adj1 1 single; 2 unmarried; 3 **saighdiúir singil** private (soldier).

sínigh vb sign.

Sínis nf2 Chinese (language).

síniú nm signature.

sinn pron we, us; **an bhfaca sé sinn?** did he see us?

sinne pron (emphatic) we, us; **sinne a bhí ann** it was we who were there.

sinsear nm1 1 senior; 2 ancestor; **teanga ár sinsear** the language of our ancestors.

sinséar nm1 ginger; **arán sinséir** gingerbread.

sinsearach nm1 1 senior; 2 ancestor. ● adj 1 senior; **an fhoireann shinsearach** the senior team; 2 ancestral.

sinsearacht nf3 1 seniority; **sinsearacht a bheith agat ar dhuine** to have seniority over someone; 2 ancestry.

sinseartha adj3 ancestral.

sínte adj3 1 outstretched; 2 extended.

sínteán nm1 stretcher.

sintéis nf2 synthesis.

sintéiseach adj1 1 synthetic.

sínti →SÍNEADH.

sintiús nm1 1 donation; 2 subscription.

sintiúsóir nm3 subscriber.

síob[1] nf2 1 lift (in a car).

síob[2] vb 1 blow (away); 2 drift; **sneachta síobtha** driven snow; 3 blow up.

síobadh (gensg **síobtha**) nm 1 blow; 2 drift; **síobadh sneachta** blizzard.

síobáil nf3 pottering.

síobarnach nf2 confusion; **tá cúrsaí ag dul chun síobarnaí** things are getting out of hand.

síobhas nm1 chive.

síobshiúil (vn **síobshiúl**) vb hitchhike.

síoc (gensg **seaca**) nm3 frost; **tá sé ag cur seaca** it's freezing; →BEAG ● vb 1 freeze; 2 solidify.

síocair (gensg **síocrach** pl **síocracha**) nf 1 cause; **cad ba shíocair leis?** what was the cause of it?; **as síocair go** because; 2 excuse, pretext.

síocaire nm4 chicory.

síocán nm1 frost.

síocainilis nf2 psychoanalysis.

síocainilisí nm4 psychoanalyst.

síocas n **chuaigh sé chun síocais dom** it sickened me.

síocháin nf3 peace; **an tsíocháin a choimeád** to keep the peace; **próiseás na síochána** the peace process; →GARDA

síochánachas nm1 pacifism.

síochánaí nm4 pacifist.

síochánta adj3 peaceful.

síocúil adj2 frosty.

síoda nm4 silk.

síodúil adj2 1 silky; 2 suave; 3 courteous.

síofón nm1 siphon. ● vb siphon.

síofra nf2 1 elf; 2 sprite.

síóg nf2 fairy.

síogaí nm4 fairy.

síogairlín nm4 pendant.

síol (pl **síolta**) nm 1 seed; 2 sperm; 3 offspring, descendants (in history, mythology); **Síol Eoghain** the race of Eoghan; **síol Ádhaimh** the human race, the descendants of Adam.

siolchuir (*vn* **siolchur**) *vb* **1** sow (seeds); **2** propagate.

siolchur *nm1* **1** propagation; **2** propaganda.

siolla *nm4* **1** syllable; **2** note (of music); **3** jot; **ní dhéanann sé sin siolla difríochta** that doesn't make the slightest bit of difference; **níl siolla céille aici** she hasn't an ounce of sense.

siollabas *nm1* syllabus.

siollach *adj1* syllabic; **filíocht shiollach** syllabic poetry.

siollann *nf2* ovary.

siollóig *nf2* syllogism.

siolmhaireacht *nf3* **1** fertility; **2** fruitfulness.

siolmhar *adj1* **1** fertile; **2** fruitful.

síolphlanda *nm4* seedling.

síolraigh *vb* **1** breed; **2** **síolrú ó dhuine** to be descended from someone.

siolteagasc *nm1* indoctrination.

Siombáib *nf2* **an tSiombáib** Zimbabwe.

siombail *nf2* symbol.

siombalach *adj1* symbolic.

sion *nf2* bad weather; **aghaidh a thabhairt ar an tsion** to face the storm.

sionad *nm1* synod.

sionagóg *nf2* synagogue.

Sionainn *nf2* **an tSionainn** the (river) Shannon.

sionchrónaigh *vb* synchronize.

siondróm *nm1* syndrome.

sionnach *nm1* fox.

siopa *nm4* shop; **siopa éadaí** clothes shop; **siopa nuachtán** newsagent's (shop).

siopadóir *nm3* shopkeeper.

siopadóireacht *nf3* shopping.

síor *adj1* **1** eternal; **2** continual; **3** (as adverb) **de shíor** constantly.

síor- *pref* **1** ever-; **2** perpetual-.

sioraf *nm4* giraffe.

siorai *adj3* **1** eternal; **an bheatha shíoraí** eternal life; **2** constant; **go síoraí** for ever.

síoraíocht *nf3* eternity; **an tsíoraíocht** the hereafter.

siorc *nm3* shark.

síorghlas *adj* evergreen.

síorghnách *adj1* humdrum.

sioróip *nf2* syrup.

siortaigh *vb* **1** rummage; **2** ransack.

sios *vb* hiss.

síos *prep* down; **dul síos cnoc** to go down a hill. ● *adv* downwards. ● *adj* **bhí an seomra síos suas aici** she'd turned the room upside down.

siosarnach *nf2* **1** hissing; **2** rustling.

siosma *nm4* schism.

siosúr *nm1* scissors.

siota *nm4* **1** gust (of wind); **2** dash.

síothlaigh *vb* **1** strain, filter; **2** drain; **3** subside (wind, storm).

síothlán *nm1* **1** filter; **2** strainer; **3** percolator.

sip *nf2* zip.

sipris *nf2* crpe.

Siria *nf4* **an tSiria** Syria.

Siriach *nm1* Syrian. ● *adj1* Syrian.

sirriam *nm4* sheriff.

siscéal (*pl* **siscéalta**) *nm1* fairy tale.

sise *pron* (emphatic) she, her; **rinne sise é** SHE did it.

siséal *nm1* chisel.

sistéal *nm1* cistern.

siúcra *nm4* sugar.

siúcraigh *vb* sugar.

siúd demonstrative pronoun **1** that, those, them (with distance in time or space implied); **cad é siúd a bhíodh á rá aige?** what

was that he used to say?; **cérbh iad na daoine siúd a bhí i do theannta?** who were those people who were with you?; **féach orthu siúd** look at them (over there).
● *adv* **1** siúd leis abhaile off he went home; **siúd chun na scoile leo** off they went to school; **2** (*in expressions*) **siúd mar a rinne sí é** that was how she did it; **siúd is** to go even though; →SEO

siúil (*pres* **siúlann**) *vb* **1** walk; **2** travel; **tá an domhan siúlta aige** he's travelled the world.

siúlann →SIÚIL.

siúinéir *nm3* carpenter.

siúinéireacht *nf3* carpentry.

siúl *nm1* **1** walk; **2** manner of walking; **is ait an siúl atá aige** he has a strange walk; **3** movement; **faoi siúl** in motion; **rud a chur ar siúl** to set something going, to switch something on; **4** i bhfad ar siúl faraway.

siúlóid *nf2* walk; **siúlóid a ghlacadh** to take a walk.

siúlóir *nm3* walker.

siúnta *nm4* joint (*in carpentry*).

siúr (*gensg* **siúrach** *pl* **siúracha**) *nf* sister; **an tSiúr Hannah** Sister Hannah.

siúráilte *adj3* sure.

slaba *nm4* slob.

slabhra *nm4* chain.

slacht *nm3* **1** neatness; **2** finish.

slachtmhar *adj1* **1** neat; **duine slachtmhar** a well turned-out person; **2** well finished.

slad *nm3* **1** plunder; **slad a dhéanamh** to plunder; **2** slaughter; **3** devastation.

sladach *adj1* **1** plundering; **2** pillaging; **3** devastation.

sladaí *nm4* **1** plunderer; **2** pillager.

sladmhargadh (*pl* **sladmhargaí**) *nm1* bargain; **rud a fháil ar shladmhargadh** to get

something for a knockdown price.

slaghdán *nm1* cold; **slaghdán a bheith ort** to have a cold; **slaghdán a thógáil** to catch a cold.

slaimice *nm4* hunk, chunk; **slaimice feola** a hunk of meat.

sláinte *nf4* **1** health; ➤ **is fearr an tsláinte ná na táinte** health is better than riches; **2** toast; **sláinte!** your good health!

sláinteach *adj1* hygienic.

sláinteachas *nm1* hygiene.

slántaíocht *nf3* sanitation.

sláintiúil *adj2* healthy.

sláintiúlacht *nf3* **1** healthiness; **2** wholesomeness.

slám *nm4* **1** handful; **2** lock (*of hair*); **3** tuft.

slamaire *nm4* greedy eater.

slán *nm2* **1** healthy person; **2** farewell; **slán a fhágáil ag duine** to bid someone farewell. ● *excl* **slán leat** goodbye (*to person leaving*); **slán agat** goodbye (*to person staying behind*). ● *adj* **1** healthy; **2** safe; **teacht slán as rud** to survive something; **slán sábháilte** safe and sound; **3** whole.

slánaigh *vb* **1** heal; **2** save; **3** indemnify; **4** attain; **aois mhór a shlánú** to reach a great age; **5** redeem.

slánaíocht *nf3* **1** indemnity; **2** guarantee.

slánaitheoir *nm3* saviour.

slánú (*gensg* **slánaithe**) *nm* **1** redemption; **2** salvation.

slánuimhir (*gensg* **slánuimhreach** *pl* **slánuimhreacha**) *nf* whole number.

slaparnach *nf2* splashing.

slat *nf2* **1** rod; **slat iascaireachta** a fishing rod; **slat draíochta** a magic wand; ➤ **is minic a bhain**

duine slat chun a bhuailte féin to make a rod for one's own back; **2** stick, cane; **slat tomhais** a yardstick (*figurative*); **an tslat a thabhairt do dhuine** to cane someone; **3** spine; **bheith sínte ar shlat do dhroma** to be stretched out on one's back; **4** yard (*measure*).

sláthach *nm1* slime.

sleá *nf4* **1** spear; **2** javelin.

sleabhac (*pres* **sleabhcann** *vn* **sleabhcadh** *vadj* **sleabhctha**) *nm1* slouch; **sleabhac a chur ort féin** to slouch. ● *vb* **1** slouch; **2** droop; **3** wilt (*plant*).

sléacht[1] *nm3* slaughter.

sléacht[2] *vb* **1** genuflect; **2** bow down.

sleachta → SLíOCHT

sleamchúis *nf2* negligence.

sleamchúiseach *adj1* negligent; **obair shleamchúiseach** careless work.

sleamhain (*pl* **sleamhna**) *adj1* **1** slippery; **2** smooth.

sleamhnaigh *vb* **1** slide; **2** slip.

sleamhnán[1] *nm1* **1** slide (*for children*); **2** sledge; **3** slip (*for boats*); **4** runner (*of drawer*); **5** slide (*photographic*).

sleamhnán[2] *nm1* sty; **sleamhnán a bheith ar do shúil agat** to have a sty in one's eye.

sleamhnánaí *nm4* sly person.

sleamhnóg *nf2* glide (*in linguistics*).

sleamhnú (*gensg* **sleamhnaithe**) *nm* **1** slip; **2** slide.

sleán *nm1* turf spade.

sleasa → SLIOS.

sleasach *adj1* **1** lateral; **2** faceted (*gemstone*).

sleasán *nm1* facet.

sléibhe, sléibhte → SLIABH.

sléibhteánach *nm1* **1** mountain dweller; **2** highlander.

sléibhteoir *nm3* mountaineer.

sléibhteoireacht *nf3* mountaineering.

sléibhtiúil *adj2* mountainous.

slí (*pl* **slite**) *nf4* **1** way; **ar shlí** in a way; **sa tslí go...** in such a way that...; **2** road; **3** room, space; **tá slí do cheathrar ann** there's room for four people there; **4** means; **an tslí cheart le rud a dhéanamh** the right method of doing something.

sliabh (*gensg* **sléibhe** *pl* **sléibhte**) *nm2* **1** mountain; **2** rough land, moor.

sliabhraon (*pl* **sliabhraonta**) *nm1* mountain range.

sliasaid (*pl* **sliasta**) *nf2* **1** thigh; **2** side.

slibhín *nm4* sly person.

Sligeach *nm1* Sligo.

sligéisc *nplm1* shellfish.

slim *adj1* **1** slender; **2** smooth; **3** sly.

slinn (*gensgm* **slinnte**) *nf2* **1** slate; **teach ceann slinne** a slate-roofed house; **2** tile.

slinneán *nm1* shoulder blade.

slioc *vb* **1** smooth; **2** stroke.

sliocht (*gensg* **sleachta** *pl* **sleachta**) *nm3* **1** offspring; **sliocht a sleachta** their children's children; **2** mark; **tá a shliocht air** this is proof of it; **bhí a shliocht uirthi** it showed on her; **3** extract (*from book*).

sliochtach *nm1* descendant.

sliochtha *adj3* **1** sleek; **2** sly.

sliogán *nm1* **1** shell; **2** (*plural*) **sliogáin** shellfish.

sliogánach *nm1* shellfish.

slios (*gensg* **sleasa** *pl* **sleasa**) *nm3* **1** side; **2** slope; **3** strip.

sliospholl *nm1* porthole.

sliotán *nm1* slot.

sliotar *nm1* ball (*used in hurling*).

slipéar *nm1* slipper.

slis *nf2* **1** chip (*of wood*); **2** slice.

slisbhuille *nm4* slice (*in sport*).

sliseog *nf2* **1** slice; **2** chip.

slisín *nm4* rasher.

slite →SLÍ

slitheánta *adj3* sly.

sloc *nm1* **1** shaft; **sloc mianaigh** a mine shaft; **2** pit.

slocán *nm1* socket.

slócht *nf3* hoarseness.

slog *nm1* **1** gulp, swallow; **2** swig; **slog a bhaint as buidéal** to take a swig out of a bottle. ● *vb* **1** gulp; **2** swallow; **3** engulf; **4** absorb.

slógadh *nm1* **1** rally; **2** mobilization (*of troops*).

slogaide *nf4* gullet.

slogaire *nm4* **1** glutton; **2** voracious eater.

sloigisc *nf2* rabble.

sloinne *nm4* surname.

Slóivéin *nf2* **an tSlóivéin** Slovenia.

Slóivéineach *nm1 adjective* Slovene.

slonn *nm1* expression.

Slóvaic *nf2* **an tSlóvaic** Slovakia.

Slóvacach *nm1* Slovak. ● *adj1* Slovak.

slua (*pl* **sluaite**) *nm4* **1** crowd; **na sluaite daoine** crowds of people; **dul leis an slua** to follow the crowd; **2** multitude, force; **ar cheann an tslua** in the vanguard.

sluaíocht *nf3* expedition.

sluaisteáil *vb* **1** shovel; **2** scoop.

sluaite →SLUA.

sluasaid (*gensg* **sluaiste** *pl* **sluaistí**) *nf2* shovel.

slúiste *nm4* slothful person.

sluma *nm1* slum.

smacht *nm3* **1** control; **smacht a chur ar dhuine** to control someone; **dul ó smacht** to go out of control; **2** rule; **tír a chur faoi**

smacht to conquer a country; **3** discipline.

smachtaigh *vb* **1** control; **2** discipline.

smachtbhanna *nm4* **1** sanction; **2** embargo.

smachtín *nm4* **1** baton; **2** cudgel.

smailc (*pl* **smailceacha**) *nf2* **1** mouthful, bite; **smailc bia** a mouthful of food; **2** puff; **smailc a bhaint as píopa** to puff on a pipe. ● *vb* puff.

smál *nm1* **1** stain; **2** smudge; **3** blemish; **4** blotch.

smálaigh *vb* **1** stain; **2** smudge.

smaoineamh (*pl* **smaointe**) *nm1* **1** idea; **smaoineamh a bheith agat** to have an idea; **2** thought; **3** reflection.

smaoinigh (*vn* **smaoineamh**) *vb* **1** think; **bheith ag smaoineamh ar rud** to be thinking about something; **2** reflect, consider; **smaoinigh air seo** consider this.

smaointeach *adj1* **1** thoughtful; **2** reflective.

smaointeoir *nm3* thinker.

smaointeoireacht *nf3* thinking.

smaragaid *nf2* emerald.

smeach *nm3* **1** flick (*of fingers*); **2** flip; **3** snap; **4** gasp; **bheith sa smeach deireanach** to be at one's last gasp. ● *vb* **1** flick; **2** flip; **3** smack; **do theanga a smeachadh** to click one's tongue.

smeachán *nm1* **1** sip; **2** taste.

smeacharnach *nf2* sobbing.

smeadráil *nf3* smear.

smear *vb* **1** smear; **2** smudge; **3** daub; **4** grease.

sméar *nf2* berry; **sméara dubha** blackberries.

smearadh (*pl* **smearthaí**) *nm1* **1** smear; **2** daub; **3** grease; **4** polish; **smearadh bróg** shoe polish; **5** paste.

sméaróid *nf2* **1** ember; **2** spark.

sméid *vb* **1** wink; **2** signal, beckon; **3** nod.

sméideadh (*gensg* **sméidte** *pl* **sméidte**) *nm* **1** wink; **sméideadh súile** the wink of an eye; **2** nod.

smid *nf2* **1** breath; **2** puff; **3** word; **níl smid as** there isn't a word out of him; **ná habair smid le haon duine** don't say a word to anyone.

smideadh *nm1* make-up.

smidirín *nm4* fragment; **smidiríní smithereens; smidiríní a dhéanamh de rud** to make smithereens of something.

smig *nf2* chin.

smionagar *nm1* fragments.

smior (*gensg* **smeara**) *nm3* **1** marrow; **rud a bheith go smior ionat** to have something ingrained in one; **2** essential part; **dul go smior an scéil** to go to the heart of the matter.

smiot *vb* **1** hit; **2** smash; **3** chop.

smiste *nm4* **1** cudgel; **2** hard blow.

smitín *nm4* sharp blow.

smol *nm1* **1** blight; **2** decay. ● *vb* **1** blight; **2** decay.

smólach *nm1* thrush.

smólachán *nm1* fledgling.

smolchaite *adj3* threadbare.

smúdar *nm1* **1** dust; **2** powder.

smuga *nm4* **1** snot; **2** mucus.

smugairle *nm4* **1** spittle; **2** smugairle róin** jellyfish.

smuigleáil *vb* smuggle.

smuigléir *nm3* smuggler.

smuigléireacht *nf3* smuggling.

smuilc *nf2* snout.

smút *nm1* **1** smoke; **2** dust; **3** gloom; **smút a bheith ort** to feel gloomy.

smútcheo *nm4* smog.

smútraon (*pl* **smútraonta**) *nm1* dirt track.

smúr *nm1* **1** dust, ash; **2** soot; **3** dirt.

smúr *vb* sniff.

smúrthacht *nf3* **1** sniffing; **2** prowling.

smúsach *nm1* **1** pulp; **smúsach a dhéanamh de rud** to reduce something to a pulp; **2** marrow; **3** pith.

smut *nm1* **1** portion; **tá smut den cheart aige** he's partly right; **2** snout (*of animal*); **3** sulky look; **smut a bheith ort** to be sulking.

smután *nm1* **1** stump (*of tree*); **2** piece of wood.

sna combined form of 'i' + plural definite article 'na'.

snag *nm1* **1** sob; **2** hiccup; **snag a bheith ort** to have the hiccups; **3** lull; **4** snag breac** magpie; **snag darach** woodpecker.

snagcheol *nm1* jazz.

snaidhm *nf2* **1** knot; **snaidhm a chur/a scaoileadh** to tie/undo a knot; **2** bond. ● *vb* **1** knot; **2** tie; **3** bind; **4** entwine; **5** embrace; **shnaidhm siad ina chéile** they embraced each other.

snaidhmeach *adj1* knotted.

snáithe *nm4* **1** thread; **2** grain (*in wood*); **3** duine a chur thar a snáithe** to throw someone off his stride.

snáithín *nm4* **1** fibre; **2** filament.

snámh¹ *nm1* dislike.

snámh² *vb* peel.

snámh *nm1* **1** swim; **an bhfuil snámh agat?** can you swim? **ar snámh** floating; **2** swimming. ● *vb* (*vn* **snámh**) **1** swim; **2** float; **3** slither (*snake*).

snámhach *adj1* **1** buoyant; **2** floating.

snámhán *nm1* float.

snámhóir *nm3* swimmer.

snámhraic *nf2* flotsam.

snaois *nf2* snuff.

snap (*pl* **snapanna**) *nm4* **1** snap; **2** snatch. ● *vb* **1** snap; **2** snatch.

snas *nm3* **1** polish; **snas a chur ar rud** to polish something; **snas bróg** shoe polish; **2** gloss; **3** mould.

snasán *nm1* polish.

snasleathar *nm1* patent leather.

snasta *adj3* **1** polished; **2** glossy.

snáth *nm3* thread.

snáthadán *nm1* daddy-long-legs.

snáthaid *nf2* **1** needle; **2** pointer (*on dial*).

snáthaidpholladh (*gensg* **snáthaidphollta**) *nm* acupuncture.

snáthghloine *nf4* fibreglass.

sneachta *nm4* snow; **ag cur sneachta** snowing; **clocha sneachta** hailstones; **▸ cá bhfuil an sneachta a bhí chomh geal anuraidh?** where is the snow which was so bright last year?

sneachtúil *adj2* snowy.

sni *nf4* flow.

snigh *vb* **1** flow; **bhí uisce ag sní isteach sa seomra** water was flowing into the room; **2** pour; **3** crawl (*insect*).

sniodh (*gensg* **sneá** *pl* **sneá**) *nf* nit.

sniog *vb* drain.

sniomh *nm3* **1** spinning; **2** twisting. ● *vb* (*vn* **sniomh**) **1** spin; **2** twist; **3** meander.

snipéir *nm3* sniper.

snoigh *vb* **1** carve; **2** cut; **3** sculpture.

snoíodóir *nm3* **1** carver; **2** sculptor.

snoíodóireacht *nf3* **1** carving; **2** sculpture.

snoiteacht *nf3* **1** refinement; **2** cleanness.

snua (*pl* **snuanna**) *nm4* **1** appearance; **2** complexion.

snuaphúdar *nm1* face powder.

snua-ungadh *nm1* face cream.

snúcar *nm1* snooker.

so- *pref* **1** easily; **2** good; **3** possible.

só *nm4* luxury; **→SÁIMHÍN**.

so-athraithe *adj3* adjustable.

sobal *nm1* lather.

sobalach *adj1* frothy.

sobalchlár *nm1* soap (opera).

so-bhlasta *adj3* delicious, tasty.

sobhogtha *adj3* **1** elastic; **2** movable.

sobhriste *adj3* **1** fragile; **2** breakable.

sóbráilte *adj3* sober.

soc *nm1* **1** muzzle, snout (*of animal*); **2** nozzle (*of hose, etc*); **3** pout; **soc a chur ort féin** to pout.

socadán *nm1* busybody.

socair *adj* (*gensgm* **socair** *gensgf* **socra** *compar* **socra** (*pl* **socra**)) **1** calm, quiet; **fan socair!** keep quiet!; **2** settled (*weather*); **3** steady; **4** easy (*pace*).

sócamais *nplm* **1** confectionery; **2** delicacies.

sóch *adj1* **1** satisfied; **2** luxurious.

sochaí *nm4* society.

sóchán *nm1* mutation (*in biology*).

sochar *nm1* **1** benefit; **rud a chur chun sochair duit féin** to turn something to one's advantage; **2** profit; **sochar agus dochar** profit and loss.

socheolaí *nm4* sociologist.

socheolaíocht *nf3* sociology.

sochorraithe *adj3* **1** highly strung; **2** excitable.

sochrach *adj1* **1** beneficial; **2** profitable.

sochraid *nf2* funeral; **socruithe sochraide** funeral arrangements.

sochreidte adj3 1 believable; 2 creditable.

sócmhainn nf2 asset.

sócmhainneach adj1 solvent (financially).

socra →SOCAIR.

socracht nf3 1 calmness; 2 ease; rud a dhéanamh ar do shocracht to do something at one's ease.

socraigh vb 1 arrange; cruinniú a shocrú to arrange a meeting; 2 fix; 3 become quiet; shocraigh an stoirm the storm died down; 4 make quiet; 5 settle; socrú isteach in áit to settle into a place; argóint a shocrú to settle an argument.

socraíocht nf3 settlement.

socraithe adj3 1 arranged; 2 settled; 3 fixed.

socrú (gensg **socraithe** pl **socruithe**) nm 1 arrangement; 2 settlement.

sócúl nm1 comfort.

sócúlach adj1 comfortable.

sócúlacht nf3 comfort.

sodar nm1 1 jog; 2 trot; ar sodar trotting.

sodhéanta adj3 easily done.

sofaisticiúil adj2 sophisticated.

sofaisticiúlacht nf3 sophistication.

sofheicthe adj3 1 obvious; 2 visible.

sofhriotal nm1 euphemism.

sofhulaingthe adj3 1 endurable; 2 tolerable.

soghalaithe adj3 volatile (substance).

soghalaitheacht nf3 volatility.

soghluaiste adj3 mobile.

soghonta adj3 vulnerable.

soghontacht nf3 vulnerability.

soibealta adj3 impudent.

soibealtacht nf3 impudence.

soicéad nm1 socket.

sóid nf2 soda.

soighe nm4 soya; anlann soighe soy sauce.

soilbhir (gensgm **soilbhir** gensgf **soilbhre** pl **soilbhre** compar **soilbhre**) adj1 1 cheerful; 2 jovial.

soiléir adj1 1 clear; 2 obvious.

soiléireacht nf3 1 clarity; 2 obviousness.

soiléirigh vb clarity.

soilire nm4 celery.

soilse nf4 1 brightness; 2 flash of lightning; 3 A Shoilse His/Your Excellency.

soilsigh vb 1 shine; 2 illuminate.

soilsiú nm 1 lighting; 2 illumination.

soineann nf2 fair weather.

soineanta adj3 1 fair (weather); 2 innocent, naive.

soineantacht nf3 1 innocence; 2 naivety.

sóinseáil nf3 change (money).

so-iompair adj(gen of n) portable.

soiprigh vb 1 nestle; 2 snuggle.

soir adv to the east, eastwards; ag dul soir going east; soir ó thuaidh to the northeast.

soirbh adj1 1 easy; 2 pleasant.

soirbhíoch nm1 optimist.

soirbhíochas nm1 optimistic.

soiscéal nm1 gospel.

soiscéalach adj1 evangelical.

soiscéalaí nm4 1 evangelist; 2 preacher.

sóisear nm1 junior.

sóisearach adj1 junior; an fhoireann shóisearach the junior team.

sóisialach *nm1* socialist.

sóisialachas *nm1* socialism.

sóisialaí *nm4* socialist.

sóisialta *adj3* social.

soith *nf2* bitch (*dog*).

soitheach (*pl* **soithí**) *nm1* **1** vessel; **2** dish; **na soithí a ní** to wash the dishes; **3** barrel; **4** container; **5** ship.

sól *nm1* sole (*fish*).

soláimhsithe *adj3* manageable.

soláisteoir *nm3* confectioner.

soláistí *npl* **1** delicacies; **2** dainties.

solaoid *nf2* **1** example; **2** illustration.

solas (*pl* **soilse**) *nm1* **1** light, brightness; **solas an lae** daylight; **rud a thabhairt chun solais** to bring something to light; **solas a lasadh/a mhúchadh** to switch on/off a light; **soilse tráchta** traffic lights; **2** flame; **solas a iarraidh ar dhuine** to ask someone for a light; **3** enlightenment.

sólás *nm1* **1** solace; **2** reassurance.

sólásaigh *vb* console.

solasmhar *adj1* **1** bright; **2** luminous; **3** lucid.

so-lasta *adj3* inflammable.

solathach *adj1* venial; **peaca solathach** a venial sin.

soláthair (*pres* **soláthraíonn**) *vb* **1** provide, supply; **rud a sholáthar do dhuine** to provide someone with something; **2** procure.

soláthar (*pl* **soláthairtí**) *nm1* **1** provision; **2** supply; **3** procurement.

soláthraí *nm4* supplier.

soléite *adj3* legible.

sollúnta *adj3* solemn.

sollúntacht *nf3* solemnity.

solúbtha *adj3* flexible.

solúbthacht *nf3* flexibility.

somáil *nf3* an t**Somáil** Somalia.

sómhar *adj1* **1** comfortable; **2** luxurious.

somharaithe *adj3* mortal.

somharfacht *nf3* mortality.

somhianaithe *adj3* desirable.

son *n* **ar son** (+GEN) on behalf of, for the sake of, in return for; **labhair se ar ár son** he spoke on our behalf; **ar son na bpáistí** for the sake of the children; **ar a shon** nevertheless.

sona *adj3* happy; **Nollaig Shona** Happy Christmas.

sonas *nm1* happiness.

sonasach *adj1* happy.

sonc *nm1* nudge, dig.

sonóg *nf2* mascot.

sonra *nm4* **1** detail; **sonraí** data; **2** characteristic; **3** particular; **de shonra** in particular.

sonrach *adj1* **1** particular; **go sonrach** particularly, notably; **2** specific.

sonraíoch *adj1* **1** noticeable; **2** remarkable.

sonraíocht *nf3* specification.

sonrasc *nm1* invoice.

sonrú (*gensg* **sonraithe**) *nm* **1** specification; **2** notice; **sonrú a chur i rud** to notice something.

sonuachar *nm1* (good) spouse.

sop *nm1* **1** wisp (*of straw*); ➤ **sop in áit na scuaibe** a poor substitute (*literally: a wisp of straw instead of a brush*); **2** bed; **tá sé in am soip** it's time for bed.

soprán *nm1* soprano.

sorcas *nm1* circus.

sorcóir *nm3* cylinder.

sorcóireach *adj1* cylindrical.

sorn *nm1* **1** furnace; **2** stove.

sornóg *nf2* stove.

sórt *nm1* **1** sort, kind; **cén sórt gluaisteáin é?** what kind of a car is it?; **gach uile shórt** every kind of thing; **2 a bit; bhí mé sórt neirbhíseach** I was a bit nervous.

sórtáil *vb* sort; **páipéir a shórtáil** to sort papers.

sos (*pl* **sosanna**) *nm3* **1** break; **am sosa** breaktime; **sos cogaidh** truce; **2** rest; **tóg sos** take a rest.

sotal *nm1* **1** arrogance; **tá sotal inti** she's arrogant; **2** cheek, cockiness.

sotalach *adj1* **1** arrogant; **2** cheeky.

sotar *nm1* setter; **sotar rua** Irish setter.

sothógtha *adj3* **1** excitable; **2** easily reared (*child*).

sothuigthe *adj3* comprehensible, easily understood.

spá *nm4* spa.

spád *nm1* spade.

spadánta *adj3* lethargic, sluggish.

spadántacht *nf3* lethargy.

spadhar *nm1* fit; **bhuail spadhar feirge mé** I had a fit of rage.

spadhrúil *adj2* moody.

spágach *adj1* clumsy-footed.

spágáil *vb* trudge.

spágaire *nm4* ungainly person.

spailpín *nm4* (migrant) farm labourer.

Spáinn *nf2* **an Spáinn** Spain.

Spáinneach *nm1* Spaniard.
● *adj1* Spanish.

spáinnéar *nm1* spaniel.

Spáinnis *nf2* Spanish (*language*).

spairn *nf2* contention, dispute; **cnámh spairne** a bone of contention.

spairneach *adj1* contentious.

spaisteoir *nm3* stroller.

spaisteoireacht *nf3* strolling.

spall *vb* **1** scorch; **2** parch; **spallta leis an tart** parched with thirst.

spalladh (*gensg* **spallta**) *nm* **1** scorching; **2** parching; **spalladh íota** a parching thirst.

spalp *vb* **1** beat down; **bhí an ghrian ag spallpadh anuas** the sun was beating down; **2 > ag spalpadh mionnaí móra** cursing profusely.

spáráil *vb* spare.

spárálach *adj1* sparing.

sparán *nm1* purse.

sparántacht *nf3* bursary.

sparánaí *nm4* bursar.

sparra *nm4* **1** spar; **2** bar; **sparra iarainn** an iron bar.

spartach *adj1* spartan.

spártha *adj3* spare.

spás (*pl* **spásanna**) *nm1* space.

spás- *pref* space-.

spásáil *nf3* spacing. ● *vb* space (out).

spásaire *nm4* astronaut.

spásárthach (*pl* **spásárthaí**) *nm1* spacecraft.

spásas *nm1* period of grace.

speabhraídí *nfpl2* hallucinations, illusions.

speach *nf2* **1** kick (*of animal*); **2** recoil, kickback (*of gun*). ● *vb* **1** kick (*animal*); **2** recoil, kick back (*gun*).

spéaclaí *nplm4* glasses.

speal *nf2* scythe. ● *vb* mow (*with scythe*).

speic *nf2* peak (*of cap*).

spéice *nm4* **1** post, stick; **2** spike.

speiceas *nm1* species.

speiceasach *adj1* specific.

speictream *nm1* spectrum.

speilp *nf2* wealth; **tá speilp orthu** they're very well-to-do.

spéir (*pl* **spéartha**) *nf2* sky.

spéirbhean (*gensg* **spéirmhná** *pl* **spéirmhná** *genpl* **spéirbhan**) *nf* beautiful woman.

spéireata nm4 spade (in cards); spéireataí spades.

spéirghorm adj1 sky-blue.

spéiriúil adj2 beautiful.

spéirléas nm1 skylight.

spéirling nf2 thunderstorm.

speirm nf2 sperm.

spéis nf2 1 interest; spéis a bheith agat i rud to be interested in something; 2 affection.

speisialta adj3 special.

speisialtacht nf3 speciality.

speisialtóir nm3 specialist.

speisialtóireacht nf3 specialization.

spéisiúil adj2 interesting.

spiacán nm1 spiky object.

spiacánach adj1 spiky.

spiagaí adj3 gaudy.

spiaire nm4 spy.

spiaireacht nf3 spying.

spice nm4 spike.

spiceach adj1 spiky.

spíd nf2 aspersion; spíd a chaitheamh ar dhuine to cast aspersions on someone.

spideog nf2 robin.

spidiúil adj2 disparaging.

spion¹ nf2 1 thorn(s); 2 thorny shrub.

spion² vb 1 expend; 2 exhaust; táim spionta I'm exhausted; 3 examine carefully.

spionáiste nm4 spinach.

spíonán nm1 spinach.

spionnadh nm1 vitality, verve.

spiorad nm1 1 spirit; an Spiorad Naofa the Holy Spirit; 2 ghost.

spioradálta adj3 spiritual.

spioradáltacht nf3 spirituality.

spíosra nm4 spice.

spíosrach adj1 spicy.

spíosraigh vb spice, flavour.

splanc (pl splancacha) nf2 1 flash; splanc thintrí a flash of lightning; 2 spark; níl splanc chéille aici she hasn't a spark of sense. • vb 1 flash; 2 spark.

splancarnach nf2 flashing.

spleách adj1 dependent.

spleáchadh ar rud to glance at something.

spléachadh nm1 1 glance; 2 glimpse; spléachadh a fháil ar rud to get a glimpse of something.

spleáchas nm1 dependence.

spleodar nm1 1 exuberance; 2 cheerfulness.

spleodrach adj1 1 exuberant; 2 cheerful.

splinceáil nf3 squinting.

spóca nm4 spoke.

spoch vb 1 castrate; 2 bheith ag spochadh as duine to tease someone.

spól nm1 spool.

spóla nm4 joint (of meat).

sponc nm1 1 courage, spunk; 2 tinder; 3 coltsfoot.

sponcán nm1 1 tinder; 2 ▸ tá sé ag baint sponcáin chugat he's having you on.

sponcúil adj2 1 courageous; 2 feisty.

spontáineach adj1 spontaneous.

spontáineacht nf3 spontaneity.

spor nm1 spur. • vb spur.

spórt nm1 1 sport; 2 fun.

spórtúil adj2 sporting.

spota nm4 1 spot; 2 speck, stain.

spotach adj1 spotted, spotty.

spotsolas (pl spotsoilse) nm1 spotlight.

sprae nm4 spray.

spraeáil vb spray.

spraechanna nm4 spraycan.

spraeire nm4 sprayer.

spraíúil adj2 playful.

spraoi (pl **spraionna**) nm4
1 fun; 2 spree; **dul ar spraoi** to go
on a drinking spree.

spraoithiomáint (gensg
spraoithiomána) nf3 joyriding.

spré[1] nf4 1 dowry; 2 wealth.

spré[2] (gensg **spréite**) nm
1 spread; 2 flare (in skirt).

spré[3] (pl **spréacha**) nf4 spark,
ember.

spréach nf2 spark. ● vb 1 spark;
2 splutter; 3 spray; 4 kick
(horse); 5 infuriate; **bheith
spréachta chun duine** to be in-
furiated with someone.

spréacharnach nf2 sparkling.

spréachphlocóid nf2
sparkplug.

spreag vb 1 inspire; 2 encour-
age; 3 incite, urge.

spreagadh (gensg **spreagtha**)
nm 1 inspiration; 2 encourage-
ment; 3 incitement.

spreagúil adj2 1 inspiring; 2 en-
couraging.

spréigh vb 1 spread; 2 disperse;
an nuacht a spré to spread the
news.

spréire nm4 sprinkler.

sprid nf2 1 ghost; 2 spirit.

sprioc (gensg **sprice** pl
spriocanna) nf2 1 target; an
sprioc a aimsiú to hit the taget;
2 point in time; **ar an sprioc** on
the dot.

spriocdháta nm4 deadline
(date).

sprionga nm4 spring.

sprionlaithe adj3 1 mean;
2 stingy.

sprionlaitheacht nf3 1 mean-
ness; 2 stinginess.

sprionlóir nm3 miser.

sprochaille nf4 loose skin;
**sprochailí faoi na súile a bheith
agat** to have bags under one's
eyes.

sprús nm1 spruce.

spuaic nf2 1 blister; 2 steeple,
spire.

spúinse nm4 sponge.

spúinseáil vb sponge.

spúnóg nf2 spoon; **spúnóg tae**
teaspoon.

spút nm1 spout.

srac nf2 1 tear; **rud a sracadh as a
chéile** to tear something apart;
2 drag; 3 pull.

sracadh (gensg **sractha**) nm
1 pull; 2 jerk; 3 mettle; **sracadh a
bheith ionat** to be mettlesome;
4 extortion.

sracaireacht nf3 extortion.

sracfhéachaint (gen
scracfhéachana) nf3 glance.

sracshúil nf2 glance; **sracshúil a
thabhairt ar rud** to have a glance
at something.

sráid nf2 street.

sráidbhaile (pl **sráidbhailte**)
nm4 village.

sraith nf2 1 row, line; **sraith tithe**
a row of houses; 2 series, cycle;
3 league (in sport); 4 progression
(in maths, music).

sraithadhmad nm1 plywood.

sraithchlár nm1 serial.

sraithchomórtas nm1 league
(in sport).

sraithuimhir (gensg
sraithuimhreach pl
sraithuimhreacha) nf serial
number.

srann nf2 1 snore; 2 snort.

sranntarnach nf2 snoring.

sraoill[1] nf2 slattern.

sraoill[2] nf2 trail; **sraoill deataigh**
a trail of smoke. ● vb 1 trail, drag;
2 tear.

sraoth nm3 sneeze; **sraoth a
ligean** to sneeze.

sraothartach nf2 sneezing.

srapnal nm1 shrapnel.

srath (*pl* **sratha**) *nm3* river valley.

srathach *adj1* serial.

srathair (*gensg* **srathrach** *pl* **srathracha**) *nf* straddle.

srathmharfóir *nm3* serial killer.

srathrach, srathracha
→SRATHAIR

srathraigh *vb* harness.

sreabh *nf2* stream.

sreabhadh (*gensg* **sreafa**) *nm* flow.

sreabhán *nm1* fluid.

sreabhann *nm1* 1 membrane; 2 gauze.

sreabhchairt (*pl* **sreabhchairteacha**) *nf2* flow chart.

sreang *nf2* 1 wire; **sreang dheilgneach** barbed wire; 2 string. ● *vb* 1 pull; 2 wrench; 3 drag.

sreangach *adj1* 1 stringy; 2 bloodshot (*eye*).

sreangadh (*gensg* **sreangtha**) *nm* 1 pull; 2 wrench.

sreangaigh *vb* wire.

sreangán *nm1* 1 twine; 2 cord.

sreangscéal (*pl* **sreangscéalta**) *nm1* telegram.

sreangshiopa *nm4* chainstore.

sreangú (*gensg* **sreangaithe**) *nm* wiring.

srian (*pl* **srianta**) *nm1* 1 bridle; 2 rein; 3 restraint; **srian a chur le duine** to restrain someone; **srian a chur ar rud** to curb something. ● *vb* 1 bridle; 2 curb, restrain.

srianta *adj3* restrained.

sriantacht *nf3* constraint.

sroich *vb* 1 reach, arrive; 2 attain (*age*).

sról *nm1* satin; **éadach sróil** satin cloth.

srón *nf2* 1 nose; ➤ **is minic a bhris béal duine a shrón** it is often that

a person's mouth broke his nose; 2 sense of smell.

srónach *nm1* nasal (*in linguistics*). ● *adj1* nasal.

srónail (*gensg* **srónaíola**) *nf3* 1 sniffing; 2 twang; 3 nasalization (*in linguistics*).

srónbheannach *nm1* rhinoceros.

sruth *nm3* 1 stream; 2 current; **in aghaidh an tsrutha** against the current.

sruthaigh *vb* stream, flow.

sruthán *nm1* stream.

sruthlaigh *vb* flush.

sruthlam *nm1* turbulence.

stábla *nm4* stable.

stáca *nm4* 1 stake; 2 stack.

stad (*pl* **stadanna**) *nm4* 1 stop; **stad bus** a bus stop; 2 pause, halt; **stad a dhéanamh** to pause, to make a stop; 3 **baineadh stad asam** I was taken aback; 4 **tá stad (cainte) ann** he has a stammer. ● *vb* 1 stop; 2 cease; **stad den obair** to stop working; 3 stay; **stadamar leo ar feadh seachtaine** we stayed with them for a week.

stádas *nm1* status.

staic *nf2* 1 stake; 2 post.

staicín *nm4* **staicín áiféise** a laughing stock.

staid *nf2* state, condition.

stáid *nf2* 1 trail; 2 streak; 3 line.

staidéar *nm1* 1 study; **staidéar a dhéanamh ar ábhar** to study a subject; 2 level-headedness, sense.

staidéarach *adj1* 1 studious; 2 level-headed, sensible.

staidiam *nm4* stadium.

staidiúir *nf2* posture.

staidreamh *nm1* statistics.

staighre *nm4* 1 stairs; **thíos staighre** downstairs; **thuas**

staighre upstairs; **2** staircase; **staighre bise** spiral staircase.

stail *nf2* stallion.

stailc *nf2* **1** strike; **dul ar stailc** to go on strike; **stailc ocrais** hunger strike; **2** stubbornness.

stailceoir *nm3* striker.

stainc *nf2* **1** huff; **2** spite, pique; **rud a dhéanamh le stainc ar dhuine** to do something to spite someone.

stainceach *adj1* **1** huffy; **2** petulant.

stair (*pl* **startha**) *nf2* history.

stáir (*pl* **stártha**) *nf2* **1** spell, turn; **2** dash; **3** fit; **ar na stártha** blind drunk; **4** long period of time; **ní fhaca mé le stáir thú** I haven't seen you for ages.

staire *adj* (*gen of n*) history; **leabhar staire** history book.

stairiúil *adj2* historical.

stáirse *nm4* starch.

stáirsiúil *adj2* starchy.

stáisiún *nm1* **1** station; **stáisiún gardaí** station guard; **stáisiún dóiteáin** fire station; **stáisiún traenach** railway station; **stáisiún bus** bus station; **2** **stáisiúin bhliantúla** annual stations (*in religion*).

staitistic *nf2* statistic; **staitisticí** statistics.

stáitse *nm4* stage.

stáitsigh *vb* stage (*a play*).

stálaithe *adj3* **1** stale; **2** stiff.

stalc *vb* **1** harden, set; **2** stiffen.

stalcach *adj* sulky.

stalcacht *nf3* stubbornness.

stalla *nm4* stall.

stampa *nm4* stamp; **stampa poist** postage stamp; **stampa dáta** date stamp.

stampáil *vb* stamp.

stán¹ *nm1* tin; **canna stáin** tin can.

stán² *vb* stare.

stánadh *nm1* stare.

stánaithe *adj3* tinned (*food*).

stang *vb* **1** peg, stake (out) (*land*); **2** bend, warp; **3** lag; **ag stangadh siar** lagging behind.

stangadh (*gensg* **stangtha**) *nm* **1** bend; **2** wrench; **bhain sé stangadh as a dhroim** he wrenched his back; **3** shock; **stangadh a bhaint as duine** to give someone a shock.

stánoscclóir *nm3* tin-opener.

staon *vb* **1** abstain; **bheith ag staonadh ón ól** to abstain from drink; **2** stop, cease; **3** drawback.

staonadh (*gensg* **staonta**) *nm* **1** abstention; **2** stop; **gan staonadh** without stopping; **3** restraint.

staonaire *nm4* tee-totaller, pioneer.

staontach *adj1* **1** abstinent; **2** teetotal.

stápla *nm4* staple.

stápláil *vb* staple.

stáplóir *nm3* stapler.

starai *nm4* historian.

starrfhiacail (*pl* **starrfhiacla**) *nf2* **1** prominent tooth; **2** fang; **3** tusk.

startha →STAIR

stártha →STÁIR

stát *nm1* state; **na Stáit Aontaithe** the United States.

statach *adj1* static.

státaire *nm4* statesman.

státchiste *nm4* exchequer.

státrúnai *nm4* secretary of state.

státseirbhís *nf2* civil service.

státseirbhíseach *nm1* civil servant.

státúil *adj2* **1** stately; **2** dignified.

stát-urraithe *adj3* state-sponsored.

steall (*pl* **steallta**) *nf2* **1** splash; **2** squirt; **3** gush. ● *vb* **1** splash;

2 pour; **ag stealladh báistí** lashing rain; **3** spout (*of speech*); **bhí sí ag stealladh Gaeilge** she was prattling away in Irish.

stealladh (*pl* **stealltaí**) *nm1* **1** outpouring; **2** downpour; **stealladh báistí** downpour of rain; **3** bheith ar steallaí mire to be raging mad.

steallaire *nm4* syringe.

steanc *nm4* **1** squirt; **2** splash. ● *vb* **1** squirt; **2** splash.

stéaróideach *nm1* steroid.

steifir *nf2* zephyr.

stéig (*pl* **stéigeacha**) *nf2* **1** steak; **stéig mhairteola** beefsteak; **2** slice (*of meat*); **3** intestine; **an stéig mhór** the large intestine; **stéigeacha** intestines.

stéille, Stéilleacha →STIALL.

steiréafónach *adj1* stereophonic.

steirió *nm4* stereo.

steirling *nm4* sterling.

stiall (*gensg* **stéille** *pl* **stéilleacha**) *nf2* **1** strip; **2** slice (*of meat*); **3** lash. ● *vb* **1** cut into strips; **2** slit; **3** tear; **4** lash.

stiallach *adj1* tattered.

stialladh (*gensg* **stialltha**) *nm* laceration.

stiallaire *nm4* shredder.

stiallchartún *nm1* cartoon strip.

stíl *nf2* style.

stiléir *nm3* **1** stiller; **2** poteen maker.

stiléireacht *nf3* **1** distilling; **2** poteen making.

stiobhard *nm1* steward.

stiogma *nm4* stigma; **stiogmaí** stigmata.

stionsal *nm1* stencil.

stioróip *nf2* stirrup.

stiúg *vb* **1** perish; **bheith stiúgtha leis an bhfuacht** to be perished with the cold; **2** expire.

stiúideo (*pl* **stiúideonna**) *nm4* studio.

stiúir (*gensg* **stiúrach** *pl* **stiúracha**) *nf* **1** rudder; **fear stiúrach** helmsman; **2** direction, control; **faoi stiúir** under control; **3** posture.

stiúradh (*gensg* **stiúrtha**) *nm* **1** steering; **2** direction, control; **3** supervision; **rud a dhéanamh faoi stiúradh duine** to do something under someone's supervision.

stiúrthóir *nm3* **1** conductor; **2** director; **stiúrthóir comhlachta** company director; **3** supervisor.

stobarnáilte *adj3* stubborn.

stobh *vb* stew.

stobhach *nm1* stew; **stobhach Gaelach** Irish Stew.

stoc *nm1* **1** stock; **stoc feirme** farm stock; **an stoc a áireamh** to take stock; **2** race (*of people*); **3** scarf, muffler; **4** stem, stalk.

stoca *nm4* **1** sock; **2** stocking.

stócach *nm1* young boy, youth.

stócáil *vb* stoke.

stocaire *nm4* **1** trumpeter; **2** intruder, gatecrasher.

stocaireacht *nf3* sponging; **bheith ag stocaireacht ar dhuine** to sponge off someone.

stocáireamh *nm1* stocktaking.

stocbhróicéir *nm3* stockbroker.

stóchas *nm1* stoicism.

stóchúil *adj2* stoical.

stocmhalartán *nm1* stock exchange.

stocmhargadh (*pl* **stocmhargaí**) *nm1* stock market.

stocshealbhóir *nm3* stockholder.

stoda *nm4* stud.

stoidiaca *nm4* zodiac.

stoil (*pl* **stoileacha**) *nf2* stole.

stóinseach *adj1* **1** staunch; **2** robust.

stóinseacht *nf3* **1** staunchness; **2** strength.

stoirm (*pl* **stoirmeacha**) *nf2* storm.

stoirmeach *adj1* stormy.

stoith *vb* **1** pluck; **2** uproot; **3** extract (*tooth*).

stól (*pl* **stólanna**) *nm1* stool.

stoll *vb* **1** shred; **2** tear up.

stolpach *nm1* constipation. ● *adj* **1** constipating; **2** stodgy.

stop *nm4* stop. ● *vb* **1** stop; **2** halt; **3** bring to an end; **4** stay.

stopadh *nm* **1** stoppage.

stopallán *nm1* **1** plug; **2** stopper.

stopuaireadóir *nm3* stopwatch.

stór (*pl* **stórtha**) *nm1* **1** store; **stór** focal vocabulary; **2** stock; **3** treasure; **4** a stór darling.

stór (*pl* **stórtha**) *nm1* **1** storey; **teach dhá stór** a two-storey house.

stóráil *nf3* storage. ● *vb* store.

stóras *nm1* **1** storehouse, storeroom; **2** stores; **3** provisions.

stothaire *nm4* unkempt person.

strabhas *nm1* grimace.

strae *nm4* straying; **duine a chur ar strae** to mislead someone.

straeire *nm4* **1** strayer; **2** wanderer.

stráice *nm4* strip.

straidhn *nf2* **1** strain; **2** anger, fury; **straidhn a chur ar dhuine** to make someone angry.

straidhneáil *vb* strain.

straidhp *nf2* stripe.

straidhpiúil *adj2* **1** striped; **2** blustery (*weather*).

straiglléir *nm3* straggler.

strainc *nf2* grimace.

stráinín *nm4* colander.

strainséartha *adj3* strange.

strainséar *nm3* stranger.

straitéis *nf2* strategy.

straitéiseach *adj1* strategic.

strambán *nm1* boring person.

strambánach *adj1* boring.

straois *nf2* **1** grin; **2** smirk.

straoisíl *nf2* grinning.

strapa *nm4* strap.

streabhóg *nf2* hussy.

streachail (*pres* **streachlaíonn**) *vb* **1** pull, drag; **2** strive; **3** struggle; **'conas atá tú?' – 'ag sreachailt liom'** 'how are you?' – 'struggling along'.

streachaille *nm4* **1** untidy person; **2** idler; **3** slut.

streachailt *nf2* struggle.

streachlaíonn →STREACHAIL.

streancán *nm1* **1** strain (*of music*); **2** air, tune; **3** twang (*of instrument*).

streancánacht *nf3* strumming (*on instrument*).

striapach *nf2* prostitute.

striapachas *nm1* prostitution.

stricnín *nm4* strychnine.

stríoc *nf2* **1** stripe; **2** streak; **3** stroke (*of pen*); **4** parting (*in hair*). ● *vb* **1** lower; **bratach a stríocadh** to lower a flag; **2** submit, yield.

stró *nm4* **1** trouble; **2** effort, exertion; **gan stró** effortlessly; **3** wealth.

stróc *nm4* stroke.

stróic (*pl* **stróiceacha**) *nf2* **1** tear. ● *vb* **1** tear; **2** pull hard, wrench.

stróiceadh (*gensg* **stróicthe**) *nm* tear.

stroighin (*gensg* **stroighne**) *nf2* cement.

stroighnigh *vb* cement.

stróinséir *nm3* stranger.

stróinséartha *adj1* strange.

stromp *vb* **1** stiffen; **bhí mé stromptha leis an bhfuacht** I was stiff with the cold; **2** harden.

struchtúr *nm1* structure.

struchtúrach *adj1* structural.

struchtúrachas *nm1* structuralism.

struchtúrtha *adj3* structured.

strufal *nm1* truffle.

struipeáil *vb* strip.

strus *nm1* 1 stress; 2 strain.

stua *nm4* 1 arch; 2 arc (of circle).

stuacach *adj1* 1 pointed; 2 stubborn.

stuacacht *nf3* stubbornness.

stuaic *nf2* 1 peak, tip; 2 spire; 3 sulk; **stuaic a bheith ort** to be sulking.

stuáil *nf3* 1 packing; 2 stuffing; 3 storage. ● *vb* 1 pack; 2 stuff; 3 store.

stuaim *nf2* 1 sense; **bíodh stuaim agat!** have sense!; 2 levelheadedness; 3 ingenuity; **rud a dhéanamh le stuaim** to do something with skill; 4 initiative; **rud a dhéanamh as do stuaim féin** to do something on one's own initiative.

stuamaigh *vb* calm down.

stuama *adj3* 1 sensible; 2 levelheaded; 3 skilful.

stuamacht *nf3* 1 levelheadedness; 2 self-control.

stuara *nm4* arcade.

stumpa *nm4* 1 stump; 2 (intensifying) a **stumpa amadáin!** you great big fool!

stupa *nm4* stub.

sú¹ *nm4* juice; **sú oráiste** orange juice.

sú² (pl **sútha**) *nm4* berry; **sú craobh** raspberry; **sú talún** strawberry.

sú³ (gen **súite**) *nm* 1 absorption; 2 suction.

suáilce *nf4* 1 virtue; 2 happiness; 3 pleasure.

suáilceach *adj1* 1 virtuous; 2 happy; 3 pleasant.

suaill *nf2* swell (of sea).

suaimhneach *adj1* 1 quiet; 2 peaceful.

suaimhneas *nm1* 1 quiet; 2 peace; **suaimhneas a bheith agat** to have peace; 3 calm; **duine a chur ar a shuaimneas** to relax someone.

suaimhneasán *nm1* 1 tranquillizer; 2 sedative.

suaimhnigh *vb* 1 calm; 2 quieten; 3 pacify.

suaimhnitheach *adj1* 1 relaxing; 2 pacifying.

suairc *adj1* 1 pleasant; 2 cheerful.

suaiteacht *nf3* 1 confusion; 2 turbulence; 3 exhaustion.

suaith *vb* 1 mix; 2 agitate; 3 confuse; **bhí siad an-suaite** they were very confused; 4 discuss; **fadhb a shuaitheadh** to discuss a problem; 5 exhaust; **tá sé suaite tar éis na hoibre** he's exhausted after the work.

suaitheadh *nm* 1 mix; 2 shock; **bhain an timpiste suaitheadh aisti** she was shaken by the accident; 3 discussion; 4 turbulence.

suaitheantas *nm1* 1 badge; 2 emblem; 3 crest.

suaithinseach *adj1* 1 remarkable; 2 unusual; 3 distinctive.

suaithní *adj3* 1 remarkable; 2 strange; 3 odd (person).

Sualainn *nf2* **an tSualainn** Sweden.

Sualainnis *nf2* Swedish.

Sualannach *nm1* Swede. ● *adj1* Swedish.

suan *nm1* 1 sleep; 2 slumber; 3 drowsiness; **suan a theacht ort** to feel drowsy.

suanach *adj1* 1 sluggish; 2 dormant.

suanán *nm1* sedative.

suanbhruith (*vn* **suanbhruth**) *vb* simmer.

suanghalar *nm1* sleeping sickness.

suanlios (*gen* **suanleasa**) *nf2* dormitory.

suanmhar *adj1* **1** sleepy; **2** drowsy.

suansiúl *nm1* sleepwalking.

suansiúlaí *nm4* sleepwalker.

suantraí *nm4* lullaby.

suarach *adj1* **1** petty; **2** mean; **3** contemptible.

suarachas *nm1* **1** pettiness; **2** sordidness.

suaraigh *vb* debase.

suas *adj*, *adverb*, *preposition* up, upwards; **dul suas cnoc** to go up a hill; →**síos**.

suathaire *nm4* **1** mixer; **2** masseur.

suathaireacht *nf3* massage.

suathas *nm1* confusion.

subh *nf2* jam.

subhach *adj1* cheerful.

subhachas *nm1* cheerfulness.

substaint *nf2* substance.

substainteach *adj1* **1** substantial; **2** substantive (*in grammar*).

substaintiúil *adj2* substantial.

Súdáin *nf2* an tSúdáin Sudan.

súgach *adj1* **1** merry, tipsy; **2** cheerful.

súgradh (*gensg* **súgartha**) *nm* playing; **tá na leanaí ag súgradh** the children are playing; **ag súgradh le rud** playing with something.

suí *nm4* **1** sitting; **bheith i do shuí** to be sitting; **2** session (*in court*); **3** ▸ **bheith i do shuí go te** to be sitting pretty.

suibiacht *nf3* subject.

suibiachtúil *adj2* subjective.

súiche *nm4* soot.

suigh *vb* **1** sit; **suí síos** to sit down; **shuigh siad síos chun dinnéir** they sat down to dinner; **2** meet, be in session; **tá an chúirt ina suí** the court is in session; **3** set, situate.

súigh *vb* **1** absorb, soak up; **2** suck.

súil (*pl* **súile** *genpl* **súl**) *nf2* **1** eye; **súil ghéar a bheith agat** to have a sharp eye; **radharc na súl a bheith agat** to have good eyesight; **2** expectation, hope; **súil a bheith agat le rud** to be expecting something; **tá súil agam go...** I hope that...; **3** (*in expressions*) **rud a chur ar a shúile do dhuine** to make someone aware of something; **rinne sé sin na súile di** that taught her a lesson.

súilaithne *nf4* súilaithne a bheith agat ar dhuine to know someone by sight.

súilfhéachaint (*gen* **súilfhéachana**) *nf3* glance.

súilín *nm4* **1** bubble; **2** bead; **3** eyelet; **4** viewfinder.

súiliocht *nf3* expectation.

suim *nf2* **1** interest; **suim a bheith agat i rud** to be interested in something; **suim a chur i rud** to take an interest in something; **2** sum; **suim airgid** a sum of money; **3** number; **suim mhaith blianta ó shin** a good number of years ago.

suimigh *vb* add (up).

súimín *nm4* sip; **súimín a ól as deoch** to take a sip of a drink.

súimíneacht *nf3* sipping.

suimint *nf2* cement.

suimiú *nm4* addition.

suimiúchán *nm1* addition.

suimiúil *adj2* **1** interesting; **2** considerable.

suíochán *nm1* seat.

suíomh nm1 **1** site; **2** position; **3** settlement.

suipéar nm1 supper.

suirbhé nm4 survey.

suirbhéir nm3 surveyor.

suirbhéireacht nf3 survey, surveying.

suirí nf4 courting.

suiríoch nm1 suitor.

súisín nm4 coverlet.

súiste nm4 flail.

súisteáil vb flail, thresh.

suite adj3 **1** situated; **2** fixed; **3** certain; **táim suite de** I'm certain of it.

súiteach adj1 absorbent.

suiteáil nf3 installation. ● adj install.

suiteoir nm3 squatter.

súiteoir nm3 **1** sucker (of plant); **2** exhaust (of engine).

suiteoireacht nf3 squatting.

sula conj, preposition (eclipses following verb; becomes 'sular' when followed by regular verb in past tense) before; **sula n-imeoidh tú** before you go; **sula bhfaca mé é** before I saw him; **sular bhuaileas léi** before I met her; **sula i bhfad** before long.

súlach nf2 **1** gravy; **2** juice.

sular →SULA.

sulfáit nf2 sulphate.

sulfar nm1 sulphur.

sult nn1 **1** enjoyment; **sult a bhaint as rud** to enjoy something; **2** pleasure; **3** satisfaction.

sultán nm1 sultan.

sultmhar adj1 **1** enjoyable; **2** pleasant (company); **3** satisfying (food).

súmaire nm4 **1** leech (person); **2** súmaire fola vampire, bloodsucker; **3** quagmire; **súmaire gainimh** quicksand.

súmaireacht nf3 **1** suction; **2** scrounging.

súmhar adj1 **1** juicy; **2** succulent.

súmóg nf2 sip.

súnás nm1 orgasm.

suntas nm1 notice; **suntas a thabhairt do rud** to notice something.

suntasach adj1 **1** noticeable; **2** remarkable.

súp nm1 soup.

súraic (vn **súrac**) vb suck.

sursaing nf2 girdle.

súsa nm4 **1** bedcover; **2 sa súsa** in bed.

suth nm3 embryo.

sútha →SÚ.

suthain adj1 eternal.

svae nm1 victory; **an svae a thabhairt leat** to win, to carry the day.

svaeid nf2 **1** suede; **2** swede (turnip).

svaistíce nm4 swastika.

....

Tt

....

t- remove 't-': see 'Initial Mutations' in the Grammar section.

tA- remove 't-': see 'Initial Mutations' in the Grammar section.

tá →BÍ.

táb nm1 tab (in typing).

tábhacht nf3 **1** importance; **tá tábhacht lena bhfuil le rá agam** what I have to say is important; **2** significance; **3** industry; **tá tábhacht ann** he's industrious.

tábhachtach adj1 **1** important; **obair thábhachtach** important work; **2** significant; **3** industrious.

tabhaigh vb **1** earn; **2** deserve.

tabhair (pres tugann past **thug** fut **tabharfaidh** vn **tabhairt** vadj **tugtha**) vb **1** give; **ordú a thabhairt** to give an order; **fianaise a thabhairt** to give evidence; **gealltanas a thabhairt** to give a promise; **2** bring; **3** take; **4** express (opinion); **do bharúil ar rud a thabhairt** to give one's opinion of something; **5** wage (war).
□ **tabhairt amach 1** bring out; **2** give out, issue; **3** give out, scold; **tabhairt amach do leanbh** to give out to a child.
□ **tabhair ar 1** give in exchange for; **airgead mór a thabhairt ar rud** to pay a lot of money for something; **2** call, name; **tugtar Seán Diarmuid air** he's called Seán Diarmuid; **3** compel; **thug sí orm é a dhéanamh** she made me do it; **4** rud a thabhairt do dhuine ar iasacht to give someone a loan of something.
□ **tabhair as 1** bring out of; **2** take out of.
□ **tabhair chuig/tabhair chun** bring to, take to; **rud a thabhairt chuig duine** to bring something to someone; **rud a thabhairt chun críche** to bring something to a finish.
□ **tabhair do 1** give to; **bronntanas a thabhairt do dhuine** to give a present to someone; **2** bring to; **cad a thug don áit seo iad?** what brought them to this place?; **3** bring on; **náire a thabhairt duit féin** to bring shame on oneself.
□ **tabhair faoi 1** attempt; **tabhairt faoi rud a dhéanamh** to attempt to do something; **2** attack; **tabhairt faoi dhuine** to attack someone; **3** bring under; **duine a thabhairt faoi smacht** to bring someone under control.

□ **tabhair i 1** bring into, take into; **2** (in phrase) **failli a thabhairt i rud** to neglect something.
□ **tabhair isteach 1** bring in; **dlí nua a thabhairt isteach** to bring in a new law; **2** give in, surrender; **3** make up (for lost time etc).
□ **tabhair leat** take away.
□ **tabhair ó 1** bring from; **2** take from; **3** give way; **tá an foirgeamh ag tabhairt uaidh** the building is collapsing.
□ **tabhair suas** give up; **na toitíní a thabhairt suas** to give up smoking.

tábhairne nm4 **1** pub; **teach tábhairne** public house; **2** tavern.

tábhairneoir nm3 publican.

tabhairt (gensg **tabhartha**) nf3 **1** grant; **2** giving; **tabhairt fianaise** giving of evidence; **3** flow; **tabhairt abhann** flow of river; **4** delivery; **5** yield; **tabhairt bainne** milk yield; **6** lead (in cards); **is leatsa an tabhairt** it's your lead; **7** tabhairt amach issue, demonstration; **8** tá tabhairt (uaidh) in úrlár na cistine the kitchen floor is sagging.

tabhall nm1 **1** catapult; **2** sling; →CRANN.

tabharfaidh →TABHAIR

tabhartas nm1 **1** donation; **2** gift; **tabhartas ó Dhia** a gift from God.

tabharthach nm1 dative. ● adj1 dative; **an tuiseal tabharthach** the dative case.

tábla nm4 table.

táblach adj1 tabular.

táblaigh vb tabulate.

tablóid nf2 tabloid.

taca nm4 **1** support; **taca a bhaint as rud** to lean on something; **2** prop; **3** point in time; **um an taca seo** about this time, by now;

um an taca seo amárach this
time tommorow; **4** (*in phrases*)
rud a dhéanamh as cosa i dtaca
to do something unexpectedly; do
chosa a chur i dtaca to refuse to
budge.

tacaí *nm4* supporter.

tacaigh *vb* **1** support; tacú le
duine to support someone; **2** back
up.

tacaíocht *nf3* **1** support; **2** back-
ing.

tacar *nm1* **1** collection, gleaning;
2 (*literary*) contrivance.
● *adj*(*gen of n*) artificial,
synthetic; ábhar tacair synthetic
material.

tachrán *nm1* small child.

tacht *vb* **1** choke; **2** strangle;
3 suppress; **4** jam (*airwaves*);
craolachán a thachtadh to jam a
broadcast.

tachtóir *nm3* choke (*in vehicle*).

tácla *nm4* **1** tackle; **2** rigging.

tacóid *nf2* **1** tack; tacóid ordóige
drawing pin; **2** clove.

tacsaí *nm4* taxi.

tacsanomaíocht *nf3* taxonomy.

tacúil *adj2* **1** supporting; **2** solid.

tacúlacht *nf3* **1** reliability; **2** so-
lidity.

tadhall *nm1* **1** touch, contact;
tadhall súile eye contact; **2** sense
of touch.

tadhalliogair *adj1* touch-
sensitive.

Tadhg *nm1* Tadhg an dá thaobh a
two-faced person, a double-dealer.

tadhlach *adj1* **1** touching,
adjoining; **2** tactile.

tadhlaí *nm4* tangent.

tae *nm4* tea.

taebhosca *nm4* tea caddy.

taechupán *nm1* teacup.

taephota *nm4* teapot.

taespúnóg *nf2* teaspoon.

tafann *nm1* bark, barking.

tagaim →TAR

tagair (*pres* tagraíonn) *vb* tagair
do rud to refer to something.

tagairt (*gensg* **tagartha** *pl*
tagairtí) *nf3* **1** reference; **2** men-
tion.

tagann →TAR

taghd (*pl* **taghdanna**) *nm1*
burst of anger.

taghdach *adj1* **1** moody; **2** tem-
peramental.

tagtha →TAR

taibhreamh *nm1* dream;
taibhreamh na súl oscailte a
daydream.

taibhrigh *vb* dream; taibhríodh di
go... she dreamt that...

taibhriúil *adj2* imaginary.

taibhse *nf4* **1** ghost; **2** phantom;
3 manifestation; **4** ostentation.

taibhseach *adj1* **1** flamboyant;
2 magnificent; **3** ostentatious;
4 pretentious.

taibhsigh *vb* **1** appear; **2** loom.

taibhsiúil *adj2* ghostly.

taibhsiúlacht *nf3* ghostliness.

táibléad *nm1* tablet.

taictic *npl/f2* tactics.

taicticiúil *adj2* tactical.

taidhleoir *nm3* diplomat.

taidhleoireacht *nf3* diplomacy;
caidreas taidhleoireachta diplo-
matic relations.

taifeach *nm1* analysis.

taifead *nm1* record. ● *vb* record,
tape; agallamh a thaifeadadh to
record an interview.

taifeadadh (*gensg* **taifeadta** *pl*
taifeadtaí) *nm* recording.

taifeadán *nm1* recorder;
taifeadán físchaiséad video cas-
sette recorder.

taifeoir *nm3* analyst.

taifí *nm4* toffee.

taifigh (vn **taifeach**) vb analyse.

taighd vb research.

taighde nm4 research; **tá taighde á dhéanamh ar an ábhar** the matter is being investigated.

táille nf4 1 fee; **táille isteach** entrance fee; 2 fare; **táille bhreise** excess fare; 3 charge; **táillí bainc** bank charges.

táillefón nm1 pay phone.

táilliúir nm3 tailor.

táilliúireacht nf3 tailoring.

táilliúrtha adj3 tailored.

tailm nf2 1 thump; 2 bang.

tailte →TALAMH

táim →BÍ

táimhe nf4 inertia.

táin nf3 1 (literary) cattle raid; 2 herd; 3 wealth; **táinte riches**; →SLÁINTE

táinrith (gen **táinreatha** pl **táinrití**) nm3 stampede.

táinseamh nm1 1 censure; 2 impeachment.

táinséirín nm4 tangerine.

táinsigh vb 1 censure; 2 impeach.

taipéis nf2 tapestry.

táiplis nf2 **táiplis bheag** draughts; **táiplis mhór** backgammon.

táir[1] adj1 1 mean; 2 base.

táir[2] vb demean.

tairbhe nf4 1 benefit; **tairbhe a bhaint as rud** to benefit from something; 2 profit; 3 **de thairbhe** (+GEN) because of.

tairbheach adj1 1 beneficial; 2 profitable.

tairbhigh vb 1 benefit; 2 profit.

tairbhiúil adj2 1 beneficial; 2 profitable.

taireach adj1 degrading.

tairg vb 1 bid; 2 offer.

táirg vb 1 produce; 2 yield.

táirge nm4 product.

táirgeacht nf3 1 output; 2 production.

táirgeadh (gensg **táirgthe**) nm production.

táirgeoir nm3 producer.

táirgiúlacht nf3 productivity.

tairiscint (gensg **tairisceana**) nf3 1 offer; 2 bid; 3 tender.

tairiseach adj1 1 faithful; 2 reliable.

táiriseal (gensgm **táirisil** gensgf **táirisle** compar **táirisle** pl **táirisle**) adj servile.

tairne nm4 nail.

tairneáil vb nail.

tairngir (gen **tairngríonn**) vb 1 prophesy; 2 foretell.

tairngreacht nf3 1 prophecy; 2 prediction.

tairseach nf2 1 threshold; 2 **tairseach fuinneoige** window sill.

tairseachúil adj2 liminal.

tais adj1 1 damp; 2 humid; 3 gentle.

taisc vb 1 store; 2 hoard.

taisce nf4 1 store; **airgead a chur i dtaisce** to put money by; 2 deposit; **cuntas taisce** deposit account; 3 cache; 4 **a thaisce!** my dear!

taisceadán nm1 1 safe; 2 locker.

taise nf4 1 dampness; 2 humidity.

taiséadach (pl **taiséadaí**) nm1 shroud.

taisiúil adj2 compassionate.

taisleach nm1 1 dampness; 2 moistness.

taisme nf4 accident; **trí thaisme** by accident.

taismeach adj1 accidental.

taispeáin (pres **taispeánann** vn **taispeáint**) nm1 1 show; 2 exhibit; 3 display.

taispeáint (gensg **taispeána**) nf3 show; **ar taispeáint** on show.

taispeánadh (*gensg*
taispeánta *pl* **taispeántai**) *nm*
1 apparition; **2** revelation.

taispeántas *nm1* **1** show; **2** exhibition; **3** display.

taisrigh *vb* dampen.

taisritheoir *nm3* moisturiser.

taisteal *nm1* travel, travelling;
gníomhaire taistil travel agent;
lucht taistil travellers.

taistealaí *nm4* traveller.

taistil (*pres* **taistealaíonn**) *vb*
travel.

taithí *nf4* **1** practice; as taithí out
of practice; ➤ is í an taithí a
dhéanann máistreacht practice
makes perfect; **2** experience;
taithí a bheith agat ar rud to have
experience of something; dul i
dtaithí ar rud to get used to
something.

taithigh *vb* **1** practise; **2** frequent; **3** experience.

táithín *nm4* tuft.

taithíoch *adj1* **1** accustomed;
bheith taithíoch ar rud to be accustomed to something; **2** intimate; bheith taithíoch ar dhuine to
be intimate with someone.

taitin (*pres* **taitníonn** *vn*
taitneamh) *vb* **1** shine (*sun*);
2 taitníonn sé liom I like it.

taitneamh *nm1* **1** brightness,
shine; **2** enjoyment; taitneamh a
bhaint as rud to enjoy something;
3 liking; taitneamh a thabhairt do
dhuine to take a liking to
someone.

taitneamhach *adj1* **1** enjoyable;
2 pleasant; **3** likeable.

taitníonn →TAITIN.

tál *nm1* (*milk*) yield. ● *vb* **1** yield
(*milk*); **2** shed; **3** pour.

talamh (*gensgm* **talaimh** *gensgf*
talún *pl* **tailte**) *nm1/f* **1** ground;
ar an talamh on the ground;
2 land; talamh tirim dry land;
cogadh na talún the land war

(*Irish history*); bheith ar thalamh
slán to be on safe ground; talamh
slán a dhéanamh de rud to take
something for granted; **3** earth;
ar talamh on earth; **4** ó thalamh
thoroughly; ní fheadar ó thalamh
an domhain I have absolutely no
idea.

talamhiata *adj3* landlocked.

talcam *nm1* talcum.

tallann *nf2* **1** talent; **2** impulse;
dá mbuailfeadh an tallann é if he
got the urge; **3** fit (*of rage*).

tallannach *adj1* **1** talented;
2 impulsive.

talmhaíocht *nf3* agriculture; an
Roinn Talmhaíochta the Department of Agriculture.

talmhú *nm* earthing (*electricity*).

talún →TALAMH.

Tamais *nf2* an Tamais the
Thames.

tamall *nm1* **1** while; ar feadh
tamaill for a while; i gceann
tamaill in a while; faoi cheann
tamaill after a while; **2** distance;
tá sé tamall maith as seo it's a
good distance from here; **3** spell;
tamall oibre a dhéanamh to do a
spell of work.

támh *nf2* **1** trance; i dtámh in a
trance; **2** támh codlata a nap;
3 lethargy.

támhnéal (*pl* **támhnéalta**) *nm1*
1 trance; **2** swoon.

támhshuanach *adj1* narcotic.

tan *conj* (*literary*) an tan when.

tanaí *adj3* **1** thin; **2** shallow;
3 watery (*soup*).

tanaigh *vb* **1** thin; **2** dilute.

tánaiste *nm4* **1** an Tánaiste Deputy Prime Minister (*Ireland*);
2 second-in-command.

tánaisteach *adj1* secondary.

tanc (*pl* **tancanna**) *nm4* tank.

tancaer *nm1* tanker.

tangant *nm1* tangent.

taobh (*pl* **taobhanna**) *nm1*
1 side; **ar an taobh** on the side; **ó thaobh go taobh** from side to side; **2 taobh ainmhí** flank of animal; **3** edge; **taobh an bhóthair** the side of the road; **4** region; **sa taobh sin tíre** in that part of the country; **5** direction; **ón dtaobh sin** from that direction; **6** (*in phrases*) **bheith i dtaobh le rud** to depend on something; **cad ina thaobh?** why; **fá dtaobh de** about.

taobhach *adj1* **1** lateral; **2** trusting; **3** biased; **bheith taobhach le duine** to be biased towards someone.

taobhaigh *vb* **1** approach, draw near; **2 taobhaigh le** side with; **3** rely, trust; **ná taobhaigh leis** don't rely on him.

taobhaitheoir *nm3* supporter.

taobhdhoras (*pl* **taobhdhoirse**) *nm1* side door.

taobhlach *nm1* siding (*on railway*).

taobhlíne (*pl* **taobhlínte**) *nm4* sideline; **cic taobhlíne** a sideline kick; **fear taobhlíne** linesman.

taobhroinn (*pl* **taobhranna** *genpl* **taobhrann**) *nf2* aisle (*in church*).

taobhsholas (*pl* **taobhshoilse**) *nm1* sidelight.

taobhshráid *nf2* side street.

taoide *nf4* tide; **taoide rabharta** spring tide.

taoiseach *nm1* **1 an Taoiseach** the Prime Minister (*in Ireland*); **2** chief, leader.

taom *nm3* **1** seizure; **taom croí** a heart attack; **2** fit (*of anger*).

taomach *adj1* **1** fitful; **2** moody.

taos *nm1* **1** paste; **taos fiacla** tooth paste; **2** dough; ▸ **an taos a bheith leis an oighean agat** to struggle to make ends meet.

taosc *vb* **1** bail; **bád a thaoscadh** to bail a boat; **2** drain (*vegetables*).

taoscán *nm1* measure (*of alcohol*); **taoscán uisce beatha** a measure of whiskey.

taoschnó *nm4* doughnut.

taosrán *nm1* pastry.

tapa *nm4* readiness. ● *adj3* quick.

tapaidh *adj1* quick.

tapaigh *vb* **1** quicken; **2** seize (*opportunity*); **an deis a thapú** to seize the opportunity.

tar (*pres* **tagann/tag** *past* **tháinig** *fut* **tiocfaidh** *on* **teacht** *vadj* **tagtha**) *vb* **1** come; **tar anseo!** come here!; **tagann sé abhaile go déanach he comes home late; **2** arrive (*events, time*); **tiocfaidh ár lá** our day will come; **3** happen.
□ **tar amach** come out.
□ **tar aníos** come up.
□ **tar anuas** come down.
□ **tar ar 1** come on, come upon; **teacht aniar aduaidh ar dhuine** to come on someone unawares; **teacht ar an láthair** to come on the scene; **2** become, befall; **ocras a theacht ort** to become hungry; **slaghdán a theacht ort** to catch a cold; **3** discover, find; **4 teacht salach ar dhuine** to fall foul of someone, to cross someone.
□ **tar as 1** come out of; **teacht amach as áit** to come out of a place; **2** escape; **3** come from, result; **cad a thiocfaidh as seo?** what will come of this?
□ **tar chuig/chun 1** come to; **teacht chuig áit** to come to a place; **2** recover; **teacht chugat féin** to recover; **3** become.
□ **tar de 1** originate, come from; **2** come of; **tiocfaidh olc de sin** bad will come of it.
□ **tar do 1** come to; **2** suit; **tagann sé duit** it suits you.

□ **tar faoi 1** come for; **teacht faoi dhéin ruda** to come for something; **2** come under.

□ **tar gan teacht gan rud** to do without something.

□ **tar i 1** come to; **teacht i gcabhair ar dhuine** to come to someone's help; **2** come in; **3** attain; **teacht in aois** to come of age.

□ **tar isteach** come in.

□ **tar le 1** come with; **2** match, suit; **3** agree with; **tagaim leat ar sin** I agree with you on that; **4** get on with.

□ **tar ó 1** come from; **2** originate from; **3** recover; **teacht ó bhreoiteacht** to recover from illness.

□ **tar roimh 1** come before; **2** intercept; **3** interrupt.

□ **tar suas 1** (with 'le') overtake, catch up with; **teacht suas le duine** to catch up with someone; **2** (with 'ar') live on; **teacht suas ar an mbeagán** to live on next to nothing.

□ **tar thar 1** come over, cross; **2** mention.

□ **tar thart** come round, recover.

□ **tar trí** come through; **teacht trí dheacrachtaí** to come through difficulties.

taraif nf2 tariff.

tarbh nm1 **1** bull; **2 an Tarbh** Taurus.

tarbh-bhroca ire nm4 bull terrier.

tarbhchomhrac nm1 bullfight.

tarbhchomhraiceoir nm3 bull-fighter.

tarbhghadhar nm1 bulldog.

tarcaisne nf4 **1** contempt; **2** scorn; **3** insult.

tarcaisneach adj1 **1** contemptuous; **2** scornful; **3** insulting.

tarcaisnigh vb **1** disparage; **2** scorn; **3** insult.

tarchéimnigh vb transcend.

tarchuir vb **1** transmit; **2** remit (law).

tarchur nm1 **1** transmission; **2** remittance (in law).

tarchuradóir nm3 transmitter.

tarlaigh (past **tharla**) vb happen, occur; **tharla sé go...** it happened that...; **cad a tharla?** what happened?

tarlóg nf2 minor incident.

tarlóir nm3 haulier.

tarlú (gensg **tarlaithe**) nm happening, occurrence.

tarpól nm1 tarpaulin.

tarra nm4 tar.

tarracóir nm3 tractor.

tarraiceán nm1 drawer.

tarraing (vn **tarraingt**) vb
1 pull; **2** drag; **3** pluck; **4 fuil a tharraingt** to draw blood; **5** draw; **pictiúr a tharraingt** to draw a picture; **6** cause; **bruíon a tharraingt** to cause a fight.

□ **tarraing amach** pull out, draw out.

□ **tarraing anuas 1** pull down, draw down; **2** introduce; **ábhar a tharraingt anuas** to introduce a subject.

□ **tarraing ar 1** pull on; **2** approach.

□ **tarraing as 1** pull out of; **2** withdraw; **airgead a tharraingt as cuntas** to withdraw money from an account; **3** conclude from.

□ **tarraing isteach** pull in.

□ **tarraing siar** pull back; **2** withdraw (a statement).

tarraingeoir nm3 haulier (company).

tarraingt (gen **tarraingthe**) n
1 pull; **tarraingt a bhaint as rud** to pull at something; **2** tug; **3** extraction; **4** great quantity; **tá tarraingt ar airgead aige** he has loads of money; **5** attraction; **6** demand.

tarraingteach *adj1* attractive; tá sí an-tarraingteach she's very attractive.

tarrtháil *nf3* **1** rescue; bád tarrthála a life boat; **2** salvage. ● *vb* **1** rescue; **2** save; **3** salvage.

tarrthálaí *nm4* rescuer.

tart *nm3* thirst; tart a bheith ort to be thirsty.

tartar *nm1* tartar.

tartmhar *adj1* thirsty.

tasc (*pl* **tascanna**) *nm1* task.

tásc *nm1* **1** news of death; **2** report; níl tásc ná tuairisc air there's no sign of him; **3** reputation.

táscach *nm1* indicative (in grammar). ● *adj1* indicative; an modh táscach the indicative mood.

táscaire *nm4* **1** indicator; **2** cursor.

tascfhórsa *nm4* task force.

tástáil *nf3* **1** test; **2** sample; **3** taste. ● *vb* **1** test; **2** sample; **3** taste.

tátal *nm1* conclusion, deduction; tátal a bhaint as rud to draw a conclusion from something.

táth *nm1* tuft.

tathag *nm1* **1** substance; **2** solidity; **3** body (of wine).

tathagach *adj1* **1** substantial; **2** solid.

táthaigh *vb* **1** weld; **2** knit (bone); **3** solidify; **4** unite, join.

táthaire *nm4* welder.

táthán *nm1* filling (in tooth).

tathant *nm3* encouragement.

tathantaigh *vb* urge; bheith ag tathant ar dhuine rud a dhéanamh to urge someone to do something.

táthar → bí.

táthcheangal *nm1* takeover.

tatú *nm4* tattoo.

tatuáil *vb* tattoo.

TD *n* (*Teachta Dála*) Dáil Deputy (member of Irish Parliament).

te (*gensgm* **te** *gensgf* **te** *compar* **teo** *pl* **teo**) *adj* hot, warm; aimsir the warm weather; uisce te hot water.

té *pron* the person who, whoever; an té a rinne é the person who did it; an té a bhuann whoever wins.

téac *nf2* teak.

teach (*gen* **ti** *pl* **tithe**) *nm1* **1** teach; teach pobail church; teach tábhairne public house; **2** household; i dteach Áine agus Antaine in Áine and Tony's house; **3** teach an asail (informal) the toilet.

teachín *nm4* cottage.

teacht *nf3* **1** approach; **2** arrival; **3** growth; teacht in immhhe coming into maturity (person); teacht faoi bhláth blossoming (of plant); **4** access; teacht ar rud a bheith agat to have access to something; **5** (in phrases) teacht abhaile homecoming; teacht aniar initiative, stamina; teacht chun cinn progress.

téacht *vb* **1** freeze; **2** congeal.

teachta *nm4* **1** envoy; **2** Teachta Dála Dáil Deputy (member of Irish Parliament).

teachtaire *nm4* messenger.

teachtaireacht *nf3* **1** message; **2** communication.

téachtán *nm1* clot; téachtán fola a blood clot.

téacs (*pl* **téacsanna**) *nm4* text.

téacsleabhar *nm1* textbook.

téad *nf2* **1** rope; téad ríte tightrope; **2** cord, string; téada gutha vocal cords.

téadach *adj1* stringed.

téaduirlis *nf2* stringed instrument.

téagar *nm1* **1** substance; **2** strength; **3** bulk.

téagartha *adj3* **1** substantial; **2** strong; **3** bulky.

teagasc (*pl* **teagasca**) *nm1* **1** teaching; **2** instruction. ● *vb* **1** teach; **2** instruct.

teagascóir *nm3* tutor.

teaghlach *nm1* **1** family; **saol teaghlaigh** domestic life; **2** household.

teaghrán *nm1* tether.

teagmhaigh (*vn* **teagmháil**) *vb* **1** contact; **2** meet; **teaghmháil le duine** to meet someone; **3** touch; **teagmháil le rud** to touch something; **4** happen.

teagmháil *nf3* **1** contact; **teagmháil a dhéanamh le duine** to contact someone; **2** meeting; **3** touch.

teagmhálaí *nm4* **1** opponent; **2** go-between.

teagmhas *nm1* **1** chance occurrence; **2** incident.

teagmhasach *adj1* **1** incidental; **2** contingent.

Téalainn *nf2* an Téalainn Thailand.

teallach *nm1* **1** hearth; **2** fireplace.

teallaire *nm4* cheeky devil.

teallaireacht *nf3* impudence.

téaltaigh *vb* **1** sneak; **2** steal.

téama *nm4* theme.

téamhamhrán *nm1* theme song.

téamh *nm1* heating; **téamh lárnach** central heating; →TÉIGH[1]

teampall *nm1* **1** temple; **2** church; **3** churchyard; ➤ **tá feoil teampaill air** he'll end up in the graveyard (*he has graveyard flesh on him i.e. he's too fat*).

téanam (*vn* **téanachtaint**) *vb* (*defective*) come along; **téanam ort!** come on!; **téanaigí oraibh!** come on (all of you)!; **téanaimis abhaile** let's go home.

teanchair *nf2* **1** tongs; **2** pliers; **3** forceps.

teanga (*pl* **teangacha**) *nf4* **1** tongue; **2** language; **teanga bheo** a living language.

teangaire *nm4* interpreter.

teangeolaí *nm4* linguist.

teangeolaíocht *nf3* linguistics.

teanglann *nf2* language laboratory.

teann *nm3* **1** strength; **teann a chur le rud** to emphasize something; **2** support; **teann ar chúl a bheith agat** to have good backing; **3** assurance, confidence; **4** (*in phrases*) **le teann oibre** through sheer hard work; **bheith ag obair ar theann do dhíchill** to be working flat out. ● *adj* (*gensgm* **teann** *gensgf* **teinne** *compar* **teinne** *pl* **teanna**) **1** taught, tight; **2** strong; **3** assured, confident; **bheith teann asat féin** to be self-assured; **4** forceful; **5** steadfast. ● *vb* **1** tighten; **2** press; **3** inflate; **bonn a theannadh** to inflate a tyre; **4** teann ar close upon; **tá siad ag teannadh orainn** they're gaining on us.

téann →TÉIGH[1, 2].

teannaire *nm4* pump.

teannas *nm1* **1** strain; **2** tension.

teanndícheall *nm1* bheith ar do theanndícheall to do one's very best.

teannfhoclach *adj1* outspoken.

teannta *nm4* **1** difficult situation; **bheith i dteannta** to be in a fix; **2** support; **teannta a chur le rud** to prop something up; **3** foothold, grip.
   □ **i dteannta** (+GEN) along with; **ina theannta sin** along with that.

teanntaigh *vb* **1** hem in; **2** trap, corner; **3** prop.

teanntán *nm1* clamp.

teanntás nm1 **1** audacity, boldness; **2** assertiveness; **3** assurance.

teanntásach adj1 **1** audacious; **2** assertive; **3** assurance.

teanór nm1 tenor.

tearc adj1 **1** scarce; **2** sparse.

téarma nm1 **1** term; téarma teicniúil a technical term; **2** semester; **3** condition; ar na téarmaí seo on these terms.

téarmach adj1 terminal.

téarmaíocht nf3 terminology.

tearmann nm1 **1** sanctuary; **2** reservation.

tearmannaigh vb harbour.

téarnaigh vb **1** recover, convalesce; **2** escape.

téarnamh nm1 **1** convalescence; **2** escape.

teas nm3 **1** heat; **2** warmth.

teasaí adj3 **1** quick-tempered, fiery; **2** heated (discussion).

teasáras nm1 thesaurus.

teasc nf2 discus.

teascán nm1 segment.

teasdíonadh (gensg **teasdíonta**) nm insulation.

teaspach nm1 **1** heat, sultriness; **2** exuberance; **3** uppishness.

teaspúil adj2 **1** sultry; **2** exuberant; **3** arrogant; **4** crude, lewd.

teaspúlacht nf3 **1** exuberance; **2** crudity.

teastaigh (vn **teastáil**) vb need, want; teastaíonn sé go mór uainn we need it badly; an dteastaíonn aon rud uait? do you need/want anything?; cad atá ag teastáil uait? what do you want?

teastas nm1 **1** certificate; teastas breithe birth certificate; **2** diploma.

teibí adj3 abstract.

teicneoir nm3 technician.

teicneolaíoch adj1 technological.

teicneolaíocht nf3 technology.

teicnic nf2 technique.

teicniúil adj2 technical.

teicniúlacht nf3 technicality.

teicstíl nf2 textile.

teideal nm1 **1** title; **2** entitlement; bheith i dteideal ruda to be entitled to something.

teifeach nm1 fugitive. ●adj1 fugitive.

téigh¹ (vn **téamh**) vb **1** heat; seomra a théamh to heat a room; **2** warm; thú féin a théamh to warm oneself.

téigh² (pres **téann** past **chuaigh/ní dheachaigh** fut **rachaidh** vn **dul** vadj **dulta**) vb **1** go; téigh abhaile! go home!; cá ndeachaigh tú? where did you go?; bhí sí ag dul an-tapaidh she was going very fast; téann an cosán ó dheas the path goes south; dul ag obair to go to work; conas tá an obair ag dul? how's the work going?; **2** cost; cé mhéad a chuaigh sé? what did it cost?

▢ **téigh ag** succeed, manage; má théann aige air if he manages it.

▢ **téigh amach ar 1** go out by; **2** be said about; chuaigh an scéal amach uirthi the story went out about her.

▢ **téigh ar 1** go on; dul ar bord to go on board; **2** go forward; dul ar aghaidh to proceed.

▢ **téigh as 1** go away from; dul as áit to go away from a place; **2** go out (light).

▢ **téigh chuig/chun 1** go to; **2** become; chuaigh sé chun donais it became worse.

▢ **téigh diot** fail; chuaigh díom é a dhéanamh I failed to do it.

▢ **téigh do 1** go to; **2** be due to; té sé ag dul dó it's due to him.

▢ **téigh faoi 1** go under; **2** set; dul faoi na gréine sunset.

□ **téigh gan** go without.

□ **téigh i 1** go into; **2** join; **dul san arm** to join the army; **3** undertake.

□ **téigh idir** intervene.

□ **téigh isteach 1** enter; **2** go in by.

□ **téigh le 1** go with; **2** take up; **dul le polaitíocht** to take up politics; **3** become; **dul le gealaigh/le buile** to become furious.

□ **téigh ó 1** go from; **2** go beyond.

□ **téigh roimh 1** go before; **2** anticipate.

□ **téigh siar ar 1** go back over; **chuaigh mé siar ar mo choiscéim** I retraced my steps; **2** go back on; **dul siar ar d'fhocal** to go back on one's word.

□ **téigh síos 1** go down; **2** sink.

□ **dul thar 1** go over; **2** exceed.

□ **téigh thart 1** go round; **2** pass (time).

□ **téigh trí 1** go through; **2** use up; **dul trí airgead** to go through money; **3** dul **trí thine** to catch fire.

teile *nf4* lime (fruit).

teileács *nm4* telex.

teileafón *nm1* telephone.

teileafónaí *nm4* telephonist.

teileagraf *nm1* telegraph.

teileagram *nm1* telegram.

teileascóp *nm1* telescope.

teilg *vb* **1** throw; **2** cast; **3** fling.

teilgean *nm1* projection.

teilgeoir *nm3* projector.

teilifís *nf2* television.

teilifíseán *nm1* television set.

teilitéacs *nm4* teletext.

téim →TÉIGH.

teimheal *nm1* **1** tarnish; **2** stain; **3** trace; **ní raibh aon teimheal de ann** there was no trace of it there.

teip *nf2* **1** failure; **2** flop; **3** fault (in tennis). ● *vb* fail; **theip uirthi sa scrúdú** she failed the exam.

téip *nf2* tape; **téip ghreamaitheach** sticky tape.

téipthaifeadán *nm1* tape recorder.

teiripe *nm4* therapy.

teirmeach *adj1* thermal; **fo-éadaí teirmeacha** thermal underware.

teirmeas *nm1* Thermos™.

teirmeastat *nm1* thermostat.

teiriméadar *nm1* thermometer.

teirminéal *nm1* terminal.

téis *nf2* thesis.

teist *nf2* **1** testimony; **2** test; **3** reputation; **sin í an teist atá air** that's the reputation he has.

teisteán *nm1* decanter.

teistiméireacht *nf3* **1** reference (for job); **2** testimony.

teiteanas *nm1* tetanus.

teith *vb* **1** flee; **2** run away.

teitheadh (gensg **teite**) *nm* **1** flight; **2** escape.

téitheoir *nm3* heater.

teo →TE.

teochreasach *adj1* tropical.

teochrios (gen **teochreasa**) *nm3* **an Teochrios** the Tropics.

teocht *nf3* **1** temperature; **2** warmth.

teoiric *nf2* theory; **an teoiric litearátha** literary theory.

teoiriciúil *adj2* theoretical.

teoirim *nf2* theorem.

teolaí *adj3* **1** cosy; **2** snug.

teorainn (gensg **teorann** pl **teoirainneacha**) *nf* **1** border; **an Teorainn** the Border; **2** boundary; **3** frontier; **4** limit; **níl aon teorainn leis!** there's no end to it!

teorannaigh *vb* **1** restrict; **2** limit.

teoranta adj3 **1** restricted; **2** limited; **comhlacht teoranta** limited company.

th- remove 'h': see 'Initial Mutations' in the Grammar section.

thabharfaidh →TABHAIR.

thagadh, tháinig →TAR.

thairis →THAR.

thall adv, adjective over, beyond; **thall i Sasana** over in England; **tá sé thall ansin** it's over there; **tá thall is abhus** here and (over) there.

thángamar →TAR.

thar (prep prons **tharam, tharat, thairis, thairsti, tharainn, tharaibh, tharstu**) prep (followed by lenition except in references of a general nature) **1** over; **léim thar bhalla** to jump over a wall; **thar an trasnán over the bar** (sport); **ag cur thar maoil** overflowing; **2** more than; **tá sé thar ochtó bliain d'aois** he's over eighty (years of age); **thar a bheith maith** exceedingly good; **3** beyond; **dul thar cailc le rud** to go too far with something; **4** past; **thiomáin sé tharainn** he drove past us; **5** (in comparisons) **rudaí a aithint thar a chéile** to distinguish between things; **6** (in phrases) **thar sáile** abroad; **thar barr** excellent; **thairis sin** as well as that, furthermore.

tharla →TARLAIGH.

tharstu →THAR.

thart adv, preposition **1** around, about; **ag siúl thart** walking around; **tá scéal ag dul thart** there is a story going round; **2** by; **chuaigh sé thart ó chianaibh** he passed by a while ago.

théadh →TÉIGH.

theas adv, adjective (in the) south; **tá sé theas i Luimneach** he's south in Limerick; **Ciarraí Theas** South Kerry.

thiar adv, adjective **1** (in the) west; **thiar i nDún Chaoin** west in Dún Chaoin; **2** back, rear; **thiar san aois seo caite** back in the last century; **taobh thiar aniar** back to front; **ag an taobh thiar den scoil** at the back of the school; **3** late; **thiar sa lá** late in the day; **faoi dheireadh thiar thall** at long last; ► **tá thiar air** he has failed.

thiocfadh →TAR.

thíos adv, adjective **1** below, down; **thíos ag bun an ghairdín** below at the bottom of the garden; **thíos staighre** downstairs; **sa teach thíos ansin** in that house down there; **2** **féach thíos** see below; **3** **bheith thíos le** rud to lose out by something.

thíosluaite adj3 undermentioned.

thoir adv, adjective **1** (in the) east; **thoir i mBaile Átha Cliath** east in Dublin; **Ciarraí Thoir** East Kerry.

thú →TÚ.

thuaidh adv, adjective (in the) north; **thuaidh i nDoire** north in Derry; **Baile Átha Cliath Thuaidh** North Dublin.

thuas adv, adjective **1** up, above; **thuas ansin** up there; **thuas staighre** upstairs; **2** **bhí mé thuas leis** I gained by it.

thug →TABHAIR.

thusa →TUSA.

tì- remove 't': see 'Initial Mutations' in the Grammar section.

ti¹ nf4 **ar tí** about to, on the point of; **bheith ar tí rud a rá** to be about to say something.

ti² nm4 tee (golf).

ti³ →TEACH.

tiachóg nf2 **1** satchel; **2** wallet.

tiarcais n **a thiarcais!** my goodness!

tiargáil nf3 preparation. ●vb prepare.

tiarna nm4 lord; An Tiarna Dia the Lord God; **tiarna talún** landlord.

tiarnas nm1 **1** lordship; **2** dominion.

tiarnúil adj2 **1** masterful; **2** domineering.

tibhe →TIUBH.

tic (pl **ticeanna**) nm4 tick (mark or of clock); **tic a chur le rud** to tick something.

ticéad nm1 ticket; **ticéad fillte/ singil** return/single ticket.

ticeáil vb tick.

tig →TAR.

til nf2 tile.

tim nf2 thyme.

timbléar nm1 tumbler.

timire nm4 **1** messenger; **2** organizer.

timireacht nf3 **1** household chores; **2** running errands.

timpeall nm1 **1** circuit; **2** round. ● prep **timpeall** (+GEN) around, approximately; **dul timpeall na tíre** to go around the country; **timpeall sé bliana ó shin** around six years ago.

timpeallach adj1 **1** surrounding; **2** circuitous.

timpeallacht nf3 **1** surroundings; **2** environment; **an timpeallacht** the environment; **polasaí timpeallachta** environmental policy.

timpeallaigh vb **1** surround; **2** go round.

timpeallaithe adj3 surrounded.

timpeallán nm1 roundabout (on road).

timpiste nf4 accident; **trí thimpiste** by accident; **timpiste bhóthair** a road accident.

timpisteach adj1 accidental.

timthriall nm3 cycle (in biology, mathematics).

timthriallach adj1 **1** cyclical; **2** recurring; **3** repetitive.

tincéir nm3 tinker.

tine (pl **tinte**) nf4 fire; **tine mhóna** a turf fire; **tine a chur síos** to set a fire; **trí thine** on fire.

tinn adj1 **1** ill, sick; **tá sí an-tinn** she's very ill; **2** sore; **tá a chos tinn** his leg's sore.

tinneall n (in phrase) **ar tinneall** ready, tense, eager.

tinneas nm1 **1** illness, sickness; **tinneas farraige** seasickness; **tinneas óil** hangover; **2** ache; **tinneas cinn a bheith ort** to have a headache; **tinneas cluaise a bheith ort** to have earache.

tinreamh nm1 attendance.

tinsil nm4 tinsel.

tinte →TINE.

tinteán nm1 **1** hearth; ➤ **níl aon tinteán mar do thinteán féin** there's no place like home (there's no hearth like your own hearth); **2** fireplace.

tintreach nf2 lightning.

tintrí adj3 **1** hot; **2** hot-tempered.

Tiobraid Árann nm1 Tipperary.

tiocfaidh →TAR.

tíogar nm1 tiger.

tiolacadh (gensg **tiolactha** pl **tiolacthai**) nm **1** bestowal, grant; **2** gift.

tiolaic (pres **tiolacann**) vb **1** bestow; **2** dedicate.

tiomáin vb **1** drive; **2** propel.

tiomáint (gensg **tiomána**) nf3 **1** drive, driving; **2** propulsion; **3** hurry, rush.

tiománaí nm4 driver.

tiomna nm4 **1** testament; **An Tiomna Nua** the New Testament; **2** will; **tiomna a dhéanamh** to make a will.

tiomnacht nf3 bequest.

tiomnaigh vb **1** bequeath; **2** dedicate.

tiomnú (*gensg* **tiomnaithe**) *nm*
1 bequeathal; **2** dedication.

tiomp *nm4* thump.

tiompán *nm1* **1** tympan (*drum*);
2 tambourine; **3** eardum.

tiomsaigh *vb* **1** assemble; **2** collect.

tiomsaitheoir *nm3* **1** compiler;
2 collector.

tionacht *nf3* tenure.

tionchar *nm1* influence; **tionchar ruda** the influence of something; **tionchar a bheith agat ar** to have an influence on.

tionlacaí *nm4* accompanist.

tionlacan *nm1* **1** escort; **2** convoy; **3** accompaniment (*in music*).

tionlaic (*pres* **tionlacann** *vn* **tionlacan**) *vb* **1** escort; **2** accompany; **amhránaí a thionlacan ar an ngiotár** to accompany a singer on the guitar.

tionóil (*pres* **tionólann**) *vb* **1** convene; **cruinniú a thionól** to convene a meeting; **2** assemble.

tionóisc *nf2* accident.

tionóisceach *adj1* accidental.

tionól *nm1* **1** assembly; **2** gathering.

tionónta *nm4* tenant.

tionóntacht *nf3* tenancy.

tionóntán *nm1* tenement.

tionscadal *nm1* project.

tionscain (*pres* **tionscnaíonn**) *vb* **1** begin, start; **2** initiate; **3** establish.

tionscal *nm1* industry; **tionscal tí** cottage industry.

tionsclaíoch *adj1* industrial.

tionsclú (*gensg* **tionsclaithe**) *nm* industrialization.

tionscnaíonn →TIONSCAIN.

tionscnamh *nm1* **1** beginning, setting up; **2** initiation; **3** establishment.

tionscnóir *nm3* **1** initiator;
2 promoter.

tiontaigh *vb* **1** turn; **tiontú thart** to turn around; **2** return;
3 change; **4** translate; **doiciméad a thiontú go Gaeilge** to translate a document into Irish.

tiontaire *nm4* converter.

tíoránach *nm1* tyrant.

tíoránta *adj2* tyranical.

tíorántacht *nf3* tyranny.

tíos *nm1* **1** housekeeping;
2 house, home; **dul i dtíos** to set up home; **3** thrift.

tíosach *nm1* host (*on tv, radio*).
● *adj* **1** thrifty; **2** economical.

tipiciúil *adj2* typical.

tír (*pl* **tíortha**) *nf2* **1** country; **tír dhúchais** native country; **2** land; **ar tír** on land; **dul i dtír** to go ashore; **3** (*in phrases*) **teacht i dtír ar rud** to survive on something; **teacht i dtír ar dhuine** to sponge off someone.

Tír Chonaill *nf* Donegal.

tírdhreach *nm3* landscape.

Tír Eoghain *nf* Tyrone.

tíreolaí *nm4* geographer.

tíreolaíocht *nf3* geography.

tírghrá *nm4* patriotism.

tírghrách *adj1* patriotic.

tírghráthóir *nm3* patriot.

tirim *adj1* **1** dry; **2** parched; **3** humourless; **4** **airgead tirim** hard cash.

tirimghlan *vb* dry-clean.

tirimghlanadh (*gensg* **tirimghlanta**) *nm* dry-cleaning.

tirimghlantóir *nm3* drycleaner.

tíriúil *adj2* **1** homely; **2** sociable.

tír-raon (*pl* **tír-raonta**) *nm1* terrain.

tit (*vn* **titim** *pp* **tite**) *vb* **1** fall; **titim de bhalla** to fall off a wall; **titim as a chéile** to fall apart; **titim i do chodladh** to fall asleep;
2 drop; **thit sé as mo láimh** it fell out of my hand.

□ **tit amach 1** fall out; **2** titim
amach le to fall out with.

□ **tit ar 1** fall on; **2** occur on; thit
a lá breithe ar an Luan her birth-
day fell on a Monday; **3** fall to; is
uirthi a thit tromlach na hoibre
most of the work fell to her.

□ **tit chun** become, get; titim
chun feola to put on weight.

□ **tit faoi** fall under.

tithe →TEACH.

tithíocht nf3 housing.

titim nf2 **1** fall; bhain titim di she
had a fall; **2** drop; **3** slope.

titimeas nm1 epilepsy.

tiúb (pl **tiúbanna**) nf2 tube.

tiubh (gensgm **tiubh** gensgf
tibhe compar **tibhe** pl **tiubha**)
adj **1** thick; **2** dense; **3** fast.

tiubhaigh vb **1** thicken; **2** con-
centrate (liquid).

tiúilip nf2 tulip.

tiúin nf2 tune; i dtiúin/as tiúin in
tune/out of tune. ● vb (pres
tiúnann vn **tiúnadh** pp **tiúnta**)
tune; piano a thiúnadh to tune a
piano.

tiúnadóir nm3 tuner.

tiús nm1 **1** thickness; **2** density.

tláith adj1 **1** weak; **2** soft.

tláithíneach adj1 **1** flattering.

tláithíneacht nf3 flattery.

tláithlag adj1 feeble.

T-léine (pl **T-léinte**) nf4 T-shirt.

tlú nm4 tongs.

TnaG n Teilifís na Gaeilge (Irish-
language Television).

tnáite adj3 exhausted.

tnáitheadh (gensg **tnáite**) nm
exhaustion.

tnúth nm3 **1** expectation; ní raibh
aon tnúth aici leis she didn't ex-
pect it at all; **2** envy; **3** rivalry.
● vb **1** long for; bheith ag tnúth le
rud to be longing for something;
2 envy.

tnúthach nm1 envious person.
● adj1 envious.

tnúthán nm1 expectancy.

t0- remove 't': see Initial Muta-
tions' in the Grammar section.

tobac nm4 tobacco.

tobacadóir nm3 tobacconist.

tobairín nm1 dimple.

tobán nm1 tub.

tobann adj **1** sudden; go tobann
suddenly; **2** unexpected; **3** hasty.

tobar (pl **toibreacha**) nm1
1 well; **2** spring.

tobhach nm1 levy.

tóch (vn **tóch**) vb dig.

tochail (pres **tochlaíonn** vn
tochailt) vb **1** dig; **2** burrow.

tochailt nf2 **1** digging; **2** excava-
tion.

tochais (pres **tochasann**) vb
itch, scratch; **tú féin a thochas** to
scratch oneself.

tochaltán nm1 dig, excavation.

tóchar nm1 causeway.

tochas nm1 itch.

tochasach adj1 itchy.

tochmharc (literary) nm2 court-
ing, wooing.

tocht[1] nm3 mattress.

tocht[2] nm3 **1** stoppage; **2** emo-
tion; **3** ▸ tocht a bheith agat i do
scornach to have a lump in one's
throat;

tochtail (gensg **tochtaíola**) nf3
sobbing.

tochtán nm1 croup.

tochtmhar adj1 emotional,
moving.

tocsain nf2 toxin.

tocsaineach adj1 toxic.

todhchaí nf4 future; sa todhchaí
in the future.

todóg nf2 cigar.

tofa adj3 **1** choice; **2** outstanding;
3 (intensifying) amadán tofa a
complete fool; →TOGH.

tóg vb **1** lift (up), raise (up);
2 take; **cé a thóg é?** who took it?;
ní thógann sé ach cúpla nóiméad
it only takes a couple of minutes;
grianghraf a thógáil to take a
photograph; **3** rear (child,
family); **clann a thógáil** to rear a
family; **tógadh le Gaeilge iad** they
were reared through Irish;
4 build; **teach a thógáil** to build a
house; **tá tithe á dtógáil ansin**
houses are being built there;
5 pick up; **teanga a thógáil** to
pick up a language; **6** collect
(rent); **7** catch (an illness);
8 climb; **sliabh a thógáil** to climb
a mountain; **9** win; **an chéad
duais a thógáil** to take first prize.
□ **tóg ar 1** lift up on, raise up
on; **2** undertake; **rud a thógáil ort
féin** to undertake (to do)
something; **3** blame for; **ní
thógfainn ort é** I wouldn't blame
you for it; **4** accept; **an dtógfá
céad punt air?** would you take a
hundred pounds for it?
□ **tóg as 1** lift out of, take out
of; **rud a thógáil as an gcófra** to
take something out of the press;
2 take from; **3** infer; **cad a
thógann tusa as sin?** what do you
take from that?
□ **tóg de 1** lift off; **2** take off.
□ **tóg do** take to.
□ **tóg i** take into.
□ **tóg isteach 1** take in;
2 shorten (dress).
□ **tóg le 1** lift with; **rud a thógáil
le sluasaid** to lift something with
a shovel; **2** take to; **bheith
an-tógtha le rud** to be very taken
with something; **3** take away; **tóg
leat é** take it (away) with you.
□ **tóg ó i** lift from; **2** take from.

tógáil nf3 **1** lifting; **2** raising;
3 taking; **4** building; **5** rearing
(of child, family).

togair (pres **tograíonn** vn
togradh pp **togartha**) vb
1 choose; **2** desire.

tógálach adj1 **1** infectious;
2 touchy (person).

tógálaí nm4 builder.

togartha →TOGAIR

togh (pp **tofa**) vb **1** elect;
2 choose; **3** (in phrases) **'cén
chaoi a bhfuil tú?'** · **'togha!'** 'how
are you?' · 'great!'; **togha fir!** good
man!; **togha agus rogha** the very
best.

toghadh (gensg **tofa**) nm **1** selec-
tion; **2** election.

toghair vb **1** summon; **2** invoke.

toghairm nf2 summons.

toghchán nm1 election.

toghchánaíocht nf3 election-
eering.

toghlann nm1 constituency.

toghthóir nm3 constituent.

toghthóireacht nf3 electorate.

tograch adj1 **1** ready; **2** suscep-
tible; **tograch do shlaghdáin** sus-
ceptible to colds.

togradh, **tograíonn** →TOGAIR

toibreacha →TOBAR

toici nm4 wealthy person.

toiciúil adj2 wealthy.

toil nf3 **1** will; **i gcoinne do thola**
against one's will; **toil shaor** free
will; **2** desire; **3** wish; **do thoil
é/le do thoil** please; **4** (in phrases)
tá Gaeilge ar a thoil aige he
speaks fluent Irish; **bhí gach rud
chun a thola aige** everything was
to his liking.

toiligh vb agree, consent.

toiliúil adj2 intentional, wilful.

toill vb fit; **thoillfeadh cúpla
suíochán eile ansin** another
couple of seats would fit there.

toilleadh (gensg **toillte**) nm cap-
acity.

toilliocht nf3 displacement.

toilteanach adj1 willing.

toilteanas nm1 willingness.

tóin (pl **tóineanna**) nf3 **1** back-
side, bottom; **cic sa tóin a**

thabairt do dhuine to give someone a kick in the arse; **2** bottom part, lowest part; **3** seat (of trousers); **4** (in phrases) faoi thóin cártaí discarded; thit an tóin as it fell apart.

toinn →TONN.

toinníteas nm1 conjunctivitis.

tointeáil nf3 shuttling; seirbhís tointeála shuttle service.

tóir nf3 **1** pursuit, chase; dul sa tóir ar dhuine to pursue someone; **2** pursuers; bhí an tóir ag teannadh leis the pursuers were gaining on him; **3** search; bheith ar thóir ruda to be looking for something; **4** (in phrase) tóir a bheith ort to be popular, to be sought-after.

toircheas nm1 pregnancy.

toircheasach adj1 pregnant.

toirchigh vb **1** make pregnant; **2** fertilize (biology).

toirchim nf2 deep sleep.

toirmeasc nm1 **1** prohibition; **2** accident, mishap; bhain toirmeasc di she had an accident; **3** trouble; fear toirmisc a troublemaker.

toirmisc vb **1** prohibit; **2** forbid; **3** hinder.

toirmiscthe adj3 forbidden; toradh toirmiscthe forbidden fruit.

toirneach nf2 thunder.

toirniúil adj1 thundery.

toirpéad nm1 torpedo.

tóirse nm4 torch.

tóirsholas (pl tóirshoilse) nm1 searchlight.

toirt nf2 **1** volume; **2** bulk; **3** ar an toirt immediately.

toirtéis nf2 self-importance; **2** pride.

toirtéiseach adj1 **1** self-important; **2** proud.

toirtín nm4 **1** scone; **2** cake (small).

toirtis nf2 tortoise.

toirtiúil adj2 **1** bulky; leabhar toirtiúil a large book; **2** heavy (person).

toisc (pl tosca) nf2 **1** circumstance, factor; tosca fabhracha favourable circumstances; **2** toisc (+GEN) because; toisc na haimsire because of the weather; **3** d'aon toisc on purpose.

toise nm4 **1** measurement; **2** dimension.

toiseach adj1 dimensional.

toit nf2 smoke.

toitcheo nm4 smog.

toiteach adj1 smoky.

toitín nm4 cigarette.

tólamh n (in phrase) i dtólamh always.

tolg¹ nm1 couch, sofa.

tolg² vb **1** contract (illness); slaghdán a tholgadh to catch a cold; **2** gather, threaten; tá na scamaill ag tolgadh the clouds are gathering.

tolgán nm1 attack (of illness).

tolglann nf2 lounge.

toll¹ nm1 rudaí chur i dtoll a chéile to put things together.

toll² vb bore, drill.

toll³ adj1 **1** hollow; **2** pierced.

tollán nm1 tunnel.

tom nm1 **1** bush, shrub; **2** clump.

tomhais vb **1** measure; toisí ruda a thomhas to measure the dimensions of something; **2** tomhaiste measured (speech, step); **3** estimate, gauge; **4** guess.

tomhaltas nm1 consumption (of goods).

tomhas nm1 **1** measurement; **2** > tomhas a láimhe féin a thabhairt do dhuine to give someone a taste of their own medicine (literally: to give someone the measure of his own hand); **3** riddle, puzzle; →SLAT.

tomhsaire nm4 gauge.

ton nm1 tone.

tonn (datsg **toinn** pl **tonnta** genpl **tonn**) nf2 wave; **thar toinn** overseas; **faoi thoinn** underwater; **tonn teasa** heat wave; **tonn taoide** tidal wave. ● vb **1** surge; **2** billow (smoke); **3** gush; **bhí uisce ag tonnadh amach as an bpíopa** water was gushing out of the pipe.

tonna nm4 ton.

tonnadóir nm3 funnel.

tonnaois nf2 great age.

tonnchreathaire nm4 vibrator.

tonnfhad nm1 wavelength.

tonnúil adj2 undulating.

tor nm1 **1** shrub, bush; **2** tuft.

toradh (pl **torthaí**) nm **1** fruit; **2** product; **3** produce; **torthaí talún** farm produce; **4** result; **torthaí na scrúdaithe** the exam results; **de thoradh** (+GEN) as a result of.

tórai nm4 **1** hunter; **2** bandit, outlaw.

Tórai nm4 Tory (British politics).

tóraigh (vn **tóraíocht**) vb **1** pursue, search for; **2** probe (medical).

tóraíocht nf3 **1** pursuit; **2** hunt.

tóraitheoir nm3 pursuer.

torann nm1 noise.

torannach adj1 noisy.

torathar nm1 **1** ogre, monster; **2** freak.

torbán nm1 tadpole.

torc nm1 boar.

tormáil nf3 rumble; **tormáil drumaí** drum roll.

tormán nm1 loud noise; **an toirt is an tormán** the sound and the fury.

tormánach adj1 noisy.

tornapa nm4 turnip.

torrach adj1 pregnant.

tórramh nm1 wake.

torthúil adj2 **1** fertile; **2** fruitful.

tosach nm1 **1** beginning; **i dtosach** in the beginning; **2** lead; **bheith chun tosaigh ar dhuine** to be ahead of someone; **3** front part; **4** bow (of boat). ● adj(gen of n) **an suíochán tosaigh** the front seat; **an carr tosaigh** the leading car.

tosaí nm4 forward (sport).

tosaigh vb **1** begin, start; **tosú ar rud** to start something; **2** boot (computers).

tosaíocht nf3 priority; **tosaíocht a thabhairt do rud** to give priority to something.

tosaitheoir nm3 beginner.

tosca →TOISC.

toscaire nm4 **1** deputy; **2** delegate.

toscaireacht nf3 **1** deputation; **2** delegation.

tost nm3 silence; **bí i do thost!** be quiet!; **tháinig tost ar an áit** the place became silent. ● vb become silent; **thost gach aon duine** everyone fell silent.

tósta nm4 toast.

tostach adj1 **1** silent; **2** taciturn.

tóstaer nm1 toaster.

tóstáil vb toast.

tóstal nm1 **1** assembly; **2** pageant.

tostóir nm3 silencer.

tosú (gensg **tosaithe**) nm beginning, start; **▸ bíonn gach tosú lag** you have start somewhere (literally: every beginning is weak).

trá¹ (pl **tránna**) nf4 beach, strand; **bheith ar an trá fholamh** to be destitute; **bheith fágtha ar an trá tirim** to be left high and dry.

trá² nm4 ebb.

trábhaile (pl **trábhaile**) nm4 seaside resort.

trach (pl **trachanna**) nm4 trough.

trácht[1] nm3 traffic; **brú tráchta** traffic congestion.

trácht[2] nm3 **1** mention; **trácht a dheanamh ar rud** to mention something; **2** discussion. ● vb **1** mention; **2** discuss.

trácht[3] nm3 **1** sole (of foot); **2** tread (of tyre).

tráchtáil nf3 trade, commerce; **fiontar tráchtála** a commercial venture.

tráchtaire nm4 commentator.

tráchtaireacht nf3 commentary.

tráchtálai nm4 trader.

tráchtas nm1 thesis, dissertation; **tráchtas dochtúrtha** doctoral thesis.

tráchtearra nm4 commodity.

trádáil nf3 adjective trade.

trádainm (pl **trádainmneacha**) nm4 trade name.

trádálach adj1 commercial.

trádálai nm4 trader.

trádbhealach (pl **trádbhealai**) nm1 trade route.

trádmharc (pl **trádmharcanna**) nm1 trademark.

traein (genpl **traenach** pl **traenacha**) nf train; **dul ar an traein** to go by train; **traein luais** express train.

traenáil nf3 training. ● vb train, coach.

traenáilte adj3 trained.

traenálai nm4 trainer, coach.

tragóid nf2 tragedy.

tragóideach adj1 tragic.

traidhfil nf4 trifle.

tráidire nm4 tray.

traidisiún nm1 tradition.

traidisiúnta adj3 traditional; **ceol traidisiúnta** traditional music.

traidisiúnai nm4 traditional.

traigéide nf4 tragedy (theatre).

traigéideach adj1 tragic (theatre).

tráigh vb **1** ebb; **tá sé ag trá** the tide is going out; → **TUILE 2** dry up; **3** decline.

traipisi npl personal belongings; **➤ rud a chaitheamh i dtraipisi** to throw something on the scrapheap.

tráiteoir nm3 beachcomber.

tráiteoireacht nf3 beachcombing.

tráithnin nm4 blade of grass.

trálaer nm1 trawler.

tralai nm4 trolley.

tram (pl **tramanna**) nm4 tram, tramcar.

tramp (pl **trampanna**) nm4 tramp, vagrant.

trampailin nm4 trampoline.

trangláil nf3 **1** bustle; **trangláil daoine** a crowd of people; **2** clutter; **3** trouble; **beidh an-trangláil mar gheall air seo** there'll be hell to pay about this.

tranglailte adj3 **1** thronged; **2** cluttered.

tranglam nm1 **1** tangle; **2** confusion; **3** clutter.

traoch vb **1** exhaust; **2** overcome.

traochadh (gensg **traochta**) nm exhaustion.

traochta adj3 exhausted.

traonach nm1 corncrake; **➤ codladh an traonaigh chugat!** sleep all day lazybones!.

trap (pl **trapanna**) nm4 trap (horse-drawn).

tras pref **1** cross; **2** trans-.

trascríbhinn nf2 transcription.

trasghearradh (gensg **trasghearrtha** pl **trasghearrthacha**) nm cross-section.

trasna prep, adverb **trasna** (+GEN) across; **dul trasna na páirce** to go across the field; **tá sé trasna an bhóthar uait** it's across the road from you.

trasnaigh *vb* **1** cross; **bóthar a thrasnú** to cross a road; **2** intersect; **3** contradict; **bheith ag trasnú ar dhuine** to contradict someone.

trasnail (*gensg* **trasnaiola**) *nf3* **1** crossing; **2** contradiction.

trasnaíocht *nf3* interference (*TV reception*).

trasnálaí *nm4* heckler.

trasnán *nm1* **1** crossbar; **2** diagonal.

trasnánach *adj1* diagonal.

trasnú (*gensg* **trasnaithe**) *nm* intersection.

trasraitheoir *nm3* transistor.

trasrian (*pl* **trasrianta**) *nm1* **trasrian coisithe** pedestrian crossing.

trastomhas *nm1* diameter.

tráta *nm4* tomato.

tráth (*pl* **tráthanna/trátha** *genpl* **tráth**) *nm3* **1** time, occasion; **in am agus i dtráth** in good time; **ní tráth cainte é** it's no time for talk; **i dtrátha na Nollag** at Christmas time; **2** hour; **ag an tráth seo den oíche** at this hour of the night; **3** once; **na daoine a mhair anseo tráth** the people who lived here once.

tráthchlár *nm1* timetable.

tráthchuid (*gensg* **tráthchoda** *pl* **tráthchodanna**) *nf3* instalment.

tráthnóna (*pl* **tráthnónta**) *nm4* afternoon, evening; **tráthnóna Dé Sathairn** Saturday afternoon/evening; **um thráthnóna** in the afternoon/evening.

tráthrialta *adv* **go tráthrialta** regularly.

tráthúil *adj2* **1** timely; **2** oppurtune.

tráthúlacht *nf3* **1** timeliness; **2** opportuneness.

tré¹ (*pl* **tréanna**) *nm4* triad.

tré- *pref* through-.

treabh (*vadj* **treafa**) *vb* plough.

treabhadh (*gensg* **treafa**) *nm* ploughing.

treabhdóir *nm3* ploughman.

treabhsar *nm1* trousers.

tréach *nm1* third (*in music*).

tréad (*pl* **tréada** *genpl* **tréad**) *nm3* **1** flock, herd; **2** flock, congregation.

tréadach *adj1* pastoral.

tréadaí *nm4* **1** shepherd. **2** pastor;

tréadúil *adj2* gregarious.

trealamh *nm1* equipment, gear.

treall *nm3* **1** short period, spell; **2** fit; **treall feirge** a fit of anger.

treallach *adj1* **1** fitful; **2** changeable (*person*).

treallán *nm1* spasm.

treallánach *adj1* spasmodic.

treallús *nm1* **1** industriousness; **2** initiative, enterprise; **3** assertiveness.

treallúsach *adj1* **1** industrious; **2** enterprising; **3** assertive.

tréan *nm1* **1** strength; **2** power; **3** intensity; **le tréan oilc a rinne sí é** she did it out of sheer badness; **4** abundance; **tréan** (+GEN) plenty of; **tréan airgid** plenty of money. • *adj1* (*compar* **tréine/treise**) **1** strong; **2** powerful; **3** intense; ➤**is treise Dia ná dóchas** God is stronger than hope.

tréaniarracht *nf3* determined attempt.

tréaniolra *nm4* strong plural (*in grammar*).

treas *adj* third.

tréas *nm3* treason.

treascair (*pres* **treascraíonn**) *vb* **1** knock down, fell; **crann a**

threascairt to fell a tree; **2** overthrow; **3** vanquish.

treascairt (*gensg* **treascartha**) *nf3* **1** knock-down; **2** overthrow; **3** defeat.

treascarnach *nf2* debris.

treascrach *adj1* **1** overwhelming; **2** overpowering.

tréaslaigh *vb* congratulate; rud a thréaslú do dhuine/le duine to congratulate someone on something.

tréaslú (*gensg* **tréaslaithe**) *nm* congratulation.

treaspás *nm1* trespass(ing).

tréatúir *nm3* traitor.

trédhearcach *adj1* transparent.

trédhearcacht *nf3* transparency.

treibh *nf2* **1** tribe; **2** people, race.

treibheach *adj1* tribal.

treibheachas *nm1* tribalism.

tréidlia *nm4* vet.

tréig (*vn* **tréigean**) *vb* **1** abandon, desert; duine a thréigean to abandon someone; **2** fail (*courage, health*); **3** fade (*colour*).

tréigthe *adj3* **1** abandoned, deserted; **2** derelict (*building*); **3** faded (*colour*).

tréimhse *nf4* period of time.

tréimhseachán *nm1* periodical.

tréimhsiúil *adj2* periodic.

tréine →**TRÉAN**.

treis *n* i dtreis in power, at issue; teacht i dtreis to come to power; is é an rud atá i dtreis ná.. what is at issue is..; ➤ tá rud éigin sa treis aige he's up to something.

treise *nf4* **1** strength; **2** power; **3** emphasis; treise a chur le rud to emphasize something; →**TRÉAN**.

treiseoir *nm3* booster.

treisigh *vb* **1** strengthen; **2** reinforce.

tréith (*pl* **tréithe**) *nf2* **1** trait; **2** characteristic; **3** quality; **4** accomplishment; **5** trick.

tréitheach *adj1* **1** gifted; **2** characteristic; **3** accomplished; **4** tricky.

tréithlag *adj1* **1** weak; **2** exhausted.

tréithrigh *vb* characterize.

treo *nm4* **1** direction; as gach treo from every direction; **2** way; chuaigh sí sa treo sin she went that way.

treoch *adj1* directional.

treocht *nf3* trend.

treodóireacht *nf3* orienteering.

treoir (*gensg* **treorach** *pl* **treoracha**) *nf* **1** direction; treoracha directions; treoracha a thabhairt do dhuine to give directions to someone; **2** guidance; treoir a dhéanamh do dhuine to give guidance to someone; **3** gauge, indicator; treoir luas speedometer.

treoirlíne (*pl* **treoirlínte**) *nf4* guideline.

treoirscéim *nf2* pilot scheme.

treoraí *nm4* guide.

treoraigh *vb* **1** direct; **2** guide.

treoráil *vb* sight; gunna a threoráil to sight a gun.

tréshoilseach *adj1* translucent.

tréshoilseacht *nf3* translucence.

tréshoilseán *nm1* transparency (*in photography*).

trí¹ (*pl* **trionna**) *numm4* a trí three; trí teach/trí mhíle three houses/three miles.

trí² (*prep prons* **triom/triot, tríd, tríthi, trínn, tríbh, triothu**) *prep* (*followed by lenition; becomes* 'tríd' *before def art* 'an'; *comines with rel partics* 'a' *and* 'ar' *to form* 'trína' *and* 'trínar'; *combines with poss adj* 'ár' *to form* 'trínár') through;

1 ábhar a mhúineadh trí Ghaeilge to teach a subject through Irish; shiúlamar trí na páirceanna we walked through the fields; chuaigh sé tríd an bhfuinneog it went through the window; **2** (*in phrases*) tríd is tríd through and through; trí chéile confused; tríd síos throughout.

triacla *nm4* treacle.

triail (*gensg* **trialach** *pl* **trialacha**) *nf* **1** trial; **2** test. ● *vb* **1** try; duine a thrialleadh os comhair na cúirte to try someone in court; **2** test.

triaileadán *nm1* test tube.

trialach *adj1* **1** trial; **2** experimental.

triall (*pl* **triallta**) *nm3* journey; cá bhfuil ár dtriall? where are we going? ● *vb* journey; dul ag triall ar dhuine to go to fetch someone.

trian (*pl* **triana**) *nm1* third; trian/dhá thrian de rud a third/two thirds of something.

triantán *nm1* triangle.

triarach *adj1* triple.

tríbh →TRÍ².

trichosach *nm1* tripod.

tríd →TRÍ².

trídhatach *adj1* tricolour.

trídhualach *adj1* three-ply.

trídhuilleach *adj1* three-leafed.

trífhillte *adj1* threefold.

trillín *nm4* bheith i do thrillín ar dhuine to be a burden to someone.

trilliún *nm1* trillion.

trilseán *nm1* **1** plait, braid; **2** string; trilseán oinniún a string of onions.

trína, trína trínar trinn

trínar →TRÍ².

trínár →TRÍ².

trinn →TRÍ².

trinse *nm4* trench.

trinseáil *vb* trench.

trinsiúr *nm1* platter.

trioblóid *nf2* trouble; na Trioblóidí the Troubles (*in Irish politics*); ní maith liom do thrioblóid I am sorry for your trouble (*said to bereaved person*).

trioblóideach *adj1* troublesome.

trioc *nm4* furniture.

triocha (*gensg* **triochad** *pl* **triochaidí**) *numm* thirty.

triochadú *nm4* adjective thirtieth.

tríom →TRÍ².

triomach *nm1* **1** dry weather, drying weather; triomach maith good drying conditions; **2** drought.

triomacht *nf3* dryness.

triomadóir *nm3* dryer; triomadóir gruaige hair drier.

triomaigh *vb* dry.

trionna →TRÍ¹

Trionóid *nf2* An Trionóid Naofa the Holy Trinity.

triopall *nm1* **1** bunch; **2** cluster; **3** train (*of dress*); **4** tail (*of coat*); **5** (*informal*) lower parts; triopall in airde upside down.

tríot, triothu →TRÍ²

trírothach *nm1* tricycle.

tristéal *nm1* trestle.

trithí →TRÍ².

trithoiseach *adj1* three-dimensional.

tríú *nm4* adjective third; an tríú bliain the third year.

triuch (*gensg* **treacha**) *nm3* whooping cough.

triuf (*pl* **triufacha**) *nm4* club (*in cards*).

triúr *nm1* three people; triúr fear/ban three men/women.

triús *nm1* trousers.

trócaire *nf4* **1** mercy; trócaire a dhéanamh ar dhuine to have mercy on; **2** complacency.

trócaireach adj1 1 merciful;
2 compassionate.

trochailte adj3 1 run-down;
2 broken-down.

trochlú (gensg **trochlaithe**) nm4
dilapidation.

trodach adj1 quarrelsome.

troda →TROID.

trodaí nm4 1 fighter; 2 brawler.

tródam nm1 cordon; tródam a
chur ar shráid to cordon off a
street.

trófaí nm4 trophy.

troid (gen **troda**) nf3 1 fight;
troid a chur ar dhuine to pick a
fight with someone; 2 quarrel.
● vb 1 fight; 2 quarrel.

troigh (pl **troithe**) nf2 foot.

troime nf4 heaviness.

troisc vb fast.

troiste nm4 tripod.

troitheach nm1 foot soldier,
infantryman.

troithneán nm1 pedal.

trom nm4 1 weight; 2 import-
ance; 3 blame; trom a chur ar
dhuine to blame someone for
something; 4 bulk. ● adj1
1 heavy; ualach trom a heavy
load; báisteach throm heavy rain;
2 hard, difficult (work); 3 import-
ant; 4 bheith trom ar thobac to be
a heavy smoker; 5 harsh; bheith
trom ar dhuine to be harsh with
someone.

tromaí adj3 1 weighty; 2 serious.

tromaigh vb 1 become heavier;
thromaigh mé le linn na Nollag I
put on weight over Christmas;
2 make heavier; rud a thromú to
make something heavier; 3 inten-
sify; thromaigh ar an mbáisteach
the rain became heavier.

tromaíocht nf3 (in phrase)
bheith ag tromaíocht ar dhuine to
be harsh with someone.

tromán nm1 weight; tromán
páipéir a paperweight.

trombhuairt (gen
trombhuartha) nf3 deep
sorrow.

trombóis nf2 thrombosis.

trombón nm1 trombone.

tromchoir nf2 a serious crime.

tromchroíoch adj1 heavy-
hearted.

tromchúis nf2 1 seriousness;
2 self-importance.

tromchúiseach adj1 1 serious;
2 self-important.

tromlach nm1 majority.

tromluí nm4 nightmare.

tromshuan nm1 heavy sleep.

tromualach nm1 1 burden;
2 heavy load.

trópaic nf2 tropic; trópaic an
Ghabhair tropic of Cancer;
trópaic an Phortáin tropic of
Capricorn.

trosc nm1 cod.

troscadh nm1 fast; troscadh a
dhéanamh to fast.

troscán nm1 furniture.

trostal nm1 tramp (of feet).

trua nf4 1 pity; trua a bheith agat
do dhuine to have pity for
someone; is mór an trua é sin
that's a great pity; 2 compassion;
3 miserable person. ● adj 1 piti-
able; is trua go... it's a pity that...;
2 lean; feoil thrua lean meat;
3 emaciated.

truacánta adj3 1 piteous;
2 plaintive.

truaill nf2 1 sheath; 2 scabbard.

truaillí adj3 1 corrupt; 2 base.

truailligh vb 1 corrupt; 2 pol-
lute; uisce truaillithe polluted
water.

truailliú (gensg **truaillithe**) nm
pollution; truailliú na
timpeallachta the pollution of the
environment.

truamhéala nf4 1 pity; 2 plain-
tiveness.

truamhéalach adj1 **1** piteous; **2** plaintive.

truán nm1 wretch.

trúbadóir nm3 troubadour.

trucail nf2 truck.

truflais nf2 rubbish.

truicear nm1 trigger.

trúig nf2 **1** cause; **cad é ba thrúig bháis di?** what caused her death?; **2** occasion.

truilleán nm1 **1** push; **2** shove.

trúipéir nm3 trooper.

trumpa nm4 trumpet.

trunc nm3 trunk.

trup (pl **trupanna**) nm4 noise.

trúpa nm4 troop.

trus (pl **trusanna**) nm4 truss (architectural).

trusáil vb **1** truss (up); **2** roll up; **do mhuinchillí a thrusáil** to roll up one's sleeves.

truslóg nf2 **1** stride; **truslóga a thabhairt** to stride; **2** hop.

ts- remove 't': see 'Initial Mutations' in the Grammar section.

tU- remove 't': see 'Initial Mutations' in the Grammar section.

tú pron (lenited form 'thú' used when object of verb) you; **tú féin** yourself; **an bhfaca tú é?** did you see it?; **ní fhaca sí thú** she didn't see you.

tua nf4 axe, hatchet.

tuaigh (vn **tua**) vb chop (wood).

tuaiflisc nf2 fit of temper.

tuáille nm4 towel; **tuáille sláintíochta** sanitary towel.

tuaipléir nm3 blunderer.

tuaiplis nf2 blunder.

tuaiplisiúil adj2 blundering.

tuairgnín nm4 pestle.

tuairgníonn →TUARGAIN.

tuairim nf2 **1** opinion; **i mo thuairim** in my opinion; **bheith ar aon tuairim le duine** to be of the same opinion as someone; **buille**

faoi thuairim a thabhairt ar rud to have a guess at something; **2** idea; **níl tuairim faoin spéir agam** I have no idea. ● prep **bhí tuairim is céad duine ann** there were about a hundred people there.

tuairimigh vb **1** estimate; **2** form opinion; **thuairimigh mé nárbh aon iontaoibh é** I formed the opinion that he was untrustworthy.

tuairimíocht nf3 **1** speculation; **2** guesswork.

tuairisc nf2 **1** report; **bhí tuairisc air ar an teilifís** there was a report about it on the television; **2** account; **3** information; **tuairisc duine a chur** to ask after someone; **bhí sí ag cur do thuairisce** she was asking about you; →TÁSC

tuairisceán nm1 return.

tuairisceoir nm3 **1** reporter; **2** correspondent.

tuairisceoireacht nf3 reporting.

tuairiscigh vb report; **eachtra a thuairisciú** to report an incident.

tuairisciú (gensg **tuairiscithe**) nm (media) coverage (in media).

tuairisciúil adj2 descriptive.

tuairt nf2 **1** thud; **2** crash; **3** bump.

tuairteáil vb **1** crash (into); **2** pound; **3** bump.

tuairteoir nm3 bumper (on car).

tuaisceart nm1 north; **an Tuaisceart** the North; **Tuaisceart na hÉireann** Northern Ireland.

tuaisceartach nm1 northerner. ● adj1 north, northern.

tuama nm4 **1** tomb; **2** tombstone.

tuar[1] nm1 **1** omen; **is olc an tuar é sin** that's a bad omen; **2** sign; **tuar báistí** rainbow. ● vb **1** augur; **2** predict; **bhí sé ag tuar go...** he was predicting that...; **3** deserve.

tuar² nm1 bleach; **éadach a chur ar tuar** to bleach cloth. ● vb bleach, whiten.

tuarascáil (pl **tuarascálacha**) nf3 **1** report; **2** account; **3** description.

tuarascálaí nm4 reporter.

tuarastal nm1 salary.

tuargain (pres **tuairgníonn** vntuargaint) vb **1** pound; **2** thump.

tuarúil adj2 ominous.

tuaslagán nm1 solution (chemical).

tuaslagóir nm3 solvent.

tuaslagthacht nf3 solvency.

tuaslaig (pres **tuaslagann** vn **tuaslagadh**) vb dissolve.

tuata nm4 lay person. ● adj1 **1** lay; **2** secular.

tuath nf2 **1** country(side); **faoin tuath** in the country; **fear tuaithe** a countryman; **2** laity; **3** people, tribe.

tuathal nm1 mistake; **níor theip an tuathal riamh uirthi** she's always doing the wrong thing. ● adj(gen of n) **an taobh tuathail** the wrong side, the lefthand side. ● adv **dul tuathal** to go anticlockwise.

tuathalán nm1 **1** awkward person; **2** blunderer.

tuathánach nm1 peasant, rustic.

tuathúil adj2 rustic.

tubaiste nf4 **1** calamity; **2** disaster.

tubaisteach adj1 **1** calamitous; **2** disastrous; **3** tragic.

tubaisteoir nm3 bungler.

tuga nm4 tug (boat).

tugann →TABHAIR.

tugtha adj3 **1** exhausted; **bheith tugtha traochta** to be completely exhausted; **2** bheith tugtha do rud to be fond of something; **tá sé tugtha don áibhéil** he tends to

exaggeration; **bheith tugtha don ól** to be addicted to drink;
→TABHAIR

tuí nm4 thatch; **ceann tuí** a thatched roof.

tuig (vn **tuiscint**) vb **1** understand; **an dtuigeann tú é sin?** do you undertsand that?; **2** realize; **3** know; **4** tuigtear dom go... I gather that...

tuile (pl **tuilte**) nf4 flood, torrent; ► **níl tuile dá mhéad nach dtránn** nothing lasts forever (literally: there is no flood, however big, that does not recede).

tuill (vn **tuilleamh**) vb **1** earn; **airgead a thuilleamh** to earn money; **2** deserve; **bhí sé tuillte go maith agat** you well deserved it.

tuilleadh nm1 **1** more; **a thuilleadh** (+GEN) more; **a thuilleadh eolais** more information; **2** ní théim ann a thuilleadh I don't go there any more.

tuilleamaí nm4 dependence; **bheith i dtuilleamaí ruda/duine** to depend on something/someone.

tuilleamh nm1 earnings, wages.

tuilmheach adj1 productive.

tuillteanas nm1 merit.

tuilsoilsigh vb floodlight.

tuilsolas (pl **tuilsoilse**) nm1 floodlight.

tuilte →TUILE.

tuin nf2 **1** accent; **2** tone.

tuineach nm1 tunic.

Túinéis nf2 an Túinéis Tunisia.

tuinnín nm4 tuna.

Tuirc nf2 an Tuirc Turkey.

Tuircis nf2 Turkish.

túirín¹ nm4 tureen.

túirín² nm4 turret.

tuirling (pres **tuirlingíonn**) vb **1** descend; **2** land (plane).

tuirlingt (gen **tuirlingthe**) nf
1 descent; 2 landing, touchdown
(of plane).

tuirne nf4 spinning-wheel.

tuirpintin nm4 turpentine.

tuirse nf4 tiredness, fatigue;
tuirse a bheith ort to be tired.

tuirseach adj1 1 tired, weary;
2 sorrowful.

tuirsigh vb tire.

tuirsiúil adj2 1 tiring; 2 tire-
some.

tuirsiúlacht nf3 tiresomeness.

túis nf2 incense.

túisce adj (comparative) adverb
first, sooner; **an rud is túisce a**
tharla the first thing that
happened; **níos túisce ná sin**
sooner than that; **an túisce agus**
is féidir leat as soon as you can;
→DEOCH.

tuisceanach adj1 1 understand-
ing; 2 discerning.

tuiscint (gensg **tuisceana**) nf
1 understanding; 2 thoughtful-
ness; 3 discernment.

tuiseal nm1 case (in grammar);
an tuiseal ginideach the genitive
case.

tuisle nm4 1 fall, stumble; 2 trip;
tuisle a bhaint as duine to trip
someone up.

tuisleach adj1 1 unsteady;
2 stumbling; 3 faltering.

tuisligh vb 1 stumble; 2 trip.

tuismeá nf4 horoscope.

tuismíocht nf3 parentage.

tuismitheoir nm3 parent.

tulach nm1 1 hill; 2 mound.

tulca nm4 1 flood, deluge; **tulcaí**
báistí torrents of rain; 2 wave,
gust.

tum vb 1 dive; 2 submerge; 3 im-
merse; **thú féin a thumadh i rud** to
immerse oneself in something.

tumadh nm 1 dive; 2 dip (sauce).

tumadóir nm3 diver.

tumadóireacht nf3 diving.

tumthéitheoir nm3 immersion
heater.

tur adj1 1 dry; 2 dull; **caint thur**
dull talk; 3 humourless.

túr nm1 tower.

turas nm1 1 journey, trip; **turas**
farraige a sea voyage; 2 visit;
turas a thabhairt ar dhuine to
visit someone; 3 occasion;
4 **d'aon turas** on purpose.

turasóir nm3 tourist.

turasóireacht nf3 tourism.

turbamótar nm1 turbo motor.

Turcach nm1 Turk. ●adj1 Turk-
ish.

turcaí nm4 turkey.

turcaid nf2 turquoise.

Turcais nf2 Turkish.

turcánta adj3 cruel.

turgnamh nm1 experiment.

turgnamhach adj1 experimen-
tal.

turnamh nm1 1 (down)fall;
2 abatement; 3 descent.

turraing adj2 1 attack; 2 thrust;
3 stumble, fall; 4 shock (electric).

turraingeach adj1 1 thrusting;
2 violent.

turtar nm1 turtle.

tús nm1 1 start, beginning; **tús a**
chur le rud to commence
something; **ar dtús** at first; **i dtús**
báire first and foremost; **ó thús** in
the beginning, from the
beginning; ►**tús maith leath na**
hoibre a good start is half the
battle; 2 precedence; **tús áite**
pride of place.

tusa pron (emphatic; lenited form
'thusa' used when object of verb)
you; **cé hé tusa?** who are YOU?;
ar bhuail sé thusa? did he hit
YOU?

túslitir (gensg **túslitreach** pl
túslitreacha) nf initial letter.

tútach adj1 **1** awkward; **2** crude; **3** stupid; **4** rude.

tútachán nm1 **1** awkward person; **2** crude person.

tútail (gensg **tútaiola**) nf3 stuttering.

tuth nf2 stench.

tuthóg nf2 fart.

tuthógach adj1 farting.

....

Uu

....

uabhar nm1 **1** pride; **2** arrogance.

uachais nf2 **1** burrow; **2** den.

uacht nf3 **1** will, testament; rud a fhágáil le huacht ag duine to bequeath something to someone.

uachtaigh vb **1** bequeath; **2** declare.

uachtar nm1 **1** top, upper part; bheith in uachtar to be on top; an lámh in uachtar a fháil ar dhuine to get the upper hand of someone; ar uachtar an uisce on the surface of the water; **2** cream; uachtar reoite ice cream.

uachtarach adj1 **1** upper; Sráid Uí Chonaill Uachtarach Upper O' Connell Street; **2** superior (in rank).

uachtarán nm1 president; Uachtarán na hÉireann the President of Ireland.

uachtaránacht nf3 presidency.

uachtarlann nf2 creamery.

uachtarúil adj2 creamy.

uafar adj1 **1** dreadful; **2** horrible.

uafás nm1 **1** horror; uafás a chur ar dhuine to horrify someone; **2** terror; **3** huge number; an

t-uafás airgid a huge amount of money.

uafásach adj1 **1** horrible; **2** terrible; gníomh uafásach a terrible deed; **3** vast.

uaibh →ó².

uaibhreach adj1 **1** proud; **2** arrogant; **3** rich (food); **4** luxuriant (growth).

uaidh →ó².

uaigh nf2 grave.

uaigneach adj1 **1** lonely; **2** solitary.

uaigneas nm1 **1** loneliness; uaigneas a bheith ort to be lonely; > is fearr an troid ná an t-uaigneas quarrelling is better than loneliness; **2** solitude.

uaill¹ nf2 **1** vanity; **2** pride.

uaill² nf2 howl, yell; uaill a ligean agat to yell.

uaillbhreas (pl **uaillbhreasa**) nm3 exclamation.

uaillmhian (gen **uaillmhéine** pl **uaillmhianta**) nf2 ambition.

uaillmhianach adj1 ambitious.

uaim¹ →ó².

uaim² (gen **uamanna**) nf2 **1** seam; **2** suture; **3** alliteration.

uaimh² nf2 **1** cave; **2** grotto.

uaimheadóireacht nf3 potholing.

uain (datpl **uainibh** pl **uaineacha**) nf2 **1** time; dá mbeadh uain agam air if I had time for it; **2** opportunity; **3** turn; is é a huain é it's her turn; **4** weather; tá an uain go haoibhinn the weather is beautiful; **5** (datpl in phrase) ar uainibh at times.

uainchlár nm1 roster.

uaine nf4 adjective3 (vivid) green.

uaineadh nm1 break between showers.

uaineoil nf3 lamb (meat).

uainíocht *nf3* alternation; uainíocht a dhéanamh ar dhuine to take turns with someone.

uainiú (*gensg* **uainithe**) *nm* timing.

uainn →ó².

uair (*pl* **uaireanta** *datpl* **uairibh**) *nf2* 1 hour; dhá uair an chloig two hours; caoga ciliméadar san uair fifty kilometres an hour; 2 time; cén uair? when?; ag an uair sin at that time; den chéad uair for the first time; uair sa tseachtain once a week; uaireanta sometimes; uaireanta oifige office hours; 3 (*datpl in phrase*) ar uairibh at times.

uaireadóir *nm3* watch.

uaisle¹ →UASAL.

uaisle² *nf4* 1 nobility; 2 gentry.

uaisleacht *nf3* nobility.

uait, uaithi →ó².

ualach (*pl* **ualaí**) *nm1* 1 load; faoi ualach (+GEN) laden with; 2 weight.

ualaigh *vb* 1 load; 2 weigh down.

uallach *adj1* 1 scatterbrained; 2 vain, proud.

uallfairt *nf2* 1 howl; 2 yell; 3 grunt.

uamanna →UAIM².

uamhan *nm1* 1 fear; uamhan clóis claustrophobia; uamhan sráide agoraphobia; 2 terror; uamhan a chur ar dhuine to terrify someone.

uan *nm1* lamb; Uan Dé Lamb of God.

uanán *nm1* froth.

uas- *pref* 1 maximum; 2 upper.

uasaicme *nf4* 1 upper class; 2 aristocracy.

uasaicmeach *adj1* 1 upper-class; 2 aristocratic.

uasal *nm1* 1 nobleman; 2 gentleman; 3 (*in title*) An tUasal Diarmaid Ó Cróinín Mr Diarmaid Ó Cróinín; 4 uasal le híseal a dheanamh di duine to patronize someone. ● *adj* (*gensgf* **uaisle** *pl* **uaisle**) 1 noble; gníomh uasal a noble deed; 2 (*in title*) Micheál Uasal Ó Dubháin Mr. Micheál Ó Dubháin; A Dhuine Uasal Dear Sir; A Bhean Uasal Dear Madam; a dhaoine uaisle ladies and gentlemen.

uasalathair (*gensg* **uasalathar** *pl* **uasalaithreacha**) *nm* patriarch.

uasalathartha *adj3* patriarchal.

uasbhealach (*pl* **uasbhealaí**) *nm1* flyover.

uascán *nm1* simpleton.

uascánta *adj3* simple-minded.

uaschamóg *nf2* 1 apostrophe; 2 inverted comma.

uaslathai *nm4* aristocrat.

uaslathas *nm1* aristocracy.

uasluach *nm3* 1 maximum value; 2 maximum (*maths*).

uath- *pref* 1 auto; 2 spontaneous.

uatha *nm4 adj3* singular (*in grammar*).

uathfheidhmeach *adj1* automatic.

uathlathach *adj1* autocratic.

uathlathai *nm4* autocrat.

uathoibreán *nm1* automaton.

uathoibríoch *adj1* automatic.

uathoibriú (*gensg* **uathoibrithe**) *nm* automation.

uathphíolóta *nm4* autopilot.

uathriail (*gensg* **uathrialach**) *nf* autonomy.

uathu →ó².

uathúil *adj2* unique.

uathúlacht *nf3* uniqueness.

ubh (*pl* **uibheacha, uibhe**) *nf2* (*plural 'uibhe' is used with numerals*) egg; ubh circe a hen's egg; ➤ aire na huibhe circe a thabhairt do rud to handle something with kid gloves (*literally:* to *give something the care of a hen's egg*); ubh bheirithe/bhruite a boiled egg; ubh fhriochta a fried egg; ubh scallta a poached egg; uibheacha scrofa scrambled eggs.

ubhagán *nm1* ovary.

ubhchruth *nm3* oval.

ubhchruthach *adj1* egg-shaped.

ubhchupán *nm1* eggcup.

ubhthoradh (*pl* **ubhthorthaí**) *nm1* aubergine.

ucht *nm3* 1 chest; 2 breast, bosom; 3 lap; suí in ucht duine to sit on someone's lap; 4 as ucht (+GEN) for the sake of; go raibh maith agat as ucht do chabhrach thank you for your help.

uchtach *nm1* 1 courage; uchtach a thabhairt do dhuine to encourage someone; 2 hope.

uchtaigh *vb* adopt; leanbh a uchtú to adopt a child.

uchtbhalla *nm4* parapet.

uchtúil *adj2* courageous.

uchtú (*gensg* **uchtaithe** *pl* **uchtuithe**) *nm* adoption.

Úcráin *nf2* an Úcráin Ukraine.

úd[1] *nm1* try (*in rugby*).

úd[2] *adj* that, yonder; (*with distance in time or space implied*) an bhean úd a raibh a mac i dtimpiste inné that woman whose son was in an accident yesterday; an pháirc úd thall that field yonder.

udalán *nm1* pivot.

údar *nm1* 1 author; 2 authority; bheith i d'údar ar ábhar to be an authority on a subject; 3 cause; údar gearráin cause for complaint.

údarach *adj1* authentic.

údaracht *nf3* authenticity.

údaraigh *vb* 1 authorize; 2 cause.

údarás *nm1* authority; na húdaráis the authorities; údarás áitiúil local authority.

údarásach *adj1* 1 authoritative; 2 authoritarian.

údarú *nm* authorization.

ugach *nm1* 1 encouragement; 2 confidence.

Úgónach *nm1* Huguenot.

Uí, uí uibh →Ó[1].

uibhe, uibheacha →UBH.

uibheagán *nm1* omelette.

Uibh Fhailí *npl* Offaly.

uige *nf4* 1 woven fabric; **>** gach uige mar a ábhar like father like son (*literally: every fabric is as its material*); 2 gauze.

uigeacht *nf3* texture.

Uigingeach *nm1 adjective* Viking.

uile *adj* (*followed by lenition*) all, every, whole; an uile rud everything; gach uile dhuine every single person; tá siad uile ann they are all there; an scéal uile the whole story; sin uile that's all. ● *adv* wholly, entirely; tá sé scriosta go huile agat you've ruined it entirely; go huile agus go hiomlán totally and entirely.

uilechoiteann *adj1* universal.

uilechumhacht *nf3* omnipotence.

uilechumhachtach *adj1* omnipotent.

uile-Éireann *adj(gen of n)* all-Ireland.

uileghabhálach *adj1* comprehensive.

uileláithreach *adj1* ubiquitous.

uileloscadh (*gensg* **uileloiscthe**) *nm* holocaust.

uílíoch *adj1* universal.

uileach *adj1* angular.

úillín *nm4* darling; úillín óir a dhéanamh de leanbh to pamper a child.

uillinn (*gensg* **uilleann** *pl* **uillinneacha** *genpl* **uilleann**) *nf2* 1 elbow; uillinn ar uillinn arm

in arm; **cathaoir uilleann** arm-
chair; **2** angle; **uillinn daichead**
céim a forty-degree angle.

úim (*pl* **úmacha**) *nf3* **1** harness;
2 gear.

uime →UM

uimheartha *adj3* numerate.

uimhir (*gensg* **uimhreach** *pl*
uimhreacha) *nf* **1** number;
uimhir ghutháin/theileafóin tele-
phone number; **2** numeral;
uimhir Rómhánach Roman
numeral.

uimhirphláta *nm4* number plate.

uimhreach, uimhreacha
→UIMHIR.

uimhrigh *vb* number.

uimhríocht *nf3* arithmetic.

uimhriú (*gensg* **uimhrithe**) *nm*
numbering.

uimhriúil *adj2* numerical.

uimpi →UM.

úinéir *nm3* owner.

úinéireacht *nf3* ownership.

úir *nf2* soil, earth.

uirbeach *adj1* urban.

uirbiú (*gensg* **uirbithe**) *nm* ur-
banization.

úire *nf4* freshness.

uireasa *nf4* deficiency, lack;
d'uireasa (+GEN) for want of; **níl**
easpa ná uireasa orthu they want
for nothing.

uireasach *adj1* **1** inadequate;
2 defective (*in grammar*).

úiri (*pl* **úiríocha**) *nf4* testicle.

uirioll *nm1* surplus.

uiríseal (*gensg* **uirísle** *pl*
uirísle *compar* **uirísle**) *adj1*
1 lowly; **2** servile; **3** base.

uirlis *nf2* **1** tool; **2** instrument.

uirthi →AR¹.

uisce *nm4* **1** water; **uisce abhann**
fresh water; **uisce faoi thalamh**
water under the ground, mystery,
intrigue; **2 uisce beatha** whiskey.

uisceadán *nm1* aquarium.

Uisceadóir *nm3* **an tUisceadóir**
Aquarius.

uiscedhath *nm3* watercolour.

uiscedhíonach *adj1* waterproof.

uiscigh *vb* **1** water; **2** irrigate.

uisciú (*gensg* **uiscithe**) *nm*
1 watering; **2** irrigation.

uiséir *nm3* usher.

uisinn *nf2* temple (*forehead*).

uithin *nm4* cyst.

ula *n* (*in phrase*) **bheith i do ula**
mhagaidh to be a laughing stock.

Ulaidh *npl* Cúige Uladh Ulster.

ulchabhán *nm1* owl.

úll (*pl* **úlla**) *nm1* **1** apple; **crann úll**
apple tree; **úll milis/géar** eating/
cooking apple; **úll na scornaí**
Adam's apple; **2** joint (*anatomy*);
úll na huillinne elbow joint.

úllagán *nm1* dumpling.

ullamh *adj1* **1** ready; **tá an**
dinnéar ullamh dinner's ready;
2 prepared; **bheith ullamh do rud**
to be prepared for something.

ullmhaigh *vb* **1** ready; **tú féin a**
ullmhú i gcomhair ruda to ready
oneself for something; **2** prepare;
an dinnéar a ullmhú to prepare
the dinner.

ullmhú (*gensg* **ullmhaithe**) *nm*
preparation.

ullmhúchán *nm1* preparation.

úllord *nm1* orchard.

ulpóg *nf2* flu; **ulpóg (ghoile) a**
bheith ort to have the (gastric)
flu.

Ultach *nm1* Ulsterman,
Ulsterwoman. ● *adj* Ulster.

ultrafhuaim *nf2* ultrasound.

um (*prep prons* **umam, umat,**
uime, uimpi, umainn,
umainn, umaibh, umpu) *prep*
(*followed by lenition*) **1** at, about;
um Cháisc at Easter; **um an am**
sin about that time; →TACA
2 around, on; **do chuid éadaigh a**

chur umat to put one's clothes on.

úmacha →ÚIM.

umar *nm1* **1** trough; **2** vat; **3** tank; →AIMLÉIS

umat →UM.

umha *nm4* **1** bronze; **2** copper.

umhal (*pl* **umhla**) *adj1* **1** humble; **2** obedient; **bheith umhal do do thuismitheoirí** to obey one's parents; **3** supple.

umhlaigh *vb* **1** humble; **2** bow, genuflect; **3** obey.

umhlaíocht *nf3* **1** humility; **2** obedience; **3** respect.

umhlóid *nf3* **1** humility; **2** obedience; **3** suppleness.

umpu →UM

uncail *nm4* uncle.

únfairt *nf2* **1** wallowing; **2** tossing, rolling; **bhí sí á húnfairt féin** she was tossing and turning; **3** messing; **4** fumbling; **bheith ag únfairt le rud** to fumble with something.

únfairteach *adj1* **1** wallowing; **2** tossing, rolling; **3** messing.

únfartálaí *nm4* **1** wallower; **2** messer; **3** fumbler.

ungadh (*gensg* **ungtha** *pl* **ungthaí**) *nm* **1** ointment; **2** salve; **3** cream.

Ungáir *nf2* an Ungáir Hungary.

unsa *nm4* ounce.

ur- *pref* **1** before, pre-; **2** ante-; **3** pro-.

ur *nm3* edge; **ur an átha** the edge of the ford.

úr *adj1* **1** new; **2** fresh; **3** novel.

uraiceacht *nf3* **1** first instruction; **2** primer; **3** rudiments.

Uragua *nm4* Uruguay.

úraigh *vb* **1** freshen; **2** cleanse; **3** become moist.

urchar *nm1* shot; **urchar a scaoileadh** to fire a shot; **urchar**

maith a bheith agat to be a good shot; **urchar iomrall** a missed shot.

urchóid *nf2* **1** harm; **2** malice; **le teann urchóide** through sheer malice; **3** malignancy (*of disease*).

urchóideach *adj1* **1** harmful; **2** malicious; **3** malignant.

urchoilleadh (*gensg* **urchoillte**) *nm* inhibition.

urghabh *vb* seize (*in law*).

urghabháil *nf3* seizure (*in law*).

urgharda *nm4* vanguard.

urghnách *adj1* extraordinary (*meeting*).

úrghráinniúil *adj2* **1** hideous; **2** frightful.

urlabhra *nf4* (faculty of) speech.

urlabhraí *nm4* spokesperson.

urlabhraíocht *nf3* articulation.

urlacan *nm1* vomit.

urlaic *vb* vomit.

urlár *nm1* **1** floor; **ar an dara urlár** on the second floor; **teach dhá urláir** a two-storey house; **2** deck (*of bus*).

urnaí *nf4* prayer; **bheith ag urnaí** to pray.

úrnua *adj3* brand-new.

úrnuacht *nf3* novelty.

urphost *nm1* outpost.

urra *nm4* **1** guarantor; **dul in urra ar dhuine** to act as a guarantor for someone; **2** warranty; **faoi urra under warranty**; **3** authority; **urra maith a bheith agat le scéal** to have a story on good authority.

urraigh *vb* sponsor.

urraim *nf2* respect, esteem; **urraim a bheith agat do dhuine** to have respect for someone.

urraíocht *nf3* sponsorship.

urramach *nm1* reverend; **an tUrramach Mac Raghnaill** the Reverend Reynolds. ● *adj* respectful.

urramaigh *vb* **1** respect; **2** observe (*law, rule*).

urrúnnta *adj3* **1** strong; **2** robust.

urrúntacht *nf3* **1** strength; **2** robustness.

urrús *nm1* **1** guarantee; **2** security; **dul in urrús ar dhuine** to stand security for someone.

urrúsach *adj* strong, confident.

ursain *nf2* doorpost.

úrscéal (*pl* **úrscéalta**) *nm1* novel.

úrscéalaí *nm4* novelist.

urtheilgean *nm1* hyperbole.

urthimpeall *nm1* surroundings.

urú (*gensg* **uraithe**) *nm* **1** eclipse; **urú gréine** an eclipse of the sun; **2** eclipsis (*in grammar*).

ús *nm1* interest (*financial*); **rátaí úis** interest rates.

úsáid *nf2* use; **in úsáid/as úsáid** in use/out of use; **úsáid focal** word usage. ● *vb* use; **rud a úsáid** to use something.

úsáideach *adj1* useful.

úsáideoir *nm3* user.

úsáidi *nf4* usefulness.

úsc *nm4* **1** grease; **2** fat. ● *vb* **1** ooze; **2** seep.

úscach *adj1* **1** oily; **2** greasy.

úscra *nm4* essence.

úspánta *adj3* clumsy.

úspántacht *nf3* clumsiness.

útamáil *nf3* fumbling; **bheith ag útamáil le rud** to fumble with something.

útamálaí *nm4* **1** fumbler; **2** bungler.

úth *nm3* udder.

útarás *nm1* uterus.

Vv

vác *nm4* quack (*of duck*).

vácarnach *nf2* quacking.

vacsaín *nf2* vaccine.

vacsaínigh *vb* vaccinate.

vaidhtéir *nm3* best man.

vaiféal *nm1* waffle.

vaighid *n* **imithe i vaighid** gone to waste.

vaigín *nm4* wagon.

vailintín *nm4* Valentine (card); **Lá Fhéile Vailintín** Valentine's Day.

válcaeireacht *nf3* strolling.

vallait *nf2* wallet.

válsa *nm4* waltz.

válsáil *vb* waltz.

vardrús *nm1* wardrobe.

Vársá *nm4* Warsaw.

vása *nm4* vase.

vasáilleach *nm2* vassal.

vástchóta *nm4* waistcoat.

vata *nm4* watt.

Vatacáin *nf2* **an Vatacáin** the Vatican.

veain (*pl* **veaineanna**) *nf4* van.

vearnais *nf2* varnish.

véarsa *nm4* verse (*of poem or song*).

véarsaíocht *nf3* verse.

veasailín *nm4* vaseline.

veidhleadóir *nm3* violinist.

veidhlín *nm4* violin.

veilbhit *nf2* velvet.

Véineas *nm1* Venus.

veinir *nf2* veneer.

Veiniséala *nm4* Venezuela.

veirbh *nf2* verve.

veirtige *nf4* vertigo.

veist *nf2* vest.

vialait *nf2* violet (*colour*).

Victeoiriach *nm1 adjective* Victorian.

Vin *nf2* Vienna.

vinil *nf2* vinyl.

vióla *nm4* viola.

viosa *nm4* visa.

vioscós *nm1* viscose.

vireas *nm1* virus.

vitamin *nm4* vitamin.

Vítneam *nm4* Vietnam.

V-mhuineál *nm1* V-neck.

vóc *n* i **vóc** in vogue.

vodca *nm4* vodka.

volta *nm4* volt.

voltas *nm4* voltage.

vóta *nm4* vote.

vótáil *nf3* voting; ionad vótála polling booth. ● *vb* vote; vótáil do dhuine to vote for someone.

vótálaí *nm4* voter.

X-chromasón *nm1*
X-chromasón.

xéaracs *nm4* Xerox.

x-gha (*pl* x-ghathanna) *nm4*
X-ray.

x-ghathaigh *vb* x-ray.

x-ghathú *nm* x-ray (*photograph*).

xileafón *nm1* xylophone.

yóyó *nm4* yo-yo.

Ww

wigwam (*pl* wigwamanna)
nm4 wigwam.

Zz

zó-eolaíocht *nf3* zoology.

zú *nm4* zoo.